Cinéma France-Japon

Toute une Histoire

日仏映画往来

遠藤突無也

Cinéma France-Japon

Toute une Histoire

Tomuya Endo

序文

マックス・テシエ
Max Tessier

長きに渡る恋物語

微かに波風の起こった時代を経て……。

フランスと日本との, 長くそして美しい恋物語は, 映画というもの無くしては到底語れなかったであろう。トムヤさんの本著書は, それを, 揺るぎない情熱を持って我々に語りかけてくれる。フランスと日本の相思相愛ぶりは, 映画の歴史の初頭から始まった。1897年から98年に, リュミエール兄弟率いるカメラマンたちが日本へやって来て, すでに, 東京の街中や歌舞伎の劇場内などでカメラを回していたのだ。その後, 若き黒澤明は, アベル・ガンス監督『鉄路の白薔薇』(1923) を見て感銘を受け, フランス20世紀映画史を代表する芸術作品に魅せられていき, そしてまた, 当時の才能ある若き監督たちは, フランスの文学からインスピレーションを受けていった。ギ・ド・モーパッサンの小説「脂肪の塊」を見事に映像化した, 溝口健二の『マリヤのお雪』(1935) はその代表とも言える。

しかし, その頃はもうすでにピエール・ロティの小説や「蝶々夫人」に出てくるエギゾチックかつロマンチックな日本ではなく, ジャン・ギャバンがフランスの銀幕のスターとして日本で名をあげていた (ある仏僧から, 40年前にギャバンのファンだったと打ち明けられた驚きをここに加えさえていただく！)。そして, フランスと日本が本格的に親密さを増すのは, やはり, 戦後を待たねばならぬだろう。フランス映画が (そしてフランス文化一般が) 日本で大衆化するためには, イタリア・ドイツとの同盟が終焉を迎える必要があった。それから別の理由として, 益々進むアメリカナイゼーションに対する反発, という側面もあったのかと推測する。こうして戦後, ジャン・ルノワール, ジュリアン・デュヴィヴィエ, ルネ・クレールら巨匠たちの作品が日本の各地で再び上映されるようになり, それに続き, 先代の監督たちとは異なる自由で尊大なエスプリを掲げたヌーヴェルヴァーグ (特にゴダールとトリュフォー) が登場

してくる。エマニュエル・リヴァ（シルビア・クリステル扮するエマニュエルとは別のエマニュエル。ご注意！）が，アラン・レネの衝撃的な映像の中で美しく，広島とヌヴェールとの往来をその輝きで包む前に，麗しき岸惠子は，『忘れえぬ慕情』(1956) において，気まぐれでジェラシーの激しいダニエル・ダリューをライバルに，ジャン・マレー扮するフランス男性との結ばれぬ運命の出会いと愛を演じ，そして，実際その直後，同作品の監督を務めたイヴ・シャンピと結婚することになる。フランスと日本との恋愛関係の難しさという意味では，この映画とこの結婚に，その真意が集約されているとも言えよう。

　その頃は，ジェラール・フィリップ主演の作品が人気を博していた時代でもあり，彼自身も日本を訪れて，日本人女性たちの崇拝の的となっていた。その後その役を引き継いだのは，大スター，アラン・ドロン。ドロンは，長年に渡って，日本人にとってのフランスのロマンチスムを体現していた。さすがの彼も老いには屈するしかなかったようだが……。

あの時代は，日本映画にとっても，新生黄金時代と言えるだろう。黒澤の『羅生門』がヴェンツィア映画祭で認められ，溝口の後期の最高傑作（『西鶴一代女』『雨月物語』『山椒大夫』など）がヨーロッパで公開され，そして，衣笠貞之助の『地獄門』がカンヌ映画祭で1954年，パルム・ドールを受賞する。誰も予測しない受賞だった。ジャン・コクトーは，"世界で最も美しい色彩"と褒め称え，その後長年続くことになる日本映画のエキゾチスム流行りの火付け役となった。フランスでの日本映画の絶大な人気はしばらく健在だった。小林正樹の『切腹』や『怪談』，市川崑の作品などがカンヌでまず人々を魅了し，その後，大島渚（スキャンダルとなった『愛のコリーダ』1975年カンヌ・キャンゼーヌ祭にて上映，『愛の亡霊』1978年カンヌ監督賞受賞），吉田喜重（『嵐が丘』），今村昌平（『楢山節考』1983年パルム・ドール受賞，『うなぎ』思いがけない2度目のパルム・ドール受賞），篠田正浩（『沈黙』，『写楽』）などの日本ヌーヴェルヴァーグの大波が押し寄せ，フランスの批評家たちもそして一般大衆も，そんな日本の傑作に夢中になっていった。当時は，私も，もちろん映画批評を書く仕事

をしていたが，それに加え，カンヌ映画祭の正式出品作品のセレクションという任務を長年に渡り務めさせていただいており，あの頃の興奮を思い出す。そんな中，小津安二郎の存在だけが欠けていた。当時の松竹の方針で，小津の作品は，まだヨーロッパの映画祭で紹介されていなかったのだ。ようやく，1978年，『東京物語』がフランスで上映され，批評家からも大衆からも大絶賛を受け，他の作品も続いて紹介されることになる。小津マニアの誕生期である。

フランスと日本の恋物語は，現実のカップルと同様に，失望したり分かり合えなかったり，といった時期を経て（ジャック・ドゥミは，日本からの要請により「ベルサイユのばら」を映画化するという冒険に挑んだが，彼の代表作に数えられることなく終わった。そんな例もある），そして，今，世界中で様々な文化が交流し合う時代となり，フランスと日本という関係よりも，フランスと中国，韓国，東南アジアなどのアジア諸国というより幅広いリレーションも生まれ，年月と共に，日仏の恋愛フィーバーぶりはさすがに落ち着いたものになった。とはいえ，この恋物語には，何十年にも渡る両国間の交流が刻まれている。映画だけではない。音楽。写真。その他諸々の芸術。その交流の歴史が，このトムヤさんの素晴らしい著書を生み出す萌芽となった。氏が長年に渡り積み上げてきた研究と様々な出会いの賜物が，本書を介して我々の手に届く。そこに序文を捧げられることを大変光栄に嬉しく思っている。

1973年に初めて東京へ行った時のことを今でも覚えている。ある友人が，当時新橋にあったロココ風の古い喫茶店に連れて行ってくれた。入ると店内では「枯葉」や「ラ・メール」などのシャンソンが歌われていて，本当に驚いた。そう，あの頃，おそらく，ある特別な時代が終わりを告げていた。がしかし，全ての葉が枯れ落ちてしまったわけではない。本書の一葉一葉がそれを証明してくれている。

（映画評論家・映画史研究家）

UNE LONGUE HISTOIRE D'AMOUR A PEINE CONTRARIÉE

La longue et belle histoire d'amour entre la France et le Japon devait forcément passer par le cinéma. Le livre de Tomuya-San vient nous le rappeler avec une vraie passion. Une passion entre les deux pays qui s'est manifestée très tôt, dès que les opérateurs des Frères Lumière vinrent planter leurs caméras en 1897/98 dans les rues de Tokyo ou dans les théâtres de Kabuki. Puis lorsque le très jeune Akira Kurosawa se prit de passion pour le grand art du XXème siècle en découvrant *La Roue*, d'Abel Gance en 1923. Ou encore lorsque Kenji Mizoguchi, entre autres jeunes cinéastes de talent, adaptait Guy de Maupassant en 1935 dans *Maria no Oyuki*, superbe transposition de son Boule de Suif.

On n'était déjà plus dans le Japon exotico-romantique de Pierre Loti ou dans Madame Butterfly, et Jean Gabin était une grande vedette au Japon (j'ai même rencontré un bonze qui m'a confié avoir été son "fan" quarante ans auparavant!). Mais il fallut tout de même attendre l'Après Guerre et la sortie de la sphère politique italo-germanique pour que toute une génération redécouvre le cinéma français (et la culture française en général), peut-être aussi par réaction contre une américanisation trop envahissante...

Les films de Jean Renoir, Julien Duvivier, René Clair et bien d'autres étaient de nouveau visibles sur les écrans nippons, avant ceux, plus insolents, de la Nouvelle Vague (Godard et Truffaut, surtout).

Et, avant que le beau visage d'Emmanuelle Riva (pas celui de Sylvia Kristel, l'autre Emanuelle!) illuminât le va et vient entre Hiroshima et Nevers, devant la caméra bouleversante d'Alain Resnais, la délicate Keiko Kishi incarnait déjà l'impossible amour japonais de Jean Marais face à la capricieuse jalousie de Daniele Darrieux, dans *Typhon sur Nagasaki* (1956), dont elle allait bientôt épouser le réalisateur, Yves Ciampi! Peut-être les contradictions des relations amoureuses entre la France et le Japon sont-elles résumés dans ce film et ce mariage...

C'était aussi l'époque où Gérard Philipe allait au Japon, plongé dans la dévotion des foules féminines. Bientôt, l'idole Alain Delon allait lui succéder en incarnant pour longtemps le romantisme français par excellence, jusqu'à ce que l'âge le trahisse...

Mais ce fut également l'Age d'Or renouvelé pour le cinéma japonais qui allait s'imposer en Occident avec le *Rashomon* de Kurosawa à Venise, en même temps que les derniers grand films de Mizoguchi (*Saikaku ichidai Onna, Ugetsu monogatari, Sansho Dayu...*), et ensuite à Cannes, avec le *Jigoku-Mon* de Teinosuke Kinugasa, Palme d'Or surprise en 1954, dont Jean Cocteau vantait "les plus belles couleurs du monde", lançant la mode de l' exotisme cinématographique nippon qui allait durer longtemps. L'engouement pour le cinéma japonais en France n'allait pas se démentir pendant de longues années fastes: Masaki Kobayashi allait fasciner Cannes avec ses films *Seppuku* et *Kwaidan*, rejoint par Kon Ichikawa, et puis ce fut la déferlante de la Nouvelle Vague japonaise: Nagisa Oshima (le scandale *de L'Empire des Sens/Ai no Korida* à la Quinzaine en 1975, le prix de la mise en scène pour *L'Empire de la Passion/ Ai no Borei*, en 1978), Kiju Yoshida (*Onimaru*), Shôhei Imamura (*Narayama bushi-ko,* 1983, Palme d'Or, et la seconde, inespérée, pour *Unagi*), Masahiro Shinoda (*Chinmoku, Sharaku*), provoquant la passion de la critique et du public français pour le grand cinéma japonais. Une passion que je partageais activement, à ma modeste échelle, à travers mes propres écrits et mon long travail de sélection pour Cannes. Seul Yasujiro Oz manquait à l'appel, car ses films n'étaient pas présentés dans les festivals européens, suite à la décision de la Cie Shochiku: il n'arriva en France qu'en 1978, avec le triomphe critique et public de *Tokyo Monogatari (Voyage à Tokyo)*, suivi de nombreux autres films. L'Ozu-mania commençait là...

Même si aujourd'hui, à l'heure de la mondialisation culturelle, l'histoire d'amour France-Japon, qui a connu aussi ses déceptions et ses incompréhensions, comme dans un vrai couple (entre autres l'aventure de Jacques Demy avec *Versailles no Bara*, une commande japonaise, qui n'était pas son meilleur film...) s'est un peu assagie avec les ans, au profit d'une plus large relation asiatique (Chine, Corée du Sud, Asie du Sud-Est), elle a marqué des décennies d'échange entre les deux pays: cinéma, mais aussi musique, photographie, arts plastiques, ont fourni la semence du beau livre de Tomuya, qui nous livre ici des années d'expériences personnelles et de partage, et que je suis heureux et flatté de préfacer.

Je me souviendrai toujours que, lors de mon premier voyage à Tokyo (1973) un ami m'avait emmené dans un vieux *kissaten* rococo de Shinbashi, où j'avais été stupéfait d'entendre chanter "Les feuilles mortes" et aussi "La Mer". C'était la fin d'une époque, peut-être, mais toutes les feuilles ne sont pas mortes, la preuve...

(Critique et historien de cinéma)

まえがき

　私がフランスと日本を往復する生活を始めたのは，1990年頃からである。日本で歌手からプロデューサーへ転換しつつも，実は自分に唄うべきものがある事に気づいており，その端をフランスに見つけたのである。

　映画は子供の頃から見た作品をメモする程好きで，知らないうちに監督の名前を覚え，追いかける様に沢山の映画を見て来た。フランスでフランス語のシャンソンに改めて向かった時，何故フランスなのかという問いに，私は当然の様に，好きだからと答えていた。そうして，次に何故好きなのかともう少し掘り下げてみて，フランス映画で聴いた音楽が，シャンソンが，自分をここに置かせたのだとはっきり気づくのに，時間はかからなかった。そう，私のフランスに来た理由の源は，フランス映画だったのだ。

　私は，絵も写真も勿論映画も大好きであったが，フランスで，まずのめり込んだのが19世紀の版画であった。写真も無い時代，無名の職人たちが作り上げた版画作品は，現在では到底及ばないテクニックを持った，写実の頂点である。そしてここで初めて，本の上の知識だけだった"ジャポニズム"が実在し大きな影響を文化に与えた事を，私は版画から教えられたのだった。

　もともと骨董好きだった事もあり，ドゥルオーに足しげく通う様になったが，私の好きな版画をはじめ，あらゆる物が並ぶ競売場は何よりも文化を知る上での先生であった。頻繁に古い映画ポスターの競売もあり，その美しさにびっくりしたが，まだこの時には集める気にはなっていなかった。何よりも大体の映画ポスター類が日本のポスターに較べて大きすぎるという事もあった。

　それからしばらくして，たまたま日本に戻っていた朝，私は原宿の骨董市で，いつもは絶対に立ち止まらぬ映画ポスター屋の前で立ち止まり，偶然積まれてあった中から数枚のフランス映画のポスターを求めたのである。それはフランスを知れば知る程，映画が文化と繋がっているのを見知ったせいかも解らない。丁度友人のプロデューサーに，クロード・ルルーシュの持つ劇場のディレクターを紹介され（結局それは実現し

なかったが……）コンサートをしようと思い，映画のテーマ曲を唄おうか
……，と思っていたからかもしれない。それ等いくつかの偶然が重なっ
て，私はその時日本公開のフランス映画のポスターを集めてみようと思
ったのである。

　フランス映画のポスターを集める様になって，逆に私は，日本映画の
ポスターの面白さに気づかされた。ドッと山の様に積まれたポスターは，
国別に分けられているわけではなく，一枚ずつめくる度に全く予想しな
い映画が登場してくる。私は映画狂をもって自認していたが，それはと
んでもない井の中の蛙であった。そこには題名さえ知らない映画が沢
山あった。それは小津や黒澤等の有名作品ではないプログラムピクチャ
ーやピンク映画だったが，思わず笑ってしまうキワ物から，ほとんど上
映されなかった幻の作品までもが，ともかくごった煮の様に，めくれば
次々と出てくるのであった。私は，ジュスト・ジャカンの美しい『エマニ
ュエル夫人』のポスターを捜していて，『東京エマニエル夫人』と『高校エ
マニエル』のポスターを見つけた時の衝撃を忘れない。この日から私は
日仏の映画関係を調べてみようと思うようになった。

　1995年は，リュミエール兄弟映画の生誕100年という事で，映画が盛
んにメディアに取り上げられた。たった100年の間に，もの凄いテンポで
映像文化はふくれ上がり，その中での映画のポジションは，ＴＶやイン
ターネットに追われ，あきらかに最盛期をとっくに過ぎて，特にフラン
ス映画の日本におけるポジションは，マイナーな位置にあった。ポスター
コレクションは早くも1000枚を超えてしまっていたし，丁度，時代のく
くりとしても映画を見つめ直すのに良いタイミングであった。私は自分
の原点捜しのパフォーマンスをやりたくて，ポスター以外にも映画音楽
の資料を集めた。1999年も終わる頃，パリで日仏映画の主題歌を唄うコ
ンサートを開いた。会場の天井が高かった為，広いスペースがあり，日本
からポスターを多量に持ち込みその壁を飾った。仕切りがあまりにも悪
く，大変なコンサートであったが，私は映画のポスターと主題歌を唄う
企画が成立する事を確認した。そしてコンサート後，丸く雑にまとめら
れてあった貴重なポスター類を自宅に持ち帰りながら，強く，本を書こ
うと思った。

映画ポスターを集めながら，本を書くに当り，当然私の様な影響の対比を試みた人が沢山いるかと思っていたが，ある一部の専門家の本以外見当たらず，ネット上でマニアックに展開している人も，それは一部分であったり，情報として，もう充分知られている事が多く，結局，少しずつ本を読んだりインタビューを見たりした時にノートに書き留めてあった事を見返すことから始めた。それは自分で実際に映画を見て感じた感想もあったが，映画人や評論家が，ふともらす"あの映画の影響"や"あの映画の類似"という部分であり，私は出来うる限りそれを，実作品を見て確認する事にしたが，実際に確認する仕事は思ったより大変であった。昔，確かに見た映画として，ノートに残っていても，忘れていたり，勘違いしていたりが，いかに多かった事か……。

　何度か試行錯誤を繰り返し，全体をIV章に分ける事にした。文学の往来，監督と作品の往来，映画に関わる人物の往来，そしてある意味一番やりたかった音楽の往来が，その4つの項目である。こうして本を書く気で資料を集めてみると，自分の予想の及ばない情報があり，全体のバランスの為に書き込めない事も多々あった。

　ポスター類は日本で公開された物を中心に集めてあるが，当然日本で未公開の作品もあり，それはフランスで調達した。日本では，二度の大戦争と大地震等で戦前のポスターは焼失していたりして集めにくく，あっても美術館に収集されているものであったり，希少性から値段のつけられぬ物も多く，あきらめざるを得ないものも沢山あった。それに変わってスチール写真やパンフレット・チラシ・雑誌広告等で代用したものもある。それからフィギュア等で面白いものも取り上げようと試みた。結果的にその事が，映画がどんどん他のジャンルへ波及していく様，その影響を，単なるポスター比較より，より巾の広い現象として捉えられる事になったと思う。

　　2017年2月8日

　　　　　　　　　　　　　　　　　　　　遠藤突無也

目 次

序文
i

まえがき
ix

日仏映画往来

Ⅰ章

文学往来

日本が鎖国を解いて明治政府となり，必死に海外文化を学ぼうとしていた時，特にその頃は映画が発明される前の時代であったから，小説は一番手近で，解りやすいものであった。明治末(1911)〜大正になると，やっとフランス語を翻訳する日本人も揃い始め，名訳を成せる者も出て来る様になった。米，独，英，とにかくこれという文学は，片端から翻訳されていったが，その中でフランス文学は，特別なインテリの好む文学，一般大衆とはちょっと離れた高級な位置を占めていた。そのフランス文学も，その後，昭和の中頃までに，とにかく大衆小説から純文学まで，とりあえず日本語に訳されたと云って良い（黒岩涙香は大衆に近づけた最初の功労者である）。フランス映画はそれに重なる様に公開されていく事になるが，原作のある映画は当然題を出すだけで人の注意を引き，特に名作文学ものは，必ず一定の興行成績を上げていった。映画公開前にその原作が出る，いわゆる相乗効果を狙うパターンも現れ，文学以外でもヒット映画のストーリーを日本風にノベライズしてしまうパターンまでもがあった。

　日本はフランスとは違った映画会社のシステムが発達し，戦後の最盛期には6社の映画会社が毎週2本立てで映画を興行したので夥しい量の作品が必要であった。これはルーティーンに縛られた粗製乱造に直結したが，監督他スタッフにとって，それだけ勉強のチャンスがあったわけである。シナリオもいくらあっても足りない状況で，直接フランス文学からの映画化ではなくても，アイディアとしてどれだけ下敷きにした作品が多いか正確には掴みようもない。又，日本の小説家が，フランス文学の影響の下に書いた作品を原作としたものも多く混沌としてくるが，ここでは原作に作家名を挙げているもの以外にも，明らかにそうだと思われるもの，そう云われる作品も出来うる限り取り上げてある。例えば『偽れる盛装』という吉村公三郎の映画について監督本人がモーパッサン「ベラミ」の影響と云っているが，そう言われて見なければ一般には，

I

すぐには解らない。逆にクレール・ドニが『ガーゴイル』は川端康成の「眠れる美女」に影響されていると云っている事も同様である。総じて，コピーライトの意識がほとんど無い時代は，はっきり原作または原案と，明記したものが多い。しかし1960年代あたりからの，国際化と権利意識の浸透により，文学作品からプロットを無断で借りたのでは？と思われる映画作品も，使用料を免れるべく，オリジナル脚本で通してしまったりする傾向が，両国ともに見うけられる。

　日本文学が，フランス語に翻訳される様になったのは，圧倒的に第二次大戦後である。特に1990年代になってからはマンガの人気も加わり，優秀な翻訳家も続々輩出され，同時に新しい日本の文学や，古典の再訳なども良く成されるようになっている。いくら本離れの激しい時代とはいっても，文学（マンガが主流となっても）往来はこれからも続くであろうし，その翻案作品や影響を受けた映画も生まれ続けるであろう。

シャルル・ペロー

Charles PERRAULT
1628–1703

　多くの日本人は，「シンデレラ」が誰によって書かれたかは答えられなくても，カボチャの馬車に乗ってお城に上がり王子様に見初められ，とその情景を思い描く事は出来る。

　ルイ14世に仕えたシャルル・ペローが生涯をかけて民間伝承を集めた「童話集」は，グリム兄弟の「童話集」より大分遅れて日本に紹介されたようである。その為もあり，日本人が，「シンデレラ」ほかの有名な外国童話の作者としてイメージするのはグリムである。またディズニーのアニメ映画も有名であり，案外ディズニーが作者だと思い込んでいる人がいるかも知れない。

　グリムは，日本が鎖国を解き明治に年号を変えてすぐ，1868年頃英語のリーダー（学習書）の翻訳から入ってきたらしい。そして，正確な年号は特定し難いが，グリムに遅れたとは言っても明治時代の中頃にはペローも既に知られていて，結果，約150年の長きにわたり日本で読み継がれて今日に至ったわけである。

　「シンデレラ」，「眠れる森の美女」，「長靴をはいた猫」，「青ひげ」，そして「赤ずきん」これらの話は，作者が，グリムかペローか誰か，はっきりと特定は出来なくても，しっかり日本文化の中に根をおろして，様々な本や映画の発想の源となってきた。それぞれ映画として翻案された作品，影響を受けた作品は，非常に多い。

「シンデレラ」の影響

世界中に昔からシンデレラに似た話はあるというが，日本にも「落窪物語」という本がある。これは10世紀末に書かれたものだが，貴族の姫が継母にいじめられ下女の様に扱われていたが，貴公子に見出され継母をやり込め，その後幸福な生涯を送るという話である。又，江戸時代から云われている玉の輿という意味もシンデレラそのものである。身分制度がはっきりしていた江戸時代に身分の低い娘が，殿様のお目に留り側室になる…これが典型的な玉の輿で，すなわち貧しい者が金持ちと結婚する……そこまで一般化されていった言葉である。シンデレラストーリーの方が現代の日本人には解りやすいかもしれないが，今でもこの言葉，玉の輿は，よく使われる。映画になったシンデレラ話を見てみよう。

『狸御殿』1939

1939年といえば，第二次世界大戦が始まった年である。日本では軍部の圧力で，どんどん映画への検閲が強まっており，社会的にも歌舞音曲への風当たりは当然の様であった。そんな中で奇跡のように登場したのがこの和風

ミュージカル映画である。内容は、庶民の娘と王子が結ばれるという典型的なシンデレラストーリーだが、この映画の凄い処は、狸の世界だからお見逃しを、で通してしまった事だ。その後1942年、もっと戦争が激しさを増す中、『狸御殿』の改訂版『歌う狸御殿』が爆発的ヒット。そこから狸映画のジャンルが出来上がった。煙に巻かれた事を知った軍部は、怒り狂ったという。創作した木村恵吾はその後召収されたが、帰還後も活躍。製作した狸映画も6本に上る。又、この狸御殿ものは、派手なショウ的要素が多い為お正月映画として好まれ、木

村以外の監督作品でも数多く作られる事となった。[監脚]木村恵吾 [主]高山広子

『夢を召しませ』1950

アニメーションも登場する。田舎少女が、憧れのレヴューのスターになる劇中劇のシンデレラ話。松竹歌劇団（SKD）が、全面協力していて、当時のショーの水準が良く分かる。[監]川島雄三 [脚]長瀬喜伴 [主]秋月恵美子、芦原千津子

『娘十六ジャズ娘』1954

シンデレラに扮した主人公の少女が、いきなりお城の階段を駆け下りてくるシーンで始まりタイトルが出る。それは街角でシンデレラのポスターをみている少女の幻想だと

すぐわかるようになっている。歌手になりたくて少年になりすまして田舎から出てきた少女が、実は芸能界の大物の娘で、天分にも恵まれていて、ついに憧れの歌手としてデビューする、というあまりにもゆ踏襲されたシンデレラ物なのだが、戦後すぐの日本の少女たちは、こういう筋書きが大好きだったのだ。[監]井上梅次 [脚]赤坂長義、京中太郎 [主]雪村いづみ

『青空娘』1957

源氏鶏太の原作であるが、明らかなシンデレラストーリーである。東京のお屋敷の女中になった田舎娘が、持ち前の明るさで家庭内を幸福にして

*

1 | 『歌う狸御殿』1942, 狸や狐が、人を化かす話は良くあった。この映画は、軍部を化かした斎藤寅次朗のささやかな抵抗である。

2 | 『東京シンデレラ娘』1954, 焼け野原になった貧しい日本の少女たちが、夢見たのは、お城の素敵な王子様だった……現在は昔の物語。

Charles PERRAULT

7

ゆく。やがてそこの息子と結ばれて幸せになる。監督の増村は，これが2作目のモダン派であった。ほんとうに現在見ても気持ちのよい新鮮な映像で，若尾の美しさが輝いている。[監]増村保造[脚]白坂依志夫[主]若尾文子

『東京シンデレラ娘』1954

当時の少女アイドル雪村いづみはシンデレラを地で行った歌手だ。この映画はルンペンの娘として育った主人公が，お屋敷の娘になるという話だが，サブタイトルの『ジャズ・ヒットパレード1954年』が表しているように，当時の日本のポップスシーンがのぞけて面白い。アメリカでオスカー助演賞まで取ったナンシー梅

木や，タンゴの藤沢嵐子，シャンソンの高英男等，当時の歌手達がジャンルやストーリーとはあまり関係なく，ポップス仲間として次々に出てくる。この映画会社新東宝は，その後東宝シンデレラという名で新人女優のコンテストを作り，1984年より不定期ながら現在まで続けている。[監]井上梅次[脚]赤坂長義，京中太朗[主]雪村いづみ

『オンボロ人生』1958

1958年，まだ戦争の焼け跡にバタ屋とよばれる，浮浪者の集団が住んでいる地域があった。これは漫画家加藤芳郎の原作を，映画化したものだが，バタ屋集団に暮らしている娘が，実は大金持ちの娘である事が

判る。この映画では，娘は，貧しいが仲の良い仲間の中に残るのだが，金持ちの親というバックもあり，もう只の貧乏娘ではない，そこが観客に満足を与えるのである。[監]番匠喜頓[脚]沢村勉，富田義朗[主]宮城まり子，佐田啓二

『たそがれの東京タワー』1959

貧しいお針子が，仕事を終えて，つい客の預かり物のコートを着て，町へ出してしまう。彼女は，新しいスポット東京タワーで，素敵な青年に出会い，身分を偽りデートをするようになるが，店主にばれてしまう。[監]阿部毅[脚]星川清司[主]仁木多鶴子

『アスファルトガール』1964

売れない娼婦が，南米で成功

*

3 |　『青空娘』1957，"低嶺の花"若尾の魅力全開。これ以降，若尾と増村コンビは，映画史に残る名作を続出する。
4 |　『オンボロ人生』1958，知恵は遅いが，誰にも愛される優しい少女が見る夢は「シンデレラ」。主演の宮城は，慈善事業で功績を残した。

I

したという触れ込みの実業家と結ばれる話。「シンデレラ」をひとひねりしていて、王子様は実は事業に失敗しているのだが、主人公の憧れの靴をプレゼントしたり、「シンデレラ」の影響が臆面もなく出てくる。ミュージカルのシーンは、アメリカの有名振付家ロッド・アレクサンダー「回転木馬」等が振付した。[監]島耕二[脚]船橋和郎[主]中田康子[音]平岡精二、前田憲男

『シンデレラ・エクスタシー』1988
ポルノ童話の様な、妙な映画。不思議な魔法の赤いハイヒールを巡るドタバタもので、日活ポルノの例にもれず、何かというとセックスに結び付けている。[監]川崎善広[脚]磯村一路[主]叶みずき

『花より男子』との関連
—
1992-2004年まで（その後も読み切りで時々追加されて現在にいたっている）連載された神尾葉子の大ヒット漫画の映画化作品。漫画の売上数は、日本国内の歴代一位を誇る超ベストセラーである。「シンデレラ」ものの代表格だが、若い層の女の子から男の子まで支持されているのが興味深い。当然、アニメからTVドラマ、ゲームまで展開され、台湾、韓国、中国でもそれぞれドラマ化されている。貧乏な少女が、上流の学校に入学し、様々な障害にあいながら

も、健気に頑張るが、その学校一大金持ちでハンサムな少年に愛されて、というストーリーである。映画は3本作られ、最初の『花より男子』は、同じく漫画原作の男版シンデレラ物語『白鳥麗子でございます』と「シンデレラ」もの2本立てで公開された。3作目はタイアップもあり、77億5000万円の興収を上げている。

『花より男子』1995
[監]楠田康之[脚色]梅田みか[主]内田有紀

『花より男子』1997
[監]山内重保[脚]影山由美/アニメ劇場版

『花より男子ファイナル』2008
[監]石井康晴[脚]サタケミキオ[主]井上真央

・

『たそがれの東京タワー』1959，東京タワーは、戦後復興の日本のシンボルであった。展望台から東京を眺める主人公がいじらしい。

『アスファルトガール』1964，東宝『君も出世ができる』に対抗して作られた大映の本格的ミュージカル大作。

Charles PERRAULT

『受験のシンデレラ』2008
貧しいために高校へも一週間
しか行けなかった少女が、受
験の神様の様な学習ゼミの
教師に出会い、難関を突破す
る。第5回モナコ国際映画祭
では、作品、脚本、主演女優、
主演男優各賞を獲得してい
る。［監］和田秀樹［脚］武田
樹里［主］寺島咲、豊原功補

『ホームレス少女』2008
漫画を原作にしたシンデレラ
物語。『花より男子』の二番煎
じ作品。ビンボーな女学生が、
金持ちの少年と出会い、最後
は結婚する。最後には、王冠
をかぶった少年が、少女を馬
に乗せるシーンがある。［監・
脚］奥涉［主］新井みほ

「長靴をはいた猫」の影響
―

この話は猫による飼い主への
恩返しだが、見方によっては日
本人のベースにある忠功と通
じるものがある。劇場用作品と
してはアニメ化されたものが3
本。全部東映の製作である。

『長靴をはいた猫』1969
『白蛇伝』から始まった東映
のアニメーションはTVにも
進出し、日本のアニメ史の基
となった。そのスタッフ達が
作った多くの作品の中の一篇
でヒットした。フランスでも
TV放映され人気があった。
［監］矢吹公郎［脚］井上ひさ
し、山本護久

『ながぐつ三銃士』1972

『長靴をはいた猫』の統篇で、
デュマの「三銃士」も取り込
んでいる。［監］勝間田具治
［脚］布施博一

『長靴をはいた猫八十日間世
界一周』1976
ジュール・ヴェルヌも加えて
作った。人間は登場しない。
［監］設楽博［脚］山崎忠昭、
城悠輔

「青ひげ」の影響
―

「青ひげ」と直接題についた
日本映画は見られない。しか
し権力者がサイコパスで美女
を集めては殺してしまうとい
う話は殺人鬼ものに時々
引用されている。江戸時代の

Ⅰ

殿様に置き換えたものもあるが，大正，昭和に江戸川乱歩や牧逸馬ら多くの作家が実話に「青ひげ」ものをプラスしたりして推理小説，探偵小説をよりえぐく派手にしていった。当時日本には，サイコパスそのものはまだダイレクトすぎて，動機の説明が無くては，一般にはなかなか納得出来なかった。

『蜘蛛男』1958

江戸川乱歩という作家は，その作品の中に西洋の翻案を取り入れるのが非常に巧みである。これは彼の「明智探偵シリーズ」のものだが，その中でも特に「青ひげ」の下敷きをよく感じる一篇である。大体原作では，犯人は最初から自分を「青ひげ」と名乗っている。最愛の妻に裏切られたトラウマで妻に似た女を次々と選んでは殺していって，殺す事に快楽を覚えるようになっていく。[監]山本弘之[脚]陶山鉄[主]藤田進，岡譲二

『眠狂四郎』との関連

—

柴田錬三郎の，大ヒット時代小説「眠狂四郎」は，何人かのスター俳優で映画化されたが，市川雷蔵主演のシリーズが有名で，合計12本も作られた。その中の4作目の『女妖剣』7作目の『多情剣』に登場する菊姫は，女青髭といいたいキャラクターで，将軍家の娘の地位を利用して，残虐非道を尽くす。顔にある醜いアザを，能面に隠して登場し，男を誘っては，殺してしまうのだが，最後は狂四郎に成敗されて自害する。無類の剣客狂四郎は，転びバテレン（西洋人神父）と日本人とのハーフという設定で，2012年には，パチンコにまで登場した。

『眠狂四郎女妖剣』1964

[監]池広一夫[脚]星川清司[主]市川雷蔵

『眠狂四郎多情剣』1966

[監]井上昭[脚]星川清司[主]市川雷蔵

『6人の女を殺した男』1965

海外のミステリーに精通する

9 | 『長靴をはいた猫』1969，日本の政治家になって欲しいような，知恵猫が主人公。読み方によっては，詐欺師の指南書。©東映動画／作 シャルル・ペロー
10 | 『蜘蛛男』1958，蜘蛛男役は，往年の二枚目岡譲二。昭和初期から戦後まで，多くの映画に主演した歌えるスターであった。

Charles PERRAULT

小國英雄の脚本が面白い。主人公は、売れっ子画家。青髭の様に、殺しを楽しむわけではないが、6人の妻など符牒は合わせてある。監督島耕二は、大正から昭和と二枚目俳優として活躍、監督に転じてからは、『次郎物語』など子供主役の映画に、良い作品がある。[監]島耕二[脚]小國英雄[主]フランキー堺

『秘録おんな寺』1969

これは将軍の姉にあたる姫様が尼寺の中に男を忍ばせては、快楽をつくし殺すという話であるが、先の2本『眠狂四郎』の菊姫がすぐ思い出される。田中徳三は、大映を支えた職人技の監督の一人で、と

にかく面白い映画を作った。もちろん直接「青ひげ」とは唄っていないし、こじつける気もないが、「青ひげ」の影響大である。[監]田中徳三[脚]浅井昭三郎[主]安田道代

『Cureキュア』1997

冒頭から、主人公（警察官）の妻がクリニックで医師を前に本を朗読している。その本がユング派の心理学者ヘルムート・バルツの「青髭」で、この魅力的な映画の主題〝誰の中にもある青髭〟を最初から提示する。日本のサイコ・サスペンス・ホラー映画の中では、十指に入る秀作である。[監脚]黒沢清[主]役所広司、中川安奈

「赤ずきん」の影響

———

明治時代、ペローよりもグリム童話が先に紹介された事もあり、ペローの知名度は低い。しかし、現在では、ペローが、グリムより先に童話を書いていた事は、大分知られてきた様である。「赤ずきん」は、多くの教訓を含んだペローの童話の中でもとりわけ恐ろしい物語である。この話の狼をもじり〝送り狼〟という言葉が作られた。調子の良い事を云って女性を家迄送り到着すると仮面を脱いで乱暴を働くという輩を指す。

『赤頭巾ちゃん気をつけて』1970

＊

11 | 『六人の女を殺した男』1965, フランキー堺は、ドラマーだった。喜劇で成功したが, シリアスな演技も素晴らしく, 名監督に愛された。

12 | 『秘録おんな寺』1969, 田中徳三は, 黒澤や市川の助監を経て, 監督になった映画職人。大映のドル箱シリーズを幾つも手掛けた。

I

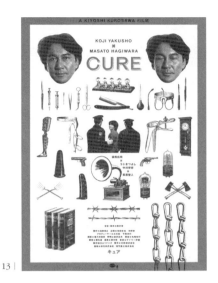

1969年に芥川賞を受けた庄司薫の同名小説の映画化。原作は, 学生運動の影響で, 東大を受験出来なかった高校生が主役で, 70年代を代表するベストセラーでもある。小説では, ペロー版では赤ずきんは食べられて, グリム版では生き返るといった違いにも言及している。映画の最後には, 主人公が社会へ踏み出すモラトリアムの教訓として赤ずきんの様な少女が登場する。その少女は, グリム版「赤ずきん」を購入して, シンボリックなタイトルに繋がっている。庄司は, この後「僕の大好きな青髭」という新宿という街を青髭に例えた育ちの良

い都会人ならではの中編を残している。監督森谷司郎は黒澤明の助手を務めたベテランで, 映像化は難しいのではと思われた小説を, 無難な青春映画に仕上げて, 結果相当なヒット作となった。[監]森谷司郎[脚]井出俊介, 森谷司郎[主]岡田裕介, 森和代

『濡れた週末』1979
日活ロマンポルノを支えた根岸の初期の佳作。会社事務員兼社長愛人の婚期を過ぎた女が主人公。社長の娘に読んで聞かせる童話が「赤ずきん」で, 女が事件を起こし, 会社を去るときに来ている毒々しい赤いワンピースも赤であった。社長の娘は, 赤ずきんは

最後に助け出されると信じているのだが, 女は, 本当の「赤ずきん」は食べられておしまい, とペロー版の残酷な結末を最後に話して去ってゆく。[監]根岸吉太郎[脚]神波史男[主]宮下順子

『赤ずきんと足跡』2008
これが何故「赤ずきん」なのか, 考えながら見るととても楽しい映画。フランスの地方都市からの交付金で, わずか一ヶ月弱の滞在中に撮り上げたというが, 一人の女の子がオオカミならぬギャングにもまれながら大人になってゆく話。ヴィゴやゴダールへのオマージュが満載で, 青山の才気が煌めいている。→Ⅱ77(青山)

---

13 | 『Cure キュア』1997, 夢野久作が見たら喜ぶだろう。本編を撮りだして15年, 黒沢の映画創りもこの頃から油が乗り出してきた。

14 | 『赤頭巾ちゃん気をつけて』1970, 政治運動が高校生までを巻き込んだ時代。時代と青春の対置, 揺れ動く心が, 映画にもよく出ている。

Charles PERRAULT

15 |　　　　　　　　　　　　　　　　　　| 16

★

参考｜木村恵吾の狸映画シリーズ

—

『狸御殿』1939
当時一週間替りが普通の処三週間に延長されたほどのヒット作だったが，現在フィルムは残されていない。[監脚]木村恵吾［音］佐藤顕雄［主］高山広子，伊庭駿三郎

『歌う狸御殿』1942
暗い時代の中で，爆発的ヒット。『狸御殿』の改訂版で，狸の王子様は宮城千賀子に変わっている。[監脚]木村恵吾［音］佐藤顕雄，古賀政男［主］高山広子，宮城千賀子

『春爛漫狸祭』1948
戦後になって，またまた復活した木村恵吾の『狸御殿もの』。音楽は，JAZZの服部良一。ヒロインは新宿ムーランルージュのアイドル明日待子。[監脚]木村恵吾［音］服部良一［主］明日待子

『花くらべ狸御殿』1949
給仕になって働いている隣国の王子。「シンデレラ」の逆転版の趣で，男装のトップスター水之江瀧子が歌い踊る。[監脚]木村恵吾［音］服部良一［主］水之江瀧子

『大当り狸御殿』1958
東宝が製作した『狸もの』。原作は，木村恵吾で，御家騒動にからんだ，シンデレラテイストが物語の底流に流れている。主役は二役で，雪村いづみが演じている。[監]佐伯幸三［原］木村恵吾［音］松井八郎［主］雪村いづみ，美空ひばり

『初春狸御殿』1959
大映スターが，ずらり揃った和風ミュージカル。若尾文子は，町娘と姫君。[監脚]木村恵吾［音］吉田正［主］若尾文子，市川雷蔵，勝新太郎

『狸穴町0番地』1965
開発が進む都会に，人間に化けた狸が潜り込むが，恋の王子様は，人間になっている。[監脚]木村恵吾［音］宮川泰［主］高田美和

·

15 |『濡れた週末』1979，グリムとペローの結末の違い（赤頭巾の生死）を，脚本の神波史男が，ドラマの山場に使い成功している。

16 |『花くらべ狸御殿』1949，SKDの大スター水之江滝子とOSK出身の京マチ子が，歌い踊る豪華進駐軍好みのレヴュー狸御殿。

I

17 |

| 18

★

参考｜木村圭吾以外の狸映画

―

『満月城の歌合戦』1946
松竹が戦後すぐ，御本家大映より早く製作した狸ものミュージカル。[監]マキノ正博[脚]八尋不二[主]轟夕起子

『歌うまぼろし御殿』1949
洋服を着たお家騒動。SKDの水の江が，王子役。[監]小田基義[脚]山本嘉次郎[主]水の江瀧子，月岡夢路

『満月狸ばやし』1954
東映が看板スター中村錦之助で，制作した狸のお家騒動もの。[監]萩原遼[脚色]中田龍雄[主]中村錦之助

『七変化狸御殿』1954
この作品は，現代にも通じるおバカ映画で狸ものの中でも，人気が高い。[監]大曽根辰夫[脚]柳川真一他[主]美空ひばり，淡路恵子

『歌まつり満月狸合戦』1955
新東宝が制作した"狸もの"。子供の頃にさらわれた世継ぎの姫を巡る"お家騒動"。ひばりが茶屋の娘で実は姫の役を演じる。[監]斎藤寅次郎[脚]中田龍雄[主]美空ひばり

『花くらべ狸道中』1961
大映の人気男優，市川雷蔵と勝新太郎による，狸の弥次喜多道中。[監]田中徳三[脚]八尋不二[主]市川雷蔵，若尾文子，勝新太郎

『歌くらべ満月城』1963
狸の姫と人間との恋物語。狸の姫は，当時人気の演歌歌手畠山みどり。[監]的井邦雄[案]塚田栄太郎[脚]若井基成[音]大森盛太郎[主]畠山みどり

『オペレッタ狸御殿』2005
世界的にコアなファンの持つ，鈴木清順作品。2005年，第58回カンヌ映画祭の特別招待作品である。主演は中国の大スター，チャン・ツィイー。鈴木は昔から『狸御殿』の大ファンで，自分でも一度撮りたいという強い願望があったという。[監]鈴木清順[脚]浦沢義雄他[音]大島ミチル他[主]チャン・ツィイー，オダギリ・ジョー

・

17 |『大当り狸御殿』1958，ＴＶの無い時代，休みの時期にのんびり家族で楽しんだ，典型的な歌謡映画の一本。
18 |『オペレッタ狸御殿』2005，国民的大スター美空ひばりのデジタル映像が登場して話題になった。カルト監督のやりたい放題映画。

Charles PERRAULT

アベ・プレヴォ

I-02

Abbé PREVOST

1697–1763

「マノン・レスコー」が，どうやって日本人に知られていったかを確定するのは，非常に難しい。大正10年(1921) 廣津和郎訳の本が出た時には，既にモーパッサンが，プレヴォを絶賛している事も知られていたし，メリメの「カルメン」もデュマの「椿姫」も翻訳されていたので，その関連からしても，明治の末には，少なくても文学者たちには，充分に意識されていたと思う。この頃は英語に訳された仏作品を訳す事も良くあったし，ましてや「マノン・レスコー」ともなれば，2大オペラの存在もあり，それらが相乗して拡がっていったと云えるだろう。因みにプッチーニの「マノン・レスコー」は1927年に，マスネの「マノン」は1929年に初演されている。決定的と思われるのは昭和3年 (1928) に公開されたアメリカ映画『マノン・レスコオ』の主題歌として，中山晋平曲，西城八十詞のゴールデンコンビが「マノン・レスコオの唄」を創作し，佐藤千夜子唄で，大流行している事である。(佐藤千夜子は，歌謡曲の確立期に多くのヒット曲を創出した。1930年にはイタリアに渡り，日本の民謡等の普及に努めている。)

マノンは，ファム・ファタルの代名詞であるのだが，「カルメン」や「椿姫」と違う，もっと強力な娼婦性があり，実際，禁書的なイメージがついてまわっていた。どれだけ日本の文学者に影響を与えたかは測りしれない。谷崎や荷風や吉行淳之介，もっとくだけて，川上宗薫や宇能鴻一郎らのエロ流行作家達のモチーフの一つを成し，これらの作家の小説は数え切れない程，映画化されている。

「マノン・レスコー」が，幾度目かの大注目を浴びたのは，1950年公開のG・クルーゾーの『情婦マノン』であった (Ⅱ章クルーゾー参照)。この映画は，大ヒットとなり，これ又20年前と同じ様に，日本側での映画主題歌「情婦マノンの唄」「マノン小唄」が，二葉あき子によって唄われている。それにしても，マノンは流行歌と相性が良いらしく，1980年には，シャンソンの訳詞からそのキャリアを始めた，なかにし礼により「あなた色のマノン」という歌謡ポップスが作られ，岩崎良美の歌唱で，かなりのヒットを記録している。マノンは又，マスネのオペラ以外に芝居としても上演されている。特に戦後，1947年クルーゾーの映画公開より早く宝塚が越路吹雪で公演しているのが興味深い。

Ⅰ

| 1

「マノン・レスコー」の影響
—

『情熱の不知火』1935
19世紀初頭港町唐津を舞台にした，江戸時代版「マノン・レスコー」。阿蘭陀船と密貿易している一味の美女をマノン，取り締まる若い余力を騎士デ・グリュに見たて翻案された山上伊太郎の原作脚色。[監]村田実[原脚]山上伊太郎[主]片岡千恵蔵，志賀暁子

『夜の緋牡丹』1950
新人島崎雪子を売り出す為に，製作された様な映画で，アプレ芸者（戦後の芸者，ここではダンス芸者）と復員後貧乏生活を送る文学青年の純愛物語である。映画の宣伝文句にも和製「マノン・レスコー」の文字が踊るが，丁度クルーゾーの『情婦マノン』が，大ヒットした時でもあり，それにあやかろうとした事は明白である。主演の島崎の失踪事件を仕掛けたり，タイトルも『夜の牝猫』（それにしても酷いタイトル！）から変わったりと，時を経てもやらせの跡が残っている，映画の中でも，逆さ状態でのキスや，お座敷でのビキニのダンスなど，あざとい演出場面が多い。しかし，今，再見すると，不思議な味わいがあり忘れがたい映画でもある。監督の千葉が表現したい，人間の絆を映画の中に通しているからだろう。[監]千葉泰樹[原脚]八田尚之[主]島崎雪子，伊豆肇，月丘夢路

『悲歌』1951
「マノン」の日本的翻案劇だそうだが，マノンの高峰三枝子は，ミスキャストである。[監]山本嘉次郎[脚]小川國男，山本嘉次郎[主]上原謙，高峰三枝子

『禁男の砂』1957
芥川賞を授賞した近藤啓太郎の「海人舟」の映画化。原作から相当離れ，G・クルーゾー作品の影響も見られる。ヒット作となり，その後3作続編が作られたが，内容的には，それぞれ別ものである。[監]堀内真直[原]近藤啓太郎[脚色]高橋治[主]大木実，泉京子

『紅壺』1965

---

1 ｜ 『夜の緋牡丹』1950，主演の島崎は，シャンソン歌手として，銀座で長い間シャンソニエ風の高級BAR "エポック" を経営していた。

2|　　　　　　　　　　　　　　　　　　3|

日活ロマンポルノ以前のピン
ク映画の大物，渡辺護の初期
作品。圧倒的低予算映画なが
ら，その映像は瑞々しい。現
在見ると，これが成人映画？
と言いたいほど，抑えた表現
である。田舎から出てきた少
女が，売れっ子モデルに成り
上がる様は，マノンと言えな
くもない。ラストは，これも
クルーゾーのマノンの様に，
遺体を背負って運ぶ場面があ
るが，ここでは銀座の裏通り
である。［監］渡辺護［脚］吉
田義昭［主］真山ひとみ
『マノン』1981

演劇学校に通う主人公が，現
代のマノンの様に，純粋に多
情な女の設定で男を翻弄す
る。80年代映画を多数監督し
た，東陽一のプレヴォへのと
いうよりは，クルーゾー『情
婦マノン』へのオマージュに
溢れている。漫才で人気者に
なり，俳優として映画に出始
めた頃の，ビートたけしがチ
ンピラ感をよく出して好演。
主役の二人の力み過ぎを救っ
ている。［監］東陽一［脚］東
陽一，田中晶子［主］烏丸せつ
こ，佐藤浩市
『愛獣　悪の華』1981

東陽一の『マノン』と呼応す
るように，日活ロマンポルノ
の主力監督加藤彰が監督し
た一篇。脚本の桂は，ロマン
ポルノから一般映画まで隔て
なく良作を書いている脚本家
である。普通の人妻が，男を
迷わす娼婦になってゆく，と
いうストーリーで，荒い部分
が多いが，「悪の華」とつけら
れたタイトルからも，監督の
文学好きが感じられる。［監］
加藤彰［脚］桂千穂［主］泉
じゅん

・

2|　『禁男の砂』1957，夫を亡くして漁村の男を惑わす海女に，マノンが重なる。題が煽情的だが，続編は副題に"赤
　　いパンツ"。
3|　『紅壺』1965，低予算のピンク映画だが，リズムがある佳品である。監督の渡辺は，この種の映画の巨匠の一人で
　　あった。

I

マルキ・ド・サド

Marquis de SADE
1740-1814

　サドの作品は永い間禁書として扱われていた。シュールレアリスト達に再発見された事を知る大正の仏文学者も取り立てて話題にせず，一般には昭和はじめに，心理学者による紹介等でぼんやりと知らされているだけだった。又，当時の日本のモラルの状勢から翻訳する勇気のある者はいなかったのであろう。注目されはじめたのは第二次世界大戦後，武場隆三や田辺貞乃助によって抄訳が出だしてからで，それも一般人の目には遠い存在であった。

　一気にサドが大衆にまで届いたのは1959年，渋沢龍彦が現代思想社から出した「悪徳の栄え」からである。この作品はすぐに発売禁止となり1961年に起訴され，その後サド裁判として多くの文学者を巻き込み"わいせつか芸術か"を巡り1969年まで争われた。一審では無罪であったがすぐに再起訴されて最高裁までゆき，最終的に有罪となった。罰金はたった７万円だったと云うが。

　その間，1963年にR・ヴァディムの『悪徳の栄え』が，1968年には，ピーター・ブルックの『マルキ・ド・サドの演出のもとにシャラントン精神病院患者によって演じられたジャン＝ポール・マラーの迫害と暗殺』が，1969年にジュス・フランコのイタリア版『マルキ・ド・サドのジュスティーヌ』が公開されている。

　日本ではこの前後でサドと同じような，文学作品を巡っての裁判があった。「チャタレイ夫人の恋人」と永井荷風の地下本「四畳半襖の下張」である。どちらも原告側が勝ったが，丁度時代的にも日米安保闘争と学園粉争があり，サド裁判で，大権力に対して抗う一人のやせた仏文学者渋沢龍彦は，それら文学裁判の代表の様であり，若者たちに大いに支持された。

　その後，サドという名前，サディズム，マゾヒズムという言葉はＳＭと略されて，あっという間に一般に知られていった。それは，今までいわゆる地下版，私家版だったものがマニア向けの雑誌から一般雑誌へと広がり，沼正三の「家畜人ヤプー」(1956)，団鬼六の「花と蛇」(1961)，そして伊藤晴雨のイラスト作品達は，再評価され，日本のＳＭサブカルチャーの代表として認知された。

　日本映画としては71年以降映画不入りの為，ロマンポルノに移行せざるを得なかった日活映画でこれらのＳＭのテーマは繰り返し使われた。時代劇ヤクザ物路

Marquis de SADE

線の東映もヘンタイ映画といわれたドキュメント風のものや大奥ものの中にこりずにＳＭを取り入れていったし，大映も女牢シリーズ等その手の流行に遅れる事はなかった。そして，現在ではあたり前のように子供たちがＳ派？Ｍ派？等と口にする程ＳＭという言葉は一般化したのである。

　1976年に公開されたサドの翻案パゾリーニの『ソドムの市』は，前代未聞のスキャンダラス映画として大変な話題となった。大阪で1979年に起きた三菱銀行人質事件（4名の死者，犯人は射殺）は，犯人が『ソドムの市』に，影響されていて，女子行員を全裸にし，男子銀行員に同僚の耳を切り取らせる猟奇的な行為を強要して，映画の影響の強さを改めて考えさせられた大事件であった。

　高橋伴明監督『刺青 (TATTOO) あり』(1982) は，残虐場面は無かったが，この事件を元に映画化された秀作である。

Ｍ・ド・サドの影響

ー

サドの日本映画への影響は，ＳＭ映画というジャンルがある程大きいが，直接の翻案作は少ない。

『女地獄 森は濡れた』1973
「美徳の不幸」をロマンポルノの名匠といわれた神代が翻案。すぐに上映禁止となり，ＤＶＤ化も遅れ長い間幻と云われた。濡れ衣を着せられ

た娘が逃走中にある館にかくまわれるが，そこは恐ろしい主人のいる館であった。倍の予算をあげたかった作品である。［監脚］神代辰巳［原］マルキ・ド・サド［主］伊佐山ひ

1｜　『女地獄 森は濡れた』1973，冒頭，屋敷を追われた女を拾い怖い館に連れ込むまでが素晴らしい。館の中から急にテンションが落ちる。
2｜　『悪徳の栄え』1988，サド原作を犯罪者が演じるという要の部分に，ピーター・ブルックの『マラー／サド』が重なる。

3 |

| 4

ろ子, 山谷初男
『マダム・サドの牝地獄』1986
ロマンポルノの一本で, 裏切
って別の相手と結婚した男,
そしてその相手までも拉致監
禁して自分の奴隷にしてし
まうという, もの凄さだが,
セックス描写ばかりで, マダ
ム・サドという題を持つ風格
がない。[監]川崎善広[脚]
磯村一路[主]和地真知子

『悪徳の栄え』1988
タイトルは「悪徳の栄え」だ
が, 「美徳の不幸」を原案とし
ている。(日本では2作を総
称して「悪徳の栄え」と云わ
れる事がある。)意欲的かも
しれないが, 舞台劇を無理や
り映像化した印象が強い。脚
本の岸田は, 寺山修司の「天
井桟敷」で腕を磨いた劇作家
である。[監]実相寺昭夫[脚]

岸田理生[主]李星蘭
『SとM』2010
平凡なサラリーマンが突然,
性の深淵にはまってゆく。数
えられない程エロティク映画
の主題になってきたが, これ
はズバリタイトルからして『S
とM』である。[監]仰木豊[原]
村生ミオ[脚]清水匡, おおぎ
ゆたか[主]川村りか

★

参考|『花と蛇』
ＳＭ小説家団鬼六の作品は, ＳＭ映画というジ
ャンルを作った「花と蛇」をはじめ多くが映画
化されている。特に「花と蛇」はパターンを変え
ながらも既に9本映画化されている。内容は,
資産家のサディストが, 若妻を調教するという
大まかな設定があり, 「O嬢」の様相を呈した作

品もある。他の作品も, 例えば『夕顔夫人』は姉
妹が, 計略に掛かる話で「悪徳の栄え」等サドの
影響を指摘するのはたやすい。
『花と蛇』1974
[監]小沼勝[脚]田中陽造[主]谷ナオミ→Ⅱ80
(ロマンポルノ)

3 | 『マダム・サドの牝地獄』1986, 本家のサドも三島の戯曲も全く知らなそうなマダム・サド。SM大好きなブティッ
クマダムの性的復讐譚。
4 | 『花と蛇』1974, SMの女王と言われた谷ナオミは, 谷崎ファンでナオミは「痴人の愛」由来という。シリーズ中
で一番の作品。

Marquis de SADE

ジュール・ミシュレ

Jules MICHELET
1798–1874

　日本でのジュール・ミシュレ，この19世紀の偉大な歴史学者名を語るときにまず挙げなくてはならないのが，手塚治虫が率いていた虫プロダクションである。戦後の日本の漫画，アニメ界の帝王であった手塚の虫プロダクションは，1973年に一度倒産するが，その最後の時期に一時，大人のためのエロテイックなアニメを製作した時期があった。『千夜一夜物語』『クレオパトラ』『哀しみのベラドンナ』の3作品がそれである。どの作品も従来のアニメよりぐっとスケールアップした作品で，特に興業的には惨敗した『哀しみのベラドンナ』は，製作費を大幅にオーバーして"虫プロ"崩壊の原因の一つとなった。しかし作品としての評価は日を追う毎に高くなっていき現在では日本のアニメ史にその名を残している。

　このアニメは深井国の静止画中心にベテラン杉井ギサブローが，アニメ化し従来のセル画アニメとは違う娯楽アート映画と言いたい作品であった。原作はミシュレの「魔女」である。魔女という存在は，当時の日本人にとっては，童話や「マクベス」あたりの不気味な老婆，又はアメリカのTVドラマで人気のあった「奥様は魔女」くらいしか思い浮かべられなかったろうが，このアニメの魔女は美しくエロテイックでしかもパワーにあふれていた。同時にミシュレという，決して日本では，ポピュラーと言えない歴史学者の名前が，タイトルの横に冠され，大人のアニメファンに知られる事になった。アニメ化された「魔女」は，主人公の娘の名前をジャンヌとしてあるが，当然そこには「ジャンヌ・ダルク」がかぶっている。

　一方その，同じミシュレによる「ジャンヌ・ダルク」は，シラー原作「オルレアンの少女」として子供向けの世界文学集によく載せられて，20世紀初頭には既にシラー原作として，知られていた。ミシュレより一足早かった訳である。日本ではジャンヌ・ダルクは，男社会に女が一人闘いを挑むようなウーマンリブ的場面で例えば政界のジャンヌ・ダルクといった使い方が良くされる。ミシュレの「フランス史」とその中の「ジャンヌ・ダルク」は，歴史学者の中だけではなく一般にも少しずつ認知されて，ともすれば，名前だけが先行してしまうジャンヌの実在の拠りどころとなっている。

　それにしても，日本人は，ジャンヌ・ダルクが好きで，幾つかの輸入された映画

I

も大体の作品はヒットし（哀しいかなブレッソンはその例に非ず）よく舞台にも登場するが，興味深いのは，戦国のジャンヌ，幕末のジャンヌ等など沢山のジャンヌを，日本の過去の歴史上の女性にその名を冠してしまう現象である。その数多いジャンヌの中には，日中戦争の歴史の中で中国清朝の王族から日本人の養女となり数奇な運命を辿った川島芳子に，満州のジャンヌ・ダルクという名を与え戦争の駒にしてしまった残酷な例もある。

「魔女」の翻案
——

『哀しみのベラドンナ』1973
虫プロダクションが手掛けたアダルト向けアニメ作品の一本。公開時は不評だったが，現在ではカルト的な人気がある。このアニメの静止画と動画の混ざり合う独特な世界は，全てがデジタル化しつつ

ある現在，再現は難しいとされている。日本人にミシュレの名を少しでも知らしめ広げたのはこのアニメであるといえよう。[監]山本暎一[脚]福田善之，山本暎一

「ジャンヌ・ダルク」の影響
——

『北満のジャンヌ・ダルク』1933

14才で中国人に誘拐された少女が祖国日本の為に生命を賭して敵の秘密文書を奪う話。[監]吉村操[脚]山本三八[主]久野あかね

『荒姫様』1945（未完成）
山本周五郎が書いた，「笊堀」の一篇で，日本版ジャンヌ・ダルク"荒姫"の物語。撮影中に，第二次大戦の終結と重な

*

1 | 『哀しみのベラドンナ』1973，大人のアニメといわれたこの作品は，40年以上経た現在，古典的名作と呼ばれている。
2 | 『我が恋は燃えぬ』1949，明治の女性民権運動誕生は歴史の流れだが，日本もフランスも女性が参政権を得たのは大戦後1945年である。

Jules MICHELET

り，未完となった。長く幻の
フィルムと言われている。主
演の原節子が，輝くばかりの
美しさだったという。[監脚]
黒澤明[主]原節子

『我が恋は燃えぬ』1949
東洋のジャンヌ・ダルクと呼
ばれた福田英子と婦人民権運
動の物語。福田は，幕末に生
まれ明治から昭和期にかけて
社会と戦った運動家。この映
画は，彼女の伝記を基にして
いるが，もう一人，男の言い
なりな当時の典型的な女を全
面に出し，主人公と対比させ
る。その無知な女が，だんだ
んと主人公の影響で，社会に
目を開く様が，重要なテーマ
になっている。[監]溝口健二

[原案]野田高梧[脚]依田義
賢，新藤兼人[主]田中絹代，
水戸光子

『戦雲アジアの女王』（嵐を呼
ぶ紫の女）1957
清朝の末裔，愛新覺羅顯こと
川島芳子を主人公にした映
画。川島は中国王族の生まれ
で，日本人の養女となり，成
長して日中戦争の嵐に咲いて
散ったあだ花である。男装の
麗人，東洋のマタ・ハリ，満
州のジャンヌ・ダルク，など
色々な名前で呼ばれ，一種の
アイドル的存在でもあり，現
在もよくドラマに登場する。
彼女は，取引をして別人が成
りかわり，死刑は免れたとい
う情報もあるが，本当なら

ば，まさに映画になる話であ
る。[監]野村浩将[原]棋本
捨三[脚色]岡沢新一，小野沢
寛[主]高倉みゆき

『桃色のジャンヌ・ダルク』2009
桃色ゲリラなる反戦アート集
団の中心である画家増山麗
奈の活動を追ったドキュメン
タリー。アーティスト独特の
奇矯で突飛な行動で，失笑を
誘う場面もあるが，本人はい
たってまじめである。国会議
事堂前でデモをしようとして
警察が来たり，権力に愛で反
旗を翻す姿を，桃色のジャン
ヌ・ダルクと云うのは自由だ
が。パリの凱旋門広場で，ゲ
リラ的にパフォーマンスする
姿も記録されている。[監]鵜

*

3 | 『戦雲アジアの女王』1957，『嵐を呼ぶ紫の女』と2つ題がある。川島芳子は，東洋のジャンヌとマタハリ，これ又
　　2つ綽名を付けられた。
4 | 『桃色のジャンヌ・ダルク』2009，母乳アートで，世間にアピールした社会運動家は，ジャンヌが乗り移り議員に
　　立候補した。平和な国の物語。

I

5 |　　　　　　　　　　　　　　　　　| 6

飼邦彦 [主] 増山麗奈
「神風怪盗ジャンヌ」1998–
2010
ジャンヌ・ダルクの生まれ変わりという日本人女子校生が主人公の漫画。アニメ化ノベライズと進んだが、映画化は企画のみに終わった。ドイツを中心にヨーロッパ圏では人気があった。[原] 種村有菜 [脚] 高田祐弘
『魔法少女まどか☆マギカ』
2012–2013（劇場版）
2011年に深夜ＴＶで公開され人気となった少女アニメ。

舞台は、近未来の日本の様だがどうとでも取れる設定となっている。人類には、ずっと昔から一般には気づかぬ魔女がいて、その対抗の存在として魔法少女がいた。魔法少女は日本駐在のようなエイリアンと契約して代々の先輩がこの世を守ってきた。先代といわれる中には卑弥呼もクレオパラも、そしてジャンヌ・ダルクもいた。いかにも日本的な発想だが、展開が早く面白い要素が詰まった「美少女戦士セーラームーン」などの流

れをくむ戦闘活劇アニメである。ジャンヌ・ダルクが、完全なる主役のパターンは漫画化された外伝「魔法少女たると☆マギカ」となっているが、全体としての映像作品にもジャンヌの影響は随所に感じられる。なおこの作品は、深夜アニメとしては記録的なヒットとなり、漫画、小説、ゲームに展開し、劇場版も3作品製作されている。[監] 新房昭之（総監督）[原] Magica Quartet [脚] 虚淵玄

・

5 |　『魔法少女まどか☆マギカ』2012-2013、魔法少女には先代がいて、ジャンヌ・ダルクもその一人であった。ジャンヌ版は、外伝でコミックに登場。©アニプレックス、ワーナー・ブラザース映画 / 作 Magica Quartet

6 |　ジャンヌダルク（ゲーム）、プレイステイション用ゲームソフト。処刑されるジャンヌは偽物で、本物は、ゲーマーと共に悪と闘う。

Jules MICHELET

オノレ・ド・バルザック

Honoré de BALZAC

1799–1850

　五百羅漢を御存知だろうか？溝口の代表作『西鶴一代女』に出て来た人物群（映画では木彫），と言えば解って貰えるだろうか。日本の寺で度々見かける群像である。これ等は，仏陀の弟子たち500人を祀ってあるのだが，この中には自分や自分に似た顔が必ずあると巷間では云われている。バルザックの傑作群「人間喜劇」は，ふとその五百羅漢を想い出させるコンセプトである。バルザックは日本でも明治時代から翻訳されていて，一部に熱狂的なファンもいて非常に高価な全集も出版されている。そして，様々な階層の人間の欲望や感情を見事に捉えたバルザックの小説群にはあまたの日本の作家が影響をされて来た。しかしユーゴーやシェイクスピアの様にポピュラーにはならなかった。

　時が流れ，現代の新しもの好きな，ましてや本離れの激しい日本の若い層にバルザックが良く読まれているかというとNOである。

　それよりも1986年発売以来あっという間に世界を魅了したゲームソフト，ドラゴンクエストに登場するモンスターの一つに元は人間だったバルザックがある。ドラゴンクエスト略してドラクエは，日本製コンピューター・ゲームとして，30年近く人気が続く世界的なゲームソフトだが，音感から大小説家バルザックの名からとったという。ベストセラーゲームだけあって，ドラクエに登場するキャラクターは非常に多い。それこそ「人間喜劇」のように様々なキャラクターがバージョン毎に登場するが，バルザックはその中でも，強力な位置を占めている。

　さて一般的に，小説家バルザックは，影が薄くなった感をぬぐえないが，1997年に，アテネフランスとユーロセンターによって創られた映画美学校に於いては，そうではないようである。例えば，この学校の二人の卒業生が，バルザックにモチーフを求めた映画を残している。

　バルザックの傑作群［人間喜劇］の中では「谷間の百合」「ゴリオ爺さん」が特に有名で，「従姉ベット」「みみずく党」「ウジェニー・グランデ」がそれに続いている。具体的にバルザックの翻案を唄う日本映画はあまりないが，日本の演劇や映画の内容に組み入れられている例は限りがないだろう。フランス本国では，流石に映画化作品が多い様だが，日本では，1920年に公開された『海の人』（マルセル・レル

I

1|　　　　　　　　　　　　　　　　　　　　　　|2

ビエ），マリー・ラフォレの美しかったジャン＝ガブリエル・アルビコッコ『金色の眼の女』(1963) の他に，ジャック・リヴェットのバルザック原作『美しき静い女』(1991) と『ランジェ公爵夫人』(2008) が公開され，特に『美しき静い女』は，映画の中で，E・ベアールがほとんど全裸で通すといった話題が宣伝されて，単館公開ながらヒットした。

　特にバルザックに限るわけではないが，例えば映画が日本で公開されると，それを機に原作が新訳で出版される，映画輸入業者も，新訳の出版社と共同で宣伝する。大なり小なりだが，それが又少しだけ巨匠の名前を浮上させ，新たなファンを獲得してゆくのである。

［人間喜劇］の影響

―
◇「谷間の百合」
『リリー・オブ・ザ・バリー』
2003
映画学校出身の合田典彦の中篇。「谷間の百合」が翻案され

ている。[監脚] 合田典彦 [主]
中村優子
◇「ざくろ屋敷」
『ざくろ屋敷』2007
映画美学校出身で現在は，青年団の演出家である深田晃司の力作。約70枚のテンペラ画

で構成してゆく手腕は海外で認められるのも納得できる。何より深澤研のテンペラ画が素晴らしい。東映アニメーションの協力も忘れてはならないが，日本のアニメを良く知っている深澤たちの世代が古い

---

*

1| 『ざくろ屋敷』2007，描かれた絵をつなぎ撮りした映画。ゴダールの『パッション』にもない，静けさに感動を覚える。

2| 『純白の夜』1951，三島は，自作の映画化作品に出演するのが好きだった。この映画ではダンス教室のパーティ客になっている。

Honoré de BALZAC

3 | | 4

ようで斬新な映画を生誕させている。この映画は2010年にフランスのバルザック記念館で上演されて好評だったというが既に2008年KINOTAYO映画祭で新人賞なども取っていた。日本でももっと評価すべき映画である。[監脚]深田晃司[テンペラ画]深澤研

[人間喜劇] 全体としての影響
―

『純白の夜』1951
三島由紀夫の初期作品で，フランス心理小説の影響，特にバルザックの"卑俗と悲劇"の組立が見られる。映画化作品は，原作の香気が全く感じられない，単なるもったいぶった，よろめきドラマになっていた。[監]大庭秀雄[原]三島由紀夫[脚]柳井隆雄，光畑硯郎[主]木暮実千代，森雅之

『東京人間喜劇』2008
深田が，青年団の俳優たちを使って再度バルザックの短篇を取り上げた。3つの話に分けて書かれた脚本を興業的なスターを一人も使わない清々しい撮り方に好感が持てる。[監脚]深田晃司[出]劇団青年団

★

参考 | 『楽園追放 Expelled from Paradise』2014
伝統ある東映アニメーションとアダルトゲームが主体のニトロプラスが組んだ西暦2400年の電脳世界の物語。地球の98パーセントが，肉体はない電脳で，その電脳世界への侵略者と闘う生身の人間の体をした電脳が，アンジェラ・バルザックである。ニトロプラスが噛んでいるので，当然16才ながら，お色気ムンムンのロリキャラが選ばれている。[監]水島清二[脚]虚淵玄[原]東映アニメーション＆ニトロプラス

＊

3 | 『楽園追放 Expelled from Paradise』2014，肉体を棄て，脳だけになった人類の話。16才のボディを与えられた主人公が大暴れ。

4 | ドラゴンクエスト（オブジェ），ドラクエのキャラは五百羅漢の様に多い。ドラクエIVのバルザックは攻略が難しいが，憎めないキャラである。©スクウェア・エニックス／作 鳥山明

I

アレクサンドル・デュマ

Alexandre DUMAS Père
1802–1870

　19世紀末の日本では娯楽といえば芝居や寄席，そして読書は最大の娯楽であった。知識人はもとより，大人から子供まで実に沢山の本を読んでいた。特に異国の文学を翻訳したものは珍しく，長篇物はまず新聞に連載された後，単行本となって一般に流布していった。貸本屋が沢山あり，あるときは今の図書館の様な働きもしていた。ベストセラーはそれこそ奪い合いだったようだ。

　デュマの「ダルタニャン物語」は明治20年（1887）に「三銃士」として加藤紫芳によって，読売新聞に連載され，「モンテ・クリスト伯」は明治34年（1910）に「巌窟王」として黒岩涙香によって，萬朝報に連載された。

　両作とも日本人の読書嗜好のド真中，山あり谷ありハラハラワクワクの内容で，特に訳者涙香の人気はすばらしく，「巌窟王」は大評判になった。黙阿弥の歌舞伎「三人吉三」から想を得た感もするタイトル「三銃士」はその後何度も翻訳され三銃士とつけた多くの映画が作られた。日仏両方にある王宮，国家への忠誠心が一般に受けた大きな要素と云えるだろう。そしてボワゴベの項でも触れるが，ダルタニャン物語第3部の「鉄仮面」の部分は一人歩きして様々な展開をしてゆく事となった。

　「巌窟王」も涙香の名訳でくり返し読みつがれていったが，宝探しに復讐譚が加わったこの話は，余程日本人に合っていたのだろう，「三銃士」と共に子供世界名作全集には必要不可欠な作品となっていった。昭和十年に連載開始された三上於菟吉によるベストセラー時代小説『雪之丞変化』もその一例である。策謀により一家全滅し辛うじて生き残った美少年が，名女形にして剣の達人となり，親を陥れた犯人たちに次々と復讐するミステリーで多くの映画化，舞台化がなされた。ジョンストン・マッカレー「双生児の復讐」の翻案とされているが，原作も含めてそのベースは「巌窟王」であり，三上自身の訳による「モンテクリスト伯」も残されている。他にＴＶアニメだが2004年から放映された『巌窟王』は，どの映画化作品にも負けない独創的な解釈と美しい映像で傑作とされている。

Alexandre DUMAS Père

「ダルタニャン物語／三銃士」の影響

—

1932年第一次上海事変の戦場で，自爆して攻路を作った三人の日本兵は，即，当時の日本の軍神になった。肉弾三勇士，爆弾三勇士といったキャッチが，国を巻き込んだ英雄譚となり，以降，デュマの「三銃士」も，微妙に形を変えながら，復活した感がある。三銃士または三勇士とつく作品は非常に多い。大体は3人の男が悪に立ち向かうパターンだが，題名として使用しただけと思える作品も多い。取りあえず作品を並べたがフィルムが無い作品もあり，あらすじから辿った作品もある。

『諧謔三浪士』1930
無声映画最盛期のギャグ版チャンバラ『三銃士』。当時D・フェアバンクスのアメリカ版『三銃士』が，大ヒット。その余波に乗って公開されまたヒットした。[監脚色]稲垣浩[主]片岡千恵蔵，尾上桃幸

『求婚三銃士』1936
軍国的になり始めた昭和9年の雑誌連載小説が，原作である。大学の仲良し3人組の花婿レース。マドンナが海軍将軍の娘というところに時代感がある。[監]矢倉茂雄[原]佐々木邦[脚]伊馬鵜平，阪田英一[主]千早早智子

『怪童三勇士』1936
[監]山田兼則（全勝キネマで3作品製作）[脚]那智朱太郎

[主]実川童

『元禄三銃士』1937
江戸は元禄のお家騒動もの。[監]大伴竜三[原脚]有田彰夫[主]松山宗三郎

『無敵三剣士』1938
極東キネマ製作の，ロボットも登場するキッチュな作品だが，フィルムはほとんど現存せず，この作品は，マニアの間ではSF忍者映画の傑作と呼ばれている。1985年に，当時の制作会社にいた末崎精二により4分のリメイク版が作られた。[監]米沢正夫[脚]関純一[主]綾野小路絃三郎，雲井竜之介

『尾州三勇士』1941
全勝キネマの最終作品。[監]熊谷草弥[脚]青山大乗[主]

*

1 ｜ 『元禄三銃士』1937，大都映画は，B級に特化した映画会社で，現在受けしそうな作品ばかりだが，残念ながら残った作品は少ない。
2 ｜ 『結婚三銃士』1949，理想の男と結婚を願う3人の女たちの友情。比較的珍しいテーマである。

I

3 |

| 4

天津竜太郎, 双葉勝太郎
『結婚三銃士』1949
一人の二枚目に, 恋した三人の女のラブバトル。[監] 野村浩将 [原] 中野実 [脚色] 柳井隆雄, 池田忠雄 [主] 上原謙

『歌くらべ青春三銃士』1952
大学ラグビー部の仲良し三人組が, 地元のヤクザと戦う。名前だけの「三銃士」影響作品の中では, 比較的原作に近い味わいがある。[監] 斎藤寅次郎 [脚] 八住利雄 [主] 鶴田浩二

『びっくり三銃士』1952
港町を舞台にした, 人情ドタバタ劇。斎藤寅次郎は, この作品も含めて三本の映画の題に "～銃士" を使用している。

[監] 斎藤寅次郎 [脚] 伏見晃, 鈴木兵吾, 沢村勉 [主] 大木実

『かっぱ六銃士』1953
沼に住む河童たちと, 埋め立てようとする人間との騒動記。六銃士とあるが, ほとんど原作の名前を借りただけである。[監] 斎藤寅次郎 [脚] 八住利雄 [主] 花菱アチャコ, 伴淳三郎, 八千草薫

『舞妓三銃士』1955
京都祇園の舞妓三人組が, 理不尽な水揚げを阻止するドタバタ喜劇。確かに舞妓がサーベルを持つ宣伝写真は, キッチュである。[監] 天野信 [脚] 依田義賢 [主] 小野瑠美子, 江島みどり, 峰幸子

『阿修羅三銃士』1957

徳川家光の時代の謀反をくわだてた一味と, 三武士の戦い。内容的に原作『三銃士』に近い世界。[監] 中川信夫 [原] 藤原一虎 [脚色] 喜多川喜久雄 [主] 小笠原竜三郎

『脱線三銃士』1958
当時人気のあった漫才の脱線トリオを, 主役にしたドタバタお笑い作品。原作との関連は, 題名のみ。[監] 千葉泰文 [原] 山口素一 [脚] 勝俣真喜治, 千葉泰文 [主] 八波むと志

『鍔鳴り三剣豪』1959
江戸時代の大名家の内部の, 陰謀を三人の武士が解決する, 痛快時代劇。[監] 山田達雄 [脚] 内田弘三 [主] 嵐寛寿郎

『台風息子花形三銃士』1959

---

*

3 | 『びっくり三銃士』1952, 斎藤寅次朗は, 昭和元年にデビュー以来207本の作品を監督した。日本のドタバタ喜劇を語る上で欠かせない。

4 | 『舞妓三銃士』1955, 舞妓をテーマにした映画は, 意外に多い。一時, なり手が減少したが, 最近は希望者だけは増えている。

Alexandre DUMAS Père

5｜ 6｜

摂津茂和の人気大衆小説の
映画化。高校生のくりひろげ
るドタバタ劇で，幾本も映画
化された『台風息子』とよば
れる中の一本。[監]和田篤人
[原]摂津茂和[脚色]笠原和
夫[主]小野透
『三匹の侍』1964
最初テレビでヒットした浪人
版三銃士。[監]五社英雄[脚]
阿部桂一，柴英三郎，五社英
雄[主]丹波哲郎
『にっぽん三銃士』1972
『続にっぽん三銃士』1973
戦前，戦中，戦後生まれの三
人が，それぞれの東京の職
場をクビになり，博多になが
れ，土建屋ヤクザに対抗する
話。前後篇に分かれている。
[監脚]岡本喜八，長野洋[原]

五木寛之[主]小林桂樹，岡田
裕介，田中邦衛

「モンテ・クリスト伯 巌窟王」
の影響
―
『日本巌窟王』1934
[監]中島宝三[原]前田曙山
[主]桂章太郎
『女巌窟王』1938
[監]後藤昌信[脚]都花菱[主]
三城輝子
『巌窟王ターザン』1938
主役の樺山は，小津などの助
監から，俳優に転身。和製タ
ーザン役者と呼ばれた。2メ
ートル近い長身で，戦後は，
映画の造形家として米・ディ
ズニーランドや『ゴジラ』や
『雪男』に関わり，黒澤映画に

も出演するなど極めてユニー
クな存在であった。[監]山田
兼則[脚]那智朱太郎[主]樺
山竜之介，宮川敏子
『日本巌窟王』1940（前後篇）
1934年のリメイク版。[監]佐
伯幸三（前編），中島宝三（後
編）[原]前田曙山[脚]伊勢野
重任[主]本郷秀雄
『姿なき復讐』1941
18年間地下に閉じ込められ
ていた男の復讐劇。[監]松田
定次[脚]比佐芳武[主]鈴木
傳明，月宮乙女
『女真珠王の復讐』1956
前田通子の大胆なヌードで
大ヒット。[監]志村敏夫[脚]
相良準，松木功[主]前田通子
『凸凹巌窟王』1957
江戸時代に「巌窟王」を持ち

*

5｜ 『鍔鳴り三剣豪』1959，"鍔鳴り"とは，刀と鍔が緩んで鳴る"カシャ"という音だが，チャンバラでは，効果音と
　　して使用される。
6｜ 『にっぽん三銃士』1972，挫折を抱えた三世代の男たち。お疲れ三銃士が，まさに"にっぽん"に重なっていた。

I

7｜   ｜8

込んだ珍品。［監］斎藤寅次郎
［脚］松村正温［主］花菱アチ
ャコ，勝新太郎
『**女巌窟王**』1966
売り飛ばされそうになった，
ダンサー姉妹が財宝を得て
ヤクザに立ち向かうエロテ
ィック復讐劇。［監］小野田嘉
幹［脚］内田弘三，小野田嘉幹
［主］三原葉子，万里昌代

「白髪鬼」の映画化
—
『**白髪鬼**』1912
［原］黒岩涙香［監脚主］不明
『**白髪鬼**』1949
無声映画の大スター嵐寛寿郎
"アラカン"が，洋服で登場。
［監］加戸敏［原］江戸川乱歩
［脚］富田八郎，加戸敏［主］

嵐寛寿郎，霧立のぼる
『**ザ・スノウ**』2002
セットの安っぽさ，主演女優
の演技が，失笑を買う酷い出
来。国際合作映画は難しい。
［監］黄文雲［原］江戸川乱歩
［脚］最合昇，江原千登勢，ゴ
レッティ・コー［主］スティー
ヴン・フォン，伊東美咲／香
港日本合作

★

参考｜『三銃士』のアニメ作品
『**ワンワン三銃士**』1981–1982
良く出来たＴＶシリーズ。海外で評価。［監］腰
繁男［キャラクター］関修一／毎日放送
『**アニメ三銃士〜アラミスの冒険〜**』1989
NHKで人気のあったシリーズの劇場版。［監］

湯山邦彦［脚］田波靖男
『**けろけろけろっぴの三銃士**』1991
カエルが主人公の人気アニメ。［監脚］波多正美
『**ドラえもんのび太と夢幻三銃士**』1994
ドラえもん映画15周年記念映画。［監］芝山努
［脚］藤子・F・不二雄

・

7｜ 『女巌窟王』1966，新東宝の量産B級映画を支えた一人小野田嘉幹の大ヒット作。エロ姉妹のダンス場面の振り
　　付けが凄いアナクロ。
8｜ 巌窟王（アニメ），古典をＳＦ仕立てにして成功した例は極めて少ない。このアニメは，その傑出した珍しい一例
　　である。©Maeda Maeda・GONZO/KADOKAWA/ 作 アレクサンドル・デュマ

Alexandre DUMAS Père

9 |

★

参考｜『巌窟王』のアニメ作品

『巌窟王』2004.10–2005.3
アルフレッド・ベスターの「虎よ、虎よ！」を、アニメ化したかったが、著作権問題で叶わず、その底にある「モンテ・クリスト」が、陽の目を見る事になった。古典を新しく捉えるという点で、その問題があったからか、表面ではなく実に深いところでこの原作を捉える事に成功している。2005年東京国際アニメフェアＴＶ部門優秀作品賞。[監]前田真宏[アニメ制作]GONZO[キャラデザイン]松原秀典

★

参考｜「雪之丞変化」

三上於菟吉を原作に映画化だけでも7回なされている。中でも1963年の市川版の評価が高い。

『雪之丞変化』Ⅰ Ⅱ 1935/ Ⅲ 1936
[監]衣笠貞之助[脚]伊藤大輔（Ⅰ）衣笠貞之助（Ⅱ Ⅲ）[主]林長二郎（長谷川一夫）

『雪之丞変化 闇太郎懺悔』1939
[監]大曾根辰夫[脚]伊藤大輔[主]坂東好太郎

『雪之丞変化 Ⅰ Ⅱ Ⅲ』1954
[監]河野寿一[脚]西条昭太郎[主]東千代之介

『ひばりの三役 競艶雪之丞変化』1957
[監脚色]渡辺邦男[主]美空ひばり

『雪之丞変化』1959
[監]マキノ雅弘[脚色]鈴木兵吾[主]大川橋蔵

『小判鮫』1948,1949
[監]衣笠貞之助[脚]衣笠貞之助,八住利雄[主]長谷川一夫

『雪之丞変化』1963
[監]市川崑[脚色]伊藤大輔,衣笠貞之助[脚]和田夏十[主]長谷川一夫

---

9 | 『雪之丞変化』1959，女形上がりの長谷川一夫の当たり役。長谷川には，流し目という，女心を掴む強力な技があった。

Ⅰ

ヴィクトル・ユーゴー

Victor HUGO
1802-1885

　題命というのは非常に大切である。素晴らしい作品がつまらないタイトルになって正当な評価をされなかった映画や，逆に魅力的な題で内容がないのに売れた本，あげたら限りがない。特に外国作品を日本語のタイトルに直す時にその翻訳者のセンスが大いに問われてくる。ユーゴーの「レ・ミゼラブル」は幸いな事に最高の翻訳者とめぐり会った。

　黒岩涙香，デュマ父の「モンテ・クリスト伯」も翻訳したこの明治の巨人は，「あゝ無情」という最高のタイトルを「レ・ミゼラブル」につけた。そうしてこの名作は，1987年日本にアラン・ブーブリルとC=M・シェーンベルグのミュージカル「レ・ミゼラブル」が上陸するまでは，まだギリギリ「あゝ無情」であったのだ。「あゝ無情」は明治35年（1902）10月から萬朝報新聞に連載され，それこそ破竹の勢いで読者を増して行き，その後出版された本は大ベストセラーとなった。原作の日本人には解りにくい処等はカットされた一種の抄訳ではあったが，その後映画化・舞台化され西洋風カツラの日本人が扮する"赤毛もの"芝居にも数多く登場した。

　一方ユーゴーのもう一つの大表作「ノートルダムのせむし男」も，1998年にフランスでミュージカル化されてもう一度現代に蘇った感がある。名作とはそういうものかも知れないが，この純愛の物語は，デュマ・フィスの「椿姫」を翻訳した仏文学者・長田秋涛が，尾崎紅葉の名で明治36年（1903）に「鐘楼守」として出版した。鐘楼守とは寺の鐘つき堂の番人のことである。日本では，大ヒットしたアメリカ版（1924公開）のロン・チェイニーの恐ろしい扮装が印象的で，小説のテーマよりせむし男カジモドの怪異さの方がひとり歩きした。乱歩その他の恐怖小説の味つけに限りなく引用され，映画の中でもせむし男は時代劇・現代劇共に不気味さをかもし出す代表的キャラクターとなってしまった。しかしいつの間にか，日本では，"せむし"という言葉が，差別用語だとして規制され，マスコミも自主規制して，この言葉を出す事をしない。そんな例は沢山あるのだが，昔から有名な「ノートルダムのせむし男」を，規制された言葉が入っているからといって避けようとする判断は，あまりに異常だし，残念ながら文化的な貧しさと言わずにはいられない。

Victor HUGO

1|　　　　　　　　　　　　　　　　　　　　　|2

「吃ゝ無情，レ・ミゼラブル」の影響

—

『噫無情』1910
[監主] 不明

『吃ゝ無情』1923
伊藤大輔の脚色の無声映画。ジャン・バルジャン役の井上正夫は名優と云われた。[監]牛原虚彦（第一部），池田義臣（第二部）[脚色]伊藤大輔[主]井上正夫

『人生の涙』1927
「レ・ミゼラブル」のガヴローシュ少年を原案に幾つかのアイディアを重ね，3人の子供の物語を作ったとある。監督の清水宏はもっと評価されるべき一人である。[監]清水宏[原脚色]村上徳三郎[主]本木千歳

『吃ゝ無情　前後篇』1929
[監脚] 志波西果[主]鳥羽陽之助

『ジャンバルジャン』1931
[監]内田吐夢[脚]小林正[主]浅間信夫，入江たか子

『巨人伝』1938
天才伊丹万作（伊丹十三の父）が幕末から明治維新直後にプロットを変えて作った。[監脚]伊丹万作[主]大河内伝次郎

『金語楼の噫無情』1940
人気コメディアン金語楼版「あゝ無情」。今は銀座の有名な貴金属商である主人公は昔，某寺の香炉を盗み，警察に捉えられたが，住職に助けられた過去がある。この店で起こる事件と人情話。[監]渡辺邦男[脚]山崎謙太[主]柳家金語楼，若原春江

『あゝ無情（前後編）』1950
伊藤，マキノともこの作品が大好きな様で無声映画時代にも作っているが，その作品が残っていない事が，再制作した動機であったのかもしれない。主演の早川雪洲は国際大スターだが，この映画は監督からも役者からも両者とも納得していない作品だと後日談に書かれている。[監]伊藤大輔（前），マキノ正博（後）[脚]棚田吾郎，船橋和助[主]早川雪洲

『ジャンバルジャン物語』1979
フジＴＶの単発アニメとして放映された。[監]久岡敬史[脚]辻真先／東映動画作品

＊

1.2｜『ジャンバルジャン』1931，『飢餓海峡』1965，内田吐夢は，ジャン・バルジャンと，それに似たもう一人の犬飼多吉を二人，作品で描いた。両作とも貧困の犯罪と贖罪という主題が似ていて，裏に戦争批判が隠されている。

I

3| 4|

「ノートルダムのせむし男」の影響

『南蛮寺の佝僂男』1957

時代劇。陰謀で毒を盛られ醜くなった主人公が世をしのぶ姿が鐘楼守。やがて，薬で元に戻って妻と美しい娘を守る。せむしを無理矢理くっつけたような，なんとなく文学的にしたくてユーゴーの名を出したような御都合的な映画。[監]斎藤寅次郎[脚]伏見晁[主]花菱アチャコ

『怪談せむし男』1965

この作品も，洋館であったり呪いであったり，そこにあやしいせむし男が出入りする。

★

結局は妻を奪われて無残に死んだ男爵の霊が……。要するにせむし男だけが一人歩きした例なのだが，現代では，差別として捉えられるために，まずこの様な映画が製作される事はない。[監]佐藤肇[脚]高岩肇[主]西村晃

参考｜『飢餓海峡』1965

内田吐夢の代表作。戦後の混乱の中で起きた強盗殺人事件と青函連絡の転覆惨事を絡ませた，水上勉の代表作。原作は，1962–1963年に渡り雑誌連載され，ベストセラーとなったが，「あゝ無情」の日本版だと連載中から言われていた。

人望あつい実業家が，実は殺人事件の犯人で，それを追う刑事，疑いを持たず殺されてゆく娼婦……大幅にカットされ公開された内田の映画化作品は，それでも群を抜く面白さで，大ヒットした。[監]内田吐夢[原]水上勉[脚]鈴木尚之[主]三國連太郎

・

3｜ 『南蛮寺の佝僂男』1957，日本では，西洋を南蛮と呼んだ。南蛮寺は禁止される江戸前期まであったキリスト教会の別名である。

4｜ 『怪談せむし男』1965，ユーゴー原作とは，全く関係ないが，カジモド＝グロ＝怪奇……と変化した日本のこのジャンルでの有名作。

 5 |

 | 6

 7 |

 | 8

 9 |

 | 10

*

5 | 『噫無情』1923，井上正夫は，監督もこなす初期日本映画の逸材。研究熱心な姿勢は役者の鑑である。

6 | 『レ・ミゼラブル』1933，沢山の「レミゼ」映画の中で，一番出来が良い。Ｒ・ベルナール監督下，仏舞台人が競演する1933年の大作。

7 | 『巨人傳』1938，時代を幕末から明治維新に変え，革命は西南戦争になっている。伊丹万作の遺作。流石に風格がある大作。

8 | 『金語楼の噫無情』1940，金語楼は，フランスならば，フェルナンデル級の大喜劇スター。笑いに大人のペーソスを滲ませる芸人だった。

9 | 『あゝ無情（前後編）』1950，早川雪洲は日本で評判が悪かった。作品に沿わす事の無いスター演技で押し通した。

10 | 『ジャンバルジャン物語』1979（アニメ），アニメ化作品では，この作品が一番忠実である。ＴＶアニメでは「コゼット」を主体に他２本作られている。©東映動画/作 ヴィクトル・ユーゴー

Ⅰ

プロスペル・メリメ

Prosper MERIMEE
1803–1870

　メリメといっても，ほとんどの人が知らないと思うが，「カルメン」といったら知らない人はいない。アイドルと裏方の様な関係がここにある。

　メリメは他に小説「マテオ・ファルコーネ」も知られてはいるし，全集も出ているが「カルメン」はビゼーのオペラやその他舞台，映画と，どんどん一人歩きしてしまい，今ではそういう人が実在していたと思っている人も沢山いるだろう。「カルメン」はビゼーのオペラから音楽界や演劇界にも広がり，当然多くの文学者も魅了していった。ファム・ファタール，日本でいう，妖婦，毒婦，魔性の女は文学者にとってたまらない素材だからだ。特に男性作家は一度はファム・ファタールをテーマにした小説を書いているのではなかろうか。

　「カルメン」が飛躍的に知られたのはオペラからと云ってよく，大正7年(1918)松井須磨子の「カルメン」公演中の自殺(先に病死した愛人の後追い)は社会的にも一大ニュースであった。大当たりを取っている最中だったそうである。その後，中山歌子主演で公演は続き，レコード化されている。この中山歌子も，結局不幸な死に方をするが，中山に続いたアメリカ帰りで日本に，初めてトウシューズ・バレエを持ち込んだ高木徳子も，「カルメン」が当たり役だったが，ヤクザな興業主に振り回され，結局狂死してしまう。

　「浅草オペラ」は1917–1923年，関東大震災で全てが壊れてしまうまで続いた日本のオペラ・オペレッタの最初の殿堂で，果たした役割りは大きい。ビゼーの「カルメン」も当然ここでも上演された。多くの文化人(川端康成，宮沢賢治，サトウハチロー，東郷青児，今日出海 etc)が毎晩かけつけ，様々な人間関係が花開いた。

　カルメンの名前のついた芝居，映画はほんとうに沢山ある。その人気のピークは第一次世界大戦前にあり，残念ながら映像はほとんど残っていない。だから古い新聞や古い雑誌等を調べるしかないのだが，設定も，人物も全て日本に変えてしまっているものもあり，正確な数はつかめない。筆者は知る限り見つけた限り挙げてみたが，これとてほんの一部，しかも映画に限ってだけの話である。しかし，1977年にポップスター"ピンク・レディー"が「カルメン77」を大ヒットさせ，再び，カルメンが登場し，このイメージが，2005年のアニメ「ガン×ソード」の人

Prosper MERIMEE

1｜ ASAHIZA / Carmen N.Satsuki

2｜

気グラマーキャラ，カルメン99（99はバストサイズ！）に繋がって行く事になった。

　カルメンに影響された文学作品に関してはそのテーマが既にあまりに象徴的になっているので，タイトルに"カルメン"とある作品，又ははっきりと翻案を謳っている作品以外は，あえて取り上げていない。→Ⅳ05（ビゼー）

「カルメン」の影響
―

『カルメン』（舞台からの映画版）192？
浅草オペラ出身の中山歌子が，自殺した松井須磨子の代わりに出演したもの。彼女はしばらくして，妹家族が強盗に殺された事件のショックで引退，かわいそうな事にやがて病死してしまう。事実は小説より奇なりである。中山歌子の人生の様にこの作品も謎

に満ちている。製作中等の記事もあり，見た人もいるのだが，当時の公開記録に載っていないのである。中山の舞台を，そのまま映画にした可能性は高いが，もし映画になっていても，フィルムは火事で消失しており，見る事はできない。
『灼熱の恋』1924
カルメンは中国女・花琉緬になっている。[監]大久保忠素[脚]吉田武三[主]五月信子

『妖婦五人女～カルメンお雪』1926
オムニバス映画の二編目。[監]島津保次郎[原脚]村上徳三郎[主]筑波雪子
『かるめん』1929
ビゼーが原作とある。かるめんは江戸は元禄時代の女スリになっている。[監]竹内俊一[脚]雨竹平[主]鈴木澄子
『東洋のカルメン』『続東洋のカルメン』1937
砂田は，4歳でアメリカに渡

*

1｜ 『灼熱の恋』1924，舞台を中国にした珍作。宏い世界に二人きり末は野末で死のうと儘よ……捨て鉢な，宣伝歌が凄い。
2｜ 『かるめん』1929，鈴木澄子は，妖艶な役が多かったが，後年は化け猫役で当たりを取った。生涯で200以上の映画に出演している。

Ⅰ

った帰国子女で，この映画の
監督でもありハリウッドで役
者をしていた，徳永フランク
と結婚していた。[監脚]徳永
フランク[主]砂田駒子，山本
嘉一，エドモンド・リスドニ
ッキ/備考『女性の命』に改題
『カルメン故郷に帰る』1951
日本の映画史的にも重要な，
日本映画のカラー作品。失敗
を恐れ白黒でも撮影された事
で有名。主人公がリリー・カ
ルメンという名のストリッパ
ーで，浅間山の麓にある故郷
に仲間と二人で帰ってきたこ
とで大騒動が持ち上がる。光
量を意識して，晴れた戸外の
撮影が多いが，牧歌的な味の
A級の娯楽作となっている。
メリメの作品とは関係がない

が「カルメン」が無くては成
り立たぬ映画である。[監脚]
木下恵介[主]高峰秀子，小林
トシ子[音]黛敏郎，木下忠司
→IV 05（ビゼー）
『カルメン純情す』1952
同じく木下・高峰コンビによ
る第2弾。一作目が大当たり
だったのでこの作品は地味
に見えるが，今見ても非常に
面白い。勢いのあるコメディ
映画である。前作は田舎が舞
台，これは都会が舞台で，監
督はシリーズにしたかったら
しい。映画では，カルメンの
ストリップステージがあり，
相当に笑える。岡本太郎がモ
デルの様な，パリ帰りの芸術
家が，リリーの憧れの君とし
て登場する。[監脚]木下恵介

[主]高峰秀子，小林トシ子
『真っ赤な恋の物語』1963
カルメンの翻案。井上梅次の
プログラムピクチャーで，キ
ャバレー，"ハバネラ"を舞台
に，美貌で淫奔な歌手を岡田
茉莉子が演じる。[監]井上梅
次[脚]白坂依志夫，井上梅次
[主]岡田茉莉子
『河内カルメン』1966
今東光の原作でメリメとは直
接関係はない。地方出身で身
体と美貌だけが武器の女が自
由奔放に生きてゆく。野川由
美子が文字通り体当たりでヒ
ロインを演じた。鈴木清順の
代表作の一本。[監]鈴木清順
[脚色]三木克己[主]野川由
美子

---

3 ｜ 『カルメン』1945，クリスチャン・ジャックの1945年の大作。スペインでロケされたこの映画は，多量のカルメ
　　ン映画化作品の中で，一番原作に近いと言われている。主演は，ヴィヴィエンヌ・ロマンス。

Prosper MERIMEE

4 |

5 |

松竹三十周年記念映画　　　　　松竹映画PRESS特集号

カルメン故郷に帰る　　4-1-25

6 |

7 |

*

4 |　『東洋のカルメン』1937，砂田駒子は，当時のモガの典型例であった。夫の徳永もバタくさい俳優で，監督もこな
　　　したが，駄作ばかりだった。

5 |　『カルメン故郷に帰る』1951，FUJIフィルム使用の初のカラー作品。技術は格段に進化しても，これ程の醍醐味
　　　を現代の監督は与えられない。

6 |　『真っ赤な恋の物語』1963，岡田茉莉子は，芸者や情婦の役が多く悩んだという。今回も思いっきり情婦。映画は，
　　　凡作というより珍作。

7 |　カルメン99（ガンソードオブジェ），人気ロボットアニメに登場する女情報屋。©マックスファクトリー／作　木村
　　　貴宏

I

スタンダールとギュスターヴ・フローベール

STENDHAL 1783–1842, Gustave FLAUBERT 1821–1880

　江戸時代の日本では, 不義密通は, 侍ならばその場で手打ちに出来る程の重罪であった。明治になって流石に, そこまでの法律は無くなったが, 変わりに, 1880年には姦通罪が規定された。この法律も, 死罪とまではいかないが, 同じ姦通でも, 男と女では圧倒的に女性に厳しく, いかに時代が封建的であったかが偲ばれる。この悪法は, 1947年に廃止されたが, 日本の小説に影響与えたフランスの姦通小説, スタンダールの「赤と黒」, フローベールの「ボヴァリー夫人」が, 姦通罪のある時代に広く読まれていた事は, 非常に興味深い事である。

　フランス文学はロマン主義から, 自然主義へ移行し写実主義と混ざり合っていった。その変化混沌の中で活躍したスタンダールは, 世界的な文学傾向からは少し遅れながらも, どんどん呼応吸収していった日本の文学にしっかりと根をおろしている。スタンダールは, 上田敏により1900年頃初めて日本に紹介されたらしいが, 「恋愛論」がまず, 注目されていて, 一番有名な「赤と黒」も全訳は大正11年(1922)にやっと出版されるという遅い出足であった。しかし, その後どんどん翻訳や改訳がなされ, 昭和期には"燃えるような恋と人生を謳歌して死ぬジュリアン・ソレル"は, 一部の文学青年の夢であった。徴兵制そして, 明治より少なくはなったといえ結核で亡くなる青年は多かった。

　戦後, 「赤と黒」は再び当時のアイドル, ジェラール・フィリップの映画公開(1954)で注目され, 映画は大ヒット, 原作も版を重ねた。「恋愛論」は, 戦後一時スノッブな学生達に"愛の結晶化"という言葉が流行る程愛読された事もあったが, 1966年の現代版映画『恋愛論』が公開され一時話題になったあたりがピークで, 現在ではあまり興味をもたれてはいない。傑作「パルムの僧院」は, 戦後じわじわと一般的になり「赤と黒」と同様スタンダールの代表作として本屋に並んでいる。

　又「カストロの尼」を1962年に大島渚が映画化しようとした逸話もある。当時松竹を退社したばかりの大島渚が, 大映でこの傑作を映画化しようとしたが, 主演女優と会社(大映)との問題がこじれ頓挫してしまったという。ロケハンも済ませていたというから, 残念な話である。

　一方フローベールの「ボヴァリー夫人」は, "フランスで裁判になった本"として

STENDHAL, Gustave FLAUBERT

知られていて，大正5年 (1916) 中村星湖により訳されたが，すぐ発売禁止となり，一般が気楽に手に出来る様になったのは戦後の事である。

　スタンダール翻訳研究家としても知られる大岡昇平が1950年に発表した代表作「武蔵野夫人」は本人が否定しても，よく「ボヴァリー夫人」の翻案に間違えられる。武蔵野夫人は，確かに正反対の性格であるが，逆に隣家の主婦はボヴァリー夫人の成れの果てのようだ。この小説は，フランス文学に精通した大岡ならではの傑作で，エピグラフをラディゲの「ドルジェル伯の舞踏会」から引用し，小説の中の主人公の夫は，スタンダールの専門家で，隣の夫人と関係する，といった近代フランス自然主義文学の発展を，レヴューにした様な華やかな作品である。この小説は，戦後どんどん変化した武蔵野の景色ひいては日本の意識変化（姦通しかり）を，主人公と隣家の主婦とで見事に対比させている。

　フローベールは勿論全集も出版されている。「ボヴァリー夫人」以外には，古代カルタゴに材を取った「サランボー」と自伝的な「感情教育」が知られている。現在では，それ程人気のある作品とはいえないが，「サランボー」は，大正から昭和期によく読まれた本で，座右に置いていた横光利一に，古代日本に材を取った「日輪」を書かしめた。

*

1 |　『青い野獣』1960，学生運動の盛んな時代に作られた，青年の野望の物語。野望ギラギラ目ギラギラ……仲代にはまり過ぎ。
2 |　『甘い夜の果て』1961，日活から松竹に移籍した若き日の津川雅彦が，体当たりで演じている。

I

3 |

| 4

スタンダールの影響

―

◇「赤と黒」

『心に花の咲く日まで』1955

田中澄江の原作を，文学座が企画した作品。失職した男と内職で暮らしを支える妻，彼らを取り巻く人間模様が描かれる。駆け落ちした人妻と暮らす隣りの青年が，自分をジュリアン・ソレルに例える台詞がある。[監] 佐分利信 [脚] 田中澄江，井出俊郎 [主] 淡島千景，芥川比呂志

『青い野獣』1960

舞台は大きな出版社。労働組合の仲間を裏切ってでも，社長になりたい野望を持つ男が，あらゆる手段でのし上がろうとする物語。[監] 堀川弘通 [脚] 白坂依志夫 [主] 仲代達矢

『甘い夜の果て』1961

日本高度成長期，自らの美貌を武器に，女を利用して，貧しい生活から抜け出そうとあがく男が主人公。[監] 吉田喜重 [脚] 吉田喜重，前田陽一 [主] 津川雅彦，嵯峨美智子

『白い巨塔』1966

幼くして父を亡くし苦学しながら医者になった主人公が，自らの野望である大学の教授に昇りつめるが。山崎豊子の大ヒット小説の映画化で，日本の医学界と教授制度の醜い権力闘争を余すところなく描いている。[監] 山本薩夫 [原] 山崎豊子 [脚] 橋本忍 [音] 池野成 [主] 田宮二郎，東野英治郎→Ⅳ補48（オルガン）

『軽井沢夫人』1982

日活ロマンポルノの大作。避暑地軽井沢の夏，貧しいレストランのアルバイト青年が，上流夫人と出会う。夫人は恋に落ち，青年は，彼女を利用して上流社会に入り込もうとする。やがて，この青年は麻薬殺人事件に巻き込まれるのだが，このあたりは『太陽がいっぱい』も加味してあった。[監] 小沼勝 [原] 嵯峨島昭 [脚] いどあきお [主] 高田美和，五代高之

フローベールの影響

―

3 | 『白い巨塔』1966，主役の田宮は，ＴＶでも同役を演じた。鬼気迫る演技で撮影を終えたが，その後番組放映中に猟銃自殺した。

4 | 『軽井沢夫人』1982，大スターの娘で"お姫様女優"として売り出された高田が，濡れ場を演じ評判を呼んだロマンポルノの大作。

STENDHAL, Gustave FLAUBERT

5 | | 6

◇「ボヴァリー夫人」
『純白の夜』1951
フランス心理小説の流れを，
美しい日本語に置き換えた，
三島由紀夫の長編三作目。映
画は，凡庸な出来。[監]大庭
秀雄[原]三島由紀夫[脚]柳
井隆雄，光畑硯郎[主]木暮実
千代，森雅之

◇「サランボー」
『日輪』1925
日本古代史に初の女王として
残る邪馬台国の卑弥呼の物
語。内務省の検閲と右翼の妨
害により上映禁止となった作
品。5年後に編集し直され『女
性の輝き』という陳腐な題で
やっと公開された。[監]衣笠

貞之助[原]横光利一[脚色]
一文字京輔[主]市川猿之助，
マキノ富栄
『日輪』1953
「日輪」の再映画化。コニカ
ラー東映第一回カラー作品。
[監]渡辺邦男[原]横光利一
[脚色]比佐芳武[主]片岡千
恵蔵，木暮実千代

★

参考 |『愛と誠』
梶原一騎とながやす功の漫画。1973–1976年に
かけて少年漫画雑誌に連載され瞬く間に全国的
に売れた。梶原は，冒頭にネール元インド首相
の娘への手紙から"愛は誠を武器にした闘いで
ある"という内容の訳文を抜き出して，「愛と誠」
の意味を示しているが，実は「赤と黒」の影響が
大きく，本人も元にしたと語っている。
『愛と誠』1974

『続・愛と誠』1975
[監]山根成之[脚]石森史郎，山根成之[主]早
乙女愛，西城秀樹，南条弘二（続篇のみ）
『愛と誠・完結篇』1976
[監]南部英夫[脚]山根成之他[主]早乙女愛，
加納竜
『愛と誠』2012
[監]三池崇史[脚]宅間孝行[主]妻夫木聡，武
井咲

*

5 | 『日輪』1925，片岡と市川の東映の両巨頭が，同映画に出るのは珍しい。周囲は，ポスターの名前の大小に気を
遣ったという。
6 | 『愛と誠』2012，赤と黒は，軍人と聖職の意だと言われるが，レナール夫人のソレルへの"愛と誠"であり男女の
対比でもある。

I

フォルチュネ・デュ・ボアゴベ

Fortuné du BOISGOBEY

1821–1891

　明治時代後半，黒岩涙香によってボアゴベの重要な2作品は，日本に紹介された。1882年に翻訳された「死美人」，1893年に翻訳された「鉄仮面」が，それである。涙香の本は，瞬くうちにその面白さが話題となり，ベストセラーとなった。その後，江戸川乱歩が登場し，1934年に「鉄仮面」を，1956年に氷川瓏と一緒に「死美人」を，リライトした。乱歩は，ボアゴベの2作に，デュマの「巌窟王」や彼の創作したルパン的な「怪人二十面相」等を一緒にまぜて，ハイカラ趣味が感じられる日本の「死美人」と「鉄仮面」に変化させた。

　そのわかりやすく謎に満ちた面白い本は，子供も巻き込んで，小説・映画・紙芝居等あらゆるジャンルに融け込んでいった。結局，少しだけ複雑に見えるが，ボワゴベの2作品は，涙香が紹介し，乱歩が膨らませ浸透していったと言えば，わかりやすいだろう。

　「死美人」は他に，吉川英治に大きなイメージを与え，「牢獄の花嫁」という傑作時代推理小説を生んでいる。吉川英治は戦前戦後を通じて，日本の大衆小説を，常にリードした国民的小説家であり，長編の歴史小説で知られている。彼は，捕物帳（探偵もの）は書いていないが，その中で「牢獄の花嫁」は，珍しい時代推理小説で，読者に息つくひまを与えぬ程の面白さで，涙香を翻案して，涙香を抜いたと言われたが，それも源のボアゴベがあったからである。フランス語に翻訳してもらいたい本の一つである。

　「鉄仮面」は，デュマの「ダルタニャン物語」やルブランの「奇巌城」にも登場する有名人だが，それらが混ざり合い，無気味さとミステリーのアイコンになっていった。多くの「鉄仮面」がボアゴベの話とは関係なく登場し，少年少女の漫画やアニメで知られていった。この項には，原作が感じられる「鉄仮面」映画を選んだが，どれもボアゴベ原作とは謳っていない（面だけの登場なら他に軽く10作品は挙げる事が容易である）。

　ボアゴベの「死美人」と「鉄仮面」は，翻案により原作からは外れていったとしても，デュマの「巌窟王」（モンテ・クリスト伯）やルブランの「ルパン・シリーズ」と共に近代日本の推理小説・冒険小説に大きな影響を与えたと言える。

Fortuné du BOISGOBEY

「死美人」の影響
―

『牢獄の花嫁』1931
サイレントで撮られた坂東妻三郎の大ヒット映画。善と悪の二役が大うけでトーキーでもリメイクされた。[監]沖博文[脚]佐々清雄[主]坂東妻三郎, 鈴木澄子／備考 吉川英治「牢獄の花嫁」原作としての映画化作品。

『牢獄の花嫁』1939
[監]荒井良平[脚色]稲垣浩[主]坂東妻三郎, 市川春代

『死美人事件』1948
乱歩ではなく黒岩涙香原作となっている。ＴＶドラマ規模の, 刑事ものミステリー。
[監]小石栄一[脚]笠原良三

[主]月形龍之介
『牢獄の花嫁』1955
[監]内出好吉[脚]五都宮章人[主]市川右太衛門

「鉄仮面」の影響
―

『鉄仮面』1934
江戸時代, 久世の城中で生まれた双子が, 巻き込まれる御家騒動もの。Ｂ級映画を作り, そのキッチュさゆえに人気のあった大都映画の製作。[監]大伴竜三[原]脚本小原武雄[主]桂章太郎, 東竜子

『鉄仮面』1954
秀丸と竹丸の世継ぎ騒動に, 秀丸と双生児の鶴千代が登場する。秀丸は鉄仮面を被せら

れるが, 鶴千代がなりすまし窮地を救う。ボアゴベをひねっている。[監]池田治郎[脚]中山隆三, 池田治郎[主]若杉英治二

『スケバン刑事Ⅱ 少女仮面伝説』1987
和田慎二の大ヒット漫画「スケバン刑事」のＴＶシリーズから劇場版が３本創られヒットした。Ⅱは主人公の少女が子供の頃から生命を狙われていて, 「鉄仮面」をかぶり成長し, やがて悪を成敗する。[監]田中秀夫[脚]橋本以蔵, 土屋斗紀雄[主]南野陽子

*

1 ｜ 『牢獄の花嫁』1931, 市川崑は山口百恵で「牢獄の花嫁」を, 企画したが実現しなかった。三船敏郎, 小林旭の名もあったという。
2 ｜ 『スケバン刑事Ⅱ 少女仮面伝説』1987, もともと日本には（能面, 頭巾等があったが）鉄の仮面は無く, 最初は一種のエキゾチズムがあったのだろう。

Ⅰ

小デュマ

DUMAS Fils
1824–1895

　フランスの高等娼婦に対し，実はもっとも近いかも知れないのが日本の芸者である。しかしこの有名な職業については，フランスと日本では，それぞれの誤解がある。

　明治の文豪，泉鏡花の「婦系図」は，小デュマに似ていると沢山の人が思いながらはっきりと翻案と云われた事はない。しかし筆者は，この本を書くにあたって調べれば調べる程「婦系図」は「椿姫」の日本版ではと思うようになった。その一番のポイントは，互いに意に沿わない相手は，断固拒否するプライドがあり，自分の愛を貫く話であるからなのだが。

　椿姫が日本ではじめて紹介されたのは，明治17年 (1884) 草廼戸主人訳「巴里情話椿の悌」だという。鏡花が生まれたのは明治11年 (1878) だから，その時7才である。小デュマの椿姫はその後，明治29年 (1896) に「椿夫人」として内田魯庵により再訳されている。その時，鏡花は19才。そして鏡花が「婦系図」を発表するのは明治40年 (1907)，30才の時である。年号的に見ても全く問題がなく，プロットも似ている。「椿姫」のマルグリットは巴里の高等娼婦，「婦系図」のおつたは湯島の芸者。共に，愛する男の為に自ら身を引き病気で死んでゆく。マルグリットは白椿，おつたは白梅……婦系図は，新派 (劇団) の十八番として度々上演され，映画に5回もなった程有名だが，何だか見終わった後，散々泣かされながら何処かで同じような気持ちになった様な気になってくるのは，筆者だけではないようである。一方「椿姫」の方も，ヴェルディのオペラと共に日本では非常に良く知られ，古くはサラ・ベルナールから，ガルボ等の映画も再三公開されている。

　筆者はここで何もミステリーじみた推測を展開しようとは思わない。しかし，「椿姫」と「婦系図」を読んだ後，見た後，泣けてしまうのは自分を犠牲にしても相手の為を思う深情，これが全く同じ機微である事を云いたいのである。小デュマ自体「椿姫」にも下敷きがあったと云っているが，どれがオリジナルかが問題ではなく，こういった微妙なテーマが，全く違った民族が書いた本にも拘らず通底している点を云いたいのである。これも，やはり一種の往来といえるだろう。

DUMAS Fils

わが夢に住む戀人は
高嶺の花かつれなや
望めど更に答へなき
姿に捧ぐわが思ひ

現し世かなし夢かなし
君がみ胸に抱かる、
歡びの春待ちに佗びて
身も世もあらぬ戀ごころ

佐伯孝夫作詞

YVONNE PRINTEMPS
d'ans
La Dame Aux Camelias

佛蘭西最高の名女優
佛英米三ヶ國の寵姫

イヴォンヌ・
プランタン

始めての
映画主演

「椿姫」への貴女の
最高の夢に到達した
傑作。佛蘭西が誇る
世界比類なき「椿姫」！

フェルナン・リヴィエール監督
デイストリビュータール・フランセ超特作

次週封切
定價

姫 椿

1 |

「椿姫」の翻案または影響作品
—

『椿姫』1915
新派の舞台を撮った作品らしい。

『椿姫』1927
スター女優岡田嘉子が撮影降板（駆け落ち）し夏川静江が変わり彼女の出世作となった有名作。岡田嘉子は、数多い日本の女優の中でも、特別波乱に満ちた人生を送ったスターで，1937年には，妻ある左翼の演出家と，樺太国境を越えソ連に逃亡した。その後男は，スパイとして銃殺刑となり彼女は，収容所に送られた。戦後生存が確認され1967年に日本に帰国し，数本映画に出たが1986年には，ソ連に戻り1992年に亡くなっている。［監］村田実［脚］森岩雄［主］夏川静枝

『椿姫の歌』1927
ハリウッド製作アナ・ナジモヴァ版『椿姫』(1921)のセットまで模倣した小唄映画で，残された批評は極めて悪い。［監］人見吉之助［脚色］吉見龍人［主］花柳栄子

『椿姫』1932
無声映画の大スター栗島すみ子主演。［監］池田忠雄［脚］松崎博臣［主］栗島すみ子，大日方伝

『君待てども』1949
小デュマ原作と謳っている。勿論日本に場所は変えられ，マルグリットは歌手である。主演の月丘は戦後すぐの，屈指の美人スターで役にはまっていた。彼女の恋を裂くのは名女優・杉村春子である。［監］中村登［脚］池田忠雄［主］月丘夢路，龍岡一郎

『哀愁の港やくざブルース』1950
キャバレーの女主人がやくざな男を歌手に仕上げてその後身を引いて。同じタイトルの唄がある。いわゆる歌謡映画の一篇。［監］鈴木重吉［原脚］木村千依男［主］岡晴夫，入江たか子

『椿姫』1988
北海道を舞台にしたTAXI運転手と芸者の恋物語。二人はオペラ好きで，取り結ぶのがオペラ「椿姫」という。悲恋ものの様に思わせぶりに客を引っ張りながら，結局はハッピーエンドとなる。［監］朝間義隆［脚］山田洋次，浅間義隆［主］松坂慶子

*

1 | 椿姫（仏），椿姫のモデル，マリー・デュプレシは肺結核の為23歳で亡くなった。美人薄命である。

2 |

| 3

★

参考 | 『婦系図』映画化作品

『婦系図』1934
当時のアイドル田中絹代が有名文学作品に出たという話題だけでもっていた時代の映画。それでも着物の着方など、現在では研究資料である。［監］野村芳亭［脚］陶山密［主］田中絹代，岡譲二

『婦系図』『続婦系図』1942
公開当時は、前後編の大作。戦前の大作だが、原作からはかなり離れている。山田は戦前日本美人の典型であり、戦後も際立った活躍を見せた。［監］マキノ正博［脚］小川國男［主］長谷川一夫，山田五十鈴

『湯島の白梅』1955
戦後日本一の美人といわれた，山本富士子の代表作。日本映画に力があった時代のセット，衣装，衣笠らしい豪華な映画である。［監］衣笠貞之助［脚］相良準［主］鶴田浩二，山本富士子

『湯島に散る花』1959
キワ物，B級が多かった新東宝が，看板スター高倉みゆきを使って撮った作品。［監］土居通芳［脚色］金田光夫［主］高倉みゆき，天知茂

『婦系図』1962
隠れたる名匠，三隅の無駄のない画面と市川雷蔵の抑えた演技が，印象的な佳作。復讐譚的な，原作の持ち味も巧みに持ち込んでいた。新東宝のグラマー女優万里の，大映井移籍後の代表作。［監］三隅研次［脚］依田義賢［主］市川雷蔵，万里昌代

*

2 | 『婦系図』1934，監督の野村芳亭は，松竹の母体を作った一人。多くの映画人を育てた。

3 | 『椿姫』1927，途中降板した岡田は，"大正お軽"。日本映画醜聞ベスト3には入るスター。母方に阿蘭陀系の血筋あり。

4 |

| 5

6 |

| 7

*

4 | 『君待てども』1949，虚飾のスター歌手と純なジャーナリストの恋。大変にヒットした歌謡曲の人気に被せた企画映画。

5 | 『哀愁の港やくざブルース』1950，若いやくざを，人気歌手にして，やがて身をひくバーのママ。世界飲酒協会では，絶滅危惧種に指定。

6 | 『椿姫』1988，芸者の修行に，現代娘は耐えられず減少の一途を辿っている。相撲の様に，外国人がなるかもしれない。

7 | 『湯島の白梅』1955，切れるの別れるなんて，芸者の時に云うものよ，この有名な台詞には当時の花柳界の意識が見事に表れている。

I

ジュール・ヴェルヌ

Jules VERNE
1828–1905

　SFというジャンル分けが日本で認識されたのは，第二次大戦後の事である。戦後一息ついた頃，日本にSFという言葉はアメリカからもたらされ，あっという間に一般化した。そうしてSFが当たり前になればなる程ジュール・ヴェルヌの偉大さが見えてくるようになった。ヴェルヌの日本訳は1878年「八十日間世界一周」が最初だが，2年後の明治13年 (1880)，「海底二万里」が，発売され，大きな注目を集めるようになる。「海底二万里」を最初に読んだ日本人たちは，まず子供用空想小説として捉えたようである。だから科学的で難しすぎる処は巧くはしょられていた。

　勿論大人も夢ある冒険科学小説としてヴェルヌの作品を愛した。日本のSF文学のほとんど原点と云ってもいい押川春浪 (1876–1919) は，とてつもなく大きな影響をヴェルヌに受け，それはすぐ，日本SFのもう一人の祖・海野十三 (1897–1949) 達に伝播していった。押川は「海底軍艦」という日本SF屈指の傑作を書いたが，この"梵天丸"のイメージは，ヴェルヌのノーティラス号が無かったら多分生まれなかったであろう。「海底軍艦」は，オリジナルの「海底二万里」の世界を，どんどん広げ，これはこれで多くの人気を得て現在に至っている。

　ヴェルヌの作品として，前出の2作品に勝るとも劣らないのが「十五少年漂流記」である。この冒険小説は明治29年 (1896) 森田思軒により雑誌「少年世界」に連載された。あっという間に評判となり「トム・ソーヤ」や「ハックルベリー」等いろいろまざりながら今だに読み継がれる本になった。この作品は，教育ママがうなずきそうな社会教訓が盛り沢山で，数々の映像作品に取り上げられて，よく子供たちの夏休み頃に公開されて来た。白人主義，植民地主義という批判もよく解るのだが，19世紀にこれだけ書けた凄さは批判も薄れさせる。今では，ヴェルヌによる世界の子供たちへのプレゼントのようにも見える。他に，前出の小説ほど有名ではないが，ロメールの映画の影響もあり，「緑の光線」も読まれている。ヴェルヌの影響は，とりわけ漫画への影響も大きく，手塚治虫から宮崎駿まで及んでいる。

　そして1994年に「20世紀のパリ」という未発表作品が，偶然発見され，我々は改めて，彼が世紀に何人かの天才だった事を再確認する事になった。

Jules VERNE

「海底二万里」及び「神秘の島」の影響

—

『緯度０大作戦』1969

1966年，東映の日米合作映画『海底大戦争』に対抗して東宝が作った日米合作映画。アメリカ側から持ちかけられた話だが，結局日本側が殆どを負担することになり，その後東宝は合作物に手を出さなくなった。メイキングの方が面白そうな，製作過程に怪しげな雰囲気が漂うが，作品は子供向けにそれなりに出来上がっている。[監]本田猪四郎[脚]関沢新一，テッド・シャードマン[主]高島忠雄，J・コットン[特撮]円谷英二

『海底大戦争〜愛の20000マイル〜』1981

ＴＶ正月番組用に丁寧に作られたヴェルヌと名を載せたドラマ。ビデオにもなっている。[監]九里一平[脚]佐々木守/タツノコプロ

『ふしぎの海のナディア』1990–1991

「新世紀エヴァンゲリオン」で空前のブームを巻き起こす前の庵野作品。ＴＶ版の三年後の設定で作られた劇場版もある。最初の原案を，宮崎駿が書いたため『天空の城ラピュタ』とも共通する部分がある。[監]庵野秀明/NHK/39話/ＴＶシリーズ

「海底軍艦シリーズ」の影響

—

『東洋武侠団』1927（未現存）

実際に学生スモウのライバルだった２人を主役に，陸の王者・海の王者の対決，として大ヒット。海底軍艦シリーズの最終作で，戦争中らしく，ロシア艦隊を東洋武侠団が破るストーリー。[監]内田吐夢[脚]山本嘉次郎[主]浅岡信夫，広瀬恒美/日活作品

『海底軍艦』1963

押川を原作とかかげているが，押川ともヴェルヌとも全く違う。しかし小松崎茂による轟天号のオブジェ化は評価され，今でも人気がある。[監]本多猪四郎[主]高島忠

*

1 | 『緯度０大作戦』1969，ジョゼフ・コットンはこの合作トラウマ映画と前後したトラブル作『トラ・トラ・トラ！』の両方に出ている！

2 | 『海底軍艦』1963，使用されることは無かったが，当時世界最大で，他に類の無い潜水艦空母を，日本海軍は造っていた。

3 |

| 4

夫, 藤山陽子

『海底大戦争』1966

東映が初めて日米合作で作った映画。ヴェルヌや押川に借りたアイディアを, 海底のムーア博士が怪物を作り, 地球を支配しようとする, といった話に作り変えている。子供だまし映画といって良い。[監]佐藤肇[主]千葉真一

『新海底軍艦』1995

押川春浪の名をクレジットしているが, ほとんど関係がない。軍艦もすっかり進化して海から空中まで活躍できるようになっている。

[監]片山一良, 福田己津央/東宝アニメ

「十五少年漂流記」の影響
—

『少年漂流記』1943

[監]矢倉茂雄[脚]八住利雄[主]真木順, 横山運平, 小高まさる

『少年漂流記』『続少年漂流記』1960

ヴェルヌを日本版にしたヒット作。[監]関川秀雄[脚]森田新[主]水木裏

『喜多郎の十五少女漂流記』1992

インドネシアに交換留学で訪れた15人の日本の少女たちが, 無人島に出かけるが, 船が沈没してしまう。[企画音]喜多郎/[監]吉田健[主]奥山佳恵, 山本未來

「緑の光線」の影響
—

『天国にいちばん近い島』1984

1966年に出版され200万部を売った大ベストセラーの映画化。ニューカレドニアのウベア島がモデルで, この小説映画化で飛躍的に日本人観光客が増えた。父を亡くした女子学生が, 父の言っていた天国を探す話で, ガイドから聞かされたヴェルヌの「緑の光線」が, 重要な伏線になっている。[監]大林宣彦[原]森村桂[脚]剣持亘[主]原田知世

『恋するマドリ』2007

引っ越しで, 新しい生活を始めた美大生の恋物語。主人公

3 | 『少年漂流記』1943, ＴＶのある家がまだ少なかった時代。少年少女向きに作られた健全映画。2部に分かれた大作。

4 | 『喜多郎の十五少女漂流記』1992, 少年を少女に置き換えたわかり易いサバイバル劇。企画と音楽は, 癒し音楽のカリスマ喜多郎が担当。

5 |

| 6

が思いを寄せる青年と元恋人
の淡い三角関係が切ない。青
年は電磁発光の研究員であ

り，「緑の光線」は，ドラマの
最後に重要な意味をもたら
している。[監]大九明子[脚]

筧昌也，大九明子[主]新垣結
衣，松田龍平

★

参考｜「十五少年漂流記」のアニメ化作品
この作品のアニメ化されたものは単発も含めて
かなりの数にのぼる。ヒットしたもの，重要と
思われるものを選んだ。
『十五少年漂流記』1982
さすが高橋留美子のキャラクターは魅力あり。
[監]朝比正行[作画原案]高橋留美子/フジテレ
ビ/東映映画
『銀河漂流バイファム』1983〜1984
13人の子供たちが宇宙にとり残されて異星人と
闘ってゆく。ロボットアニメ。有名な起動戦士
ガンダム（1979〜）の企画時に出されたもう一
つのプロットであった。[制作]日本サンライズ
『瞳の中の少年〜十五少年漂流記〜』1987
映像はきれいだったが，プレイステーション2

のアニメ英語教材にまで使われて，そのシステ
ムがひどいと散々に云われた。[制作]日本アニ
メーション[キャラクター]関修一
『恐竜冒険記 ジュラトリッパー』1995
ドイルの失われた世界をプラスしたもの。スピ
ルバーグの『ジュラシック・パーク』の何番目か
のどじょうを狙っている。[制]葦プロダクショ
ン[監]湯山邦彦/テレビ東京
『無人惑星サヴァイヴ』2003–2004
7人の子供と1匹のロボット猫の宇宙漂流モノ。
[監]矢野雄一郎/NHK教育テレビ
『十五少年漂流記 海賊島DE！大冒険』2013
人間を猫に置き換えたアニメ作品。[監]中村隆
太郎[脚]柳川茂[キャラクター]河合ノア

5 | 『緑の光線』1986，『海辺のポーリーヌ』の後，日本でのロメール人気を証明した秀作。映画で初めてヴェルヌを
　知った女性も多かった。
6 | 『恋するマドリ』2007，人気の町で一人暮らしをしたい。女の子が大好き甘ずっぱい恋物語。大型インテリア店
　の記念作品。

I

56　　　　　文学往来

エクトール・マロ

Hector MALOT

1830–1907

　童話の本の世界で，ほとんど最高位にいるのが宮沢賢治である。岩手県の極貧の生まれから珠玉のような童話を次々と紡ぎだした彼の生涯には，強い東洋思想とロマンティシズムが溢れ，その純粋な魂が作品に昇華している。

　彼を調べていくと突き当たるのが，最初の童話に感動した小学校3年生8歳の時の話である。担任が，子供が騒ぐのを収める為に（その頃の小学校の生徒数は非常に多かった。一学級60名などということはさらであった）読んで聞かせたのが，マロの「家なき児」で，当時は五来素川が翻訳した「未だ見ぬ親」という題であった。この小説は明治36年(1903)に読売新聞に連載された。レミは太一という少年になっていて，朗読を聴きながら泣き出す子供もいたという。

　賢治はその感動が自分の童話創作に結びついたと発言している。そのことだけで「家なき児」のもたらしたものは大きい。勿論その後この童話は，数え切れない子供たちを，感動させながら現在に続いている。不朽の名作とは，こういう作品をさすのであろう。

　「家なき娘」の方は1917年に「ひなつばめ」として翻訳された。ペリーヌは橋本花枝となり日本の相続争いの話になっていた。この小説も決して人気がないことはなかったが，「家なき児」に較べてずっと地味な存在であった。だが1978年にアニメ「ペリーヌ物語」としてフジテレビに登場するに及んで一気に「家なき児」との差を縮めるほど有名になってしまった。

　明治時代の日本の子供たちは，子供らしく，親が本当に子供を可愛がる様に感動したことが，多くの日本を訪れた外国人によって記録されている。現在の日本では，日常的に，親が子供を殺したり，子供が親を殺したりする事件が起きており，貧しくとも親を敬う教育が，100年前には，社会全体にあったという事が，とても信じられないのは筆者だけだろうか？ それとも，戦争被害や栄養失調で，山ほど亡くなる，又は孤児にならざるを得ないアフリカやアジアの子供たちに比べたら，親を殺せるまでに子供が成長する日本の社会はまだましなのだろうか？「家なき子」の世界は，どんどん遠くなってゆく様だ。

Hector MALOT

「家なき児」の影響
—
『ちびっ子レミと名犬カピ』
1970
声優にもベテラン俳優を使っている。旅芸人一座の動物たちがよく描かれて子供向けに判りやすく丁寧で評価の出来るアニメ作品となった。[監] 芹沢昌治 [脚] 瀬川昌治／東映動画アニメーション劇場版
『家なき子』1994
日本テレビ系列で開局25周年放映のＴＶドラマの劇場版。記録的ヒットを受けて劇場版は東宝系で公開された。この作品のレミは"すず"という名の女の子だが、タイトルは『家なき子』であった。「家なき娘」とゴチャゴチャになる原因がここにもある。[監] 細野英延 [脚] 野島伸二 [主] 安達祐実 [制作] 東京ムービー新社
『家なき子レミ』1996〜1997
連続ＴＶアニメとして、フジテレビ系列で放映されたこの作品も、レミは女の子だった。アニメとしては上出来であった。[監] 楠葉宏三

「家なき娘」の影響
—
『愛の町』1928
無声映画。エクトルマアロウ原作とある。満州から帰った娘が日本の伯父に会うという設定。[監] 田坂具隆 [脚] 山本嘉次郎 [主] 夏川静枝, 南部章三
『家なき娘』1939
原作はマロウの「家なき児」となっているが、少女が主演であり明らかに「家なき娘」である。[監] 伊奈精一 [脚] 如月敏 [主] 美鳩まり
『ペリーヌ物語』1990（劇場版）
1978年にフジテレビで放映され、今でもカルト的なファンのいるアニメの劇場版映画。このアニメから「家なき娘」は「ペリーヌ物語」と云う方が一般的になった。[監] 斉藤博 [脚] 宮崎晃他 [キャラクター] 関修一

*

1 | 『ちびっ子レミと名犬カピ』1970，東映動画の劇場用として丁寧に作られたアニメ。変型ポスターが珍しい。
　　© 東映動画／作 エクトル・マロ
2 | 『家なき娘』1939，中国残留孤児という深刻な問題が起きる前に，こんな映画が，作られていたとは。

I

エミール・ゾラ

Émile ZOLA
1840-1902

　日本近代文学史を語る上で"自然主義"は重要なポイントである。特にその代表エミール・ゾラは日本文学に決定的影響を与えている。ゾラは明治中期 (1890〜1910) には既に, 充分一般に知られていてブームといわれる時期もあつたのである。ゾラの影響といえば, 表面的なプロットに利用された小説も多いが, それよりも主人公の心象や物事のリアルな描写に指摘される事が多い。

　その名前は, 西洋史の授業でドレフュス事件の処で必ず登場もするが, 文学者としてのゾラは文庫本には幾点か収蔵されているものの, モーパッサン等と比べて, 今では, 大分知名度も落ちている様である。"ゾライズム"という言葉まである大作家も時の流れには逆らえないものなのか, 一般的に長編を読むのが面倒くさい風潮の影響がありそうだ。この時代の文学は, アニメの原作にでもならない限り日本で再浮上するのは難しいかも知れない。

　文学史的影響としては, 「むき玉子」(1891/ゾラ「制作」), 「隣の女」(1894/ゾラ「一夜の恋ゆえに」) を翻案した尾崎紅葉を皮切りに, 小杉天外の「はつ姿」(1900) 永井荷風の「地獄の花」(1902), 「夢の女」(1902) が挙げられる。また後に続いた, 島崎藤村や田山花袋達の, 自然主義文学は, その後の日本文学への基礎となった訳で, その源の一つであるゾラを欠く事は出来ない。

　作品では圧倒的に「居酒屋」と長い間ポルノまがいの扱いをされていた「ナナ」が有名で, その後に「テレーズ・ラカン」「ジェルミナル」が続く。特に「居酒屋」は, ルネ・クレマンの映画化作品が大きな話題となり公開年の外国映画ベスト10上位を独占, その後何度もリバイバル上映されている。「テレーズ・ラカン」もマルセル・カルネ『嘆きのテレーズ』として映画が公開され高い評価を得た。意外にも, ゾラの映画化作品はほとんどが日本で公開されていながら, 大ヒット又はヒットした作品は上記の2作品ぐらいで, 後はそれ程でもない。

　日本映画で, 彼の作品を映画化したと謳った作品はあまり見当たらないが, 例えば多くの推理サスペンス系の映画やドラマに「テレーズ・ラカン」の病弱の夫と妻のパターンは度々使用されている。『初姿』はフィルムが消失していて見ることは叶わぬが, 日本の女性監督, 坂根田鶴子のしかも第一回作品である。

<u>Émile ZOLA</u>

「ナナ」の影響

—

『初姿』1936

溝口健二の助監督として多くの名作誕生に貢献した坂根の処女映画。溝口が全面的に補助したらしいが，作品的評価は芳しくなかった様である。原作は，「ナナ」に似ているといっても，その主人公は確かに奔放ではあるが，封建的な日本の明治時代の話になっていて，原作ほど極端ではない。[監]坂根田鶴子[原]小杉天外[脚]高柳春雄[主]月田一郎，大倉千代子

「居酒屋」の影響

—

『夢の女』1993

荷風が「居酒屋」を翻案し「夢の女」としたのは天外と同じ明治時代である。それを劇作家久保田万太郎が舞台用にした台本を映画化したのが『夢の女』である。監督の坂東玉三郎は，日本歌舞伎界の宝といわれる大きな存在で，現在最高峰の女形だが非常に多才な人物で，国内はもとよりワイダの監督した映画の主演やベジャールとのコラボなど国際的活動している。自身の監督作品もこれが2作目で，吉永小百合をヒロインに据えて，運命に翻弄される女を描いている。当時の和服の考証も素晴らしく流石の場面があるのだが，残念ながらどうしても舞台くささが残り映画としては流れの悪い作品である。[監]坂東玉三郎[原]永井荷風[脚]吉村元希他[主]吉永小百合，永島正敏

「テレーズ・ラカン」の影響

—

『アレノ』2015

映画プロデューサーとして，良い仕事を残している越川道夫が，自らメガホンを取った意欲作。[監]越川道夫[原]エミール・ゾラ[脚]越川道夫，佐藤有記[主]山田真歩，渋川清彦

*

1 ｜ 『夢の女』1993，吉永は，50年以上清純女優を続け，一度も映画で脱いでいない。これを同世代のドヌーヴはどう思うだろうか？
2 ｜ 『アレノ』2015，16ミリのシンプル感とチープ感は違う。プロデューサーと監督は違う。アレノと荒野，違いが気になる映画。

I

ギ・ド・モーパッサン

Guy de MAUPASSANT
1850–1893

　日本近代文学に一番影響を与えたフランス作家はと云われたら，文学者は，歴史の頁をくりながら，多分モーパッサンかゾラと答えるだろう。この二人が日本の文学に与えた影響，特に自然主義文学に与えたものはそれ程大きい。1890年代（明治20年代）にはじめて紹介されたモーパッサンは，島崎藤村，田山花袋，夏目漱石，国木田独歩，芥川龍之介，これら殆ど日本近代文学の父と言われる作家たちに影響が大きく，彼の作品をテーマにした文献も多い。

　1909年から発表された永井荷風の「あめりか物語」と「ふらんす物語」を読むと，恥かしいくらいのモーパッサン礼賛に溢れ，情熱的ファンであった事が良く分かる。モーパッサンは紹介されてから1900–1915年（明治30年代–大正）にかけて大ブームになるが，第二次世界大戦後再訳されたりで又ブームになった。その陰にはモーパッサンを原作とする映画が度々公開されたり，ずっと読み継ぎ語り継いでいった一般の幅広い支持があったからだ。

　モーパッサンは短編も多く，一つ一つ分析する事など到底不可能な程，各ジャンルに影響を与えてきたが，例えば日本落語史に残る天才・三遊亭円朝の「名人長二」(1899) は，モーパッサン「親殺し」の翻案として，広く知られている。日本での映画化作品を振り返ると，溝口健二の『雨月物語』（「勲章」から影響）が，光っているが，「女の一生」と美貌を武器に成り上がる「ベラミ」（「赤と黒」のジュリアン・ソレルと混さりあう）の翻案が目立つ。意外なのが「脂肪の塊」で，川口松太郎の原作と思われているが溝口をはじめ3回も映画化されている。

「脂肪の塊」の影響
—

呉越同舟という言葉がある。仲の悪い者同士が仕方なく一つの舟に乗り合わせてしまう事をいう。当然のエゴがむき出しなのだが，板一枚下は海ならばせめて乗っている間は仲良くしようという意味を含んでいる。モーパッサンの「脂肪の塊」は，まさに舟が馬車に変わっただけの話の西洋版で，しかも彼等はエゴむき出し，最低とされる人間に救われながら感謝もない。これを溝口と脚本の川口松太郎が映画化した。『マリアのお雪』である。これ以降，こういった一つの乗り物に乗り合わせてしまうものを"箱モノ"と呼ぶようになったが，J・フォードの名作『駅馬車』からハリウッドで云えば『タワーリング・インフェルノ』まで"箱

Guy de MAUPASSANT

1｜　　　　　　　　　　　　　　　　　　　　｜2

モノ”という中に入れて考えられる事もある。この溝口作品『マリヤのお雪』は，J・フォード『駅馬車』よりも先に製作されていて，そういう意味でも興味深いものがある。

『マリヤのお雪』1935
幕末，南北戦争に置き換えた作品。かなり原作に忠実である。安全な地まで逃れる為に，娼妓が乗り合わせた馬車には，町のお偉方たちが乗っていた。彼達は散々馬鹿にしながら娼妓の飯を貰い，見逃して貰う為に，敵の大将に身体を提供させ……。[監]溝口健二[原]川口松太郎[脚色]高島達之助[主]山田五十鈴

『熱砂の白蘭』1951

『マリヤのお雪』に続き，2回目の翻案作。第二次大戦後，中国を引き上げるトラックに乗り合わせた人達と売春婦の話で，新藤兼人と棚田吾郎が脚本にあたった。[監]木村恵吾[脚]新藤兼人，棚田吾郎[主]木暮実千代

『女の肌』1957
『マリヤのお雪』のリメイク版。『羅生門』の京マチ子と姉妹芸者役に淡島千景が，演技較べを楽しむ作品。溝口作品が持っていた幕末の詩情は無く，残念作に終わっている。[監]島耕二[原]川口松太郎[脚]松田昌一[主]京マチ子

「勲章」の影響
—
『雨月物語』1953

溝口健二の名は世界的だが，その名声を，決定的にしたのが，『雨月物語』である。世界中で沢山の賞を取ったこの作品の脚本は，川口松太郎と，長く溝口とのコンビで知られる依田義賢の二人で書かれた。江戸時代の上田秋成の怪異小説にモーパッサンの「勲章」を取り合わせた作品である。モーパッサンの小説の謎とこの映画が重なる部分は，主人公達が（この場合は男たち）求めていたものはまるで勲章のようなもので，ほんとうの幸福は，ごく手近にあっ

*

1｜　『雨月物語』1953，紛れもなく，日本映画に一番力があった時代の最高水準の映画。良い映画を作りたい意気込みが感じられる。
2｜　『マリヤのお雪』1935，川口松太郎の戯曲「乗合馬車」を翻案し溝口が映画化した。最後のグノーが，一気に新派の舞台に引き戻す。

I

たというシンプルだが強い人生の真理である。この作品は衣裳から小道具，はては唄われる古謡にまで非常に力を入れて，その当時でも極めて難しかった16世紀頃の日本の風俗表現に成功しているが，映画の骨格にモーパッサンが影響しているという事は，もっと多くの人が知っても良い。[監]溝口健二[脚]川口松太郎，依田義賢[主]森雅之，京マチ子，田中絹代

「女の一生」の影響
—

この小説は，封建主義から自立していく近代女性という，現在で云うと古色を帯びたテーマがまさに同時代だっ

た。1913年（大正3年）の，広津和郎版は，発売禁止にされた。しかしこの小説は，昭和へと，ずっと女性の必読書扱いされて連綿と読み継がれていった。他に「女の一生」という同タイトルで，やはり近代的自我に目覚めるに姿を描いた別の作家の同タイトル作品が幾つか残されている。特に山本有三（2回映画化されている）と遠藤周作，希代の名女優・杉村春子がまさにその一生をかけて，309回上演した森本薫の戯曲「女の一生」は記しておきたい。直接モーパッサン作品を原作映画化したものは，3本残されている。

『女の一生』1928
主演の栗島すみ子は，女形か

ら女優に変わったサイレントの映画でデビューし，大正，昭和期にかけて日本の恋人と呼ばれた最大のスターであった。[監]池田義信[脚色翻案]小田喬[主]栗島すみ子

『女の一生』1953
昭和のはじめ，封建的な京都が舞台になっている。新藤兼人が手堅い演出をしている。肉屋に嫁いだ主人公が戦争を逞しく乗り越えてゆく。[監脚]新藤兼人[主]乙羽信子

『女の歴史』1963
一人の女の愛の歴史を，名優高峰秀子が演じ，成瀬がじっくり撮ったメロドラマ。モーパッサンの原作とは唄っていないが，何箇所かうなずきたくなるプロットがある。成瀬

*

3 | 『熱砂の白蘭』1951，川口の名は出さずモーパッサンからとした良識が○。木暮が慰安婦に見えないのはわざと？
4 | 『女の一生』1953，主役，乙羽信子の「女の一生」は紛れもなく"女優の一生"だった。

Guy de MAUPASSANT

晩年の作品だが，成瀬好きの
フランスでもあまり知られて
いない。[監]成瀬巳喜男[脚]
笠原良三[主]高峰秀子
『女の一生』1967
原作を昭和に置き換えた作
品。名作『砂の器』の野村監督
作品だが，成功作とは言い難
い。[監]野村芳太郎[脚]野
村芳太郎，山田洋次，森崎東
[主]岩下志麻

「ベラミ」の影響
—
ベラミは，モーパッサンの長
編の中では，珍しく遅くなっ
て，戦後完訳が出た。これに
は，1922年（大正11年）広津
和郎版「美貌の友」として出
版されたが，直に発売禁止に
なってしまった経緯がある。
女たらし，プレイボーイ，ジ
ゴロ，「ベラミ」は，それらの
意味を重ねながら，沢山の人
に読みつがれ，又酒場や連れ
込みホテルの名前になって現
実に存在している。一番有名
なのは京都にあったナイトク
ラブ"ベラミ"で，アメリカの
ビックアーティストが出演し
た超高級な社交場であった。
1978年に暴力団の幹部が銃
撃される事件があり，無くな
ってしまった。

『偽れる盛装』1951
新藤兼人の脚本で，溝口健二
「祇園の姉妹」へのオマージ
ュとしても有名。男から男へ，
金銭だけの打算で移ってゆく
京都芸者の話になっている。
[監]吉村公三郎[脚]新藤兼
人[主]京マチ子，進藤英太郎
『肉体の盛装』1964
新藤兼人自身が，脚色し直し
た『偽れる盛装』のリメイク。
本来は，このタイトルで書か
れた脚本だった。[監]村山新
治[脚]新藤兼人[主]佐久間
良子，西村晃

*

5｜『偽れる盛装』1951，新藤兼人の同脚本で，京マチ子と佐久間良子主演の二本が作られた。両作共に祇園温習会
の日，利用された男が，刃物をかざして楽屋から路上へと憎っくき"ベラミ芸者"を追い回すシーンが見せ場で
あった。

I

ピエール・ロティ

I-16

Pierre LOTI

1850–1923

　あまたのフランス文学者の中でも，ピエール・ロティは日本にとって特別な意味を持っている。彼が日本を訪れたのは，その人生の中で2回（1885，1900）だが，あまり資料のない明治の鹿鳴館と，急速に20世紀に変わろうとしている日本の姿をしっかりその作品の中に留めてくれていた事は，時が経つ程大切になっている。ロティ自身が謙虚にも「江戸の鹿鳴館」の中で云っているが，その体験記は貴重なドキュメントである。宮中の園遊会に呼ばれた折に，女官に囲まれながら皇后が現れ去って行く場面など，遠くから眺めた一幅の絵のようで，現人神を，とりまく近寄りがたさまでをも，活写している。もちろん日本人の作家が，天皇や皇后を描く事など，絶対に出来なかった時代の話である。

　フランスでも日本でも文学の流れは非常に早く大体の作家は，次第にその存在が忘れ去られてしまう事が多い。辛うじて，ロティの場合は1894年に出版された「秋の日本」の中の「江戸の舞踏会」で描き出している鹿鳴館の部分が芥川龍之介を刺激し「舞踏会」という美しい短篇を誕生させた。第二次大戦後は，三島由紀夫が，劇曲「鹿鳴館」（1956）で，また大衆小説の大スター作家，山田風太郎が小説「エドの舞踏会」（1983）で，芥川のバトンを受け取り現代に繋いでいる。芥川，三島，山田は三人共，それぞれの時代に非常にアピール力のあった文学者で，その作品は映画，ＴＶ，舞台の原作とし，中にはピエール・ロティ自身が登場したりして，現在でも取り上げられている。鹿鳴館の登場する「江戸の舞踏会」を除いた文学者としてのロティは，「お菊さん」が，歴史の教科書には書かれているが，残念ながら一般的に知られた作家とは云いがたい。一番の傑作である「氷島の漁師」は大正5年（1916）に翻訳されているが，代表作の「お菊さん」はそれだけを日本人が読むとまず不愉快になる差別的表現が多い。この本について彼が，後年謝っている事は，もちろん，ほとんどの日本人は知らない。どちらにしても，彼の文学作品は昭和の前期で一般からは遠ざかる運命にあった様である。しかし，日本の代表的な作家に影響を与え（例えば，永井荷風「濹東綺譚」），明治をひも解く時には必ず彼の名前は登場するわけで，だからこそ，彼の日記に到るまでのほとんどのものが翻訳されていて現在でも比較的手軽に読むことが出来るのである。今回改めて，彼の

<u>Pierre LOTI</u>

65

作品をいくつか読み返し彼が描いた日本があまりに美しく，銅版画の風景を見る
ような甘美なノスタルジーを覚えた。そして彼はカサノヴァではなくドンファン
の様にロマンを求めて世界を旅したその在り方も良く理解出来た。それが「お菊
さん」を書き，その事を後悔する作家の繊細さが，彼の小説の中をつらぬいてい
るロマンなのだと気づかされた。

「お菊さん」の影響

—

『濹東綺譚』1960
荷風版「お菊さん」。荷風没
後一周年として製作された。
[監]豊田四郎[原]永井荷風
[脚]八住利雄[主]山田富士
子，芥川比呂志
『濹東綺譚』1992
主演の墨田ユキ（役の雪という
字から芸名にした）が，大健闘。
[監脚]新藤兼人[原]永井荷風

[主]墨田ユキ，津川雅彦

「氷島の漁師」の影響

—

『海の勇者』1932
原作と比べて現実的だが，安
易なメロドラマとの評が残さ
れている。二村定一の歌う主
題歌（[詞]大木惇夫[曲]堀内
敬三）が，ヒットした。[監]
清水宏[原脚]湯原海彦[主]
野寺正一，川田芳子

「江戸の舞踏会（秋の日本）」
の影響

—

『鹿鳴館』1986
三島由紀夫が座付きだった文
学座の為に書いた傑作戯曲を
市川崑が大胆に映画化。ロティ
らしき人も登場する。[監]
市川崑[原]三島由紀夫[脚]
日高真也，市川崑[主]菅原文
太，浅丘ルリ子

*

1 ｜ 『海の勇者』1932，松竹の看板監督の一人で，多くの人材を育てた清水宏の作品。バロンセリの仏版と比べて見
たいが現存せず。
2 ｜ 『濹東綺譚』1960，現代は，ロティも荷風もマチズムでくくる。その通りだが，それよりも文学者の"哀れ"の共有を認
めたい。

I

19世紀の人気推理小説家

モーリス・ルブランとガストン・ルルー

Maurice LEBLANC 1864–1941, Gaston LEROUX 1868–1927

　義賊という言葉が，日本には昔からある。日本人が好きな江戸時代の大泥棒ね ずみ小僧がその典型で，歌舞伎で取り上げられ，実際とは大分違うようだが，庶 民のアイドル的存在であった。ねずみ小僧は貧乏人からは決して盗まず，権力と 癒着して私腹を肥やす悪徳商人や偉そうな武家の屋敷から盗み出す。盗み方もス マートで決して人は殺さず，たった一人であっという早業で大胆不敵。顔は誰も 知らないがチラリと見た者の話では，なかなかの二枚目であった，というような 具合に大衆が喜びそうなところを全部押さえた，最強の反権力キャラクターとし て語られていた。実在したねずみ小僧はつかまって1832年に斬首になっている。

　モーリス・ルブランのルパンものが日本に翻訳され始めた明治43年(1910)頃は， まだ十分義賊ねずみ小僧が有名な時代だった（ルパンの翻訳の正確な最初の年・作品は まだ確定できない）。当時の人はすぐにルパンの中に洋版ねずみ小僧を重ねたに違い ない。

　その後ルパンは，映画にもなっているが，何といってもルパンの影響は江戸川 乱歩が怪人二十面相を創り出したことで決定的になった。乱歩が1936年に少年 向きに発表したアルセーヌ・ルパン張りのこの大怪盗は，名探偵，明智小五郎の カタキ役として登場するが，明智の助手の小林少年とその友人達の少年探偵団と 共にお面が作られ，子供たちの遊びの中にまで入っていった。明智は，「D坂の殺 人事件」(1927) から登場しているが，「黄金仮面」(1930) では遂にルパン本体が登場 し，日本の明智探偵と全面対決する。ルパンは，乱歩以外にも横溝正史や北杜夫， 他多くの日本の推理・探偵小説にも登場していて，それぞれのルパンが，人は殺 さないなどの幾つかの約束以外は，勝手に動いていて面白い。

　1971年になって今度は漫画で，モンキー・パンチ原作をＴＶアニメ化した『ル パン三世』が登場し，又々大ヒット。すぐにシリーズ化され，映画になり実写版ま で作られて今に続いている。ルパン三世は日本ではアルセーヌ・ルパンの孫とい う事で通っているが，仏での放映は著作権の問題で変更せざるをえなかった。基 本的に女に弱く人は殺さずスマートにとルパンを踏襲しているが，東宝映画『100 発100中』のアンドリュー星野のキャラもかぶる。『ルパン三世』の話自体は，全く

Maurice LEBLANC, Gaston LEROUX

ルパンものとは別のストーリー展開がなされている。一時，フランスとの合作で
22世紀を舞台に子供向けのアニメ『ルパン8世』が企画製作された事があったが，
幻の作品となっている。

　ルパンはこの他に，沢山の類似，又は影響作品を生んだ。例えば『多羅尾伴内』
シリーズは，泥棒をしないルパンのような探偵をイメージにして作られ，七変化
しながら事件を解決してゆく話が人気で，13作も作られた。犯罪相手の知恵比
べも含めてやはりルパンが無かったら生まれなかっただろうし，なにより焼け跡
から立ち直ってゆく庶民の最大の娯楽であった，当時の映画のエネルギーを感じ
る。

　一方，ルブランと犬猿の仲だった，ガストン・ルルーは，優秀なジャーナリスト
であった。代表作「黄色い部屋の秘密」が，日本で翻訳されたのは，1921年である。
この作品は，完全密室殺人の古典として，日本の推理小説ファンに未だに人気が
ある。昭和の中頃までは，外国推理小説のベスト10に常にランクされていた。ガ
ストン・ルルーのもう一つの有名作「オペラ座の怪人」は，ロン・チェイニーのハ
リウッド映画が1925年に公開され広まっていった。ロン・チェイニーの『ノート
ルダムのせむし男』とこの『オペラ座の怪人』の特殊メイクは，当時としては画期

*

1｜　『鼠小僧次郎吉』1965，ＴＶの「ルパン三世」で，鼠四世が登場。第1回世界泥棒選手権で先祖が，ルパンに敗れ
　　　たという逸話が笑える。
2｜　『813』1923，巨匠溝口，初期のサイレント作品の珍品チラシ。ルパン役の南は，同じく溝口『情炎の巷』にも主演
　　　した。

I

的で，大ヒットした要因の一つであった。その後日本では，江戸川乱歩「怪人二十面相」を筆頭に，「オペラ座の怪人」をベースにしたり，あるいは，せむし男をベースにしたりして様々なミックス怪奇物へと発展していった。1988年に劇団四季により，A・ロイド・ウェバーのミュージカルが公開されてからは，又「オペラ座の怪人」に脚光が集り，現在でも度々公演されている。

M・ルブランの影響

◇「怪盗ルパン」

『813』1923
南光明がルパンと探偵を二役で演じた。舞台で上演されたものの映画版らしい。[監]溝口健二[翻訳脚色]田中総一郎[主]南光明

『茶色の女』1927
「ルパン対ホームズ」の映画化。[監]三枝源次郎[脚]星野辰男[主]南光明

『舶来文明街』1931
キネマ旬報，邦画でその年のベスト5に入っている。スター月形龍之助が自分のプロダクション製作で作った第一作。パート・トーキーで原作は直木賞の基になった直木三十五。[監]冬島泰三[脚]地上社同人[主]月形龍之助

『怪盗X団』1931
上海を舞台に，怪盗X団と私立探偵が対決する。[監]野村芳亭[原作脚]久米芳太郎[主]結城一郎，若水絹子

『七つの宝石』1950
当時二枚目として売り出し中の佐田啓二主演のルパン物。作品としては失敗作である。[監]佐々木啓祐[脚]沢村勉[主]佐田啓二

『虎の牙』1951
東京を舞台に怪盗ルパンの名を使う日本の泥棒が出てくる

3｜『顔のない男』1955，ルパンが，整形手術をして日本にやって来るという設定。中国ならば判るけれど……無知の涙？衆知の涙？

4｜『怪盗X首のない男』1965，怪盗Xが，目星をつけたマリア像には，お宝が隠されているが，既にルパンによって盗まれていたという落ちが着く。

Maurice LEBLANC, Gaston LEROUX

5｜　　　　　　　　　　　　　　　　　　　　　　　　　　｜6

遺産相続殺人。「虎の牙」の翻案。[監]瑞穂春海[脚]清島長利[主]上原謙

『顔のない男』1955

「真紅の肩掛」の翻案。ルパンが日本人に変装してフランスから東京に宝石を盗みに来ているプロットに驚かされる。日本娘との恋ありサスペンスあり、フランスで是非公開したいキッチュな作品。ルパン役は『二十四時間の情事』の岡田英次。[監]芦原正[脚色]森田龍男[主]岡田英次

『怪盗ジバゴ』1967

日本の文壇の独特の位置にいた北杜夫の小説「怪盗ジバゴ」を、人気絶頂のコメディーグループ、クレイジー・キャッツを主演に制作したドタバタコメディー。日本の古美術を狙った、怪盗ジバゴ率いる国際窃盗団と闘う7人組。唄が沢山入る。タイトルは『ドクトル・ジバゴ』のジバゴとジゴマをもじっている。[監]坪島孝[脚]田波靖男、市川喜一[主]クレイジー・キャッツ

『七つの顔の女』1969

美人女優岩下志麻が強盗団の女ボスになる。ルパン的といっても何だか変装等がわざとらしく、成功作とは言い難い。[監]前田陽一[脚]宮川一郎[主]岩下志麻、緒形拳

『怪盗ルパン813の謎』1979

かなり簡略化した展開であった。こどもの日の特別版でTVに登場した竜の子プロのアニメ作品の劇場版。[監]笹川ひろし[脚]宮崎昇

『ズッコケ三人組怪盗X物語』1987

那須正幹の人気少年小説を下案にした映画で怪盗Xの宝を探す少年冒険もの。[監]鹿島勤[脚]北野ひろし[主]森翔吾、金井勇太、島田正直

『ザ・ドラえもんズ　怪盗ドラパン』1997（アニメ劇場版）

御存知ドラえもんの中の1作。フランス最大の怪盗ドラパンから挑戦状が。あまりに他愛のないストーリー。フランスの怪盗の好物がカマンベール入りドラヤキには笑わせられる。[監]米谷良知[脚]

・

5｜『ズッコケ三人組怪盗X物語』1987, 児童文学者の那須正幹は、母の背中で軽く被爆した。「ズッコケ」は、その代表作で、底辺に強い反戦思想がある。

6｜『ルパンの奇巌城』2011, 主演の山寺宏一は、声優として多種の声音を駆使でき、キャリアも長く、沢山の代表作を持っている。

I

7 | | 8

寺田憲史
『ルパンの奇巌城』2011
秋山正俊による現代に翻案された「奇巌城」。多くの名作アニメで有名な，山寺がルパンを務めている。[監]秋山正俊[主]山寺宏一，岩田さゆり

『多羅尾伴内』シリーズ
—
最初，東横映画時代劇で企画されたが，米軍の通達で日本刀が使えず，現代劇に。大ヒットを飛ばしたのに，大映社長永田雅一の作品を馬鹿にした発言で主演の千恵蔵と大喧嘩になり，その後，東映で製作された。今見ると売り物の七変化もすぐに判ってしま

い，粗雑な部分が目に付き決して立派な映画とはいえないが，フィルムの随所に復興していく日本の風景を見る楽しみがある。
『七つの顔』1947
[監]松田定次[脚]比佐芳武[音]西悟朗[主]片岡千恵蔵，轟夕紀子→IV 10章（オペラへの誘い）参照
『十三の目』1947
[監]松田定次[脚]比佐芳武[主]片岡千恵蔵，喜多川千鶴
『二十一の指紋』1948
[監]松田定次[脚]比佐芳武[主]片岡千恵蔵，喜多川千鶴
『三十三の足跡』1949→本項
ガストン・ルルー参照
以上大映作品

—
『片目の魔王』1953
[監]佐々木康[脚]比佐芳武[主]片岡千恵蔵，花柳小菊
『曲馬団の魔王』1954
[監]佐々木康[脚]比佐芳武[主]片岡千恵蔵，轟夕起子
『隼の魔王』1955
[監]松田定次[脚]比佐芳武[主]片岡千恵蔵，喜多川千鶴
『復讐の七仮面』1955
[監]松田定次[脚]比佐芳武[主]片岡千恵蔵，高峰三枝子
『戦慄の七仮面』1956
[監]松田定次，小林恒夫[脚]比佐芳武[主]片岡千恵蔵，花柳小菊
『十三の魔王』1958
[監]松田定次[脚]比佐芳武

・

7 | 『片目の魔王』1953，客はピストルを撃つ知恵蔵に大喜びした。
8 | 『多羅尾伴内』1978，"マイトガイ"旭が，東映に移籍後，満を持しての企画。一作目は大ヒット，しかし次で蹟いてしまった。

Maurice LEBLANC, Gaston LEROUX

[主]片岡千恵蔵, 高峰三枝子
『七つの顔の男だぜ』1960
[監]小沢義弘 [脚]比佐芳武
[主]片岡千恵蔵, 中原ひとみ
『多羅尾伴内』1978
大映から東映へ変わっても大
ヒットを続けたシリーズ（千
恵蔵版）から時を経て, 日活
後の小林旭で2本作られた。
日活スター小林旭の起用は話
題になったが, あの千恵蔵時
代の, 戦後すぐの映画のエネ
ルギーは, もはやなかった。
[監]鈴木則文 [脚]高田宏治
[主]小林旭, 八代亜紀
『鬼面村の惨劇』1978
[監]山口和彦 [脚]掛札昌裕
[主]小林旭, 鈴鹿景子
『華麗なる追跡』1975

アクション・スター志穂美悦
子が, レーサーに扮し, 亡き
父の敵を討つ。掃除婦に化け
たり, 男装したり, おまけに
「多羅尾伴内」とおなじ決め
台詞まで云う娯楽作。[監]鈴
木則文 [脚]掛札昌裕, 金子武
郎 [主]志穂美悦子

『黒蜥蜴』
—
三島由紀夫が, 乱歩の原作を
基に書き上げた戯曲。舞台,
ＴＶに何度も取り上げられて
いる。美貌の女賊と名探偵明
智小五郎の, 変装合戦。三島
の戯曲から2本, 映画化され
どちらも水準作だが, 1本目
はミュージカル色が強く2作

目の女装丸山明宏（美輪）版
は, ゲイ受けカルト映画とし
て世界的に知られている。
『黒蜥蜴』1962
[監]井上梅次 [脚]新藤兼人
[音]黛敏郎 [主]京マチ子,
大木実
『黒蜥蜴』1968
[監]深作欣二 [脚]成沢昌茂
[主]丸山明宏, 木村功

『キューティー・ハニー』
シリーズ
—
ルパンから多羅尾伴内, そし
てその少女版の様に現れた
のがこの「キューティー・ハ
ニー」である。1973年に永井
豪により誕生したこの少女ヒ

9 | 『黒蜥蜴』1968, 適役の美輪（丸山）は, その後何度も舞台で上演している。
10 | 『キューティー・ハニー』2004, 世界の少女の人気者。永井豪は「グレンダイザー」をはじめ海外に受ける漫画や
　　アニメを量産している。

I

ロインは一種のアンドロイド
で，姿を変えながら犯罪に立
ち向かう。鉄腕アトムの少女
版のようでもあるが，アニメ
ＴＶから劇場版，そして実写
版まで作られた。沢山の亜派
が生まれている。
『キューティー・ハニー』1974
ＴＶ版の一話「赤い真珠は永
遠に」のブローアップ作品。
[監]設楽博[脚]高久進
『キューティー・ハニー』1997
[監]佐々木憲也[脚]山口亮
太/劇場版東映アニメ
『キューティー・ハニー』2004
実写とアニメを組み合わせた
庵野秀明の意欲作。面白い作
品で主題歌はヒットしたが
作品の興行成績は悪かった。

[監]庵野秀明[脚]高橋留美，
庵野秀明[主]佐藤江梨子

『ルパン三世シリーズ』
（アニメ劇場版）
—
ルパン三世の劇場版は，監督
が劇映画でも充分実力を発揮
できる大物や実力者を持って
くるのでいつも話題になる。
実際良い作品が多い。
『ルパン対複製人間』1978
永遠の若さを与える賢者の石
を巡る泥棒合戦。[監]吉川惣
司[脚]大和屋笠，吉川惣司
『ベネチア超特急』1978
ＴＶシリーズから35mmに
ブローアップされて公開され
た快作。ベネチアの大泥棒が

集めた名画や宝石を狙う。[監
作画]北原健雄[脚]今野譲
『カリオストロの城』1979
世界的な宮崎駿が監督した
シリーズ最高の出来と思われる
作品。[監]宮崎駿[脚]宮崎駿，
山崎晴哉
『バビロンの黄金伝説』1985
有名監督，鈴木清順がアニメ
を，という事で話題になっ
た。黄金のバベルの塔を求め
てニューヨークから，バビロ
ニアから。[監]鈴木清順，吉
田しげつく[脚]大和屋竺，浦
沢義雄
『風魔一族の陰謀』1987
日本が舞台。地方豪族の隠し
財宝を巡って。[監]大関雅幸
[脚]内藤誠

*

11 | 『念力珍作戦』1974，ナンセンス映画の職人坪島が，映画の流れを壊していないので，意外に楽しめる。題どうり
　　の珍作。
12 | 『黄色の部屋』1930，日本でも公開された1930年のレルビエ作品。乱歩は，原作を世界の推理小説ベスト10に
　　入れている。

Maurice LEBLANC, Gaston LEROUX

『くたばれ！ノストラダムス』
1995
ノストラダムスの予言書を持つノストラダムス教団との闘い。[監]白土武[脚]柏原寛司, 伊藤俊哉
『Dead or Alive』1996（実写版）
原作者本人が監督した劇場版。[監原]モンキー・パンチ[脚]柏原寛司[主]栗田貫一, 増山江威子
『念力珍作戦』1974
香港映画の様な実写版。赤塚不二夫, 中山千夏の名が企画となっている。[監]坪島孝[脚]長野洋[主]目黒祐樹

『ルパン三世』2014
40年ぶりの, 実写での「ルパン三世」への, 挑戦だったが, 海外ロケ, CGを駆使してもアニメの実写化の壁は越えられなかった。74年版の方が, まだ良いという意見もちらほら。[監]北村龍平[脚]水島力也[主]小栗旬, 黒木メイサ

G・ルルーの影響
—
◇「オペラ座の怪人」
『南蠻寺の怪人』1926
「オペラ座の怪人」翻案。情報が極端に少ないが, ロン・チ

ェイニーのヒットを受けての日本版らしい。[監]長尾史録[原脚色]丘虹二[主]高木新平／無声映画
『三十三の足跡』1948
多羅尾伴内シリーズの中の一本。レヴューを上演している劇場が舞台のミステリー。幽霊, 秘密の部屋, 謎の笑い声や足音など, 直接ルルーの作品ではないが, 明らかに着想を得て作られている。[監]松田定次[脚]比佐芳武[主]片岡千恵蔵, 木暮実千代

*

13 | 『南蠻寺の怪人』1926, 南蛮は, 人身売買のキーワードだ。性奴隷として海外に売られる娘たちを運んだのは, 南蛮商人の船だった。
14 | 『三十三の足跡』1948, それ程上等な作品とは言い難いが, 戦後すぐの日本のレヴュー劇場が舞台なので資料性が高い。

I

ノーベル文学賞の作家たち

ロマン・ロラン，ロジェ・マルタン＝デュ＝ガール，

フランソワ・モーリアック，アンドレ・ジッド

Romain ROLLAND 1866–1944，Roger MARTIN du GARD 1881–1958，

François MAURIAC 1885–1970，André GIDE 1869–1951

　ノーベル文学賞は，本屋を喜ばせる賞である事は，日仏共に間違いはない。勿論その効果で，本が売れるからである。これまでにフランスからは13人，日本からは2人の受賞者を出している。フランス人の受賞者が圧倒的に多いが，この本では，日本で映画化されたか，又は影響の大きな作品を持つ作家のみを取り上げたので，ロラン，マルタン＝デュ＝ガール，モーリアック，ジッド，カミュの5人になる。日本人の受賞者は川端康成と大江健三郎の二人だが，大江の作品は日本では幾篇か映画化されているが，フランスでは実例がない。カミュと川端に関しては別項を設けたので，この項では，ほかの4人の大作家と日本映画の繋がりを紐解いてみたい。

　アンドレ・ジッドは大正から昭和初期，戦前まで，日本ではポピュラーな作家であった。「狭き門」そして「田園交響楽」が特に人気があった。しかし，当時の文学青年の必読書であったこの2冊は，今ではほとんど話題にもならない。背景が遠い時代でもあるし，扱っているテーマは本質的ではあるが，登場人物のモラルや世界観が，あまりに現代とズレてしまっているからである。ジッドの本は決して流行作家が書きなぐった本ではなく，少なくとも1930年代には，日本でも，新鮮なリアリズム文学であった。それが証拠に，キリスト教牧師の懊悩，障害者，不倫，この大問題が一杯つまった「田園交響楽」は，本国より早く，1938年，いよいよ検閲・圧力が厳しい中，思想的に特別睨まれていた筈の若き山本薩夫によって映画化されたのである。山本は，1938年に左翼運動で大学を退学になった，生え抜きの共産党員だが，これはその後，成瀬巳喜男の助監督の後，一本立ちしてからの作品である。本家フランス版ドラノワの『田園交響楽』(1946)は1950年に日本で公開されたが，ジッドの名が浸透していた事とM・モルガン人気でヒットした。

　ロジェ・マルタン＝デュ＝ガールの「チボー家の人々」は，20年の長きに渡った作家のライフワークである。この大河小説は，彼がノーベル文学賞受賞の翌年1938年に山田義雄により訳されたが，途中に第二次大戦をはさみ1952年になっ

1|　　|2

てようやく全訳された。そして' 50–' 60年代に渡りこの小説は，日本の文学愛好家の間では，ちょっとしたブームとなった。

　同じくロマン・ロランも，一般に知られる様になったのは第二次大戦後である。長かった悲惨な世界戦争を省みる時，迎合するか沈黙した作家たちが多かったが，第一次大戦から戦争にひたすら反対し続けた彼が評価されるのは当然であった。戦後日本でも，ロランは，ノーベル賞作家として，キリスト教的ユマニストとして，充分に研究されてきた。その作品は，大長編にも関わらず「ジャン・クリストフ」と「魅せられたる魂」が特に好まれ，60年代までは文学好きの若者たちがこぞってそのぶ厚い本を読み返していたものである。しかし，戦後の日本の復興が進めば進む程これ等の作品は時代遅れとなり現在に至っている。それでも文学におけるユマニズムを話題にする時には欠かせぬ作家であり，今でも気の利いた文学全集には大体彼の作品が収められている。又ロランは，日本の作家や文化人との交流も深く，彫刻家高田博厚は塑像を創っている。2004年には押井守の『イノセンス』の中にも「ジャン・クリストフ」からの引用があった。

　フランソワ・モーリアックも，戦後知られた作家である。まず「テレーズ・デスケルウ」が，1949年に杉捷夫に翻訳されている。それ以前から彼の作品は，フラ

＊

1|　『田園交響楽』1938，北海道悲歌とでも言いたい作品。牧師の，娘への男としての感情をストレートには描けぬ
　　時代が生んだ映画。
2|　『田園交響楽』1946，日本版より後に作られた御本家版。第一回カンヌ国際映画祭で，グランプリに輝いた優等
　　賞的作品である。

I

ンス文学者の間ではつとに有名であったが1952年ノーベル文学賞受賞以降は、その翻訳に益々拍車がかかったようである。

　彼を日本に知らしめる一翼を担った、遠藤周作がモーリアックを初めて知ったのは第二次世界大戦中で、療養中の堀辰雄から貰った堀自身のエッセイからだそうだ。遠藤にとってはそれがドイツ文学からフランス文学に変わる運命の別れ道であった。遠藤のエッセイ「私の愛した小説」を読むといかに彼がモーリアックの作品特に「テレーズ・デスケルウ」を愛したかが書かれている。フランス心理小説の伝統では、作中人物を作者が分析しきって思いのままに動かすが、実は作者として分析しきれない動きがあるのではという文学者の方法論的問題を遠藤周作は、モーリアック、ドストエフスキー、フロイトを引用しながら解り易く分解し特に堀辰雄の小説、「菜穂子」をしてモーリアックの影響ありと指摘している。三島由紀夫もモーリアックに大いに影響を受けそのエッセイの中でフランスの作家の中で一番ドストエフスキー的と述べている。「テレーズ・デスケルウ」がどれだけ重要な作品であるかは、5回も翻訳が成されている事が物語っている。

*

3｜ 『遠い雲』1955, 現代では、煮え切らないと云われそうな秘めた愛。どんどん膨らんでくる感情を、高峰が絶妙に演じている。
4｜ 『書を捨てよ街にでよう』1971, 撮影の鋤田正義は、デヴィッド・ボウイのジャケ写でも有名。日本のアーティスト写真に功績が大きい。

ノーベル文学賞の作家たち

A・ジッドの影響
―
◇「田園交響楽」
『田園交響楽』 1938
舞台を北海道の牧師家庭に置き代えてかなり忠実に原作をなぞっている。原作自体が持つ観念的な堅さが今見ると少々つらいが、モノクロの撮影（宮島義勇）がとても美しく、若い原節子が、熱演している。山本は戦後、日本の映画界を揺るがせた東宝の労働争議で（撮影所に米軍が乗り込んで整理した）レッドパージされ、しかしその後も独立プロとしてしぶとく骨のある作品を作り続けてきた。"自分は左翼でも右翼でもない大日本映画党だ。"とタンカを切ったマキノ正博のような人

もいれば、彼のように完全に左翼と云われ続け、しかも良い作品を残した人もいる。非常に厳しい環境の中で映画が製作出来たという事は、実は日本にもいかに多くの左翼支持者がいたかの証明であるのだが。何故この映画の企画が通ったのか、検閲官が、彼の作品のファンだったからだと云われている。また、ジャン・コクトーがこの映画を評価したと山本自らが語っている。
[監] 山本薩夫 [脚色] 田中千禾夫 [主] 高田稔, 原節子
◇「狭き門」
『遠い雲』 1955
飛騨高山を舞台に、戦争で死んだ夫の実家で、自己を捨てて家と子供のために生きている未亡人が主人公。主人公へ

の思いを秘めたまま親友に主人公を譲った男と、その親友の弟と未亡人の思いが交錯する。二人に共通の愛読書として「狭き門」が、使われ、劇中の会話にも登場するが、結局女は義弟とそこに残り、亡夫の親友は去ってゆく。「狭き門」は線路の横に捨てられている。この映画は、「狭き門」がドラマのポイントになっているのだが、制作された1955年当時、いかにこの小説が一般に知られていたかを、語っている。[監] 木下恵介 [脚] 木下恵介, 松山善三 [主] 高峰秀子, 田村高廣
◇「地の糧」
『書を捨てよ街にでよう』 1971
→Ⅱ章（寺山修司）参照

*

5 | 『魅せられたる魂』1953, 作品の出来は別として, ロマン・ロランを映画化しようとした当時の日本映画界の懐の深さに驚かされる。

Ⅰ

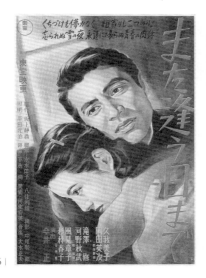

6 |　　　　　　　　　　　　　　　| 7

R・ロランの影響

―

◇「魅せられたる魂」

『魅せられたる魂』1953

田中澄江が脚本を書き，ズバリ原作名をタイトルにした東映の大作である。筆者は未見であるが，当時の映画評等ではほとんど駄作扱いとなっている。[監] 春原政久 [脚] 田中澄江 [主] 木暮実千代

『人はそれをスキャンダルという』1978–1979

70年代最大のアイドルである山口百恵が主演のTVドラマシリーズ。山口は歌手でデビューして，多くの映画やTVシリーズに主演した。このシリーズはロマン・ロラン原作と明記され大林宣彦等一流監督

が各エピソードを担当したが，視聴率はいまひとつであった。[監] 大林宣彦，恩地日出夫 他 [主] 山口百恵，永島敏行

◇「ピエールとリュース」

『また逢う日まで』1950

岡田英次が今井正にロランの中篇「ピエールとリュース」の映画化を薦めたと当時のパンフレットにはある。岡田はその後「二十四時間の情事」にも主演した。この映画は学生動員で明日のない学生と，仕事を捜し必死に生きる画学生との悲恋がテーマである。昭和18年空襲の日に防空壕で出会った2人があっという間に恋に落ち，やがて時代にのまれていく様を描いている。その年の国内作品ベス

ト1にも選ばれ，諸外国でも高く評価された。[監] 今井正 [脚] 水木洋子，八住利雄 [主] 岡田英次→Ⅲ 30，久我美子

R・マルタン＝デュ＝ガールの影響

―

◇「アフリカ秘話」

『無常』1970

作家主義的な映画を製作したATGと実相寺の3部作の最初の一編。京都近郊の旧家を舞台にした，近親相姦の話が軸となっている。脚本の石堂が述懐しているが，マルタン＝デュ＝ガールの短編「アフリカ秘話」を下敷きにしている。マルタン＝デュ＝ガールのこの作品は，「チボー家

―

6 |　『また逢う日まで』1950，日本映画のキス場面として，一番有名な作品。30才の岡田英次が，大学生に見えないが，何度も落第したのだろうか。

7 |　『無常』1970，実相寺はTV「ウルトラマン」の監督として今でもカルトな人気がある。これは扱い難い近親相姦が主題。

ノーベル文学賞の作家たち

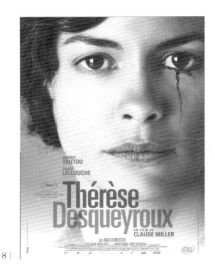

の人々」に隠れて知られてはいないが，フランス文学に造詣の深い実相寺とインテリ無頼派の脚本家石堂とのコンビが，この禁断の（それまで近親相姦をここまで正面から取り上げた日本映画は無かった）スキャンダラスなテーマを，日本的な状況に移し替えて，ＡＴＧとしては記録的なヒットを見せた。実相寺は，その後ＴＶやＣＦで活躍しながら，極めてユニークな映像を持つ"実相寺映画"を撮り続け，熱烈なファンを生み国際的にも，そのオリジナリティを評価されている。1977年の『歌麿　夢と知りせば』は，

ヘラルド（映画配給会社）が出資した大作だが，カンヌ映画祭等で公開され海外公開もされたが，次には続かなかった。しかし，極めて日本的に見える彼の作品群は，実は非常にフランスやヨーロッパの影響を受けていて，現在，その辺りから再評価が始まっている。→Ⅳ補48（オルガン）

F・モーリアックの影響

—

◇「愛の渇き」

『愛の渇き』1967

1950年に発表された三島由紀夫の傑作小説の映画化。モーリアックの「愛の渇き」を

意識して書かれている。俳優たちと蔵原の演出，撮影間宮の息が合っていて，モノクロの画面が素晴らしかった。もっと海外にも知られるべき作品である。[監]蔵原惟繕[脚]藤田繁矢，蔵原惟繕[撮]間宮義雄[主]浅丘ルリ子

『風立ちぬ』2013

宮崎駿引退作品として宣伝されたアニメ大作。主人公の飛行機設計家の肺病の妻は"なおこ"で，映画の題は，「菜穂子」と同作者の堀辰雄「風立ちぬ」から採られている。[原監脚]宮崎駿[制]スタジオジブリ

・

8 | 『テレーズの罪』2012，フランス映画史を語る上で外せないクロード・ミレールの遺作。嫌な女が生まれる条件を淡々と撮っている。

9 | 『愛の渇き』1967，ギリシャ神話をモーリヤックの文体で描いた純文学に，日活娯楽映画を支えた蔵原が正面から挑んだ意欲作。

Ⅰ

19世紀の詩人たち 1

シャルル・ボードレール, ポール・ヴェルレーヌ,
ロートレアモン, アルチュール・ランボー

Charles BAUDELAIRE 1821–1867, Paul VERLAINE 1844–1896,
Comte de LAUTREAMONT 1846–1870, Arthur RIMBAUD 1854–1891

　日本には漢詩を学んだ永い歴史がある。漢詩に関しては対応できたのだが, そ
の他の国の原語で書かれた, 特に詩歌を翻訳する難しさは21世紀の今日まで続
いている。フランスの詩はその難しさを乗り越えた, 勤勉で情熱的な翻訳者によ
り, 片端から訳されていて, 日本の文化に大きな影響を与えてきた。ボードレー
ル, ヴェルレーヌ, ランボー, そしてロートレアモン。本国でも難解なこれ等の詩
文学も度々翻訳され直されながら現代に到っている。

　ヴェルレーヌは明治28年 (1905) に上田敏の「海潮音」によってまず取り上げら
れた。「海潮音」は詩選集でダンテからマラルメまで取り上げているが, ヴェルレー
ヌの「秋の歌」はその選集の中でもとりわけ有名になり「秋の日のヴィオロン
……」という日本訳は多くが知る処となった。

　ランボーは大正3年 (1914) に「酔いどれ船 (酩酊船)」が柳澤健によって訳されそ
の後, 小林秀雄他, 多くの翻訳者により出版されている。夭逝した破滅型の詩人,
中原中也 (日本のランボーとまで云われている) の訳本もある。現代の若者は, ランボー
と云えばS・スタローンの米映画を想い出すだろうが, 原作者のデヴィド・マレ
ルからのランボーへのオマージュである事は知られていない。どちらにしてもラ
ンボーは "乱暴" と日本人の耳に聴こえる解かり易さがあり知名度は抜群である。

　ボードレールの「悪の華」が訳されたのは大正8年 (1918) 馬場睦夫によるが, 仏
文学者でありベストセラー作家でもあった福永武彦の訳が定番である。この詩人
の影響とインパクトはランボーにまさるとも劣らないが, 以外に知られていない
のが, レオ・フェレによる「悪の華」である。彼は1987年に一度だけ来日し, 素晴
らしいコンサートの中でボードレールを数曲唄っていた。

　シュールレアリズムの詩人ロートレアモンは, 他の三人とは違い, 戦前は, 全く
日本では知られていなかった。「マルドロールの歌」の訳は, 1941年福永武彦に
よるが, 1960年の栗田勇版が良く読まれている。"ミシンとこうもり傘" の部分はヴ
ェルレーヌの「秋の日のヴィオロン」程大衆的ではないがよく引用され, 寺山修司

19世紀の詩人たち 1

が活躍した60–70年代，ロートレアモンは，スノッブな者たちの間では有名で，その後ファッションブランドの名前にもなった程だ。

　四人の天才詩人を改めて見てみるとヴェルレーヌは上田敏の「秋の歌」のイメージがずっとついていて，他の三人とは少し違う。ボードレール，ランボー，ロートレアモンに共通しているのは反社会性，暴力性，退廃性，そして難解な点である。彼らがうけた時代を見てみるとその時代の戦争前の不安感や学生運動闘争のフラストレーション等社会情勢が，かい間見られ，又，ビートルズ以前のロックとも呼応している様が見える。

P・ヴェルレーヌの影響
―
『巷に雨の降る如く』1941
有名な上田敏の翻訳詩からインスピレーションを受けている。主人公は紙芝居屋で雨が降れば商売にならない。親友でボロアパートの隣に住むインテリアコーデオン弾きが，

ヴェルレーヌの詩に自分で曲をつけ，宴会で披露する。沢山ある山本嘉次郎とエノケンの喜劇映画の一本。[監]山本嘉次郎[主]榎本健一
『とんかつ大将』1952
戦争から立ち直り始めた東京が舞台。とんかつが，凄いご馳走だった時代である。主

人公の友人で，ヴァイオリンを弾く街の流しは，とんかつ屋の女将に片思いが届かず，貧乏長屋の窓から"秋の日の……"と詩を口ずさむ。三井弘次は脇役が多いが，川島の演出の下，良い味をだしている。[監脚色]川島雄三[原]富田常雄[主]佐野周二，津島

*

1｜『巷に雨の降る如く』1941，1941年の東京の雨の情景に，ヴェルレーヌの感傷が，戦争の緊迫と苦い人生に，重ねて映し出されている。
2｜『とんかつ大将』1952，主人公の熱血青年医師の好物がとんかつであり板前映画ではない。川島の作品の中でも上位の一本。

I

3 |

| 4

恵子，角利枝子

『神坂四郎の犯罪』1958

主人公のパトロン役のフランス帰りの女歌手（轟夕起子）がレコードに吹き込もうとしている曲がヴェルレーヌ詩，ドビュッシー曲の「巷に雨の降る如く」。この歌は堀口大學の訳詩で有名だが，歌手はフランス語で唄おうとしている。→Ⅳ07（ドビュッシー）

C・ボードレールの影響
—

『薔薇の葬列』1969

60年代末，新宿が舞台。実験的かつペダンティックな映画。辞題にボードレールの「悪の華」の一節が出てくる。"われは傷口にして刃，生贄にし

て刑吏"。[監脚]松本俊夫[音]湯浅譲二[主]ピーター，土屋嘉男

『上海異人娼館』1982

映画タイトルの後直ぐ題辞のようにボードレール「悪の華」からの詩句が現れる。Sous le Fouet du Plaisir, ce bourreau sans merci.情容赦ない死刑執行人"快楽"の鞭のもとに。[監]寺山修司[主]イザベル・イリエ，クラウス・キンスキー

A・ランボーの影響
—

『東京のヒロイン』1950

珍品。ランボーという名前のバーが登場する。そこのママがアル中で，客にも珍妙なア

ル中が登場。アルチュールをアル中で完全にパロっている。そのバーの常連客や，作家が「酩酊船」を暗唱で一緒に合わせたりする。ここではランボーはまさにスノッブのシンボルである。→Ⅳ05（ビゼー）

『ろくでなし』1960

無軌道な学生たちが起こす銀行強盗，1960年代の若者の虚無感が漂う映画。学生仲間の貧富の差も，既に親社会で決められていて，貧しい学生は，いらだちながら金持ち学生にたかっている。中で一番金持ちの学生が，キャンパスに寝ころび詩を読む。その周りに二人の学生を配し，一人は聞き入り，一人は馬鹿にしている。この対比の構図は明

3 | 『薔薇の葬列』1969，ゲイボーイ版オイディプス。ママ役の有名ゲイボーイ"うさぎ"が，素人離れした演技を見せる。

4 | 『東京のヒロイン』1950，中年の恋愛で，歯の浮くようなおフランス風ダンス場面がある。赤塚不二夫のイヤミは出ていない。

19世紀の詩人たち 1

5｜　　　　　　　　　　　　　　　　　　｜6

らかに，監督の計算したもの
で，読まれている詩が小林秀
雄訳のランボーの「別れ」(「地
獄の季節」から）である。この
学生は，秋になれば外国に留
学が決まっているのである。
「もう秋か，それにしても何
故永遠の太陽を惜しむのか」。
[監脚]吉田喜重[主]高千穂
ひづる，津川雅彦
『さようなら』2015
アンドロイドが主役の，平田
オリザの舞台劇を映画化。原
発汚染により人々が，続々日
本を捨てる中，病弱で身寄り
のない主人公が介護用アンド
ロイドと残る決意をし，やが
て一人死んでゆく。その末期
を見守るアンドロイドが語り

かけるのがいくつかの詩歌
で，その中にランボーの「酩
酊船」(小林秀雄訳）が含まれ
ている。[監脚]深田晃司[原]
平田オリザ[主]ブライアリ
ー・ロング，ジェミノイドF

ロートレアモンの影響
——
『田園に死す』1974
1965年に出版された同名の
歌集を基に映画が作られて
いる。「マルドロール」第2の
歌の「縫い針でおまえの瞼を
ぬいつける……」と書かれた
詩句や，『アンダルシアの犬』
の有名な剃刀のシーンなど
を投影した，自身の短歌がい
くつか登場する。寺山の故郷

や，子供の頃の様々な思い出
が，毒々しく映像化されてい
るが，いささか同じような観
念の押しつけに辟易させられ
る。[監脚]寺山修司
『マルドロールの歌』1977
寺山の前衛映画の中でも，特
に有名な作品。「マルドロール
の歌」の詩の引用と寺山のイ
メージが，モノクロとカラー
のコラージュの中で蠢く。ブ
ニュエルの『アンダルシアの
犬』が大きなヒントになった
らしいが，この映画は，寺山
による「マルドロール」の映像
翻訳である。[監脚]寺山修司
[主]新高恵子，劇団天井桟敷

＊

5｜　『さようなら』2015，アンドロイドが詩を読む場面が沁みる。ワイエスの絵の様な，芦澤明子のセピアトーンの撮
　　影が美しい。
6｜　『田園に死す』1974，子供時代の思い出に，サーカスの空気女が登場する。フェリーニの女の様な，春川ますみ
　　が愛おしい。

I

19世紀の詩人たち 2

アルフレッド・ド・ミュッセ, アンリ・ミュルジェール, ヴィリエ・ド・リラダン,
ジョリス＝カルル・ユイスマンス, アンリ・ド・レニエ, ポール・ヴァレリー

Alfred de MUSSET 1810–1857, Henry MURGER 1822–1861,
VILLIERS de L'ISLE-ADAM 1838–1889, Joris-Karl HUYSMANS 1848–1907,
Henri de REGNIER 1864–1936, Paul VALERY 1871–1945

　日本映画にフランスの哲学や文学の本が登場する事は, 決して少なくない。映画の中で, 主人公が読んでいたり会話に登場したり, それが, 時にはその作品が良く読まれていた時代を表したり, 主人公のキャラクターを一瞬に物語ったりする。特に, 映画の巻頭に何か題辞が出てくると, 見る人はそこに監督のメッセージ又はその映画の主題を知る事になる。19世紀のフランスは, 様々な文化が開いた時期だが, 詩歌の世界でも優れた詩人が続出した。日本映画と何がしか関わりを持つ詩人, ここでは, ミュッセほか6名の作家が登場する。彼らは, 日本では, 前項の詩人たちほど一般的ではないが, 内容的に勝るとも劣らない。相当にマニアックな顔ぶれを見て, 小説や, 戯曲ではない純粋な, 一番難しい "詩" を翻訳し, 愛唱し, 映画の題辞にまでしてきた, 日本人の文学好きに, 驚きを禁じ得ない。On ne badine pas avec l'amour. 戯れに恋はするまじ……これは今でも日本で通用する格言である。勿論ミュッセが戯曲のタイトルとして用い広まった事などはほとんどの人は知らない。しかしこの言葉の背景には文学的歴史がありミュッセを知れば知る程重みのある格言になってくる。日本では, ショパンの人気が高く, ミュッセはジョルジュ・サンドを取り合うショパンの恋敵として引用されるが, 大正時代には詩人としても有名であった。現在は劇作家の方の通りが良いようである。それでも「ロレンザッチョ」(1928年訳) が初演されたのは1993年になってだし, 有名な「戯れに恋はするまじ」(1925年訳) もあまり馴染みのない "レーゼドラマ"(演じるよりも読むことに重点を置いた脚本) だから, 実際に上演されることは珍しい。他の彼の作品も戦後の文学座のアトリエ公演を合わせても10公演にも満たない。他に艶本として長い間発禁本だった「ガミアニ」は, 作者不詳から, すっかりミュッセの作品という事になっているが日本で映画化された事はない。「フレデリックとベルヌレット」(1938) には, 翻案映画がある。ストーリーがかなり小デュマの「椿姫」に似ている話だが, こちらの方が古い時代に書かれた訳で, 小デ

1|　　　　　　　　　　　　　　　　　2|

ュマが参考にした可能性は否定できない。

　ミュッセの華やかなブルジョワ世界と，全く対照的な世界に生きたのがミュル
ジェールである。アンリ・ミュルジエールの「ボエミアン生活の情景」は，プッチ
ーニのオペラの原作としても知られるが，パリを目指す多くの日本の芸術家の心
情に通じた小説である，明治末，大正から昭和期，日本ではパリブームがあり，モ
ンパルナスが，芸術家の集まる憧れの地であった。ミュルジェールとは時代が一
世紀近く離れているのだが，第一次世界大戦後のパリ，絵画で言えばエコール・
ド・パリの時代，藤田嗣治を筆頭に，多くの日本の文化人がパリを訪れ，それぞれ
が，日本に持ち帰ったパリの香りには，どこか「ラ・ボエーム」の哀感が残ってい
る。そこには貧しさ（円高とは云っても，財閥の薩摩治郎八など以外は，貧しいアーティス
トたちが多かった）と青春の哀感が重なっていて，その頃の日本の文化にかなり影
響している。日本では，大正から昭和にかけての映画に，頻繁にこういったアパ
ートに住む芸術家の話が出てくる。戦後も画家が文士などに変わりながらボロア
パートに住む芸術家の話は，50–60年代主題の映画によく登場する。漫画家集団
の実話『トキワ荘の青春』や，『三丁目の夕日』にまで，「ラ・ボエーム」を感じる事
ができるが，一番影響があるのは『銀座の恋の物語』である。

*

1|　『愛，詩人の告白』2012，ミュッセの私小説の映画化。何故時代劇にしたのか？ P・ドハーティとC・ゲンズブー
　　ルが浮きまくっている。
2|　『ラ・ボエーム』1945，プッチーニよりも，アズナヴールの「ラ・ボーエーム」の元ネタといった方がわかり易い
　　かもしれない。

I

La Vie De Bohème

2020年—レプリカントは人類に宣戦布告！

ハリソン・フォード主演
ブレードランナー

ラ・ヴィ・ド・ボエーム

3｜　　　　　　　　　　　　　　　　　　　　　　　　　　　　　　　　　｜4

　アンドロイドの生みの親「未来のイヴ」とリラダンが，一般的に認識されるように
なったのは，やはり『ブレードランナー』公開以降という事になる。リドリー・
スコットの『ブレードランナー』(1982) の原作は，フィリップ・K・ディックの「ア
ンドロイドは電気羊の夢を見るか？」だが，映画の話題で本も売れ，アンドロイド
という存在が，すっかり一般化していった。その原作の元本である「未来のイヴ」
は，1937年に渡辺一夫訳で発売されて一部ではカルト的人気があったという。『ブ
レードランナー』は，ＳＦ映画の金字塔とも云えるが，その後の影響が大きい。も
う少しすればアンドロイドだけの実写映画が出来そうな勢いである。

　ユイスマンスは，ここに挙げた文学者の中でも一番マニアックな存在といって
良い。彼を日本に知らしめたのは，異端の仏文学を，生涯かけて翻訳した澁澤龍
彦で，「さかしま」は名訳として知られている。三島由紀夫が解説文を書き"デカ
ダンスの聖書"と，なんとも彼らしい賛辞を送っている。文学とデカダンス，文学
と悪魔主義，こういったテーマの時によく登場するのが，ユイスマンスである。
悪魔主義の申し子の様な，園子温が自作の映画の辞題にしたのを見た時に，この
マニアックな嗜好は流石に日本の一般には受け入れ難いのではと思ったが，園に
限っては杞憂に過ぎぬようである。

*

3｜　『ラ・ヴィ・ド・ボエーム』1992，美男美女は出ないが，ミュルジェールの世界が懐かしく切なく広がる名作。ベ
　　ルリン映画祭国際批評家賞。
4｜　『ブレードランナー』1982，レプリカント（人造人間）は，この映画によって認知された。エンキ・ビラル『ゴッド・
　　ディーバ』もお忘れなく。

19 世紀の詩人たち 2

　永井荷風研究家赤瀬雅子ほかの指摘では，ド・レニエの「ヴェネチア」と荷風の「すみだ川」は，時代と場所を超えて"水"で繋がっているという。現代では，ほとんど振り向かれないこの詩人を，日本で受け止めたのが，荷風ともう一人，小津安二郎である。小津は，ド・レニエの短編「大理石の女」を，翻案して1931年に『美人哀愁』を撮っている。現在，脚本だけが残されているが，小津にとって珍しい，激しい恋愛もので，二時間半の長編であった。日本の当時の映画保存への思慮の欠如が殊の外，恨めしい。

　ヴァレリーの代表作「テスト氏」は，1932年に，小林秀雄により，詩集は堀口大學により訳されている。「テスト氏」は，ヴァレリーの自己が投影された哲学的な小説である。多くの戦前の知識人の必読書が，戦後色あせていった中で，この本は，相当数翻訳し直されて出版されている。現代への訴求というよりも，完全に先を見越した本として，現在の知識人の必読書にも挙る本である。彼の詩集も再訳されてはいるが，なんといっても直接親交のあった堀口大學訳が一般的である。ヴァレリーが，堀辰雄に与えた影響も，よく知られていて，堀の代表作「風立ちぬ」には，「風立ちぬ，いざ生きめやも」，"Le vent se lève, il faut tenter de vivre"と，堀によって訳された傍題が添えられてある。掘は，大衆にも愛された

---

5 |　『空気人形』2009，主役の韓国女優が人形に成り切り凄い演技を見せる。"こころをもつことは，せつないことでした"。

6 |　『体温』2011，ロボットを恋人にし，一緒に散歩する人間が登場するのは，近い将来，日本が一番早いかもしれない。

I

文学者で，「菜穂子」と「風立ちぬ」，特に「風立ちぬ」は，複数回映画化ＴＶ化されている。

P・ヴァレリーの影響
—
『風立ちぬ』1954
[監]島耕二 [脚]桂一郎，村山俊郎 [主]久我美子，石浜朗
『風立ちぬ』1976
[監]若杉光夫 [脚]宮内婦貴子 [主]山口百恵，三浦友和
『風立ちぬ』2013
飛行機の設計師の一生と，堀辰雄の小説「菜穂子」を混ぜ合わせた，宮崎の大作。タイトルと，映画の辞題，ヴァレリーの有名な詩句は，堀の「風立ちぬ」の傍題から引用されている。[監脚]宮崎駿

A・ド・ミュッセの影響
—
◇「戯れに恋はするまじ」
『戯れに恋はすまじ』1933
[監]青山三郎 [脚]山崎健太 [主]鈴木伝明，夏川静江
◇「フレデリックとベルヌレット」
『潮来追分』1933
水郷を舞台に，前科者と情婦が訪れて巻き起こす，小唄映画。[監]宗元英夫 [脚色]荒田正男 [主]岩田祐吉，桑野道子

H・ミュルジェールの影響
—
『心なき都』1927

「ラ・ボエーム」翻案と書かれている。[監]徳永フランク [脚]武田晃 [主]砂田駒子，伊藤隆世
『すみれ娘』1935
白井鉄造原作とした"日本のオペレッタ映画"。世人に愛想をつかされた映画だと出演した徳川夢声が書いている。貧乏モデルがアメリカ帰りの画家と出会って恋におち，一波乱あって幸福になる。貧乏モデルの取り巻き連は，まさしく「ラ・ボエーム」である。[監]山本嘉次郎 [脚]永見隆二 [音]紙恭輔 [主]堤真佐子，

7 | 『風立ちぬ』2013，零戦の設計者堀越二郎の半生を，宮崎駿がアニメ化。堀越二郎と堀辰雄に敬意を込めて〜とポスターに在る。© スタジオジブリ / 作 宮崎駿
8 | 『すみれ娘』1935，こういう映画を見たから，赤塚不二夫は最強のおフランス男イヤミを世に出せたのかもしれない。

19世紀の詩人たち 2

リキー宮川
『銀座の恋の物語』 1962
銀座の裏道に，安アパートが
沢山あった時代，貧しい芸術
家も多くすんでいた。この
映画は，主人公が売れない画
家，恋人がお針子，友人が音
楽家，人物設定に「ラ・ボエー
ム」が関与している。脚本が
良く出来ていて，売れない芸
術家同士の友情や恋愛が，オ
ペレッタ風な味付けで銀座に
展開する。[監] 蔵原惟善 [脚]
山田信夫，熊井啓 [主] 石原裕
次郎，浅丘ルリ子

V・ド・リラダンの影響
—
『イノセンス』 2004

押井守は，数多い日本のアニ
メ作家の中でも，巨匠の位
置にいる。この作品は，国際
的評価を得た『攻殻機動隊』
(1995) の統編にあたり，カン
ヌ映画祭のコンペにも出品さ
れた。世界中の蔵言が幅広く
(釈迦から孔子，フランスでは
ジュリアン・ド・ラ・メトリー，
ラ・ロシュフコー，ロマン・ロ
ラン) 引用されている。リラダ
ンは，題辞として斉藤磯雄訳
(創元ライブラリ) から，使用
されている。
Puisque nos dieux et nos
espoirs ne sont plus que
scientifiques, pourquoi nos
amours ne le deviendraient-
ils pas également ?

Villiers de L'Isle-Adam
« L' Eve future »
Livre cinquième 'HADALY'
Chapitre XVI 'L' heure
sonne'
われわれの神々もわれわれの
希望も，もはやただ科学的な
ものでしかないとすれば，わ
れわれの愛もまた科学的であ
っていけないいわれがありま
しょうか
リラダン「未来のイヴ」東京
創元社版 339 頁 第 5 書 16 章
「さだめの時は鳴る」より
[監脚] 押井守

J＝K・ユイスマンスの影響
—
『奇妙なサーカス』 2005

9 | 『銀座の恋の物語』 1962，主題歌は，現在でもカラオケデュエットの定番で，知らない人はいない。映画の良き時
代の贈り物である。
10 | 『イノセンス』 2004，押井守の衒学的な美学が，全面に出た作品。多くの哲学者の箴言が台詞化され，大人にシフ
トしている。

I

11 |　　　　　　　　　　　　　　　　　　　　　　| 12

極めて特異な映画作家園子温
の，スキャンダラスな話題作。
近親相姦をここまで露骨に描
いた日本映画は初めてであろ
う。以下3つの引用がある。
Et fut la tête d' icelui
apporté dans un plat et
donnée à la fille, et elle la
présenta à sa mère.
その首を盆にのせて持ち来ら
しめ，これを少女に与える。
少女はこれを母に捧ぐ。
Maintenant le bourreau se
tenait impassible, les mains
sur le pommeau

de sa longue épée, tachée
de sang.
いま首断役人は血に染んだ長
剣の柄頭に手をかけ無感動な
表情で立っている。
Elle était vraiment fille, elle
obéissait à son tempéra-
ment de femme ardente et
cruelle.
彼女は正真正銘の女である。
火のように激しい残酷な女の
気質にそのまま従っている。
「さかしま」ユイスマンス
« A rebours » Huysmans
[監脚]園子温→Ⅳ04（サンサ

ーンス）

H・ド・レニエの影響
──

『美人哀愁』1930
サイレント時代の小津の作
品だが，現在は残されていな
い。親友同士が，彫像になっ
た美しい少女を争う物語。井
上雪子は，この映画で登場し
たオランダと日本のハーフ
で，6年ほどの活動で引退し
た。[監]小津安二郎[脚色]
池田忠雄[主]岡田時彦，井上
雪子

★

参考｜『空気人形』2009
[監脚]是枝裕和[原]業田良家[主]ペ・ドゥナ
→Ⅳ補48（オルガン）
『体温』2011

[監脚]緒方貴臣[主]石崎チャベ太郎
『フィギュアなあなた』2013
[監脚]石井隆[主]柄本佑，佐々木心音

*

11 ｜『奇妙なサーカス』2005，園子温は日本のパゾリーニか？禁断の園デパート "営業品目ショー"。ベルリン映画祭
　　で評価されている。
12 ｜『美人哀愁』1930，オウム教がモデルの『カナリア』（塩田明彦）に，井上雪子は，68年振りで姿を見せた。ショッ
　　クであった。

19世紀の詩人たち 2

ゴンクール賞の作家たち

アルフォンス・ドーデ，ジュール・ルナール，レオン・フラピエ，
ルイ・ペルゴー，マルグリット・デュラス，モーリス・ドリュオン，
ジャン・ヴォートラン，ディディエ・ドゥコワン

Alphonse DAUDET 1840-1897, Jules RENARD 1864-1910,
Léon FRAPIE 1863-1949, Louis PERGAUD 1882-1915,
Marguerite DURAS 1914-1996, Maurice DRUON 1918-2009,
Jean VAUTRIN 1933-2015, Didier DECOIN 1945-

　小説が映画化される為には，その小説のポピュラリティーが大きな鍵となる。大きな文学賞を受賞した作家とその作品は，その時代の反映でもあり，映画化されるチャンスも多くなる。ゴンクール賞は1903年の設定から一世紀以上の歴史を持つ文学賞だが，その受賞作の半分以上は日本語に訳されている。これを多いと見るか少ないと見るか，少なくとも逆に日本の権威ある芥川賞がどれ程フランス語で出版されているかいないかを見れば一目瞭然である。

　ゴンクール賞受賞作家及びゴンクール兄弟と関連の強い作品が日本映画に与えた影響をみると，8人の作家が浮かび上がる。アルフォンス・ドーデ，ジュール・ルナール，レオン・フラピエ，ルイ・ペルゴー，マルグリット・デュラス，モーリス・ドリュオン，ジャン・ヴォートラン（ジャン・エルマン），そしてディディエ・ドゥコワン達である。第2回目の受賞者フラピエの名前を知る人は少ないが，受賞作「母の手」は，ジャン・ブノワ＝レヴィ監督，マリー・エプシュタイン脚色，マドレーヌ・ルノー主演で1932年に映画化され日本でも公開された。その後1938年の短編集から「女房」が『愛の花束』という題で1941年に日本で映画化されている。

　ペルゴーは，『わんぱく戦争』(1961／イヴ・ロベール)の原作者として知られている。日本では1963年に公開され，主題歌共々大ヒット，プティ・ジュビス役のアントワーヌ少年が人気者になった。続編『わんぱく旋風』もヒットした。

　デュラスは，ゴンクール賞がからむ話題が多い。彼女の脚本による『二十四時間の情事』が日本で公開されたのは1959年の事であるが，この時既にデュラスの名前は『海の壁』(1957)によって知られていた。この小説は，1950年に発表されゴンクール賞を惜しくも逃した秀作で，ルネ・クレマンによりアメリカ資本で映画化された。日本では1958年に公開され，その時初めて一般はデュラスの名前を目にした。人気のシルバーナ・マンガーノ，出始めのアンソニー・パーキンスとの組み合わせではあったが，地味な内容でもあり，それ程ヒットしなかった。デュラ

I

スは『海の壁』では原作者として，『二十四時間の情事』では，脚本家として，その後の『雨のしのび逢い』(1960 / ピーター・ブルック)『かくも長き不在』(1964日本公開 / アンリ・コルピ)，『マドモアゼル』(1966 / トニー・リチャードソン) それぞれが，粒よりの脚本または原作者として登場であった。彼女の映像作家としてのオリジナリティを知らされるのは1985年にようやく公開された『インディア・ソング』(1975) からである。この作品は，映画関係者の間でも評価が分かれた作品であり，一般が見に行く事はまずなかった。デュラスの名前が再浮上したのは，『愛人 / ラマン』(1992 / ジャン＝ジャック・アノー) で，この作品は，中国人の愛人に白人がなるというセンセーショナルなテーマや，主役の裸等が，様々なジャンルで話題になり映画もフランス映画 (正確には英仏合作) としては大ヒットであった。デュラスは，この小説「ラマン」でついにゴンクール賞を受賞している。

　モーリス・ドリュオンは，ジョゼフ・ケッセルと一緒に，アンナ・マルリー「パルチザンの歌」の翻訳でも，知られているが，感動的な童話「みどりのゆび」が，合作でアニメ化されている。

　ジャン・ヴォートランは文学者としてよりジャン・エルマンという映画用の名前の方が通りが良い。『さらば友よ』(1968) は，ゴンクール賞受賞のずっと前にジ

*

1 ｜ 『愛人 / ラマン』1992, デュラスの自伝的小説『ラマン』は，ここまで自分を曝け出さずにはいられない作家の業を感じる。
2 ｜ 『インディア・ソング』1975, 優れた文学者にして映画作家。デュラスとロブグリエの２人は，フランスの文化的底力を見せつけていた。

ゴンクール賞の作家たち

ャプリゾと共同で脚本を書き，自身が監督したフレンチ・フィルムノワールの快作だが，日本でも絶賛された。

1907年，ユイスマンスの死去で評議委員に選ばれたジュール・ルナールは，受賞者ではなく審査員だが，デュヴィヴィエの名作『にんじん』の原作として，特に日本では知られた人である。この名作は，獅子文六により1937年「胡椒息子」として，翻案小説化され戦後映画化もされている。

現在のゴンクール賞の選考役員でもあるディディエ・ドゥコワンの大ベストセラー「眠れローランス」は『ラブストーリーを君に』という題で日本映画になっているが，Ⅳ章で触れている。彼の他の作品は日本では知られていないが，フランスの国民的歌手バルバラが，「眠れローランス」に感動して，彼女の代表曲の一つ「黒い鷲」を創作した話は，シャンソンファンの間では有名である。

なお，ジーン・セバーグの元夫ロマン・ガリーがエミール・アジャール名で，ゴンクール賞を2度受賞した事がヒントになり『御手洗薫の愛と死』が書かれ映画化もされている。

ゴンクール賞直接の受賞はないが，彼らが晩年可愛がっていたアルフォンス・ドーデ，関連作家としてジュール・ルナールは，二人とも日本に大きな影響を与

・

3｜『くいこみ海女 乱れ貝』1982，日活“海女”シリーズの一作。アルルの女が，日本で色情狂海女になった様な，滅茶苦茶さ。
4｜『にんじん』1932，洋の東西を問わないテーマ，デュヴィヴィエとフランス文学の醍醐味に，戦前の日本で大ヒットを記録した。（野口久光画）

Ⅰ

5 | | 6

えている。ドーデは［水車小屋だより］でも知られるが，なんといっても日本では
「最後の授業」が有名である。

A・ドーデの影響

—

『くいこみ海女　乱れ貝』1982
日活ロマンポルノの人気シリーズ“海女もの”のヒット作。千葉房総のある網本の息子には，海女の許嫁がいる。男は，東京のホステスに惚れて結婚しようとするが，女には暗い過去があった……と書くと文芸映画風だが，借りたのは「アルルの女」のプロットだけで，海女たちのヌード満載，何かというと健康なセックス場面が登場し最後はハッピーエンドで終わる。案外なのは，

タイトルからも感じられるが，会話にウィットがあり，カラッとした艶笑小話の趣がある。それもその筈，監督の藤浦敦は，特別に江戸落語との因縁深く，自ら初代圓朝の流れをくむ“三遊派宗家”とも名乗り，オリジナル落語も作った変わり種だ。藤浦の様な，洒落を解する劇作三昧の職業監督がいたからこそ，あれだけ大量の日活ロマンポルノのプログラムが製作出来，下支えされていたのだ。［監］藤浦敦［脚］富田康明，藤浦敦［主］渡辺良子，風間舞子

J・ルナールの影響

—

◇「にんじん」

『胡椒息子』1953
［監］島耕二［原］獅子文六［脚］島耕二，田辺朝二［主］石黒達也，村田知栄子

L・フラピエ の影響

—

◇「女房」

『愛の花束』1941
原作は1938年に版のレオン・フラピエ短編集「女生徒」の中の「女房」。いくら誘われても毎日仕事が終わればまっす

5 |　『胡椒息子』1953，婦人雑誌に連載の為か，義母の意地悪は，ずっと薄い。杉村春子がはまり役。
6 |　『草原とボタン』1995，極めて珍しい英日合作映画。南アイルランドを舞台に「ボタン戦争」を映画化。良く出来
　　たが興行は惨敗。

ゴンクール賞の作家たち

ぐ帰宅する主人公は，同僚から非常な愛妻家と思われていたが，実は妻は亡くなっていて，まだ小さい少女が甲斐甲斐しくも家事をしていた。ホロリとさせられる小噺である。監督脚色の原は，無声映画から叩き上げた職人監督である。主演の加藤は，舞台から出発し，明治大正，昭和戦中まで，映画でも活躍した息の長い俳優であった。[監脚]原千秋[主]加藤精一
L・ペルゴーの影響

―
◇「ボタン戦争」
『草原とボタン』1995（英日）『炎のランナー』などで世界的なディビッド・パットナムの製作映画。フランス版『わんぱく戦争』が，日本でも大受けしたので，同原作でと思った製作者側の読みは，ずれてしまった。因みに，1960年に同じヘラルドが配給したパットナムの『小さな恋のメロディ』は，米英で大コケしたのを補ってもあまりある程，日本で大ヒットした作品であった。[監]ジョン・ロバーツ[脚]コリン・ウェランド[主]グレッグ・フィッツジェラルド

M・デュラスの影響
→Ⅱ28（レネ）
M・ドリュオンの影響
→Ⅱ補42（交錯）
J・ヴォートラン（J・エルマン）の影響
→Ⅰ30（ジャプリゾ）
D・ドゥコワンの影響
→Ⅳ補47（革命歌）

*

7｜ 『ラブストーリーを君に』1988，国民的美少女，後藤久美子の映画デビュー作。仏人レーサーと結ばれ渡欧後も，CMには度々登場している。
8｜ 『御手洗薫の愛と死』2014，日本の文豪は，自殺にピストルが使えない。睡眠薬，ガス，腹切りのどれかから選ばなくてはならない。

I

近代劇作家たち

エドモン・ロスタン，ルネ・フォーショア，ジュール・ロマン，

マルセル・パニョル，サミュエル・ベケット，アンドレ・ルッサン

Edmond ROSTAND 1868–1918，René FAUCHOIS 1882–1962，
Jules ROMAINS 1885–1972，Marcel PAGNOL 1895–1974，
Samuel BECKETT 1906–1989，André ROUSSIN 1911–1987

　　フランスの劇作家といえば，まず古典はコルネイユ，モリエール，ラシーヌが，常識的に有名だが，日本で実際に上演されたケースは，それ程多いとは言えない。ただモリエールは尾崎紅葉によって「守銭奴」が「夏小袖」，「いやいやながら医者にされ」が「恋の病」に翻案されている。特に「守銭奴」は，翻案ではないが，紅葉の代表作「金色夜叉」に影響を与えた事は周知の事である。

　　フランスの近代演劇と戦後の不条理劇に関してそれが日本に与えた影響は無視できないが，ここは，演劇の交流を語る場所ではないので，あくまで映画になった，または影響を与えた，フランス20世紀前半の劇作家を中心に見てみたい。

　　日本の新劇は，1923年関東大震災後，1924年に築地小劇場が誕生した事が大きな転機になっている。築地小劇場は1945年の空襲で消失したが，日本の新劇専門の劇場で，"新劇の父"といわれた小山内薫と土方与志が，創設した。小山内の死後は，分裂を繰り返しながら，多くの新劇運動の格となる俳優を輩出してきた。それはいくつかの劇団という名の支流となり，新劇＝コミュニュストと思われた戦争中の弾圧に耐えて，そこで生き残った者が，戦後の日本の新劇に育て上げてきたのである。彼らの演目は，プロレタリア演劇とオリジナルが多いが，フランスの近代演劇も時々取り上げていて，その中で映画と関係の深いフランス劇作家は，エドモン・ロスタン，ルネ・フォーショア，ジュール・ロマン，マルセル・パニョル，アンドレ・ルッサンらが挙げられる。

　　この項の中でも取り分け重要な，ロスタン「シラノ・ド・ベルジュラック」の話をするには，侍と刀の話をしなくてはならない。徳川の統治が長く続いた江戸時代は，剣術は侍にとって必須科目であったにも関わらず，一度も真剣勝負をしたことのない者が沢山いた。戦における刀も，幕末の戊辰戦争以降，西洋化を進める軍人たちの着る軍服に合う，刀よりもサーベルが選ばれた。しかし国民の娯楽である歌舞伎は，サーベルより刀が登場する，御家騒動や仇討ちもの等の古典を好んだ。

近代劇作家たち

|1|　|2|

　歌舞伎の様式化した剣劇をもっとリアルにしようとした新国劇が，ぴったりの出し物として，目をつけたのが，ロスタンの「シラノ……」である。新国劇はポスト歌舞伎ではあるが新劇（西洋の翻訳芝居中心）とは全く違っていて，「シラノ……」は，西洋時代劇，西洋剣劇として捉えられ日本に置き換えるのにぴったりだったのである。新国劇は，大正6年(1917)澤田正二郎によって設立されてから70年後，1987年に解散してしまったが，戦前から戦後しばらくは大変に人気のある劇団であった。ロスタンの戯曲「シラノ・ド・ベルジュラック」はこの剣劇団によって「白野弁十郎」という題となり，1926年，座長の澤田正二郎主演で上演された。もちろん舞台は日本。幕末の京都，白野は武士の名前ではなく姓である。この芝居は大受けして，1929年からは沢田の弟子，島田正吾に引き継がれ演じ続けられ1991年からは，島田の一人芝居として，亡くなる前97才まで演じ続けられた。

　チャンバラが映画に取り入れられ，娯楽映画の大きなジャンルになったのは，新国劇からだと，時代劇の父とも言われるマキノ省三が証言するが，当然「シラノ……」も多くの映画になっている。特殊なシチュエーション，自分が好きな相手を親友も好きで，友情で身代わりの恋文を書く，といった説明しても長々となるものを"シラノの様に"すぐ一般に判るまで伝波させたのは，島田の様な人がい

*

1｜　『シラノ・ド・ベルジュラック』1990，剣豪ものは，日本人に好まれる。特に高潔なシラノの犠牲心は，日本人に響く心情である。

2｜　『白野弁十朗』1929，額田六福が，新国劇に翻案した日本版シラノ。新国劇とチャンバラ映画の関係を考えるとシラノの存在は大きい。

I

3 | | 4

たからだ。

　2006年には島田の弟子，緒形拳がやはり一人芝居で，島田へのオマージュを捧げた。この偉大な俳優のこれがまた最後の芝居になった。

　ユナニミスム（一体主義）を提唱したジュール・ロマンは，近現代の文学を語る時には，必ず名前の挙がる作家である。日本の文学，思想にも並々ならぬ影響があるが，一般大衆にその名を近づけたのは，ルイ・ジュベ一座を筆頭に演じられた彼の多くの戯曲によってである。ジュベは，彼に直接学んだ岩田豊雄が，文学座の創立者の一人で，その影響もあり多くの日本の新劇人に信奉されていた。それ故ロマンの戯曲の中では，ジュベの当たり狂言『クノック』が特に有名で，度々日本で上演されているし，映画翻案もされている。

　フランス演劇からの影響を受けた日本の監督の中でとりわけ目立つのが山田洋次である。山田洋次は現在の日本の，ほぼトップにいる監督である。彼の代表作は何といっても『男はつらいよ　シリーズ』で1969年から1995年まで（主演渥美清1996年没），特別篇を入れて50作られている。映画として，これはギネスブックに載る程の話らしいが，とにかく寅さんのシリーズは，日本の国民的映画として，今後もこれ程のものは出来ないだろうと云われている。寅さんのキャラクターは

・

3 | 　『大江戸人気男』1957，歌舞伎十八番の「助六」に「シラノ」を持ち込んだコメディ。この種の和洋折衷には，ある
　　種の知性が必要だ。
4 | 　『或る剣豪の生涯』1959，稲垣浩が，長年温めていた企画だという。秀吉没後の戦国時代に舞台を変えた世界の
　　三船のシラノ版。

近代劇作家たち

5 | 6 |

東京の下町生まれで一応職業は露天商だが，言いたい放題，やりたい放題の，家族には迷惑をかけっぱなしの風来坊という設定である。山田のフィルモグラフィを眺めてみると，ハナ肇というコメディアンで何度も，風来坊を扱っていて，それは渥美清の"寅"に到るまでにふくらませたり削ったりした大切なキャラクターである事が解る。しかしそのキャラクターの後にルネ・フォーショアの"ブーデュ"がかぶっている事は，ほとんど一般には知られていない。ジャン・ルノワール監督ミッシェル・シモン主演の『素晴らしき放浪者』は1932年に作られているが，日本では何と45年も経って1977年にやっと一般に公開されたというといきさつがある。制作時から約半世紀後に見た日本人の中には何となくこのキャラクターは見た事があると思った者もいたが，それは実は寅さんだったのである。山田洋次は，この他にその題材をパニョルに求めた映画も撮っている。

　日本で，本格的に新劇と呼ばれる西洋の翻訳劇が流行し出したのは，大正に入ってからであるが，その後新劇は，いくつもの劇団が壊れたり，創られたりを繰り返してきた。その中で文学座は，1937年の設立から今日まで続いてきた劇団でよくパニョルを取り上げている。例えばマルセイユ三部作のうち「マリウス」を，1938年「蒼海亭」という名で公演し「ファニー」を，少し遅れて1940年に公演している。「マリウス」を演じたのは森雅之，ファニーは堀越節子，「ファニー」ではマ

.

5 |　『英霊たちの応援歌』1979，アメリカ経由で，学生野球は，1871年(明治4年)に始まり，戦前はプロ野球よりずっと人気があった。
6 |　『クノック』1950，J・ロマンの時代，ユナニミスムは，単一国家的な日本では，実感を伴わなかった。

I

リウスは森，ファニーは杉村春子が演じた。杉村春子は文学座の創設以来の大女優で，大量の座員が辞める事件や様々な困難の中で，実に多くの舞台，そして映画に出演しながら文学座を守り，同時に日本の演劇・映画業界をリードし続けた逸材である。一方森雅之も大変に才能のある俳優で，舞台と映像の演じ分けが巧みであった。劇団出身俳優にはその劇団の独特の癖があって，映像になると不自然になってしまう有名俳優，実力俳優が沢山いるが，森と杉村はごく自然に舞台と映像の演技をやってのけた数少ないパイオニアである。

　マルセル・パニョルの戯曲は，日本では全部翻訳されている。中でも「マリウス」と「ファニー」が繰り返し上演されているし，「トパーズ」がそれに次ぐ作品である。

　アンドレ・ルッサンの劇はパニョルの後に続く作品として文学座が1953年「あかんぼ領」を取り上げ，それ以来幾つかの作品が，今でも時々上演されている。

　風俗喜劇と云えばモリエールだが，ルッサンも設定を日本に変えないでそのままを日本語訳で演じるとどうしても違和感がある。昔から日本語訳で演じられて来たシェイクスピアでさえそれは言える。パリでフランス人が日本人役を演じる舞台を観た事があるが，たまらない違和感で席を立ってしまったことがある。同様にフランス人がフランスの作品を日本で観たらそう思ってしまう舞台も多いだ

・

7 ｜　『三つの顔』1955，3人の帰還兵の5年後。真ん中の小悪党然とした一人（三國）が，クノックのジュヴェの扮装をまねている。

8 ｜　『素晴らしき放浪者』1932，現代は，ホームレスのジャンルにこの主人公を入れてしまいそうだが，彼はまず自由人なのである。

近代劇作家たち

ろう。だからこそ，翻案の意味があり時代設定等を変えるわけだが，それも限定
された舞台より当然ながら，映画のほうが比較的自然に見れるものである。「あか
んぼ頌」は，『愛のお荷物』という題で，川島雄三によって，1955年に映画化され
た。彼は45歳で亡くなってしまったが，小津，木下をはじめ大監督の助監督とし
て働き，自身も今村昌平を育てている。その決して長いとは云えぬ生涯の中で沢
山の映画を残し『幕末太陽伝』は最高傑作といえる出来であった。彼は文学作品を
原案に映画化することが多かったが，フランス人の作品翻案はこれ一本である。
近年，フランスでも彼の作品は良く知られているが，まだまだ評価されるべき監
督である。

　アバンギャルドな演劇については，ユシェット座のニコラ・バタイユが，1967
年以降日本に長く滞在し，多くの前衛劇を演出し，又TVのフランス語講座の出
演などを通して，架け橋的な働きをした。イヨネスコ，ベケット，ジュネ等一般的
に不条理劇と言われる作品群は，日本でも同時代の演劇人に多大な影響を与え，
そこから刺激されてオリジナル作品が書かれた例も多い。イヨネスコは「授業」が
大衆に好まれ，度々公演され続けている。特に，1969年から40年間渋谷に在った
小劇場“ジャン・ジャン”では，ヴェテラン俳優中村伸郎によって，1972年から11

・

9 | 『男はつらいよ』1973頃，フーテンの寅は，日本映画史の中でも，輝いている。自由気ままで，情けに熱い庶民の
　　星である。
10 | 『なつかしい風来坊』1966，ハナ肇と有島一郎が主役。明らかにブーデュへの，山田からのオマージュと判る暖
　　かな映画となっている。

I

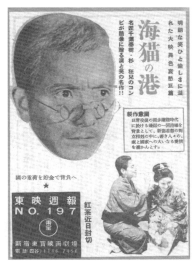

年間に渡り毎週金曜日の夜10時から「授業」が上演され，社会的にも大きな話題になった。

　特別なのは，ベケットの「ゴドーを待ちながら」で，1960年安保政治闘争の吹き荒れる中で上演され，多くの怒れる若者たちやロック世代の少し前のジャズ世代に支持された。"待つ"というテーマは，様々に解釈され，学生闘争に挫折しながらもいまだに"革命"を信じている男などが人物設定に盛り込んだ映画もある。映像作品としてこのテーマを端的に活かしたのは，『桐島，部活やめるってよ』(2004) である。

E・ロスタンの影響
—
◇「シラノ・ド・ベルジュラック」
『侠雄志良野』1926
原作が，江戸門露須丹と薬の名の様な，当て字になっている。[監] 山下秀一 [脚色] 小国狂二 [主] 明石緑郎
『白野弁十朗』1929

人気スター月形主演の映画。沢田正二郎の舞台が大ヒットしたので，映画は月形でといったところだろう。月形自身がこの役に入れ込み舞台にもしていたという。[監] 小石栄一 [脚] 中川藤吉，額田六福 [主] 月形龍之助
『侠勇シラノ』1930

[監脚] 石山稔 [主] 葉山純之輔
『大江戸人気男』1957
歌舞伎の助六，白井権八に白野弁十郎が重なった様な，安易な時代劇。当時，花菱アチャコは絶大な人気があった。斎藤寅次郎という監督は喜劇が得意で喜劇の王様とまで云

---

11 ｜『ファニー』1940，ジョシュア・ローガンの映画。出演者がヨーロッパ系だが，英語でのパニョル劇。日本では，大うけだった。
12 ｜『海猫の港』1942，居酒屋の主人役の杉は，歌える喜劇役者として，長く活躍した。

近代劇作家たち

13 |

| 14

われた人である。とにかく早撮りが有名で，無声映画時代から叩き上げ，生涯に207本の映画を監督している。［監］斎藤寅次郎［脚］八尋不二［主］勝新太郎，花菱アチャコ

『或る剣豪の生涯』1959

桃山時代の京都の話にしてある。かなりロスタンの原作を追いかけているのだが，特殊メイクに無理がある。世界のミフネの珍品である。［監脚］稲垣浩［主］三船敏郎，司葉子

『英霊たちの応援歌』1979

第二次世界大戦の戦局は悪く，日本軍部は学徒動員をかけた。この映画は，最後の早慶戦と副題がつけられているが，航空特攻隊に集められた

学生の出身はいろいろで，それぞれの学生が描かれている。その中の一人が，野球部から恋人のいる演劇部に転向した青年で，「シラノ」の舞台稽古をしていて"これは是れ，ガスコンの青年隊"とその台詞をよく口ずさむ。そして恋人に送られたマフラーを巻いて敵に体当たりする。その青年は自ら残した位牌に，"ガスコンの青年隊"と記していた。映画の中でもとりわけ切ないエピソードであった。［監］岡本喜八［原］神山圭介［脚］山田信夫［音］佐藤勝［主］永島敏行，本田博太郎

*「剣客商売」

小林宗吉により「シラノ」が

翻案され，それを原案に2本制作されている。

『剣客商売』1935

［監］土肥正幹［脚］三田一［主］田村邦男

『剣客商売』1938

監督の衣笠十四三は，衣笠貞之助の弟。［監］衣笠十四三［脚］鈴鹿野呆六［主］澤村圀太郎

R・フォーショアの影響
—

◇「水から救われたブーデュ」

『なつかしい風来坊』1966

『男はつらいよ』の原型の一つとされている佳作。山田と森崎東の共同脚本。土方をしている天真爛漫な風来坊と衛

*

13 | 『春の戯れ』1949，舞台セットを拝借撮影した様な映画。高峰はともかく，宇野重吉はミスキャスト。甘さや華がまるで無い。

14 | 『愛の讃歌』1967，山田洋次の持味が，良く出た映画。この映画の良く出来た近真面目さが，嫌いという映画ファンも多い。

I

15 |　　　　　　　　　| 16

生局に勤める公務員との友情物語。水におぼれるブーデュの変わりに、自殺しようとして海でおぼれる女を風来坊が救い上げて、話が展開してゆく。[監]山田洋次[脚]森崎東、山田洋次[主]ハナ肇・倍賞千恵子
◇「プルネ・ガルド・ア・ラ・パンチュール」
『北へ帰る』1938
戦前は『蒼氓』、戦後は『ノンチャン雲に乗る』で知られる倉田文人の作品。画家の遺作を巡りくり返される親族の醜い争いが描かれている。[監脚]倉田文人[原]菅原卓[主]花柳小菊

J・ロマンの影響
—
◇「クノック」
『村の医者とモダンガール』1928
「クノック」を下敷きにした、田舎医師の物語。チフスの蔓延で責任を問われた医者が、ある村に逃れそこで、引退近い老医師の医院を引き継ぐ。主人公が一応本物の医者である事を除き、ここまでは、原作に似ているが、そこに東京帰りの老医師の娘（モダンガール）と世話になった田舎娘との陳腐な恋物語が、プラスされている。[監]大久保忠素[原]J・ロマン[脚色]北村小松[主]渡邊篤、龍田静枝
『三つの顔』1955

3人の戦友が、約束の5年後の再開では、ボクサー、日雇い、ギャング、となっている。井上梅次のオリジナル脚本だが、その中の三國連太郎演ずるギャングの扮装とメイクは、ジュヴェのクノック像を明らかに下地にしている。[監]井上梅次[脚]井上梅次、舛田利雄[主]三國連太郎、水島道太郎

M・パニョルの影響
—
◇「マリウス」
『海猫の港』1942
世界的な知名度は無いが、40年以上日本映画の監督であった、千葉泰樹の作品。唐津港

---

15 |『地図のない町』1960, 橋本忍脚本はサスペンス映画だが, 中平康は文芸作品にしたかったのか？あまり後味は良くない。
16 |『愛のお荷物』1955,『愛のお荷物』は, やがて『社会のお荷物』になる。少子化が止まらない某国の残酷物語。

近代劇作家たち

好評ロングラン！

「授業」

言語の悲劇，反戯曲，パロディ，解体，増殖，不条理……
前衛劇の古典，イヨネスコの代表作を小劇場では，初めての試み。
好評ロングラン上演中。

作＝ウジェンヌ・イヨネスコ
共訳＝安藤信也
木村光一
演出＝大間知靖子
中村伸郎
中村まり子
大間知靖子
岡本瑞恵
遠藤久美子
清水美砂子

の古い居酒屋を舞台に人情味あふれる翻案「マリウス」が展開する。[監]千葉泰樹 [脚]吉田二三夫，石田吉男 [主]杉狂児，姫美谷接子

『春の戯れ』1949

昭和初めの品川にある居酒屋の息子が宇野重吉（マリウス），幼なじみの婚約者が高峰秀子（ファニー）。宇野重吉は新劇団民芸の幹部で名俳優と云われた人。この映画はよくマリウスの内容を翻案してあるのだがどうにも舞台のなぞりで，その為映画として見ていると，歴史的・文学的興味で見る以外は，途中からつらくなってくる。[監脚]山本嘉次郎 [主]宇野重吉，高峰秀子

◇「ファニー」

『愛の讃歌』1967

瀬戸内海の島が背景の現代劇。島の食堂兼切符売り場の息子と，その恋人の物語。「ファニー」をかなり忠実に上手にアレンジしてある。[監]山田洋次 [脚]山田洋次，森崎東 [主]倍賞千恵子，中山仁

◇「トパーズ」

『もだん聖書』1932

筈見恒夫が，翻案した。筈見は，評論家，コピーライターとしても活躍した映画人だが，多くのフランス映画の輸入宣伝に功績が大きい。当時の二枚目の代表岡田時彦が，権力のロボットの様な若き医学生を演じている。はっきりパニョル原作と謳い，未現存だがストーリーを読むとかなり丁寧に原作を昭和期の日本に置き換えている。[監]阿部豊 [脚]筈見恒夫 [主]岡田時彦，佐久間妙子

『地図にない町』1960

トパーズの巻頭の有名な床屋の嘆きのフレーズが，日本語訳で，パニョルの名と共に冒頭に現れる。貧民地区のあくどい立ち退きを巡り，官から民までの腐敗に貧乏医者が立ち向かう話。パニョルの庶民の正義感と同種のものが描かれていて，見終わると充分トパーズを何故引用したかが分かる。中平の作品の中では，あまり言及されないが，力作である。[監]中平康 [脚]橋本忍，中平康 [主]葉山良二，南田洋子

A・ルッサンの影響

—

◇「あかんぼ頌」
『愛のお荷物』1955
『幕末太陽伝』の2年前の作品だが，川島はベテランの域である。著作権の認可がとれず，と資料にはあるが，川島は，力まず上手にルッサンを下敷きにしている。日本は，戦後の大ベビーブームを経験し，この作品の主題"受胎調整"は，大きな社会問題でもあった。作品の軽妙洒脱な持ち味には，木下あたりの影響が見えるが，コメディ映画というのは，日本では比較的名手が出にくいジャンルでもあり，川島の夭逝は，日本映画にとって実に惜しい事であった。[監]川島

雄三［脚］柳沢類寿，川島雄三［主］山村聡，轟由紀子

S・ベケットの影響
—
◇「ゴドーを待ちながら」
『ブッダ1』2011
『ブッダ2』2014
"漫画の神"手塚治虫が1972年から1983年まで連載したブッダの物語。漫画アニメとしても，3部作で企画され現在2まで製作されている。3D全盛時にもなお2Dの手描きに拘ったアニメ大作だが，内容は手塚により一般的ブッダの伝記とは相当違うものになっている。ブッダの"悟りと

は？"とベケットの"存在とは？"手塚は，本作を作品化する上で大いにベケットを意識していたという。[監]森下孝三（I）小村敏明（II）［原］手塚治虫［脚］吉田玲子
『桐島，部活やめるってよ』
2012
朝井リョウの大人気漫画を原作にした学園ドラマ。高校バレー部のキャプテン桐島がゴドーであり，非常に良くかけたシナリオと，山本が心地の良いリズム持たせて映画的に見応えがある。[監]吉田大八［脚］喜安浩平，吉田大八［主］神木隆之助，橋本愛

*

18 | 『ブッダ2』2014，手塚は演劇に広く精通していた。「ゴドー」は，役者泥棒の漫画「七色いんこ」で取り上げている。

19 | 『桐島，部活やめるってよ』2012，口コミでヒット作品となった吉田大八の秀作。三島の映画化「美しい星」を早く見たい。

近代劇作家たち

ジャン・コクトーとレイモン・ラディゲ

Jean COCTEAU 1889–1963, Raymond RADIGUET 1903–1923

　ジャン・コクトーは様々な貌を持っている。時間がたち，ますます浮かび上がるのが，彼の全ての表現に流れている詩情である。"私の耳は貝の殻，海の響を懐かしむ"この短い詩は，多くの日本人の心に根をおろしているが，この訳詩の入った堀口大學の「フランス詩選集」は1925年に「月下の一群」として世に出された。

　コクトーは1936年に来日し一週間程滞在した事があるが，それまでにコクトー程大物の作家の来日は無く，日本の文学者たちは，前代未聞の大騒ぎだったという。

　その後世界は第二次世界大戦に突入し，日本は敗れ，虚脱状態になった。どれ程の人が飢えて死んだ事だろう。ヒロシマやナガサキは云うには及ばず，首都東京もほとんど焼け野原であった。そんな中，1945年12月に戦争中ずっと公開が禁止されていた欧米映画が，GHQのチェックの中でしばらくぶりに公開された時（戦時中は外国映画としてはドイツとイタリアの作品が見られたが，それも極めて少しであった），一般の日本人はどんな思いで見たのだろう。戦後最初のアメリカ映画は『ユーコンの叫び』（1938 / B・リーブス・イースン）で，戦前に買付けた作品であった。フランス映画はやはり戦前買付けの『ヨシワラ』（1936 / M・オフュルス）が1946年2月に，『うたかたの恋』（1935 / A・リトヴァク）が11月に公開されている。1947年度はフランス映画の公開はなく，やっと1948年になって1月に『美女と野獣』が公開された。　戦後製作された新しいフランス映画をここで初めて日本人が見る事になったのである。この映画は，その意味で日本にとって忘れられない一本となった。コクトーは勿論シュルレアリスト，詩人として戦前から充分知られてはいたが，映像作家としては初お目見えであった。このフランス文化の集約の様な，全てに気の配られたおとぎ話を，第一本目の新フランス映画として日本で公開したフランス映画輸出協会の熱い想いが背後に感じられる。映画は，勿論大ヒット。メリエスの世界と例えた評があったが，とにかく商業作品が芸術作品でありえる事を見せつけてくれたのは，戦争中すっかり軍国映画に馴らされた日本人にとって，ましてやフィルムすら欠乏している映画人にとって大きな贈り物であった。

　その後コクトーの映画は，『恐るべき親達』（1949），『オルフェ』（1951）と公開されたが，さすがに『美女と野獣』の様に大衆受けはせず『オルフェの遺言』（1962）の

I

頃になると，客足はガタンと落ちてしまった。前衛的なデビュー作の『詩人の血』は，なかなか公開されず，映画愛好家の自主上映やシュールレアリスト特集のような型で非常に地味に公開されている。

　コクトーの小説では，三島由紀夫「午後の曳航」に影響を与えた「恐るべき子供たち」が有名で，これをベースに萩尾望都は内容の濃い漫画作品を残したし，あがた森魚は，印象的な映画作品を残している。現在は，コクトーの"詩情"を，ファッション的に捉える，若いコアなファンがついていて，バンド名になったり，その独特なイラストがTシャツになったりして，耳や目にする事が度々ある。

　早熟の天才，これは昔から充分文学作品のセールスキャッチになる。日本ではフランスの早熟作家としてまずサガン，ランボーがよく知られているが，コクトーの寵児レイモン・ラディゲもまさにその一人である。

　第一次大戦後，昭和5年 (1930) に日本で発売された，ラディゲが17才の時に書いた「肉体の悪魔」は発売後，性愛の挑発を理由にすぐ発売禁止となった。主人公が高校生というのも当時の日本では恐るべき事，許しがたき事であった。何しろ若い学生男女が並んで歩いただけでも学校で問題になった時代である。その頃の日本人にとって高校生と人妻（ましてやこの場合軍人の妻）の肉体関係等を小説とし

・

1 │　『美女と野獣』1946，原作は，1740年にヴィルヌーヴ夫人が書いた。コクトーは，その後のボーモン夫人版
　　　（1756）を元としている。
2 │　『オピューム』2013，怪女優A・ドンバール監督のミュージカル奇編。コクトーとラディゲの恋物語。ラディゲの
　　　変な踊りに爆笑。

Jean COCTEAU, Raymond RADIGUET

て出すこと自体，大タブーであったのだ。

『肉体の悪魔』は，映画版（1952年日本公開）も，日本に大きな影響を与えた。大戦後，外国映画に飢えていた人たちにとってこの作品は文学的であり，フランス的であり（エキゾチックであり），学生たちを中心に大ヒットした。特にJ・フィリップは，この映画で二枚目スターとして日本国内での人気を確立した。

ラディゲの遺作「ドルジェル伯の舞踏会」（1930翻訳）の日本文学への影響も非常に大きい。17世紀のラファイエット夫人が書いた古典「クレーヴの奥方」を20世紀に蘇らせたこの傑作は，堀辰雄や太宰治を始め多くの文学者に，その影響を与えた。戦前では，例えば堀辰雄の「聖家族」（1932）は，師であった芥川龍之介の自殺が契機で書かれた作品であるが，早くからフランス心理小説の特にラディゲの影響を指摘されている。第二次世界大戦後では，特に有名なのは，大岡昇平「武蔵野夫人」（1950）で，題辞に"ドルジェル伯爵夫人のような心の動きは時代おくれであろうか"と文章を引用している。同じく早熟の天才と云われた三島由紀夫はラディゲを愛好し，ラディゲの評価を戦後の日本に繋いだ立役者とも言えよう。彼のエッセイ集「フランス文学講座」（1997 / 鹿島茂編）の中にも，ラディゲへの恋文の様なエッセイがある。三島の小説では「盗賊」（1948），短編「ラディゲの死」（1953），

*

3 ｜　『コキーユ / 貝殻』1999，「どんぐりの家」で有名な漫画家山本おさむは，障害の問題を，さりげなくこの作品でも取り上げている。
4 ｜　『恐るべき子供たち』1950，監督のメルヴィルと撮影のドカが勝ち取ったモノクロ映画美しさは，コクトーをも満足させたという。

I

「美徳のよろめき」(1957) などが，ラディゲの影響として挙げられるだろう。

　その後三島もいない現在，ラディゲはかなり影を薄くし，古典の中の一つとしてしか認知されなくなった。高校生の恋愛など当たり前の時代だからだろうが。

J・コクトーの影響

—

◇詩「貝殻」

『コキーユ / 貝殻』1999

同窓会で何十年振りに再会した男女の切なくも短い大人の恋物語。子供の頃の二人が授業で習ったコクトーの名詩「貝殻」，少女が，大好きな詩であった。だからこそ，主人公が，海で見つけて，彼女にあげた，本物の貝殻。少女は大人になってもそれを大切にして，"コキーユ"という BAR

を開き，「貝殻」を店の中に飾っていた。ベースにコクトーの短い詩貝殻があって初めて成り立つ大人の恋愛映画である。[監]中原俊[脚]山田耕大[主]小林薫，吹雪ジュン

◇『恐るべき子供たち』

『港のロキシー』1999

シンガーソングライター，あがた森魚が，北海道の港街函館で撮った映画。函館山から一気にインラインスケートで滑り降りるゲームシーンが，山場になっている。監督のあ

がたは多才なミュジーシャンで，この作品は3作目にあたる。あまり知られていない映画だが心に残る映像は，白尾一博である。[監脚]あがた森魚[主]岡和則，藤丸美哉

『渇き』2014

Une époque n' est confuse que pour un esprit confus. 「ある時代が混乱して見えるのは，混乱して見ているからだ」(Poésie critique / 批評の詩) にジャンル分けされる詩が，冒頭に出てくる。優等生

*

5｜　『港のロキシー』1999，港のロキシーは，菜穂子であり，エリザベートであり，カトリーヌでもある。あがたの教養が見え隠れる。

6｜　『渇き』2014，コクトーの惹句の通り，混乱は見る側の混乱だ。そして確かに映画は，見方様々な(混乱ショップ)だ。

Jean COCTEAU, Raymond RADIGUET

7 |

| 8

の娘が，失踪して，必死で捜
索する元刑事の父親が，少し
づつ辿り着く恐るべき子供た
ちの真実が衝撃的である。安
易に刑事や元刑事が登場す
る話が多く，その都度辟易す
るが，この映画では，刑事が
主役の必然性が描けていた。
[監]中島哲也[原]深町秋生，
中島哲也，[音]RANDFUNK-
Ink，門間宣裕，唯野未歩子
[主]役所広司，小松菜奈

R・ラディゲの影響
—
◇「肉体の悪魔」
『肉体の悪魔』1977
日本版『肉体の悪魔』は1952
年に公開されたクロード・オ

ータン＝ララの『肉体の悪魔』
から四半世紀を経て，日活ロ
マンポルノの1作として作ら
れた。ポルノに文学作品を重
ねる，いわゆる芸術的ムード
づけで，意味合いを誤魔化す
やり方は日活や東映でよく
とられる手法であった。いつ
も映画作家たちはその境界
で悩むわけで，しかも出来上
がった作品も，ポルノとして
も映倫（映画倫理委員会）で
厳しく審査され，様々なボカ
シが入れられ，無残な作品に
なる事も多かった。この場合
は，日本の高校生と人妻とに
置き換えて，受験戦争への批
判等もあったのだが，それも
中途半端だった。なお助演の

中島葵は，国際的にも知られ
る名優，森雅之の妾腹の子で
ある。主役はあまりなかった
が，まるで父に挑戦する様に
多くのヌードシーンやセック
スシーンに大胆で，日活ポル
ノ作品では重要な位置を占め
ていた。[監]西村昭五郎[脚]
白坂依志夫[主]野平ゆき，中
島葵
◇「ドルジェル伯の舞踏会」
『武蔵野夫人』1951
大岡昇平が1950年に発表し
た大ベストセラーで，翌年に
溝口健二によって映画化され
た。大岡の本自体が，題辞に
は，ラディゲの「ドルジェル
伯の舞踏会」からの引用，主
人公の夫はスタンダール研究

---

7 | 『肉体の悪魔』1977，あまりにも粗末な出来の為，ラディゲ原作となければ，「肉体の悪魔」の映画化とは，到底
思えない。

8 | 『武蔵野夫人』1951，玉井正夫のカメラが，現代は見られなくなった武蔵野の風景を残しているのは特筆すべき
であろう。

I

家，本の内容は「クレーヴの奥方」も思い起こさせる，凝ったフランス文学尽しになっている。見方によっては，フランス文学を極めた大岡の文学のまとめの様な小説ともいえよう。主役に田中絹代を配し，溝口らしいねちっこい映画になっているが，台詞が観念的過ぎて，現代の鑑賞にはつらいものがある。[監]溝口健二[脚]依田義賢[主]田中絹代，森雅之

『美徳のよろめき』1957

三島由紀夫が，ラディゲの影響下，1957年に発表した連載小説の映画化。女性の性解放に微妙な影響を与え続けてきたが三島は，日本の状況に上手く合わせて，一歩進めた日本の姦通小説である。この「美徳のよろめき」（1957）から，よろめきドラマといわれるジャンルが誕生し，よろめきは流行語となりやがてすっかり市民権を得た。映画化作品は，三島文学の香気はまるでなく，ベストセラー小説におんぶした図式が見え見えで，三島自身が落胆したとい

う。[監]中平康[脚]新藤兼人[主]月丘夢路，葉山良二

『聖家族〜大和路』2010

堀辰雄の初期の作品は，よくラディゲやコクトーの影響が指摘される。美しい日本語で書かれた心理描写が，文壇にも認められ，堀の出世作となった。堀の禁欲的な世界は描かれていたが，なぜこの作品を，現在映画にしたのかが，いまひとつ見えてこなかった。[監脚]秋原正俊[原]堀辰雄[主]片桐仁，岩田さゆり

---

9 ｜ 『美徳のよろめき』1957，よろめき夫人の資格は，あくまで貞淑な人妻が条件で，淫乱夫人，好色夫人とはまるで違う。念の為。

10 ｜ 『聖家族〜大和路』2010，文学作品の映画化が多い秋原の作品。映画を支えきれぬ華のない主役たちより，配役の責任が大きい。

Jean COCTEAU, Raymond RADIGUET

サン＝テグジュペリ

Antoine de SAINT-EXUPERY

1900-1944

　「星の王子様」は，日本では，600万部以上を売り上げていて，欧州でのキティちゃん並みの超有名キャラクターである。日本にはファンクラブがあり，1990年には箱根に美術館まで出来てしまった。1978年には「星の王子様　プチ・プランス」としてアニメシリーズになり，人気があった。また1997年からＴＶシリーズになつたアニメ『少女革命ウテナ』にも，明らかに「星の王子様」の影響が見られる。

　寺山修司は，1968年に，王子に成りすました老いた“うわばみ”中心に同タイトルの戯曲を書き幾度か上演している。“大人になっても童心を忘れるな”という本のテーマに対して寺山は，“「星の王子様」を愛読した自身の少年時代に復讐するために，この戯曲を書いた”と言っている。2002年には，フランスで上演された劇場版が訳されて，宮崎あおいが，王子訳に挑戦し，好評であった。それだけ潜在的認知度が高いこの物語は，2005年に日本での翻訳出版権のしばりが無くなるとあっという間に20以上の出版社が「星の王子様」のタイトルを少しだけ変えて世に出し始め，それはちょっとした出版戦争であった。

　サンテックス（サン＝テグジュペリの愛称）の他の作品では（勿論超ベストセラー「星の王子様」とは比較できないが），「人間の土地」(1937)，「夜間飛行」(1939)が特に有名で文庫にもなっている。表紙カバーはあの宮崎駿が描いていて宮崎は「人間の土地」に自信のデッサンを添えて，あとがきも書いている。宮崎の実家が飛行機部品を造っていた事もあり飛行機には常日頃から愛着があり，サン＝テグジュペリは憧れの作家でもあった。NHKテレビで，宮崎がフランスに渡りトゥールーズを起点にモロッコのカップ・ジュビーまで，単葉機で，サンテックスの足跡を追う番組があったが，“20才の頃サンテックスを読み，生き方に影響を受けた……空を飛ぶことの素晴らしさをサンテックスが教えてくれた”と述懐する下りでは，今や世界中で知られるアニメキングの目頭が光っていた。彼の傑作群には，飛ぶシーンが多く，『ナウシカ』から最終作『風立ちぬ』まで，サンテックスの面影を見つける事はそう難しい事ではない。

　ドイツの戦闘機に撃ち落とされたサンテックスは，マルセイユ沖で1998年から遺体の捜索がなされ，時計や残骸が発見されたが，遺骨はついに見つからなかっ

1 | 2

たという。撃ち落としたというパイロットは，自身がサンテックスのファンであり，知っていれば撃たなかったという。又日本では，彼の妻コンスエロ（1931–1944）の研究が進み，「星の王子様」で描かれた場所が妻の故郷ヴェネゼラの風景であること，などが発表されている。バオバブの木を栽培し，四国の島の一つをバオバブの島にしようという計画も進行中であり，サンテックスの蒔いた"童心"は，ますます国や民族を超えて広がっている……。

「星の王子様」の影響

—

『星の王子さま プチ・プランス』1978–1979（ＴＶアニメ）

サンテックスの話を膨らませた物語。作画は田中英二が担当した。アメリカ等では好評だったという。[演]安彦良和

『少女革命ウテナ アドゥレセンス黙示録』1999

人気ＴＶアニメ「少女革命ウテナ」の劇場版。子供時代に，王子に出会い気高さを教えられ少女が，大きくなり再会した王子は，気高さを忘れていた。"王子"を，寺山ファンの幾野はこう解釈して寺山"王子"に返している。[監]幾野邦彦[脚]榎戸洋司

「人間の土地」の影響

—

『紅の豚』1992

舞台は1929年から1930年代頃のイタリアが舞台で，世界的恐慌による時代の荒みが良く描けている。主人公が憧れるホテルの経営者で歌手ジーナ他，登場人物全員に，サンテックスとその時代への宮崎の想いがかぶる。[監脚]宮崎駿

*

1 | 『星の王子さま プチ・プランス』1978–1979，新たな王子様に挑戦したのは，手塚治の下で修行した，田中英二。難易度の高い作画をよくこなしたと思う。© 共和教育映画社 / 作 サン・テグジュペリ

2 | 『少女革命ウテナ アドゥレセンス黙示録』1999，"天井桟敷"のシーザーの楽曲を一部使用したり，寺山のアングラ劇「星の王子様」へのオマージュ満載である。© 東映 / 作 ビーパパス

Antoine de SAINT-EXUPERY

ジョルジュ・シムノン

Georges SIMENON

1903–1989

　シムノンの創り出したメグレシリーズは，第二次世界大戦前に日本でも「男の首」が非常に評価された。しかし多作家でもあるし，本格的に彼の全容を日本人が知るようになったのは第二次世界大戦後である。持論，既にメグレの熱狂的なファンはいたわけだが，映画『望郷』で人気を決定的にし，その後渋い中年になっていたジャン・ギャバンがメグレ警視になり，映画『殺人鬼に罠をかけろ』が大ヒットした事もその後のシムノンの人気へと続いている。加えて，メグレ以外の彼の原作からジャン・ギャバンの『港のマリー』(1949/マルセル・カルネ)，バルドーとギャバン『可愛い悪魔』(1958/クロード・オータン＝ララ)，モーリス・ロネとアニー・ジラルド『マンハッタンの哀愁』(1965/マルセル・カルネ)，ロミー・シュナイダーとトランティニャン『離愁』(1973/ピエール・グラニエ＝ドフェール）と，実にバランスよく，シムノン原作の映画が忘れた頃に日本で公開されている。まずどれをとっても当代一級の監督がメガホンを取っており，作品の質も良い。フランスでの作家としての彼のポジションが，よくわかるが，再映画化作品であった1989年公開『仕立て屋の恋』は，日本でも相当なヒットとなり，パトリス・ルコントの名もこれで定着することになった。

　他にもまだ映画化作品はあるが，余程映画と相性がよいのだろうが，本と映画の相乗プロモーション効果が成功した最初のタイプの作家と云えるかもしれない。長期に渡り人気もあり，内容も探偵ものだけに留まらず多岐に渡っている為，当然多くの者に影響を与えているが，早い時期から非常にコピーライトの権利には厳しい人だったらしく，直接シムノン原作と掲げたものはほとんど見当たらない。それでもＴＶで1978年「東京メグレ警視」というシリーズが愛川欽也主演で作られている。丁度，アメリカの「刑事コロンボ」も大人気の頃であり，ＴＶにしては丁寧な作りで評判が良かったが，劇場版が作られる事はなかった。

「仕立屋の恋」の影響
—
『**その手にのるな**』1958
パトリス・ルコント『仕立屋の恋』と同じ原作を日本に置き換えたものである。
主人公はキャバレーのクラリネット弾き，主人公が覗いている女は，キャバレーショウの芸人になっている。ほとんど忘れられた映画だが，群衆心理が面白く描かれた佳作

I

である。日本人に昔から人気のあったJ・デュヴィヴィエの『パニック』もこれを原作としているが，大変長い間日本では公開されなかった。同じデュヴィヴィエが監督した『モンパルナスの夜』は，シムノンのメグレ物「男の首」が原作である。ダミアの主題歌「哀訴」がヒットした。[監]岩間鶴夫[脚色]沢村勉[主]高橋貞二，杉田弘子[訳]秘田余四郎

「メグレ物」の影響

参考|『東京メグレ警視』1978
パリ警視庁に研修生として学んだ目暮林太郎が主人公で，半年間で25話が作られた。原作翻案とはいっても，東京を舞台に，自由に膨らませ

—
翻案王の様な江戸川乱歩がシムノンを放っておく筈がながった。彼はメグレを明智探偵にかえて，やはり数作書いている。TVドラマにはなっているが劇場公開はされていない。
『五重塔の美女』1981
乱歩の翻案「幽鬼の塔」の映像化。メグレシリーズの「聖フォリアン寺院の首吊男」（1930）を原作にしているが，かなり変わってしまっている。[監]井上梅次[主]天地茂，片平なぎさ

★

て書かれた脚本である。[監]井上昭，小野田嘉幹，他[脚]早坂暁，他[主]愛川欣也，中村敦夫，佐藤友美

「リコ兄弟」の影響
—
『野獣の復活』1969
岡本喜八の助監督だった山本迪夫の第一回監督作品。「リコ兄弟」の下敷き。兄弟は2人で，ヤクザから足を洗った兄が，弟ヤクザの失敗を理由に，組織に利用されて，という内容だが，この時代任侠の時代は既に終わっていた事を改めて知らされる。スピーディな娯楽作品。[監]山本迪夫[脚]小川英，武末勝[主]三橋達也，黒沢年男

*

1 | 『その手にのるな』1958，1950年代の団地の様子が，手に取る様にわかる拾い物作品。小杉正雄の撮影が冴えている。
2 | 『野獣の復活』1959，明治のヤクザには任侠としての佇まいがあった。それこそ戦後日本人が失くしてしまったものである。

Georges SIMENON

ジャン・ジュネ

Jean GENET

1910–1986

70年代の中頃だったろうか。日本のＴＶで様々なアーティストの部屋を見せインタビューをする番組があった。ジャン・ジュネ自身の動画を，その時筆者ははじめて見たが，その部屋（ホテル住まい）が，あまりに何も無い事に驚いた記憶がある。かなり遠い記憶なのだが，グレーのイメージのその部屋はまるで刑務所の一室のような感じがした。"世界を裏返しにしてみせた男"と三島由起夫はジュネを評したが，彼の作品は1953年に「花のノートルダム」（堀口大學訳）と「泥棒日記」（朝吹三吉訳）が出されたがそれまでは，禁書又は艶書扱いで，アンダーグラウンドのイメージがあったが，発売は新潮社というメジャーな出版社であった。限りないアナーキーな彼の世界はその頃盛り上がり始めた学生運動とも一脈通じていたしサルトルが人気のあった時期で「聖ジュネ」（1966年訳）が出された頃にはその存在も相当一般的に認知されていた。当時のサルトルは，「実存主義とは何か」以来，インテリ間での流行作家の存在であり，その内容の難解さにも関わらず，サルトルが取り上げたという事だけでジュネは，一種のブランドになったのである。

そしてブランド化されたジュネの名前は，一人歩きしゲイバーの店名になったりしながら，ついに少女たちのための少年愛の雑誌（ボーイズ・ラブと今ではジャンル分けされる）の名前に冠された。

それにしてもジュネの存在はアナーキーでありロックであり，今までの私小説の枠を超えた扉が，まだある事を確かに教えてみせたが，日が経つにつれ，現在の評価は，単なる男色文学のあだ花と言い切る評論家が出てきている。

ジュネの監督した映画作品『愛の唄』は，彼の小説世界そのものといった短編だったが，映倫にははばまれ，すっかり修正され，しかも短編故にか，『ピンク・フラミンゴ』のカルト映画特集の添え物であった。ジュネが原案を担当した，トニー・リチャードソンの『マドモワゼル』は，ジャンヌ・モローの鬼気迫る名演で傑作になったが，彼の才能はこの方向にもある事を教えさせられた。

また彼の戯曲「女中たち」は何度も上演されていて，寺山修司の「奴婢訓」はその影響大の芝居である。彼は日本が大好きで1970年以来3度来日しているが，その度に，オーガナイズした照明家の藤本晴美によると非常に素敵な人物で，その

I

1 |

2 |

ピュアさに会う度に打たれたという。ジュネの存在で感心するというか，考えさ
せられるのはフランスの国家を挙げての文化認識度の深さである。日本では，ど
れ程素晴らしい芸術家であっても終身刑を求刑される程の犯罪者を刑務所から出
してしまう事などはとても考えられない。コクトーが中心になり動いたというが，
国の違いを思わざるを得ない。ところで，藤本氏によると，ジュネは，芸者が富士
山の麓に住んでいると思っていたとか，学生デモに進んで参加していたとか，微
笑ましい話，興味深い話が沢山ある。又，やりとりした手紙も随分あるそうで，是
非本にでもしていただきたいものである。

「泥棒日記」の影響
―

『新宿泥棒日記』1969
1968年の新宿の時代と風俗
が凝縮されている映画。イラ
ストレイターの横尾忠則が
主役を演じている。彼が，映
画の始まりに，紀伊国屋書店
で，ジュネの「泥棒日記」等を

万引きし，偽の女店員に捕ま
るシーンから始まる。状況劇
場赤テントの，唐十郎達が，
狂言回しで登場し，当時話題
になった。本を盗む事から広
がる，"アナタにとってのエ
クスタシーとは？"唐突に，
実名で登場する役者同士の討
議や，インタビューを突然挿

入したりするスタイルが，当
時既に古めかしく思えたが，
現在見ると，その理屈っぽさ
が，日本のその時代が，懐か
しくなる映画である。[監]大
島渚[脚]田村孟，佐々木守，
足立正生，大島渚

*

1 | 『新宿泥棒日記』1969，新宿には，ジュネの愛した2丁目ゲイタウンがある。当時は社会変革を求めた学生たち
で溢れていた。
2 | 『マドモワゼル』1966，ジュネの子供時代が，反映された聖女面した悪魔の物語。ジャンヌ・モロー主演の傑作群
の中でも特別な傑作。

Jean GENET

I-27

アルベール・カミュ

Albert CAMUS

1913-1960

　フランス国内で戦後一番売れた本（一説では700万部！）といわれる「異邦人」は，窪田啓作の名訳により1951年に日本で出版された。その後文庫本にもなり，今だに売れ続けている。"不条理"という言葉と共に，カミュは，サルトルと並ぶ戦後フランス哲学を代表する作家，思想家として，日本の知識人ならその名を知らぬ者は皆無であろう。彼の本は，小説は勿論，戯曲，エッセイ迄くまなく訳され現在に到っている。中でもこの「異邦人」は，当然一番有名で，発売後10年に渡り一世を風靡した。短編で読み易いという事も原因だが，戦後のやり場のない怒りを日本の若者も持っていた。その同時代感覚が，何より人気の理由である。1955年に「太陽の季節」で登場した石原慎太郎が，旧態依然とした日本文学界に与えた衝撃は大きかったが，新しい青春文学として登場した時から，太陽，海そして衝動的若者と「異邦人」の類似を指摘する声も多かった。批判の半分は，オリジナリティ不足，物真似，と片づけてしまうよくあるバッシングだが，やはりそこに，大きな影響があったのは確実である。「太陽の季節」は，すぐに映画化され大ヒットし，その中に描かれたワルガキたちは"太陽族"と呼ばれ，やがて"太陽族"は日本の社会で一大ブームになっていったが，後ろにはいつもカミュの「異邦人」があった気がする。又「太陽の季節」でデビューした原作者の弟，石原裕次郎は，その後一作毎に人気を増して，日本の映画界，ＴＶ界を牽引するほどの大スターになっていった。

　日本では，思想家というよりも，完全に小説家の方のイメージが強いのだが，サルトルとジャンソンとカミュとの間の大論争は，現代思想史の中では欠く事の出来ない出来事として知られている。思想は時代を作り，時代が思想を作り出す。あれから60年以上の時がたち，フランスではサルトルの影響力は劇的に弱まり，逆に思想家としてはカミュの重要度が，益々上がっている。彼の，再ブーム，再々ブームは，今後も現象となるであろう。

　彼の小説，戯曲，エッセイも，ほとんど全部が訳されている。「カリギュラ」や「誤解」が上演されて，「誤解」は手塚治虫の漫画でも取り上げられている。カミュの作品の直接の映画化は，日本では一本もない。ただ市川崑が，「ペスト」を映画化しようとかなり頑張った話が残されている。

I

1 | | 2

　余談だが，彼を大叔父とする，セイン・カミュは，1990年代後半から日本で芸能活動を行い，完璧な日本語で一時はかなりＴＶで活躍していた。カミュが，大叔父というのが，彼のウリであった。

「異邦人」の影響

『カミュなんて知らない』2005

寡作だが，日本映画界に欠かせない実力派，柳町光男の秀作である。高校生による老女殺害事件を下敷にした，手の込んだドラマになっている。

大学の映画サークルが舞台だが，カミュなんて知らない若者たちが製作しているのは，実際にあったという殺人事件で，犯人にその動機を"唯，誰かを殺してみたかった"と言わせ，「異邦人」の主人公ムルソーを重ねている。その後

有名になる俳優の卵がズラリと出ている。カミュを知る世代としての教師も登場し，生徒との対比が巧く生きていた。カンヌ映画祭出品。[監脚] 柳町光男 [主] 柏原収史，吉川ひなの

★

参考 | 『太陽の季節』1956

100万部を売り上げたという「太陽の季節」は，映画も大ヒット。太陽族映画というレッテルが張られ，同じ石原慎太郎原作の『処刑の部屋』『狂った果実』といった問題作が，続いて公開された。そして，社会風紀を乱すという事で，未成年者の鑑賞が問題になり，やがて映倫が設けられる事になった。一連の太陽族映画の不良は，現在みると可愛いものだが，そこかしこにムルソーの虚無の影を探すのは容易い。[監督] 古川卓巳 [原] 石原慎太郎 [主] 南田洋子，長門裕之

*

1 | 『太陽の季節』1956，アロハシャツ，マンボズボン，サングラスが太陽族の服装で，男は"慎太郎刈り"にしていた。
2 | 『カミュなんて知らない』2005，柳町は国際的評価にも関わらず，6本目の本編以降，新作の話を聞かない。是非もう一本撮らせたいものだ。

Albert CAMUS

ボリス・ヴィアン

I-28

Boris VIAN
1920–1959

　戦後すぐのサンジェルマン・デ・プレ，ボリス・ヴィアンにはその紫煙と酒と衒学のイメージが強烈にあり，ジャズを演奏し，小説をさらりと書いて見せる夜遊び族のアイドルというイメージが強かった。日本でヴィアンが本当に興味を持たれ始めたのは，彼の死後の事である。

　彼のヒット曲にもある，スノッブという言葉が日本に入ってきたのは1960年代後半であり，アメリカ文化，ロック文化の大衆化に反して，自分たちだけ特別でいたい人たちの一部にとっては，とても魅力的な響きであった。これはマスコミの責任も大きいが，高級品をよく知っていて，食事はこだわりのレストラン，好みは知的な映画や本，そのみかけが格好良いとしてファッション的に入ってきたのである。

　ゲンズブールのイメージがその中心的役割を果し，既に亡くなっていたが，ボリス・ヴィアンも強力な代表者であった。勿論，スノッブ本来の意味を知っている人もいたけれど，その声はかき消されてしまった。当時はマスコミが安易にスノッブという言葉を多用し，70年代中ちょっとスノッブとか，スノッブなティータイムといった軽薄なコピーをまき散らしてしまったのである。その結果，スノッブというブティックからヘアーサロンまで，スノッブが大安売りで増えていった。スノッブ（SNOB）は，フランスではニュアンスはあるが俗物という意味である。もし，ほんとうのスノッブの意味を知っていたら，誰が俗物洋装店で服を買うだろう。誰が俗物サロンで髪を切るだろう。特別にスノッブな人を除いて……。それでも異国の言葉が入って，他国で一人歩きする例は沢山ある（フランス映画の題に使用された日本語，日本映画の題に使用されたフランス語に関しては，II章で触れているので御参照頂きたい）。フランスだって日本レストランに（そこで日本人の経営でない事がわかる）とんでもない名前をよくつけるし，メニューにいたっては言葉を失う事もしばしばある。

　現在，ボリス・ヴィアンは，「脱走兵」を歌い戦争を否定し，「墓につばをかけろ」で人種差別にメッセージを発し，「日々の泡」では誰も書き得ない不思議な大人の童話を書いた，稀なるパフォーマーと認知されていて，スノッブは，あくまで反

I

語で使用された事を知っている人も多い。しかし、ヴィアンというとおしゃれ、日本的な意味でスノッブという、ファッション的な色メガネをかけて彼に特別な関心がありそうに装う人がいることも事実である。

「日々の泡」の影響

――

『クロエ Chloe』2001
利重剛が監督した『クロエ』は、詩的な恋愛映画となった。この原作は、文章として読むと面白いが、映像化は不可能にも思えるのだが、利重剛は、クロエを黒枝として、蛇口から鰻を出すことはしないで、難しい内容を、何とか日本の現実に翻案している。ただ、ボリスの小説にずっと流れている、独特の"オプチミズム"は、全くなく、内容は湿っている。ゴンドリーの映画化したものをみた時、そのあたりの明るさが見事に映画になっていて、国民性の違いがあると感じた。[監脚]利重剛、萩生田忠治 [主]永瀬正敏、ともさかりえ

★

参考 | 『うたかたの日々』1968
[監]シャルル・ベルモン [脚]C・ベルモン、P・デュマルセイ、P・ペルグリ [主]ジャック・ペラン、アニー・ビュロン

『ムード・インディゴ』2013
[監]ミッシェル・ゴンドリー [脚]リュック・ボッシ [主]ロマン・デュリス、オドレイ・トトゥ

*

1 | 『うたかたの日々』1968、当初日本ではジャック・ペランの人気を持ってしても劇場公開が出来なかった。クロエ役が、イメージにぴったり。

2 | 『クロエ Chloe』2001、利重は、日本人には珍しい感覚的な映画が撮れる監督で、暗いが繊細な映画になっていた。

ジョゼ・ジョヴァンニ

José GIOVANNI

1923-2004

　ヤクザの親分から俳優になった安藤昇を御存知だろうか？　安藤は1926年生まれで，ジョゼ・ジョヴァンニより三才年下という事になる。彼は，日本戦後の焼け跡から台頭したインテリヤクザで，殺人未遂で収監後，足を洗い，自叙伝を出しその後その映画化の主演で映画スターになった。彼は，俳優のかたわらいくつもの著作を残した。ジョヴァンニは，生まれた年代，戦後ギャングになった事，父の運動による恩赦で，死刑を免れた事（この経緯は小説「父よ！」に詳しい），出所後に文章を書き出した事，それらが，安藤昇を思い起こさせる。ジョヴァンニの処女作「穴」は，1958年に発表された小説だが，彼が加担した刑務所脱獄事件を元にした，実録もので，反響が大きく，すぐに映画化された。1960年，ジャック・ベッケル監督の遺作『穴』である。本人がシナリオにも参加したこの映画は，まさしく息を呑むリアリティで，傑作と呼ばれる作品になった。ジョヴァンニは，この一作で，知られる様になったが，それでは終わらず，その後その才能は一気に開花し，ギャング小説を連発，ベストセラー作家となり，1966年には『生き残った者の掟』で，ついに映画監督になった。この映画は，日本ではすぐには公開されず，その後のロベール・アンリコ監督，ジョヴァンニの原作『冒険者たち』の大ヒットの余波で，1989年になってやっと公開されている。まさに『冒険者たち』の後日譚で，アンリコ作品と内容が逆さで，混乱を呼ぶが，ジョヴァンニ自体は，原作を大幅に変えて，砂糖をたくさん入れたアンリコの青春映画が，嫌いだったようだ。映画監督としては，2作目にあたる『ベラクルスの男』が，日本への登場である。この映画は，ジョン・カリックのベストセラーだが，ジョヴァンニが脚本も担当し，非常に面白かった。

　ジョヴァンニの原作の映画化作品は多いが，『オー！』(1968)や『ル・ジダン』(1975)は日本の男性ファンを増やした。

　ジョヴァンニは，ギャバン，ドロン，ベルモンド，ヴァンチェラとフランス代表的なスターを主演に，痛快なギャング映画を残したが，やはり自身の体験から書き起こした作品は，他の追従をゆるさなかった。『暗黒街のふたり』(1973)『ル・ジダン』(1975)などは，『穴』から続くアウトローが，映画監督となった職人技の犯罪

I

1 |

| 2

娯楽映画である。遺作となった『父よ！』(2001) は，数奇な運命を辿った，偉大な
アウトローならではの感動作であった。

J・ジョヴァンニの影響

――

『海へ See You』1988

ジョヴァンニの原案を，倉本聡が脚本化し蔵原惟繕が監督した大作。主演は，高倉健，ストーリーは，パリ・ダカールレースと，それを巡る人間模様が中心となる。こういった大作は登場人物を描ききれずに，失敗作に終わる事が多いがさすがは蔵原で，水準以上の娯楽映画に仕上げている。合作映画ではないが多くの仏人が関っていて，アラン・キュニー，P・ルロワ等が出演，主題歌はピエール・バルーが唄っている。P・ルロワは，主人公と共通の女への愛で結ばれている重要な役を演じた。高倉健のキャラは，何時もの様に，寡黙な男である。女優は，桜田淳子といしだあゆみで，二人とも時代は違うが，アイドル歌手から始めて日本の芸能界を転進してきた女優である。いしだあゆみの元妻役は，『冒険者たち』のレティシアの様に，二人の男の愛で支えられているいい女，というもうけ役だが，自然な演技で役になり切っていた。[監]蔵原惟繕[脚]倉本聡[撮]佐藤利名[主]高倉健，いしだあゆみ，フィリップ・ルロワ，桜田淳子，ジャンC=ドゥルオー

*

1 | 『穴』1960，本物の脱獄犯の出演が，話題になった。日本は，脱獄犯罪が少ない。される方が悪いという感覚がないからか？
2 | 『海へ See You』1988，佐藤利明のカメラが，激しいレースや神秘的な砂漠を良く捉えて，特筆すべき成果を上げていた。

José GIOVANNI

ジャプリゾとアルレー

Sébastien JAPRISOT 1931-2003, Catherine ARLEY 1924-

　推理・探偵小説好きの間でのジャプリゾの評価は高い。まして映画好きならば彼が映画の脚本でも天才的腕前だったことを知っている。一般に推理小説家というと，「〜シリーズ」等と銘して書き飛ばす流行作家のイメージが強いが，ジャプリゾの場合は質が第一で，どの作品もよく練られていた。

　彼の小説の中では，「シンデレラの罠」が一番有名だが，カイヤットの同名映画の貢献も大きい。映画版は記録的な不入りであったが，専門家や文化人の間では注目が高く，事実この映画以降“四つのワタシのどれが私？”を一部に取り込んだ漫画や小説ＴＶドラマを散見するようになった。

　忘れてはならないのが彼の脚本家としての仕事で，『七人目に賭ける男』(1965 /コスタ・ガヴラス)『雨の訪問者』(1969 /ルネ・クレマン) 等，名匠との素晴らしい作品がすぐ挙げられる。1968年ジャン・エルマンの『さらば友よ』は終わりに拍手が出た程の洒落た映画で，日本人の大好きなアラン・ドロン主演作品としても大ヒットを飛ばし，共演した米俳優のチャールズ・ブロンソンも大きなＣＭで長く使われる人気者になった。脚本家として他に『Ｏ嬢の物語』や『殺意の夏』も公開されたが，1974年に公開された『狼は天使の匂い』が，40年以上経つ今でも評価が高い。ジャプリゾの最後の小説は『ロング・エンゲージメント』(2004/ジャン＝ピエール・ジュネ) というタイトルで公開されたが，これはフランス軍をメインに据えた作品で日本人の一般には少しかけ離れた処にあり，ヒットには繋がらなかった。

　一方，同時代の推理小説作家として，ジャプリゾと並んでいるのが，カトリーヌ・アルレーである。彼女の代表作「わらの女」が映画化公開されたのは1964年である。日本では公開が比較的少ないイギリス映画だが，イタリア出身のグラマー女優ジーナ・ロロブリジーダと007の人気者ショーン・コネリーの主演とあって大変に評判となり，同時に原作者のアルレーも一気に注目を浴びる事になった。この傑作推理小説は1958年には日本で翻訳出版されていたが，映画公開時の再訳版は，かなりのヒットとなった。しかし驚くのは，この後のアルレーの人気で，その代表作のほとんどが，日本でＴＶドラマ化されるという事になった。不思議に映画化の話は聞かないが，ともかくＴＶといえど，これだけ大量に映像化され

た作家も珍しい。1990年には，「狼の時刻」を日本の読者を想定して書いた程，日本とアルレーの関係は深い。彼女の書く悪女は，社会学者に分析して貰いたい程，日本人にとって魅力があるようだ。「わらの女」「目には目を」「死者の入り江」「泣くなメルフィー」「二千万ドルと鰯一匹」「死の匂い」等々これらが一度ならずも四度五度と翻案され，その翻案されたドラマを真似るものも出てきたので，数は掴め切れない程である。

S・ジャプリゾの影響
——

◇「シンデレラの罠」
『双子座の女』1984
ミステリー仕立ての日活ロマンポルノの一本。俳優の山城新伍が監督をしているのだが，主人公にからむストーカー的女が今一つ描き切れていない。最後のおちは，「シンデレラの罠」からと山城本人が

語っていた。音楽はクロード・チアリが担当し本人も出演している。[監] 山城新伍 [脚] 那須真知子 [音] クロード・チアリ [主] 五十嵐夕紀→IV 31（チアリ）
『さよならドビュッシー』2012
中山七里原作の映画化。豪邸で暮らすピアニストを目指す二人の少女が，火事で一人だけ生き残った。全身火傷を整

形で治して……どう考えても「シンデレラの罠」を想い出さざるを得ない映画である。利重剛の演出は手馴れていて，生き残ったのがどちらなのか，というミステリーよりも，主人公が，ピアノが弾けない状態からリハビリで立ち直る処に，見どころを持って来ている。決してつまらない映画ではないのだが，原作本来

*

1 | 『シンデレラの罠』1965，「私は事件の探偵で，証人で，また被害者で，そして犯人でもあるのです。一体私は誰でしょう」。
2 | 『わらの女』1964，アルレーの描く"悪女"は，学者に分析して貰いたい程，何故か特別に日本人を魅了するようだ。

Sébastien JAPRISOT, Catherine ARLEY

3 | | 4

の焼き直し感がいつまでも残るのはこのプロットがいかに強力であるかの証である。→ IV 07

◇『さらば友よ』
（ジャプリゾは脚本参加）

『縄張はもらった』1968
『さらば友よ』の最後の煙草の場面は有名だ。例えば、公開年と同年に作られたこの日活ヤクザ映画では、刑務所から出て来た主人公と、敵側の殺し屋との間に微妙な友情が通う場面で、取り入れられている。［監］長谷部安春［脚］石松愛弘、久保田幸司［主］小林旭、宍戸錠

『さらば映画の友よ』1979
映画狂を自認する原田真人の第一回長編作品。ホモソーシャルとも少し違うが、ヤクザ映画に似た男同士の絆が、全編様々な映画のオマージュと共に描かれる。『さらば友よ』の、その映画看板に"映画の"と漫画の吹きだしにして自作の題名を出す凝りようである。主演の川谷は、長く大部屋にいたが、この映画の数年前からＴＶでもキャラを知られ、人気が出た苦労人である。［監脚］原田真人［主］川谷拓三、重田尚彦

★

参考｜「ジョジョの奇妙な冒険III スターダストクルセイダーズ』1989, 1992
荒木飛呂彦の大人気漫画の第III番目のシリーズの中で、『さらば……』の"コップにコイン入れゲーム"が登場する。
『狼は天使の匂い』（「ウサギは野を駆ける」）の

影響→II 20（クレマン）
『ときめきに死す』→II 20（クレマン）
『ソナチネ』→II 20（クレマン）
ジャプリゾの出演した日本映画
『ヨーロッパ特急』→II補82（ロケ）

＊

3 | 『さらば友よ』1968, 映画史に残るかどうかは判らない。しかしこの上質な娯楽映画が日本映画に与えた影響は無視出来ない。
4 | 『さらば映画の友よ』1979, 日本版アメリカン・グラフティ。地方都市沼津から, わざわざ東京まで映画を見に来る人が, 少しはいた驚き！

I

フランソワーズ・サガン

Françoise SAGAN

1935–2004

　どのジャンルでもそうだろうが，文学の領域でも若き天才の登場は，いつも渇望されている。一人天才が現れれば，まず出版界か活気づき，映画界が動き，といった具合に社会現象を巻き起こす。1954年，フランスの文壇に18才で書いた小説を引っさげてサガンが登場した時も，まさにある種の社会現象を巻き起こした。「悲しみよこんにちは」は，瞬くうちにベストセラーとなり，賞を受け世界中に翻訳されていった。出版の年に安東次男と朝吹登水子のダブルで2冊の翻訳本が出版されて日本でも話題となる中で，映画『悲しみよこんにちは』(1957／オットー・プレミンジャー)が公開された。この映画は，米英の合作映画だが，豪華な出演者と作品の出来が良い事で，日本でも沢山の観客を集めた。特に注目されたのが，主人公セシルを演じたジーン・セバーグで，その髪型は日本でも“セシルカット”としてしっかりと認知された。

　丁度この時期に，日本でも戦後初めての若手女流作家，原田康子が誕生した。原田は1928年生まれで釧路に在住していた。1955年北海道の文芸誌に連載した「挽歌」は，連載中から注目されその年末に単行本化されあっという間に70万部以上を売り上げ，女性作家の作品としては戦後のベストセラーとなった。「挽歌」は，北海道の釧路という一般的にはあまりポピュラーではない土地を舞台にした，22才の主人公怜子の一人称小説で，内容が年上の女性を死に追いやる点や，フランス語がところどころで使用(外来語を，ちょっと使うのは，この時代の流行でもあった)されている件等「悲しみよこんにちは」と類似点を重ねやすく，原田は“和製サガン”と呼ばれその呼称は死ぬまで続いた。

　サガンの小説は，デビュー作以来主に朝吹登水子という名翻訳家を得て，次々に日本でも紹介され，又映画化された作品も多く，その度に，原作本として，本屋に積まれ日本でも親しまれていった。『ある微笑』『さよならをもう一度』『別離』『水の中の小さな太陽』『夏に抱かれて』『厚化粧の女』これら映画化作品は全部公開されている。どの作品も，丁寧に作られていて，佳作が多い。戯曲として書かれた作品の映画化『スウェーデンの城』(ロジェ・ヴァディム)も洒落た映画で，サガンの才能が随所に影響していた。又，彼女は映画通で，日本映画も好きだったとい

Françoise SAGAN

1｜　　　　　　　　　　　　　　　　　　　　　　　　　　　　｜2

う。『羅生門』や『地獄門』が，好きだと答えたインタヴューの件が，朝吹のあとが
きに残されている。

　日本ではほとんど知られていないが，彼女は，パリのナイトクラブの女王であ
ったレジーヌと非常に親しく，レジーヌは，その伝記の相当なページを使ってサ
ガンの事を書いている。友人を多数パーティに呼び，最初だけ顔を出し，"お楽し
みください"と自室に戻る姿，等々サガンの知られざる一面が覗ける。

　彼女が亡くなってから作られた伝記映画『サガン』(2008/ディアーヌ・キュリス)は，
2009年に日本で公開されたが，サブタイトルに～悲しみよこんにちは～と付けら
れていた。思えば彼女の人生は，デビュー作のタイトルのままであった。

F・サガンの影響

◇「悲しみよこんにちは」
『挽歌』1957
釧路で大々的にロケを慣行
し，原作にかなり忠実に映画
化された。ベテラン五所平之

助らしい正統的な文芸大作
で，小説の勢いもプラスして
大ヒット，「挽歌」ブームとな
った。しかし本で読む分には，
あまり抵抗のないフランス語
が，例えば"メルシー・マダ
ム"等，日本語発音でセリフ

になると，ムズかゆい部分が
あった。当時の釧路の町並が，
現在では貴重な映像として
残されている。森英恵の衣装
が光っていた。[監]五所平之
助[原]原田康子[脚色]八住
利雄，由起しげ子[主]久我美

*

1｜　『悲しみよこんにちは』1957，当時の日本の文学少女には，同時代感覚で異国の18才の少女が書いた危険な小
　　説は，憧れの格好良さであった。
2｜　『挽歌』1957，原作と映画が，ほとんど同時期の制作で，北海道の50年代のハイカラ趣味が，上手く映されてい
　　る。

I

3 |　　　　　　　　　　　　　　　　　　| 4

子，森雅之，高峰三枝子 [衣] 森英恵

『挽歌』 1975
しらけ世代の象徴的スター女優だった，秋吉久美子を主演にした，再映画化版。ヒロインのタイプは合っているのだが，作品として第一作を凌げなかった。[監] 川崎義祐 [原] 原田康子 [脚色] 井出俊郎，蒼井マキレ [主] 秋吉久美子，仲代達矢，草笛光子

『愛の白日夢』 1980
海，セックス，思春期の娘，プレイボーイの父，父の婚約者，南仏を湘南にして，プロットだけをいただいた作品。

日活ロマンポルノの一本で，歌謡曲で有名になった歌手が脱いだという事が話題になり，ヒットした。翻案といいたいところだが，あまりにも安易な作品であった。[監] 小原宏裕 [脚] 中野顕章 [主] 畑中葉子，小笠原弘，風祭ゆき ◇『一年ののち』

『ジョゼと虎と魚たち』 2003
田辺聖子の短編を，犬童一心が監督した秀作。海外でも好評であった。主人公が関わる，足に障害のある女が，ジョゼと自らを名乗る。彼女は，実は無類の読書家で，祖母が拾ってくる本の中から，サガン

の『一年ののち』を愛読し，そこからジョゼの名前を見つけたのである。映画のなかでも，サガンのフレーズが暗誦される。彼女が，好きな人と一緒に見たかったのが，動物園の虎，休館日だった水族館の魚たち，そして結ばれた魚たちの宿というラブホテル，彼女が，七輪で焼いている魚，それぞれが，主人公の夢の暗喩になっていて，極めて特殊なこの恋物語を，お涙映画に，していない。渡辺あやの脚本が良い。[監] 犬童一心 [脚] 渡辺あや [主] 妻夫木聡，池脇千鶴

＊

3 |　『愛の白昼夢』1980，主人公の女にもてる父，そのフィアンセ，海とヨット……原作をなぞる程原作から遠くなる悪夢映画。

4 |　『ジョゼと虎と魚たち』2003，後味の悪さまでを計算に入れた犬童一心の秀作。日本映画で，身障者の性をここまで描いた例を知らない。

Françoise SAGAN

4冊の発禁本

ピエール・コデルロス・ド・ラクロ，ジョゼフ・ケッセル，

ポーリーヌ・レアージュ，エマニュエル・アルサン

Pierre CHODERLOS de LACLOS 1741–1803，Joseph KESSEL 1898–1979，

Pauline REAGE 1907–1998，Emmanuelle ARSAN 1932–2005

　発禁本。国柄によって，政治，宗教や歴史によって様々な本が発禁処分にされてきた。思想的な本と，性をテーマにした文学が，その槍玉に上がりやすい。日本では，戦時中は軍部に，戦後はアメリカの進駐軍によって，主に思想的な本の大弾圧があった。マルクス関係の本などを持っていただけで，共産主義者のレッテルを貼られかねず，ましてやそれを公に出版することは投獄を意味していた。明らかに性的な興奮を催す本は艶書として扱われ，地下出版しか出来なかったが，それ以外の純文学でも，芸術か猥褻かの判断が難しく，映画のように杓子定規に陰毛が移ればNGといった訳にもいかず，あきらかに艶書として不当に扱われた文学書も多々ある。翻訳文学にも当然，厳しい検閲があり，ゾラの「ナナ」などは何度訳を変えて発売しても，すぐ発禁の憂き目にあっている。しかし，その事で新聞などに，そのタイトルが載り，ますます人々の好奇心を煽り，宣伝になってしまったのは皮肉な事である。

　18世紀のフランス貴族社会の退廃を描ききった感のある，ラクロの傑作「危険な関係」は，日本でも古くから有名であったが，簡単に出版は叶わず，昭和4年(1929)に，国際文献刊行会から，"猟奇叢書"として愛好家向けに1000部だけ頒布されている。マリー・アントワネットも愛読したというこの本は，「危険な知己」という題で上巻だけの配布に終わったが，矢口達，日夏耿之介，西條八十という当代きっての豪華なフランス文学者3人が共作しており，昭和期の意気込みが感じられる。人妻を誑すゲームがテーマ……当時の日本，いや戦後まで，この小説の刊行が許される筈もなく，1962年に公開されたヴァディムの映画で，ラクロという18世紀の原作者名を初めて目にした日本人が多かった。書簡文学としての文学性，また歴史的価値が日本で評価されるようになったのは，この一般的な認知も大きく，あきらかにそれは映画の影響といって良いだろう。

　ケッセルの「昼顔」も，1937年に堀口大學の訳で出版されたが，すぐ発禁になっている。堀口訳の「昼顔」は1951年に再発されたが，この小説が一般的になっ

I

| 1 | | 2 |

たのも，1967年のブニュエル映画『昼顔』が登場してからである。この原作は，人妻が快楽のために不特定多数と売春をするという事で，「危険な関係」より，ずっと主体的でしかも露骨な描写があり，戦争中でなくても，日本人のモラルとしては認めがたい背徳であった。しかしその後時代は大幅に代わり，2014年には，ケッセルの「昼顔」は，茶の間で見られるTVドラマになって相当なヒットとなった。他に主婦の昼売春の，プロットを真似た作品は，日活ロマンポルノを中心に，沢山見出す事が出来る。

　一方ドミニック・オーリなる才女が，フェミニズム運動として，"女性にポルノは書けない"という女性の能力否定にポーリーヌ・レアージュという変名に挑戦した小説が「O嬢の物語」である。この本の訳は清水正二郎(1960)だが，話題になったのは若者学生層に人気の高い渋沢龍彦の翻訳本が(1966)出版されてからである。この本には艶本扱いされながらら1955年のドゥマゴ文学賞を受賞したという看板があったし，その時に妙齢の美女が覆面で現れた……といった逸話もあり，スノッブなイメージとミステリアスな好奇心を，読者にもたせた事で，日本のマニアに広がっていった。ドゥマゴ賞といえば，日本にも1989年に誕生した渋谷東急文化村の中にあるドゥマゴの日本店が中心になり日本ドゥマゴ賞が1990

*

1 ｜ 『昼顔』1967，御存じだろうか？主人公の娼館で，皿を使いSEXする（らしい）日本人が，"芸者カード"で支払おうとする。
2 ｜ 『昼顔』2017，〜昼下がりの恋人たち〜というサブタイトルの2014夏期の「昼顔」TV版。話題を呼び2017年に映画化。

4冊の発禁本

年から設立されている。因みに第一回日本ドゥマゴ賞は，審査員が仏文学者にして映画評論家の蓮實重彦で山田宏一の「トリュフォー～ある映画的人生」が受賞している。

　もう一人，エマニュエル・アルサンもこの分野では欠かせない。代表作「エマニュエル」は，1959年に変名で出版されたが，外交官夫人のポルノであること，内容がほとんど事実である事により1992年まで，30年以上フランス国内では発売禁止であった。外交官夫人が，ポルノを書く……日本では，ありえない，考えられない行為だが，実際性愛に比較的自由な国柄のフランスでも，当時は大問題になった。その間に，彼女の名前は，ジュスト・ジャカンとシルビア・クリステルという奇跡的な組み合わせの映画によって，世界中で有名になってしまった。フランス政府が得た税収は，天文学的数字であった事だろう。現在でこそ，日本でも，女性が書くポルノなど，珍しくなくなったが，「O嬢」に並ぶほどの文学的な作品や「エマニュエル」程吸引力のある作品は，まだ生まれていない。

P・C・ド・ラクロの影響
—
◇「危険な関係」

『危険な関係』1957
　井上梅次は，戦後の映画監督の中で，日本で一番多量の映画を監督した人物である。プログラムピクチャーが多かったが，早撮りで知られ，日活

---

3 |　『危険なる知己』1929，国際文献刊行会からの，ラクロ日本初翻訳は，矢口瞳となっているが，日夏耿之介，西條八十の三人によるものである。歴史的重みを感じる本である。

4 |　『危険な関係』1957，翻案と言っていないが，ヴァディム版より早く原作が意識されていた事は確かである。作品は〝危険〟な出来。

I

でその地位を築いたが, 香港映画にも進出し東南アジアでは, 有名である。この作品は,『グランド・ホテル』と『輪舞』を, ミキサーにかけたようなところもあるが, ラクロの影響は明らかで, 人妻を誘惑する男は, J・フィリップならぬ, シャンソン歌手になっていたり, あちこちに"おフランス"が, ちりばめてある。勿論, 翻案とは, うたっていないが, ヴァディム版より早く原作が意識されていた事は確かだが, 作品は危険ではなかった。[監] 井上梅次 [脚] 井上梅次, 岡田達門 [主] 金子信雄, 月丘夢路
『危険な関係』1970

日活でロマン・ポルノの1本として映画化された。ラクロ原作とはっきり書かれた映画であったが, プロットは似ていても原作のおどろおどろしさは全くなかった。監督の藤田敏八は『ツィゴイネルワイゼン』(鈴木清順) 等に俳優としても出演しているが, 仏文科出身でもあり, フランス文学への造形は深く, 幾つもの良い作品を残しているが, この作品は, 残念作であった。[監] 藤田敏八 [脚] 新藤兼人 [主] 宇都宮雅代, 三浦洋一

J・ケッセルの影響
――
◇「昼顔」

『団地妻昼下がりの情事』1971
日活ロマンポルノは, 日本映画に, 人が入らなくなった70年代になり, ポルノだ, 低予算だ, と散々に言われながらも, 次々と新人監督及び映画技術者を起用し, 映画の学校のような役割を果たした。『団地妻・昼下がりの情事』は, そのロマンポルノの第一回作品であり, その後シリーズ化され計20作品もつくられた有名映画である。西村は, フランス文学科出身で, ポルノ路線以前から日活で監督をしていたが, ヒットが無くTVドラマに回されていた。この作品は, ゴダールに影響されたと監督自身がいっている

5 | 『危険な関係』1970, この小説は, ヴァディム以外に5回も映画化されている。この藤田版の出来は, 残念だが一番落ちる。

6 | 『団地妻昼下がりの情事』1971, 日活ポルノのスター白川は, その後本当に団地に暮らしたが, 周りの主婦に露骨な嫌がらせを度々受けたという。

4冊の発禁本

が，欲求不満の人妻が，隣人の主婦にはめられて売春組織に入り，夫との性の不満を解消するというプロットは，きっかけや結末に違いはあるものの，やはり「昼顔」の影響が強い。主演の白川は，その後のポルノ系トップ女優として沢山の映画に出演したが，引退して結婚し本当の団地妻になった。[監]西村昭五郎[脚]西田一夫[主]白川和子
『赤いスキャンダル情事』1981
高林陽一は，大林宣彦等と並ぶ，日本の個人映画の，草分けである。1971年公開の『素晴らしき蒸気機関車』は，ドキュメンタリー作品ながら，珍しく一般公開されヒットし

た。その後劇場映画にも進出して，独特の映像美で，注目された。エロティクな作品が多く，『雪華葬刺し』(1982)は，フランスでも公開され，かなり有名である。『赤いスキャンダル』は京都在住の大学助教授夫人が，火曜日の女なる週一日だけの娼婦として東京の娼館に出るはなしで，「昼顔」の日本版である。新生にっかつポルノの一本だが，予算の少なさが目立つ荒っぽいセットと撮り方で，高林の良さはあまり出ていない。娼館のマダム役で，推理作家でシャンソン歌手戸川昌子が，配役されている。戸川は自分の経営するシャンソニエを持

ち，マイナーなフランスヴァリエテを日本で支えた一人である。[監]高林陽一[脚]いどあきお[主]水原ゆう紀，泉じゅん
『猟色』1983
映画としては，二度見るのは辛い出来上がりであるが，明らかにケッセルの「昼顔」の翻案と言える作品。ケッセルの名前は出てこないが，時代的に著作権の問題はないし，出した方が良いと思うのだが。主人公は元看護婦，夫は医者，主人公を誘惑し売春宿を教えるヤクザ金歯が，日本版では夫の親友の精神医だというのが，可笑しい。本家ブニュエル作品では，ピエ

---

7 │ 『赤いスキャンダル情事』1981，写真のポーズは『エマニュエル夫人』を，完全に意識している。昼顔＋エマニュエルといった処か……。

8 │ 『O嬢の物語』1975，日活ロマンポルノが100本はつくれそうな，贅沢なエロ映画。ホドロフスキーのO嬢も見たかった。

I

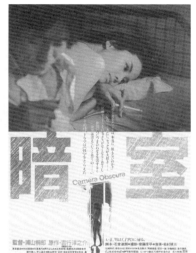

ール・クレマンティが演じた
この役を, 中丸新が演じてい
る。[監脚]伊藤秀裕[主]渡
辺良子, 中丸新
『昼顔』2017
[監]西谷弘[脚]井上由美子
[主]上戸彩, 斎藤工

P・レアージュの影響
—
◇「O嬢の物語」
『上海異人娼館』1980
「O嬢の物語」はジュスト・ジ
ャカンの作品が1976年に日
本でも公開された。『エマニ
ュエル夫人』の余波も多いに
あってヒット作品となった。

こちらの"寺山O嬢"は, 映
像的には寺山ワールドのエキ
ゾチズムがあったが, 作品自
体は実験映画か商業映画かは
っきりさせてほしい歯がゆ
さが残り, 劇場では失笑もも
れる場面があった。[監脚]寺
山修司[主]クラウス・キンス
キー, イザベル・イリエ[撮]
鈴木達夫[製]アナトール・ド
ーマン, ヒロコ・コヴァース,
九條今日子
『暗室』1983
原作同様, 何度か, 「O嬢」か
らの引用がある。戦前に生ま
れた世代に独特のペシミズム
が, 底に流れている。→Ⅳ補

42(シャンソン)
『花と蛇2』2005
女主人公が, パリ近郊の城で
催されるSM人間オークション
に参加する件りは, キュー
ブリック作品『アイズワイド
シャット』へのオマージュ越
しに「O嬢」が, 確かに感じら
れる。[監脚]石井隆[主]杉
本彩, 遠藤憲一→Ⅱ80(ロマ
ンポルノ)

E・アルサンの影響
—
「エマニュエル」→Ⅱ38(ジャ
カン), Ⅲ補40(エロティッ
クスター)

---

9 | 『上海異人娼館』1980, 寺山のアングラ舞台に改変されていたが, 作品として冗漫な印象があった。現在ではカ
　　ルト作品扱いである。
10 | 『暗室』1983, 日活70年記念大作。ロマンポルノとしての製作ながら, 丁寧に撮られている。吉行の原作は谷崎
　　潤一郎賞作品。

<u>4冊の発禁本</u>

ノストラダムス

I-33

NOSTRADAMUS
1503–1566

　ノストラダムスの名前は日本に於いて，多分フランスの現大統領よりもずっと知られているだろう。ただしそれは名前だけで，彼がユダヤ系フランス人だと知る人は少ない。日本では五島勉が，1973年「ノストラダムスの大予言」を出版し250万部超えのベストセラーになってから，次から次へノストラダムスとつく本が売り出された。当然最初は2000年を迎えるにあたって1999年に地球が滅亡するという予言と，勝手な解釈をふくらませての非常に怪しげなブームであったが，とにかくそのあまりの話題の大きさに（世界的にも大きかったが）彼を歴史的に研究して書かれた本も出版された。そして2000年を迎えるまで何か世界的な災害や戦争等がある度に，ノストラダムスの名をつけた本が出版され続けた。25年以上もの間！！商魂というものは喜劇的ですらある。2000年を過ぎた2001.9.11のニューヨークのテロの後にもそれらしき事が予言にあると云ったコピーで，ノストラダムスが又登場している。

　予言書と文学書とは全く違う。しかし映画という視点，文化という視点で見ると，ノストラダムスが日本に影響しているものは大きく，フランス人として，アラン・ドロンの様に知名度のあるスターであり，今後も何かある度に出てくるに決まっているのである。ここでは夥しいノストラダムス関連の出版物ではなく，映画化された又は名前が使われている作品4本を掲げた。

ノストラダムスの影響
—
『ノストラダムスの大予言』1974
怪優丹波哲郎が主演した奇作。その年の興行収入のベスト2であった。[監]舛田利雄[脚]八住利雄[主]丹波哲郎，司葉子
『ノストラダムス戦慄の啓示』1994

某新興宗教団体製作によるノストラダムスを借りた宗教的アプローチ作品。[監]栗屋友美子[脚]ノストラダムスシナリオプロジェクト[主]山根龍志，芦川よしみ
『ルパン三世くたばれ！ノストラダムス』1995
予言書通りにデッチ上げるカルト集団の犯罪を巡っての攻

防。[監]白土武[脚]伊藤俊也／アニメーション
『ドラえもん のび太の宇宙漂流記』1999
ドラえもんとのび太が，アンゴルモアと宇宙で戦う子供向けアニメ（アンゴルモアはノストラダムスの預言に出てくる）。[監]芝山努[脚]岸間信明／アニメーション

I

1 |

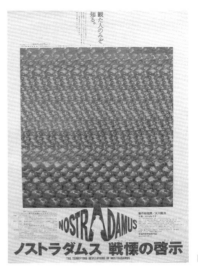

| 2

3 |

| 4

*

1 | 『ノストラダムスの大予言』1974，滅亡を予言し，世を煽り，外れれば言い逃れる……政治家で慣らされた土壌に 250 万部の数字が苦い。

2 | 『ノストラダムス戦慄の啓示』1994，ゴダールに撮らせたかった。

3 | 『ルパン 3 世 くたばれ！ノストラダムス』1995，ノストラダムスの予言書を盗む，伊藤俊也の脚本が面白い。"オウム真理教"テロ事件と重なる偶然が怖い。© 東宝 / 作 モンキー・パンチ

4 | 『ドラえもん のび太の宇宙漂流記』1999，英雄待望！皆の奥に潜む悪意の塊"姿無きアンゴルモア"を，ドラえもんは"カチンカチン"にしてしまう。© 東宝 / 作 藤子・F・不二雄

NOSTRADAMUS

谷崎潤一郎

Junichiro TANIZAKI

1886–1965

　文豪という言葉がある。あまたの文学者の中でも特別な大文学作家の意味だが，谷崎にはその名前がついてまわる。古典を充分勉強した美しい日本語でつづられる耽美的な世界は，よく三島由紀夫とも比較される。

　谷崎は明治9年（1886）に生まれ，昭和40年（1965）没した。明治・大正・昭和と3時代に渡って生きた小説家である。フランス文壇の最高峰，プレイヤード叢書にも選ばれていて，海外でも非常に高い評価を持つ作家であるが，実は日本ではエロ小説家と呼ばれ馬鹿にされた時期が長かった。戦前，男は勇ましいが何よりとされた時代に，ＳＭ嗜好の男女の痴情を書いた小説などは，極めて軟弱であったのだ。しかし谷崎は多くのバッシングに，耐えに耐えて書き続け，文豪と呼ばれるまでになったのである。

　谷崎は，映画少年で，メリエス作品など，初期の段階から映画を実に良く見ている。1920年には，大正活動（大活）の脚本部顧問に就任して4本の脚本を書いている。谷崎の映画界入りは，早川雪洲と同じ時期にアメリカで活躍した怪優上山草人の紹介だというが，同時期にアメリカで俳優をしながら映画を学んだ栗原トーマスにも紹介されている。谷崎の関係作品4本は，いずれの作品の監督も栗原が担当している。4本とは『アマチュア倶楽部』（1920），『葛飾砂子』（1920），『雛祭の夜』（1921），『蛇性の婬』（1921）で，栗原は谷崎の原案のシナリオ化も担当している。谷崎のオリジナル草案は，『アマチュア倶楽部』と『雛祭の夜』で，『葛飾砂子』は泉鏡花，『蛇性の婬』は上田秋成を原作としている。4本ともフィルムは現存せず，想像に過ぎないのだが，4本とも意欲的な映画だという前向きな評価が残されている。特に『アマチュア倶楽部』は海辺に集まる若者の生態を描いていて，続編まで作られたヒット作だったようである。

　「細雪」「卍」「鍵」「春琴抄」「痴人の愛」……彼の作品は，戦前の評価を覆して，第二次大戦後堰をきった様に，沢山の作品がくり返して映画化されている。谷崎のもう一つの偉大な仕事は日本の古典の紹介で，特に「源氏物語」は現代解釈の定番である。

1 |　　　　　　　　　　2 |

『卍』の影響

—

卍とは、仏教で用いられるマークである。ナチスの卐と、同起源である。この場合は、いり乱れるといった意味で使われている。この小説は、1928年に発表されたが、その頃にしたら衝撃的な、本格的レズビアンを扱った問題作であった。鎖国を解く迄の日本は、同性愛に対しては、かなり開けた考え方をしていたが、西洋的文化が入り込み始め、逆にだんだんとタブー視される様になった。特にレズビアンに関しては、戦後意識が開けたと云って間違いない。その後大奥物、尼寺物等にも、よく取り入れられ、男

性の集客に力を貸している。

『卍/ベルリン・アフェア』1985（伊西独）

イタリアの女流監督リリアーナ・カヴァーニが日本人女優を使った作品。カヴァーニも日本では『愛の嵐』で人気のある監督だが、批評家に無視され、日本では劇場公開さえなかった。確かに、第二次大戦中の外交官の日本娘が刺青をしていたり、日本の描き方があまりにも類型的で、それが致命的な失敗につながっていた。1985年は丁度、谷崎の生誕100年にあたるが、知名度の割に外国翻案が少ないのは、そのあまりにも日本的な味わいからかも知れない。

[監] リリアーナ・カヴァーニ

[脚] L・カヴァーニ, ロベルタ・マッツォーニ [主] グドルン・ランドグレーベ, 高樹澪

『鍵』の海外映画化作品

—

日記を盗み読ませるという、何とも倒錯したエロティシズムが映像向きなのか、難しい内容なのに何と5回も映画化された。市川崑の『鍵』が一番評価が高いが、他の作品も水準以上であり面白い。

『鍵』1984（伊仏）

アメリカ資本のポルノ的『カリギュラ』で興行的成功を得たティント・ブラスが監督した。エロティック映画専門の、この監督は日本では『サロン・キティ』で知られ、コアなフ

---

1 |　『卍/ベルリン・アフェア』1985,「卍」を, ナチスの時代にした怪作。日本では劇場公開もなかったが, 辻村ジュザブローの着物は美しかった。

2 |　『卍』1964, 若尾文子は, よく意味が呑み込めず演じたと後に述懐した。

Junichiro TANIZAKI

ァンが案外いる。映画の方は
ステファニア・サンドレッリ
のヌード大盤ぶるまいだが，

今一つ谷崎のしめり気のある
おどろおどろしさには到って
いない。［監脚］ティント・ブ

ラス［主］ステファニア・サン
ドレッリ

★

参考｜『鍵』日本映画化作品
『鍵』1959
［監］市川崑［脚色］和田夏十, 長谷部慶次, 市川
崑［主］仲村鴈治郎, 京マチ子
『鍵』1974
［監脚］神代辰巳［主］観世栄夫, 荒砂ゆき
『鍵 (The Key)』1983
［監］若松浩二［脚］木俣堯喬［主］岡田真澄, 松
尾嘉代
『鍵』1997
［監］池田敏春［脚］白鳥あかね, 香川雅彦, 池田
敏春［主］柄本明, 川島なお美

『卍』日本映画化作品
『卍』1964
［監］増村保造［脚］新藤兼人［主］若尾文子, 岸
田今日子
『卍』1982
［監］横山博人［脚］馬場当［主］樋口可南子, 高
瀬春奈
『卍』1998
［監］服部光則［脚］みやもとじゅん［主］坂上香
織, 真弓倫子
『卍』2006
［監脚］井口昇［主］秋桜子, 不二子

*

3｜ 『鍵』1984, この鍵は, 日記の鍵でもなく, 貞操帯の鍵にも非ず。世界の読者が錠前屋の様に鍵を探す。原作は本
当の傑作。
4｜ 『鍵』1959, 谷崎の変態的世界を, 市川は少しパロディ風にして劇場映画にした。

I

江戸川乱歩

I-35

Ranpo EDOGAWA
1894–1965

　江戸川乱歩とはエドガー・アラン・ポー由来の名前である。彼は日本の文学史の中でも特別高い山の一つである。純文学に対して長い間，大衆小説は数段低い位置にあり，怪奇，探偵，推理小説類はそのジャンルさえなかった。しかしこの大衆小説こそが一般に一番親しまれるわけで，江戸川乱歩という人はその意味で紛れもなくそのジャンルの王であった。デビューは大正十二年 (1923) 人気大衆紙「新青年」に「二銭銅貨」が掲載されてからだが，最初からプロにも一般にも大きな支持を得た。乱歩は，その後息をも付けぬスピードで，次々に面白い作品を執筆し，黒岩涙香を筆頭とする過去の大衆文学の大物たちの人気を追い越してしまった。乱歩は黒岩の有名な翻訳小説もリライトし，逆にもっと子供用の読み物から，もっとマニアックな大人向けの読み物にまで，グンと巾を広げてしまった。

　乱歩は71年間 (1894–1965) の生涯で，沢山の小説や翻訳を残したが，戦前は主に大人向きのエロ・グロと，一般に言われる小説が多かった。大衆の人気は高かったが，乱歩の作品に登場する，犯罪者たちは，その時代及びもつかなかった猟奇的な人物像，又は極めてアブノーマルな性格が付与されていて，人気の一方で，陰惨な場面に，当時も相当なバッシングがあり，乱歩を悩ませたようだ。猟奇的犯罪の犯人といわれたりしたこともあり，筆を折っていた時期も数回あるようだ。

　彼は，欧米の文学に精通し，多くの影響を受けた。その図書，資料の量はおびただしく，旧宅は今では博物館となっている。英語にも堪能で，アメリカに渡り作家デビューするのが夢であったという。彼の作り出した最大のキャラクター明智小五郎は，ドイルのホームズの様にワトソンならぬ小林少年を助手にして数々の難事件を解決してゆく。日本の子供から大人まで，知らないものはいない時代が長く，当然ながらそれらの作品は，漫画，ＴＶシリーズとしても度々取り上げられる，ドル箱である。映画化作品も，数多く，大人向けの中では，増村保造『盲獣』(1969)，深作欣二『黒蜥蜴』(1968)，加藤泰『陰獣』(1977)，と，二つの『屋根裏の散歩者』(1976/田中登，1994/実相寺昭雄) 等，佳作，秀作も多い。

　戦争中，強力な権力の検閲と弾圧があり，乱歩は筆を取らなかったが，戦後再開し，自らの執筆よりも，プロデュース側にまわった。彼は，日本の推理，探偵小

Ranpo <u>EDOGAWA</u>

説を根絶やしにしない為に，1947年探偵作家クラブを立ち上げ，多くの作家たちの後押しをしている。横溝正史，山田風太郎，松本清張，その他，日本の今日の，このジャンルの興盛は，乱歩がいなければ考えられない。また1954年からは，江戸川乱歩賞をもうけ，推理探偵小説家の登竜門になっている。

「陰獣」の影響
—
乱歩の「陰獣」は，一年間の休筆，放浪の旅の後，昭和3年に発表されている。彼自身，異端視されつつもそれまで書きつづけて，限界を感じ，悩んだ末の休筆だった様で，「陰獣」自体が彼の作品歴の中で

重要な転換点となった
『陰獣』2008
主役がメディアに訴求しないというのが最大の理由で，マイナーに公開された。舞台は京都だが，金沢を中心に撮影されている。原作「陰獣」に大胆な解釈が試みられており，ハッとする程美しい場面もあ

る。主役源利華は日本よりも韓国的顔立ちではあるが，フランス語の台詞もちゃんとこなしていた。[監] バルベ・シュローデル [脚] ジャン＝アルマン・ブグレル，フレデリック・アンリ，B・シュローデル [主] ブノワ・マジメル，源利華

★

参考｜『陰獣』映画化作品
『江戸川乱歩の陰獣』1977

[監] 加藤泰 [脚] 加藤泰，仲倉重郎 [主] あおい輝彦，香山美子

*

1 |　『江戸川乱歩の陰獣』1977，乱歩は，フランスでもかなり出版されているが，その評価知名度はマニアックであり，映画化されたのは「INJU」のみである。
2 |　『陰獣』2008，主役の舞の場面では，冷や汗をかいた。スエーデン体操のような，動きは日本文化とは程遠くNINJUを強いられた。

I

川端康成

Yasunari KAWABATA

1899–1972

　川端康成は，日本人として初めてノーベル文学賞を受賞した文学者である。その生涯に沢山の名作を残しているが，それは現在の乱れきってしまった日本語がまだ美しかった時代の大きな金字塔である。よくフランスで言葉の乱れが話題になるが，日本語はフランス語どころではない。戦後，アメリカに占領され，その圧力もあり，英語の授業が増えたが実際に話せるようには，なかなかならず，日本語を削ってでもという傾向になっている。自国語を大切にする動きは，あるにはあるがフランス等に比べると，ずっと弱い。例えばポップスにしても，わけの判らぬ英語が，歌詞にちりばめられて，それを何とも思わぬ若者が，ほとんどを占める様になってきてしまった。川端康成が72歳でガス自殺を遂げたのは1972年で，その事と直接は関係ないのだが，何故か彼の死は日本語の終焉を告げるような，象徴的な出来事だった。

　川端は若い時から映画が好きで，27才の時 (1926) には，衣笠貞之助の歴史的な衝撃作『狂った一頁』の脚本に参加している。映画界とは，つながりが深いが，自分の作品の映画化には，他と比べても相当のこだわりがあり，特に主演女優との顔合わせで，舐めるように見つめられた……といった類の女優の述懐がいくつか残されている。自分の作り上げたヒロインのイメージと見比べていたのだろうが。

　彼の小説は，かなりの作品が映画化されているが，特に多いのは出世作「伊豆の踊子」で，現在までで6作品が翻案されている。外国でも，彼の小説は良く読まれていて映画化された作品も多い。

　天才故か，奇行もあったようだが，意外に面倒見が良く，岸惠子や三島由紀夫，その他一般人の結婚の媒酌人を努めたりする，面倒見の良い一面もあった。

　川端の死後，1977年に発表された臼井吉見の「事故のてんまつ」は，川端の知られざる一面が書かれていて，ベストセラーになったが，遺族が訴訟して，結果新しい版は出ていない。2014年に，初恋の人に当てたラブレターが発見されニュースになった。これからも，世界文学史にも残る川端は，三島由紀夫と並んで，多くの研究者の対象となり続け，作品も映画化されてゆくだろう。

Yasunari KAWABATA

「美しさと哀しみと」の影響
—

『美しさと哀しみと』1985
C・ランプリングの人気と，川端が原作という事で注目を集め，小説の映画化作品としては上出来と評された。[監]ジョイ・フルーリー[脚]J・フルーリー，ピエール・グリエ[主]

シャルロット・ランプリング

「眠れる森の美女」の影響
—

仏でも2回映画化されている。『オディールの夏』には，老人の性という意味からも影響が見えるが，『ガーゴイル』は監督自身が言っている割にその

直接の影響は感じられない。

『オディールの夏』1994
[監脚]クロード・ミレール[主]ジャン＝ピエール・マリエル，リシャール・ボーランジェ

『ガーゴイル』2001
→Ⅱ40（ドニ）

★

「美しさと哀しみと」映画化作品
『美しさと哀しみと』1965
[監]篠田正浩[脚]山田信夫[主]加賀まり子，八千草薫

「眠れる森の美女」映画化作品
川端の原作は，老人の性が鋭くえぐるように書かれている。この原作発表の1年前（1960）にはディズニーの『眠れる森の美女』が日本で大ヒッ

トしている。日本では2回映画化され，2本とも水準以上の評価であったが客は入らなかった。

『眠れる美女』1968
[監]吉村公三郎[脚]新藤兼人[主]田村高廣，香山美子

『眠れる美女』1995
[監]横山広人[脚]石堂淑朗[主]原田芳雄，大西結花

*

1 | 『美しさと哀しみと』1965，増村谷崎組VS篠田川端組による，レズビアン映画対決である。若尾岸田組VS八千草加賀組と言っても良い。

2 | 『美しさと哀しみと』1985，珍妙な宣伝コピーに，内容を喜劇の様に思わせる技を見る。曰く"伊豆の踊り子は，南仏で復讐する"。

Ⅰ

3 |

| 4

5 |

| 6

*

3 ｜ 『眠れる美女』1968，役年齢は 67 歳。田村高廣は，当時 40 歳だった。三國が好きそうな役だが，彼が演じたことで，一般性が出たと思う。

4 ｜ 『オディールの夏』1995，原作とは随分違うが，死とエロスが，美しく映像化されている。主役エマニュエル・セニエは，老いても露出度高し。

5 ｜ 『ガーゴイル』2001，ガーゴイル女優と言いたいベアトリス。この他に『シメール』（ガーゴイルの別称）にも登場。園子温と組ませたい。

6 ｜ 『眠れる美女』1995，監督の横山博人は，デビュー作『純』が，カンヌで評価された。もっと沢山映画を撮らせてあげたかった職人である。

Yasunari KAWABATA

遠藤周作

Shusaku ENDO

1923-1996

　日本の宗教のあり方を異国人に伝えるのは難しい。一般的には神道と仏教がほとんどだと云うのだろうが，クリスマスを祝い，仏教徒とか思えば，神社にお参りする。長い歴史の結果といってしまえばそれまでだが，結果的にキリスト教徒が1%を超えた事はない。キリスト教は1549年に伝来し，その後江戸時代に徹底的な弾圧を受けた。禁止が撤廃されたのは1873年の事である。

　遠藤周作はカトリックの洗礼を受けたクリスチャンである。彼はカトリック文学の研究家でもあり，1950年，リヨン大学にも留学している。彼の文学からキリスト教をはずすと成り立たなくなるし，その文学の一番中心のテーマが，日本でのキリスト教のあり方であった。その作品は例えば「沈黙」では江戸時代に日本へ来た宣教師の挫折がテーマであるし，「海と毒薬」では戦争中の人体実験を扱い，人間の原罪をキリスト教的捉え方からもっとパラレルな汎世界的捉え方に展開し，傑作「深い河」に昇華していった。40代になってからは，純文学以外に，狐狸庵山人というキャラクターを作り，エッセイなどに，独特のいたずらっ子の様な諧謔味に満ちた自身の一部を投影させている。

　彼は，代表作「沈黙」などの評価で，ノーベル文学賞の候補にもなったが，選考委員の間で"同伴者としてのキリスト"の解釈で意見が別れ受賞はなかった。

　日本では，彼の重要作品の多くが映画化されている。最初の映画化された作品は，「どっこいショ」で，小林正樹が1968年に『日本の青春』として映画化している。「沈黙」は篠田正浩により1971年に映画化されてカンヌ国際映画祭に正式出品されている。2016年には，様々なアクシデントを乗り越えて，長年映画化を温めていたマーティン・スコセッシによりハリウッドで映画化されている。遠藤は，真面目な作風と映画作りで社会派と呼ばれた熊井啓を気に入って，『海と毒薬』(1986)，『深い河』(1995)，『愛する（わたしが・棄てた・女）の再映画化』(1997)の3本を撮らせているが，3本とも海外でも評価が高い。浦山桐郎が監督した『私が棄てた女』(1977)と，同原作の，熊井の『愛する』と見比べると，原作者，監督，脚本家のそれぞれの在り方と宗教観が見えて興味深い。

1|　　　　　　　　　　　　　　　　　　　|2

「わたしが・棄てた・女」の影響
—
『天使の肌』2002
映画としては良くまとまっているが，どのように見ても

あきらかなリメイクと思われる。日本公開で「わたしが……」を持ち出したなら，もっとヒットしたと思われるのだが。[監]ヴァンサン・ペレ

ーズ［脚］カリーヌ・シラ，Ｖ・ペレーズ［主］モルガン・モレ，ギヨーム・ドパルデュー

★

参考｜「わたしが・棄てた・女」の映画化作品
『私が棄てた女』1977
ハンセン氏病を扱ったこの作品は，遠藤の作品の中では通俗的と云われている。浦山桐郎によって映画化された。この作品は内容を原作とはかなり変えて，日活スター浅丘ルリ子の役を膨らませたりしたのだが，それでも，エンターテイメント性に欠ける事を理由に製作後ずっとお蔵入りになっていたが，口コミで傑作との評判が立ち，公開される事になった。結果はかなりのヒット作となり，国内外で多くの賞を受賞し

た。フランスでも公開されている。なお最後の方で，遠藤本人が，産婦人科医師役で出演している。[監]浦山桐郎[脚]内田久[主]小林トシエ，浅丘ルリ子，河原崎長一郎
『愛する』1997
時代も内容も原作とは少し変えて，熊井啓により映像化された。ハンセン氏病患者役の岸田今日子が素晴らしい。映画としての評価は浦山版には及ばなかったが，著者は満足していたという。[監]熊井啓[脚]熊井啓，池田太郎[主]酒井美紀，渡部篤郎

＊

1｜ 『私が棄てた女』1977，雑誌の文通欄も，ハンセン氏病も，この作品の鍵となるものが，日本では，全部過去の話になってしまった。
2｜ 『天使の肌』2002，遠藤の名はクレジットされていない。原作料の問題だったのだろうか……？製作者に聴いてみたいものだ。

Shusaku ENDO

三島由紀夫

Yukio MISHIMA

1925-1970

　大正十四年 (1925) 生まれの三島由紀夫は，階級意識の非常に強い時代に青春を送った。彼の作品は第二次大戦後「仮面の告白」によって文壇に認められ，その後ハラキリというセンセーショナルな方法で人生を自ら終える迄，ずっとスター小説家であった。彼の残した作品はくり返し，演劇に映画に取り上げられ，海外でも非常に高い評価を得てノーベル賞の候補にもなっていた。今ではその小説類はその時代背景と共に細かく分析されよく研究されている。

　三島は，大のフランス映画好きで，第二次大戦後一気にフランス映画が公開された時は，最先に劇場へ足を運んだらしい。同時にフランス文学も 19世紀・20世紀の代表的な小説はほとんど読破していた。日本の古典にも精通する彼の作品は，あくまで日本的美しさにこだわりながらも西洋的近代モダニズムがちりばめられており華麗である。彼のフランス文学に関した文章をまとめた本が出ているが，それを読むと仏文学全体を押さえながら，特に若い天才作家ランボーやラディゲへの傾愛が強い事が良く解る。又異端やデカダンスの文学愛好も強く，自ら別名でゲイ小説等も発表している。それらスキャンダラスなものに関して，未亡人が彼の死後，出版物のチェックをかなり厳しくしたのは有名な話である。

　フランスでは三島は比較的早くから紹介されてきたが，翻訳に問題がある。例えば「仮面の告白」は英訳からの仏訳で2重の網がかかり，かなりニュアンスが違う部分があり再訳を求める声が高い。戯曲は「近代能楽集」や「サド侯爵夫人」が，度々欧米で舞台化されている。三島自身は文学座の座付きであった時期もあり自作以外に，コクトーの「双頭の鷲」等の翻訳戯曲の評価は高い。

　彼は，人気作家の例にもれず，日本では，多くの作品が映画になっているが，三島自身が映画出演した例として，増村保造『からっ風野郎』(1960) 五社英雄『人斬り』(1969)，等があるが，深作欣二『黒蜥蜴』(1968) での自慢の裸体で登場する場面では，臆面もないナルシズムに，場内で爆笑が起きた。

　自身が監督脚本主演した『憂国』は短篇ながらハラキリする軍人の話である。好き嫌いはともかく強力なメッセージがあるこの作品は，日本ではアートシアターで，ブニュエルの『小間使いの日記』と一緒に公開され大評判になったが，本人は

1| |2

ヤクザ映画の様な一般大衆作品との併映を強く望んだと云う。

　一方海外で映画化された作品は意外に少ない。L=ジョン・カルリーノ『午後の曳航』(1976)，ポール・シュレイダー『Mishima』(1985)，ブノワ・ジャコ『肉体の学校』(1988) の三作品である。これからまだ増えるだろうが，「禁色」をJ＝L・トランティニャンが撮る話や，ダニエル・トスカニがカトリーヌ・ドヌーヴで「宴のあと」を撮る話は，リアリティがあった様だが，没になってしまった。

「肉体の学校」の影響
—

『肉体の学校』1988 (日本劇場未公開)
イサベル・ユペールの名演が印象に残る。男娼をアルジェリア人に置き換えて，本作品の持つ階級感を出そうとしている。三島に見せたかったものである。[監]ブノワ・ジャコ [脚]ジャック・フィエスキ [主]イサベル・ユペール，ヴァンサン・マルティネス

★

参考|「肉体の学校」の映画化作品
『肉体の学校』1965
岸田今日子はともかく山崎努はミスキャストであった。それでもこの作品はなかなかの作品だった。三島本人も気に入っていたというが，現在では忘れ去られている。[監]木下亮 [脚]井出俊郎 [音] 池野成 [主]岸田今日子，山崎努
『Mishima: A Life in Four Chapters』1985
[監]ポール・シュレイダー [脚]シュレイダー一家 (ポール，レナード，チエコ)[美]石岡瑛子 [主]緒形拳，沢田研二／日本劇場未公開

*

1| 『肉体の学校』1965，原作はイヴ・サンローランだった。重要なファッションショーの衣装は，中村乃武夫だ。
2| 『肉体の学校』1988，巴里の日本文化を訪ねる旅〜イサベル・ユペールとご一緒に〜。

Yukio MISHIMA

東野圭吾と小川洋子

Keigo HIGASHINO 1958-, Yoko OGAWA 1962-

　日本はミステリー小説の大国である。日本のベストセラーとは，大体売れ出してから数か月で10万部を売った作品を指すが，フランスでは考え難い話かもしれない（フランスで10万部売れたら大ヒットである）。東野は，1996年「名探偵の掟」でミステリー好きの注目を集め始め，1998年に出した「秘密」が，爆発的なヒットとなった。翌年には，アイドル主演で，映画化されこれもヒット，一躍人気作家となった。「秘密」は，スキーバスの事故に，主人公の妻と娘が遭遇し，妻は亡くなるが，魂が娘に乗り移ってしまうというSF的な話である。東野は，見方によってはギミックな話に，家族愛を自然に溶け込ませる事に，成功している。

　今や，東野圭吾は，日本のミステリー界を代表する作家である。売れる本は，ＴＶドラマや，映画になり，よりその部数を上げてゆく訳だが，かなり前から，連載物などは特に，単行本になる前からＴＶ化，映画化が決まっている事が多く，作家の方もそこを当て込みながら書く場合が多い。人気作家のキングでもある彼の作品は，全作品の60パーセント以上が映像化されているが，その中では「秘密」「手紙」「容疑者Ｘの献身」「百夜行」等が有名である。「秘密」はフランスで「容疑者Ｘの献身」は韓国でそれぞれ映画化されている。

　東野は，長い下積み時代もある苦労人だが，その描き出す世界は多様で分析力に富み，凡百のミステリーがトリックに夢中で忘れがちな作品の主題を，必ず読者の胸に残してゆく。そこが大衆を引き付ける大きな魅力である。

　ところで，もう一人，フランスで，特別に愛されている作家を紹介したい。小川洋子である。現代日本の小説家の話になると，まず村上春樹の名前が出た後，小川洋子の名がよく挙がる。多くの日本人はその事を意外に思うかもしれない。彼女はいわゆる日本におけるベストセラー作家ではない。もう少し文学的なポジションに位置しているからである。このあたりが，フランス人好みの処でもあるわけだが，それにしても代表作を含めほとんどの作品がフランス語に翻訳されているのには驚かされる。小川は，1988年に福武書店が出していた「海燕」で，文学賞を取り文壇にデビューした。女性しか書き得ない不気味なこと残酷なことがさらりと書かれていて，その世界は確かに独特である。

1|

|2

東野の「秘密」の影響
—
『秘密 The Secret』2007
リュック・ベッソンが制作にまわった、『秘密』のリメイク版。バスの転落をハイウエイでの交通事故にしたり、微妙な違いはあるが、基本的には原作に忠実で、しかも娯楽映画としてはちゃんと作られていたが、日本での劇場公開はなかった。[監]ヴァンサン・ペレーズ[脚]アン・シェルキス[主]デイヴィッド・ドゥカヴニー

小川の「薬指の標本」の影響
—
『薬指の標本』2005
原作のミステリアスなムードまでも、丁寧に捉えた力作。日本ではあまり話題にならなかったのは、大作主義中心の映画の中で、小川のヴァリューもテーマも地味過ぎたからかもしれない。しかしこういった日本人作家の原作を丁寧に映画化した例はあまり例がなく、それだけ大切にしたい作品である。[監脚]ディアーヌ・ベルトラン[主]オルガ・キュリレンコ

★

参考|「秘密」映画化作品
『秘密』1999
アイドル女優広末涼子を主演に、ピンク映画時代から実力をつけ、監督として定評のある滝田洋二郎が、的確な演出を見せている。ジュネーブ国際テレビ映画祭でグランプリを受賞している。[監]滝田洋二郎監督[脚]斎藤ひろし[主]広末涼子, 小林薫

*

1 | 『秘密 The Secret』2007,『秘密』で, ベッソンに気に入られた広末涼子は,『WASABI』の記者発表で号泣し, 秘密を勘ぐられた。
2 | 『薬指の標本』2005, 女性でしか書けない物語を, 女性でしか描けない映画と言わしめる, ベルトラン監督に拍手したくなる秀作。

Keigo HIGASHINO, Yoko OGAWA

日本の古典とフランス映画

　明治以降，西洋化を積極的に計った日本は，文化面で言えば，フランスからもロマン主義や自然主義，様々なものを学んだ。特に絵画や文学においては，模倣から始まり，パリは芸術家にとっての聖地である時期が何十年も続き，それは第二次大戦後占領されすっかりアメリカ化した日本の文化にもずっと影響を与えていた。それは戦争前までに，大量の文学書，哲学書，古典が翻訳されていた事とクレールやデュヴィヴィエ，カルネ，フェデール等の香気溢れる映画の力が大きい。

　一方フランスではジャポニズムが19世紀後半からもてはやされたが，当時は外国文学に一般のフランス人の興味が薄かった事が大きく，日本の古典や文学にまで目が届くことはなかった。皮肉なことに占領国アメリカの日本ブームの中で翻訳され始めた，川端や谷崎，三島，阿部，遠藤らの作品から火がついて英語から仏語に訳された本が多い（現在その誤訳が問題になっている）。ずっと時代を遡った古典文学まで，フランスの大手に出版され始めたのは50年代後半からであり，特に古典に関しては，翻訳本よりも，それを原作とした日本映画の公開の方が早く，圧倒的に時代劇が多かった。映画や小説に現れた日本社会の絡みあった仏教と儒教思想，西洋人にとって大きな謎であるハラキリやカミカゼ，侍や芸者への興味が，手近な映画から始まり，やがて多くの本が翻訳されていく大元にあった。そして今や「枕草子」や「源氏物語」，西鶴や近松，そして「葉隠」「武士道」の影響を受けた侍や忍者の世界まで認知されて，それらは，フランス産の劇画やアニメの世界にまでも登場する。

　ここでは，川端や谷崎ではない，フランス映画にも影響を与えた日本の時代劇映画の原作，日本の古典文学を中心にフランスとの関わりを探っている。

◇「枕草子」の影響
─
「枕草子」は，平安時代中期（西暦1000年前後）に清少納言によって書かれた随筆で，日本の四季と宮中の生活が活写されている。写本として，時代を超える間に様々な解釈がなされて，研究者を悩ませている。鎌倉時代の前田本と言われる写本が最古と言われるが，内容に関しては諸説分れている。フランスでは1928年にKuni MATSUO, Emile STEI-NILBER-OBERLIN の両名により初訳されている。（資料参照）

『ピーター・グリナウェイの枕草子』1996（英仏蘭）
「枕草子」の美意識を鑑に，育てられた日本人の椰子（清少納言の実名との伝聞あり）の復讐譚。父親が書家で，誕生日には主人公の顔に字を書き贈ったこと等から主人公は大人になっても身体に筆で文字を書く事に異常な歓びを感じる女になっていた。グリナウェイらしいおどろおどろしい世界が展開するが，全体を

I

覆う主題であるフェティシズムが、顔や身体に字を書く処で、まるで「怪談」の「耳なし芳一」であり、これも一つの解釈かと、苦笑させられた。→Ⅲ補44（クリエイター）

◇「源氏物語」の影響
—
「源氏物語」は、女性の書いた世界最古の小説と言われるが、実に多くの謎がある。紫式部の平安時代のオリジナルは残っておらず、その後、時代、時代に繋がれた写本が、不揃いで残るのみである。書かれた時期は、「枕草子」の少し後（平安中期）1008年頃と推理されているが、明治以降沢山の文学者が現代語訳に取り組み、中でも谷崎のものは評価が高かった。内容が恋物語でありその上著名である事で、沢山の映画化作品があるが、あまりにも作品が茫洋としているからか、これがという映画は誕生していない。フランスでの出版は、幾つかの小説やエッセイで知られる日仏混血の山田キクによって訳されたが、英語版からの翻訳で、1925年からロンドンで出版されたArthur Waley「Lady Murasaki」の第Ⅰ部「桐壺〜葵」の9章分である。その後René Sieffertにより1977年になってやっと54帖が翻訳出版されて、版を重ね現在では超豪華本も発売されている。

◇「平家物語」の影響
—
鎌倉時代に出来上がった、源氏との戦いで敗れた平家の没落を主題とした一種の軍記ものである。やはり鎌倉期の鴨長明の随筆「方丈記」（1212）とともに作品のなかに流れる無常感は、日本独特のものでその後の能や茶の湯の文化に大きく影響している。「平家物語」は、読み本と語り本と二種あり、読み本は琵琶法師によって弾き語りされてきたものである。平安中期から鎌倉時代を背景にした日本映画は、1950年代に沢山作られている。マルセル・マルタンによれば、それらはフランス各地のシネクラブでもよく上映され多くの日本映画ファンを生んだ。特に溝口の『雨月物語』（1953）、『山椒太夫』（1954）、『新・平家物語』（1955）、衣笠の『地獄門』（1953）は、技術的にもフランス映画人に影響を与えている。フランスでは1873年にFrançois TURRETINIにより一部翻訳出版されたが、やはり「源氏」と同じRené Sieffertの1976年出版「平家」が最良とされている。（資料参照）一方「方丈記」は、未だに映画化されたことは無い。宮崎駿が、堀田善衞の現代語解釈本を、映画化するという構想があったが実現しなかった。しかし、息子の宮崎吾郎がアイデアスケッチを制作し仮の企画として既に発表しているので、いつかアニメ化さ

『好色一代男』1961

『恋愛日記』1971

『座頭市と用心棒』1970

『ゴースト・ドッグ』1999

日本の古典とフランス映画

れる可能性は高い。

◇西鶴（1603–1693）の影響
—
井原西鶴は江戸時代前期に活躍した浮世本の作家で、処女作である「好色一代男」は1682年に書かれている。色々なジャンルの小説を書いているが、好色物といわれるポルノ的なジャンルでベストセラーを放つ流行作家であった。時代により評価が変化し、現在では江戸の町人文化を語る上で欠く事は出来ない。西鶴は人形浄瑠璃作家でもあったが、文楽系では、近松門左衛門（1653–1725）が、映画などでよく知られている。歌舞伎や文楽は庶民の娯楽として栄え、何とか現代にまで残されたが、能より解り易いという事で西洋人に人気がある。なかでも心中物と呼ばれる、この世で添えない恋の物語は、「ロミオとジュリエット」の例はあるものの、やはりクリスチャンの国では、なかなか理解しがたい事が、逆の興味になっている。フランスでは、溝口の「近松物語」（1954）の評価が高く、評価は今一つであったが篠田の「心中天網島」（1969）や増村の「曽根崎心中」（1978）も一般公開されている。出版物は意外に遅く「好色一代女」が訳されたのは1975年で、「好色一代男」は2001年になりやっと翻訳出版されている。（資料参照）
『恋愛日記』1971

南仏のモンペリエを舞台に繰り広げられる艶笑譚。主人公は、子供の頃からとにかく脚の綺麗な女をみると、あらゆる事を投げ打ってアタックする情熱家で、ついに脚フェチの漁色ノートを出版しようとする。二つの話の主人公の共通の夢は、女だけの島に行く事で、「好色一代男」では実際に島に向い、消息不明で終わる。『恋愛日記』と増村の『好色一代男』と比べてみと、元ネタにしている場面が分かり面白い。［監］フランソワ・トリュフォー［脚］F・トリュフォー、シュザンヌ・シフマン、ミッシェル・フェルモー［主］シャルル・デネル、ブリジット・フォッセー
『好色一代男』1961［監］増村保造［脚］白坂依志夫［主］市川雷蔵、若尾文子
『修道女』1966
ディドロの原作とは書かれているが、監督たちが溝口の『西鶴一代女』を参考にしたと語っている。［監］ジャック・リヴェット［原］ドゥニ・ディドロ［脚］ジャン・グリュオー、J・リヴェット［主］アンナ・カリーナ、ミシェリーヌ・プレール
『西鶴一代女』1952→II 50（溝口）

◇「葉隠」と「武士道」の影響
—
江戸時代中期（1716）に鍋島藩の武士の心得として書かれた「葉隠」は、山本常朝により口述された一種の教本

だが、世界的に注目されるようになったのは、新渡戸稲造が1900年に英語で書き下ろした「武士道」が、きっかけとなった。今でも外国人にとって日本の大きな謎でもある武士道精神を知る入門書として有名な新渡戸の「武士道」が引用した事により「葉隠」は知られていったわけである。（「武士道」が日本語に翻訳出版されたのが1908年である）日本に道徳教育はあるのかという質問への答えとして、新渡戸が書いた「武士道」は、世界各国に訳されて"武士道"や"切腹"という言葉を一般化させた。新渡戸はバルザックやモンテーニュまで引用しているが、クリスチャンの視点で書いたことで、欧米の読者に解りやすかったことが、ベストセラーの一因である。同時に「葉隠」の中の"武士道とは死ぬことと見つけたり"は、やがて一般的西洋人には、自爆テロと思われる神風特攻隊と結びつき、多くの嘲笑や、奇天烈なイメージの西洋版侍映画を生んだ歴史を、沢山の映画の中に見る事が出来る。フランス公開の武士の映画は、小林正樹の『切腹』や黒沢明の時代劇の名作群が直ぐに浮かぶが、意外に森一生や三隅研次、また武士ではないがチャンバラ時代劇として『座頭市シリーズ』が好評である。これら優秀な侍映画は60年代までの映画黄金期にはよく登場したが、時

I

代劇は基本的に若者を集めにくく、また制作費がかかるという事で現代では、一年か二年に一本、優秀な侍映画が登場するのみである。フランスでは「武士道」は1927年に訳されているが、英語版からの訳である。戦後様々な形で日本の武道に注目が集まり、いろいろな人が仏訳出版している。比べて「葉隠」は1984年に訳されてから新訳はなかったが、2010年代になりにわかに注目を浴び漫画化もされている。(資料参照)

『サムライ』1967→Ⅱ21（メルヴィル）

『ゴースト・ドッグ』1999（米独仏日）

「葉隠」を愛読する殺し屋が、マフィアと対決するジム・ジャームッシュ監督の4カ国合作映画。主役が、フォレスト・ウィテカー、敵役が日本人の一部でコアなファンがいた悪役専門のヘンリー・シルヴァ、音楽はRZAのヒップホップ、渋い映画ファンが喜びそうな組み合わせだが、ジャームッシュの映画の中では評価が分れた作品。黒澤の『羅生門』まで話に出すなど、ジム・ジャームッシュの日本映画好きが垣間見える。[監脚]ジム・ジャームッシュ [撮]ロビー・ミューラー [主]フォレスト・ウィテカー [製]J・ジャームッシュ、リチャード・グエイ

◇フランスでの日本古典作品の初出版資料（フランス国立図書館データより）

—

「枕草子」清少納言
1928 [翻訳] Kuni MATSUO, Emile STEINILBER-OBERLIN [出版] Stock
1966 [翻訳] André BEAUJARD [出版] Gallilmard

「源氏物語」紫式部
1928 [翻訳] Kikou YAMATA [出版] Plon/WALEY 英訳本からのフランス語訳（1–9章のみ）
1977 [翻訳] René SHIEFFERT
1999 [翻訳] René SHIEFFERT [出版] Editions POF
2011 [翻訳] René SHIEFFERT [出版] Verdier
*現在、新訳進行中

「平家物語」
1873 [翻訳] François TURRETINI [出版] Ernest LEROUX（現存せず）
E. LEROUX氏は、1971年に、サンジェルマンのボナパルト通り28番地に、Ernest LEROUX書店を開き、東洋の古書、そして日本の版画の輸入を専門に手掛けていた。スイス、フランス、イギリスの共同出版。1章、2章（平家の歴史）、のみの翻訳出版
1928 [翻訳] Suéo GOTO, M. PRUNIER
1976 [翻訳] René SHIEFFERT [出版] Publications orientalistes de France

「好色一代男」井原西鶴
2001 [翻訳] Gérard SIARY, Mieko NAKAJIMA-SIARY [出版] Philippe PIQUIER

「好色一代女」井原西鶴
1975 [翻訳] Georges BONMARCHAND [出版] Gallimard

「葉隠」山本常朝 1984/Un livre secret des Samouraïs [翻訳] M.F.DUVANCHELLE [出版] Guy TREDANIEL
2010/La voie du Samouraï [翻訳] Alexis LAVIS [出版] Presses du Châtelet 2011/Le livre secret des Samouraïs [翻訳] Sébastien RAIZER [出版] Camion Blanc
2014/Le livre du Samouraï [翻訳] Josette NICKELS-GROLIER [出版] Budo Editions
2014/Le code du Samouraï [画] Chie KUTSUWADA [出版] Budo Editions / 漫画化作品

「武士道」新渡戸稲造
1904/Harakiri [翻訳] MATSUDAIRA [出版] Jeune Champagne/10ページの抄訳
1927 [翻訳] Charles JACOB [出版] Payot/1900年に出版された英語版〈The Soul of Japan〉からのフランス語訳
1982 [翻訳] André LOUKA [出版] SIAM
1997 [翻訳] Emmanuel CHARLOT [出版] Budo Editions
2004 [翻訳] Keiko YAMANAKA [出版] Economica（英語版からの翻訳）2014 [翻訳] Véronique GOURDON [出版] Guy TREDANIEL

日本の古典とフランス映画

文学者往来
～永井荷風からミュリエル・バルベリまで

日本の文学者が初めてフランスに渡ったのは、記録によれば1908年で、上田敏、永井荷風が前後してパリに滞在している。画家たちの渡欧はそれよりさらに前からで、岡鹿之助は1862年の第二回目の使節団に参加し、1878年には山本芳翠らが、長期に渡る滞在を開始している。画家の方が、ずっと行動的だったわけだが、彼等は多くの文章を残していて、当時の日本にいる文化人には貴重な情報源であった。それから大戦勃発により渡航ができなくなる1939年頃まで、多くの文学者がフランスを訪れパリに滞在している。横光利一、岡本かの子、芹沢光治良、林芙美子、彼らの紀行文は、それぞれが直接的、間接的に、その影響を自作に反映させている。

永井荷風は、まずアメリカで銀行員となり、その後フランスの銀行に転勤したが、それは切望するパリではなくリヨンであった。彼が、フランス滞在中に、モーパッサンから始まり当時のフランスの自然主義作家の作品を片端から貪欲に読み込んで、自作に投影してゆく様には、恐ろしいほどの使命感を感じる。当時外国に出るということは、使命感あればこそで、その大元は金銭的な問題であった。荷風の多くの作品が映画化されているが、表面は和物でも、骨格は西洋の小説であり、そこが新しいとされた点でもあ

る。荷風が、日本人の妻を持ったラフカディオ・ハーンやピエール・ロティ……共に優れた外国人作家の見た日本を舞台の作品に、殊の外共感しているのが興味深い。荷風の外国時代の代表作は、2作の短編集、「アメリカ物語」(1908) と「フランス物語」(1909) だが、「フランス物語」は、すぐに発禁になっている（直ぐに改訂版が出た）。荷風が特別影響された、モーパッサン、ゾラ、レニエに関しては、それぞれの項に、その影響と映画化作品を挙げておいた。

高村光太郎は、天才彫刻家を父に持ち、自らも彫刻や絵画に良い作品を残したが、文筆にも非凡な才があった。1909年に帰国したが、約2年間のイギリスとフランス滞在で、西洋と東洋文化の狭間に悩んだ光太郎は、日本の現実、問題点をより明確に見すえ、旧態然とした日本の美術界に革新を訴えた。精神的に病んだ妻を亡くした3年後1941年に出版した詩集「智恵子抄」は、大ベストセラーになり舞台化、映画化が繰り返された。

1911年に歌人の夫、鉄幹をパリに送り出した与謝野晶子は、森鴎外の尽力で旅費を作り、翌年夫のいるパリに向かった。晶子は、既に歌人であり女性解放の論客として知られていて、彼女の洋行は、大々的に報道され（それまで女性の渡欧は、極めて限られていた）帰国後夫との共著

「巴里より」を，発表。"女性の教育を受ける権利"を大きく訴え，1921年には夫達と共に文化学院を創設している。この学校は，国の学校令とは，別の自由で独創的な学校を目指し，大きな国の弾圧の中で，長い間教育界の灯としての役割を果たした。

島崎藤村は，既に日本文壇の大家の位置にいたが，昔から女性にだらし無く，数々の問題にも懲りず，ついには妻を亡くした後，身の廻りの世話を頼んでいた姪のこま子を妊娠させてしまい，そのスキャンダル発覚の隠蔽逃避の滞仏となった。1913年の事だが，藤村は3年間パリに滞在し，「仏蘭西便り」を1915年まで連載，帰国後の1919年には，こま子との関係を告白した「新生」を発表している。一生帰らぬつもりの筈が，帰国後，関係が再燃した事まで書かれてしまっており，こま子は日本に居にくくなり台湾へ脱出，その後隠れるように生活した。贖罪の意は小説に込めて終わらせ，次に移ろうとする藤村の好色とエゴイズムを不快に思う人々も大勢いた。現代だったら，マスコミを巻き込み，大変な騒動になっていただろう。1922年に発表した「エトランゼエ」は，パリ紀行文で，パリに当時結集した感のある，日本人画家たちの姿が面白く捉えられている。

1919年と1930年，詩人金子光晴は，二度フランスで生活している。彼は，詩人として，早くから知られてはいたものの，戦後，学生たちのアイドルになった時には，既に晩年であった。彼の持つ強烈なアナキズムが詩人の魂と重なると，

まず他の追従を許さない皮肉と自虐の深海にまで，鮫のように読む人を引きずり込む。パリ滞在からだいぶ時を経て世に出した「詩人」(1953)と「眠れ巴里」(1973)は，ミュルジェールの「ラ・ボエーム」の地獄版である。その作品は映画化されていないが，愛人と晩年の金子を描いた『ラブレター』があり，少しだけこの異才のエゴイズムの向こうに，大戦前の巴里が透かし見える。大体の芸術家たちの様な，故国に錦を飾る使命感を金子は，全く持たず，その意味でも貴重な存在である。

その他芹沢光治良 (1896–1993) は，1925年から1929年にフランスに滞在し，帰国後1943年「巴里に死す」を発表しベストセラーになっている。この本は1953年森有正によって仏訳されフランスでもよく読まれている。岡本かの子もパリに長く暮らした作家だが，当時日本人には珍しい大胆な情熱家で，岡本一平との間に，かた破れな芸術家，太郎という画家を産んだ。かの子も「巴里祭」でパリ滞在の日本人を見事に描いているしパリが登場する話が多い。これらの作家の作品の映画化には，まずフランスロケという経済的難関があり，残念ながらほとんどの作品は，本のまま残されている。岸田國士と獅子文六に関してはⅢ章補37 (フランス演劇人と日本映画) 参照。

フランス人で長期にわたり日本に生活した文学者となるとぐんと範囲が狭まる。ピエール・ロティの小説の影響は，既に触れたが，他に映画化作品がある者を見てみよう。

ポール・クローデルは，1921年から

文学者往来～永井荷風からミュリエル・バルベリまで

1927年まで，駐日フランス大使として日本に滞在している（一時帰国を除く）が，彼は日本文化への造詣が深く，関連が強いのだが残念ながら日本で映画になった作品はない。唯一，ロッセリーニが映画化した戯曲「火刑台のジャンヌ・ダルク」は，日本でも舞台で今でも上演される。日本が大好きだったヴィルドラックも，1926年に来日し歌舞伎座を借り切っての歓迎会が催されるほどだった。しかし代表作でデュヴィヴィエの名画として日本でヒットした「商船テナシチー」は，何度も舞台にのったが，日本映画にはならなかった。もう一人日本での生活は短いが，アンドレ・マルローは，「マルローの日本」の中で，武士道と騎士道との通底を論じ，世界から見た日本の分析で大きな示唆を与えたし，その著書「王道」「人間の条件」も，よく読まれている。

近年では，まずアメリー・ノートンがいる。彼女は，ベルギー人だが，フランス語で書かれた「畏れ慄いて」を，1999年に，フランスで出版して50万部を超えるベスト・セラーになった。父親がベルギーの日本大使で，その任期が終わるのを待っての出版だったというが，父親が現役中ならば，確かに問題になる可能性は高く，その選択は懸命であったといえよう。この内容に関しては，特にアラン・コルノーが映画化してから，一部では非難が続出した。映画はフランスでは案外のヒットだったが日本では公開されず，特別上映はされたがほとんど無視された。ノートンは，神戸に生まれ，様々な国を転々としながら，ベルギーで成人した。

23歳の時に来日し一年間，三井物産に勤務してその間の話をまとめたのが「畏れ慄いて」である。日本の管理社会，階級社会の問題は，確かに大きく存在するのだが，この本はまさに読み物として，膨らませ面白くさせようとした，あり得ない話が多い。また，彼女の性格なのか，容貌コンプレックスの僻みとその自己対応にも，唖然とさせられる。しかし逆の意味で，こうすれば，ヨーロッパでは，驚くのだという見方と考え方，そのツボに，強引に持って行き，コントラストをつけようとした部分が，彼女の作家としての特色なのだろう。

ノートンがヨーロッパでヒットしてから10年も経たずに，ミュリエル・バルベリが2005年に「優雅なハリネズミ」を発表した。この作品は，フランスだけで130万部売ったというから大ベストセラーである。彼女が日本に滞在したのは2008年から2年間だが，それより以前に描かれた「優雅なハリネズミ」は，パリのとあるアパートに住む知的な女管理人と，そこに住む繊細過ぎる少女，そして越してきた小津という初老の日本人男との物語である。小津安二郎の『宗方姉妹』のビデオが，物語進行のひとつのポイントになるが，気が利いていて，いかにフランスで小津に人気があるか，良く分かる。またヴェンダースの『東京画』や，女管理人の読んでいる本として，さりげなく谷崎の「陰翳礼賛」まで出てくるが，バルベリの異文化への視点は暖かい。

I

◇島崎藤村原作映画
—
『嵐』1956
「新生」の続編のような映画。妻を亡くして四人の子供を育てるフランス文学者の家族愛物語になっていて、ドロドロした部分は、描いていない。[監]稲垣浩[脚]菊島隆三[主]笠智衆、田中絹代

◇金子光晴の代表的映画化作品（既出文中心）
—
『ラブレター』1981 [監]東陽一[脚]田中陽造[主]関根恵子、中村嘉葎雄、加賀まりこ

◇与謝野晶子の代表的映画化作品（既出文中心）
—
『華の乱』1988
[監]深作欣二[脚]深作欣二、筒井ともみ、神波史男[主]吉永小百合、松田優作

◇アメリー・ノートンの映画化作品
—
『畏れ慄いて』2002
文化意識の違い、というかそれを誇張したベルギー娘の日本企業残酷物語。オフィスシーン撮影の殆どはパリ、デファンスで行われたが、京都の竜安寺の庭等いくつか、禅ニ

ッポンが意識される、あくまでステレオ的な風景がロケ撮影されている。[監脚]アラン・コルノー[撮]イヴ・アンジェロ[主]シルヴィー・テステュー、辻かおり、近藤康成、藤田宗久/日本未公開
『東京フィアンセ』2015（白仏）
憧れの日本に来たベルギー人の主人公と、フランス語を教えようとして知り合った日本の若者との恋が描かれる。主人公が一つ一つ驚く日本と西欧の生活様式の違いが、映画の根底にあるが、これは監督の責任ではない。改めてそこがポイントで映画化された原作のあざとさと、今時こういう紋切り型の誇張が通用するのか、という疑問を覚える。主演のP・エティエンヌは『アメリ』を彷彿させるキュートさが、仲々魅力的であった。[監脚]ステファン・リベルスキー[撮]Hichame ALAOUIE[主]ポーリーヌ・エチエンヌ、井上泰一/日本未公開

◇ミュリエル・バルベリの映画化作品
—
『優雅なハリネズミ』2009/日本未公開→Ⅱ51（小津）

『嵐』1956

『華の乱』1988

『惧れ慄て』2002

『東京フィアンセ』2015

文学者往来～永井荷風からミュリエル・バルベリまで

文学と漫画アニメの交錯

日本のカルチャー文化の代表とも言える漫画は，意外に古いところまでそのルーツをたどることができる。最古の漫画と言われるのは，平安後期に鳥羽僧正の書いた「鳥獣戯画」である。巻物に手書きが主であった戯画は，明らかに漫画の前身である。木版印刷の技術が広がり浮世絵文化が花開いた江戸後期から明治初期，ヨーロッパに輸入されていった伊万里陶器を包んでいたのは，不要の浮世絵で，中には「北斎漫画」も混じっていた。「北斎漫画」は，デッサン見本帖だが，多くのコレクターが世界中にいて，フランスでも有名である。フランスでの漫画は，19世紀のスイスのロドルフ・テプフェールやギュスターブ・ドレのイラストつき物語や，新聞や雑誌の挿絵によく登場したポンチ絵，ドーミエに代表する風刺画類が，やはり劇画，漫画の原点である。漫画の重要要素の中に風刺精神があるのは日本もフランスも同じである。19世紀から写真が雑誌や新聞に手軽に使用される様になっても，風刺画がなくなることはなかった。やはり伝統的に，絵が馴染んでいる点と，漫画だから言えてしまうことが認められているのである。しかし国によっては，一枚の風刺画で死刑になることさえある。2015年に起きた「シャルリ・エブド」の襲撃事件は，様々なことを問いかけて来る。日本でも，皇室関係，宗教関係等への批判やからかいは漫画でも表せない部分があり，特に軍人が政権を握った時期は，権力への批判精神は根絶やしにされたといって良い。日本に比べ，比較的自由に見えるフランスでも，「シャルリ・エブド」の前身であった「HARAKIRI」は，ドゴールをからかった事で廃刊されている。

それにしても言論の自由とは，他国をどこまで批判したり，からかえるのか，日本とフランスでは，根本的に考え方が分かれる部分である。日本ではフランス帰りで，なんでもフランスを持ち出すキャラクターを，赤塚不二夫が「イヤミ」というキャラで活写したが，これはフランス批判ではなく，一時期多く見られた日本人のフランスコンプレックスへの痛烈な風刺であった。

フランスのバンドデシネの歴史は比較的新しい。戦前は，ベルギーがヨーロッパ漫画の中心で，エルジェの「タンタン」が世界的大流行となり，戦後，フランスのバンドデシネに発展していった。日本の漫画やアニメの影響は大きく，特に2000年代から顕著になり，近年ではフランス語による日本風漫画，"マンフラ"と呼ばれるジャンルも出現し人気がある。

フランスと日本の漫画に関してのかかわりは，古くは北斎や滞日したビゴー，近代では岡本一平にまで遡ることが出来

るが，そこに映画化という括りをいれると，やはり第二次戦後から見ていく事で間違いはない。まず，日本の漫画に影響を与えたものとして，フランス人レイモン・ペイネの可愛いイラストがある。ペイネは，50年代後半から60年代前半に登場した日本の漫画家たちに影響を与えている。やなせたかしの「あんぱんまん」，大人向けのトシコ・ムトー，みつはしちかこ等の4コマ漫画にも，大なり小なりペイネの影響が見られる。ペイネは日本が大好きで，度々来日したし，日本人もペイネのイラストが大好きで，軽井沢には，ペイネ美術館がある。

日本の少女漫画は，中原淳一，蕗谷虹児等の少女向けイラストに，そのルーツを見る。少女漫画も最初は男性漫画家が描いていたが，1955年に水野英子が出現，その後多くの女性漫画家が輩出し，現在は，大体において，女性漫画家が描いている。この分野にフランス映画や，文学の影響が現れ出すのは，1950年代後半からで，水野ら少女漫画のパイオニアたちは，少女雑誌の付録などに，世界の文学作品を希釈した漫画や，映画作品からのノベライズならぬ漫画ライズした作品を出すようになった。

70年代になり，池田理代子が，シュテファン・ツヴァイクの「マリー・アントワネット」に感銘を受け，「ヴェルサイユのばら」(1972-1973)を漫画雑誌に連載し，少女漫画としては空前のブームを巻き起こした。ジャック・ドゥミで映画化もされている。この時代にデビューした萩尾望都と竹宮恵子も，フランス映画とは切

っても切れない関係があるが，これはⅡ18（ドラノワ）をご覧いただきたい。

80年代に登場した岡崎京子は，映画や文学，特にフランスの作品を愛好し，コクトーの「恐るべき子供たち」，ボリス・ヴィアンの「うたかたの日々」等を漫画化しているが，明らかにメルヴィルやシャルル・ベルモンの同小説の映画化作品が，その作画に影響している。彼女は，ゴダールファンで知られ，自分の漫画に登場させるほどである。ただの引用ではなく，バブル時代のスノッブな女たちの心境が巧みに投影されている。その他少女漫画に登場するフランス文学では，美内すずえの「ガラスの仮面」を上げなくてはならない。この漫画は，演技に天分を持つ一少女が，あらゆる難役を乗り越えて女優になっていく話である。1976年の連載開始から，現在まで続いている漫画で，なんと今までに累計で5000万部を売り上げた驚異的なベストセラーである。この中にはいくつも戯曲が登場する。フランスものでは「美女と野獣」「椿姫」が，登場し，その作画には，フランスの映画化作品からの影響が見える。

日本のアニメは大正時代に登場しているが，エミール・コールの『凸坊新画帳』(1910公開/明治43年)が大きな影響を与えた。幸内純一のコマ撮り式の『なまくら刀』(1917)が，発見され，2008年に公開されたが，他に下川凹天，北山清太郎，続いた大藤信郎は，先駆者といって良い独特の手法を用いている。特に影絵と色セロファンを使った大藤の作品は海外での評価も高く『クジラ』は1953年度の

カンヌ映画祭短編部門で2位に入賞している。また市川崑の始まりがアニメだった事は知られているが，幻とされていた『弱虫珍選組』(1935) が，2014年にアメリカで発見され現在では，ネット上で簡単に見る事が出来る。コールの後，ディズニーの影響が大きい日本の戦前のアニメ状況が分かる貴重な作品である。

　日本のTVアニメは，日本漫画の父と呼ばれる手塚治虫から出発しているが，圧倒的にヨーロッパに浸透するきっかけは，永井豪の「グレンダイザー」(1975) である。このTVアニメは「GOLDORAK」というタイトルで，1978年から，放映されたが，子供たちの間で人気が爆発し100%近い驚異的な視聴率を取った瞬間もあるという。その後日本アニメは，面白くしかも単価的に，安いこともあり，フランスアニメを一掃する勢いだったが，その事への危惧と，残虐な描写があるという事で，一時期放映されなくなった。しかし「ドラゴンボール」(1988) あたりから，又日本製TVアニメが放映されるようになり人気が再燃，1992年には，押井守の「パトレイパー」が放映されている。このTVアニメの歴史は，当然劇場版アニメにも関わる事で無視できない。

　少年向け漫画アニメにも，その原作をフランス文学に辿る作品は相当数あるが，大表的なものは，Ⅰ章の大デュマやマロ，ヴェルヌの項にあげた。

　日本の劇場用アニメ映画で，フランスアニメ界に決定的な影響を与えた日本作家が，3人いる。一人目は大友克洋である。1991年に公開された『アキラ』は，日本というよりも世界での評価が大きく，漫画アニメ作家はもとより，その影響は映画作家にも及んでいる。大友の作品には，多くの映画の影響がみられるが，代表的なところでは，リュック・ベッソンだろうか。大友自身は，黒澤とフィリップ・ド・ブロカの名をあげているのが面白い。二人目は，押井守で，1997年に公開された『攻殻機動隊』(1995) と『パトレイパー』を含めた彼の作品群は，多くの作家に刺激を与え続けている。三人目は，宮崎駿を代表とするジブリ作品で，これはⅡ章（宮崎駿と高畑勲）の項に詳しいが，本当にフランスで一般的になり始めたのは『もののけ姫』(2000) 公開からである。

　そして，この日本の3人の作家たちが，それぞれに多大なる影響をうけた存在が，フランスのバンドデシネの巨星メビウスこと，ジャン・ジローである。彼の存在は，日仏漫画往来の重要な要である。1938年生まれのメビウスことジャン・ジローは，『ブレード・ランナー』や『エイリアン』等，ハリウッドの大作SFのキャラを創造した人物としてあまりにも有名である。彼は日本のアニメ界漫画界とも関わりは深く，1974年に発刊したSF・ホラー専門の「メタル・ユルラン」は，世界中の漫画家たちに影響を与えた。メビウスの影響を受けた作家は日本でも，モンキー・パンチ，大友克洋，浦沢直樹，鳥山明といくらでも名が挙がるが，その中でも谷口ジローは，特別である。谷口は，静かだが実に強いメッセージとアート性を併せ持つ漫画家だが，彼の人気は，西欧で非常に高く，特にフランスには多くのフ

ァンがいる。彼の原作をフランスに置き換えて、『遥かな街へ』が出来た事がそれを物語っている。

　ところで、漫画、バンドデシネとアニメを語るには、アングレーム国際漫画祭とアヌシー国際アニメ映画祭を落とすことはできない。規模としても日本のコミケに次ぐ今や世界の漫画フェスティバルであるアングレーム漫画祭は、1974年に産声を上げ、多くの日本人漫画家に賞を与え国際漫画家への大きな登竜門になってきた。漫画とアニメは、切ってもきれないものであるが、1960年にカンヌ国際映画祭から別れたアヌシー国際アニメ映画祭は、隔年開催を経て1997年からは毎年開催されている。この映画祭が、世界規模で広がる日本アニメの隆盛に果たした功績は大きく、宮崎駿、高畑勲は勿論の事、その受賞者にはずらりと日本人が並んでいる。一方日本側では、アヌシー国際アニメ映画祭に対応する広島国際アニメーションフェスティバルが1985年から開催されたが、開催がまちまちで中々浸透しなかった。しかし1992年以降隔年開催が守られ、既に世界中のアニメ作家の交流の重要な拠点になっている。原爆投下都市ヒロシマの存在は「世界平和」を謳う場として、正に最適の都市であり、今後ますますの発展が期待されている。

◇劇場用　日仏合作アニメ
—

『チスト　みどりのおやゆび』
1980（日仏）
花と緑の博覧会開催を記念して、日仏で合作された丁寧なアニメーション。[監]丹野雄二[原]モーリス・ドリュオン[音]マルク・ベリエール
『インターステラ5555』→Ⅳ
34（ダフトパンク）
『よなよなペンギン』2012（日仏）
りんたろう率いるマッドハウスとデニス・フリードマンとのコラボによる大作3DCGアニメ。製作に15億をかけた。メルヘン的で児童映画の基本は押えてあるが、CGが上滑りしていて技術が新しいと云われれば云われる程古くさく感じてしまう。→Ⅳ5（ビゼー）

◇ＴＶ合作アニメ（参考）
—

『イルカと少年』1971（日仏）
『イルカと少年』は、日本とフランスの初めての13話から成る合作アニメである。ブラディミエ・タルタの有名な原作をディレクションも兼ねたルネ・ボルグ等によってキャラクター化された。この作品は、1971年にフランスで放映されたが、日本では公開が遅れ1975年になり、やっとTBSで放映された。／エイケン＆フランス国営テレビ
『宇宙伝説ユリシーズ31』
1981（日仏）
ギリシャ神話の原典の一つ「オデュセイア」を31世紀に置き換えたＴＶ用アニメ。日本よりフランスでヒットして、主題歌レコードは、115万枚

を売り上げた。[製]長浜忠夫，ベルナール・ディリエス／東京ムービー新社＆DIC
『太陽の子エステバン』1982（日仏）／スタジオ・ピエロ＆DIC[原]スコット・オディール[キャラ]岡田敏靖[脚]長嶋満他[音]越部信義
『銀河パトロール』1984（日仏）／エイケン＆フランス国営テレビ
『生命の科学ミクロパトロール』1991
『イルカと少年』の後、エイケンは、同じルーツで『銀河パトロール』、『生命の科学ミクロパトロール』を製作している。『銀河一』はアルバート・バリレの原案だが、やはり話題にならず、フジテレビで1984年にひっそりと放映された。『生命の科学』は1991

文学と漫画アニメの交錯

『北斎漫画』1981

『ペイネ愛の世界旅行』1974

『ARZAK』1976

HARA-KIRI（創刊号）1960

『アンパンマン』1989
© 東宝ムービー / やなせたかし

『火の鳥2772愛のコスモゾーン』
1980© 東宝 / 手塚治虫

『おそ松くん』1989
© 東映 / 赤塚不二夫

大藤信郎展 2010

『ベルサイユのばら』1996
© 東映動画 / 池田理代子

『タンタンと私』2003

グレンダイザー1975 © 東映動画
/ 永井豪とダイナミックプロ

『ドラゴンボール 龍神の伝説』
1986© 東映動画 / 鳥山明

I

『チスト』1980 © 東映クラッシックス
/ 作 モーリス・ドリュオン

『アキラ』1988 © 東宝 / 大友克洋

『攻殻機動隊』1995 © 東宝
/ 士郎正宗

『よなよなペンギン』2012
© マッドハウス / りんたろう

『フィフス・エレメント』1997

『ルネッサンス』2006
© ハピネット＝トルネード・フィルム
/ クリスチャン・ヴォルクマン

『銀河パトロール』1984
© 集英社 / 鳥山明

『キリクと魔女』1998 © アルバトロス
フィルム / ミッシェル・オスロ

『ルーシー』2014

『バスカッシュ』2009 © サテライ
ト / 河森正治, ロマン・トマ

『ケイナ』2003 © ギャガ・コミニケーション
ズ / クリス・デラポート, パスカル・ピノン

『遥かな街へ』2010

文学と漫画アニメの交錯

年に製作されたが非常に教育的な真面目さが裏目に出てしまったのか日本ではＴＶ放映もなく、ビデオでこれも学習教材としてひっそりと発売されている。／エイケン＆フランス国営テレビ

『オーバン・スターレーサーズ』 2006–2007（日仏）

異星人同士のレース戦がテーマで、多くの日欧の企業とタイアップしたＴＶアニメ。[監]サヴァン・イエットマン＝エッフェル、トマ・ロマン／ハルフィルムメーカー＆Sav! The World Productions

『バスカッシュ!』 2009（日仏）

『オーバン・スター・レーサーズ』が好評だった同チームのロボット・バスケもの。日仏合作アニメの成功作である。[監]板垣伸、佐藤英一[原]河森正治、Ｔ・ロマン[メカ・デザイン]Ｔ・ロマン、スタニスラス・ブリュネ

◇ペイネのアニメ映画
—

『ペイネの愛の世界旅行』 1974（伊仏）

ペイネの恋人たちが、世界中に愛を求めて旅をする。反戦的なメッセージも各処にあるが、何よりも各国の捉え方が、あまりにもステレオ的で、画面を見続けるのが辛い。[監]チェザーレ・ペルフェット[脚]ヴェツオ・メレガリ、マンフレッド・マンフレディ[音]エンリオ・モリコーネ

◇『アキラ』の影響
—

『アキラ』 1988

1982–1990までコミック誌に連載し人気のあった漫画が、1988年、当時10億という破格の制作費をかけてアニメ化されたが、世界的にジャパニメーションを認知させる大ヒットとなった。物語は、近未来第3次世界大戦後の荒廃仕切ったTOKYOを舞台にエスパーたちの闘いが時が立つほど現実味を帯びてきている。[原監]大友克洋[脚]大友克洋、橋本以蔵[音]山城祥二
—

『フィフス・エレメント』 1997

[監]リュック・ベッソン[脚]Ｌ・ベッソン、ロバート・ケイメン[音]エリック・セラ[主]ブルース・ウィルス

『ケイナ』 2003

3500万ドルかけたというヨーロッパ初のフル3D-CGアニメ。フランスのプライドを感じる非常に美しい映像ではあったが、いろいろなテーマが入った哲学的な構えが、日本では、一部のマニアを除いて好まれずヒットしなかった。[脚]タリク・ハムディン[音]ハリッド・ルスラン

『ルネッサンス』 2006

『攻殻機動隊』+『シンシティ』の影響が見られる。モーションキャプチャーを美しく使いこなし、モノクロームなフランスの感覚的作画が成功している。[監]クリスチャン・ボルクマン[脚]アレクサンド

ル・ド・ラ・パトリエール、マチュー・デラポート[音]ニコラス・ドッド

『攻殻機動隊』 1995

1989年に初出の士郎正宗の漫画を、押井守が監督した劇場版アニメ。日本では，公開時評価が低かったが『アキラ』に続いて世界的な評価が集まりヒットした。影響を与えた作品は多いが、リュック・ベッソンの幾つかの作品には、特に類似点が見られる。[監]押井守[原]士郎正宗[脚]伊藤和典

◇『攻殻機動隊』の影響
—

『ニキータ』 1990

[監脚]Ｌ・ベッソン[音]Ｅ・セラ[主]アンヌ・パリロー

『レオン』 1994

[監脚]Ｌ・ベッソン[音]Ｅ・セラ[主]ジャン・レノ

『ルーシー』 2014

[監脚]Ｌ・ベッソン[音]エリック・セラ[主]スカーレット・ヨハンセン

◇谷口ジローの影響
—

『遥かな街へ』 2010（白仏独）

[監]サム・ガルバルスキ[原]谷口ジロー[脚]ジェローム・トネール、フィリップ・ブラスバン、Ｓ・ガルバルスキ[主]パスカル・グレゴリー、レオ・ルグラン

Ｉ

『椿姫』1927

アニメになった文学作品
1｜『十五少年漂流記　海賊島DE!大冒険』2013 © アーク・フィルムズ／原作 ヴェルヌ
2｜『家なき子Remi』1980 © 東宝／原作 マロ　3｜『ペリーヌ物語』1990 © 東宝東和／原作 マロ
4｜『ルパン三世 カリオストロの城』1979 © 東宝／原案 A・ルパン（ルブラン）

ルブランの影響
『舶来文明街』1932

モーパッサンの影響
『女の一生』1928/ 原作 モーパッサン

デュヴィヴィエの影響
1｜『赤い波止場』1958ⓒ日活　2｜『地獄の掟に明日はない』1966ⓒ東映　3｜『さらば掟』1971ⓒ松竹
4｜『望郷』1937（野口久光 画）

1

2

3

4

5

日仏最初の合作映画
1-5 │『忘れえぬ慕情』1956

合作作品
1｜『二十歳の恋』1962　2｜『世界詐欺物語』1964　3｜『サム・サフィ』1992　4｜『クライングフリーマン』1995
5｜『モレク神』1999　6｜『千年の一滴 だし しょうゆ』2015　7｜『美しき運命の傷痕』2005
8｜『バンコクナイツ』2016　9｜『エンドレスポエトリー』2016

カンヌ映画祭受賞作品
1｜『切腹』1963　2｜『砂の女』1964　3｜『影武者』1980　4｜『楢山節考』1983　5｜『うなぎ』1997
6｜『死の棘』1990　7｜『殯の森』2007　8｜『そして父になる』2013

II章

作品往来

日本とフランスの映画作品の交流を考えるには，大きく2つの時期に分けると判り易い。その特質が極められ絶頂にあった無声映画からトーキーに移行していった1925年（大正10年）頃からの10年間，もう一つは，第二次世界大戦，戦乱の世の中が少し落ち着き始めた1954年（昭和29年）頃からの10年間である。

　最初の10年間は，日本は大正から昭和に変わった時期でモガモボの出現した時代に当たり，フランス映画はこの時代，日本の一般大衆よりもインテリ層によく鑑賞され，それが知的高級感を植えつける事になった。アベル・ガンス，マルセル・レルビエ，ルネ・クレール，ジャック・フェデールそしてジュリアン・デュヴィヴィエ……彼等は，まず日本の映画作家に技術面と内容面で非常に多くの影響を与えた。それ等を手本に模倣またはヒントにした事で，日本映画が数ランクアップした。

　次のくくりの10年間は，第二次大戦後，戦後の復興の中で，日仏ともに資材も欠乏する状態から少し余裕が出てきた頃始まった。日本人全体が戦争に負けた意味を噛みしめている時，右には豊かなアメリカ，左には平等なソビエト，二つのイデオロギーがむき出しで，互いの自由をアピールして，日本はその意味では思想の戦場の様を呈していた。それは，学生運動，職場闘争，と，様々な分野でぶつかりあう権力闘争となり，映画界も労働組合が立ち上がり，日本の歴史上初めて，映画人のストが実行されたのである。この時期，結局，語りつくされず骨抜きになった映画人の労働条件等は，日本固有の問題としてその不備を現在にまで残す事になった。

　この時代の日本の若手監督たちは，5社（松竹，大映，東映，東宝，新東宝……日活も含めると6社）の映画会社の体制の中で，助監督をしながら監督昇進を待ち，普通は先輩から順にメインの作品の抱き合わせとなる中編（プログラムピクチャー）を撮らされて，それが監督になる試験となっていた。日本には，衣笠，マキノ，伊藤，小津，成瀬，溝口，稲垣と，名匠たち

II

がいて，彼等は年2本製作すれば十分で，予算も他作品よりもずっと多く組む力を持っていた。その情況下，中堅の黒澤明が『羅生門』で1951年ヴェネツィア映画祭でグランプリを得たことは，大事件であった。これは公開当時日本では評価が低かった映画が国際的に認められたというショックと，今まで海外に自作品を出す事等，真剣に考えた事のない上層部にも，様々な問題を提出する事になった。そして続いた溝口の『雨月物語』，カンヌでの衣笠の『地獄門』……その当時はエキゾチズムで授賞したと陰口もたたかれたが，日本映画の一番力のあった頃に作られたこれらの作品は，現在では二度と製作する事が出来ない奥の深い日本映画の古典となっており，フランスの映画作家たちの多くがこの時代の日本映画の栄誉を認めている。しかし当時の助監督たちは作品の質は認めるものの大いに不満であった。何故ならば，それらの映画作品は，先輩が予算をふんだんに使用して作った品であり，彼らは，アイディアに溢れていたからである。丁度同じ頃，フランスでも大家作品のマンネリズムを論じ，もっと現代に合った作品を作りたいという若者たちがいた。ゴダール，トリュフォーら批評家たち，ヌーヴェルヴァーグ派である。ルイ・マルの作品も加えた，彼らの新しい映画が日本人に受け入れられるのに時間はかからなかった。大衆は，一時期マンネリズムも愛し，その否定版も楽しんだのである。これはちょっとした社会現象であり，まず松竹が自社の若手たちに松竹ヌーヴェルヴァーグという冠をつけて，内部から沸き上がる変革の波を売り出す事にした。大島，篠田，吉田たちがその中心である。他社も，中平，蔵原，増村，深作……と若手の斬新な監督をその風潮にうまく乗せてそれは日本ヌーヴェルヴァーグの様相となっていった。これが2回目の1C年であり，その1954年頃〜1964年頃はまさに日本映画の黄金期に当たり，量産された沢山のプログラムピクチャーの中に，仏ヌーヴェルヴァーグ派の手法（特にゴダール）に影響された作品を見つけるのは難しい事ではない。

1968年，シネマテーク創立者アンリ・ラングロワの解任に抗議して若手監督が中心になりカンヌ映画祭をボイコットした事件があった。結局そのストライキで，ラングロワが元に戻った事は，フランスという国家がいかに映画文化を大事にしているかの証でもあった。映画を娯楽産業としてしか見ていない日本の映画業界と比べて，感慨を覚えざるを得なかった。しかしこの頃既にヌーヴェルヴァーグ（新しい波）はヌーヴェルではなく，フランス映画は明らかに疲弊してゆき，70年代になると，それがもっと顕著になっていった。

　エリック・ロメールという魅力的な別の流れはあったにせよ，日本で70年代にヒットしたフランス映画は，アラン・ドロンものと，1974年のフレンチポルノの象徴『エマニュエル夫人』のみである。

　日本では1960年代後半からテレビと映画の立場が逆転して，1971年には遂に伝統ある映画会社日活が，ポルノ専門の映画会社に変わってしまった。しかし，一時は売れない監督の三流以下の仕事であったピンク映画も，日活ロマンポルノの出現で注目を浴び，新人育成の場となっていった。ＴＶに中心を移した映画会社は，何処も急速に映画の製作を縮小し，映画をつくりたい若者たちはロマンポルノやピンク映画に場所を見い出していったのである。現在の日本映画の中核を成す重要な監督たちのほとんどが，何らかの型で，ロマンポルノやピンク映画に関わっていて，当時の貧しい日本映画の中に幾本もの活気ある秀作を残している。

　70年代は，日本映画やフランス映画を尻目に，アメリカ映画が幅を利かせた時代である。お得意の金に飽かせて作るハリウッド映画，それに対抗したニューシネマ……共々興味深い作品が続々登場してその底力を見せつけた。しかし，さすがにそのアメリカ映画にも飽きた頃，ベネックスの『ディーバ』（1981年）の登場は，非常に新鮮な感動を与えた。そしてリュック・ベッソンやレオス・カラックス等の作品が若者を中心に

II

ヒットし，フランス映画健在を証明して見せた。丁度日本のバブル経済が膨らみ始めた時代，まさにその最盛期となった80年代後半には，異業種の映画製作参入もあり相当数の合作映画が誕生した。

　90年代になると，単館でロードショーするスタイルも定着し，観客席の少ないミニシアターもどんどん作られ，やがて合理的なシネマコンプレックスも登場する事になった。J=P・ジュネの『アメリ』は，この時代に咲いた，あだ花である。この作品は，フランス映画では珍しい大ヒットとなった。少々コーラの味のするフランス映画を嗅ぎ分けた若者たちがブームにしたのである。日本映画はその間すっかり力を弱め，1996年には日本映画の興行収益は最低を記録した。しかしその時でも勢いがあったのが，アニメ映画である。そこから育った大人たちは，アニメ映画も劇場映画も同様に映画として受け入れる現在の日本の観客の大半であり，今度は自分たちの子供を連れて一緒にアニメ映画を楽しむという構図が生まれたのである。その流れの頂点を走るスタジオジブリは，2001年に『千と千尋の神隠し』を発表し，本編を含めての日本映画最大の興行収益を上げて現在に至っている。フランスでは，実に100％の視聴率をとった事もあるという，永井豪の『GOLDORAK』（「グレンダイザー」の改題で1978〜1979年にフランスでもＴＶ放映）に始まり，曲折を経て，少しずつ盛り上がってきた日本アニメの人気は本物で，ジブリ作品の登場で極まった感がある。日本アニメの影響を受けたフランスの映画作家も続々生誕している。

コンスタン・ジレルとガブリエル・ヴェール

Constant GIREL 1873-1952, Gabriel VEYRE 1871-1936

　稲葉勝太郎は，1978年頃，リヨンの理工学校でオーギュスト・リュミエールとは同窓生であった。その後紡績の商用で，再渡仏し，日本人としては誰よりも早くリュミエール兄弟のとてつもない装置を知ったのである。この偶然の縁故で，彼は2台の装置とシネマトグラフ（リュミエール社の映画ソフトをそう呼んだ）の興行権を購入，技師コンスタン・ジレルを伴い帰国し，すぐに京都で実験を重ねその年の2月15日に大阪で初上映した。機械，ソフト，技師が一応揃ってはいても，日本の状況に適合するのは大変だったというが，記録では，日本到着から初映まで日時がほとんどない。稲葉自身も理工科出身だから出来た芸当なのだろう。

　コンスタン・ジレルは，映写技師の傍，日本を初めて映画に映す仕事があり，京都を皮切りに，北海道まで行き日本の風景，風俗を撮影している。ジレルの撮影分は1897年にリヨンで初映され，その後1898年には日本でも各地で公開され大好評だったという。田中純一郎の映画史によれば，ジレルは技師とは名ばかりのリヨンのボンボンで，あまり仕事をせず，又技術的にも稚拙で失敗ばかり，遊んでばかりいたと書かれている。しかし，一人家族を離れ遠い異国にやってきたボンボンが，酒を飲み芸者遊びをしたからとて，あまり責めるのも酷な気がする。もしかしたらジレルの子孫が，一人くらい日本にいるかも知れない。

　ジレルの帰国後すぐ，同僚のガブリエル・ヴェールがやってきて，主に江戸を撮っている。ヴェールに関しては，長い間，あまり情報がなかったが，映画誕生100年の記念で，大きな展開があった。映画評論家蓮實重彦が，新発見の手紙を本にしたのである。この本は他に，ルイ・リュミエールをサドゥールがインタビューしたものや，ロメール，ルノワール，ラングロワがリュミエールを討論したものまで入った，映画ファンへのお宝である。しかし何と言っても家族へのヴェールの船便の手紙が圧巻で，異国で家族を想う心情の背景から見えてくる，初期映画の様々は，広く一般が読んでも，多くの魅力をもっている。

　日本では近年になり，映画が無かった時代，幕末から明治初期に来日した外国人たちが残した旅行記やエッセイを，世界中から掘り出してきては翻訳出版がなされている。それらの中には写真が添えられている本もあるが，やはり映像の迫

1 |
| 2

力には及ばない。『リュミエール映画』に残された，19世紀末の日本は，日本人と
して圧倒的驚きを覚える。それは，戦後極端に疎かにしてきた，近代史教育の欠
落を埋める最重要な証言である。例えどんな思惑があったにせよ，結果，明治時
代を映像として残してくれたジレルとヴェール，そしてリュミエール，それは，
文句なく日本にとっても，第一級の文化的大仕事なのであった。

　そしてその後の戦火からフィルムを守ってくれた人たち，もっといえばそれを
続けて，現代に結びつけてくれた世界中の人たちの映画への思いを忘れてはなら
ない。

リュミエール映画の影響
──

『夢のシネマ，東京の夢』1992
（日仏）
リュミエール映画誕生100年
を記念して作られた美しいド
キュメンタリー。吉田喜重は
当然の様に，G・ヴェールを

中心に据え，その生涯を，映
画への愛を込めて制作してい
る。見終わった後も，ずっと
脳裏をはなれない。[監構]吉
田喜重[撮]原一民，ネッド・
バージェス
『トーキング・ヘッド』1992
アニメを制作中に監督が失踪

し，主人公が代わるが，連続
殺人が起きる。押井版映画史。
有名な『シオタ駅の列車』が，
線画のアニメで登場する。[監
脚]押井守[主]千葉繁，石村
とも子

*

1 ｜ 『夢のシネマ，東京の夢』1992，映画の誕生は，当時の先進国の"植民地主義"を抜きには考えられないと，吉田
　　喜重が正鵠を射る。
2 ｜ 『トーキング・ヘッド』1992，押井は，アニメと実写の差がありすぎる。この作品も学生映画の枠を超えられな
　　いエチュードだ。

Constant GIREL, Gabriel VEYRE

ジョルジュ・メリエス

Georges MELIES

1861–1938

　天才メリエスの代表的作品ヴェルヌの小説を映画化した『月世界旅行』は，明治41年 (1908) に，製作年より大分遅れて公開されている。既に1900年頃から彼の映画は沢山公開されていて，（短篇故に多くの活劇等を抱き合わせで）魔術映画と呼ばれる一ジャンルを占めていた。しかし，最初の頃こそ大人もびっくりしたが，似たり寄ったりの内容が，だんだん飽きられてしまった。彼の映画は，今更云うまでもなく，映像の可能性を拡げた，映画史に欠く事の出来ないものだが，スローモーション，コマ落し，一人二役そして差し換えのトリック，等々，確実に日本の映画に吸収されていった。決定的だったのは，忍者映画 (変化もの)，幽霊映画，怪奇映画への影響である。活動写真の本来持っているトリッキーな魔術が一番活きる動きのある映画の中に，メリエス映画は大きな足音の一つをはっきり残している。

　歌舞伎の国，日本には，けれんものと呼ばれるジャンルがある。早換えで衣装を変え，もののけになったり，又は宙づりになったり，あり得ない場所から出現したりする。それには，一種のサーカス的身軽さが要求されるが，当時の大歌舞伎界の大御所たちからは，本道とは見られていなかった。"目玉の松っちゃん"と呼ばれる日本で最初の映画のスーパースターは，地方の歌舞伎役者であったが，その身軽さをマキノ省三に見い出され『基盤忠信』(1909) でデビューした。メリエス映画の技法をふんだんに取り入れたマキノたちは"目玉の松っちゃん"を主演に，様々なパターンの，主に子供を対象にした活動写真を連発した。結局松っちゃんは，18年間に1000本映画に出演したという。いくら一本の長さが短いとはいえ，これは，確実な資料があれば，当然ギネス入りの記録であろう。松ちゃんの代表作は『豪傑児雷也』(1921) で，忍者が，差し換えのトリックで煙と共に巨大ガマ蛙に乗って大あばれする映画である。

　忍者映画以外にも怪奇映画の中には，日本独特の，バケ猫映画がある。美女が行灯の油を舐めていて振り返ると，化け猫に変わり天井まで飛び上る。やっている動作は，松っちゃんの世界とあまり変わらず，もっと遡ると"メリエス映画"に行き着くというわけである。

1｜

｜2

　メリエスの大きな影響のもう一つに，日本では空想化学ものと呼ばれたＳＦ映画が挙げられる。戦前も作られていたが，1954年の『ゴジラ』あたりから，大作が作られ始め，特撮映画からアニメにと，時代と共に急速に裾野を拡げていった。その中の多くのクリエイターたちが，メリエスの『月世界旅行』に影響を認めている。1961年，ソビエトのガガーリン少佐が，初めて有人宇宙飛行に成功した時も，1969年，アメリカがアポロ計画で，月着陸に成功した時も，まさにヴェルヌやメリエス映画のデジャヴュが，多くの人々の心の何処かにあった。

　少なくとも日本に限ったわけではない。日本では映画100年のイベント等で1995年以降改めてメリエスを知る人たちが増えた事は確実である。又，2011年にアメリカ映画『ヒューゴの不思議な発明』（マーティン・スコセッシ）は，メリエスが世界中で大切にされている事を，改めて知らしめた。それに呼応するように，スペインで発見，その後修復公開された『月世界旅行』は，色彩版で，映画ファンを大いに興奮させた。同時公開のドキュメンタリーでは，現在をときめく，ゴンドリーが，ジュネが，アザナヴィシウスが，恋人を語るようにメリエスを語る姿が印象的であった。

＊

1｜『メリエスの素晴らしき映画魔術』2012，同時公開の記録映画では，ゴンドリー，ジュネ，アザナヴィシウスが，恋人の話の様にメリエスを語っている。
2｜『ヒューゴの不思議な発明』2011，M・コセッシのメリエス讃歌。CGが素晴らしく，謎に満ちたメリエスの晩年が良くわかる。日本でもヒット。

<u>Georges MELIES</u>

アルバトロス映画社作品

Films Albatros

　フランス映画の印象主義運動を語る時に欠かせないのが，ロシア十月革命でボリシェビキ党の支配の届かぬ地をさがして亡命してきたロシア映画人たちである。その中でもパテ社のロシア代表だったヨシフ・エルモリエフが中心となって，1922年に興したアルバトロス映画社は，特別である。ロシアはその頃，世界初の映画大学を有する映画先進国で，彼と同行した連中には，気鋭の監督アレクサンドル・ヴォルコフと人気俳優イワン・モジューヒンがいて，サイレントの光が消え去る1920年代末までに，意欲的な映像作品を送り出した。ロシアのヴァレンチノと言われクレショフ効果の実験で有名だった，モジューヒンは，フランスでも『火花する恋』(1923) でたちまちトップスターとなった。

　我が国では，A・ヴォルコフ監督の『キイン』(1925公開) で知られるが，この映画は，フラッシュバック（様々なカットを次々に重ねてゆく映像テクニック）を日本に教えた映画として重要な作品である。フラッシュバックと云えば，まずアベル・ガンスが先駆者だが，この『キイン』と『嘆きのピエロ』が，ガンス作品よりも先に日本公開された為に，フラッシュバックへの称賛を，最初に受けたのである。この映画の酒場のシーンは，多くの日本の映画人たちが細かいディテールまでを文章に残していていかに衝撃を与えたかを物語っている。『キイン』は良い映画を讃える会という企画の第一回作品でもあり，それは同時にアルバトロス社というマイナーな映画会社に陽を当てる事にもなった。日本は日露戦争で破った，ロシア文化を，文学，演劇，音楽，バレエ等で，既に充分知っていたのだが，こと映画に関しては，思想上の理由から，ほとんど公開がなかった。エイゼンシュテインの『戦艦ポチョムキン』(1925露) 等は，長い間上演禁止であり，やっと1959年に公開されたといういきさつがある。亡命ロシア映画人達がフランスで誕生させた，印象主義から感じられる特色は，それまでのフランス映画にわかり易さと新しい色彩を加えたと日本では評された。

　『キイン』の原作は大デュマの脚本による，シェークスピア俳優の物語で，それがフランスでロシア人によって映画化されたのである。実に国際的な歴史を感じる話である。アルバトロス社は，『キイン』の他に，トゥールジャンスキーの『恋

の凱歌』（1922公開），ヴォルコフの『過ぎゆく影』（1925），フェデールの『カルメン』（1928）等が日本で公開されている。

『キイン』の影響
—

日本映画初期のフラッシュ・バック使用例

『因果帳　鴛鴦物語』1925
［監脚］鈴木謙作［撮］気賀靖吾［主］梅村蓉子，若葉馨

『大地は微笑む』1925
［監］牛原虚彦，島津保次郎［脚］吉田百郎［撮］水谷文二郎，桑原昴［主］藤野秀夫，栗島すみ子，井上正夫

『懐しの蒲田』1925
［監］牛原虚彦［脚色］鈴木重吉［主］英百合子

『狂った一頁』1926→Ⅲ 49（衣笠）

３本の島津保次郎監督，桑原昴撮影作品
—

『新己が罪』1925
［監］島津保次郎［原脚］野田高梧［主］梅村蓉子

『新乳姉妹』1925
［監］島津保次郎［脚］野田高梧［主］若葉照子，筑波雪子

『夕の鐘』1925
［監］島津保次郎［原脚］豊田四郎［主］岩田祐吉，若葉照子

『日輪』1926
［監脚］村田実［撮］青島順一郎［主］岡田嘉子，山本嘉一，中野英二

*

1 ｜ 『キイン』1923（イワン・モジューヒン），ロマン・ガリーの父親が，モジューヒンだったという事は，公然の秘密だった。

2 ｜ 『大地は微笑む』1925，朝日新聞が1000円の懸賞金で募集した小説が原作。松竹と日活との競作となった。

ヴィクトラン・ジャッセ

Victorin JASSET
1862–1913

　西洋文化が急速に入り始めた明治時代，その中で人々は日本の小ささを知った
が，大国ロシアとの戦争では，革命のあおりで思わぬ勝利を収め，国際的地位も
向上して，国民は少々浮かれていた，そんな明治時代の後を大正時代という。正
確には，1912年7月末明治天皇が亡くなった翌8月から1926年12月に大正天皇
が亡くなるまでの間の時代である。

　この約14年間の間，第一次世界大戦が始まり軍人が権力を増す中，都市化が進
み大正デモクラシーと云われる中で貧富の差，社会的矛盾がふくれ上がっていっ
た。文化的には，この大正と次の昭和の大戦争の発端となる日中戦争，昭和12年
(1937) までの約25年間，この間に外国文学の翻訳が飛躍的に多くなり，海外への
渡航も，円高で，財力さえあれば可能な時代になっていた。実際この時代，芸術
家が憧れの海外へ飛び出し，帰国してその成果を日本にもたらすという例が非常
に多かった。思想に関しては厳しい統制があったが，それでもその後の時代より
もずっと緩く，科学，技術，芸能，芸術，スポーツの発展は，一種のナショナリズ
ムも加わった独特の大衆文化を作り上げていった。映画はこの間，無声映画から
トーキー有声映画へと大発展した。ヴィクトラン・ジャッセの『ジゴマ』はこの大
正時代の初頭，もっと正確には明治の末 (1911) に日本で公開され，そのあまりの
社会的影響の大きさに約1年で上映禁止になった連続活劇である。この映画は，
1911年に公開されるや大ブームとなり，1912年10月にジゴマ映画が上映禁止に
なるまでに，和製ジゴマや本 (「赤本」と呼ばれ小中学生用に，主に貸本屋に置かれた)，舞
台等が続々登場した。ジゴマを真似た犯罪も起こり，上映禁止になるまで，初登場からたった1
年足らずの大狂騒曲であったわけである (『ジゴマ』は1924年には上映解禁)。『ジゴマ』は，大
戦争を2度繰り返しての今日，翻案もののフィルムは存在せず，確認するには印
刷物 (しかも多岐に散逸した) しか無い。『ジゴマ』が何故それ程日本で受けたのかは，
映画と同時に発売されたあらすじ入りの本 (まさにノベライゼーション)，簡単にコピ
ー作品が制作可能だった映画の質，何よりも当時の娯楽事情等が重なった結果だ
が，とにかくその人気たるやもの凄いものであったらしい。その時代の亜流ジゴ
マは映画として何本製作されたのか，又，本が何十冊あったのか，研究家にも数

II

1 | 2 |

がつかめないという。

　当時ジゴマの恐ろしさに震えた子供たちの誰かが，大きくなって『ジゴマ』に言及しているのを，各所に散見するが，特に江戸川乱歩への影響は，大きな意味をもっている。乱歩は弁士になろうとしたほどの映画狂で，後に一世風靡する，「怪人二十面相」には，思春期に見た『ジゴマ』や『ファントマ』の影響が明らかである。

　『ジゴマ』の完全版は，現在日本にはない。唯，アメリカ版の不完全作品が，フィルム・センターに残されているが，それでも充分，往時を偲ぶ事は出来る。何よりも驚かされるのは，阿片サロンの場面で，日本のキモノを着た女たちが，正座して客へサーブしている姿である。すぐに或る阿片患者の妄想に変わり，女たちが傘や団扇を持って踊りまわる。アラビアンナイトから抜け出た様な女も現われ，改めて西洋の男たちが抱いていた東洋の女への憧れが解ると共に，100年以上前の日本人にとって，これは大きな驚きであった事は想像に難くない。日本の女（いくら西洋人が演じているにせよ）が阿片のサービスをする事等，当時の権力者にとって到底見逃せるわけがなく，案外この辺が上映禁止となった隠れた理由かも解らない。

*

1 |　ヴィクトラン・ジャッセ　ジゴマのイメージは，『パリ猫ディノの夜』の怪盗団のボスが近い。アニメで表現されても恐ろしい。
2 |　文面をご覧いただければ，日本の当時の子供たちが，いかにおっとりしていたかが判る。

Victorin JASSET

『ジゴマ』の影響
—

『日本ジゴマ』1912
和製『ジゴマ』第一号。当時は珍しい野外ロケを入れた。ジゴマは荒島大五郎という日本人。大ヒットを記録したらしい。(上映禁止処分)[製]吉澤商店

『ジゴマ改心録』1912
ジゴマが20年後に出獄。『日本ジゴマ』の続編で本編公開の一ヶ月後にもう公開！この続編も又作られた。[製]吉澤商店

『大悪魔』1912
翻案『ジゴマ』だが、『ジゴマ』より, 傑作と宣伝された作品。(上映禁止処分)[製]吉澤商店

『新ジゴマ大探偵』1912
人気の吉澤商店の『和製ジゴマ』に対抗して作られた作品。傑作だったという。(上映禁止処分)[製]エム・パテー商会

『ジゴ魔』前編1937 後編1938
時代劇版「ジゴマ」[監]山口哲平[脚]板間清彦他[主]雲井龍之介

『怪盗ジゴマ音楽篇』1988
寺山修司が舞台用に書いたオペレッタを、多才な和田誠と組んでアニメにした作品。ジゴマに心を奪われ眠り続ける女歌手の心を取り戻すミュージカルアニメ。公開が昭和から平成に変わるタイミングで、オリジナルの公開も明治から大正に変わるタイミングである偶然が面白い。[監]和田誠[脚]寺山修司[音]八木正夫

『じゃあまん探偵』1988
フジテレビで、連続モノとして放送された少年探偵ドラマ。原作は石ノ森章太郎の人気漫画である。ジゴマが近づくと反応するジゴマ探知機などの登場が面白かったが、主人公のジゴマは凶賊ではなく, 決して人は殺さない。/25回のＴＶドラマ (FUJI)

*

3 |　『怪盗ジゴマ音楽篇』1988, 寺山修司の戯曲からの映画化。監督の和田誠も寺山も『ジゴマ』の世代よりずっと若い。©東宝／作 和田誠

4 |　『じゃあまん探偵』1988 (フィギュア), 漫画の帝王石ノ森章太郎原作。じゃあまんは勿論ドイツの意味。探偵団が事務所に利用する古いボートが由来。© (株)バンダイ／作 石ノ森章太郎

ルイ・フイヤード

Louis FEUILLADE

1873-1925

　ゴーモン映画の看板監督として大正から昭和にかけて良く知られていたのがルイ・フイヤードである。しかし彼はレルビエやガンスと同じ土俵で語られる事は無かった。作品が徹底的に娯楽映画だったからだ。しかし彼のアメリカ映画とは違う洒落た感覚は多くの日本映画に影響を与えた。彼の作品は，V・ジャッセの『ジゴマ』に続いて登場した『ファントマ』(1915公開)シリーズと『ドラルー』(1918公開)シリーズが有名である。『ファントマ』は第二次大戦後にユヌベルにより再シリーズになっているが，こちらの方は日本では大ヒットとはいかなかった。唯，主役のジャン・マレーが被ったゴムマスクにそっくりなマスクが，市川崑『犬神家の一族』に出てきて，にやりとさせられた。一方，女ギャングの映画『ドラルー』は，ミュジドラの主演で，熱狂的なファンがいた。『ドラルー』は『吸血ギャング団』と題を変えてＤＶＤ化されているが，当時は，子供への悪影響という理由で上映禁止になっている。凶悪さよりも，黒ずくめの身体にぴったりしたオールインワンが当時の日本には到底受け入れられない過激なコスチュームだったのだろう。当時の日本の少女たちが真似るとは思えないが，このセクシーファッションは，人々に強烈な印象を残しアメリカンコミックの「キャットウーマン」のイメージが混ざり，乱歩の「黒蜥蜴」から泥棒漫画「キャッツアイ」や「ヤッターマン」のドロンジョにまで繋がっている。

『ドラルー』の影響
—
『黒蜥蜴』1962
『黒蜥蜴』1968→共にⅠ17(ルブラン)
『Cat's Eye キャッツ・アイ』1997
北条司の漫画を映画した作品。コンピューターを駆使するハイテク美人泥棒三姉妹が，タイツ姿で登場する。
[監]林海象[脚]林海象, 土屋斗紀雄[撮]長田勇市[主]内田有紀, 稲森いずみ
『ヤッターマン』2009
タツノコプロのヒットアニメの実写映画版。善玉と悪玉が，いくつかの宝のありかのキーを奪い合う。悪玉グループ女親分の，セクシーキャラは『ドラルー』そのものである。
[監]三池崇史[脚]十川誠志[撮]山本英夫[主]深田恭子, 櫻井翔, 福田沙紀

Louis FEUILLADE

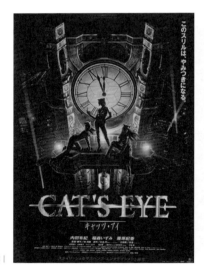

1

2

3

4

*

1 | 『ファントマ ミサイル作戦』1967，マレーのファントマは，日本ではヒットとは言い難い。ただゴムマスクは，『犬神家の一族』に渡された。
2 | 『犬神家の一族』1976，市川崑の大ヒット作品。マレー版ファントマゴム面が，この映画以来スケキヨ仮面になった。
3 | 『Cat's Eye キャッツ・アイ』1997，三人姉妹の泥棒が，オールインワンで暴れるが，漫画を狙ったギャグも全部裏目に出たとんでもない失敗作。
4 | 『ヤッターマン』2009，深田恭子が，セクシーなキャラでミレーヌ・ドモンジョならぬ"ドロンジョ"として登場する。

II

アリス・ギイとゴーモン映画作品

Alice GUY et les films Gaumont
1873-1968

　映画の生誕100年として，1995–1996年にかけて様々なイベントが日本でも催された。その中で，国立フィルム・センターが企画した"ゴーモン映画の100年"は，大変に貴重なものであった。本でしか知らなかった監督や未輸入作品の公開は，映画ファンを喜ばせた。ジャン・デュラン，エチエンヌ・アルノー，ヴィクトラン・ジャッセ，ジャン・ヴィゴ，そしてエミール・コール。しかし多くの映画ファンにとって，気になったのはアリス・ギイの名前であった。私達は，彼女がいたという事もほとんど気がつかずに，過ぎて来てしまったのだが，それはあまりにも情報が無かったからに他ならない。その頃の事を書いた本といえば，ジョルジュ・サドゥールの本しか思い浮かばないし，第一，戦前の日本の評論家たちも実際に見る機会が無いのだから，サドゥールの本からの丸写しがほとんどであった。だから映画の見方も自然にサドゥール的な発想となり，進化を前提として考え，その為の過程にそれぞれの作品があるという考えである。勿論それも含めてサドゥールの偉大さは変りはしない。しかしアリス・ギイというゴーモン映画の作品の基を作った重大人物にほとんど触れていない。

　日本で多くの人が，アリス・ギイの存在を知る事になったのは2001年に「私は銀幕のアリス」が発売されてからである。実際この本を読んだ時の驚きは相当なものであった。女性であるが為に無視されたとは思わなかったが，そこには彼女の名が刻まれなかった事，それ以上に映画の技術の剽窃，いたちごっこの生々しさが書かれていた。それは現在でも変わらず，進歩という観念から見て果してサドゥールはどう思うだろうか。又，アリス・ギイが本の中で云っているが，映画の進歩とは何なのか，トーキーがサイレントから奪ってしまったポエジーこそ映画の本質なのではないか……読者はどう思うだろうか。

　アリス・ギイが話題になった事と関係があるかもしれないが，坂根田鶴子(1904～1975)の名も，急に耳にするようになった。丁度生誕100年にあたる2004年に，出生地京都で彼女のイベントが開かれ，同時に京都シネマというミニ・シアターが開館された。坂根田鶴子は，溝口健二の『唐人お吉』(1930)で映画界に入り，編集，照明，あらゆる雑用もこなした溝口組の裏方として知られていた。映画を監

督したのは『初姿』(1936)で，現在は残っていない。その後彼女は満州へ渡り満映で国策映画を何本も監督したが，現在では『開拓の花嫁』が一本残るのみである。終戦後，彼女は一本立ちになれず，再び溝口組の仕事等を手伝う事になった。（溝口追悼の『ある映画監督の生涯』(1975)で，彼女を見ることが出来る）日本では一般的には女優田中絹代が初の女性監督と思われているが，それは映画の宣伝時にそう云われた為である。しかし実際に月日の問題で，坂根に少し遅れたが，田中は6本の映画を監督していて，なかなか良い作品もその中に含まれている。そして現在，日本にも河瀬直美，西川美和，荻上直子，と国際的にも認められた素晴らしい女性監督が誕生する様になった。次に続くもっと若い層の女性監督も，安藤桃子，フランスで好評な平柳敦子と，多くがその才能を競い合っている。横浜聡子もその一人だが，彼女が初めて撮ったメジャー作品『ウルトラミラクルスートリー』(2009)では，生まれたての子供の様に純粋な男が，キャベツ畑で顔を出している場面があった。それはアリス・ギイの有名な『キャベツ畑の妖精』，いや映画へのオマージュに思えた。アリス・ギイ，100年前の初女性監督の存在は，これから増々重みを増して行くだろう。

*

1 ｜ アリス・ギイの不在。これ程の映画史的"無知"が，本人の著作出版まで，当たり前だった事実が，語るものは大きい。
2 ｜ 「帝国」の映画監督　坂根田鶴子　日本の女性監督は，若手が目白押しだ。池田千尋，井上都紀，早川千絵……続々有望な新人が誕生している。

II

ジャック・フェデール

Jacques FEYDER

1885–1948

　日本の美意識の中にある暗示，はっきりと言わないで，相手の想像力にまかせる……これは，ある種の奥ゆかしさなのだが，西洋人からは，優柔不断と思われてしまう。しかし，映像の話になると少し違う。例えば，エンディングに教会の鐘をうつせば，主人公たちは結婚するのだと分かるし，結婚指輪を投げ捨てれば，主人公たちの離別を表す事ができる。そうして，そのやり方は，映画によって，あざとい程わかりやすかったり，分かる人が分かれば良いものだったり，映画により，監督により，様々に使い分けられてきた。ジャック・フェデールは"映画は暗示が原則"を貫いた大監督で，彼の作品は上等な暗示に満ちている。彼の映画が，無声映画の時から日本人に愛されたのは，その暗示のセンスの良さが，日本人好みであったと言ったら言い過ぎだろうか。

　製作と公開に多少のズレはあるが，ジャック・フェデールの作品は，まあ順調に日本で紹介されたといって 良い。最初の日本公開映画は，1926年の『雪崩』で，アルプスの山中に住む少年と継母の物語である。少年の心と雪の風景の自然描写が美しく高く評価された。続いたジュール・ロマンの凝ったシナリオ『面影』（1927公開）も，佳作の評価を得た。そして 1935年『外人部隊』（ベスト10，2位）1936年『ミモザ館』（ベスト10，1位）1937年『女だけの都』と，3本の映画史に残る傑作が公開されて，ジャック・フェデールの名は，日本でも決定的になった。同時にグラマーでも美人でもない，奥方のフランソワーズ・ロゼーは名優として，又脚本のシャルル・スパークも一般に迄知られる様になった。この3本に共通しているのは，脚本演出，俳優のアンサブルの素晴らしさで，戦前のトーキー・フランス映画の古典として，よく勉強されている。

　現在になって，この3本を見てみると，フェデールもスパークもベルギー人だった事や第二次大戦前の世界を覆っていた不安感が陽と出たのが『女だけの都』，陰と出たのが『外人部隊』『ミモザ館』の様にも思えてくる。特に『ミモザ館』のペシミズムと虚無感の現出は，時代を考えると，重いものがある。興業的には惨敗だったと聴くが，シャルル・スパークの脚本，その美しい台詞に込められた人生の重みは時代を超えて訴える。当時のベスト10を，3年続けたフェデール，丁度，

Jacques FEYDER

1｜　　　　　　　　　　　　　　　　　　　｜2

その頃もしかしたら戦地にいつ行かされるのかと思いながら映画を撮っていた日本の映画人たちも，そして一般の観客も，人事では無い思いを抱きながら，『外人部隊』のロゼーのトランプによる暗示を見ていたのだ。

『雪崩』の影響
—
『忠治旅日記』1927
映画評論家飯島正によって，自然と心理描写の撮り方に，類似があると指摘されている。公開当初から傑作との評価が高かったが，長い間幻の名画であった。1991年に二部の一部分と三部の大部分が見つかり，大ニュースとなった。[監脚色]伊藤大輔[撮]（第一部）奥阪武男（第二部）渡会六蔵（第三部）唐沢弘光[主]大河内伝次郎，沢村春子

『村の花嫁』1928
"日本のフェデール"と云われた五所平之助の作品である。おだやかな手法，と書かれた批評もあるが，『青春』（1925）では，フラッシュバックの使い方が悪いと評されている。五所は，その後独特の叙情的スタイルを持味として，多くのヒット作を作った。特に日本初のトーキー『マダムと女房』（1931）の監督として映画史に残されている。[監]五所平之助[脚]伏見兆[撮]三浦光男[主]武田春郎，

八雲恵美子

『ミモザ館』の影響
—
『人情紙風船』1937
この傑作は，沢山の洋画の良さを充分研究し，消化した山中らしく『グランド・ホテル』方式で，歌舞伎の「梅雨小袖昔八丈」（黙阿弥）を入れ込み，やはり構成的に『ミモザ館』を下敷にしている。[監]山中貞雄[脚色]三村伸太郎[撮]三村明[主]河原崎長十郎，霧立のぼる

＊

1｜　『ミモザ館』1935，トリフォーは糾弾したが，歌舞伎十八番を見るような，型の美しさが，古い新しいの論議を完全に超えている。
2｜　『人情紙風船』1937，戦死が惜しまれた天才山中の遺作である。彼はこの映画の封切日に赤紙を貰い，震えていたという。

II

ジャン・ブノワ＝レヴィとマリー・エプシュタイン

Jean BENOIT-LEVY 1888-1959, Marie EPSTEIN 1899-1995

　ジャン・ブノワ＝レヴィ……フランス映画を語るときに，この名を挙げる映画ファンは，今やほとんどいない。しかし彼のそれほど多くはない映画作品が日本映画に，与えた影響は，書いておかなくてはならないものだ。彼の映画は，女性の心理描写が，抜きん出てうまいと思う。これは，共同監督が多かったマリー・エプシュタインの目線が入っているからだ。マリー・エプシュタインは『アッシャー家の末裔』で有名なジャン・エプシュタインの妹である。彼等コンビの作品は，『ジムミイ』(1932)，『母の手』(1933)と公開されたが，特に日本と関係の深い作品は，『美しき青春』(1936)と『白鳥の死』(1937)の二本である。

　『美しき青春』は，ユダヤ系オーストリア人作家ヴィッキー・バウムの「エレーヌ」を原作に書かれた映画で，コメディ・フランセーズのスター，マドレーヌ・ルノーとジャン＝ルイ・バローの演技派コンビが出会い結婚するに至った映画である。内容は，スイス国境付近のグルノーブルにある医学大学の話で，音楽に才能のある繊細な医学生，その青年に恋する慎ましい女学生，彼等を教える厳格な教授と歌手の妻，そこに学生たちや家族が加わり悲劇が訪れる，といったドラマで，日本では 1937 年に公開された。V・バウムは名作『グランド・ホテル』の原作者として知られるが，この作品も多くの登場人物が，よく配置され構成力のある小説である。

　この映画を見て感動した吉屋信子が翻案し 1939 年から毎日新聞に連載され，「女の教室」という人気小説になった。吉屋信子という作家は，公言こそしなかったが，レズビアンを隠さなかった小説家で，少女小説と言われるジャンルを作った。彼女の小説には，中原淳一や内藤ルネの描く，大きく瞳を見開いた美少女の挿絵がつけられ，それは少女漫画に引き継がれ独特の文化を形成してゆく事になる。「女の教室」は，全員を7人の女子医学生に変えて，難しい国家試験に受かるかどうか，トップの生徒がもらえる学長賞を誰が射止めるかの闘いをドラマのベースにして，そこに様々な学生の苦学の様子などが描かれている。それぞれの女子学生の変化する人生の中で変わらない友情もテーマの一つなのだが，丁度日中戦争の時期でもあり，自然に軍国を肯定した状況で書かれた本であり，彼女たち

Jean BENOIT-LEVY, Marie EPSTEIN

の苦学が，美談風になっていて，戦後大いに問題とされた。しかし本は戦争を超えたベストセラーとなり，結局戦前戦後を通じて3回映画化されている。

　もう一本の『白鳥の死』は，1940年に封切られたが，戦争を挟んで，1945年に再公開された。戦後すぐの時期で，娯楽に飢えた人々が押しかけヒットした。オペラ座を舞台にしたポール・モランの原作もので，バレエ学校の少女が，自分の愛する先生の役を奪ったライバルのプリマを，舞台に仕掛けをして怪我をさせるといった，恐ろしい物語である。レヴィはしっかりした演出で見応えのある映画にしているが，この映画の話題は，有名ダンサーが出ている点にもあり，足を痛めるプリマを演じた，ミア・スラヴェンスカも，主役の少女役，ジャニーヌ・シャラも，その後，大人になってから別々に来日公演を果たしている。ミアはロシアンバレエの系列を組むプリマだが，ロシアンバレエと日本の関係は，Ⅲ章やⅣ章のバレエ関連の項目をご覧いただきたい。日本のバレエは，外国のバレエ映画が公開されると盛り上がる傾向があるが，この映画の場合は特に，その後大きく発展する少女漫画家たちに与えた影響が大きい。松本零士の妻でもある，少女漫画の高橋真琴は，ノベライズ作品のような「白鳥の死」を，1958年に発表しているし，このストーリーに似た作品は，例えば，なるみあきら「霧の中の白鳥」などがある。

＊

1｜　『白鳥の死』1937，子供の悪意は怖い。日本では，教育上からかこの種の悪意は映画にあまりなっていない。
2｜　『美しき青春』1936，スイスの大学キャンパスが舞台。ルノーとバローを結び付けた恋愛映画。バローは定番の悩み多き男の役。

Ⅱ

「女の教室」(『美しき青春』)の影響

『女の教室』1939

阿部豊は, ジャック・阿部の名前で, ハリウッドで俳優から演出に転じ帰国した経歴を持つ。日本で監督デビュー後, すぐに『足にさはった女』(1926)を撮り, 斬新な作品といわれた。この作品は女スリの物語だが, 市川崑と増村保造がリメイクしている。阿部はサイレント時代からベテランで, 巨匠扱いであったが, 長いキャリアの中で映画史的重要作はあまりない。『女の教室』は, 彼の得意とした女性映画の一本で, 前中後篇の3部作で大ヒット作品である。[監]阿部豊[原]吉屋信子[脚]山崎謙太[主]原節子, 千葉早智子

『女の教室』1959

早撮りで知られた映画職人渡辺邦男の一作。戦前作の前編のみを映画化している。[監]渡辺邦男[原]吉屋信子[脚色]長谷川公之, 渡辺邦男[主]野添ひとみ, 叶順子

『花の恋人たち』1968

小津の助監督から映画界に入った斎藤武市の正月用文芸映画。斎藤は, 日活の黄金期を支えた職人で, 吉永小百合とのヒット作も多い。戦前作の前編分のみの映画化。[監]斎藤武市[原]吉屋信子[脚]三木克己, 長谷川公之[主]吉永小百合, 十朱幸代

・

3 |　『女の教室』1939, 東宝七大女性スター競演の超大作。当時の世相か, 留学生を中国人にして, 原節子が演じている。

4 |　『女の教室』1959, 苦学する女学生と裕福な女学生。判りやすいが月並みな作品。留学生はこの作品では台湾人になっている。

Jean BENOIT-LEVY, Marie EPSTEIN

191

アベル・ガンス

Abel GANCE
1889–1981

　トルストイの有名な小説と同じタイトルの映画『戦争と平和』は，1920年に公開された。アベル・ガンス，日本に初めての登場である。この映画は第一次世界大戦後のヨーロッパのユマニズム運動と切り離して語る事は出来ないが，当時の日本は戦勝国でもあり，あまりユマニズム運動を自国の問題として捉える事はなかった。というより批評家も，基本的に体制批判や，日本の国策に少しでも関る事は避けざるをえなかった。しかし映画に強いメッセージがこもっている事は，皆，理解した様である。1926年になってようやく公開された『鉄路の白薔薇』は，日本では，『黒の交響楽』『白の交響楽』の前後篇一度の上演で公開されが，一般の人々にも最大の讃辞をもって迎えられた。何といっても格調高さ，内容の深さ，映像の美しさ，どれをとってもこの作品は，一級であった。例えば黒澤明は，良くこの映画の話を持ち出し，その度にこの映画の詩情を賞賛している。

　詩情を説明するのは簡単ではないが，『鉄路の白薔薇』には，日本人文化の根本にある仏教の無常観と非常に近い視点を感じる。1943年に公開された『無法松の一生』は，伊丹万作のシナリオが散々検閲でカットされて，オリジナルとは，かなり変った作品になったが，貧しき車夫（人力車）の一途な叶わぬ愛が，胸を打つ傑作である。山本喜久男が，その本の中で詩情という点での類似を指摘しているが筆者も全く同感である。

　その後ガンスの作品は，『椿姫』（公開1935）も紹介されたが，それ程のヒットとはならず，もう一つの代表作『ナポレオン』は，1932年に，パテ・ベビィ版17.5ミリ版で単館公開され，話題にはならなかった。戦後の『悪の塔』（1955）も，面白い作品ながら他の沢山の傑作フランス映画に埋もれてしまっての公開であった。

　しかし，世の中では予測出来ない事がよく起こる。フランシス・フォード・コッポラが再編集した，ガンスの『ナポレオン』が，1982年4時間の大イベントとして，公開されたのである。コッポラの人気，彼の父親が作曲指揮するフルオーケストラと無声映画の出会い，三面画面の実施と，話題満載で，再び，『ナポレオン』が，半世紀の時を越えて蘇えった。これ程の監督が50年前に居たという事を知らしめただけでも評価しなくてはならないのだろう。

1 | | 2

『鉄路の白薔薇』の影響

―

『狂へる人形』1926
人形をシンボリックな機関車と換え主人公3人の相関関係を『鉄路―』から取り入れている。[監脚]安田憲邦[撮]鈴木博[主]阪東妻三郎,森静子

『麗人』1930
暴行され妊娠してしまった女子学生が主人公。彼女は人知れず子供を産み,婦人人権運動家として活躍しながら,男への復讐を果たす。『鉄路―』からの影響で,フラッシュバックを,これでもかという程取り入れている。[監]島津保次郎[原]佐藤紅緑[脚]村上徳三郎[撮]桑原昂[主]栗島すみ子

『鉄路に人生あり』1931
機関手が主人公で,父と息子と養女の愛憎メロドラマ。[監]木村次郎[脚]小林勝[撮]気賀靖吾[主]沖悦二,田中春男,市川春代

『無法松の一生』1943
実話を元にした,岩下俊作の原作を,伊丹万作が脚色し,稲垣浩が監督した傑作。[監]稲垣浩[原]岩下俊作[脚色]伊丹万作[撮]宮川一夫[主]阪東妻三郎,園井恵子

『無法松の一生』1958
盟友伊丹亡き後,稲垣浩が再度挑戦したリメイク版。第19回ヴェネツィア映画祭で,見事金獅子賞を受賞した。[監]稲垣浩[原]岩下俊作[脚色]伊丹万作(稲垣浩)[撮]山田一夫[主]三船敏郎,高峰秀子

『無法松の一生』1963
東映が,三國連太郎を主役に3度目の名作に挑戦。稲垣作品には及ばず。[監]村山新治[原]岩下俊作[脚色]伊藤大輔[撮]飯村雅彦[主]三國連太郎,淡島千景

『無法松の一生』1965
三隅研次が,名作の誉れ高い伊丹の脚本に挑戦。勝新太郎が主人公とぴったりで,評判も興行成績も良かった。[監]三隅研次[原]岩下俊作[脚]伊丹万作[撮]牧浦地志[主]勝新太郎,有馬稲子

*

1 | 『鉄路の白薔薇』1923,無声映画の到達した最高峰の一作。この映画は,黒澤のお気に入りでもあった。
2 | 『ナポレオン』1982,残念ながらコッポラの父カーマインの作曲が凡庸で,音楽は必要なしに思えた。親馬鹿か,子馬鹿か?

Abel GANCE

3 | 4 |

5 | 6 |

＊

3-6 | 『無法松の一生』3-1943，4-1958，5-1963，6-1965，『鉄路の白薔薇』と『無法松の一生』をつなぐのは，車輪
　　　だけではない。『鉄路』の無常観は『無法松』の "哀れ" に繋がっている。無法松は，初代板妻に続き，三船敏郎，三
　　　國連太郎，勝新太郎と，日本映画界の代表的男優が，演じている。対する未亡人役は，初作は園井恵子，そして高
　　　峰秀子，淡島千景，有馬稲子が扮している。一作目は，主人公が，軍人の寡婦に恋する事が問題になり，大幅カッ
　　　トされた。寡婦役の園井は，広島で被爆死している。

II

194　　　　　作品往来

マルセル・レルビエとジャック・カトラン

Marcel L'HERBIER 1890–1979, Jaque CATELAIN 1897–1965

　マルセル・レルビエは，『海の人』（公開1925）によって日本で知られた。バルザックの映画化だが，そのテクニックと映像の美しさがまず評価された。続いた『エル・ドラド』（公開1926）でもその映像が話題にされたが，同時に才人だがスタイルにこだわるあまりに表面的で，もう一つ喰いたりない，きざったらしいという評価も定まっていた。唯，映画が純粋芸術足り得るかという，ある意味では，現代でも答えの出ない処で，新しい手法に挑んでいる映画人として，日本の映画人は無視する事が出来なかった。彼の映画は，『人でなしの女』（公開1926），『生けるパスカル』（公開1926）と続いて公開されたが，既にアメリカ的映画に慣れてしまった一般客はもとより，映画関係者の中にもレルビエを嫌いという人が沢山いた。つまり，"テクニックは認めるが，映画の本質的感動からずれている"と。確かにフランス映画は，アメリカ映画に対して，作品の数からいっても圧倒的に負けていて，そのイメージにはペダンティックな一種の匂いが，しっかり定着してしまっていた。大正末，昭和初期の情況も考えなくてはならないが，前衛的というイメージも，フランス映画にはあった。その10年後には話題に載せられない思想の問題も，当時は，未だ論争出来るおおらかさもあった。レルビエの作品は，どれもベスト10には入っていないが，多くの日本映画の映像にヒントを与えた点だけでも，現在こそ評価しなくてはならない。『かりそめの幸福』（公開1937）もその例と言えよう。レルビエの名は『人でなしの女』が復元され1990年に再公開された時には，すっかり人々に忘れられていたが，フェルナン・レジェ，ダリウス・ミヨー，クロード・オータン＝ララ，そして衣装のポール・ポワレと，バブル期のスノッブ系若者にはたまらない豪華スタッフの名前が大いに宣伝された。映画館を出る時には，こんなものかという客も多かったが，もう一度映画表現技術にも様々な歴史がある事を見せてくれた事は確かである。

　日本の外国映画史には必ず登場する，ジャック・カトランは，レルビエとの仕事が多いが，彼と共同監督した『嘆きのピエロ』は，何故かフランスでは，ほとんど知る人はいない。しかし日本では，公開された時期も早く，1925年度のベスト10の1位は『嘆きのピエロ』が占めたのである。フラッシュバックの新しさも丁度

Marcel L'HERBIER, Jaque CATELAIN

同年に公開されたヴォルコフの『キイン』（この映画はベスト10の2位であった！）と共に技術面でも大いに話題になった。しかし大ヒットの原因は，やはりカトランの二枚目振りと道行き（歌舞伎で好まれた身分違いの恋人たちが死を覚悟で逃げるという筋書き。江戸時代，不倫は死罪であった）を彷彿させる話が，日本人好みだったからだろう。カトランは，その後かなり長い間人気があったが，トーキーになってシャルル・ボワイエ等が出現しいつの間にか忘れられていった。しかし残されたこの映画のチラシやパンフ他を見るとやはり二枚目としてどれだけ注目されたのかが伝わってくる。カトランは戦後J・ルノワールの『恋多き女』（公開1957）にちょっと顔を出して日本のオールドファンを喜ばせた。『嘆きのピエロ』には，共同監督としてレルビエの名が，乗っているが多分カトランが，レルビエの技術中心で，ともすればペダンティックになりがちな映画を，ぐっと一般に解り易くした為に傑作が誕生したと推察するのだが，残念ながらこの映画は何処にも現物が残っていないようである。レルビエは若手の面倒をよく見た人で，名門"高等映画学院"設立に力を貸し，25年間に渡って校長を務めている。ここから巣立った多くのシネアストの中には日本の高野悦子もいる。

*

1｜ 『人でなしの女』公開1926，無声映画のオーバーな表情や動きは，時に歌舞伎に似ている。
2｜ ジャック・カトラン（シネ・カード）　カトランは，監督としても，二枚目としても，大正末から昭和初期に日本でも人気が高かった。

II

M・レルビエ作品の影響
―

『弥太郎笠』1932
稲垣は、最初女形から映画に入り監督に転進して、幾つもの名作を世に出している。彼は自ら映画雑誌でこの『弥太郎笠』を引き合いに出して、自分を含め多くの映画人が手法としてレルビエの影響を受けていると語っている。特にこの作品は、祭りの場面でアンリ・クロース『三仮面』(1932)からも面の使い方のヒントにしたという。[監脚色]稲垣浩[原]子母沢寛[撮]石本秀雄[主]片岡千恵蔵、山田五十鈴

『日輪』1926
レルビエの影響がオーバーラ

ップ的にある事が指摘されている。横光利一原作の古代史小説とは全く関係がない。[監脚]村田実[撮]青島順一郎[主]岡田嘉子、中野英治

『逆風』1926
ソフトフォーカスが、『エル・ドラド』からの引用とある。[監]仁科熊彦[脚]藤原忠[撮]窪添貴良[主]御園晴彦、瀬川路三郎

『忠次旅日記』1927
伊藤大輔は、『長恨』(1926)『流転』(1926)『仇討走馬灯』(1927)『下郎』(1927)等で、レルビエを散々勉強し、『忠次旅日記』(1927)『血煙高田馬場』(1928)『斬人斬馬剣』(1929)では、完全にオリジナルとして自分のものにしたとの述懐

がある。[監脚]伊藤大輔[主]大河内伝次郎、沢村春子
◇『かりそめの幸福』

『かりそめの幸福』1935
反社会主義的な画家が、ハリウッドで成功したスター女優を撃つ。しかし二人は激しい恋におちて、やがて別れてゆく。ベルンシュタンらしいドラマティックな話とボワイエが女性ファンを泣かせたメロドラマ。[監脚]M・レルビエ[原]アンリ・ベルンシュタン[主]シャルル・ボワイエ、ギャビー・モレリ

『別れのタンゴ』1949
オリジナルは画家と女優だが、ここでは、作曲家と歌手に置き換えられて、男の思想的な問題は、全部除外してい

---

3 | 『嘆きのピエロ』1927, 御伽衆や、太鼓持ちが、本来日本のピエロだが、現代では、お笑い芸人と言われてもてはやされている。

4 | 『忠次旅日記』1927, やくざになった男の物語。何度も繰り返し映画化されている。

Marcel L'HERBIER, Jaque CATELAIN

5｜　　　　　　　　　　｜6

るが，女に傷を負わせたり，
その男を女が面倒を見たり，
リメイク料を支払わなければ
ならないレベルである。最後
の，映画館で，男が女を偲ぶ
感動的なシーン迄しっかり模
倣されている。[監]佐々木康
[脚]長瀬喜伴[主]高峰三枝
子，若原雅夫

J・カトラン作品の影響
——
◇『嘆きのピエロ』
『嘆きのピエロ』1927
スペインの田舎町を巡業する
サーカス一座が舞台。座長が，
ピエロの妻に横恋慕するが，

なびかぬので，ライオンの檻
を開ける。ピエロはライオン
を射殺するが，一座を追われ
る事になる。[監]ジャック・
カトラン，マルセル・レルビ
エ[脚]J・カトラン[主]J・カ
トラン，シモーヌ・マルーイ
『愛怨百面相』1926
ピエロならぬ芸人の舞台裏
話。立場は少し変えてあるが，
設定を似せている。[監脚原]
大久保忠素[撮]小田浜太郎
[主]渡辺篤，春海清子
◇『歓楽の商人』
『歓楽の商人』1923
貧しい漁師の一家。酒のみの
父親に散々苦労させられる母

親と知的障害を持つが純真な
青年が，事故をきっかけに資
産家の美しい娘と知り合う。
その青年のはかない片思いの
映画で，カトランは監督主演
しかも娘の恋人と貧しい青年
の二役である。[監]ジャック・
カトラン，マルセル・レルビ
エ[脚]J・カトラン[主]J・カ
トラン，フィリップ・エリア
『からくり娘』1927
舞台を水郷に，白痴男を白痴
娘に，令嬢を写真師に変えて
ある。[監]五所平之助[脚色]
伏見晁[撮]三浦光男[主]渡
辺篤，星光

＊

5｜　『かりそめの幸福』1935，ルノワールの画で知られるアンリ・ベルンシュタンが脚本。優れた戯曲家で，レネは『メ
　　ロ』の原作に選んだ。
6｜　『想い出のボレロ』1950，高峰三枝子のこの手の映画は3本ある。似たり寄ったり，手が詰まり，かりそめに手を
　　出したのだろう。

II

ジャン・ルノワール

Jean RENOIR

1894-1979

　2008年東京で開かれた「ルノワール＋ルノワール展」は，非常に興味深い展覧会であった。ルノワールの父は，印象派の巨匠としてあまりにも有名である。日本にはその名をつけた喫茶店（ルノアール）チェーンがあり，そこのマッチにはルノワールの少女が印刷されている。地方の美術館では，描きなぐったデッサンを，キャンバスから幾枚かに切り分けたルノワールが宝物の様に展示されている。一般で，アンケートを取れば，ダ・ヴィンチもゴッホも押えて堂々の一番好きな外国人画家になるだろう。「ルノワール＋ルノワール展」のもう一人のルノワールは，それ程一般化している父と比べてほとんどの日本人はその存在さえも知らない。それが現実というものだと云ってしまえば，それまでだが，ジャン・ルノワールが映画愛好家以外に知られていない理由は同時代で彼の映画があまり公開されなかった，興業的に公開出来なかった，日本の歴史と映画の発達史が原因であった。彼のサイレント期最初の長編『女優ナナ』（1927公開）は，日本でも，冗長と評価され客が入らなかった。しかし，トーキーになって『どん底』（1937公開）が公開された時は，カメラの動きが，今までに無い新しさであるという事で注目されベスト10の上位に入っている。『女優ナナ』の冗長さも，彼の特質だと，この時に気づいた人たちは，ほとんどいなかったし，一本や二本では，作家のオリジナリティ迄言及出来る筈はない。そしてすぐ続いて輸入されていた傑作『大いなる幻影』は，試写は行われたものゝ反戦映画のレッテルが貼られ上映禁止になってしまった。1937年の事である。この映画が陽の目を見たのは，日本が戦争に敗れた後1949年になってである。しかしルノワールへの映画人の関心は高く，1939年の試写で見た映画人達からは，幻の大傑作という評判が流れていた。小津安二郎もその試写を見た一人で「とつとつと語るも大切な事を落さない。」と彼らしい感想を映画雑誌で語っている。映画が発明され，最初は動く写真だったものが，動き方動かせ方が，研究され音が入り……50年後，映画は，或る心地よい定番を見つけていた。それは，構成が良く，韻を踏む様なリズムがあり，モンタージュが生理的に気持ち良い作品である。ルノワールには，既に『女優ナナ』の時から，そういう一般的定番を，無視する型やぶりの映像があり，それがある時は，冗長と云われ，あ

Jean RENOIR

1|

|2

る時は前衛的と云われ，興業的にも当たらないだろうという判断をされたのである。だが，実際に戦争があった時期だけに本数も輸入規制される中，苦心して配給してきた映画会社を責めるのは酷というものだろう。だから少なくとも1950年代になるまでは，彼の評価はサドゥール等外国からの本や，仏で実際に見た人たちの噂でしか，知らされていなかったのである。無声映画1本トーキー2本の公開作では，語る事も出来ず，幻の作家だったのである。飯島正が，1950年に出した「フランス映画史」の中のJ・ルノワールの頁にその辺の事情が良くかかれており，その後，奇跡的に製作の翌年，時を待たずして公開された，初めてのカラー作品『河』(1952年公開)を見た後，彼が出版した「続・世界の映画」には，それまでは人の印象を書くしかなかった批評家が，やっと自分の言葉で語れるという"活気"が溢れている。彼は"気まゝな映画"と"気まゝを少し我慢した映画"と2パターン，ルノワールにある事つまり商業性の問題を語っているが，まさに特質を良く見抜いていたと云えるであろう。ルノワールの映画はその後も，批評家が褒めても興業的に成立しにくゝ『フレンチ・カンカン』(1954年公開)，『恋多き女』(1957年公開)，『草の上の昼食』(1963年公開)等がタイミングを狂わず公開されたが，『フレンチ・カンカン』以外はヒットしなかった。『フレンチ・カンカン』は人気者のジ

*

1|　『大いなる幻影』1937，日本では，戦後まで上映禁止だった究極の反戦映画。シュトロハイムがギャバンを完全に喰っている。
2|　『ゲームの規則』1943，長い間封印され忘れられた映画を発掘した「カイエ・デュ・シネマ」に拍手。

II

3|　　　　　　　　　　　　　　　　　　　　　　　　　　　　　　　　　|4

ャン・ギャバンとフランソワーズ・アルヌールのスターバリューで集客出来たが，劇中歌で，コラ・ヴォケールが歌った「モンマルトルの丘」も，かなりのヒットとなり，それでルノワールを初めて知った一般客も多かった。

　その後ヌーヴェルヴァーグの監督が彼を支持したこともあり今まで公開されなかった彼の旧作が，ポツポツと公開され出したのが70年代に入ってからである。『素晴らしき放浪者』(1932) は1977年に，『ゲームの規則』(1943) は1982年に，『ラ・マルセイエーズ』(1938) は1994年にと，中には50年以上たっての公開もあり，しかも大体が小さな劇場や自主上映であり，同時代性が大切な映画としては，もう完全に古典の扱いであった。しかし，映画史の上で，古くは木下恵介から最近の黒沢清まで，ルノワールの影響を指摘される場面もあり又，「ルノワール＋ルノワール展」の様な新しい試みもなされ，映画作家としての一貫した純粋さを備える監督として，今後増々彼の重要性が強調されていくであろう。そうして彼の偉大な父ルノワールの信念“絵画の中に思想を求めてはならない”が，実に大きな思想であり，息子が見事にそれを映画の中に見つけた事を我々は噛みしめるのである。

・

3|　『フレンチ・カンカン』1954，ルノワール作品で，時を置かず公開されヒットした珍しい例。ルノワール作品は当
　　らない前例が多かった。
4|　『河』1951，ルーマ・ゴッテンの自伝的原作。ベンガルの英国人家族の物語。甥クロードのカラー撮影には，DNA
　　を感じる。

<u>Jean RENOIR</u>

ジュリアン・デュヴィヴィエ

Julien DUVIVIER
1896–1967

　1934年に，ジュリアン・デュヴィヴィエの2作品ルナール原作『にんじん』とヴィルドラック原作『商船テナシチー』が公開されヒットした事は大きなエポックであった。仏もの専門出版の白水社と配給会社の東和商事が組んだプロモーションは大成功で，これ以後，文学作品を映画化したものを，文芸映画と呼ぶようになった。その後この文芸映画は日本映画でも大きなジャンルとして確立された。ヴィルドラックの『テナシチー』は，1920年に岸田國士が学んだジャック・コポーのヴィ・コロンビエ劇場で初演された作品であり，ヴィルドラック自身が，夫妻で1926年に来日していて日本との交流も深く，文化人に良く知られていてヒット映画の一因になった。続いた，1936年公開の『望郷』，1937年公開の『舞踏会の手帳』は共にその年のベストワン洋画作品に選ばれ，デュヴィヴィエの名を深く一般にも刻み，それ等の映画は様々な型で日本映画，文化に影響を与えた。同じく1937年に公開されたチェコとフランス合作『巨人ゴーレム』も，ヒットした作品で，戦後日本の『大魔神』(1966) シリーズに多大な影響を与えている。晩年のデュヴィヴィエの作品は，興行的に勢いが落ちたけれど，公開される度に話題となり，結果ほとんど全作品が，日本公開されている。

　彼の映画には，いささか型にはまった万人に分かる哀感が全編に流れていて，それを日本人はペシミズムとして大変に好んだ。東和と白水社が最初に売り込んだキャッチフレーズ"これを見なくてはインテリとは云えぬ"は正に一つの知的ブランドとなり，しかも作品は大衆受けもする解り易い作品であったのだ。そこが日本でこの監督がルネ・クレール，いやそれ以上に愛された点である。

『望郷』の影響
—
『赤い波止場』1958
日活の大スター，石原裕次郎の代表作の一つ。無国籍な神戸が舞台で，ヤクザの兄貴，東京から戻った娘，兄貴を追

い回すダンサーと役柄こそ違うが，まさに『望郷』そのものの日本版で，良質な翻案である。舛田利雄という職人肌の監督は『望郷』に入れ込み，下敷きにした映画を3本も残している。[監] 舛田利雄 [脚]

池田一朗，舛田利雄 [撮] 姫田真佐久 [主] 石原裕次郎，北原三枝
『地獄の掟に明日はない』1966
長崎を舞台にした，被爆者であるヤクザが，自身のしがらみを清算する。女が待つ港に，

1|　　　　　　　　　　　　　　　　　　　　　　　　　　|2

行きつけぬラストシーン。『望郷』へのオマージュを見る。[監]降旗康男[脚]高岩肇, 長田紀生[主]高倉健, 十朱幸代

『紅の流れ星』1967

『赤い波止場』の改作で, 舞台は又神戸である。主役渡哲也に『勝手にしやがれ』のベルモンドを気取らせている。娯楽映画として, 爽快感のある佳作であり, カルト的人気のある映画である。→Ⅱ31（ゴダール）

『さらば掟』1971

渡哲也が日活退社後に初めて他社出演の松竹で撮った"ヤクザ・ギャング映画"。舛田利雄が, またまた女の為に犠牲になる『望郷』と『カサブランカ』を合わせた様な, 無国

籍な映画にしているが, 出来上がりは前2作と比べるとガクンと落ちる。[監]舛田利雄[脚]鴨井達比古[撮]金宇満司[主]渡哲也, 范文雀

『舞踏会の手帳』の影響 ——

『四人目の淑女』1948

新藤兼人が脚本を書いている。戦争から戻った元音大生の優男が, ガールフレンドを尋ねて歩くというストーリー。→Ⅳ05（ビゼー）

『原爆の子』1952

原爆投下時に広島で勤務していた幼稚園の保母が主人公で, 戦後自分の知る園児たちの消息を訪ねて歩く物語。日本の外務省が, アメリカへの

異常な気遣いを見せたいわくつきの映画であるが, カンヌ映画祭でなんとか無事上映され, 多くの反響を呼んだ。[監脚]新藤兼人[主]乙羽信子, 滝沢修

『吹雪と共に消えゆきぬ』1959

高峰三枝子が戦死した兄の親友たちを尋ね歩く, 豪華な配役ながら, ストーリーがギクシャクしてしまった。[監]木村恵吾[脚]田中澄江[主]高峰三枝子

『喜劇・仰げば尊し』1966

田舎の校長先生となり昔の教え子たちに会うという話。渋谷としては『四人目の淑女』以来, 2回目のデュヴィヴィエ式回想映画であるが, 凡作に終わった。[監]渋谷実[脚]

*

1 |　『巨人ゴーレム』1937, ゴーレムは, 『フランケンシュタイン』になり, 海を越えて『大魔神』になった。
2 |　『大魔神』1966, デュヴィヴィエ版がヒントというが, 顔が似ていない。P・ヴェゲナーのサイレント版の方がずっと近い。

Julien DUVIVIER

3|　　　　　　　　　　　　　　　　　　　　　　　　　　　　　　　　　　　　　　|4

松山善三［主］森繁久弥

『巨人ゴーレム』の影響

―

「ゴーレム」はユダヤ教の呪文で蘇る東ヨーロッパでは有名な怪人伝説で、デュヴィヴィエの前に、既に3本制作されているが（現存は独版1本のみ）、日本の『大魔神』は、デュヴィヴィエ版の影響で作られた。しかし魔人の顔は、独版の影響が濃い。当時の日本としては、大作で、どれだけ人気があったかは1966年に3作品も作られた事が物語っている。早速、漫画化され、

また後年のロボット漫画に非常に大きな影響を与えている。2010年には、時代を変えTVシリーズ「大魔神カノン」が制作された。これまた子供たちに人気を博した。

『大魔神』1966
［監］安田公義［脚］吉田哲郎
［主］高田美和

『大魔神怒る』1966
［監］三隅研二［脚］吉田哲郎
［主］本郷功次郎、藤村志保

『大魔神逆襲』1966
［監］森一生［脚］吉田哲郎［主］二宮秀樹

『運命の饗宴』の影響

―

デュヴィヴィエが第二次大戦中に亡命して作った映画。アメリカ映画として戦後すぐに公開されたが、日本人は、デュヴィヴィエの映画として見に行った。1枚の燕尾服が、人から人へと渡り最後は畑の案山子に着せられている、という物語。

『拳銃0号』1959
燕尾服の代わりに、一丁のコルトが巡り巡っていく様を描いた一種のオムニバス映画。
［監］山崎徳次郎［脚］寺田信義、米谷純一、前田満州男
［主］川地民夫、稲垣美穂子

3|　『運命の饗宴』1942, 脚本のメンバーに圧倒される。デュヴィヴィエが戦火を逃れアメリカで撮った大作。

4|　『拳銃0号』1959, デュヴィヴィエの燕尾服は、案山子に使われるが, 翻案版のコルト拳銃は海に捨てられてしまう。

ルネ・クレール

René CLAIR
1898–1981

　日本で初めてトーキーが上演されたのは，1929年5月アメリカ映画『進軍』と『南海の唄』とある。出来上がっているトーキーを見る事は出来ても，自分達のオリジナル映画へ音声を入れる知識を日本の映画人は学ばなくてはならず，本格的日本国産トーキー誕生は，1931年8月の『マダムと女房』からという事になっている。しかし厳密には1920年代の後半には，既に独特なアプローチがなされてマキノ映画からは1929年6月（アメリカ映画公開後すぐ）にマキノ・トーキーとして『戻り橋』という映画が上演されている。ディスク式と呼ばれる方法でなかなか映像と音が合わず，珍妙なものだったが大ヒットしたらしい。

　フランスのトーキー第一作としてルネ・クレールの『巴里の屋根の下』(1930) が日本公開されたのは1931年5月で，本国から約一年遅れた事になる。しかしこの映画は，公開前から主題歌が日本語詞でレコード化され公開するやいなや大ヒットとなった。ルネ・クレールと主役アルベール・プレジャンの名前は一気に全国的に広まり，多くの日本人に非常に強い印象を与えた。1930年代といえばアメリカ映画も映画史上の傑作が目白押しだったが，その中でフランス映画は量より質で，傑作を次々に送り出し，1941年，戦争の為，仏映画が見られなくなる迄に多くの仏映画ファンを掴んだ。ルネ・クレールはデュヴィヴィエと共にその中心で，ほとんど彼の作品は，ベスト10上位に毎年選ばれる事となった。特に明治，大正，昭和初期に，文学で，絵画で，フランスに憧れていた人たちにとって，ルネ・クレールの映画を通して見られるパリの下町は，一種の追体験で，又，パリを知らない人たちにとっては，スタンダードな印象となった。映画人にとっては，何よりもそのカメラワークが，音声の使い方が，ため息をつかせる程鮮やかで，多くの日本の監督が，彼の映画で勉強する事になった。

　彼の1930年代の作品は，それ程本国と遅れる事なく日本で公開されているが，前衛的な初期サイレント『眠るパリ』『幕間』『イタリア麦の帽子』は，何十年も劇場公開されず，戦後自主上演の様な型での公開となった。その後VIDEO，DVD化はされていて，アメリカ時代の未封切の作品と共に，一般にも見られる様になっている。戦争による輸入規制で『最後の億萬長者』(公開1935) 以降しばらく彼の作

品は見られなかったが，第二次大戦後は1957年公開の『リラの門』が評判になり，オムニバス映画『フランス女性と恋愛』も1960年に公開されている。その後何度も彼の偉業を見直す作品上演イベントが催されているが，1976年に30年以上経て公開されたアメリカ時代の『そして誰もいなくなった』は，改めて，彼の才能，ウィットに富む知性を再認識させられる作品となった。

　彼の作品は，1930年代以降の日本映画に，様々な型で影響している。トーキー作品として，カットの使い方，モンタージュのセンス，音楽の扱い，映画としての構成等々で，一つ一つのシーンをここでは検証しないが，『巴里の屋根の下』，『自由を我等に』，『ル・ミリオン』，『巴里祭』，『幽霊西へ行く』，『最後の億萬長者』……これ等公開された全作品が，文字通り教科書であった。この中で『巴里祭』『自由を我等に』『ル・ミリオン』は『巴里の屋根の下』と同じようにトーキーの珍しさがもあったが，主題歌も流行した。その時代軍靴の音が，聴こえる日本で，何よりもクレールの映画は，自由への夢だったのだ。特に『巴里祭』は，この作品こそクレールの代表作と言わせた傑作である。『巴里祭』というタイトルは，なんとも洒落ているが，当時は"巴里まつり"と読んだらしい。

　その時代から90年近い時が過ぎたが，残念ながら未だに，日本人の監督作品

<hr>

1｜　『巴里の屋根の下』1930，ラザール・メールソンの装置の美しさ！何度見ても新しい発見がある，まさに歴史的な映画。
2｜　『巴里祭』1932，アナベラは，この映画で日本でもスターになった。後年，夜のレズバーでは，タキシードで歌う男前だった。

に，クレールの様な洒脱な映画を，見つける事は難しい。というか，良い意味でも悪い意味でも，どこか真面目すぎて，それが洒脱にさせないのである。これは，個人の才能よりも国民性と映画作りの現場が根本的に違うからだろう。当時に目を転じれば，小津保二郎は，クレールが大好きで，試写には必ず現われたというし，小市民を描く点など共通点を挙げる者が多い。川島雄三や伊丹万作，市川崑などの名も，挙げておかなくてはならないが，未だにルビッチやクレールの小洒落た洗練に届いている日本映画は少ない。伊丹万作は1936年映画雑誌で，"ルネ・クレールとは非常に喜劇のうまい人"とコメントしているし，実際研究したらしいが，『気まぐれ冠者』(1935)等の洒脱さはクレールに通ずるものがある。伊丹の盟友，稲垣浩も，『旅は青空』(1932)や『時代の寵児』(1932)で，クレールを意識していた事を認めている。

『巴里の屋根の下』の影響
―
『マダムと女房』1931
日本のトーキー映画第一号。台詞と映像とのバランス感や

リズム感に，クレールの影響が感じられる。クレールを参考にしている監督は沢山いるが，五所は，その中でも一番影響を受けたと云われている。

[監]五所平之介[脚色]北村小松[撮]水谷至広，星野斉，山田吉男[主]渡辺篤，田中絹代

『隣の屋根の下』1931
名匠成瀬のデビュー2年目の

3 ｜ 『マダムと女房』1931，マダムは伊達里子，女房は田中絹代。モガと撫子……当時の女性の2タイプが，良く出ている。
4 ｜ 『純情の都』1933，東京のモガモボたちの恋のドタバタ。アパートの住人達の仲間意識が「ラ・ボエーム」を連想させる。

René CLAIR

5｜　　　　　　　　　　　　　　　　　　　　　　　　　　6｜

作品。日本で大ヒットした『巴
里の屋根の下』のタイトルをち
ゃっかりいただいている。そ
のほかに1932 年に『大東京の
屋根の下』（吉村操），1963 年
に『若い東京の屋根の下』（斎
藤武市）が作られている［原脚］
木村義男［監］成瀬巳喜男［主］
小倉繁，清水好子

『巴里祭』の影響
—

『純情の都』 1933
原作が，新宿ムーラン・ルージ
ュ劇場の脚本家・島村竜三が
書いており，パリの下町を思
わせる設定である。新宿ムー

ラン・ルージュは，1935年頃
ピークだった，軽演劇中心の
劇場で，川端康成の小説にも
なっている。本家のムーラン・
ルージュを真似て，風車が取
り付けてあったそうである。
勿論，現在は見る事は出来な
い。［監］木村荘十二［脚］松崎
啓次［撮］立花幹也［主］千葉早
智子，竹久千恵子

『ほろよひ人生』 1933
やはり新宿ムーラン・ルージ
ュで脚本を書いていた伊馬鵜
平の作品映画化である。伊馬
は軽妙な語り口に社会諷刺を
加えて，"日本のルネ・クレー
ル"と評された人である。［監］

木村荘十二［脚］松崎啓次［撮］
鈴木博［主］徳川夢声

『還って来た男』 1944
才人川島雄三の第一回監督作
品。場合の転換に，いつも俄雨
を降らせて，洒落た映画に仕
上っていた。これは，真似とい
うより意識的なクレールへの
オマージュであろう。クレー
ルの"雨"の扱いを多くの監督
が使っているが，杉森秀則の
『水の女』を見ていてその事を
ふと想い出した。［監］川島雄
三［脚］織田作之助［撮］斎藤毅
［主］佐野周二，田中絹代

・

5｜　『ほろよひ人生』1933，日本初のミュジーカル。アイスクリーム売りとビール売り娘の，いじらしい庶民の恋物
　　　語。
6｜　『還って来た男』1944，作脚本は織田作之助。川島雄三は戦時中の映画なのに，軍国風な描写を一切入れていない。

ロベール・ブレッソン

Robert BRESSON

1901–1999

　ロベール・ブレッソンは，最初画家を志し，やがて写真家から映画監督になった映像作家である。第二次大戦中ナチスドイツの捕虜となり，収容先で出会ったカソリックの司祭に依頼され作ったという『罪の天使たち』(1943) は，実質的な長編デビュー作だが，彼の死後，完成して57年後の2010年にやっと日本で一般公開されている。代表作『抵抗』(1956) が日本で公開されたのが1957年，『スリ』が制作年と同じ1960年。この二本以外ロベール・ブレッソンの映画は，興行的に当たらない映画と見なされ，世界中の圧倒的評価にも関わらず，良くて3年後の公開で，遺された13本の傑作群はＤＶＤ等でフォローはされているが，1/3の作品が未だに一般公開されていない。

　彼は，ヌーヴェルヴァーグ派の元になった，コクトー主催のオブジェクティフ49というシネクラブに参画していたが，やがて離脱し自分独自の映画を作り始める。全ての映画の原点であるリュミエールと同じにシネマトグラフと自らの映画を称して……。プロの俳優を使わず，無駄な音楽のないその作品は，折り目正しく，媚びがなく，まさしく今日考えられる映画の一つの原点である。日本では，素人のアイドルをいきなり映画の主役に使い，映画とは全く関係のない主題歌までつけるが，この場合は，ブレッソンの場合とは異次元の話である。

　彼の映画を，無理にジャンルに分ければ芸術映画というくくりしか見当たらないのだが，前衛映画でも，もちろん商業映画でもないその作品は，映画を作る人間たちにとって教科書の役目を果たしている。

　映画が娯楽を目指せば目指すほど，彼の作品の香気が，アーティストとしての作家的純度が際立つのである。ゴダールやトリュフォーが，映画の企画を持ち込むプロデューサーたちに，ブレッソンに映画を撮らせてやれといった話が，いみじくも物語っているが，戦後の新しい映画を牽引した，批評好きの彼らにとっても，ブレッソンの作品は，映画作家の良心の拠り所だったのである。

　寡作であり商業映画を撮らないのだから，一般的知名度は無いが，日本の映画監督でその名を知らない人は，多分皆無であろう。

　教育映画から一般映画に転身した羽仁進の『不良少年』(1960) は，登場人物全員

Robert BRESSON

1 |
| 2

が素人で，一般俳優には出せないリアルさが，傑作を誕生させた例である。当時の日本映画では画期的な出来事であり，明らかに羽仁はブレッソンを意識していた。羽仁は，『彼女と彼』(1963) でも，主役の一人に素人の画家を起用し見事な映画を作っている。

　ブレッソンの影響は，ドキュメンタリー出身の監督に見られ，大人の素人を使った映画としては，高嶺剛の『パラダイス・ビュー』(1985) や，河瀬直美の『殯の森』(2007) は，その成功例である。

　極めて作家性の高いブレッソンが，カール・ドライエルや小津安二郎と良く比較されるのは分かるが，対極にいるような娯楽映画の天才，黒澤明が，実はブレッソンを気にしていた事は，あまり知られていない。黒澤は，20世紀フォックスが制作する『トラ・トラ・トラ！』で，高級将校を既存の俳優ではとてもその重みがでないと判断し，一般の会社役員などから選んだ軍人役に軍服を着せて，赤絨毯の上を歩かせ，雰囲気を盛り上げたという。結局黒澤はこの映画から降ろされたが，この一般人から選出するやり方は『影武者』のキャスティングにも影響している。最近では，園子温が，影響を受けた本として「シネマトグラフ覚書」をあげているのも，対極にいるからこそなのだろう。

*

1 ｜　『抵抗』1956，ブレッソンは，映画作家という概念の最極に位置している。映画監督の資質を測る試験紙と言っても良い。
2 ｜　『バルタザールどこへ行く』1966，傑作揃いのブレッソンの中でも，際立つ名作。主役のロバについて，バルドーの意見を聞きたい。

II

ポール・グリモー

Paul GRIMAULT

1905–1994

　御存知の様に日本は一大マンガ・アニメ帝国である。第二次大戦後，日本経済の発展と重なってマンガとアニメは大産業となったが，それでも大きな段階がいくつもあった。その一つとしてポール・グリモーの『やぶにらみの暴君』は，巨大な影響を日本のマンガ動画（当初はこう呼ばれていた……）に与えている。1953年に日本で公開されたこのアニメは，手塚治虫，宮崎駿，芝山努…多くのマンガ家，動画作家にとって大きな贈り物であった。勿論，既に素晴らしいディズニーのマンガ映画は知っていたが，それとは全く違った，絵のタッチと深い内容，音楽，唄の全てが敗戦後の当時の日本からは，技術的にも程遠い新しい世界であった。映画のベスト10に必ずこの動画作品が入っているのは特筆すべき事である。このアニメは製作に5年5億フラン（当時の邦貨で約4億3000万円）かかったという。日本映画は，1億を越せば，超大作だった時代である。原作はアンデルセン「羊飼いの娘と煙突掃除人」で，脚本にジャック・プレヴェール，音楽にジョゼフ・コズマその他当時のフランス映画界の力が，結集した作品であった。

　その後1958年に東映動画が作り出した『白蛇伝』（日本初カラー長編動画）には，この『やぶにらみ―』に感動した人たちが作家として加わっており，彼らこそがその後の日本のアニメを発展させていった。

　そうして動画からアニメと呼ばれる様になった1963年，手塚治虫『鉄腕アトム』の登場はその次のステップと云えるものだが，その後劇画，動画，アニメと色々な呼び方をされながらアニメはＴＶの人気ものとなりどんどん発展していった。1985年『風の谷のナウシカ』は明らかに又一つステップが上がった作品で，ここから日本のアニメはますます国際的になっていった。スタジオ・ジブリはその時代の作家たちの一人，宮崎駿の会社で，彼の作品のいくつかに，あきらかに『やぶにらみ―』の影響が見て取れる。

　『やぶにらみ―』は公開後しばらくしてから幻の作品になっていたが，それもその筈，製作者とグリモーの間のトラブルで，その後何度かグリモーにより作り直され『王と鳥』と改題された。多くの人たちが圧倒的に『やぶにらみ―』の方を支持しているが，それを知らないもっと若い者にとってはグリモーの『王と鳥』もな

Paul GRIMAULT

1｜　　　　　　　　　　　　　　　　　　　　　　　　｜2

かなか日本では公開されず，幻のアニメであった。ジブリ配給で2006年にやっと
公開された事は嬉しい事である。『やぶにらみ—』はもう見る事は出来ないが，他
の豪華スタッフの名と共に，一枚の当時物ポスターが確かに日本でも公開された
事を物語っている。

　ポール・グリモーは，1985年に来日して，第一回広島国際アニメーションフェスティ
バルで名誉会長を務めている。"愛と平和への手助けを，アニメはできる"，アニメ
に人生をかけた彼ならではの，未来に向けた感動的なスピーチを残していった。

『やぶにらみの暴君』の影響
—

『ルパン三世カリオストロの城』
1979
ルパンが忍び込む城が，グリ
モーの描いた城に良く似てい

る。特に床がずれて地下に落
ちるところとか屋根の追い
かけっこ等。[監]宮崎駿[脚]
宮崎駿，山崎晴哉

『天空の城ラピュタ』1986
幻の空中宮殿，最後の大カタ

ストロフも残されたロボット
もその他随所にグリモーの影
響がある。これはもう宮崎か
らグリモーへのオマージュな
のであろう。[監脚原]宮崎駿

★

参考｜『白蛇伝』1958
戦中の国策アニメ『桃太郎』(1944)を最後に日
本の長編アニメの灯は消えかけていた。『白蛇
伝』は，苦心の末2年がかりで製作され1958年

に，やっと上映された，日本アニメ映画再生の
最初の記念碑である。[監脚]藪下泰司[製]東
映動画

＊

1｜　『やぶにらみの暴君』1951，ロンパリが通じた時代の最初の作品はもう見る事は出来ない。© ユニオン＝NCC/
　　　作 ポール・グリモー
2｜　『白蛇伝』1958，教師が引率して，小中学生を映画に連れてゆく制度があった。漫画映画ではこの作品が初だろう。
　　　© 東映/作 藪下泰司

Ⅱ

マルセル・カルネ

Marcel CARNE

1906–1996

　カルネは色々なタイプの作品が撮れる監督であった。それは職人ということでもある。1939年公開の『ジェニイの家』はジャック・プレヴェールの脚本と共に高く評価された（最初は師匠フェデールやデュヴィヴィエとの類似を指摘された事もある）。そして第二次大戦が終わり，1949年にペシミスティックな2作『霧の波止場』と『北ホテル』が公開される迄10年間，日本でカルネを（いやフランス映画を）見ることはなかった。（特にこの30年代のカルネの映画は詩的リアリズムとよばれ，戦後量産されたギャング映画や日活の波止場のシーンなどに引用が散見できる）。戦争の為に輸入されなかった彼の傑作群を，『ジェニイの家』から1作毎に大物になっていった姿を，戦後一度に見せられる事になったわけだが，もうその時には『天井桟敷の人々』の評判は伝わっていた。この作品は1945年制作であるが，日本でやっと公開されたのは『嘆きのテレーズ』と同年1952年の事である。

　日本は米軍に占領され，映画の製作，公開も，一つ一つチェックされていたが，7年間もこの世界的名作が公開されなかった原因は何にあるのだろうか？多分配給会社の判断で，上映権の金額や，映画の長さ（これは作品が長いと一日に上映出来る回数が少なくなる）等で遅れたと思われるが，とにかく待たせてじらせてやっと公開というという事になった。結果は大ヒットである。興行成績以上に，作品はその後，年毎にその評価を上げ，日本人は全外国映画のベスト10が選ばれる度にこの作品を長い間選び続けてきた。こういう作品を真の名作と呼ぶのだろう。カルネはこの一本で，名匠の名を永久に日本の映画好きの胸に刻んだのである。寺山修司が自分の劇団に"天井桟敷"と名づけたのは有名な話である。ジャン＝バティストを演じたジャン＝ルイ・バローは，戦前から知られていたが，彼のパントマイムの舞台は，日本の演劇人，役者志望の若者に大きく影響している。

　カルネの他の作品も勿論高く評価されているが，実際には60年代に入る前に『危険な曲がり角』(1958) あたりから古いという評価がされるようになり，客足も落ちていった。それでも，1965年には，マル・ウォルドロンの「オール・アローン」を主題曲に『マンハッタンの哀愁』という，カルネならではの秀作を残している。

Marcel CARNE

1|

|2

『天井桟敷の人々』の影響
—

『女と三悪人』1962
歌舞伎の「お嬢吉三」も加味した本作品は『天井桟敷の人々』を明らかに意識している。登場人物が多い割には，井上の手馴れた演出で，娯楽映画として面白く作られている。フランスで是非見せたい珍品である。[監脚]井上梅次[主]山本富士子，市川雷蔵，勝新太郎

『歌麿 夢と知りせば』1977
1961年から日本のアート映画シーンを牽引した，ATGの葛井欣士郎が，日本ヘラルドとプロデュースした大作時代劇。江戸時代の有名な浮世絵師歌麿が主人公であるが，江戸の雑踏から始まる出だしから，『天井桟敷の人々』が被っている。登場人物が多くこれでもかといった人間関係をさばいた監督実相寺の演出力は，もっと評価されて良いと思う。実相寺昭雄(1937–2006)は，ＴＶのディレクターから映画の監督になったが，一作目『宵闇せまれば』(大島渚脚本)と，その後のATG3部作で映画関係者の注目を浴びた。彼は，この他に「ウルトラマン」(ＴＶと劇場版あり)という，一見彼のフィルモグラフィと全く別なジャンルでも有名だが，最近になり，改めて凝りに凝ったカメラのアングルや，カットのマニアぶりが，再評価されている。フランス語やドイツ語にも通じこの作品をカンヌに出品した時には，通訳を不要としたという。[監]実相寺昭雄[脚]実相寺昭雄，末武勝[主]岸田森

*

1｜ 『北ホテル』1938，アレキサンドル・トローネルのセットが，素晴らしい。現実の北ホテルは，カフェとなり観光名所になっている。

2｜ 『嘆きのテレーズ』1953，S・シニョレの名演に一歩も譲らぬ，姑役のシルヴィーが凄い。

3｜

4｜

｜5

3｜ 『天上桟敷の人々』1946, 映画の神がいる事を確認できる歴史的名作。スクリーンで見るべきである。

4｜ 『女と三悪人』1962, 人気絶頂だった山本富士子が, 芝居一座の座長としてガランス役になり市川雷蔵がバティ
　　スト役であった。

5｜ 『歌麿 夢と知りせば』1977, ガランスとバティストの運命の出会いは, 浮世絵師歌麿と大奥女中の出会いになって
　　いる。

<u>Marcel CARNE</u>

アンリ＝ジョルジュ・クルーゾー

Henri-Georges CLOUZOT

1907–1977

　スリラー・サスペンスの監督として，A.ヒッチコックの名作の名を知らぬ者はまずいない。英国からアメリカへ渡って大成功した彼は世界の巨匠として，未だにその作品は映画の見本のように世界中で愛されている。

　しかし1940–1960年初頭頃まで，彼と張り合う程の傑作を作り続けた監督がフランスにいた。アンリ＝ジョルジュ・クルーゾーである。彼は比較的遅咲きであったし，作品数で云うと大ヒッチコックにはかなわないが，質からいえば同等であった。ヒッチコック作品には，アメリカ人にはない英国人のユーモアの香りがあるが，クルーゾーには，映像のテクニックと演出にフランス独特の小味さがあふれていた。アメリカ映画にはない，細かい処まで目が行き届いた繊細とでも云おうか。日本人は，小味に非常に敏感な国民である。クルーゾーの映画は大いに好まれ，大ヒット作品が続いた。彼の作品は一部を除いてほとんど日本で劇場公開されたが，改めて見直してみて，いかに日本の映画に影響を与えていたかに驚かされる。多くの作品でコンビを組んだカメラ，アルマン・ティラールと共に。

　彼の作品は最初『犯人は21番に住む』が1948年に公開され，すぐに映画雑誌のベスト10に顔を出している。S・A・ステーマン原作のこの映画は，良く出来たミステリーで，フランス映画に餓えていたファンが競って見に行った。同じステーマンの『犯罪河岸』も1949年に公開されている

　その後『情婦マノン』(1950年公開)が，大ヒット。『密告』(1950年公開)の後，1954年公開の『恐怖の報酬』は，文句無しの傑作で，理屈抜きに楽しめる映画だった。イヴ・モンタン，シャルル・ヴァネル，フォルコ・ルリの演技の素晴らしさもあり又大ヒット，日本でのクルーゾーファンを増加させることになった。モンタンは甘いイメージの人気歌手であったが，日本でのスクリーン初お目見えのこの汚れ役で一気に俳優としての才能を見せつけた。続いた『悪魔のような女』(1955年公開)も，又又大ヒットして，"決して結末を喋らないでください"のキャッチ・コピーは流行語になった。ハリウッドリメイクと比べると，いかに優れた映画がよく分かる。日本でも随分，このプロットが，映画やテレビドラマに真似されている

　劇映画ではないが『ミステリアス・ピカソ 天才の秘密』(1956年公開)はカメラを

1 |　　　　　　　　　　　　　　　　| 2

C・ルノワールが担当し，ドキュメンタリーとして素晴らしく斬新で，これも作品的評価が高かった。

　しかし，クルーゾー作品なら何でもと思えた時期は，約10年間だったようだ。日本でも人気の大スターB・バルドーを使った『真実』(1960年公開) はB.B.の人気にもかかわらず，テーマが少し日本人の好みとはずれていて客足は悪かった。

　後年シャブロルがベアールを使ってクルーゾーの脚本を映画化した『愛の地獄』(1994年公開) も日本で公開され，批評は悪くなかった。しかし，もうその頃はクルーゾーの名前もシャブロルもすっかり遠い時代になってしまっていた。

『犯人は21番に住む』の影響
――
『千里の虎』1950
中川信夫という監督は名作も凡作も随分撮った職人で，一般的には怪談映画の名匠と云われている。[監] 中川信夫 [脚] 佐伯清 萩原章 [主] 嵐寛

寿郎, 宮城千賀子

『恐怖の報酬』の影響
――
『姑娘（クーニャン）と五人の突撃兵』1958
第二次世界大戦，中国を舞台に取り残された小隊が本隊

の危機を救う為に2台のトラックにニトログリセリンを積んで，ソ連軍（中国の応援軍）に立ち向かう。途中は勿論大悪路，そこには，ゲリラが待ち受け，地雷が埋められている。映画の進行下手運転でハラハラさせられる。[監] 並木

＊

1 |　『犯人は21番に住む』1942，クルーゾー夫人シュージー・ドレールは，歌手としても有名で，クルーゾーは熱狂的ファンだった。
2 |　『千里の虎』1950，アパートを長屋に置き換えている。千里の虎と呼ばれる泥棒と，追う岡っ引き（江戸時代の警察）の話。

Henri-Georges CLOUZOT

鏡太郎 [脚] 川内康範, 織田青
司 [主] 宇津井健, 三ツ矢歌子

『悪魔のような女』の影響

―

『囁く死美人』1963
殺したと思った女が生きてい

た……。微妙に話は変えてあ
るが,『悪魔のような女』のア
イディアである。[監脚] 村山
三男 [主] 川崎敬造, 万里昌代

『情婦マノン』の影響

―

『情婦マノン』のラストシーン
での"逆さ吊り"場面は, 強烈
な印象で, 翻案もの『マノン』
等には勿論SM映画などにも
登場する。→I 02(プレヴォ)

★

参考|「スーパーマリオブラザーズ」との類似
任天堂の, 世界的な人気ゲームソフト「スーパーマリオ」(1985発売)には『恐怖の報酬』と類似があると, 多くの人が言う。取りあえず, ゲーム

の主人公マリオと双子の弟ルイージの名前が, モンタンとフォルコ・ルリが演じた役名である。任天堂は, はっきり否定しているが, それでもあちこちから絶える事なく, 類似の声がする。

★

参考|『地獄のローパー2』1986
『S&M Hunter』という題で, アメリカで人気のあるパロディポルノ。モンド映画愛好家の間では有名作で, 日本でも『SMクレーン中吊り』と改題され, 劇場公開された。倒錯の館を支配する地獄のローパーの武器は縄。日活B級アクシ

ョン映画からマカロニウエスタンまで, パロディもここまでやるか！の連続で, 最後には,『マノン』の逆さ吊りが出てくる。監督の片岡修二の壊れっぷりが一種の感動を呼ぶ。[監脚] 片岡修二 [主] 下元史郎, 池島ゆたか

・

3| 『恐怖の報酬』公開1953,「マリオ」のルイジはフォルコ・ルリに類似。

4| 『姑娘(クーニャン)と五人の突撃兵』1958,"本歌"より, もっと大変な条件の悪路を抜けなくてはならないのに, ハラハラさせられない凡作。

II

5｜『情婦マノン』1949，逆さ吊り，吊られる方は，斜視に注意。吊る方は，腰痛注意。どちらにしても，年齢体重身長制限あり。

6｜『マノン』1981，映画に出始めた頃の，ビートたけしがチンピラ感をだして好演。主役の二人の力み過ぎを救っている。

7｜『悪魔のような女』公開1955，シモーヌ・シニョレは，後年恐ろしい容姿に変化した。しかし生涯，怪奇映画には出ていない。

8｜『囁く死美人』1963，付き合っていた女が邪魔でプールに沈めたはずなのに死体が浮かばない……日本版『悪魔のような女』

Henri-Georges CLOUZOT

ジャン・ドラノワ

II-18

Jean DELANNOY
1908–2008

　俳優から映画監督になったジャン・ドラノワは，日本でもよく知られていて，フランス文学の映画化作品に定評があった。日本での初公開作品は，『悲恋』(1943／公開1948) である。「トリスタンとイゾルデ」を翻案とした，ジャン・マレー，マドレーヌ・ソローニュ主演のこの映画は，コクトーの脚本，ロジェ・ユベールの撮影，ジョルジュ・オーリックの音楽と文字通り当時のフランス映画として，最高のスタッフによる大作であった。その後ドラノワの映画は，『しのび泣き』『田園交響楽』『賭けはなされた』『想い出の瞳』『愛情の瞬間』『首輪のない犬』『ノートルダムのせむし男』そして『殺人鬼に罠をかけろ』……10年間にオムニバスも入れると14本の映画が公開されしかもしっかりした内容の手堅いヒット作が多かった。まさに職人の仕事である。

　60年代になると，ヌーヴェルヴァーグの台頭で，彼の監督本数が減り，1961年の『クレーヴの奥方』は，ラファイエット夫人の原作，コクトー脚色，オーリック音楽，アンリ・アルカンの撮影と，初期の『悲恋』に並ぶ豪華な映画であり，フランスシネマ大賞受賞の映画にも関わらず，日本公開されることはなく（英語字幕の16ミリ版は日仏会館で上映された），1988年になりようやく一般公開された。

　ドラノワの映画は，トリュフォーの槍玉にされ古臭いと片付けられて，雑誌で公開討論された事は，映画関係者は知っているだろう。世代交代は，いつの世にもある……しかしそれから時間が経ち，ドラノワやクロード・オータン＝ララ，もっと娯楽色の強いクリスチャン＝ジャックの作品でも古いと片付ける事ができないことは誰もが知っている。彼ら古い世代の映画の何本かは，カルト的な作品となっているものがあり，その中でもドラノワの1970年に公開された『悲しみの天使』(1964) は，当時では思いもつかぬ影響を日本の少女漫画に与えることになった。『悲しみの天使』という映画は，寄宿舎に生活する少年たちの同性愛の映画である。日本は，世界的に見てもロリコン文化が強いと云われている。大人が介入すれば，犯罪であるが，もちろん少年と少女，または少年同士，少女同士の同性愛は，刑罰に当たる事は何もない。特にこの映画のような，少年とはいっても子供同士の恋愛は，あくまで擬似であり本当の恋愛ではないとされるのが，一般的で

II

1 |　　　　　　　　　　　　　　　　| 2

ある。しかしこの映画で描かれているのは，子供であるがゆえの，あまりに純粋な命がけの恋愛の悲劇である。フランス映画でも珍しいと思うが，日本では当時も現在でも，まず作れない映画である。

　日本少女漫画界の大物，萩尾望都は，この映画に強い影響を受け，ボーイズラブの聖書とされる，寄宿舎での少年たちの恋愛をえがいた「11月のギムナジウム」（1971）と「トーマの心臓」（1974）を発表し，少女漫画を超えて大人たちに絶賛をあびた。また，同じくその後日本少女漫画界の重鎮となる，竹宮惠子は，萩尾と一緒にこの映画を鑑賞しているが，萩尾よりもっと大胆な性描写を取り入れた大ロングセラー「風と木の詩」を1976年に発表し，二つの雑誌をまたいで，1984年まで連載された。この作品は，コミック本になってから，何と490万部以上を売り上げ当時の少女漫画の記録をつくった。

『悲しみの天使』の影響
——
『1999年の夏休み』1988
4人の少年たちを全部少女が演じる，大胆な解釈が成功した映画。萩尾の原作と同じようにこの映画もカルト作品になった。[監]金子修介[原]萩尾望都[脚]岸田理生[主]宮島依里，深津絵里

『風と木の歌』（OVA）
漫画での過激なセックスシーンが抑えられ，少年の声は全部女性吹き替えだった。[監]安彦良和[監修]竹宮惠子

*

1 |　『悲しみの天使』1964，ドラノワは100歳まで生きた。86歳の最終作『マリア』は，まるで紙芝居。淡々と撮られた宗教映画だった。
2 |　『1999年の夏休み』1988，この中の一人を演じた深津絵里は，地味に精進して，大物感のある女優に成長した。

Jean DELANNOY

221

アンドレ・カイヤット

II-19

André CAYATTE

1909–1989

　映画監督には社会派と呼ばれる人たちがいる。映画のテーマに社会性のあるものを選ぶ監督を指していて，日本では代表的な監督として，亀井文夫，熊井啓，山本薩夫，今井正らがいる。アンドレ・カイヤットはフランスの社会派映画監督として日本では知られたが，日本初のお目見えは，ロミオとジュリエットのフランス版『火の接吻』であった。1950年公開で，人々はアヌーク・エーメの初々しさに感動を覚えた。この時は未だカイヤットにはっきりとした評価はされなかった。しかしすぐ1954年に『裁きは終わりぬ』(1950) そして1958年には『眼には眼を』が公開されるに及んで，社会派というレッテルが貼られた。彼が弁護士だった事もそのイメージに関係している。この2本は，実は大きな影響を日本にあたえている。『裁きは終わりぬ』は，安楽死の問題を扱っている。安楽死は，世界的な問題だが，日本では未だに法律で認められてはいない。フランスでは条件付きで，認める方向に動いているが，いずれにしても，重い問題である。1916年に医者であり文学者であった森鴎外が，「高瀬舟」で，安楽死をテーマに取り上げているが，これは映画にもなった程有名な短編である。『裁きは……』は，ヴェネツィア映画祭金賞他世界中で評価された名作だが，弁護士であったカイヤットだけあって，その法廷のシーンの撮り方は，映画人にとって見本になっている。この映画は，題がハムラビ法典からの引用で，映画の主題を既に良く物語っている。シリアの病院に勤務する医師が，診療を断った患者が別の医師のミスで死んでしまい，その夫に復讐される話である。松本清張は，戦後の日本の推理小説を代表する作家だが，1959年から1960年にかけて，弁護士への逆恨みをテーマにして「霧の旗」を書いた。これは，発表時から多くの関係者が指摘しているが，主人公が女性に，医者が弁護士にはなっているが，明らかに『眼には……』の翻案である。一般の日本人の感覚で，ここまで執拗に逆恨みする感覚はあまりなく，だからこそ面白く，何度もドラマ化されている。映画化は都合二本なっているが，二本の『霧の旗』共に，興行的にもヒットした。

　社会派の映画は大体，真面目，暗い，厳しい，そんなイメージが見る前からあるのだが，カイヤットの場合も，上記の2作品以降，どの作品も話題になる反面，堅

苦しい，重苦しい，といった社会派のイメージはつきまとい，その所為か一般大衆が列を作るような映画的ヒットが日本では続かなかった。実際，裁判シーンが彼の映画の中にはよく登場する。それでも1960年前後までは映画がまだ娯楽の中で強い位置にあり，『洪水の前』（1955年公開）も傑作『ラインの仮橋』（1961年公開）も，観客は集まった。しかしその後は残念ながらS・ジャプリゾの推理原作もの『シンデレラの罠』（1968年公開）も，ジャック・ブレル主演の『先生』も客の入りは非常に悪かった。（特に『先生』は，直ぐに打ち切られる程不入りであった）

　彼の後半の作品で唯一の例外は1971年に公開された『愛のために死す』である。これは単館ロード・ショー（みゆき座）ながら，女性を中心によく客を集めた。内容は高校生とその教師の恋愛というタブーを扱った映画だったが，実際にあった話，学生運動，アズナヴールの主題歌（その後かなりポピュラーになった）等々の話題を呼んだ。1968年のフランスの5月革命と，日本の学生運動を，同一には論じられないが，60–70年代は確かに学生運動が盛んであり，この映画のヒットの一因として，国も内容も違うが，体制に押し切られる個人の痛みへの共感は強かった。その所為か，直ぐにこの映画の明らかな翻案映画が作られている。

*

1 ｜ 『眼には眼を』1958, 恨む男が，シリア人。現在も続く植民地だった国々の積年の恨みに，フランスは眼には眼で返すのか？
2 ｜ 『霧の旗』1977, 主人公の暗く謎めいた暗さは，山口百恵にぴったりだった。山田洋次ならどう撮ったろうか？

<u>André CAYATTE</u>

TO DIE
OF LOVE

3 |

| 4

『眼には眼を』の影響
—
『霧の旗』1965
松本清張の原作を，かなり忠実に映画化している。健康的な下町娘の倍賞が，この役では復讐に燃える役を演じた。自分を犯させ，弱点を握る為に，弁護士に酒を飲ませるシーンなどは，かなりギャップがあった。[原] 松本清張 [監] 山田洋次 [脚] 橋本忍 [主] 倍賞千恵子，滝沢修

『霧の旗』1977
昭和のアイドル，山口百恵とやがて結ばれる三浦友和のコンビで，百恵にとって最後の映画になった。[原] 松本清張 [監] 西川克己 [脚] 服部佳 [主] 山口百恵，三浦友和，三國連太郎

『愛のために死す』の影響
—
『その人は女教師』1971
"世界のミフネ"三船敏郎の息子，史郎が主演デビュー。女教師役は，岩下志麻。新宿のデモで機動隊から追われる少年をかばった女が，偶然その少年の担任となって恋愛し，周囲から様々な嫌がらせ，反対を受けるが愛をつらぬこうとする。しかし少年は自殺してしまう。細かいところまでカイヤット作品とかなり似たプロットになっていた。しかし，個人と社会との関り方が，日本版は情緒的になっている。三船史郎は，体当りで頑張ったが，その後，一時俳優を辞め，合作映画『ホーク/B計画』(1988) でカムバック。2000年には，黒澤脚本を，もと助監督だった小泉堯史が撮った『雨あがる』に出演している。[監] 出目昌伸 [脚] 宮内婦貴子 [主] 岩下志麻，三船史郎

『いのちの絶唱』1978
白血病で死に向う高校生を愛するその教師。設定が変えられたが，『愛のために死す』を原案と公言していた。女教師役の大原麗子が適役であった。ＮＴＶ（12回連続ドラマ）[主] 大原麗子，国広富之

*

3 | 『愛のために死す』1971，理屈っぽいと思われていた，カイヤットの作品の中では，実話という事もありヒットした。

4 | 『その人は女教師』1971，岩下志麻は，この頃から汚れ役を厭わなくなった。近親相姦，殺人鬼，最後はヤクザの大姉御に行き着いた。

II

ルネ・クレマン

René CLEMENT

1913–1996

　ルネ・クレマンは『海の牙』で日本デビュー以来，ほとんどの作品が日本で劇場公開されている。最初の頃はカイヤットよりは職人的だが同じような社会派のイメージがあった。しかし1952年に『禁じられた遊び』が公開されてから，単なる社会派の枠を越えて，名匠の位置にまで一気に駆け登ってしまった。この作品，『禁じられた遊び』は，カルネの『天井桟敷の人々』と同じく，あるいはそれ以上に日本人の胸を打ち何度も繰り返しリバイバル公開された。この映画がここまで日本人の中に入り込んだのは，反戦を静かにだがはっきりと叫んでいる映画の素晴らしさがまずあるが，それにぴったり呼応している主題歌の力も相当影響している。他でも触れたが，未だGHQの検閲が続く中，日本では映画音楽中心のヒット・パレードがあった。いわゆるポップスとは別にである。それ程映画が多くの人に見られていたし，サウンド・トラック盤はドーナツ盤になり，時にはオリジナル，時にはカバーで歌詞を日本語でつけられたりして，巷でひんぱんに聴かれたのである。勿論アメリカのミュージカルや西部劇のテーマ曲も多かったが，イタリア映画，フランス映画のテーマ曲は全く対等に伍していたのである。この『禁じられた遊び』もその代表の様な一曲で，少女ポーレットの声が入ったサントラ盤のギター曲はその後歌詞がつき，小学校の音楽の教科書に入れられる程大流行した。ギター教室に通う人が増えた程である。ルネ・クレマンは映画の主題歌ではもう一つ『太陽がいっぱい』も書かないわけにはいかない。この映画も『禁じられた遊び』のように大ヒットして何度もリバイバルされ，その度にニーノ・ロータの主題歌が頻繁にラジオで流された。おそらく単純に云えば，このフランス映画の主題歌2曲の知名度は本国フランスよりも圧倒的に日本の方が高いだろう。耳覚えの良いキャッチーな主題歌をつけ映画をヒットさせる，ルネ・クレマンの作品は，娯楽映画の完璧な見本であるが，その前に，その演出力が，名匠の宝庫フランス映画界の中でも際立っていた。例えばこれも代表作の一つ『居酒屋』（1956年公開）や，超大作『パリは燃えているか？』（1966年公開）を見ればその監督としての力量は一目瞭然である。60年代70年代にかけてはヌーヴェルヴァーグの時代であり，古い大衆映画という一言で括られる彼への批判は相当なものであったと聞く

René CLEMENT

が, その時代彼がエネルギッシュに連投した娯楽作品の面白さは, 決して古くない。『雨の訪問者』(1969), 『パリは霧にぬれて』(1970年公開)と続いたサスペンス感あふれる映画群は, 作品の質も高くかつ興業成績も良い映画が多い。1974年に公開された『狼は天使の匂い』(1972)は, ヒット作とは言えなかったが, じわじわと評価され, 今では, フレンチ・フィルム・ノワールの代表作の一本に上がるほど高評価が与えられている。この映画は, 日本では1974年に公開された。カナダで撮影された, このいぶし銀の様なギャング映画は, アメリカ人スター, ロバート・ライアンの遺作でもあるが, いろいろな暗喩が仕掛けられている。原作は, フランス人に好まれているアメリカの作家デイヴィッド・グーディスだが, S・ジャプリゾが脚本を書いた。最初に出てくるルイス・キャロルの箴言は, ヌーヴェルヴァーグ派へのメッセージの様にも思える。アリスの有名なチェシャ猫も終わりと始まりに登場していて, このテーマを深める憎い演出を見せる。

　Nous ne sommes, mon amour, que des enfants vieillis, qui s' agitent avant de trouver le repos. (Lewis Carroll)

　愛しい人, 我々もまた年老いた子どもに過ぎず, 寝る時間が来たのを嫌がっているだけだ。(清水俊二の字幕より)

*

1 ｜ 『禁じられた遊び』1952, 戦争孤児問題は, 今でもすぐ隣で起きている。だからこの名画は, 何度見ても古くならない。

2 ｜ 『雨の訪問者』1969, 脇役だったブロンソンは, 『さらば友よ』で人気爆発。マンダム化粧品のＣＭでブームを作った。

II

3 | | 4

『狼は天使の匂い』（原題「ウサギは野を駆ける」）の影響
—
『ときめきに死す』1984
森田芳光が，しっかり描き込んだ，雇われ殺し屋もの。殺し屋，組織の人間，売春婦の3人が合宿をするが，確かにそのプロットに『狼は……』の匂いが少しする。森田は，日本ではタブーの一つ部落問題を主人公の背景に置き，実家に別れに帰る場面は，忘れがたい程切ない。娯楽的な作品も多い彼の作品群の中では，かなりメッセージ性が強い作品になっている。[監脚]森田芳光[撮]前田米造[主]沢田研二，杉浦直樹，樋口可南子

『ソナチネ』1993
沖縄の抗争に，東京のヤクザ一派が，義理としがらみで送りつけられ，沖縄ヤクザとしばし共同生活をする。結局この抗争は組織の上部の思惑だと気づく。プロットに『狼は……』の影響を感じるが，シムノンの「リコ兄弟」あたりの影響もあり，そのままの翻案ではない。[監脚]北野武[撮]柳島克己[主]ビートたけし

『太陽がいっぱい』の影響
—
『太陽がいっぱい』日本公開1960
アラン・ドロンはこの作品で日本での人気を決定づけた。

[監]ルネ・クレマン[原]パトリシア・ハイスミス[脚]R・クレマン，ポール・ジェコブ[撮]アンリ・ドカ[音]ニーノ・ロータ[主]アラン・ドロン，マリー・ラフォレ

ルネ・クレマンの出演した日本映画
—
『ヨーロッパ特急』1984
主人公たちが列車の中で出会う，老カップルをムニ・ダルメと一緒に演じている。出は少ないが，人生を語る印象的なシーンであった。→V補82（ロケ）

---

3 | 『狼は天使の匂い』1972，狼の暗喩を，ヌーヴェルヴァーグの監督達に，重ねるともう一つ奥が深まる。因みに日本狼は，絶滅している。
4 | 『ときめきに死す』1984，部落問題や宗教問題など，無駄な説明をせずに淡々と映像で描いた森田の力量は，高く評価されている。

Rene CLEMENT

ジャン＝ピエール・メルヴィル

Jean-Pierre MELVILLE
1917–1973

　映画は，その制作された年度，出来るだけ同時代に鑑賞するべきものだと思う。しかし往々にして紛れもない傑作が何十年も公開されないパターンがよくある。

　フランスの名匠の作品とて同じで，戦前のルノワール，戦後ではメルヴィルがそれに当てはまる。メルヴィルの場合は13本あるという作品の半分は，制作されてから30年も公開されなかった。例えば彼のデビュー作『海の沈黙』(1949) は，何と50年の時を経て，2008年にやっと公開された。2作目のコクトー原作『恐るべき子供たち』(1950) も歴史的名作にも関わらず1976年にやっと公開されている。しかしよく見てみると『いぬ』(1963)，『ギャング』(制作1966/公開1967)，『サムライ』(制作1967/公開1968)，『仁義』(1970)，『リスボン特急』(1972) ……この公開例が物語る様に，日本で人気のある俳優の出ている作品は，ほとんど間をおかず公開されている。配給会社にしてみれば売れそうな作品以外は買付をしないのは当然だが，メルヴィルの様な寡作家にとっては，残酷な事である。メルヴィル作品は，ベルモンド主演の『いぬ』が日本最初のおめもじだが，何と言っても『サムライ』が，メルヴィルの日本での印象を決定づけた映画である。日本が第二の故郷といっているアラン・ドロンそしてメルヴィル，しかもタイトルが日本語……これで当らぬ筈はない。

　又，日本でも丁度同じ頃，森一生が，市川雷蔵を使って『ある殺し屋』という傑作を作ったが，メルヴィルの『サムライ』の殺し屋と較べてみると非常に面白い。まず殺しの道具からして，かたや畳針，片やピストルという違い，是非この2本を並べてご覧になっていただきたい。

　『サムライ』以降メルヴィルの作品は，割合順調に公開されたが，それでも『影の軍隊』(1969) は7年後にやっと公開されている。メルヴィルの作品は，戦争を引きずっているものが大体公開され難いのだが，ヌーヴェルヴァーグの監督達が手本とした一人だという認識もあり，その死後，作品の評価が段々と高まっていった。結果大分遅まきながら彼の作品は全部公開され，ＤＶＤでもほとんど全作品が見られる状況になっている。

『サムライ』の影響

—

1963年11月，東京オリンピックを翌年に控え，ＴＶは驚くべき勢いで普及していった。ケネディ暗殺事件 (1963) は，茶の間のＴＶニュースで見た日本人が多かった。銃所持が完全に規制されている日本では，銃による暗殺など，裏社会のヤクザの抗争しか思い浮かばず，アメリカ大統領の暗殺事件は，非常に強いインパクトを国民に残した。映画に登場する殺し屋も，この事件以降，ビルの屋上から狙うやり方が，増えていった。『サムライ』の殺し屋は，ライフルこそ使わないが，暗殺者にストイックな美しさという新たなイメージをプラスした。さいとうたかおの人気劇画「ゴルゴ13」にも，その影響を探すのは難しい事ではない。

『狙撃』1968

これまで，『若大将』として，明朗と健康を売り物にしていた，加山雄三が，無口な殺し屋に扮し，役の幅を広げた。相手役は，浅丘ルリ子。『サムライ』の影響を受けた映画は多いが，この作品は『サムライ』の公開年に公開されており，やはり『サムライ』を相当に意識している。無口な殺し屋はともかく，妙に文学的な，何故殺すのか，殺し屋の解説をするような台詞が，語られる。音楽も，JAZZの使用は，わかるのだが，残念ながらフランソワ・ド・ルーベの洒脱さとは，あまりに遠い。唯一，名優森雅之が，謎の殺し屋に扮し，場面を全部さらうような凄い存在感を見せる。[監]堀川弘道[脚]永原秀一[撮]長谷川清[主]加山雄三，浅丘ルリ子，森雅之

『狙撃』1989

Vシネマの第1作として作られたスナイパー映画。ムード的類似が，各所にみられる。シリーズ化し，4作品がある。[監]一倉治雄[脚]岡芳郎，平永司[主]仲村トオル

*

1 | 『サムライ』1967，この映画以降，無口で，無表情，スタイリッシュに仕事をする暗殺者が沢山登場する事になった。

2 | 『狙撃』1968，演出の堀川弘道は，黒澤の薫陶を受けた監督で，外国の賞とは縁がなかったが，良質な娯楽作品を残している。

Jean-Pierre MELVILLE

アンリ・ヴェルヌイユ

Henri VERNEUIL
1920-2002

　ヌーヴェルヴァーグの監督たちが派手にもてはやされる中で着実にフランス映画の王道を通ってきた巨匠，それがヴェルヌイユの印象である。F・アルヌールの大胆演技で話題になったシムノン原作『禁断の木の実』(公開1954) が，日本への初お目見えである。

　そして彼は早くも次に公開されたセルジュ・グルッサール原作の『ヘッドライト』(公開1955) で，日本の大衆の圧倒的支持を獲得してしまった。映画も大ヒットしたが，その主題歌もヨーロッパ映画主題歌集を日本で編纂すれば，必ずその中に入れられるほどスタンダード化してしまった。勿論大スター，ギャバンと，人気急上昇中のアルヌールのコンビが良かったのだが，フランス庶民の生活感を引き出すヴェルヌイユの演出が光っていた。つつましい生活の中に咲いたいじらしいこの悲恋映画は，フランスではあまり評価がないらしいが，日本ではそのウエットさ故に支持されたといえよう。この時期アルヌール人気もあり，ヴェルヌイユとアルヌールの2作『過去を持つ愛情』『幸福への招待』が，続いて公開されている。『過去を持つ愛情』は，『ヘッドライト』の前に作られた，ポルトガルを舞台とするミステリーがかった映画だが，映画にも登場するポルトガルのファドの女王，アマリア・ロドリゲスの登場も話題であった。彼女の歌った「暗いはしけ」は，ファドの魅力を日本に伝える事に貢献した。

　1962年，ヴェルヌイユは今度はカラッとした『地下室のメロディー』(公開1963) で，またまた大ヒットを飛ばした。新旧のスター，ギャバンとドロンそのコンビの魅力も大きかったが，ヴェルヌイユの語り口が何より冴えまくっていて，多くの日本映画に影響を与えることになった。ルイ・パージュのカメラになる最後のプールに広がってゆく札束は，長く映画ファンの語り草であった。この映画から配給権料が高くなったという話もある。

　ヴェルヌイユの映画は，40本以上あるそうだが，そのうちの三分の一くらいは，フランス公開とほぼ同じタイミングで日本でも公開されている。大ヒットした『ダンケルク』，『シシリアン』等，娯楽作でありながらそこに留まらぬ秀作も多い。しかし『冬の猿』(1962) は，テーマが地味過ぎるという事で1996年になるまで公開

されなかった。この映画は実は，ヴェルヌイユのフィルモグラフィの中でも，ベスト3に入る傑作で，もっと日本でも評価されるべき作品である。

『ヘッドライト』の影響
―
『道』1986
仲代達矢が，ジャン・ギャバン役に扮した『ヘッドライト』のリメイク版。原作にかなり忠実なリメイクで，同じような湿り気もあったが，1955年（オリジナル）から30年を経た日本は，バブル経済の真最中で，作品はそれ程ヒットしなかった。既に大人の恋物語自体が映画では難しく，しかも感覚はもっとずっとドライなものが主流の時代であっ

た。[監]蔵原惟繕[原]セルジュ・グルッサール[脚]松田寛夫[撮]間宮義雄[音]ミッシェル・ベルナルク[主]仲代達矢，藤谷美知子

『地下室のメロディー』の影響
―
『御金蔵破り』1964
コピーや翻案の大好きな石井輝男が『地下室のメロディー』公開の翌年，すぐに作った時代劇版。音楽はJAZZを使い，大川橋蔵と片岡千恵蔵という二大東映時代劇スターが，ド

ロンとギャバンのようにコンビを組み，奥女中・朝丘雪路の手引きで，カジノならぬ江戸城の小判を船で盗み出すという筋である。テンポも良く，職人石井は，アイディアを借用したキワモノながら一級の娯楽作品に仕上げ，大ヒットした。フランス人に是非見せたい一作である。[監]石井輝男[脚]野上龍雄，石井輝男[撮]脇武夫[音]八木正生[主]片岡千恵蔵，大川橋蔵，朝丘雪路

*

1 | 『過去を持つ愛情』1954，恋愛と打算。浮気妻を射殺した男と，夫殺し嫌疑の女にかかる"暗いはしけ"。
2 | 『シシリアン』1969，『ゴッドファーザー』の大ヒットの前に，アフィア物がメジャーに展開できる事を見せてくれた娯楽作。

Henri VERNEUIL

3|

|4

5|

|6

*

3| 『ヘッドライト』1955，トラック運転手の家庭の貧しさ。愛にすがる不幸な女を，思わず抱きしめた中年男。ギャ
バン真骨頂である。

4| 『道』1986，主演の藤谷美和子は，離婚会見で"結婚しなきゃ離婚出来ないでしょ"といって周囲を唖然とさせた。

5| 『地下室のメロディー』1963，映画ではプールに浮かんだ札を，配給権で手に入れたのがアラン・ドロンだった。

6| 『御金蔵破り』1964，小判が重くて船が沈み，カジノのプールならぬ東京湾（江戸湾）の蛸がその上をのたくると
いうオチがある。

II

エリック・ロメール

Eric ROHMER

1920–2010

　誰もかれもがヌーヴェルヴァーグ，何がなんでもヌーヴェルヴァーグだと宣伝される時代があった。1960年代前後の映画の新人がデビューする時である。確かにその時代，新しい感覚の監督たちが，輩出した事は事実であるが，トリュフォーやゴダールの影で，感覚だけの駄作がたくさん誕生し公開された。しかし日本の配給会社は，エリック・ロメールを警戒したのか，1985年に『海辺のポーリーヌ』(1983) を公開するまでは，『獅子座』はおろか他の作品も，いっさい一般は見る事が出来なかった。『獅子座』が公開されたのは1990年の事で，この30年のブランクの間に，ヌーヴェルヴァーグもその流行をとっくに終えて，日本でのフランス映画は，嘗ての勢いが信じられないほど，マニアックな世界に追いやられてしまっていた。だから，ロメールの日本での展開は，1985年『ポーリーヌ』以降から見るとわかり易い。『ポーリーヌ』が一般に受けた事，この時期が，日本バブル経済の時期であったことも後押しして，ミニシアター系だったが，どんどんロメール作品が紹介されはじめた。ロメールはもとより，ブレッソンもアンドレ・バザンも，いやヌーヴェルヴァーグさえも知らない若い人たちに愛好家が増えたのである。彼に影響された日本の映画人には，インディーズからはじめた若い監督に多いのも，その辺りの事情がある。自然光，手持ちカメラ，ディスカッションの長廻し……ロメール風に撮ることは，特にインディーズ映画で，ちょっとした流行になったが，予算的な理由も大きかった。ロメールの影響ありと言う作家たちには，これからの日本映画を担っていくであろう作家が沢山いる。

　例えば，大谷健太郎 (1965–)，風間志織 (1966–)，井口奈己 (1967–) などにロメール的なものを探すのは簡単であるし，もっと若い，深田晃司 (1980–) の世代まで，ロメール好きは，本当に多い。

　映画監督を，テーマやジャンルに拘らず，何でも映画にしてしまう職人タイプと，テーマを決めずっと追いかけてゆく作家タイプとに大別すると，ロメールは，後者の代表格である。しかしこの二つのタイプは，便宜上であって，例えば，ＳＦからラブコメディ，ミステリーと一見バラバラな作品群を持ちながら，実は，類まれな作家性を持つトリュフォーと，日常の人間の生活に密着しながら人間の悲喜

Eric ROHMER

こもごもを飽きずに作品化していく，ロメールとは，映画に対する自分の思いを貫く姿勢の強さで共通している。使い古された言葉だが，作家性である。ロメールがシャブロルの遺産の一部で作り上げたデビュー作『獅子座』は，『海辺のポーリーヌ』のヒットのおかげで公開される事になったが，ここで私たちは時間が経った分，ロメールが，自分の個性を作り上げてゆく過程を，並べて見る事が出来たのである。

　ロメールは，確かに日本への登場が遅かったが，その分倍速で浸透し，あっという間に愛好者が激増した。多くの日本のフランス語学校が，会話の授業教材として取り上げた事も，後押ししたと思うが，ロメール映画には，確かに魔力がある。日常会話の日記小説を読んでいるような，身近な安心感が，主人公たちの会話を共有させ，映画の垣根を超えて，共感になるのである。

E・ロメールの影響

―

『メロデ』1989

8ミリで撮影された，瑞々し

い傑作。二人の女と一人の男の微妙な三角関係が，ごく自然に語られる。天才と言われた風間詩織は，この作品の5

年後後『冬の河童』(1995)でやっとメジャー長編を撮った。[監脚]風間詩織[撮]鈴木昭彦[主]伊藤亜希子，小峰

＊

1｜『獅子座』公開1990，退廃感が漂うサンジェルマン・デ・プレを彷徨う男は，ロメール自身か？シャブロルの友情で完成した秀作。

2｜『満月の夜』1984，主演のパスカル・オジェは映画公開2ヵ月後に急死。この映画のバランスの取れた美術も彼女の仕事だった。

3｜

4｜

仁己

『アベックモンマリ』1999

映画雑誌「ぴあ」で注目された，大谷の長編デビュー作。2組の男女の室内劇だが，最初から，ロメール映画のように会話が面白い映画である。[監脚]大谷健太郎[主]板谷由夏，大杉蓮

『トラバイユ』2001

共に棋士という姉妹に，それぞれの連れ合いがからむ珍しい設定の映画。『アベックモンマリ』の流れをくむ，会話が中心の室内劇だが，よく

脚本が書けていて面白い。監督の大谷は，この後『NANA』(2005)で，大ホームランを飛ばす。[監脚]大谷健太郎[主]瀬戸朝香，市川実日子

『人のセックスを笑うな』2008

井口奈巳も，「ぴあ」で注目された。この映画は，よくロメールの『友達の恋人』が引き合いに出される恋愛映画で，20歳違う男女の恋が，さらりと描かれている。[監]井口奈巳[脚]本調有香[撮]鈴木昭彦[主]松山ケンイチ，永作博美

『ほとりの遡子Au revoir l'été』

2013（日米）

ロメールの影響を自認する，深田の秀作。『Au revoir l'été』というフランス語の副題が付けられている。大学受験に失敗した女の子のヴァカンスを軸に綾なす人々のドラマが展開するが，出だしからロメールの世界が広がっている。撮影の根岸と主役の二階堂が素晴らしい。第35回ナント三大陸映画祭グランプリ。[監脚]深田晃司[撮]根岸憲一[主]二階堂ふみ，鶴田真由→Ⅱ79（深田）

・

3｜『海辺のポーリーヌ』1983，フランス人の様に長期のヴァカンスを，日本人が取るようになったら日本という国は亡くなるだろう。

4｜『友だちの恋人』1987，草食系男子が増える日本だから，ロメール映画が女の子に受けるのか？恋の教科書映画である。

Eric ROHMER

5 |

| 6

7 |

| 8

*

5 | 『メロデ』1989，高校生で注目された風間詩織は，50才を超えたロメールの日本遺児。因みに"しおり"は，フランスでは×。

6 | 『アベックモンマリ』1999，新人らしい新鮮さと，映画のアンサンブルが魅力的な小品。大谷健太郎ここに誕生。

7 | 『人のセックスを笑うな』2008，この映画のラヴシーンにロメールを見る。寡作だがマイペースな，井口は独特の演出力が認められている。

8 | 『ほとりの遡子 Au revoir l'été』2013，若き文学派深田晃司が，いかにロメールを愛しているかが，随所に見受けられる。

II

イヴ・シャンピ

Yves CIAMPI

1921–1982

イヴ・シャンピは，日本では，大スター岸惠子の元夫として知られていた。岸惠子は，戦前の教育を受けた今や貴重な大和撫子の矜持を持つ女性であり，彼女の数多くの離婚後のエッセイの中でも，まずほとんどシャンピを悪くいった描写はない。一般的に日本女性と結婚するフランス人男性は，フランス女性の性格が強すぎて，大人しい日本女性が好きになるというパターンが多いそうであるが，イヴという人もさぞや温厚な人だったのだろう。名門出身の彼は，映画監督の他に，プロデューサー，おまけに医師でもあるという多才ぶりであった。岸惠子に，ヨーロッパ的文化の奥深さを教える役として最適だったとも言える。

彼の作品は，なんといっても初めての日仏合作『忘れえぬ慕情』が有名だが，監督作品として日本初登場であるモンタン主演の『悪の決算』も，知られている。

1960年に発表した，日仏合作映画『スパイ・ゾルゲ真珠湾前夜』は，いろいろな意味で問題を残した作品である。主人公リヒャルト・ゾルゲはドイツ人とロシア人のハーフであり，第二次世界大戦中にドイツのジャーナリストとして日本に滞在したが，実はロシアのスパイで，日本で捉えられて死刑になった人物である。"ゾルゲ事件"として，日本の近代史に登場する戦時中の"悪者"なのだが，勿論ロシアから見たら"英雄"である。イヴ・シャンピは，ソビエト崩壊 (1991) まで存在したフランス共産党を支持していて，当然ゾルゲは，愛国者，愛国の闘士として描かれているが，イヴ・シャンピと岸惠子が映画にした時代には，まだロシア側は，正式に認めていなかった。現在では，ゾルゲに対して1964年に勲章を与え，銅像を建て，国家的英雄として祀られている。

映画は，日本版では，中村登『女の橋』と併映公開されたが，散々な不評であった。実際再見すると，相当カットされており，しかも誰がカットしたのか，ゾルゲ事件を知らない層には勿論，そこそこ知識があっても，人間関係を追うのが精一杯で，映画の流れが途絶えてしまっていた。岸惠子は試写で，あまりの事態に大泣きしたという。現在ネットなどでロシア版を見ることが出来るが，オリジナルのフランス版を是非見てみたいと思う。

その後シャンピは，近未来的主題の『頭上の脅威』(1964) で健在なところを見せ

Yves CIAMPI

たが，ヌーヴェルヴァーグ派の台頭の前に，ＴＶの演出などに以降し，本編の日本公開はなかった。又，忘れられがちだが，彼は，1975年日仏初の合作ＴＶアニメ『イルカと少年』にも尽力している。

Y・シャンピの日仏合作映画

『忘れえぬ慕情』1956

第二次大戦後，約10年して松竹とシラ・テラ・パテシネマで製作された。この映画は，当時の金で5億近くかけた大作で，日仏合作第一作として映画史に残る作品である。又日本人にとって岸惠子というスター女優が，外国人の監督と結婚した出会いの映画として，特に多くの日本の男性ファンは初めて遭遇する微妙なジェラシーを味わう作品でもあった。舞台は日本の敗戦を象徴するナガサキだが，直接原爆の話は出て来ない。仏スターの来日，仏との初合作，そして岸惠子，もうそれだけでマスコミは興奮していた。フランスの造船技師と日本娘の恋物語に，技師の元恋人がからむ脚本を，ジャン＝シャルル・タケラと松山善三が共同で脚本化した。巨大台風が中盤からの目玉になるが，日本名所めぐりや日本料理，芸者，文楽等々，盛り沢山に観光出来るようになっている。岸惠子が着物屋の娘で，着付け等がさすがに日本映画ならではのきちんとした物で，その他外人向けであってもわざとらしくないのは，やはり松山他スタッフの日本人としての見識であろう。又アンリ・アルカンによる台風の撮影はかなり大がかりなもので，その後語り草になった。岸惠子は『君の名は』という超ヒット作の後でもあり，それにコクトー映画で有名なジャン・マレー，戦前からの人気女優であったダニエル・ダリュー，ドイツ俳優ゲルト・フレーベと，とにかく話題にことかかなかったが，大ヒッ

*

1 │ 『忘れえぬ慕情』1956，初めての日仏合作映画。様々の映画作りや言葉の壁を越えて，ここまでの娯楽作を作るのは大変だったと思われる。映画往来の記念塔である

2｜ ｜3

トにはならなかった。今見直すとその時代らしく、例えば学生が、技師（Ｊ・マレー）に"サルトルをどう思うか？"と質問する件等、時代を意識させられるシーンが沢山出てくる。［監］イヴ・シャンピ［脚］松山善三、J=Cタケラ、アネット・ヴァドマン［撮］アンリ・アルカン［主］Ｊ・マレー、Ｄ・ダリュー、岸惠子［制］高村潔（松竹）、レーモン・フローマン

『スパイ・ゾルゲ真珠湾前夜』1960

ゾルゲに関しては、彼が日本で処刑されてから、様々の情報が公開、発見され、現在ではスパイであると同時に人間ゾルゲもかなり知られるようになった。ゾルゲに情報を与えた朝日新聞の記者尾崎秀実も、国賊扱いされた時期を過ぎ、現在は思想家としての研究書もだされている。又ゾルゲの日本妻であった石井花子も思い出を本にしている。日本では他に2本のゾルゲの映画が作られている。尾崎を中心にした、斎藤武市の『愛は降る星のかなた』（1956）と、

★

詳細な調査で挑んだ篠田正浩の『スパイ・ゾルゲ』（2003）である。後者は、篠田の引退大作であり、大いに話題をまいたが、既にゾルゲへの興味が、一般に薄く、興行的には奮わなかった。［監］Ｙ・シャンピ［脚］ロドルフ＝モーリス・アルロー、Ｙ・シャンピ、沢村勉［撮］生方敏夫、エミール・ヴィレルヴュ［音］セルジュ・ニック［主］トーマス・ホルツマン、岸惠子、小澤栄太郎

参考｜『イルカと少年』1975
エイケン・フランス国営ＴＶ合作→Ⅱ81（作品）

*

2｜ 『頭上の脅威』1964, 空母クレマンソーが活躍するＳＦ的映画。空母宣伝＋娯楽パニック映画として良く出来ている。

3｜ 『イルカと少年』1975, いまを盛りの日仏アニメ交流の最初の作品。シャンピの功績は小さくはない。ⓒ エイケン, Telcia films, Saga films/ 作 ブラディミエ・タルタ

Yves CIAMPI

239

クリス・マルケル

Chris MARKER
1921-2012

　クリス・マルケルは日本ではずっと不思議な見え方をしていた。ドキュメンタリストと映画作家とが，未だ一緒に考えにくかった時代である。代表作『ラ・ジュテ』日本公開は1962年になってからである。ヌーヴェルヴァーグ派の実験映画の登場であった。この作品は，ストップモーションによる映像のつみ重ねによるコラージュ手法の斬新さと，そのテーマ（地球滅亡後の話。小説の世界でしか多分表現出来ぬと思われていた）で，インテリ層にかなり話題になった。そして地味だが，徐々に，映画好きに浸透して，名画座ではよくトリュフォーの短篇等と一緒に上映されていた。押井守他多くの作家にも多大な影響を与えている。

　1995年には，クリス・マルケル本人が参加した，テリー・ギリアムの『12モンキーズ』が公開され，ブラッド・ピットの人気で話題になったが，『ラ・ジュテ』はその元ネタという事で再注目を浴び，ＤＶＤ等も発売されている。ヒッチコックの『めまい』との関連も指摘されているが1966年のオムニバス『愛すべき女・女たち』でゴダールが監督した『未来展望』は，撮影場所（オルリー空港など）も似ていて，まるで『ラ・ジュテ』の続編の様だ。

　日本では，ドキュメンタリーと云えば報道ニュースとほとんど同じ扱いで，戦後1949年岩波映画製作社が作られてから本格的ドキュメンタリー映画の歴史が始まったといっても云いすぎではないだろう（大正，昭和初期に全く無かったわけではないが……）。そのクリス・マルケルが確実に認識されたのが，彼が中心になって作られたオムニバス映画『ベトナムから遠く離れて』である。この作品はATGで公開され大きな話題となり，この種の映画ではかなり観客を集めている。ベトナム戦争は舞台が同じアジアであり，実際には米・ソの戦争であった事で日本にとっても，非常に重大であった。経済的にはアメリカの占領国という本質をまだまだ引きずっていた日本は，反戦運動も学生運動と結びつき盛り上がってはいたが，ジャーナリズム自体はかなり微妙な立場に立たされて，決定的なアメリカ批判はなされなかった。そこへこの映画の登場は，かなり大きな話題となった。フランスの若手の最新最優秀の映画人たちが，あれ程個性的な人たちがぶつかり合わずに結集できる事，そして本質的な反戦，反米というはっきりしたテーマを打ち出

1 | | 2

している事, それが大きなインパクトだったのである。勿論, すでに何本かのベトナム戦争のドキュメンタリー映画は日本でも作られていた。しかしそのほとんどが戦争の悲惨を映しているだけで, その根本までは言及していなかった。

　クリス・マルケルは日本が気に入っていたようで度々来日し, 何本ものドキュメンタリーを撮っている。やはり彼はヨリス・イヴァンス以後のフランス人ドキュメンタリストとして, そして何よりドキュメンタリー映像作家というポジションと社会的在り方を見せてくれた先達として, 日本映画への影響を語る時に忘れる事は出来ない。

C・マルケルの日仏関連映画
―
『不思議なクミコ』1964
C・マルケルによる日本人女性のドキュメンタリー。主人公の一風変った日本人女性に, クリス・マルケルが相当惚れているのが, 微笑ましい。インタビ

ュー構成が鮮やかで, さすがと, 思わせるが, 日本では, 当時全く受けなかった。私的過ぎたのだ。その後この『不思議なクミコ』は, 1980年代当時大評判だったサカモトのドキュメンタリー『トーキョー・メロディ』(エリザベート・レナー

ル)と組み合わせて『東京タイムスリップ(1964) /『フランス人の見たトーキョー』(1984)として再公開された。2本並べて見ると非常に面白い。『不思議なクミコ』は, 1964年東京オリンピックを迎え高度成長に湧く日本, 『トーキョー・メロ

*

1 | 『ラ・ジュテ』公開1962, スチルショットを重ねた短編。根源的な新しさと改めて感じるモノクロ写真の持つ無限性。
2 | 『赤い眼鏡』1987, 押井の劇場実写映画第一作目。ナチスと戦う日本という発想が凄い。ファンが赤い眼鏡で見れば楽しめる。

Chris MARKER

ディ』はバブル経済中の日本。この経済的二つの盛り上りの時期に日本人の性格はすっかり変ってしまったと思う。拝金的になったのである。そこに横たわる歴史の重みとアメリカの影響を、考えざるを得ない。[監脚撮]C・マルケル[音]武満徹[主]村岡久美子/仏映画

『サン・ソレイユ』1982
アフリカは日本から一番遠い国である。ニュースとして流れる量も非常に少ない。逆にフランスにいるとアジアのニュースは圧倒的に少ない。C・マルケルの『サン・ソレイユ』はヨーロッパの目から見たアフリカ（ギニア）とアジア（ニッポ

ン）、そしてアイスランドの対比がまず面白い。主人公のカメラマンから手紙を送られた，その国の女性が読みあげる映像に、カメラマンの眼としての映像が重なるという極めて詩的な手法が取られている。日本側は池田理代子が朗読。青函連絡船（1988年に廃止）や、TOKYOの街が景色として登場する。[監] C・マルケル[ナ]アレクサンドラ・スチュワルト, フロランス・ドレー, 池田理代子[製] アナトール・ドーマン

『A・K』1986 (仏)
黒澤明がセルジュ・シルベルマンと共同製作した大作『乱』のメーキング・ドキュメント。黒

澤がC・マルケルを認めていなかったら、絶対に実現しなかったであろう作品。狙い処が鋭く。黒澤のスタッフ達が,その役者たちが真剣に『乱』に関わる有様は、思わず『乱』を見たくなってしまう面白さである。（この『乱』の後, 黒澤と袂を分かった武満徹も登場）本当はもっと内部, 製作者シルベルマンと黒澤の闘いの方が面白いと思われるが、さすがにそこは映されてはいなかった。ナレーションを映画評論家の蓮實重彦が担当している。[監]C・マルケル[製]S・シルベルマン[音]武満徹

．

3| 『サン・ソレイユ』1982, ナレーションの池田理代子にはプロにない説得力があった。フランス版は、アレクサンドル・スチュワルト。

4| 『A・K』1986,『乱』のドキュメンタリー。黒澤天皇の映画創りの秘密が、眼で見える。

II

5|　　　　　　　　　　　　　　　　　　　　　　　　　　　|6

『ラ・ジュテ』の影響
—

『赤い眼鏡』1987

アニメ界のスター押井守が，アニメの声優たちを俳優として作った実写版である。今見ると古色感はさすがに否めないが，押井のメッセージは非常に素直に伝わってくる。
[監]押井守[脚]伊藤和典，押井守[主]千葉繁，鷲尾真知子

『ベトナムから遠く離れて』の影響
—

『ベトナム』1969

北ベトナムの記録映画。社会派・山本薩夫がベトナムに出向き撮影したドキュメンタリー。あえて『ベトナムから遠く離れて』の影響とは云えないが，それに応ずるようなタイミングであったし，日本映画にも，この際イデオロギー問題は別と

して解放闘争を支援する立場でつくられた映画があったという事を記しておきたい。当時，アメリカ批判を日本でする事は，現在では及びもつかぬ大変な時代であった。山本はベトナム解放後もベトナムを訪れ，ドキュメンタリーを残している。[監]山本薩夫，増田健太郎，小泉尭史

★

参考|『未来展望〜愛すべき女・女たち〜第6話』1967

原始から未来までの娼婦をテーマに描いたイタリア風オムニバス。この作品は，最終エピソードで，

他作品との映画的違いが面白かった。[監脚]ジャン＝リュック・ゴダール[主]アンナ・カリーナ，ジャック・シャリエ(伊仏西独)

・

5|　『愛すべき女・女たち』1967，ゴダールもいれば，ララもいる。日本映画には，大島も溝口も一緒にオムニバスにする頭の柔らかさが必要だ。
6|　『ベトナムから遠く離れて』1967，マルケル邸で，ゴダールとルルーシュが同席する奇跡。食事はヴェトナム料理。

Chris MARKER

ミッシェル・ボワロン

Michel BOISROND

1921–2002

　ミッシェル・ボワロンは，軽いタッチの都会コメディで，全く日本とは違ったフランスの富裕層の暮らしを見せてくれた監督だ。日本人には発想出来ない泣かせ方で，シャンソンを流して場面を盛り上げる，これが日本の大衆のフランス嗜好を煽った。飛行機の切符も高くて，簡単に日仏を往来出来ない時代の事である。1950年代後半から1960年代，ヌーヴェルヴァーグの様に難しくないミシェル・ボワロンの存在は貴重で，映画雑誌のベスト10に入る事は無かったが，大きな影響を日本に与えた。ボワロンは師匠のルネ・クレールよりずっとポップで，1956年ブリジット・バルドーの『この神聖なお転婆娘』でデビューしたが，日本公開はヒットした『殿方ご免遊ばせ』(1957) の後であった。その後，『お嬢さんお手やわらかに！』(1959)『パリジェンヌ』(1962) 等で，フランス，というよりパリのファッショナブルなドタバタ劇は評論家よりも一般大衆に人気があった。1964年に公開された『アイドルを探せ』(1963) は，他愛の無い追っかけ映画だったが，主題歌のヒットでシルヴィー・ヴァルタンは一躍スターとなり，アイドルという言葉もしっかり日本の外来語に根を下ろしてしまった。ボワロンは他にアクションものも手がけているが，特に有名な作品は『個人教授』(1968) と『さらば夏の日』(1970) の二本で，主演のルノー・ヴェルレーは日本で，一時は大アイドルとなった。この二本の映画のヒットにはフランシス・レイの主題歌も大いに貢献しているが，そろそろヌーヴェルヴァーグに飽きて来た映画評論家たちにも評価を受けた作品である。日本ロケした期待作『東京の切り札』は，とんでもない映画になり，公開されなかったが，現在の日本では怒るより大笑いするだろう。

　時代は変わり，もうボワロンを話題にする人は，フランスにも日本にもあまり見かけないが，日本人がパリファッションを愛好する根っこは案外ボワロンの映画などにあるような気がする。

M・ボワロンの日本ロケ作品
　—
『OSS117／東京の切り札』1966
(仏伊)

『007』を真似たフランス製『OSS117』が，日本で公開されたのは1964年である。その後日本では『バンコ・バンコ作戦』(1964)，『リオの嵐』(1965) も公開された。計3本の『OSS』は到底『007』の大ヒットには及ばなかったが，3

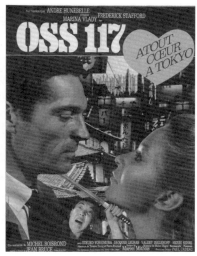

作目はヒロインのM・ドモンジョの人気で、まあまあのヒットとなった。4作目『東京の切り札』は、やはり人気のあるマリナ・ヴラディがヒロインで、日本ロケがジャーナリズムに何度も取り上げられたのにも関わらず、日本公開はされなかった。(後日TV放送はされた。)それもその筈、東京でヤクザに追われ、建物の外に逃げれば、そこは京都になっている、といった、メチャクチャ映画だった。[監]M・ボワロン[脚]ピエール・フーコー、テレンス・ヤング[撮]マルセル・グリニョン

[主]フレデリック・スタフォード、マリナ・ヴラディ、吉村実子/日本未公開

M・ボワロンの影響
—
『黒い画集 あるサラリーマンの証言』1960

主人公は、ある会社の課長だが、女子社員と浮気をしている。慎重に行動しているのだが、ある日女のアパートに寄った帰りに、偶然本宅の近くに住む保険外交員とすれ違い挨拶する。その外交員が、殺人事件で誤認逮捕され、アリバイを頼んでくる。主人公

は、自己保身の為、映画を見ていたと、偽証する。後日、今度は、主人公が、殺人事件に巻き込まれる。その時アリバイに使われる映画が、クレールの『夜ごとの美女』とボワロンの『お嬢さん、お手柔らかに!』の2本立てである。演出の堀川は、本物の映画の場面を挿入する事で、別時間の流れを与え、より観客に分かり易くしている。[監]堀川弘通[原]松本清張[脚]橋下忍[音]池野成[主]小林桂樹、中北千枝子、原知佐子

*

1 | 『お嬢さんお手やわらかに!』1959、『黒い画集』の中にクレールとポワロンの映画登場は、それぞれ10秒足らずだが、師弟の映画を並べて見せている。面白い。
2 | 『OSS117/東京の切り札』1966、旅館の女達が、お風呂でサーヴィス、用心棒は相撲取り、極悪韓国人の武器商人、超偏見映画の一本。

Michel BOISROND

アルベール・ラモリス

II-27

Albert LAMORISSE
1922–1970

　1953年カンヌ映画祭短編部門で『白い馬』が大賞を得て，アルベール・ラモリスの名前は，急激に世界の注目を浴びた。そのダメ押しをしたのが，1956年，同じくカンヌで短編映画のグランプリを獲得した『赤い風船』である。この作品は審査員に，「もしグランプリ部門に長編短編の選択が無かったら，この作品を一席に選んだ」と言わしめた傑作である。日本では，クストー＆マルのドキュメンタリー『沈黙の世界』と一緒に公開され，この組合わせも絶妙であり，一般劇映画を上回るヒットとなった。“赤い風船”は，パリに住む一人の少年に拾われ，その後少年の仲間たちから潰されてしまうが，『白い馬』にも共通する，純粋な夢が現実に翻弄される様を，まさしくラモリスの作家の眼差しが，丁寧に描き切った映像による詩である。当時の映画雑誌を紐解くと，モノクロの前作『白い馬』のテーマ性と抒情が，カラー『赤い風船』で，見事に昇華したという絶賛の声が多い。

　『赤い風船』を代表とするラモリス作品は，日本でも沢山のアーティストに影響を与えた。文学では，詩人の室生犀星が1959年に発表した「蜜のあわれ」が，代表的作品で，映画化もされた。犀星は，その後記となる「炎の金魚」で，『赤い風船』が「蜜のあわれに」に影響したことを，彼の中で“風船”は“金魚”であった事を，述懐している。また別の短編「火の魚」には，また別角度からの，死んだ金魚から魚拓をとり「蜜のあわれ」の表紙に使用する顛末が生々しく描写されている。「火の魚」の，死んだ金魚が海に流れて消えていくあたりの描写は『赤い風船』より明らかに『白い馬』の最後の激しさが感じられる。他の映画作品では，タルコフスキーのデビュー作『ローラーとバイオリン』が翻案として有名だが，この傑作中編も日本では人気があり，60年代後半の名画座では，『赤い風船』や『白い馬』と組み合わされ度々上映されていた。市川崑が1967年に撮った『トッポ・ジージョのボタン戦争』はイタリアで絶大な人気のネズミを使った人形劇だが，これは『赤い風船』そのままのような，場面が多かった。オマージュといえば，2007年オルセー美術館20周年の記念映画として制作された『ホウ・シャオシェンのレッド・バルーン』（仏台）は，いかにフランスが，この映画を大切にしているかが分かる傑作であった。映画ではないが，絵本作家いわさきちひろの「あかいふうせん」も名作で

1 | 　　　　　　　　　　　　　　　　　　　　　　　　　　　　　　　　　　　　 | 2

ある。岸田衿子が映画の原作（ラモリスの詩）を翻訳童話化した文章で，美しい児童
向け童話を作画している。音楽では，1967年には，五つの赤い風船というフォー
クグループが，映画からその名前を決めて結成され，活躍した。

　ラモリスの他の作品，『素晴らしい風船旅行』(1960) と『フィフィ大空を行く』
(1965) は，長編劇映画で，ラモリスにしか作れないロマンティックな佳作であっ
たが，日本ではヒットしたとは言えない。撮影中ヘリコプターの墜落事故でラモ
リスは亡くなり，遺作『恋人たちの風』は1978年に家族によって完成されたが，
日本での劇場公開はなかった。

A・ラモリスの影響
—
『トッポ・ジージョのボタン戦争』
1967
マリア・ペレーゴの操り人形を
使用した市川崑の人形劇。赤
い風船，少女も登場し，ギャン
グと戦うトッポ・ジージョに，
『赤い風船』の少年が被る。[監]
市川崑 [脚] 市川崑，永六輔，ア

ルベルト・オンガロ，フェデリ
コ・カルドーテ
『蜜のあわれ』2016
「蜜のあわれ」は原作自体が，
口語体で書かれた戯曲の様な
作品で，映画化しやすそうに
思われるが，池を泳ぐ赤い金
魚が人間になって登場し，亡
くなった人間の女幽霊とダン
スまでする。何よりもこの映

画は，死を想う老作家の感慨
を写し取る事に成功してい
る。監督は，石井岳龍。石井
聰亙の名で，学生映画からデ
ビューし，アクション映画に
独特の冴えを見せていた。監]
石井岳龍 [原] 室尾犀星 [脚]
港岳彦 [主] 二階堂ふみ，大杉
蓮

＊

1 | 『赤い風船』1956，ラモリスは，最初風船を飛ばす舞台を東京にしたかったが，東和の川喜多氏がパリを勧めたという。
2 | 『蜜のあわれ』2016，幻想小説の映画化で成功した珍しい例。監督の石井は，自身のＳＦテイストを，大正時代に
　　還元して見せる。

Albert LAMORISSE

アラン・レネ

Alain RESNAIS
1922-2014

『夜と霧』(1955) は，ナチスドイツの弾圧を描いたドキュメンタリー映画として，世界的に有名である。日本では 1961 年になってようやく公開された。それは，『ヒロシマ，我が愛／二十四時間の情事』(1959) が公開された後の事である。『夜と霧』はフランスで公開されて直ぐに，日本に輸入されたが，残酷すぎるという理由で税関を通らなかったという。フランス映画＝難解の象徴になった『去年マリエンバードで』(1961) は 1964 年になって公開された。この頃の映画雑誌を見ると，日本の映画評論家がそれぞれの解釈で，レネを論じていて，いかに 60 年代にこの映画が"難解"だったのかを伺うことができる。レネの作品は，大体がフランスと同時には公開されず，したがってレネの日本での一般的な認知は，いささか複雑で，ヌーヴェルヴァーグにカテゴライズされたり，前衛作家といわれたりする。ヌーヴェルヴァーグをどう捉えるかにもかかっているが，一般的には左岸派と言われるレネをゴダールたちと比べる事自体が，からまった糸のような様相を呈するのである。

　戦後，フランスの映画監督で，論題にされた監督は多いが，特にゴダールとレネは，二人共キャリアが長く，作品をその時代，その時代で発表していったこともあり特別な存在である。『去年マリエンバードで』は，催眠映画だという評論家もいたが，あながち間違いではない。サッシャ・ヴィエルニの映像が，催眠術のように滑り込んでくる。日本では，ATG で公開され，シャネルの衣装が，ファッション業界で話題にされた事もあり，東京では ATG 新宿と ATG 有楽町の 2 館でロードーショー公開された。その後『ミュリエル』は，すぐには公開されなかったが，傑作『戦争は終わった』(1966) は ATG 系で公開され，日本のその年公開の洋画ベストテンの上位を独占している。その後レネの作品は，集客が読みにくく，『ジュテーム・ジュテーム』(1968) や『スモーキング／ノースモークング』(1993)，『六つの心』(2006) 等の重要作品が，劇場未公開または特殊上映で，一般の目に触れにくい状況に置かれていた。中期の『プロビデンス』(1977)，『アメリカの伯父さん』(1980)，後期から晩年の『恋するシャンソン』(1997)，『巴里の恋愛協奏曲』(2003)，『風にそよぐ草』(2009) 等，彼の映画史的重要度が上がるにつれて，一応主な作品は，一般

公開されているが，出演スターの話題や，映画祭受賞にからめてやっと公開された感が強い作品もある。今後必ずレネの大回顧は，やってくるだろうが，その時にでも，ビデオやＤＶＤではなく，大画面でこの巨匠の作品を鑑賞したいものである。遺作となった『愛して飲んで歌って』(2014)は，第64回ベルリン国際映画祭で，アルフレート・バウアー賞を獲得したが，この賞は，映画に新しい視点をもたらした，従来は若い監督に多く与えられて来た賞である。いつも前向きに映画をつくり続けた91才のレネへ，映画人たちは心からのこの賞を贈ったのである。この作品は，2015年春に日本公開された。

A・レネの日仏合作映画
—
『二十四時間の情事』1959
日仏の2本目の合作映画である。日本では大映配給で仏映画として公開された。それにしても日仏の1作目の合作が長崎を舞台にした『忘れえぬ慕情』で，2作目の舞台が広島であったのは偶然であろうか。フランス人にとって，いや，被爆当事者以外に本当にその傷みが解るのだろうかという，本質的なテーマが，マルグリット・デュラスとアラン・レネの才能との結合で奇跡のように映像化された傑作である。原爆投下されて10数年，飛躍的に経済成長を続けていた日本にとって他国からのこの映画の問いかけは，非常に大きな意味を持っていた。当然インテリの間で論議されたが，話題のわりに記録

*

1｜ 『二十四時間の情事』1959，レネがこの映画を撮らなかったら……と言いたい程，この映画は世界中で公開され，広島を知らしめた。
2｜ 『愛して飲んで歌って』2014，レネの遺作。ベルリン国際映画祭は，あえて斬新な若手監督の為のアルフレッド・バウアー賞を贈った。

Alain RESNAIS

的不入りで4日で公開が打ち切られた。『HIROSHIMA 我が愛』のタイトルであったなら少ない観客のその又半分の集客も無かったであろう。悲しいかなそれは現実である。この映画はその後，世界中で鑑賞され続け，映画史的にも非常に重要な一本となった。[監] A・レネ [脚] M・デュラス [主] エマニュエル・リヴァ，岡田英次 [製] サミー・アルフォン，アナトール・ドーマン

『二十四時間の情事』の影響

『その夜は忘れない』1962

『二十四時間の情事』で，日本側（大映）から映画に立ち会ったシナリオ作家・白井更生が，戦後10数年を過ぎた広島の街に原爆の跡を求めてロケハンをくり返すうちに，案を見つけた。ある意味で『二十四時間の情事』へのアンサーのような作品である。1963年モスクワ映画祭（第三回）サン・セバスチャン映画祭（第11回）で賞を貰っている。主人公のジャーナリストが戦後17年の広島を取材し原爆の傷あとを捜すが，街は復興し，過去を懸命に忘れようとしている。しかし好きになった女と愛を交わそうとすると，彼女の胸には目を背けたくなるほどの，ケロイドがあった。[監] 吉村公三郎 [脚]

白井更生，若尾徳平 [撮] 小原譲治 [主] 田宮二郎，若尾文子

『壁の中の秘め事』1965

監督は，ピンク映画の雄，若松孝二で，第15回ベルリン国際映画祭に正式出品された。『アルファヴィル』が，金熊賞を受賞した年で，日本ではピンク映画扱いされている若松の映画を，映画祭に出品させた事が"国辱"だといわれたいわくつきの映画である。団地という，極めて密室感のあるコンクリートの画一的な部屋で暮らす人々が描写されてゆく。最初に登場する男と女は，不倫関係で，学生運動の互いに元同士で，男は広島で被爆しケロイドをもってい

---

3 | 『ひろしま』1959，『24時間〜』のドキュメント・フィルムのほとんどは，関川秀夫監督による『ひろしま』から提供されている。

4 | 『その夜は忘れない』1962，ベテラン吉村公三郎の手による熱のある良い作品だったが，日本の映画史の中では埋もれていってしまった。

II

5 |　　　　　　　　　　　　　　　　　　　　　　　　| 6

る。この二人のラブシーンから映画は始まる。これは日本という国家を団地に見たて、たっぷりの皮肉と意見が込められた，若松の『グランドホテル』であり，『二十四時間の情事』である。［監］若松孝二［脚］大谷義明，曽根中生，吉沢京夫［主］藤野博子

『河　あの裏切りが重く』1967
大島渚とアラン・レネの影響が濃い，部落と被爆をテーマにした作品。『二十四時間の情事』と併映公開されたが，独善的な表現が不評で，その後ほとんど一般では上映されなかった。［監脚］森弘太［撮］

高田昭［主］灰地順，富田公子
『H・STORY』2001
『二十四時間の情事』から40年後，諏訪監督によるリメイク映画。主役のベアトリス・ダルと疎通が悪く，彼女は，何と途中降板する。結果，百戦練磨のカメラ，キャロリーヌ・シャンプティの怒りを我慢した声までが入った変わった作品となった。それが，やらせなのかどうかは最後までわからない。彼の他の映画は，それなりにまとまりが見られるが，この映画は，投げ出しっぱなしである。ヴェンダースが昔，アメリカに行きプ

ロデューサーに裏切られ『ことの次第』(1982)を撮ったけれど，この作品も，アクシデントを逆手に取った様に見える。第54回のカンヌ映画祭にも出品され，それなりに評価はされたが，日本国内では全く不入りであった。デュラスの一言"忘れる事が恐い"が，この映画の重要なテーマであり，それをベアトリスが最終的に理解出来ない事が破壊の源になっているが，それも本当なのか。後味が悪い。［監］諏訪敦彦［撮］C・シャンプティエ［主］B・ダル，町田康，馬野裕明

*

5 |　『壁の中の秘め事』1965，"ピンク映画"を借りて，反体制を貫いてきた若松作品を，正式参加としたベルリンの選考委員は公正です。
6 |　『H・STORY』2001，広島出身，諏訪敦彦がレネの『ヒロシマ』に宛てた40年後のアンサーの筈だったが，答えは独りよがりだった。

Alain RESNAIS

ロジェ・ヴァディム

Roger VADIM

1928–2000

　ヴァディムは日本では不思議に人気があった。どうもフランスでの評価は低く，今ではその艶名でしか名も残っていない。日本での人気は，映画雑誌等で度々そのPLAYBOY振りが伝えられ仏映画界のドンファンとして有名であった事が，監督にスター性を加味させていたのかもしれない。唯艶名だけでなく，彼の映画を偏愛するファンも非常に多かった。

　ロジェ・ヴァディムが最初に登場したのは，大ヒット作『素直な悪女』(1957) だが，評価されたのは，1959年『大運河』である。アルヌールの人気，そしてMJQの音楽も格好良くアルマン・ティラールの映像が素晴らしかった。この時点ではヌーヴェルヴァーグの一員の様に宣伝された事もあるが，とにかく太陽族がもてはやされ戦後の新興ブルジョワが生まれていた日本の中で，ヴァディムの持つ洗練された趣味の良さや審美眼が日本人に格好良く思えたのである。実は，ヴァディムは，60年代日本人のパリコンプレックスのツボにはまる，モード雑誌に似合うアイドル監督だったのだ。

　そして1962年『血とバラ』が登場した。この映画は英語版で日本公開された。レ・ファニュの原作はあまり知られていなかったが，吸血鬼という題材は昔から日本でもコアなファンがおり，しかもクロード・ルノワールのカメラ，ジャン・プロドロミデスの音楽が美しくヴァディムはここで"耽美派"というレッテルを貼られる事になった。

　ヴァディムは，映画公開のたびに主演女優との関係が宣伝に使われた珍しい例である。『素直な悪女』のB・B，『危険な関係』(1961年公開) のA・ヴァディム，『悪徳の栄え』(1963年公開) のC・ドヌーヴ，『獲物の分け前』(1966年公開) のJ・フォンダ，関わった女優が皆金髪で，皆大物になった事は，事実である。しかし，『バーバレラ』(1967年公開／カルトとしては今でも人気あり) の頃から，もうヌーヴェルヴァーグ派と彼の映画観の違いが，はっきり日本の映画ファンにも判り，映画自体に作家の顔より，製作者の影が見えるようになりヴァディムは駄目になったと云われ始めた。1973年に公開された『花のようなエレ』(1972) は，ルノワールの素晴らしいカメラに支えられて，往年のヴァディムが戻ったかのような，怖く哀しい寓

1|

|2

話で，ヒット作でもないのに，今ではすっかりカルト化している。

　ヴァディム凋落が決定的だったのは『危険な関係』の自身によるリメイク『華麗な関係』（1977年公開）で，あきらかに前作より数段落ちる作品を前に，ファンは失望した。ヴァディムは1994年最新の妻マリー＝クリスティーヌ・バローと仲良く来日し，ゆうばり映画祭の審査員を務めている。現在彼のフィルモグラフィーを振り返ると，名作というよりカルト化した作品が多い事に気がつく。それは案外早い時期に，"耽美派"として見直される時期が来る事を感じさせる。

『血とバラ』の影響
—

『**EMOTION 伝説の午後～いつか見たドラキュラ～**』1967
コマーシャルを撮っていた大林が世に出るきっかけになった16mm自主制作の中篇。ロジェ・ヴァディムの『血とバラ』へのオマージュと，ちゃんと表記されている。実験的で，映像学科生徒の作品のようだが，後年大きく花開く大林独特のメルヘン的な世界が既に充分見てとれる。［監］大林宣彦［脚］羽生杏子［撮］小谷映一［主］石崎仁一，田端エミ

『**不良姉御伝　猪鹿お蝶**』1973
明治時代の女ヤクザを描き切った快作。『血とバラ』では温室で演じられるレズ的なシーンを明らかに構図として取り入れた場面がある。［監］鈴木即文［脚］掛札昌裕，鈴木即文［主］池玲子，クリスチナ・リンドバーグ

*

1｜　『血とバラ』1962，ヴァディムのカルト映画No.1。耽美が充血結集した吸血鬼映画。

2｜　『EMOTION 伝説の午後～いつか見たドラキュラ～』1967，実験映画の域を出ていないが，好感が持てる。この映画で，大林は既にそのオリジナルな語り口を持っていた。

Roger VADIM

セルジュ・ブルギニョン

Serge BOURGUIGNON
1928–

セルジュ・ブルギニョンの『シベールの日曜日』は，1963年に公開され日本でも名画の一本として今でも記録されている。アンリ・ドカの日本の墨絵をイメージしたという映像は，アメリカでまず評価され，アカデミー外国映画賞を受賞している。青年役のハーディ・クリューガーもよかったが，少女役のパトリシア・ゴッジの神がかった名演技は，いつまでも印象に残っている。それにしても，この名作が，フランスで公開されたのは，アメリカで受賞後やっとだったというから驚かされる。

1963年には，アラン・ドロンたち俳優と一緒に，トリュフォーとブルギニョンも一緒に来日しているが，二人の監督の心情などは残されていない。ただフランスでは『シベール……』は，国内の批評は悪く書かれたが，初日に見て感動した観客たちが，雨の降る中彼の家の前に押しかけ，その数1000人近かったという。やがてブルギニョンは，1968年若手映画人たちのカンヌ映画祭ボイコットなどの激しい動きがあったフランス映画の表舞台に背を向けて，パリからペリゴール地方に引っ越してしまう。その頃は，ゴダール，トリュフォーたちによるヌーヴェルヴァーグが肩で風を切っている時代で，ブルギニョンは，アカデミー賞の受賞前も受賞後も片隅にほっておかれたらしい。両方の意見を，並べて見なくてはならないが，とにかくブルギニョンが，ヌーヴェルヴァーグの代表的監督に対して被害者意識がある事は，少ないインタビューなどから充分推察できる。その頃のフランス映画界のバック・ステージが見える話で，あながちブルギニョンの妄想だけとは言い切れない。

彼が，これまでに撮った映画は，決して多いとはいえないし，『シベール……』を抜く作品は世に出していない。『セシルの歓び』（公開1967）は，ブリジット・バルドーがファッションモデルになる，つかの間の恋の映画で，エドモン・セシャン撮影の靄がかかるスコットランドの風景が美しかったが，作品自体は，平凡な出来で，不入りであった。『シベール……』のファンが待ち続けていた第2作目にあたるアメリカ映画『メキシコで死ね』（公開1968）は，つなぎが悪く，一般の期待に応える事はなかった。

1｜ ｜2

『17才』は日仏合作で1985年に製作されたが，日本でも，遂に一般には公開されなかった。この映画は『シベール……』の様に，全体にロリータ趣味の危険なバランスの上に成り立っている映画なのだが，決して性的なシーン等はない。17才の少女が旅先でカメラマンと出会い，心配する親を日本においたまま，田舎で暮らす……まずそれだけの演技が出来る少女が必要であるが，簡単にそれをこなす少女が見つかるはずはない。佐倉しおりの存在感に頼り過ぎていて，彼女の背負える何倍もの荷物を背負わせてしまっていた。

　日本には，極端なロリコン文化が存在するのだが，最近は表現上必要なジャンルまでしめつけが厳しく，今後こういったテイストの実写映画は作られないと思う。

S・ブルギニョンの監督した日仏合作映画
—
『17才』 1989（日仏）
［監脚］セルジュ・ブルギニョン［製］ぱるエンタープライズ［主］佐倉しおり，チャド・

マックイーン／日本劇場未公開

S・ブルギニョンの出演した日本映画
—
『ヨーロッパ特急』 1984

ブルギニョンは，パリ北駅の駅員役でチラリと顔を見せてくれている。飄々と，駅員になりきっていた。→Ⅱ補82（ロケ）

＊

1｜ 『シベールの日曜日』公開1963，ブルギニョンは不思議な監督である。作品の出来が，極端過ぎる。この映画の水
　　準でもう一作欲しかった。
2｜ 『17才』1989，17才の少女が，異国の団体旅行先から，日本に帰りたくなくなる一番の心境が，描けていない。

Serge BOURGUIGNON

ジャン＝リュック・ゴダール

Jean-Luc GODARD
1930-

　ゴダールという名は芸術映画のブランドである。彼は，難解で傲慢で気難しい作品を次々に送り出して，しかも興業として成り立っている。それを成り立たせる周りの人々，受け入れる人々，そしてやはり本人が凄い。映画はまず最初から人に見られる為にあり，そこに興業が生まれ，興業になる映画が求められ，いつの間にか興業の為の映画になってしまった。そのほとんどが，体制に反抗したり，古いものを否定し話題を集め，やがて自分がその体制側になればケロリと昔を忘れて保身に走る。成長という名のもとに大なり小なりそれはくり返されてきた。文筆や絵画，音楽等はそれでも妥協せず自己主張する芸術家は多い。しかし映画というある意味で一番金のかかる表現，多くの人がかかわりそれだけ利害が入り組んでいる祭りに対し，ゴダール程まっすぐ，自分に忠実な映画人を知らない。そういう意味で彼は難解だと云われるが，ずっと一本筋を通している点で非常にシンプルに思える。ゴダールの作品云々よりも前に，この作家がそうして存在する事が表現者に多大な影響を既に及ぼしている。

　ゴダールの映画『勝手にしやがれ』は1960年に日本で初公開された。ヌーヴェルヴァーグの鬼才というレッテル付きである。映画は丁度その時代の日本の若者たちの生き方とも呼応してヒット。ベルモンド風ジーン・セバーグ風のファッションを真似る者も出る程であった。ジャンプ・カットを含む映画の捉え方，ゴダールのオリジナリティーは明らかに新しかった。日本映画人にも，多大な影響を与えつつ，彼の映画は，その後次々にA・カリーナ主演の映画が公開され，1969年公開の『ウィーク・エンド』まで，どの作品も公開年のベスト10にランクされて，トリュフォーと並び新しい映画を牽引する役割を果たした。『勝手にしやがれ』は，まずタイトルが目を引くが，これは映画評論家であり，当時新外映配給の若き買付人であった秦早穂子の一回目の買付作品にして，彼女の命名だという。もしこれが，原題直訳の"息切れ"だっら，オーバーではなくゴダールの日本での認知は随分変わっていただろう。日本では1967年に公開された『気狂いピエロ』の気狂いという言葉は，放送禁止用語である。差別用語であるからという変な判断だが，しかしこの映画はタイトルからして気狂いが使ってあり，まだこの映画の公開年

1967年ではOKの言葉だったわけである。この映画はゴダール映画の中でも1,2番に有名で何度もリバイバルされている。北野武の映画等にも影響の後が見えるが、当時のインテリ若者に絶大な人気があった。『ウィーク・エンド』は、ATG系で公開された問題作で、日本での公開は、カンヌ騒動の後1969年になった。とにかく言葉が多く、話も飛びすぎてすでにかなり難しい。しかし文明批判はあきらかであり、現在見るとその当時の社会情況も観察出来て面白い。ゾンビ映画の様でもある。1966年製作の『彼女について知っている二三の事柄』は1970年に地味に公開された。主役のマリナ・ヴラディは、かなり日本でも人気のある女優だったが、ゴダール映画なら何でもというわけにはいかなくなっていた。実際、1969年に『中国女』が公開されるあたりからファンが離れ始め、『東風』は一部左翼学生に支持されはしたものの、一般的映画ファンはもとより映画評家たちが判断停止せざるを得ない状況となり、ゴダール離れがはっきりした。そしてゴダール最大の支持者であった学生たちも、既に学生ではなくなり、新しい学生たちは革命に対する興味もあまり持ち合わせない世代であった。

　その後、配給しても収益が見込めないゴダール作品は、公開されず、1968年カンヌ騒動、そしてゴダールが商業映画から決別して以来、潮が引くように一般の

*

1 │ 『勝手にしやがれ』公開1960、この作品は、多くの国の映画人に影響を与え、その登場の以前以後で、映画が語られる。世界の映画世界で、"私は映画のユダヤ人"だと言い放てる監督は、ゴダールだけだろう。

Jean-Luc GODARD

2| |3

人気がなくなり，それから10年後の復帰映画『Sauve qui peut (la vie)』(1979) は，
15年後『勝手に逃げろ/人生』というタイトルでやっと公開されている。『勝手に
しやがれ』が『勝手に逃げろ』に成ったわけだが。1980年代になり『パッション』
(1983)『カルメンという名の女』(1989) 迄，劇場で，その新作を見る事はほとんど
なかった。1987年題2回目の東京国際映画祭に『右側に気をつけろ』が出品された
が，無冠に終わっている。その後ゴダールの映画はアート系の小劇場で公開され
たが，もう誰も興業的ヒットは期待しなかった。勿論宣伝もされず，一部の熱狂
的なファンに支えられての上映であった。それでも『ゴダールの映画史』はそこそ
こ話題になり，長編であったが世界に先駆けて一般公開された。ゴダールの映画
は60年代まで解り易い"商業主義時代"に作った作品が，圧倒的に一般に支持さ
れていて『気狂いピエロ』等は今や古典になりつつある。同時代的に彼の作品をキ
ャッチした世代もそろそろ鬼門に入る様になり，今の若者たちは，ゴダールの見
せた映画との闘いの軌跡を，驚きと感動で見ている姿が目立つ。どちらにしても，
あの資本の国アメリカの，映画博物館 (フランス人では，ルノワール，トリュフォー，ゴダ
ールの3人しか写真が張られていない。2012年時点) にも，肖像写真がある程，彼の影響
は，映画の歴史の中で動かし難く，次代の映像作家にとって神話であり続けるだ

                                    ·

2 | 『気狂いピエロ』公開1967，日本では，『勝手にしやがれ』より人気のある映画。発想の自由さが，多くの日本の
    映画人を喜ばせた。
3 | 『中国女』公開1969，ジガ・ヴェルドフなる政治的映画集団を結成する直前の映画。中国人がどれだけ見ている
    のか？

ろう。

　余談だが，「機動戦士ガンダム」は，1980年代を代表する，あまりにも有名なロボットアニメだが，登場人物が多く，沢山の仏人俳優等の名前も使われている。ゴダールは，シャア・アズナブル（→Ⅳ24アズナヴール）率いる特殊部隊の中の一員として登場する。すぐ戦死してしまうが，モビール・スーツの名前としても残っている。ゴダールに大真面目に見せたいものである。

J＝L・ゴダールの日本ロケ映画
—
『アルファヴィル』1965
ベルリン映画祭でグランプリ受賞後1970年に，ATGにより単館ロードショーされた。フランスのＳＦ映画は『ラ・ジュテ』以来であり，何よりも現実のパリを近未来都市に見せてしまうゴダールは凄いと思ったものだ。1964年，東京は，オリンピックを迎え，高速道路が整備された。その首都高速道路をゴダールは巧みに使用している。『OSS117/東京の切札』に出演来日中のマリナ・ヴラディを，次作の出演交渉の為に追いかけてきた時に撮っておいたという。ゴダールの頭の中がいかに無駄なく動いているのかが分かる，面白い話である。ロシアの名匠タルコフスキーもＳＦ『惑星ソラリス』で東京の首都高速等を使っているが，日本人の監督にはあまりに身近すぎて，そういう発想には到らないのかも知れない。押井守が『赤い眼鏡』で，ゴダールへのオマージュっぽく首都高速の映像を入れていた。［監脚］J＝L・ゴダール［撮］ラウール・クタール［主］アンナ・カ

・

4｜『アルファヴィル』1965，短編『未来展望』共に，金を掛けずにSF感をだす工夫が，馬鹿らしかったり，納得出来たり，観客が楽しめる。
5｜ゴダール，「ガンダム」ネオ・フランス軍の一般用モビール・スーツの名称。性能は並。© ガンダム／作 安彦良和

Jean-Luc GODARD

リーナ，エディ・コンスタンティーヌ

『勝手にしやがれ』の影響
─

『ろくでなし』1960
吉田貴重は松竹ヌーヴェル・ヴァーグの一人と言われた監督で，日本では難解な作品を作る気難しい監督と言われている。この作品は初監督作品である。確かにエンディング等で，公開当時から，『勝手にしやがれ』に似ていると指摘されている。[監脚]吉田喜重[撮]成島東一郎[主]津川雅彦，高千穂ひずる

『狂熱の季節』1960
この時代のアウトロー映画は，大なり小なり『勝手にしやがれ』の主人公に重ねることは容易い。この映画の主人公も，車を盗むし直情径行の性格に加え，薬物でもやっている様に支離滅裂である。しかし，プロットや主人公の性格よりも，いきなりアップになったりブレる手持ちカメラの映像に繋いであったりする，そのカメラワークの斬新さが，ヌーヴェルヴァーグと連動しているとも言える。[監]蔵原惟繕[原]河野典夫[脚色]山田信夫[撮]間宮義雄[主]川地民夫，郷英治

『8・9・3愚連隊』1966
8・9・3と書いてYA・KU・ZAと読む。ファッションはかなり意識していたし，本物のヤクザにはなれぬチンピラのペナペナ感，セツナさは確かに『勝手にしやがれ』を想い起こさせるが。その後，東映でヤクザ映画を沢山作った中島貞夫のモダンな初期作品である。[監脚]中島貞夫[撮]赤塚滋[主]松方弘樹，天知茂

『紅の流れ星』1967
この作品は，デュヴィヴィエの『望郷』とゴダールの『勝手にしやがれ』が重なっている。アクションカルト映画として未だに根強いファンがいる。無軌道なヤクザというより，チンピラがイキがって最終的に虫ケラの様に死んでいく。この死ぬシーンは，まるで『勝

---

6 |　『ろくでなし』1960，吉田喜重版『勝手にしやがれ』ゴダールを意識している事は確かだが，吉田のエゴはゴダールより優しい。

7 |　『狂熱の季節』1960，蔵原惟繕版『勝手にしやがれ』。本当に勝手な主人公だが，それは貧困からという説明がめんどくさい。

*

II

8 |

| 9

手にしやがれ』である。これは
もうオマージュ映画である。
映画にリズム感があり，翻案
するくらいならこのくらいや
って欲しいという良い見本で
ある。[監] 舛田利雄 [脚] 池
上金男，舛田利雄 [撮] 高村倉
太郎 [主] 渡哲也，浅丘ルリ子
→ Ⅱ 12（デュヴィヴィエ）

『気狂いピエロ』の影響
ー

『性犯罪』 1967
出口出は，足立正夫と沖島
勲の共同ペンネーム。彼ら武
闘派映画集団版『気狂いピエ
ロ』。友人を殺した男が，その
恋人と逃げる話。若松と足立
は，この種のピンク映画を根

気よく撮り続け，1971年に
は『犯された白衣』と『性賊〜
セックスジャック〜』の 2 本
が，カンヌで上映され，その
後二人はパレスチナに渡って
いる。[監] 若松孝二 [脚] 出
口出 [主] 吉沢健，高月美夜

**『ドリフターズの冒険また冒
険』** 1968
ドリフターズは大人気だっ
た 5 人組の音楽・コントグルー
プ。彼等を主演に，何と 21 本
の映画が作られている。この
作品は学生運動をパロってい
る。[監] 和田嘉訓 [脚] 松木
ひろし [撮] 内海正治 [主] ド
リフターズ

『進めジャガーズ敵前上陸』
1968

ジャガーズという歌謡グル
ープの映画。『ビートルズ映
画』『007』，そして『気狂いピ
エロ』etc，それぞれのパロ
ディ・シーンが出てくる。白い
ペンキを塗ったりダイナマイ
トを体に巻きつけたり。日本
映画にあまりないスラプステ
ィック映画になった。ゴダー
ル＋リチャード・レスターの
『ナック』である。[監] 前田陽
一 [脚] 中原弓彦 [撮] 竹村博
[主] ジャガーズ，中村晃子

『天使の恍惚』 1972
パレスチナ・ゲリラと連帯し
活動した足立正夫が脚本，盟
友若松が監督した過激なゲリ
ラ映画。ピンク映画の形を借
りながら体制にシャウトする

・

8 | 『8・9・3愚連隊』1966，中島貞夫版『勝手にしやがれ』東映では在りえないお洒落な映画。893をヤクザと読ま
せる京都のチンピラ物語。

9 | 『紅の流れ星』1967，舛田利雄版『勝手にしやがれ』B 級感を逆手に取った秀作である。

Jean-Luc GODARD

261

ような彼らの映画作品は, 他にいくつも残されているが, この作品はラストのダイナマイトによる爆死が, どうしても『気狂いピエロ』に重なる, 外せない時代性を持っている。[監] 若松孝二 [脚] 出口出 [主] 吉沢健, 横山エリ

『ヒポクラテスたち』1980
脚本が, 実にしっかり書けたATG作品で渋いヒット作となった。関西の医師の卵たちの物語で, 主人公の寮には, 映画狂がいて"気狂い"に×がしてある『気狂いピエロ』のポスターが, 幼馴染のセックスフレンドの部屋には『勝手にしやがれ』のポスターが,

貼ってあったりする。映画的にも, いくつかゴダール作品へのオマージュと思えるカットがある。[監脚] 大森一樹 [主] 古尾谷雅人, 伊藤蘭

『男性・女性』の影響
—

『風の歌を聴け』1981
ゴダールに影響を受けた映画作家は, 数多いが, 大森は自らこの映画から"解体"を学んだという。世界的ベストセラー作家村上春樹の1979年の出世作を原作にした本作は, 音楽の扱いなど随所にゴダール的な部分はあるものの, そんな指摘よりも, 村上

とのコラボが, 忘れがたいポエジーを与える事に成功した良い青春映画になっていた。[監脚] 大森一樹 [原] 村上春樹 [主] 古尾谷雅人, 真行寺君枝

『彼女について知っている二三の事柄』の影響
—

『団地妻昼下がりの情事』1971
ゴダールの映画に触発, 影響されたと監督が語っているが, 内容的にはケッセルの「昼顔」に近い→I 32 (発禁本)

・

10 | 『男性女性』1966, 裏題『マルクスとコカコーラの子供たち』。ルルーシュ『男と女』と『男性女性』を同じ土俵に載せる仏文化の神髄。

11 | 『風の歌を聴け』1981, 村上春樹の最初の小説の映画化。意味の無さげな, カットアップがゴダール的と言いたいが, その域ではない。

＊

12 │ 『ドリフターズの冒険また冒険』1968，ドリフターズの珍作。年齢の設定からして無理な冒険である。

13 │ 『進めジャガーズ敵前上陸』1968，ＧＳ映画。基本的にはビートルズ映画の亜流。監督前田陽一が，『ピエロ』の爆発場面を，パロッている。

14 │ 『天使の恍惚』1972，足立正夫の変名脚本。足立は，パリで，借金に逃げ回る，大好きなゴダールに会ったと話している。

15 │ 『ヒポクラテスたち』1980，実際に医学生だった大森ならではの青春映画。寮仲間の映画学生の部屋，『気狂いピエロ』のポスターがある。

Jean-Luc GODARD

ロベール・アンリコ

Robert ENRICO
1931–2001

　ロベール・アンリコは『ふくろうの河』(1963年公開) という短編で日本に紹介された。この映画は，アンブローズ・ビアスの短編集の三編を，アンリコがオムニバス映画化した作品だが，圧倒的に素晴らしい出来上がりだった。南北戦争下の一兵卒の物語だが，ジャン・ボフェティの映像も忘れがたく，現在でも色褪せていない。アカデミー賞やカンヌ映画祭で短編賞に輝いた事も頷ける。日本では，ポランスキーやトリュフォーの短編と組み合わせで，名画座等で度々公開されて映画ファンの話題によく上った作品である。しかし圧倒的に彼の名が一般に拡がったのは，その後1967年に公開された『冒険者たち』からである。原作者ジョゼ・ジョヴァンニには不満だったこの映画の甘さが，どれだけ日本の映画に影響を与えたかは，そのリメイクやオマージュ作品が5本もあるという事が雄弁に物語っている。映画は，リバイバルも含めて大ヒットし，同時にド・ルーベ の哀切な主題歌も相当なヒットとなり，ラジオから度々流れた。始めは日本におけるフランス最大のスター，アラン・ドロンの映画であったが，結果的にリノ・ヴァンチュラもジョアンナ・シムカスもこの映画で人気外国映画スターの仲間入りを果たした。リノ・ヴァンチェラは硬派な男性好みの俳優だが，この作品で新しい女性ファンを増やした。ジョアンナ・シムカスはベストテン女優の上位にランキングする程の人気になり，やはりアンリコが監督した佳作だが非常に地味な『若草の萌える頃』も公開された。アンリコの映画はその後，ベルモンド，シムカスの『オー！』(1968)，バルドー，ヴァンチュラの『ラムの大通り』(1971) と続き，彼独特の抒情的な面が良く出た作品とアクションタッチの作品の両方で活躍を見せた。1976年公開の『追想』は，ロミー・シュナイダー の人気をもってしても，内容が悲惨であり一般向きではないと云われていたが，かなりのヒットを見せている。遺作『サン＝テグジュペリ　星空への帰還』は，日本での「星の王子様」の人気にはあやかれず，1995年ビデオ発売のみに終わっている。

『冒険者たち』の影響
―
『宿無』1971

時代を日本の明治時代に変えた。ヤクザ映画の大スター・高倉健と座頭市の大スター・

勝新太郎が男の友情で結ばれ，そのあいだに女，梶芽依子が入るというスタイル。勝

新太郎が『冒険者たち』の大ファンで、どうしてもこの設定にこだわったらしい。斉藤耕一はモダンな映像派といわれる監督で、この映画は内容的には成功作となった。[監]斉藤耕一[脚]中島丈博、蘇武道男[撮]坂本典隆[主]高倉健、勝新太郎、梶芽依子

『あのねのね・冒険者達』1975
フォーク・デュオ（あのねのね）主演の青春グラフィティで、瀬戸内海をバックにシー・ジャック事件と宝探しを盛り込んだ映画である。主人公は高校生で女主人公はここでは死ななかった。（あのねのね）というグループはコミックなデュオであったが、この映画は意外にストレートな青春映画で、映像的にも新しい試みが見られた。[監]臼井高瀬[脚]田辺泰志[撮]兼松太郎[主]あのねのね

『黄金のパートナー』1979
旧日本軍の海に眠る金塊を捜す3人の男女の話。ヒロインは撃たれてしまい……。[監]西村潔[脚]長野洋[撮]市原康至[主]藤竜也、三浦友和、紺野美沙子

『冒険者カミカゼ』1981
ヤクザが海中に埋めた現金を3人で奪うが、女は流れ弾にあたって……。低予算で、雑な作りながら、それなりのテンポが良かった。[監]鷹森立一[脚]内藤誠、桂千穂、中島貞夫[撮]北坂清[主]千葉真一、真田広之、秋吉久美子

『彼女が水着にきがえたら』1989
バブル経済の最中に制作された冒険映画。『冒険者たち』へのオマージュ作品で、戦争中に堕ちた飛行機に載せていた宝物探しをヤクザと競う話。クルザーでの乱交パーティー、バブル風の衣装、マリンスポーツ等々に当時の風俗が良く描写されている。展開がスピーディで、ヒット作となった。[監]馬場康夫[脚]一色伸幸[撮]長谷川元吉、中村宏治[主]原田知世、織田裕二

＊

1 ｜ 『冒険者たち』公開1967, エックス島のフォールボワヤール要塞は、主演と言いたい程重要。今は、国民的クイズ番組に使われている。
2 ｜ 『宿無』1971, 任侠、座頭市、サソリ……この3人が組んだら怖いものはない。映画スターがいない現在もう出来ない貴重品。

Robert ENRICO

ジャック・ドゥミ

Jacques DEMY

1931–1990

『シェルブールの雨傘』(1964年公開) は，拍手を持って日本に迎えられた。それまでミュージカルと云えばアメリカ映画でしか知らなかった日本人に，鮮烈な感動を与えた。どのシーンにもフランスのエスプリがあふれていて，それはアメリカのミュージカル映画とは明らかに違う繊細なミュージカル，何よりも映画であった。『シェルブールの雨傘』の大成功に続いた『ロシュフォールの恋人たち』。これにはダンス・シーンが登場し，やはりアメリカ映画とは全く違う扱い方でファンを歓ばせてくれた。二作品ともミュージカル映画の柱である音楽が素晴らしく，ミッシェル・ルグランの名もジャック・ドゥミと同時に強く日本人の胸に刻まれていった。『シェルブールの雨傘』は，とりわけ大衆に愛されて何度ものリバイバルがあり，舞台にまでなっている。『ロシュフォールの恋人たち』は70ミリ映画で，『シェルブールの雨傘』よりずっと金のかかった作品だったが，映画的完成度を云々する批評家を尻目にジワジワとコアなファンを増やし，まるでカルト映画の様な扱いになっていった。サウンドトラック盤が，古いレコード屋で定価の10倍以上の価格がつけられていた事もある。

　ジャック・ドゥミの映画はその後，『ロバと王女』や『想い出のマルセイユ』等も公開されたが，先の2本の歴史的傑作で半分エネルギーを使ってしまった様に見えた。途中，ある意味では先の2本に負けない程美しい初期の中編『ローラ』等も，10年以上遅れてどうにか公開されたが，大衆にまでは届かなかった。『ローラ』公開当時，映画の買い付けでパリにいた秦早穂子は，『ローラ』か『勝手にしやがれ』どちらを買い付けるかで悩んだという後日談が残されている。

　1962年にドゥミと結婚し，生涯連れ添ったアニエス・ヴァルダは，ギリシャ系ベルギー人である。日本での映画デビューは1963年に公開された『5時から7時までのクレオ』である。現実の2時間を映画と同時に進行させてゆく視線は，やはりドキュメンタリーの人ならではの発想で，アート・シアターの観客を喜ばせた。1966年に公開された『幸福』(1965) は，美しい映像に描かれた残酷物語である。押し付けがましくなく冷静に男のエゴイズムを描き切っている。この映画は，幾つもの海外の賞に輝いているが，日本では少し別の意味で重要な映画である。戦前

1｜　　　　　　　　　　　　　　　　　　　　　　　　　　　　　　　　　　　　｜2

のリーフェンシュタールのナチ映画は例外として，60年代には，まだまだ女性の
監督作品は珍しかったし，当たらないと思われていた。しかし『幸福』は，多くの
女性客を集めて，相当なヒットとなった。この映画のヒットは，ウーマン・リブ
運動が活発になる少し前の時代だが，女性監督が台頭する現代では，考えられな
い意味があったのである。それもあって，アニエスは一部では，カリスマである。
彼女の映画は，時間がずれた事もあったが，比較的日本では公開されてきている。
ドゥミの死後1991年に作られた『ジャック・ドゥミの少年期』は，日本での公開は
1993年になったが，多くの感動を呼んだ作品である。自身の伝記的ドキュメンタ
リー『アニエスの浜辺』(2009年公開)も評判を呼び，我々は，そこでもまたドゥミと
ヴァルダの夫婦が，いかに深いところで結ばれていたかを知らされる事になった。

**J・ドゥミの日仏関連映画
──
『ベルサイユのばら』1979**
J・ドゥミのイメージが日本で
最高であった頃，この映画は
非常に大きな期待を持って製

作される事になった。原作は，
1972年から1973年にかけて
週刊少女マンガ雑誌「マーガ
レット」に連載された池田理
代子のマンガである。これは
オスカルという，男として育

てられマリー・アントワネッ
トの衛兵になる少女の話とフ
ランス革命が見事に描かれて
いる傑作で，宝塚がその後舞
台化した事で一気に全国的に
なった。再演され，その度に

*

1｜　『シェルブールの雨傘』1964，背景のアルジェリア戦争を，知らない日本人女性が押しかけて大ヒット。傑作と
　　呼べる映画の一本。
2｜　『ベルサイユのばら』1979，この映画の冷たさ，愛のなさは普通ではない。日本側もフランス側も結局"金"に踊
　　らされたのである。

Jacques DEMY

1985
FRANCE
FANTASTIQUE

PARKING

RÉALISATEUR
Jacques Demy

3 |

| 4

超満員，「ベルばら」という略称で呼ばれTVアニメ化もされて社会現象となった。そんな中で「ベルばら」が本家フランスで，しかもジャック・ドゥミ，ミッシェル・ルグランのコンビが映画にする，これはその1行だけで大きなインパクトを持っていた。しかし結果は大失敗であった。資生堂が協賛し，主演のカトリオーナ・マッコールというイギリス女優を新しいキャラクターとして大量のTVコマーシャルを打ったり，電通が大々的キャンペーンをした為に辛うじて映画はヒットしたけれど，製作側を納得する数字にはとうていならなかっ

た。一番がっかりしたのが，ドゥミのファンであろう。この作品は当時で7億以上の製作費をかけているが，原作のスケールにはそれでも資金が全然足りていない点，オリジナルと映画のストーリーが大幅に変えられている事，18世紀のフランスが舞台なのに英語で公開された事等々いろいろな失敗原因が考えられる。だが何よりの原因と思われる事が2つある。1つ目は一番大切な主役にこれだけの作品を引っぱる魅力がない事。最初はその頃日本で，PARCOのCFにも出て人気のあったドミニク・サンダに決定というニュースが流れて，皆納得

していた。しかし蓋を開けてみると全くの新人になってしまっていた。カトリオーナは美人ではあるが，いかんせんオーラがなかった。これは彼女の責任とは云えない。彼女自体は非常な努力で，文字通り体当たりでこの役に挑んだと思われる。しかし誰しもが，ドミニク・サンダで見たかったと思った。何故彼女が出演しなかったかは，彼女の事務所がギリギリ迄，あまりに高額なギャラのディールをしたからである。彼女自体は非常にやりたかったという話を聞いたこともあるが，日本側の名物プロデューサー山本又一朗が，結局足元を見られた

・

3 | 『パーキング』1985，ドゥミが日本で評価されていた証。ここまで，私的なオマージュ映画が撮れることは，極めて珍しい。
4 | 『幸福』1965，女性にしか撮れない柔らかで残酷な映画。

II

5|

6|

のであろうか。2つ目はドゥミ本人の問題である。この作品は彼のフィルモグラフィーの中で最低の作品だと断言出来るが、どんなにファン的視線で見ても映画に監督の愛情が感じられないのである。アルバイト感覚で作品を創れると、ドゥミが思うわけもなく何故こんなになってしまったのか。謎である。ルグランも同じく、これまでの『シェルブール』、『ロシュフォール』、また他の素晴らしい映画音楽上の内容との落差が感じられた。ジャック・ドゥミの一ファンとして見ると、自国フランスのあまりに歴史的な事実を、他国の者が勝手に創造し

たヒロインと作品に根本的な処で納得がいかなかったのではないかとも思われる。それ程この映画の冷たさ、愛のなさは普通ではない。日本側もフランス側も結局金に踊らされたのである。[監]J・ドゥミ[脚]パトリシア・ルイジアナ・ノップ[撮]ジャン・パンゼル[主]カトリオーナ・マッコール[製]山本又一朗

『パーキング』1985（日仏）
日本がバブル経済だった頃に出資され作られたジャク・ドゥミの映画である。コクトーの『オルフェ』へのオマージュだが、新しさと古くささが同居していて、それは必ずしも良い結果にはなってい

ない。ルグランの音楽もポップだが、ロックではない。オルフェがロック歌手、ユリディスが日本人のアーティスト等，設定があまりにも安易で、ドゥミの場合、そういったシンプルさで成功している作品が多いのだが、この作品は半端であった。結局、日本ではこの映画は集客出来ぬと判断され、せっかくの日本女優が出ているのに公開されなかった。[監脚]J・ドゥミ[撮]ジャン＝フランソワ・ロバン[主]フランシス・ユスター，ジャン・マレー，伊東景衣子[製]ばるエンタープライズ／日本劇場未公開

・

5| 『ジャック・ドゥミの少年期』1991，A・ヴァルダの愛に打たれる。『アニエスの浜辺』も一緒に御覧ください。
6| 『アニエスの浜辺』2008，改めてシネマ・ヴェリテとアニエスの距離が分かる快作。彼女の浜辺には心地よい風が吹いている。

Jacques DEMY

フランソワ・トリュフォー

François TRUFFAUT

1932-1984

　トリュフォーは，ヌーヴェルヴァーグという聞き慣れぬ言葉と共に日本に入ってきた。『大人は判ってくれない』(1960年公開)と『ピアニストを撃て』(1963年公開)の２作品で新鮮さを大いに評価されたが，丁度ルネ・クレマンが『禁じられた遊び』一本で俄然ランクアップした様に，1964年公開の傑作『突然炎の如く』の後からは，ほとんど巨匠の扱いを受ける様になった。こういった質実共にすぐれた作品の大ヒットは，監督にとってスター監督になる事であり，その後の最低の興行成績がある程度保証される事になる。配給会社にとっても，なにより監督にとって喜ばしい事である。『突然炎の如く』は妙なタイトルながら女一人・男二人の微妙な関係が話題になり，その年ベスト10の上位を独占した。J・モローの唄う「つむじ風」も良くラジオで流された。

　その後トリュフォーは，時にゴダールと比較されながら，『柔らかい肌』(1963年公開)『夜霧の恋人たち』(1969年公開)と順調に評価を高めていった。

　1968年のカンヌ騒動は，一部の映画関係者にとっては大問題で専門誌では大きく取り上げられが，日本ではやはり他国の話の扱いであった。ただ，トリュフォーが思いがけずラディカルな面がある事を日本のファンは知って驚いた。だからといって，その後の映画も政治的なわけでもなく，恋愛物を続々と取り上げて，商業映画として益々その職人技は冴えて大衆の中に受け入れられていったのである。彼の言っている事とやっている事が矛盾していても，一般観客には関係はない。面白ければ良いのであった。トリュフォーは又「ヒッチコックの映画術」を書き，この手の本の中では，かなり売れた。山田宏一，蓮實重彦の訳もよく，彼の日本での人気が続いたのは彼等の力も大きかった。

　1974年に公開された『アメリカの夜』は，現在では名作の扱いとなっている。主役のジャクリーン・ビセットも人気のある女優だったが，当時，映画をつくる映画，メイキングとはまた違うこのジャンルが，第一に新しい目線であった。地味ながら，ヒットした作品である。

　トリュフォーの場合はフランスの監督には珍しく，『アデルの恋の物語』(1976年公開)，『終電車』(1982)，そして遺作『日曜日が待遠しい』(1985年公開)まで，ほとん

1| |2

ど全作品がそれ程本国と時間を待たずに日本で公開されている。これは非常にラッキーなケースであるが、改めて彼のフィルモ・グラフィーを見ると一作毎に映画が巧くなっており、最後の方は老練といいたい程の完成度である。そんな中の一編『隣の女』（1982年公開）は、晩年の映画だがトリュフォーの作品の中でも特別に激しい映画である。昔、熱愛した恋人たちが、偶然再会し、焼け木杭に火が着き、無理心中する話だが、その描き方が非常に衝撃的であった。ＳＦアニメ『スカイクロラ』（2008）のベースにあると、押井守が語っている。

　シネフィル（映画狂）、映画評論家出身の映画と云えば大体は頭でっかちで、作品にすると口ばかりで、現実の伴わぬ酷い作品になる事が多いが、彼の作品は最初からそんなものは飛び越えていた。

　若い頃の、他のベテラン監督への、青臭いツッコミは若気の至りであるが（言われた方は堪らないが）、フランス映画の流れを変えた事は事実であるし、少なくても作品の底には他人を罵る事とは別の、彼独特の映画愛が流れていたからこそ、これだけポピュラーになっていったのだろう。実際、彼の書いた本を読むと優しいエピソードにあふれている。不遇なジャン・ルノワールに対する思いやりの暖かさは、感動的ですらある。

＊

1| 『大人は判ってくれない』1959，クリシー広場の近く"トリュフォー通り"がある。昼から立っている姐さんたちを見て、彼は育った。（野口久光 画）
2| 『ワカラナイ』2009，トリュフォーに弟子入りしたかった小林が、この映画に『ワカラナイ』と題した気持ちがワカリマス。

François TRUFFAUT

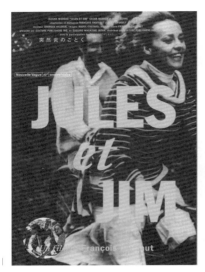

『大人は判ってくれない』の影響

—

『ワカラナイ』2009

監督の小林は，1996年『CLOSING TIME』でデビュー以来，ハイピッチで作品を撮り続けている個性派である。フランス映画からの影響が大きく，特にトリュフォーのファンで，アシスタントになりたいとパリまで出かけたが，あえて門は叩かなかった。断られて嫌いになるのを恐れたという。ここに彼のデリカシーを見る。この映画は，『大人は……』の主人公ドワネル少年に捧げられているが，それはトリフォーへのオマージュで

あると同時に，宣伝文通り日本版『大人は判ってくれない』である。[監脚] 小林政広 [撮] 伊藤潔 [主] 小林優斗

『突然炎の如く』の影響

—

『俺たちの荒野』1969

三角関係が，日本版『突然炎の如く』の様だと言われた。アメリカにひたすら憧れる日本の若者の素朴さが哀しい。[監] 出目昌伸 [脚] 重森孝子 [撮] 中井朝一 [主] 黒沢年男，酒井和歌子

『アメリカの夜』の影響

—

『女優霊』1996

トリュフォーの『アメリカの夜』が映画へのオマージュなら，これは中田監督からトリュフォーへのオマージュであろう。映画を撮影中に，昔死んだ筈の女優がフィルムの中に映されている，といったメーキングにホラーを味付けしたストーリー。[監] 中田秀夫 [脚] 高橋洋 [撮] 浜田毅 [主] 柳ユーレイ，白島靖代

『隣の女』の影響

—

『スカイクロラ』2008

凄惨な"恋愛映画"にしたかったと押井守のSFアニメ。[監] 押井守 [原] 森博嗣 [脚] 伊藤ちひろ

·

3 | 『突然炎の如く』1962，男二人に女が加わるこの構図は，明らかにこの映画から，日本映画にも見られる様になった。大人の映画。

4 | 『俺たちの荒野』1969，日本の多くの若者が海外に行きたかった時代が見える。『突然〜』へのオマージュとして有名な作品。

II

5 |

| 6

7 |

| 8

*

5 | 『アメリカの夜』1973, ジャッキー・ビセットは, 『ブリット』で男性ファンを掴んだが, ずっとハリウッド女優と思われていた。

6 | 『女優霊』1996, 中田秀夫の出世作。中田のホラー作品中一番の面白さ。ドキュメンタリータッチが活きていた。

7 | 『隣の女』1981, 付き合った相手を, ネタにする監督は多い。トリュフォーは艶福家だったが, この場合のネタはドヌーヴ様。

8 | 『スカイクロラ』2008, この作品を作る際に, 『隣の女』が浮かんでいたと押井守は語る。©Production I.G

<u>François TRUFFAUT</u>

ルイ・マル

Louis MALLE

1932–1995

『沈黙の世界』が日本で公開されたのは1956年である。イヴ・クストーの映画として宣伝されたので，ルイ・マルの名はクレジットに載せられていただけである。この映画は記録映画として大変な評判を呼び，リバイバルまでされている。次にルイ・マルが1957年に作った傑作『死刑台のエレベーター』は，翌年1958年に日本でもいわゆるヌーヴェルヴァーグの先がけの様に公開され，そのモダンさは当時の映画青年に圧倒的に支持された。

アンリ・ドカの映像が評価され，マイルス・デイヴィスのサントラもよく聴かれ，映画雑誌は傑作と書きまくった。当然多くの映画人に見られたが具体的にリメイクされた日本映画が登場したのは2010年になってからである。

続いた『恋人たち』(1958) も瑞々しくも美しい期待を上回る傑作で，この2作で一気にルイ・マルは名匠の名を手にした。ジャンヌ・モローも，ギャング映画に出ていた頃が嘘のような，さなぎが蝶になった様な大変身をとげ，フィルムの中で一気に羽ばたいた。

その後，いつも次作はと期待される中で，一作一作，違ったテーマで監督としての力量を見せながら，『地下鉄のザジ』(1960)，『私生活』(1962)，そして1966年公開の『ビバ！マリア』(1965) と続いた。そのイメージはどんどん商業的作家のイメージになっていったが，中には，傑作『鬼火』(1963) の様に，ずっと公開されなかった重要作品もあり，（改めて公開されたのは1977年である）評価が健全であったとは云えない。

彼が，アメリカに移住してからは1978年『プリティー・ベイビー』が一部の批評家に評価されたが，良きにつけ悪しきにつけ，ヌーヴェルヴァーグの巨匠として宣伝された頃とは違う，アメリカ映画もこなす職人監督として見下す間違った批評家もいたようである。

『さよなら子供たち』(1987)，『5月のミル』(1989) あたりからは，またひとまわりスケールが大きくなったようだ。特にジャンゴ・ラインハルトの音楽がもの哀しい自伝的な『さよなら子供たち』は世界的に評価された傑作で，日本でも高い評価を得ている。遺作となった『42丁目のワーニャ』はチェーホフを演じる役者たち

1｜　　　　　　　　　　　　　　　　　　　　　　　　　　　　　　　　　　　　　　2｜

を映画にした，劇中劇と，ドキュメンタリーが重なる，技巧に技巧を凝らした映
画で，小品ではあったが並みの監督では到底作り得ない，流石の秀作であった。
マルは，アメリカで60年代日本でもベスト女優に度々選ばれてたキャンディス・
バーゲンと幸せな結婚をし，まだまだこれから作品を撮るだろうと思われていた
だけに，その死は惜しむ声は多かった。最近になり再評価の動きがあり，全作品
に注目が集まっているが，中でも『地下鉄のザジ』や『ビバ！マリア』は，独立し
たカルト的な人気がある。

『死刑台のエレベーター』の
影響
—
『死刑台のエレベーター』
2010
オリジナル作品1957年『死刑
台のエレベーター』からと明
記されている。エレベーター
に閉じ込められるプロット
や，各シーンの構図にまでマ
ルへのオーマージュに溢れ

ているが，話はずっと複雑に
進展して結果3人もの人が殺
される。役者もスタッフも揃
っていたが，気負いすぎてお
り，原作には遠く及ばなかっ
た。[監] 緒形明 [脚] 木田薫
子 [撮] 鍋島淳裕 [主] 阿部寛，
吉瀬美智子

『ビバ！マリア』の影響
—

『喜劇女の泣きどころ』1975
『ビバ！マリア』とは全く違う
ストリッパーのドタバタであ
る。しかし『ビバ！マリア』を
意識しているのは明らかで，
モローではないモンロー対バ
ルドーという名前のストリッ
パーコンビが登場する。[監]
瀬川昌治 [脚] 下飯坂菊馬，瀬
川昌治 [撮] 丸山恵司 [主] 太
地喜和子，中川梨絵

＊

1｜　『沈黙の世界』1956，ルイ・マルのドキュメンタリストとしての才能に打たれる。クストーの名もあり日本でも
　　　ヒットした。
2｜　『地下鉄のザジ』1960，渋谷系の若者にも知られる可愛い冒険物語。この種の映画が，日本人には撮れない。

<u>Louis MALLE</u>

3 |

| 4

5 |

| 6

*

3 | 『死刑台のエレベーター』1957, 駄作のないルイ・マルの作品の中でも最高位の傑作。

4 | 『死刑台のエレベーター』2010, 愛のための完全犯罪。比べられても日本版を作りたかった緒方の気持ちが, 溢れている。

5 | 『ビバ！マリア』1965, モローの愛人だったカルダンが衣装担当。当初は, モンローとバルドーが想定されていた。

6 | 『喜劇女の泣きどころ』1975, 太地喜和子と中川梨絵のストリッパーのキャスティングは中々渋い。バス停名に御注目！

フィリップ・ド・ブロカ

Philippe de BROCA

1933-2004

　J=Pベルモンド，C・カルディナーレの『大盗賊』(1961)が，フィリップ・ド・ブロカの日本で初公開された作品である。彼が，シャブロル，トリュフォー，ゴダール等流行の監督たちの助監督として散々映画を創ってきた職人である事は十分理解出来たが，1964年に公開された『リオの男』はその面白さにおいて群を抜いており興業的にも大ヒットした。結果一般は，彼を完全に娯楽映画の監督として見るようになった。逆にブロカはこの映画で，フランス映画＝ヌーヴェルヴァーグ＝難しい的な当時の世相に，芸術映画だけではない娯楽作品として面白いフランス映画がある事を大いにアピールした事になる。

　彼の作品は30％くらいしか日本では公開されていないが，『リオの男』以外にもう二本，映画ファンに大うけした映画がある。『まぼろしの市街戦』(1967年公開)と『君に愛の月影を』(1973年公開)である。この2本は，あきらかに単なる娯楽作ではなく，かといって芸術的な気取りもなく，映画の魅力をたっぷり含んだ作品として時代を超えて支持されている。特に『まぼろしの市街戦』は映画ファンの間で人気の高い作品である。他の彼の作品はベルモンドとの作品以外は，あまり公開されず，80，90年代と時と共に，新作で彼の名を聞く事もなくなってしまった。

『まぼろしの市街戦』の影響
—
『PICNIC』 1996
精神病院を舞台にした，岩井俊二の映画。『まぼろしの市街戦』の主人公は，塀が隔てた王国に戻っていったが，この映画では若者三人が塀を伝って外に出て行く。綱渡りの少女ならぬ，鳥の羽をまとった少女は，日傘ならぬ，破れ傘を持っていたり，細かい処で，『まぼろし……』を連想さ

せるが，この映画の主人公たちは，結局塀の中にも，外にも，居場所がない。この世の終わりを見にゆく，若者たちを持ち受けるのは……。[監脚]岩井俊二[主]Chara，浅野忠信
『世界のどこにでもある，場所』 2011
遊園地と動物園のある，山奥のテーマパークを舞台にした映画。ヤコペッティの『さらばアフリカ』や，他映画への

オマージュもあちこちに散らばっているが，なんといっても『まぼろしの市街戦』のプロット拝借が，この作品の源である。だが，オリジナルがいかに贅沢に丁寧に作られていたかを改めて思わされただけで終わってしまった。[監脚]大森一樹[主]水野久美，スーパー・エキセントリック・シアター
『リオの男』の影響
→Ⅲ05（ベルモンド）

Philippe de BROCA

1｜　　　　　　　　　　　　　　　2｜

3｜　　　　　　　　　　　　　　　4｜

*

1｜　『まぼろしの市街戦』1966，いきなり裸になれば，連行されるが，精神病院でならば許される。ウイットとユーモアが握手した傑作。

2｜　『君に愛の月影を』1970，『〜市街戦』に続き，ここでも脚本にダニエル・ブーランジェ。金権アメリカへの皮肉は彼の切れ味。

3｜　『PICNIC』1966，ブロカ作品では，患者は，外にでないが，ここでは塀を渡り"世界の終わり"を見に行く。

4｜　『世界のどこにでもある，場所』2011，舞台中心の俳優たちが，映画の流れを止めてしまう。メッセージは伝わるが，大切なエスプリが感じられない。

II

クロード・ルルーシュ

Claude LELOUCH

1937−

『男と女』は，日本の観客に良いショックを与えた。ある意味では，ゴダールの登場にも似た鮮烈なデビューであった。映画的にゴダールと比較する気はないが，いずれにしても新鮮な映画であったことはたしかである。その大きな源は，彼の記録映画風な映像に，ぴったり呼応している，フランシス・レイの音楽であった。ここまでの画像と音楽のフィット感は，ゴダールにもトリフォーにも出来ない，ドゥミとルグラン以来の新しさがあった。アヌーク・エーメとトランティニャンの長〜いベッドシーンが，エロを誇張されて宣伝され，確かにそれも一因かもしれないが，大ヒットの最大の要因は，何より，映像のブレも厭わぬ表現，それにカンヌ映画祭グランプリのお墨付きであった。

やはりフランス映画が面白いと思うのは，ロベール・ブレッソンのように，音楽をBGMとしては，ほとんど使用しない映画から，ルルーシュのように映像と切り離せない映画までのその幅の広さ，懐の深さである。その意味で分割画面を使う，実は臭い映像も，強力な音楽があることで新しく見えたのである。

次作の『パリのめぐり逢い』も，キャンディス・バーゲンが人気のある時期で，サンローランの服も美しく日本でも，大受けした。1968年グルノーブルで開かれた冬季オリンピックの記録映画『白い恋人たち』は，カンヌ騒動，5月革命……反体制の嵐が大荒れした年に作られた。確かに『白い恋人たち』は，ドゴール体制，権力側が主催したオリンピックの記録映画であり，その片棒を担いだ御用監督として，主力の左翼系批評家たちにルルーシュはオミットされる事になる。このとき彼が辞退するべきだと，反体制側は思ったのだろう。『白い恋人たち』は，記録映画としてはもとより，音楽がぴったり画像と溶け合う傑作で，日本では，一般の劇映画以上の人気を集めた。この映画の題が，有名な北海道の名物菓子の名前になってしまった程である。

しかしこの辺りをピークに，観客はルルーシュの映画の新しさに慣れてきてしまい，技術も演出も飛躍的に巧くなっていたにもかかわらず，大ヒット作は出ていない。

これは，冷遇されたフランスでの批評の影響と，日本側の批評家が，フランス

Claude LELOUCH

1 | | 2

の批評を受けた嫌いもないとはいえない。それでも『流れ者』(公開1971),『マイ・
ラブ』(公開1977),『夢追い』(公開1980)と,彼の映画は,それほど間をおかず公開さ
れ続けた。そして,ルルーシュここにありとなったのが大ヒット作『愛と哀しみ
のボレロ』(1981)である。これは,『男と女』の頃のルルーシュでは作れなかったで
あろう,超大作であり,この前に『マイ・ラブ』というエチュード的な年代記もの
を既に作っていて,自信と意気込みが感じられる力作であった。いつもの小味な
作品ではなかったが,アメリカ映画に一味加えた娯楽作であった。ジョルジュ・
ドンの踊ったボレロは伝説である。

　その後ルルーシュは,大監督の風格を増してゆく。『男と女』の頃の,音楽クリ
ップの様なただ長い映像もなくなり,『ライオンと呼ばれた男』(1991年公開),『レ・
ミゼラブル』(公開1996)と,興行成績が,それほど良くなくても,その作品は大体
が日本公開されている。

　クロード・ルルーシュは,幾つかのインタビューで,自分は,映画学の教育を受
け理論分析に優れたヌーヴェルヴァーグ派ではない。ただ映画がひたすら好きな
職人監督だといっているが,独特のカラーの一貫した作家性は,認めなくてはな
らない。その意味で,2001年に公開された『しあわせ』(1998)は,興行的には難し
かったが,彼以外には作れない作品で,晩年の代表作といえる秀作であろう。

*

1 |　『男と女』1966,音楽と映像とのマッチングに,従来と違うカジュアル感があった。フランス・レイの力が大きい。
2 |　『約束』1972,主人公の寂しさを,岸惠子は良く演じていたし,チンピラ青年を萩原健一が,好演していた。

II

　そして，2006年になって我々は急に度々ルルーシュの名前を耳にする事になる。ＴＶアニメ「コードギアス／反逆のルルーシュ」の登場である。ルルーシュが1976年に発表した戦時中ヴィシーでのレジスタンスを主題とした『レジスタンス／反逆』は，ビデオ発売のみで劇場公開はされなかったが，このＴＶドラマの製作者に強いインスピレーションを与えた。近未来の日本を舞台としたロボットアニメの主人公の名前が，ルルーシュとされ，ドラマのタイトルにも加えられたのである。このドラマは大変な人気を呼び，主人公ルルーシュの，復讐のために手段を選ばぬ悪漢キャラが時代に適合していて，日本のマスコミの得意とするメディアミックス展開で，あっという間に日本の子供たちに広がった。現在も話はどんどん展開してスピンオフ作品が連作される人気を見せている。

『男と女』の影響
—

『愛ふたたび』1971
市川崑は，日本のベテラン監督ではあるが，決定的だったのは音楽とのマッチングが，

完全に失敗したことである。簡単に，ルルーシュ，レイのコンビが出来ると思ったらとんでもないのである。[監]市川崑[脚]谷川俊太郎[音]馬飼野俊一[主]ルノー・ヴェル

レー，浅丘ルリ子
『約束』1972
斉藤耕一は，日本のルルーシュといわれたが，これはあまりに安易である。しかしこの映画で，主人公の母の墓から

・

3 |　『白い恋人たち』1968，『白い〜』は，菓子の名前になり，"面白い恋人たち"というパロディ版まで生まれた，今でも人気商品である。
4 |　『しあわせ』1998，ルルーシュの中でも最高位に位置するお遍路映画。

Claude LELOUCH

5 |

| 6

見える荒れた日本海は，ドーヴィルの海のようだ。明らかに『男と女』への類似を感じるのは音楽と映像の捉え方である。そして，その類似が一番ルルーシュ映画に似て非なるところとなっていた。例えば，劇伴の観念が染み付いている，宮川の作曲した主題曲一曲を，アレンジを変え繰り返し使われている。どうせルルーシュ映画を，真似るなら，せめて主人公二人のテーマ曲ぐらいは，作って欲しかった。しかしそれでも，映画としては無駄のない，あまり日本映画には見られない感

動作にしたのは，演技者の力が大きかった。[監]斎藤耕一[脚]石森史郎，斎藤耕一[音]宮川泰[主]岸惠子，萩原健一

『パリのめぐり逢い』の影響
—
『禁断性愛の詩』1975

ピンク映画にこの人ありと言われた，渡辺護の即席映画。オリジナル版ドラマのきっかけになる，アフリカ撮影旅行は伊豆の下田にした。と監督自らが，アイデアを貰ったと語っているが，現在見ることは難しい。[監]渡辺護[主]東てる美，谷ナオミ

『レジスタンス／反逆』（未公開）の影響
—
「コードギアス／反逆のルルーシュ」
「反逆のルルーシュ，反逆のルルーシュ R2」2006–2008
[監]谷口悟朗[原案]大河内一楼，谷口悟朗[作画]CLAMP 他
『亡国のアキト』2012–2016

「コードギアス／反逆のルルーシュ」のスピンオフ作品。[監]赤根和樹[脚]赤根和樹他

*

5 | 『レジスタンス／反逆』1976，ルルーシュは，体制派と言われたが，この映画は，そんな連中へのレジスタンスの意も感じる。
6 | 「コードギアス／反逆のルルーシュ」2006–2008（オブジェ），アニメでは，比較的珍しい完全なピカレスクロマン。復讐するために手段を選ばぬ主人公が，ルルーシュ。©S/PG.M CD ©CLAMP BANDAI/ 作 木村貴宏

II

作品往来

ジュスト・ジャカン

Just JAECKIN

1940−

　ジュスト・ジャカンはファッションカメラマンとして，1970年代には日本でもファッション関係者にはかなり知られていた。しかし彼の初監督作品『エマニュエル夫人』(1974) が，これ程日本でもブームになろうとは誰一人として予測出来なかった。日本では映倫が厳しい目を光らせていて，実験映画だろうが芸術映画だろうが，ちらりと陰毛が映ったとたんにそこへボカシを入れる……ミケランジェロの絵に描いたいちじくの葉のような仕事を，大まじめにやっていたのである。もっと強烈なカットで対処され，原型を留めなくなった作品も多い。

　『エマニュエル夫人』はまさにカット必定の大問題作であったのだが，ジュスト・ジャカンと日系リシャール・スズキのファッション的な映像と，シルビア・クリステルのモデル的清潔感でソフト・ポルノという名がつき，今まで絶対的にこの種の映画には足を運ばなかった女性客を中心に，超大ヒット作となってしまった。シルビア・クリステルもあっという間に日本で有名になり何度も来日している。この映画は，主題歌も大ヒットして，ＴＶのバラエティ等でも，場面展開やエロティックなパロディに，現在でも，使われている。日本のＢ級映画が，ほっておくわけはなく，本編公開後すぐに『東京エマニエル夫人』が作られ，その後和製『エマニエル』が，続々登場した。

　ジャカン次作品『O嬢の物語』もきわどい作品であったが，美しいカメラとモードのオブラートでファッション映画の様に宣伝され，この種の作品には珍しく，女性客が目立った。そして『マダムクロード』(1977) も，普段ならばパスする女性を，最新ファッションと，スキャンダラスな興味で，集める事に成功した。

　ジュスト・ジャカンは決して名匠でも巨匠でもない。日本の日活ロマンポルノの監督の多くに見られるように，ポルノのカタチを借りながら政治的な暗喩を入れたり，芸術的な追求もしない。結果，ひたすらエロスという主題を，ファッションカメラマン出身という自分の特性を良く活かし撮り続けた珍しい映画監督といえよう。そして，これからも彼は『エマニュエル』一本で日本におけるポルノのイメージを変えたという点で記憶に残るのである。そうしてそれは，日本には，まず探せないタイプなのである。

Just JAECKIN

1|　　　　　　　　　　　　　　　　　　　　　　　　　　　|2

『エマニュエル夫人』の影響
—

『東京エマニエル夫人』1975
田口久美というハーフの女優が，パリ在中の人妻になり，椅子に座ったポスターまで真似ている。最初だけオペラ座やノートルダム寺院，パリを歩く彼女のショットが入る。この手のものにしてはパリロケをした大作という事だが，作為が目立つ。日本人妻が，夫の留守の寂しさに，日本に戻っての御乱行話。例えば，朝パリにかかった東京の電話で"東京は夜中なのに……"というような時差の間違いや初歩的な問題が随所にあり，

全てがチープに出来上がっている。それでも，日活ロマンポルノとしては大ヒットし，すぐに続編が作られた。[監]加藤彰[脚]中野顕彰[撮]姫田真佐久[主]田口久美，村上不二夫

『続　東京エマニエル夫人　個人教授』1975
『エマニュエル夫人』と同じくヒットした1969年『個人教授』をひっかけている。『東京エマニエル』よりも，もっと安易な作品である。[監]藤井克彦[脚]芹沢俊郎[撮]前田米造[主]田口久美

『かまきり夫人の告白』1975
歌手の五月みどりが挑戦した，"熟女版"。[監]牧口雄二[脚]安西英夫[主]五月みどり

『高校エマニエル　濡れた土曜日』1978
日活のエマニエルシリーズ3作目。[監]斉藤信幸[脚]那須真知子，佐治乾[撮]森勝[主]水島美那子

『マニラ・エマニエル夫人　魔性の楽園/危険な楽園』
Vシネマの一作（1992）として作られた。マニラを舞台にエマニエルの名前だけ借りた作品。評判が良く，翌年同じスタッフで二作目が作られた。[監]新村良二[脚]山上理加[撮]三好和宏，（山田充弘）[主]横須賀昌美

*

1｜　『エマニュエル夫人』1974，日本のピンク，ソフトポルノ映画に，与えた影響は，『ディープ・スロート』より大きい。
2｜　『マダムクロード』1977，好色なマダムクロードは，最もフランス的な人かもしれない。ファッション映画より自伝が数倍面白い。

II

3 |

| 4

5 |

| 6

＊

3 | 『東京エマニエル夫人』1975，A・キュニーが演じた性哲学者のかわりに，村上不二男のインド性哲学者が出てき
て，笑いを誘う。

4 | 『続 東京エマニエル夫人 個人教授』1975，パリの社交界で浮名を流す夫人が，東京で大暴れ。今度はレズまで個
人教授。出来の悪いおばか映画。

5 | 『五月みどりのかまきり夫人の告白』1975，『東京エマニエル夫人』は，最初私が依頼されたと，かまきり夫人が
いっていた。

6 | 『高校エマニエル 濡れた土曜日』1978，何とエマニエルのリセ（高校生）版。大まじめな復讐劇がベースにあり，
映画タイトルとのギャップが痛い。

Just JAECKIN

285

ジャン＝ジャック・ベネックス

Jean-Jacques BEINEIX
1946–

『ディーバ』が，1981年に公開された事は，日仏の映画界にとって意味が大きい。ヌーヴェルヴァーグの監督たちはすでに巨匠となりその後これといった監督の登場はなく，フランス映画自体がいくつかの特例を除いては，すっかりマイナーに位置づけされていた。そんな中『ディーバ』は公開され，フランス映画の存在をアピールしたのである。普段アメリカ映画しか見ない若者の間で，じわじわと人気がたかまり，オペラ好き以外には使われぬ"ディーバ"という言葉も日本社会で一般的な認知度を得る事になった。"ああ，そう云えばフランス映画もあったな"そういう感慨を，新作映画をして，一部にでも思わせたのだ。主演のリシャール・ボーランジェが，その後，高級ブランデーのＴＶＣＭに繋がるコアな人気を得たが，ベネックスの名も，しっかり映画好きの間で知られるようになった。

そして次の映画が待たれる中で，3作目の『ベティ・ブルー』が，2作目よりも先に1986年に公開された。これ又，大変な傑作で拍手を持って向かえられた。フランスではヒットしたという2作目『溝の中の月』(1983) は，日本では，興行として難しく，配給会社も良く考えていて，結局『ベティ・ブルー』の評判の後で，1987年『溝の中の月』と翌年1989年『ロザリンとライオン』の公開に繋げたのである。しかし『ベティ・ブルー』が強烈すぎたのかもしれないが，『溝の中の月』も『ロザリンとライオン』も配給会社を泣かせる結果になった。

その後，イヴ・モンタンの遺作となった『I P5/愛を探す旅人たち』(1992) も，2000年に自身が団長となりフランス映画祭で宣伝した『青い夢の女』(公開2001) も，日本では不発に終わってしまった。

『青い夢の女』は，本国フランスでは，出世作『ディーバ』の時と全く同じように，批評によりこき下ろされ，経済的にも精神的にも，ベネックスに相当なダメージを与えたらしい。ついでながら，『ディーバ』は，ベネックスに全く許可なく，製作者が勝手にカットしてしまった映画だという。

これは，2006年のインタビューでの彼の発言からだが，日本でも，昔からある大きな問題で製作者側にも言い分がある場合もあり，そのために編集権があるのだが……。ともかく『青い夢の女』は，ブノワ・ドゥロームの映像も際立って美し

1｜　　　　　　　　　　　　　　　　　　　2｜

く，ミステリアスな展開も上手く出来た映画であったが，テーマの"屍姦"は，一
般的日本人には，受け入れにくかった。

　ベネックスは，1990年以降ドキュメンタリーに力を入れていて，日本をテーマ
にした『OTAKU』など，意欲的に発表してきたが，この『青い夢の女』以降，本編
からは離れたが，ますますドキュメンタリーやインターネット上の表現に興味を
持ち，創造力は増すばかりである。自身が，監督，脚本に当たっている，マーク・
ベム原作の大作アニメ『L' affaire du siècle』の公開が待たれている。

J＝J・ベネックスの日本ロケ作品

――

『OTAKU』1994

OTAKUという言葉は，すっかり世界的になってしまった。この作品は，OTAKUをそのままをタイトルにした日本の若者のドキュメンタリーである。フランスでTV放映された時は，OTAKUという

言葉を一般的にする遠因となった程の大変な反響を得た。タイトル通り様々なおたくやその仕掛け人たちが登場するが，おたくの範疇？というものもあり，昔大流行したイタリアのモンド映画のような瞬間もある。なお，最初に（後でも登場する）渋谷の街頭で路上パフォーマンスをする"東京ガガガ"がおたく世代

の象徴の様に登場するが，その主催者は園子温である。園は監督となり，国際的にも注目されているが，彼の過去がちらりと見られる。［監］ジャッキー・バスティド，ジャン＝ジャック・ベネックス［脚］エティエンヌ・バラル／日本未公開

＊

1｜　『ディーバ』1981，初めにベネックスのストーカー体質ありき。ブッフ・デュ・ノール劇場が効果的に使われている。
2｜　『ベティ・ブルー』1986，園子温の，渋谷の違法パフォーマンスで，警察の身元引受け人になってくれたのがベネックスだったという。

Jean-Jacques BEINEIX

クレール・ドニ

Claire DENIS

1948-

　クレール・ドニは，パリ高等映画学院出身者であるが，その大先輩に，日本人の高野悦子がいる。彼女は1958年に渡仏し監督科に学び，帰国後，映画監督になろうとしたが，壁は厚かった。当時唯一の日本の女流監督として，1953年『恋文』から約10年間，田中絹代が，頑張ってはいたが，彼女は大戦前からのスターで極めて特別な例外であった。結局高野は自分の映画は撮れなかったが，裏方として岩波ホールを誕生させる等，業績を残している。

　高野や田中の時代から使われていた，女流監督という言葉は，日本では未だに使用されている。その概念がジェンダーであるかどうかはさておき，"映画は特別過酷な仕事だから女性には大変なのでは？"という質問になると少し違ってくる。筆者は昔クレール・ドニが処女長編『ショコラ』(1988)で日本にデビューする前のインタビューに関わったことがあり，あえてその質問をしたことがある。"私の方が男の監督よりずっと体力があるから大丈夫"と彼女はサラリと言ってのけた。その時マラソン選手のようだと感じた記憶があるが，それから25年以上，ドニは，見事な走りっぷりで，現在は押しも押されぬ大監督である。

　ドニはリヴェットやヴェンダース等の助監としてしっかり現場をつんだ監督である。決して多作な監督ではないが，そのフィルモグラフィーを見ると一作毎にグレードを上げている事に気づかされる。日本の映画関係者にも彼女は受けが良く，デビュー3年にして，1991年には，日産の企画で『フィガロ・ストリー／ニューヨーク編』を撮っている。

　前評判が高かった『パリ，18区夜』(1994)が，1997年に公開された時，彼女は，しっかりした日本での評価を築いた。この映画には今でもコアなファンがいるが，興行的には芳しいとは言えず，続いて公開された『ネネットとボニ』(1996)も，同様であった。そして，ドニ・ラヴァンが素晴らしかった『美しき仕事』(1999)は，遂に一般公開されなかった。

　ヴィンセント・ギャロとベアトリス・ダル，2大カルト俳優の出た『ガーゴイル』(2001)も，話題性は高かったが，血まみれの映画で見るのが苦痛な場面があったし，やはり一般には届かなかったようである。その後2003年に短編オムニバス

1 | 2 |

『10 ミニッツ・オールダー イデアの森』(2002) が公開されて以来，ドニの映画は日本では，公開されなくなってしまった。

　しかし，彼女の眼差しが，貴重である事には変わりがない。今後も世界をリードする映画を，たくさん作っていただきたい。

C・ドニの日仏 (他) 合作映画
—
『ガーゴイル』2001 (日仏合作)
何故かベトナム戦争後，猟奇的映画が特に増えた気がする。吸血鬼映画でも『インタビュー・ウィズ・バンパイア』は，ゴシックロマンと云われても，決して猟奇的とは云われない。描写の問題も大きい

のだが，川端康成の「眠れる美女」にヒントがあるという『ガーゴイル』は，クローネンバーグの『ラビット』の様に明らかに猟奇的映画である。日本でラジオ番組まで持っていた人気者ヴィンセント・ギャロ，最泣く子も黙りそうなベアトリス・ダル，そしてクレール，この3者の組み合わ

せは，当然かなり話題になった。しかし『羊たちの沈黙』の様な例外的ヒットにはならなかった。[監] C・ドニ [脚] C・ドニ，ジャン＝ポール・ファルジョー [撮] アニエス・ゴダール [主] V・ギャロ，B・ダル [製] ジョルジュ・ベナヨン他

1 |　『ショコラ』1988，クレールはヴェンダースの助監の頃から日本でも知られ，初作『ショコラ』は一部の批評家に評価された。
2 |　『フィガロ・ストーリー』1991，カルロス・ゴーン氏いわく，こんな無駄使いをしていたから，私が必要になったのだ。

<u>Claire DENIS</u>

ジャン＝ピエール・リモザン

Jean-Pierre LIMOSIN

1949-

　1980年代に入って，フランスの新しい映画がドンドン見られるようになってきた。ヌーヴェルヴァーグの時の勢いの半分もなかったけれど，それは映画界全体の問題でもあり仕方がない事である。日本人は，映画と云えばハリウッドの大作映画や大宣伝映画が，金を払うべき映画である様なイメージを，かなり植えつけられてしまっている。その中でフランス映画はおしゃれな小品，アートな趣味，といった位置づけになり，公開も都会のしゃれた小さな劇場での地味な単館公開がほとんどである。80年代に入って，小さなシネコンが出現した事も，フランス映画の小品が見られるようになった事と無縁ではない。

　J＝P・リモザンは，批評家出身という事もあり，第何番目かのヌーヴェルヴァーグというイメージがあった。『夜の天使』（1986年公開）はそんな中で公開され，続く『天使の接吻』（1988年公開）も非常に評判が良かったが，それは決してリュック・ベッソンの受けとは違った線上であった。

　それから約10年，『TOKYO EYES』が日仏合作として作られたのは，バブルもはじけ経済的には決して良くない1997年である。吉川ひなのという，日本人というよりフィリピン風のロリータと，武田真治という若い演技派，そして舞台は90年代の若者の街，下北沢。リモザンは東京という街を通して，その時代の若者の淋しさをドキュメンタリーのように映画化する事に成功している。

　カメラのジャン＝マルク・ファーブルが，リモザンの眼になって独特の詩情をかもし出している。リモザンは，大変な親日家であり，北野武の映画を，フランスに紹介した映画人としても知られているが，あまり映画を撮らないのが残念である。一つだけリモザンがやはりフランス人らしいと思ったのは"視線についての偶話"というこの映画につけたテーマである。まさにその通りなのだが，そう理屈っぽく云うところがまさにフランス人であり，理屈っぽく感じるのが日本人なのであった。リモザンは劇映画の作品数は少ないが，ドキュメンタリーに良い作品がある。例えば2008年に作られた『YOUNG YAKUZA』は，良い意味で日本を知った外国人にしか作れない，本質に迫るドキュメンタリーであった。

II

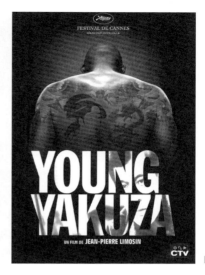

1 | 2 |

J=P・リモザンの日仏関連映画 —

『TOKYO EYES』1998（日仏）
舞台になる下北沢は，演劇関係の若者やミュージシャンが住む町で，六本木や渋谷より，ずっと生活感がある。しかしこの映画には不思議な浮遊感が漂っていて，生活感のある町までもが，別の顔に見えてくる。その浮遊感に，主役の二人のキャラがぴったりで，ヤクザから預かったピストルを中心に漂うようにドラマがはじまり，漂うように去って行く。ビートたけしのヤクザも，上手くキャラが引き出されていて，彼特有のリアリティが，下北沢の町のように，寓話のようなキャラに変えられている。これは，やはり新しい映画の一本である。[監] J＝P・リモザン [脚] J＝P・リモザン，サンティアゴ・アミゴレナ，フィリップ・マドラル [撮] ジャン＝マルク・ファーブル [制] 堀越謙三，ヘンガメー・パナヒ [主] 吉川ひなの，武田真治，ビートたけし

『YOUNG YAKUZA』2008
フランス・ドキュメンタリー（日本劇場未公開）
よく計算されたセミドキュメンタリー。驚く程自然に日本のYAKUZAに入門する若者が捉えられていて，興味深い。
『Visite à Hokusai』2014
葛飾北斎のドキュメンタリー。日本人とは違う視線が捉えた，偉大な江戸時代の芸術家が，いかにフランスに影響を与えたのかがよくわかる。
→Ⅱ補81（作品）

・

1 | 『TOKYO EYES』1998，ありそうでなくて，出来そうで出来ない，日本を日本人俳優で撮ったフランス映画が，何気なく出現した。
2 | 『YOUNG YAKUZA』2008，仏人の眼，外人の眼としての興味の対象が意外で日本人として未知だった点も多く，興味深く見る事が出来る。

Jean-Pierre LIMOSIN

ジャン＝ピエール・ジュネ

Jean-Pierre JEUNET

1953–

　『デリカテッセン』(J=P・ジュネとマルク・キャロ共同監督) は，1991年に日本公開された。ヌーヴェルヴァーグの頃の仏映画の勢いは遠い昔の時代になっていた。少し前から，又，本数だけは仏映画も公開される様になっていたが，それはミニ・シアター系劇場が増えたからに他ならない。この映画は同年の東京国際映画祭で金賞に輝いていることもあり，口コミで面白いと広がり，クリエイターたちは時代に遅れんと見にいったものである。正直，話は「スィニー・トッド」で，又かと思ったが映像が面白く，脇役のキャスティングが面白かった。ジャン＝クロード・ドレフュス は，この映画でしっかり印象を残し，その後，車のコマーシャルにも起用されている。

　1996年に『ロストチルドレン』が登場し，『デリカテッセン』よりも彼等の映画はずっと豪華になっていたが，相変わらず小物に至るまで小味な気配りはフランス映画ならではであった。ゴルチエの衣裳も話題になり，今度は快優ロン・パールマンが注目された。その後，マルク・キャロとのコンビを離れアメリカ資本で撮った『エイリアン4』の後，2001年に『アメリ』が登場した。この映画は，ジュネの映画に興行的に大ヒットした作品が無かった事もあり，配給会社アルバトロスは安く購入出来，大もうけしたという。このヒットは，残酷スプラッター，ポルノ映画ばかりが目立つ配給会社のイメージもアップさせ，その後極めてユニークなアート系とコアな作品を配給する会社に押し上げた。何だか『アメリ』っぽい夢のある話である。

　日本で『アメリ』は，その頃若者の街といわれた渋谷で単館で公開され，ファッション系の若者を中心に話題となり単館ロードショウの記録を作った。結果16億の興収を上げたというが，これはフランス映画としては珍しい大ヒットで，映画に登場したモンマルトル，ルピック通りのカフェは，"アメリのカフェ"と呼ばれ，日本からパリへアメリ詣でが続出した。

　『アメリ』は，アメリカでも受けて，これ以降ジュネの作品は世界的監督の扱いとなり，アメリカの資本が多くなった。『ロング・エンゲージメント』(2004)，『ミックマック』(2009)，『天才スピヴェット』(2013) と，フランス映画では作れない金の

1｜　　　　　　　　　　　　　　　　　　　　　　　　　　　　　　　　　　2｜

かかった作品を撮り続けている。

　ジュネの特色は，その独特の美術学校の学生の課題作品のような，手づくりの
アマチュアリズムが残された美術装置と色彩感覚にあり，ミッシェル・ゴンドリ
ーにも通じる良い意味での童心が，どの作品にも溢れている。なお，2006年第
十九回東京国際映画祭では，彼が審査委員長を務めた。

『アメリ』の影響
—
『転がれ！たま子』2005
偉大な祖父新藤兼人を持つ新
藤風が監督した日本版『アメ
リ』。日本アメリは，玉子と名
乗り，鉄兜をかぶり，異常に
甘食パンにこだわりを持つメ
ンヘラ娘として登場する。俳
優の責任というより演出の問
題で，軽妙な洒落た空気が，

ほとんど動かない。［監］新藤
風［脚］しんどうぎんこ［撮］
佐々木原保志［主］山田麻衣
子

『デリカテッセン』1991
人肉ソーセージという恐ろし
いテーマの，近未来パリを舞
台に繰り広げる映画。その表
現がブラック・ユーモアに溢
れていて，そこそこのヒット

となった。現在では，カルト
的映画の一本に数えられてい
る。［監］J＝P・ジュネ，マル
ク・キャロ［脚］J＝P・ジュネ，
M・キャロ，ジル・アドリアン
［撮］ダリウス・コンジ［主］ド
ミニク・ピノン，マリー＝ロ
ール・ドゥニヤ／第4東京国
際映画祭ヤングシネマ部門東
京ゴールド賞・都知事賞

・

1｜　『アメリ』2001，ピガールのアメリの店に，一時日本人観光客が群れをなしていた。アメリの毒には御注意くだ
　　さい。
2｜　『転がれ！たま子』2005，模写する事は良い。しかし下手な模写を，見せらえる側の身にもなって貰いたい。

Jean-Pierre JEUNET

リュック・ベッソン

Luc BESSON

1959−

　リュック・ベッソンは『サブウェイ』（公開1980）で日本初紹介となったが，続いて遅れて公開された処女作『最後の闘い』（公開1987）で認められた。この映画もSFだが，環境問題をベースに良く出来た映画でしかも新鮮であった。日本での名声を決定付けたのは，1992年公開の『グラン・ブルー』である。実は日本で最初に公開されたのは短縮版で，潜水競争の部分で日本人選手が登場する場面がカットになっていた。その後1998年に再上演されたオリジナルバージョンでは，日本人が日の丸ハチマキをしていたり，パロディと云ってすまないような雑でステレオ的な日本人の描き方がされていたが，それ程問題にされなかった。幾つもの映画が日本人の描き方に失敗して輸入配給されなかった過去があるが，もしこの完全版を最初に公開していたらリュック・ベッソンの日本でのイメージはとても変わっていたと思う。

　日本用『グラン・ブルー』はエリック・セラの音楽と共に若者に受けた。劇画のように分かりやすい映画である。ジャン＝マルク・バールも受けたが，敵役のジャン・レノが大受けした。その後ベッソンの映画は，『ニキータ』が大ヒットした事から，完全にそのマーケットの中心が，アメリカを向き，『レオン』そして『ブレードランナー』のようなハリウッド映画『フィフス・エレメント』（公開1997）では，決定的にこの監督のやりたい事を知らしめた。特に『ニキータ』は，日本の漫画アニメの影響がはっきりわかる作品で，めちゃくちゃな展開なのだが，テンポ感に優れた娯楽作品としては上等な映画であり日本でもフランス映画としては1991年当時珍しいヒットであった。このキャラ……ロボトミーとして洗脳された美貌の殺し屋は，ハリウッドでは『アサシン』となり，『ニキータ』にもっと金をかけた大作になったが，日本では，Ｖシネマでこのイメージが使われ大ヒットシリーズになった。ある意味でアイデア逆輸入の，しかも『アサシン』の1/100以下かもしれない底予算の，ポルノチックなビデオ映画だが，『ニキータ』は美人の殺し屋『XXダブルエックス』に変身して，計7作も作られている。

　90年代は，既に，もう日本ではフランス映画はマイナーと思われ，特別な事がない限りミニ・シアターでスノッブな連中が愛好するイメージだった。映画の在

り方がすっかり変わりＣＧにしても半端なものでは満足出来なくなっていた。ベッソンに対する日本の若者たちは，日本アニメに影響された彼の作品を，日本アニメへのオマージュ，フランス映画の枠を超えた，グローバルな作品として，アメリカ映画の感覚で受け取っていった。ベッソン自身も，芸術か商業かとか，フィルモグラフィーばかり気に掛けている今までの多くのフランスの映画監督と全く違う視線で，どんどんやりたい事を展開し始めていた。　やはりこれは新しい波といっても良く，ベッソンの名はブランドとなり，その後続々と続いたプロデュース作品も，ヒットしている。

　例えば『WASABI』や『TAXI』シリーズ等は，監督は他の者に回し，彼は脚本やプロデュースでの参加だが，どれもがまるで彼が監督していると錯覚するように，"リュック・ベッソン"を看板にして，それが成功している。昔かたぎの映画人以外にも，こういう商才に長けた作家を今でも嫌う観客が沢山いる。しかし多くの若い映画人にとっては，彼は一種のカリスマである。

　2001年には新会社を設立。一時は，日本とのパイプも強まり特にプロデューサーとしての仕事が目立っていた。『アーサーとミニモイの不思議な国』（公開2007）シリーズの完結をもって，監督を引退すると宣言していたが，彼は無類の映画好

・

1｜　『最後の闘い』1983，ベッソンを，アート系の脈もあるのかと一瞬錯覚した秀作。ジャン・レノが良い。
2｜　『グラン・ブルー グレート・ブルー完全版』1988（日本公開1992），右翼が見たら怒るであろう完全版は，短縮版の大分後で公開された。ベッソンには大ざっぱな処がある。

Luc BESSON

3 |　　　　　　　　　　　　　　　　　　| 4

きだし，一つのブランドであり撮れば話題になる状況で，そう簡単には引退しないだろうと思っていたが，案の定すぐに撤回している。フランス版のジョージ・ルーカスと皮肉る人も多いが，我々は日本アニメにアメリカンソースを絡ませたフランス映画が，面白い作品になる場合がある事をベッソンによって知らされた。彼は，第15回 (2002) の東京国際映画祭では審査委員長を務めている。

『ニキータ』の影響
—

『黒の天使』1998

石井隆が，書いた同名コミック (1982) が原作。『ニキータ』は 1990 年作品であり石井自身のコミックの方が先だけれど，映画化の時に主演の葉月里緒菜共々『ニキータ』のようにかっこよくを意識したという。目の前で両親を殺された主人公は，黒の天使という女殺し屋に救われアメリカに逃れ，子供の時から殺し屋として教育される。そして，日本に戻っての復讐譚である。一般に日本映画に登場する女殺し屋は，くノ一か，明治時代の女侠客がほとんどであり現代の女殺し屋が，時々登場する様になったのは，やはり，『ニキータ』の影響が大きい気がする。[監原脚] 石井隆 [撮] 佐藤和人 [主] 葉月里緒奈，根津甚八

『黒の天使 II』1999

『黒の天使 1』の続編。宝塚出身の天海祐希が，主人公を演じている。なかなか上映されず，あまり知られていない作品である。[監原脚] 石井隆 [撮] 佐藤和人 [主] 天海祐希，大和武士

ＸＸダブルエックスシリーズ
『美しき凶器』1993

[監脚] 小水一男 [撮] 伊藤昭

・

3 |　『ニキータ』1991，面白い映画に，理屈は要らない。
4 |　『アーサーとミニモイの不思議な国』2007，庭でのミリ単位のお話で３D映画としては，美しい場面あり。ベッソンはアイデア拝借の大将だ。

II

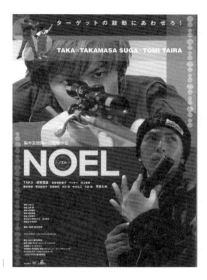

5| |6

裕[主]宮崎ますみ

『美しき狩人』1994

[監]小沼勝[脚]高橋洋[主]クノ真季子

『美しき標的』1995

[監]黒沢直輔[脚]柏原寛司[主]夏樹陽子

『美しき獣』1995

[監]池田敏春[脚]竹橋民也[主]嶋村かおり

『美しき獲物』1996

[監]池田敏春[脚]山口セツ[主]真梨邑ケイ

『美しき機能』1996

[監]原 隆仁[脚]田部俊行,中田一正[主]夏目玲

『しなやかな美獣』1997

[監]斉藤信幸[脚]斉藤信幸,加藤正人,岡芳郎[主]嶋村かおり

『レオン』の影響

—

『ノエル』2003

沖縄を舞台にした,老婆の復讐譚。とはいってもその動機が大事な煎餅を食べられてしまった恨みというのが可笑しい。『レオン』とは,まるで違うほんわりしたスナイパーが守るのは少女ならぬ老婆。日本題の NOEL（ノエル）は,逆さ読みをすると LEON になる。[監脚]梨木友徳[主]TAKA,平良とみ

ベッソンの制作した日仏合作映画（製作者として）

—

『WASABI』2001

日仏を舞台にした,アクション映画。監督のジェラール・クラヴジックは,"ベッソンの映画"の裏にすっかり隠れてしまった。かつての日本人の恋人の遺児が自分の娘であると知ったフランス人刑事が,ヤクザに追われる我が子を守るために,TOKYO に乗り込んでくる話。脚本の粗雑さが,気になる凡庸な映画であったが,日本ではそこそこの興業になった。

5| 『ノエル』2003,平良とみ vs N・ポートマン。リュック・ベッソンの野望の欠片もない,のんびりした可愛い殺し屋映画。

6| 『WASABI』2001,相当にいい加減に作られた映画だが,WASABI が効いていない。WASABI の味を確かめてから,御雇い監督に渡してください。

Luc BESSON

レオス・カラックス

Leos Carax
1960–

　日本, フランスを問わず映画監督には, 多作家と寡作家がある。最近は作り方によっては, 従来の方法より大幅に安く映画を製作することが可能で, 荒っぽい程に多産を続ける監督もいる (何故か, 圧倒的に日本に多い)。その反面, 寡作な監督がいる。寡作家といえば, ビクトル・エリセの名がすぐ浮かぶが, 日本でいえば, 長谷川和彦という才人は, 70歳になんなんとして, 2本の映画しか残していない。レオス・カラックスもその知名度に比して, 寡作な監督である。寡作, それは企画に対して資金調達が出来ないことが, 大きな理由であろうが, 映画に対する姿勢, 監督としての完璧主義という壁も大きい。改めてカラックスの一作一作を見返すと, 一本に数本分の映画の力が, 籠っていて, つくづく数だけ多いフィルモグラフィーを誇る映画監督との差異を考えさせられる。それは, 勿論単純に多作が良い悪いという事ではない。カラックスが好きだと公言する成瀬巳喜男は90本近く映画を監督している。

　カラックスの作品が初めて日本に紹介されたのは, 2作目の『汚れた血』(1986)で, 1988年の事である。興業的ヒットとはいえないが, 渋谷にあるミニシアターシネマ・ライズは, 観客の感動で熱かった。その後やはり同じ系列のミニシアター, ユーロ・スペースで初長編『ボーイ・ミーツ・ガール』(1984) が, やっと4年遅れで公開された。レオス・カラックス, その名は, その時点ではまだほんの一部の映画ファンのものだったけれど, 1992年, 『ポンヌフの恋人』が, 公開されるやミニシアターに観客が押し寄せ, 単館だけで27週間9万5000人を超える大ヒットとなった。この映画のヒットは, これを見なくては的に, マスコミが取り上げる前に, 映画ファンの口コミが大きく, ミニシアター系のフランス映画としてはその後の『アメリ』等のヒットにも, 想いが重なるところがある。いまだに彼を応援し配給し続けるユーロ・スペースの思い入れが, まず大きかった。

　ともかく, カラックスの『アレックス三部作』は, (カラックスの分身怪優ドニ・ラヴァンの存在も忘れられない) こうして日本の映画ファンに届いたのである。それは, もはやフランス映画ファンなら, 彼の名を知らない者はいない程, ましてや, 30年前以上昔のゴダール出現のような, 熱を持った新スターであった。

1｜　　　　　　　　　　　　　　　　　　　　　　　　　　　　　2｜

　そして，散々ファンを待たせ，8 年の時が過ぎていった。『ポーラ X』(1999)，この力作は合作映画で，日本も関わっており，フランスでの公開後，半年も経たずに，日本で公開されている。C・ドヌーヴの熱演や懐かしいスコット・ウォーカーの音楽の話題もあったが，何よりも主役二人の演技に観客は打ちのめされた。そして又約10年，今度は，合作オムニバス『TOKYO!』(2008)で，カラックスは短編ながら，伊福部昭の「ゴジラのテーマ」で，ドニ・ラヴァンをTOKYOで暴れさせる映画を撮った。ファンならずとも，文句のつけられぬ面白さで，10年のご無沙汰を，また簡単に飛び越えて，従来よりもう一世代若いファンを獲得してしまった。カラックス，怖るべしである。現在の処の最新作『ホーリー・モーターズ』(2012)は，各所に，ほとんど最初に映像が出来た頃(リュミエール以前)の運動する男の映像が登場し，カラックスの"映画による映画"である事がわかる。デジタル時代に，彼が，表明したかったこの映画は，アメリカでは相当なヒットらしいが，日本では，公開劇場数も従来のカラックス作品より多かったが，大ヒットにはならなかった。そして今度は，5年後なのか，はたまた10年後だろうか……我々は，又カラックスの次作を気長に待つのだろう。

＊

1｜　『ボーイ・ミーツ・ガール』1984，シネマファン・ミーツ・タレント……カラックスの長編処女作。輝いている。
2｜　『ポンヌフの恋人』公開1992，リタ・ミツコの曲がかかると涙が止まらなくなった。製作者は請求書で，涙も出なかった。

Leos Carax

3 | | 4

L・カラックスの合作映画

『ポーラX』1999

『ポンヌフの恋人』の後，映画ファンはどれだけ，カラックスの新作を待ちわびていただろう……その間『ポンヌフ』が，いかに大変な撮影であったかが，カラックスの完璧主義とトラブルが，映画情報誌などで繰り返され，新作は作れないのでは，と諦めた頃に，ハーマン・メルヴィルの「ピエール」をカラックスが映画化する話が浮上した。この作品も大変な格闘と葛藤があり，完成までには何年かかる

かわからないと思うものは多かった。これだけ期待されその分，完成した作品が，つまらなかったとしたら大変なことになる。しかしカラックスは，やはり納得する作品を，創った。この作品は，見事にメルヴィルを現代に翻案し，かつエリック・ゴーティエの忘れられない映像を見る者に残す。[監]L・カラックス[脚]L・カラックス，ジャン＝ポール・ファルジョー，ローラン・セドフスキー[撮]E・ゴーティエ[主]ギョーム・ドパルデュー[製]定井勇二他

『TOKYO! メルド編』2008（仏

日独韓によるオムニバス映画）3人の監督が，オムニバスで描く『TOKYO!』。カラックスは，ドニ・ラヴァンをもって新・アイドル，怪人メルドを登場させた。日本への皮肉を含んだオマージュが，散りばめられていて苦笑させられた。特に絞首刑の場面は，どうしても大島渚を思わずにはいられず，しかし吊るされているのは，反権力でもなんでもない"メルド"なのである。[監脚]L・カラックス[撮]キャロリーヌ・シャンプティエ[主]D・ラヴァン[製]堀越謙三

・

3 | 『ポーラX』1999，主演者は，二人とも死んでしまった。スコット・ウォーカーのスタジオ部分の描写が忘れられない。

4 | 『TOKYO!』2008，オムニバスだが力のある一編。日本映画へのオマージュ満載の映画好きにはたまらない映画。

II

ミッシェル・ゴンドリー

II-45

Michel GONDRY
1963-

　ＴＶが登場するまでは，日本で映画監督になるには，まず映画会社に入り，助監督として映像を学びやがて監督にとコースは決まっていた。ＴＶの登場後は，映像関係の教育を受けて自主製作の学生映画を創り，ＴＶ局の演出部やドラマやＣＭの制作会社に入ったりして，チャンスをものにして監督になる者たちがいた。

　そして，現在，誰もが従来よりもずっと低予算で，映像や音楽を工夫して，短いドラマやアニメ，ミュージッククリップ等を作れる時代になった。ネットで話題を取り，腕を磨き，映画監督になる，いわゆるネット世代の監督たちも，続々登場している。ミッシェル・ゴンドリーは，そんな彼らにとってのまさにカリスマである。1993年ビョークやレニー・クラヴィッツのクリップで，我々は，ミッシェルの童心あふれる作品を初めて目にしたが，その後あれよあれよという間に，次々と大物ミュージシャンのクリップや大きなＣＭを手掛け，2001年には劇場用映画『ヒューマンネイチュア』の監督に抜擢される事になった。『ヒューマンネイチュア』は，『マルコヴィッチの穴』のスパイク・ジョーンズとチャーリー・カウフマンというまさにアメリカの才人たちが制作にまわった，米仏合作の超ターザンものである。この作品は日本では，当時の最高レベルのＣＧが見られる事から，関係者の中では話題であったが，一般的にヒットはしなかった。

　ゴンドリーは，その後2004年に秀作『エターナル・サンシャイン』を創り，その才能を見せつけ，幾本も興味深い劇場用映画を監督している。

　2008年のオムニバス映画『TOKYO !』の中の「インテリア編」は，中編ながら，彼らしいポップさ，可愛らしさが良く出ていて，作家的な完成をうかがわせた。2013年『ムード・インディゴうたかたの日々』も，通常では映画化出来ないのではと思われるＢ・ヴィアンの世界を，見事に彼らしく具象化していた。

　2014–2015年にかけて，東京に「ミッシェル・ゴンドリーの世界一周」という大掛かりで，珍しい世界規模の展覧会が巡回してきた。彼の飽く事亡き想像力とそれを実現させる才能が，良く分かる展覧会であった。不思議な迷路に迷い込んだ気がする大量のミュージック・クリップが流れ，言語学者ノーム・チョムスキーとの対話をアニメ化した『背の高い男は幸せ？』のドローイングが掛かり，『ムード・

Michel GONDRY

1 |　　　　　　　　　　　　　　　　　　| 2

インディゴ』で使用されたガジェット類が置かれている，多くの人が楽しめるゴンドリーワールドの出現であった。

　ニューヨークのシネマセンターには，以前からあった，体験型映画つくりが，ゴンドリー流のセットを使い楽しめる映画ワークショップも，彼のサービス精神あふれた，楽しい企画であった。ポップな映画作家は，その時代時代にいるけれど，映画をここまで，ポップにした彼の功績は，今後ますます認められていくに違いない。

M・ゴンドリーの合作映画
——
『インテリア・デザイン編』2008
『TOKYO!』のオムニバスの一編(仏日独韓)
いろいろな芸術家が集まり，香りや煙が一緒に出て来る映画を考えだすシークエンスが楽しい。この監督が，いかに沢山の映像を勉強してきているのかが解るし，日本の若い男女の恋愛心情から，音楽事情まで自然に取り入れる事に成功している。主役の女の子は，街角で拾われる椅子になってしまうのだが，この寓意性はなかなか日本人には描けない部分である。[監]M・ゴンドリー[脚]M・ゴンドリー，ガブリエル・ベル[撮]猪本雅三[主]藤谷文子，加瀬亮[製]定井勇二，根岸洋之

・

1 |　『ヒューマンネイチュア』2001，ゴンドリーの長編デビュー作。C・カーフマンのぶっ飛んだブラックコメディを，ユーモアで包んでいる。
2 |　「ミシェル・ゴンドリーの世界一周展」都現代美術館で2014年の秋から約3か月開催された大展覧会。彼のファン層が，意外に広い事に驚かされた。

II

フランソワ・オゾン

François OZON
1967–

　あまりにも頭の中で作り上げてしまった観念ドラマは，見ていて退屈になる。フランソワ・オゾンの最初に日本で紹介された長編『ホームドラマ』（1988年公開）は，そのきわきわな処を，パロディに逃れた映画である。ジョン・ウォーターズやペドロ・アルモドバルに通じるカルト映画をフランス版にしたような『ホームドラマ』は，疲れきったヨーロッパの開き直りの面白さがあり，その評価が直に『クリミナル・ラヴァーズ』の日仏合作へと結びついた。

　『クリミナル・ラヴァーズ』は，『ホームドラマ』と同じように，相当に血なまぐさい映画であるが，寓話のように現実から離れている部分があり，そこが救いになっていた。この映画は，ヴェネツィア映画祭でかなり話題を集め，その後オゾンは続々と，才能豊かな作品を世に問い始めた。それらの作品は，ミニシアター系ながら，『焼石に水』（2001），『まぼろし』（2002），『8人の女たち』（2002）と，途切れずに日本でも公開された。『まぼろし』は，当たらないと言われていたらしいが，オゾンにとって初めての興行成績を得た作品だという。資金難で，日本の配給会社ユーロスペースから援助も受けたと，2013年のインタビューで彼は語っている。最初，日本の観客は，古くはファスビンダー，又はアルモドバルのフランス版的な見方をしていたが，『まぼろし』が公開されてから，"〜風な"が消えて，有名女優たちと仕事をして，やがて女の心情が描ける監督と言われるようになった。

　大女優，有名女優が競演した『8人の女たち』（2002）は，文句無しの話題作で，人々はある種怖いもの見たさで集まった。オゾンは，少数のシネマテックに集まる人々のためには映画を作らない，とはっきり公言していて，こういう監督が出てくるフランス映画界の変化を思わざるにはいられない。そして，オゾンの娯楽性と作家性のバランスに関しても共感は高く，旧作が取り上げられ，新作がそれ程，途切れないで公開される事になった。

　よく，引き出しが多いという言い方があるが，オゾンの映画をみているとまさにその通りで，特に，思春期の少年，少女の心情を描くのが巧みであると思う。若くデビューした監督が，あっという間に時代からずれる例は枚挙にいとまがないが，どうやらオゾンの場合は，当てはまらない。『危険なプロット』（2012）では文

François OZON

1｜

｜2

才のある高校生，『17歳』(2013)ではブルジョワの女子高生と，2作続いた現代版
危険な若者の映画でも，まるで思春期の青少年に取り変わったような目線は，初
作の『ホームドラマ』から1/4世紀をたってなお健在で，表現はずっと上手くなり，
いまやベテラン監督の仕事である。

　プロモーションの為の度々の来日で，どんどんファン層は広がり，特にゲイを
公言するナチュラルでリベラルな姿勢は，若い層に好感をもって受け入れられて
いる。日本もマスコミに毎日女装者が登場するし，同性婚も法制化する動きが活
発になってきた。『彼は秘密の女ともだち』は，2015年夏に公開されたが，女装が
テーマで，並のストリーテーラーではない，実力が感じられるが，この作品は，一
般には，またもやという印象が強かった。

F・オゾンの合作映画
—
『クリミナル・ラヴァーズ』1999
（日仏）
かなり賛否が分かれたオゾン
風『俺たちに明日はない』で

ある。映画だから可能な，子
供の頃に見た悪夢のような，
グリムやペローの怖い森のよ
うな，怖く甘哀しい「おとぎ
話」の世界が描かれている。
[監脚] F・オゾン [撮] ピエー

ル・ストゥベール [主] ナター
シャ・レニエ，ジェレミー・
レニエ [製] オリヴィエ・デル
ボスク，マルク・ミソニエ

・

1｜『クリミナル・ラヴァーズ』1999，フランス版ジョン・ウォーターズ。衝撃が続き慣れた頃に，FIN。遊園地の新手の
　お化け屋敷の面白さ。
2｜『まぼろし』2002，格段に腕を上げた，オゾンのゴースト映画。C・ランプリングも話題で，そこそこのヒットとなっ
　た。

II

フランスの前衛映画

Cinéma d'avant-garde français

　フランスで，3年に一度か，4年に一度，全く不定期に，本専門店ではなく，街のキオスクや雑誌屋に並ぶ「エゴイスト」というファッション誌がある。この本を街で見る度に，本という概念とは違う従来の流れを完全に断っている在り方と，その内容の素晴らしさに，1920年代後半盛んに日本に持ち込まれた『アヴァンギャルド映画』を想う。

　日本の映画に，いやもっというと，その時代どこにも全くなかった，従来の美意識を壊すという考え方が，いかに表現の本質に係るかを，前衛映画は，現在でも提示している。実際の処『カリガリ博士』(独映画1921年公開)あたりが，口火を切って，日本でも今までの映画とは違う変わった映画が，公開され始めた。日本では，そのテクニックやテーマの面白さで，インテリを中心に話題になり，ジャーナリストは目新しさを雑誌に書きまくった。しかし第一大戦後から第二次大戦が始まる間，約15–16年の間，日本人は何が表現派なのか，誰がダダイストなのか，印象派とはシュールレアリズムとは……それらをごちゃ混ぜにして，従来の映画とは違う『前衛映画』と大枠でくくって考えていたし，又そうするより他は無かった。何しろ映像作品は，映画館に行かねば見られなかったし，情報は，当地に住む友人や送られてくる雑誌等で見る他はなく，それも一ヶ月近い船旅を経てもたらされる情報であった。しかし雑誌に関しては当時の仏文の解かるジャーナリストは，頑張って雑誌等を翻訳したりして，大いに日本の映画界に貢献している人もいる。例えば飯島正は，その時代，その後もフランス映画に詳しいジャーナリストの一人だが，ルイ・デリュック等をいち早く翻訳し，そのシナリオを見て稲垣宏が大いに参考になったと述懐した映画雑誌等が残されている。衣笠貞之助も解かり易い程その影響を受けた監督で，例えば『カリガリ博士』や『ナイン』等が存在し無かったら『狂った一頁』は，世に出る事は無かったであろう。

　第二次大戦後フランス本国でも，様々な前衛作品を改めて見直し仕分けをする様な作業を多くの批評家が試みたが，日本ではダダイズムとシュールレアリズムを分けて考える事が出来たのは，戦後の話である。とにかくその頃は，フランス映画のルイ・デリュックも，アルベルト・カヴァルカンティも，ドイツ映画のハン

Cinéma d'avant-garde français

ス・リヒター，ヴァルター・ルットマンも（時期的な微妙なタイミングや国別の発展の仕
方は映画雑誌等で知られていたが）純粋映画，芸術映画の中に入れられていて，まして
一般の観客に，思想的相違など，理解出来る術は無かった。しかし一般が解からな
らない由に，逆に素直な反応をした場合があり，カール・ドライエルの『裁かるゝ
ジャンヌ』（1929年公開）や，ジェルメーヌ・デュラック の『貝殻と僧侶』（1933年公
開）等の作品はインテリを中心に話題になり，人もそこそこ集めたのである。同じ
く，ジャン・エプシュタインの『アッシャー家の末裔』（1929年公開）もその斬新な映
像が評価され，伊藤大輔の作品等に影響が指摘されている。この頃公開された作
品の前後には，大体，フランスで発表されたその公開作と関わる映画論等が翻訳
発表され難しさの一助となった。例えば『キイン』の前のムーシナック，レルビエ
の論文等で既出の飯島以外にも岡田真吉，清水千代太たち，日本の映画ジャーナ
リストの地味な仕事も評価しなくてはならない。

　戦後，ネオ・ダダという言葉だけでは，区切りたくはないのだが，ヌーヴェルヴ
ァーグの映画やその少し後のアンダーグラウンドブームで，再びこの時代の前衛
作品が，左翼系の学生を中心に受けた時代がある。それには1959年に初めて公開
される事になった『戦艦ポチョムキン』を代表とするソビエト映画までも含めて，

*

1｜　『狂熱』1921，日本では未公開だったが，脚本は翻訳された。約100年前の映画の水準の高さに，感動する。
2｜　カール・ドライヤー（ドライエル）映画祭 2004，ゴダールの『女と男のいる舗道』の中で，初めてこの映画を見た
　　　人も多かった。

II

いわゆる革新的作品が自分達の社会運動と関わっていると，通底していると思ったからである。特に，戦前に買いつけてあったエプシュタインの『アッシャー家の末裔』，ドライエルの『裁かるゝジャンヌ』，マン・レイの『ひとで』，デュラックの『貝殻と僧侶』，そうしてやっと見られる様になったクレールの『幕間』，ブニュエルの『アンダルシアの犬』が，特集され，又，時代的にはごちゃ混ぜだが，例えばポランスキーの短篇と抱き合わせになり何度となく名画座で上映されている。やがて少しずつだが前衛映画は，極めてアメリカ的なアンダーグラウンド映画のイメージに取り変えられていった。

　戦争をはさんでの文化ギャップはアメリカ文化が大量に流れ込んで来た時に始まったが，その間ヨーロッパ的前衛の感覚を日本につないだのは，多くのキュビズム以降の画家たちとジャン・コクトーの働きが大きい。

　その後，日本では，ドイツ表現派，バウハウスからロシア前衛主義まで持ち出され，バブル期に多発したスノッブな文化成金たちに，歓迎された。その中には，エリック・サティ，マン・レイも含まれていた。クレールの『幕間』は，まさにその時，再注目される事になったが，既に時代は前衛を完全に商品化してしまっていた。

＊

3｜　『アンダルシアの犬』1929，60年代の日本の名画座には，この映画をプログラムする気概があった。美術界も巻き込んだ前衛映画代表作。
4｜　『幕間』1924，サティブームで再注目されたクレールの傑作。フレンチアヴァンギャルドの教科書。

Cinéma d'avant-garde français

5 |

| 6

梅村蝶子　大河内伝次郎　神尾喬之助

C・ドライエルの影響
—

小津映画へのカール・ドライ
エルの影響は，多くの評論家
が言及しているが，中でもマ
ルセル・マルタンの指摘する
ドラマティックではないロー
アングルの一貫性に拘る類似
は，誰もが納得するところで
ある。

J・エプシュタインの影響
—

『続・大岡政談〜魔像〜』1930
林不忘の傑作シリーズ中の一
作。何度も映画化されている。

江戸享保時代，執拗にいたぶ
る上役を切り捨て，ある旗本
が姿を消すが，やがて一緒に
貶めた者たちに復讐すべく戻
ってくる。伊藤は，恐怖に怯
える同僚の館に，復讐鬼の笑
い声が響く場面で，エプシュ
タインの影響が感じられる炎
や影で不気味さを演出したと
いう。伊藤大輔は，海外では
あまり知られていないが，日
本映画界では，時代劇の父と
呼ばれる，特別に大きな存在
である。彼が前衛映画の最新
技法を学び，取り入れた戦前
のモダンな時代劇は，フィル

ムが散逸し，現存数が，極め
て少ない事が惜しまれる。[監
脚]伊藤大輔[原]林不忘[撮]
唐沢弘光[主]大河内伝次郎

L・デリュックの影響
—

ルイ・デリュックは，ルイ・デ
リュック賞で知られる批評家
であり映画作家である。1923
年に仏映画発展の母体となっ
たシネクラブを創設したのも
彼である。稲垣浩は翻訳で読
んだ彼のシナリオに圧倒され
啓示を受けたといっている。

·

5 | 『アッシャー家の末裔』1928，エプシュタインの映画は，この一本のみしか日本では公開されなかったが，直ぐ
　　に伊藤大輔に取り入れられた。
6 | 『続・大岡政談〜魔像〜』1930，傳次郎，妻三郎，歌右衛門と戦前から戦後まで引き継がれたミステリアスな人気
　　出し物。

II

フランスの喜劇映画

Films Comédie français

　いわずもがな，笑いは文化である。日本には，お笑いというジャンルがあり，その中からメディアを左右するような，大物芸人や，司会者，キャスターが生まれている。実際ＴＶ番組は，お笑い系のタレント，一部大手事務所のアイドルがいないと，ＴＶ局のアナウンサーだけでは，下手をすると報道番組までが，成り立たなくなってしまう。フランスなら，まるで場違いのタレントが，ニュース番組でしたり顔で意見を述べ，専門外のスポーツ競技から料理番組にまで顔をだす事は，考えらえない。まさにお粗末な現実だが，それで日本の芸能界は今日まで回ってきたわけで，そう簡単に漫才士がキャスターを務め，朝早くから，常連のマスコミ型文化人や芸能人，厚化粧の女装者たちが意見を述べる番組編成が変わるとは思えない。もちろんこれだけが日本のお笑いではなく，伝統的な狂言や歌舞伎，川柳や落語の諧謔と，多くの笑いのニュアンスを昔から持つ日本の，ほんの数十年，歴史でいえば一瞬の現在なのかもわからない。しかし笑いの質は大分変化して，映画の中の笑いも，ＴＶの影響下，ドライなものになってきた。昔からのペーソス溢れる日本の喜劇は，『寅さん』で終焉したわけではないのだが。

　モリエールに代表される演劇におけるフランス喜劇は，大正末期から昭和にかけての軽演劇，現在では吉本の新喜劇にまで影響を見つけるのは容易だが，映画としてフランス喜劇からの影響をみてみると，リュミエールの無声映画時代に多くが見られる。特に，リュミエール映画の中で好評だったジャンルで，『悪戯喜劇』がある。ベンチがひっくり返ったり水がかけられたり，単純ながら間抜けな動作に，人々は大笑いした。そうしてそれは日本の喜劇映画の始まりに大きな影響をあたえた。パテ映画は『悪戯喜劇』を発展させ，その中でも少年俳優ジモンを使った『いたずら小僧』(1908年公開) は，すぐに日本版が作られる程評判になった。しかしこの映画の悪戯を真似る子供が続出し，教育上の問題となり公開が控えられるようになっていった。『ジゴマ』が公開禁止になる数年前の話である。しかしパテ社は続いて，間を置かずに，マックス・ランデール（ランデといわれていた）の喜劇を送り込み，これが大好評を博した。丁度明治が大正に変わる少し前1910年から大正にかけてマックス・ランデールの喜劇は15本も公開されている。エクレール

MAX LINDER 1920 FRANCE

其賛達根圏（延俳團專マネキ竹松）

1|

2|

社『ジゴマ』が犯罪ものなら，パテ社は『マックス喜劇』でといった処だろうか。日本でも，この鉱脈を放っておくわけはなく，その為に何人かの喜劇役者が登場した。その中で関根達発は，日本のマックス・ランデールと呼ばれた人で自らもそう在りたいと公言している。喜劇の芝居というものが，映画の中での演技が，どういうものが良いのか，日本古来のものでは，較べられないそのテイストを，何度も何度もマックものを見ながら研究したのである。文芸映画にも幅を拡げたがチャップリン映画よりもっと以前に，マックス・ランデールが，日本の喜劇人に与えたものはウィットと，どたばたではない洗練された寄せ芸，つまりフランス風ヴォードビルの動きであり芝居であった。

　トーキーの時代となり，フランス語が耳に飛び込むようになり，その言語のあまりの違いに日本人は戸惑った。フランス喜劇映画のおかしさは，その会話にあり，当然ウィットに富んだシニカルなセリフが，ポンポン飛び出してくる。“ここまでやって人種差別では？”といいたくなる喜劇は沢山あり，おばか映画の台詞だからと，笑っているうちに，実は大変な社会批判であったりする。その辺の言葉の問題と笑いの質，文化の形態が，日本人には，見てすぐ理解出来ない部分であり，逆に，一般のフランス人には『寅さん』の可笑しさが直ぐに解らないのと対

*

1｜　マックス・ランデール　ブルジョワの衣装，上品な動きで，絶大な人気があった。初代映画喜劇王は，41才で自殺，悲劇王でもあった。

2｜　関根達発　明治から大正時代に2枚目として活躍した。日本のマックスとも称された映画黎明期の大スター。

II

照的である。

　第二次大戦後直ぐ登場した，ジャック・タチは，喜劇とはいっても少し別のニュアンスがあった。この類まれなる，才能と作家性を持つ映像詩人は，これぞフランスといえる洗練された笑いを映画に込めていたが，1947年に『のんき大将脱線の巻』が日本に初お目見えした頃の観客は，面白さがわからず映画は大コケしてしまった。それが災いしてタチの映画は，カンヌ審査員賞やアメリカのアカデミー外国賞を取った『ぼくの伯父さん』を1958年に公開する時もおっかなびっくりであったという。ヌーヴェルヴァーグの監督たちがタチを認めている事は，映画雑誌などで知らされていたが，実質的な2作目『ぼくの叔父さんの休暇』(1952)は，1958年にやっと公開され，大作『プレイタイム』(1967)は，1969年公開されたが，散々たる成績であった。現在でこそ，タチ映画祭が開催される程，カルト的人気があるが，それでも一般の観客は"ユーロ氏"ではなく"MR.ビーン"のような，直截なわかり易さを好んでいる（そういう意味では，『マックス喜劇』の頃とあまり変わりがない）。

　もっと言えば，日本人の一般は，フェルナンデルもルイ・ド・フュネスも今一つ可笑しいとは思えないのである。

・

3 ｜　ジャック・タチ映画祭　渋谷系オシャレ若者たちに，カルトな人気があった。日本でも，彼の評価は死後高まり続けている。

4 ｜　『陽気なドン・カミロ』1952，フェルナンデルも藤田まことも馬ずらが売りだった。両者とも下卑ない，ペーソス漂う本物の役者だった。

笑いの好みは違う。逆にフランス人に日本の『社長シリーズ』を見せても，日本を少しは勉強し，この時代の社会情勢を知っている人以外は，表面的な顔つきや，動作の可笑しさで笑うだけであろう。日本では，フランス喜劇映画は，興業が難しいというのが定説で，フランスで大ヒットした多くの喜劇映画が，未公開になっている。だから，ベルモンドの『リオの男』や，最近の『最強のふたり』を無理矢理，喜劇にジャンル分けしない限り，フランス喜劇映画で，ヒットした作品はほとんど見当たらない。

このわかり易い例が，ミシェル・アザナヴィシウスの『OSS117 私を愛したカフェオーレ』(2006) である。この優秀な喜劇スパイ映画は，『OSS117 カイロ，スパイの巣窟』という変な題名で，第19回東京国際映画祭のコンペに出品され，最高賞"サクラグランプリ"を，受賞した。しかし，『OSS シリーズ』が一般的でない事と（確かに日本では 007 の二番煎じにしか思えない），フランス喜劇は受けないという理由で，どの業者も手を出さず，結局ＤＶＤ発売のみに終わっている。（ＤＶＤのタイトルも変！）同じアザナヴィシウスでも，『アーティスト』(2011) は，アカデミー賞を取った事もあり，名作ドラマとして宣伝され相当のヒットをした事を考えると，感慨を覚えざるを得ない。

*

5 ｜ 『ニューヨーク・パリ大冒険』1973，フランスおばか映画の決定版。本当に可笑しい映画。ロベール・デリーに，日本を舞台に撮ってほしかった。
6 ｜ 『OSS117 私を愛したカフェオレ 』2006，アザナヴィシウスの快作。日本未公開だった。笑いのツボには国境がある。

7 |

| 8

　もっとも客の入らぬフランス喜劇映画にも，例外はある。『Mr. レディ Mr. マダム』(1978)と『ザ・カンニング』(1980)，この二本の喜劇映画は，例外中の例外で，二本とも，セリフの難しさ以前に，映画のテーマが国を超えて理解できる点で共通している。『Mr. レディ Mr. マダム』はイタリア・フランス合作で監督のエドゥアール・モリナロ はフレンチ・フィルム・ノワールで有名な監督だが，この作品は喜劇である上に女装というマイナーな要因もあり最初は心配しながらの公開(1980)だったが，女装を逆手に，女性たちの興味を惹いて大ヒットとなった。少女漫画の里中満知子作品「Mr. レディー」は，1976年に連載された人気漫画だが，日本版の映画タイトルは，案外それを参照したのかもしれない。とにかく，この映画以降，Mr. レディという言い方は，すっかり市民権を得てしまった。

　クロード・ジディは，ベテランの喜劇映画の監督だが，『クレイジー・ボーイ』シリーズは公開されたものの，一定ファンのいるアメリカのおバカ映画(ウディ・アレン等)より格落ちした扱いで，ロードショーといっても二本立てであったり，大作公開の間の穴埋めに使われたりしていた。その中で『ザ・カンニング』は，受験国日本でも大いに関心のあるテーマであり，ヒットした作品である。

・

7 |　『Mr. レディ Mr. マダム』1978，女装タレントが日本のマスコミにあふれ出したのは，時代の流れからしてこの映画の影響もありと思われる。
8 |　『Mr. レディー夜明けのシンデレラ』1990，バブルの頃，ニューハーフが歌い踊る日本風キャバレーが，大人気となった。支えたのはＯＬたちだった。

Films Comédie français

9 ｜ 4月3日より《合格》ロードショー 横浜東宝

｜ 10

パテ作品の影響

—

『日本のいたずら小僧』1909

シリーズ

ジモン少年の『いたずら小僧』
（1908年公開）の日本版で仏，
日両方共シリーズで大受けだ
ったらしい。又，最初パテか
ら，登場したアンドレ・デー
ドの『新馬鹿大将』も同じよ
うに大人気で『いたずら小僧』
同様多くの日本版"追っかけ
物"の，見本になっている。
[監]不明[主]小松岡幸平

『Mr. レディ Mr. マダム』の影響

（エドゥアール・モリナロ 1978
製作/1980公開）

—

『Mr. レディー夜明けのシン

デレラ』1990

ニューハーフを主役に据え
た，女装バーのドタバタ劇。
ショーパブが舞台だという
以外に内容的には『Mr. レデ
ィ Mr. マダム』とは全く違う
が，やはり『Mr. レディ Mr. マ
ダム』の続編，続々編と続い
た後の，日本版というイメー
ジが強かった。なお舞台版の
「ラ・カージュ・オ・フォール」
も 1981年に公演され，ヒッ
ト作となり再演されている。
[監]瀬川昌治[脚]下飯坂菊
間，林誠人，瀬川昌治[主]片
岡鶴太郎，八木沢まり

『ザ・カンニング IQ=0』の影響

（クロード・ジディ 1980 製作
/1982公開）

—

『That' カンニング! 史上最大
の作戦?』1996

アイドル山口達也と安室奈美
恵を軸に，大学の歴史的な寮
を壊そうとする悪徳教授一
派との戦い。試験に合格すれ
ば，寮を存続させるという挑
戦を受けた落第生たちが，頭
脳?を駆使してカンニングを
する。仏版に比べて，カンニ
ングのテクニックも時代が新
しいだけ，科学的にはなって
いるが，原作同様相当にいい
加減なつくりであった。[監]
菅原浩志[脚]斉藤ひろし[主]
山口達也，安室奈美恵

---

9 ｜ 『ザ・カンニング IQ=0』1980，いくら若者が，大人びた国とはいえ，主役が，バカレロワを受けるには，どう見て
　　も老け過ぎていた。
10 ｜ 『That' カンニング! 史上最大の作戦?』1996，お気楽映画だからと言ってアイデア盗用は駄目だろう。

衣笠貞之助

Teinosuke KINUGASA

1896–1982

　日本の伝統芸能の一つに，歌舞伎がある。時代は安土桃山時代（16世紀下後半），出雲阿国が始まりだという事になっている。彼女は踊りに男装まで取り入れて，それは人気があったそうである。それが歌舞伎と呼ばれる様になり，いつの間にか，女性を男が演じる様式に変化していった。江戸時代の初め頃，多くの女役者が売春と関わり風紀上好ましくなかったからだともいう。男が演じる女は女形（おんながた）と云われ，現在に至っているが，日本映画が誕生した時もその女形が女の役を演じている時代があった。リュミエール映画のドキュメンタリー中には，日本の芸者の踊り等も出てくるが，芸者は役者とは明確に違い，映画に出て芝居をする等，とんでもない別畑の話であった。女形は女の所作を研究し，様式化し，女よりもっと女に見える勉強をするのだが，やはりこれは舞台上で許される事である。映画に登場するのは，歌舞伎をそのまま映像にした頃からであるが，洋服を着て女形が登場し出すと，その不自然さがドラマをぶち壊すと，最初から云われていた。勿論それは，海外の映画と比べての反応でもあった。女性が女性を演じたのは『生の輝き』（大正七年1918年）での花柳はるみが最初だが，その後もしばらくは，女優と女形は重なって使われていた。衣笠貞之助は女形として，1918年に日本映画に登場し，5年間に何と130本‼も女形で出演している。その経歴を見ると，役者になりたくて家出をして……とあり，驚かされるが，当時役者は河原乞食と云われ，ほとんど社会的に娼婦並みの扱いであり，芝居が好きでも，家出でもしない限り，普通は，その世界に入れなかったのである。衣笠は，女形の修行をし，映画に女役として登場したのだが，日本映画は，その頃まさに始まったばかりで，歌舞伎の人たちからは軽蔑されるものでしかなかった。この当時の映画の女役はいい加減なもので，小柄で顔が整っていれば，気軽に女役にされた様で，男役もやり，人が足りないと女役も兼ねるといった塩梅だったと云う。勿論サイレントでもあり4–5日で1本撮る（映画自体が短かった）等は，当たり前の荒っぽい創作だった。マキノ雅弘や稲垣浩も女役をやった事があるという。しかし，実は，女形を体験したという事は，大きな経験となり，演出家なり，監督になった場合に，特に和服の時に凄い威力を発揮した。つまり女優に，服の着方から座り方，

Teinosuke KINUGASA

315

目の動かし方まで，きめ細かい納得のいく演技指導が出来たわけである。マキノ
雅弘もどれだけ多くの女優たちにその色気を引き出す術を与えたか，インタビュ
ーで自分でやって見せていたが，ほんのちょっとした動作の違いで全く違って見
える所作の極意は，やはり女役を経験しているからなのであった。衣笠もまさに
この魔術を持っていたわけである。同じく女形から映画に入った林長二郎(後の長
谷川一夫)をデビューからずっと指導して日本映画の大スターに育てた事や，ミス
日本のタイトルだけで全くの素人だった山本富士子を，天下をうならす，水も滴
る良い女に仕立てた功績も大きな事であった。しかし，何といっても衣笠で語ら
なくてはいけないのは，現代もの『狂った一頁』(1926)と時代もの『十字路』(1928)，
この2本の前衛的な作品である。とにかく日本映画史に欠く事の出来ぬ，という
評判ばかりで，消失されたとされていたが，やはり映画の神様はいるのかもしれ
ない。奇跡的に『狂った一頁』は衣笠の自宅の米びつから，『十字路』はロンドンの
フィルムアーカイブで見つかったのである。しかも本人が存命中だったので，再
編集された型でＤＶＤにもなっている。とにかく大正時代にこういう作品が作ら
れたという事に感動させられる。衣笠は，中央に認められる事のない地方の二流
の女形役者から出発し，見返してやろうという意識の強い人だったと云う。女形

・

1 |　衣笠貞之助　衣笠の行動力は，コンプレックスにあり。この時代の役者とは河原乞食といわれ差別されていた。
2 |　『狂った一頁』1926，主演の井上正夫は有名な舞台俳優。頭髪を抜いて老人役に挑んだ役者根性に，衣笠が感激
　　　している。

II

と見られる反発からか，かなり極端な遊び人ぶりだったという話もある。

　犬塚稔等は，口が巧い人を利用する人間だと，衣笠の事を決して良くはいっていないが，どちらにしても映画一本の人であったようだ。そして衣笠の中にあった映画への野心が，初めて海外で認められた和製前衛映画を生んだ事に間違いはない。よく云われるように，二作共，明らかにドイツ表現主義の影響が濃厚であるし，フラッシュバックの応用等は，その頃大流行したガンスやレルビエの影響も確かに認められる。衣笠は，1928年から約2年間『十字路』をたずさえ，ソ連，ドイツに潜在したが，その後日本に戻り1932年には，大スターになっていた長谷川一夫で『忠臣蔵』を監督し，記録的大ヒットとなった。続いて『鼠小僧』シリーズ『雪之丞変化』『或る夜の殿様』と，上等な娯楽作品を連発。戦後は，巨匠の一人として大映の重役でありながら映画を撮り続け，1954年には，カンヌ映画祭で『地獄門』がグランプリを受賞した。この作品は初カラー作品として大映が力を入れた作品で，杉山公平 (1899–1960) がカメラを担当し，アメリカのテクニカラーに対抗する新色彩システムとして試作されていたイーストマン・カラーの日本化を成功させた。杉山公平は，映画史残に残るカメラマンの一人である。衣笠とは『狂った一頁』からの付き合いで，沢山の衣笠作品に参加している。カンヌ映画祭との

　　　　　　　　　　　　　　　　　　　＊

3 ｜ 『大忠臣蔵』1932，この作品は，トーキーでは無理と思われた。衣笠はロンドンの撮影所で見たフィルム繋ぎを
　　応用している。
4 ｜ 『地獄門』1953，日本初のイーストマンカラー。色彩指導と衣装，和田三造。和風「クレーヴの奥方」とも。

Teinosuke KINUGASA

縁が深く，1952年に日本が初めてコンペに参加した吉村公三郎の『源氏物語』では，作品賞ではなく，撮影賞が杉山に与えられている。

衣笠は，どちらかと云うと時代娯楽映画の監督として見なされ，批評家たちの評価は今一つだったが，『狂った一頁』『十字路』が再発見されてからは，又，見直しの気運が生まれた。それでも未だに，彼の美意識は，海外での方がずっと認められている。

衣笠貞之助とカンヌ映画祭
─

『地獄門』1953
平安時代の横恋慕の物語だが，衣笠と杉山は一巻の華麗な描き物に仕上げている。外国での評判が高くアカデミー賞の名誉賞と衣裳デザイン賞（和田三造）にも輝いている。和田三造は，日本近代史に残る洋画作家で，多様な日本古来からの色彩を標準化した。［監脚］衣笠貞之助［撮］杉山公平［衣］和田三造［主］長谷川一夫，京マチ子／第七回カンヌ国際映画祭グランプリ

『白鷺』1958
泉鏡花の悲劇を，山本富士子が演じている。明治末の時代背景，そして華やかな芸者の衣装が，この作品から醸し出される情緒を担う重要なポイントになっている。夢の様に美しい衣装は，再び和田三造。［監］衣笠貞之助［原］泉鏡花［脚］衣笠貞之助，相良準［撮］渡辺公夫［主］山本富士子，川崎敬三／第十二回カンヌ国際映画祭特別表彰

・

5｜『白鷺』1958，『地獄門』に次いで，和田衣笠コンビは，芸者の"キモノ"美の凄さを世界に知らしめることになった。
6｜『小さい逃亡者』1966，衣笠がソビエトで撮った「母（父）を尋ねて三千里」。少年はヴァイオリニストになって日本に凱旋する。

溝口健二

Kenji MIZOGUCHI
1898–1956

　溝口健二は1923年『愛に甦る日』がデビューで，生涯に90本も撮った多作家である。駄作も沢山あるが，それでもどこかに彼らしさの片鱗はあり，初期の頃の無声映画がほとんど残存していない事が惜しまれる。トーキーになるやいなや，依田義賢という名シナリオライターを得て，『浪華悲歌』(1936)，『祇園の姉妹』(1937)と大傑作を2本も放ち，戦争前にして日本映画の良心を代表する監督の一人であった。とにかくねばる事とこだわる事が有名で，スタッフ，俳優は泣かされっぱなしだったらしい。戦前から女を描かせたら溝口という評判は高く，事実，女性が主人公の映画が多い。戦後，大映専属になってからは，宮川一夫という素晴らしいカメラマンを得て，一時調子を落としはしたが，1956年『赤線地帯』(遺作)まで精力的に撮り続けた。特に『西鶴一代女』(1952)以降は国際的な知名度が加わり，彼の長いキャリアの中でも指おりの作品『雨月物語』(1953)，『山椒大夫』(1954)，『近松物語』(1954)，『新・平家物語』(1955)と1956年に亡くなるまで，何と4年間で9本もの優れた作品を連続で発表している。

　『西鶴一代女』は，1シーン1カットという長まわしがよく活かされている作品で，西鶴の『好色一代女』が，下案である。この映画は1952年ヴェネツィア映画祭国際賞を受賞した。1951年の黒澤明『羅生門』の翌年で，日本映画として2回続けて国際映画祭での受賞が続き，映画関係者は盛り上った。溝口は黒澤明が，先にヴェニスでグランプリを取った事を随分意識していたらしい。前半，田中絹代がどうしても18才には見えないが，大熱演大名演で長い彼女のキャリアの中でも指折りの作品となった。水谷浩のセットも特筆もので，裏方ながら国際的脚光を浴びるきっかけになった。

　翌年の『雨月物語』は，教科書に載るほど有名な作品だが，当時の日本映画の実力が，結集している作品である。音楽は早坂文雄，平安時代の衣装の考証は，溝口とは何作か組んでいる日本画家の甲斐庄楠音が当たり，宮川一夫がモノクロならではの美しさを極めている。続いた『山椒大夫』は，ヴェネツィア映画祭で銀獅子賞を受賞した名作である。溝口作品として3年連続であったが，そのエネルギーには驚嘆する。民話「安寿と厨子王」をベースに森鴎外が書いた「山椒大夫」が原

Kenji MIZOGUCHI

作で，ここでも，宮川一夫が素晴らしい撮影を残している。

　どの監督にも逸話があるが，中でも溝口の撮影中の逸話には驚かされる。例えば俳優の演技が気に入らぬと身体が震える程怒り，振動がカメラから伝わりフィルムがブレる程であったという。

　溝口は世界中で評価されたが，意外にフランスの賞とは縁遠く『近松物語』が，第8回のカンヌに出品されただけで受賞はしていない。しかしロメールやゴダールが高く評価した事は，よく知られている。

『西鶴一代女』の影響
―

『修道女』1966

リヴェットが5年掛りで作った映画。原作はディドロの18世紀の小説だが，リヴェット自身が『西鶴一代女』を意識したと語っている。貴族から娼婦になった女が最後は自殺してしまう話で，日本では長い間幻の映画であった。[監] J・リヴェット [脚] ジャン・グリュオー，J・リヴェット [撮] アラン・ルヴァン [主] アンナ・カリーナ

『山椒大夫』の影響
―

『気狂いピエロ』1965

ゴダールの中でも特に人気のあった作品。溝口へのオマージュが込められた，青い海の長まわしは美しかった。ゴダールは『軽蔑』でも美しい海をラストにしている。[監脚] ジャン＝リュック・ゴダール [撮] ラウール・クタール [主] ジャン＝ポール・ベルモンド，アンナ・カリーナ

・

1 ｜ 『浪華悲歌』1936，洋服を着る山田五十鈴が，映画的な効果あり。1936年のヌーヴェルヴァーグは溝口だった。
2 ｜ 『赤線地帯』1956，『雨月物語』1953，遺作と代表作の同時上映。組み合わせに愛を感じる。

II

3 |

| 4

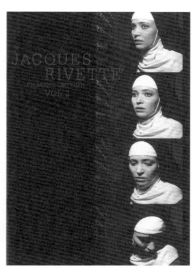

5 |

| 6

*

3 | 『山椒大夫』1954, 世界に出せる映画。宮川一夫の撮影美。宮川の溝口映画に果たした役割は非常に大きい。

4 | 『西鶴一代女』1952, 田中絹代 (43) と三船敏郎 (30) の運命的な恋の設定。処女と若侍……いくら役とはいえあまりに残酷な勘違い。

5 | 『軽蔑』1963, ゴダールとバルドーの互いの自己を譲らぬ格闘映画。理屈ゴネールも BB には勝てっこない。

6 | 『修道女』1966, 仏映画史上最大の検閲を受けた。日本のロマンポルノ『修道女もの』を知らせたら, 国際問題になるだろう。

Kenji MIZOGUCHI

小津安二郎

Yasujiro OZU

1903–1963

　1962年，小津の遺作となる『秋刀魚の秋』が発表された頃の日本は，1964年の東京オリンピックを控え，経済高度成長の渦の中で無我夢中の状態であった。第二次大戦もそれ程前の事ではなかったが，次々に新しい事に目を向き，古いものは一言でナンセンス，と否定する風潮であふれていた。反体制という言葉がよくそれを現わしているが，映画界でも，その世代が監督になる時代であった。

　日本にはプログラムピクチャーと呼ばれる，簡単に云うとメインの作品との時間的，作品的穴埋め映画があり（当時は2本同時公開が日常であった），それを新人監督が受け持つというパターンがあった。当然，尺も短かく予算も日数も限られていて，云わゆる添え物であったのだが，どの映画会社でも，若手新人の不満は社会的情況と重なって1950年代後半には爆発寸前になっていた。勿論観客である一般にはいろいろな階層がいるわけで，小津の映画は全体的には支持され毎年ベスト10には入っていたが，その評価の後ろには，一作毎に頑なな同じテイストの彼の作品を時代遅れと批判する人たちが沢山いたのも事実である。小津はその中で単々と作品を作り出していった。小津はその時，松竹という大映画会社で押しも押されぬ大盾板であったけれど，同時に松竹には日本のヌーヴェルヴァーグといわれる若手たちが，映画を撮りたくてうずうずしている情況であった。

　戦前からオリジナリティあふれる作品を評価されていた小津は復員後，1947年に『長屋紳士録』を戦後第一作として発表。その後は非常に恵まれた，およそ年一作のペースで自作を発表できる大家の位置にいた。1953年の『東京物語』は，あまりにも有名な小津の代表作である。この作品は1937年アメリカ映画『明日は来らず』（レオ・マッケリー）が下敷になってはいるが，完全に日本の舞台に消化されている。

　小津の映画は，時代劇ではないし，あまりに日本的家族の情緒世界は理解されにくい，といった間違った判断で海外の映画祭には出されなかった。松竹の上層部がそういう意識だったのだが，唯一度，『東京物語』は1958年にロンドン映画祭に出品され，第一回サザランド杯を受賞している。時代劇でもなく，アクションでもなく，淡々と老夫婦と人生の哀感を静かに歌ったこの映画は，松竹の予想と

II

1 |

2 |

は別に，このメジャーとは言えない映画祭から徐々に，世界中に広まっていった。その後，ドナルド・リチーや「カイエ・デュ・シネマ」等に書かれた海外での評価を日本でも知る事になり，若者たちにも改めて小津を見直す人が多くなった。しかしそれは，小津を批判していた子供たちも大人になった70年代以降の事である。海外で再評価されたから小津の現在がある，というのが誇張ではないというのはこの点にある。不評だったのは50–60年代の若者たち，不満だらけの映画人にとってであって，一般には充分認められていた事は再度云わなくてはならない。

　小津の映画は生涯53本作られている。初期の作品は消失されたものが多いが，非常に早くから自分のスタイルを確立していた事に驚かされる。又その中で避けられぬ大戦争があったにも関わらず，結果的にだが，作品の中に軍人が一度も登場しないというのも，大きな事実となっている。

　小津ファンの映画人は，世界中にいて，多くのオマージュが捧げられている。例えばヴェンダースの『東京画』は好例だが，フランスで2008年に作られた『優雅なハリネズミ』（公開2009）も，小津の存在があって成り立つ映画であった。

　本人は生涯独身で，その人柄，多くの彼に対する本，フィルムが，現代ではもう捜し様もない日本人の奥ゆかしさを持った人だったと証言している。

·

1 | 『東京物語』1953，この映画完成後，「やっと保二郎も一人前になりました。」と母親が本家に挨拶しに行ったという。

2 | 『宗方姉妹』1950，ほんとに新しい事はいつまでたっても古くならない事と，アメリカかぶれと叩かれた田中に小津は映画で言わせた。

Yasujiro OZU

　東京で生まれた小津は10才で和歌山県松坂に転地し，思春期を送った。小津ファンならば，彼の暮らした家の近辺を歩いてみると良い。そこには，懐かしい昔の日本の家並がまだ残されていて，自然に小津が何故ローアングルに拘ったか分かる気がする。

『東京物語』の影響
—
『ミュリエル』1974
人間の想いの交錯が非常に巧みに描かれていた。レネ自身が『東京物語』にインスパイアーされたと語っているが，昔をたずねて現実を確認してしまう傷みの重さを云っているのだろうか……。『ミュリエル』は，日本では製作から10年も遅れて公開されて，あ

まり話題にはならなかった。[監]アラン・レネ[脚]ジャン・ケイヨール[撮]サッシャ・ヴィエルニ[主]デルフィーヌ・セイリグ，ジャン＝ピエール・ケリアン

『宗方姉妹』の影響
—
『優雅なハリネズミ』2008/仏
日本に滞在していた，M・バルベリーの，ベストセラーの

映画化。パリのアパートの知的な管理人に扮したジョジアーヌ・バラスコの名演が光る。『宗方姉妹』の好きな彼女と心を通わせる，引越しして来た日本人オヅとの，短く淡いふれあいの物語。[監脚]モナ・アシャシュ[原]ミッシェル・バルベリー[主]ジョジアーヌ・バラスコ，伊川東吾/日本未公開

·

3 |　『ミュリエル』1974，一度『明日は来らず』『東京物語』そして『ミュリエル』の3本を並べてみたいものである。
4 |　『優雅なハリネズミ』2008，小津の『宗方姉妹』をビデオで見る場面があり，実際の映像が使用されている。

5 | | 6

7 | | 8

・

5 |　『東京画』1985，ヴィム・ヴェンダースの『東京物語』へのオマージュ。笠智衆はこの映画にも『夢の涯てまで』にも登場する。

6 |　『5 FIVE』2003，キアロスタミは小津に，自己のミニマル映像を捧げた。映画は5つのショットを映すのみ。不眠症治療にも。

7 |　『みんな元気』1990，G・トルナートレ版『東京物語』仏日合作。

8 |　『珈琲時光』2004，『5FIVE』と同じ小津生誕100年での，候孝賢のオマージュ。東京神田という設定が良い暖かな家族映画。

<u>Yasujiro OZU</u>

成瀬巳喜男

Mikio NARUSE

1905–1969

　成瀬巳喜男はいつも小津安二郎と比較されながら映画を作っていた。実際小津の方が少し先輩だが，共に松竹からデビューした（小津は1927年デビュー，成瀬は1930年デビュー）。特に無声映画時代は，会社の意思で題材を選んでいて，確かに小津と，似ている点があった。小津は二人いらないと云われた話は有名だが，二人はとても仲が良かった様である。

　小津は戦中戦後とそのほとんどの映画を松竹で制作したが，成瀬は松竹から東宝に移り一時フリーになったものの，又東宝に戻り沢山の映画を残している。小津が諸事情で映画を発表しなかった時期が6年間ぐらいあるのに対し，成瀬は1945年をのぞいてデビュー以来，毎年何か作品を発表しつづけていた。人格的にも温厚な素直な人間だったらしい。最終作は1967年の『乱れ雲』だが，1935年にアメリカで『妻よ薔薇の様に』が，日本映画で初めて一般公開されたというニュース以外は，生前はあまり外国の映画祭での上映などはなかった。黒澤が1951年ヴェネツィアで賞をとり，次に溝口，衣笠と続いたが，成瀬は淡々と自分の生涯の代表作を撮り続けた。『めし』(1951)，『おかあさん』(1952)，『晩菊』(1954)，『流れる』(1956) ……。フィルモグラフィーを書くわけではないので羅列は止めるとしても，とにかくこの後年の約15年間に世に出した作品は，名作傑作が目白押しである。その中でも特に評価が高いのが『浮雲』(1955) である。林芙美子原作のこの映画は，戦後目的を失くした人たちがそれでも生きていく，その虚しさと孤独が非常に良く描かれていた。小津をして，自分には撮れないと云わしめたのだが，成瀬の他の映画も一見静かでいて非常に激しい心理描写が登場人物になされている。ただ，使われている俳優や扱われている日常というテーマが小津と重なる為，現在でも小津が撮ったと勘違いされる作品（勿論映画ファンにではない）もあるし，残念ながら，一般的知名度は日本では圧倒的に低い。確かに生前，日本映画の大巨匠ではあったが，没後忘れ去られようとしていた彼をもう一度表舞台に引き上げたのは海外の評価である。それでも実際にいまだにＤＶＤになっていない作品が多い。彼は増村保造からも，はっきり批判され，溝口には，キンタマのない映画と云われてしまった事もある。しかし，彼が描いた何でもない日本の市井の人々は，

静かに映像の中に生きている。父親を家長として家族が敬う，もうなかなか見る事の出来なくなった，当時の慎ましい日本人の家族観を，見事にその作品の中に留めている。その意味でも，『秋たちぬ』(1960) などの地味な作品こそ，今後貴重度を増して行くだろう。

　シュミットや，リモザンや多くの監督が彼を讃美しているが，2005年，生誕100年という節目にフランスを中心に見直され，ますます彼の作品研究が進んでいる。

成瀬己喜男の影響
―

『書かれた顔』1995 (日瑞)
成瀬ファンを名乗るダニエル・シュミットが，稀代の女形，玉三郎を主題に，"女を演じる事"を追った貴重なドキュメンタリー的作品。玉三郎

は自分にとって，武原はんや杉村春子が，女の雛型であるという。杉村春子が元芸者役で主演した『晩菊―1954』のシーンが使われ，杉村もインタビューで登場する。[監]ダニエル・シュミット [主]坂東玉三郎

『メルド～TOKYO! 第2編目～』2008
レオス・カラックスのオムニバスへの一編。『浮雲』の高峰秀子ならぬ高雲秀子という名が登場する。→Ⅱ44（カラックス）

1 | 『妻よ薔薇のやうに』1935，1937年にアメリカで公開されている。戦後成瀬本人によりリメイクされている。
2 | 『おかあさん』1952，成瀬の真骨頂。何でもない市井の人々の当たり前の生活の温もりを描かせたら右に出る者はいない。

Mikio NARUSE

3 |

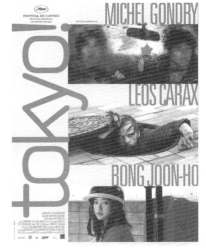

| 4

5 |

| 6

・

3 | 『浮雲』1955, 小津をして「僕には撮れない」と言わしめた成瀬映画の金字塔。フランスで成瀬は人気が出た。

4 | 『Tokyo!/メルド編』2008, 成瀬とレオス・カラックスの共通点……それは主人公の激しい心理を, 静かに見つめる視線の距離かもしれない。

5 | 『流れる』1956, 往年の大スター栗島すみ子は, 成瀬に"ミキちゃん"と呼びかけ周囲を驚かせたという。

6 | 『書かれた顔』1995, D・シュミットによる玉三郎のドキュメンタリー。女形の所作の見本として杉村春子と『晩菊』が登場。

黒澤明

Akira KUROSAWA

1910–1998

　日本人の映画監督で，世界で一番有名なのは黒澤明である。黒澤は第二次大戦の真っただ中，1943年『姿三四郎』という柔道映画でデビューした。助監督の時代からその才能は有名であったが，物資のない厳しい情況で作られた『姿三四郎』は，現在見てもギラギラした力にあふれていて，戦争中であった事を忘れさせる。終戦後1946年『わが青春に悔なし』あたりからは，社会派と云われる程シリアスな映画を撮った。中でも，『酔いどれ天使』(1948)と『野良犬』(1949)の評価が高かった。そして東宝から大映に移って撮った『羅生門』(1950)で1951年，ヴェネツィア映画祭のグランプリを授賞し，一気に世界の舞台へ飛び出す事になる。1951年，戦後の混乱がまだ続いている中でこれは社会的な大ニュースであり，日本映画界に，いや日本という国に大きな励みを与えた。黒澤は，ヴェネツィアへの出品を知らなかったそうだが，国内では，失敗作と叩かれた『羅生門』が世界で認められた事はもの凄い驚きであったという。芥川龍之介の「藪の中」を翻案したこの映画は，サウンドネガが火事騒ぎで水を被ったり録音の方法等で，音声が非常に悪悪かった事と，“結論は「藪の中」”だという本来の主題とが，重なって解りにくかった様である。黒澤はこの映画の前に戦時中かき集めたフィルムで『虎の尾を踏む男たち』(完成は戦後)を野外撮影で監督しており，その勉強と実験の跡がこの映画には見られる。それにしても，ヴェネツィア映画祭に出品させた，イタリアフィルム日本支社長，ジュリアーナ・ストラミジョーリ，彼女がいなかったら，この映画は，黒澤の実験作としてのみの評価に終わってしまっただろう（彼女は，自費で英語字幕を入れ，音声の問題を補った）。彼女こそ，黒澤にとって，いや，日本の映画界にとってエンジェルであった。

　黒澤は，『羅生門』の後から，アメリカ映画『トラ・トラ・トラ！』降板事件までの15年の間に，12本の傑作を発表している。どの作品も捨て難い傑作揃いだが，特に『生きる』(1952)と『七人の侍』(1954)，は際立っている。この両作は，『羅生門』の成功後の自信に満ちた黒澤のまさに絶頂期の作品といえよう。他にも『隠し砦の三悪人』(1958)，『用人棒』(1961)，『椿三十郎』(1962)と続き，世界の映画祭で賞を勝ち取った作品が多い。しかし黒澤の名声が上れば上る程，予算的，時間的問

Akira KUROSAWA

1｜　　　　　　　　　　　　　　　　　　　　　　　　　｜2

題で製作側との折り合いがつかず，『赤ひげ』(1965) が大幅な予算超過で，古巣東宝とも決定的に対立してしまった。

　日本が駄目ならとオファーを受けたハリウッドの『暴走機関車』もシナリオのみで流れてしまい，実際にフィルムをまわした次の『トラ・トラ・トラ！』(1968) も結局途中降板する事になった。足りないフィルムをかき集めて作っていた最初の頃とは別人であるが，益々完璧主義に徹して妥協を許さない姿勢は，やはり世界的監督という名声が上るのと比例しており，黒澤の人間らしいところではある。しかし現在充分黒澤明の研究がなされ，アメリカ側とのトラブルの内幕も解ってくると，製作者側の云い分ももっともだと思える点も多い。黒澤がその辺を解らぬ筈はないと思うが，その後鬱状態が続いていて，振り払うように作った初のカラー作品『どですかでん』(1970) は興業的に失敗しその後に自殺を図っている。実兄は無声映画の弁士だったが，トーキーになってから自殺をした，そのトラウマと，経済的逼迫と一般的映画ファンの減少が続く状況（友人の監督たちは，それなりに器用にＴＶと折り合った）といくつかの事が，彼の繊細な神経を疲れさせたようである。

　その後ロシアからの注文で作った『デルス・ウザーラ』は大変な条件をなんとか

・

1｜　『姿三四郎』1943, 主演の藤田進は，戦中のアイドルで，理想的な軍人をよく演じたが，戦争責任は取られなかった。
2｜　『七人の侍』1954, 日本の娯楽映画の最高峰。マカロニ・ウエスタンの他にも，アメリカの若手監督に多大な影響を与えている。

II

乗り越えて作られた大作だったが，モスクワ映画祭で大賞，アカデミー外国映画賞を見事授賞した。それからの黒澤は外国資本で撮る事が多く，1998年惜しまれて亡くなるまでに5本の映画を遺した。黄金期に比して質が落ちたという厳しい批評もあったが，『影武者』にしても『乱』にしてもさすがの風格があり，その他の作品も彼の美学が必ず一本通った作品ばかりである。小津，溝口と世界で評判の高い監督もほとんどが晩年又は死後の評価であり，現役で国の違いを越えて大作を作り続けえた黒澤は，正に世界の映画界の至宝である。

黒澤明の日仏合作作品とカンヌ映画祭
—

『乱』1985（日仏）
『乱』は『影武者』の後の大作で，初めてフランスのセルジュ・シルベルマンと組んだ時代劇である。『影武者』も，大もめの撮影だったが，『乱』もそのタイトルの様に色々なト

ラブルが続発し大変な現場だったと云う。映画音楽家としても日本を代表する一人，武満徹と決定的に仲たがいしたのもこの映画である。この作品が「リア王」をベースにしているのは最初から解るが，黒澤自体この愚かな王様に自分を投影したと発言をしている。興行的にもヒットし，

数々の賞にも輝いたが，ワダ・エミがアカデミー衣裳デザイン賞を獲得したのが印象的だった。従来の，昔を復元する衣裳ではなく，モダンな感覚で創られたものだったからである。黒澤の没後，この時代の黒澤と，製作者との厳しいやり取りが，担当弁護士や周りの人々の話で少しずつ

---

3 ｜ 『生きる』1952，いのち短し恋せよ乙女……志村喬は，美声の持ち主であった。
4 ｜ 『どですかでん』1970，黒澤の自殺が未遂に終った事は，映画界にとって非常に幸運な事であった。黒澤61才であった。

<u>Akira KUROSAWA</u>

明らかになったが、『デルス・ウザーラ』が65才、そして『乱』では75才の黒澤が、欧米の映画プロデューサーと仕事を重ねたそのエネルギーに脱帽する。支えていた周りのスタッフも素晴しいが、やはり黒澤だから出来たのだ。黒澤自身一回一回死ぬ気で挑んだのであろう。作品は、黄金時代のものよりずっと落ちるという評価が一般的だが、ここでも日本映画として外国へ進んで出ていった黒澤の映画への熱情、決して"乱"を恐れなかった創作への挑戦を認めぬわけにはいかない。[監]黒澤明［脚］黒澤明、小國英雄、井出雅人［撮］斎藤孝雄、上田正治［主］仲代達矢、寺尾

聰［製］セルジュ・シルベルマン、原正人

『影武者』1980

戦国時代、武田信玄の影武者の物語である。様々な苦難の中で、完成された。黒澤ファンを公言するF・F・コッポラとG・ルーカスが資金面を助け、主役は、まさに勝新太郎が、ハマリ役だったが、仲代達矢に変えられた。このあたりの、黒澤と勝のいざこざは、散々週刊誌に書かれ、それは大宣伝になり、日本では、公開されるや大入りで、そこまでの興業収入記録を塗り替えるメガヒットとなった。[監]黒澤明［脚］黒澤明、井出雅人［撮］斎藤孝雄、上田正治［主］仲代達矢、山崎

勉／第33回カンヌ国際映画祭(1980) パルムドール／カンヌ国際映画祭35周年記念特別表彰 (1980)

『羅生門』の影響
—

『去年マリエンバードで』1961
レネの代表作の一本。難解で有名な作品。この作品に影響を受けた日本の映画人も多い。脚本のアラン・ロブ゠グリエが、真相が最後まで解らない『羅生門』に多く影響されたと云っている。[監]アラン・レネ［脚］アラン・ロブ゠グリエ［撮］サッシャ・ヴィエルニー［主］デルフィーヌ・セイリグ

.

5 | 『乱』1985,『乱』の為の黒澤の絵コンテが、素晴らしい。全く違うタイプの、たけしとの共通項がここにある。

6 | 『去年マリエンバードで』1961, 何回見ても眠くなる人が多い。ヴェネツィア映画祭の選考委員には不眠症が多い？

木下恵介

Keisuke KINOSHITA

1912–1998

　2012年のカンヌ映画祭で，生誕100年として木下恵介の『楢山節考』が特別上映された事は，日本の映画ファンにとって嬉しい出来事であった。カンヌ映画祭は今村昌平の『楢山節考』にパルム・ドールを与えた場所でもあり，2本の『楢山節考』を見比べた人々が，どう感じたのか是非聴いてみたいところである。又，同年ヴェネツィア映画祭でも木下の『カルメン故郷に帰る』が上映され，ヨーロッパでも彼の再評価が始まっている事を実感させられた。日本では勿論，木下作品の回顧上映がいくつも催され，彼の全作品もＤＶＤ化された。

　木下恵介は第二次大戦中1943年『花咲く港』で松竹映画から監督デビューした。同年，東宝からデビューした黒澤明とは，その後長きにわたり良きライバルで日本映画を常にリードしてきた。1969年にはこの二人に市川崑と小林正樹が加わり“四騎の会”を創っている。木下の作品内容は多岐にわたり多くの名作を残している。その中でも1944年『陸軍』(陸軍からの注文映画で，戦意高揚を目的にしていたが出来上がった作品はこれとは全く異なり上層部のひんしゅくを買った)，戦後第一作1946年『大曾根家の朝』，1949年『お嬢さん乾杯』，初めてのカラー作品1951年『カルメン故郷に帰る』，遺作1988年『父』まで，とにかく名作佳作が多い。『カルメン故郷に帰る』の大成功の後，フランスを中心に9か月間に渡る欧州滞在の後発表した『カルメン純情す』(1952)は，まさにフランスから持ち込んだ面白い皮肉が溢れたコメディの傑作である。続いて木下の作品群の中でも，トップを争う『二十四の瞳』と『女の園』，『野菊の如き君なりき』と並んでいる。

　実際国内では，黒澤明より評価の高い彼の作品が，何故世界的な評価に出遅れたかは，良く言われる事である。基本的にはタイミングが合わなかったのだが，当時黒澤も溝口も衣笠も，全部西洋にとって魅力的な時代物作品で勝負したわけで，対する木下の作品は現代ものが多かった事も原因の一つと思われる。

　木下の作品は，既に再評価されつつあるが，今後ますます日本的家族愛の世界が，世界中の映画ファンに評価される時がやってくるに違いない。

Keisuke KINOSHITA

1

2

3

4

.

1 │ 『陸軍』1944，木下は日本の映画黄金期の中心にいた一人で，黒澤に負けない作品を作り続けた。国際的評価は
これからだろう。

2 │ 『カルメン故郷に帰る』1951，ヴェネツィア国際映画祭で，木下へのオマージュとして完全修復上映された。

3 │ 『二十四の瞳』1954，壺井栄のベストセラー。小豆島を舞台にした12人の子供と先生の物語。代表的なハンカチ
が必要な映画。

4 │ 『楢山節考』1958，現在でも家族に迷惑を掛けまいと自殺する老人がいる。豊かな日本に，今もこの映画が立ち
はだかる。ヴェネツィア国際映画祭に出品された。

II

　作品往来

新藤兼人

Kaneto SHINDO

1912–2012

　世界的に人の寿命が延びる傾向にある中でも，フランスと日本は特に長寿国で有名である。長寿の映画監督も当然増加しているわけだが，大体は世代交代で引退してしまうので90歳以上の現役監督は珍しい。

　ましてや100歳を超えたとなると，ギネスブックに載るか載らないかの話題になる。ポルトガルのマノエル・ド・オリヴェイラと日本の新藤兼人は，100歳を超えても映画監督であり，まさに人類の映画文化の奇跡でもあった訳だが，二監督とも作品に駄作が多かったならば，こうは騒がれなかったであろう。

　新藤兼人は明治，大正，昭和，平成の日本の四時代を生きた大監督だが，最初は美術制作から水谷浩に師事し，溝口の下で美術の仕事をしながら脚本を学んだ，叩き上げの映画人である。戦争中は海軍航空隊に配属され，壮絶なしごきに合うが，たまたま接収された宝塚劇場が居留場所であった事で，その図書館にあった演劇の脚本を全部読破したほどの努力家である。

　第二次大戦後，脚本家として良作を書きながら実績を積み，1951年39歳の時遂に自作の『愛妻物語』で監督デビューを果たした。その後60年あまり，合計49本の映画と多数の優れた脚本を書き続け，生涯で，370本の映画に関わったという。そのエネルギーは，何処から来るのか……続け得た事，それ自体が大変な才能だが，彼の過酷な戦争体験とその時ヒロシマという土地にいたことが，彼に使命感を与えていたのは事実である。人間の生命とその性（生）の営みの尊さを一貫して追求した，彼のヒューマニズムは，ある時は古臭い，マンネリだ，と言われながらも，大手の映画会社を離れ，自主プロ制作で作りたい作品を作り続ける姿を，常に後輩たちに示し続けていた。

　新藤の作品でまず忘れてはならないのがカンヌでも上映された『原爆の子』(1952)で，アメリカの激しい弾圧に会いながらも，これにより幾つかの国際的な賞を受賞している。その後の『裸の島』(1961)は，盟友 吉村公三郎達と立ち上げた近代映画協会の幕を引くつもりで製作した映画だが，この作品は，新藤の監督としての地位を決定する一本となった。『裸の島』は絶海の孤島で生きる家族がテーマである。総製作費500万円の予算で主役2人スタッフ11名，台詞の無い映像と

音楽だけで語る事を試みた，極めて実験的な映画である。結果はモスクワ映画祭グランプリ，その他海外で大変な評価を受けた。ピリオドを打つつもりであった近代映画協会はこの成功で存続した。

　1964年の『鬼婆』は，完成度が高く，日本でもヒットしたが，フランスでも，新藤を語るときには，良く話題に上る有名作である。新藤の映画は，モスクワ映画祭に好まれて，沢山の作品が参加しているが，6回もの受賞があり，その中で『裸の十九才』(1971)『生きたい』(1999) の2作は金賞を獲得している。

　残念ながら，カンヌ映画祭とは，縁が薄く，気合いを入れて参加した『藪の中の黒猫』(1968) は，カンヌ騒動に巻き込まれ前評判だけに終わってしまった。しかし脚本家として書いた吉村公三郎『源氏物語』(1952) 三隅研次『斬る』(1962) 等は，高い評価を受け，なにがしかの賞を獲得している。新藤を語る時に欠く事が出来ないのが女優であり妻であった乙羽信子の存在で，彼女は新藤のほとんどの作品に出演している。1995年彼女の死期を知りつつ監督した『午後の遺言状』は，人間の死に淡々と迫る傑作であった。最後の作品となった『一枚のハガキ』(2011) は，最初から貫いた彼のテーマ"戦争と人間の生"が特別に色濃く出ており，100歳という歳を少しも感じさせぬ名作であった。

＊

1｜　『愛妻物語』1951，新藤のデビュー作にして，愛妻乙羽信子との出会いの映画。戦後の真面目な夫婦の典型が映画に残された。
2｜　『原爆の子』1952，戦後日本で初めて作られた原爆の映画。戦争でやって良い事悪い事……答えは出たのに，人は戦争を止めない。

II

3｜ ｜4

5｜ ｜6

＊

3｜　『裸の島』1961，台詞のない映画の中で突然女が号泣するシーン。フランスでは，笑い出す人も多かった様である。

4｜　『鬼婆』1964，佐川君がこの映画を見ていたどうか，どちらにしてカニバリズムを扱った映画の最高峰。

5｜　『藪の中の黒猫』1968，正式参加したカンヌ映画祭ではストライキの為不上映。その後トリュフォーの枕元に，猫のお化けがよく出た事は知られていない。

6｜　『一枚のハガキ』2011，新藤の遺作。最後まで反戦を訴えた偉大なシネアストは100歳で逝った。

Kaneto SHINDO

市川崑

Kon ICHIKAWA

1915-2008

　市川崑は小津安二郎と同郷である。最初アニメーターとして映像に従事した。本編としての第一回映画作品は，彼は，自他共にフランス映画の影響を認めていて，コン・コクトーと呼ばれた時期がある程だ。『花ひらく』は，強烈な登場人物の感情描写に，ドラノワあたりの影響が感じられる。

　その後，約60年間いつも第一線で仕事をし続けて，沢山の劇場用映画，極めて優秀なＴＶシリーズと沢山のＣＦを残している。彼の偉業を眺めていると，それだけで戦後の日本の映画と映像の世界の歴史がはっきり浮かびあがり，この監督の時代と呼応する才能と共に，偉大なる職人としての技術に感動を禁じ得ない。そしていくつもの失敗作も，次の作品のエチュードであったり，彼自身の実験であったりで，必ず，続く何かの作品で失敗を乗り越えてゆく様は，多くの同業者に尊敬される由縁である。そして『東京オリンピック』までほとんどの作品で関わった和田夏十（市川崑夫人）との夫妻コンビは他に類を見ない素晴らしさである。

　彼は，新東宝〜東宝〜日活〜大映〜ATG〜角川映画etc，と沢山の会社と仕事をしたが，70年代の中頃迄，映画会社は俳優たちもスタッフも専属契約制なので必然的に多くの映画人と触れ合い，その点から云っても，彼の一作一作映画のスタイルを変えるカメレオンの様な映画術は，各映画会社のスタイルを含み込んで生み出されたものとも云える。東宝時代のフランス映画風の『愛人』(1953)，東宝での『プーサン』(1953)，日活での『ビルマの竪琴』(1956)，大映での『炎上』(1958，ゴダールら，ヌーヴェルヴァーグの映画人に高く評価)，『黒い十人の女』(1961)，そして『東京オリンピック』(1965)，ATG『股旅』(1973)，角川での『犬神家の一族』(1976)，又，古巣に戻って作り大ヒットした『金田一シリーズ』etc，ざっと見てもこれだけの名作がリストアップされ，他にもまだベスト10級の作品が沢山残っている。

　1956年『ビルマの竪琴』で，海外でも注目され始め，1960年『鍵』によるカンヌ国際映画祭審査員賞，1961年「おとうと」はカンヌ高等技術委員会賞等，1965年『東京オリンピック』では，カンヌ映画祭，モスクワ映画祭，英国アカデミー賞等で受賞，以降は世界的監督の仲間入りをした。また，黒澤，木下，小林との四騎の会で実現しなかった共同脚本『どら平太』を律儀にも映画化している。1961年，ア

II

1｜　　　　　　　　　　　　　　　　　　2｜

ラン・ロブ＝グリエの「涙なきフランス人」を監督する話があり，本人がロケハン
をしたり，かなり具体的な動きがあった様だが，脚本改訂で合意できず幻となっ
たのは，本当に，残念な話である。

市川崑とカンヌ映画祭

—

『鍵』1959
極めて退廃的な話を，最後の
どんでん返しまで，コミカル
に仕上げていて，見終わった
あとカラッとした印象を残
す。宮川一夫のカメラによる
ところも大きいが，メイク，
衣装など細かい部分が，息
の合った仕事をしていて，カ
ンヌ以外でも，海外での評価
（ゴールデングローブ外国映
画賞）が高かったのが頷ける。
［監］市川崑［脚］長谷部慶治，

和田夏十，市川崑［撮］宮川
一夫［主］京マチ子，中村鴈治
郎，仲代達矢／第十三回カン
ヌ国際映画祭審査委員賞→Ⅰ
34（谷崎）

『おとうと』1961
市川の作品の中でも，ベスト
5に入る秀作。幸田文の自伝
的な小説で，大正〜昭和の時
代感を，宮川一夫の"銀残し"
カメラが，見事に捉えてい
る。肺病で死んだ弟への姉の
愛が，観るものに届く。［監］
市川崑［原］幸田文［脚］水木
洋子［主］岸惠子，川口浩／カ

ンヌ映画祭フランス映画高等
技術委員会賞

『東京オリンピック』（1965）
の影響

—

この作品は1964年東京オリ
ンピックの映画として国から
黒澤明が依頼されたが，予算
上どうしても折り合えず，め
ぐりめぐって市川崑が撮る事
になった。脚本に市川，和田
夏十，谷川俊太郎，白坂衣志
夫，音楽に黛敏郎，164人の
カメラマンが参加した。市川

*

1｜　『炎上』1958，三島由紀夫「金閣寺」の映画化。主演の市川は，ヴェネツィア映画祭で演技賞を貰っている。
2｜　『おとうと』1961，銀残しとは，現像中の処理で，フィルム発色の銀色を残す方法。宮川一夫の工夫考案だとい
　　う。

Kon ICHIKAWA

3 |　　　　　　　　　　　　　　　　　　　| 4

崖らしく新しい試みが各所で
なされ，2000mmの望遠レンズ
の多用，一時に5台のカメラ
等，映像関係者にとって誰も
が気になる映画であった。従
来の35mmのコマを二つに割
って一コマとするワイドでぶ
れることのないシネマスコー
プ映画は，約700時間分撮影
され，それを2時間半に編集
されて出来上がった。時の総
理大臣が，記録映画になって
ないといった事に対して"オ
リンピックの映画を作れと云
われた"と返した市川崑。作

品の評価を巡っての社会問題
にもなった"芸術か記録か"
論争は高峰秀子が仲に入って
収束した。（そして結局，急
遽，別に記録中心の映画が作
られている。）海外ではカン
ヌ映画祭で受賞する等，大変
に高い評価を得て，ナチスの
製作による第11回ベルリン
オリンピック記録『民族の祭
典』以来，久し振りに出たオ
リンピック映画の傑作として
長く人々の記憶に残る事にな
った。（『民族の祭典』のレニ・
リーフェンシュタールが，撮

りたがったのは有名な話であ
る）この映画に影響を受けた
映画人は多く，まず技術的な
新しさと確かさは同じ映画人
として無視出来ぬものであ
った。その後グルノーブルで
撮られた冬季オリンピック映
画『白い恋人たち』のコンビ，
C・ルルーシュ，F・レシャン
バックをはじめとして，アメ
リカのタイトルデザインの巨
匠ソール・バス，北野武等々，
この映画の影響は枚挙にいと
まがない。

＊

3 |　『東京オリンピック』1965，黒澤が5億と云って譲らなかった製作費は，市川によって3億2000万で収支され
た。
4 |　『ビルマの竪琴』1956，市川からのレクイエムであり，自身で2度映画化した。第一作目の時代感が，リメイクで
は出せなかった。

5 |

6 |

7 |

8 |

・

5 | 『黒い十人の女』1961，市川崑のモダニズムが堪能できる恰好いい映画。
6 | 『おはん』1984，吉永小百合，大原麗子，石坂浩二からの信頼感。そのキャリアの中で最高位の演技を引き出す
演出力は驚異的。
7 | 『どら平太』1961，"四騎の会" もしくは "四鬼の会" へ市川崑からの友情あるオマージュ。
8 | 『トッポ・ジージョ』1967，イタリアの有名なネズミの人形劇を，立体的に映像に持ち込んだ。カメラマン志望向
き映画学校の教材。Ⓒ東和／作 マリア・ペレゴ

Kon ICHIKAWA

小林正樹

Masaki KOBAYASHI
1916-1996

　小林正樹は真面目という言葉が似合う。彼のフィルモグラフィーは，ちゃらちゃらした作品が一本もない。当時の映画会社5社の体制の中で，プログラム・ピクチャーとして会社お仕着せの作品ばかりを撮らされた監督もいる中，松竹でいかに彼が優遇されたかが解る。彼は名匠木下恵介の助監として10年仕え，1952年『息子の青春』でデビューした。優等生のホーム・ドラマではあったが，松竹のカラーには合っていた。その後，阿部公房の問題作『壁あつき部屋』(1953) を監督したが，この映画はＢＣ級戦犯の映画であり，アメリカへの配慮で，1956年まで公開が延期された。社会派と呼ばれるようになったのは，この作品や，まだドラフト制度の無かったプロ野球選手のスカウトを主題にした『あなた買います』(1956)あたりからで，山本薩夫と競うように社会的なテーマの映画を作り始めた。1961年，第二次大戦とインテリとの葛藤を描いた，五味川純平の大ベストセラー『人間の條件』を三部作で製作したが，この作品は彼にとっても，日本映画にとってもエポックな作品となった。上演時間9時間31分の大長編映画は，そのスケールからいって一般劇映画館の体制では，処理出来兼ねる長時間であり，度々オールナイト上映され多くの若者に共感を持って迎えられた。

　又，『人間の條件』第三部は，1961年のヴェネツィア映画祭で賞を得て，小林はその後，遺作『食卓のない家』(1985) 迄，国際映画祭の常連監督であった。カンヌでは審査員賞を『切腹』(1962) と『怪談』(1965) とで2回受賞していて，フランス人にも良く知られている監督である。小林は，『切腹』に続く橋本忍との"侍もの"で，1967年に『上意討ち　拝領妻始末』を作ったが，封建制の矛盾が，縦社会の現代にも通じる完全に時空を超えた秀作で，ヴェネツィアで評論家賞を取るなど内外でも高評価であった。その後完璧主義が災いしてか，なかなか撮りたい作品が撮れない時代もあったが，それでも3–4年に一本はとっていた。『化石』(1975)『燃える秋』(1978) と海外ロケのある大作が続いた後，1983年には渾身のドキュメンタリー『東京裁判』を発表した。この作品は，戦後日本で，アメリカ主導で開かれた東京裁判のアメリカ国防総省の映像記録から作られ，日本人にとって今まで知りたかったが，公開されなかった裁判の様子が克明に捉えられていた。4時間47

II

分という長編ながら，小林の抜群の映像処理で，観客を飽きさせず，文字通り必見の映画となった。現在，製作当時は，はっきりしていなかった中国側からのヤラセの写真が南京事件の場面で使用されている事などで，批判する者もいるが，それでもこの作品は，これを世に出さなくてはという小林の映像作家としての精一杯の思いがあって，初めて一般が見られたわけで，いささかの価値も損なわれるものではない。例えば3万巻に及ぶという，長大な資料から，誰がここまで集約したドキュメンタリーが作れるかという話である。

　小林の性格を物語るエピソードとして又従兄妹にあたる田中絹代との話がある。小林は映画界に入るにあたって，大スター田中絹代の親戚である事を一切語らなかった。この逸話は，フランス人なら馬鹿げていると思うかもしれない。映画の社会は，フランスでも日本でも縁故を頼り入ってくるケースが多い。その中で小林のプライドは際立っている。ところで田中絹代は，日本の戦前戦後を通しての大映画女優だが，晩年は困窮し，多額の借金を抱えていたという。小林は，自らが借金して彼女の窮状を救い入院費までを持った。彼女の死後，1985年に毎日映画コンクールの中に，生涯を通じて日本映画に貢献した女優に送る田中絹代賞が作られたのも，小林の尽力であったという。

*

1｜　『切腹』1962，小林が海外に飛躍した重要作。仲代達矢のギラギラ眼が，活かされた復讐譚。
2｜　『上意討ち　拝領妻始末』1967，封建主義の悲惨な犠牲を描いて，現代に詰め寄る小林のエッジの切れが凄い映画。

Masaki KOBAYASHI

小林正樹とカンヌ映画祭

—

『切腹』1965

小林が初めて手がけた時代劇で、"ハラキリ"という単語が、世界に広がったのは、この映画も一役買っている気がする。玄関先で"切腹させてくれ"と云って金銭をせびる浪人たちがいた事も、面白いが、そこからどんどん始まるドラマ展開が、見る者を離さない。宮島義勇のカメラ、橋本忍の脚本が光る。[監]小林正樹[脚色]橋本忍[撮]宮島義勇[主]仲代達矢、岩下志麻／第16回カンヌ国際映画祭

（1963）審査員特別賞

『怪談』1965

ギリシャ出身で日本に没した、ジャーナリスト作家ラフカディオ・ハーン（1850〜1904）の代表作「怪談」の4話を映画化。時が経つほどに魅力が増し価値が高まる、まずは現在では作れない傑作である。[監]小林正樹[原]小泉八雲[脚]水木洋子[撮]宮島義勇[主]三國連太郎、岸惠子、仲代達矢／第18回カンヌ国際映画祭（1965）審査員特別賞／小林は、1971年カンヌ国際映画祭功労賞も受賞している。

小林正樹のフランスロケ作品

—

『化石』1975

『化石』は、小林が1975年にTVドラマ用に撮り、同時に映画としても意企した。劇場版は205分の長編であった。映画の前編部分はパリ、ブルゴーニュで撮影され、岡崎宏三が、フランスの冬の空気感を主人公の心象と重ねる事に成功している。小林の哲学が、しっかりした映画的リズムの中に融けていて見応えがある。→IV 12（古典）、IV補47（民衆）

---

3 ｜ 『怪談』1965 製作費3億円，撮影期間9か月。製作会社にんじんくらぶは倒産。現代なら国際的に動けたであろうが……。

4 ｜ 『化石』1975，205分の長編映画。人生の初冬というテーマが，内容的に若者には，少々難しい作品となった。

5 |

| 6

7 |

| 8

*

5 | 『日本の青春』お笑い専門の藤田まことが，見事な俳優であることを見せた。地味なテーマからか，あまり上映されない秀作。

6 | 『激動の昭和史 東京裁判』1983，日本人必見の映画。

7 | 『燃える秋』1978，製作側のスキャンダルで，未だに上映チャンスの無い恋愛映画の佳作。武満の主題歌がヒットした。

8 | 『食卓のない家』1985，社会派小林の遺作は，日本の社会問題が満載の映画となった。小川真由美が，金魚を食べる狂気を見せた。

<u>Masaki KOBAYASHI</u>

増村保造

Yasuzo MASUMURA

1924–1986

　増村は1947年に助監督となり，1952年には，イタリアに留学し，F・フェリーニとL・ヴィスコンティの現場でアシスタントになっている。その頃のイタリア映画界はネオリアリズモの時代で，傑作が多産されて，まさに増村にとっては最高の学び舎だっただろう。

　帰国後彼は，溝口や市川崑の下で助監督をつとめ，1957年に『くちづけ』でデビューした。この作品はヌーヴェルヴァーグに先駆ける様な，新鮮な映像で，評論家の受けも良かった。続いた2作目の『青空娘』が早くもヒットして，彼の名はすぐに定着した。『青空娘』は，田舎娘のシンデレラ物語だが，ここで増村は女優若尾文子と出会いその後，彼女とのコンビは，日本映画の一番華やかだった60年代の大映を支える作品を沢山生み出す事になる。

　増村－若尾コンビの作品は，佳作ばかりだが，特に谷崎潤一郎原作の『卍』(1964)と『刺青』(1966)，他にも従軍看護婦を描いた『赤い天使』(1966)は若尾とのコンビならではの，秀作である。他に『兵隊やくざ』，松本清張の黒シリーズなどの，若尾以外のスター作品も，娯楽作，ミステリー，なんでもこなす職人ぶりで，デビュー10年にして大映を支える大監督になっていた。大映が映画を作らなくなってからは，ＴＶ(大映の系列)に進出し，本編は，自らのプロダクションが中心で製作した。数は大分減ったものの70年代には『大地の子守唄』(1976)『曾根崎心中』(1978)などの，名作を残している。彼のフィルモグラフィーの中，珍しいところでは，三島由紀夫を俳優として使った『空っ風野郎』(1960)，彼にとって懐かしいイタリアでとった日伊合作『エデンの園』(1980)等がある。増村は，インテリがずらりと揃っていた戦後の日本映画界の中でもインテリ理論派として認められていて，先輩の黒澤や溝口等の大監督の作品も冷静に辛辣に分析評論している。彼は，それほどフランスでは知られていなかったが没後，特別上映や特集が組まれ，いまではかなりの日本映画ファンに評価されている。

*

1 | 『くちづけ』1957，チェントロ（イタリア映画国立実験センター）出身の増村は，日本の期待を裏切らなかった。
これは，クリスタルの様な，映画の結晶である。

2 | 『赤い天使』1966，増村のフランスでの評価は，この映画で決まったといって良い。マックス・テシエは増村映画
の髭ある天使。

3 | 『痴人の愛』1967，1996年ナオミ・キャンベルが「ナオミよ」と言ってお茶の間に登場する，谷崎ファンが卒倒
するＣＦがあった。

4 | 『エデンの園』1980，イタリアで撮った『ロミオ＆ジュリエット』増村が古巣で撮りたかった気持ちは分かるが，
失敗作である。

Yasuzo MASUMURA

岡本喜八

Kihachi OKAMOTO

1924-2005

　岡本喜八が東宝に入社したのは，1943年，第二次世界大戦中であるが，すぐに軍隊に招兵され，本格的には，戦後，助監督として，谷口千吉，成瀬巳喜男，マキノ雅弘などについて，勉強した。彼は，その処女作『結婚のすべて』(1958) から，映画的リズムの新しさと，きちんとした職人の実力を見せつけている。彼はその後，遺作『助太刀屋助六』(2002) まで，39本の作品を監督しているが，東宝在籍中5本目で，ヒット作『独立愚連隊』(1959) を世に出し，地位を固め，このあたりから，自分の思想，戦争観を，どんな作品にもさりげなく溶け込ませて，その後商業的な映画を撮る日本の監督にはあまり類例のない，フィルモグラフィーをつくり上げていった。『独立愚連隊』は，暗くなりがちな日本の戦争映画の中で，良い意味でハリウッド映画の爽快さが感じられる戦争西武劇といいたいアクション映画で，これは彼の持ち味の一つとなり，後年アメリカにロケした『EAST MEETS WEST』(1995) にまで続いた。彼は，技巧派とも云われ，特徴的な音楽的画面処理など，現在見直しても斬新な作品が多い。『ある日わたしは』(1959) 以降ほとんどの作品に音楽で組んだ早坂文雄の弟子，佐藤勝との信頼関係も大いに寄与していると思う。

　良く比較された市川崑の様な出来不出来があまりなく，最低でも水準以上の作品を残している。戦後の高度成長期の日本人の心情を憎い程に描ききった『江分利満氏の優雅な生活』(1963)，超大作『日本のいちばん長い日』(1967)，カルト化した『殺人狂時代』(1967)，ATG系での秀作『肉弾』(1968) 等々，黒澤や市川ほど目立たないが圧倒的なオリジナリティを感じる作品が目白押しである。東宝退社後，かなり製作には苦労する事が多かったと聴くが，『大誘拐』(1991) というヒット作もありその後の作品も彼らしくユニークであった。その独特な，軽妙さは時代劇にも生きていて山下洋輔を音楽に迎えての『ジャズ大名』(1986) のような作品は，他に作れる監督は今でもいないだろう。

　生存中は，ほとんど外国の映画賞とは，関係なかったが，昨今ようやくフランスでも再評価され始めた。もっと早くから世界の映画祭にどんどん参加させたかったと思うのは筆者だけではあるまい。

　彼は温厚で，謙虚な性格であった事で，映画人たちの人望も厚かった。又，プロデューサーとして後半の岡本映画を支え続けたみね子夫人が初監督した映画『ゆずり葉の頃』(2014)は，岡本とは違ったしかし確かに岡本と映画を創って来たベテランの新人監督の登場で，女性らしい細やかで温かな佳作であった。

岡本喜八のフランスロケ作品
―

『ブルークリスマス』 1978
倉本聰のオリジナル脚本を，岡本喜八が演出した話題作。UFO に遭遇して"青い血"になった人たちを，権力が抹殺してゆく。世界的な規模の話で，ニューヨークとパリが出てくる。超大作と銘打ちながら，海外ロケの予算はほとんど無く，ニューヨーク5泊，

パリ3泊といった超ハードなものとなり，しかもロケ部分は，全部16ミリで撮らざるを得なかった。しかし岡本と名手木村大作は，それを逆手に荒れたドキュメント風リアリティに換えていて，特にニューヨークの墓地のシーンは，緊迫感のある凄い場面になっていた。パリロケは，主人公が情報を得るカフェの場面とモンマルトルの2場面だ

けで，他はTVニュースの形で処理されていた。教授夫妻のシーンは，人のいない早朝の隠し撮りだったという。普通，朝5時前から開くパン屋は無いのに，夫婦がフランスパンを抱えているのには，苦笑させられたが，セットでは出せない，空気感を良く捉えていた。[監] 岡本喜八 [脚] 倉本聰 [撮] 木村大作 [主] 勝野洋, 竹下景子

*

1 ｜ 『独立愚連隊』1959, カット割りの見事な戦争西部劇。日本の戦争映画のイメージを岡本は完全に覆している。
2 ｜ 『ブルークリスマス』1978, 倉本は，自分で撮りたかった為発言が多かったが，最終的には岡本に任せた。大作である。

Kihachi OKAMOTO

中平康

Ko NAKAHIRA

1926–1978

　海外で，もっと認められていい，日本映画を支えた重要な監督たちがいる。中平康はそんな中でもトップクラスの重要な作家である。17日間で撮った『狂った果実』(1956) は，ヌーヴェルヴァーグの監督たちに大きな衝撃を与えた作品である。今，その頃の中原の作品が生まれた背景をみると，あまりに豪華な人間関係にびっくりさせられる。東京の芸術一家に生まれた中平は，生まれつき美学的センスがあり，最初松竹に入社し，川島雄三や黒澤明に可愛がられた。彼の同期には篠田正浩や高橋治がいるが，1954年の日活再開で，映画界に大移動があった時に，川島雄三，今村昌平と共に移籍した。日活では，仲間に蔵原惟繕や鈴木清順がいるが，最初は助監督として新藤兼人や田坂具隆についている。中原たちが去った後に，松竹には大島渚や吉田喜重が入ってくることになるが，彼の取り巻きや関わりがいかに凄いものかが判っていただけるだろうか。彼は，映画の技術研究に執着したというが，これだけ多くの優秀な知己から学び取った技術があったからこそ『狂った果実』をなんでもなく生み出しえたのだ。中平は，黒澤明に心酔して，自ら『白痴』の助監に志願したと語っているが，特に大きな影響を与えたと思われるのは，黒澤より川島雄三で，天才と言われた川島の斬新なモダニズム映画を，確かに中平は受け継いだようだ。

　中平は，長いとは云えぬその生涯で，メイン作品の抱き合わせプログラム・ピクチャーからの出発して多くの作品を，日活という映画会社の中で作った。映画製作は約20年と短かったが，俳優たちに早口でセリフをいわせる独特のスタイルが特徴的な，面白いしかもキレのある作品を沢山残している。彼は，シャンソンが大好きで，1957年『街灯』では，その主題歌の歌詞を書き，曲を佐藤勝が作曲している。アコーデオンの演奏で，旗照夫によって歌われる主題歌は，日本人がシャンソンと呼ぶ典型例である。戸川昌子 (彼女もシャンソンを歌う) 原作の『猟人日記』(1964) では，和製シャンソニエの殿堂であった銀巴里で歌う丸山 (美輪) 明宏が登場している。

　中平の作品の巾は広く，中でも1958年日活の看板スター石原裕次郎主演の正月作品『紅の翼』は，彼の監督としてのセンスに溢れた秀作で，興業的にも大成功

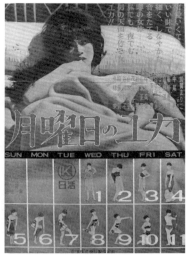

1｜　　　　　　　　　　　　　　　　　　　　　　　　　　　｜2

を収めた。1964年『月曜日のユカ』も評価が非常に高い作品である。加賀まりこという女優の空気感を巧みに映像に引き出し，あまり日本映画には見かけないモダニズムとテンポ感は明らかに並の監督ではない事を見せつけている。しかし中平は映画賞とはあまり縁がなく，同期の今村昌平や，自分の退社後花ひらいた松竹ヌーヴェルヴァーグ大島渚たちの作品が世界的に認められることに，大きな焦りがあり，過度の飲酒に走り，ついには日活を解雇されている。

　中原は，アジアに活路を求め，1967年以来，香港の映画会社ショウ・ブラザーズで自身の『狂った果実』等をリメイクしている。

　1971年の『闇の中の魑魅魍魎』はカンヌ映画祭に出品された作品で，大島渚が，自作が代表に選ばれずにクレームをつける，ちょっとした事件があった。これは絵金という江戸時代の天才画家の話で，力作であるが，残酷な場面も多く，好き嫌いが分かれる映画である。この作品は中平が日活から解雇された後，自分のプロダクションを設立しての起死回生作品だったが，日本では興業的にも評価的にも惨敗してしまった。

　中平は，52歳の人生を，明らかに生き急いだが，その才能を惜しみ再評価の声が，近年高まっている。

*

1｜　『牛乳屋フランキー』1956，牛乳配達，新聞配達は，外国人にはまず理解出来ない，日本人の盗みを働かぬ美質が
　　生んだ仕事の一つ。
2｜　『月曜日のユカ』1964，おしゃれな中平の面目躍如。日本版ホリー・ゴライトリーを加賀まりこが演じて代表作
　　になった。

Ko NAKAHIRA

3|

Les Cousins

いとこ同志

|4

『狂った果実』の影響

『いとこ同士』1959

映画評論家から映画監督に
なったヌーヴェルヴァーグ一
派，シャブロルの二作目。多
少変えてはいるが，都会で暮
らす兄貴分対田舎から来た
弟分，乱痴気騒ぎが好きなフ
レンチビート族，弟が最初に
惚れた女を，兄が取ってしま
う，そして殺人（ここは仕掛
けが細かいが）といった，『狂
った果実』と似ている部分が，
プロットに使用されている。
興味深いのは，日本の太陽族
とフランスのフレンチビート
族の違いで，片や湘南の海だ
が，こちらは，パリの豪華な
アパートで繰り広げられる乱
痴気騒ぎである。室内のシー
ンが多いのに，退屈しないの
は名手アンリ・ドカの力量で
あろう。モノクロ画面が，と
にかく美しい。なおこの作品
は，第九回のベルリン映画祭
で金熊賞を受賞している。[監
脚製]クロード・シャブロル
[撮]アンリ・ドカ[主]ジェラ
ール・ブラン，ジャン=クロ
ード・ブリアリ

中平康のフランスロケ作品

『変奏曲』1976

本編としての彼の遺作となっ
た映画である。パリと南仏の
マントン音楽祭が，物語の重
要な舞台である。学生運動の
闘士が10年後にパリで昔の
恋人と会う話で，ATGと組ん
だ作品だが，製作資金が足り
ず大変だったという。浅井慎
平がカメラで，全体に漂う挫
折感とデカダンなムードは日
本映画にこれまでないものだ
ったが，俳優たちの素人臭さ
が完全に映画を壊してしまっ
ている。中平にせめてもう一
作本編を撮らせてあげたかっ
たと思うのは筆者だけではあ
るまい。[監]中平康[脚]中
平康，市古聖智[撮]浅井慎平
[主]麻生れい子，佐藤亜土

3.4 | 『狂った果実』1956，『いとこ同士』1959，『狂った果実』は，フランスの若手映画作家に支持された。シャブロル
の『いとこ同士』は，純朴な田舎青年が，いとこに恋人を取られ破滅し行く話だが，突然のラストの衝撃と，映画
の構図に類似が見られる。

II

今村昌平

Shohei IMAMURA

1926–2006

　今村は松竹で小津の『東京物語』のフォースの助監督からスタートした。一本立ちしたのは，日活移籍後の1958年『盗まれた欲情』からである。いわゆるプログラムピクチャーであったが，充分，今村の資質を見せ付けた小品で，その後数本撮り，翌年の『にあんちゃん』(1959) はベルリン映画祭に出品されて好評であった（受賞はなかった）。次に続いた『豚と軍艦』(1960)，そして『にっぽん昆虫記』(1963)，『赤い殺意』(1964) では，既に彼は日本の重要な映画作家の一人となっていた。『豚と軍艦』は，フランスでも公開当時話題になった作品で，日本の戦後が，横須賀のチンピラの背後に映し出されている。『にっぽん昆虫記』はベルリン映画祭に出品されたが，この映画も，日本の戦後波乱の人生を送った娼婦の物語で，主演の左幸子が，日本人女優では初の国際映画祭での主演賞を獲得している。

　一作一作全力投球の粘着的な質感を持つ作品のオリジナル性と，一貫して性を浮き彫りにする彼のテーマが，世界に届くのは早く，『ええじゃないか』(1981) が招待作品に選ばれてからは，カンヌとの縁が深くなり，『楢山節考』(1983) がパルム・ドール，下馬評の高かった『黒い雨』(1989) はグランプリを逃したが，『うなぎ』(1997) では日本人としては始めて2度目のパルム・ドールを受賞している。

　監督となってから，約50年間の間に19本の本編と一篇の短篇を残したが，そのどの作品もが色濃く，特に『赤い殺意』(1964)，『神々の深き欲望』(1968) は改めて日本人の性とは，人間の生きる事とは何かを，考えさせられる傑作である。

　遺作は短編『セプテンバー』(2002) でアメリカの2001年9月11日テロに対して世界の映画監督が寄せたメッセージ集で，“聖戦などはない”と訴えた。ここでも，今村の色は際立って土着であった。

　彼はその傑作群を作りながらも，日本映画学校を創設し，日本映画の為に大きな貢献をしている。1975年，既に往年の映画会社が消滅し，若い人たちの映画的な勉強の場がほとんど無くなったその時点での快挙であり，その後そこからは三池崇史，鄭 義信等，新しい映画人が輩出されている。又，日活時代，今村が助監督として付いた，川島雄三の映画人生に捧げた感動的な著作「さよならだけが人生だ」も，広く読まれている。

Shohei IMAMURA

今村昌平の仏合作作品とカンヌ映画祭

『楢山節考』1983

深沢七郎の同名小説の2度目の映画化。最初の、木下恵介版（1958）も大変な秀作で、ヴェネツィア映画祭に正式出品されている。この映画の主題、口減らしは、高齢に達した老人を、山に連れて行き捨ててしまうという、実際に明治時代の初め頃まであった哀しい風習である。150年以上昔の、しかも日本の寒村の話であったにも関わらず、様々な問題を投げかけてくるのは、人間の寿命が飛躍的に伸びた現代こそ、老いの問題が大きい証である。今村は、この大テーマを、ユーモアをまじえて、力まずにかといってブレずに、正面から描いている。この年は大島渚の大作『戦場のメリー・クリスマス』が、同時に出品されていて、大方の下馬評は全部『戦上……』がさらうと、思っていた中のしかも最高位の受賞で、日本中が大騒ぎであった。[監脚]今村昌平[原]深沢七郎[撮]栃沢正夫[主]緒形拳、坂本スミ子

『黒い雨』1989

広島の原爆を扱った『黒い雨』は、『楢山節考』とは逆に、パルム・ドールの呼び声が高かったが、コンペ正式参加作品に対する部門賞は無冠に終わった。因みに大変なブーイングの中発表されたこの時のグランプリは、アメリカのスティーブン・ソダーバーグ『セックスと嘘とビデオテープ』で、若い感性はあるものの、『黒い雨』と見比べてあまりの選択であった。フランシス・F・コッポラは審査委員長を降りてしまい急遽ヴィム・ヴェンダースに変わったが、彼が"今更広島ではない"と、言ったとか。とにかく、多くの関係者が未だに忘れない政治力と国際映画祭が露呈した事件であった。『黒い雨』は、井伏鱒二の小説映画化だが、映画として原爆をこういう形で扱った今村たちの脚本も、川又昂のカメラも、特筆ものである。田中好子の自然な演技

*

1｜ 『豚と軍艦』1960，今村の初期の代表作。最後の豚の疾走まで，息をつかせぬ熱気が漂っている。
2｜ 『にっぽん昆虫記』1963，日本の戦中戦後が，冷静に描き出された傑作。左幸子は，ベルリン映画祭で日本人初の主演女優賞。

II

3 |　　　　　　　　　　　　　　　　　　　　　　　　4 |

や，今村映画の常連俳優たち
が，テーマを良く受け止め，
深刻で重いだけではない映画
にしている。[監] 今村昌平
[脚] 今村昌平，石堂淑朗 [撮]
川又昂 [主] 田中好子，北村和
夫／第42回カンヌ映画祭高等
技術委員会グランプリ受賞作
品
『うなぎ』1997
吉村昭の「闇にひらめく」を
原作脚色している。浮気した
妻を殺してしまった過去を持
つ中年男を中心に繰り広げら
れるドラマ。第50回のカンヌ

映画祭で最高賞に輝いたが，
スタッフにはまさかの受賞で
あり，今村自身帰国してしま
っていた為，代わりに主役の
役所広司がトロフィーを受け
取った。[監] 今村昌平 [脚]
今村昌平，天願大介，冨川元
文 [撮] 小松原茂 [主] 役所広
司，清水美砂／第50回 (1997)
カンヌ国際映画祭パルム・ド
ール受賞作品
『11'09''01/セプテンバー11』
2002 (英仏／オムニバス)
『おとなしい日本人』(第11話)
2001年に起きたニュヨーク

同時多発テロを風化させない
というコンセプトのもとに世
界の11人の監督した11の短
編を集めたオムニバス映画。
第二次大戦から手足を失くし
て，帰還した男は，蛇のよう
になっていて，噛み付いたり
ネズミを飲みこんだりする始
末。結局村八分にされて，と
いった，昔話の体裁で語られ
る恐ろしい物語。今村作品が
最後を締めている。[監] 今村
昌平 [脚] 天願大介 [主] 田口
トモロヲ，麻生久美子

3 |　『にっぽん戦後史』マダムおんぼろの生活』1970，銀座のマダムとドブ板のマダム。随分違う様だが，今村の目は
　　　弱者に温かい。
4 |　『11'09''01/セプテンバー11』2002，たった11分に，今村映画の常連たちが友情出演していて，村の会議の場面
　　　などは，同窓会のようである。

Shohei IMAMURA

5 |

| 6

7 |

| 8

＊

5 | 『神々の深き欲望』1968，秘境南大東島が舞台。想像を絶する撮影だったという。早川雪洲は，降りて良かった
と心底思ったに違いない。

6 | 『ええじゃないか』1981，最後のええじゃないか踊りのシーンが圧巻。『豚と軍艦』の豚よりも大量の人間は
3000人のボランティア。

7 | 『黒い雨』1989，この映画に授与された“高等技術委員会グランプリ”は，名前が紛らわしいが，カンヌ映画祭本
選とは別のものである。

8 | 『カンゾー先生』1998，主役が何度か変わり，緒方拳が，固執した役は，脇役だった柄本明に与えられた。演技派
柄本の代表作である。

II

勅使河原宏

Hiroshi TESHIGAHARA

1927-2001

　味覚が遺伝するように，美意識も又そのアーティストの運命的な生れが決定的に司る。例えばヴィスコンティの映画が我々を捉えて離さないのは，そのどの作品にも彼の生まれながらの美意識が張り巡らされているからである。映画というものは監督のものだと，その人の作品だと，そう思える映画をストイックに毎回創り上げていく作業は並のアーティストに出来ることではない。

　勅使河原宏が残した映像作品は20本足らずで，決して多いとは云えない。しかも半分はドキュメンタリーであったり，短篇であったりする。しかしどの作品もがまさしく勅使河原の作品と成り得ている。その純度が非常に高い。

　勅使河原は有名な花道家，蒼月流の家元の家に生まれ，日本的従来の花とアバンギャルドとは何かを子供の時から見て育った（1980年にはその家元にもなっている）。その表現は監督だけに留まらず，花，絵，作陶，舞台美術……と多岐に渡っている。そうしてそのどれもが勅使河原であって，その美意識が貫かれている。

　映像作家としては，ドキュメンタリーや木下恵介の助手等を経て，『落とし穴』が本編デビューであった。1962年39才の時である。この作品は小説家阿部公房が脚本，武満徹が音楽を担当している。内容は一人の炭工夫の職捜しから始まる一種のミステリーだが，とにかく面白い上に映像が新鮮である。丁度此の頃は日本のヌーヴェルヴァーグと呼ばれた若い感覚の監督が次々登場したが，その中でも彼の感覚はずば抜けていた。この作品は独立系のアート・シアター・ギルド製作の最初の作品としても意義深いが，日本映画五社の強い興業的，製作的支配の中で，まさにその落とし穴となった記念的作品でもある。

　続いて彼は1964年，傑作『砂の女』を作った。阿部公房の小説はすでに読売文学賞等を受賞していたが，勅使河原は見事に映像化し，これで映像作家の位置を決定的にした。その後も彼は自分のペースで一作一作と良い作品を世に送り出していった。武満徹が美しいワルツを作曲した同じ阿部原作の『他人の顔』（1964），『燃えつきた地図』（1968），『サマー・ソルジャー』（1972），そのどれもが優れた映画であった。1984年の『ガウディ』は彼のガウディへの想いがはっきり伝わってくる美しいドキュメンタリーであった。

Hiroshi TESHIGAHARA

その後の2本『利休』(1989)，『豪姫』(1992)は，松竹より配給された桃山時代が中心の時代劇であったが，共にさすがと思わせる衣裳，セットへのこだわりが素晴らしく，特に『利休』は単なる時代考証を，もう一つ作家の現代性に近づけた一つの型を見せてくれていた。『利休』は千利休生誕400年記念で企画された超大作だが，もう一本同年に，熊井啓が『千利休　本覺坊遺文』を撮っている。こちらも大作で，図らずも勅使河原との利休対決となった。熊井の方は利休の一番弟子の話でニュアンスは違う。要の利休役に，勅使河原は三國連太郎，熊井は三船敏郎を配役した（三船利休は，重々しいだけのミスキャストのような気がした）。

　勅使河原の最後の長編映画作品は，アイドル宮沢りえを配役した『豪姫』である。宮沢は頑張っていたが，経験も少なく荷が重すぎる場合が多く，作品としての感動は，審美的な部分のみに終わってしまった残念作であった。

勅使河原宏とカンヌ映画祭
———

『砂の女』1964
昆虫採集に出かけた男が，砂に埋もれそうな村で珍しい虫を見つけたが，村人の策略で，砂かきの労働のために，砂の穴の中に閉じ込められてしまう。そこには，砂かきに一日追われる寡婦がいた。何とも映像にしにくい観念的な題材を，原作者の阿部と勅使河原は，がっちり組んで，勅使河原は見事に成功している。阿部と勅使河原の共作の中でも，とりわけこの『砂の女』は良く出来た作品である。撮影の瀬川浩は特筆すべきもので，砂

*

1｜　『おとし穴』1962，ATG第一回作にして勅使河原の初長編。阿部公房は親友として，勅使河原の映画に参加した。
2｜　『戦争は終った』1965，アラン・レネ，脚本のホルヘ・センプランは，コスタ・ガヴラスの三部作も書いた，社会派。

3 | | 4

だけの世界を怖く，美しく捉えている。どうしてもカミュの「シジフォスの神話」を重ねてしまうが，阿部は，逃げ出そうと必死にあがく男が，鳥の足に手紙をつけようと考えた罠が，貯水装置にもなるという"希望"を付け足す事をわすれない。岡田英次，岸田今日子二人の俳優もベストの演技をしている。[監]勅使河原宏[原脚]阿部公房[撮]瀬川浩[音]武満徹[主]岡田英次，岸田今日子／第17回カンヌ国際映画祭特別賞受賞

『砂の女』の影響
—
『戦争は終った』1965
日本ではATG系で上映され大変話題になった。レネ自身が撮影中ずっと『砂の女』を思い浮かべていた事が，山田宏一の本の中に書かれている。[監]アラン・レネ[脚]ホルヘ・センプラン[撮]サッシャ・ヴィエルニー[主]イヴ・モンタン，イングリッド・チューリン

勅使河原宏が参加した合作映画
—
『白い朝』1965（カナダ国立フィルム・ボードが企画した，4ヶ国合作オムニバス『思春期』の中の日本篇）Ako 16ans Japonaiseとタイトルが出る，30分を切る短編。世界的指揮者小澤征爾の夫人である，入江美樹の若き姿がそこにある。パン工場に務める少女がモノクロのドキュメンタリータッチの中で，活き活きと描かれていて，目薬をさしたような清涼感を覚える。[監]勅使河原宏[脚]安部公房[撮]石元泰博[音]武満徹[主]入江美樹→Ⅲ補39（日俳優）

・

3 | 『他人の顔』1964，阿部公房の映画化。新橋にあったビアレストラン"ミュンヘン"のシーンでは，阿部や武満の顔が映る。
4 | 『燃えつきた地図』1968，失踪を描いた阿部公房の小説を見事に映画化。勝新太郎の起用は，主題と合わない気がする。

Hiroshi TESHIGAHARA

5 |

| 6

7 |

| 8

*

5 | 『サマー・ソルジャー』1972，米軍脱走兵と匿う人々の闘い。李礼仙のパンパンと，襲われる人妻黒柳徹子の世界不思議発見！

6 | 『アントニー・ガウディ』1984，流石，美学に精通した勅使河原ならではのドキュメンタリー。

7 | 『利休』1989，国宝級の茶道具が登場する。勅使河原でしか出来ない，日本映画久々の豪華映画。

8 | 『豪姫』1992，主役二人がミスキャスト。勅使河原の意図が見えない唯一の映画。最初に宮沢りえありきだったのか？

II

蔵原惟繕

Koreyoshi KURAHARA

1927–2002

　裕次郎主演の『俺は待っているぜ』(1957) でデビューした蔵原惟繕は，石原裕次郎，浅丘ルリ子の日活ゴールデンコンビを支えた監督の一人である。流行作家の石原慎太郎が，弟の裕次郎のために脚本を書いている。横浜を舞台にした，ブラジルに出かけて帰らない兄を待つ男が，傷ついた歌手と出会い，やがて真相を知り黒幕のヤクザに復讐を遂げる。港町，酒場，ヤクザ，ショーのあるクラブ，過去を持つ男と女……当時の日活アクション映画の雛形のような映画だが，そのタイプの中では，傑出している。カルネの『霧の波止場』のような哀調を全体に漂わせたカメラワークと，蔵原のモダニズムが，脚本の陳腐さを救っている。蔵原は，このデビュー作が大成功，大ヒットとなった。蔵原は，その後も順調にキャリアを積んで，ヒット作を連発した。彼は，ボルネオ島で生まれたというが，何処かいつもエキゾチックな視点を持っていて，撮影中は鬼といわれる程，厳しかったというが，おしゃれで温厚な性格が，周りから好かれる人柄であったという。職人監督としての大作が多く，代表作も沢山あるが，中にはヒットはしなかったがキラリと光る地味な文芸作品もあり，もっと海外に知って欲しい監督である。1964年『執炎』は浅丘ルリ子出演100本記念映画として作られた反戦映画で，若き伊丹十三と浅丘の熱演で忘れ難い映画となっている。その他1962年『銀座の恋の物語』は歌謡映画として一つの型を作った作品だし，同年の『憎いあンちくしょう』は今見ても良く出来たモダンな娯楽作品である。1969年『栄光への5000キロ』あたりから圧倒的に海外ロケの大作が多くなりはじめた。特に1983年『南極物語』は，ＴＶ局が本気で製作に加わり，呆れるほど大量の宣伝が，メディアミックスで行われた例として，日本の映画史に残るが，興業面でも，1980年の『影武者』を抜き，以後『もののけ姫』(1997) が，現れるまで，歴代一位の座を保っていた。アンリ・ヴェルヌイユの『ヘッドライト』の翻案である『道』(1986) や，ジョゼ・ジョヴァンニ原作の大作『海へSeeYou』(1988) を晩年に撮っているが，フランス映画が好きだったという事が，よく出ていた。遺作は1991年に製作公開された，石川好原作のカリフォルニアに移民した兄弟のノンフィクション『ストロベリー・ロード』であった。

Koreyoshi KURAHARA

1｜　　　　　　　　　　　　　　　　　　　　　　　　｜2

蔵原惟繕のヨーロッパロケ作品

——

『栄光への5000キロ』1969
アフリカ・サファリラリーに
実際に参加していた日産の,
チーム・リーダーの物語。石
原裕次郎が,制作した映画的
魅力のある大作だが,長い間
ＴＶ放映もされず,幻の作品
であった。ニース近郊のサン・
ポール・ド・ヴァンスが主人
公二人の恋の想い出の場所
となっている。[監]蔵原惟繕
[脚]山田信夫[撮]金宇満司
[主]石原裕次郎,浅丘ルリ子,
エマニュエル・リヴァ

『陽は沈み陽は昇る』1973
蔵原の海外ロケ作品としては
2作目の大作である。パリを
振り出しに,互いを知らない
3人の異国人(イタリア,日
本,アメリカ)が,それぞれ
の傷を追いながら,それぞれ
の事情でイスタンブール〜イ
ンドと旅する中で,出会い,
愛し別れてゆく。イタリア女
優のローズマリー・デクスタ
ーが熱演した哀しい運命に翻
弄されるストリッパー役は印
象的だった。日本では洋画系
劇場で公開されたが,ヒット
作が多い蔵原の作歴の中で
は,興行的には失敗作となっ
た。パリの場面はドラマの導
入部前半のみである。[監]蔵
原惟繕[脚]山田信夫,蔵原惟
繕[撮]山崎善弘,前田米造,
田中正博,鈴木耕一[音]ニー
ノ・ロータ[主]R・デクスタ
ー,大林丈史,グレン・H・ネ
ーバー

『雨のアムステルダム』1975
アムステルダムにロケした,
日本商社マン残酷物語。岡崎
宏三のカメラが出色である。
ドラマティックにしたいのは
わかるのだが,脚本の芯にな
る"ヨーロッパの退廃"の捉
え方が,観念的で,大いに足
をひっぱっている。→Ⅲ補38
(仏俳優)

『海 へ See You』1988→Ⅰ
29(ジョヴァンニ)

*

1｜　『陽は沈み陽は昇る』1973,ローズマリー・デクスターはイタリアＢ級映画で活躍した美人女優でパキスタン生ま
　　れのイギリス人。
2｜　『雨のアムステルダム』1975,商社や代理店を見る目が変わりそうな,怖いドラマ。肉体の代償を日本男に求める
　　Ａ・キュニーが怪演。

羽仁進

Susumu HANI

1928–

　羽仁進は，祖父祖母が，ジャーナリスト（祖母もと子は日本初の女性ジャーナリスト）父は歴史学者（左翼系）で議員，母は教育者という極めて特殊な環境で育ったエリートである。祖母の創立した自由学園に学んだが，この学校も日本の一般学校教育とは，離れた独自な教育（例えば全寮制や農業の実践授業）を与える事で知られている。日本の記録映画のパイオニアの一人である羽仁を語る時にこの育ちの環境を書かずにはいられない。彼は，ジャーナリストを一年でやめ，第二次大戦後設立された岩波映画製作所の設立に加わり，まず優秀なドキュメンタリー作家となった。『絵を描く子どもたち』(1956) は特別評価が高く，一般映画の劇場で公開されている。初の長編劇映画『不良少年』は1960年に発表された。ブレッソンの傑作『抵抗』に影響されたと羽仁自身が語っているが，スターの一人も出ない，ドキュメンタリーの経験がなければ作れない作品として評価も高く，日本のヌーヴェルヴァーグの一人として大変に注目された。映画は，その年の映画ベスト1になっている。羽仁は1959年に女優の左幸子と結婚した。左は，50年代60年代のスター女優である。彼女は多くの名匠に乞われて名作に出演している。特に今村昌平『日本こんちゅう記』(1963) では，ベルリン映画祭で主演女優賞を取った程の名演を見せた。彼女が主演し1963年に公開された『彼女と彼』(1963) は，少しミステリーがかった，それまで日本の映画にはなかった斬新な秀作であった。この映画の脚本は，劇作家としても知られる清水邦夫が共同で当たっていて，オリンピック直前の高度成長期の日本が，鮮やかに映されていた。

　羽仁は，その後も様々な活動をしながら積極的に劇場用作品を残し，アフリカで『ブワナトシの歌』(1965)，南米で『アンデスの花嫁』(1966)，寺山修司との『初恋・地獄篇』(1968) と商業映画とは違う独特な映画を残した。1970年の実験的なスラップスティックなミュージカル『恋の大冒険』に続いた『妖精の詩』は，シャブロルの映画等でも知られるプロデューサー，ジャック・ブリュネと組んだ日仏合作映画である。自分の娘主演に，サルジニア島で撮影されたこの映画は，音楽映像共にマッチした，極めて詩的な映画で，洋画系でロードショー公開されたが，興業は惨敗した。

Susumu HANI

1 |

　その後，羽仁は再び動物や自然のドキュメンタリーの方に主力を移した。1980年には，ハリウッドスター，ジェームス・スチュワートとモデルのキャティで大作『アフリカ物語』を公開して，健在を示していた。

羽仁進の日仏合作作品
—
『妖精の詩Mio』1971（日伊）
マリオ・マシーニのカメラが美しいこの作品は，あまりの不入りで公開が途中で打ち切られてしまった。日本人の少女が孤児院で触れあう仏人

少年との言葉を越えた触れ合いで，劇くささの極めて少ない内容。ちょっと『禁じられた遊び』を彷彿とさせる。ルネ・クレマンの映画では少女だったブリジット・フォッセーが，今度は保母役で登場し，自然で魅力的な演技を見

せている。主役の羽仁未央は50歳の若さで，亡くなっている。[監脚]羽仁進[撮]マリオ・マシーニ[製]ジャック・ブリュネ[主]羽仁未央，ラファエル・カスート，B・フォッセー

1 |　『不良少年』1960，羽仁は，当時の映画界に新しい風を吹き込んだ。ブレッソンとそっくりの構図に驚かされる場面がある。

II

2 | 『ブワナトシの歌』1965，羽仁のパイオニア精神が熱い。タンザニアの学術調査をする主人公に渥美清。現地人に演技をさせている。

3 | 『アンデスの花嫁』1966，写真一枚で，アンデスまで嫁ぎ，主人公は土地に根を深くおろす。映画は，ドキュメンタリーなのかドラマなのかのバランスが悪く，残念ながら映画の大地に根づいていない。

4 | 『妖精の詩 Mio』1971，娘を主人公にした親バカ映画との批判もあった。確かに日本人の感覚では，自分の子供を妖精扱いはしない。

5 | 『アフリカ物語』1980，野生少女が主人公の，ほとんどディズニー映画。サイモン・トレバーの自然撮影がマッチした超大作。

<u>Susumu HANI</u>

篠田正浩

Masahiro SHINODA

1931-

　日本では，新しく出現する，映画人の仲間たちにヌーヴェルヴァーグとつける様になってしまった。いわく立教ヌーヴェルヴァーグ，大芸ヌーヴェルヴァーグ……。これは映画ジャーナリズムの責任もあるが，この問題の延長線上には，自国の映画祭に「日本アカデミー賞」と名づけたセンスの悪さに繋がっている。

　篠田正浩は，長い助監督時代を経て，結局文芸映画松竹の新機軸として，大島，吉田と一緒に売り出されたが，日活の太陽族映画を中心とする現代的な映画に対抗するものとしてであった。

　大島や吉田と決定的に違うのは思想性を全面に出さない点である。1960年のデビュー作『恋の片道切符』から2003年『スパイ・ゾルゲ』まで34本のリストを見ると良くわかる。篠田は，大島や吉田の様に，映画を通して一貫して闘う（それぞれその対象は違う）作家性のはっきりした監督とは，明らかに違う。ただ時代的なタイミングで，良くも悪くも，ヌーヴェルヴァーグの革新イメージで括られてしまったのである。その証拠にどの作品にも独善的な映像はなく，その表現は上品である。松竹時代には『三味線とオートバイ』(1961) も良かったが，1964年カンヌに招待された『乾いた花』(1964) は，フランスで評価も上々だった。

　篠田は，松竹を退社してからは『心中天網島』(1969) という傑作を世に出した。この作品はヴェネツィア映画祭とロンドン映画祭で注目され，ドナルド・リチー等の後押しで国際的にも論じられるようになり，篠田の世界を広げたが，フランスでは，1964年にカンヌに招待された『乾いた花』が，既に一部で評価されていた。海外の映画祭受賞作品は第36回ベルリン映画祭で『槍の権三』(1986) が銀熊賞を受賞している。カンヌ映画祭のコンペには，『沈黙』(1971)『卑弥呼』(1974)『写楽』(1995) を出品したが受賞はなかった。どちらかというとアングロサクソン系に好かれた監督といえよう。

1

2

3

4

*

1 ｜ 『乾いた花』1964，石原慎太郎原作。モノクロの画面が美しい。ヤクザ，賭博，麻薬と退廃的な世界を描いた篠田の秀作。

2 ｜ 『心中天網島』1969，粟津潔を美術に起用。撮影が名手成島東一郎音楽武満徹の豪華版。助監督に小栗康平。これで駄作は作れない。

3 ｜ 『沈黙』1971，アメリカで活躍した日系俳優マコ岩松が，製作で頑張った。地味な主役だが，印象的な演技を見せていた。

4 ｜ 『スパイ・ゾルゲ』2003，篠田の最終作。彼の戦争への思いが，どこかから聞こえる。

Masahiro SHINODA

大島渚

Nagisa OSHIMA

1932–2013

『鳩を売る少年』が『愛と希望の街』というセンチメンタルなタイトルに改題されて，大島は1959年にデビューした。続いた『青春残酷物語』あたりから松竹ヌーヴェルヴァーグの旗手として，マスコミに宣伝されていった。彼は25本の長編を残しているが，どの作品にも問題意識が脈を打っている。こういった作家性を失わず，しかも社会的，政治的批判もある作品を日本の現状で撮り続けた事はやはり凄い事である。

　戦後派らしく，外国の映画にも非常に敏感で，黒澤に続いて海外に進出を計った国際派の一人でもある。非常に左翼的な『日本の夜と霧』(1960)は学生運動を真正面から扱った映画だが，松竹とのいざこざ，4日で上映打ち切り等の騒ぎを起こし，その後もなかなか劇場公開される事はなかった。そして松竹を辞めてからも，大島は約10年間エネルギッシュに映画を作り続け，戦う映画人，ジャーナリスティックな監督として，日本映画としては極めて珍しい位置を築いた。カンヌ映画祭とは縁が深く，『絞死刑』(1968)，『東京戦争戦後秘話』(1970)，『儀式』(1971)，『愛のコリーダ』(1976)，『愛の亡霊』(1978)，『戦場のメリークリスマス』(1983)，『マックス，モン・アムール』(1987)，『御法度』(1999)，なんと全作品の1/3近くが，招待作又はコンペ参加等，なんらかの形でカンヌで上映されている。フランスの映画人に多くの影響を与えてきた事は，彼が亡くなった翌年第六十七回カンヌ映画祭で，カンヌでは未だ上映のない初期の代表作『青春残酷物語』を，デジタル復元で再上映し，大島を哀悼した事が，よく物語っている。

　『愛のコリーダ』『愛の亡霊』ですっかり国際監督になった彼は，それがある種の看板となった。日本のTV他多くのメディアに進んで度々登場し，口角泡を飛ばし，様々なことを遠慮無く批判するので，監督というより"すぐ怒るおじさん"のイメージで茶の間に浸透していった。このやり方は北野武の逆バージョンの様で，苦笑させられる。残念ながらそれが，日本のマスコミの質なのである。フランスの様に，もっと映画監督が文化人として扱われている国では考えられない現象である。しかし映画の宣伝の為には大きなメリットがあった。又，大島の場合，それまでのかなり誤解されていためんどくさいそのキャラクターが素顔として一般

1｜　　　　　　　　　　　　　　　　　　　　　　　　2｜

に浸透した後に，ガミガミおじさんのマンガチックな顔となり，それはそれでユニークなものに変っていった。

　大島の言いたい放題な性格は，当然多くの敵を作ったが，フランスで公開された日本映画で，一番興業成績を上げた『愛のコリーダ』(1975) 以降，日仏合作も多く，次作『愛の亡霊』(1978) から日本を超えたグローバルな活動が始まり，続く国際大作『戦場のメリークリスマス』(1983) も又々大ヒット，これは，さすがのアンチ達も認めざるを得ない成功であった。『マックス，モン・アムール』の後，身体を壊し，『御法度』の後，長い闘病生活送ったが，ついに復活はなかった。

　ゴダールが認める数少ない映画人だというが，大島の一生は，社会と闘いながら映画を作り続けた闘士の様に見える。

　2015年には，フランスのシネマテークで，大規模な予算をかけた回顧が行われ古い作品の修復が進み，新たな大島の見直しが行なわれた。

大島渚の日仏合作作品とカンヌ映画祭
——

『愛のコリーダ』1976（日仏）
　この映画は，日本の情痴事件として一番有名な阿部定事件

を扱った作品である。企画の段階から，日本では厳しい規定があるので，その為の策と

＊

1｜　『愛と希望の街』1959，大島の第一回作品にして無駄のない秀作。善意を裏切らざるを得ない貧しさが，衝撃的に描かれていた。
2｜　『青春残酷物語』1960，大島の初期の代表作。"松竹の新しい波"日本ヌーヴェルヴァーグが，ここから始まったという人もいる。

Nagisa OSHIMA

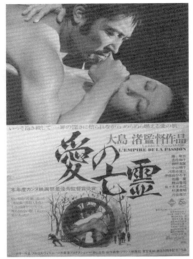

3| |4

制が厳しい国は多いが、宗教的見地、その他文化的歴史がある以上それは当然である。この映画が初公開されてから何十年もの歳月が流れたが、一つの疑問が筆者の中で未だに解決されない。フランスの子供が、狂人のむき出しのペニスを国旗で翻弄するシーンがあったとしたならば、カットされないのであろうか？それとも芸術家の自由としてそのままになるのだろうか？大島は日本の国旗で、幼い少女に同じ事をやらせているのである。一体、製作者としてアナトール・ドーマンはこのシーンをどう思っていたのであろうか？そして公開から数十
年を経て、この映画のノーカット版は未だに日本で公開される事はない。［監脚］大島渚［撮］伊東英男［主］藤竜也、松田暎子［製］A・ドーマン、若松孝二

『愛の亡霊』1978（日仏）
再びA・ドーマンと組んだ大島作品である。大ヒットの余波を受けて又大ヒットと思われたが、日本では興行的には惨敗に終わった。映画として『愛のコリーダ』があまりに変則的大ヒットであった事から、一種の飽きた、又は疲れた感覚が大衆の中にあったのは事実で、これは製作側の読み違いだろう。しかし、世界的には上々の興行だった

---

3 ｜　『愛のコリーダ』1976，ほとんどの話題が，本番をしているかどうかだった。『黒い雪』以来，改めて映倫再考の
　　きっかけを作った。
4 ｜　『愛の亡霊』1978，一種のホラー映画。藤竜也が又出演している事もあって，セックスシーンが強調されて宣伝
　　されてしまった。

5 |

6 |

という。作品自体は映画を知
りつくした監督の腕が光る優
秀作品である。これ迄あまた
の世界の映画祭で作品が上演
されながら，あまり受賞とは
縁のなかった大島作品に初め
て，カンヌで監督賞が授与さ
れた。そういえば日本国内で
も大島はその話題のわりには
賞を貰ったりする事が少なか
った。[監脚]大島渚[撮]宮
島義勇[主]田村高廣，吉行和
子，藤竜也[製]A・ドーマン，
若槻繁／第31回カンヌ国際映
画祭監督賞
『マックス，モン・アムール』

1986 (仏)
セルジュ・シルベルマンが大
島に作らせた小品。テーマが
動物と人間とのワクを越えた
愛情，スキャンダラスなテー
マを，大島は手馴れた演出で
映像化した。ベテラン国際監
督とはいっても，他国のスタ
ッフの中で映画を一本作るの
は，さぞ大変な仕事と思われ
るが，その前にジェレミー・
トーマス と組んだ大作『戦場
のメリークリスマス』もあっ
て学習したからか，大島とシ
ルベルマンの間のトラブルは
聴こえてこなかった。シャー

ロット・ランプリングが難役
をこなし，又チンパンジーも
名演である。テーマがやはり
日本の観客にはあまりにも遠
い世界であり，興業的にはあ
たらなかったが，作品として
は評価されている。又完全に
外国資本だけで撮った監督は
日本では少なく，そういう意
味でも記録されるべき映画で
ある。[監]大島渚[脚]大島
渚，ジャン＝クロード・カリ
エール[撮]ラウール・クター
ル[主]C・ランプリング[製]
S・シルベルマン

・

5 | 『マックス，モン・アムール』1986，それにしても黒澤と大島の映画製作を手掛けたシルベルマンには，自身の本
を是非残しておいて欲しかった。
6 | 『御法度』1999，大島は闘病を押して完成したが，この作品が遺作になった。男色にここまで踏み込んだ侍映画
は無い。

Nagisa OSHIMA

吉田喜重

Yoshishige YOSHIDA

1933-

　監督と俳優の出会いは，やはり運命的なものかもしれない。男性監督が，その想像力を刺激され，次も，又その次も，同じ女優を主役にして作品を撮ってゆく。よくあるパターンだが，松竹ヌーヴェルヴァーグと云われた大島渚，篠田正浩，吉田喜重はそれぞれ小山明子，岩下志麻，岡田茉莉子と三人が三人共，有名女優と結婚し自分の映画に主演させている。その中でも吉田と岡田のコンビは強烈な作品が多く，初期の『秋津温泉』(1962) から，二人が創り上げてきた女性像は面白い。吉田を『秋津温泉』の監督に指名したのは，岡田だったという。

　『ろくでなし』，『血は乾いている』で1960年に松竹からデビューした吉田は岡田と結婚後，1966年に現代映画社を設立しフリーとなり，より作家性の強い作品を作り始めた。その後『エロス＋虐殺』(1970) でもずっと進化した型を見せてくれるが，その多くは観念的分析的な映画で，一般大衆には当然不評であった。

　彼はその後も益々作家性を強め幾つかの傑作を残しているが，我々はエチュードがあって成り立って行く事を，その作品を通じて改めて知らされるのである。つまり，作品と作品との間，その関連性，必然性，が，繋がっていて，監督が一作一作噛み締めるよう映画を作る意味が，観客にわかるのである。多くの優れた映像作家が，それぞれの哲学を作品に反映させているが，吉田はその中でも上品で誠実である。そういう意味ではゴダールよりは，ずっと観客を意識した良心的な(?)映像作家である。彼のフィルモグラフィーのなかでも，重要な位置を占めるのが，『エロス＋虐殺』『煉獄エロイカ』(1971)『戒厳令』(1973) の政治三分作である。『エロス＋虐殺』では，大正時代のアナキスト大杉栄を，『煉獄エロイカ』では，戦後権力から徹底的にマークされた革命家たちを，『戒厳令』では，2.2.6事件の，黒幕と言われた国家社会主義者の北一輝を，それぞれ映画の中心に吉田は据えている。アメリカに占領された日本の教育は，厳しい検閲の中，少しでも過去の愛国，軍国につながると予想されるものは，教科書から削除されてしまった。その結果，現実的には一番学ばなくてはならぬ，日本の近代史が極めて偏ったものになってしまった。吉田の作品は，まさにその学べなかった部分を暴き出すような作品であり，映画作家として一度は確認しなくてはならなかった歴史的意味合いへの拘り

が観客へのメッセージとなっている。

　吉田とフランスとの縁は，1969年マックス・テシエがオーガナイズしたアヴィニョンでの日本映画特集で，『エロス＋虐殺』が上映されたのが最初である。テシエは，彼をフランスに紹介した立役者であるが，この時は，改めて紹介する大島，篠田，そして吉田の3人を一緒に招いて，新しい日本映画を情熱的に推奨した。吉田は，フランスのマスコミに，サルトルに傾倒した文学的監督として受け取られ，自身は，インタビューで"自分のフランス的部分は，映画作家からの影響ではなく，仏文学者による"と，答えている。彼は，仏文学を学んだわけで，当然といえば当然だが，受け答えもフランス語で応じた吉田は，好印象で迎えられた。しかし吉田は，意外にもフランスの国際映画祭とは関係が薄かった。カンヌ映画祭とも，縁がなく，入魂の傑作『嵐が丘』も，惜しくも選に漏れている。しかしその後，第55回（2002）のカンヌでは，14年振りの新作『鏡の女たち』が特別上映され，2008年にはポンピドゥー・センターで日本人監督としては初の第大回顧展が開かれフランスでの評価の深さを再認識させられた。

　日本でも吉田は，極めて特異な位置にいる。彼はＴＶの為に，幾つかの優秀な美術番組を残し，知名度も高いのだが，作品の真面目さが，現代の若い日本人に

*

1 |　『さらば夏の光』1968，ガラス越しに舞踏風に追いかけ合うシーンでは，観客が笑った。吉田の映画では，時々
　　こういう事が起こる。
2 |　『キング・オブ・フィルム / 巨匠たちの60秒』1995，これは，『鏡の女たち』の短い予告編である。

Yoshishige YOSHIDA

は，益々重苦しい様だ。彼の作家的意味を研究する動きはあるが，それよりも是非もう一本彼の映画が見たいものである。

吉田喜重のフランスロケ作品
—
『さらば夏の光』1968
1968年ATGと共に作ったヨーロッパをメインにした，大人のラブストーリー。リスボン，パリ，モン・サン・ミッシェル，ローマと美しく移り変わる景色の中で，主人公たちはひたすら，悩み続け，愛し合う。やる気満々な吉田の映画的試みが随所に見られる

が，見ているうちに難しい論文を拙い朗読で読まれているような堅苦しさに少々疲れを覚える。[監]吉田喜重[脚]山田正弘，長谷川竜生，吉田喜重[撮]奥村祐治，佐藤敏彦[主]岡田茉莉子，横内正

吉田喜重の合作映画
—
『キング・オブ・フィルム／巨匠たちの60秒』1995（フラ

ンス，デンマーク，スペイン，スウェーデン）
世界的な42人の監督が，オリジナルのシネマトグラフを使用して，約60秒の映像を撮って一本にまとめたリュミエール讃歌。吉田は，広島平和公園に自身で立って，原爆ドームを映し出す。[監主]吉田喜重

・

3｜『エロス＋虐殺』1971，歴史の知識がなくては，意味がわからない映画。岡田のキャラが役と一致しないが，ATG映画としてはヒット。
4｜『嵐が丘』1988，E・ブロンテを鎌倉時代に置き換えた秀作。カンヌでは『ペレ』に大賞を譲ったが，永く残したい映画である。

II

寺山修司

Shuji TERAYAMA

1935-1983

　1960年の終わり頃から，ヒッピーブームの後とかぶさる様にアンダー・グラウンド文化なるものが日本で云われ始めた。"アングラ"と省略で呼ばれて，何にでもつける事が流行した。アングラ映画，アングラ芝居，アングラファッション……最後にはアングラ批評家までもが現れた。しかし日本のアングラにはアバンギャルド，反体制，マイナー，実験的，といった様々な意味があったが，いつのまにか，メジャーなアングラ，などという造語も出て来て時と共に意味が解りにくくなっていってしまった。

　寺山修司はまさに"アングラ"の象徴的存在で，詩・和歌・脚本・演出，と大活躍しながらついには1967年に劇団天井桟敷を立ち上げて，アングラ劇団の代表になってしまった。当時，唐十郎の情況劇場や佐藤信率いる黒テント等々，雨後のたけの子のようにアングラ劇団が生まれたが，寺山の天井桟敷はその中でも一番目立つ存在であった。寺山は自作の「書を捨てよ街へ出よう」を出版後，監督として初の長編映画『書を捨てよ街へ出よう』を1971年に発表した。この本は若者にかなり読まれたが映画の方は難解でヒットには至らなかったが，まさにこの作品は，時代としてのアングラ映画を語る代表的匂いを放つ一本である。

　寺山作品は，様々なものがゴチャゴチャと仏壇の花の様に投げ入れている処に特徴があり，エキゾチックでもあったがグロテスクでもあった。ヨーロッパで圧倒的に受けている白塗りの暗黒舞踏もフェリーニの巨女も皆，彼の観念を通過させ一緒に並べてみせた土着的な映像はいつも賛否両論であった。

　寺山は早くから実験映画を撮っていて，1971年にはカンヌでも評価された『トマトケチャップ皇帝』（ペドフィル規制で現在も一般公開禁止）ではトゥーロン映画祭特別賞を，1977年にはロートレアモンの詩を材に『マルドロールの歌』でリール映画祭批評家賞を受けている。ベルリン映画祭にも度々出品していて，ヨーロッパの映画人の中では，70年代にすでに認められていた。寺山は1983年に若くして亡くなったが，フランスでは，ピエール・ブロンベルジェとアナトール・ドーマンという二人の大プロデューサーと組んで2本の彼らしい作品を残している。

　1982年にガルシア＝マルケスの原作を大胆に翻案した『百年の孤独』が，完成

<u>Shuji TERAYAMA</u>

1 | | 2

したが，マルケスサイドから，あまりに内容がかけ離れている事にクレームがついた。そのため『さらば箱舟』と改題して公開されたが，それは寺山の病死の翌年1984年であった。

寺山修司の日仏映画

『草迷宮』1979

ピエール・ブロンベルジェ製作のオムニバス『プライベート・コレクション』の中の一編である。ジュスト・ジャカン『L'Ile aux sirènes』，ワレリアン・ボロズウィック『L'Armoire』の2作品が一緒になっていたが，日本では1983年，寺山の死後やっと公開された。ピーター・グリナウェイは，この映画を必ず見ていると確信する。『枕草子』と見比べていただきたい。[監]寺山修司[脚]寺山修司，岸田理生[撮]鈴木達夫[主]三上博史，若松武[製]ピエール・ブロンベルジェ

『上海異人娼館，チャイナドール』1980

ポーリーヌ・レアージュの「O嬢の物語」の続編の映画化。映像的には寺山ワールドのエキゾチズムがあったが，主役に魅力がなく，作品自体は実験映画か商業映画かはっきりさせて欲しい歯がゆさが残った。上海の娼館のセットが主体で，どうしても意味深な室内場面が多く，難しい編集を，アンリ・コルピが担当したというが，寺山側との意思の疎通が感じられない。台詞の間に違和感があり，特殊な設定だけに，劇場で失笑がもれる場面があった。→Ⅰ32（発禁本）

      ＊

1 | 『草迷宮』1979，泉鏡花原作が，仏壇花の様な極彩色の寺山ワールドになっている。山海塾の鑑賞前後には，観ない方が賢明。

2 | 『さらば箱船』1984公開，「百年の孤独」原作と謳いたかったが，ガルシア＝マルケスに拒否された。有名な同名の焼酎は，訴訟されていない。

若松孝二

Koji WAKAMATSU

1936–2012

　1965年から1972年頃学生だった人々を，日本では"全共闘世代"と呼ぶ。その時代は学生たちが盛んにデモを催す時代であり，それは，各学生自らの大学の在り方の問題提起と日本とアメリカとの安全保障条約やベトナム戦争まで広がる純粋な体制批判であった。だがそこに大人たちの思惑が絡みイデオロギー闘争となり，手段を択ばない過激派が生まれたが，ほとんどの学生はノンポリと言われるおとなしい学生であった。その時代，政治運動が日常で，授業もままならぬことが多かった学生たちの間で圧倒的に支持されたのが東映のやくざ映画であり，若松孝二たちのアナーキーな映画であつた。

　若松は，ピンク映画という当時の低予算のエロティック映画に形を借りながら，体制批判を込めた映画を次々と打ち出した。それは絶対に大手の映画会社には出来ぬ事であり，学生たちから見れば連帯感のある映画作家であり，ある種の英雄的存在であった。実際彼のフィルモグラフィーを見てみるとその過激さに驚かされる。一作目『甘い罠』(1962)からして警察官を殺す話であり，その後作り続けた50本近い本編と20本近いプロデュース作品それぞれが体制に対しての反骨精神にあふれている。エロティック映画に政治性を込める作家は，例えば武智鉄二もいたけれど，若松程貫いた作家は稀有である。彼は決して学生たちにおもねった訳ではなく，その時代時代に打ち込む小爆弾の様な映画を創り続けたのである。

　最初は完全にきわもの扱いであり，1996年にベルリン映画祭に出品された『壁の中の秘め事』は国辱とまで言われたが，その後その作家性が世に認められるにつれ，少しずつ大きな作品も撮れるようになった。2000年台になってからは，フランスでも上映会やＤＶＤが発売されて，伝説的な監督となっていた。

　若松には，沢山の秀作，問題作があり，その中でも『ゆけゆけ二度目の処女』(1969)，『天使の恍惚』(1972)，『実録・連合赤軍』(2007)，『キャタピラー』(2010)等が特に評価が高いが，プロデューサーとしても若松は非凡で，盟友大島渚との『愛のコリーダ』や神代辰巳との『赤い帽子の女』等の作品がある。2012年カンヌ映画祭ある視線部門に招待された『11・25自決の日　三島由紀夫と若者たち』のあと『千年の愉楽』を完成させていたが，公開前にタクシーにはねられて死亡した。な

Koji WAKAMATSU

1|　　　　　　　　　　　　　　　　　　　　　　　　　　　　　　　　　　　　　　　|2

おこの遺作は，第69回ヴェネツィア映画祭に招待上映された。

若松孝二のフランスロケ作品
—

『エロティックな関係』1992
脚本の長谷部安春は，日活映画『俺にさわるとあぶないぜ』(1966)でデビューした。長谷部はすぐに注目され，続いたロマンポルノ時代も，切れの良いアクション映画を沢山作り人気があった。彼は，この映画の原作レイモン・マルローの「春の自殺者」にこだわりを見せて，2回関わっている。一作目は1978年に長谷部がロマン・ポルノとして監督した。この作品は全パリロケで，監督は若松孝二とある

が，最初は長谷部が監督だったという。話は，売れない私立探偵が軽い浮気調査を依頼されるが，実は大犯罪にまき込もうとする罠だったというものである。二作品とも主役の探偵は内田裕也であるが，パリロケ篇は，人気の絶頂の宮沢りえが探偵助手に扮して，又依頼人をビートたけし（北野武）が演じている。16区，17区，18区あたりをメインに撮影されていて流石に，パリの空気感に意味はあるのだが，主役たちの雰囲気芝居のあまりの下手さが，フィルムがまわるにつれて我慢

できなくなる困った映画になっている。[監]若松孝二 [脚]内田裕也，長谷部安春 [撮]長田勇市 [主]内田裕也，宮沢りえ，ビートたけし

『三島由紀夫と若者たち』2012
三島由紀夫と盾の会の若者たちを描いたドラマ。主役が長身で，どうしても三島役に違和があったが，若松らしく何を撮りたいのかは，はっきり見せていた。[監]若松孝二 [脚]若松孝二，掛川正幸 [主]井浦新／第65回カンヌ国際映画祭・"ある視点"正式上映

*

1| 『エロティックな関係』1992，主役のエゴと日程の関係で撮影中止にまでなりかけた。途中から引き受けた顛末は若松の面倒見の良さである。
2| 『11・25自決の日　三島由紀夫と若者たち』2012，この映画の主役井浦が183cmというから三島と20cmは違う。この配役ミスは，三島の本質と関わる大問題だ。

宮崎駿と高畑勲

Hayao MIYAZAKI 1941-, Isao TAKAHATA 1935-

　宮崎駿の『風の谷のナウシカ』(1984) は公開時に劇場で見たが，拍手をする観客がいた。日本では極めて稀な事である。この映画から，日本のアニメ映画がやっと実写版と同等のテーブルで評価出来るようになったと思う。考えて見れば，宮崎も盟友高畑も，そのずっと前から，アニメを世に送っていたし，大先輩手塚治虫もいた訳であるが，アニメは劇場映画とは別ジャンルに組まれ，子供向けのレッテルから抜け出す事はなかった。その意味で『風の谷のナウシカ』はその状況を打ち破り，新しいエポックを創ったといえる。アニメの特性を活かした実写版以上の細やかな編集，音楽とのマッチング，大々的なプロモーション，ヒットの前提に，それらがあった事は確かだが，この作品には先ず，強いメッセージがあった。大体の場合映画は，製作費がかかる程大衆受けを狙う要素を強くし，テーマがある場合でも結果は甘くなる。メッセージは，万人に呑み込める様に，希釈され反発を無くそうとする。『ナウシカ』は，環境問題という重くしかも一番切実なテーマを，最初から最後まで，提起して，ぶれる事が無かった。時はバブル経済の真最中の話である。出るべくして出たように，この作品で宮崎は，アニメ？と差別する大人の映画ファンの一部も，確実に振り向かせた。宮崎はその後，スタジオジブリを立ち上げ10本の作品を作ったが，どの作品も今や世界的な評価の中にある。

　ところでフランスでの宮崎作品への反応は，意外にゆっくりであった。ジブリ作品は，コアなマニアの中では知られていたが，最初に公開された『紅の豚』(1995) は，60,000人の観客動員に留まっている。その後『もののけ姫』(公開2000) とベルリンで受賞した『千と千尋の神隠し』(公開2002) で，やっと一般的になったのである。そこにはフランスの配給業者の慎重な顔が見えてくるが，実際フランスでの日本映画の興業成績をみると，そのハンドリングが難しいのが良くわかる。宮崎作品は成功したわけだが『ナウシカ』は，その最初の公開から20年遅れで，やっと2006年にフランスで公開された。それは，ルノワールやメルヴィルの日本での公開状況を思い起こさせるが，宮崎の場合はその後の『借り暮らしのアリエッティ』も大ヒットし，益々宮崎株は上昇し続けていった。特に『トトロ』や

Hayao MIYAZAKI, Isao TAKAHATA

『ラピュタ』は, 幅広い人気を得ている。

　観客動員は他のヒット作を下回ったが, 彼の最後の監督作『風立ちぬ』も, 評価は高かった。引退したといわれているが, 再登場を望む声は世界中に聞こえる。

　宮崎の東映動画時代からの盟友高畑勲は, 大学は仏文科出身でもあり, フランス文化に造詣が深く自身でプレヴェールを翻訳している。人気画家奈良美智との「鳥へのあいさつ」は, 素晴らしい作品である。

　彼は, 興業成績で宮崎の後ろに位置している様に見えているが, 実際にはお互いに作品をプロデュースし合っているわけで, 後ろでも前でもない独特のスタンスで良作を世に送り出している。完全主義で知られる高林は, 寡作家と言われるがそれでもジブリの所属になってから6本の作品があり, 中でも『火垂の墓』(1988) は, 非常に高い評価を得ている。又, 彼は, 古くはグリモーに始まりミッシェル・オスロ, シルヴァン・ショメ等の優秀だが紹介され難いフランスのアニメ作家の作品をジブリ美術館で公開, ＤＶＤ化するという意義のあるプロデュース業務もこなしている。2013年, 宮崎の『風立ちぬ』に対抗するかの様に公開された『かぐや姫』は, 高畑にとって監督作品は14年振りのまとめの様な大作で, 良きライバルの一つの見本であった。有名な童話『かぐや姫』を下案にしたこの映画

*

1｜ 『千と千尋の神隠し』2001, フランスでは, 宮崎アニメで, トップクラスの人気がある。主題歌も子供が歌うほど知られている。©スタジオジブリ／作 宮崎駿

2｜ 『天空の城 ラピュタ』1986, フランスではこの作品を宮崎アニメのベストという人が多い。©スタジオジブリ／作 宮崎駿

II

は，制作費に50億をかけたというが，慎重に作られた工芸品のような不思議な魅力を持つ作品である。日本国内はもとより，海外でも高く評価されてアカデミー外国映画賞にもノミネートされている。ところで，雲に乗った天女たちが，かぐや姫を迎えに来るクライマックスで，流れた音楽は，賛否両論であった。ラテン風の脳天気な感覚が好きだという者もいたが，場内に失笑がもれた例も耳にしている。

ジブリの日仏合作映画。
——
『レッド・タートル～ある島の物語』2016（日仏）
スタジオ・ジブリ初の海外合作アニメ。無人島に置き去りにされた男と巨大亀の物語。客席は埋まらずとも，これ程の作品を，劇場で見せられる

のは，ジブリだからこそである。極めてシンプルな話と，美しい画に，我々は自分たち人間の一生を重ね感動する。監督のデュドク・ドゥ・ヴィッドはオランダ人の世界的アニメーターだが，60才を超えて初めての長編で，構想から10年の歳月がかかっている。

ジブリ作品で，カンヌでの受賞は，初めてという。[原監]マイケル・デュドク・ドゥ・ヴィッド［脚］パスカル・フェラン，M・ヴィッド［芸術プロデューサー］高畑薫［製］スタジオ・ジブリ＆ワイルド・バンチ他／第69回カンヌ映画祭（2016）"ある視点"特別賞

Hayao MIYAZAKI, Isao TAKAHATA

小栗康平

Kohei OGURI

1945−

　宮本輝の『泥の川』で，1981年に小栗康平はデビューした。小栗はこの一作で大成功を収め，日本の映画賞を独占し，モスクワでも銀賞に輝いた。自主上映制で作られたこの映画は，超低予算であったにも関わらず，役者たちの名演とモノクロの安藤庄平のカメラが，素晴らしく豊かな世界を見せ，"映画の原点"を問うような，静かな問いかけを確かに発していた。

　処女作から30数年，小栗は，大方の予測とは違って実にマイペースで，4本の映画を撮った。1984年『伽耶子のために』は，ジョルジュ・サドゥール賞とベルリン映画祭連盟賞を受賞，1990年『死の棘』では，第43回カンヌ映画祭審査員特別グランプリを獲得している。フランスは，作家性のある監督，芸術性のある映画を受け取る感覚に優れた一般人が沢山いる。批評家は猶の事で，研ぎ澄まされた言葉で，場合によっては，作品を切り刻んでしまうが，気に入れば，拍手を惜しまない。小栗にとって，フランスは，極めて大事な国になった。

　小栗はその後も，寡作ながら『眠る男』(1996)，『埋もれ木』(2005)と確実に水準以上の映画を創り続けている。その姿は生涯に良作，傑作を9本しか監督しなかった彼の師にあたる浦山桐郎に重なって見える。

　2005年，『埋もれ木』はカンヌで特別上映されたが，制作費をかけた映画で，ＣＧも随分使われている。少女たちの話遊びからはじまり，そのファンタジーは，突如現れる埋もれ木と重なり，一般の映画のように，わかり易くするための常套的な時間と空間の交錯はせず，鑑賞後，記憶の底に埋もれる映像を貰ったような，夢を本当に話してもらったような気がする不思議な映画となっていた。

　そして，またまた時は過ぎ，2015年，小栗は約3年をかけて『FOUJITA』を世に出した。この世界的な日本人画家は，いままでにも幾人かの監督が映画化しようとしたけれど，実現できないでいた難しい題材である。小栗は，当然伝記映画にはせず，しっかり自己投影された意欲作に仕上げたが，興行は難しかったようである。

1 |　　　　　　　　　　　　　　　　　　| 2

小栗康平とカンヌ映画祭
—
『死の棘』1990
『死の棘』は，1977年に島尾敏雄が発表した私小説的色合いが濃い代表作である。夫婦とは何か，愛とは何かという普遍的な問いかけが，唯一の「私小説」では，描ききれない深部まで描けている。小栗の映画の中では，最もドラマティックな作品だが，夫の浮気をきっかけに狂ってゆく妻，それに狼狽し疲れ果てる夫，その愛人…"人間の狂気"が，いささか辛くなるほど的確に描かれていた。[監脚]小栗康平[撮]安藤庄平[主]松坂慶子，岸部一徳／第43回カンヌ国際映画祭審査員特別グランプリ，国際映画批評家連盟賞（W受賞）

小栗康平の日仏合作作品
—
『FOUJITA』2015
エコール・ド・パリ，戦時中日本映画は，2つに分かれ，エンディングに被って晩年の帰化してからの部分は，絶筆ランスの聖堂の壁画を，じっくり映すのみである。そしてそれが雄弁に彼を物語る様に作られている。この3段の構成が見事。監督は，様々なフジタのエピソードを読み，調べ，その後全部忘れて，画に立ち向かった時にその静けさに驚いたという。しかし致命的な問題が主役のフランス語にあった。柄は驚くほど合っていたが，どんな名優でも半年で滞仏の長いFOUJITAのレベルに言葉を持って行くのは無理というものだ。『アメリ』で，世界的ヒットを飛ばしたクローディー・オサールがプロデューサーに名を連ねているのに未だにフランスでは公開されていない。[監脚]小栗康平[撮]町田博[主]オダギリジョー，中谷美紀，アナ・ジラルド[製]井上和子，C・オサール

*

1 |　『泥の川』1981，小栗が苦闘時代に脚本を書いた『日本セックス縦断』は，大久保清事件のピンク映画版としてヒットした。
2 |　『FOUJITA』2015，大きなスクリーンが合う大作。ミニシアター展開は，小栗のイメージが負に作用したか？合作の温度差か？

Kohei OGURI

北野武

Takeshi KITANO

1947−

　北野武はツービートという芸名でたけしときよしのコンビとして世に出たお笑い芸人である。それ以前は，浅草のストリップ小屋等で下積み時代を送っている。ツービートとして初めてＴＶに出演した1975年から，戦後第二回目の漫才ブームの大きな波に乗り，1970年代の終る頃には，毎日の様にマスコミに登場する人気タレントになっていた。(80年代以降ツービートとしてのコンビ活動は，少なくなっていった) 1981年に主演映画『すっかり…その気で』が作られ，同年『マノン』で主人公の兄という重要な役を演じた。大島渚の『戦場のメリー・クリスマス』(1983) に代役として出演したあたりから，本格的な役者としての仕事が始まった。どの作品でも決して上手な芝居とは云えないが，独特な存在感で，強く印象に残っている。どんな役でも目が笑っていない彼の芝居は，大根と云われながら，数を重ねるうちに，役者としてもユニークな位置を見つけてゆき，凶悪殺人犯や，ヤクザ等普通の役者では出せない個性的な存在感にまで，とにかく持っていってしまった。特に崔洋一『血と骨』の在日韓国人役は，はまり役であった。

　深作欣二の代役として，初めて監督したのが『その男凶暴につき』(1989) である。その数年前に自分の弟子達を連れて出版社になぐり込みをかけた事件は，世間に良く知られていて，『その男凶暴につき』というタイトルが，既にパロディの様に思えた。しかし出来上った映画は，従来の映画の規則に捉われない，しかも独自のテンポ感と美意識に裏打ちされた傑作であった。一般にも評判が良く，映画監督北野武は，次々に劇映画を発表するようになっていった。そのエネルギーと創作意欲には感心させられるが，良い作品だがヒットしなかった作品も多く，又，失敗作を作ると，これでたけしは終った，と云った意地悪な批評が集中した。しかしここが彼の凄い処だが，段々と高まる国際的評価に後押しされながら，次の作品，次の作品と映画を作り続けて今日に到っている。改めて，彼の映画の歴史を振り返ると，その下積み時代のハングリー精神が，今でも続いているのを感じるが，実に醒めた，まるで漫才のネタを練り上げて検証している様な知性が，感じられ，その視線は非常にインターナショナルでもある。フランスの映画祭では，例えば1995年にコニャック国際映画祭で『ソナチネ』が批評家賞を受賞している

II

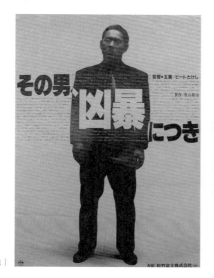

が，カンヌ映画祭では，コンペには何度か参加しているが受賞には至っていない。むしろ縁が深いのは，ヴェネツィア国際映画祭で，1997年の同祭では『HANA-BI』が第54回金獅子賞を受賞しており，それ以後も何度か受賞，第64回2007年の同祭では，『監督ばんざい！』の受賞に因んで，それを賞の名前にした"監督ばんざい賞"が設けられ現在に至っている。特に，2008年に発表した『アキレスと亀』は，凡百の監督では，撮れない映画で，彼の監督としての円熟ぶりがわかる秀作である。

　監督としての彼は，日本では，海外程評価されていないが，それは映画人たちの，プライドから来る嫉妬もあるが，一般的には，ビートたけし時代に連発した"ババア死ね"といった類の挑発的毒舌が由来とする処も未だに大きい。彼はこれに対して"たかが漫才如きで～"と云いのけている。

　外国の映画賞受賞でインタビュー等を聴くと，彼が実は，謙虚な人間だという事がわかるが，日本のＴＶでは殿などと周りにいわせてしまう感覚と，奇妙なコスプレを着て，ズレたギャグを連発する（しかし共演者は無理に笑っている）。まるで裸の王様の様に見える。しかし，日本のＴＶ界は，彼程の大物でもそこまでしてでも出演していないと，売れている感，現在感が薄れ，すぐに忘れ去られてしまう。それは直ぐに，ＣＭ出演に影響するし，ひいては，自分の映画のPRためにも，

・

1｜ 『その男凶暴につき』1989，代打がいきなりホームランを打った。北野の映画的瑞々しい感覚の良さに，黒澤明まで拍手したという。
2｜ 『ソナチネ』1993，絵具をぶつける様な，素直な感性で作られた映画。従来のヤクザものとは，違うアウトローの哀しさ。

<u>Takeshi KITANO</u>

出演し続けなければならない，その構図を，人一倍，よーく知っている"たけし"は，決して笑わぬ目で，今日もＴＶの画面に現れては笑えぬギャグを連発するのである。それは，監督残酷物語である。いつの日か，この稀有な天才は，その目を一層鋭くさせながら，"たかが映画如きで〜"と云ってのけるだろう。そして，さすがに，彼自身も年を取り，毒舌は陰をひそめてきた現在，2015年の『龍三と七人の子分たち』は，日本の高齢者社会を背景にしたブラック・ユーモア映画となった。たけしは知的である。

北野武のフランス作品
―
『それぞれのシネマ』2007
カンヌ映画祭60周年記念映画として世界的36人の作映画作家が，それぞれ3分の小品を監督した。北野は『素晴らしい休日』という題で自らも出演している。北野は，多くの国の映画祭で歓迎されているが，フランスでも人気が高く常に新作映画への期待がある。2016年には，レジオン・ドヌール賞（最高位）を受勲した。

★

参考｜北野武（ビートたけし）が出演したフランス（合作）映画
『TOKYO EYES』1997→本章（リモザン）参照

『黒蜥蜴を探して』2010
パスカル＝アレックス・バンサン→Ⅲ補39（日俳優／美輪明宏）

*

3｜『キッズ・リターン』1996，おちこぼれ高校生の日本の青春。柳島克己（撮影）とのコンビも良くたけし映画の白眉となった。
4｜『それぞれのシネマ』2007，たけしは，フランス座で，ストリップ目当ての厳しい客に，才能のストリップを見せて才能を磨いた。

Ⅱ

5 |

| 6

7 |

| 8

5 | 『HANA-BI』1998，花火の様なアウトローの生き様が，目に残る。ヴェネツィア映画祭で最高賞を受賞している
6 | 『菊次郎の夏』1999，たけしの作品のなかでは，子供連れで行ける珍しいタイプの映画。フランスでヒットした。
7 | 『JM』1995，俳優たけしのハリウッドデビュー作。ＳＦ映画でも，勿論ヤクザ役。
8 | 『血と骨』2004，凄惨な在日韓国人残酷物語。たけしの笑わない目の怖さを，崔洋一が見事に引き出している。

<u>Takeshi KITANO</u>

387

小林政広

II-73

Masahiro KOBAYASHI

1954-

　主だった映画人が，みんな大手の映画会社と契約していた映画全盛時代から，もう半世紀の時が流れてしまった。その間多くの監督が，フリーランスとなりＴＶに流れたり，ライターになったり，様々な方法をとりながら自分の映画を撮ろうと頑張ってきた。その一つのあり方が自主制作である。

　小林政広は，大手映画会社が消滅してからの映画人であるが，徹底的に自主制作にこだわる点で際立っている。彼の経歴を見ると，フォークシンガーという始まりから，表現者として見るとワクワクする程の下降思考の"夢追い人"で，ウエイター，事務職，郵便局員，シナリオ作家といろいろな職業をしながら，42才で初監督映画『Closing Time』(1996) を発表した。多くの監督が，若い時に，その若さを武器に頑張るが，彼の場合は，大人になってからのスタートで，その分の経験が，映画の内容にしっかり反映している。"急がばまわれ"の様な，小林の人生は，映画を撮るために全部あったのだろう。しかし，小林の場合，一般作の前に『ピンク映画』でサトウトシキらと組んで凄まじい実験をしている。特に自らの監督作品では，感動的な成果を上げている作品，例えば『女子社員愛欲依存症』(それにしても，もの凄いタイトル！) 等が残されている。つまり42才の新人監督どころか，既にベテランの域で，初めて一般劇場用映画を撮ったというのが正しい言い方であろう。

　第2作目の『海賊版』のモノクロの雪景色は，ルノワールの『大いなる幻影』に迫るポエジーがあり，カンヌ映画祭でも評判がよかった。その後小林は，益々，一般映画の映画監督として力量を磨き，『殺し』(2000)，『歩く，人』(2001) と，3年連続でカンヌに出品して，国際的にも知られる様になった。小林の作品は，その引き出しの多さからか，いろいろなスタイルを取るが，例えば人質になった海外ボランティアに参加した女が主人公の『バッシング』の様に，常に社会的な問題をベースに入れるプロットが，あざといという評価もある。彼に，役者の才もあるのは確かで，子供のいじめ問題から発展させた加害者と被害者の親同士の偶然の出会いから始まる，『愛の予感』(2007) は，自身も出演し，相手の母親と共に忘れがたい名演技を残している。ロカルノ映画祭でグランプリを受賞したこの作品は，伏

II

388　　　　　　　　作品往来

1 |　2 |

線の安易さはともかく，ドキュメンタリー風でいながら，非常に細かい映画力を
見せつける秀作である。現在，彼は，少しだけ遅かった一般映画の監督としての
デビューを取り戻すかのように，エネルギッシュに作品を制作しているが，彼の
意図がストレートに出せる自主制作の利点を最大限に活用して，いつも問題作を
作り続けている。

　『春との旅』(2010) は老人の孤独，『日本の悲劇』(2013) はリストラされた子供と
老いた父親との厳しい生活が，小林ならではリアリズムで展開する。二作ともに
仲代達矢が主役を演じて，社会的な反響も大きかった。

小林政広のフランスロケ作品
――
『白夜』2009
この映画は，リュミエール
兄弟の故郷リヨンで撮られ
た"悲劇"でタイトルに『Une
nuit blanche』と仏語でタイ
トルが出る。リヨンに海外赴
任した男を追いかけて，日本
から全てを捨てて来た女と，
よくヨーロッパで見かける，
しがらみから逃げた男とが，
名物の赤い橋の上で偶然に出
会いほんの一瞬恋に落ちる…
ブレッソンの『百夜』を意識
したのか"身投げ女"等の共
通項がある。よくある海外ロ
ケにある観光地巡りは，あま
りなく，そこは良いのだが，
カメラや音楽とのボタンの掛
け違いが，目立ち，思い込み
ばかりが上滑りしてしまって
いた。[監脚] 小林政広 [撮]
伊藤潔 [主] 吉瀬美智子

*

1 |　『白夜』2009，低予算が見えても笑える映画と笑えない映画がある。これは明らかに後者。雑な作りが気になる。
2 |　『日本の悲劇』2013，このタイトルは決して大げさではない。真正面から高齢化社会に取り組んだ秀作。

Masahiro KOBAYASHI

黒沢清

Kiyoshi KUROSAWA

1955−

　立教ヌーヴェルヴァーグが，一般に認識されだしたのは，2000年に入ってからである。1980年前後立教で映画表現論を講義していた蓮實重彦を取り巻く生徒が，映画サークルを作り，互いに切磋琢磨しながら，水準をあげて，どんどん結果を出し始めたのである。サークル名はパロディアス・ユニティ，生徒は，黒沢清，万田邦敏，塩田明彦，青山真治，そして周防正行達の事である。アンドレ・バザンが蓮實，「カイエ・デュ・シネマ」がパロディアス・ユニティと言い換えても無理はない。

　黒沢清はそのコミュニティ出身の出世頭である。70年代に始まった日本映画の後退は，80年代に入ると止め様がなく，新人監督の修業場所として重要な役割を果した『日活ロマンポルノ』もアダルトビデオに追われて勢いを失くしていった。そんな中，長谷川和彦たち日本の若手監督9人で立ち上げたディレクターズ・カンパニーは，映画人たちの夢の団結であり，それだけ当時日本映画が創り難い状況であったともいえる。黒沢清は，長谷川明彦に認められこのディレクターズ・カンパニーから『神田川淫乱戦争』(1983)でデビューし，『ドレミファ娘の血が騒ぐ』(1985)，『スイートホーム』(1989)，『地獄の警備員』(1992)の4本を創った。遅れて来たゴダールの様な何か日本映画の変革をやらかしそうな才能は，かなりラッキーなスタートを切ったと云える。この4本は，現在見ても楽しめるカルト作品で，特に『神田川淫乱戦争』には，熱烈なファンがいる程だ。『スイートホーム』は，黒沢の実質的メジャーデビュー作品だが，版権問題でDVD化されていない。

　結局ディレクターズ・カンパニーは10年間続き，他とのコラボも含め相当の佳作群を世に送り出したが，黒沢清に場を与えた事は，映画界にとって重要な事となった。

　黒沢は，その後『カリスマ』でサンダス映画研究所のスカラシップを貰いアメリカに留学した。『Cure』(1997)は，彼にとって国際舞台により翔くための重要な作品であった。この作品の成功後，彼は国際的な注目を浴びるようになり各国の映画祭で上映されるようになる。2001年には『回路』でカンヌ映画祭批評家賞を受賞，同じく受賞は無かったがカンヌで高く評価された『アカルイミライ』(2003)に

II

繋がっていった。2008年『トウキョウソナタ』がカンヌで上映され，これは"ある視点"部門賞を受賞した。彼はホラーサスペンス専門の印象が強かったが，この作品で，本格的なドラマが撮れる監督としてフランスのインテリたちの人気を得た。こうなると俄然彼は強い。なにせ，クロサワなのだ，第二のクロサワも本物だったのだ。『リアル』(2013) も，秀作といいたい出来だったが，『岸辺の旅』(2015) では，またまたカンヌ映画祭で"ある視点"部門監督賞を獲得した。2016年フランスで全編制作された『ダゲレオタイプの女』は，期待通り無駄のないホラー映画の秀作となった。彼への尊敬に満ちた，映画を作る歓びに溢れた現場であったという。

黒沢清のフランス（合作）作品とカンヌ映画祭
—
『回路』2001
典型的なJホラー（ジャパニーズホラー）として海外で有名な作品だが，この作品のメッセージは人間の触れ合いで

あり，ただ怖がらせるだけのJホラーとは一線を画している。[監脚] 黒沢清 [撮] 林淳一郎 [主] 加藤晴彦，麻生久美子/第54回カンヌ映画祭国際批評家連盟賞
『トウキョウソナタ』2008（日，蘭，香港）

現代日本の哀しみが，非常に巧みに編みこまれた秀作。俳優たちも素晴らしい。父親は，リストラされ，全くばらばらで今にも壊れそうな"家庭"を，下の子どもがピアノの才能に目覚めコンクールに出場する事をきっかけとして，一

*

1｜『神田川淫乱戦争』1983，おくれてきたゴダールといいたい。ポルノ扱いの映画だったが，全くエロくない。パロディ満載の実験映画。
2｜『スイートホーム』1989，伊丹十三も黒沢の才能を見抜いていた。

Kiyoshi KUROSAWA

家のそれぞれが立ち直って
行く。何かを目的にして家族
が立ち直る姿を描いた映画
は、いくつもあるし、会社に
行くと妻に嘘をついて別の仕
事をする父親、等々、何処か
で見た様な場面も、それぞれ
の登場人物をしっかり描くこ
とで、あまり気にならなく
なってくる。逆に有り体のプロ
ットを逆手に取り出すところ
……やはりこの監督の才能が
溢れている。カンヌでは、非
常に好評で、"ある視点賞"を
受賞したが、これは日本の精
神構造が外国人に珍しいかっ

た事よりも、ずっと奥にある
人間が描けていることへの評
価であろう。[監]黒沢清[脚]
マックス・マニックス、黒沢
清、田中幸子[撮]芦澤明子
[音]橋本和昌[主]香川照之、
小泉今日子/第61回カンヌ国
際映画祭ある視点賞
『**岸辺の旅**』2015（日仏）
3年ぶりで死んだ夫が戻って
来る。黒沢は、ラブ・ロマンス
を撮りたかったという。[監]
黒沢清[原]湯本香樹実[脚]
宇治田隆史、黒沢清[撮]芦澤
明子[主]浅野忠信、深津絵里
/第68回カンヌ映画祭"ある

視点"部門監督賞
『**ダゲレオタイプの女**』2016
（日仏）
ダゲレオタイプ写真〈銀板写
真〉に没頭する伝説的写真家
とその被写体になっている美
しい娘、そこのアシスタント
になった青年が織りなす芸術
家残酷物語。一枚の巨大な銀
板写真の存在感が、この映画
の要になっている。[監脚]黒
沢清[撮]アレクシ・カヴィル
シン[主]タハール・ラヒム、
コンスタンス・ルソー

・

3 | 『ドレミファ娘の血が騒ぐ』1985，黒沢の母校、立教大学を舞台に、B級学生映画を逆手にしたパロディ。洞口依
子が、キュートに登場。
4 | 『回路』2001，技術的見処満載。パソコン洗脳度の個人差によるが、馬鹿らしさが、大元にある。（幽霊に会いた
い？）

II

5 |

| 6

7 |

| 8

・

5 | 『カリスマ』1999，自分の"カリスマ"とは？を，考えさせられる。木が蓮實重彦に見えるのは，穿ちすぎか？林野庁警視庁不推薦。

6 | 『トウキョウソナタ』2008，フランスの一般客も集めた日本の崩壊過程再生劇。

7 | 『岸辺の旅』2015，三途の川の岸辺にて。幽霊を信じない人たちにも，好かれそうなホラーラブストーリー。

8 | 『ダゲレオタイプの女』2016，大型銀板写真への，観客の好奇心を満足させながらミステリアスな世界に引き込む黒沢の円熟作。

Kiyoshi KUROSAWA

諏訪敦彦

Nobuhiro SUWA
1960–

　1997年に諏訪敦彦が,『2/デュオ』でデビューした時, 山ほどいるドキュメンタリー出身監督の中でも, 特別な人が現れたなと思った。とはいっても娯楽映画とは云いがたい彼の映画が, 今後どうやって展開するのかと思っていたところで,『M/Other』(1999)が, カンヌで批評家連盟賞を受賞した。この映画もドキュメンタリー出身の良さが良く出た秀作で, もっと受賞が宣伝されて, 一般の観客が増えれば良いと思ったものだ。この監督の視線には, 多少表現上やテーマの問題があっても, 見終わった後, 何かポッと小さな灯をともしてくれるような人間に対しての暖かみがある。これは, 単なるドキュメンタリー出身の作家を越えたドラマ性につながっている大きな美質である。『H/Story』(2001)は, 広島出身の諏訪が, 師と仰いだ映像作家ロバート・クレイマーと一緒に暖めていた念願の企画だったそうだが, クレイマーが亡くなり, 映画としては, ヴェンダースの『ことの次第』の様な, しかしまとまりの無さが目立つ, 暴露っぽい映画になってしまっていた。主演者とどの程度の契約だったのかは解らないが, 少なくてもベアトリス・ダルの在り方が不快に感じられ, ドキュメンタリーでもなくドラマでもない……それを面白いと感じるか, 感じないか, バラバラになりそうなものを, 何とかしようとする力技が見えてしまっていた。当分立ちあがれないのでは, と思っていたが次作『不完全なふたり』(2007公開)と,『パリ・ジュテーム』(2007年公開)の短編では, 一流の映像作家として一皮むけた作品を見せてくれた。多分日本だけでやっていたら, こうはならなかった気がするが, 諏訪のフィルモグラフィーを見てみると, 改めてフランスとの因縁を思わされる。誇張ではなくカンヌ映画祭がなかったら, 諏訪の映画を我々は, 見る事が出来なかったかもしれない。

諏訪敦彦の（合作）作品とカンヌ映画祭
—
『Hstory』2001（日仏）→ II 28（レネ）
『不完全なふたり』2005（日

仏）
友人の結婚式に出るためパリに来た, 離婚しようとしている夫婦……即興の演出に演技が呼応していて, 密度の高い映画になっていた。フラ

ンスではヒットしたが, 日本では, やはり難しかったようである。[監]諏訪敦彦[撮]キャロリーヌ・シャンプティエ[製]澤田正道, 吉武美知子[主]ヴァレリア・ブルーニ＝

テデスキ，ブリュノ・トデス
キーニ
『ヴィクトワール広場』2006
『パリ・ジュテーム』の一編
パリの各区をテーマに，様々
な国の映画作家（といっても
フランス系が多い）が，一人
5分ずつの短編を作り，それ
を集めたオムニバス。当然,
観客は5分ごとに，比べてし
まうわけだが，諏訪の担当し
たパリ2区『ヴィクトワール
広場』は幻想的で美しく，印
象に残った。音楽を鈴木治行
が担当している。[監脚]諏
訪敦彦[撮]C・シャンプティ
エ[製]クローディ・オサール
[主]J・ビノッシュ，W・デ
フォー

『ユキとニナ』2009（日仏）
フランス人と日本人の間に生
まれた少女ユキと友達ニナ
が，主人公。両親の離婚で日
本人の母方の日本に行くこと
になる少女の心の揺れを淡々
と描いている。見終わったあ
と，料理から塩を抜いてしま
ったような物足りなさが残
り，あくまで，ドキュメンタ
リー風演出のこだわりに，マ
ンネリズムを覚えてしまう。
よく作家のマンネリズムの例
として小津が引き合いに出さ
れるが，小津は若い頃はそれ
なりに冒険したわけで……諏
訪は才能ある監督だけに，脂
ぎった料理も試していただき
たいものだ。→Ⅲ補38

『M/Other』1999
セリフを俳優と一緒に作る方
法自体の新旧はともかく，そ
こからここまで膨らませてゆ
くには，音楽のインプロビゼ
ーションやジャムセッション
の様な，信頼関係が必要。そ
れが出来るのは諏訪の大きな
才能である。[監脚]諏訪敦彦
[撮]猪本雅三[主]三浦友和,
渡辺真起子／第52回カンヌ国
際映画祭国際批評家連盟賞
『Le lion est mort ce soir』
2017
[脚監]諏訪敦彦[主]ジャン
＝ピエール・レオ[製]吉武美
知子＆，ジェローム・ドプフ
ェール

*

1｜　『M/Other』1999，即興演出は珍しくないが，監督の経験が裏うちされた魅力的な映画。
2｜　『不完全なふたり』2007，『Hstory』でスランプに落ちた諏訪が復活した秀作。フランスでは3万人の観客を集め
　　ている。

Nobuhiro SUWA

是枝裕和

Hirokazu KORE-EDA
1962–

　ＴＶドキュメンタリーからはじめて，映画監督になった例は数多い。是枝裕和も最初テレビマンユニオン（制作会社）に入りＴＶ番組のADをしながらドキュメンタリーを撮り始めた。彼の自己実現へ向けての選択は，正しかったといえよう。そしてその才能は，テレビマン・ユニオン制作でデビュー作を作らせ，期待に応え，その後，会社に新しい道を開く事になった。

　彼の劇映画デビュー作『幻の光』(1995) は，新人の持つ初々しさが有りながらベテランの作品の様な構成力を持つ秀作であった。彼は，優れたドキュメンタリーを沢山作っていて，その劇映画にも特徴を残しているが，『幻の光』の独特な美しさは，世界を魅了し，処女本編でありながらヴェネツィア映画祭で金のオゼッラ賞を受賞した。コネもなく，映画祭事務局に，直接VIDEOを送っての参加だったという。世界の映画祭に出品するという事は，それだけで世界中の多くの映画関係者に知られる訳で，是枝は，『幻の光』以来，多くの国の映画祭に積極的に応募して，すこしずつステップアップしてきた，映画祭男でもある。

　彼はこれまでに劇場映画を14本作っているが，カンヌ映画祭は，その彼を大きく後押ししていて，これまで出品した『DISTANCE』(2001)，『誰も知らない』(2004)，『空気人形』(2007)，『奇跡』(2011)，『そして父になる』(2013)，『海街Diary』(2015)『海よりもまだ深く』(2016) と何と7本の映画を受け入れ，しかも『そして父になる』には，審査員特別賞を与えている。この映画で，是枝は大きくクラスアップして，完全に世界的監督として認められた。『そして父になる』は，赤ん坊の取り違いという社会的テーマを，実に丁寧に描いた感動作で，海外から買い付けが殺到したという。ハリウッドでのリメイクも決定している。『海街Diary』は，吉田秋生の，ベストセラー・コミックの映画化である。鎌倉に住む3姉妹が，幼いころ出て行った父が亡くなり，その娘（異母姉妹）を，受け入れてゆく，小津安二郎の世界が現代にもどった様な作品で，受賞は逸したが，是枝のしっかりした演出により見応えのある作品になっていた。

　是枝の作品は，見事なまでに駄作がないが，カンヌに出品，受賞した作品以外にも，それぞれの作品が，海外で受賞しており，箔をつけた後の作品のマーケテ

II

作品往来

幻の光

MABOROSI

1|

誰も知らない
Nobody Knows

|2

ィングまでを視野に入れた映画製作は，従来の監督にはなかったスマートさだと思う。続々真似をする作家もいるわけだが，これが，成り立つのは，あくまで作品が良いからである。

彼は，子役の扱いに定評があり，オーディションの時から他監督とは違った視点から子役を選ぶという。演技をさせない演技，ドキュメンタリストとしての経験があるから出来る事なのであろう。是枝は又，プロデューサーとしても，西川美和『蛇イチゴ』(2003)，砂田麻美『エンディングノート』(2011)等と，非常に優れた仕事を残している。西川はその後，優秀作を幾つも世に出して監督としてその地位を確定させたし，砂田の作品は実父の闘病を撮った作品だが，テーマの地味さにも関わらずドキュメンタリーとしては記録的なヒットとなった。

今後，是枝が映画とどう関わり，どのような作品を世に問うのか，世界中が注目している。家族ものも良いが，全くスタイルの違うジャンルの作品にも，今のうちに挑戦してもらいたい気がする。

是枝裕和とカンヌ映画祭
—
『誰も知らない』2004

現代日本の家庭崩壊を描いた，是枝の演出力が光る作品。子役たちとその無責任な

母役が素晴らしい演技を見せる。第57回カンヌ映画祭では，史上初めて若干14才の

*

1｜ 『幻の光』1995，是枝のデビュー作。各国で注目されて当然と思える完成度の高さ。撮影の中堀正夫の力も大きい。

2｜ 『誰も知らない』2004，日本の教育の貧しさが，この映画の母親に象徴されている。

Hirokazu KORE-EDA

柳楽優弥に対して主演男優賞が与えられた。[監脚製]是枝裕和[撮]山崎裕[主]柳楽優弥，YOU/第57回（2004）カンヌ国際映画祭最優秀主演男優賞

『そして父になる』2013
大人のアイドル福山雅治をメイン据えた，子供取り違え事件の映画化。この作品でも俳優の演技が自然で，その芝居臭く無い部分が，この映画の本筋"親子の愛情"を最後までぶれさせない。この映画は，カンヌ映画祭での受賞が，日本国内でも大きな話題を呼び，大ヒット作となった。[監脚]是枝裕和[撮]瀧本幹也[主]福山雅治，尾野真千子，真木よう子/第66回（2013）カンヌ国際映画祭審査員特別賞

★

参考｜その他フランスの国際映画祭

『ワンダフルライフ』1998
"貴方の一番幸せだった時を想いだしてください"それを抱いて天国に行けます。死後の世界の入り口を，宿舎風の設定にして，一週間の間に，入所者は答えを見つけなくてはいけない。是枝は，極めてＳＦ的な三途の川の学校で，様々な人生を役者にドキュメント風に演じさせる。発想には，サルトルとドラノワの『賭けはなされた』の影響を感じる。[監脚]是枝裕和[音]笠松泰洋[主]ARATA，小田エリカ/第20回ナント三大陸映画祭（1998）グランプリ

.

3 |　『ワンダフルライフ』1998，三途の川は世界の映画祭につながる大河であった。
4 |　『海街Diary』2015，家族の絆を追う是枝と小津との関わりが見える。時代が変わっても小市民とはこういうものだ。

II

青山真治

Shinji AOYAMA

1964–

　蓮實重彦という，仏文学者にして映画評論家というオピニオンリーダーがいる。青山は，学生時代に蓮實と出会いその薫陶を受けつつ映画監督に育っていったいわばエリート監督である。栴檀は双葉より芳しなのか，デビュー作『教科書にない！』(1995) は，Ｖシネマで出されたソフトポルノというかナンセンス学園セックス劇で，スラプスティック感にオリジナルなものがあった。超低予算のＶシネマで，比較するのも可哀想だが，まるで遅れて来た黒沢清のようであった。彼が，ダニエル・シュミットや黒沢清のアシスタントを努めていたと聴いて納得したがしかし，遅れていたわけではなく，エチュードとして，やってみただけだという事を，彼はその後すぐに証明して見せた。その翌年1996年に公開された『Helpless』である。馴染みのない田舎の虚無感がよくでていて，キラリとした才気が見える。一般に注目されたのはこの作品からだが，その4年後2000年に発表された『ユリイカ』は誰もが納得する傑作で，監督として既に，若いのに大物感を漂わせていた。『ユリイカ』は，カンヌでの受賞もあり，世界中で公開されたが，特にフランス人に，好かれている。その人気は，例えば『月の砂漠』(2001) が日本より2年も早く公開されている事が物語っている。彼のフィルモグラフィーの中では，彼の出身地方，北九州を舞台にした“北九州三分作”と云われる『Helpless』『ユリイカ』『サッドバケイション』(2007) が，飛び抜けて面白い。かつてのフェリーニのように，自らの故郷に拘泥して，映画を撮ることの出来る，恵まれた映画作家は，それ程多くない。それが出来るのは，その作家性を認められてかつその作品が，商業性を持ちあわせていなければならないからだ。日本では，大林宣彦が代表例だが，青山の場合は，もっとずっと乾いていて，押し付けがない。三分作とは手触りが異なるが，同じ北九州出身の田中慎弥原作の『共喰い』(2013) は，同郷ならではの，地方感の描出が，有無を言わせぬ力作である。その他，青山には『レイクサイドマダーケース』(2004)，『エリ・エリ・レマ・サバクタニ』(2005)，『AA』(2006)，『こおろぎ』(2006)，『東京公園』(2011) 等がある。『レイクサイドマダーケース』は，東野圭吾の有名小説を映画化したミステリーだが，実力のある俳優たちの演技比べが面白い完全な娯楽映画で，青山の作品としては珍しい。また，ドキ

Shinji AOYAMA

1| |2

ュメンタリー『AA』では，間章という即興音楽や民族音楽という一番地味な音楽の流布に，貢献した人物に，光を当てている。

青山真治とカンヌ映画祭

———

『Eureka/ユリイカ』2000
ハイジャックされたバスの運転手とその時乗っていた兄妹のトラウマが，社会の中でどう変化してゆくか，3時間半を超える長編を，全く飽きさせない青山の演出力が，世界的に高く評価された。
［監脚］青山真治［撮］田村正毅［主］役所広司，宮崎あおい／第53回カンヌ国際映画祭国際批評家連盟賞エキュメニック賞

青山真治のフランス作品

———

『赤ずきんと靴跡』2008
パリ近郊の自治体ジュヌヴィリエ国立演劇センターの依頼で，青山が，フランス滞在の数週間で撮り上げた秀作。マカロニ・ウエスタン『群盗荒野を裂く』でカルト的人気のある，コロンビア人俳優L・カステルが，昔の自分の存在理由を探し主人公が尋ねる，ジュヌヴィリエの謎のガレージの主人を演じている。ジュヌヴィリエという町は移民による犯罪が多いので有名だが，

ルー・カステルはその町のボス的な怖さを，出ただけで醸し出す。35分の短編ながら，一本長編を見たような満足感があるのは，流石であり，フランス映画へのオマージュの連続が楽しく，特にセーヌを下るシーンは，ジャン・ヴィゴの傑作『アタラント号』に被っていて美しい。［監脚］青山真治［撮］セバスティアン・ビュシュマン［製］ジュヌヴィリエ国立演劇センター［主］L・カステル，ジュディト・シュムラ

*

1|　『Eureka/ユリイカ』2000，バスジャック事件の生き残り三人が，トラウマと闘う……長時間ながら映画もヒット。青山の出世作となった。
2|　『共喰い』2013，話題の小説の神髄を見事に摑んでいる青山の直球勝負の映画。昭和という時代を描き切っている。

II

河瀬直美

Naomi KAWASE
1969–

　日本映画が，ＴＶにその娯楽の座を追われて，その後，辿った衰退の最大の原因は国の文化政策にある。映画文化を娯楽という枠でしか捉えず，それをあまり援助しようとしなかった事を云っているのである。フランスでも，アンリ・ラングロワの例を持ち出すまでもなく公と映画人の闘いが，世の認識を勝ち取ってきた歴史を見る時，日本の映画人の連帯のなさ，国の対応の遅さを考えざるを得ない（最近は少し変っては来たようだが）。それは，映画作りのシステムの違いからも，意識の違いからも来ているのだが，それにしても日本アカデミー賞というアカデミー賞の二番煎じの名称を見る度に，ため息がこぼれてしまう。どちらにしてもフランスのカンヌ映画際は，よくぞ70年以降の衰退する日本映画を，時に励まし，時にはおだてて，随分助けてくれたものだと思う。大島渚も，今村昌平もカンヌが無かったらどうなっていた事だろう。ましてや小栗康平，北野武，等，日本映画最盛期から，はずれて登場して来た監督にとってカンヌ映画祭は，大きな目標大きな登竜門としてかけがえのないものであったし，又，今もあり続けている。

　河瀬直美という独特の個性を持つ映像作家は，まさに，この映画祭によって生まれて育てられた。1997年カメラドールを取った『萌の朱雀』は，河瀬本人は，もとより多くの若手映像作家を力づけた。又，『萌の朱雀』と同じ村を舞台に"土地に足をつける"を身をもって示しながら撮り上げた『殯の森』は，2007年見事にカンヌ映画祭の銀賞にあたるグランプリに輝き，改めて映画の作り方，オリジナリティの大切さを，日本映画界に教えてくれたと云える。残念ながら，出る釘は打たれるの例え通りなのか，日本では，映画の出来よりも彼女の独特のフランスへのアピールが嫌いだと公言するアンチが，沢山いる。これが，彼女の映画の評価に関わっているとは，言いたくないのだが。日本では，監督は裏方であり，カンヌ映画祭で主演女優より目立つ彼女の様な在り方は，何かと言われるものなのだ（実際，彼女の映画に出た一部の女優にも言われている）。

　最も，当の本人は，気にすることは無い。フランスでは自己主張が強く，目立たなくてはやってはいけない。何しろ彼女は，カンヌの子供なのだ。

<u>Naomi KAWASE</u>

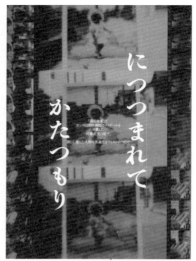

河瀬は2009年第62回カンヌ映画祭で，映画祭に貢献した事で"金の馬車賞"を，2013年第66回映画祭では，審査委員に選出されている。2015年カンヌ映画祭のある視点賞のオープニングを飾った『あん』は，メジャーの俳優を使いこなした秀作であった。素人を多用していた河瀬が，俳優に演技をさせて，というより演技が出来る俳優で作った映画は，これまでの彼女には見られない商業映画となり，観客の幅を広げた。フランスでも，日本でも，一般観客に好評だったのは喜ばしい事である。

2016年第69回目のカンヌでは，短編コンペと学生への映画基金審査の2部門の審査委員長の席に河瀬がいた。カンヌの子供から，すっかりカンヌの大人になった彼女が，これからどんな映画を作るのか注目していたい。

河瀬直美の日仏合作作品とカンヌ映画祭
――

『萌の朱雀』1997
奈良県山奥，緑濃い吉野村に住む一家族に起きた悲劇を，写し撮った秀作。ノイローゼになる父親以外は，全部オーディションで選ばれた素人が演じている。セリフよりも田村正毅のカメラがセリフであり，ドキュメンタリーを見ているような緊張感がある。音声が悪いのも，気にならなくなるほど，演出家の視線が，シンプルでブレがなく，そういえば，いつの間にか我々は，映画に種類を設けてそこ

＊

1 ｜ 『萌の朱雀』1997，インディーズの枠から河瀬が飛び出したモニュメンタルな映画。河瀬は，カンヌに足を向けては眠らない。
2 ｜ 『かたつまり』1997，『につつまれて』に続く，自身のルーツを探すドキュメント。感動よりそのカメラ＝メス的，妥協の無さに，驚嘆。

に縛られてしまっていた事に気付かされる。[監脚]河瀬直美[撮]田村正毅[主]國村隼,尾野真千子/第50回カンヌ国際映画祭カメラ・ドール（新人監督賞）

『殯の森』2007
やはり奈良県の山奥で撮影された,痴呆が始まった老人と介護士との,触れ合いを描く映画。素人を使った老人役も,大人の女優になった『萌の朱雀』の尾野真千子も,ぴったりのはまり役であり,映画として見て『萌の朱雀』から10年,監督としての成長著しいのはわかるのだが,ある意味で,意図して創った素朴な料理のような,したたかさが,気になった。カンヌではまたまた評価され,グランプリを受賞している。[監脚製]河瀬直美[撮]中野英世[主]うだしげき,尾野真千子/第60回カンヌ国際映画祭グランプリ

『二つ目の窓』2014（日仏西）
奄美大島を舞台に,16歳の少年と少女を中心にそれぞれの家族,人間の営みを詩的に描いている。子供たちと大人の俳優の演技の違いが,ドキュメンタリー色の強い映像の中で,くっきりとして,その分好き嫌いが分かれる映画である。[監脚]河瀬直美[撮]山崎裕[主]村上虹郎,吉永淳

[製]青木竹彦,澤田正道他

『あん』2015（日独仏）
河瀬が,方向を変えたまたはその幅を見せた作品。非常に分かりやすく,一般受けする感動編である。ひょんな事から,どら焼きを作ることになった男が,出会うあんづくりの老婆との物語。日本では,河瀬作品とは無縁の,シニア世代を集める事に成功した。[監脚]河瀬直美[原]ドリアン助川[撮]穐山茂樹[主]樹木希林,永瀬正敏[製]福島更一郎,大山義人→Ⅲ補39（日俳優）

*

3 | 『二つ目の窓』2014,奄美大島で撮影された春のめざめ。河瀬は"私の最高傑作"と言い切る。男性監督はまずこんな事は言えない。

4 | 『あん』2015,俳優も呆れるほど,多量のフィルムを回し,それを削いで作られた,"あん"の様に,練られた秀作。

Naomi KAWASE

深田晃司

Koji FUKADA
1980-

『ざくろ屋敷』を初めて見た時に，大変な新人が出てきたと思った。その時若干26才の深田晃司の映画は，バルザックの小説を，約70枚のテンペラ画に描きそれを，淡々と映しながらドラマ展開していく作品である。まずアニメ世代的なエンターテイメントに慣れた目には，一見古臭い，しかし実は非常に斬新な手法に驚かされた。この映画を支える一番大切な画があったからという思いもあったが，実は深田自身にそれらを呼び込み包むもっと大きな才がある事は，次の作品『東京人間喜劇』(2008)，『歓待』(2010)で直ぐに，我々は知る事となった。

深田は，映画美学校（フィクション・コース）で劇映画の基礎を学び，そのあと劇団青年団の演出部に所属した。学性の頃からその才能は注目されていたが，周囲の期待に違わず，演劇で培った演出力を映画にどんどん活かしていった。

『東京人間喜劇』でも，少し劇団くさいという特色を除けば，その脚本も，演出も並みの者にはできない自然な癒し感が感じられた。それがロメールに共通するものだと証明して見せたのが，『ほとりの逎子』(2013)である。この作品は，第35回ナント国際映画祭でグランプリを獲得したが，それも納得の瑞々しい映画であった。

彼は青年団の座付きでそこの役者しか使わないのかと思っていたが，この作品で，軽くその懸念を払しょくして，『歓待』より数段大きくなった映画を見せてくれた。

続いた『さようなら』(2015)は，もともとは平田オリザの戯曲で，実際にもロボットが登場する事で，フランスでも好評だった芝居を，深田が映画にしたものである。下手をすると観念劇になりそうなストーリーだが，まるでワイエスが蘇った様な，構図と色調で『ざくろ屋敷』のテンペラ画を愛おしむように映像に活かした美意識を，今度は近未来の残酷物語として見せてくれた。深田は，美術に関して非常に教養のある人だと思う。

2016年『淵に立つ』は，深田にとって初めての日仏合作映画で，ポストプロダクション（主に撮影後の作業）をフランスで行った。この事は，映画にニュアンスを与え，作品により深みを与えている。この作品は，これまでが集大成されたような

1|　　　　　　　　　　　　　　　　　　　　　　　　　　　　　|2

秀作で，ミステリアスな"家族の不条理"が，見るものを身近な迷路に誘い込む。
何度も深田と組んでいる撮影の根岸憲一も貢献しているが，何より監督の優しい
一貫した作家姿勢は，十分な演出力と，のびしろがまだまだある事を感じさせる。
深田は，日本映画のこれからを担うまぎれもない一人である。

**深田晃司の日仏合作品とカ
ンヌ映画祭**
──
『ざくろ屋敷』2006
2008 KINOTAYO 映画祭新人
賞→Ⅰ05（バルザック）
『ほとりの遡子 Au revoir l'
été』2013（日米）
第35回ナント三大陸映画祭

グランプリ＆若い審査員賞
→Ⅱ23（ロメール）
『淵に立つ』2016（日仏）
ある田舎町の，板金工場の一
家を襲う悲劇。運命的なある
男の出現により家族それぞれ
の個の不条理が，むき出しに
なり，深い人間の淵に佇むこ
とになる。パゾリーニの『テ

オレマ』を彷彿とさせる，重
い主題が，ストレートに胸を
打ち余韻を残す。明らかにス
テップアップした深田のエポ
ック作品。[監脚編]深田晃司
[撮]根岸憲一[主]浅野忠信，
筒井真理子，古舘寛治／第69
回カンヌ映画祭（2016）"ある
視点"審査員賞

*

1｜　『歓待』2010，劇団俳優の類似性の嫌味が，ここでは見事に一色に家庭が占拠されるリアティの源になっている。
2｜　『淵に立つ』2016，映画作家として成長著しい深田の秀作。ミステリアスにして思索的な映画は，作家の幅の広
　　さを語っている。

Koji FUKADA

日活ロマンポルノの発展

神代辰巳, 田中登, 石井隆

Tatsumi KUMASHIRO 1927–1995, Noboru TANAKA 1937–2006,
Takashi ISHII 1946–

　一般の日本人観光客はあまり知らなかったが, ピガールに, エロティズム博物館なるものがあった。確かに表通りとはいえ, あやしげな界隈に建っていたのだが, その内容と展示には, フランスのエスプリが溢れていて案外楽しめる場所だった。そこには日本の枕絵の類も, 世界中の春画と一緒に展示されていて, その繊細さと独自性が際立っている。フランスでは, エロティックな映画も枕絵同様にかなりカテゴライズされていて, 日本のその種のものはピンク映画と総称されている。日本のエロティック映画には, 大雑把ではあるが, 戦後すぐスタートしたピンク映画又はエロ映画と多くの映画人を排出した日活ロマンポルノそれに対抗した東映ポルノの3つがある。この3つの中で, フランスでは, 日活ロマンポルノが, 良く知られていて, 映画特集が何度も組まれ, その度に観客でいっぱいになる。DVDは, 思った程には売れず, 発売出来なかったものもあるらしいが, 神代辰巳, 田中登, 石井隆等の代表作は, FNACの店頭で探すのは難しい事ではない。

　神代辰巳は, 松竹, 日活で長い助監督としてのキャリアがあり, 日活映画『かぶりつき人生』(1968) でデビューした時は, 既に40才を過ぎていた。日本映画が一番力の有った時代, 多くの年下の仲間達が, 監督としてデビューしていく様を, どんな思いで見ていたのか, 表現者としては, さぞ辛い時代であったろう。そしてやっと監督に昇進出来た『かぶりつき人生』は小品ながらストリッパーの哀感漂う佳作だったのだが, 興行成績が悪く, 神代は, その後4年間本編を撮れなかった。その間ほとんど日本最初の映画会社である日活は斜陽の一途を辿り, 1971年には, 完全に一般作は製作しない, "日活ロマンポルノ"と名づけたピンク映画専門の映画会社に変貌していた。しかし神代にとってはここから監督の声がかかりはじめ, 『濡れた唇』(1972), 『濡れた欲情』(1972), 大島渚『愛のコリーダ』に多大な影響を与えた『四畳半襖の裏張り』(1973) と初期の日活ロマンポルノの代表作を連作し, ただのピンク映画とは違う彼独特の映画世界を打ち立てていった。ロマンポルノ以外の一般作でも, 『青春の蹉跌』(1974), 『もどり川』(1983), 『棒の哀しみ』(1994) 等の優秀作があるが, 何と云っても1979年に監督した『赫い髪の女』

1│　　　　　　　　　　　　　　　　　　　　　　　　　　　　　　│2

は，大変な傑作で有り，彼の代表作として，世界的に知られている。

　田中登は，『花弁のしずく』(1972) でデビューした。その後『(秘) 女郎責め地獄』(1973) あたりから，独特のデカダンスと斬新な演出で際立ちはじめ，その後監督2年目にして1974年には『(秘) 色情めす市場』『実録阿部定』という日本映画史に残る2本の代表作を発表している。その後も『屋根裏の散歩者』(1976)，『美人乱舞・責める』(1977)，『女教師』(1977)，『人妻暴行致死事件』(1978) と秀作を連打した。他にも，研究に足る作品が多く，今後益々重要な監督となるだろう。

　神代の一世代後の田中，その又一世代後輩に当たる石井隆は，紛れも無く，日活ロマンポルノの薫陶を受けた監督である。石井は，最初劇画家として「天使のはらわた」で世に出た。そのかたわら自作劇画の『天使のはらわた赤い教室』(1979) で神代に並ぶ大物監督曽根中生に脚本を書き，才能を発揮，その後，田中登，池田敏春，中原俊，相米慎二……といったロマンポルノ生え抜きの優秀監督の脚本を書いてその実力を磨いた。そして1988年『天使のはらわた赤い眩暈』で遂に監督となった。石井はその後めざましい発展をとげたが，一貫してエロスとバイオレンスにこだわるその姿勢は，今は亡き先輩，神代や田中が乗り移ったかのように見える。『天使のはらわた』は，映画の題を変えても，彼の中では，シリーズであ

　　　　　　　　　　　　　　　　　　・

1│　『赫い髪の女』1979，感動的な性愛劇。人間が良く描けていて，日活ポルノの中でしか出来なかったと思わせる
　　傑作。
2│　『(秘) 色情めす市場』1974，西成の最底辺の売春婦を描いた傑作。危険地帯の撮影は，スタッフを労働者に扮装
　　させてガードしたという。

日活ロマンポルノの発展

り，ヒロインは決まって土屋名美という名前で登場する。石井の評価も作品も次第にスケールアップし，『ヌードの夜』(1993) あたりからは，国際的注目を浴びる様になり，石井の今後にかかる期待は大きい。

ところで多くのロマンポルノ関係の監督たちには，文学部出身の監督が多い。中でも藤田敏八，長谷部安春，西村昭五郎の作品群には，フランス文学や映画の影響が色濃い作品がいくつもあり，実際に藤田はラクロ「危険な関係」，長谷部はマルロー「春の自殺者」，西村はラディゲ「肉体の悪魔」を，それぞれ映画化している。

2016年は日活ロマンポルノ誕生から45周年で，新たに気鋭の5人の日本人監督 (塩田明彦，白石和彌，園子音，中田秀夫，行定勲) が，ロマンポルノへのオマージュを込めて5本の新ロマンポルノを監督した。これは，低予算で作れる極めて安易な発想で出発した日活ロマンポルノが，実は，映画学校でもあったという歴史の評価が，固まった証である。実際，国際映画祭にまで出品出来る程になった新ロマンポルノを神代たち先人は，祝福してくれるに違いない。

末尾だが又日活以外でも，ピンク映画を経て秀作を世に出した監督は多い。中でも，滝田洋二郎 (『おくりびと』2008)，高橋伴明 (『TATTOO あり』1982)，周防正行

・

3 ｜ 『エロティクな関係』1978，日活アクション映画を支えた，長谷部のロマンポルノ。仏文科出身の拘りが，この作品を選んでいる。
4 ｜ 『ダブル・ベッド』1983，同じく仏文科出身藤田の秀作。心中した全共闘時代の友人の葬式から始まる監督自身の時代映し絵。儚い。

II

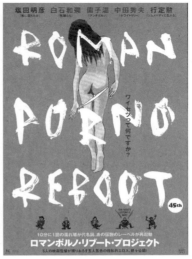

5 | | 6

（『Shall we ダンス？』1996）の 3 人は，本来別枠で書くべき監督たちである。

石井隆のフランスロケ作品
──

『花と蛇 2／パリ・静子』2005
2005 年に製作された『花と蛇 2』は，団鬼六「花と蛇」の新解釈版で，2004 年の『花と蛇 1』と共に 2 作とも妖艶な杉本彩が主演している。両作とも監督は石井隆で，この種の物ではメジャー感がある。杉本がマスコミに度々登場して，彼女が女性にも人気がある事で，普通なら男性客ばかりの観客に，女性が混ざって

いた事が話題になった。『エマニュエル夫人』程，極端ではなかったが，この現象は面白い。『花と蛇 2』は，ＳＭにパリという女性好みの背景をつけて，杉本が在仏の日本人画家とからむ話である。パリ市内，モンマルトル，バンドーム，シャンゼリゼ等が風景として流れるが，夜のシーンが多い。主人公が訪れる人間オークションの会場としては郊外の城が選ばれているが，オークション・シーンはセッ

トである。石井隆の頭にはキューブリックの『アイズ ワイド シャット』があったらしく，見る側にもあきらかにそれが感じられる。又，この作品で驚かされたのはメーキングＤＶＤからゲームソフトまで作ってしまった相乗りの商魂で，ＳＭの鞭まで売り出しそうな勢いであった。［監脚］石井隆［撮］柳田裕男，小松高志［主］杉本彩，遠藤憲一→Ⅰ32（発禁本）

          *

5 | 　『花と蛇 2／パリ・静子』2005，緊縛パリ地獄。一度縛られてしまったら，サーカスポルノの技でも，解けません。
6 | 　『ROMANPORNO REBOOT』2016-2017，10 分に一回のエロ場面，その心は，客の目的。映画ギプスをはめた 5 人の監督の四畳半腕比べ腕磨き。

日活ロマンポルノの発展

日仏合作作品往来

　日仏の最初の合作映画は，1956年の『忘れえぬ慕情』である。それから数えて今日までアニメを入れても100本も作られておらず，その内のオムニバス映画は，幾つかの国の作品を一本に集めただけというものである。100％フランス資本の日本映画，逆に100％日本資本のフランス映画となるともっと少なくなる。資本100％の作品も，日仏合作のイニシアティブも日本の方が多めなのは，バブル経済と呼ばれた（1985–1991頃まで）の時代があったからである。日仏の合作映画が，多いと言えないのは，日仏の合作の映画協定が結ばれていないことが大きい。フランスは多くの国と合作協定を結んでいて，何度も日本に呼びかけているが，日本側にそれに呼応する機関がない。フランスでは，協定が結ばれている国との合作映画には多くの優遇措置がある。例えば，現場スタッフで外国人の使用が，半分以上でも構わないし，フランス語のみの映画にしなくても良い。経済面でも，他の自国のみの映画よりずっと，援助金が受けられる可能性が高くなる。フランス人は，日本人に比べて倹約的だといっても，映画への助成金は，その件数も金額も日本よりずっと豊かだし，しかも歴史がある。映画の製作は，その金策が大変なのは洋の東西を問わないが，映画＝娯楽の考えがどうしてもぬぐえない日本は，国家の援助（最近は文化庁の国際共同製作映画支援事業から助成金が出る場合がある）も実績主義で，著名な国際的監督以外の新人では，受けにくい。ましてや娯楽性の低いアート作品には企業でも，なかなか金は出さない。

　アジアでは，例えば，中国や韓国では，フランスと映画協定を結び，日本などに比べて合作映画がずっと製作し易い状況になっている。

　それでも，世界がボーダーレスになり，状況が変化して，日仏の合作も少しずつ増えてゆく傾向にある。映画の資本の集め方も，随分変化した。ネット基金も日常的になり，それが，宣伝も兼ねるわけで今後のグローバル化には拍車がかかっている。

　取り上げた作品は，ロケ作品の項目同様，他の項目に在る場合，重複を避けるために，リストを付けさせていただいた。日仏以外の3ヶ国以上の国との複雑な合作映画，特にドキュメンタリー作品に関しては，気になる作品のみを取り上げてある。

◇ 日仏合作映画（一部多国合作含む）
—
『二十歳の恋』1962/1963公開／ピエール・ルスタン（企製）（日仏伊独波）オムニバス
フランス人プロデューサー，P・ルスタンによって企画製作された，5ヶ国の若者たちの恋をオムニバスにした意欲作。フランスはトリュフォー，イタリアはレンツォ・ロッセリーニ，ドイツはマックス・オフュルス，ポーランドはアンジェイ・ワイダ，日本では石原慎太郎という，若手監督の起用で，意欲的な作品になっていた。当時，日本では，合作のオムニバス映画というもの自体が珍しかったが，トリュフォー，ワイダの作品が評判が良く，特にトリュフォー篇は『アントワーヌとコレット』というタイトルで切り離され，名画座等で度々公開された。日本編を監督した石原慎太郎は，後に政治家になるが，小説家として1956年に発表した「太陽の季節」が，大ベストセラーになり，映画化されて社会現象を起こした。
フランス篇[監脚]フランソワ・トリュフォー[撮]ラウール・クタール[主]ジャン=ピエール・レオ，マリー=フランソワ・ピジエ
イタリア篇[監脚]レンツォ・ロッセリーニ[撮]マリオ・モントゥーリ[主]エレオノラ・ロッシ=ドラゴ，ジェロニモ・メニエル

日本篇[監脚]石原慎太郎[撮]林田重男[主]古畑弘二，田村奈己
ドイツ篇[監脚]マルセル・オフュルス[撮]ウォルフガング・ウォルト[主]バーバラ・フレー，クリスチャン・デルマー
ポーランド篇[監]アンジェイ・ワイダ[脚]イエジー・スタヴィンスキー[撮]イエジー・リップマン[主]ズビグニエフ・チブルスキー，バルバラ・ラス
『世界詐欺物語』1964
ピエール・ルスタン（企製）（日仏伊蘭）オムニバス
『二十歳の恋』に続いた国際オムニバス映画で，同じピエール・ルスタンにより日本，フランス，イタリア，オランダの4ヶ国合作で企画製作された。今回もC・シャブロル，R・ポランスキー，U・グレゴッティ，J=L・ゴダール，堀川弘通という豪華な布陣であった。公開時，ゴダールのモロッコ篇『立派な詐欺師』がカットされ4作品のみの上映となった。4話の中ではR・ポラスキー篇の評判が良く，日本篇は堀川がメガフォンをとったが，特筆する出来ではなかった。日本篇に主役の浜美枝は，1960年にデビューした。スタイルが良く，バタくさい顔で演技のカンが良く，日本映画界では貴重なタイプであった。その後東宝で一時代を作り，1967年には『007は二度死ぬ』でボンドガール

として登場，増々期待されたが1970年に引退してしまった。ゴダールが彼女を気に入っていた話は有名で，『恋人のいる時間』に出る話があったらしいが，彼女は東宝専属であったし，その頃の日本で，ラブシーンばかりの『恋人のいる時間』は過激すぎたのかもしれない。この作品も『二十歳の恋』と同じく，まとめて見る事は不可能でDVD化もされていない。
日本篇《Tokyo》[監]堀川弘通[脚]菊島隆三[撮]中井朝一[主]浜美枝，三津田健
イタリア篇《Naples》[監脚]ウーゴ・グレゴレッティ[撮]トニーノ・デリ・コーリ[主]ガブリエラ・ジョルジェーリ，グイド・ジョゼッポーネ
フランス篇《Paris》[監]クロード・シャブロル[脚]C・シャブロル，ポール・ジェゴッフ[撮]ジャン・ラビエ[主]カトリーヌ・ドヌーヴ，ジャン=ピエール・カッセル
オランダ篇《Amsterdam》[監]ロマン・ポランスキー[撮]イエジー・リップマン[主]ニコル・カレン，ヤン・トイリングス
モロッコ篇《Marrakech》[監脚]ジャン=リュック・ゴダール[撮]ラウル・クタール[主]ジーン・セバーグ，シャルル・デネール
『十五才の未亡人たち』1965（日仏伊加／日本未公開）
『思春期』というタイトルでカナダ国立フィルム・ボードが企画した，4カ国の監督に

よるオムニバス映画。現在は、バラバラにされて一本では見られない。

『マリー＝フランスとヴェロニック』

［監］ジャン・ルーシュ［主］マリー＝フランス・ドゥ・シャバネ，ヴェロニック・デュヴァル

『ジュヌヴィエーヴ』

［監］ミッシェル・ブロー［主］ジュヌヴィエーヴ・ビジョルド

『フィアメッタ』

［監脚］ジャン・ヴィットリオ・バルディ［主］ミカエラ・エスドラ

『白い朝』

［監］勅使河原宏［脚］阿部公房［主］入江美樹

『Merci』1988（日仏）

フランス文化省の助成金を得て津田道夫が，パリを舞台に監督した短編映画。仏文学の教授が，日本語教師としてパリにやってくる。パン屋のおかみに冷たくされる話は，なかなか面白かったのだが，ＴＶ放映のみで，劇場公開はされなかった。津田は，その後も 1999 年に『Le 13 juillet』（南仏とパリを舞台に田舎の町長がてんてこ舞いする短編），2002 年に『Non merci』（パリの日本支社長が日仏社員の板挟みで苦悩する短編）を，南仏とパリを舞台に撮っている。3編とも，知名度のある俳優を主役に据え，しかも作品が良質なのにも関わらず一般上映はほとんどされなかった。［監脚］津田道夫［撮］

ジャン・ゴネ［主］藤田敏八［制］Gallix

『Le 13 juillet』1999（日仏）

［監脚］津田道夫［主］ヨシ笠田［撮］ジャン・ゴネ［制］KMT

『Non merci』2002（日仏）

［監脚］津田道夫［主］小林薫［制］KMT

『フィガロ・ストーリー（Keep It for Yourself）』1991（日仏米）

日本のバブル時代（1985–1991頃），日産は従来にないフォルムのおしゃれな限定車を何度か発売して成功した。その日産が，まさにバブル期の終りに駆け込む様に発売したのがフィガロであった。モーツァルトの歌劇からその名を取った4人の乗りの車は色も中間色で美しくあっという間に完売したという。そのフィガロの広告として，日産のイメージアップとして製作されたのが，この「フィガロ・ストーリー」である。パリ，東京，ニューヨークの3都市を舞台に当時気鋭の3人の監督がのびのびと自由に撮っている。3本とも必ずフィガロが登場するが，ほとんど宣伝くさくなく3人の監督の云いたい事が，ストレートに伝わる標準以上の作品となっている。その後，この映画がまるで最後の打ち上げ花火だった如く，日産の業績は，どんどん悪化し，1993年にルノーとの合併後はカスロス・ゴーンという強力なキャラクター

にマスコミの話題が集中し，この車も，その前のBIも，今ではすっかり忘れ去られてしまった。ゴーン氏はフランス人ではないが，やはりルノーの代表としてフランスのイメージが強い。独特の忘れ難いマスクと実行力で，日本の一般人にもフランスの実業家のステレオタイプとして，しっかり定着する事になった。

パリ編［監脚撮］アレハンドロ・アグレスティ［制］キース・カサンダー他［主］ゲリー・ボーヴェン

東京編［監脚］林海象［撮影］長田勇市［制］柘植靖司［主］堂野雅子

ニューヨーク編［監脚］クレール・ドニ［撮］アニエス・ゴダール［主］ジェームス・シェイマス［主］サラ・ドライバー

『ピアニスト』1991（日仏）

『KEIKO』でデビューした，カナダ人監督クロード・ガニオンによる日仏合作映画。デビュー作はATGが配給し，日本映画監督協会から初めて外国人に新人賞が与えられた。1979年の事である。その後彼はカナダと第二の故郷（妻が日本人）日本を往来しながら，作家性の高い映画をコンスタントに創り続けている。この映画は日仏の合作で，アン・アイルランドの「A Certain Mr.TAKAHASHI」を原作にしている。二人の性格の違う姉妹が，隣に引っ越してきた日本人ピアニストに二人共に魅かれる。どろどろした内容な

のだが、ガニオンはあっさりした佳作に仕上げている。姉妹を演じた俳優が国際的なスターだったら違った興業になったかもしれない。ピアニスト役の奥田瑛二は、監督としても非凡な才能があり、『長い散歩』(2006)では、モントリオール映画祭のグランプリに輝いている。[監脚]クロード・ガニオン[撮]シルヴァン・ブロウル[主]ゲイル・トラヴァース[製]ユリ・ヨシムラ=ガニオン、C・ガニオン

『夢の涯てまでも』1991（米日独仏豪）

構想13年撮影1年以上……巨大な船のようなこの映画は、嬉しくなるほど、映画的な要素が散りばめられている。ヴェニス〜パリ〜ベルリン〜リスボン〜モスクワ〜北京〜東京〜サンフランシスコ〜オーストラリア〜移り変わる場所を追うだけで世界一周旅行の様である。登場する俳優も豪華で、日本からもほんの1シーンだが、三宅邦子や笠智衆が登場する。笠は、漢方の名医となり、主人公の眼病を治す象徴的な役である。（しかし名医が、薬の袋に数字を書くのは、マジックペンではなく、絶対に筆の筈である。この映画にはそういった無配慮な粗さが結構あり、監督の疲れやスタッフのほころびが時々むきだしになる。この映画の製作は、何度も暗礁に乗り上げたが、アメリカ側ジョナサン・タプリンとフラ

ンス側アナトール・ドーマンが粘り強く頑張った。そして、日本電通が縁の下で支えて、日本放送協会NHKがハイビジョン撮影で後押しした。映画少年ヴェンダースの夢が世界中を巻き込んだ、まさしく映画の夢を、夢の涯てまでも追いかけていった記念碑である。[監脚]ヴィム・ヴェンダース[撮]ロビー・ミューラー[主]ウィリアム・ハート[製作]ジョナサン・タプリン、アナトール・ドーマン

『サム・サフィ』1992（日仏）

ヴィルジニ・テヴネは『エリザとエリック』（公開1988)で、注目された。一見してコクトーへのオマージュ、80年代版『恐るべき子供たち』は、パリが舞台で、しかもアートがテーマである。丁度バブル期真最中のアート好きスノブやおしゃれな若者達に支持された。いわゆるハリウッド映画には見られないような小味なセンスの良い映画は、フランス映画の得意とするところだが、その中でもテヴネの作品は、女性特有のデリケートな映像で、可愛い映画として好感を持って迎えられた。日仏合作『サム・サフィ』は、1992年に製作され日本でもその年に公開された。日本側は資金的にフォローしただけで、内容にはほとんど口を出さず、テヴネが、やりたいように撮っている。風俗映画として清涼飲料の様な映画。[監脚]ヴィルジニ・テヴ

ネ[撮]ジャン=フランソワ・ロバン[主]オーレ・アッティカ、フィリップ・バートレット[製]ミシェル・プロペール

『クライング・フリーマン』1995（日仏）

海外で1000万部を売った人気コミックである。原作は「子連れ狼」で有名な小池一夫、作画を池上遼一が担当した。雑誌「ヤング・ジャンプ」に連載中から人気があり、アニメ化後映画化された。ロボトミーでプロの殺し屋、しかしわずかに残った良心なのか、何故か人を殺すと涙が流れてしまう。ベッソンの『ニキータ』を連想させるプロットなのだが、こちらの方が数年早く発表されている。映画の方は東映Vシネマ（VIDEO）の特別版として製作され、クリストフ・ガンズが監督した。製作はアメリカが中心で、主演はマーク・ダカスコス、その他日本の俳優が共演した。フランスでは大ヒットしたが、日本では劇場公開はされたがヒットしなかった。[監]クリストフ・ガンズ[脚]C・ガンズ、ティエリー・カザル[撮]トーマス・バースティン[主]マーク・ダカスコス、加藤雅也、島田陽子[製]一瀬隆重、ヴィクター・アディーダ

『モレク神』1999（露独日伊仏）

キリスト教圏で悪魔とされる“モレク”とヒットラーを重ねるソクーロフ映画。ピクニックの場面意外は、ほとんど靄の立ち込めた城の中の話であ

日仏合作作品往来

り，そこでごく普通の人間ヒットラーとその取り巻きが幻の様な会話を繰り返す。5ヵ国の合作で中に独日伊の大戦中同盟国であった三国が関連しているのも興味深い。[監]アレクサンドル・ソクーロフ[脚]コーリー・アラボフ[主]エレオーナ・ルファー，レオニード・モズゴヴォイ[製]トマス・クフツ，V・セルゲーエフ

『浮世物語』 2001（日仏）

アラン・エスカルはNTTのCM等で日本の広告業界では，良く知られたインフォグラファーである。この作品は35分の短編ながら，コンピューターグラフィックスの技術＋彼の資質が良く表れた作品である。原爆が投下された広島の風景と，室町，平安の戦とが時代を超えて映画上でMIXされている。海外では，評価されたようだが，日本人にとっては，作品が観念的すぎるし，登場人物の衣装や時代考証等いくつもの疑問が残る。[監脚]アラン・エスカル[撮]浜口文幸[主]大橋可也[製]MISTRAL FILM

『地球で最後のふたり』 2003（泰日仏蘭星）

タイの日本文化会館に務める男とセーラー服パブで働くタイ女が主人公で，男はヤクザな兄の犯罪に巻き込まれ，女は妹を事故で亡くしている。一見よくありがちなストーリー（日本人は散々アジアを舞台にしたヤクザ抗争劇を見てきている）だが，クリストフ

ァー・ドイルのカメラが素晴らしく，二人の男女の寂しさが映像からジワーッと伝わってくる。ラッタナルーンは，今や国際的だが，独特のポエジーをもつ彼の映画作品を今後も見続けたい。[監]ペンエーグ・ラッタナルーン[脚本]P・ラッタナルーン，プラープダー・ユン[撮]クリストファー・ドイル[主]浅野忠信[製]ノンスィー・ニミブット，ドゥアンガモル・リムチャルーン，バウター・バレンドレクト

『美しき運命の傷痕』 2005（仏伊白日）

クシシェトフ・キェシロフスキの遺稿原案を，ダニス・タノヴィッチが監督した映画。父を亡くした家族，母と3人の娘が抱える苦悩と自殺した父の事件の真相が，じっくりと描かれている。人間の心の闇を，巧みに描いた作品だが，テーマが，どこまでも重く，そのままで終わってゆく。せめて，日本題の陳腐さを何とかして欲しい。[監]ダニス・タノヴィッチ[脚]クシシュトフ・ピエシェヴィッチ[脚色]D・タノヴィッチ[撮]ローラン・ダイヤン[主]エマニュエル・ベアール，マリー・ジラン[製]マルク・バシェット，チェドミール・コラール

『パッセンジャー』 2005（仏加日）

ファッションカメラマンでもある，F・ロトゲールの初映

画監督作品。少々ひとりよがりな展開はあるが，魅力の詰まった映画である。日本の海岸やカナダの雪景色が特に美しかった。幼な馴染みの恋人たちが，ヤクザがらみの金の行方探しに，巻き込まれてしまう。日本の俳優が頑張っていた。[監脚]フランソワ・ロトゲール[撮]ジョルジュ・ルシャプトワ[主]伊勢谷友介，金子久美[製]トム・デルクール

『シルク』 2007（加仏伊英日）

アレッサンドロ・バリッコの「絹」をカナダのフランソワ・ジラールが監督した，5ヶ国合作映画。19世紀，リヨンの絹商人たちが，フランスの蚕が病気でほぼ全滅し，その代わりにと日本の蚕に目をつけ一人の男を送り出したという実話冒険譚に感動的な愛がからむ大作。日本側衣装を黒澤和子が担当。[監]フランソワ・ジラール[脚]F・ジラール，マイケル・ゴーディング[音]坂本龍一[主]マイケル・ピット，キーラ・ナイトレイ，役所広司，中谷美紀[製]ニヴ・フィッチマン，ドメニコ・プロカッチ他

『TOKYO!』 2008（仏日独韓）

2000年代輩出した，優秀な映画監督の中でも，とりわけ輝いている3人の世界的監督が，取り上げたTOKYOをテーマにした，オムニバス映画。第1話（インテリア・デザイン）→Ⅱ（ゴンドリー）第2話（メルド）→Ⅱ（カラッ

クス）
第3話（シェイキング東京）
[監脚]ポン・ジュノ [撮]福本
淳 [主]香川照之＆蒼井優
『友川カズキ　花々の過失』
2009（仏日）
多くのミュジーシャンの写真
家として知られるヴィンセン
ト・ムーンのドキュメンタリ
ー。日本のフォーク・シンガ
ー友川カズキの稀な存在に注
目したところが面白い。[監
撮]ヴィンセント・ムーン [脚]
V・ムーン，テレサ・イーガス
[製]V・ムーン，小池直人
『ライク・サムワン・イン・ラ
ブ』2012（日仏）
エラ・フィッツジェラルドの
名曲をタイトルにした秀作。
アッバス・キアロスタミの映
画を初めて見た日本人も多か
った。ほんの一部なのだが，
ネットで製作費を募集したの
も話題になったが，大ヒット
とはいかなかった。日本の縮
図が炙り出される様な素晴ら
しいシナリオで（毎日紙を渡
されたという），しかもよく
俳優がそれに応えていた。こ
の作品の成功は配役の秀逸さ
にもあるだろう。[監脚]アッ
バス・キアロスタミ [撮]柳島
克己 [主]奥野匡，高梨臨 [製]
堀越謙三，ナタナエル・カル
ミッツ
『Flare』2013（日仏）
日本で食いつぶしてしまった
フランス人のカメラマンと偶
然出会った少女の物語。援助
交際他日本のティーンエイジ
ャーの問題が物語の伏線であ

り複雑に見えるが，実はかな
り解り易い父娘物語である。
日本語とフランス語と英語が
ポンポン入り混じり，その度
に字幕が出てくる。全編三カ
国語がこれほど入り混じった
作品としては成功している。
出てくる女たちが，強烈な女
ばかりで，日本女性に大和撫
子のイメージを持つ外国人に
是非見せたい。
[監脚]大塚祐吉 [撮]ロビン・
エントレンジー [主]福田麻
由子 [製総指揮]太代眞裕
『TOKYO FANTSY』2014
2010年にデビューした日本
の音楽グループ SEKAI NO
OWARI の，ドキュメンタリ
ー映画。多少演出じみた部分
もあるが，過不足なくドキュ
メントされている。[監]ラ
ファエル・フリードマン [撮]マー
シャル・シュメルツ [主]SEKAI
NO OWARI [製]TOKYO
FANTASY FILM PARTNERS
（東宝，他）
『Les Invisibles』2014（仏）
フランスを拠点に活動する日
本人映像作家畑明広の中編。
フランス原発で働き始めた若
者の物語で，今のフランスの
若者の苦悩が画面から滲みで
ている。福島原発事故で脚本
を大幅に変えたという。ドキ
ュメンタリーを好み社会的視
線を持つ畑は，今後の作品も
続々実現中で，目が離せない
存在である。[監]畑明広 [脚]
畑明広，オリヴィエ・ドュマ
ンジェル [主]セザール・ドン
ボワ [製]クリスティ・モリア

『千年の一滴　だし しょうゆ』
2015（日仏）
知る人ぞ知る柴田昌平の優れ
たドキュメンタリー。ここで
は，和食の基本である，だし
としょうゆの秘密を探りなが
ら，日本人が自然の中で，食
とどう向き合ってきたかを鮮
やかな映像で物語る。[監]柴
田昌平 [製]大兼久由美
『バンコクナイツ』2016（日仏
泰）
監督の富田には，そのアジア
の多くの問題を見つめている
暖かな視線が感じられ，それ
がこの作品を味わい深い秀作
にしている。不器用に愛し合
う主人公たち，タイのタニヤ
通りの娼婦と元自衛隊員（富
田自身）と，同じ目線で映画
が作られていて3時間超を飽
きさせない。タイ北部イサー
ンの音楽が，効果的に使用さ
れている。[監]富田克也 [脚]
富田克也，相澤虎之助 [主]ス
ベンジャ・ポンコン，富田克
也 [製]空族＋（クラウドファ
ンディング）2016年ロカルノ
映画祭 若手審査員グランプ
リ
『エンドレス・ポエトリー』
2016（智仏日）
『リアリティのダンス』(2013)
の続編にあたる自伝的作品
で，ネットで資金を集めなが
ら作り上げられた。異端の作
家と言われるチリ出身のホド
ロフスキーは，パリでドゥ
クルーのマイム学校の門を叩
き，その後マルソーの作品も
共作しており特別にフランス

日仏合作作品往来

との縁は深い。日本でもカルト的な人気がある。[監脚]アレハンドロ・ホドロフスキー[主演]アダン・ホドロフスキー[撮]クリストファー・ドイル[製](クラウドファンディング)

補資料
1『忘れえぬ慕情』1956→Ⅱ24（シャンピ）
2『二十四時間の情事』1959→Ⅱ28（レネ）
3『スパイ・ゾルゲ』1961→Ⅱ24（シャンピ）
4『二十歳の恋』1962 オムニバス→（本項）
5『世界詐欺物語』1964 オムニバス→（本項）
6『十五才の未亡人たち』1965 オムニバス→（本項）
7『レッドサン』1971→Ⅲ28（三船）
8『妖精の詩』1971→Ⅱ64（羽仁）
9『愛のコリーダ』1976→Ⅱ66（大島）
10『愛の亡霊』1978→Ⅱ66（大島）
11『ベルサイユのばら』1979→Ⅱ33（ドゥミ）
12『草迷宮』1979→Ⅱ68（寺山）
13『上海異人娼館』1980→Ⅱ68（寺山）
14『乱』1985→Ⅱ53（黒澤）
15『A・K』1985→Ⅱ25（マルケル）
16『17才』1985→Ⅱ30（ブルギニョン）
17『パーキング』1985→Ⅱ33

（ドゥミ）
18『想い出を売る店』1985→Ⅳ19（クレイダーマン）
19『トーキョー・メロディー（Tokyo Melody）』1985→Ⅳ39（坂本）
20『マックス，モン・アムール』1986→Ⅱ66（大島）
21『Merci』1988→（本項）
22『フィガロ・ストーリー』1991（オムニバス）→Ⅱ40（ドゥミ）
23『夢の涯てまでも』1991→（本項）
24『サム・サフィ』1992→（本項）
25『クライング・フリーマン』1996→（本項）
26『Tokyo Eyes』1998→Ⅱ41（リモザン）
27『クリミナル・ラヴァーズ』1999→Ⅱ46（オゾン）
28『ポーラX』1999→Ⅱ44（カラックス）
29『ゴーストドッグ』1999→1補40（古典）
30『モレク神』1999→（本項）
31『Le 13 juillet』1999→（本項）
32『ガーゴイル』2001→Ⅱ40（ドゥニ）
33『浮世物語』2001→（本項）
34『Wasabi』2001→Ⅱベッソン→Ⅲ08（レノ）
35『Non merci』2002→（本項）
36『地球で最後のふたり』2003→（本項）
37『不完全なふたり』2005→Ⅱ75（諏訪）
38『美しき運命の傷痕』2005→（本項）

39『パッセンジャー』2005→（本項）
40『殯の森』2007→Ⅱ78（河瀬）
41『シルク』2007→Ⅱ章（本項）
42『TOKYO!』2008（オムニバス）→（本項），Ⅱ44（カラックス）Ⅱ45（ゴンドリー）
43『赤ずきんと足跡』2008→Ⅱ77（青山）
44『友川カズキ 花々の過失』2009→（本項）
45『ユキとニナ』2009→Ⅱ75（諏訪）
46『ライク・サムワン・イン・ラブ』2012→（本項）
47『Flare』2013→（本項）
48『TOKYO FANTASY』2014→（本項）
49『Les Invisibles』2014→（本項）
50『二つ目の窓』2014→Ⅱ78（河瀬）
51『千年の一滴 だし しょうゆ』2015→（本項）
52『岸辺の旅』2015→Ⅱ74（黒沢）
53『FOUJITA』2015→Ⅱ71（小栗）
54『ダゲレオタイプの女』2015→Ⅱ74（黒沢）
55『バンコクナイツ』2016→（本項）
56『エンドレス・ポエトリー』2016→（本項）
57『レッドタートル ある島の物語』2016→Ⅱ70（宮崎＆高畑）

日仏ロケ往来

カメラで切り取られた異国の風景は、撮影する人の意図と感性を映して、なおあまりある情報を我々に届けてくれる。例えばコンスタン・ジレルなどに映された明治の日本の映像は、日本人ならたいていの人が感じる心の原風景であるし、ルネ・クレールの映し出した古きパリの景色は、理屈なしに思わずこみ上げるノスタルジーにあふれている。海外ロケのある作品は、映画の価値に異国の記録の資料的価値がプラスされる。海外旅行が日常になった今日でも予算がかかるのが海外でのロケである。

現在は、景色だけを撮影し、後の人物は画像処理ではめ込んだりする事もよくある。大幅な撮影費の軽減になるので、カメラマンどころか監督までも現地のコーディネイターにまかせ、丸投げ撮影の海外ロケ作品も、現れてきた。一般的に空気感というものは一番正直で、何となく誤魔化しても解ってしまうものだ。同じ景色、同じ機材でも、撮る人によって当然違うが、最もそんな事はどうでも良かったり、かえって現地のスタッフの方が優秀だったりする場合もある。　ロケ作品というのは、経費が高くつくという事もあり、その数は意外に少ない。劇映画としては、日本からのフランスロケが約50本、フランスからの日本ロケが30本といったところだろう。そのうちには作品によって、例えばゴダールの『アルファビル』の様に、他の理由で来日した時に、軽く手持ちカメラで撮ってしまった部分を挿入している作品もある。又、ドキュメンタリーは、とても全部は調べきれなかったが、劇場公開された作品、重要と思える作品に関しては、なるべくリストに入れる様にした。

◇日本ロケのあるフランス映画（合作含む）
——

『カミカゼ』1961
真珠湾攻撃から広島まで、第二次世界大戦の日本を、「カミカゼ」を軸にして制作された。ディアマン・ベルジェはプロデューサーとしても有名だが、日本では知られていない。この映画はアメリカ軍が押収した、日本のニュース映画を使用し編集されたドキュメンタリーだが、東宝の映画作品までもがその中に紛れ込み1962年に公開された日本版は相当に、編集を必要とされた。しかし、フランスでの「カミカゼ」のイメージ普及に、大いに影響した作品である。[監] アンリ・ディアマン＝ベルジェ [脚] ペリー・ウォ

ルフ
『太陽にかける橋』1961（米仏）
日本人外交官の妻となったアメリカ女性の物語。第二次大戦をはさみ大きく揺れた日米間の架け橋に、自らなろうとした人間愛をハリウッド的に映画化した国際大作である。スタッフはフランス系が多いが、美術は戦前から活躍した大ベテラン水谷浩が担当して

いる。撮影は京都を中心に行われたが，作品自体は，日本の描き方に問題が多く評判が悪かった。なお外交官役のジェームス・繁田は，歌手としてデビュー後，ハリウッドで俳優として活躍したハワイの日系移民の二世である。[監]エチエンヌ・ペリエ[原]グウエン・寺崎[脚]チャールズ・カーフマン[撮]マルセル・ウエイス[美]水谷浩[音]ジョルジュ・オーリック[主]キャロル・ベーカー，ジェームス・繁田

『Rififi à Tokyo』1963

ジャック・ドレイが，日本に長期ロケした銀行泥棒映画。東京の銀行をフランスのプロ泥棒が狙うという設定も面白いし，娯楽映画としても水準以上だが，日本では劇場公開はされず本国のＤＶＤにも大幅編集の跡が見られる。日本でも『東京騒動』の名でマニアの間では知られている。ボス役のシャルル・ヴァネルが流石の演技を見せる。主役のカール・ボームと岸惠子が歩き回るオリンピック前の東京の風景が，美しい。[監督]ジャック・ドレイ[脚]ロドルフ・モーリスアルロ，ジャック・ドレイ[撮]ジャン・シャルバン[主]シャルル・ヴァネル，カールハインツ・ボーム，岸惠子

『鹿島パラダイス』1972

鹿島は資本主義のパラダイスだ，この言葉の持つ重みは，この映画が製作された時より現在の方が重い。1973年サドゥール賞を取った本作は，二人のフランス人に撮られた優秀なドキュメンタリーで，当時の高度成長期の日本の矛盾がじっくり写されている。日本では正式に公開されていないが，今こそ見なくてはならない傑作である。[監脚]ベニー・デスワルト，ヤン・ル・マッソン[撮]ヤン・ル・マッソン/ドキュメンタリー

『SEVEN NIGHTS IN JAPAN』1976 (英仏)

イギリスの皇太子がおしのびで日本を訪れ，暗殺団に狙われながらも，はとバスのガイドと激しい恋におちるという『ローマの休日』の東京版。監督が007シリーズでも有名なL・ギルバート。彼は，この映画の10年前には『007は二度死ぬ』で日本を舞台にしているし，撮影も日本をよく知るアンリ・ドカが担当しているのだが，場面のつなぎが滅茶苦茶で，日本での公開は無かった。しかしアジアでは売れた作品で主演の青木英美，その後タイ映画にも主演している。[監]ルイス・ギルバート[脚]クリストファー・ウッド[撮]アンリ・ドカ[主]マイケル・ヨーク，青木英美

『鱒』1982

日本では一般には知られていない秀作。(ロージーのファンは多く，日仏会館等で非定期に見る機会もあり割合映画ファンには知られている。)物語の1/2位は日本ロケで占められている。鱒の養殖場で育った女が，男を利用しながらも男には囚われない，つるつると魚の様に生きる様をI・ユペールが演じている。多くの人物が登場し，主人公を含め相当に病んでいる様に見えるが，ロージーの描写は，それぞれをしっかり捉え描ききっている。フランスではヴィル＝ダヴレーを中心に，日本では東京や京都で撮影されている。東京，新宿のゴールデン街等珍しい処も出てくるが，I・ユペール扮する主人公たちが宿泊する高級ホテルの，畳の部屋に靴のまま出入りするシーンは，異文化を示したいのか，この主人公の無知をしめしたいのか，違和感を覚えた。日本でついに一般公開されなかったのはこの辺の理由によるのかも知れない。山形勲をはじめ，日本人俳優も数人登場している。ディスコのシーンでは，この映画にも大協力した故名物女実業家大屋政子がチラリと出て来たりして，バブル経済の頃の日本が透かし見える。[監]ジョゼフ・ロージー[原]ロジェ・ヴァイヤン[脚本]モニーク・ランジェ，J・ロージー[撮]アンリ・アルカン[主]イザベル・ユペール，ジャン＝ピエール・カッセル

『デーモンラヴァー』2002

成人向けのグロポルノサイトを巡るスパイ映画のようなサスペンス映画。アイデア技術はあるが資金が足りない日

本のアニメ制作会社を巡って、企業同士の争いが面白く描かれていた。俳優を含めアメリカ人や日本人が沢山登場する。アサヤスは、香港スターのマギー・チャンと結婚した事でも有名だが、映画作家として2000年頃から円熟が見られ、日本での興業的ヒットはないものの、この『デーモンラヴァー』あたりからは、ほとんど全部の作品が公開されるようになった。[監脚]オリヴィエ・アサヤス[撮]ドニ・ルノワール[主]コニー・ニールセン、シャルル・ベルリング

『トウキョウ　アンダーグラウンド/STRATOPHERE GIRL』2004（独伊英瑞蘭仏）
日本の漫画をこよなく愛し、自らも漫画を描く18才のドイツの少女が、卒業のパーティでDJをしていた日本人に恋をして、就職を蹴っていきなり日本に来てしまう。生活の為に夜の外人クラブのホステスになるが、彼女は、そこで消えた先輩のホステスの謎を見つけ、漫画に描き始める。東京六本木を主体に、夜のトウキョウが、映像的に捉えられている。中心はドイツだが、多くの国が少しずつ参加している。映画的にはミステリアスな雰囲気だけが重く、作品は平板に終わっている。[監脚]M・X・オバーブ[撮]MICHAEL MIEKE/[主]クロエ・ウィンケル

『地球で最後のふたり』2008
ほとんどが、タイ、バンコク
やその近郊で撮影されているが、最後に日本の大阪、道頓堀界隈が登場する。→Ⅱ補81（作品）

『エンター・ザ・ボイド』2009
寡作だが問題作で知られる、アルゼンチン出身のギャスパー・ノエの作品。舞台は東京・新宿、セックスとドラッグの街、典型的不良外人の主人公は、麻薬ディラーだが、警官が射殺され、魂だけが浮遊し続ける。ほとんどその主人公から見た、感じた映像で、カットの切れ目が感じられない。SFXピエール・ブファも、テクニックを駆使し、結果観客自体が、ドラッグ中毒のような、生理的なヴァーチャル感にあふれている。フランスでは、極端な不入りで、映画の途中で退場する人が目立った。作り物ながら最後の相当にリアルな、子宮と精虫との描写には、かなり笑い出す人が見受けられた。[監脚]ギャスパー・ノエ[撮]ブノワ・デビエ[主]サナニエル・ブラウン、パス・デ・ラ・ウエルタ、丹野雅仁

『メモリーズ・コーナー』2011（仏加）
阪神淡路大震災から15年を経て、来日したフランス人ジャーナリストと日本の通訳、彼らが出会う地震で生きる目的を失くした男。三者の思いが交錯する。
若きオードレイ・フーシェが、映画学校時代にコンクール入賞し温めていた作品。神戸と
淡路島で主に撮影された。[監脚]オードレイ・フーシェ[撮]ニコラ・ゴラン[主]デボラ・フランソワ、西島秀俊、阿部寛

『ビヨンドザブラッド』2012
AU-DELÀ DU SANG
妻を殺されたあるサラリーマンが、銃を手にいれようと訪れたヤクザの事務所で、レイプされかけの女子高生を救う。いかにも日本のVシネマにありそうな展開と演出。一般公開はされなかった。[監脚]ギヨーム・トーヴロン[撮]Mitsuhiro FUJIHARA[主]小野孝弘、吉田真理

『Tu seras sumo / 辛抱』2013
柔道家になりたかった旭川の18才の少年拓也は、相撲の大島部屋へ入門する。"この家にお前の居場所はない"と、厳しい父親に云われ田舎を後にし東京に出て来る。そして遂に現役力士になる旭大星のドキュメンタリー。日本の国技でありながら相撲の横綱は、ほとんどが外国人、そんな厳しい現実も考えさせられる佳作である。監督のジルは女性ならではのしなやかさで内部に入り込む撮影に成功しているが、ともかく北海道から東京まで一年に渡る大変な労作で邦題『辛抱』は監督のジルにも言えるのではとも思える。[監撮]ジル・クーロン[主]大串拓也（旭大星）/日本未公開）

『KOKORO-心』2016（白仏蘭）

日仏ロケ往来

死んだ兄が愛した日本の果て
へ，兄の面影を探して旅発つ
主婦。彼女はそこで，自分を
見つけ，心の安定と生きる勇
気をもらう。オリヴィエ・アダ
ンの原作では，北陸だった
が，約2年をかけてロケハン
され隠岐が，選ばれ効果を上
げている。[監]ヴァンジャ・
アルカンタラ[原]オリヴィエ・
アダン[主]イザベル・カレ，
國村準

◇日本ロケのあるフランス映
画資料（一部ドキュメンタリ
ー及び合作映画）
—

1『C・ジレルとG・ヴェー
ルによるドキュメンタリー』
1897~1898→Ⅱ01（ジレル＆
ヴェール）

2『忘れえぬ慕情』1956→Ⅱ
24（シャンピ）

3『カミカゼ』1961→（本項）

4『太陽にかける橋』1961→
（本項）

5『Rififi à TOKYO（東京騒
動）』1963→（本項）

6『不思議なクミコ』1964→
Ⅱ25（マルケル）

7『アルファビル』1965→Ⅱ
31（ゴダール）

8『鹿島パラダイス』1972→
（本項）

9『SEVEN NIGHTS IN JA-
PAN』1976→（本項）

10『サン・ソレイユ』1982→
Ⅱ25（マルケル）

11『鱒』1982→（本項）

12『夢の涯てまでも』1991→
Ⅱ補81（作品）

13『Otaku』1994→Ⅱ39（ベ
ネックス）

14『Tokyo Eyes』1998→Ⅱ
41（リモザン）

15『Wasabi』2001→Ⅱ43（ベ
ッソン）Ⅲ（レノ）

16『Young Yakuza』2008→
Ⅱ41（リモザン）

17『ご縁玉』2008→Ⅱ補81
（作品）

18『畏れ慄いて』2002→Ⅰ補
41（文学者）

19『デーモンラヴァー』2002→
（本項）

20『地球で最後のふたり』
2003→（本項），Ⅱ補81（作
品）

21『トウキョウアンダーグラ
ウンド』2004→（本項）

22『パッセンジャー』2005→
Ⅱ補81（作品）

23『シルク』2007→Ⅱ補81（作
品）

24『TOKYO!』2008→Ⅱ（44
カラックス＆45）
ゴンドリー）

25『陰獣』2008→Ⅰ35（乱歩）

26『エンター・ザ・ボイド』
2009→（本項）

27『黒蜥蜴を探して』2010→
Ⅲ補39（日本俳優）

28『メモリーズ・コーナー』
2011→（本項）

29『ビヨンドザブラッド』
2012→（本項）

30『Tu seras sumo／辛抱』
2013→（本項）

31『Visite à Hokusai』2014→
Ⅱ41（リモザン）

32『東京フィアンセ』2015→
Ⅰ補41（文学者）

33『FOUJITA』2016→Ⅱ71
（小栗）

34『KOKORO−心』2016→本
項

◇フランスロケのある日本映画
—

『世界を賭ける恋』1959
第二次世界大戦後の日本が生
んだ最大の映画スターが石原
裕次郎だ。本作は1959年初
めて日本映画が欧州ロケをし
た作品でもある。『世界を賭
ける恋』は武者小路実篤のベ
ストセラー「愛と死」を下敷
きにした純愛悲恋映画であ
る。SAS（スカンディナビア
航空）との提携なので，場所
を北欧に置き換えたのであろ
う。主人公に建築家で3ヶ月
ヨーロッパに滞在し，ローマ
でビエンナーレに参加し，パ
リやヨーロッパの各都市を見
てまわるという設定である。
パリの部分はセーヌ河やシャ
ンゼリゼ，モンマルトル等，
いわゆる絵ハガキのコースを
主人公が歩くぐらいのものだ
が，それでも行き交う車や人
のファッションに1959年の
パリを感じられる。その頃日
本欧州間は，アラスカで乗り
換えて飛ぶ航路しかなく，し
かも誰でもが自由に外国へ行
ける時代でになかった。持ち
出しの外貨から目的地の宿泊
先まで実に細かく申告しなく
てはならず，第一に，航空運
賃が非常に高かった。[監]滝
沢英輔[脚色]棚田吾郎[撮影]
横山実，山崎善弘[主]石原裕

次郎, 浅丘ルリ子
『裕次郎の欧州駆けある記』
1959
『駆けある記』は、『世界を賭ける恋』の撮影合間に撮った私家版欧州案内のような作品で、いわゆるメーキング（大体そんなものが当時は存在しなかった）とも違う旅行ガイドとして作られている。勿論パリの景色も本編と同じような場所が出てくるが、凄いのは"パリと俺とは似ている"というような歌詞の歌が重なったりする点である。音楽、黛敏郎とある。ちゃんと劇場で公開された作品だが、フィルムが足りなかったか、銀座の映像が入ったりなど、粗末な出来上がりだった。いくら遠い未だ見ぬ国を憧れのスターが案内するとは云っても、こういう作品でもOK、間に合わせでもかまわなかった（当時の映画公開が2本一緒だった）システムと、それでも押すな押すなで映画館に駆けつけた観客の素朴さを思わずにはいられない。[監修主]石原裕次郎

『怪獣総進撃』1969
ヒット作『ゴジラ』の9作目。怪獣ランドから、脱走した怪獣たちに世界の大都市が襲われる怪獣テロが勃発、その操作をしている異星人と国連軍が闘う物語。パリの場面では、凱旋門が、地下から出てきたゴロザウルスによって破壊される。この頃のCGでは処理できず、しかも直接のロケではなく、ミニチュアで作られた凱旋門が出て来る。ニュースでアナウンサーが絶叫するが、バラゴンいう別の怪獣の名を叫んでいて、マニアの間では有名な逸話になっている。[監]本田猪四郎（本編）有川貞昌（特撮）[主]矢崎知己、天本英世

『華やかな女豹』1969
大スター浅丘ルリ子の日活最後の作品。パリに住む日本人のデザイナー役で、亡き父の頼みで、腹違いの妹を見守り助ける為に日本に戻り大活躍する。次から次へと衣裳を変えて、浅丘ルリ子を見せる為の映画を職人江崎実生が監督している。主人公の恋人役が、パリ在住の画商だったり、とにかくやたらとパリが登場するのだが、パリの実景はエッフェル塔やバトームッシューの風景がほんの少し最初に出るだけで、後はほとんどセットと日本の場面である。大看板浅丘の日活最後の作品としては、あまりに粗末な出来上がりで、彼女が可愛そうであると共に、この時既に、映画の黄金時代があきらかに終わっていた事を知らされる。[監]江崎実生[脚]中西隆三、加藤彰[撮]姫田真佐久[主]浅丘ルリ子、二谷英明

『東京↔パリ 青春の条件』1970
歌謡映画というジャンルが日本映画にはあって、70年代の終わり頃まではよく作られていた。つまりヒット曲の知名度を利用した映画の事である。逆に、映画の主題歌からそれがヒットして、というパターンも時々ある。この歌謡映画は小唄映画と呼ばれ戦前からあり、特に第二次世界大戦後は、映画最盛期には、大ヒット曲の数だけと云っていい程作られた。だから80年代の初め頃までの歌謡映画を並べると、日本の歌謡曲のアンソロジーとなるわけである。この『東京↔パリ青春の条件』という映画は、橋幸夫という当時の人気アイドル歌手の曲が、劇の中で唄われ、その他御三家と云われたアイドル男性歌手3人、女性人気歌手らが出演し、若い女の子のファンがキャーキャー騒げる様な作品になっている。話は音楽家の主人公と社長令嬢との恋で、パリと東京が舞台になるが、パリは観光案内のような風景描写が主でフランス人は一人も登場しない。ほとんどのドラマは東京で展開される。[監]斎藤耕一[脚]ジェームス三木、斎藤耕一[撮]竹村博[主]橋幸夫、舟木一夫、西郷輝彦、三田明

『さよならモロッコ』1974
日本の俳優愛川欣也のプライベートフィルム。名画『カサブランカ』や『外人部隊』が好きな愛川は舞台をモロッコに設定し、相手役にクロディーヌ・バードという無名の新人女優を起用している。[監脚]愛川欣也[撮]阿久津悦夫[主]愛川欣也

『エスパイ』1974

小松左京の小説の映画化。エスパーとは超能力者をさすが，この時代まだ珍しかった。当時としては大作で，サンモリッツ（スイス），イスタンブール（トルコ）でのロケがある。シャルルドゴール空港が出て来るが，それ以外フランスのシーンはない。[監]福田純[脚]小川英[撮]上田正治，原一民[主]藤岡弘，由美かおる

『ラスト・コンサート』1976（日伊）

『難病映画』というジャンルがある。それにはブームがあって忘れた頃になると必ず似た様なテーマの作品が作られる。社会学者はどう分析するか解らないが，映画の世界では確かにそういう潮流も流れている。1968年に大ヒットした『クリスマス・ツリー』そしてそれを超えるメガヒット1970年『ある愛の詩』いずれも白血病をテーマにした映画であるが『ラスト・コンサート』はその後1976年に製作された映画である。監督脚本はイタリア人のルイジ・コッツィ，製作は日本とイタリアの合作で，台詞は英語，舞台はフランス（モン・サンミッシェルやパリ）という国際的な映画である。白血病の娘と挫折した中年のピアニストが偶然出会い，男は娘の愛で立ち直りコンサートを成功させるが，娘は病魔に勝てなかったというストーリーである。監督は泣かせるつぼを心得ていて，とにかく後半は泣きっぱなしになる映画である。（イタリア映画では時々こういう号泣させられる映画がある。）最初はB級扱いの映画であったにも関わらずじわじわと評判になり結局相当のヒット作となった。余談だが，難病のものを扱ってもフランス映画では，ここまで泣かせる映画を見たことがない。国民性だと思うが如何なものだろう。[監]ルイジ・コッツィ[脚]L・コッツィ，ミケーレ・デレ・アイエ，ダニエレ・デル・ジュディチェ，ソニア・モルテーニ[撮]ロベルト・デットーレ・ピアッツォーリ[主]リチャード・ジョンソン，パメラ・ヴィロレージ[音]ステルヴィオ・チプリアーニ

『パリの哀愁』1976

人気歌手沢田研二が主演する『パリの哀愁』が制作された時，沢田はフランスでレコードを出す等の音楽活動をしていて，すっかりヨーロッパづいている時であった。彼の役は画学生でC・オージェの人妻と道ならぬ恋に落ちるという話である。しかし画面に映ったのは非常に色っぽい成熟したフランス女と，華奢な日本のアイドル歌手との違和感であった。それは年の差の恋とかいうものと又違う，大人と子供の様な一種の存在感の違いであった。フランス女優はクロディーヌだけではあるまいに，これは完全に製作側のキャスティングミスといわなければならない。パリロケも大体的に行われたこの映画は，その時の沢田の絶大な人気で取り合えずヒットはしたものの，今見返すには少々酷いものがある。日本人は西洋人と比べて実年齢よりずっと若く見える事が失敗の一因だった事が良く解る。[監]出目昌伸[脚]田波靖男，菊島隆三[撮]姫真佐久[主]沢田研二，クロディーヌ・オージェ

『夢・夢のあと』1981

主にモロッコで撮影された映画。世界的デザイナーが，世界的映画監督ではないと酷くけなされた映画で，実際ここまでめちゃくちゃな映画は珍しい。主演のアニセー・アルヴィナはまだ潜在的人気があったし，脚本白坂依志夫，撮影小林節雄，と一流のスタッフにも関わらず，日本ではすぐ上映打ち切りになり，アメリカのグループ，ジャニーの即席サントラだけが残された。[監]高田賢三[脚]白坂依志夫[撮影]小林節雄[主]アニセー・アルヴィナ

『ヨーロッパ特急』1984

大正時代から続いている日本の映画評論誌と東宝とのタイアップで制作された日本経済のバブル期でなければ作れなかったような映画である。ワイラーの『ローマの休日』へのオマージュで，某国のプリンセスがオランダで日本人の鉄道カメラマンと出会い，自分の身を明かさずにアム

ステルダムからパリ，ドーヴィル，ヴェネツィアと逃げ回る。驚かされるのが豪華なゲストで，場面場面で意外なゲストが沢山出演している。ルネ・クレマン，セルジュ・ブルギニヨン，ミレーヌ・ドモンジョ，ジョルジュ・ムスタキ，マリア・シュナイダー，セバスチャン・ジャプリゾ，ダニエル・ブーランジェ！！凄い顔ぶれである。主演のカメラマンは武田鉄矢，王女にはガブリエル・サニエという新人が扮している。武田鉄矢は，日本人の典型の様な人のよさを全身で表現していて，思わずホロッとさせられる処がある。ガブリエル・サニエは，明るく上品な普通っぽさがあり，美人過ぎないのが良かった。勿論，観光映画としての要素もきちんとおさえてあって，フランスではパリ，モンマルトルで大チェイスをやり，あやしげなサンドニも映り，又ドービルでの浜辺の夕景も美しかった。映画としてワイラーと比較するのは野暮というものだが，意外に後味が悪くないのは，きちんと主役の二人の心の触れ合いが描かれているからだろう。なお，この映画はアジアでなかなか人気があるらしい。[監]大原豊[脚]黒井和男，大原豊，[撮]加藤雄大[主]武田鉄矢，ガブリエル・サニエ

『想い出を売る店』1985

ノルマンディーの小さな村にあるという，想い出を売る店を舞台にくり広げられるメルヘン的なラブロマンス。リチャード・クレイダーマンを狂言回しにして，出演者には一人も日本人が登場しない。製作はサンリオで，原作も辻信太郎である。サンリオは1960年に辻が創ったキャラクターグッズで有名な会社であり，映画，出版etc幅広く事業の幅を広げている。キティちゃんは，世界的に有名なキャラクターでフランスでも良く見る事が出来る。この映画のストーリーは，パニョルのマルセイユ3部作の雰囲気があるが，意外にきちんと作られていて，60年代のディズニー劇映画の趣もある。ノルマンディーのエトルタとヴェネツィアを舞台にした身分の違う恋が，クレイダーマンの甘いオリジナル曲で，クリーム付きのケーキ映画の様だ。[監]近藤明男[脚]白坂依志夫[音]リチャード・クレイダーマン[製]辻新太郎(サンリオ)[主]イングリット・エルド，フィリップ・キャロワ

『聖女伝説』1985

バブル期の地上げにからむヤクザの世界を，村川透が演出した和風フレンチ映画。監督の村川は，日活ヌーヴェルヴァーグの薫陶を受け，手持ちカメラの多用などヨーロッパ風な洒落た持ち味を，日本のヤクザ映画に持ち込んだ一人である。主人公の殺し屋が愛する，富豪の娘とフランスに遊ぶシーンがあり，パリや

『太陽にかける橋』1961

『鹿島パラダイス』1972

『Seven days in Japan』1976

『鱒』1982

日仏ロケ往来

パリ近郊にロケされている。[監]村川透[脚]塩田千種[撮]長沼六男[音]フランシス・レイ[主]郷ひろみ,岩下志麻,小野みゆき

『Paris-Dakar 15000 栄光への挑戦』1986

1986年パリ→ダカールをレーシングチームACPを中心に撮ったドキュメンタリー。岬で亡くなった仲間を葬るシーン等少々演出くさいと思う処もあったが,ベルサイユからダカールまでの苛酷なドラマが,丁寧に撮られている。監督の原田眞人は,アメリカを中心に,英語圏で映画修行をし,その間,映画批評を,「キネマ旬報」などに載せていた。フランスと違い,評論家から,映画監督になる例は日本ではそれ程多くはない。原田のデビュー作は『さらば映画の友よ,インディアンサマー』(1979)である。原田の故郷(沼津)を主な舞台にした,映画へのオマージュに満ちた佳作であった。ハワード・ホークスの影響を自ら認める原田の原点がこの映画にはある。彼は,アメリカ映画の日本版の仕事等をしながら,すこしずつ頭角を表し,今では監督として押しも押されぬ位置を占めている。彼の作品は,現実にあった題材を映画にする事が多く,そこから社会派と云われる事も有るが,非常にドラマティックで,どの作品にもアメリカ的な娯楽性に富んでいる。『金融腐蝕列島呪縛』(1999)あたりからスケールアップし,『突入せよ!浅間山荘事件』(2002)『クライマーズハイ』(2008)等の大作を撮る様になった。2012年の『わが母の記』は,新境地を開いた感動作で多くの賞を受賞した。なお,『ラストサムライ』(2003)には,俳優としても出演している。[監脚]原田眞人[撮]鈴木達夫

『オイディプスの刃』1986

赤江瀑原作のミステリー映画。製作が二転三転し,成島監督で実現した。話は山口県下関が舞台で,手にした人を狂わす妖刀伝説を大きな軸にしている。調香をする母と刀剣収集が趣味の父,父母が再婚の為血縁が違う,三人の兄弟が,それぞれ良く描かれている。調香師になった長男が,新婚旅行で出かける南仏グラースにロケをして,有名なラベンダー畑や,行方知らずの三男とすれ違う町中の映像が,使用されている。名カメラマンでもある成島作品らしく,凝ったカメラワークが,随所に見られるが,話の複雑さに振り回された感がある。[監]成島東一郎[原]赤江瀑[脚]中村努,成島東一郎[撮]杉村博章[主]古尾谷雅人

『アラカルトカンパニー』1987

パリの日本人社会は,幾つかの無料情報誌で不用品の売買や求人等を行うのが,ネット社会の今でも一般的である。その中のアナウンスに"便利屋"と呼ばれる,違法な事以外は何でもひきうける人たちがいる。大体は他に兼業の男が一人でやっていたりするが,それこそ水道工事から引っ越しから,と種々雑多,出来る事ならなんでも引き受ける。この映画は,その便利屋をアルバイトとするパリの日本人の若者たちが主人公である。パリを知らない者には観光裏案内の様な面白さと,パリを知った者には共感を覚える部分のある映画で,意外にサラリと仕上がっている。主役は今井美樹,尾美としのり,嶋大輔の3人のアルバイターに,そのボス役で原田芳雄が達者なところを見せる。様々なパリの日本人が登場するが,一番秀逸なのは,もたいまさこのパートである。夫が何処か日本の大企業の海外赴任で仕方なしについて来た,仏語の全く出来ない夫人役である。彼女が仏人のメイドに言葉が使えず,手まねやアーとかウーで指示する場面は爆笑ものである。フランスでは公開されていないようだがパリの日本人の裏話として案外受けるかも知れない。[監督脚本]太田圭[撮]鈴木達夫[主]今井美樹,原田芳雄,尾美としのり

『幻想のパリ』1992

森山周一郎は俳優だが,声優として有名で,特にジャン・ギャバンやテリー・サバラスと言った中年〜老年の渋い役者を担当している。その彼が芸能生活40周年を記念し

て自ら監督した映画。90％以上，主に右岸を中心にパリロケされている。彼は映画監督志望だった様で，これが第一回監督作品である。ほとんど一般では知られず，VIDEO以外見る術はない。内容はデザイナー志望の女の子が，パリで恋をしてだまされて大人になってゆく話に，商社や悪徳フランス人などがからんでくる。フランス映画で日本公開されない作品は，日本又は日本人の描き方に問題ありなのだが，これはさしずめその逆版か？出てくるフランス男は好色で見返りを必ず要求する，典型的な俗物として描かれている。極めて限られた予算で作った為の綻びが見えてしまうが，何といっても主役の演技力に問題があり，純真な娘が大変化する役の巾が広すぎて，特に後半の悪女然とした芝居にはあまりにも無理がある。松代嘉代，中尾彬はプロと思える芝居をしていてこの迷作に花を添えている。［監］森山周一郎［脚］あさだみき［撮］森下謹司［主］大川陽子，松尾嘉代，中尾彬
『バースデイプレゼント』1995
主人公はANAのステュワーデス。失恋して感傷旅行に出かけたパリで，画家といつわる添乗員にナンパされる。タイトルからパリ名物のイラストではじまり（これが一番可愛いらしかった）物語の前章にパリ案内，日本で再開，またまた最後に縁結びの街パリ

が登場する。パリ祭のパレード，花火などが，二人のハッピー・エンディングに重なる。［監］光野道夫［脚］水橋文美江［主］和久井映見，岸谷五郎
『ジョセフ・ロージー四つの名を持つ男』1998
『リング』（1998）の世界的ヒットで，ホラーというと名前が出てくる中田秀夫のドキュメンタリー。中田は英国に映画留学をしていた時期があり，初商業映画『女優霊』（1996）より前に，大好きなロージーの伝記的ドキュメンタリーをイギリスで撮り始めていたという。パリに住むジョセフ・ロージーという監督の，アメリカの赤狩りでヨーロッパに渡らざるをえなかった名匠を，様々なインタビューで浮き彫りにするドキュメンタリーになっている。［監］中田秀夫［撮］マイケル・ロビンス
『黄昏流星群〜星のレストラン〜』2002
1995年から雑誌連載された，中年以上の主人公の心情がテーマの短編劇画のシリーズ。このシリーズは，普段，子供から若者層に多い漫画の世界に新風を吹き込み，多くの層に支持され，ＴＶ化，映画化されている。この映画はその中の一編，フランス料理の伝説の日本人シェフが主人公の物語。フランスで食中毒事件を起こし，それが原因で料理人を止めた男と，別れたフランス人女性との悲恋が話の軸になっている。主演の石橋の

『カミカゼ』1961

『アルファヴィル』1965

『デーモンラヴァー』2002

『シルク』2007

日仏ロケ往来

凄い存在感で，ともすればT Vドラマになりそうな作品を映画の域に引き上げている。[監脚]富田忠文[原]弘兼憲史[主]石橋蓮司，鳥羽潤，アンヌ・ルフォール

『ゴジラ FINAL WARS』2004
世界的人気者になったゴジラ誕生50周年を記念して，28作目に当たる本作は，一応最終版として作られた。最初に田中友幸（プロデューサー），本田猪四郎（監督），円谷英二（特撮）に捧ぐと，3人のゴジラの生みの親へオマージュが捧げられる。内容的には，一種の総集編の様に，いままでの怪獣が沢山登場し，世界中の都市に襲いかかる。パリの場面は，ほんの少しだ，ミニチュアで作られた精巧なセット町並みや，エッフェル塔や，新凱旋門が襲われる。襲う怪獣は，カマキリのお化けのようなカマキラスで，怖いというより，微笑ましい。[監]北村龍平[脚]三村渉[撮]古谷巧[主]松岡昌宏（TOKIO）

『アジアンタムブルー』2006
題名の『アジアンタムブルー』は，ハート型の葉をつける観葉植物で，一時人気があった。この映画は，同名の小説からの映画化で，駆け出しカメラマンの女性が不治の病でその恋をつらぬく相手が，雑誌編集者……というかよくある難病モノである。人気俳優・阿部寛の映画であったが，さして話題にもならず，いつの間にか封切られ忘れられていった。舞台は，東京だが，ニースが二人の恋の最後の想い出の場所として設定してあり，サンピエール礼拝堂，モルト・アルバンそして地中海が美しく撮影されている。撮影には，黒澤明の助監を経て渡仏，日仏間の広告分野で大きな仕事をした嘉村謙一が協力している。[監]藤田明二[脚]神山由美子[撮]北信康[主]阿部寛，松下奈緒

『朱霊たち』2006
フランスを中心に活動する舞踏家岩名雅記による，前衛的モノクロ作品。不思議な城に集まり死を待つ，重い太陽アレルギーの人々。戦後7年目の東京が，ノルマンディの原野や城，小さなセットの中にあらわれて，希少な感覚を呼び起こす。最初に寺山修司の和歌が現れるが，寺山や大野一雄や，70年代の前衛芸術に重なる作者の原体験が，この作品を創られる意味のある映画にしている。[監脚]岩名雅記[撮]パスカル・マラン[主]澤宏，ヴァレンティナ・ミラグリア

『Famille〜フランスパンと私〜』2008
ミシュランの星を例に出すまでもないが，東京のフランス料理は美味しい。それでも特にバゲットの味だけは，大分良くなってはいるが本場にはかなわない。水や粉の違いという人がいるが，日本の湿気と関係しているのだろう。ファミーユというフランス語をタイトルに持つこの映画はまさにそのフランスパンがつなぐ家族愛の物語である。パリで，パン職人を目指す男が妻に死なれてしまい，女の赤ちゃんを棄ててしまう。その児は親のDNAで味覚にすぐれ本物のパン職人を目指す娘に成長した。男は凄腕の金庫破りになっていて，ある情報で盗みに入った家の金庫に自分の棄てた子供の情報をみつけ，びっくりしている処で，その子と鉢合わせしてしまう。結局二人はパリへ向かうのだが。吉川忠雄という監督の処女作であるという。三池崇史の助手だったそうだが，脚本はなかなか面白かったが今一つ調整の悪い残念作であった。パリのシーンはサクレ・クールの寺院の風景から凱旋門，エッフェル塔，セーヌ河，ラセン階段（これは良く使われるショットで，日本人にとってはエキゾチックである）等々定番の風景が写されてゆく。父親が娘の身代りで死ぬラストに非常に無理があり，作品全体に素人臭が残った。[監脚]吉川忠雄[撮]ニホンマツアキヒコ[主]萩原流行，本山由美

『ご縁玉（Goendama）〜パリから大分へ』2008
パリで映像プロダクションを持つ江口方康の作品。病に侵された養護教諭と，ベトナム戦争孤児でフランス人の養子となったチェリストの出会い

から始まるヒューマンな記録。[監]江口方康／ドキュメンタリー

『のだめカンタービレ』2009
女性漫画雑誌から飛び出した大ヒット作品。ＴＶアニメ、ドラマ、そして実写版映画になった。漫画の時から大変な人気で、メディア展開も派手に広がり、ちょっとした"のだめ"ブームとなった。主人公は野田めぐみという天才ピアニストで、ピアノ以外は、掃除も出来ない全く駄目な女の子。彼女の恋する先輩、指揮者の千秋とそれぞれが音楽的に成長しながら恋をはぐくむ音大生のラブストーリーである。二人の成長の、段階で、様々なクラシックがきちんと取り上げられ、この作品の大きな柱になっている。映画版の舞台は、ヨーロッパで、特にパリとプラハで大々的なロケーションが行われた。オーケストラの団員や観客達を除いて主要なキャストは、ＴＶと同じ日本人俳優によって演じられ、場合によっては、つけ鼻やかつらで西洋人になる漫画的手法がとられていた。日本語をしゃべれない外国人の台詞は全部日本語による吹き替えがなされていて、全くこの作品を知らない観客には、非常に奇異に感じる筈だが、逆に良く知るファンが多数存在する事が、この実写版を製作する確信になっていた。実写映画といっても、漫画原作の味を残した作り方が

なされていて、俳優に、無声映画の表現術に似たオーバーアクトの演技をさせ、わざと漫画的にしたＣＧや『ファンタジア』のようなアニメアニメしたキャラも登場させている。その混在の技術の感覚がこの映画の魅力の一つであろう。日本人以外のメインの外国人俳優たちの多くが、日本に滞在している、又は滞在した外国人タレントで固められていて、製作者側の作戦は成功している。フランス・ロケはモン・サンミッシェルの風景なども出るが、基本的にはパリ中心で、後編では日本から応援に来た親友たちにパリ案内をする設定で観光場面も抜かりなく抑えてあった。最後は、ポンデザール（芸術の橋）の上で抱きあう二人で終わるのだが、この撮影時には、現在のような恋成就のジンクスから観光客によってつけられた大量の南京錠は無い。なお、日本ではパリで大評判といわれていたが、これは全く宣伝くさく、一部のオタクに漫画が知られているという事であり、特に映画実写版のフランス公開には至らなかった。[監]（前）武内英樹（後）川村泰祐[脚]衛藤凛[撮]山本英夫[主]上野樹里、玉木宏

『夏の家族』2010
ノルマンディーに愛人と住む舞踏家が主人公。そこへ妻と娘（顔が見えない）が尋ねてくることで起こる波紋と出来

『裕次郎の欧州駆けある記』1959

『青春の条件』1970

『変奏曲』1976

『アラカルトカンパニー』1987

日仏ロケ往来

事。フィクションだがドキュメンタリー的なのは、岩名自身が、主人公に扮している事と素人の舞踏家に演技させていることから来る必然の結果である。ほとんどノルマンディーで撮影されているが、モノクロの画面が印象に残る。[監脚撮]岩名雅記[主]吉岡由美子, 若松萌野

『Ugly』2011

アシッドジャズ風の音楽で始まる、パリでも活躍する半野喜弘が、脚本と音楽を担当し、ミュージッククリップで知られる柿本ケンサクと監督した作品。舞台はパリ、行方不明の腹違いの兄を探す主人公のカメラマンが、犯罪に自然に巻き込まれながら、兄の真実を少しずつ知らされてゆく。主役の窪塚が独特のきらめきを見せ桃生も要の役を熱演している。モンマルトルからのパリの眺めにタイトルが被る出だしから、従来の幾つかのパリもの日本映画とは、一味違うUglyな、空気感が最後まで漂っている。よくあるパリ観光もなく、好みは分かれるだろうが、かなりスタイリッシュな映画である。[監撮]柿本ケンサク, 半野喜弘[脚]半野喜弘[主]窪塚洋介, 桃生亜希子

『その後のふたり』2011

パリと東京に、別れた、ドキュメンタリー作家同士が、再び向き合い、自らを撮ろうとする……パリに住む辻ならではの作品。[監脚主]辻仁成

[主]坂井真紀

『新しい靴を買わなくちゃ』2012

この映画は岩井俊二のプロデュースで北川悦史子が監督をしている。北川はTVの脚本家から映画を撮りだした監督で、3作目のこの作品は何かと難しい海外撮影ロケ作品としては無事クリアしている。主演はアイドル歌手からTV女優として有名になり、映画でも評価された中山美穂で、前夫とパリに暮らした経験がある。話はキャサリン・ヘップバーンの『旅情』の逆版のような短い年下の旅人との恋である。旅人のカメラマンになるのは、若い女子たちに人気のある向井理。二人の出会いのきっかけは、男のパスポートを踏んでしまった主人公が靴を壊していてという出会いのプロットからして、少女マンガ的ではある。パリで独り生きているキャリアガール、年下のイケメン、高級ブランドと靴、勿論パリ観光、日本の女の子にとっての憧れや魅力が全部押えてある。お定まりのパリ観光も主人公をガイドの設定にしてあり、シャンゼリゼからコンコルド広場、セーヌ河下り、凱旋門、エッフェル塔までそれに私のとっておきの店まで飛び出してあまり嫌味になってはいない。彼女の部屋もフランス人の美術が参加していて極めてナチュラルであった。実は難しい観光地映画でもあ

る作品をほろ苦く仕上げてある。大々的にキャンペーンをしたのだが、主役がもう既に少し日本の現状から遠かったのか、行業的には成功しなかった。[監督脚本]北川悦史子[撮]神戸千木[主]中山美穂, 向井理

『うらぎりひめ』2012

文筆家の貌も持つ86才の老舞台女優が主人公。勲章を貰った彼女のドキュメンタリーをとる過程で、様々な時代の資本家に踊らされた日本の欺瞞が、彼女によって告発されてゆく。ノルマンディーをベースに映像を紡ぐ舞踏家岩名雅記の長編第3作目にして力作。[監脚]岩名雅記[脚]たむらまさき[主]たうみあきこ

『万能鑑定士Q〜モナ・リザの瞳〜』2014

天才的美人鑑定士を主人公にした、人気推理小説の映画化で、ここではモナリザの世界巡回展覧会を機会に、絵を盗み出そうとする一味と、その手先に利用される学芸員の話を主軸に鑑定士Qが大活躍する。パリロケが売り物で、狂言回しのライターのパソコンの画面からいきなりオペラの実景に移り、市内観光的ショットが続くが、それ程嫌味ではなく、ルーブル美術館大協力の夜のシーンは美しい。話が、いささか腑に落ちない点もあるし、鑑定士の能力を試験する場面は笑わずにいられないが、娯楽作品として、日本ではそこそこヒット

した。[監] 佐藤信介 [脚] 本宇田学 [撮] 川津太郎 [主] 綾瀬はるか

『きゃりーぱみゅぱみゅシネマ JOHN !』2014

フランスやドイツでもコンサートを成功させた"カワイイ"Ｊポップのアイコン歌手、きゃりーのおとぎ話。彼女は実はロボットだという噂が立ち、きゃりーは自分探しの旅に出る。[監] 桶川敬介 [脚] 松岡雄浩 [主] きゃりーぱみゅぱみゅ

『王妃の館』2015

パリ、ヴォージュ広場の高級ホテル、パヴィヨン・ド・ラ・レーヌに宿泊する特別ツアーを、倒産しかけた日本の旅行会社が昼夜のダブルブッキングで企画するが、その団体旅行者の中には、ルイ14世が題材の歴史小説を書くために訪れた人気小説家も混じっている。裏の主役がルイ14世なので、パリ観光はもちろん、ルーヴルやヴェルサイユ宮殿がふんだんに登場し、パリ旅行のガイドブックの役を果たしそうな映画である。ただ、奇想天外な部分が映像では上滑りして、客受けが悪く興行的には大失敗作となってしまった。[監] 橋本一 [原] 浅田次郎 [脚] 谷口純一郎、国井桂 [音] 佐藤準 [主] 水谷豊、田中麗奈

『HEARO』2015

人気スター木村を主役に、2001年から連続や特別単発編で放映され、平均視聴率が34パーセント以上という記録を作ったＴＶドラマの映画版。映画版としては2度目にあたる今回は、某国大使館員特権を使った麻薬密輸を突き止めるために、主事公の検事とそのチームが立ち上がる。面白いのが、その某国が、"ネストリア公国"という名で、一気に5世紀から権勢を誇ったフランク王国時代の土地名を持ち出し、しかも名物が巨大なソーセージ、ペタンクが何よりのスポーツといういろいろなものがMIXした独立国となっている。公用語は勿論フランス語であり、最後に主人公と補佐官が、現地に行くがそこは、ニースに近いサン・ポール・ド・ヴァンスで、日本映画としては何度も使用された場所になっていた。映画は、チームワークが取れていて娯楽作品としてヒットした。[監] 鈴木雅之 [脚] 福田靖 [主] 木村拓哉、松たか子

『氷の花火』2015

日本のマヌカンとして、世界的に活躍した山口小夜子のドキュメンタリー。パリコレの多くの映像や、デザイナーへのインタビューがパリで為されている。特に、小夜子にとって美学の師匠の一人であったセルジュ・ルタンスのマラケシュでのインタビューは、強いインパクトを残す。監督の松本はファッション系のＴＶディレクターを経て、ドキュメンタリーの監督として女性ならではの切り口で、い

『幻想のパリ』1992

『バースデイプレゼント』1995

『Ugly』2011

『古都』2016

日仏ロケ往来

くつもの力作を残している。
[監]松本貴子[撮]岸田将生/
ドキュメンタリー
『古都』2016
京都を舞台にした川端の原作はこれまでに2度映画化されている。今回は原作の生き別れて巡り合った双子の姉妹のその後の人生が描かれている。双子の妹の娘がパリに画家留学しており，姉の娘も日本文化紹介でパリに訪れ日舞を披露する。京都の鴨川とセーヌ河を常に被らせ，京都で生き別れた姉妹の娘たちがパリで出会うという筋がきには，ロマンがある。
[監]YukiSAITO[原]川端康成[脚]眞武泰徳，梶木恵美，YukiSAITO[撮]豊田実[主]松雪泰子

◇フランスロケのある日本映画資料
—

1『世界を賭ける恋』1959→（本項）
2『裕次郎欧州駆けある記』1959→（本項）
3『さらば夏の光』1968→Ⅱ62（吉田）
4『怪獣総進撃』1968→（本項）
5『栄光への5000キロ』1969Ⅱ63（蔵原）
6『華やかな女豹』1969→（本項）
7『東京 パリ 青春の条件』1970→（本項）
8『愛ふたたび』1971→Ⅱ56（市川）
9『陽は沈み陽は昇る』1973

Ⅱ63（蔵原）
10『さよならモロッコ』1974→（本項）
11『エスパイ』1974→（本項）
12『化石』1975→Ⅱ57（小林）
13『東京 エマニエル夫人』1975→Ⅱ38（ジャカン）
14『ラスト・コンサート』1976→（本項）
15『変奏曲』1976→Ⅱ60（中平）
16『パリの哀愁』1976→（本項）
17『ブルークリスマス』1978→Ⅱ59（岡本）
18『夢・夢のあと』1981→（本項）
19『ヨーロッパ特急』1984→（本項）
20『想い出を売る店』1985→（本項）
21『聖女伝説』1985→（本項）
22『Paris-Dakar 15000　栄光への挑戦』1986→（本項）
23『オイディプスの刃』1986→（本項）
24『アラカルトカンパニー』1987→（本項）
25『海へ』1988→Ⅰ29（ジョバンニ）Ⅱ63（蔵原）
26『愛と幻想のパリ』1992→（本項）
27『エロチックな関係』1992→Ⅱ69（若松孝二）
28『バースデイプレゼント』→（本項）
29『ジョセフ・ロージー四つの名を持つ男』1998→（本項）
30『黄昏流星群〜星のレストラン〜』2002→（本項）
31『東京タワー』2004→Ⅲ15

（ドモンジョ）
32『花と蛇2パリ/静子』2005→Ⅱ80（ロマンポルノ）
33『ゴジラ FINAL WARS』2004→（本項）
34『アジアンタムブルー』2006→（本項）
35『朱霊たち』2006→（本項）
36『Famille 〜 フランスパンと私〜』2008→（本項）
37『ご縁玉（Goendama）』2008→（本項）
38『白夜』2009→Ⅱ73（小林）
39『のだめカンタービレ』2009→（本項）
40『桃色のジャンヌ・ダルク』2009→Ⅰ04（ミシュレ）
41『夏の家族』2010→（本項）
42『Ugly』2011→（本項）
43『その後のふたり』2011→（本項）
44『新しい靴を買わなくちゃ』2012→（本項）
45『うらぎりひめ』2012→（本項）
46『万能鑑定士Q〜モナ・リザの瞳〜』2014→（本項）
47『きゃりーぱみゅぱみゅシネマJOHN!』2014→（本項）
47『王妃の館』2015→（本項）
48『HEARO』2015→（本項）
49『氷の花火』2015→（本項）
50『古都』2016→（本項）

日仏タイトル往来

映画の題名は，興業を左右するばかりか，時には今まで無かった概念を一般に拡げたりする。日本語のタイトルを持つフランス映画とフランス語のタイトルを持つ日本映画を見る事は，両国の関わりが見えてきて面白い。時には，日本語又は他言語とフランス語を混ぜた造語的題名も見受けられ言葉の混血児の様である。昔から使用されている単語の母体（多くのフランス語はラテン語からの，日本語は中国語からの）を知ってはいても，長い歴史をかけて一般化した外来語のオリジナルを特定するのは，かなり難しい。

フランスでも日本でも，20世紀以降の英語の影響は，あまりにも惨く，国を挙げて自国語を守ろうとしているフランスでも，フランス映画なのに英語題を使用するケースも見かける。ましてや，アメリカ化の激しい日本では，日本語の題をつけるのを諦めたか，そのまま結構長い英語タイトルを使っている場合が多くな

ってきた。まだ流石にほとんどがカタカナ表記をされているが，将来それもなくなりアルファベット表記の時代が来るのかもしれない。

フランス映画で，例えば，オタク，ヤクザ，スシ等々の日本を特定する言葉を見つける事はそれほど難しいことではないが，一般的には，日本映画に使用されたフランス語の方の数が圧倒的に多い。フランス語は，聞き慣れない，耳慣れない外来語として，明らかに，おしゃれ感覚又は，ペダンティックな，一般の感性にステレオ的に訴える要素があるようだ。

ここでは，人名や都市名に関しても又，一部ドキュメンタリー作品も，気にかかるものは記載してある。また，日本映画のフランスでの題名，フランス映画の日本語での題名は，そのままの音の通りに使用している例も多く，非常に面白い分野だが，ここでは触れていない。

◇フランス映画で日本語を題名にした映画作品（一部他言語等とのミックスも含む）
―
A　該当作品なし
B
万歳 BANZAI
フランスでは，「天皇陛下万歳」と叫びながら死んで行っ

た若い兵士たちの話を歴史で学ぶという。万歳は，インテリには知られていても，決して腹切りや神風程ポピュラーな言葉ではない。
『Banzai』1983
フランスの国民的コメディアン，コルーシュ（1944–1986）と喜劇映画の雄クロード・ジ

ディが組んだ映画。主人公は，ドジな旅行業者で，恋人はステュワーデス，旅行先でも散々，おばかをやりまくる。日本は登場しないが，何かと言うとBANZAI！と大声でコルーシュが叫び，それだけでも相当に意味がわからないが可笑しい。コルーシュ

は，82年代のフランス大統領
選に出馬しようとして，結局
圧力で取りやめたが，もしか
したら大統領になったかもし
れない程の人気であった。そ
の後「心のレストラン」とい
う，貧しい人々に食事を提供
するボランティアを始め，そ
れはどんどん大きくなり現
在に続いている。コルーシュ
はオートバイ事故で，たった
41才の若さで亡くなったが，
現在でもフランス人にとっ
ては，忘れられない俳優であ
る。[監]クロード・ジディ[脚]
C・ジディ，ディディエ・カミ
ンカ，ミッシェル・ファーブ
ル[主]コルーシュ／日本未公
開

C 該当作品なし

D 該当作品なし

E 該当作品なし

F

藤田 FOUJITA
近代の日本人画家では一番知
られた名前が，FOUJITAである。
『FOUJITA』→Ⅱ71（小栗）

J 該当作品なし

H

広島 HIROSHIMA
実際に被災した土地の人々
は，一時も早く忘れ去りた
い，という気持ちが強い。し
かし，忘れられる災害と，忘
れてはいけない災害がある。
広島はその端的な例である。
フランスでも，広島は原爆の
象徴であり，一大原子力発電
国として，いつも気になる都
市（日本語）である。
『二十四時間の情事』→Ⅱ28

（レネ）

北斎 HOKUSAI
恐らく日本人の画家で，一番
フランスで愛された画家。バ
ルビゾン派，印象派に与えた
美術的影響とドビュッシーな
ど音楽家に与えた影響は，ひ
とくくりにジャポニズムと言
われるが，日本人一般が考え
ているよりもっとずっと重要
な画家として日本を語る時
に，しばしば引用される。
『Visite à Hokusai』2014 →
Ⅱ41（リモザン）

I

陰獣 INJU→Ⅰ35（乱歩）

石原 ISHIWARA
『Général ISHIWARA』2012
石原莞爾は，第一次，第二次
世界大戦の映画に，必ず登場
する重要な軍人だが，単体で
のドキュメンタリーは日本で
は，作られていない。[監]ブ
ルーノ・ビロリ，ポール・ジ
ェンキンス／ドキュメンタリー
／日本未公開

K

神風 KAMIKAZE
鎌倉時代，モンゴルに日本は
2度攻められた事がある。そ
の時，台風（暴風）が吹き荒れ
日本を守ったといった伝説が
ある。神風は，そこからの由
来が一番近いが，フランス人
は，第二次大戦時，神風特攻
隊の神風から，恐れずに突進
すという名詞「カミカーズ」
を，作り出し，一般に使用し
ている。
『Kamikaze-de Pearl Har-
bor à Hiroshima/カミカゼ』

1961（1962日本公開時タイ
トル）[監]アンリ・ディアマ
ン・ベルジェ→Ⅱ補82（ロケ）
『Kamikaze/神風』1986
会社を解雇された，男がとん
でもない機械を発明し，それ
を使ってTVの出演者に復讐
しようとする話。日本でも公
開されたが，二枚目や美女が
出ている訳でもなく，リュッ
ク・ベッソン製作でも，あま
り観客を集める事は出来なか
った。しかしKAMIKAZEを
地で行く主役のミッシェル・
ガラブリュが，歌舞伎の様な
メイクで，日本の国旗を頭に
巻いている様は，恐ろしく強
いインパクトを持っていた。
[監]ディディエ・グルッセ
[脚]ミッシェル・アルベルス
タット[撮]ジャン＝フラン
ソワ・ロバン[主]ミッシェル・
ガラブリュ，リシャール・ボ
ーランジェ

L 該当作品なし

M 該当作品なし

N

長崎 NAGASAKI
ナガサキは，歴史的に見ても，
日本で一番外国と近い都市で
あった。キリスト教の布教の
中心地でもあったが，その歴
史は古く，姉妹都市はノルマ
ンディーのヴォスロール村に
なっている。1868年（明治元
年）長崎（出津）に来日し1914
年に長崎で亡くなったド・ロ
神父は，私財を投げ出して石
版印刷や様々な技術を伝えた
偉人だが，彼がヴォスロール
村出身だった事が，姉妹都市

のなった要因である。

『Typhon sur Nagasaki／忘れえぬ慕情』1956→Ⅱ24（シャンピ）

O

おたく OTAKU

ヨーロッパ社会への、日本アニメの浸透は、永井豪のTVアニメ（グレンダイザー1975–1977）が公開された1978年頃からである。子供達に大人気になった日本のアニメはその後、その子供達が成長した2000年ごろからは、大人の鑑賞に十分耐える宮崎アニメの登場等もあり、巾広い層の支持を得る事になった。OTAKUは、アニメおたくとしてそのアニメや漫画についてきた様な言葉で、その本当のニュアンスも、ベネックスのドキュメンタリー等で知られる様になった。

『Otaku／おたく』1994→Ⅱ39（ベネックス）

P　該当作品なし

Q　該当作品なし

R　該当作品なし

S

サド SADO

あまりにも有名な固有名詞。Sをサドの略号として捉えた時にあまりにも大量の日本映画群に驚かされる。→Ⅰ03（サド）

侍 SAMURAI

侍という言葉は、知られているが、戦後相次いで、日本映画の時代物が公開された事が、その浸透に一役買っている。ただしサムライ＝ハラキ

リと、ステレオ的である。

『Le Samouraï／サムライ』1967
『Samouraïs／サムライ』2002
→Ⅲ補39（日本俳優）

手裏剣 SHURIKEN

NINJYAは子供達のアイドルである。1984年に発売されたアメリカン・コミック「ニンジャ・タートル」は、あっという間に世界的人気となった。手裏剣遊びが広がったのは、この辺りからであろう。現在はゲームが主体で、実際に日本の子供は、手裏剣ごっこをあまりしない。昔は男の子たちが、プラスティックで出来た手裏剣を投げ合う遊びを結構したものである。

『Shuriken School／手裏剣学校』2006（仏西）

日本が舞台の様なのだが、どこなのか一瞬わからなくなる。小児向けヘンテコ忍者漫画アニメ。［監］パスカル・モレリ

相撲 SUMO

フランス人は、子供の頃から体重が増えるのを、親が非常に気にするそうである。その成果なのか、アメリカ人に良く見かける、大肥満の人を見かけた事がない。そういった中で、太った力士がぶつかり合う相撲は、一般フランス人には、ミステリアスなギャグとして映るようである。

『SUMO』2009（イスラエル仏独）

イスラエルで作られたコメディ。イスラエルでは10年に一度の記録的なメガヒットで、

欧米を中心に世界的に話題になった。イスラエルの空港で働く超肥満の調理人が、主人公。彼は、ダイエットセミナーにも通うが、痩せることが出来ず、職も首になるが、日本の相撲を目にしたことから一念発起、肥満仲間を集めて熱心に稽古しコンプレックスも解消し、同じ肥満美女とめでたく結ばれる。俳優は肥満仲間もみな適役で、日本レストランのオーナーで相撲を教授するキタノ役の伊川東吾も渋い。ヤクザと相撲興業が何かありそうな、映画の中になんとなく流れる欧米風の軽い偏見が問題なのか（相撲は日本の国技である）なかなかの娯楽作品でありながら、遂に日本での公開は無かった。
［監］Sharon MAYMON,Erez TADMOR［脚］S・MAYMON, Danny COHEN-SOLAL［主］Itzik COHEN, Irit KAPLAN, 伊川東吾

『Tu seras sumo／辛抱』2013
→Ⅱ補82

寿司 SUSHI

もともと、海辺の地域以外フランス人の一般は生魚を食べる習慣はなかった。例えば日仏合作1956年製作『忘れえぬ慕情』に出演したダニエル・ダリューは、パリから来たデザイナー役で、いわゆる最先端人間なのだが、寿司屋に連れていかれて、びっくりするシーンがある。そして現在では、日本人には考えもつかない、奇妙な寿司もある。アメ

リカで生まれたアボカド入りのカリフォルニア巻きはともかく、チョコレート巻きを見た時は、さすがに驚愕させられた。

『Sushi, Sushi/寿司, 寿司』1991

退屈な日々を送る大学教員が、日本人学生の寿司と日本料理に感動し、SUSHIのテイクアウト会社を企業するが。在仏アーティスト、松尾が起用されたステレオ日本映画。和食ブームの先取り感、好奇心が原初的。[監]ローラン・ペラン[脚]L・ペラン、ミカ・アサヤス、ジャック・フィエッシ、ジェローム・トネール[撮]ドミニック・ル・リゴール[主]アンドレ・デュソリエ、マツオ・ケンタロー

鈴木 SUZUKI

スズキは、日本で一番多い苗字(本当は佐藤で鈴木は2位)とされていた。フランスでは、プッチーニの「蝶々夫人」の女中スズキも知られているが、なんといってもバイクの名前でフランスでは知られた名前である。

『Mr Suzuki/鈴木さん』1959

盗難にあった重要書類を取り戻すために、日本人スパイ鈴木さんが、ヴェルサイユに現れ大活躍するアクション映画。[監]ロベール・ヴェルネー[原]ジャン＝ピエール・コンティ[主]ジャン・ティエルマン

T

東京 TOKYO

東京はパリの姉妹都市でもある。さすがに日本の首都が東京という事は知られているが京都と大阪と東京と、ほとんどの人がその差異を知らないだろう。東京は、一般のフランス人にとって、ミステリアスで、豊かな経済と伝統文化、そしてOTAKUがいる大都市なのである。

『Rififi à Tokyo』1963→II補82(ロケ)

『A tout cœur à Tokyo pour OSS117』1966→II26(ボワロン)

『Tokyo Eyes』1997→II41(リモザン)

『Belleville Tokyo/ベルヴィル・トウキョー』2011(公開2013)

映画論家の夫と映画館務めの妻、ありそうでない面白いプロットの映画。夫の浮気を知り動揺する妻、身勝手な夫、一時はもとに戻ったように見えたが、夫は東京へ出張するといって実際にはベルヴィルで見かけられてしまう。[監脚]エリーズ・ジラール、イザベル・パンダゾプーロス[撮]レナート・ベルタ[主]ヴァレリー・ドンゼッリ

『東京フィアンセ』→I補41(文学者)

U 該当作品なし

V 該当作品なし

W

山葵 WASABI

これも、寿司の流行とくっついて浸透していった言葉。ただし、今でも生わさびは簡単に手に入らず、高級日本料理店でも粉わさびを使用している。パリの場合、酒も醤油も豆腐も、あちこちにある自然食品店で簡単に手に入るが、生わさびだけは、難しい。

『Wasabi』2001→II43(ベッソン)

X 該当作品なし

Y

やくざ YAKUZA

この言葉も、非常に有名で、マフィアよりもっと非情なアウトローとして捉えられている。映画によく出てくる任侠道と暴力団の差異は、ほとんど知られていないが、日本のヤクザ映画は、流血シーンが多くて、という人も多い。もっともその感想は、多くの日本人が、同意するであろう。

『Young Yakuza』2008→II41(リモザン)

吉原 YOSHIWARA

江戸時代から1958年買春禁止法が施行されるまで存在した遊郭の名前で、沢山の映画の舞台になっている。フランスでは、溝口健二の『赤線地帯』(1956)や五社英雄『吉原炎上』(1987)が有名である。

『Yoshiwara』1933→III33(田中)

ゆき(ユキ) YUKI

ユキ、いろいろな書き表し方が有るが、日本女性の名前である。藤田嗣治は3番目のフランス人妻に、ユキという日本名を与え、彼の絵のモデルにしている。

『Yuki et Nina/ユキとニナ』

2009→Ⅱ75（諏訪）
Z　該当作品なし

◇日本映画でフランス語を題名にした映画作品（一部他言語等とのミックスも含む）
—

A
ADIEU　アデュー
さようならの意味。永訣または長い別れの時に使うが、そのニュアンスはあまり知られていない。
『Adieu l' Hiver / 時計』1986
→Ⅳ09（ラヴェル），Ⅳ29（ムスタキ）
A LA CARTE　アラカルト
東京は、ミシュランを持ち出すまでもなく、世界中の料理の、特に、フランス料理は、気軽なビストロから、超高級店まで、ずらりと揃っている。イタリア料理は材料の問題もあり、数ではフレンチよりずっと多いが、フランス料理は、いまだに少し高級感の残っている言葉である。バブルの時代に高級ワインの大ブームがあり、それと一緒にひろがった食文化の言葉の一つとしてアラカルトは、広がっていった。コース料理以外の一品料理という本来の意味が、どこまで正確に伝わっているかは、疑問だが。
『アラカルトカンパニー』1987
→Ⅱ補82（ロケ）
AMANT（E）　アマン
デュラスを映画化したジャン＝ジャック・アノーの『ラマン』は1992年に公開された

が、センセーショナルな内容と話題性で、かなり日本のマスコミでも取り上げられた。だが、冠詞を取ったアマンの方は、1983年に演歌的なデュエット曲の題となり浸透した。日本では、その曲の影響もあってか、アマンという言葉は、公に出来ない情事の相手の認識で、男も女も同様にラマンで、女性名詞につくべき語尾のEがつくかつかない等は無視されている。
『ラマン』2005
ポスターには、L' Amant と書かれているが、主人公は男性ではなく女子高生である。漫画原作だが3人の中年男が、女子校生を共有で愛人にするという、ショッキングな内容である。[監]廣木隆一[脚]七里圭[主演]安藤希
AMOUR　アムール
戦後すぐのエロティックな西洋美術作品集のタイトルに使用されたりしていているが、LOVEほど、一般的な言葉ではない。
『愛 L' amour』1954
井上靖の短編による3話のオムニバス映画。[監]若杉光夫[脚]植草圭之助，古川良範，若杉光夫[主]木村功，有馬稲子
『La Vallée de l' amour/ 恋谷橋』2011
鳥取県の三朝温泉は、ラジウム温泉を利用して古くから湯治の場所として有明である。ラジウムつながりで、南仏のラマルー・レ・バンと姉

妹都市であり、またラジウム発見者キュリー夫人を讃えて、国際広場には、その像が置かれている。La Vallée de l' amour という橋が温泉街の東にあり、それはフランス大使によって命名されたという。この映画は、三朝温泉の全面協力で作られた映画だが、PR映画とみるべきであろう。毎日新聞主催のシナリオコンクールで第一位の賞を取ったという「雨の中の初恋 First Love in the Rain」を原作にしている。物語が、過疎になった故郷に、都会に出ていった若者が何故か戻ってきて、といった類型的な話で、それを打ち破っていくテンポが映画にはない。[監]後藤幸一[脚]井上正子，後藤幸一[原]宮尾卓志「雨の中の初恋 First Love in the Rain」[主]上原多香子
APRES　アプレ
アプレゲールから省略された、アプレが、多用されたのは、第二次大戦後である。戦前では考えられない価値観の若者が増え、彼ら流行や現象など、ひっくるめて、アプレと総称される事が多かった。
『戦後派（アプレ）親爺』1950
戦前から人気のあった落語家にして国民的喜劇スターだった金語楼の主演映画。無一文で終戦を迎えた男が主人公。彼は、体裁上会社の取締役と嘘をついていたが、里に預けた娘は20才になり東京に出てくるという、その嘘を助け

<u>日仏タイトル往来</u>

435

ようとする隣人たちや現在や婦人代議士となった元妻が登場し、騒動がはじまる。多くの金語楼喜劇の様に、彼の人情味を、喜劇の巨匠斎藤寅次朗が、良く生かしている。[監]斉藤寅次朗[脚]悠六介[主]柳家金語楼、月岡千秋、清川虹子

AROMA アロマ

アロマテラピーは、ギリシャ語由来のフランス語で、日本ではアロマセラピーという。アロマは、芳香の、という意味の接頭辞で、独立して使用される事はない。

『ユリ子のアロマ』2010

三十路のアロマテラピストが、ある日ひかれたのは、男子高校生の汗くさい臭い。マニア監督吉田のフェチ映画。[監脚]吉田浩太[主]江口のり子、染谷将太

ATELIER アトリエ

工房の意味でポピュラーに使用される。

『禁断のアトリエ』1993

[監]矢竹正知[脚本]浮舟節子[主]牧村耕治

AU REVOIR オールヴォワール

またあいましょう。さようならの意味。ニュアンスはともかく相当浸透しているフランス語。

『ほとりの遡子 Au revoir l'été』2013

Au revoir に l'été をつけて"夏よさようなら"の意味にいろいろ含ませた深田晃司の極めてロメール的作品。→II 23（ロメール），II 79（深田）

AVANT-GARDE アバンギャルド

前衛芸術の意味で流通。

『アバンギャルド〜恋のキャラメル〜』2005

若手監督たちのデジタルオムニバス『MOVIE HUSTLE』の一編。歯科医に恋した女の子。悩み相談役のウエイトレスが主人公。[監脚]斉藤玲子[主]高橋マリ子

AVEC アベック

アベックこの言葉は、本来の〜と一緒にという意味よりも、一般的には男女の二人ずれを指す。

『こんなアベック見たことない』1954

隣同士で犬猿の仲の親を持つ恋人たちを中心にしたドタバタ結婚騒動。[監]小松原力[脚]根津八郎[主]星ひかる、八木沢敏

『Avec mon mari / アベック・モン・マリ』1999→II 23（ロメール）

『アベック・パンチ』2011

人気漫画原作の映画化。アベックという架空の格闘技が登場する。[監]古澤健[脚]杉原憲明、古澤健[主]牧田哲也、鉄之助

AVENTURE アバンチュール

日本語でアバンチュールを使う場合、冒険というよりも、恋の火遊びのニュアンスで使用される。

『タイム・アバンチュール絶頂5秒前』1986

『バック・トゥ・ザ・フューチャー』が公開されてから、日本映画にも、タイムマシーンの登場する映画が、何本も作られるようになった。この映画もタイトルだけでは、支離滅裂だが取り敢えずタイム・マシンが話の軸になっている。会社勤務のOLが主人公で、オナニーで、絶頂に達すると、ラジオの周波数と連動して、タイムトリップしてしまうという話。その後『おくりびと』で、アカデミー外国賞を取った滝田の日活ロマンポルノ時代の珍作。会社の規約通りに10分か15分ごとに、セックスシーンが入っているが、あまりにも荒唐無稽な話で、あの手この手の映像遊びで楽しんでいる節が見受けられる。[監]滝田洋二郎[脚]高木功[主]田中こずえ

B

BALLADE バラード

フランスの詩形としてよりも、ポピュラーソングのゆっくりとしたテンポの楽曲をいう。カラオケの発達した日本では、良く登場する言葉である。

『霧のバラード』1969

当時人気のあった時代劇の栗塚主演にした人情やくざ映画。[監]梅津明治郎[脚]長谷川公之[主]栗塚旭、佐藤友美

BALLET バレエ

バレエと書いて、クラシックバレエを意味する。日本のバレエ人口は、決して少なくはない。大戦後、経済的に日本が立ち直り始めた時に、ピアノとバレエは、中流家庭の子

供の習い事として，急激な広がりを見せた。その後何度か，流行を繰り返している。

『バレットバレエ』1998

『鉄男』等で海外の評価も高い塚本晋也作品。恋人をピストル自殺で失った男が，のたうつ様に生き急ぐ様が，画面から伝わってくる。フランス等で先に公開され，日本では2000年に公開された。[監脚]塚本晋也[主]塚本晋也，真野きりな

BELLE EPOQUE ベルエポック

美術用語として，認識されている仏語。それほど認知された言葉といえない。ベルエポックの象徴アールヌーボー様式は，日本人に好まれ，エミール・ガレやドーム兄弟の高価なガラス類は，日本のバブル経済期に高値で取り引きされ，現在では美術館に展示されている名作も多い。

『ベルエポック / Belle Epoque』1998

逢坂えみこの漫画原作から映画化された。漫画の編集者を軸にした恋愛劇。ベルエポックは美しい時代というだけで，原作者の感覚で使用された題名で本来の意味とは関係はない。[監]松岡錠司[脚]松岡錠司，福田卓郎[主]石田ひかり，鈴木京香

BONBON ボンボン

フランスではキャンディの事だが，日本ではウイスキーボンボンが一般的に有名。

『お江戸のキャンディー Les-Garcons-Bonbons』2014

「白鳥の湖」をベースにした，異色女優広田の監督作品。登場人物は，全部男で，EDO（一応架空）の恋物語。『徳川セックス禁止令』&「トロカデロ・バレエ団」これは，最初から，カルト映画狙い。[監]広田レオナ[主]真山明大

BRULEE ブリュレ

日本では，突然ティラミスが流行したり，マカロンが流行したりする。大体が，ヨーロッパ系の菓子で，若い人を中心に流行しそうだとなるとマスコミも大きく取り上げ，一気に全国的になったりする。クレームブリュレもその一つだが，クレープ程は市民権を得なかった。

『ブリュレ / Brulee』2008

インディーズ映画で注目を浴びた林田の劇場版処女作。双子の少女の物語。林田は，急逝し，これが遺作となった。[監脚]林田賢太[主]中村梨香，中村美香

C

CABARET キャバレー

キャバレーこの言葉には，客とホステスのセックス中心のサロンと，本来の意味に近いバンドや歌手が入る大きなクラブの二つの捉え方があった。本来のキャバレーと比較的近いのが後者であり，戦後60年代までは，ステージを備えたバンド演奏のある，大規模な店もあったが，主に人件費が係りすぎる事などで数を減らし，現在ではキャバクラに姿を変えてしまった。映画の題名で

は前者のセックス産業のキャバレーが題名になっている例と，後者のバンドの入クラブとしての使われた例がある。

『キャバレー日記 /Cabaret』1982

根岸吉太郎の代表作。ロマンポルノという，特殊さを完全に逆手にとって成功した佳作である。[監]根岸吉太郎監督[脚本]荒井晴彦[主]竹井みどり，伊藤克信

『キャバレー /Cabaret』1986

栗本薫の小説「キャバレー」の映画化。珍しく本来的な意味の，まあ納得できるキャバレーが舞台になっていた。[監]角川春樹[脚]田中陽造[主]野村宏伸，三原順子

『ラストキャバレー /Cabaret』1988

日活ロマンポルノが，無くならんという1988年に製作された。金子修介は，ロマンポルノで腕を磨いた監督で，これで閉まるというキャバレーとロマンポルノの終焉が，ダブって見えて少々感傷的である。勿論舞台は日本独特の風俗のキャバレーで，ヨーロッパでは，理解不能かもしれない。[監]金子修介[脚]じんのひろあき[主]かとうみゆき，大地康男

CAFE カフェ

CAFEは，カフェーと発音され，大正時代に浸透した。カフェーには女給がつきもので喫茶店というよりも酒を飲ませるクラブであり，ハイカラ感があり，大流行した。戦後

は，喫茶店やBARの名目に吸収された感があったが，テラスをもうけたフランス風のキャフェが80年代の中頃からすこしずつ現れた。これはカフェーではなくキャフェと発音され，90年代にはブームと云える程，になり，キャフェめしなる言葉まで生まれた。

『**カフェーの女王/Café**』1927［監］大久保忠素［脚］赤穂春雄［主］柏美枝，三田英児

『**カフェーの女/Café**』1930
ムルナウ『都会の女』のパクリだという。［監］松本栄一［原脚］川口松太郎［主］香椎園子，松本泰輔

『**カフェー夫妻/Café**』1930
家計の助けにと若妻が，務めたカフェには，夫に想いを寄せる女がいて，最後は涙でめでたしの風俗映画。［監］佐々木恒次郎［脚］松崎博臣［主］星ひかる，川崎弘子

『**カフェ・ソウル/Café**』2009
韓国の伝統菓子を守る為に，日本人ジャーナリストと菓子職人が，ヤクザ相手に共闘する物語。［監］武正晴［脚］金杉弘子［主］キム・ジョンフン，斉藤工

『**カフェ代官山I**』2007［監］武正晴

『**カフェ代官山II**』2008［監］武正晴

『**カフェ代官山III**』2009［監］東條政利
漫画「テニスの王子様」のミュージカル舞台化で人気が出たキャストを中心に，作られた代官山カフェ物語。［脚］金

杉弘子［主］相葉弘樹（3作共）

『**かっくんカフェ**』1984
日本の戦後の並みいる政治家の中でも，1，2を争うキャラの強い田中角栄をモデルにしたオムニバスのアニメが「かっくんカフェ」である。日本の実在現役の政治家たちが登場する，極めて珍しい作品。風刺は弱いが，存在に意味がある。［監］小林治（アニメーション）

『**Fateゼロカフェ**』2013
同人誌に連載された虚淵玄の人気冒険伝奇小説が原作。アニメになり，ゲームになるという今風のヒットパターンに乗った。同じく虚淵作品の源になった『空の境界』（［原］那須きのこ）と併映で公開された。［監督］近藤光［脚］UFO-TABLE/短編アニメ

『**迷宮カフェ**』2015
訪れた人が消息を絶つ，田舎のカフェの謎を，フリーのライターが解き明かしてゆく。元のストーリー自体の，これでもかと入りくむ社会的問題が，映像にすると，つじつま合わせに見えてしまう。タイトルが秀逸。［監脚］帆根川廣［主］関めぐみ，市川由衣

『**森のカフェ**』2015
論文に悩む若き哲学者と不思議な女が出会う現代のメルヘン。［監脚］榎本憲男［主］菅勇毅，荒井久美子

CAMUS カミュ

『**カミュなんてしらない**』2006
→I 27（カミュ）

CHANSON シャンソン

日本では，シャンソンヴァリエテを指す。最初にシャンソンを意識してコンサートをしたのは，帰朝後（1933）すぐの，佐藤美子らしいが，1931年に公開され大ヒットしたルネ・クレール『巴里の屋根の下』あたりから，ヴァリエテとしてのシャンソンがポピュラーになった。その人気は大戦中収束していたが，第二次大戦後ブームといっても良い時代があったが，60年代にアメリカン・ポップスやロックの台頭で，70年代には既にマイナーな音楽と見なされていた。1990年に，そのシンボルであった，日本版シャンソニエ「銀巴里」が幕を降ろしたが，それでも熱心な愛好家に支えられてシャンソンの店は，あちこちに残り，ヴァリエテファンを育てている。

『**琵琶湖シャンソン**』1930
大正末から昭和初期の新民謡運動では，ご当地ソング風の歌謡曲が流行した。その中の一曲を，映画にした作品。琵琶湖めぐりの汽船会社の宣伝映画だがシャンソンとつく処が，当時はハイカラであった。［監原］根岸東一郎［主］根岸東一郎，砂田駒子

CHAT シャ

シャノワールといえば，ベルエポック期パリのキャバレーで知られるが，日本では良くBARなどの名前になっている。

『**くろねこルーシー**』2012
占い師になった男と黒猫の物

語。実写で撮影されている。
[監]亀井亭[案脚]永森裕二
[主]塚地武雄

CHATEAU シャトー

城の意味で，知られ「ブルー・シャトー」という1967年の歌謡曲は150万枚売り上げた。この頃からマンションやアパートの名前にシャトーを付けるのが流行した。90年以降は，ワインブームで，良く耳にするようになった。

『シャトー・デ・ローズ/Château de Roses』2003
在日アマチュア外国人が出演する，映画とは言いにくい作品。トラヴェスティの集団が住む館の前に捨てられた女の子を中心に話が展開する。タイトル自体に，文法上の間違いがあるが，そのまま表記せざるをえなかった。*Château des rosesと言いたかったのか？[監脚]山崎英樹[主]みずのみえこ，柴田かよこ

CHLOE クロエ

『クロエ Chloé』2001→Ⅰ28
（ヴィアン）

CINEMA シネマ

現在では，映画館の名前にもシネマ1等と，一般的に使われるが，戦前はアメリカ発音のキネマが良く使用された。

『シネマ歌舞伎シリーズ』2005
日本の代表的伝統芸術の一つ歌舞伎の舞台を映像化したシリーズで，現在まで大体毎年数本制作され劇場公開されている。歌舞伎座には直接出向かぬ若者たちにも，少しずつ

認知され始め，記録としても啓蒙としても今後の展開充実が楽しみである。これに準ずるものとして，シネマワイズと呼ばれる，関西喜劇の中心「吉本新喜劇」が，制作映像化した作品のシリーズもある。

『ほっこまい 高松純情シネマ』2008
1970年四国高松を舞台にした高校青春グラフィティ。当時の学生たちのバイブル的映画『いちご白書』，閉館する映画館で最終上映となる自主制作映画，現れる事象が全て懐かしい。[監脚]高嶋弘[主]柳田龍馬，大西節子

『きゃりーぱみゅぱみゅシネマJOHN!』2014→Ⅱ補82（ロケ往来）

『シネマの天使』2015
取り壊される映画館を中心に展開するドラマ。実際に122年続いた映画館が使われた。[監脚]時川英之[主]藤原令子，本郷奏太

COLLAGE コラージュ

仏語では糊づけの意味だが，異素材の組み合わせとして，美術。音楽，ファッションにまで幅広く用い入れられている。

『恋愛寫眞 Collage of Our-Life』2003
主人公は注目の女名の男性写真家。アートを志す人々が溢れる世界都市ニューヨークを舞台に，主人公が失踪中の恋人を探し歩く。そして，彼が，何故わざわざ女名を使うのかが，話の展開に添い明ら

かになってゆく。COLLAGEは，この場合英語として使用され，主人公と恋人の人生と作品のコラージュに掛かかっている。[監]堤幸彦[脚]緒川薫[主]松田龍平

COQUELICOT コクリコ

ひなげしを意味するコクリコは，それほど一般的には知られていない。1960年代，シャンソンヴァリエテを唄う日本人の歌手たちに，流行したのが，ムルージの名曲「小さなひなげしの様に」である。最近では，唄う人はあまりいない。

『コクリコ坂から』2011
スタジオジブリの宮崎駿の息子，吾郎の2作目の監督作品。港町の女子高生（ラ・メールから来たメルがあだ名）の青春物語。[監]宮崎吾郎[脚]宮崎駿，丹羽圭子

COQUILLE コキーユ

『コキーユ 貝殻』1999→Ⅰ23
（コクトー）

CRAYON クレヨン

クレヨンは仏語で鉛筆だが，日本では棒状パステル（クレヨン・パステル）がクレヨンになってしまった。

『クレヨンしんちゃん』1993年よりシリーズ化
しんのすけという5才の幼稚園児童が巻き起こす大人気漫画。臼井儀人が1990年から連載をはじめたが作者の死後（2000）も，人気があり，多くのゲームやキャラクター商品としても一般的である。劇場用映画も既に24本も製作された人気シリーズになってい

日仏タイトル往来

る。中国, 韓国でのコピーが多く, 著作権を巡る国際的な騒動が多い。

CREPE クレープ

東京の原宿は, ファッションの街である。特に若者に特化した通りが幾つか有り, その一番古い通りが1976年に町おこしとして名乗りを上げた原宿竹下通りである。ここは, 若者とはいっても, 中学, 高校生を相手にしている店も多く, いつ行っても, 混んでいる。 ここでは幾つか名物があるが, 何と云っても, 1977年からあるクレープが有名で, 最初は物珍しかったクレープも, 日本中に広まるのにそう時間はかからなかった。どこの国でも恐るべし子供の力である。

『クレープ』1993
海外でも評価の高かった市川準が, 監督した家族ドラマ。別れた妻と娘と中年男, 伊集院静の原作の映画化。[監脚]市川準[主]田代まさし, 南果歩

『真・女立喰師列伝/クレープのママ』2007
押井守が, 原作・総監修を務めたオムニバス映画の中の一作。中でもこの作品は, 戦後の進駐軍の陰謀が, 暴かれる社会性の強い一編。[監脚]神谷誠[主]小倉優子

CYRANO シラノ
→I 22 (劇作家)

『白野弁十朗』1929→I 22 (劇作家)

『侠友シラノ』1930→I 22 (劇作家)

D

DANGER ダンジェ

危険の意味。普通日本では, デンジャラスという英語が, 一般的である。

『ダンジェ』1999
政治家の愛人で殺された母の復讐譚。Danger de Mort (死の危険)という, サブタイトルが付けられている。[監]福岡芳穂[脚]萩田芳久[主]金子賢, 岡元夕起子

DEBUSSY ドビュッシー

『さよならドビュッシー』2012
→IV 07 (ドビュッシー)

DEBUT デビュー

この言葉は, 芸能オーディション雑誌の名前になる程, 知られた言葉だが, 意外にフランス語である事は知られていない。芸能界に初登場する事をデビューというが, 母親が子供を乳母車に乗せて, 近くの公園に行く事, その地区の同じママ達と, 初めて触れ合う事を, 公園デビューと言ったりする。面白い使い方である。

『高校デビュー』2011
マンガ原作。高校に入学したらボーイフレンドを作ろうという女の子の物語。[監]英勉[脚]福田雄一[主]道端淳平

DERACINE デラシネ (デラシヌ)

五木寛之のベストセラー「デラシネの旗」でポピュラー化した言葉。浮草と訳する事もある。

『でらしね Déraciné』2002

この映画ではわざわざひらがな表記にし, 文学感に訴えている。池之端のエゴン・シーレといわれた天才画家とやり手の女画商とのエロティクな駆け引きを, 小林政弘の脚本が, 上手く芸術家の心情を捉えていて奥田も役が憑依したような名演を見せた。小品だが, 中原俊の力量がものを言っている。[監]中原俊[脚]小林政弘[主]奥田瑛二, 黒沢のり子

DESSIN デッサン

素描の意味で使用されるが, 物事のアウトラインを示す時にも, 良く使用される。

『愛欲のデッサン』1990
1990年台としては, 比較的珍しい劇場公開されたゲイ映画。[監]橋口亮輔[『脚』仲根弘樹[主]筒井徹

E

EAU DE VIE オー・ドゥ・ヴィ

ブランデーの方が圧倒的に使用されていて, それほど認知度の高い言葉とは云えない。

『オー・ド・ヴィ/Eau de vie.』2002
函館を舞台にしたミステリー風味の, 大人の恋愛映画。主役はバーテンだし, その若い恋人はフランス料理を学んでいるし, とにかく仏語がポンポン出てくる。函館の夜の風景が美しい。[監]篠原哲雄[脚]鵜野幸恵, 篠原哲雄[主]岸谷五朗, 鰐淵晴子

ECLAIR エクレール

大正時代, 西条八十が作詞した「お菓子と娘」という歌

がある。お菓子の好きなパリ娘が、エクレールを食べる図が、書かれていて当時大流行した。今でも知っている人は多い。明治時代からあったというシュークリームの親戚のようなエクレールは、日本ではエクレアと呼ばれるポピュラーなフランス菓子である。

『エクレール・お菓子放浪記』2011
第二次戦争中前後の話で、親の無い少年が、孤児院から引き取られ大人になってゆく。胸にはいつも、子供のころ盗んだ金平糖と、刑事がくれた菓子パン、そして感化院で唄われた「お菓子と娘」西村滋の自伝的小説が原作である。[監]近藤明男[脚]西井史子、泉悦子、近藤明男[主]吉井一肇、早織

EMBRASSEMENT アンブラッスマン
あまり使用される事はないが、抱擁という映画に文法的には、妙な形で使用されている。

『抱擁(ランブラッス)』1930
名匠清水の都会の学生生活と卒業後新社会人になる過程でのラブ・ロマンス。ランブラッスという単語は、モガモボと同じ感覚で使用されている。[監]清水宏[原脚色]北村小松[主]岡田時彦、及川道子

EMMANUELLE エマニュエル/エマニエル
『エマニエル夫人』の連脈作品→Ⅱ38(ジャカン)

ENCORE アンコール

歌舞伎で、大向こうが掛ける掛け声は、昔からある歌舞伎の風物ともいえるが、コンサートでアンコールと声を掛ける事は、日本の風習にはなかった。いつから、この言葉が、一般的になったのかは、確定出来ないが、戦後特に80年代以降度々耳にする様になった気がする。日本人は、コンサートやライブのマナーが良く、逆に聴衆の反応が静かすぎて不気味がる、海外アーティストの話も良く耳にしたが、最近はすっかり変わって、すぐスタンディングで身体を動かす聴衆も多い。

『ひばりのアンコール娘』1951
美空ひばりのドキュメンタリー。音楽クリップの走りと云われている幻の短編ドキュメンタリー。[製]新東宝/ドキュメンタリー

ENSEMBLE アンサンブル
アンサンブルは、一緒にといった意味合いが広く解釈されて、音楽用語合奏としてはもとよりファッションや演劇の用語としても使われている。

『マリンバアンサンブル』2005
無名のマリンバ奏者が主人公で、自らの先行きを悩んでいる。そんな時彼女は、ある島の子供たちにマリンバを教える事になる。[監]秋原正俊[脚]落合雪恵[主]紺野まひる、松田洋治

ETUDE エチュード
ピアノやヴァイオリンを習うと、必ず使われるエチュードは練習又は試作の意味で使用

される。

『エチュード』1937
全日本パテーシネ協会主催第6回国際コンテスト日本予選大会選外作品。

F

FAMILLE ファミーユ
家族は、英語のファミリーが、完全に根づいていて、仏語ファミーユは、あまり使用されていない。下記の映画題は、珍しい例である。

『ファミーユ フランスパンと私』2008→Ⅱ補82(タイトル)

FRANCE フランス
仏蘭西と書いて、昔はフランスと呼んだ。ぱっと思い浮かべる言葉は、昔は文学だったが、現在はファッション又は料理であろう。フランス帰りの〜は、戦前戦後を通じて散々映画の登場人物に使われて来た。はなはだステレオ的だが、フランス帰り＝おしゃれのイメージがあるが、反面、気取り屋的にも使われた。その代表例が漫画家赤塚不二夫の憎めない悪役"イヤミ"である。

『ふらんす人形/FRANCE』1933
大佛次郎の長編小説の映画化。満州に逃げた殺人犯が、幼いまま日本に残ささるをえなかった二人の娘を尋ねて、帰国する。二人の娘は、苦労を重ね、姉は、キキという名のダンサーとなり、妹の将来の為に、夜ごと人形のように厚化粧をして夜の酒場に暮らしている。

映画として形を追うだけで精一杯だったという批評が残るのみの現存しない作品である。[監]印南弘[原]大佛次郎[脚]上島量[主]荒木忍,桂珠子

『フランスお政/FRANCE』1933
[監]渡辺邦男[脚]八尋涼[主]山本嘉一,峰吟子→II補82
（ロケ/『シルク』）

G

GARÇON　ギャルソン
川久保玲のコム・デ・ギャルソンは,世界的ブランドだが,このブランド名はこの言葉の日本への浸透に影響大である。ギャルソンで通じてしまう位に,広く知られているからだ。

『ギャルソンフィーバー』2001
あるビストロを舞台に,ボーナスの係る目標売上達成の為に,分刻みの戦闘モードになるギャルソンたちのドタバタ劇。エチュード的作品ではあるが,着想が良い。[監]芳野蒼馬[脚]下山リョウ[主]武井修平,社会人Z

『お江戸のキャンディー』2014
『LES GARÇONS DE BON-BONS』→本項（BONBON）

GIGOLO　ジゴロ
ひもという言い方の,西洋的な言い回しをジゴロという。女で食べているごろつきなどをさすが,ホストクラブのホストにもよく使う。ホストクラブとは,主に女性を客に,男が接客するクラブで,客同士の虚栄心をあおりながら,一本数十万円もするシャンパン

が,どんどん抜かれて行く様は,まずフランス人には理解できないであろう。ホストクラブはバブル経済の時に急速に発達した風俗産業である。

『実録色事師 ザ・ジゴロ』1982
新宿で,実際にザ・ジゴロというホストクラブを経営する伏見直樹とその店を,メインにした映画。ホスト・クラブが舞台の映画は多いが,さすが本物が関わっているだけあって内容はわざとらしくない実録ものである。しかしもしかしたら,出演者も身内で調達したのか,芝居以前の芝居が,鑑賞中に忍耐を要求する。改めて日活ロマンポルノの予算の少なさを考えさせられる。[監]小原宏裕[原]伏見直樹[脚]佐伯俊道[主]伏見直樹

『ジゴロコップ』1991
主人公は優秀な外事捜査官。容姿の良い警察官を集め,六本木にホストクラブを開き,自分は女装してママに収まり,政治がらみの人身売買組織に立ち向かう。プロットは面白いのだが。[監]佐藤武光[主]梅宮辰夫,西村知美

『ジゴロ アーバンナイトストーリー』1991
後に『ヴァイブレータ』という秀作を放つ,廣木の初期の作品。バブルの時代を経て,日本ではホストの存在が,一般に充分知られる様になり漫画でも沢山テーマにされている。この映画の原作も,そ

のなかの一つで31巻まである大作である。[監]廣木隆一[脚]岡田恵和,今井雅之[主]沢向要士

『ジ・ゴ・ロ I II』1995
恋人をホストに取られた事からNO.1ホストになり,見返してやろうとする男の物語。ビデオ発売だったが,わかりやすいジゴロとホストの解説書の様な作品である。[監]片岡修二[脚]石倉保志[主]倉田てつお,角田英介,日比野玲

GYMNOPEDIES ジムノペディ
ギリシャ語由来（ギリシャのはだか祭）をサティが膨らませて曲のタイトルとした造語。日本でも1980年代には既に相当普及していたサティは,その後CM,映画に飽きる程使用され,現在では,ポピュラーといって良い。

『ジムノペディに乱れる』2016
日活ロマンポルノ45周年で製作された作品。ヒット作も多い行定勲が監督。映画の撮れない中年の映画監督の悶々と若い女との出会いが描かれる。[監]行定勲[主]板尾創路,芦那すみれ

H

HUMORESQUE ユモレスク
本来の,ロマン派の一ジャンルとしての認識よりも「ユモレスク」というドボルザークの楽曲題として良く知られている。

『ユモレスク〜逆さまの蝶』2006
日本映画では珍しいタイプのファッション映画。カルト映

画としてあまりのも有名なヴェラ・ヒティロヴァの『ひなげし』(1966)へのオマージュ映画である。[監脚]猪俣ユキ[主]太田莉菜, 美波

I

ILYA イリヤ

〜があります, といった存在を示す慣用句。

『L'ilya/イリヤ』2001

近未来のビデオ作家イリヤが, 自殺者のビデオを撮る事で売れっ子になるが。"イリヤ"はロシア人に良くある名前だが, フランス語の冠詞Leを前につけた意味が良く理解できない。映画はゆうばり映画祭で特別賞を受賞している。[監脚]佐藤智也[主]萩原志乃, 山野内扶

J

JEANNE D'ARC ジャンヌ・ダルク→I 04（ミシュレ）

JEAN VALJEAN ジャン・ヴァルジャン→I 07（ユーゴー）

JE T'AIME ジュテーム

I Love Youより一般的ではないが, かなり知られているフレーズである。流行歌などの歌詞に, 日本語と混ぜてそのまま使われている。

『ジュテーム わたしはけもの/Je t'aime.』2008

ＴＶドラマの大御所鎌田敏夫の脚本で, 連続放映されたドラマの再編集版。現代の高級コールガールが, テーマだが, 娼婦の深情けが話の核であり, 類型的なＴＶ的な展開からでる事は無かった。[監]星田良子[脚]鎌田敏夫[主演]

芦名星, 加藤雅也

K　該当作品なし

L

LILAS リラ

ライラックの方が通りは良いが, リラといえば, ルネ・クレールの『リラの門』(1957)が有名である。

『リラの花忘れじ』1947

北海道のアイヌからの土地買収を, 軸にして展開する物語。菊田一夫の原作の人間関係が複雑で, それを全部映画に持ち込もうとして失敗している。リラは, 抵抗するアイヌの青年リーダーが, 土地搾取買いの黒幕の娘に, 手渡す愛の告白として使われる。当時の日本の娯楽映画で, これだけアイヌ問題が語られた事は珍しい。[監]原研吉[脚]小国英雄[主]井上正夫, 高峰三枝子

『わが恋はリラの木陰に』1953

バレリーナになりたい夢を持つ娘と, その娘の家に幼い頃もらわれ, 医者になった青年との悲恋物語。この作品も北海道が舞台で, 青年医師は, 無医村のアイヌのために働きながら, 病に倒れ死んでしまう。[監脚]井上梅次[原]中山正男[主]宮城野由美子, 中山昭二

LUPIN ルパン

→I 17（ルブラン）

M

MADAME マダム

マダムは勿論フランス語から来ているが, モダンなイメー

ジで使用される事が多かったが, だんだんバーの女経営者をそう呼ぶ様になっていった。実際には, モダンな人妻と水商売の店主と, 二つの使われ方をしていたが, あまり使用されなくなった。現在は水商売では, ママが一般的に使用されている。

『モダン・マダム』1930

派手で流行好きなモダンマダムに悩まされる作家の物語。朝鮮女優で後に作家になった照星姫がマダムに扮した珍品。[監]菊池乙逸[原脚]佐藤雪夫[主]照星姫, 伊藤隆世

『マダム・ニッポン』1931

郡司次郎正の人気シリーズ「ニッポン三部作」の一本。[監]高見貞衛[脚]三村伸太郎[主]歌川八重子, 高津慶子

『マダムKO』1931

日本の私立大学の双璧, 早稲田と慶応の対抗野球は1903年から始まったという。タイトルのKOは慶応のことであり, 田舎芸者が, 早稲田と慶応出身の二人の男に惚れられて慶応出と結婚しマダムに収まるが, 野球狂の血が目覚め, 最後は自身の再婚までも早慶戦で決める, というストーリーが, 成り立ってしまった当時の早慶戦人気の程が凄い。[監]川口松太郎[脚]小原譲治[主]鈴木澄子, 瀬良章太郎

『マダムと女房』1931

引っ越した若夫婦の隣の家に住むジャズ大好きマダムに, 夫が魅せられてと, 他愛のな

いドタバタだが，トーキー第一作目の実験が各所に成されている記念碑的な有名作品。[監]五所平之助[原脚]北村小松[主]田中絹代，渡辺篤

『モダン・マダム行状記』1933
黒澤の名作脚本でも有名な，映画全盛期に活躍した大脚本家小國の第一作目。小國はのちに日本一ギャラの高い脚本家と言われた。[監]伊奈精一[脚]小国英雄，山崎謙太[主]峰吟子，一木礼二

『東京マダムと大阪夫人』1953
社宅を舞台に，東京出身と大阪出身の主婦が見栄を張りあい，そこに若い恋人たちが絡むホームコメディ。才人川島のモダンなセンスが，随所に見える快作。[監]川島雄三[原]藤沢恒[脚色]富田義朗[主]月丘夢路，水原真知子

『関白マダム』1953
恐妻家の集まるバーが話の軸の一つになるドタバタ劇。関白亭主の反対語で関白マダムとなっている。[監][脚色]津路嘉郎，椎名利夫[主]月丘夢路，佐野周二

『マダム』1957
銀座の一流マダムの人生行路。大スター月岡の当たり役。[監]阿部豊[脚]沢村勉，中沢新[主]月丘夢路，堀恭子

『一等マダムと三等旦那』1957
スターの妻とレストラン支配人の夫，格差婚夫妻と取り巻き達の恋のドタバタ劇。[監]小森白[脚]松浦健郎[主]轟夕起子，伊藤雄之助

『にっぽん戦後史　マダムおんぼろの生活』1970
基地のある横須賀で，米兵相手にBARを開いている女のドキュメンタリー。戦後の日本とアメリカの間を物語る生き証人の渇き方が怖い程である。／ドキュメンタリー

『マダムスキャンダル』1982
日活ロマンポルノの大作。ロサンゼルスの日本レストランを経営するマダムの淫乱物語。[監]西村昭五郎[脚]佐治乾[主]五月みどり

『マダムサド』1986→Ⅰ03（サド）

『ナゾトキネマ　マダム・マーマレイドの異常な謎〜出題編，解答編〜』2013
体感型イベントを原作として作られた観客参加のミステリー。前編で謎を解いて投稿した正解者の名前が，後編のエンド・ロール流れるという仕掛けがあった。[監脚]中村義洋，鶴田法男他[主]川口春奈，高畑淳子

MAISON　メゾン

集合住宅を指す呼び名は，長屋→団地→アパート→マンションと変化していった。学生は一般的に，寮や下宿に住んだ。イメージを良くするために，その建物の名前に異国語をプラスするのが流行しだしたのは，70年代に入ってからだろうか，シャトー，パレス，レジデンス，およそ似つかない建物にも，そういった呼び名がつけられた。そんななかにメゾンも含まれている。

『めぞん一刻』1986
高橋留美子は，少年漫画は男性漫画家が描くという日本の伝統を，打ち破った女性漫画家である。この「めぞん一刻」は，その高橋の代表作の一作で一刻館というボロアパートの管理人になった若い未亡人と，個性的な住人たちを中心にした，ラブストーリーで，ＴＶアニメ，アニメの劇場版，実写版と多くのパターンが作られた。実写版は，田中陽三の脚本が，まず原作を整理しよく噛み砕いて一本線を通してあり，それを，実力派澤井信一郎が監督した優秀作である。この手の漫画原作ものにありがちな，ちゃらちゃらした俳優の漫画風の演技も，途中でめぞんの住人たちがミュージカル風ナンバーで歌い踊るシーンも（振り付けは，流石に時代を感じるが），良く演出されていた。[監]澤井信一郎[主]石原真理子，石黒賢

『めぞん一刻』1988
[監]望月智佐充／アニメ版

『メゾン・ド・ヒミコ』2005-
ゲイ・ボーイたちの養老院の物語。監督の犬童一心は，学生映画からたたき上げた職人肌の監督で，充分国際舞台に行ける実力がある。[監]犬童一心[脚]渡辺あや[主]オダギリジョー，柴咲コウ

MAITRESSE　メトレス

ほとんど一般では，使用されていないので，意味をつけなくては解らない。"自立して

いる愛人"との訳はかなり珍妙である。

『メトレス』2000

女ワインソムリエの愛欲編。主役をワイン通の女優が演じている。→Ⅳ補48（オルガン）

MALDOROR マルドロール

『マルドロールの唄/MALDOROR』1977→Ⅰ19（詩人たち①）

MAMAN ママン

戦後一般でも使用されるのは英語のママで、ママンは、使用されない。

『ママーン』2006

時代劇スター松平演じる身長が縮んでしまった男を、中心にしたドタバタ劇。最後は大男になってしまうのだが、最後まで違和感が。[監]秋原正俊[脚]落合雪[主]松平健、岡まゆみ

MANON マノン

『マノン/MANON』1981→Ⅰ02（プレヴォー）

MARSEILLE マルセイユ（マルセーユ）

飛行機の無い時代、フランスの入り口は港町マルセイユであった。第一次世界大戦の戦勝景気で、日本では、いままで渡航のかなわなかった庶民層からも渡欧する人々が現れ始めた。旅人は水盃をして出かけるぐらい、一大決心で旅立ったが、それだけマルセイユに入港した時、又逆に旅立つ時も、感慨はひとしおであった。

『マルセーユ出帆』1928

マルセイユ出帆日本行きの船

で出会った脚本家と淫奔な女が出会い、男は東京で女の映画デビュー作を執筆する事になる。その後、男の妻子と女の対立、女の多情等々どろどろとドラマが展開するらしいが、映画は、現在確認できず、最悪の評価が残されている。[監]島津保次郎[潤色]東路国彦[主]竜田静枝、奈良真養

MEQUE MEQUE メケメケ

アズナブール（詩）ベコー（曲）の合作「メケメケ」を、日本のシャンソン歌手丸山明宏（美輪明宏）が、日本語で歌い流行語にまでなった。当時丸山は銀巴里という銀座にあったシャンソン喫茶に女装で登場し大いに三面記事を賑わせた。当時"メケる"という言葉は、女装を意味したという。本来の「メケメケ」はマルティニックの原住民が"Mais, qu' est-ce que c'est?"（それでどうした？）を"Méqué méqué"と訛って発音するという語感の面白さから発想された大ヒット曲である。

『女のメケメケ』1960

和製モンド映画の走りの様な、ストリップの風俗記録映画。流行語メケメケを、適当に題名に使う当時の風潮が良く分かる。[制]プレミア映画（産経映画社前身）

MERCI メルシー

この言葉は、"メルシー"という発音で、一般化している。

『メルシー』→Ⅱ補81（作品）

METRO メトロ

東京の地下鉄は1927年に開

通した。「メトロ」という言葉は、古くから知られていたが、地下鉄が、2004年から民営化され、東京メトロと愛称されてから、広く使用される様になった。現在では、完全に一般化した言葉である。

『地下鉄（メトロ）に乗って』2006

人気作家浅田次郎の長編小説を映画化。

偶然にも過去と未来を地下鉄で往来する事が出来る良うになった主人公が、交通事故で死んだ兄の真実と憎悪してきた父の青春を知る。多くの感動を呼び、ミュージカル舞台化、ＴＶ化もされた。[監]篠原哲雄[脚]石黒尚美[主]堤真一、岡本綾

MISERABLE ミゼラブル

不幸、哀れといった本来の意味よりも、レミゼという大ヒット・ミュージカルの略称で、流布してしまった。→Ⅰ07（ユーゴー）

『噫無情レ・ミゼラブル 第一編』1923 [監]牛原虚彦

MODE モード

戦後になりモードはファッションとほぼ同義語になった。他にプリン・ア・ラ・モード等お菓子の名前でも広まっている。

『大日活アラモード』1931

日活スターの顔見せ映画。[監]阿部豊[原脚]新劇脚本部、村田宏寿、伊藤すゑ

MOULIN ROUGE ムーラン・ルージュ

ムーラン・ルージュは、かなり日本人に知られた名前で

ある。まずロートレックの話になれば，この名は登場するし，何本かの映画も公開されヒットしている。戦前から戦後にかけて新宿にあった軽演劇の劇場「ムーランルージュ」も有名である。

『ムーランルージュの青春』
2011→Ⅳ05（ビゼー）

N

NOEL ノエル
クリスマスの意味としてよりも人の名前として知られている。

『ノエルの不思議な冒険』
2003
日本のフォークシンガーの草分けイルカの童話原作としたアニメミュージカル。ノエルは女の子の名前。[監]前田庸生，鈴木良武[原音]イルカ
『ノエル』2003→Ⅱ43（ベッソン）

NOIR ノワール
日本でのノワールという言葉の認知にはフィルムノワールが関係している。フィルムノワールとは，フランスの評論家たちが，戦後，戦前から50年代のハリウッドの犯罪映画に名づけた総称だが，ニュアンスは違うが，もっと以前から使用されていた映画用語である。直接ノワールは使用されていないが，日本のフィルムノワールと言いたい。

『トウキョウノワール』2004
東京の女たちの夜と昼を描いた三つのエピソードからなる問題作。面白い作品ながら，話題は小さかった。第2話目の大学生にして風俗嬢のエピ

ソードが印象的である。[監]石岡正人，熊澤尚人[脚]石岡正人，熊澤尚人，黒沢久子，浦山陽子[主]吉本多香美，中村愛美

O

OBJET オブジェ
この言葉も美術関係から広がって行った言葉。

『蒼風とオブジェ／いけばな』
1957/ドキュメンタリー→Ⅱ
62（勅使河原）

P

PARIS 巴里 パリ
パリは，日本人にとって夢の都である。大正，昭和初期と巴里を夢み巴里に憧れた人々の想いが，これほど距離が近づいた現在でも残っている気がする。そして美術，映画，ファッション，そして料理に興味のある人間にとっては，いつも勉強の都でもある。

『銀座巴里』1952
銀座には，当時和風シャンソニエ「銀巴里」が出来て，シャンソンが流行していた。そんな時代に作られた，スリの更生物語。シャンソンにでも出てきそうな話で若き岸恵子が出ている。[監脚]萩山輝男[主]高橋貞二，岸恵子

『パリからの手紙』1957→Ⅳ
補45（童謡）

『東京⇄パリ青春の条件』
1970→Ⅱ補82（ロケ）

『パリの哀愁』1976→Ⅱ補82
（ロケ）

『愛と幻想のパリ』1992→Ⅱ
補82（ロケ）

『花と蛇2パリ静子』2005→

Ⅱ80章（ロマンポルノ）

PASSION パシオン
相当にポピュラーな言葉だが普通は情熱の意味でパッションと英語式に発音される。

『情熱（ラ・パシオン）』1932
『抱擁』と同傾向の都会風コメディ。湯原海彦は清水のペンネームである。題名にわざわざ冠詞までつけてフランス語風にしてある辺りに当時の風潮がしのばれる。[監]清水宏[原脚色]湯原海彦[主]日守新一，村瀬幸子

PATISSERIE パティスリー
日本には，世界に誇るべき和菓子の伝統がある。西洋菓子といわれた外来の菓子も，和とミックスしたショートケーキ等のカステラ素材のケーキがずっと巾をきかせてきたが，2000年を越えたころから，パティスリーやパティシエの名をよく見かける様になった。フランスのチョコレートの専門店も，日本に出店の無い有名店を探すのが難しい程である。

『洋菓子コアンドル / Pâtisserie Coin de rue.』2011
パティシエ志望の田舎娘の，根性物語。[監]深川栄洋[脚]いながききよたか，前田こうこ，深川栄洋[主]江口洋介，蒼井優

POISSON D' AVRIL ポワソンダブリル
日本ではエイプリルフールと云わなくては，意味が通じない言葉だが，大林監督の『四月の魚』の副題として使用さ

れている。

『ポワソンダブリル　四月の魚』1986→Ⅳ29（P・バルー）

Q　該当作品なし

R

RENDEZ-VOUS　ランデブー

古めかしい言い方に聞こえるが、一時はハイカラだった言葉。主に男と女のデートの意味で使用されてた。本来はランデヴーだが、ランデブーと書かれることが多い。

『ランデブー』2000

ある偶然で出会った男と女。山本浩資の初監督作品で、どこにでもありそうな、ＴＶのシークエンスで使用されそうな場面が、淡々と続くのだが、これは一本の映画として記憶に残る作品である。ほとんど夜の路上や公園だけで撮影されていて、登場人物も、ほとんどふたり、ともすれば舞台劇になりそうな芝居も、上手に監督されていた。音楽も撮影も心地よく、特にカメラの伊藤寛が、微妙な夜の色の変容を捉え出色である。[監脚]山本浩資[主]村上淳

『ランデブー！』2010

女優志願の女の子が、オーディションの日に偶然、携帯を拾った事から始まるサスペンス風青春映画。ハリウッド映画風な追っかけ物の名作がよく研究してあり、浮遊感のある主役の魅力と相まって、映画の破綻箇所を救っている。[監脚]尾崎将也[主]宇野実彩子

『とんねるらんでぶー』2011

進境著しい池田の初期短編作品。田舎のある少女の心の成長と青春が、トンネルを抜ける事と重なり、瑞々しく捉えられている。[監]池田千尋[主]吉永淳、鈴木卓爾／短編

RENOIR　ルノワール

ルノワールは、フランスの画家の中で、ベスト3には必ず入る程、有名であり幾つかの美術館が、名作を所蔵している。暖かな色彩に溢れた彼の絵は、万人に愛される解り易さがある。その彼の名を、少しもじって拝した喫茶店“ルノアール”は、日本のカフェチェーンの老舗である。

『去年ルノアールで』2007

「ルノアール」喫茶店を舞台にした、せきしろの雑誌コラムからＴＶドラマ化された作品。ＤＶＤ様に、映画的に編集された作品は、日本化された、独特の日本のカフェ事情を知る事が出来る。→Ⅳ32（歌姫）

RESTAURANT　レストラン

あまりに一般化された言葉で、何語由来なのか解らなくなるほどである。普通、レストランとは、洋食を指すが、最近では、和風レストランなる言葉も、すんなり通じてしまうから驚きである。

『黄昏流星群　星のレストラン』2002→Ⅱ補82（ロケ）

『日の丸レストラン』2003

第二次大戦に日本が勝利したらという中編コメディ。[監]森田空海[脚]岡本貴也[主]ジョナサン・シェア、ミア・

ダンブロン

『怪談レストラン』2010

800万部を売ったという小学生中学年の子供むけの怪奇おばけの一種の童話。それぞれが、一冊が一つのレストランのメニューとして構成してあり、50以上のレストランが登場している。「怪談レストラン」とは、その総称で、このシリーズの案内役お化けギャルソンで、いくつもフランス語の料理用語が使用されている。ＴＶアニメ、ゲームまであって、子供たちの間では、非常に有名である。これは、その映画版であるが、大人が鑑賞するにはいささか忍耐を要求される作品である。[監]落合正幸[脚]米村正二[主]工藤綾乃、田中卓志

REVUE　レヴュー

1927年に宝塚が舞台でレヴューをヒットさせてから、ＳＫＤ（松竹歌劇団）ＯＳＫ（大阪松竹歌劇団）浅草軽演劇レヴューと、まさに一大流行の様にレヴュー劇団が誕生した。そこから続々スターが生まれ、レヴューという言葉がついたレヴュー映画が作られた。時期は昭和初期に集中している。レヴューはレビューとも書かれて、隆盛を極めたが、戦争がはじまりすっかり火は消えて、現在では、その内容を知る人はごく限られている。第二次大戦後、進駐軍の占領で息を吹き返した事もあるが、娯楽の質が変わり、大掛かりなレヴュー劇団は宝

日仏タイトル往来

塚のみとなった。今ではショーという言葉に取り込まれて語られる事が多い。

『小唄レヴュー　黒い眸』1929
［監］滝沢英輔［原］多久卯馬吉［主］秋田伸一，砂田駒子

『小唄レヴュー　勝鬨の唄』1929
［監脚］三上良二［主］津村博，多見一枝

『小唄レヴュー　朗らかね』1929
［監］川浪良太［主］加藤弘郎，田島艶子

『レヴュー姉妹』1930
［監］島津保次郎［脚］村上徳三郎［主］八雲恵美子，筑波雪子

『レビューの踊り子』1931
［監］斉藤茂［脚］畑本秋一［主］峰吟子，相良愛子

『レビュー誕生』1955
［監］弓削進［主］SKD／ドキュメンタリー

ROMAN　ロマン（ろまん，浪漫）ロマンス

日本では，ロマンは夢や理想を意味していて，ロマンスは恋，といった使い方が一般的。浪漫は，ロマン主義の当て字として，夏目漱石が明治後期に使用したという。使用頻度は高いが，フランス語本来の，ラテン語由来ロマン主義等に含まれる広汎な意味とはかけ離れ，恋愛に重きを置いたアメリカ的ロマンティックが一般化して，結果，大正ロマンから日活ロマンポルノまで幅広く使用される事になった。

『若人とロマンス』1927
柔道部の熱血学生の武勇伝。学生は，偶然知り合った女優との恋をあきらめる。脇役で坂東妻三郎（要二郎名義）で花を添えている。
［原監脚］服部真砂雄［主］澤田義雄

『狂ったローマンス』1928
カメラ青年が，撮った片思いの美人の写真を巡って巻き起こるドタバタ喜劇。当時のモガモボが活躍する。［監］蔦見丈夫［原脚］久野忠雄［主］斎藤達雄

『海濱ローマンス』1929
偽ダイヤに振り回される，仲良しモダン夫妻のドタバタ喜劇。［監］勝見庸太郎［原脚本］勝美黙笑［主］勝見庸太郎

『学生ロマンス／若き日』1929
小津の8作目にあたるスキー部員の恋愛コメディ映画。［監潤色］小津安二郎［原］伏見晃［主］結城一郎，松井潤子

『青春時代（第二編）女学生ローマンス』1931
恋した男の姉が，芸妓である事でショックを受けた令嬢が主人公。［監］吉村操［原脚］八尋不二［主］中野洋二

『山のロマンス娘』1940
恋多き作家宇野千代の略奪愛の物語を映画化。［監］田口哲［原］宇野千代［脚色］北村勉［主］井染四朗，岡野初美

『青春ロマンスシート／青春に坐す』1954
当時の学生が，いかに真面目だったかが判る青春映画。大スター美空ひばりの単なるアイドル映画に終わらせてい

ない。主題歌「お針子ミミーの日曜日」は，木下忠司，黛敏郎によるシャンソン風の曲で，歌詞にダニー・ロバンとジェラール・フィリップが登場する。この作品以後，ひばり，チエミ，いずみの3少女スター映画のタイトルに，ロマンスが多用されている。
［監］野村芳太郎［原］白川渥［脚色］沢村勉［主］美空ひばり，桂木洋子

『ロマンス娘』1956
商店街の三人娘の，唄と恋との冒険譚。［監］杉江敏男［原］井出俊郎［脚］井出俊郎，長谷川公之［主］美空ひばり，江利チエミ，雪村いづみ

『ロマンス誕生』1957
女子大生が主人公で，妹と二人で歌手になる話。ミュージカル仕立てで，美空ひばりがゲスト出演している。［監］瑞穂春海［脚］長瀬喜伴［主］雪村いづみ，美空ひばり

『ロマンス祭』1958
大ヒットした『ジャンケン娘』の第二弾。年頃三人娘の夏休みの冒険物語。［監］杉江敏男［脚］須崎勝弥［主］美空ひばり，江利チエミ，雪村いづみ

『ろまん化粧』1958
主人公は美容雑誌の記者で，その編集長の大物美容師がパリから帰国するところで，始まりまた主人公をお供にパリに出発するところで終わる。あちこちにフランス語が日本式に飛び交うメロドラマである。［監］穂積利昌［原］菊村至［脚］笠原良三［主］高千穂

ひづる, 南原伸二

『**東京ロマンス・ウエイ**』1959
当時の新名所東京タワーとシンデレラを一ひねりした添え物映画。[監]吉村廉[脚]山口純一郎, 大川久男[主]二谷英明, 中村万寿子

『**日本ロマンス旅行**』1959
10話で構成された即席映画。日本の歴史や神話で登場する人々から現代まで飛び出す。当時のいい加減に作られた映画の中でも記録に残る適当映画。[監]近江俊郎総監修他九名[原]大蔵貢[脚色]岡戸利秋[主]由利徹, 南利明

『**唄祭ロマンス道中**』1960
江戸の糸間屋の娘が, お家騒動のお姫様を助けて大活躍。[監]佐伯幸三[脚]芝野文雄[主]江利チエミ, 渥美清, 高島忠夫

『**ファンタジック・ロマン/黒髪くずし**』1984
[監]下村芳樹

『**ロマン子クラブ**』1986
某高校女子のみの演劇サークル"ロマン子クラブ"を材にした, 日活ロマンポルノ。[監]廣木隆一[脚]田辺満「主]新田恵美

『**ザッツ・ロマン・ポルノ/女神たちの微笑み**』1988
17年間, 1100本作られたというロマンポルノの中から, 女優を中心に76本の作品で構成されたアンソロジー。[監構成]児玉高志

『**ロマンス**』1996
学友であった二人の男の前に謎の人妻が現れる, もう若

くはない3人の火遊びの結果は苦い。[監脚]長崎俊一[主]玉置浩二, ラサール石井

『**るろうに剣心/明治剣客浪漫譚**』1997
人気連載の時代漫画。幕末, 凄腕の暗殺者の過去を捨て, 流浪の果てに人を殺めない心境になった天才剣士。彼を巡る恋あり冒険あり物語で文明開化の考察も真面目にされた面白い漫画である。メディアミックス展開され, アニメ劇場版の他に実写版も2本作られそれぞれが大ヒットしている。[監キャラ]辻初樹[アニメ原作]和月伸広[脚]大橋志吉

『**昭和エロ浪漫**』2006
同じスタッフで続編(2007)も作られた昭和を懐かしむソフトポルノ。[監]池島ゆたか[脚]五代暁子[主]春咲いつか(本作のみ)

『**アリーナ・ロマンス**』2007
アイドルオタクの物語。アイドルオタクにとって, コンサート会場のアリーナはアイドルとのデートの場所である。自らの経験で書かれたシナリオに現実感はあるが。[監脚]板垣英文[主]田中康寛

『**浪漫者たち**』2009
ドキュメンタリスト田中の, フィクション。古代礼賛の日本浪漫派から奈良霊山三輪山にたどり着く若い俳優の物語が, セミドキュメンタリー風に展開する。撮影は川上皓市。[監]田中千代子[脚]牧野圭祐, 金充洙, 田中千代子[主]

伊勢谷能宣

『**ハードロマンチッカー**』2011
在日韓国人2世の不良が主人公。暴力が日常にある。映画としての切れ味は良いのだが, 暴力シーンが, 多すぎる。[原監]グ・スヨン[脚]具光然[主]山田翔太, 永山絢斗

『**ロマンス・ロード**』2012
同じ男に棄てられた女二人と, 彼女たちが旅先で出会う恋愛小説家との奇妙なロードムービー。偶然が, わざとらしく見ない不思議な映画になっている。アンダーグラウンド系で認められた, まつむらしんごの作品。[監脚]まつむらしんご[主]中村はるな, 太田順子

『**ロマンス**』2015
小田急ロマンスカーのアテンダーが主人公。出会いが説明臭く, 映画に入りにくい。[監脚]タナダユキ[主]大島優子, 大倉幸二

『**ロマンスの神様**』2015
怪優我修院達也が, 監督した4つの短編。「ロマンスの神様」という名のBARに, 同じ題の小説でデビューし, ある日失踪した作者のファンたちが集まる。全く同じ話を4つのパターンで撮った奇妙な作品。パッとしない劇団員のエチュード演技を, 我修院がバーテン役で4話全部に登場し, メフィストの様にシェーカーを振り画面を締めている。[監]我修院達也[脚]金子嵩明

RONDE ロンド

輪舞曲の意味。音楽用語やシュニッツラーの本タイトルで知られる。

『家族輪舞曲』1989

椎名桜子が、自ら監督した映画。出版社が売り出しに大攻勢を掛けた事が、逆に反感を呼び第二の日本のサガンは誕生しなかった。プレイボーイの父が原因で、崩壊した家庭に暮らす女子高校生が主人公。オシャレな映画が、簡単には作れない見本のようである。なおLa ronde en familleとポスターにも載せられいる。[原監] 椎名桜子 [脚] 楢原尊信、椎名桜子 [主] 高取英南、奥田瑛二

『輪舞曲〜ロンド〜』2003

ミュージシャンの恋人を事故で亡くし現在は喫茶店の店長の仕事をしている女が主人公。巡りくる過去と現在の中で彼女は、また別のミュージシャンと恋をするが。[原監脚] 喜谷武靖 [主] 原田里香

ROUGE ルージュ

1948年から大流行した唄「星の流れ」は、主にアメリカ兵相手の街娼の唄である。その詞の中に"ルージュ哀しや唇かめば……"というフレーズがある。戦争中、化粧などは論外だった女性が、口紅を赤くひいて、雑踏に立つ。戦後の貧しさと哀しさが、象徴的に浮かんでくるフレーズだが、口紅は、そこではもうルージュになっている。ルージュは、現在では、本来の赤という意味でも、かなり浸透し

ていて、衣料品関係では、頻繁に目にする言葉である。

『ルージュ』1984

雑誌の企画として、一本の『ルージュ』というタイトルのレイプビデオに撮られている人妻を探すうちに、その女の人生に巻き込まれてしまうカメラマン。監督は、その後『ビー・バップ・ハイスクール』を大ヒットさせた那須博之、原作脚本が石井隆で、撮影が大ベテラン姫田真佐久と豪華な布陣である。日活ロマンポルノの枠ながら、普通作よりも予算がかなりかけられていて、その後に続く石井隆の"名美と村木"(この映画でも主人公たちの名前)のバージョンでもある。[監] 那須博之 [脚] 石井隆 [主] 新藤恵美、火野正平

『ルージュ』1999

職人井上のVIDEO作品。夫を殺された女の復讐譚。[監] 井上眞介 [脚] 井上鉄男 [主] 藤森夕子、夏生ゆうな

『ジェネラル・ルージュの凱旋』2009

緊急医療センターのスーパー医師と医療問題をテーマにした海棠尊のヒット小説からの映画化作品。TV版もあり、両方ヒットした。ジェネラル・ルージュとは、主役のスーパー医師のあだ名で"医療に当たる看護婦は緊急時こそ青ざめた顔ではなく、口紅を塗る余裕で患者にあたるよう"と、看護婦たちに、訓示した事による。[監] 中村義洋 [脚] 斉

藤ひろし、中村義洋 [主] 竹内結子、阿部寛

ROULETTE ルーレット

日本には、パチンコなる、限りなく射幸心を煽るゲームが全国にある。パチンコには根強いファンもいるが、社会的な悪影響も無視出来ず、いっそ、もっと公的なカジノを作ろうという動きがある。ロシアンルーレットは大ヒットした米映画『ディア・ハンター』(1978)によって、一般に広がった。

『青空のルーレット』2007

辻内智黄の小説の映画化。ビルの窓ふきをする主人公とまわりの人々の青春群像劇。[監] 西谷真一 [脚] 丑尾健太郎 [主] 塩谷瞬、貴地谷しほり

ROYAL ロワイアル

英語のロイヤルという方が一般的である。

『バトル・ロワイアル』2000

「ねえ、友達殺したことある?」というコピーで、中学生同士の殺し合うSF映画。大ヒットしたため、シリーズ化された。[監] 深作欣二 [脚] 深作健太 [主] 藤原竜也、前田亜季

『バトル・ロワイアル2』2003

原作から離れたオリジナル脚本。途中深作欣二が亡くなるというアクシデントがあったが、息子の健太が完成させた。[監] 深作欣二、深作健太 [脚] 深作健太、木田紀生 [主] 藤原竜也、前田愛

『年少バトルロワイアル』2010

『バトル・ロワイアル』のヒッ

トにあやかったもう少し大人なワルたちの少年院もの。[監]大月栄治[脚]松平章全[主]波岡一喜, 虎牙光輝

『新・年少バトルロワイヤル』2013

少年院を監獄島に変えて続けられたワルのサバイバル映画で, この後No.3まで作られた。年齢が, 年少とは言えない俳優が不気味。[監脚]山鹿孝起[主]中澤達也, 虎牙光輝

『琉球バトルロワイアル』2013

沖縄を舞台にしたアクション映画。主演は, ロス生まれの丞威で, 空手にダンスを入れた今風のアクションを見せる。明らかに深作ヒット作品にあやかる題名だが, 琉球武術と伝統舞踏へのオマージュ作品として, すっきりとした娯楽映画になっている。[監]岸本司[脚]榎本憲男[主]丞威

S

SALON サロン

一昔前は, 同好の集まりや, 社交場をさしたが, 現在はヘアサロン, エステサロン等美容系の店をさす事が多い。ピンクサロンは, ピンサロと呼ばれ, セックス産業の店の略称となっている。

『おさわりサロン』1977

日活ロマンポルノの一本。監督の白井は, キャリアの長い職人である。[監]白井伸明[脚]大原清秀[主]水城ゆう

『ピンクサロン好色五人女』1978

井原西鶴の「好色五人女」を, 現代のピンクサロンに置き換

えた田中登作品。なかなか客が来ない店を移動サロンにしようとする店長と落ちぶれて残った5人の女たち。田中登の名作群の中でも光る作品。[監]田中登[脚]いどあきお[主]青山恭子, 松田暎子

SILHOUETTE シルエット

美術用語として, 入って来た言葉。シルエットが良く出る, といった体形を指す服飾上の用語としても良く用いられる。

『シルエット/Silhouette』2008

音楽のみで字幕もないサイレント映画。田島は, 同じくサイレントで今度は字幕を入れた『ボレロ』で, 成長の跡をみせ一部で期待されている若手監督である。[監脚]田島基博[主]長澤つぐみ, 辻岡正人

T

TRAVAIL トラヴァイユ

「とらばーゆ」という就職情報誌から, あっという間に浸透したフランス語。

『とらばいゆ/Travail』2002→Ⅱ章 (ロメール)

U 該当作品なし

V

VACANCES バカンス

長い休暇の意味。1968年, 双子の女性コーラス, ザ・ピーナッツの「恋のバカンス」の超大ヒットで日本中に知れ渡った言葉である。

『バカバカンス』2008

ベテランから新人監督の多くの作品で助監督を務めた宮田宗吉の, 長編デビュー作。異色のロードムービーである。

タイトルは風間詩織が忌野清志郎の曲題から名づけたという。[監脚]宮田宗吉[音]丸山隆[主]須田邦裕, 奥田恵梨華

VALSE ヴァルス

フランス語でワルツの事をさす。明治時代「鹿鳴館」では, 盛んに「ウィンナワルツ」が踊られた。戦後は, ソシャルダンスの, 重要な競技種目のジャンルでもあるが, ワルツというのが, 一般的である。

『ラ・ヴァルス』1999

インテリ監督として有名な, 実相時昭雄 (1936～2006) の佳作。フランス語が堪能な, 実相寺らしくわざわざ仏語のタイトルにして, レイプの冤罪を描いている。ミステリアスな展開は『羅生門』を思い出させる。この作品は, ポルノ的に扱われているが, その域は完全に飛び越えている。淡海悟郎の音楽が良い。[監]実相時昭雄[脚]渋谷利秀, 実相時昭雄[主]鮎川真理

VERSAILLES ヴェルサイユ

世界史の授業で, 必ず登場するヴェルサイユは, フランス革命や, 豪華な城, しっかり, 一般に入り込んでいる地名である。

『ヴェルサイユのばら』→Ⅱ33 (ドゥミ)

VILLON ヴィヨン

日本語の例え話で, ～の妻という言い回しがある。山内一豊の妻といえば, 内助の功で有名な良妻である。西洋直輸入ではあるが, ソクラテスの妻といえば, 典型的な悪妻と

日仏タイトル往来

なる。フランソワ・ヴィヨン
は放蕩三昧の，不良文学者と
して知られてはいたが，ここ
まで日本で知れ渡ったのは，
1947年に出版された太宰治
「ヴィヨンの妻」があったか
らである。とても上手な題名
である。

『ヴィヨンの妻／VILLON』2009
太宰治のベストセラー。ぐう
たらな作家とその妻の物語。
作家は太宰自身である。［監］
根岸吉太郎［脚］田中陽造［主］
松たか子，浅野忠信

VISAGE ヴィザージュ
顔を表す言葉。日本語ではヴィ
サージュと発音する。店名など
には使用例があるが，一般的に
使用される言葉ではない。

『ヴィサージュ』2009
法で裁けぬ悪党を，成敗して
きた影の始末人たち一族の物
語。［監］賀川貴之［脚］賀川
貴之，中川勝之［主］南秀治，
磯貝竜虎

W 該当作品なし

X 該当作品なし

Y 該当作品なし

Z

ZAZIE ザジ
レイモン・クノーの原作脚本
をルイ・マルが監督した『地
下鉄のザジ』は1961年に日本
公開された。大ヒットとはい
えなかったが，それまで日本
にはなかった洒脱な展開の映
画であった。ルイ・マルの映
画の中では，異色作であった
が，コアなファンが多い。

『ZAZIE』1989
利重剛の初期の頃の作品。手
持ちのカメラと，ナイーブな
伝説のロックシンガーの心情
とが溶け合い，青春が，みず
みずしく描けていた。ZAZIE
は主人公のニックネームであ
る。［監脚］利重剛［主］中村
義人，宮崎萬純

ZIGOMAR ジゴマ
『怪盗ジゴマ』→Ⅱ 04（ジャッ
セ）

日仏ヒット作品往来

映画がヒットするには，まず宣伝の力が大きいが，それ以外にも様々な要因がある。そのヒットの規模にもよるけれど，大ヒットともなれば，社会的な意味合いまでもが考察され，仕事関連で見ていないでは済まされないという立場の人もいるし，とにかく，知らないと時代に取り残された様な気になってくる。フランスにおける超大ヒット作品（例えば『Bienvenue chez les Ch' tis』）が，日本で公開されていない作品も多数あり，その中には，宣伝の工夫次第で，当たるのでは？と思われる作品も多々あるのが口惜しく思える（逆も全く同じ）。

フランスにおける大ヒット日本映画，日本におけるフランス映画を見てみると，マスコミの大宣伝以外にあきらかにクチコミから人気が出た『アメリ』の様な作品もあり，興味が尽きない。だからこの項は，この本のテーマである，日仏映画往来という意味で一番てっとり早く解り易い項かもしれないのだが，正確な記録を表記するのは実は非常に難しい。まずフランスでは興行収入が公にされず，入場者数でヒットを測り，日本では，興行収入で見てゆくという大きな違いがある。そして戦後の約70年間のだけでも経済状況が，貨幣価値，入場者数の観測法とその精度，がそれぞれの国の中でもあまりにも激変し，単にある数字を並べてもあまり意味がないのである。

戦前日本での大ヒットフランス映画は，『ジゴマ』『パリの屋根の下』『巴里祭』と，あっという間に多くの映画が挙るが，現在これらの映画を，どれが一番ヒットしたかと比較できる資料は残されていない。

一方フランスでの日本映画に関しては，戦前は公開された作品だが非常に少なくてヒットは考え難い。日本映画が本当に認知されたのは戦後の事でヒット作品は，決定的にカンヌ等の映画祭に影響されている。読者には，ざっくりと見ていただくことをお願いしたい。なお資料としては，フランスにおける日本映画は，Caroline MAUFROIDの論文ノート，BOXOFFICE資料，ジェトロ資料，日本におけるフランス映画は，ユニフランス資料等を参考に使用している。

日仏ヒット作品往来

◇日本における大ヒットフランス映画
—

日本における大ヒットフランス映画は、ユニフランスの情報でも、あるものと無いものがあり、過去にさかのぼり同じ土俵で比べる事が難しく、下のリストは、ここ20年ぐらいという大枠で捉えてある。データーが無い映画も多く、今後の研究者にお願いしたいところだが、難易度は高い。不完全な資料だが、それでも、アメリカが加わった大規模な合作や家族向けが強い事がよくわかる。これは、宣伝の量とも直結しているが、逆に従来のフランス映画らしいフランス映画が、宣伝費はアメリカ映画程かけず、クチコミ的に広がった『アメリ』の健闘は、アメリカ的映画にあきあきしている人たちもいるという事であろう。以前は、ベルモンドで大ヒットした『リオの男』の様な、小気味良いアクション映画の流れは、"Taxiシリーズ"にも繋がっていて、それにミステリー味を加えた、日本人が大好きなジャン・レノ主演の『クリムゾン・リバー』のヒットは解り易い。　戦前も含めて、ポピュラーな文学作品では、『にんじん』、『赤と黒』、『居酒屋』、エロティックが売り物の『情婦マノン』や『エマニュエル夫人』、スター中心で見れば、ギャバンの『望郷』、『現金に手を出すな』、ドロンとの『地下室のメロディー』、ドロンには沢山のヒット作があるが、その中でも『太陽がいっぱい』、『冒険者たち』。カトリーヌ・ドヌーヴの『シェルブールの雨傘』。その他名作といえば、『パリの屋根の下』『巴里祭』『天井桟敷の人々』『禁じられた遊び』。サスペンス物ではクルーゾーの2作『悪魔のような女』『恐怖の報酬』、家族向けでは『沈黙の世界』。ざっと思い浮かべてもこれ等の映画は、大ヒットの範疇に十分入ると思われる。

『戦場のピアニスト』2003（仏独波英）34.5億円

『オーシャンズ』2010/ドキュメンタリー 25.0億円

『最強のふたり』2013/16.5億円

『クリムゾン・リバー』2001/15億円

『愛人／ラマン』1992（仏英）10億円

『アメリ』2001/16億円

『アレキサンダー』2005（米仏独蘭）12.3億円

『Taxi 2』2000/13億円

『皇帝ペンギン』2005/10億円

『トゥー・ブラザーズ』2004/（英仏）7.9億円

『Taxi 3』2003/5億円

『ココ・アヴァン・シャネル』2009/5億円

◇フランスにおける大ヒット日本映画
—

フランスにおける大ヒット日

『愛のコリーダ』仏公開1975

『戦場のメリークリスマス』
仏公開1983

『千と千尋の神隠し』仏公開2001
© スタジオジブリ

『キングコングの逆襲』仏公開1968

II

『デルス・ウザーラ』仏公開 1976

『戦場のピアニスト』日本公開 2003

『皇帝ペンギン』日本公開 2005

『TOKYO オリンピック』仏公開 1965

『オーシャンズ』日本公開 2010

『アレキサンダー』日本公開 2005

『天空の城ラピュタ』仏公開 1986©
スタジオジブリ

『最強のふたり』日本公開 2013

『トゥー・ブラザーズ』日本公開 2004

『秦・始皇帝』仏公開 1964

『TAXI2』日本公開 2003

『ココ・アヴァン・シャネル』
日本公開 2009

日仏ヒット作品往来

本映画は、大島渚の劇映画がかろうじて上位10本のトップの2本を占め、その後はジブリのアニメ作品が半分を占め、そこに衣笠、市川、黒澤といった巨匠の作品が入る事になる。VIDEO, DVDは含まれていないけれどこのリストを見ていると、つくづく家族連れで行けるアニメの強さと同時に、フランスで当たったという名文句で日本で宣伝された作品も、実は必ずしも興業的な成功ではなかった事が良く解る。小津安二郎の一番のヒット作は『秋刀魚の味』(1962)で、1978年に公開されているが、動員は127,410人。1980年になってやっと公開された代表作『東京物語』(1953)は、85,612人。溝口健二の一番のヒット作は『雨月物語』(1953)で、260,274人。成瀬巳喜男は、『あにいもうと』がトップで、240,439人。小林正樹のトップは『切腹』(1963)で436,160人……。

　他には、寺山修司『上海異人娼館』(1981)が、414,631人、勅使河原宏『砂の女』(1964)160,999人となっている。北野武は、日本で思われているほどの動員力は無く、一番ヒットした『菊次郎の夏』(1999)が872,123人、『HANABI』(1998)は247,892人で、あとは何千人単位の作品も多い。しかし、これはまだ良い方で、カンヌ映画祭の度に話題になる河瀬直美や、諏訪敦彦、黒沢清などの秀作は、一部の例外を除いて、かなりの作品が、10,000人の動員も難しい現実がある。が、これは監督だけの責任ではない訳で、日本も何か手を打つべきだと思わずにいられない。

( )内はフランスにおけるタイトル

『愛のコリーダ(L' Empire des sens)』1975/1,734,616人

『戦場のメリークリスマス(Furyo)』1983/1,581,415人

『千と千尋の神隠し(Le Voyage de Chihiro)』2001/1,240,000人

『地獄門(La Porte de l' enfer)』1954/1,210,432人

『キングコングの逆襲(King-Kong s'est échappé)』1968/1,014,593人

『TOKYOオリンピック(Tokyo Olympiades)』1965/1,000,000人以上

『ハウルの動く城(Le Château ambulant)』2004/1,000,000人以上

『デルス・ウザーラ(Dersou Ouzala)』1976/994,988人

『借りぐらしのアリエッティ(Arrietty, le petit monde des chapardeurs)』2010/933,685人

『影武者(Kagemusha, l'ombre du guerrier)』1980/904,627人

『天空の城ラピュタ(Le Château dans le ciel)』1986/900,000人以上

『崖の上のポニョ(Ponyo sur la falaise)』2008/897,147人

『楢山節考(La Ballade de Narayama)』1983/844,292人

『ゴジラ(Godzilla)』1957/835,511人

『乱(Ran)』1985/813,200人

『秦・始皇帝(La Grand Muraille)』1964/776, 225人

『裸の島(L' Ile nue)』1960-1961/755,761人

『キャプテン・ハーロック(Albator, corsaire de l' espace)』700,000人以上

III章

人物往来

一般大衆は，ほとんどが，映画を見る場合，出演するスターの名前や評判で映画館に足を運ぶ。だから映画スターは，時代が変わっても，求められ続ける。しかし日本には，現在映画スターはいない。かつて，映画が全盛だった70年頃までは，映画にしか出演しない映画スターが，確かに存在したが，2014年高倉健の死によって，日本の映画スターは絶滅した。すっかり小粒になった日本のスターは，ＴＶスター，ＣＭスターであり，そのＣＭ企業が，その主演の番組のスポンサーであることが良く有る。フランスでは，多分考えられない事だろうが，貧しい薄幸なヒロインをＴＶで演じている女優が，ＣＭ時には豪華な服をまとい洒落た部屋で，にっこり笑って登場する情況は，けっして珍しい事ではない。

　日本で，フランスの映画スターに人気があった時代は，ＴＶが登場する前の，映画が良く鑑賞されていた時代である。だから，ここで登場するフランスの映画スターも，70年頃までのスターが中心である。現在日本で人気のある数人のフランス映画スターも，ＣＭに登場する事によって人気が測られ，日本という市場に限っては，それは逆に出演映画公開の為の良いプロモーションになっている。現在，日本は，圧倒的にアメリカ映画との交流が多く，アメリカのスターがＣＭに登場する事が多いが，ここにも世界的な映画産業の仕組みと日本の状況が，はっきりと表れていると言えるだろう。

　かつて日本は無声映画に女形が出演した時代があり，その後日本人が異国人に扮した映画も沢山ある。間に合わせに何かの都合で来日していたアメリカ人を，フランス人のギャングにしてしまう様な事は日常茶飯事であった。しかしフランスでも実は，その辺はどうにもいい加減で，日本人の代わりに中国人を使ったりするし，ある時はフランス人をメーキャップで日本人に見せてしまうという事もある。言葉等はもっと酷く，吹き替えが主流であったフランス映画で（最近は変わってきているとはいっても……），例えばベッソン製作の『WASABI』で東京の登場人物が全員フ

III

ランス語を話すのには大きな違和感を覚えた。

　日本映画に出演したフランス人，逆にフランス映画に出演した日本人
……大体，外国の映画に出演するという事は，外人としてその国のイメ
ージを代表してしまう事が多いものであるが，私たちは大体にして，大
なり小なり物事をステレオ的に従える傾向がある。解っていながらカリ
カチュアされる場合もあるが，映画に登場する外国人の在り方は，その
映画の監督の世界観を見る事でもあり，何とも興味深い。国際化が進み，
日仏映画共に，不自然な登場人物が減ったが，それでも根の部分はあま
り変わっていない気もする。とにかく外人として登場する場合，当然ネ
ガティブに型づけられる場合は悪役で，ポジティブな場合は恋愛の相手
等ロマンスがらみが多い。

　この章はスター俳優（本国よりも圧倒的に日本で知られていてファンクラブま
であった俳優もいる）が中心ではあるが，追補では，端役の映画出演も極力
取り上げてある。また他に，撮影，美術，衣裳等のいわゆるスタッフ側の
重要人物にも頁を割かせていただいた。

ジャン・ギャバン

III-01

Jean GABIN

1904–1976

　ジャン・ギャバンは，『望郷』が1939年に公開されて以来，日本での人気が決定的になった。決して美男ではないが，寡黙な男らしさ，戦前のフランス映画のイメージを決定した『巴里の屋根の下』から続くパリの下町感を持っていた。1956年公開の『ヘッドライト』は，その延長にある作品である。ギャバンの渋さと当時コケティッシュな魅力で大変に人気のあったフランソワーズ・アルヌール の共演で大ヒットし，沢山の彼の名作の中でも，とりわけ日本人に愛されている。監督のヴェルヌイユ は，日本の中ではギャバンやドロンの名前に隠れて，デュヴィヴィエやカルネの様なスター監督では無かったが，この映画のほかに『地下室のメロディー』(1963年公開)，『シシリアン』(1970年公開)等のギャバンとのコンビ作は全部がヒットしている。『ヘッドライト』は本国では，あまり評価されなかった様だが，日本人のセンチメンタリズムに波長が合い，泣ける映画として何度もリバイバルされた。一歩間違うと汚らしくなる可能性がある親子程年令の違う哀しい恋愛が，これほど受けたのは，ギャバンの抑えた演技と小柄なアルヌールのいじらしさと，主題歌の力があった。ジョセフ・コズマの哀切な現代楽器使用の主題歌は，ラジオ番組から火がつき大ヒット。日本のヨーロッパ映画音楽集には度々録音されている。

　パリ風洗練も，ギャバンの持ち味である。芸人だった両親を見て育ったギャバンは，踊りが得意で歌も歌えるボードビリアンが最初のスタートである。ジョゼフィン・ベーカーと共演した『はだかの女王』(1934)で，その頃の姿を見る事が出来る。巴里の寄席の脚光を十分知っているギャバンだから，『望郷』のハイカラヤクザが板についていたのだ。

　彼の人気の長さは，驚異的である。戦前のデュヴィヴィエ，カルネと名匠の作品で主役を演じたこともあるが，戦後ジャック・ベッケル の大傑作『現金に手を出すな 』(1955年公開)が公開されたあたりから，フィルム・ノワールの流れに乗って，ギャング役，真逆の刑事役と，すっかりその代表になっていった。日本でも戦後ヤクザ映画の流行があるが，さしずめフレンチヤクザのイメージは彼に極まるだろう。

III

1 |　PIERRE LARQUEY · YVETTE LEBON · MARCEL VALLÉE　　　　　　| 2

　『望郷』の頃の汗くさいイメージも，カシミアの似合う大人の魅力に代わり，亡くなるまでずっと日本人に愛され親しまれていた。

　現在は，もうこういった良き巴里の臭いがしみついた大人の俳優が，それ程，人気があった事を知る人は少ないし，又彼のような俳優は二度と出現しないような気もする。ところが，意外なところでギャバンの名前は，現代にも通じていた。1982年から1983年にかけて，テレビ朝日で公開された特撮ドラマ「宇宙刑事ギャバン」である。ポスト「仮面ライダー」として企画されたこのドラマは，44回連続放映され，回を追うごとに人気が出た。銀河警察の刑事とは，銀河連邦から地球に派遣された刑事で，その日本担当刑事にギャバンの名が，オマージュを込めて冠された。その上，シャリバン，シャイダーとギャバンの後輩刑事が登場し，「宇宙刑事シリーズ」となっていった。このシリーズは根強い人気があり，刑事ギャバンは復活し，2012年には劇場版『宇宙刑事ギャバン』の登場作品が2作公開されている。又，1987年にアメリカで作られたポール・バーホーベンの『ロボコップ』は，デザインの引用を許可されて作られた。

　なおジャン・ギャバンの作品はほとんど全部公開されているが，意外に歌手であった側面は日本では知られていない。

　　　　　　　　　　　　　　　　　　＊

1 |　『はだかの女王』1934，ギャバンはレビュー芸人の息子で，踊りも唄も得意だった事は，意外に知られていない。
2 |　『現金に手を出すな』1954，ギャバンの人気の質はハンフリー・ボガードに対置していた。パリ生まれの彼は良き下町の粋を知っていた。

Jean GABIN

3 |

| 4

　また代表作『望郷』に関しては沢山の翻案映画が作られているが，個々の作品は，デュヴィヴィエの項で触れている。日本人の心情を捉えるペペ・ル・モコに重ねたギャバンの人間的可愛さを，現在に捜せば，まさしく過ぎし時代への望郷の念を禁じ得ない。

J・ギャバンの影響
―
『宇宙刑事ギャバン』1982–1983 テレビ朝日／アニメ
44回連続のアニメ（ポスト仮面ライダーとして企画された）。主役の銀河警察の刑事の名に，ギャバンへのオマージュを込めて冠された。仲々

のヒットアニメでパチスロからフィギア，携帯ストラップにまでなっている。地球名は一条寺烈。

『海賊戦隊ゴーカイジャー VS宇宙刑事ギャバン　THE MOVIE』2012
特撮人気シリーズのゴーカイジャーにギャバンが復活し

て，激突する。[監]中澤祥次郎[脚]荒川稔久[主]小澤亮太

『宇宙刑事ギャバン　THE MOVIE』2012
上記作品の後を受けた作品。新ギャバンが登場する大作。[監]金田治[脚]小林雄次[主]石垣佑磨

・

3 |　『宇宙刑事ギャバン』（実写版）2012，2代目を初代が助ける。『スター・ウォーズ』も少し頂いた子供向け映画。
　　　遊園地イベント風衣装がチープ。
4 |　『宇宙ギャバン』（フィギュア）俗に云う"変身ロボットもの"だが，パチスロ，フィギュア，携帯ストラップにまで，
　　　"ギャバン"は変身した。© （株）バンプレスト／作 のなかみのる

III

ジェラール・フィリップ

Gérard PHILIPE

1922–1959

　ジェラール・フィリップは，正統派の2枚目として50年代フランス男優の中で，日本で一番人気があった。戦前からのフランス男優の人気は，ジャック・カトラン，シャルル・ボワイエ，ジャン・マレーと続き，戦後ジェラールにバトンタッチされた。(そしてそれはアラン・ドロンに繋がってゆく……) 大体2枚目俳優は，大根と評されてしまう事が多かったが(ボワイエ，マレー，ドロンも，最初そう云われた)ジェラール・フィリップに限っては，演技もきちんと評価されての人気であった。彼が決定的に日本女性のハートをつかんだのは『肉体の悪魔』(制作1947/日本公開1952)で，その翌年『夜ごとの美女』を持って第一回フランス映画祭に来日した時には，王子様来日ということで大騒ぎになった。同じ頃，日本映画界では，岡田真澄という二枚目のハーフの俳優を，和製ジェラール・フィリップ，愛称をファンファン(花咲ける騎士道の役名)として売り出している。彼の映画は，その後続々公開されたが，ルネ・クレールとの『悪魔の美しさ』(公開1951)，『夜ごとの美女』(公開1953)，『夜の騎士道』(公開1956)，そしてC・オータン＝ララの2作のスタンダール作品『パルムの僧院』と『赤と黒』が，忘れられない。特に長尺ながら，『赤と黒』は，何度もリバイバル公開されている。ジャック・ベッケルの名作『モンパルナスの灯』(制作公開1958)も，モディリアーニの知名度と彼の人気で，大ヒットした。突然の彼の死は，多くのファンを悲しませたが，その存在は伝説化して何度も旧作がリバイバルされ，『白痴』(1945)も遂に1998年に公開された。現在ではほとんどの彼の作品がＤＶＤ化されている。特に2012年は，彼の生誕90年で，ジェラール・フィリップ映画祭が催され初めて彼の魅力を知った若いファンを獲得している。

　また，第一回フランス映画祭に言及すると，この仏映画祭というのは，ちょっと解りにくく，横浜だ東京だと場所が変わる度に，第一回"フランス映画祭"の冠がつき最近の安定したフランス映画祭になるまでに，何度もの曲折があった。1953年の映画祭は文字通り戦後初めてのフランス映画の大イベントで，10月18日から24日迄日仏文化協定記念として，ユニフランスと配給業者東和が音頭を取った。東和の川喜田長政，かしこ夫妻は，仏映画輸入を語る時に，欠く事の出来ぬプロモーターであり，プロデューサーであるが，この時も，成功実現の為に多大

な尽力を尽くした。アンドレ・カイヤット，シモーヌ・シモン（戦前『乙女の湖』で人気が出た女優），そして，ジェラール・フィリップがゲストであった。この時のジェラール・フィリップの逸話が，幾つか残されている。ジャーナリストからのどんな映画を見たいか？という質問に"独立プロの作品"と答え，黒澤の『虎の尾を踏む男たち』(1945) や，今井正の『どっこい生きている』(1951)，『ひめゆりの塔』(1953)，山本薩夫の『箱根風雲録』(1952)，『真空地帯』(1952)，亀井文夫『女ひとり大地を行く』(1953)，山村聡『蟹工船』(1953)，谷口千吉『赤線基地』(1953) !! これだけの映画を，インタビューをこなしながら見たという。脱帽ものである。ほとんどが海外に紹介され難い地味なテーマや左翼系の監督の作品であるがフランスに戻ってからイタリアのネオリアリズムを例にしながら，映画の一本ずつを解説したという。彼はまた，記録映画のヨリス・イヴァンスを補佐に映画を監督もしている。『ティル・オイレンシュピーゲルの冒険』(1956) である。この映画は，ビデオ発売と数日間特別上映されたのみで，一般公開はなかった。ジェラールは，この14世紀ドイツに実在したというトリック・スター（体制批判なども，大目に見られた道化師的芸人）を，16世紀のオランダ独立戦争に置き換えて，自ら歌い踊っている。この映画の奥には，相当きつい体制批判の精神が見える。

*

1 ｜ 『花咲ける騎士道』1952，ファンファンのファン激増。娯楽大作に徹したＣ＝ジャックも見事。
2 ｜ 『モンパルナスの灯』1958，Ｊ・フィリップは肝臓ガンで36才で亡くなった。夭逝したモディリアーニが35才……偶然とはいえ不思議である。

III

イヴ・モンタン

Yves MONTAND

1921–1991

　ジョルジュ・クルゾーの大傑作『恐怖の報酬』でイヴ・モンタンが日本に登場したのは，1954年の事である。それまでに彼の歌手としてのアルバムは既に何枚か発売されていて，「枯葉」も大ヒットしていた。そこに『恐怖の報酬』の登場で，いきなり歌手の余技どころか，本物の俳優モンタンを見て，びっくりした人も多かった。アズナヴールもそうであったが，どちらかというと歌手だったアズナヴールと比べると，モンタンは，歌手と役者の，両方が素晴らしいスーパースターであった。モンタンは，第3回(1989)東京国際映画祭の審査委員長を務めているが，肩書は，《歌手・俳優》となっている。

　彼の俳優としてのキャリアを振り返ると，ヒット作の多さとその水準の高さに驚かされる。演じた役も実に幅広い。モンローとの『恋をしましょう』(公開1960)，レネ『戦争は終った』(公開1967)，ルルーシュ『パリのめぐり逢い』(公開1968)，『Z』(公開1970)等のコスタ＝ガヴラス作品，『夕なぎ』(公開1976)等のソーテ作品，そうして遺作のベネックス『IP5 愛を探す旅人たち』(公開1993)まで，出演した映画の80％は日本で公開されている。アメリカ映画進出以降，役柄としては中年のもて男が多く，飛び抜けた変質者の役などは，一切やっていない。お国柄の違いか，一般に若い層向けの映画に力を入れる日本では，大人の俳優が主演する映画は作りにくい。ましてや老年でも主役を張れる俳優は，数えるほどもいない。だからモンタンの様な俳優の出る大人の映画は，別世界の様に見える。モンタンは，中年が老年になってもその死ぎりぎりまで，味のある男性像を演じて見事であった。『ギャルソン！』(1983)等は，その代表作といえよう。

　歌手としてのモンタンは，『シャンソン・ド・パリ』(公開1958)で初めて，日本のファンの前に登場する事になった。モンタンとシモーヌ・シニョレ夫妻は，大物のフランス共産党員である。この作品は，同士を歓迎する熱狂的な観衆が印象的な，ソビエト公演のドキュメンタリーだったが，イデオロギー問題など気にもせず日本のファンは何度も劇場に通い，増々来日公演を待ち望んでいた。1961年には，ジャック・カーディフ監督，シャーリー・マクレーン主演のハリウッド映画『青い目の蝶々さん』のロケで来日して，約2か月間，東京や京都に滞在している。

Yves MONTAND

1 |　　　　　　　　　　　　　　　　　　　　　　　　　　2 |

歌手として，とうとう彼が初来日したのは，1962年の事で，世界の恋人の公演として大きな話題になった。彼は，日本の古謡「さくら」と「枯葉」を日本語で唄い観客を喜ばせている。人々は改めて彼のステージの完成度に，照明から音響にまで行き届いた本物の芸に完全に魅了された。その後，彼のステージは，伝説となり再来日が熱望されていたがなかなか実現せず，上述の沢山の映画と沢山のアルバム，そして，時々ＴＶで放送されたコンサートのドキュメンタリーで満足する他なかった。やっと，彼の2度目の日本公演が実現したのは，1982年で，最初の公演から20年の歳月を経ていた。20年前の感動をもう一度と思う人，そうして，その子供たち，伝説を見たい人，それだけで15,000円という当時としては決して安くない切符は，あっという間に売れてしまった。しかし，モンタンは，入場料が高くて買えない学生の為に何と入場料3000円の公演を一回プラスしたのである。唯ギャラの為だけに来日している多くの外国人アーティストの中で，こんな事をした人は聴いた事もない。ステージは，毎回通いたい程完成された見事な舞台であった。今後も，歌手として俳優として，イヴ・モンタンの名はずっと語り継がれて行くだろう。

*

1 |　『Z』1969，コスタ・ガヴラスの郷土愛とセンプランの脚本，製作も兼ねた」・ペラン・・フランス映画の良心が産んだ傑作。
2 |　ギャルソン』1983，イタリア系の貧しいが仲間意識の強いギャルソンは，モンタンと等身大。代表作は，コム・デ・ギャルソン。

III

ジャン＝ポール・ベルモンド

Jean-Paul BELMONDO

1933–

　J＝P・ベルモンドは，ゴダールの『勝手にしやがれ』(1960) で，映画と一緒に鮮烈な印象を与えた。日本では太陽族以降，“〜族”という若者たちのグループが次々と登場していたが，総じれば，戦後の怒れる若者たちの社会へのアプローチであった。映画の主人公の無軌道な生き方は，実際には同じことは出来なくても，当時の若者の同時代的共感があった。もうすでに日本的なブルジョワは再登場していたし，学歴社会のレールは敷かれ，だからこそアウトローへの憧れもあったのだ。ベルモンドは圧倒的に男性に好まれ，丁度同じ時期に，ぐんぐん人気を上げたアラン・ドロンが女性に好かれるのと反対の位置にいた。日本人から見た西洋人の美醜基準ではハンサムとは云えないベルモンドを“じゃがいもフェイス”と評したジャーナリストもいる。『大盗賊』(公開 1961)『リオの男』(公開 1963)『ある晴れた朝突然に』(公開 1964) と次々彼のアクション映画が公開され，その他に『雨のしのび逢い』(公開 1961)，『ビアンカ』(公開 1961)，『ダンケルク』(公開 1964) と，演技的な幅も見せて，再びゴダールと組んだ『気狂いピエロ』(1965) が出た頃が，彼の日本での人気のピークであった。ドロンが陰なら，ベルモンドは陽。ドロンが素敵なら，ベルモンドは格好いい。ベルモンドは二枚目半のポジションをぐんと拡げたスターであった。

　特に『リオの男』は，ベルモンドの日本公開作の中で一番観客を集めた映画である。007 等スパイ物が流行りだした時期で，日本映画もスパイ，アクション物を連発した。この映画のベルモンドは民間人で，スパイでも泥棒でもないが，「ルパン三世」の原作者モンキー・パンチは，主人公の飄々としたキャラに投影したと語っている。

　ベルモンドにとって『リオの男』の功罪は，彼のイメージを，アクションに，完全に定着させてしまった事にある。そのフィルモグラフィーを見ると，様々な役を取りまぜてバランス良く出演しているが，日本の一般大衆はベルモンドをアクション映画の中で見たかった様である。後半，非常に渋い名優になっての作品は，映画産業の衰退もあり公開されてもヒットしていない。70 年代に入ってから，ドロン共演の『ボルサリーノ』のヒット等はあったが，その人気は下降していった。

Jean-Paul BELMONDO

1|　リオの男

2|

　彼は，1992年に『シラノ・ド・ベルジュラック』の上演で一度だけ来日して，往年のファンを喜ばせている。

『リオの男』の影響
—

『100発100中』1965
『100発100中 黄金の目』1968
この作品には007, ファントマ，OSSも混ざっているが，特に一作目は，テンポ感や主人公のキャラクターが『リオの男』を真似ている。[監]福田純[主]宝田明, 浜美枝（第一作目）前田美波里（第二作目）

『大冒険』1965
クレージーキャッツ結成10周年記念として『リオの男』の日本版を狙って作られた。[監]古沢憲吾[主]クレージーキャッツ

ベルモンドの影響
—

ベルモンドは多くのマンガ，劇画等で，その名を使われている。「悪魔城ドラキュラ」というヒットゲーム・ソフトでは吸血鬼一族の名前にされている。クリエイターが，若い頃に『気狂いピエロ』等でベルモンドのファンだった，といったケースが多い。

『ウルフガイ 燃えろ狼男』1975
[監]山口和彦[原]平井和正[脚]神波史男[主]千葉真一，曽根晴美

『SPACEADVENTURE コブラ』1982
[監]出崎統[原]寺沢武一[脚]寺沢武一, 山崎晴哉[製]東京ムービー

『ベルモンド Le VisiteuR』2007
「ベルモンド Le VisiteuR」は，2007年からコミック雑誌に連載された17世紀フランスが舞台の連載ものである。「モンテクリスト伯」と「三銃士」と「サレムの魔女」が，一緒になったような話で，様々な処にフランス語の名詞が登場する。[劇画]石岡ショウエイ

*

1|　『リオの男』1963, 運動神経抜群のベルモンドならではの, サスペンス劇。日本の活劇映画への影響は, 無視出来ない。

2|　『大冒険』1965, 人気歌謡グループの, 十周年記念映画。ワイヤーアクションや特撮使用の『リオの男』の日本版。

III

3 |

| 4

5 |

| 6

3 | 『100発100中』1965，アンドリュー星野という，仏人と日本人のハーフの殺し屋が主役のスパイアクション。

4 | 『ウルフガイ　燃える狼男』1975，平井和正の漫画原作「ウルフガイ」の犬神明は人狼。モデルはベルモンドである。映画版は千葉真一が演じた。

5 | 『シラノ・ド・ベルジュラック』1992，ドロンといつも比べられたベルモンドの遅すぎた来日公演。ベルモンドの品の良さが出ていた。

6 | 「ルパン3世」（フィギュア），長い手足のバランス，飄々とした個性，日本漫画アニメ史上欠かせないキャラはベルモンドから生まれた。© MP／T・N／作 モンキー・パンチ

Jean-Paul BELMONDO

アラン・ドロン

Alain DELON

1935−

　アラン・ドロンはジェラール・フィリップとの世代交代のように日本のスクリーンに現れ，1960年代から20年近くも外国人気俳優のトップ10に顔を出す程，日本では長い人気があった。ある時は日本人の為に映画を作っていると云われる程で，来日も多かったし幾つかのＴＶ番組にも映画の宣伝で出演している。茶の間への浸透度は深く，今でもフランスの二枚目俳優といったら日本人はすぐ彼を思い浮かべるだろう。彼の作品は90％以上日本でも公開されており，しかも大ヒット作が多い。デビュー時代はまだ日本の映像娯楽は映画であったが，やがてすぐＴＶの時代になって，そこでも彼のＣＭが大量に流されていった。彼の代表的なＣＭはダーバンというレナウンの紳士服ブランドで，1971年からかなり続いたがこれは三船敏郎が取り持ったそうである。その後彼は，流行歌のタイトル（1977年アイドル歌手榊原郁恵が唄った「アル・パシーノ＋アラン・ドロン＜あなた」）にもなった程の知名度を巧みに活用して，自分自身をブランド化して，そのライセンスを売れるだけ売った。香水からスーツ，ベルト，バッグ，果ては彼に会う為の日本からのツアーまで，良い意味でも悪い意味でもそれはアラン・ドロン商法とまで云われている。彼のマフィアとのスキャンダルは，人気故に相当騒がれたが，日本では人気にそれ程影響があったとは思えない。しかし80年代，彼の加齢というよりも，フランス映画自体が，日本のメデイアの中で，どんどんマイナーになり，彼の人気だけでは集客出来ない状況になり，だんだんと伝説的存在になっていった。2007年には日本の人気アイドルグループSMAPの特番に登場し，久々に日本のファンを驚かせている。フランスでは，あまり良いイメージを持たれぬドロンだが，日本ではカリスマである。これまでの長い歴史の中で純粋な日本映画に一本も出演していないのが不思議なほどである。

　ドロンの出演した映画は，日本の映画に沢山の影響を与えている。特に『太陽がいっぱい』は，彼なくしてはの映画であった。そして，俳優としては，彼が，ただの二枚目スターから演技者に変わった，極めて重要な作品であった。他に触れなければならない秀作群『地下室のメロディー』『冒険者たち』『サムライ』『さらば友よ』はそれぞれ監督の項で取り上げてあるのでそちらも御参照願いたい。

1 |

| 2

『太陽がいっぱい』（日本公開 1960）の影響

—

ドロンと云えばこの作品、と云われる程日本で大ヒットした作品。→Ⅱ20（クレマン）

『暴走の季節』1976

岩城滉一という暴走族出身の俳優をドロンに見立て，金持ち役（M.ロネ）を志垣太郎，それにラフォレ役は中島ゆたかが露出度たっぷりに演じた。[監脚]石井輝男[主]岩城滉一，中島ゆたか

『地下室のメロディー』1963 →Ⅱ22（ヴェルヌイユ）

『サムライ』1967→Ⅱ21（メルヴィル）

『さらば友よ』1968→Ⅰ30（ジャプリゾ）

★

参考｜A・ドロンの出演したＣＭ

ドロンは日本でのＣＭの出稿量が多いため，沢山の企業と組んだかに見えるが，レナウンのダーバンとマツダのカペラのみだと思われる。（紙媒体のみは除く）レナウンの高級服ダーバンは，約10年続いた名ＣＭで，中年のドロンとヨーロッパセレブライフの魅力が詰まっている。マ

ツダのカペラは，1982年にモデル・チェンジした時に，ドロンが，メイン・キャラクターとされ，これも約5年続いた。50代のドロンは，日本では高級車にピッタリのイメージだった。
「ダーバン」（1971初出／レナウン）
「カペラ」（1982初出／マツダ自動車）

★

参考｜A・ドロンのライセンス商品

アラン・ドロン商法と云われる彼の商品は，衣類，ワイン，食器，寝具，眼鏡etcとあきれる程多ジャンルに渡っている。当然日本だけではな

くアジア中東迄カバーしているが，ライセンス専門会社にきちんと管理されている。中でも有名なのは"サムライ"とつく香水類である。

*

1 ｜ 『太陽がいっぱい』1960，金持ちを見つめる貧乏青年とその間で揺れる美女という設定は類似ＴＶドラマを多く生んだ。

2 ｜ 『暴走の季節』1976，日本版『太陽がいっぱい』お嬢様暴走族が登場するハチャメチャ映画で，パロディとしか思えない映画である。

Alain DELON

3｜

4｜

5｜

6｜

3｜『ボルサリーノ』1970，製作もドロンが兼ねる。ドロンの貫禄が，ベルモンドへ配慮となっている。大ヒットで続編も作られた。

4｜『カサノヴァ最後の恋』1992，ドロンが老いたカサノヴァ。彼の映画演技は，難しい役の内面までを表現していた。

5｜「ダーバン アラン・ドロンのテーマ　D' URBAN, c'est l'élégance de l'homme moderne.」，これだけで映画にしたらよいのでは，と思える程素晴らしいＣＭ映像が残されている。

6｜マツダ カペラ　外車信仰の強い日本のユーザーも，ドロンの格好良いＣＭで，少しは日本車を見直す契機になった気がする。

ジャック・ペラン

Jacques PERRIN

1941–

　万年青年という言葉は，ジャック・ペランの為にある。彼は名作『靴を持った女』（公開1961）で日本に知られ，続く『家族日誌』（公開1964）で人気者になった。それ以前に公開されたアメリカ映画に『お茶と同情』（1957）というヒット作があるが，年下の青年を愛する女の映画で，男は強ければ良いという根強いマチズムに対抗して，繊細な男というものがそれ以降注目されるようになっていたペランは，正にその延長で人気が出た人である。ほとんどが女性ファンで，抱きしめてあげたい少年が彼のイメージであった。イタリア映画も力があった頃で，彼はイタリアの俳優だと思われながら，『堕落』（公開1969），『恋のなぎさ』（公開1964）と何本も似た様なタイプを演じたが，どれもが佳作で，その上演技も良かった。しかしその間にアラン・ドロンは続々とヒット作を出し，又，少し彼とイメージがだぶるルノー・ヴェルレーや，イタリアのレイモンド・ラブロックの登場で『ロシュフォールの恋人たち』（公開1967）以後，だんだん一般の話題には上らず，人気投票にはその名は見当たらなくなってしまった。コスタ＝ガヴラスの『Z』（公開1970），『戒厳令』（公開1973）は彼が製作もし，自らも出演していたが，内容が御婦人向きではなかったし，彼も，抱きしめてあげたい少年ではなかった。

　そして時は過ぎ，『ニュー・シネマ・パラダイス』（公開1989）が登場して，久し振りでイタリア映画の大ヒット記録を作った。考えてみるとペランは，イタリア映画と縁が深いのだが，数十年前に抱きしめたい少年を見ていた人で，この映画の製作者でもあるペランの大人になった姿を再確認した人も多い。それからのペランはプロデューサー，監督としての活躍が華々しく，『リュミエールの子供たち』（公開1995），『ミクロコスモス』（公開1996），『WATARIDORI』（公開2003），『オーシャンズ』（公開2010）と，役者としてではない彼の作品が日本でも次々と上映された。そして，映画に夢を持ち続ける本物の万年青年として新しいファンを獲得し，渋いポジションを占める事になった。

J・ペランの出演した合作作品　　『美しき運命の傷跡』2005→
—　　　　　　　　　　　　　　　Ⅱ補81（作品）

Jacques PERRIN

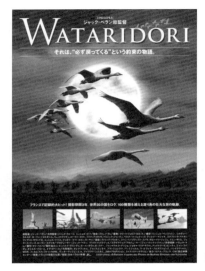

*

1 ｜ 『鞄を持った女』1961，育ちの良い少年が，兄が遊んで棄てた女に惚れてしまう……C・カルディナーレが忘れられない名画。

2 ｜ 『WATARIDORI』2001，鳥インフルエンザ被害者には過酷な映画。鳥にカメラを付けた映像スペクタクルショー。

3 ｜ 『ニュー・シネマ・パラダイス』1988，単館だけのロードショウで興行収入1位の記録を持つ催涙映画。

4 ｜ 『オーシャンズ』2009，J・ペランと息子の，最後の登場面が素晴らしい。彼の人間と映画に捧げた人生が，しみじみ伝わってくる。

III

ルノー・ヴェルレー

III-07

Renaud VERLEY

1945–

　洒落者ミッシェル・ボワロンが1969年に世に出した『個人教授』は都会コメディ映画の中でも抜群の出来と興行成績を残し，突然一人の人気スターを誕生させた。ルノー・ヴェルレーである。この人の人気は当時本当にすさまじく，この一作でアラン・ドロンに次ぐフランスの男優という事になってしまった。

　続いたボワロンとヴェルレー，フランシス・レイのコンビが放った『さらば夏の日』（公開1970）も又々大ヒット。ドロンの座にヴェルレーが坐るのではと思われる程の人気であった。『個人教授』も『さらば夏の日』も主題歌は大ヒット，日本語歌詞でカバーされ，映画を大いに盛り上げた。

　しかしその後，ヴェルレー人気は急に地味になっていく。その時フランス映画界で何があったのか，それともヴェルレー個人の問題なのか，ヴィスコンティの『地獄に堕ちた勇者ども』（1970）以降は，これはという作品も公開されなかった。そしていつの間にかヴェルレーは日本でもすっかり忘れ去られ，来日して主演した2作の日本映画がどれ程の人気だったかを語っているだけなのである。彼は現在，何処で何をしているのだろうか，人気とは無情なものである。

R・ヴェルレーの出演した日本作品

『愛ふたたび』1971
金沢の薬屋の娘がパリで仏人技師と恋に落ちるが，日本に帰国せねばならなくなる。男が日本に来る事で恋が再熱するが……。さすが市川崑で，しがらみの多い物語を，もつれさせずに撮っていた。問題は，脚本も担当した谷川俊太郎が，浜口庫之助作曲で入れた劇中歌で，J・ドゥミとM・ルグランの様にはいかず，鳥肌が立つ程ださい場面があった。浅丘ルリ子は仏語を頑張っていたし，ヴェルレーも役に合っていたのだが。浅丘の妹役で，その後日本映画の女優として欠かす事の出来ない桃井かおりが，スクリーンデビューしている。[監]市川崑[脚]谷川俊太郎[主]浅丘ルリ子，（R・ヴェルレー）

『恋の夏』1972
『愛ふたたび』の翌年，再びヴェルレーが主演した映画，今回の役は動物学者で，親友の恋人（小川知子）と恋に落ちる。小川の役が女優なのだが，互いの言葉がよく解らない設定である。脚本は名手・山田信夫だが，かなり複雑な背景となっており恩地日出夫は完全にはさばき切れず残念作に終わっている。[監]恩地日出夫[主]小川知子，（R・ヴェルレー）

Renaud VERLEY

475

1 |

2 |

3 |

4 |

*

1 | 『個人教授』1968，1968年暮れからの大ヒット森進一『年上の女』の歌詞とこの映画がダブル人は，健康にご注意ください。

2 | 『さらば夏の日』1970，『個人教授』の続編ムードあり。年増の授業で大人になった筈のヴェルレーの，夏場の火遊び学習帳。

3 | 『愛ふたたび』1971，日本娘のフランスでの価値は高い。浅丘ルリ子がフランス語で頑張るも，ひたすら主題歌が興を削ぐ。

4 | 『恋の夏』1972，ヴェルレーの日本での２作目。監督は恩地日出夫で小川知子が恋人役。この映画以降，彼の人気は下降。

III

ジャン・レノ

Jean RENO

1948–

　敵役や悪役で人気が出る事がたまにある。彼はベッソンの『グラン・ブルー』でまさにその例の代表になった。無骨な様でいて，何か憎めず存在がとぼけていて漫画的なのである。その後『レオン』で彼の日本での人気は決定的になった。当時流行した"ちょい悪親父"という妙なコピーも後押しした。日本が好きで少し日本語が話せたり，お世辞にも二枚目とは云えないが，一回見たら忘れられないキャラは多くの日本企業から好かれ，多量のコマーシャルに出演している。ホンダ，サントリー，キリン，UCC，酒からドレッシングから健康飲料，ちょっと思いつくだけでも10社はあって，車などはどの車の宣伝か忘れてしまう程である。多分日本のコマーシャルにこれだけ出演したフランス人は皆無であろう。コマーシャルに求められる映画スターには，タイプがある。まず映画が当らなければ，始まらないが，美人，美男，有名人だからと言って決まるわけでもない。好感度という，国民性に関わる感性に訴え得るか否かが，重要なポイントになる。二枚目アラン・ドロンは，そこを見事に泳ぎ抜いたが，同時期のベルモンドも，彼さえOKであったなら，相当な日本でのCMスターになったと思う。ジャン・レノ人気は，60年代のベルモンドにもつながるカッコよさと好漢キャラがかぶっている。

　彼はベッソンと共に歩んでいるように，極めて商業的娯楽映画にしか登場せず，ハリウッド映画に出ても何の違和感もなく，最近ではフランス俳優というより国際俳優という方がぴったりだ。まさかと思ったが，自分の香水まで出して第二のドロンの勢いである。2011年のトヨタのCMでは，漫画アニメのドラえもんに扮して大話題を呼んだ。このCFでは，別バージョンで，北野武扮する豊臣秀吉と共演していて，一気に子供ファンをも獲得してしまった。この身軽さは，並みの映画スターには出来ない芸当である。異国でこれだけ人を楽しませ，何をやってもジャン・レノである凄いタレント性は，他には見当たらない。

　彼は合作以外の日本映画には出ていないが，多くのコマーシャルとバラエティ番組出演依頼が途切れず，"新作"が宣伝しやすいスターの一人である。稀有な日本のCMアイドル，ジャン・レノの今後の映画に期待しよう。

Jean RENO

| 1 | | 2 |

J・レノの出演した合作作品

『GODZILLA』1998（米日）

イグアナがフランスの核実験でゴジラになってしまう。馬鹿らしい合作映画。ジャンは, フランスの諜報員役。[監]ローランド・エメリッヒ[脚]デ

ィーン・デヴリン, R・エメリッチ[主]マシュー・ブロデリック,（J・レノ）

『WASABI』2001（日仏）

いい加減な脚本にも関わらず, ジャムの様に, わさびを指ですくい顔色を変えずに食べるJ・レノが, おかしかった。

★

彼は, 日本のTV出演時にも, わさびを食べてみせた。[監]ジェラール・クラヴジック[脚製]リュック・ベッソン[撮]ジュラール・スチラン[主]（J・レノ）, 広末涼子

参考｜J・レノの出演した日本CF

HIPS（ウイスキー）（1992/キリン・シーグラム）
オルティア（車）（1996/ホンダ）
プラニパ（飲料）（1997/宝酒造）
ピアニシモ（煙草）（1997/RJレイノルズ）
BREAK（飲料）（1999/UCC）
フンドーキン醤油（調味料）（2000/フンドーキン醤油）

ポカリスエット（健康飲料）（2001/大塚製薬）
アルフォード（車）（2002/トヨタ）
メガネトップ（メガネ）（2004/メガネトップ）
Brillaタワー東京（マンション）（2005/東京建物）
ReBORN（車）（2011/トヨタ）ドラえもんに扮して話題。
クラウン（車）（2012/トヨタ）

★

参考｜J・レノのライセンス商品

レノは, CFの出演数は特出しているが, ライセンス商品は, 眼鏡, 男性衣料, フレグランス

等で, ドロンやモーリアよりのんびり構えている感がする。

*

1｜『レオン』1994, 無骨で無垢な殺し屋にジャン・レノが成りきり, 人気が爆発した。子役N・ポートマンも好演。
2｜『クリムゾンリバー』2000, 猟奇殺人事件映画は, もう沢山と言いながら作られ続ける。フランスでは大ヒット。

III

3|

4|

5|

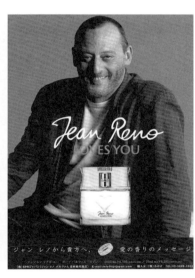

6|

3| ポカリスエット 大手大塚製薬の成長飲料。大量に宣伝された。
4| 「ドラえもん」 トヨタの広告で，国民的ドラえもんとジャン・レノの玩具感が合体。OFFの肥満か？ドラやきにぴったり。
5| 「鬼武者3」2004カプコンのゲームソフト。人気シリーズの3作目で，金城武とジャン・レノがモデルになっている。
6| ジャン・レノ香水 遂に登場したジャン・レノ香水。周りに使っている人は見当たらない。

Jean RENO

ダニエル・ダリュー

III-09

Danielle DARRIEUX
1917-

　映画が見られる様になって，果して何本のフランス映画が日本で公開されたの
かは正確には判らない。アメリカ映画の数に比べれば，例年圧倒的にフランス映
画の輸入は少なく増々先細りになる傾向があるが，その割には，一本一本が強い
印象を残している事に気づかされる。その大きな力になっている一つが，女優の
魅力である。ファム・ファタール，言葉からしてフランス語だが思えば沢山の魅
力的な映画スターに我々は接して来た。戦前，フランス映画が輸入禁止になるま
で，一番人気があったフランス女優はダニエル・ダリューである。彼女は非常に
キャリアが長いので簡単には語れないが，デビューは『ル・バル』で1931年の公開
である。その後女房役が続くが，『禁男の家』(公開1937)，『暁に帰る』(公開1938)の
頃は，既に日本でのフランス女優トップの人気であった。この時代に青春を送っ
た人たちの残した文章の中に，度々ダリューが登場し，いずれもが絶世の美女と，
書いている。しかし最初の頃は白痴美とも書かれている。だが，まだ子供と云っ
ても良い年齢で(美人は子供の頃は大人びて見えるが)，演技的に見る前に美貌が前に
出ていってしまうのは仕方がなく，そのうちに讃美ばかりが目立つ様になった。
フランスは，簡単に行ける処ではなく，その国から映画でやって来た夢の女それ
がダリューであった。残念ながら人気がピークの時に第二次大戦に入り，輸入済
みであった代表作『うたかたの恋』は，戦後1946年に公開された。この映画は，
戦後の多くの人たちが，ため息をつく程の甘さと豪華さがあり，しかも大衆が
大好きな悲恋心中もので，大ヒットした。シャルル・ボワイエの人気も凄かった
が，何と云ってもダリューのアメリカ女優にはない優雅さと，壊れそうな美しさ
が，人々の話題に上った。しかし彼女の本領は，ここでは終らないところである。
『赤と黒』を代表とする文芸映画や，『5本の指』(公開1952)の様な外国での出演作
も続々公開され，駄目押しの様に1956年に製作公開された日仏合作『忘れえぬ慕
情』に出演している。夢の女は，女優として大きな成長を遂げ，美しいマダムとし
て我々の前に現われる様になった。……時は過ぎ2002年に『8人の女たち』が登
場した。戦前のファンは既に無く，若い人たちの前にダリューは"美しい老婆"と
して登場し「幸福な愛などない」を唄った。この歌はルイ・アラゴンが書いた1943

1| |2

年の詞に，ブラッサンスが曲をつけた名曲である。ここで歌われる愛は，非常に
概念的であり，だから歌う者の解釈が問われることになる。沢山の歌手が歌って
いるが，ブラッサンスを除いて，これ程最高の歌を聴いた事がない。……とはい
え，ダリューが歌手としても大活躍した事は意外に日本では知られていない。『ロ
シュフォールの恋人たち』(公開1976) は人気のある作品だったが，他のダリュー関
連のシャンソンは，あまり日本では発売されなかった。もし叶うのならば彼女の
コンサートを日本で見られたらと思うのだが，我儘というべきであろうか。

D・ダリューの出演した日仏合作作品

——

『忘れえぬ慕情』1956
ダリューは，この映画の撮影で約3ヶ月日本に滞在した。主人公の岸惠子が呉服屋の娘であり，とっかえひっかえ高価な着物が登場する。対抗するダリューはジャーナリスト役だが，30着以上のディオールを着用。まさにそれはモードで服飾関係者ならずとも，必見である。彼女は，芸者になったりするサービス過剰の，しかし難しい役を，実に適格に演じて，最後は，大人の感慨を濃く滲ませて，映画を引き締めていた。→Ⅱ24（シャンピ）

*

1| 『禁男の家』1936，1930年代後半ダリューは，正に女神だった。戦争中も，写真を，隠し持っていた日本男児も
  少なくない。
2| 『8人の女たち』2002，8人の有名演技派の中で，掛け値なしに歌は彼女がダントツであった。

<u>Danielle DARRIEUX</u>

コリンヌ・リュシェール

Corinne LUCHAIRE

1921–1950

　フランスと日本が，つくづく異国だと思う事がある。1989年に日本のメジャー雑誌「文藝春秋」で，ベスト外国女優を識者に問う事があった。その時，大方が予測出来なかったコリンヌ・リュシェールが，何と3位に入ったのである。尚，1位はフランソワーズ・アルヌール，2位がオードリー・ヘップバーンであった。コリンヌ・リュシェール，彼女が本格的に日本で知られたのは，『格子なき牢獄』(1939)が公開された時である。レオニード・モギーのこの映画一作で，17歳の彼女は，多くの日本の若者の心を虜にしてしまった。その年の外国映画ベスト10の1位は，デュヴィヴィエとギャバンの『望郷』，2位が，この『格子なき牢獄』である。映画は大ヒット，コリンヌは，一瞬にしてアイドルとなり，もうかなり輸入規制もあったすぐ翌年に，同じコンビの『美しき争い』(1940)も公開されている。しかし，何といっても『格子なき牢獄』は，彼女の影のある美貌と演技力があればこそ成り立った映画として，人々の印象に強く50年以上の時を経ても忘れ難い程，強烈だったのである。多分フランス人は，ナチ協力者としてのイメージしかもう彼女には持たないかもしれないが，戦後，日本の一般ファンが，肺結核と闘病中の彼女が路上に倒れて死んでいたのを知ったのは，1951年に『第三の接吻』(1939制作)が遅れて公開された頃である。それから三十年の時を経てなお，多くのファンがいて，1980年，鈴木明による「コリンヌは何故死んだか」というノンフィクションは，その時代を知る人の間ではかなり話題になった。映画『格子なき牢獄』は，主人公が，更生期間を了えて，外の世界に出て来る処で終りになるが，その時代，いつ始まるか解からぬ戦争の足音をいつも不安に思いながら過した若者にとって，新しい世界に出て行くというテーマは，夢であり希望の光であった。

『格子なき牢獄』の影響
—
『フランチェスカの鐘』1949
菊田一夫が，原作となってい

るが，映画はドイツ映画『制服の処女』と『格子なき牢獄』をごちゃ混ぜにしたような，不良少女更生の感化院もの

で，見ていて辛い作品であった。[監] 大曽根辰夫 [脚色] 沢村勉 [主] 桂木洋子，三宅邦子

1|

|2

3|

|4

*

1｜ 『格子なき牢獄』1938，丸坊主にされたナチスの情婦……コリンヌと『二十四時間の情事』での，E・リヴァが，すぐ目に浮かぶ。

2｜ 『フランチェスカの鐘』1949，1948年に二葉あき子が唄い大ヒットした歌謡曲「フランチェスカの鐘」を主題歌にした映画。

3｜ 『第三の接吻』1939，昔むかしのお伽噺。監督はレイモン・ベルナール，脚本にJ・アヌイが参加している。戦前作だが戦後公開。

4｜ 『美しき争い』1938，『格子なき牢獄』と同監督レオニード・モギーにより直ぐ作られた作品。コリンヌの人気の凄さが垣間見える。

<u>Corinne LUCHAIRE</u>

エマニュエル・リヴァ

III-11

Emmanuelle RIVA

1927–2017

　エマニュエル・リヴァは，レネの『二十四時間の情事』で忘れ難い印象を日本に与えた。1959年の事である。この映画で彼女は，ドイツ兵と情を通じた為，村人に制裁を加えられるという重い過去を持つ女優を演じた。まだ新人にしては，大変な難役である。しかし彼女は，大抜擢に見事に応え，この歴史的な映画に貢献した。この映画は，時が経つほどに，"HIROSHIMA"映画の重要作品として，南米やアフリカにまで知られている。

　エマニュエルの映画出演歴を見ると，良く吟味されて作品を選んでいる事が解る。いわゆる映画スターではないので数が多いわけではないが，それでも60年代は，名匠の名がずらりと並んでる。メルヴィルの『モラン神父』(1961) の名演は忘れがたいし，翌年の『テレーズ・デスケルウ』（ジョルジュ・フランジュ）では，ヴェネツィア映画祭で主演女優賞を受賞している。しかし残念な事に，彼女のこれらの作品は日本では公開されなかった。カイヤットの『先生』(1967) （ジャック・ブレル主演で記録的な不入りだった）は，辛くも公開されたが，再び一般的映画でお目にかかったのは，レネ作品から十年振り，日本の大スター石原裕次郎の製作した『栄光への5000キロ』であった。

　その後本人もそれほど沢山の映画には出演していないが，2008年になってその名が又日本で浮上した。『二十四時間の情事』出演の際に，日本映画で売れっ子だった，相手役・岡田英次のスケジュール待ちの間，彼女が撮影したという，500枚に上るヒロシマの当時の写真が発見されたのである。これは「HIROSHIMA 1958 エマニュエル・リヴァの広島」として，その年の暮れに東京と広島で展覧され出版もされた。この時ゲストで久しぶりに広島を訪れた彼女からの平和へのメッセージは，多くの人の感動を呼んだ。フランスでも，2009年ガリマールから，写真集が出版され，写真展もパリで開催されている。

　2013年には，M・ハネケの『愛，アムール』で女優賞にノミネイトされた彼女の上品な笑顔を，アメリカ・アカデミー賞会場からの衛星放送で，久しぶりに見る事が出来た。どちらかというと地味に思われていたエマニュエルは，飾り立てたハリウッド人種の中で，ひときわ知的に輝いて見えた。この映画は，取り上げ難

III

い，老人問題を鋭く捉えていて，ジャン＝ルイ・トランティニャンとエマニュエルの胸を打つ演技が，日本でも話題になった。そして，2017年1月……彼女は，長い闘病の末，その意義ある女優の生涯を終えた。89歳だった。

E・リヴァの出演した日本（合作）作品

—

『二十四時間の情事』1959

この映画の公開当時の日本は，例え映画でも，まだまだ女性のヌードやラブシーンには慣れておらず，逆にこの映画はそこを売り物にしている様な，嫌いがあった。日本人が初めて見るエマニュエルは，決して，モンローやバルドーのセクシー路線ではなかったし，役自体が，逃れ難き過去を背負っている難役だったのだが，映画の宣伝でセックス・シーンが，強調されてしまった。→Ⅱ28（レネ）

『栄光への5000キロ』1969

アフリカ・サファリラリーを巡る人間模様を描いた大作。エマニュエルの役は，主人公のライバルレーサーの妻役。主人公の妻とも仲良しであり，生死を賭ける仕事を持つ相方に，女たちは，お互いに振り回され続けている。日本人妻役の浅丘もよかったが，エマニュエルも悩み多き役を，しっとりと確実に演じていた。→Ⅱ63（蔵原）

*

1 | 「広島写真集」2008，半世紀を経て，貴重な当時の広島復興の写真が，互いに踏み込めぬ映画の中の過去の記憶を呼び起こす。

2 | 『栄光への5000キロ』1969，日本映画界空前の大作。石原プロと日産のタイアップで当時4億の製作費がかけられた。

<u>Emmanuelle RIVA</u>

ジャンヌ・モロー

Jeanne MOREAU
1928–

　フランス映画を語る時に，ジャンヌ・モローを抜きには語れない。ジャンヌ・モローは，『現金に手を出すな』(公開1953)で日本にデビューしたが，圧倒的に注目されたのは，『死刑台のエレベーター』(公開1958)，そして『突然炎の如く』(公開1964)においてである。この映画史に残る2本の傑作で，彼女の演じた女こそ，ファム・ファタール以外の何ものでもない。そして，映画史を変えたヌーヴェル・ヴァーグ派にとってのミューズは，彼等の作品だけでは収まらなかった。モローは，悪女として日本の映画ファンをすっかり虜にしてしまった。実際1963，1964年は，『エヴァの匂い』『マタ・ハリ』『小間使いの日記』と作品が続けて公開されて，全く彼女の年であった。彼女は華やかな美しさとは違う，影のある美しさで，ファム・ファタール振りをその後も発揮し続けた。決定的だったのは，トニー・リチャードソンの『マドモアゼル』(公開1966)とトリュフォーの『黒衣の花嫁』(公開1966)で，両作共悪女映画として大きな話題を呼んだ。

　彼女の素晴らしいキャリアは今更並べる必要もないが，M・アントニオーニ，O・ウェルズ，E・カザン，J・ロージー，T・アンゲロプロス等，主演映画を監督した世界の名匠の名前を見る度に，一人ぐらい日本の監督の名があってもと思ってしまう。彼女は，女優として以外に，その監督作品も，歌手としてのアルバムも，コアな支持を受けている。日本の女優たちが憧れる外国女優の中でもトップクラスであろう。ちょっとした，カメオ出演の様な作品でも，彼女が出るだけで，映画の格が上る事をフランス映画ファンは重々知っている。彼女は，映画祭や映画の宣伝で，何度も日本を訪れ，「徹子の部屋」という国民的なインタビュー番組にも出演している。他にもTV特番などに幾つか顔を出しているが，1990年の2月には日本で舞台「ゼルリヌの物語」を演じている。オーストリアのヘルマン・ブロッホ原作の舞台で，貴族に使える女中の告白劇である。ほとんどが彼女の一人芝居なのだが，夢の様に豊かな時間であった。まるで彼女の幾つかの映画の場面の人物が，重なり合い響き合う様な。映画女優は舞台に出ると，がっかりの場合が多いが，彼女は見事に，その併合を成し得ていた。日本の多くの俳優たちも，参考になった事だろう。その後第7回(1994)の東京国際映画祭でも審査員を務めて

1 |

| 2

いる。

　モローは，まだまだ健在で，『クロワッサンで朝食を』(2012) では，またまた普通の女優ではとても演じきれない老人の性欲を憎い程自然に演じている。『家族の灯り』(2012/2014公開) では，脇役ながら居るだけで圧倒的であった。名女優恐るべしである。

J・モローの出演した合作映画と日本ロケ作品

　—

『鱒』→V補（ロケ）
『夢の涯てまでも』1991（米日独仏豪）
J・モローは，主人公を待つ母親役。この映画の主人公も，盲目の母に映像を届けたいが為に，夢の涯てまで，彷徨うわけである。ちなみに，モローはあるインタビューで，人間の一番エロティックな部分は？　という問いに，眼差しと答えている。→II補81（作品）

J・モローと東京国際映画祭

　—

J・モロー自身の監督作品『ジャンヌ・モローの思春期』(1979) が，第一回東京国際映画祭(1985) の女性監督映画週間で上映されている。

　　　　　　　　　　　　　　　　　＊

1 ｜　『デュラス愛の最終章』2001，老女性欲と老女愛欲の違いが判らない人は見ないでください。
2 ｜　『ジャンヌ・モローのゼルリンヌの物語』1990，ジャンヌ・モローに，大沢家政婦紹介所を通じ，市原悦子とリンゴむき競争をして欲しい。

Jeanne MOREAU

3 |

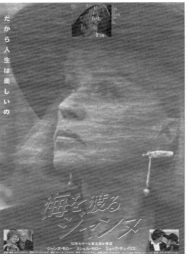

| 4

5 |

| 6

*

3 | 『小間使の日記』1964, 左幸子主演『女中っこ』と比べると, 西洋の小間使いは, 随分楽な気がしてくる。

4 | 『海を渡るジャンヌ』1991, ジャンヌ・モローは何処へでも渡る。宝石ドロ映画。彼女は, 肉食系の主人公を演じる事を好む。

5 | 『クロワッサンで朝食を』2012, パン業界注目の, 老女性欲に関する朝食会議。議長は勿論, ジャンヌ様。

6 | 『思春期』1979, 世界中の監督と仕事をした女優は, 監督の目も育つ。ましてやこのテーマはジャンヌにぴったり。

III

III-13 フランソワーズ・アルヌールと マリナ・ヴラディ

Françoise ARNOUL 1931–, Marina VLADY 1938–

　アメリカの大型グラマー女優に対抗する様に，50年代から60年代にかけて，ヨーロッパ映画からもセクシースターが何人も誕生した。フランス映画では，何と言ってもフランソワーズ・アルヌールが，その時代，ドモンジョやバルドー以前のセクシーアイドルとして際立っていた。確かに前後して，マルチーヌ・キャロルやセシル・オーブリー，パスカル・プティもいたけれど，日本では圧倒的にアルヌール人気が強く，しかも息が長かった。

　もうほとんど死語になっているが，トランジスタグラマーという言葉が流行していた時期でもある。ソニーの前身である東京通信工業が，トランジスタラジオを1955年に作り，その後大衆が競ってトランジスタラジオを求めていた時代である。小柄で，バスト・ウエスト・ヒップのバランスが良い女性を，トランジスタグラマーといい，アルヌールは正にそのイメージだった。

　戦後で大分映像表現が自由になったとは云っても，ヌードシーンは日本映画には，ほとんど無く，外国の特にフランス映画の大胆な映像に，若者たちはドキドキ期待して入場券を買ったのである。『禁断の木の実』(1954)は，H・ヴェルヌイユの小品だが，アルヌールの裸身は，当時の若者に大評判であった。彼女が，脱ぎっぷりが良いだけではなく演技的にも優れている事を確認出来たのは，H・ヴェルヌイユ『過去を持つ愛情』(公開1955)と『ヘッドライト』だが，J・ルノワールの『フレンチ・カンカン』(公開1955)での初々しさも忘れ難い。1958年に公開された『女猫』(H・ドゥコワン)は，アルヌールの魅力の集大成の様な映画で，公開時には女猫コンテストがプローモーションとして開催され，三条魔子なる女猫女優も誕生している。アルヌールがいかに日本で人気があったかを物語る例の一つとして，石ノ森章太郎が，代表作「サイボーグ009」で，紅一点のサイボーグに"フランソワーズ・アルヌール"と命名した事を挙げておきたい。

　アルヌールのデビューから少し遅れて登場したマリナ・ヴラディは，1955年公開のカイヤット作品『洪水の前』で日本に紹介された。ロシア娘のクール・ビューティとグラマラスな肉体のアンバランスが刺激的で，やはりバルドー登場前に，セクシー女優として売り出され人気を集めた。1963年，イタリア映画『女王蜂』は，

Françoise ARNOUL, Marina VLADY

1 |　　　　　　　　　　　　　　　　　　　　　　　2

主題曲に日本語歌詞がついてヒットする等話題が多かった。それ以後は来日して撮影した『OSS117/東京の切札』も，その後のゴダールの『彼女について知っている二，三の事柄』も中々公開されなかった。その後，人気者R・ヴェルレーとの『哀愁のパリ』（公開1971），『タンゴ・ガルデルの亡命 』（公開1987）等はヒットとは言い難く徐々に日本の映画ファンに忘れられていった。しかし夫君ヴラジミル・ヴィソツキーが亡くなった後に，日本でヴィソツキーを歌う歌手も出て来て，マリナの書いた本も出版されている。

　再び彼女の名が注目されたのは1992年日ソ合作の『おろしや国酔夢譚』であった。この映画は江戸時代に日本の漁船がロシア帝国に流され，漁師たちは，大変な思いをしながら生き延びて帰国する話で，井上靖の原作を映画化である。『新幹線大爆破』（1975）をフランスで大ヒットさせた，佐藤純彌が，当時一番売れていた緒形拳を主役に据え監督した大作で，マリナの他ソビエトスターも何人か出演している。マリナは女帝エカテリーナを演じたが，この役に運命的なものを感じていたという。

　2000年に発表されたフランソワーズの自伝によれば，マリナとフランソワーズは，デビュー当時から気心の知れた友達だという。

・

1 |　『禁断の木の実』1952，アルヌールは，日本にとって，BBの前のセックス・シンボルだった。ただしずっと大人しい。

2 |　『女猫』1958，アルヌールには薄幸な役が似合う。最後の場面はゴダール『女と男のいる舗道』に似て，よりずっと凄い。

III

3｜　　　　　　　　　　　　　　　　　　　　　　　　　｜4

F・アルヌールの影響
—

『サイボーグ009』1964

『サイボーグ009 怪獣戦争』
1967

『サイボーグ009 超銀河伝
説』1980

『009RE:CYBORG』2012

全て石ノ森章太郎のSFマン
ガのアニメ化作品。「仮面ラ
イダー」と共に，石ノ森の代
表作が，「サイボーグ009」で
ある。1964年より雑誌に連
載され，その後アニメ化され
た。9名のサイボーグが悪と
立ち向かう話だが，このマン
ガの003こと“フランソワー
ズ”は，漫画発表時から子供

たちに人気があり，多くのフ
ィギュアになっている。視覚
と聴覚に優れたサイボーグと
して改造されたフランス人の
女子学生で，バレリーナでも
ある。現在では生まれ故郷青
森に作られた彼の記念館の女
性スタッフたちが，この003
のコスプレを着用している。
[原]石ノ森章太郎

『いちばんうしろの大魔王』
2008

西暦30世紀の物語。主人公
が入学する魔術学校の生徒会
書記が，“アルヌール”という
名前である。[原]水城正太郎
[作画]伊藤宗一

M・ヴラディの出演した日本作品
—

『おろしや国酔夢譚』1992

ロシア政府の全面的協力で，
ロシア国内で，長期間ロケさ
れた。エカテリーナ二世が日
本人船頭と謁見する場面は，
この映画の最重要の要であ
る。本物の夏の宮殿の広間に，
ずらりと貴族が並ぶ中，マリ
ナ・ヴラディが貫禄たっぷり
に演じ圧巻であった。[監]佐
藤純彌[脚]野上龍雄，神波忠
男，佐藤純彌[撮]長沼六男
[主]緒形拳，西田敏行，（M・
ヴラディ）

*

3｜　『洪水の前』1954，マリナのデビュー作。この一作でこのロシア娘は日本でもクールビューティー人気を得た。
4｜　『おやしろ国酔夢譚』1992，バブル期の最後の徒花のように金が掛けられた超大作である。

Françoise ARNOUL, Marina VLADY

5 | | 6

7 | | 8

*

5 | 『サイボーグ009』1966, 石の森章太郎記念館は, 2011年大津波で甚大な被害を受けたが, 現在ではすっかり
   復旧している。© 東映動画／作 石ノ森章太郎

6 | 『サイボーグ003』フランソワーズ・アルヌール, サイボーグ003の名は子供たちにも広がり続ける。原作は現在
   までに1000万部以上の売り上げだという。© (株) 海洋堂／作 石ノ森章太郎

7 | 『彼女について私が知っている二, 三の事柄』1966, この思わせぶりな題の逆利用が日本にも幾つか生まれた。
   最新は『彼女について知ることのすべて』

8 | 『夫婦』1969, 監督は, 当時アルヌールのパートナー, B・ポール。主役のマリナの衣装他, フランソワーズが裏
   方をした。

III

ブリジット・バルドー

Brigitte BARDOT

1934−

　外国の映画女優で，日本人が一番好んだのは，オードリー・ヘップバーンである。上品で清潔感があり，キュートな万人に好かれる美人であった。戦前のフランス女優なら，やはりダニエル・ダリューかアナベラという事になろう。一方セクシータイプの代表はマリリン・モンローとなるのだが，彼女のファンは圧倒的に男性が多かった。亡くなって伝説になってしまってからは全く評価が変ったが，現役の時代には，一般には色気だけで頭が少し足りない女優ぐらいに思われていたのである。だから人気投票でもベスト10には顔を出さなかった。バルドーは，そのモンローのヨーロッパ版として日本に紹介されたが，モンローよりもっと脱ぎっぷりの良いエロティック女優の扱いで，同じフランス女優ならミレーヌ・ドモンジョやマリー・ラフォレの方が人気があった。

　デビュー前から町一番の美人，学校で一番の美人といわれ，女優になってゆくパターンが多い中，バルドーは，親にまで醜い子扱いをされて育ったという。コンプレックスの塊のような女の子が，大きくなってモデルや女優になりたいと思う時，ある者は整形に走るが，バルドーは自然体で独特の魅力を引き出した。それは自分の美に拘る強力な思いがまず必要だが，ヴァディムの力が大きかったのは言うまでもない。バルドーのデビューの頃は，手足の長い動きの綺麗なロリータではあるが，ヴァディム以降は，違っている。恋の力がどう働いたか，まだ"素直なバルドー"だった彼女は一作毎にメイクも研究され数年後には，ヴァディムの手にも負えないフランス人には稀な厚い唇のめくれたセックスシンボルが誕生していた。

　バルドーの日本での映画デビューは『素直な悪女』（公開1957）で，当時はまだ小悪魔的であったが，60年代の初めには，もう完全に小と云う字は取れたファム・ファタール，悪魔的な魅力で，圧倒的に男性ファンが多かった。

　映画に出なくなってからは，段々女性ファンが増え，彼女をＤＶＤで知った世代がメイクやファッションを取り入れているのを目にする様になった。長い髪をゆるくカールさせて無造作に束ねるスタイルは，バルドースタイルとして美容院で通じるし，ビキニスタイルもほとんど彼女が先駆者と云われている。しかし何

Brigitte BARDOT

といっても特徴的なのはそのメイクで，マスカラをつけてアイラインをはっきり
書いているバルドー風メイクは，今でも渋谷あたりを歩いている一部の少女たち
の手本になっている。彼女の現役時代（1950–1960年代），和製べべ（和製ブリジット・
バルドー）と云われた人たちがいるが，その中でも加賀まりこ，伊佐山ひろ子が有
名である。2000年代になっても，和製バルドーは登場し続けている。是非，和製
バルドーたちを見比べていただきたい。

　バルドーは，日本語での自伝も出版されているし，強烈な動物愛護派としてよ
くニュースにも取り上げられるので，一般にも知られているが，公には，一度も
来日した事はない。フランスでは動物愛護といえばバルドーが思い浮かぶほどだ
が，彼女の逸話は数多く，中でもレジオンドヌール勲章を動物に捧げるとして，
授賞式に出席しなかった話は有名である。実際に多くの動物を扱う条例などに関
与していて，毛皮メーカーからは恐れられている。とにかく徹底して物事に取り
組む現在のバルドーは，いささか強烈すぎる時があるが，日本では，映画時代の
バルドーに限って，若い女性ファンが多い時代評価の逆現象を起こしている。

・

1 ｜　『素直な悪女』1956，映画界のBBへの期待が判る初期の代表作。妖精の様なBBが，魔王になるためには，それ
程時を要さなかった。

和製バルドーたち　小悪魔時代（1950年代）の彼女は，バービー人形の様で，何度も流行の波に乗って注目され続けて来た。

2｜生意気BBは加賀まりこ　3｜ファニーフェイスは吉村真理　4｜まつげばっちり伊佐山ひろ子

5｜肉体分担渥美マリ　6｜BB生誕祭　7｜めくれた唇親族中村晃子　8｜踊りも達者な中川ユキ

9｜名前にあやかる安西ひろこ　10｜アヴァン・ギャルドなバゲットバルドー　　　　　　　以上和製BB百態の一部。

Brigitte BARDOT

ミレーヌ・ドモンジョ

Mylène DEMONGEOT

1935–

1960年代に, 映画雑誌によくあった外国映画女優ベスト10で, フランスの女優では誰が一番ベスト10に入った回数が多かったかというと, それは, ドヌーヴでもバルドーでもなく, 意外やミレーヌ・ドモンジョなのである。彼女は, 1958年『サレムの魔女』で日本で人気が出て以来, 約10年間トップ10に入り続けていたのである (雑誌「スクリーン」参照)。日本では, 本質的に肉体派グラマー女優は人気が伸びない。モンローは有名だが同時代の人気投票でトップになった事は一度もなく, バルドーしかりである。ドモンジョはポストバルドーの様な形で日本に紹介されたが, あきらかにグラマー, セクシー系であるのに人気が非常に高かったのである。日本公開の彼女の作品はほとんど娯楽作品で, 芸術的映画アート系作品は見当たらない。トリュフォーにもゴダールにもルイ・マルにも関係ない。しかしそこが日本人に受けたのである。一言でいうと親しみ易さ, 彼女の持つほんわりとした暖かさが伝わったのだ。

1970年以降はほとんど映画ではお目にかからなかったが, ドモンジョの人気は高く, あげくの果ては, アニメ「ヤッターマン」(1977–1979) の中にドロンジョなるセクシー泥棒の女親分までが登場してしまうのである。このアニメはTVから, 2009年には映画にもなり, ドロンジョは深田恭子により演じられた。ドモンジョをドロンジョにひっかけたのである。

彼女は, 日本好きで知られ, 度々映画祭等で来日し, 又2つの日本映画に友情出演してファンを喜ばせている。

M・ドモンジョの出演した日本作品
—

『ヨーロッパ特急』1984
ドモンジョは逃げ出してしまうお姫様の女侍従役。出番は少ないが印象的であった。→Ⅱ補82 (ロケ)

『東京タワー』2004
パリの下宿のマダム役。彼女が出るだけで場面が明るくなった。[監]源孝志[出]黒木瞳, 岡田准一, (M・ドモンジョ)

★

参考|「ヤッターマン」1977–1979
1977から2年間TV放映されたタツノコプロ制作の人気アニメ。男性ファンが多い。

1|

|2

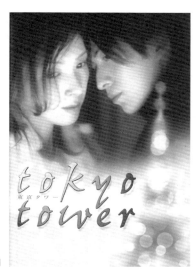

3|

|4

・

1| 『サレムの魔女』1956，もう一人の仏版モンローは正に小悪魔の役で脚光を浴びた。アーサー・ミラー「るつぼ」
の映画化。
2| 『女は一回勝負する』1957，悪女役でポストバルドーの魅力全開。
3| 『東京タワー』2004，下宿のマダム役で，ドモンジョ登場。
4| ドロンジョ（フィギュア），ドロンジョはグラマーで色気たっぷりのキャラ。人情味もあり，ドジな手下とのドタ
バタで人気あり。©タツノコプロ／作 吉田竜夫

Mylène DEMONGEOT

ミレーユ・ダルク

Mireille DARC

1938–

　ニコ・ジェスの写真にアンドレ・モーロワが文を書き，朝吹登水子が訳した，「パリの女」という有名な写真集がある。1959年に出版されたこの本は，50年代のパリの女のおしゃれが詰まっていて，当時日本の女性たちの間で話題になった。ドレスを着るファッションショーではない日常の"着こなし"が，垢抜けていたからである。そして機は熟した頃，颯爽と登場したのが，ミレーユ・ダルクである。『恋するガリア』(1966) が公開された時，新しいファッションアイコンが誕生したとマスコミは喜んだ。『〜ガリア』の映画としての良し悪しよりも，そこに描かれた日常が，何とも格好良かったのである。『〜ガリア』は，〜とても自由なマンション住まい〜といった，宣伝文句がつき，当時のファッション界やおしゃれな女たちを十分に魅了した。マンションという言葉は，現在ではアパートと同じニュアンスになってしまったが，1966年当時の日本ではまだ，言葉として新鮮で洒落たイメージがあった。ガリアを演じた少年のようなミレーユ・ダルクは，日本的な価値観からしたら，美貌という範疇にはない個性的な顔立ちだったが，その独特の着こなしは，これまでのドレス中心の美貌の女優とは，明らかに一線を画していたのである。ミレーユ＝おしゃれなイメージはすっかり定着し，公開作品の衣装はいつもクローズアップされて，その後の彼女の映画のヒットに貢献した。彼女はジョルジュ・ロートネルの女神として『〜ガリア』以外にも，沢山のロートネル作品に出ているが，『女王陛下のダイナマイト』や『女猫と現金』等アクション映画との相性がよく，脱ぐ事にこだわらなかったが，いやらしさが全く無かった。ロートネル以外でも『枯葉の街』や『太陽のサレーヌ』といった小味な作品にもいい味を出していた。ところが，娯楽映画専門で決して芸術映画に出ない人かと思っていたら，ゴダールの『ウイーク・エンド』に突然登場したのには，びっくりした。何かの本で読んだが，この時のゴダールのいじめは相当のもので，自前に何も打ち合わせずに，急に脱げと言われたり，強姦シーンを演じさせられたりしたらしい。最初は，宣伝？とも思ったが，どうも本当の事らしく，ミレーユ自身もゴダールを"大嫌い"と言っている。ゴダールとしては，プロデューサーに押し付けられた意に沿わない彼女に嫌がらせをして，役から降ろしたかったのかもしれない

が，こうなるとゴダールの姑息さが目立ち，逆にミレーユの根性を褒めたくなってくる。

　ロートネルの後に出会ったアラン・ドロンとの愛人生活は有名で，彼の関連でレナウンの高級婦人服アデンダのＣＭにも登場した。ダーバンのＣＭに一緒に出演した事もあり，それは今や伝説になっている。

　1975年に公開された『Les Seins de glace』(1973) は，監督がロートネル，主演がダルク，ゲスト的にドロンが登場するサスペンスものだったが，映画会社は何を考えたのか，日本題が『愛人関係』であった。彼女とドロンは，結婚する事はなかったが，現在でも非常に仲がよく，2007年には「マディソン郡の橋」を舞台で共演している。大人の国フランスならではの話である。

★

参考｜M・ダルクの出演したＣＭ

ミレーユ・ダルクは2種のＣＦに出ている。繊維会社のＣＦも，70年代は盛んに流され，レナウンはそのＣＦでイメージを上げた会社である。1975年の時点で，ミレーユの日本での人気の盛りはとうに過ぎていた，アラン・ドロンつながりで出演したのだろう。どちらのＣＦも，流石の着こなしで，映画のシーンの様であった。

アデンダ (婦人服) (1975/レナウン)
ダーバン (紳士服) (1976/レナウン)

*

1｜『恋するガリア』1965，『プラダを着た悪魔』にはない繊細さ。ミレーユ・ダルクは日本人に通じる小味なオシャレ番長だった。
2｜『愛人関係』1973，このタイトルには，驚く。映画の内容と関係ない，直截な題は，貧しく浅ましい。

Mireille DARC

ロミー・シュナイダー

Romy SCHNEIDER

1938-1982

　ロミー・シュナイダーが日本で注目され始めたのは，1958年に公開された『モンプチ』と戦前のリメイク『制服の処女』の2本からである。その後，彼女のオーストリア時代の旧作が短い間に続々公開された事が，彼女の人気を物語っている。彼女にとって運命的な出会いだったアラン・ドロンとのフランス映画『恋ひとすじに』（公開1959）も，当然の如くロミーがメインであった。その後アラン・ドロンは急速に人気が出て日本でも大スターになってしまったが，ロミーの存在は，逆に一般からは遠くなり映画雑誌の人気女優のベスト10に選ばれる事もなかった。彼女が再注目されたのは，ドロンとの共演『太陽が知っている』（1969）である。10年間ですっかり良い女になった新ロミーの登場である。その間，ハリウッドのコメディや，少々難解なアート系映画に出たりしていて，日本でも公開されていたのだが，ファンの多くは，ドロンに運を取られた様な印象を持ったものだ。しかしこの時期，オムニバス『ボッカチオ'70』（1962）のヴィスコンティの挿話に出た事が，日本での彼女のイメージを大きく上げる事になった。それは，彼女がブルジョワの若妻役で着たシャネルである。その後，彼女自身ドイツ女のイメージ（がっしりした素朴な感じ）がありながら，何となくモードっぽい格好良さを保っていけたのには，シャネルの尽力があった。70年代に入ってからは，『すぎ去りし日の……』（公開1971），『離愁』（公開1975），『追想』（1975）と彼女あっての秀作，傑作が続き，既に大女優の風格も備わっていた。ヴィスコンティの『ルートヴィヒ』（1972）は，1980年になってやっと公開されたが，単館ながら記録的ヒットとなった。少女の頃，同じ役で人気を得て，長い間そのイメージに捉えられたオーストリア皇女役への再挑戦だったが，それは見事で，ロミーは映画ファンの心をしっかりと掴んで離さなかった。

　1982年，彼女が自殺したニュースは日本でも大きく報道された。それから彼女の私生活での悲劇性が語られ，他の未公開の作品や，遺作『サン・スーシの女』（1984/ジャック・ルーフィオ）が公開されて多くのファンの涙を誘った。パリで2012年に大回顧展が催されたが，いかにフランスの人々が彼女を愛していたかが偲ばれる良い展覧会であった。

1│

│2

3│

│4

*

1│　『恋ひとすじに』1958，ロミーが，ドロンより断然格上の恋愛映画。町娘と騎兵というより，お嬢とワルの構図。

2│　『太陽が知っている』1968，スキャンダラスな映画。しかしドロンは，ロミーに恩返しをした。彼女はここから，
　　大女優の道を歩き始める事が出来た。

3│　『ルードウィヒ（ルートヴィヒ）神々の黄昏』1972，ヴィスコンティのこの大作でロミーは，再び皇女エリザベー
　　トを演じ，見事な成長を見せた。

4│　『サン・スーシの女』1982，この時ロミーは，死を決めていたのか……この遺作の彼女は，透明なオーラに包まれ
　　ている。

<u>Romy SCHNEIDER</u>

アンナ・カリーナ

III-18

Anna KARINA
1940−

　アンナ・カリーナは，ちょっと特殊な位置にいるスターである。その要因はゴ
ダール映画のファムファタールであったという事だけではない。例えば，彼女が
デンマーク人である事は，日本の観客は云われなければ解らない。しかし，見
かけだけではない彼女の持味がフランス人には決してないものだと云う事を，映
画を見ると感じる。昔，まさにヌーヴェルヴァーグの女神の様な絶頂期のアンナ
を『シエラザード』(1962)という時代劇で見た事がある。映画自体はつまらなかっ
たが，ゴダールの映画では考えられない時代劇でも，アンナは無理なくシエラザ
ードになっていた。多分，典型的なフランス女優の様な"私は主体的にこの役を
やりたくてやっております"という気負いや押しつけが彼女にはないのだと思う。
だから日本人に好かれるとも云える。
　彼女は，1961年公開の『女は女である』で日本のスクリーンに登場し，1962年
『女と男のいる舗道』で映画ファンにしっかり認知された。1966年『気狂いピエ
ロ』，少し公開の遅れた『アルファヴィル』(公開1970)，ずっとゴダールの映画で中
心にいながら，語られるのは主にゴダールだった。しかし彼女はその間に確実に
女優として成長していった。ヴィスコンティ『異邦人』(1968)デュヴィヴィエ『悪
魔のような恋人』(1969)などは日本でもほぼ同時に公開されているが，リヴェッ
トの『修道女』(1966)に至っては30年後の1996年に公開される始末で，アンナは，
80年代には忘れ去られていた。しかし1998年になって，『アンナ』(1966/ゲンズブー
ル，マリアンヌ・フェイスフルと日本のおしゃれな若者に受けているスターが共演している傑作
ＴＶ用のミュージカル)が劇場公開された。何と22年後の公開であったが，こういっ
た動き，彼女の人気の再燃は，60年代ファッションの再ブームが来て，彼女の当
時のファッションが再注目された事も大きく関係している。その余波もあり，人
気ミュージシャン，カトリーヌとのコラボレーションコンサートが2000年に日本
で行われた時には，切符はすぐ売り切れてしまった。当日は，その声はよれてし
まっていたが，「アンナ！アンナ！」という若者たちの大合唱で，ステージの上で
彼女は涙で頬を光らせていたという。

1 |

| 2

3 |

| 4

---

*

1 ｜ 『女は女である』1961，ゴダール映画の中でも，特別に判りやすいドタバタ劇。アンナ・カリーナの魅力炸裂。
2 ｜ 『シエラザード』1962，ゴダールが最も嫌うタイプの映画に出た，アンナの抵抗の唄。意外にへそ出しコスチュームが似合っていた。
3 ｜ 『アンナ』1966，カリーナは，ゴダールを捨てて，カレニナよりたくましく生き抜いている。
4 ｜ 『パリでかくれんぼ』1995，アンナはクラブのママ役で，シャンソンを歌う。上手くはないが味がある。

Anna KARINA

カトリーヌ・ドヌーヴ

III-19

Catherine DENEUVE

1943–

　カトリーヌ・ドヌーヴは，ダニエル・ダリューからフランス美人の代表を受け継いで現在に到った。二人共，映画が良かった時代に重なっているから，これだけの大物になったとも云えるが，では今後，ドヌーヴのバトンを誰が受け取るのかとなると考えざるを得ない。だから彼女がいつまでもフランス美人女優の代表である。ドヌーヴの出ている最初の頃のエチュード的な作品も日本で公開されたが，一躍注目されたのは，『悪徳の栄え』（公開1963）においてである。この映画は，サドとナチズムを重ねたヴァディムの問題作で，姉役のアニー・ジラルドの名演も忘れられないが，彼女の対比として妹役ドヌーヴのお嬢さん的か細さが逆に際立って，ファンを増やした。その後人気が決定的になったのは，やはり，大ヒット映画『シェルブールの雨傘』（1964）の後，ポランスキーの『反撥』（1965）とブニュエルの『昼顔』（1967）に出た事だろう。この2作で彼女は，美しいだけの女優ではなく演技も素晴らしい事をはっきり証明させた。特にケッセル原作の『昼顔』は，人妻の売春というセンセーショナルなテーマと，ドヌーヴの大人しそうで上品なキャラが映画のポイントで判り易く，マスコミも騒ぎ興業的にも成功した。その後のドヌーヴの活躍は衆知の通りだが，『ロシュフォールの恋人たち』では元気な姿を見せていた実姉フランソワーズ・ドルレアックが亡くなった時に，日本のファンは"姉の分まで頑張れ"と思ったものである。そうして彼女は，見事にその期待以上に大輪の花をスクリーンに開かせたのである。デビューから今日まで，とにかく大量の映画に出演していて，前出の映画の他にも，『終電車』（1980），『インドシナ』（1992）『ヴァンドーム広場』（1998）などの代表作がある。

　彼女は日本のＣＦとも縁があり，2本出演している。1本はかつらのコマーシャルでフォンテーヌという名称の商品で，わざわざ彼女へのオマージュとしてフランシス・レイによる唄がレコード化，発売され，ＣＦにも重なって流れていた。その後ブルボンという菓子メーカーの大衆的なクッキーの宣伝にも出演している。フランスでは，映画スターがＣＦに出ると，イメージが下り高級感がなくなると思われているが，それは日本の場合は違う（もちろん例外もあり，サラ金など特殊な分野のコマーシャル出演となると，唯のアルバイトに思われ逆効果になる）。ドヌーヴの場合，

1|

|2

茶の間で目に入るＴＶＣＦに出た事は大正解であったと思う。このコマーシャルは，彼女にとって，大きなパブリシティを果した。その後ルイ・ヴィトンの広告で新聞の全面に出た時も，彼女はより素敵に見える事はあっても，ひとつもマイナスには作用していない。一方，彼女は，日本を映画祭等で何度も訪れ，インタビューなどに関して我がまゝであるという評判もある。実際途中で辞めてしまった事もあるらしい。しかしこれは弁護ではなく，日本のジャーナリズムの問題もあると思う。映画のプロモーションの場合，時差もとれない着いた翌日から分刻みでインタビューが組まれていて，しかも大体が，つまらない同じ様な質問が多く，ドヌーヴならずともうんざりする気持ちはよく解る。ただドヌーヴが大物だから目立つのである。

　フランス女優を代表するドヌーヴは，先輩ダリューの様に，奇跡のフランス女優として増々大輪の花を咲かせ続けるだろう。

★

参考｜Ｃ・ドヌーヴの出演した日本ＣＦ
フォンテーヌ（かつら）（1971/フォンテーヌ株式会社）

ルマンド（クレープ風クッキー）（1978/ブルボン製菓）

*

1｜　『反撥』1965，ポランスキーはこの後，ドヌーヴの姉ドルレアックでもスリラーを一本撮った。
2｜　『ロシュフォールの恋人たち』1966，フランス映画界ご自慢の美人姉妹が双子で大活躍。その後Ｆ・ドルレアックは，車で事故死した。

Catherine DENEUVE

3 |

| 4

5 |

| 6

3 | 『暗くなるまでこの恋を』1969，J・ルノワールに捧げられたトリュフ味ヒチコック風レユニオン料理ドヌーヴ添
え。

4 | 『終電車1980』1980，アンネの日記幸福版。ドパルデュー様カトリーヌ様，戦後でも，食べ過ぎてはなりませぬ。

5 | 『ダンサー・イン・ザ・ダーク』2000，ビョーク主演の異色ミュージカルで，ドヌーヴが実力を見せつける。監督
はラース・フォン・トリアー。

6 | 「フォンティーヌ CMレコード」ドヌーヴがCMに登場した事で，"かつら"のイメージは，相当良い方に変わった。

III

ジェーン・バーキン

Jane BIRKIN

1946–

　R・レスターの『ナック』(公開1965)，M・アントニオーニ『欲望』(公開1966)，ジェーン・バーキンは，小さな小さな役だったが，世界的な巨匠の作品で日本のスクリーンに登場した。どれも脇役だったので，勿論ポスターには乗る筈もなかった。だから，ゲンズブールとのスキャンダラスな『ジュテーム・モア・ノンプリュ』(1969) が日本でも注目された時に，初めて彼女の存在を知った人がほとんどだった。その頃は，ゲンズブールさえ知る人ぞ知るといった存在で，『ガラスの墓標』(公開1971) も，モダンなフィルム・ノワールとして扱われたが，興業的にはB級C級扱いで埋もれていってしまった。日本で人気のあるR・ヴェルレーと出たカイヤットの『カトマンズの恋人』(公開1970) や『女の望遠鏡』(1974) 等が，公開されているが，どれもヒットはしていない。その他ジェーンの映画は，ゲンズブールと出会った『スローガン』(1969) が1995年公開，『ジュテーム・モア・ノンプリュ』(1976) が1983年公開と，日本公開のタイミングがあまりにずれていて，しかもいつも，ゲンズブールのという言葉がついてまわっていた。映画女優としては，最初は娯楽映画が多かったが，ゲンズブールと別れた後，ドワイヨンと出会い，その頃から，リヴェット，ヴァルダといった錚々たる監督と仕事をするようになったが，日本では公開されなかった映画も多い。

　1991年以降ゲンズブール亡き後，バブル経済が過ぎて，彼女が急に注目されたのは，多くの日本女性が憧れる超高級ブランド，エルメスのバック“バーキン”(1984年生産開始) の名前に由来した事からである。そして，1999年ＴＢＳ - ＴＶのドラマ『美しい人』のテーマ曲として「無造作紳士」がヒットして，とうとうバーキンは歌手としても日本の一般に認知される事になった。彼女のベスト盤は30万枚も売れ，コンサートも定期的に催される様になった。

　その後彼女は，映画女優より，歌手として，コンサートのために何度も来日している。飾らない知性と善良な性格が自然に伝わり，好感度も高い。特に2011年3月11日の大震災以降は，日本の為の援助を惜しまずに，いろいろな形で活動している。ともすれば宣伝になりがちな芸能人の援助活動とは違う彼女の心情は，多くの日本人に伝わり外務大臣賞が授与されている。

Jane BIRKIN

1 ｜ 『スローガン』1968，ゲンズブールと初共演。この出会いが，その後，世の良識を覆す。

2 ｜ 『Je t' aime moi non plus』1976，この題名に潜むペダンティズムと日活ロマンポルノの衒学との違いを述べよ。

3 ｜ 「アニエス・v によるジェーン・b」1987，バルダ編集ジェーン・バーキンムック本。編集構成に優れたドキュメンタリー。

4 ｜ バーキン（エルメス），日本の質屋のバーゲンには，中国人が群がる。因みに写真の黒いバーキンは，創作当初，数作目のヴィンテージ品。

III

イザベル・アジャーニと エマニュエル・ベアール

Isabelle ADJANI 1955-, Emmanuelle BEART 1963-

　ご存知の様に，日本はフィギュア大国である。ありとあらゆるものがフィギュア化されている。業者が絶対に外さないのがマンガやアニメ，ゲームに登場するキャラクターである。意外なのは，その作品の中での悪役や脇役に人気があるということである。この本の中でも取り上げているが，フランスの人気俳優の名前からとったアニメやゲームのキャラは山ほどある。

　俳優が演じたオリジナルな役のキャラを背景にイメージされたものもあるが，全く違った発想で作られたものもあり，それはそれで面白い。フランス映画界が誇る美人女優，イザベル・アジャーニと後輩のエマニュエル・ベアールにも面白いフィギュアがある。

　アジャーニの名が使われたのは，2001年に登場した「スクライド」というTVアニメに登場する特殊能力のある少女で，シェリス・アジャーニという名が付けられている。「スクライド」は近未来の日本の話である。神奈川の土地の一部が隆起し，そこに生まれる子供たちの中に特殊な能力がある子が含まれていて，国家によって管理されている。その特殊な子供たちの中には犯罪グループとそれと戦うグループがあり，その正義派のリーダーに叶わぬ恋をし続けるのがシェリス・アジャーニである。リーダーには相思相愛の恋人がいて，彼女はそれを知りつつ慕い続け，最後は自分の生命と引き換えに彼を守るという設定である。この話の中に出てくる女の子の中では地味ながらいじらしく，実に人気のあるキャラで，このずっと思い続ける部分は少しストーカー的に描かれていて，『アデル』のアジャーニが被って見える。

　一方，エマニュエル・ベアールは2004年からシリーズ化されているコンピューター・ゲーム「KOF MAXIMUM IMPACT」に姉妹で登場する。姉はミニョン，妹はニノンで魔女の卵である。ベアール姉妹は，姉がドジなキャラ，妹は優秀で，始終姉を見下していじめている。プレイステーション2の為のこのゲームは相当に有名で，特にドジな姉に人気がある。

　イザベル・アジャーニは14才でスカウトされ，映画に数本出た後，19才の時にトリュフォーの『アデルの恋の物語』で，恋に狂ったヴィクトル・ユーゴーの娘を

Isabelle ADJANI, Emmanuelle BEART

熱演して，スターになった。日本でもこの映画以降人気が出て，『バロッコ』(1976)，
『ノスフェラトゥ』(1979)，『カルテット』(1981)，『ポゼッション』(1981)……と時期
に若干のずれはあるにせよ，重要作は公開されている。ただ彼女は，娯楽映画よ
りも一色も二色も変わった映画が多く，そのうえ狂的な役が多いので，『カミー
ユ・クローデル』(1988) も『王妃マルゴ』(1994) も，本国ほどのヒットはなかった。
ただ潜在的人気度は高く「アジャーニの……」という風に，公開時には彼女の名が
大々的にタイトルにつけられた作品が多い。

　　エマニュエル・ベアールも，アジャーニのように「ベアールの……」と映画の題
がつけられるスターである。彼女の場合は，1988年に公開された『愛と宿命の泉
〜泉のマノン〜』(1986) で日本に登場した。その後1988年にサントリーのVSOP
の美しいコマーシャルが散々TVで流れ，とどめの様に，1992年にジャック・リ
ヴェットの『美しき諍い女』が公開された。内容よりも，映画の中のほとんどが，
彼女の全裸シーンである事を強調して宣伝され，普段リヴェットを知らない観客
をも集めた。その後，ベアールは，様々な映画に出演し，重要作品は，やはり多少
のずれはあっても日本で公開されている。ソーテ『愛を弾く女』(公開1993)，ヴァ
ルニエ『フランスの女』(1995) ハリウッド映画パルマ『ミッション・インポッシブ

---

1 ｜　『アデルの恋の物語』1975，良きにつけ悪しきにつけ，アジャーニはこの強烈な一作で，思いつめる女のイメー
　　　ジがついてしまった。
2 ｜　『愛と宿命の泉　PART II / 泉のマノン』1986，ベアールの魅力炸裂。パニョルの名作とはいえ，ベアールに重心
　　　掛け過ぎで男俳優が馬鹿に見える。

3 | | 4

ル』(1996)，オゾン『8人の女たち』(2002)，合作映画タノヴィッチ『美しき運命の傷痕』(2005)，クリファ『輝ける女たち』(2007)，名作揃いである。

　2004年にカンヌで，『誰も知らない』で男優賞が柳楽優弥に与えられた事は，，日本人初しかも最年少という事で大きく報道された。その時タランティーノの名と共に，審査員の彼女が強力に押し，受賞したと報じられ，ベアールの名前が，久々に日本のマスコミに登場した。しかしその後，円熟期を迎えるベアールの映画は，段々公開されなくなっている。新作の公開が待たれる。

E・ベアールの出演した合作作品
—
『美しき運命の傷痕』2005 (仏 伊白日)
父親を事故で亡くしたトラウマを抱えた3姉妹が，失語症になってしまった母を訪ね，謎に満ちた父の死が22年ぶりに露呈してくる。1996年に亡くなったキェシロフスキの原案。→Ⅱ補81 (作品)

★

参考｜エマニュエル・ベアールの出演した日本CM　VSOP（ブランデー）(1988/サントリー株式会社)

*

3 |　シェリス・アジャーニ（フィギュア），アジャーニ＝思いつめ，を象徴するアニメキャラ。シェリスは愛する人のために生命を投げ出す超能力者。© (株) メガハウス / 作 平井久司
4 |　魔女姉妹の姉（ミニオン・ベアール）（フィギュア），魔女のベアール姉妹のキャラは，まるで"叶姉妹"。© (株) ＳＮＫプレイモア / 作 FALCOON

Isabelle ADJANI, Emmanuelle BEART

5 |

6 |

7 |

8 |

*

5 | 『王妃マルゴ』1994, 今回は, マルゴ姫に変身なので, アジャーニ姫は色ごとにひたむき。

6 | 『カミーユ・クローデル』1988, 何よりも, アジャーニにはひたむきな役が, 似合う。今回は, 芸術にひたむき狂
女カミーユが憑依した。

7 | 『美しき諍い女』1991, ベアールが脱がなかったら, リヴェットは, 日本ではマニアのみぞ知る監督だったろう。

8 | 『輝ける女たち』2006, ドヌーヴVSベアール。フランス映画は, 時々残酷な事をやる。輝かせる照明班は, 胃を
やられなかったのか？

III

ベアトリス・ダル

Béatrice DALLE

1964–

　日本人が好きなフランスの女性映画スターは，美人系，ロリータ系，ファッション系，セクシー系，大体この中に全部収まってしまう。しかし中には特別な女優がいる。例えば，フランスで新しいセックスシンボルと言われた，ベアトリス・ダルである。フランスのセックス・シンボルといえば，古くは，マルチーヌ・キャロル，バルドー，ドモンジョといたけれど，70年代以降，俳優云々よりも，フランス映画自体，例え話題作であっても知る人ぞ知るという状況で，セックスシンボルは，女優よりもマドンナなどのそれもアメリカ系のミュージシャンのセールス・キャッチであった。フランス映画としては珍しくヒットしたベネックスの『ベティブルー』（公開1986）は公開前から注目されていたが，新しいセックスシンボル，ベアトリスは，実際その期待を上回るカウンターパンチの様な強烈な衝撃を日本の映画ファンに与えた。

　この作品の売りはセンセーショナルなシナリオで，"愛と激情の日々"というサブタイトルがつけられ，セックス描写の激しさが大いに宣伝された。

　しかし，それにしても何という個性であろう。彼女の日本人的美意識では捉えきれない存在は，従来の女優にはない，暴力的で刹那的な危ない現実感を持っている。そして彼女の凄いところは，自分が投影できる役以外はやらないと云いながらも，段々演技力を上げ，決してキワモノでは終わらなかったところである。彼女のフィルモグラフィーを見てみると，大体がベアトリス・ダルにしか出来ない役だが，それは逆に一般のスター女優は金を積まれてもやりたくない役も含まれている。そこのところの開き直りが面白く，つくづく個性とは作り上げるものであることを思う。

　まただからこそ，多くの優秀な監督たちが関わりたくなるのもわかる。諏訪敦彦ではなく石井隆や園子温など，日本の色の濃い監督と仕事をしたら面白い作品が誕生する気がする。

Béatrice DALLE

1| 2|

B・ダルの出演した合作作品
―

『ナイト・オン・ザ・プラネット』1991（米映仏）
ロサンゼルス，ニューヨーク，パリ，ロンドン，ヘルシンキ……地球上の五つの都市で同時刻に，タクシードライバーと乗客とが織りなすオムニバス映画。パリ編は，夜間の撮影が美しく，五話の中でも特別印象的であった。ベアトリスはプライド高き盲目の乗客を演じるが，日本の座頭市ならぬ，目開きよりよく現実を見ている女を怪演，強烈であった。[監脚製]ジム・ジャームッシュ[主]ジーナ・

ローランズ，ロベルト・ベリーニ，（B・ダル）

『H story』2001（日仏）
映画史上に残るアラン・レネの『二十四時間の情事』へのオマージュとして映画化されたこの注目作で，ベアトリスはエマニュエル・リヴァの演じたフランス女優の役をやるはずだったのだが，結局役が理解出来ないとこの映画から去ってゆく，という役で，どこまでが映画なのかそれとも真実なのか諏訪のドキュメンタリー色の強い演出によりどうとでも受け取れるようになっているのだが，例えそれが全部演出だとしても，あまり

にも身勝手に見えるベアトリスの印象は良くなかった。勿論，これは，彼女だけの責任ではない。→Ⅱ28（レネ）

『ガーゴイル』2001（日仏）
"吸血鬼"映画は山ほどあるが，その中でもとりわけ血なまぐさいこの映画の"血だらけの役"を良く引き受けたなという印象が強かった。彼女は，その雰囲気からして適役で，大人も泣き出してしまいそうなくらい凄まじかったが，案外楽しんで演じていたのかもしれない。→Ⅱ79（ドニ）

*

1| 『ナイト・オン・ザ・プラネット』1991，ついに女座頭市か！と言いたい程その個性はますます強烈。地球人離れしてアウト・オン・ザ・プラネット。
2| 『屋敷女』2007，妊婦は，絶対見ない方が良い映画。ダルが面白がって狂女を演じている。

ソフィー・マルソー

III-23

Sophie MARCEAU
1966–

その当時人気のあったアイドルの名を借りて、"フランスの薬師丸ひろ子"と言われソフィー・マルソーが日本にデビューしたのは、1982年公開の『ラ・ブーム』である。実際には1980年13才で撮った可愛らしい映画であったが彼女こそ本物のロリータであった。そして1983年『ラ・ブーム2』で増々その感を強めた。日本では同じ年頃のファンも沢山いて、ファンクラブまで出来た程であった。実に多種の、ソフィーのタレントグッズ（主にローティーン向け）が残されている。

1984年に公開されたアラン・コルノーの大作『フォート・サガン』では、ドパルデュー、ドヌーヴというフランス最大級のスターを相手に熱演し、明らかな演技的成長を見せた。続く『狂気の愛』(1985) は、ドストエフスキーの傑作「白痴」をポーランド人アンジェイ・ズラウスキーが監督した重い映画であったが、ソフィーは、裸も厭わぬ大熱演で、日本でも完全に子供アイドルからの脱却に成功した。26才年の離れた夫ズラウスキーとの関係は、映画雑誌などで散々書かれたが、実際17年間に渡った優れた映画人との生活は、彼女に子供と教養と、二人ならではの数本の映画をもたらした。

メル・ギブソンの『ブレイブハート』(1995) は、作品的評価も非常に高く、英語での台詞もこなせる国際的スターが誕生する事になった。そこから、大作出演は多くなり、『007ワールド・イズ・ノット・イナフ』(1999) では、ボンドガールとして登場している。

日本で2000年に出版された、彼女の自伝的エッセイ「うそをつく女」は興味深い本で、嘘か誠か、相当赤裸々な描写などもある。普通ロリータ系アイドルが脱いでしまうと、後が続かない。しかしソフィーは、ロリータ・ファンは失くしても、相変わらず日本での潜在的人気は高く、その理由の一つには、彼女の持つ努力型の資質が日本人に感じ取れる事が挙げられる。つまり、それは大スターになっても意外に身近にいる感じを大衆に与える要素で、フランスでの根強い人気もこの辺りから来ている気がする。最初、フランス語の微妙なアクセントのなまりも、（日本でも微妙な地方の訛りは直すのが難しい）、オシロスコープまで使い直したというし、演技そのものも、英語の勉強も、コツコツとやっていたからこそ、今のポ

Sophie MARCEAU

1｜　　　　　　　　　　　　　　　　　　｜2

ジションがあるのであろう。

　大衆に身近という点で納得の事実がある。2016年春，ソフィーはレジオンドヌ
ール叙勲を拒否して話題をまいた。勲章の拒否は珍しい事ではないが，その拒否
の理由が，サウジアラビアの皇太子にフランス政府が国民に秘密裏に，勲章を与
えた事への抗議であった（サウジアラビアは，世界的に見ても死刑が多く，人権擁護上の大
問題として度々，世界的に取り上げられるが，内政干渉とされ，国際世論は無視されている）。
日本では，大きく報道されることはなかったが，ソフィーの拒否は，フランスで
は，圧倒的に支持された。大衆がそう思っても言えない事を，ソフィーは行動で
見せたのである。

　日本でのＣＭは人気のバロメーターであるが，ソフィーは，しばしばプレゼン
され起用され続けている。ざっと数えても，7〜8本は今までに出演しているの
で，フランス女優では，断然No.1である。

　2002年，彼女は，監督としても活動し始めた。『聞かせてよ，愛の言葉』で初め
て長編劇映画を撮り，モントリオール国際映画祭で最優秀監督賞を受賞したが，
この映画は日本では公開されなかった。監督2作目の『過去から来た女』（2007）は，
ミステリーだが，1作目よりぐんと力を上げ，自分で主演しながらの力技だった。

・

1｜　『ラ・ブーム』1980，母役で，往年のロリータ，ブリジット・フォセーが登場。ソフィーはこの一作で日本の人気
　　者になった。
2｜　『狂気の愛』1985，愛するズラウスキーの映画から，ソフィーは，大胆に脱ぐ様になった。結果ロリータフェチ
　　ファンが離れて吉。

III

3 |

| 4

この映画は，ブライアン・デ・パルマばりの娯楽サスペンス映画で，次の作品に期待したくなる出来である。残念ながらこの作品も，日本で劇場公開はされていない。

　もう一つ，彼女の人気を物語る良い例は，彼女の映画のタイトルである。フランス映画，全体の不調もあり，彼女の出演作に関してもその影響か，公開されない作品も多いが，面白いことに，公開された作品のなんと7本に（DVDも含め），タイトルの前に，"ソフィー・マルソーの○○○"と，彼女の名前が付けられている。彼女は，まだ1本も日本の映画に出演していないが，きっといつか出演する日が来る事だろう。

参考｜S・マルソーの出演した日本CF
日立MAXCELL（テープ）（1983/日立）
カゴメ80（ジュース）（1983/カゴメ）
ニチイ（総合スーパー）（1984/ニチイ）

★
　エステ（1991/ソシエ・ワールド）
　ブランデー（1992–1993/サントリー）
　エステ（2005–2006/ソシエ・ワールド）

・

3 ｜　『007ワールド・イズ・ノット・イナフ』1999，ボンドガールのソフィー30才。ワールド・イズ・イナフ
4 ｜　『過去から来た女』2006，娯楽作品として完成されている。ソフィーの賢さは，芸術家ぶらない処によく出ている。

Sophie MARCEAU

女優4色

ジュリエット・ビノシュ，イレーヌ・ジャコブ，
ジュリー・デルピー，オドレイ・トトゥ

Juliette BINOCHE 1964–, Irène JACOB 1966–,
Julie DELPY 1969–, Audrey TAUTOU 1976–

　ジュリエット・ビノシュの映画が二本続けて公開された時，フランス映画ファ
ンは，誰もが，凄い女優が現れたと思ったものだ。1988年のことである。その2
本，カラックスの『汚れた血』とP・カウフマンの『存在の耐えられない軽さ』は，
どちらも優れた作品で，大きな話題となり，ジュリエットは，英語フランス語を
見事に使い分け，全く違うタイプを演じきっていた。ビノシュは，舞台人の両親
を持つサラブレッドだ。彼女の聡明な瞳と，確かな演技力は，直ぐに多くの映画
ファンを掴んだ。その後のキェシロフスキ『トリコロール／青の愛』(1993)やミン
ゲラの大作『イングリッシュ・ペイシェント』(1996)も素晴らしかったが，何と言っ
ても強烈だったのは，1992年に公開されたカラックスの『ポンヌフの恋人』で，
この映画は今や伝説化されフランス映画ファン以外にも広く認知されている。

　ところで，キェシロフスキの『トリコロール』には，コアなファンがいる。この
映画は，ジュリエットの他に『赤の愛』でイレーヌ・ジャコブ，『白の愛』でジュリ
ー・デルピーという2人の美人女優の日本での認知に大きく影響した。この3人
は3人とも全く色は違うが，3人共知的なイメージが強く，何かと関連（例えば『汚
れた血』『赤の愛』にもジュリーが出ている。ジュリエットとジュリーは，IONAのCFに二人と
も出ている……）が，あるようだ。そして，3人共に大活躍で，プロモーションや，映
画祭などの関わりで日本にも何度か来日して話題をまいている。

　例えば，イレーヌは2015年に，日本映画『さようなら』に夫ジェローム・キルシ
ャーと友情出演している。その前に彼女は，フランスで，平田オリザ版カフカ「変
身」の舞台に主演し，日本公演もしている。『さようなら』での彼女は，主人公の母
役で，ほんの少しの登場だが，映画の質を上げる事に大貢献している。

　もう一人の才媛ジュリーは，フランスでキャリアを続けるかと思ったが，アメ
リカへ留学し新しい分野を自ら開いた。現在やその監督業は決して女優の片手間
ではない。女ドラキュラ『血の伯爵夫人』（女性ならではの視点でよく描いた歴史劇）か
ら，ラブコメデイまでこなせる才能に，これから益々期待したい。

1|

|2

　彼女たちより一世代若いが，もう一色と言いたい，ほんわりとしたオドレイ・トトゥが『アメリ』で登場した時は，相当な衝撃があった。『アメリ』でトトゥは一種のアイドルになったが，数年後同じジュネと組んだ『ロング・エンゲージメント』(2004) では，格段の成長を見せてくれた。ビノシュやデルピーに共通して彼女も英語が堪能で，アメリカ映画の大作『ダ・ヴィンチ・コード』の適役で，国際女優の印象を強めた。2009年の『ココ・アヴァン・シャネル』も潜在的シャネル人気もあり，女性客を集めた。『テレーズの罪』(2012) では，モーリアックに挑戦，また役の幅を広げ，大スターの道を歩み始めている。

I・ジャコブの出演した日本作品
──
『さようなら』2015

原発テロで人が住めなくなった日本に取り残され，死を待つ病弱な娘と看護ロボットの

物語。近未来どころかもう現実に起きている幾つかの事故との符丁が恐ろしい。

★

参考｜J・デルピーの出演した日本ＣＦ
IONA（スキンケア）(1990/ イオナ・インターナショナル株式会社)

J・ビノシュの出演した日本ＣＦ
IONA（スキンケア）(1989/ イオナ・インターナショナル株式会社)

＊

1｜　『トリコロール』1993，本物の作家キェシロフスキの名前は日本の評論家泣かせ。フランスの国旗の色に因んで
　　作られた傑作３部作。
2｜　アメリ缶　アメリ人気で作られた『アメリ』グッズ。極めて日本的な発想の珍品。

女優4色

3 |

| 4

5 |

| 6

3 | 『汚れた血』1986，ビノシュの垢抜けない魅力。

4 | 『ふたりのヴェロニカ』1991，ポーランドとフランスが舞台の，ドッペルゲンゲル映画の秀作。

5 | 『ビフォア・ミッドナイト』2013，脚本まで関わるジュリーの才能が評価された佳作。アメリカに渡り，彼女は大成長した。

6 | 『ココ・アヴァン・シャネル』2009，シャネルは水商売系の下支えで，日本でも人気がある。オドレイは頑張るも，シャネル役には人が良過ぎる。

III

フレンチ・ロリータたち

III-25

アニセー・アルヴィナ, シャルロット・ゲンズブール,
ヴァネッサ・パラディ, マリー・ジラン

Anicée ALVINA 1953–2006, Charlotte GAINSBOURG 1971–,
Vanessa PARADIS 1972–, Marie GILLAIN 1975–

　ナボコフの「ロリータ」が翻訳されたのは1959年で, キューブリックの映画『ロリータ』が公開されたのが, 1962年の事である。初めて"ロリータ"という言葉を聴いた人がほとんどだったが, 考えてみれば, 日本は舞妓のいる国であり, 子供と大人の境界も案外にアバウトな国であり, 話の内容はすぐに理解する事が出来た。しかし, 例えばボーヴォワールが『素直な悪女』のB・Bをして, フレンチ・ロリータと云ったが, B・Bは, 日本の感覚ではロリータという感じがあまりしない。日本でのロリータは, フランス女優でいえば, デビュー時のソフィー・マルソーや, ソフィーの前に人気のあったアニセー・アルヴィナなのである。

　アニセー・アルヴィナのデビュー作『フレンズ』(1970) は, ルイス・ギルバート監督のイギリス映画であった。ティーンエージャーの純愛映画で, 妊娠, 出産と描かれるが, 暖かい映画であった。これ一作で彼女は多くの日本人のファンを獲得したが, その後『続フレンズ』公開後はパッとした作品も無く, 1981年にパリの日本人デザイナー高田賢三が初監督をした『夢・夢のあと』で久し振りにスクリーンに登場しファンを歓ばせたぐらいで銀幕から遠のいてしまった。

　シャルロット・ゲンズブールも子供でデビューし, 『残火』(公開1984) では10才だったというが, 『なまいきシャルロット』(公開1989) で, かなり注目を浴びた。父・セルジュのイメージがあまりに強く, レノマの広告でも父親と出ていて, 何をやっても父のお陰的な見方をされた事も事実である。ある意味では, 10年間位は, ロリータファンが日本での彼女の人気を支えたとも云えるだろう。シャルロットは, 毛並の良い知的な女優として, 今ではとてもユニークなポジションにいる。大体, 生まれながらの条件が揃っていると, 大人になって相手にされなくなる事が良くあるが, きっと本人もとても努力したのだと思う。残念ながらロリータファンが離れてしまった現在, 彼女の映画は公開されない事も多いが, 極めて繊細でユニークな女優として, 日本での好感度は今でも高い。

　ヴァネッサ・パラディも確かにロリータで売り出した。彼女のデビューシング

ル「夢見るジョー」(1987) は，日本ではヒットこそしなかったが，シャンソンって何？という若者ばかりの時代の中で話題になり，レニー・クラヴィッツとの付き合いにより日本で面白い展開を見せるのではと期待されていた。しかし 90 年代中頃，かなりプロモーションもされていたコンサートをドタキャンした事で，人気が急速に冷めてしまった。コンサートのキャンセルは様々な事情があり余程の事だったのだろうが，かなり長い間，自分勝手というイメージがついてまわった。『白い婚礼』(公開 1991)『橋の上の娘』(公開 1999) 等，良い映画，話題作にも出て，映画女優に転身かと思ったが，音楽活動も続けている様だ。彼女は，ジョニー・デップとの長かった交際も有名で，その娘が，映画にデビューする時代になっている。日本人に対する "ブランドを来た猿" 発言は，知性を疑う偏見だが，とりあえず日本では，娘がスキッ歯を遺伝せずよかったと返す刀もある事を記しておこう。

　マリー・ジランの作品は，『さよならモンペール』(1993)，『裸足のマリー』(1994) と 2 作続いて公開された。少女マリー・ジランは，最初から本格的女優の片鱗を見せていた。化粧品のコマーシャルに起用される等で，ロリータファンの注目度も高かったが，1990 年代後半には，ロリータファンが離れた。2005 年には，『美しき運命の傷跡』に出演し，増々女優として成長している姿を見せつけてくれた。

・

1 |　『フレンズ　ポールとミシェル』1971，イギリス映画。アニセー・アルヴィナのデビュー作。幼いカップルの妊娠が提起された画期的問題作。
2 |　『なまいきシャルロット』1985，シャルロットの日本初登場作品。子供顔のあどけなさの下にサラブレットの血が脈打つ。

III

A・アルヴィナの出演した日本作品

—

『夢・夢のあと』1981

砂漠のむこうの古城に住む二人の王女，迷い込んだ若い織物師との恋…織物師は高田で，二人の王女はフランスと日本の象徴なのだろう。アニーセーは，若者を虜にする姉の姫役で，相変わらず美しかった。映画そのものの出来が，興行を惨憺たるものにしてしまった。その後，上映されたりソフト化されたという話は

ない。[監]高田賢三[脚]白坂依志夫[撮]小林節雄[主]（A・アルヴィナ），アンヌ・コンシニ，エンリコ・トリカリコ

M・ジランの出演した合作作品

—

『美しき運命の傷跡』2005（仏伊白日）

ポーランドの鬼才クシシュトフ・キェシロフスキが映画化を実現できなかったダンテ「神曲」の3部作から，「地獄編」を，ダニス・タノヴィッチが映画化した作品。大作『ラ

ストハーレム』（1999）の後，久々に日本のスクリーンにマリーが登場した作品。マリーは，もうすっかり大人の女優で，他の有名女優と互角に難役を演じていた。父親が死んだ後，残された家族ひとりひとりのトラウマと隠された真実を重厚に描いた秀作で，マリーは，親子程，年の離れた大学教授と不倫している末娘を演じていた。→Ⅱ補81（作品）

★

参考｜マリー・ジランの出演した日本ＣＦ

ボディケア・フレッシュ（化粧品）（1994/日本リーバ）

·

3 ｜ 『白い婚礼』1989，フランス芸能界の裏表を子供の頃から背負わされた，ヴァネッサの銀幕デビュー版。

4 ｜ 『裸足のマリー』1993，妊娠中の不良少女と親に棄てられた子供の対比が生きたロード・ムービー。マリーも子役も熱演。

フレンチ・ロリータたち

サラ・ベルナールと日本の芸人たち

川上音二郎と貞奴そして花子

Sarah BERNHARDT 1844-1923, Otojiro KAWAKAMI 1864-1911,
Sadayakko 1871-1946, Hanako 1868-1945

　サラ・ベルナールを紐解いていると，世界的な細菌学者野口英世や，知る人ぞ知る思想家中村天風との面白い逸話に遭遇する。中村天風は，海外放浪中，1910年にサラの家に居候をして，多くの知識人を紹介して貰った。サラの外見が実年齢よりあまりに若かった事なども語られている。

　彼女の名は，つとに知られていて，日本人が大好きなミュシャの絵のモデルとして，日本のレストランなどにポスターを見つけるのは難しい事ではない。又1900年のパリ万博公演で有名になったマダム貞奴が現地で，"日本のサラ"と云われた事も，知られている。それは，戦後，宝塚が舞台「サラ・ベルナールの恋」(1975)でサラを再び取り上げたあたりから，彼女への関心が高まり本の出版や舞台化等が続いた事と，貞奴にも幾度か回顧ブームがあり，その度にサラの名が，出てくる事も大きい。

　サラ・ベルナールは，フィルム・ダール社の『椿姫』(公開1913)で日本の人々の前に現れた。外国の小説等を映画に翻案する場合は，当然，時代や国，設定を日本に置き換えるが，芝居の場合は，そのまゝ演じる事が多く，その場合，日本の演劇人たちは，衣裳一つにしても研究しなくてはならなかった。現代の様に，インターネットが普及していれば瞬時で解る事も，当時は本等で調べる限界と，やはり目で見なくては解らない事が沢山あり，その場合映画は圧倒的な力を持っていた。

　フィルム・ダール社が得意とした文芸映画類を，稚拙な舞台中継ものとして，ほとんど映画扱いしない意見もあるが，例えばサラの映画『椿姫』がどれだけ日本の新劇人の為になったかを想像するのは難しい事ではない。特にその時期，小山内薫，島村抱月，そして松井須磨子たちが新劇を作り上げていた時代，オリジナルの舞台そのままの映画は，正に宝物だった。

　ところで日本のサラと言われた貞奴は，芸者出身である。芸者という言葉は随分昔からフランスで知られていた様である。しかし本物をヨーロッパ人が見たのは1867年のパリ万博だと思われる。その時，水茶屋の接待として，柳橋から三人の芸者が訪れていたのである。三人の芸者の茶屋はブームになって見学者で溢れかえったという。その後，川上音二郎と貞奴が1900年の万博で大人気になったの

は，1867年以来続いていたジャポニズムブームが下地にあったからである。川上
音二郎は，1893年にもパリに少し滞在した事があり，その時サラ・ベルナールの
『椿姫』を見て脚本を購入して帰った，それから2度目のパリだったわけである。
彼の妻，貞奴は，日本の芸者の中でも頂上にいた売れっ奴であり，子供の頃から
鍛えた本物の芸があったからこそ，外国受けを狙い改作に改作を重ねたヘンテコ
な出し物でも何とか様になったのだろう。彼女は余程人気があったらしく，貞奴
ブランドの香水，キモノ等グッズが売られていた程である。又，多くの芸術家を
引き付けていて，ドビュッシー，ピカソ，ロダン等の大物の名も，そこに挙げるこ
とが出来る。否定的ながらサラ・ベルナールも気になって何度か劇場に足を運ん
だらしい。貞奴はこの時，音二郎と共にフランス芸術文化賞を貰っている。1901
年の再渡仏では，貞奴は，熱心に俳優学校を調べ，帰国後1908年には帝国女優学
校を開いている。

　一方花子は旅芸人から芸者になり1902年旅芝居の一座に入ってデンマークへ
渡った。貞奴とは同じ芸者でも，格を持ち出すのもはばかれる程の異端であった。
しかし，実際にはその小さな，小さな体で，1902年から1921年までの長きに渡っ
てヨーロッパを渡り歩く事が出来たのは，芸者としての芸があったからである。

*

1｜　サラの肖像画　サラは，アール・ヌーヴォー系ポスターや美術品で，しっかり世界に知られている。
2｜　「川上音二郎・貞奴展」，歌舞伎に対抗する新派演劇の祖と言われる。姪のツルが，後の早川雪洲夫人。

サラ・ベルナールと日本の芸人たち

3| |4

ロダンの厳しい審美眼をして認めさせたものは，通り一遍の芸ではなく，内に何か本物を持っていたからだろう。花子はロダンの作品となってデッサンも随分残されている。彼女も映像に撮られた可能性が高いが，現在ではフィルムの一コマも残っていない。

　川上音二郎がロンドンで当時録音した「オッペケペ節」が1997年に発見され発売されたが，非常に珍しい資料であった。又，音二郎一座としてアメリカでも公演した「小島高徳」をパリで映画に撮ったらしいが，残念ながら現存していない。ロイ・フラーの映像の中にも彼らしい姿が登場するとあるが，これは未確認である。しかし，彼が音盤に録音した始めての日本人であり又仏映画に出演した始めての日本人俳優であると思われる。貞奴もエミール・ルーベ大統領の園遊会で琴を演奏し映像に撮られたという記録があるが，当時のフィルムは現存せず，ピカソが雑誌の為に描いたイラスト等や，大きく引き伸ばした写真が残るだけで，これ等は現在でも蚤の市などで目にする事がある。それにしても彼ら三人ともが，ロイ・フラーというアメリカ人にプロデュースされたという事は興味深い。

　2016年『La Danseuse』（ステファニー・ディ・ジュースト）でその半生が映画化されている。

＊

3|　花子　切腹　女の切腹は，まずありえないが，花子が西洋で受けるために考え出したのだろう。
4|　『ザ・ダンサー』2016，モダンダンスの租，ロイ・フラーの伝記映画。フラーをソコが，イザドラをヴァネッサ・パラディの娘リリーが演じている。

III

早川雪洲と青木鶴子

III-27

Sessue HAYAKAWA 1889–1973, Tsuru AOKI 1889–1961

早川雪洲は，日本人最初にして最大の国際スターである。

1886年に生まれ，シカゴ大学に入学の為，1909年渡米。既にハリウッド女優であった青木鶴子（後に雪洲と結婚）に見染められ，映画の世界に入った。1915年セシル・B・デミル『チート』の卑劣な富豪役で人気爆発，チャップリンと並ぶ人気を得て，しかもセックス・シンボルとして米映画史に名を残した。その後排日運動のあおりで米を脱出，1923年から仏で2本の映画に出演した。この2本の作品『ラ・バタイユ』と『犠牲』は日本でも公開された。

その後，日・米・英の映画に出た後，1937年M・オフルスの『ヨシワラ』で再び単身渡仏した。しかし，すぐに第二次世界大戦となり，彼は約10年間もフランスに留まった。この間10本の映画に出演したが『ヨシワラ』以外の9本は日本で公開されず『ヨシワラ』も戦後1946年にやっと公開された。

彼の長い俳優生活はその後も1966年で引退する迄続き，多くの米・日の映画に出演した。ただどの映画にもサイレント時代のカメラ目線の癖もあり，英語も，日本語にも，存在感と違和感が混ざり合い，どんどんお飾り的になってしまった。撮影中に健康上の理由で降板した，今村昌平の『神々の深き欲望』は，地獄の様な現場だったらしいが，役としてはこれまでに無い役で，降板が惜しまれる。

彼は大がつく漁色家として知られ多くの女性と関係したが，ジゴロタイプだったようで，その経済感覚と女へのあさましさで，現在読み返してみると彼の事が良く書かれている本はほとんど無い。『ヨシワラ』で共演し一時恋仲だった，田中路子からは，立替金の返還で訴訟されている。プライドも非常に高かったようで，「いやな奴」だったと書き残されている文章をよく目にする。仏でも『戦場にかける橋』での意地悪な印象が強い。しかし第二次大戦中の滞仏時代10年間は，ナチがプロパガンダに利用しようとする圧力を拒みレジスタンス活動にも協力した。又戦後すぐ仏の日本人の解放にも力を貸した。その点からの側面を書き残したものはあまりないようだが，今後もっと大々的にこの人物を研究する人が現れるだろう。大島渚が，坂本龍一主演で彼を映画にしようとシナリオまで書いたが，資金面のメドがたたなくて頓挫してしまった話は有名である。

Sessue HAYAKAWA, Tsuru AOKI

527

1 |

　雪洲という夫に翻弄され続けた青木鶴子は，おそらく初めて海外で映画スターとなった日本人である。7歳の時に叔父の川上音二郎，貞奴一座の子役として渡米，その後そのままアメリカで日本人画家青木年雄の養女となり，彼の死後はジャーナリスト，ルイーズ・シュアの養女にと，劇的な境遇を生き抜いている。

　20歳の頃から映画に出演し，1912年『お鶴さんの誓い』では，もう主役クラスであった。早川雪洲を見出し援助したのも彼女である。結婚後は，雪洲の女ぐせの悪さに散々悩まされ，何度か自殺を図っており，その事は，アメリカの映画雑誌はもとより，日本の映画雑誌にも，細かく書かれていて，当時の彼等がいかに世界的に注目されていたかが窺える。

　その後，雪洲と同じく，排日運動でハリウッドに留まる事は出来ず，共に渡欧，日本女優として初めてフランス映画主演となる『ラ・バタイユ』に出演した。1925年のこの作品は，クロード・ファレールのベストセラー小説を基に，ストーリーは日露戦争を舞台にしたメロドラマとなり，かなり変更されているが，当時の大作である。仏海軍の協力もあり，話題も多く大ヒットとなった。その後この映画のリメイク版がアナベラとシャルル・ボワイエで作られた程である。日本では1926年に公開されたがフィルムの行方が解らず，1996年，最近になってフランス国立映画センターで完全に修復されたものが，東京国際映画祭で記念公開された。

　青木鶴子はその後日本に戻り，戦争中は独りで，雪洲の愛人の三人の子供を育て

1 | 肖像　早川雪洲のハリウッドのギャラは，週休8500ドル。帝王チャップリンの10000ドルに迫る大スターだった。

III

2 |

| 3

たり，金の工面をしたりと，雪洲にふりまわされ続けたが，戦後，1960年に日本に帰国していた雪洲と渡米してアメリカ映画にも出演した後，1961年日本で亡くなった。

　『ラ・バタイユ』(戦争)を地でゆく，何とも波瀾万丈な生涯であった。彼女の名は，日本でも近年知られるようになったが，もっと脚光を浴びるべき人である。

早川雪洲出演の出演したフランス作品
——

『犠牲』制作 1924/公開1925
関東大震災で全てを失くした日本青年が，パリに渡り，フランス人夫婦に助けられるが，夫婦を強請る犯罪に巻き込まれる。婦人が，犯人を殺してしまい，青年はその身代わりになって法廷に立つ。[監]早川雪洲，ロジェ・リオ

ン[主]ユーゲット・デュフロ，早川雪洲
『ヨシワラ』制作 1937/公開 1946→Ⅲ 33(田中)
『フォルフェテュール』1937
セシル・B・デミルの大ヒット映画『チート』を翻案した作品。[監] M・レルビエ/日本未公開
『アジアの嵐』1938→Ⅲ 33(田中)
『マカオ』1939

エリッヒ・フォン・シュトロハイム，ミレーユ・バランと共演した作品。　雪洲はマカオのボス役で，最後は発狂してしまう。シュトロハイムは，密輸船の船長役。シュトロハイムが反ナチだった事で，フランスでも上映出来ず，戦後になり公開された。[監]J・ドラノワ[主]E・V・シュトロハイム，(早川雪洲)/日本未公開

---

2 |　『ラ・バタイユ』1923，この写真の横に並んでいるのが，後に風景画家として一世風靡した，田崎広助。
3 |　『MACAO』1938，世紀の怪優シュトロハイムと雪洲の凄み対決が，映画の内容よりドラマチックである。

Sessue HAYAKAWA, Tsuru AOKI

4 |

| 5

『清廉潔白な警備員』1939
石油発掘事業に携わりなが
ら、実は開発に強い疑念を
抱いた男が、建設中のダムを
破壊しようとする。雪洲のイ
メージは、こういった悪人役
が、多かった。[監]クリスティ
ィアン・シャンボラン [主]ジ
ュニー・アストー、(早川雪洲)
／日本未公開

『一分間の太陽』1943
ムクデン（中国瀋陽）を舞台
にした、追放ロシア貴族令嬢
と仏人技師の運命的な恋物
語。『一分間の太陽』はキャバ
レーの名前。早川は珍しく日
本人松井役。[監]ベルナール・
ロラン [主]ジュール・ベリー
（早川雪洲）／日本未公開

『マラリア』1943
熱帯の植民地で、美人妻が将
校との不倫に燃える。雪洲は、
現地で雇われた怪しい下男
役。[監]ジャン・グルゲ [主]
ミレーユ・バラン（早川雪洲）
／日本未公開

『トルナバラ』1943
北の果てにあるトルナバラで
金を探す人々の愛憎劇。雪洲
は端役。[監]ジャン・ドレヴ
ィーユ [主]ピエール・ルノワ
ール／日本未公開

『大キャバレー』1946
ある港町で、中国人の学者
が、人口金の合成に成功し
たとし、キャバレーの女主
人と、ひと儲けたくらむ話。
[監]ルネ・ジェイエ [主]フェ

ルナン・ファーベル（早川雪
洲）／日本未公開

『中国人街』1947
東洋のある町の秩序を取り戻
すための、闇のボスと警察と
の闘い。早川は勿論悪役。[監]
ルネ・スティ [主]早川雪洲／
日本未公開

青木鶴子と早川雪洲出演のフ
ランス作品
―

『ラ・バタイユ』1923
青木鶴子は、この映画で演じ
たミツコは、ゲランの香水の
名に残るクーデンホーフ・光
子をモデルにしている。クー
デンホーフ・光子とは、明治
25年(1892)オーストリアン・

4 | 『MALARIA』1942
5 | 『中国人街』1946, 雪洲は, 確かに日本人映画俳優として世界に知られたが, どの役も焼き鰻を女に押し付けた
代表作『チート』をイメージする, 残虐で奸智に長けた東洋人役が多かった。何人かはっきりさせないところが,
彼のプライドだったのだろう。

ハンガリー帝国の日本大使として来日していた貴族ハインリッヒ・クーデンホーフ＝カレルギーに見初められ結婚した日本人で国際結婚の第一号だという。彼女は，親が骨董屋を営む市井の娘で，様々な反対と軋轢を乗り切り，二人の子供とともに夫の祖国へ戻り，夫の急死後も日本には帰国せず，その後，授かった五人子供計七人を育て上げた，文字通り激動の人生である。少し時代は違えども，日本人として初めてハリウッドスターになり，波乱万丈の人生を送った青木鶴子にとって，その役に被さる想いは，少なくはなかっただろう。光子の次男リヒャルト（和名青山栄次郎）は，EU統合の理念となった"汎ヨーロッパ主義"を提唱した政治家として非常に有名である。[監] E・ヴィオレ[脚] マーガレット・ターンブル[撮] ルイス・ダボイ，アスラン[主]（早川雪洲，青木鶴子），フェリックス・フォード

・

6 ｜ 『遥かなる母の国』1950，帰朝第一回主演の日本映画。スター目線の演技のずれが時代がかり，評判は良くなかった。
7 ｜ 『戦場にかける橋』1957，イギリス人捕虜がクワイ川に橋を架けるD・リーンの名作。雪洲は日本軍の厳しい大佐役で生涯の一本になった。

<u>Sessue HAYAKAWA, Tsuru AOKI</u>

三船敏郎

III-28

Toshiro MIFUNE

1920–1997

　三船敏郎は，実家がカメラ屋でもあり，その写真の腕を買われ，第二次大戦中は陸軍航空隊で航空写真等を撮っていた。戦後，東宝ニューフェイス第一回俳優オーディションを受けた動機は，本当はカメラマン助手志望であり，取り敢えず映画界へコネをつける為だったという。オーディションの補欠合格の時から黒澤明の応援があり，デビュー作，黒澤が脚本を書いた谷口千吉監督の『銀嶺の果て』(1947) から3作目の，『酔いどれ天使』(1948/黒澤明) で早くもスターとして人気を得た。その後『赤ひげ』(1965) までは，ほとんどの黒澤作品に出演している。1950年『羅生門』がヴェネツィアで授賞してからは一気に国際舞台に活躍の場を拡げた。三船は，侍や，ぶっきらぼうな役柄が多かったが，フィルモグラフィーをみると，その役柄は驚く程多彩で，意外に喜劇にも向いていたりする。もともと，運動能力も並外れていたが，それに加えて，実に役づくりに真剣であり，ノートは欠かさず，自己の研鑽に真摯であったという。

　国際俳優としてのデビュー作品は，メキシコ映画『価値ある男』(1961/イスマエル・ロドリゲス) で，セリフは吹き替えであった (スペイン語を全部覚えていったという)。この映画は，1962年度のアカデミー外国映画賞にノミネートされ大いに注目された。その生涯での海外作品は14本に上がる。ハリウッド作品は『グラン・プリ』(1967/ジョン・フランケンハイマー) で，イヴ・モンタンと共演している。1971年公開のテレンス・ヤング作品『レッド・サン』はフランス資本の西部劇で，三船は江戸幕府から派遣された典型的サムライを演じて好評を博した。この映画は，チャールズ・ブロンソン，アラン・ドロンとの共演で，興行的にも大ヒットした。ドロンとは仲がよく，来日時には何かと世話を焼いていたようだ。映画『サムライ』は，三船のサムライ像がイメージにあったという。

　三船は意外や，『生き物の記録』のコンペ参加以外，カンヌ映画祭とはほとんど関係がない。その代わり『羅生門』の頃からヴェネツィア映画祭と縁が深かった。『用心棒』，『赤ひげ』と，同じ黒澤明の映画で，2回主演男優賞を獲得している。黒澤とは，『赤ひげ』以降犬猿の仲だったというのは偽りで，その後の黒澤作品にも幾つか出演依頼があったという。出演できなかった状況に，三船が，古巣であっ

III

た東宝の存続の為に，男気で，自らのプロダクションを経営し解雇者を引き受け
ていたという裏話がからんでいる。超多忙の三船が，黒澤の完璧な映画作りに合
わせる時間が，どうしても組めなかったらしい。

　三船は，優先順位を日本の仕事に置き，数多くの映画，ＴＶに出演しているが，
早川雪州以来の本当の映画スターであり，国際的に多くの映画人に影響を与えて
いる。彼の日本人俳優としてのプライドは，役が付けばなんでもの“ハングリー精
神”ばかりが目立つ昨今の国際俳優が多い中で，より際立って魅力的である。“サ
ムライ”のイメージだけではなく，その本質を強く世界にアピールした彼の存在
は，時が経つ程伝説になってゆく。

三船敏郎の出演した合作作品
—
『レッド・サン』1971（仏伊班）
1870年，ミカドの刀をアメリ
カ大統領に届ける使命の日本
の親善使節団に，列車強盗が

襲いかかる。刀は強盗団に持
ち去られるが，それを取り返
そうとサムライが，荒野を走
り回る。企画は三船側から持
ち込んだというが，荒唐無稽
な話ながら，それまでの日本

人を描いた外国映画の中で
は，どの作品よりも，“サムラ
イ”が描けている。[監]Ｔ・ヤ
ング[主]Ｃ・ブロンソン，Ａ・
ドロン，三船敏郎

*

1| 『酔いどれ天使』1948，スターの位置を固めたデビュー3作目，初黒澤作品。未熟な演技が演出で活かされてい
る。
2| 『レッドサン』1971，三船の企画で，米，仏，日のスターが競演。監督を黒澤明にして欲しかった。

Toshiro MIFUNE

3

4

5

6

3 ｜ 『赤ひげ』1965，山本周五郎原作。三船は，全神経を注いでこの役になりきった。この映画が黒澤との最後の作
品となった。

4 ｜ 『価値ある男』1961，初めての国際映画はメキシコ作品となった。作品の評価も高く，アカデミー外国作品にノ
ミネートされた。

5 ｜ 『太平洋の地獄』1968，ジョン・ブアマン監督作品。戦争中孤島にたどり着いた日米軍人の闘いと友情。相手は，
リー・マービン。

6 ｜ 『ミフネ』1999，ミフネをタイトルにしたデンマーク映画。改めて世界的に愛されたスターであった事が確認で
きる。

III

岡田英次

Eiji OKADA

1920-1995

　和製ジャン・マレーと言われた岡田英次は,『花の素顔』(1949/渋谷実)で映画デビューした。その後今井正の『女の顔』(1949)に出演し,続いて同じ今井監督の『また逢う日まで』(1950)で人気を得た。2本とも戦争で青春を散らす役である。『また逢う日まで』は大抜擢で,スター久我美子の相手役の学生を演じ,当時の日本映画で,ガラス越しとはいえ接吻シーンは珍しく,大きな話題となり映画も高い評価を受けた。岡田は端正な顔立ちと,慶応ボーイがウリで,多くの日本の名監督の作品に主役級で出演した。この頃の作品では,成瀬巳喜男の『おかあさん』(1952)で演じたパン屋の若者も印象的だが,今井正,山本薩夫,関川秀夫たちとの左翼系作品が多く,ただの二枚目ではないインテリ俳優だった。

　日本は,戦後GHQと呼ばれるアメリカ軍に占領され,特に占領軍は,戦後,急速に盛り上がった共産党を主体とする左翼主義とその運動家たちから目を離す事はなかった。映画は,製作前から厳しいチェックを受けさせられ,OKが出て制作された作品も,又検閲を受けGHQの意に添わぬ場合は,徹底的に修正またはカットされた。1951年サンフランシスコ講和条約が締結されるまでこの状態は続いた。この間,日本の映画会社は,GHQの言いなりであったが,各大手映画会社(当時は5社)の労働組合は,それぞれ独自の動きを見せ,特に東宝の労働組合は結束が固く,1946年には遂にストライキに突入した。この問題は多くのスター俳優たちも巻き込み,社会的な関心も高かったが,1948年の3回目のストでは,国家警察とGHQが介入するという大騒ぎになった。日本の左翼運動は,映画演劇のジャンルでも歴史が古く,特に演劇は,昭和初期に新しい演劇として,大きな盛り上がりを見せた。映画俳優の中には,舞台出身で掛け持ちの俳優も多く,次第に映画人にも左翼思想が広まっていった。戦争中は,非常に厳しい弾圧があり,表立った活動は不可能だったが,第二次大戦後,そういった活動は急速に広まっていった。東宝労働争議は,まさにその時代の代表的な事件で,日本の映画史,いや芸能史を変えた大事件であった。岡田英次は,演劇を第二次新協劇団から始めている。この劇団は,村山知義の呼びかけで始まった第一次新協劇団 (1934–1940)(左翼的思想上の理由で解散させられた,権力者にとってまさに危険な劇団) の後に,戦後

Eiji OKADA

1946年，同じ村山によって再結成された劇団で，今度は，日本の警察に加えてG
HQにも睨まれていたわけである。1950年最高司令官マッカーサーの名におい
て，日本映画界の中で，共産党員または賛同者の厳しい排除が断行された。いわ
ゆるレッド・パージである。岡田は，その時既にスター俳優であったが，木下恵介
の『善魔』(1951) には，パージの為に出演出来なかった。1952年に岡田は，志を同
じくする木村功等と，青年俳優クラブ（後の青俳）を，立ち上げ，舞台や映画の制作
も始めた。この時期に作られた『億万長者』(1954) は，市川崑の斬新な佳作であっ
たが，登場俳優は，上から下まで全員左翼系である。映画会社の協定で，上映する
劇場も簡単には見つからず，記録的な不入りで，劇団は多額の負債を負うことに
なった。青年俳優クラブの幹部であった木村と岡田が，借金の穴埋めをしたとい
うが，その額は当時で一億以上だったという。インテリなのに役者馬鹿と言って
しまえば，おしまいだが，事務側にまわった人物を余程信用していたのだろう。
結局この借金問題が原因で，岡田は，木村功とも劇団とも袂を別った。

　　国際俳優として名を挙げたのは，アラン・レネの『二十四時間の情事』(1959) に
主演してからで，『侵略』(1963/ジョージ・イングランド)ではマーロン・ブランドと，
『ザ・ヤクザ』(1974/シドニー・ポラック)ではロバート・ミッチャムと共演している。

．

1｜　『また逢う日まで』1950，岡田英次この時30歳。どう見ても社会人大人顔が，若い学生の悲劇を中年劇にしてし
　　　まう悲劇。
2｜　『人間魚雷』1956，監督の松林宗惠は海軍士官だった。リアルに戦争終結間際の海軍が描かれている。共演は盟
　　　友木村功。

III

3 | | 4

中年になってからは，悪役もこなす重厚な脇役としてＴＶでも活躍した。沢山の映画に出演したが，『砂の女』(1964/ 勅使河原宏) が強く印象に残る。この作品はカンヌ以外でも世界的に評価が高く，岡田の40年以上の映画俳優の経歴の中でも代表的な一作となっている。彼のフィルモグラフィーを見てみると，歴史に残る程の名作に出演した大俳優にしては，納得できないＣ級以下の映画も多くあり，経済的に大変だったらしい事が伺える。

岡田英次の出演したフランス（合作）作品と，フランスロケ作品
――
『二十四時間の情事』1959
岡田英次は，フランス語を全く喋れず，猛特訓で撮影に挑んだという。外国女性と日本人男性のベッドシーンは，日本映画始まって以来の事で，映画の内容よりも，そればかりが宣伝された。岡田は，『また逢う日まで』での例の有名なキスシーンもあり，三船敏郎とは別の知的な"セクシー男優"であった。→Ⅱ27（レネ）
『Rififi à Tokyo』1963（仏伊）
→Ⅱ82（ロケ）
『ブルークリスマス』1978→
Ⅱ59（岡本）

*

3 | 『青銅の基督』1955，長与善郎原作。渋谷実の力作で，第9回カンヌ映画祭に出品された。江戸初期長崎の鋳物師を岡田が熱演。
4 | 『侵略』1963，米ソ冷戦時代の，Ｍ・ブランド主演のハリウッド映画。"和製ジャン・マレー"岡田は，民衆の指導者役。

三國連太郎

Rentaro MIKUNI

1923–2013

　三國連太郎という芸名は，役名である。木下恵介が映画化した『善魔』(1951) の若きジャーナリストの名前である。原作は岸田國士だが，題は遠藤周作の造語だという。この小説は，善のため魔となる人間の業がテーマであるが，三國の役は，岡田英次が思想的理由でパージされ出演が出来ず，そこに松竹の研究生になったばかりの佐藤正雄が大抜擢されたのである。役名を芸名とする事は時々見られるが，三國のケースは，名前どころか，売りだす為にその経歴までも全て会社が作り出している。しかも興味が尽きないのが，彼の俳優としての人生と，『善魔』の役とが，重なり合う部分が多い。日本の俳優や歌手は，特に新人は，控え目にしていなくては，あっという間に業界内で潰されてしまう。しかし三國連太郎は，松竹からデビューしたが，正式契約がなかった事もあり，数作品に出た後，すぐに東宝映画『戦国無頼』に出演したいと言い出し，映画界に大問題を引き起こしてしまう。この問題が1953年の五社協定につながってゆくが，当時の一般的日本人にとって，例え契約が正式ではなくても，スターにして貰った会社に逆らい，平気で他社に移る事は人間性を問われる事であった。結局彼はこの映画に出演し，東宝と契約するが，ここでも，また他社の映画に出演するという常識破りを起こしてしまう。彼は，人の目を気にしない，役者馬鹿な，その特出した純粋さでわがままを貫いてしまったのだ。

　結果五社協定もすり抜けた三國は変わり者のイメージを逆利用するかのように各社の映画に出演し演技を磨いていった。1965年の内田吐夢の『飢餓海峡』あたりから，存在感がぐんと増し，山本薩夫の『にっぽん泥棒物語』(1965)，今村昌平の『神々の深き欲望』(1968) 等傑作群に多数出演した。吉田喜重の『戒厳令』(1973) や熊井啓の『ひかりごけ』(1992) の名演も忘れがたい。1988年から2009年まで22作のシリーズとなった『釣りバカ日誌』は，『寅さんシリーズ』の併映作品だったが，『寅さん』の後，国民的シリーズと言われた映画で，三國は釣りキチの会長役を演じ，役者人生後半の代表作となった。

　又，三國は，映画監督として『親鸞　白い道』を世に出し，カンヌ映画祭で審査員賞を受賞している。1987年公開されたこの映画は，15年の月日をかけたという

1｜　　　　　　　　　　　　　　　　　　　　　　　　　　　　　｜2

自書「我が煩悩の火はもえて〜親鸞へいたる道」を，自らが監督したものである。

　三國は数冊の本の中で，自分の出自，兵役拒否，戦争体験，宗教観などを，ダイレクトに語っている。それは，びっくりするほど謙虚で，素直に，役者の虚実の懊悩が書かれている。

　三國には，未完のまま残した大作映画がある。1972年に，自己の行き詰まりを感じた三國が，私財を投じて，パキスタン，アフガニスタンに苦難のロケを敢行した『岸のない河』という映画である。この映画は，2008年から再び自身が完成を試みたが，彼の死によって成されなかった。息子であり優秀な俳優でもある佐藤浩市に宿題として完成が残されたと思うのは，筆者だけではあるまい。

三國連太郎とカンヌ映画祭
—

『親鸞 白い道』1987
親鸞は，何回か映画化されているが，三國は，この映画を，唯の伝記映画にはしていない。しかし三國が当たり前と思っている仏教的常識は，1987年に生きる日本人には，難しかった。そこを知りつつ何故この作品を作りたかったかが，彼の本「わが煩悩の火はもえて―親鸞へいたる道」には，書かれている。[監原]

三國連太郎 [脚] 三國連太郎，藤田博 [撮] 山崎善弘 [主] 森山潤久，大楠道代／第40回カンヌ国際映画祭 審査員特別賞

・

1｜　『善魔』1951，パージされた岡田英次の代役で，役名の芸名で三國はデビューした。木下恵介が舐める様に顔を撮っている。
2｜　『親鸞 白い道』1987，三國の監督作品。水準以上の出来で，カンヌでも評価されている。

Rentaro MIKUNI

539

仲代達矢

Tatsuya NAKADAI

1932−

　映画ファンの間では，有名な話であるが，仲代達矢の映画デビューは，『七人の侍』(1954) の通行人役である。黒澤は全く覚えていなかったというが，それから10年もしないうちに，この通行人は，黒澤も無視できない大物俳優に育っていて，『用心棒』(1961) では，敵方の用心棒役に起用された。時代考証はなんのその，スカーフを巻きピストルをもった殺し屋で，大スター三船に拮抗する大役であった。仲代は見事に爬虫類のような不気味な殺し屋を演じた。彼の出演作は主だった世界の映画祭で上映されているが，ヴェネツィア映画祭とも縁が深い。この『用心棒』の前に，黒澤の盟友でもある小林正樹の超大作『人間の條件』に主演しており，この映画が，1960年のヴェネツィア映画祭でサン・ジョルジョ賞をとっていた。『人間の條件』は，戦争下のインテリが人間の尊厳について悩みぬく，誠実で生真面目な主題だが，その主人公になりきった仲代が，年を置かずに『用心棒』の強烈な殺し屋役で登場したわけで，映画祭側もさぞ驚いた事であろう。仲代達矢は，この例の様に，非常に多彩な役を演じていて，しかも日本を代表する監督との作品が多い。当時厳しい映画会社の協定があったが，彼は協定外の劇団俳優座に所属していたから各社の映画に出演出来たのである。

　成瀬，黒澤，勅使河原，岡本，そして小林と，その時代の名匠たちが競って彼を使った。市川崑『鍵』(1959)，須川栄三『野獣死すべし』(1959)，成瀬巳喜男『女が階段を上る時』(1960)，豊田四郎『四谷怪談』(1965)，勅使河原宏『他人の顔』(1966)，岡本喜八『殺人狂時代』(1967)，山本薩夫『華麗なる一族』(1974)，まだ書き切れぬ程の，どれも甲乙つけ難い日本の映画史に残る作品に出演している。

　中でも小林正樹の『切腹』と『上意討ち』は，三船とはニュアンスの違う影のあるサムライ像を国際的にアピールしたし，決闘シーンで有名な黒澤の『椿三十郎』(1962)，刑事役の『天国と地獄』(1963) も，世界的に有名な秀作である。黒澤作品とは，その後しばらく縁がなかったが，『影武者』(1980) で降板させられた勝新太郎のピンチヒッターとして黒澤を助け，しかもこれだけの大作の主役に見事に応えている。海外作品としては，『野獣暁に死す』(1968) というマカロニ・ウエスタンに出ている。監督のアントニオ・チェルヴィが，仲代の熱烈なファンで，主演を希望

1｜　　　　　　　　　　　　　　　　　　　　　　　　　　　　　　　2

したが，仲代のスケジュールで敵役に代わったという。俳優として無国籍な感じ
が，日本映画だけに終わらせるのは惜しいと思わせたが，その後の海外映画への
出演はなかった。

　日仏合作の超大作『乱』(1985) は，黒澤とのコンビでは最後の作品だが，仲代の
演技も特別に鬼気迫るものがあった。最初は通行人が，最後は主役の殿様役にな
ったのである。

　仲代の演技に関しては，様々な意見がある。彼は1932年に東京に生まれ，戦後
まだ食料難の時代に青春を送っている。苦学して俳優座の養成所に入り，団員と
なったのが1955年である。当時は特に，俳優は河原乞食という偏見が世間にあ
り，俳優になる為の訓練所もほとんどなかった。彼は，そこで演技を学ぶ為に俳
優座で新劇を学び，映画で売れっ子になっても舞台になるべく立つようにしてい
た。そして，芝居を終えては映画にかかり，また芝居に戻るという芸当を何十年
も続けてきたわけである。映画の演技と，舞台の演技は，実は相当に違う。また映
画でも，時代劇と現代劇では要求されるものが違う。侍には侍らしい型があるし，
かつらをかぶり刀を差す事自体が，戦後の日本では，すでに時代掛かっていて大
袈裟であった。だから仲代の演技がオーバーだと良く言われるのは，大体が現代

・

1｜　『用心棒』1961，三船との全く違う映画演技対決が，興味深い。同じギラギラ眼でも，小林作品と黒澤作品で違う
　　確かな演技力。
2｜　『人間の條件』1959，全編9時間31分をオールナイトで見るのが，一時流行した。団塊の世代の学生時代が被る。
　　仲代の代表作。

Tatsuya NAKADAI

劇なのである。確かに幾つもの映画で，仲代の，ぎょろりと目を開いたまま瞬き
もせずといった大芝居が気になる。ロベール・ブレッソンがいたら憤死するかも
しれないし，現在の映画界の主体をなすナチュラルな演技をしない演技とは正反
対である。しかし最近のナチュラルな演技に特別こだわる小林政宏の作品『春と
の旅』(2010) や『日本の悲劇』(2013) での仲代は，もうとっくに，映画演技，舞台演
技などと論議する場所を超えている事がわかる。それは，日本の昭和を代表する
俳優の圧倒的な存在感である。

　仲代達矢には，もう一つ大きな功績がある。それは亡き愛妻と共に1975年か
ら私費を投じて現在まで続けてきた無名塾である。この小さいけれど仲代夫妻の
情熱のこもった俳優養成所からは，役所広司を筆頭に，日本の映画界には欠かせ
ない俳優たちが誕生している。

仲代達矢の出演した日仏合作作品　　　『乱』1985 (日仏) → II 53 (黒

—　　　　　　　　　　　　　澤)

・

3｜『春との旅』2009，これから日本に生きてゆくのが嫌になるような映画。
4｜『野獣暁に死す』1968，マカロニウエスタンに招かれた仲代は，悪の限りを尽くす。うどんとマカロニの互換性を
見る珍作。

ヨシ・笈田

Yoshi OIDA

1933–

　パリに住んでいる日本人俳優，ヨシ笈田は，日本人だが，フランスに帰化しているのでフランス人というべきかも知れない。日本では，文学座，四季等の劇団で活動しており，1968年にピーター・ブルックに呼ばれて渡仏するまで，笈田勝弘名で，いろいろな映画やドラマに脇役で出演していた。当時は悪役が多く，本人も言うように，日本に帰ると，ヨシ笈田がその同じ人物だとは思っていない人々に出会うことがあるという。

　しかし彼は，到底，日本に留まる俳優ではなかった。1968年ピーター・ブルックの「テンペスト」に出演した後，1970年に設立されたブルックの劇団CIRTのメンバーになってからは，主に舞台を中心にヨーロッパで広く活躍し，自身，演出を手掛ける事も多い。どちらかというと舞台が中心だが，映画では『WASABI』の様な，軽い役でも独特の存在感を見せる。映画としての代表作は，日本ポルトガル合作の『アジアの瞳』(1997)と日本映画で毎日映画賞助演賞を受賞した『あつもの』(1999)，そしてグリナウェイの『枕草子』(1996)である。笈田は，パリに住むようになってから個性が際立つようになり，幾つか日本映画にも出演している。特に『飛ぶ夢をしばらく見ない』(1990)や『あつもの』(1999)の演技は，日本の俳優には珍しい身体を使った演技であり，日本人俳優より，はっきりと母音を発音する事が独特の個性になっている。2016年には，隠れキリシタン村のリーダーという重要な役で，M・スコセッシの大作『沈黙』にも出演している。

　笈田は，精力的に日仏を往来し，まめに舞台の演出，出演と活躍しているが，特に2008年に初演された，谷崎潤一郎原作の「春琴抄」は，演出をイギリス人サイモン・マクバーニーが担当して評判となり，日本では再再演，ロンドン，パリでも公演された。2013年には，ニューヨーク，リンカーンセンターでも公演され，大好評で，日本の新劇としては極めて珍しい動きを見せている。笈田は，日本から来る人々にも非常に優しく対応する事で知られており，地味だが，忘れてはならない，日仏の文字通り，掛け橋役となっている。

Yoshi OIDA

1 |

| 2

ヨシ笈田の出演した日仏合作作品

—

『枕草子』1996（英仏蘭）

笈田は男色家の出版社長という、重要な、しかも難しい役を全裸で熱演、怪しげな、いかがわしさを、上手く出していた。→Ⅰ補40（古典）

『アジアの瞳』1996（日葡）

天正10年（1582年）、キリシタン大名によって、ヨーロッパのカトリック国に、4人の少年使節団が送られた。彼らは、天正18年（1590年）に、大人になって、印刷の技術などや、西洋楽器の演奏技術などを手土産に日本に帰国するが、彼等が旅たった後に政変

があり、キリスト教は邪教として禁制になってしまっていた。4人の少年の中で、最後までキリスト教を棄てずに殉教する中浦ジュリアンを、笈田が演じている。［監］ジョアオン・マリオ・グリロ［脚］ブウロ・フィリペ［主］（ヨシ笈田）、梅野泰靖、ジェラルディン・チャップリン

『Taxi 2』2000

ご存知大ヒット作品の二弾目。笈田は、ヤクザの親分役で後ろに芸者を侍らせてモニター画面に出て来る。［監］ジェラール・クラヴジック［脚］リュック・ベッソン［主］サミー・ナセリ、フレデリック・ディファンタール、（ヨシ笈田）

『WASABI』2001

笈田は、またヤクザの大親分役。今回は顔に刀傷をつけてゴルフをしたり、最後は拳銃を持って暴れる。→Ⅲ8（レノ）

『ピーター・ブルックの世界 一受けたいお稽古』2012（仏伊）

世界の演劇界をリードするピーターが淡々と演技指導をする様は、妙な劇映画より余程面白い。ヨシ笈田は、ピーター・ブルックの一番弟子で、代わりに演出する程だが、若い俳優と一緒に、時にはピーターに注意されながら、ワークショップに参加している。その真摯な姿は、本当に楽しげである。→Ⅳ41（在仏）

*

1 | 『アジアの瞳』1997, 子供時代に長崎にいた現代EUの女官（G・チャップリン）が, はるか昔の少年使節の, 帰国後の運命を想う。

2 | 『あつもの』1999, 菊作りの確執を抱く老人を笈田が熱演。日本の俳優には珍しい動きを見せ, 毎日映画賞助演賞を取っている。

田中路子

Michiko TANAKA
1909–1988

　田中路子は声楽家であった。昭和初期の文化の中で思春期を過ごし，その頃としては規格外の情熱恋愛派だったようである。現代でも問題児（素行不良の遊び人や，特別変わった性格の子供）を海外に遊学させてしまう金持ちの親が日本には沢山いるが，日本では凄まじい問題児だった彼女も，ウィーンへ声楽の勉強に行くという事で日本から離された。しかしすぐに恋をして，しかも30歳以上も年の離れた大富豪が相手で，そこで結婚してしまうのである。1930年の事である。

　若き路子はウィーンの社交界で花形となり，声楽家としてもプロとして幾つもの舞台を踏んでいる。1935年オーストリア映画『恋は終りぬ』に主演した後，マックス・オフュルスと出会い，フランス映画『ヨシワラ』(1937) に出演した。モーリス・デコブラ原作の遊女のヒロイン役である。相手はピエール・リシャール＝ウィルムに早川雪洲というスターたちである。この映画はすぐに日本でも買われたが，国辱映画と云われ，1946年，第二次世界大戦後の初めてのフランス映画として，やっと倉庫から出されて公開された。今見るとヨシワラの遊女がワイン樽を並べて入浴するシーン等，笑いを禁じえないキッチュな映画であるが，密書を盗む話が中に絡んでいたりして当時の日本から見たらとんでもない映画，彼女自体とんでもない女だったわけである。実際に，結婚しながら愛人を何人も持ち，物資のない戦争中もセレブ生活をしていた彼女は，多情淫乱というだけでは片付けられない大和撫子の敵の様な悪女として嫌われ，彼女が日本に帰国する時は，右翼の街宣車が来ていやがらせをする程であった。

　しかし彼女は，ドイツ人の有名芸能人ヴィクター・デ・コーヴァと運命的な恋に落ち結婚してからは，すっかり落ち着いて，第二次世界大戦中はベルリンで亡命前のアーティストの擁護をし，戦後は日本からのアーティスト等を細やかに世話している。特に音楽界と強いコネを持つ彼女は，小澤征爾や若杉弘等，多くの日本人クラッシック音学家をヨーロッパの音楽界へ紹介し，その労を厭わなかった。

　彼女はイタリアと日本の合作『蝶々夫人』(1955) にもスズキ役で出演しているが，もともとこのオペラは彼女の当たり役でもあり，楽しそうに演じている。

Michiko TANAKA

1|

|2

　彼女は，恋多き波乱万丈の人生を送ったが，声楽家としてはいつも前向きで決して道楽ではない厳しさを持ち続けていた。

田中路子の出演したフランス（他合作）作品

—

『恋は終わりぬ』1935（墺）

40才年上のオーストラリア財閥との大恋愛から始まった田中路子の，映画デビュー作にして代表作。内容も，彼女は日本からのオペラ留学生で，世界的老作曲家と弟子の若い指揮者，二人の想いを受けるが……まるで"あてがき"の様な，国際悲恋物語。結局老作曲家の死によって，彼女は全てを捨てて日本に帰る。[監]クリッツ・シュルッツ[脚]ハインツ・ゴルトベルガ，ガライ・アルヴァイ[主]（田中路子）アルバート・バッサーマン

『ヨシワラ』1937→（この項）

[監]マックス・オフュルス[原]モーリス・デコブラ[脚]アーノルド・リップ[主]（田中路子），ピエール・リシャール＝ウィルム，早川雪洲

『アジアの嵐』1938

石油採掘の為に200人を引き連れて，モンゴルに向かう青年冒険家とその恋人が主人公。一行は様々な艱難に出会う。彼らの前に立ちはだかるモンゴルの王が早川雪洲で，田中路子は王妃役。[監]リシャルト・オズワルド[脚]A・リップ[主]コンラッド・ヴェイド，早川雪洲，（田中路子）

＊

1| 　『恋は終わりぬ』1935，映画の主人公は，泣いて日本に戻るが，路子本人は，日本人の猛烈な反撥を受け，泣いても許されなかった。

2| 　『蝶々夫人（マダムバタフライ）』1955，田中路子は23才の時にオペラ『蝶々夫人』で当りをとった。映画の時は45才。女中役だが，さすがに深い解釈をしている。

谷洋子

Yoko TANI

1928-1999

　谷洋子は，パリに留学中の日本人夫婦の間に生まれた。明治時代を代表する美人画家，鏑木清方の代表傑作「築地明石町」のモデルになった程の美人を祖母としている。この祖母と母（妙子）と中勘助（森鷗外が認めた小説家）を巡っての話は，富岡多恵子「中勘助の恋」に詳しい。又，中勘助の短編「妙子への手紙」には，何度も妙子の娘である洋子の名前が登場する。母（妙子）の結婚した相手（洋子の父）は経済学者であった。母は病弱で，洋子が14歳の時に亡くなり，継母に育てられたが，非常に折り合いが悪かったという。パリに集まる多くの日本の若者たちが実は思っているある本音，日本に居場所がない，居たくない……，最初は，画家を志したという谷洋子も，同じ想いだったことに間違いはない。そして遂に，彼女は，1950年に戦後初のカトリック留学生として船でフランスへ渡り学生になった。その頃，いかに海外に出ていく事が大変な事だったか，彼女も死に物狂いで英語を勉強して，そのレベルは教師ランクだったという。パリに渡った洋子は，ソルボンヌで美学を専攻，レジェやヴラマンクの授業も受けている。そのうちに絵画よりも演劇に興味を覚え，歌，踊り，演技を習い始めた。父親からの帰国命令にも耳を貸さず，仕送りを打ち切られて，なんと出来たばかりのクレイジー・ホースのストリッパーになっている。最も，日本のストリップとは全く違うもので，舞台は，フランスのしかも文化の粋を集めたクレイジー・ホースである。石井好子がキャバレーに出演した時期と，それ程変わらないが，洋子のクレイジー・ホース出演は，日本では報道されなかった。多分，現在でさえ，文化としてのストリップを理解する層は日本では少ない。洋子が日本のキモノを，一枚一枚脱ぎすてたという伝説のステージは，彼女にとって，生活費を稼ぐためとはいえ，古い因習からの脱却を意味していたのだろう。その思いっきりの良さは，あきらかに江戸っ子特有の面である。

　そして，マルセル・カルネの目にとまり，女優となり，小さな役ながら幾つかのフランス映画に出て印象的な存在となった。一時日本に戻り，夫であったローラン・ルザッフルと共に谷口千吉作品『裸足の青春』(1956)と，他にもう一本『女囚と共に』(1956)に出演した。『裸足の青春』は，遠く都会から離れた島の話だが，東京

でストリッパーになり戻った奔放な村娘を怪演している。因みにローラン・ルザッフルは少しだけ神父の役で登場していた。『女囚と共に』は，ベテラン久松静児が監督した，女性刑務所物語である。11大スター共演が売り物の大作で，原節子，田中絹代，小暮実千代と，それぞれが主役級の女優がズラリと揃い，その中にパリから帰国の谷洋子も含まれていた。洋子はヌードダンサーを演じているが，とにかくスターが多く出番はそれ程なかった。彼女は，日本で，セクシー系で売り出そうとした気配はあるが，外国映画のオーダーが多く日本映画はこの2本だけに終わっている。

　彼女は日本人誰もが納得する美人スターとは少しキャラが遠く，日本映画界にとって，パリの日本人女性役は，岸惠子が一人いれば十分であった。谷洋子のフィルモグラフィーを見ると，気持ちが良い程こだわりがなく，実際に，B級C級を問わず，フランス，イタリア，スペイン，西ドイツと国も選んでいない。1958年英国映画『風は知らない』(最初この役は岸惠子の役だった)あたりから，役も大きくなり，ハリウッドからも声が掛かるようになってきた。

　彼女の代表作は名匠ニコラス・レイの『バレン』(1959)だが，その後に撮った1961年の東ドイツ映画，レム原作『金星ロケット発進す』は，時を経てから国際的

・

1 ｜　セクシー路線の谷洋子。彼女の意気込みと居直りが，見て取れる。
2 ｜　ヨーコ・ツノ 日本では全く知られていないベルギーの日本人漫画キャラ。ヨーコ・タニが，意外なところに花を咲かせた。

3|　　　　　　　　　　　　　　　　　　　　|4

カルト作品となり，意外に若い映画ファンに知られている。もう少し日本に長く滞在していたならば，日本映画の代表作も作れたろうが，残念な事である。その後ローラン・ルザッフルとは別れ，再婚し，女優を引退してからは，穏やかなマダムとして幸せな晩年だったという。1999年パリで亡くなっている。

　又，あまり日本では知られていないが，彼女は，ベルギーの漫画家ロジェ・ルルーによって「ヨーコ・ツノ」という人気漫画のキャラクターになっている。ブリュッセルにはヨーコ・ツノ通りまであるという。

谷洋子の出演したフランス（他合作）作品

—

『A la manière de Sherlock Holmes』1955（日本未公開）

谷洋子のデビュー作。殺人の疑いをかけられた男が，科学捜査班の活躍で無罪が証明される話。谷洋子は中国人のパントマイマー役。[監]アンリ・

ルパージュ［脚］H・ルパージュ，ビリー・マルタン［主］アンリ・ヴィルベール（谷洋子）

『巴里野郎』1955

当時人気のダニー・ロバンに，「浮気なカロリーヌ」で有名なセシル・サン＝ローランがオリジナルとして書き下ろした小説を，映画化した作品。ジュネーブの寄宿舎に入れられ

ている大スターのやんちゃ娘が，パリ旅行で巻き起こすどたばたロマンティックコメディ。谷洋子は，主人公の学友。主題歌「パリ野郎」もヒット。[監]ピエール・ガスパール＝ユイ［原］セシル・サン＝ローラン［脚］ジャン・オーレル，アネット・ヴァドマン［主］ダニー・ロバン，ダニエル・ジ

・

3|　『裸足の青春』1956，洋子はインテリ踊子気質。日本では，セクシー路線で売ろうとした形跡がある。

4|　『風は知らない』1958，デビッド・リーンと岸恵子の企画が，ラルフ・トーマスと谷洋子に代わった訳を，風は知らない。

Yoko TANI

5 |　　　　　　　　　　　　　　　　　　　　　　　　　　　　　　 | 6

ェラン，（谷洋子）

『風は知らない』1958

デヴィッド・リーン監督，岸
惠子主演で決まっていた企画
が，ぎりぎりで流れた後に，
製作された。インドでロケさ
れた大作で，英国空軍将校と
日本語教師との悲恋物語。谷
洋子は，流暢な英語で主役を
演じている。[監]ラルフ・ト
ーマス[原脚]リチャード・メ
ーソン[主]ダーク・ボガード，
（谷洋子）

『バレン』製作 1960/ 公開
1961（仏伊）

ニコラス・レイは，長い間日

本では不当に評価されてい
た。制作時に公開された作品
が少ないということもあった
が，『大砂塵』『理由なき反抗』
など，ハリウッドの娯楽作品
とされていた。ヌーヴェルヴ
ァーグの監督たちが評価し
た事で，日本でも彼の死後80
年代になって再評価されてい
る。この映画は，エスキモー
の生活を描いた大作だが，谷
洋子は，主人公（アンソニー・
クイン）の妻役。[監]N・レイ
[脚]N・レイ，ハンス・リュ
ーシュ[主]アンソニー・クイ
ン，（谷洋子），ピーター・オ

トゥール

『La fille des tartares』1962

谷洋子は，ほとんど荒唐無稽
なB級C級の歴史活劇物に沢
山出ている。ある時はモンゴ
ル又ある時は中国と，アジア
系の姫なら英語も出来る谷に
お任せ状態で，この映画は17
世紀ポーランド・タタール族
の話になっている。谷はタタ
ール人の酋長の娘イラ姫役。
[監]レミジオ・デル・グロッ
ソ[主]（谷洋子），ロラーン・
ルザッフル，エットーレ・マ
ンニ/日本未公開

・

5 |　『バレン』1960，立ったままの出産シーンばかりが宣伝として先行し興業は悪かった。
6 |　『La Fille des tartares』1961，時代も国籍もいろいろな，この手のB級映画に彼女は出まくった。カルト化され
　　る条件が揃っている。

III

岸惠子

Keiko KISHI

1932–

　日本人にとってパリの日本女性のイメージを代表する女優である。

　彼女は1951年，中村登監督に見出され，松竹作品『我が家は楽し』でデビューした。最初はアルバイト感覚だったが，あっという間に松竹の若手女優のホープになり，記録的ヒット作『君の名は』(1953) が出た時は大スターになっていた。次に出演した日仏合作映画『忘れえぬ慕情』が縁でフランス人イヴ・シャンピと結婚してパリに渡った事は，日本中がびっくりの大ニュースであった。

　フランス映画に中心を移すのかと日本人は思っていたが，数本の映画に出ただけで (しかも合作が多い)，本人は精力的に日本とフランスを往復し，多くの良質の日本映画に出演し続けたのである。何故フランス映画に出なかったのかと一般の日本人は今でも思っている人が多いが，簡単な話，彼女の格に添う作品が少なかったのだろう。日本映画での彼女のトップスターのポジションと，フランス映画界での外国女優としてのポジションとでは全く違ったわけであるから。彼女程，映画の好きなプロが，本当に面白い作品を見逃すとは考えられない。シャンピ御主人がフランスの映画にあまり出演させたがらなかったとも，彼女の本で読んだ記憶がある。彼女のフィルモグラフィーは，正に映画スターのそれであるが，その中でも豊田四郎の『雪国』(1957)，市川崑の『おとうと』(1960)，斉藤耕一の『約束』(1972) 等で見せたニュアンスのある演技が印象的である。とりわけ小林正樹の『化石』(1975) は，フランスでロケされた作品で，彼女の存在が大きな位置を占めている。まだシャンピと結婚中に代表作が続々輩出したという事は，勿論多くの日本の監督に愛されていた事もあるが，日本とフランスとを子育てをしながら往復しつつの仕事なわけで，常人で出来る事ではない。シドニー・ポラックの『ザ・ヤクザ』(1974) では，ハリウッド映画にまで進出してロバート・ミッチャムの相手役を務めている。

　彼女はエッセイにも独特のセンスを見せ，何冊かの本の中にフランスへの愛憎が垣間見える文章を残している。実際，フランスと日本には，経験したものにしか解らない考え方の決定的な違いがあり，それが，心地良い時と全く残酷に働く時がある。それを経験している映画女優という枠を超えた彼女の持ち味はとても個性的で，その文化貢献と共に今後増々貴重な存在であり続けるだろう。

Keiko KISHI

1｜　　　　　　　　　　　　　　　　　　　　　　　　　　　　　　　　　　　　2｜

岸惠子の出演したフランス（他合作）作品

―

『忘れえぬ慕情』1956→Ⅱ 24（シャンピ）

『スパイ・ゾルゲ 真珠湾前夜』1961

この映画は，日本では記録的な不入りだったが，岸惠子は，軍部に利用される国際感覚あふれる男爵夫人役で，着物姿がきりりと美しかった。→Ⅱ 24（シャンピ）

『Rififi à TOKYO』1963

アメリカ進駐軍相手に作られたナイト・クラブは，ある意味で戦後の日本の夜を作ったといえる。しかし，バンドなどの人件費の問題があり，また客の趣向も変化して，一つ又一つと消滅し，現在は日本中でほとんどが消滅した。ここで登場する岸惠子が務めるナイトクラブは，まさに60年代の実物で，アメリカの影響下にある日本の状況を伺う事ができる。[監]ジャック・ドレイ[主]シャルル・ヴァネル，カールハインツ・ベーム，（岸惠子）/日本未公開

『太陽が目にしみる』1965（仏伊西独）

アンリ＝フランソワ・レイの「自動ピアノ」の映画化。夏のリゾートでの恋愛ドラマで，スペイン人のアントニオ・バルデムが監督した。メリナ・メルクーリを中心に，ヨーロッパのスターたちが沢山登場する話題作だった。岸惠子は，自殺してしまう脇役ながら強い印象を残している。[監]A・バルデム[主]M・メルクーリ，ハーディ・クリューガー

＊

1｜　『スパイ・ゾルゲ真珠湾前夜』1961，2本立て興行の犠牲か？短くされて内容が掴みにくい。プロデューサーの編集権を考えさせられる映画。

2｜　『東京騒動』1963，デヴィ夫人が登場しそうな映画。あだ花だったがナイトクラブ文化は，その頃確かにあった。

3 |

| 4

5 |

| 6

---

3 | 『君の名は』1953, 原作はラジオドラマ。放送時に, 女湯はがら空きだったという説は有名。映画化で, 真知子役
　　岸が大ブレーク。
4 | 『雪国』1957, 主人公の駒子は, 多くの女優が演じたが, 岸恵子が一番はまっていた。
5 | 『式部物語』1990, 和泉式部というエロスの歌人の乗り移ったか？岸が, 宗祖となる煩悩物語。
6 | 『かあちゃん』2001, 市川崑の思いが熱い映画。昭和は遠くなりにけり。崑85才！

Keiko KISHI

桃井かおり

Kaori MOMOI

1951–

桃井かおりは，独特の台詞まわしが一つの売り物で，何をやっても桃井かおりである。そこが達者な俳優と違うチャームポイントであり，うまく時代とマッチングした稀有な例である。普通は，タイプ演技で，くくられてしまいそうだが，彼女はＴＶ等メディアで，自由奔放な挑発を繰り返し，個人主義でフリーなペルソナを見事に作り上げてきた。その大衆にアピールする魅力は，彼女本来が持つ，芸術的環境で育ち，幼少からクラシックバレエ等を学んだ育ちの良さと，海外留学でのコンプレックスを乗り越えた脱ぐこともいとわぬ大胆さを併せ持つ個性だが，進取の気性に富んだ，相当に真面目な努力家である事がうかがえる。そのキャリアは長く，今村昌平『ええじゃないか』(1981) や野村芳太郎『疑惑』(1982) 等のヒット大作も印象深い。

桃井かおりは，文学座研究所の時代から注目され，市川崑の『愛ふたたび』(1971) で映画デビューした。浅丘ルリ子とルノー・ヴェルレーの恋物語で桃井は妹役であった。その後桃井は，脱ぎっぷりの良さで若い男性たちの人気を獲得しながら，ATG系や日活ロマンポルノ群の中でも監督を選んだ良作に出演したが，ＴＶでも活躍し始め茶の間に浸透するに従い，セクシー路線からだんだんと離れ，個性派女優としての地位を固めていった。『幸せの黄色いハンカチ』(1977) あたりからは，その時代 (シラケ世代と呼ばれた) のランナーとして多くの監督に乞われて沢山の映画に出演し女優としての評価を高めた。東陽一『もう頬づえはつかない』(1979) は，そんな作品群の中でもとりわけ彼女が輝いている秀作である。多才な彼女は，映画以外にも多くの仕事をこなしているが，70年代後半から80年代にかけてブレイクした時に，アイドル歌手とは一味違うジャズテイストに満ちたレコードアルバムを，十枚以上残していて，その中にはG・ムスタキとの良作も含まれている。

海外作品出演にも意欲的で，2005年ハリウッド大作『SAYURI』では，オーディションで勝ち取った冷酷な置屋の女将を好演し，それを機に，アメリカ他の国際的な作品に出演するようになった。『SAYURI』とは真逆の様なソクーロフの『太陽』(2005) にまで幅広く出演する彼女は，今や国際俳優と呼びたい位置にいる。

もう頬づえはつかない

1 |

火 Hee

私、殺したかも…

監督・主演：桃井かおり
製作：奥山和由
原作：中村文則

| 2

　2006年には自ら出演もする映画監督作品として『無花果の顔』を発表。超低予算映画なれど，ここでも独特の才能を発揮し，いくつもの国際映画祭でも好評上映されている。2016年ベルリン映画祭にも招待された『火』は，前作よりも監督としても腕も飛躍的に向上したが，比例して自らの顔のアップの連続で，"桃井かおりの映画"度もより増して，監督と演技者の両立の難しさを見せたが，相変わらずの個性は，不評など跳ね除ける勢いである。

桃井かおりの出演したフランス（合作）作品とカンヌ映画祭

『太陽』2005（露伊仏白）
国際的監督として知られるアレクサンドル・ソクーロフが，第二次世界大戦終結前後の天皇を描いた意欲作。人間としての天皇がどう描かれるか注目されたが，一般受けする要素が乏しく，日本での公開は成功しなかった。桃井は後半，皇后役で登場するが，相変らずの"桃井かおり"で，ロシア監督を煙に巻いていた。[監]A・ソクーロフ[脚]ユーリ・アラボ[主]イッセー尾形，ロバート・ドーソン（桃井かおり）

『Oh Lucy!』2014
ニューヨーク大学映画科（シンガポール校）の修了制作として平柳敦子が監督した。2014年のカンヌ学生映画部門で第2席入賞。その後多くの国際映画祭で上映され高い評価を得ている。主役は金髪の髪で英会話学校に通う初老の独身日本人OLで，桃井は，平柳に請われてノーギャラで出演。その存在感が，この映画の成り立ちを支えた。2017年，主役は寺島しのぶで長編化された。[監脚]平柳敦子[主]（桃井かおり），Billy SCOTT／カンヌ映画祭シネマフォンダシオン2位

*

1 | 『もう頬づえはつかない』1979，桃井の映画女優としての代表作。アイドル的要素も払拭し，独特の演技で，物語の主人公に成り切っている。
2 | 『火 Hee』2016，国際的怪優の監督作品。見渡せばここまでやった日本の女優はいない。

<u>Kaori MOMOI</u>

フランス演劇人と日本映画

　サラ・ベルナールの映画で演技や芝居を，食い入るように見つめた小山内薫たち新劇人の時代から，日本の演劇にフランスの演劇が与えた影響は，計り知れない。フランス演劇とフランス映画の切っても切れない繋がりは，日本の新劇はもとより日本映画にも大きな足跡を残している。フランスではルイ14世の肝入りで1680年に創設され，現代まで続くコメディーフランセーズという大きな背景がある。それは近代，現代と様々な新しい劇団と作家が生まれるための座標軸でもあり，揺るぎない演劇の伝統文化である。日本の演劇文化といえば，当然西洋化以降の日本の新劇になるが，新劇には，まず言葉の違いがあり基本的には翻訳された文化という事も出来る。そこに日本の伝統芸能歌舞伎や他の芸能の影響もあり，独特な発展を遂げて現在に至っている。ここでは，日本と縁が深いフランスの近現代舞台人ジャック・コポー，シャルル・デュラン，ルイ・ジュヴェ，エチエンヌ・ドゥクルー，ジャン＝ルイ・バロー，そしてマルセル・マルソーが登場するが，それぞれ師弟関係，友人関係と入り組み判りにくいために，あくまで日本側の影響から書いている。

◇ジャック・コポーとシャルル・デュランの影響
—
　ジャック・コポーは，日本の新劇人の憧れであった。1913年にコポーが主催したヴィユ・コロンビエ座は，伝統的コメディーフランセーズに対して斬新な解釈で古典から現代ものに挑み，日本の演劇人にも知られるようになっていった。第一次大戦後1920年に日本を発った岸田國士，そして岩田豊雄（獅子文六）は，日本の新劇運動にとって重要な人間であるが，まずコポーの門をたたいている。岸田は，最初からフランスの演劇を学ぶ為の渡仏であった。軍人の家に生まれ，自身軍人であった岸田が，演劇を学びにパリへ出る。これがどれだけ，周辺に軋轢を生むものであったかは，想像以上であろうが，ともかく岸田は別の仕事で金を稼ぎ，パリでコポーに新しい演劇論を学び，1922年に父の死により帰国している。パリから帰国した岸田は，戯曲を書いたが，新聞連載小説として1929–1930年に「由利旗江」を発表。主人公は，自分の生き方をあくまで第一に考え，結婚することによる当時の家族主義に対抗して，私生児を産み相手には知らせず，生きてゆく。こういった自立した意識を持つ女性は，岸田の作品には必ず登場する。映画化作品では，「暖流」が代表的作品であり，3回も映画化されている。フランス色の濃い「落葉日記」も戦後に映画化されている。

　獅子文六は，岩田豊雄のペンネームである。彼も1922年岸田と前後してパリに渡り，演劇の勉強の為にジャック・コポーの門を叩いている。岩田は，フランスでマリー・ショウミーと結婚し帰国後，一

女を授かるものの，マリーは病死してしまう。1956年~1958年雑誌連載された「娘と私」は，そのマリーとの娘の成長する様が書かれていて，多くの共感を呼んだ。獅子文六としての映画化作品は，40本近くあり，彼がいかに大衆に愛される作家であるかがわかる。岩田と盟友の岸田國士それに，新劇紹介のパイオニアの一人，久保田万太郎の3人は，1937年に文学座を創設し，その後の日本の演劇，映画界に多大な貢献をしている。

又，岸田國士を師と仰いだ，久生十蘭も，この文学座に参加している。彼は1929年から1933年まで滞仏しているが，物理光学を学ぶ為であったが，途中から演劇に転向した変わり種で，パリでは，コポーの弟子シャルル・デュランの門を叩いた。並々ならぬ文才があり，帰国してからは，翻訳はもとより，オリジナル小説から戯曲まで，幅広い執筆のかたわら演劇の演出までをこなした。詩人マッコルラン「真夜中の伝説」を翻案した「金狼」から十蘭を名乗ったが，その文章の面白さであっという間に人気作家になった。映画化された作品では，『舞台は廻る』や『肌色の月』などに，フランス的な舞台裏が見える。

◇コポーの弟子たち～シャルル・デュラン，ルイ・ジュヴェ，エチエンヌ・ドゥクルー――

コポーはまさに"20世紀フランス演劇の父"だが，そう言われる所以は偉大な3人の弟子にもある。シャルル・デュラン，ルイ・ジュヴェ，エチエンヌ・ドゥクルーこの3人は共に日本公開された出演映画を持つ。シャルル・デュランは，多くの舞台俳優を育てたが，中で映画俳優としては，ジャン＝ルイ・バローとジャン・マレーの活躍が大きい。

ルイ・ジュヴェは，多くの映画に主演も多く，日本での公開作もありファンも多かった。ジュヴェが良く出演したデュヴィヴィエ作品は，特別日本でも人気があったが『旅路の果て』(1939)は，作品的にも優れその演技が絶賛されている。同じくジュヴェの出た，デュヴィヴィエ作品『舞踏会の手帖』(1938)は，本国と間を置かず，公開されたが大ヒットし，多くの日本人の心を捉えた。この映画の影響は，デュヴィヴィエの項に詳しい。他にフェデールの『女だけの都』(1935)とルノワール作品では『どん底』(1936)の演技も忘れられない。(他のルノワール作品への出演作は，ずっと後年の公開であった)ジュヴェの代表作の一本『北ホテル』(1938)は，カルネの秀作だが，大戦後の1949年にやっと公開され，暗い内容にも関わらずヒットした。J・クルーゾーの『犯罪河岸』

『恋路』1951（ルイ・ジュベ）

『暖流』1939（岸田國士）

『肌色の月』1957（久生十蘭）

『公園にて』1955（マルセル・マルソー）

フランス演劇人と日本映画

(1967) には、ジュヴェとデュランが共演している。

◇エチエンヌ・ドゥクルーとジャン＝ルイ・バロー
—
イタリアから発しフランスでは、18世紀から19世紀に中ごろまで愛された道化芝居、その中の無言劇は当時政治的発言を禁じる統制があっての逆に大いに発展したが、19世紀中ごろには、大道芸と共に既にすたれてしまっていた。コポーの弟子エチエンヌ・ドゥクルーは、その動きだけの無言劇からパントマイムを一つのジャンルとして確立した偉人である。ドゥクルーは、マイムを、演劇の身体技法としてシステム化し、現代パントマイムの父と言われ、多くの俳優が彼に教えを乞うている。中でもフランス映画（演劇）として、外せない天才ジャン＝ルイ・バローは、デュランの下でドゥクルーに出会いパントマイムの技術を学びやがて共同研究者となった。その成果は『天井桟敷の人々』(1945)に結集しているが、ドゥクルーはバローの父親役で名演をみせている。この映画でバローの演じた「バティスト」は、ジャン＝ガスパール・ドビュローという1830年代に一世風靡した大同芸人の愛称で、その後もバローやマルソーのマイム芝居の大きな象

徴になっている。バローは他にも、多くの映画に主演し、2枚目ではないが、ファナティックな芸術家の役で他の追従を許さなかった。『美しき青春』(1936)『楽聖ベートーヴェン』(1936)『幻想交響楽』(1942)『しのび泣き』(1945)等が、日本公開されたバローの代表的映画だが、少なくてもこの4作が、全部音楽家関連の話なのが興味深い。バローはその伴侶の名女優マドレーヌ・ルノーと一緒に自らの劇団を率いて1960年にフランス演劇宣伝のツアーとして来日、その後も2度来日公演しその都度多くの演劇映画関係者に感動を与えている。

◇マルセル・マルソー
—
日本人が、パントマイムといえばすぐ頭に浮かぶマルセル・マルソーも、最初エチエンヌ・ドゥクルーに師事し、先輩のバローの立ち上げた劇団に参加し「バティスト」を演じ好評を得た。俳優修業の中でマイムに出会ったマルソーは、マイムに特化して花開いていった天才である。日本でパントマイムといえばその名が浮かぶ程、マルソーと日本との縁は深く1965年初来日から多くの日本人を魅了し彼の公演を見てマイマーになった者も多いし、マルソーの1978年に創設したパリ国

際無言劇学校(École Internationale de Mimodrame de Paris) に学んだ日本人俳優も多い。マルソーはニューヨークに学んだ日本のパントマイムの名花ヨネヤママコとの交流も有名だが、マイケル・ジャクソンのムーンウォークの発案者としての方が通りが良いかもしれない。

◇フランス演劇の影響が濃い日本作家の代表的映画化作品（既出分中心）
—
岸田國士原作映画
『暖流』1939
[監]吉村公三郎[脚]池田忠雄[主]佐分利信，水戸光子，高峰三枝子
『暖流』1957
[監]増村保造[脚]白坂依志夫[主]根上淳，左幸子，野添ひとみ
『暖流』1966
[監]野村芳太郎[脚]野村芳太郎，山田洋次[主]岩下志麻，倍賞千恵子，平幹二朗
『落葉日記』1953
[監]瑞穂春海[脚]野田高梧[主]山村聡，角梨江子

獅子文六原作映画
『娘と私』1962
[監]堀川弘通[脚]広沢栄[主]山村聡，星由里子，フランソワーズ・モレシャン

III

日本映画に出演したフランス人

第III章で取り上げられなかった，日本映画に登場したフランス人を，ここで見てみたい。

それは，当然映画の歴史上からも，大体は第二次大戦後になるのだが，合作ではない純粋な日本映画に登場したフランス人は意外に少ない。安直に，日本人俳優の肌を黒く塗って黒人，金髪の鬘を被せて西洋人にした時代もあったが，さすがに言葉を喋るとなると誤摩化しがきかない。日本国内でフランス人（又はフランス語を流暢に喋る役）を配役する場合は，日本で，有名なフランス人タレントや，日本に滞在する外国人が登録するモデルや俳優のクラブを探したり，その映画の関係者の近辺にいるフランス人を探したり（本業を別に，アルバイト的な場合も良くあった）という事になる。勿論，プロがたまたま日本に滞在している場合もあるが，当然俳優の教育を受けていない素人も多い。とはいえ一般的に，シャイな日本人に比べて，外国人は大胆に演じてしまう。カフェのおじさんが，実にナチュラルな味を出していたり，全く知られていない素人俳優が名演技を見せたりするが，登場した俳優を，そこまで全部フォローする事は出来なかった。

フランスまで出かけて撮った作品の中には，ちゃんとオーディションを組んで，フランス人俳優が配役された映画もあるが，大体は，その映画の関係者，プロデューサーや監督の知人であるなど，その関連で作品に起用されるパターンも多いようである。

◇日本映画に出演したフランス人（アルファベット順）

男優

フィリップ・エマール
Philippe AYMARD（1968–）
シルク・ドゥ・ソレイユで10年。その後，日本で活動開始。『オケ老人』では世界的指揮者役で大根楽器のための曲を作曲する重要な役を好演した。
『オケ老人』2016→IV 01（ベルリオーズ）

バレンタイン・バノン
Valentin BONHOMME
（1980–）
『FLARE』で，駄目なフランス人の中年の写真家役で登場。フランスで離婚して，親権を取れず来日したが，写真が売れず，パトロンには捨てられ，ヤクザから，友達にまで金を借りまくり，自殺も失敗する。とにかく崖っぷちの中年男，よくいる不良外人に，少しは共感を持てるのは，多分彼独特の持味のまじめさからかもしれない。バレンタイン・バノンはフランスでもあまり知られてはいないが，今回『フレア』でカメラを回した映画監督のロビン・エントレンジーの第一作目『Victimes』（2012）に主演。その後同監督の作品に立て続けに主演している個性派である。
『FLARE 〜フレア〜』2013→II補81（作品）

ダニエル・ブーランジェ
Daniel BOULANGER（1922–2014）
ゴダール，トリュフォー，ド・ブ

ロカのヒット作の脚本家として非常に有名だが, いくつものヌーヴェルヴァーグ派の傑作で印象的な演技を残している。

『ヨーロッパ 特急』 1984→Ⅱ補82 (ロケ)

フィリップ・キャロワ
Philippe CAROIT (1959–)
モンペリエで演劇を学び,「20世紀バレエ団」に所属していた。1980年エリック・ロメール監督『飛行士の妻』で映画デビュー。5ヶ国語を喋り, フランス, イタリアやイギリス, アメリカと活躍する国際俳優である。映画よりテレビがメインだが, 舞台にも出演する中堅俳優である。『想い出を売る店』ではガラスの職人気質を, 巧みに好演していた。ベジャールの下, 三島の「近代能楽集」の主役を務めたこともあり, 大変な日本文化通である。

『想い出を売る店』 1985→Ⅱ補82 (ロケ)

フランソワ・シュヴァリエ
François Chevalier (生年不詳)
仏映画輸出組合事務局長として日本に滞在中に, 流ちょうな日本語で日本製「レ・ミゼラブル」ミリエル神父役を演じた。

『レ・ミゼラブル あゝ無情 第一部 神と悪魔』 1950→Ⅰ07 (ユーゴー)

グレゴワール・コラン
Grégoire COLIN (1975–)
芸能一家に生まれた彼は12才から舞台やテレビで子役として活躍。その後15才でGuy

MOUYAL監督『Le Silence d' ailleurs』(1990) に映画初出演した。翌年ジェラール・コルビオ『めざめの時』が本格的なデビューとなった。日本では『オリヴィエオリヴィエ』(1992/公開1993) の方が先に公開されたが, この誘拐された子供の不気味さを, コランは絶妙に演じた。1994年に出会ったクレール・ドニの『ネネットとボニ』(1996)『美しき仕事』(1999) の2作品で, その名を確立させその後も, ドニ作品の常連となっている。2008年には, タイを舞台にした河瀬直美の『七夜待』に出演。森の家に迷い込んだ日本女性が出会う, ゲイのマッサージ見習いを演じている。又2010年以降短編を二本監督している。

『七夜待』 2008→Ⅱ78 (河瀬)

エディ・コンスタンティーヌ
Eddie CONSTANTINE
(1917–1993)
彼は, 日本ではあまり知られていない。俳優として出演している映画もかなりあるのだが,『そこを動くな』(1956)『左きゝのレミー』(1965) も, フィルム・ノワールは人気があるのに, あまり宣伝もされなかった。唯一歌手として出演の『パリの不夜城』(1957) は, ジジ・ジャンメール競演という華やかさがあり話題になった。又, ゴダールの『アルファヴィル』(1965)『新ドイツ零年』(1993) も公開されているが, 一般にまでは届か

なかった。歌手としての大ヒット曲「大人と子供」は, 日本では植木等と上原ゆかりのデュエットとしてリリースされたが, 現在では, ほとんど忘れられている。1979年に翻訳出版された著書「ゴッド・プレイヤー」も同じで, 彼の多才を物語るのみである。こうやって彼の日本での足跡を見ながら, もし誰か日本側にプロデューサーがいたらと思うと少し残念である。

『東京の休日』 1991
エディ・コンスタンティーヌが, この映画に出演したのはどんなわけだったのだろう。長尾直樹というコマーシャル出身監督の第一回目の作品で相手は, アイドルロック系の新人歌手川村かおり, 脚本が, 人気作詞家康珍化といういわば映画に関しては, それほど経験のない人たちの中で, カメラの鋤田正義とエディの存在が映画を映画として成立させていた。話は, Tokyo Holiday という夢の新薬を巡るドタバタで, 彼はアメリカから来た大富豪の役であった。大富豪にしては, 乗っている車も服も全てそぐわない安物だったが, そんな事より彼の芝居は, 川村かおりの稚拙さが, 逆に活きてくるような, 本当のプロの仕事であった。彼は93年に亡くなったが, もっと活躍して貰いたかった逸材であった。[監] 長尾直樹 [脚] 康珍化, 長尾直樹 [主] 川村かおり

ステファン・クロン
Stéphane COULON (1974–)
短編映画でその演技力を認められた。国民的人気ドラマ「Plus Belle la Vie」出演で有名になったが、本編映画への出演は少なく『UGLY』が、初めてだという。主人公の失踪そうした兄の友人役で、この映画の要となる大役だが、この映画の意図にぴったりの演技を見せていた。

『UGLY』2011 → Ⅱ補82（ロケ）

アラン・キュニー
Alain CUNY (1908–1994)
アラン・キュニーはマルセル・カルネの『悪魔が夜来る』（公開1948）での悪魔の使者役で、日本に初めて登場した。かなり個性的な顔で何に出ても印象的である。そして彼は偉大な演技者であった。彼の出演作を改めて見てみると、ヨーロッパの超一流の監督としか仕事をしていない事が解る。フェリーニ、ブニュエル、ゴダール、マル、ロージーetc。例え作品的に平凡でも、彼の演じた役は実に印象に残っている。『エマニュエル夫人』の性哲学者、『カサノヴァ最後の恋』の老貴族。日本映画には3本の出演があるが、3本共、蔵原惟繕の作品である。このクラスの名優で、3本もの日本映画に出ているという事は、余程、蔵原とうまがあったのだろう。脇役としてなのでどうしても日本での知名度は少ないが、もっと

知られて良い名優である。
『栄光への5000キロ』1969
キュニーは、有名デザイナーで、ヒロインを熱愛している師匠ジャック・シャブロル役。なかなかのダンディ振りであった。→Ⅱ63（蔵原）
『雨のアムステルダム』1975
C級商社のヨーロッパ駐在員が主人公で脚本は山田信夫。日本の商社間のしのぎを削る争いが裏のテーマである。キュニーは利権の代わりに主人公の肉体を求めるホモの役。蔵原への信頼が無かったら、と思うような、いやな役なのだが流石、役者で見事に、嫌われ役であった。[監]蔵原惟繕[脚]山田信夫[撮]岡崎宏三[主]萩原健一、岸惠子、三國連太郎、アラン・キュニー
『海へ See You』1988
これも、車がらみの大作で、今度はパリ・ダカールである。キュニーは、また会社VIPの役。あきらに友情出演であろう。→Ⅱ63（蔵原）

ピエール・ドゥラドンシャン
Pierre DELADONCHAMPS (1978–)
『万能鑑定士Q』2014
ベストセラーシリーズ「万能鑑定士Q」の映画化。ルーヴル美術館でのロケもあり、話題になった。ドゥラドンシャンは、日本でのモナリザ巡回展に随行する日本側の鑑定士を、選出して、教育するルーヴル美術館の学芸員の役である。地味だが最後まで出ずっぱりの重要な役で、硬質で的

確な演技は、ラストのどんでん返しで、より活きていた。オーディションにより配役されたというが、問題作『湖の見知らぬ男』(2013)（[監]アラン・ギロティ）では、第39回セザール賞の最優秀新人賞を受賞して、これからが楽しみな俳優である。→Ⅱ補82（ロケ）

ギヨーム・ドパルデュー
Guillaume DEPARDIEU (1971–2008)
名優の父を凌ぐと思われた俳優だったが、数奇な運命に流されて逝ってしまった。1999年には『ポーラX』のプロモーションで来日している。

『ポーラX』1999 → Ⅱ44（カラックス）

ジャック・ドワイヨン
Jacques DOILLON (1944–)
ジャック・ドワイヨンは日本では、それ程ポピュラーな監督とはいえない。ヌーヴェルヴァーグ以降日本でのフランス映画が停滞し始めた時にデビューした事も理由の一つであろう。だから『ポネット』(1997) あたりまでは、その重要作品は未公開またはかなり遅れての公開であった。現在は、巨匠として認知されているが、その彼が『不完全なふたり』に出演していると知った時は、意外というか想像もつかなかった。彼は、別れる決意を秘めて皮肉にも、友人の結婚式にやってきた夫婦の友人の一人として、絶妙なアドリブの自然な演技を見せ

日本映画に出演したフランス人

て，この稀な映画の成功に一役かっている。

『不完全なふたり』2006→Ⅱ75（諏訪）

ジャン＝クロード・ドゥルオー
Jean-Claude DROUOT（1938–）

アニエス・ヴァルダの傑作『幸福』は，日本でも高い評価を得た作品である。特に女性の評価が高い映画であり，ドゥルオーは，この美しい映画の中で，憎まれ役を演じていた。彼の映画は，あまり日本では，公開されてはいないのに，2本の日本映画に出演している。『栄光の5000キロ』では，主人公のライバルレイサーで，複雑な心理を演じている。

『栄光の5000キロ』1969→Ⅱ63（蔵原）

『SeeYou! 海へ』1988→Ⅱ63（蔵原）

ジャン・フランヴァル
Jean FRANVAL（1926–2016）

1956年に映画デビューしたジャン・フランヴァルは，その後脇役として，非常に沢山の映画，ＴＶに出演した息の長い俳優であった。ブニュエル『小間使いの日記』（1964）メルヴィル『仁義』（1970）ケン・ローチ『ブラック・ジャック』（1979）などの，名匠との仕事もそのキャリアには含まれている。『想い出を売る店』では，崖の上に立つ，「想い出を売る店」の，謎の老人を的確に演じていた。

『想い出を売る店』1985→Ⅱ補82（ロケ）

ジャック・ガンブラン
Jacques GAMBLIN（1957–）

もともとは劇場の技術者として働いていたが，演技に魅せられ，カーンの演劇学校で学び，ブルターニュの劇場で経験を積んだあと，パリへ上る。映画デビューは1985年。93年の，ルルーシュ監督『Tout ça... pour ça !』にて主役の1人に抜擢され，本格的にスクリーンデビューを果たし，その後ルルーシュ作品の常連となった。'95年，ガブリエル・アギヨン監督『ペダル・ドゥース』でのゲイ役で好演，広く一般に名が知られるようになる。　クロード・シャブロル，ジャン・ベッケル，ベルトラン・タヴェルニエなどの大物監督のもとで演技を続け，2002年には，『レセ・パセ　自由への通行許可証』でベルリン映画祭銀熊賞（最優秀男優賞）を受賞した。パトリス・ルコント，アンヌ・ブルジョワなどの演出家との舞台も多い。日本映画には今村昌平の『カンゾー先生』（1998）では脱走兵の役を演じた。ドイツ語を喋るオランダ人のカメラ技師の役で，話の要になる重要な役であった。

『カンゾー先生』1998→Ⅱ61（今村）

イッポリット・ジラルド
Hippolyte GIRARDOT（1955–）

イッポリットは，フランスでは高名な画家夫妻の息子としてアーティスティックな環境

に生まれた。70年代後半から俳優として知られていたが，日本では1992年『愛のあとに』あたりから知られるようになった。『ユキとニナ』では，共同で監督もしている。

『ユキとニナ』2009
［脚］諏訪敦彦，イポリット・ジラルド［撮］ジョゼ・デエー［製］澤田正道，吉武美知子他［主］ノエ・サンビ，アリエル・ムーテル→Ⅱ75（諏訪）

オリヴィエ・グルメ
Olivier GOURMET（1963–）

ベルギー出身だが，フランス映画界でも貴重な演技派である。特にダルデンヌ兄弟作品の常連であり，2002年カンヌで主演男優賞を獲得した『息子のまなざし』の演技は忘れがたい。沢山の映画に出演しているが，黒沢清『ダゲレオタイプの女』ではミステリアスな写真家に扮した。

『ダゲレオタイプの女』2016→Ⅱ74（黒沢）

フランシス・ユステール
Francis HUSTER（1947–）

コメディ・フランセーズで古典を学び，映画にも積極的に出演している演技派俳優だが日本ではあまり知られていない。映画との関係はルルーシュとの『愛よもう一度』（1976）からで，その後7本の作品に出演することになる。多数の舞台演出の他に2008年には，ヴィットリオ・デ・シーカの名作『ウンベルトD』のリメイク『Un homme et un chien』を監督したが，不

評に終わった。81年コメディ・フランセーズを退団後も、舞台の仕事は続け、自らの劇団を持ち、より広い大衆に向けての演劇上演を目指して国内外で活動、若い才能を多数世に出す機会をつくった。

『パーキング』1985→Ⅱ33（ドゥミ）

ジェローム・キルシャー

Jérôme KIRCHER (1964–)

国立演劇学院でアカデミックな演劇を学び、パトリック・シェロー、ジョエル・ジョアノー等の有名な演出家の元で、主に舞台を中心にキャリアを積んだ俳優である。自らも演出作品を持つが、俳優として古典劇の難解な台詞には定評があり、モリエール賞にも何度もノミネートされている。映画にも時々出演するが、ブノワ・ジャコの『森の奥』(2010)では重要な役を演じた。平田オリザ「さようなら」の演劇公演では、妻イレーヌ・ジャコブと来日出演し、その映画版にも、主人公の父親役でカメオ出演している。

『さようなら』2015→Ⅰ章19（詩人たち1）

ドニ・ラヴァン

Denis LAVANT (1961–)

カラックスの『汚れた血』(1988公開)で、日本の映画ファンにショックを与えたドニは、カルトな人気を持っている。彼は日本では、怪優と良く言われるが、最初の登場から、どの映画に出てもインパクトは変わらず、しかも繊細に演じあげている。今後是非日本の映画に出てもらいたい俳優の一人である。カラックスの『ホーリー・モータース』(2012)では、期待に違わぬ名演を見せていた。

『TOKYO!（L・カラックス編）』2008→Ⅱ補81（作品）

フィリップ・ルロワ

Philippe LEROY (1930–)

日本に初お目見えしたのは、J・ジョヴァンニ原作をベッケルが監督した名作『穴』(1960)である。このフランス映画の評価は大変に高かったが、ルロワは、イタリア映画のイメージが強い。それは1966年に公開され、大ヒットした泥棒映画『黄金の七人』の教授という頭の切れる親分役が、非常に印象的だったからである。久しぶりに、日本のスクリーンにお目見えしたのは、やはりジョヴァンニの原案によるパリ・ダカール・レースを中心にした大作『See You! 海へ』である。ルロワの役は主人公の旧友で、一人の女を巡って、葛藤した過去がある重要な役。そして又、砂漠のレースで巡り合い、最後は旧友と、彼女を弔う事になってしまう。大ヒット作『冒険者たち』のダカール版の様であった。ルロワは、複雑な友情と愛情を秘めた役を、自然に演じドラマに貢献していた。

『SeeYou! 海へ』1988→Ⅰ29（ジョヴァンニ）、Ⅱ63（蔵原）

ローラン・ルザッフル

Roland LESAFFRE (1927-2009)

デビュー作は、1951年に日本でもヒットした『港のマリイ』(1949)の小さな役で、ジャン・ギャバンの紹介であった。その後カルネに寵愛され、多くの作品に登場するようになり、サッシャ・ギトリー、ヒッチコック、メルヴィル、ドゥコワンなど大物監督の作品にも出演している。1956年にはフランスで人気の出た日本人、谷洋子の夫君として来日し週刊誌のグラビアを飾った。映画は、カトリック信仰の村と仏教信仰の村の対立の中でのラブロマンスで、ルザッフルは地味な神父役で、少しだけ友情出演している。他に、何本か他の映画でも神父役をつとめたフランシス・デニという素人俳優も共演している。谷洋子とはその後別れている。

『裸足の青春』1956→Ⅲ34（谷）

ミキ・マノイロヴィッチ

Miki MANOJLOVIC (1950–)

『クリミナル・ラヴァーズ』では、森に棲む野獣のような男を好演している。ユーゴスラヴィア出身の名優で多くの映画に出演しているが、日本ではポピュラーとは言えない。

『クリミナル・ラヴァーズ』1999→Ⅱ46（オゾン）

『美しい運命の傷跡』2005→Ⅱ補81（作品）

ジャン・マレー

Jean MARAIS (1913–1998)

日本映画に出演したフランス人

ジャン・コクトーの美神として有名なジャン・マレーは、日本では1948年に公開された『美女と野獣』で一気に知られた。その年『悲恋』『オルフェ』、とコクトーがらみの秀作が、続々公開された。『忘れえぬ慕情』で来日した時に、撮影現場に人が押し寄せたという。コクトー亡きあと、画家としても活躍したが、『ファントマ』のリメイクシリーズの方が印象に残った。日本が製作にかかわった「オルフェ」の翻案『パーキング』では、貫録で闇の王を演じている。

『忘れえぬ慕情』1957→Ⅱ24（シャンピ）Ⅲ09（ダリュー）

『パーキング』2007→Ⅱ33（ドゥミ）

ミシェル・ミューラー
Michel MULLER (1966–)

リュック・ベッソンの『WA-SABI』で、日本に住むジャン・レノの同僚を演じたミシェル・ミューラーは、これが映画初出演だというが、『TAXIⅡ』の冒頭で出る、産気づいた妻をおろおろ気遣う夫役でも、おかしくもユニークな演技で印象に残った。ブラックユーモアが得意なお笑いコメディアンとして出発したミューラーは演出から監督までもこなす才人である。人気ＴＶ番組 Nulle part ailleurs（大手フランステレビ局CANAL+）のレギュラーから、広告界のプロデュースまでこなす映像監督として彼

の活躍は幅広く、自身の自伝的映画まであるという。今後も、もっと日本に紹介すべき存在である。

『WASABI』2001→Ⅱ43（ベッソン）、Ⅲ08（レノ）

タハール・ラヒム
Tahar RAHIM (1981–)

アルジェリア移民の両親の下、モンペリエ大学で映画を学ぶ。最初はＴＶ俳優となったが、やがてジャック・オディアールの『預言者』（2009）で主役の座を射止めた。第62回カンヌ国際映画祭で審査委員特別グランプリを獲得したこの作品で、第35回セザール賞主演男優賞と有望若手男優賞を受賞、一気に注目を集めた。それ以降ケヴィン・マクドナルド『第九軍団のワシ』（2011）ロウ・イエ『パリ、ただよう花』（2011）ジャン＝ジャック・アノーの『Black Gold』などに出演して、すっかり売れっ子の国際的俳優に成長した。

『ダゲレオタイプの女』2016→Ⅱ74（黒沢）

ジェレミー・レニエ
Jérémie RENIER (1981–)

ダルデンヌ兄弟の『イゴールの約束』でデビューしたジェレミー・レニエは、トリュフォーにとっての、J＝Pレオの様な、パターン型俳優かと思えたが、どうして天性の演技力に恵まれていて多彩な役を演じ分けられる俳優であった。彼は、『クリミナル・ラヴァーズ』の少年期を超え、そ

の後『ある子供』で飛躍し、それからどんどん凄い俳優になっていった。『最後のマイ・ウエイ』では、主役のクロード・フランソワが乗り移ったかのような演技を見せたが、『サン・ローラン』（2014）では、ファッション界の貴公子に成りきり改めて映画ファンを唸らせた。

『クリミナル・ラヴァーズ』1999→Ⅱ46（オゾン）

ブリュノ・トデスキーニ
Bruno TODESCHINI (1962–)

スイスに生まれ、ジュネーブの演劇学校で学び舞台俳優から出発した。1986年、パリ郊外、ナンテールのアマンディエ劇場に入団し、パトリス・シェロー演出の舞台を踏み、その後に同監督の映画『Hôtel de France』（1987）に出演、多くのシェロー作品に出ることになる。シェロー以外にも、アルノー・デプレシャン『魂を救え！』（1992）、アンドレ・テシネ『私の好きな季節』（1993）、ジャック・リヴェット『パリでかくれんぼ』（1995）他、有名監督に起用され続けている。演技的に高い評価を得たシェローの『ソン・フレール～兄との約束～』（2004）の後、諏訪敦彦監督の『不完全なふたり』では劇団仲間であったヴァレリア・ブルーニ＝テデスキと再共演で、迫真の演技較べを見せている。

『不完全なふたり』2006→Ⅱ75（諏訪）

女優

オーレ・アッティカ

Aure ATIKA（1970–）
モロッコ系ユダヤ人の家族の
もとに生まれ，9才の時に，
ジャンヌ・モロー監督『思春
期』（1979）で映画にデビュー
した。92年，22歳で，ヴィル
ジニ・テヴネの日仏合作映画
『サムサフィ』で主役を演じ
たが，フランスでは，この作
品は不評に終わった。その後某
テレビ局の仕事をしていた
が，ある脚本家のインタビュ
ーで，泥酔状態だった取材相
手とその取り巻きに罵倒され
るなどの侮辱を受け，グラス
の飲み物を顔にかけ合うなど
の事件があった。しかし翌年，
トマ・ジル監督の『原色パリ
図鑑』（1996）で主役の1人に
抜擢され，再び 映画女優と
して活躍し始めた。その後も
コメディーからドラマまで巾
広く活躍し，自らも監督する
事に熱意を見せている。
『サムサフィ』1992→II補81
（作品）

クローディーヌ・オージェ

Claudine AUGER（1942–）
1958年ミス・フランス出身の
クローディーヌは『007サンダ
ー・ボール作戦』（1965）で，一
気に世界に知られる事になっ
た。コクトーの『オルフェの遺
言』等でほんの一部の人にし
か知られてなかった彼女は，
グラマラスで東洋的な顔をし
ていて，日本でも脚光を浴び
一時人気があった。アイドル

沢田研二主演『パリの哀愁』
では，妖艶な人妻役で登場し
て日本の沢田ファンをやきも
きさせた。→II補82（ロケ）
『恋人たちの鎮魂歌』1973
パリと京都を舞台に展開する
ミステリアスな愛憎劇，アダ
モが主題歌を唄った。→IV 30
（アダモ）

クローディーヌ・バード

Claudine BIRD（不明）
彼女は，愛川欽也の私的映画
『さよならモロッコ』で，女優
になる夢に挫折した女を演じ
ている。オーディションで選
ばれたが，本国にもデーター
は残されていない。
『さよならモロッコ』1974→
II補82（ロケ）

キャロル・ブーケ

Carole BOUQUET（1957–）
日本での，キャロル・ブーケ
は，1981年に『007／ユア・ア
イズ・オンリー』で知られ，そ
の後はシャネルのモデルを務
めるクール・ビューティのイ
メージばかりが先行してい
た。デビュー作，『欲望の曖
昧な対象』（ルイス・ブニュエ
ル）は，名匠の遺作でもあり
話題性はあったが，テーマ的
にも日本人一般受けする作品
ではなかった。制作時（1977）
に公開されていたならば，随
分印象が変わった事だろう。
『WASABI』では，主人公の粗
暴な刑事を愛する女で，最初
のパリの場面で登場する。
『WASABI』2001→II 43（ベ
ッソン）
『美しき運命の傷跡』2005→

（アラン・キュニー）

『東京の休日』1991
（エディ・コンスタンティーヌ）

（マリア・シュナイダー）

『黄昏流星群』2002
（アンヌ・ルフォール）

日本映画に出演したフランス人

Ⅱ補81（作品）

ヴァレリア・ブルーニ＝テデスキ

Valeria BRUNI-TEDSCHI
(1964–)

作曲家の父と，女優でピアニストの母の間に生まれた。姉は有名なモデルで，元大統領夫人のカーラ・ブルーニである。パリ近郊，ナンテールのアマンディエ演劇学校に学びパトリス・シェローの演技指導を受けた。映画デビューは，1986 年，Claude CONFORTES 監督『Paulette, la pauvre petite milliardaire』だが，翌年，シェロー監督に選ばれて『Hotel de France』の重要な役を演じている。その後，オゾン監督『ふたりの5つの分かれ路』(2004) 等で評価が高まった。2006年諏訪敦彦の『不完全なふたり』では，即興的な要素の強い，俳優のセンスが要求される役を見事に演じた。彼女自らの監督作品も何作かあり，2007年の『女優』では，カンヌ映画祭の「ある視点」部門で特別賞を受賞している。

『不完全なふたり』2006→Ⅱ75（諏訪）

カトリーヌ・カドゥ

Catherine CADOU
(生年不詳)

黒澤明のフランス語字幕の第一人者。他にも通訳，字幕翻訳として宮崎駿，北野武など多くの日本映画人とフランスを繋いだ功績は大きい。自身も映画を監督し『住めば都』(2005)『黒澤その道』(2011) 等のドキュメンタリー作品が各国の映画祭で上映されている。(『3.11A Sense of HomeFilms/2012』にも参加している) 俳優として黒澤の『夢』では，ゴッホの「アルルの跳ね橋」の洗濯女となり登場した。因みにゴッホは，マーティン・スコセッシが演じた。

『夢』1990（日米合作）
[監脚] 黒澤明 [主] 寺尾聰

アンヌ・コンシニ

Anne CONSIGNY (1963–)

ジャン＝ルイ・バローの舞台に9歳でデビュー。その後，ピーター・ブルック劇団を経て，コメディー・フランセーズに入り，今でも劇団員である。映画でのデビューは，デザイナー，ケンゾーの『夢夢のあと』。日本で人気のアニセー・アルビナの妹役であった。1985年にマノエル・ド・オリヴェイラ監督，ポール・クローデル原作の『繻子の靴』で初主演を果たしたが，その後芸能活躍をやめて，20年近く，舞台，映画の世界から退いてしまった。その美貌と才能が惜しまれていたが，それも忘れ去られた2002年になって復活を果たし，女優としてのキャリアを再び歩み始めている。

『夢・夢のあと』1981→Ⅱ補82（ロケ）

アリエル・ドンバール

Arielle DOMBASLE (1953–)
寺山の『上海異人娼館』でその名が知られるようになる。映画は極めてポルノティックであるし，全裸でクラウス・キンスキーと絡むアリエルは，エロティク専門の女優と思われても仕方がなかった。だから『海辺のポーリーヌ』（公開 1985）等のロメール作品が登場した時は，同じ女優とはにわかに信じられなかった。主役映画の公開もなく，彼女について，歌や踊りにも才能があること等も，日本では，今でもあまり知られてはいない。しかしヨーロッパ映画界では，どんどんと妖艶さを増し，ダリのモデルをしたり，クレイジー・ホースに登場したりする，その長いスノッブなキャリアを持ってして魔女的位置にいる。自ら監督をした『レディー・ブルー愛欲』(1989) は，ビデオで公開されている。カンヌにも参加した監督作『OPIUM』(2013) は，話題になったが日本での公開は無かった。

『上海異人娼館』1980→Ⅰ 32（発禁本），Ⅱ 68（寺山）

ジュリー・ドレフュス

Julie DREYFUS (1966–)
ＮＨＫのフランス語講座のお姉さんとして，彼女は日本のマスコミにデビューした。きれいな日本語が話せて上品な彼女は同時にコマーシャルのモデルとして銀行や化粧品のＣＭ等に出演，お茶の間に浸透していった。そのうちに外国女性が必要な日本映画に端役でキャスティングされるようになった。2003年タラ

ンティーノの『キル・ビル』以後，日本でのタレント活動は止めて女優業に力を入れ出したが，海外進出はやはり彼女を持ってしても難しいのだろう，今のところは大活躍とは言い難い。最近ではまた日本に戻っての仕事もするようになり，以前よりずっと砕けた，宝くじ（2015）のＣＦにも出て，健在ぶりを示している。彼女の様に日本を良く知り，国際的インテリジェンスにあふれた逸材はそう簡単に出るものではない。ここにリストアップした日本映画関連での彼女の役は，あまりに小さ過ぎるが，どこの国の映画にせよ，是非彼女ならではの映画に出演してもらいたいものだ。

『遠き落日』1992
梅毒菌を発見した野口英世の物語。ジュリーは，ほんの数シーン登場。［監］神山征二郎

『Ranpo 奥山版』1994
パーティのゲストの令嬢役。［監］奥山和由

『東京フィスト』1995
塚本晋也の，ボクシングが結ぶ奇妙な三角関係の話。ジュリーは観客で，これ又一瞬の登場。［監］塚本晋也

『リーガル・エイリヤン』1998
ロンドンで映画を学んだ辻谷の2作目の長編。本国では役者志向が叶わず，流れ着いた日本で英語教師をしている典型的な在日欧米人（この場合はアメリカ人）の新しい恋の相手，広告代理店に勤める

フランス女役。［監］辻谷昭則

『Tokyo!（メルド）』2008
メルド氏の形場に向かう前の通訳と，死刑見届け人の中の一人。→Ⅱ44（カラックス）

ブリジット・フォッセー
Brigitte FOSSEY（1946–）
名作『禁じられた遊び』で圧倒的な注目を浴びた彼女は，名子役は大人のスターにならない，という一般的なジンクスを破った女優の一人である。一時映画界を離れ再び『さすらいの青春』で銀幕にカムバックした彼女は，グラマー女優でも，特別な美貌売りの女優でもないが，清楚なお色気もある，息の永い素敵な女優になった。彼女の作品は，それほど公開されてはおらず，しかも看板で主役をはる映画は少ないが，潜在的な日本のファンは沢山いると思う。『妖精の詩』では，主人公が預けられる孤児院の優しい保母役を的確に演じていた。5才の時に彼女が演じた孤児が，どうしても想い出されてしまう意味のある配役であった。『禁じられた遊び』は，大人の眼から見た子供の世界だったけれど，この映画『MIO』は，子供の眼から見ている映画で，そこに時代の差を感じる，と，監督の羽仁に語ったそうである。

『妖精の詩–MIO』（日伊）1971
→Ⅱ69（羽仁）

アナ・ジラルド
Ana GIRARDOT（1988–）
イポリット・ジラルドの娘と

『万能鑑定士Q』2014
（ピエール・ドゥラドンシャン）

『オケ老人』2016
（フィリップ・エマール）

『太陽』2005（イッセー尾形）

『ジョン・ラーベ』2009（香川照之）

日本映画に出演したフランス人

して生まれ, 父の反対を押し切り女優となった。2年間, ニューヨークのシアタースクールに通い, テレビや映画の端役を勤め, Fabrice Gobert の『Simon Werner a disparu』で主役を射止め成功した。(当作品は, 2010年のカンヌ映画祭に出品された) 話題作『FOUJITA』では藤田の3番目の妻ユキ (俗称) を演じた。

『FOUJITA』2015 → II 71 (小栗)

カテリーナ・ゴルベワ
Katerina GOLUBEVA (1966–2011)
あまたの個性的女優が競う, フランスの映画界でも, 特別な存在だったのが, カテリーナ・ゴルベワである。彼女は1966にロシア人に生まれロシア国立映画院にて演技他を学んでいる。リトアニア人監督シャルナス・バルタの作品に何本か出演することで, 映像関係者に注目されたがこの辺りの作品は日本では公開されていない。(1991『Trois jours』, 1995『Corridor』, 1996『Few of us』など) 日本で知られたのは, 何といってもカラックスの『ポーラX』で, そのロシアなまりのフランス語と, 独特の憂いを含んだ眼差しは多くの人々の心に焼き付き, 映画の存在感に大きく寄与していた。彼女は, クレール・ドニとも作品『J'ai pas sommeil』(1994), 『L'Intrus』(2004) を, 残している。そして2011年に3人の子

供を置いて自殺したが, その死は本当に惜しまれた。亡くなる前に伴侶となっていたカラックスとの娘, Nastya GOLUBEVA-CARAXは, カラックスの『Holy Motors』(2012) に出演している。

『ポーラX』1999 → II 44 (カラックス)

イングリッド・エルド
Ingrid HELD (生年不詳)
日本映画『想い出を売る店』がデビュー作である。この映画は, フランスでは公開されなかったが彼女の演技は的確でしかも魅力的であった。彼女はサラ・ムーンの子供モデル等の経験後コンセルバトワールやニューヨークでも演技を学んだ本格派である。1986年ブノワ・ジャコの『Corps et biens』に続いてジョルジュ・ロートネル『La Mission assassinée』(1987) ではセザール賞有望新人女優賞にノミネートされている。その後テレビドラマでも活躍していたが, ディアーヌ・キュリスの映画『愛のあとにApèrs l'amour』(1991) を最後に芸能界から引退した。

『想い出を売る店』1985 → II 補82 (ロケ)

アンジェル・ユモー
Angèle HUMEAU (1982–)
伝説のモデル, モンパルナスのKIKIを演じ, 十分な存在感を見せたアンジェルは映画初主演だという。17歳からパリで演技の勉強し, 舞台やTV中心に活動していたエンジ

ェルにとって大作映画に出演できた事は嬉しかったと謙虚に語っている。オーディションの時に, 小栗監督がぐっと顔を近づけて瞳の奥を45秒間は見つめたが, KIKIを探すその探究心に圧倒されたという。

『FOUJITA』2015 → II 71 (小栗)

イザベル・イリエ
Isabelle ILLIERS (生年不詳)
『上海異人娼館』で, 主役を演じたイザベルは, 300人を超すオーディションから選ばれたパリジェンヌ。この映画のあと, 世界の男性誌のグラビアで注目された。その後イタリア系の, テイント・ブラスやリリアーノ・カヴァーニといった作家のソフト・ポルノやエロティック映画に10本程出演して1990年代の初め頃に引退してしまった。

『上海異人娼館』1980 → I 32 (発禁本), II 68 (寺山)

イレーヌ・ジャコブ
Irène JACOB (1966–)
『さようなら』2015 → II 補81 (作品) III章 (女優4色)

クロード・ジャド
Claude JADE (1948–2006)
トリュフォーの『夜霧の恋人たち』で1968年に日本に紹介されたクロード・ジャドは, 日本人に好かれるタイプ, 小味なものを持っていた。もっと派手な作品に出ていたら日本で人気が出たと思われる。1976年には熊井啓『北の岬』に主演したが, この映画は, フランスでも知られる辻邦生

の小説を映画化したもので、ジャドは恋する尼僧の役であった。尼僧の恋というテーマはスキャンダラスだが、熊井啓は真面目に超がつく程の監督で、ペドロ・アルモドバルの様にはいかず記録的不入り作品となった。上映はすぐ打ち切られ、現在は幻の作品である。他に尼僧役でドゥニーズ・ペロル等フランス人女優が出演している。相手役の日本人男優は熊井と組む事の多かった加藤剛で、古いタイプの二枚目俳優である。クロード・ジャドも現在は亡く、もう一度見直して見たい作品の一つである。世界に派遣されるカソリックの尼僧を追いかける映画で、パリ、マルセイユ、ケープタウン、スリランカ等でロケされている。この作品には、後日談がある。クロード・ジャドがインタビューで、この作品に触れ、映画の公開時に彼女が、妊娠していた為に、彼女はプロモーションをやるといったにも関わらず、尼僧役が妊娠とは、という事で、日本側に断られたと云う。逆にお腹をつき出して登場したら話題になっただろうが、キリスト教関係の協賛もあり、仕方がなかったのかもしれない。ジャドの映画は、その後トリュフォーの『逃げ去る恋』(1979)が1982年に遅れて公開されたぐらいで、新作の公開はなく2006年に、まだまだ若くして亡くなってしまった。

『北の岬』1976

［監］熊井啓［原］辻邦生［脚］熊井啓, 桂明子［主］加藤剛, （C・ジャド）

アンヌ・ルフォール

Anne LEFOL (1948–)

彼女は、舞台でのベテランで「シラノ・ド・ベルジュラック」では、ジャン・マレーの相手役としてロクサーヌを演じた経験などもある。古典劇はもとより、内外の文豪の名作を語り歌い演じる、自らのリサイタルを精力的に開催している。『星のレストラン』では、初恋の男と日本で再開する役で、リハーサルではフランス的に強く相手を抱きしめた為、日本のスタッフが多少戸惑ったというが、実際に抑えた演技ながら印象的な演技を見せていた。そのプロ意識に感銘を受けた日本の映画人たちと、またぜひ仕事がしたいという。

『黄昏流星群〜星のレストラン』2002→Ⅱ補84（ロケ）

アガタ・モレシャン

Agathe MORECHAND (1964–)

フランソワーズ・モレシャンの娘で、一時日本でタレント活動をしていた。

『シベリア超特急』1996

映画評論家水野晴郎が作った超C級映画。人々をあきれさせ続けたシリーズの第1作。カルトファンあり。［監］水野晴郎

フランソワーズ・モレシャン

Françoise MORECHAND

『エンター・ザ・ボイド』2009（丹野雅仁）

『黒蜥蝪を探して』2012（美輪明宏）

『ライク・サムワン・イン・ラブ』2012（奥野匡, 他）

『ビヨンド・ザ・ブラッド』2012（小野孝弘他）

日本映画に出演したフランス人

（1936–）

1958年NHKのラジオ，フランス語会話から登場したタレントである。タレントという妙な呼称も確立していない頃である。彼女は多才な人でしかも野心も充分にあり，様々な分野で活躍を始め，あっという間に日本でほとんど一番有名なフランス人になった。シャネルの宣伝をした事もあり，特にファッション分野では様々な仕事をしている。エッセイスト，コメンテーター，司会，デザイナー，高音でフランス人的発音が入った，丁寧だけれど妙な日本語を話し，たっぷりのジェスチャーと表情がついていた。彼女は当時，多くのモノ真似タレントのレパートリーになりバラエティにもどんどん出演したので，電波の届く日本の家庭のすみずみに"フランス"が持ち込まれていった。CMに関しては，キャリアが長い事もあり食品，飲料，電化製品，薬品，ペット用品，消臭剤，軽く10社を超えるCMCFをこなし誰もが認める，一番日本の広告に出たフランス人である。フランスでは……，パリでは……という例えの型を特徴に，彼女が広めた"フランス"は非常に大きいものがある。彼女は，実は女優としてもなかなかものだった。それを知る人が現在では少なくなってしまったが実は4本の日本映画に出演している。

『娘と私』1962
獅子文六の同名小説の映画化で，フランソワーズは山村聡の最初のフランス人の妻役。[監]堀川弘道

『パレンバン作戦』1963
マレー半島パレンバンのオランダ軍の持つ油田を日本軍が乗っ取る話。フランソワーズは尼僧の役。[監]小林恒夫

『若い人』1977
石坂洋二郎のベストセラー小説。3度目の映画化作品。ミッション・スクールの代表役。[監]河崎義佑

『遥かなる時代の階段を』1995
横浜の私立探偵マイクシリーズ第2弾で彼女は依頼人。[監]林海象

マリー＝フランス・ピジェ
Marie-France PISIER（1944–2011）
トリュフォーのオムニバス短編『二十歳の恋』で，注目を浴び，その後インテリ美人女優として活躍した。日本では，シドニー・シェルダンのベストセラーをハリウッドが映画化した『真夜中の向こう側』(1977チャールズ・ジャロット)が，良く知られている。
『パーキング』→Ⅱ33（ドゥミ）

ナターシャ・レニエ
Natacha REGNIER（1974–）
ベルギー国立高等演劇院で学び，Pascal BONITZER同監督の初の長編映画『Encore』(1996) への出演で注目された。1998年の『天使が見た夢 La Vie rêvée des anges』

(Erick ZONCA) ではカンヌ国際映画祭女優賞，ヨーロッパ映画賞女優賞，セザール賞を受賞しその地位を固めた。オゾンの『クリミナル・ラヴァーズ』では，高校生になりきっていた。その後，結婚して家庭に入り（2002年には母となり），女優としての仕事は控え気味で，脇役女優として活動を続ける。ここ数年は，映画のみならず，テレビドラマや舞台作品への参加も見られる。
『クリミナル・ラヴァーズ』
1999→Ⅱ46（オゾン）

エグランティーヌ・ランボヴィル
Eglantine REMBAUVILLE（1981–）
彼女は『のだめカンタービレ』で主人公のだめが住むパリのアパート最上階に住む謎の女を演じた。この映画は，沢山の楽団員や観客に多くの，外国人が混合で出演しているが，彼女の役はヤドヴィという音楽学校の生徒で，テルミンに嵌っている。主人公のだめの，スランプ時に，別の角度からの音楽の歓びを教える重要な役であった。
『のだめカンタービレ後編』2010
→Ⅱ補82（ロケ）

コンスタンス・ルソー
Constance ROUSSEAU（1989–）
2007年22歳でMia Hansen-Love監督の『Tout est pardonné』で映画デビュー。一部で注目されたがその後，現代文学を学ぶため学生に戻

り，数は少ないが，平行で映画出演も続けている。

『ダゲレオタイプの女』 2016→Ⅱ74（黒沢清）

ガブリエル・サニエ

Gabrielle SAGNIER（1962–）

ガブリエル・サニエは，いくつかの有名ファッション誌を飾るモデルだった。『ローマの休日』を翻案した日本映画『ヨーロッパ 特急』での，600人を超えるオーディションで主役を射止め女優を志した。映画初出演で素人くささが逆に役柄に会っていたが，その後端役で映画に少し出てから，引退してしまった。

『ヨーロッパ 特急』 1984→Ⅱ補82（ロケ）

ノエ・サンピ

Noe SAMPY（1999–）

『ユキとニナ』で主役の日仏ハーフの女の子ユキを，演じた。友人ニナのアリエル・ムーテル Arielle MOUTEL（1999～）と共に，大人を完全に喰った自由な演技を見せていた。

『ユキとニナ』 2009→本項（H・ジラルド）→Ⅱ75（諏訪）

ニマ・サール

Ngnima SARR（生年不詳）

Tieという名で歌手でもある彼女は，ダカール出身であ

る。『UGLY』では，失踪した日本人の恋人で妊娠している役を演じたが，初出演とは思えぬ演技を見せている。

『UGLY』 2011→Ⅱ補82（ロケ）

マリア・シュナイダー

Maria SCHNEIDER（1952–2011）

超話題作『ラストタンゴ・イン・パリ』（1972）で，センセーショナルな人気を得たマリア・シュナイダーは，ロック感覚のある女優であった。日本でも，相当知られていたが，だんだんと忘れられてしまった頃，『ヨーロッパ特急』で再登場しファンを驚かせた。彼女は，主人公たちに，ディスコで声をかけ，ドーヴィルの旅行に誘うカメラマン役。主役の王女様が追っ手に見つかり，モンマルトルあたりを車で派手なカーチェイスをする。マニッシュな彼女の面目躍如であった。

『ヨーロッパ特急』 1984→Ⅱ補82（ロケ）

カリン・ヴィアール

Karin VIARD（1966–）

生まれ育った町ルーアンで演技を習い始め，その後パリで本格的に演技の勉強をする。テレビドラマへの出演経

験を経て，彼女は，『デリカテッセン』（1991）で，日本に初お目見えした。日本では，特別知られた女優とは言えないが，フランスでの彼女は売れっ子の一人である。1991年，Xavier DURRINGER 監督の『La Nage indienne』で主役の1人に抜擢され，その後様々な作品で，様々な役を見事に演じ分け95年，Alain TANNER監督『Fourbi』で，将来への希望や志を持てない若い女性を，99年，Catherine CORSINI監督『ヌーヴェル・イヴ LA Nouvelle Eve』では，既婚男性に恋して絶望する独身女性を，同年の，ＴＶドラマ『Haut les coeurs !』で癌と宣告された妊娠中の女性エマを演じ，それらの演技が絶賛された（このドラマでの演技で，セザール賞主演女優賞を受賞）。その後も出演オファーは耐えず2002年には，『Embrassez qui vous voudrez』（ミッシェル・ブラン監督）でコミカルな役柄を好演，2005年には『美しき運命の傷跡』では，おかしくも哀しい次女役の演技が絶品であった。

『美しき運命の傷跡』 2005→Ⅱ補81（作品）

日本映画に出演したフランス人

フランス映画に出演した日本人

フランス映画に出演した日本人は，その逆と同じで，フランスに滞在中の日本人が，採用される場合が多い。現地日本語新聞などで募集してオーディションがきちんと組まれる場合もあるが，その映画関係者との個人的関わりで友情出演というケースも良くある。

日本人が初めて（1912年「名和長年」舞台録画）フランス映画に登場したのは，川上音二郎らしいが，フィルムは現存せず，はっきり残っているのは映画『ラ・バタイユ』の早川雪洲夫妻からである。彼等の様に，互いの国に影響の大きい俳優は，それぞれ第III章に別の項を設けたの

で，そこを御覧いただきたい。第II章作品往来などでも，フォローしたつもりだが，この章では，本当に少しだけ，映っているだけの場合（例えば，ウージェーヌ・デスラヴの映像に登場する藤田嗣治など）は，載せていない。大体，フランス映画に少しでも出演した，日本人を全部網羅する事は，まず不可能であろう。

ここでは，III章には入らなかったが載せておきたい人（俳優）を，選んでみた。2000年以降，日本の若い俳優が，起用された作品が，目立っているが，これからが楽しみである。

男優

浅野忠信（1973–）
浅野忠信は，日本を代表する俳優の一人である。彼のデビューは『バタアシ金魚』（1990）で，その後夥しい数の日本映画に主演または，主演クラスで登場している。合作映画『地球で最後のふたり』は，彼にとって海外映画の出演2本目にあたるが，もはや風格さえ感じられた。この映画で，第60回ヴェネツィア映画祭では，コントロコレンテ部門で最優秀男優賞を獲得している。
『地球で最後のふたり』2003

→II補81（作品）
『岸辺の旅』2015→II72（黒沢）

阿部寛（1964–）
1983年にファッション雑誌のモデルとして，登場するやあっという間に大人気になった。その後俳優に転じて，様々な役を経験，現在では日本の映画界にスターとして大きな地位を獲得している。特別に高身長で，それがネックとなることが多かったが，ヒット作『テルマエロマエ』などは，其ゆえの役柄であった。
『メモリーズ・コーナー』2011
→II82（ロケ）

安藤政信（1975–）

名作『キッズ・リターン』で彗星の様にデビューしたが，作品を選びすぎたか？
一時忘れ去られていた。演技にひたむきな好漢であり，今後の活躍に期待したい。
『KOKORO－心』2016→II補82（ロケ）

伊川東吾（1946–）
1985年にイギリスに移住して，主にイギリス中心に活躍する日本の俳優である。俳優の基礎は日本で修行したが，ロイヤル・シェクスピアの劇団員でもある。渡英後の時間は，彼を変えた。それは，同年代の日本人俳優とは，全く違った，得難い個性である。

彼は，英語圏やフランス語圏の映画にもいくも出演して，大なり小なり，日本人として矛盾を感じる役も，精一杯たたずまいを保っている。中でも『優しいハリネズミ』の演技は，秀逸であった。是非日本映画にももっと沢山出てもらいたい。

『トウキョウアンダーグラウンド』2004→Ⅱ補82（ロケ）

『優しいハリネズミ』2008→Ⅱ51（小津）

『SUMO』2009→Ⅱ補83（タイトル）

石橋凌（1956–）

ロックバンドのヴォーカリストから，俳優になった個性派。外見からヤクザ役が多かったが，やがて繊細な演技が高く評価され，様々な役を演じるようになった。『陰獣』では，サディストのヤクザの大親分を，余裕で演じていた。他に三池崇史との『オーディション』は，海外でも有名である

『陰獣』2008→Ⅰ35（乱歩）

石橋蓮司（1941–）

中学時代劇団「若草」から，俳優を志した石橋のキャリアは長い。子役時代を含めて，日本の映画黄金期も通過して，結果びっくりする程大量の映画に出演している。いくつもの作品で印象的な演技をしているが，善人悪人硬軟自在の現在，ますますプロの技が光り輝いている。

『上海異人娼館』1981→Ⅰ32（発禁本）&Ⅱ68（寺山）

『TOKYO！（メルド編）』2008→Ⅱ44（カラックス），Ⅱ補81（作品）

伊勢谷友介（1976~）

モデルから俳優になった伊勢谷は，芸大出身，英語のスキル，ファッションセンスと現代のマスコミが喜びそうなものを沢山持ち合わせての特別な登場であった。俳優は演技で評価されるので，別のイメージがあればあるほど，良くて当たり前と評価される厳しい状況でもあったわけだ。しかし彼は，俳優に必要なハングリー精神も持ち合わせた稀有な例だったようである。正直まだタイプ演技を抜けていないが，これを超えた時に新しい大物映画俳優の登場となるのだろう。

『パッセンジャー』2005→Ⅱ補81（作品）

イッセー尾形（1952–）

一人芝居が有名で，実力派として知られている。好き嫌いがはっきり分かれる強い個性で，決して一般的な俳優とは言えない。そのため出演映画は意外に少ない。多くの役者が尻込みしそうな天皇役を『太陽』では，演じ切り改めてその存在を見せた。

『太陽』2005→Ⅱ補81（作品）Ⅲ36（桃井）

柄本明（1948–）

柄本明は「東京乾電池」という，お笑いコント系の劇団の主催者として世に知られた。今村昌平『カンゾー先生』（1998）の主役を射止めてか

らは，性格俳優として独自の道を突き進んだ。この役は，北村和夫，三國連太郎とまわった大役で緒形拳が本当にやりたがったていたという。柄本の芸域は幅広く，何でもこなす演技力を持つが，彼の場合はそれにプラス何かがあり，単なるうまい俳優には留まってはいない。

『11'09"01/セプテンバー11』2002→Ⅱ61（今村）

『ジョン・ラーベ』2009→本項（香川照之）

大橋可也（1967–）

先鋭的なコンテンポラリーダンスカンパニーを主催するダンサーで振り付け家である。『浮世物語』では，中村優子と共にその不思議な舞踏を見せている。

『浮世物語』2001→Ⅱ補81（作品）

大森南朋（1972–）

大森南朋は一つ一つ，小さな役から確実に演じあげ実力を磨いてきた。日本の多くの映画監督に愛され沢山の良い仕事を残している。海外作品は，まだ少ないが，アサヤスの『デーモンラヴァー』では成人アニメ制作会社の若社長役で，少しだけ登場する。もう一本M・ゴンドリーが，監督した『TOKYO』の中の題一話の締めくくりに，女が変身した椅子を拾う，ミュージシャン役で出ている。

『デーモンラヴァー』2002→Ⅱ補81（作品）

『TOKYO！（インテリア・デザ

イン編）』2008→Ⅱ45（ゴンドリー）Ⅱ補81（作品）

岡田エリック (1929–2000)

E・H・エリックの名で、活躍した戦後の草分け的外国人ハーフタレント。日本人画家岡田が、パリで出会ったデンマーク女性（バレリーの勉強中だった）との間に生まれた。（出生地はリヨン）俳優としてよりは、TVタレントして有名であるが、日本で大々的にロケされた『Rififi à Tokyo』では、脇役ながら映画の前半を引っ張る重要な兵隊崩れのヤクザ役で印象深い演技を見せている。弟の岡田真澄（1936–2006）は、中平康の傑作『太陽の季節』などから名を出し、後年は日本のミュージーカル舞台に功績を残した。ヴィスコンティの『山猫』の主役を蹴ったという話がある。

『Rififi à Tokyo』1963→Ⅱ補82（ロケ）

緒形拳 (1937–2008)

緒形拳は1958年に新国劇に入り、俳優業をスタートさせた。『遠い一つの道』（1960［監］内川清一郎）のボクサー役で映画にデビュー、舞台、TV、映画と活躍した。ブレイクは、1965年のNHKの大河ドラマ「太閤記」の、秀吉役で、その後演技力のある俳優として、多くの映画に出演した。主役を務めた1978年『鬼畜』翌年の『復讐するは我にあり』の大作二本は、興業的にも大ヒット。彼のスター

としての位置を決定づけた。その後ポール・シュレイダーの『MISHIMA』（1985）では、三島を演じ、国際的にも知られる俳優となった。90年代以降も、多くの映画の主役を務め、少し出過ぎと思われる時期もあった。

『枕草紙』1996（英仏蘭）→Ⅰ補40（古典）、Ⅲ32（笈田）、Ⅲ補44（クリエイター）

『11' 09" 01／セプテンバー11』2002→Ⅱ61（今村）

奥田瑛二 (1950–)

天知茂の付き人から出発した、奥田は、比較的下積みが長かったが、80年代に入り、一作一作、確実に素晴らしい演技をみせ俳優としての巾を広げていった。特に熊井啓との『千利休』（1989）『ひかりごけ』（1992）『深い河』（1995）は、印象が強く、2000年代には既に名優の域に達していた。監督としてもその才能は非凡で、初監督作品『少女』（2001）以降、よくある俳優監督の映画とは、一線を画す映画を作り続け、受賞作品も多い。独特のポエジー溢れる繊細な演技は、万人が認めるところだが、もっと国際的に評価されるべき逸材である。なお彼の娘二人、姉のモモ子は監督として、妹のサクラは女優として、共に日本映画のこれからの映画人として、大いに期待されている。

『ピアニスト』1992→Ⅱ補81（作品）

奥野匡 (1928–)

長い間脇役だった奥野匡は、84才にして『ライク・サム・イン・ラブ』で初主演を果たした。監督のキアロスタミは主役の重圧を減らすために、小さな役だと言いながらの撮影だったという。監督の期待に応えて彼は見事に元大学教授を演じた。こういう作品を見るのは、めったにない歓びで、もっと多くの人に見てもらいたいと心底から思わされた。

『ライク・サムワン・イン・ラブ』2012→Ⅱ補81（作品）

小澤栄太郎 (1909–1988)

俳優座の創立からのメンバーであった小澤は、左翼演劇の活動家でもあり、戦前に一年半も服役させられた。保釈後は、映画にも進出し、出演した映画は、ゆうに300本は超えるという。脇役が多かったが、木下の『女』や溝口の『雨月物語』の様に、主役または準主役もあり、憎々しげな悪役や好色鹿漢は、独壇場であった。

『スパイ・ゾルゲ–真珠湾攻撃前夜』→Ⅱ24（シャンピ）

織田政雄 (1908–1973)

戦前から左翼系の演劇で活動し、戦後は映画にも進出した。脇役で、気弱な役に本領をはっきして、多くの名監督の作品に出ている。J・ドレイの『Rififi à Tokyo』では、非常だが、碁が好きな面もある日本側のヤクザ親分を演じている。炬燵の中で主人公に銃殺されるちょい役だが、印象深い死に様を見せる。

『Rififi à Tokyo』1963→Ⅱ 82（ロケ）

オダギリ・ジョー (1976–)
同世代の多くのライバルの中で、気がつけば先頭だった的な、飄々とした個性がある。意外に同性のファンも多い。黒沢清『アカルイミライ』では、国際的にも評価され、小栗康平の大作『FOUJITA』では、主役藤田嗣治に成りきり、果敢にもフランス語に挑戦している。これからまだまだ伸びる余裕を感じさせる俳優である。

『FOUJITA』2015→Ⅱ 71（小栗）

小野孝弘 (1967–)
消滅まで山一証券に務め、その後養成所に通い俳優に転身した。インディーズ作人が多いが、地道にキャリアを積み上げている。『ビヨンド……』では、妻を殺されたサラリーマンを熱演している。

『ビヨンド・ザ・ブラッド』2012→Ⅱ補82（ロケ）

香川照之 (1965–)
大物歌舞伎俳優の父と女優の母という、まさにサラブレットの香川は、もともと俳優になる気はなかったというが、大学卒業後まもなく本格的に演技の道に取り組み始め、血は争えぬのか、ＴＶドラマでデビューした時から特異な色を持つ個性派として注目された。沢山の映画で印象的な役を演じたが、最近は、九代目市川中車を名乗り、歌舞伎を中心にした舞台でも活躍を始

めている。歌舞伎への、この年齢からの挑戦の具体的な難しさが山積しているが、今後どのような俳優になるのか興味深い存在である。

『TOKYO!（シェイキング東京)』2008→Ⅱ補81（作品）

**ジョン・ラーベ–南京のシンドラー–』2009（独中仏）
歴史解釈を巡る問題があり、日本では自主上映のみに終わった。南京事件の中、人道的立場を貫いた、シーメンス支社長ジョン・ラーベが主人公。香川は、最大の責任者と言われた皇族の陸軍大将を演じた。[監脚]フローリアン・ガレンベルガー　[主]ウルリッヒ・トゥクル

加瀬亮 (1974–)
ここ十年急激に注目を浴びた演技派である。英語力が相当にあり、海外作品への参加も多い。持ち前の感性が、時と共に極めて得難い個性となって光りはじめ、役を選べるようになった現在、これからの仕事が注目されている。

『TOKYO!（インテリア・デザイン編)』2008→Ⅱ 45（ゴンドリー）Ⅱ補81（作品）

『ライク・サムワン・イン・ラブ』2012→Ⅱ補81（作品）

『FOUJITA』2015→Ⅱ 71（小栗）

加藤雅也 (1963–)
モデルから俳優になり、一時はハリウッドを目指していた。日本人離れした容姿が、マイナスに働く事もあるようだ。頭の良い人物だと聞くが、

これからの俳優としての円熟を待ちたい。

『クライング・フリーマン』1995→Ⅱ補81（作品）

木村圭作 (1966–)
自分たちの劇団を持ち、公演する傍ら、ＴＶや映画の脇役として長いキャリアを持っている。印象的なマスクが『ビヨンド……』のヤクザ役にはまっていた。

『ビヨンド・ザ・ブラッド』2012→Ⅱ補82（ロケ）

木村拓哉 (1972–)
木村拓哉は、まさにＴＶが生んだ大スターである。日本の芸能は、第二次大戦後アメリカ進駐軍の下に管理されたことからメディアも共に、それは特殊な成長を強いられる事になった。その頂点に立つ一つの芸能事務所の、トップランナーが木村である。彼の出演したＴＶやＣＦを見るとその大量なことに驚かされるが、それに比べて映画出演は極端に少なく10本に満たない。その永いキャリアの割に少なめの彼の映画は、彼のイメージアップの為によく選び抜かれていて、『2046』（ウォン・カーウオイ）、『アイ・カム・ウィズ・ザ・レイン』（トラン＝アン・ユン）など国際的な映画もその中に含まれている。

『アイ・カム・ウィズ・ザ・レイン』2009
香港を舞台とした、キリストの受難の現代版である。日本では、話題の割に、批評も興

フランス映画に出演した日本人

業も芳しくなかった。木村は、アメリカの財閥の息子で一言も言葉を発しない聖人を演じたが、難役を見事にこなしていて、国際俳優誕生を思わせた。［監］トラン＝アン・ユン［主］ジョシュ・ハートネット、木村拓哉、イ・ビョン＝ホン

園村隼（1955–）

ずっと脇役、悪役が多かったが、河瀬直美監督の出世作『萌の朱雀』（1997）の父親役で、圧倒的存在感で主役を演じ、その後徐々に大きな役を演じるようになった。どの役も印象残るキャラは、今や多くのファンを持っている。

『SILK』2008［監］F・ジラール→Ⅱ補82（ロケ）

『メモリーズコーナー』2011［監］A・フーシェ→Ⅱ補82（ロケ）

『KOKORO–心』2016→Ⅱ補82（ロケ）

倉田保昭（1946–）

学生時代から、武道に秀でていた倉田は、1996年TVドラマから、俳優のキャリアを始めた。1971年香港のショウ・ブラザーズの、オーディションに合格し、カンフー映画『悪客』で、国際映画にデビューして、悪役として人気が出た。1973年ブルース・リャンと共演した『帰ってきたドラゴン』の日本公開には、和製ブルース・リーのキャッチがつけられて、その後日本のTVやアクション映画への出演が始まった。香港、台湾では、大スターとして、日本で

も公後輩の幾育成に力をいれながら、独特の地位を築いた。日本では、アクションスターは、映画俳優より下に見る傾向があるが、倉田は、ひたすらアクションに徹して潔い。『Samouraïs』は、倉田が出演したSFアクション映画。パリに留学中の娘を助けるために、日本から出向くスーパー刑事を倉田が演じる。作品としては、相当いい加減なつくりであり、日本での劇場公開はなかった。

『Samouraïs』2002［監］ジョルダーノ・ジェデルリーニ［脚］G・ジェデルリーニ、マット・アレキサンダー［音］川井憲次［主］倉田保昭・シリル・ムラーリ→Ⅳ40（川井）

小林薫（1951–）

唐十郎主催「状況劇場」の70年代、根津甚八の後をこの人が繋いだ。硬軟何でもこなす俳優だが、何処かに人の良さが滲む愛される俳優である。フランス映画出演では、あまりのラブシーンの不慣れささにフランス人スタッフが驚いたという逸話がある。

『NON MERCI』2002→Ⅱ補81（作品）

近藤康成（1960–）

小劇団から自由劇場へと地味にキャリアを重ねた異色の俳優。舞台TVと芸歴は長い。『畏れ慄いて』では、主人公に好感を持たれる人の良いサラリーマンを好演した。その後も小さい役ながら、フランス映画に顔を出している。

『畏れ慄いて』2002→Ⅱ補82（ロケ）

『ビヨンドザブラッド』2012→Ⅱ補82（ロケ）

『東京フィアンセ』2015［監］S・リベルスキー→Ⅱ補82（ロケ）

佐野史郎（1955–）

アンダーグラウンド演劇出身の色がなかなか払拭されなかったが、極端なマザコン男を怪演しTVドラマで人気が出た。フェティッシュな狂気を感じさせる役柄には定評があり、その後貴重な脇役として多くの映画やTVに出演している。『太陽』では、天皇の侍従役を演じている。

『太陽』2005→Ⅱ補81（作品）、Ⅲ36（桃井）

島岡現（1959–）

京都で育ち、クラッシックのコントラバスを学び、ジャズに出会い、アメリカからパリに渡った行動派。フランスに来てからは、舞台や映画にも度々顔を出すようになり、しかも最近ではプロの俳優として認められユニークな位置を占めている。アジア系の名もない役から脇役まで幅広くヨーロッパ映画に出演しているが、段々と個性が認められ『陰獣』（2008）では、重要な編集者役を好演している。他に、例えば2002年ヤン・デデット（トリュフォーからガレルまでの編集者として有名）監督の『LE PAYS DU CHIEN QUI CHANTE』ではジュラ地方を訪れ歌う犬を探す主役の

日本人夫妻の民族音楽家を演じている。妻役は，滞仏の中村かつ子が演じている。評価はなかなかの作品だった様だが日本で公開される事はなかった。

『畏れ慄いて』2002→Ⅰ補41（文学者）Ⅱ補82（ロケ）

『陰獣』2008［監］B・シュローダー→Ⅰ35（乱歩）

杉本哲太（1965–）

杉本哲太は，『TOKYO EYES』の頃から，急速に成長を遂げた俳優である。影のある俳優が少ない中で，彼の繊細な暗さは貴重である。

『TOKYO EYES』1998→Ⅱ章（リモザン）

『ジョン・ラーベ』2009→本項（香川照之）

諏訪太朗（1954–）

『九月の冗談クラブバンド』（長崎俊一）で1982年にデビューした長いキャリアを持つ，ベテラン俳優。脇役ながらVシネマも入れると100本近い作品に出演している。

関口大介（1979–）

大阪出身の関口は，声楽の勉強に滞在したパリで『TSU-NAMI』の大役を掴んだ。長編映画は初だそうだが，粗暴な漁師役のインパクトは，舞台経験者ならではの，なかなかの存在感であった。

『TSUNAMI』2015（仏白）

監督は，日本の金毘羅様伝説の研究家である。この映画は，フランスに置き換えてはあるが，日本人の一家が登場し，生と死の間を彷徨う。不思議

な映画であるが，サウンドの問題など編集し直すべき点が残り未だ一般には公開されていない。［監脚］ジャック・デシャン［主］セリーヌ・サレット，ローラン・カプリュート

園子温（1961–）

好き嫌いは大きく分かれるが，現在や作品を出す毎に話題を呼ぶ，日本映画界の重要監督にしてパフォーマーである。

『OTAKU』1994→Ⅱ39（ベネックス）

田口トモロヲ（1957–）

アングラ系の劇団，ピンク映画と様々な場所を経て自分のキャラを作りあげてきた俳優である。音楽，イラストと多方面に才能を持ち，それらが彼の魅力に役立っている。今村昌平の蛇男の演技は，恐ろしく哀しく，フランスでも見た人に印象が強かった。監督としても，既に数作品残している。

『11'09"01／セプテンバー11』2002→Ⅱ61（今村）

武田真治（1972–）

雑誌のモデルからはじまりアイドル的な俳優であったが，『御法度』や『TOKYO EYES』では，大器の素質を見せた。あれから，時をへて，ストイックに鍛えられた肉体は別人のような存在感を見せている。

『TOKYO EYES』→Ⅱ41（リモザン）

田村高廣（1928-2006）

日本映画史上の大スター坂東妻三郎の子供として生まれ

た。兄弟三人が全員俳優になったが，彼が一番父親に似ていた。沢山の映画に登場したが，年を追うごとに繊細で深い役者となったが，容姿が，ますます父親に似てきて，それは俳優としてプラスであったかは，難しいところである。本人は，坂東妻三郎の偉大な名前の襲名を固辞した。『泥の川』（小栗康平）での，父親役は，絶賛された。

『愛の亡霊』1978→Ⅱ66（大島）

丹野雅仁（生年不詳）

オーストラリア放浪中に，映画と関わる事になった異色の経歴を持つ。最初は，俳優，スタッフとしてであったが，三池崇史の元で，助監督を務め，2002年『1-イチ-』で監督デビューした。『エンター・ザ・ボイド』では麻薬売人の役をリアルに演じていた。

『エンター・ザ・ボイド』2009→Ⅱ補82（ロケ）

丹波哲郎（1922–2006）

丹波哲郎は1954年に映画俳優としてその永いキャリアをスタートさせた。バタくさい容貌から，ギャング映画や浪人などの悪役が多かった。ローラン・バルトの名著「表徴の帝国」では，非アジア的な眼の例として，彼の写真が載せられている。GHQの通訳をしていたという英語力もあり，1967年の『007は二度死ぬ』あたりから，国際的にも知られ海外の映画にも出るようになった。アクが強いユニ

フランス映画に出演した日本人

ークな俳優であり，多くの映画やＴＶに出演したが，心霊研究でも有名で，自ら来世の映画まで制作している。

『太陽にかける橋』1961→Ⅱ補82（ロケ）

『SEVEN NIGHTS IN JAPAN』1976→Ⅱ補82（ロケ）

『11'09"01／セプテンバー11』2002→Ⅱ61（今村）

寺尾聡（1947–）

彼は，フォークのミュージシャンとして，デビューした。俳優として大手の事務所に所属したが，脇役のイメージが強かった。俳優も兼ねながらの音楽活動が大きな変化をもたらしたのは1981年で，この年発売の『ルビーの指輪』という曲は軽く100万枚を越す大ヒットとなり，全国津々浦々，寺尾のＴＶ出演の映像が流れた。このヒットは，彼にメジャー感をもたらしその後の俳優活動に大いにプラスしている。民芸の代表宇野重吉を父に持つ寺尾が，俳優としての存在感を見せ始めるのは，黒澤の『乱』(1985)あたりからである。1900年には同じ黒澤の『夢』で主演を果たし，その後どんどん風格を増し，2000年『雨上がる』では，名優のランクにある事を見せつけた。そして連続して主演またはそれに準じる作品に出演している。なかでも『半落ち』『博士の愛した数式』は，名演であった。寺尾は父親と同じ様に，日本映画に欠かせない存在に成長した。

『乱』1985→Ⅱ53（黒澤）

富田克也（1972–）

監督として，映画美学校時代から注目されていたが『サウダージ』(2011)が，ロカルノ映画祭で賞をうけたありから，国際的動きが見え始めた。人間のディスコミュニケーションをパノラマ様に映し出す視野の広い演出力は，今後を期待させる。『バンコクナイツ』では，主演までやってのけたが，大正解で，俳優とは違う存在感が，タイ人女優を見事に支えていた。→Ⅱ補81（作品）

永瀬正敏（1966–）

1983年相米慎二監督の『ションベンライダー』が映画デビューで，多くの監督に起用されてそのキャリアを積んだ。中でもジム・ジャームッシュとの『ミステリー・トレイン』(1990)は国際映画でもあり，彼のその後を決定づけた。容姿も日本的だし，今後も世界的に受ける要素は十分である。『あん』では，俳優としての円熟が感じられた。

『あん』2015→Ⅱ78（河瀬）

長塚京三（1945–）

長塚京三は，日本の俳優の中でも独特のポジションに位置している。大スターではないけれど，彼の醸し出すインテリ感は，芝居以前のキャラクターである。彼がソルボンヌに学んでいた時に，ジャン・ヤンヌの『パリの中国人（原題の日本語訳）』に出た事はほとんど知られていないが，

この映画は，カリカチュア映画として相当に有名でまるで「シャルリ・エブド」の映画版である。中国は，文化大革命の悪名高き紅衛兵の時代，パリは中国軍に占拠されてしまう。その中国軍の隊長役を，若き長塚が演じている。話は，荒唐無稽で，石部金吉ばかりの中国軍はパリへ進駐してくるが，様々な調査をするうちに酒や女に溺れ，結果パリ，強いてはフランスは，あまりに淫蕩な国故，中国軍に悪影響を与えるので進駐はしない方が無難という結論になる。そして彼等が，次に選んだのが"バチカン"というおちがついているが，現在鑑賞すると，よくここまでパロッたと感心する気持ちと反面ここまで他国への干渉をやるか？という2つの気持ちを覚える。現在なら国際問題に発展する確率が高い"毒"を，その当時は笑いに隠すと表現できてしまえたという事実に驚きを禁じえない。長塚の役は，中国人は，まず絶対に引き受けない役であるが，ドラマの主軸をなす重要な役で，頑張って中国人になってはいた。　なお，当然この映画は，中国から猛烈な抗議を受け，ヴィザの発給で400人の仏人の申請が却下されたという。他にC・ルルーシュの大作『マイ・ラブ』の最後，世界各地のＴＶで，汚染のない環境下で生まれた新しい赤ちゃんのニュースが報道される場面，その日

本語のアナウンサー役で少しだけ登場している。

『Les Chinois à Paris』1974［監主］ジャン・ヤンヌ（Jean YANNE）［原］ミッシェル・ボーヴェ［脚］J・ヤンヌ他［主］ミッシル・セロー／日本未公開

『マイ・ラヴ』1974→Ⅱ 37（ルルーシュ）

仲村トオル（1965–）
ツッパリ人気漫画の主役でデビュー。ＴＶに映画に多数出演し、人間性を感じさせる個性派として人気のある好漢。最近は、舞台にも登場し増々俳優としての厚みを増しつつある。

『パープル・バタフライ』2003（中仏）
1928年満州で出会った男女が、戦争に引き裂かて、男は日本軍のスパイ、女は中国レジスタンス側のメンバーとなり上海で巡り合う。カンヌにも出品されたロウ・イエの大作だが、歴史解釈を巡る違和があり日本では話題にならなかった。［監脚］ロウ・イエ［主］チャン・ツィーイ、仲村トオル

夏木陽介（1936–）
ジュニア雑誌のモデルから、夏木陽介が東宝の俳優になったのは1958年のことである。映画全盛時代を知る今では貴重な俳優で、沢山の巨匠との仕事があるが、世間的には、ＴＶで評判をとった熱血体育教師のイメージが強い。無類の車好きで知られ、三船敏郎の親友であったこともうなずける。『パッセンジャー』では、

非常な父親役にリアリティを持たせて流石であった。

『パッセンジャー』2005→Ⅱ補81（作品）

西島秀俊（1971–）
日本で、圧倒的に婦人層に人気がある男優条件は、未婚である事だという。そのため結婚をしているのにしていない風を装うのは日本では珍しくない。西島はその代表的例として人気を得て、そのキャリアを磨いてきたが、結婚発表を機にどのような俳優に変化してゆくのか楽しみである。

『メモリーズ・コーナー』2011→Ⅱ82（ロケ）

根津甚八（1947–2016）
1969年に状況劇場に入団。やがて看板の二枚目役で人気がでて、状況劇場の人気に貢献した。1975年頃から、ＴＶ、映画に活躍し始め、1979年に退団後は、影のある二枚目から悪役まで幅広く演じていた。映画の代表作は『さらば愛しき大地』（1982［監］柳町光男）である。

『乱』1985→Ⅱ 53（黒澤）

ピーター（1952–）
初めての映画が、ゲイボーイの役であり、女装して良くマスコミに登場する事から、女優扱いされる事が多いが、実は男優でもあり、歌舞伎の国、日本でも特異な存在である。彼は、上方舞家元の息子として誕生し、黒澤明『乱』では、殿様側近の道化役で、まさにその血筋ならではの、演技を見せている。『上海異人

娼館』では、寺山修司独特の、おどろおどろしい娼館の女将役で、まさにはまり役であった。

『上海異人娼館』1981→Ⅰ章（発禁本）、Ⅱ68（寺山）

『乱』1985→Ⅱ 53（黒澤）

平田晴彦（1947–）
パリ中心に、活動している日本人俳優。『TAXI Ⅱ』では、漫画チックな防衛庁長官役、『WASABI』では、弁護士役、両者とも外国人のステレオ的なイメージの日本人役であった。

『TAXI Ⅱ』2000→Ⅱ 43（ベッソン）

『WASABI』2001→Ⅱ 43（ベッソン）

藤竜也（1941–）
1960年代から日活で活躍した。どちらかというと二番手で、アクション俳優のイメージが強かったが、『愛のコリーダ』で、新しいスターとなった。ストイックな事でも有名だが、決してなんでもこなすタイプの俳優ではない。しかし藤は、高倉健も持っていた、日本人の男の不器用な優しさ、忘れられた昭和を、そのタイプに引き込んでしまった現在や貴重な存在である。多分それが、彼の俳優観、演技観で、日活時代から続く"藤竜也"なのであろう。『アカルイミライ』から『KAMA-TAKI』へと、円熟期の良い仕事を残している。

『愛のコリーダ』1976→Ⅱ 66（大島）

『愛の亡霊』1978→Ⅱ 66（大

フランス映画に出演した日本人

島）

藤田敏八 (1932–1997)
日活後期からロマンポルノ時代に、いくつもの佳作秀作を監督した。フランス文学を好み、俳優としても独特のダンディズムを醸し出し鈴木清純『ツィゴイネルワイゼン』が、代表作である。
『MERCI』1988→Ⅱ補81（作品）

藤田宗久 (1949–)
舞台から上がったベテラン俳優。映画、ＴＶに出演多数。英語力が高く幾つかの国際映画に登場している。
『畏れ慄いて』2002→Ⅰ章41（文学者）、Ⅱ補82（ロケ）

古畑弘二 (生年不詳)
古畑弘二は、短期間で俳優を引退したが、最後の出演が日米合作の『フランケンシュタイン対地底怪獣』で、人間味あるフランケンシュタインを演じた事で長く記憶に残る事になった。この映画はすでにカルト化しているが、大真面目に作られているところが受けている。
『二十歳の恋』1962
古畑は、手の届かぬ少女に恋こがれナイフで殺してしまう工具の役を演じた→Ⅱ補81（作品）

マツオ・ケンタロー
パリ在住のアーティスト。
『寿司，寿司 (Sushi, Sushi)』1991→Ⅱ補83（タイトル）

三上博士 (1962–)
寺山修司の『草迷宮』でデビューした。ＴＶドラマにも良く登場し、アイドル的な人気があった。バラエティ番組には出ず、次第に大人俳優にシフトを変えたが、独特の謎めいた雰囲気を持つ俳優である。
『草迷宮』1979→Ⅱ68（寺山）

三津田健 (1902–1997)
特にフランスの戯曲は進んで発表し多いに日本の新劇の発展に貢献した劇団文学座の、創立時からのメンバーだった。舞台映画にと幅広く活躍し、『世界詐欺物語』では、貪欲な作曲家を見事に演じている。
『世界詐欺物語』1964→Ⅱ補81（作品）

美輪明宏 (1935–)
シャンソン・ヴァリエテを、日本ではシャンソンという。最初は、佐藤美子あたりが持ち込んだ、フランスのクラッシックの楽曲や流行歌は、原語で唄われていたが、だんだん日本語に翻訳されて歌われ、よりその幅を広げていった。特に戦後は「銀巴里」（1951–1990）という、シャンソン専門の喫茶店が40年間に渡り銀座で営業しており、ここからあまたの、いわゆるシャンソン歌手が輩出した。美輪明宏（当時は丸山明宏）は、その中の代表的歌手で、60年を超える芸能生活の中で、歌手、俳優、演出、執筆と様々な才能を開花させた。女装タレントとしても、ＴＶに進出したパイオニアで、今や女性ファンを中心に、カリスマと言える存在である。長崎で被爆体験のある美輪は、オリジナル楽曲にも様々な形で社会性を投影させ、ユニークなスタンスで活動し、椿姫からピアフまでを歌い演じている。彼（彼女）は、その独特の美意識を認めた多くの文化人のとりまきに恵まれ、特に三島由紀夫や寺山修司とは、意欲的なコラボをみせていてその功績を無視することは出来ない。深作欣二が監督した『黒蜥蜴』（1968）は、乱歩の原作を三島が脚色した舞台作品で美輪にとっても当たり狂言であり、映画もかなりのヒットとなった。海外では、特にゲイの間でカルト映画として有名で、女装が故に認知されたわけだが、逆にそれが美輪本来のアーティスト性に偏見を与えている面も否めない。
『黒蜥蜴を探して Miwa : à la recherche du Lézard Noir』2012
フランスでＴＶ放映押された、ドキュメンタリーで、日本では別ヴァージョンが劇場でも公開されている。北野たけし他多くの著名人のインタビューが撮られている。［監］パスカル＝アレックス・ヴァンサン／ドキュメンタリー

村上虹郎 (1997–)
河瀬直美が、起用した新人。両親ともに芸能人の家に生まれる。出演作品が目白押しで今後の成長が楽しみな俳優である。
『二つ目の窓』2014→Ⅱ78（河瀬）

モロ師岡 (1959–)

下積みの長い個性派俳優。北野たけしの『キッズ・リターン』(1996) での演技が忘れられない。多くの名称に愛されて脇役ながら底光りを見せている。

『それぞれのシネマ』2007 → Ⅱ 72 (北野)

役所広司 (1956–)

公務員から、役者になるために仲代達矢の門を叩いたのは、1978年の事だという。TVや映画で少しずつ確実に研鑽を積み、1996年『Shall we ダンス?』が、国際的大ヒット、このあたりからスケール感を増し、ヒット作を連発した。真面目な人柄には定評があり、『がまの油』(2009) では、監督にまで手を広げた。現代日本の映画界で、最高の俳優の一人。

『11'09"01/セプテンバー11』2002 → Ⅱ 61 (今村)

『シルク』2009 → Ⅱ 補81 (作品)

山形勲 (1915–1996)

山形勲は、父親が軽業師で、そのサーカス巡業中に、ロンドンで生まれた。当時の日本人としては、極めて珍しい環境で、帰国後父が経営したホテルで、幼少期を過ごしている。まだ洋風ホテルの無い時代で、多くの外国人でにぎわっていたという。早くから、役者を志したが、戦争があり、映画に出演しだしたのは、1949年からである。多くの巨匠との仕事があるが、東

映時代には、悪役が多く、やがてそれが彼のイメージになっていった。『鱒』は、黒澤、衣笠、成瀬、市川……多くの巨匠と仕事をした、山形の初めての外国作品であった。高齢の日本の大実業家役だが、上品な彼の一面が良く出ていたと思う。

『鱒』1982 → Ⅱ 補82 (ロケ)

山村聡 (1910–2000)

戦前、舞台から始め、戦後映画に登場。1947年溝口の『女優須磨子の恋』で島村抱月役に大抜擢され、映画俳優の地位を獲得。その後様々な映画のインテリ役、父親役で、活躍した。監督としての才にも恵まれ『蟹工船』(1953)『黒い潮』(1954) 等、社会的映画の問題作に力量を発揮した。

『忘れえぬ慕情』1956 → Ⅱ 24 (シャンピ)

柳永二郎 (1895–1984)

日本の新劇界と、共に歩んだキャリアを持つ名優。戦前は舞台がメインであったが、戦後は映画でも活躍。溝口の『雪夫人絵図』で見せた演技が忘れがたい。悪役や、くせのある重厚な役が多かったが、どの演技にも知性があった。

『Rififi à Tokyo』1963 → Ⅱ 補82 (ロケ)

笠智衆 (1904–1993)

笠智衆は、熊本の寺の子供として生まれている。俳優になってから、10年以上大部屋の俳優で、1937『仰げば尊し』(斉藤寅次朗) で、初主演を果たした。小津安二郎の映画の

常連として有名で、多くの名作で、日本の父親像を演じあげた功績は大きい。他にも黒澤、木下と日本を代表する監督との仕事は多いが、小津亡き後、『男はつらいよ』(1969) で山田洋次と出会い、同シリーズの45回まで、御前様役でレギュラー出演し、映画を引き締めていた。

『夢の涯てまでも』1991 → Ⅱ 補81 (作品)

女優

蒼井優 (1985–)

子供モデルの経験後、舞台のオーディションに合格、といったよくある流れで女優になったが、最初からその才能が目立っていた。2001年岩井俊二の傑作『リリイシュシュ』で映画デビューを果たし、その後多くの才能ある監督に愛され、一歩一歩確実に本格的女優の道を歩みこの世代の代表的女優になっている。舞台にも積極的で今後が益々楽しみな女優である。

『TOKYO!(シェイキング東京)』2008 → Ⅱ 補81 (作品)

『岸辺の旅』2015 → Ⅱ 74 (黒沢)

青木英美 (1953–)

ミス・ヤングインターナショナル日本代表から、モデルそして女優に転身、70年代初めごろに学園もので人気を得た。美脚と独特のセクシーな魅力があり、オーディシ

フランス映画に出演した日本人

ョンで『SEVEN NIGHTS IN JAPAN』のヒロイン役を得た。その後一時引退していたが、2000年代に又活動を始めている。

『SEVEN NIGHTS IN JAPAN』1976→Ⅱ補82（ロケ）

芦名星（1983–）

モデルからデビューした芦名星は、2009年『シルク』に役を得てから大切に育てられてきた。映画では、確かに綺麗に撮られていたが、日本側主役と宣伝するほどの出演量もなく、実力と宣伝のギャップが大きかった。沢山のライバルの中、今後どんな女優になってゆくのか。

『シルク』2009→Ⅱ補81，Ⅱ補82（作品，ロケ）

麻生久美子（1978–）

アイドル型のタレントだったが、今村昌平の『カンゾー先生』（1998）でいきなり重要な役を振られ好演。本格的女優の道を歩み出した。

『11’09”01/セプテンバー11』2002→Ⅱ61（今村）

池田理代子（1947–）

漫画家として日本人が書いたフランス革命史「ベルサイユのばら」は、現在ではフランス人にも知られるようになった。池田自体は、漫画作家以外にも幅広い顔を持ち、近年はオペラに情熱を燃やし自ら歌いプロデュースもこなしている。タレントばりにスキャンダルも書き立てられる事もあるが、いつか又「ベルばら」を超える作品を書いて貰いたいし、そのエネルギーは持っていると思う。

『サンソレイユ』1982→Ⅱ25（マルケル）

市原悦子（1936–）

俳優座から出発した名女優。名優森雅之に"千葉の顔"と言われたらしいが、美人女優には出せない庶民の味は、他の追従を許さない。『あん』では、完全な脇役だが、映画を最後に引き締めていた。

『11’09”01/セプテンバー11』2002→Ⅱ61（今村）

『あん』2015→Ⅱ78（河瀬）

伊東景衣子（1961–）

伊東景衣子は、フランス語も話し、しっかりした演技が出来る、舞台を中心に活動した女優である。（他に吉田喜重の『嵐が丘』にも出演している）『パーキング』が日本でタイミング良く公開されていたなら、もっと一般的知名度も上っていただろう。

『パーキング』1985/日本未公開→Ⅱ33（ドゥミ）

入江美樹（1944–）

白系ロシアの血をひく60年代、日本のトップモデル。家柄の良さが他のモデルと明らかに違う特別な存在であった。映画は、勅使河原宏作品のみの出演で、『顔』（1966）が印象に残る。活躍は10年足らずで、小沢征爾夫人となった。

『十五才の未亡人たち』→Ⅱ62（勅使河原）

尾野真千子（1981–）

河瀬直美が、『萌の朱雀』（1997）の時に、まだ中学生の彼女を地元奈良でスカウトした。十年後同じく河瀬の『殯の森』で成長を見せその後2011年朝のTVドラマでブレイク。庶民的な演技派として広い層に人気がある。

『殯の森』2007→Ⅱ78（河瀬）

門脇麦（1992–）

TVドラマでデビュー。話題作『愛の渦』（2014）で、フルヌードに挑戦。女優として吹っ切れた感がある。今後の活躍が期待される。

『KOKORO—心』2016→Ⅱ補82（ロケ）

金子久美（1981–）

『パッセンジャー』では、ハッとするような演技を見せた。この映画で大飛躍を期待したが、次に結びついていない。

『パッセンジャー』2005→Ⅱ補81（作品）

樹木希林（1943–）

極めてユニークな位置にいる日本の名女優。1961年文学座の女優から出発し半世紀以上のキャリアには、日本の芸能史が映っている。最初はTVの3枚目役で笑わせ茶の間の人気を得たが、本格的な映画出演が増え現在では、日本の俳優のご意見番である。本人は嫌やだろうが、こういう役目は必要である。カンヌ映画祭への度々の登場で、海外でも良く知られている。

『あん』015→Ⅱ78（河瀬）

小坂恭子（1953–）

小坂恭子は、ゴダールが敬愛するミゾグチからつけられたドリス・ミゾグチという役名

で登場し，ギターを爪弾き，あっという間に惨殺されてしまう。彼女は，シンガーソングライターであったので，70年代中盤から日本のポピュラー界で活躍した同姓同名の，シンガーソングライターと，良く間違われるが，全くの別人である。当時ヌーヴェル・ヴァーグ派と近かった，山田宏一たちが東京で撮った短編映画に，主演したが，その縁で山田が，ゴダールに紹介したという。

『**メイドインUSA**』1967→Ⅱ31（ゴダール）

佐倉しおり（1971–）
日本の人気作詞家阿久悠の自伝的小説の映画化『瀬戸内少年野球団』（1984/篠田正浩）のヒロインに抜擢され，一気にアイドルになった。その後10年くらいは，マスコミに登場していたが，やがて結婚引退した。『17才』は，デビューしたての彼女の大人びた魅力で製作された，日仏合作映画であるが，ビデオのみの発売に終わった。

『**17才**』1985→Ⅱ30（ブルギニョン）

島田陽子（1953–）
お嬢様女優として，デビューしたが，英語力を買われ，アメリカの超大作ＴＶドラマ「SHOGUN/1980」に出演し，ゴールデングローブ賞を受賞，アメリカでも一時大変な人気があった。『将軍』は，映画に編集し直され，日本や，ヨーロッパで公開された。以

後，幾つかの海外作品に出たが，良い作品に恵まれず，金銭トラブル等のスキャンダル以外には，だんだんと表舞台から遠ざかってしまった。『クライング・フリーマン』では，ギャングの女役として，濡れ場やアクション場面にも頑張っている。

『**クライング・フリーマン**』1995→Ⅱ補81（作品）

しみずつゆ（生年不詳）
アジア系の役で，沢山のヨーロッパ映画に出演している。小さな役だが『TAXI2』の女SPで登場した時は，スタントがいたとはいえ，動きの良さを見せた。『ユキとニナ』では，母親役を好演している。

『**TAXI 2**』2000→Ⅱ43（ベッソン）

『**ユキとニナ**』2009→Ⅱ75（諏訪）

ジュディ・オング（1950–）
台湾から帰化したマルチタレント。子供の頃から活躍し，台湾と日本との親善に尽くした。映画デビューは日米合作の『The Big Wave（大津波）』（1961）。1980年にアメリカでＴＶ放送され社会的ブームを起こした「SHOGUN」の主役にほぼ決まっていたが，日本の歌謡曲のレコード大賞に賭けてチャンスを降りた話は有名である。グリナウェイの『枕草子』では，主人公の母役で，中国語で少しだけセリフがあるが，完全なカメオ出演である

『**枕草子**』→Ⅰ補40（古典），

Ⅲ32（笈田），Ⅲ補44（クリエイター）

高梨臨（1988–）
アイドルとして売り出され，『ライク・サムワン・イン・ラブ』への出演が，大きな飛躍の場となった。彼女の役は，デートクラブの女子大生で，ナチュラルな演技を見せた。

『**ライク・サムワン・イン・ラブ**』2012→Ⅱ補81（作品）

高橋ひとみ（1961–）
寺山修司の劇団天井桟敷，後期のスター候補生として，17才から活動を始めた。寺山の推薦で，ＴＶに進出，寺山亡き後も，一般的女優とは違う，アングラ色をその幅に加えた，ユニークな女優のポジションを築いた。『上海異人娼館』は，彼女にとって映画デビュー作である。

『**上海異人娼館**』1981→Ⅰ32（発禁本）＆Ⅱ68（寺山）

武田絵利子（1980–）
自ら積極的にアピールして，フランス映画に出演のチャンスを掴んだ。大先輩谷洋子の面影がよぎる。小さな役が多いが，少しずつ役も膨らみ，今後の活躍を期待したい。残念ながら日本での公開作はない。

『**Grenouille d'hiver（冬の蛙）**』2011［監］スロニー・ソー［主］ジェラール・ドパルデュー，武田絵利子/日本未公開短編

田村奈巳（1942–）
1960年代に活躍した東宝のアイドル女優。結婚を機に引退したが，1985年に復帰し

<hr>

フランス映画に出演した日本人

ている。

『二十歳の恋』1962→Ⅱ補81
（作品）

堂野雅子（1964–2015）
和風美人モデルとして幅広く
活躍した。短編だが主演の『フ
ィガロ・ストーリー』の方が明
らかに格上ながら、『リング』
の母親役を、映画の代表作と
するのは可哀想な氣がする。

『フィガロ・ストーリー』→Ⅱ
補81（作品）

富田麻紗子（1982–）
日本で、芸能活動のあとフラン
スに渡りルコックで演技の勉
強をする。『TSUNAMI』で、不
気味な若い母親役を好演した。

『TSUNAMI』2015（仏白）→
本項（関口大介）

中島葵（1945–1991）
中島葵は、国際的にも知られ
る名優森雅之の妾腹の子であ
る。主役はあまりなかったが、
まるで父に挑戦する様に多く
のヌードシーンやセックス
シーンに大胆に挑戦し、日活ポ
ルノ作品では重要な位置を占
めていた。

『愛のコリーダ』→Ⅱ66（大島）

中谷美紀（1976–）
中谷美紀は、モデルから出発
し、女優に成長していった典
型的な成功例である。2006年
度の様々な賞に輝いた『嫌わ
れ松子の一生』は、彼女にと
って大きな飛躍となり、それ
以降演技に風格が出はじめ
た。合作映画『シルク』で演じ
たマダム・ブランシュは、フラ
ンスお政という人物がモデル
で、江戸末期から明治に掛け

て、ほとんど初めてヨーロッ
パに出ていった日本女性であ
る。幾つかの伝奇小説に登場
するが、とても謎に満ちた人
物である。この作品ではパリ
の娼館の主となっているが、
もし事実だとしたら大発見で
あろう。

『シルク』2009→Ⅱ補81（作
品）

**『ジョン・ラーベ—南京のシン
ドラー』**2009→本項（香川
照之）

新高恵子（1934–）
60年代中頃から多くのピンク
映画に出演していた。1970
年代に寺山修司主宰の「天井
桟敷」に参加して、多くの舞
台、映画に看板女優として活
躍した。

『上海異人娼館』1981→Ⅰ32
（発禁本）＆Ⅱ68（寺山）

『草迷宮』1979→Ⅱ68（寺山）

野添ひとみ（1937–1995）
SKDから松竹に入社し、1952
年に娘役スターとしてデビュ
ー。『忘れえぬ慕情』では、岸
惠子の妹役を演じた。その後
大映に移籍多くの映画に主役
級で出演した。小林正樹『ま
ごころ』（1953）増村保造のデ
ビュー作『くちづけ』（1957）
などが印象に残る。

『忘れ得えぬ慕情』1956→Ⅱ
24（シャンピ）

羽仁未央（1964–2014）
世界的な監督羽仁進と名女
優左幸子の間に生まれた彼
女は、幼少より海外生活を送
り、日本での学校教育を拒否
し、極めてオリジナルな生涯

を送った。23才で香港に住ま
いを移し、エッセイやレポー
ターの仕事で独特な切れ味を
見せた。香港映画やドキュメ
ンタリーの監督もこなし、こ
れからの活躍を期待されなが
ら、50才にして亡くなった。

『妖精の詩—MIO』（日伊）
1971→Ⅱ64（羽仁）

浜美枝（1943–）
1960年代から70年代にかけ
て大活躍した東宝のスター。
エキゾチックで日本人離れ
したプロポーション、メリハ
リのある演技が、際立ってい
た。1967年にはショーン・コ
ネリーの『007は二度死ぬ』
に、若林瑛子と共に出演。ボ
ンドに愛される大役を臆せず
演じあげ貫禄を見せた。

『世界詐欺物語』1964→Ⅱ補
81（作品）

原田美枝子（1958–）
子供の頃から芸能活動をして
いて、映画は家城巳代治『恋
は緑の風の中』（1974）
でヒロイン役を演じ注目され
た。黒澤、増村、山本……と
多くの大監督に好まれる演技
力を持っていて、現在まで出
演作は途切れる事がない。『愛
を乞うひと』（1998/平山秀
幸）では、ＤＶの限りを尽く
す母親とその娘の、二役を演
じ分け見事であった。

『乱』→Ⅱ53（黒澤）

広末涼子（1980–）
15歳で、デビューした優等生
的アイドルで、ＴＶ、ＣＦ等
であっという間に、有名にな
り、一時は、国民的な人気が

あった。彼女は、どちらかというとハーフ顔が全盛の日本の芸能界に久しぶりに現れた日本的な顔立ちのアイドルであった。その後，数々のスキャンダルが，書きたてられ，2度の結婚により，さしもの人気も収束したが，逆にスキャンダルを乗り越えた強さが見られる様になり，これからが女優としての正念場だと思われる。『WASABI』は，広末の人気が絶頂の頃の作品で，大変な話題だったが，記者発表で，大泣きした事で，様々な憶測が乱れ飛び，"おいた"をされたか真相はともかく，リュック・ベッソンの名も，週刊誌に度々登場した。

『WASABI』2001→Ⅱ補81（作品），Ⅲ08（レノ）

広瀬アリス（1994-）

非常に将来性のある女優である。妹も人気が高いが，アリスにはもっと国際的映画に出て欲しい。『FLARE-フレア-』では，準主役ながら，主役と全く同等の印象を残している。

『FLARE-フレア-』2014→Ⅱ補81（作品）

深津絵里（1973-）

十代から活動を始め，舞台にも映画にも通用する女優として見事に開花した本格派である。

『岸辺の旅』2015→Ⅱ74（黒沢）

福田麻由子（1994-）

子供の頃から，日本の芸能界で活躍し，これから本格的大人の女優になるか，真価が問われている。合作『FLARE-フ

レア-』は，優秀な若手女優が何人か競演しており，彼女にとっても試金石であった。

『FLARE—フレア—』2014→Ⅱ補81（作品）

藤谷文子（1979-）

スティーブン・セーガルを父に持つ日米のハーフ女優で，ユニークなキャリアを持っている。庵野秀明の実写作品『式日』（2000）の原作「逃避夢」は彼女の作品で自身が出演した。

『TOKYO!（インテリア・デザイン編）』2008→Ⅱ45（ゴンドリー），Ⅱ補81（作品）

藤村志保（1939-）

彼女は，市川崑の『破戒-1962』で，デビューしたキャリアの長い女優である。映画が，TVに王座を渡してからは，作品を選びながらTVにも進出したが，派手ではないが着実に，自分を創り上げていった珍しい存在である。地唄舞の竹原はんという不世出のアーティストと，めぐり合い，大きな影響を受けたという。この映画では，御茶屋の女将に扮して，挨拶する場面がメインだが，着物の着方の素晴らしさは，今日や昨日，身になったものではないゾクッとする程のこなしであった。

『陰獣』2008→Ⅰ35（乱歩）

真野きりな（1978-），藤原マンナ（1977-）

フェリーニ『8 1/2』へのオマージュに満ちた，『8 1/2の女たち』は，痛烈な資本主義批判になっている。死期の近い

大金持ちと，放蕩三昧の息子が，彼等の館に，金に飽かせて8.5人のわけありの女たちを集め，セックスを探求する話だが，2と1/2人が，東洋系の女優なのが，興味深い。一人目のパチンコ狂いの女は，孝賢の映画でお馴染みの伊能静香（日本名を持つ台湾出身の女優）が，日本人と中国人のハーフ役で登場，まるで政治家の様な取引をする。少女雑誌のモデルから，女優に転身した真野きりなは，歌舞伎の女形を熱愛する狂女で，台詞はないが，三白眼をむき出しての不気味な演技で，インパクトが強かった。狂女は結局投身自殺してしまうのだが，ラファエル前派のジョン・エヴェレット・ミレイの代表作オフェーリアと意識的に重ねてあり，振袖を着た日本娘が水に浮かんでいる姿は，これぞグリナウェイと言いたくなる場面であった。又，一人というか半分役の，フェリーニ『サテリコン』のエルマフロジットをすぐ思い起こさせる車椅子の女は，藤原マンナが演じている

『8 1/2の女たち』1999→Ⅲ補44（クリエイター）

三宅邦子（1916-1992）

戦前はインテリ風御嬢様などを演じていてが，戦後は小津保次郎の映画などで，中流以上の妻役，母役，先生役など脇に徹した。小津ファンのヴェンダーズに応えて『夢の涯てまでも』では，笠智衆の妻

役で，カメオ出演している。

『夢の涯てまでも』1992→Ⅱ補81（作品），Ⅱ補82（ロケ）

吉川ひなの（1979–）

アイドル型のモデルとして，人気が高かった。『TOKYO EYES』は，彼女の独特の浮遊感と，その良さが全部出ている映画。近年は，ハワイに住みエッセイなど文筆の分野にも活動の場を広げている。

『TOKYO EYES』1998→Ⅱ41（リモザン）

吉田日出子（1944–）

吉田日出子は，俳優座，文学座，の後に，1966年から自由劇団というアンダーグラウンド劇団を，串田和美たちと立ち上げた。この劇団の「上海バンスキング-1979」は，大当たりして，映画にまでなっている。映画デビューは，大島渚の『日本春歌考-1967』で，戦争反対のフォークソングを歌う都会風若者の集会で，独り春歌を歌う印象的な女子学生を演じた。独特のエロキューションで，一度見ると忘れない個性を，持っているが，グリナウェー『枕草子』では活かされていなかった。この映画で，吉田日出子は，清少納言役と女中役を勤めていたが，登場場面は多いが，あくまで脇役扱いであった。

『枕草子』1966→Ⅰ補40（古典），Ⅲ32（笈田），Ⅲ補44（クリエイター）

吉田真理（1986–）

イギリス留学経験を持つ。どちらかというと舞台中心の活動している。『ビヨンド…』では，主役級の女子高校生役で熱演し，OFF DE CANNES映画祭 の最優秀女優賞を得た。

『ビヨンド・ザ・ブラッド』2012→Ⅱ補82（ロケ）

吉行和子（1935–）

芸術家一家に生まれた吉行は，劇団民芸「アンネの日記」1957の初主役で注目された。映画は日活から1955年にデビュー以来，主に娘役で出演した。契機になったのは，『愛の亡霊』で，40を超え女優としての評価もある吉行が，濡れ場を中心に宣伝されるこの作品に出演したことは，周囲を驚かせた。しかし結果は，その後の彼女の女優としての大活躍につながっていった。

『愛の亡霊』1978→Ⅱ66（大島）

渡辺真起子（1968–）

渡辺は，ファッションモデルとして登場した。いわゆる美人系の女優が好まれる日本で，彼女の女優への転身は，難しく見えたが，10年脇役でキャリアを積み，『XX美しい獲物』（1986/池田敏春）で，体当たりで主演後，翌年諏訪敦彦『2/デュオ』でその本格派ぶりは改めて周囲の目を奪った。20年後，2007年『愛の予感』（小林政広）は，彼女の代表作で，新しいタイプの実力女優に，多くの映画通が拍手を送った。これからの大活躍に期待がかかっている。

『殯の森』2007→Ⅱ78（河瀬）

日仏エロティック映画のスターたち

　日本では，まだポルノ映画は解禁されていない。映画倫理委員会なるものが存在し，一般公開する映画は全てチェックされる事になる。映倫（略称）は，他に残酷な作品や，あまりに反社会的と判断する作品に対しても同等のチェックをして，公開に際して成人映画，または年齢制限をする等の判断をする。そして，映倫のマークが付けられた成人映画は，相当に際どいポスターでも，全国津々浦々，公開される劇場の近所一円に貼られて，子供たちに悪影響だと散々言われたものだ。やがて1964年の東京オリンピックの前から規制され，現在は，フランスの様に，劇場の入口あたりのみで，直接街頭に貼られることはない。

　セックスを売り物にした映画を，日本ではピンク映画と呼んでいた。ポルノという言葉が浸透したのは，少し後の時代である。外国映画で，性を前面に出した作品は，洋画のピンク映画，略して洋ピンとよばれていた。何がポルノなのか，何がピンク映画なのか，今でも論議が分かれる作品があるが，サンドラ・ジュリアンはそういうイメージがもっとあいまいな時期，1971年，マックス・ペカスの『色情日記』で登場した。今見ると，ドラマの流れの中での，必然性のある処でのセックスシーンだし，いわゆるハードコアポルノとは違うのだが，その当時はポ

ルノという響きの強烈さもあり彼女はポルノ女優と呼ばれた。従来のピンク女優より響きが新しかったのである。彼女の日本でのデビュー映画はヒットして，東映から日本の映画への誘いがあった。此の頃の日本は娯楽の幅が経済成長で拡がり，ＴＶが各家庭に充分普及し，映画はとっくに王様の場を奪われていた。特にこの1971年は大手東宝も傾き，大映は倒産し，日活は製作費の安いポルノ映画一本で行くことに決定した年だった。時代劇とヤクザ映画のイメージが強い東映は倒産まではいかなかったが，やはり低予算映画で客の集まるポルノというジャンルを放っておけなかったのである。

　サンドラはまず，脇役で『現代ポルノ伝先天性淫婦』(1971) に出て，その後『徳川セックス禁止令』(1972) に主演し有名になった。プロモーションで来日の折には，全裸で記者会見を開き，ジャーナリストを大驚愕させた。男性誌はこぞってグラビアに取り上げ若い男性層を中心にファンクラブまで作られ，レコードアルバムまでも発売された。今でも彼女の名前は，伝説的ポルノ女優として健在で，そのアルバムは復刻されている。本国フランスではほとんど名の知られていないポルノ女優が，日本で未だに愛されている不思議さを思わずにはいられない。

　シルビア・クリステルはオランダ人だ

が、『エマニュエル夫人』がフランス映画だった事から、一般的にはフランス人だと思われていた。1974年にソフトポルノと宣伝され公開された『エマニュエル夫人』の影響は、作品往来（J・ジャカン）の項に詳しいが、この映画で彼女はあっという間に、一時は日本で一番有名な"夫人"になり、その後そこから脱する事は出来なかった。本人も非常に頭が良い人で、完全に仕事として割り切り、芸術性云々を持ち出す人ではなかった様で、その出演作を見てみると、シルビアと書くよりもエマニュエルと書く方が良いような作品が多い。彼女の自伝を読むと、ハリウッドに渡ってからはドラッグと借金の人生だったそうである。晩年に来日してバラエティ番組に出演した時の、驚くほどの劣化を思うと感慨を禁じ得ない。

彼女は、女性の間で評判が良く（映画の動員も女性客が多かった）、日本のCMにも登場している。普通ポルノティックな作品に出演した女優のCMをクライアントは好まない。ましてや口にする商品のCMに出演する事は難しいが、シルビアは、味の素食品のインスタントコーヒーに起用されている。しかし一般にあまりにも大ヒットした映画に出るとそのイメージが払拭でき無い沢山の先例があるが、シルビアも例外にはなり得なかった。彼女の死は大きく報じられたが、必ずエマニュエルという名前が添えられていた。

喉に性感帯がある女という荒唐無稽なアメリカの『ディープスロート』（1972）は、1975年に、映倫により原型をとどめない修正をされて日本公開されたが、ア

メリカの社会的ヒット作であることから、日本でも大きな話題になり、サンドラやシルビアの出ていた作品とは別のハードコアポルノと呼ばれた。その後すぐに1975年に公開された『プッシー・トーク』も、ハードコアにジャンル分けされたが、第一回国際ポルノ映画祭グランプリ作品として公開された。"前代未聞！○○○がしゃべる！"がキャッチフレーズで、これまた大話題になった。アメリカが、ディープな喉なら、フランスは、おしゃべり○○○でというところだが、どちらも、到底日本人には発想出来ない珍妙さで、その後の日本製の映画に多大な影響を与えた。

『愛のコリーダ』は、いろいろな意味を持たされた映画である。日本とフランスの合作であったから実現した日本初のハードコア作品であり、世界的にヒットし、フランスでの日本に関わる映画の興業収入としては未だに記録が破られない作品である。監督の大島渚はこの作品で一気にその名を国際的なものとしたし、主役の藤竜也は、これをバネにその演技域の幅を広げ、日本映画の男優のなかでも、ユニークな位置を築き上げた。しかし、物事には必ず陰陽があるように、もう一人の主役松田暎子は、残酷な言い方だが、本番女優というレッテルがついて回り、結局脱がない作品セックスシーンの無い作品に出演する事はなかった。彼女のその後の作品は若松孝二の問題作『聖母観音菩薩』なども含まれる5本の日本映画と1本のフランス映画だが、結局、本番女優があっての配役である事は

否めない。AV女優という言葉が一般化し，性のタブーが薄れている現代ならともかく，その時代の日本では，決定的な烙印の様に『愛のコリーダ』の世界的ヒットが作用してしまった。勿論彼女は，この映画の前に端役で映画にも出ているし，寺山修司主催の天井桟敷の座員だった事もあるわけで，相応な覚悟をしていた訳だが，自分のレッテルを利用しようとはせず，1982年『Cinq et la peau』を最後に，映画界から姿を消した。『Cinq et la peau』は，ほとんど知られていないが，40年間もカンヌ映画祭の芸術顧問を勤めたフランス映画界の重要人物ピエール・リシアンの映画である。リシアンは，ゴダールの歴史的傑作『勝手にしやがれ』の助監督をした事でも知られているが，70年代のアジア映画をヨーロッパに紹介した功績も大きい。彼の2作目にあたる『Cinq et la peau』はマニラでロケされた，全編ナレーションの映画で，松田は中盤から登場する。ラブシーンはあるものの，決して裸を売り物にした映画ではない。"我が性と愛の遍歴"というサブタイトルをつけたい様なドキュメント風色さげで，内省的な映画だが，独りよがりで，映画として退屈な作品であった。フランスでは，この映画がある事を知らぬ映画人もいる程で，日本でも劇場公開もビデオ公開もされていない。

◇松田暎子の出演したフランス映画
—
『愛のコリーダ』1981→Ⅱ66（大島）
『Cinq et la peau』1982→本項

◇サンドラ・ジュリアンの出演した日本映画
—
『現代ポルノ伝 先天性淫婦』1971
ポルノ女優と最初に云われた池玲子が主演のどろどろの復讐劇だが，ミッションスクールの女学生からヤクザの情婦になってしまう……という，鈴木則文らしい下品嗜好映画。サンドラは，主人公の男友だちのパリの恋人という設定。京都を舞台に，池玲子との大胆なレズビアンシーンもあったが，役としてはあくまで脇役で，多分スケジュールの関係でほんの数時間の撮影だったらしいが，それが為か雑な造りの映画である。[監]鈴木則文[脚]鈴木則文，掛札昌裕[主]池玲子，三原葉子，サンドラ・ジュリアン→Ⅱ29（ヴァディム）

『徳川セックス禁止令 色情大名』1972
サンドラは鎖国のため国に帰ってしまったフランス人宣教師の娘という役処。殿様が30歳になるまで性をしらず，悪商人の生きたプレゼント，サンドラにより性を開眼させられる。サンドラはその後奥方への性指導で大活躍するが周りの奥女中のジェラシーもあり，ついに"愛"を叫びながら逆さハリツケにされて死んでゆく。この奇抜な作品は日本ではゴールデンウィークに公開され，大ヒットした。[監]鈴木則文[脚]鈴木則文，掛札昌裕[主]サンドラ・ジュリアン，杉本美樹，名和宏

◇『プッシー・トーク』の影響が見られる日本映画
—
『くノ一忍法伝』2002
山田風太郎の人気小説シリーズ。「くノ一忍法帖」のタイトルで，1960–1961まで雑誌連載され大人気となり，東映で60年代に3本映画化された。女忍者が色気を武器に暴れまわる話で，90年代にはビ

589

『続・エマニュエル夫人』1975
（S・クリステル）

「ジュリアンの誘惑」（S・クリステル）

『色情狂の女』1972
（S・ジュリアン）

『プッシー・トーク』1975

『徳川セックス禁止令』1972
（S・ジュリアン）

『くノ一忍法伝』2002

『聖母観音大菩薩』1977
（松田暎子）

『受難』2013

デオで復活した。この作品も，その中の一本で，女忍者が胸元あらわに登場し，男がキスをすると，唇が接着してしまい喋ることが出来ず，代わりに男の一物がなんでも喋ってしまう，という馬鹿らしさを通り越したシーンがある。忍法色あやつり，という術だそうである。[監脚]竹内美年子[主]柘植美奈子，重安美紀

『受難』2013

主人公は売れないモデル，修道院育ちのフランチェスコ。ある日，股間に人面疽が出来，語り始める。直木賞作家姫野カオルコの原作映画化で，相当にインパクトが強い。映画になると小説とは違う映像化の限界もあり，尚更『プッシー・トーク』の影響を感じる。股間に人面瘡とは，『プッシー・トーク』がなければ，考えつかない発想であろう。[監脚]吉田良子[主]岩佐真悠子，渕上泰史

III

日本のマヌカンたち

パリ・コレクションという単語を知らない女の子を現在の日本で探すのは難しい。松田和子が，1959年にルイ・フェローのショーに，翌年松本弘子がカルダンのショーに出てから，半世紀以上経ち，パリのファッションもすっかり日本人にとって身近なものになり，東京では，銀座や原宿や青山に，これといったフランスのブランドのほとんどが店をだしている。そしてそれらメゾンの最先端のファッションを着こなすマヌカンたちは，多くの女性たちの憧れになる。

日本のデザイナーが海外に進出してからもう随分時間がたち（最初は森英恵），特にバブルの時期前後は本当に多くの日本人デザイナーがパリに進出したが，現在やパリコレに毎回参加できるメゾンは激減している。日本人のデザイナーの進出

と比例するように，一時は，多くの日本人のマヌカンがパリに進出していたが，現在では，めっきりその数も少なくなってきた。特に90年代の終わり頃から，韓国，中国のアジア系モデルが参加しはじめて，ショーの為にデザイナー好みの個性に作り上げられると，特別な場合以外ほとんど差異が無いという事になっていった。現在や，マヌカンには，その国籍はあまり重要ではないのである。

しかし松本弘子や山口小夜子の後，典型的な日本人独特の骨細の顔をしたマヌカンがパリコレにあまり出てこないのは，少々さびしい気もする。幾人かの日本人モデルは帰国してから女優になっているが，フランスに長く滞在して活躍し，フランスの映画に出ている例は，極めて少ない。

◇松本弘子（1936–2003）
―
ピエール・カルダンは1958年初来日し，日本に仏モードを広めた第一人者であった。アーティストであり実業家でもある彼が日本で見つけたのが，モデルだった松本弘子である。カルダンは彼女をどうしてもショーで使いたくて，1960年にパリに呼んだ。1960年のパリでの日本人モデルは，どれだけユニークであった事だろう。あっという間に彼女は多くの雑誌を飾る事になった。1970年，既に大監督であったトリュフォーの『家庭』に出演した時は，彼女はパリですでに有名人だった。この映画の中での日本人女性キョーコ（松本弘子）は着物姿で最初登場するが，カルダンをさっと着こなす場面もあり，大変にファッショナブルである。また，しかしどうにも御飯を食べている時の設定等，日本人というより，宇宙人の様な妙な場面もあり，今見るとトリュフォーの日本そのものの不勉強，無理解は笑える話だが，当時は輸入公開は憚られた様である。松本弘子は映画出演はこれ一本のみで，その後は仏ヴォーグ社のやり手の日本担当となり，両国のファッションの往来に大いに活躍した。

『家庭』1970

［監］フランソワ・トリュフォ

日本のマヌカンたち

ー［脚］F・トリュフォー，クロード・ド・ジヴレ［主］J＝P・レオー，C・ジャド，松本弘子／劇場未公開

◇山口小夜子（1949–2004）
ー
1970年代は，日本のデザイナーがパリコレに進出した時代である。それをきっかけに世界的に活躍する日本人ファッションモデルが出現した。そして，その中でトップを走ったのが山口小夜子である。1972年 KENZO のショーに出た後，資生堂の専属モデルになった彼女は，一気に，極めて独特のポジションを占める様になった。その時代，日本では，芸能界とファッション界は，はっきり分かれていて，特にハイファッションの分野は，芸能界とは全く別物であった。しかし現在では，この境界は限りなく不透明になり，この時代では絶対にモデルと呼ばれることのなかった，いわゆるコマーシャルタレントが，いつの間にかファッションモデルになりすましTVに出まくる事で顔を売り，メーカーもこれを使うという現実が続いている。淋しい事だが，日本にはモードは根付かないのかも知れない。小夜子は1977年には，ニューズウィークで世界のトップモデル10に選出されているが，この頃には数本の映画にも既に出演していて，そのまま映画女優になっていくのか

とも思われたが，舞踏，パフォーマンスの方に力を入れ始めた。日本では，その頃，例えば山海塾などは完全にアングラとして捉えられていて，小夜子の選択は必ずしも一般には受け入れられなかった。実際，最初の彼女のパフォーマンスは，かなり派手に宣伝されたが，確かに美しいのだが，メリハリの無い，見ている事が辛くなる程の大失敗であった。しかし彼女は，それからも様々な方向を探り，時々映画にも出演しながら，デザインやプロデュース，文筆活動と確実にキャリアを積み，1998年にはリヨン市が企画したチェーホフの「三人姉妹」のオペラでの衣裳デザインをコンペティションで勝ち取り，メイクも担当して大成功となった。ケント・ナガノの指揮で，3人のカウンターテーナーが綾なすドラマは，山海塾の天児中大の演出で，野性的だが洗練された魅力的なステージとなっていた。小夜子の担当した衣裳には，洗える和紙が使われていて，細部に，長年に渡り幾千万の服を着てきたトップモデルが，唯，服を数多く着ただけではなかった証が感じられた。2001年パリ・シャトレ座での再演では，カーテン・コールで，男たち（カウンターテーナーは女装していた）の中にサッと登場する小夜子は，観客の万来の拍手を浴びて輝いていた。

小夜子とフランス映画の関りは，寺山修司『上海異人娼館』（1982）のみだが，日本では監督を選びながら，いくつかの映画に出演している。特に鈴木清順の『ピストル・オペラ』（2001）は，美しい殺し屋に扮して印象的であった。2004–2005秋冬物のパリコレでは，KENZO のショーの最後に登場し話題を播いた。2007年8月のその突然の死は，世界中をびっくりさせた。最後までストイックに，自らの美学を貫き，世界に初めて届いた日本人のファッションモデルとして，彼女は，既に伝説に成っている。
『上海異人娼館』1982
小夜子は，唖者に成りすました娼婦役を演じている。→ I 32（発禁本），II 68（寺山）
『氷の花火〜山口小夜子』
2015→II補82（ロケ）

◇川原亜矢子（1971–）
ー
バブル時代の終焉は，日本人デザイナーのパリコレ参加に大幅に影響し，コムデ・ギャルソン や ISSEY MIYAKE のような世界的になったブランド以外は，金のかかるファッションショーを止めてしまった。しかし，先輩たちの築いたルートをさらに開拓しながら，ブック一つで，ニューヨーク，パリ，ミラノのモデルエージェンシーの門をたたくファッションモデルは逆に増えていった。その中で特別の

活躍を見せたのが川原亜矢子である。彼女は，少女ファッション誌のモデルからスタートして，吉本ばななの原作を森田芳光が監督した『キッチン』(1989)で，いきなり主役デビューした。この後，単身パリに渡り，本格的なファッションモデルの道を歩んだ。数多くのデザイナーやカメラマンと仕事をし，特にサンローランのモデルとしても評価が高かった。サラ・ムーンの写真集にもその姿を留めている。そして，およそ10後，彼女は日本に戻り，国際的目線を持つタレント，女優として，活動しはじめた。フランス映画への女優としての関わりはなかったが，モデルとして関連した映画の何本かに顔を見せている。

『プレタポルテ』1994（米）
1994年，春のパリコレを舞台にロバート・アルトマンが撮った映画。カメオ出演の有名人，俳優，モデルは，多すぎて数えられない程登場する，お祭り映画である。三宅一生（本人登場）のショー場面で，叶じゅん等他の日本人モデルと一緒に，川原もほんの数秒登場する。[監]ロバート・アルトマン[脚]R・アルトマン，バーバラ・シャルガサー[主]ソフィア・ローレン，マルチェロ・マストロヤンニ

『イヴ・サンローラン』2010
イヴ・サンローランの優れたドキュメンタリー。川原は，サン＝ローランに特別可愛が

られたモデルの一人として，登場している。[監]ピエール・トレットン[撮]レオ・インスタイン／ドキュメンタリー

2000年以降の日本人マヌカンたち

2000年以降も，日本のファッションモデルはパリに挑戦している。モデルとしての一つの目標としてパリコレの力は現在でも健在で，山ほど聞かされるネガティブな話もなんのその，今日も，誰か日本人モデルが，パリを歩いている。2000年以降，モード系の本格的モデルとしては，冨永愛の活躍が目立った。彼女は日本の映画には出演しているが，フランス映画への出演はない。その他，辻かおり，SACHI，源梨華等が，フランス映画に顔を出したが，中では源梨華がパリに残り頑張っている。

◇辻かおり（生年不詳）
―
『畏れ慄いて』2002
辻かおりは，主人公と対比される大役。嫌味なOL役を，体当たりで演じた。その後，フランス映画の出演は，小さな役ばかりだったが，自らも監督として短編を残している。まだエチュードの域を出ないが，いつか彼女ならではの映画を見てみたい。未公開
→Ⅰ補41（文学者），Ⅱ補82（ロケ）

『モンテーニュ通りのカフェ』

『家庭』1970（松本弘子）

『氷の花火』2015（山口小夜子）

『キッチン』1989（川原亜矢子）

『陰獣』2008（源利華）

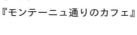

日本のマヌカンたち

2006

モンテーニュ通りのカフェで, たまたま働く事になった田舎娘を中心に, いくつかの人生が交錯するフランスらしい小品。ＴＶでは有名だが映画のキャリアを築きたい中年の女優を, ヴァレリー・ルメルシエが好演 (セザール女演女優賞受賞) する。辻は, 登場人物の一人世界的ピアニストへのインタヴューアーとして, 二つ三つ質問するだけの登場ではあったが, 初出演の頃と明らかに違う余裕が感じられた。[監]ダニエル・トンプソン[脚]D・トンプソン, クリストファー・トンプソン[主]セシル・ドゥ・フランス, ヴァレリー・ルメルシエ

◇SACHI (1979–)
—

1998年ヨウジヤマモトのモデルとして, パリコレデビュー。その後, いくつものメゾンのコレクションに登場している。日本での芸能活動の他に, 靴のデザインにその才能を見せている。

『Tanguy』2001

フランス版ニートの物語。フランスで大ヒットしたこの作品は, 日本ではついに一般公開はされなかった。SACHIが, どのようないきさつで役を受けたのかは知らないが, ちゃんと説明を受けていたのだろうか？すました顔で誰とでも, といった役で, それだけならOKなのだが, 日本大使館勤めという設定も気になる。出番は少ないとはいえ, 国辱的な役であった。そういえば松本弘子も, トリュフォーに妙な役をやらされていたが, これは何十年も前の話である。[監]エティエンヌ・シャティリエ[主]サビーヌ・アゼマ, アンドレ・デュソリエ, エリック・ベルジェ／未公開

◇源利華 (1982–)
—

『陰獣』で鮮烈なデビューを飾った源利華は, もともとパリではモデルとしてスタートした。きめ細やかな肌を持ち, 西洋人の思い描くアジアティックな美貌で, KENZOの香水のメインモデルも努めている。日本の映画界ＴＶ界が好む女優のタイプとは明らかに違うので日本で活躍するのは難しいかもしれないが, なかなか根性がありそうな人である。フランスのＴＶドラマや映画に数本出ているが, 『陰獣』以外は小さな役が多いので日本映画にフィードバックし難いが, 是非国際的な映画に沢山出てもらいたい。

『陰獣』(2008) 日仏

この映画は, 外国人にとっての日本美と, 日本人が思う日本美との違いが各所にあらわれた奇妙な映画である。多くの有名な日本女優がオーディションを受けたが, 監督の強い希望で源に決まったという。→Ⅰ35 (乱歩)

『パリ, ただよう花』2011 (中仏)

監督のロウ・イエは, 中国で初めてインディーズ映画の製作会社を作り, 国家権力と戦いながら良心的な映画を作り続けている。この映画は, 日本では, 中国版『ラスト・タンゴ・イン・パリ』として公開された。源の役は, 主役の大学の友人役で, あまりにも小さな役であった。[監]L・イエ[脚]ロウ・イエ, リウ・ジィ・ファラン[主]コリーヌ・ヤン, タハール・ヤヒム

『スウィッチ』2011

モントリオールとパリ。ネットのアパート交換から始まるアクションスリラー。源梨華は, 逃走する主人公に, 車を乗っ取られてしまう日本女性役。犯行を冷静に警察に伝えるシーンが, 案外印象深い役であった。[監]フレデリック・シェンデルフェール[脚]ジャン＝クリストフ・グランジェ, F・シェンデルフェール[主]カリーヌ・ヴァナイッス, エリック・カントナ

『ABLATIONS』2014 (白仏)

臓器問題にからむミステリー。源はエキゾチックな眼差しで主人公を誘い込む娼婦役。なんだか『陰獣』を想わせるが, 役が小さすぎる。[監]アーノルド・ドゥ・パスコウ[脚]ブノワ・ドゥルパン, オディール・カスタニュ[主]デニス・メノシェ, フロランス・トマサン

二人の振付家と日本のダンサーたち

日本のバレエ界ダンス界に戦後大きな影響を与えた二人の振り付け家の話をしよう。ローラン・プティとモーリス・ベジャールである。二人，実は二組といった方が解り易いかもしれない。ローラン・プティにはジジ・ジャンメール，ベジャールにはジョルジュ・ドンというダンサーがそれぞれ欠かせないからである。

ローラン・プティとジジ・ジャンメールはハリウッド映画『アンデルセン物語』が1953年に日本で公開された時が初お目見えである。その後あまり時をおかずに『夜は夜もすがら』(1956)『巴里の不夜城』(1957)『ブラックタイツ』(1961)と公開され，一般的にもすっかりその名は浸透した。実際にプティとジャンメールを目にしたのは1964年の事で，公演ではジジがメインの扱いになっている。この時のローラン・プティバレエ団の公演は(ジジの出し物は，既に映画で知っているファンが多かったが)どちらかというと，ロシアンクラシックバレエを最高と考えている日本の観衆に，初めてシャンペンを飲ませた様な，楽しいショックを与える事になった。その後ジジは1987年にも来日しているが歌手としてもコアなファンがあり，公演はどこでも満杯であった。ジジを抜いてのバレエ団としても1978年，1981年と公演され人気を集めていた。

一方ベジャールが一般の日本人にはっきり意識されたのは何といってもC・ルルーシュの『愛と哀しみのボレロ』(公開1981)で，ジョルジュ・ドンの登場からである。

『愛と哀しみのボレロ』で，ジョルジュ・ドンはヌレエフを思わせる人物になっていたが，ヌレエフには女性ファンが多くそんな事も彼の人気に拍車をかけた。ジョルジュ・ドンのアイドル的人気ではないが，ベジャールの知名度もどんどん上がり，20世紀バレエ団からベジャール・バレー・ローザンヌに変わって，東京バレエ団(1964年設立)とのコラボを開始させ，黛敏郎の『ザ・カブキ(仮名手本忠臣蔵)』(1986)，三島由紀夫『M』(1993)と意欲的な創作の舞台振り付けを行っている。現在こそ，コンテンポラリーダンスの公演にも人が集まるようになってきたが，未だそのジャンルの確立がなされていない80年代に具体的に舞台に展開させたベジャールたちの功績は大きい。

また下記の映画にも出演している熊川哲也や草刈民代など，日本人プリンシパルが世界的に活躍する時代になったが，他にも化粧品のCMで有名になった日系の工藤美笛などが，フランス映画にその姿を見せている。

『ブラック・タイツ』1961
（プティ＆ジャンメール）

『ダンシング・チャップリン』
2010（プティ）

『愛と哀しみのボレロ』1981
（ベジャール＆ドン）

「THE KABUKI」1986（ベジャール）

◇ローラン・プティが関連した日本映画
　―

『Bolero』1999/BUNKAMURA, TBS

渋谷BUNKAMURAオーチャードホールの10周年記念イベントのメイキング・ドキュメンタリー。英国ロイヤルバレエ団でプリンシパルを勤めた熊川哲也にプティが振りつけた。たった一人での「ボレロ」は多分，世界初だという。本番を含めて36分のドキュメンタリーだが，既に当時75才であったプティの（若さ）と，それに応える熊川のプライド（良い意味での若い青さ）との対比が良く出ていて面白い。熊川は，数本映画にも主演していて，その人気の程が伺える。[振]ローラン・プティ [主]熊川哲也

『ダンシング・チャップリン』2010

チャップリン映画へのオマージュでローラン・プティが振付けた舞台作品を，周防正行が映画化した，ドキュメンタリーの色彩が強い映画。プティは制作進行の過程で登場する。それ程長い時間ではないが，本物のアーティストの厳しさが垣間見られる。1991年のプティ振り付けの舞台でチャップリンに扮したイタリアのダンサー，ルイジ・ボニーノ自身が出演，余裕のパフォーマンスを披露した。それを支える草刈民代も意義のある仕事をしている。→IV 11（バレエ）

◇モーリス・ベジャールと日本のＣＦ
　―

サントリー／ウイスキー（酒）1981

三宅一生との共演で，一生の服を着てベジャール自身が舞うシーンと彼の眼の鋭さが活かされた豪華なＣＦであった。

◇パリオペラ座バレエ映画に関連した日本人バレエダンサー
　―

『エトワール』2000（公開2002）パリオペラ座のドキュメンタリー映画。ダンサーたちの踊る歓び苦しみが良く捉えられている。工藤美笛，藤井美帆が顔を見せている。[監]ニルス・タヴェルニエ／ドキュメンタリー

『オーロラ』2006

踊りを禁じられた国での恋物語。そんな，おとぎ話も，バレエならでは成立する。ジパンゴの王子役で竹井豊が登場する。現代舞踏風白塗りには少々驚かされる。[監]ニルス・タヴェルニエ[脚]N・タヴェルニエ，ジャン・コスモ他[振]カロリン・カールソン[主]マルゴ・シャトリエ，ニコラ・ル・リッシュ，竹井豊

二人の撮影監督

　フランスの映画関係者に会うと良く出る日本人の名前がある。永田鉄男である。映画のカメラマンは、一般には監督程名前が知られる事は少ないが、映画の要になる仕事であり、本当の実力と体力がない限りその仕事を続ける事は難しい。ましてや言葉と文化のハンディを超えて永田の残してきた足跡は、同じ日本人として嬉しいものである。フランス映画に、いや、映画にこれ程のめり込んだ彼の情熱は感動的ですらある。幼い頃、父に連れられて見た黒澤の『羅生門』が、多分最初に見た映画であろうと、彼は言っている。また、同時期に見た、ラモリスの『紅い風船』や『白い馬』も強く印象に残っているという。その後、十代で、ヌーヴェルヴァーグの作品に強く惹かれ、アテネフランセなどで集中して鑑賞して、ますます映画と離れられなくなり、ついに映画の勉強の為にパリ第八映画校に入学し(1972)、その後一旦帰国し日本で撮影助手を経験しながら、30才(1982)で、もう一度パリに戻る決意をする。そして遂に1992年、短編『Faut pas rêver』(Michel THIBAUD)でデビューする。その間、助監督や、映像関係の仕事(CMなど)をしながら頑張ってきたわけである。長編としては『Stand-By』(Roch STEPHANIK)が撮影監督としての最初の仕事である。この作品はモントリオール映画祭でグランプリを受賞している。

　撮影監督DOP/Director of Photographyという仕事に対しては、日本は世界的にみて特殊な認識をしている。それは、長い間、映画が映画会社によって作られて来た歴史の産物でもある。製作、監督、脚本、撮影、照明、俳優、美術、衣装、技術者は、この様に細かく分けられていて、映画会社と専属契約を結んでいる者は、他の会社の仕事をする場合は、上層部に、お伺いをたてなくてはならない(特にスター俳優のしばりは厳しかった)。とっくに崩壊したシステムではあるが、そこで育った伝統はそう簡単に変わるものではなく、現在でも、外国のDOPとの違いは歴然としている。"一般に、欧米では、DOPといえばライティングから空間設計まで、映像全体のコンセプトを作る仕事だが、日本では、ライティングは照明技師に、光の計量は助手にまかせ、撮影監督はフレームを決めるだけ"と永田は言う。実際の現場をよく知る人物ならではの重みのある言葉で、欧米の技術者についても、興味深い違いを語ってくれている。"欧米の、組合が確立した労働時間に厳しい規制のある現場の中では、予定時間にきっちり仕事をするという事が技術者の技術者たる由縁だが、それに比べて、日本では、時間が曖昧で、管理されていない。しかし逆に、時間を度外視

して全員一緒に作品をつくるパワーは，欧米が見習うべき点でもある"と。日本では，アメリカに留学した高間賢治が，山川直人監督の『ビリィ・ザ・キッドの新しい夜明け』(1986) の制作において，撮影監督の意識を初めて日本に持ち込んだとなっているが，その後30年近くたった現在でも，その意味合いは理解されてはいるが，根本では変わっていない。もっとも，永田も言及しているが，それは監督次第の話でもあるわけで，良い悪いの話ではない。

永田は，フランス映画を中心に，色々な国の作品に多数関わっている。フランソワ・デュペイロン監督との『美しい人生』(1999) は日本でも公開され，同監督と再び組んだ『将校たちの部屋』ではセザール賞の撮影賞を受賞。そして2007年『エディット・ピアフ』(オリヴィエ・ダアン) で見事に2度目のセザール賞を受賞している。彼は，自分の特質について，自らは日本人だと特別に意識はしていないが，結果的にそう評価される映像表現があると言っている。曰く，それは「直接に見えるものの他に，日本語の詩や俳句につながる，もっとイマジネーションを喚起させる映像を目指しているからだろう」と。見えない部分を意識した映像作り，俳句で言えば，言葉と言葉の間にあるポエジーを意識するのは，やはり日本人ならではの感性だし，西欧でもう一度認識され直した彼のオリジナリティの一つと言って良いだろう。

永田は，撮影監督として，もはや巨匠の位置に近いにも関わらず，若い監督とも積極的に組んでいる。そして彼は静かに語る。"機が熟したら，メッセージ性のあるドキュメンタリー等で，世界中の国々の事象を通じて人間の心を訴えるユニバーサルな作品を監督したい"と。

もう一人，日本人の永田と良いコントラストを成す女性カメラマンがキャロリーヌ・シャンプティエである。女性映画監督は今では珍しくも何ともないが，映画撮影監督となると話は別である。時代がどんどん進み，デジタル化がなされ，機材は軽量化されたとは言っても，基本的に，カメラを担ぎ続ける仕事に，女性は不向きである。そんな映画の歴史が始まって以来の定説を，キャロリーヌは軽々とクリアして見せた。

ブルジョワの家庭に生まれたキャロリーヌは，子供の頃から，家庭で16ミリの『チャップリン映画』等を見て育った。その後IDHEC映画学院に入り，3年間監督科で学んだ。栴檀は双葉より芳しだったという。そして，当時最先端のカメラマン，ウイリアム・リプチャンスキーのアシスタントとして，ゴダールやリヴェット等ヌーヴェルヴァーグの才能ある監督たちの撮影に立ち会い，腕を磨いた。この中には，映画史的にも重要なリヴェットの『北の橋』(1981) 等が含まれている。約10年近いアシストの後，万を持して，1982年シャンタル・アケルマン『一晩中』で，初めてメインの撮影監督を手がけた。この作品は，好評だったが，アケルマン自体の名が知られておらず，日本では公開されなかった。

その後，キャロリーヌは，ゴダール『右

III

側に気をつけろ』(1987) リヴェット『彼女たちの舞台』(1988)、ジャック・ドワイヨン『15才の少女』(1989)、アルノー・デプレジャン『魂を救え』(1992)、グザビエ・ヴォワ『神々と男たち』(2010)、ブノワ・ジャコ『シングル・ガール』(1995)、フィリップ・ガレル『夜風の匂い』(1998) etc、巨匠から新鋭まで、とにかく多様な作品を撮影している。それから30年以上、35ミリフィルム、HD、DV……映像の主流の変化にも関わらず、それぞれの特徴を踏まえながら、確認しながら、第一線で作品づくりをしている監督たちの難しい映像イメージを常に具体化してきた彼女は、当然ながら、今やフランス映画界の宝である。

時代は、ムービーカメラマンから、シネマトグラファーへとその呼び名まで変わってきたが、実際にフィルムを知りぬいている者だからこそ、デジタルカメラの良い特性を引き出す事が出来るのである。

キャロリーヌと日本映画の出会いは、映画学校時代に授業で見せられた、溝口の『雨月物語』だったという。それから、数十年、キャロリーヌは、日本にも訪れ、日本人の監督とも何本か仕事をしている。第22回(2009)東京国際映画祭では、審査員を務めている。

諏訪敦彦は、自作に彼女程の大御所が参加してくれた喜びを手放しで語っている。新人からベテランまで多くの監督の信頼が厚く、例えば、レオス・カラックスは、『ホーリー・モータース』の東京公開時のインタビューで、いかにキャロリーヌがデジタル撮影に長けているか、いかに彼女が、献身的に映画に関わってくれるかを感動的に話している。

日本にも、芦澤明子という名カメラマンがいるが、同時代の彼女たちが歩んだ道は、日仏の映画事情、映画発達史の違いを超えて相通ずるところがあると思う。それは、男の聖域であった撮影監督という仕事を女性が拡張した的な、月並みなフェミニズムではなく、ヌーヴェルヴァーグ以降の、映画の急速な流れと機材の進歩、その中での人一倍の努力と、自分らしさの探求を怠らなかった職人の矜持だと思われる。

キャロリーヌにも芦澤にも共通しているのは、国籍や予算に関係なく、常に若い才能に優しく接して育てるという点で、これは映画を本当に愛している証でもある。

最近は監督としての活躍もめざましく、ＴＶフューチャー作品ながら、完全に劇場版のクオリティを持つ『ベルト・モリゾ』を撮った。これぞ女性の細やかさが行き届いた佳作であった。映画監督としても、ますます目がはなせないキャロリーヌ・シャンプティエである。

◇永田鉄男の撮影によるフランス映画
——
『うつくしい人生』1999

おそらく、永田の撮影監督作品としては、初めて日本で公開された映画。フランスらしい人生の映画で、とにかく映像の美しさが印象に残る。永田の仕事は、キント・アルビコッコが『さすらいの青春』で見せたアンバーな色調美を

二人の撮影監督

『美しい人生』1999（永田鉄男）

『大停電の夜に』2005（永田鉄男）

『画家モリゾ』2014
（C・ショプティエ）

『七夜待』2008（C・ショプティエ）

超えるやもしれぬ仕上がりを見せていた。[監脚] フランソワ・デュペイロン [撮] 永田鉄男 [主] エリック・カラヴァカ, ジャック・デュフィロ, イザベル・ルノー

『大停電の夜に』2005
クリスマスの一夜, 東京が停電する。永田が撮影監督として日本映画に関わったのは, 意外やこの作品が初めてであった。いく組も登場するカップルの, 場面毎のライティングが（原則的には停電中であるが）, それぞれ良く考えられている。そのために, 重要な役割のロウソクの灯り＝人間の温もりというメッセージが, 伝わる。[監] 源孝志 [脚] 源孝志, 相沢友子 [撮] 永田鉄男 [主] 豊川悦司, 田口トモロヲ, 原田知世

『エディット・ピアフ〜愛の讃歌〜』2007
日本でも超有名なピアフの年代記で, 相当なヒットとなった。ベル・エポックの頃のパリが詩情たっぷりに現出していた。[監脚] オリヴィエ・ダアン [撮] 永田鉄男 [主] マリオン・コティヤール, パスカル・グレゴリー

『レオニー』2010（日米合作）
イサム・ノグチの母親レオニーを中心に据えた物語。海を超えたストーリー展開のある大作だが, 場所の空気感まで

を捉えたライティングとぴったりの永田のカメラが冴えている。[監脚] 松井久子 [撮] 永田鉄男 [主] エミリー・モーティマー, 中村獅童, 勅使河原三郎

◇キャロリーヌ・シャンプティエの撮影による日本映画（又は合作映画）
—
『Hstory』2001
諏訪敦彦版『二十四時間の情事』。アラン・レネ, サッシャ・ヴィエルニの名コンビの構図を, ひも解き噛み砕き, 諏訪のアプローチを理解している彼女のカメラマンを超えた, 映画への献身が感じられる意欲作。Ⅱ 28（レネ）Ⅲ 22（ダル）
『不完全なふたり』→Ⅱ 75（諏訪）

『七夜待』2008
"カンヌの子供" 河瀬がタイでロケした作品。彼女の作品では奈良の緑が印象的だが, この映画では, タイのジャングルの緑を, キャロリーヌは主人公の癒される心の変化の様に鮮やかに捉えている。[監] 河瀬直美 [脚] 狗飼恭子, 河瀬直美 [撮] C・シャンプティエ [主] 長谷川京子, グレゴワール・コラン

『TOKYO!（メルド編）』2008
（仏日韓独）→Ⅱ 44（カラックス）

三人の女性クリエイター

着物を中心とした和装と、いわゆる洋装とが完全に入れ替わったのは、第二次大戦後の事である。もっとも、洋服自体は、断髪散切り頭と実用的で便利な筒袖ともに、幕末には一部で取り入れられていたようである。文明開化の流れの中、女性の洋装化は、男性より10年程遅く、明治16年（1883）に、外国人賓客専門の接待サロン鹿鳴館を政府が開館した時がエポックとなった。鹿鳴館では、男性は燕尾服、女性は19世紀後期のフランスの貴婦人のドレスが模範となり、頭は、長い髪を上部に束ねた夜会巻という正式なスタイルが定められていた。貴婦人たちの洋装は一般には手に入らない遠い存在であったが、大正時代になり、民間にもひろがって、男性でいうと、サラリーマンがスーツにネクタイを着用する事が一般的になった。それでも、自宅では和服でくつろぐのが普通で、女性も正式な席に出る時には和装が多かった。

戦後すぐ、進駐軍からの大量のアメリカ古着が日本中に流れて、洋服の利便性が常識となった。経済が上向きだした50年代になると、だんだんと海外のモードも知らされる様になり、一般は、雑誌などの写真から型紙を起こし自分で縫うか、近所の仕立て屋に頼んでは、おしゃれを楽しむ様になっていった。

ここでは、フランスとの関連で、合作映画などにおいて目覚ましい活躍をした、ワダ・エミ、石岡瑛子、そしてレイコ・クルック、の3人を中心に、映画の衣装とメイクを考察した。

映画が、娯楽王の位置を滑り降りてから、どんどん衣装に掛ける予算は減ってゆき、時代劇の制作も減っていった。最大の理由は、時代作品は製作費がかかる事と、ロケが出来る昔風の風景が、見つけにくくなってきた事である。映画が作られなくなると、その道のプロもだんだんと少なくなり、考証もめちゃくちゃで、町娘なのに遊女のような着物になったり、侍のお内儀が町人の様な着こなしだったりと、細かい部分が、どんどん崩れ出してしまった。80年代になると、江戸時代以前の古い時代の作品に関しては、時代考証に予算を割ける大作以外は映画として成りたちにくくなってきた。ワダ・エミがこの分野へ入るきっかけは、ＮＨＫドラマ部門のトップの演出家であった、夫である和田勉のＴＶドラマ『青い花火』の衣装を手伝ったのが初めてであるというが、その後ＴＶでの経験を経て、初めての映画『乱』（1985）で一気に才能が開花した。『乱』の衣装作成の過程は、本にもなっているが、天正時代の資料探し、材質探しが、本当に大変だったという。結果は、日本人女性として初のアメリカアカデミー賞の衣装デザイン賞

三人の女性クリエイター

を受賞するなど，海外でもその実力を認められ，多くのオファーが来るようになった。和田とフランスとの関わりでは，合作映画としてピーター・グリナウェイとの仕事が多い。

　石岡瑛子は，70年代を代表するグラフィックデザイナーの一人であった。資生堂の広告から始めたが，抜きん出たオリジナリティの片鱗を初めからみせていて，あっという間に広告業界のスターになった。アートディレクターとして非凡な才能があり，80年代にニューヨークに拠点を移してから，まさに国際的アートディレクターとして，アメリカを中心に華々しい活躍をした。映画のコスチュームや美術を本格的に手がけたのは，ポール・シュレイダー『MISHIMA』(1985) の美術を担当してからで，この作品は，カンヌで反響を呼んでいる。1992年コッポラの『ドラキュラ』は，日本人ならではの細やかさと美意識を大胆に表現した衣装が絶賛を浴び，アメリカアカデミー賞衣装デザイン賞を受賞している。ワダ・エミとは重なる部分も多く，互いに良き理解者だったという。映画としては，2012年『白雪姫と鏡の女王-ターセム・シン』が最後の作品となったが，彼女の才能を惜しむ声が各所で聞かれた。他にも，マイルス・デイビスのアルバム「TUTU」のデザインや，シルク・ドゥ・ソレイユの舞台美術など，多岐に渡った，その輝かしい仕事は，既に伝説化し始めている。

　レイコ・クルックは，この3人の中で一番フランスと縁が深いクリエイターである。彼女は，長崎に生まれた，特殊メイクの大プロフェッショナルである。最初は女優からこの仕事に入り，段々裏方の面白さを知る様になり，コマーシャルや映画の現場で研修を積み，化粧品の開発にも携わっていた。1971年にパリに来た時には，もう既に，かなりの経験を積んでいて，創作スタジオ，メタモルフォーズを開設すると，その技術は，映画，演劇，オペラの世界で，あっという間に拡まっていった。特に，特殊メーキャップの技術開発に力を入れ，質の高さとオリジナリティで彼女の評価を高める事になった。

　彼女の仕事は，実に多岐に渡っている。映画，舞台，オペラ，アート・ディレクション，ＣＦ，化粧品会社のアドバイザー，彫刻家，映像作家，まだまだありそうだが，そのどれもがスキンメイクに関わるもので，高い評価を得ているが，日本では，それ程知られていない。最大の理由は，彼女の関わった沢山の外国映画が日本で公開されても，人々はメイクの名前迄には注目しないからであろう。珍しく彼女が，主人公の老いたる姿まで関った日本映画が一本ある。平山秀行『愛を乞うひと』(1998) であるが，この作品は，国内外でも評価された。1995年製作の彼女自身監督の『炎』は，上映される機会も少なく，残念ながら，ほとんど知られていない。彼女の代表的な作品を挙げておこう。今は，後輩の育成にも力を注いでいるというが，まさしく彼女の様な人が日仏の映画の掛け橋の一つと云っても決してオーバーではない。＊第24回(2011東京国際映画祭) に審査委員として参加。自伝「赤とんぼ」の映画化が待たれている。

III

◇ワダ・エミが衣装を担当した，フランスを含む（合作）映画
—

『乱』1985
凝りに凝ったこの大作で，ワダは，3年がかりで1400着の衣装を作ったという。→Ⅱ53（黒澤明）

『プロスペローの絵本』1991（英仏伊）
シェクスピアの『テンペスト』を，グリナウェイが監督した大作。美術に凝ることで有名なグリナウェイの作品の中でも，この作品は大変に力が込められていた。[監脚]ピーター・グリナウェイ［撮］サッシャ・ヴィエルニ［主］ジョン・ギールグッド，マイケル・クラーク

『ピーター・グリナウェイの枕草子』1996（英仏蘭）
吉田日出子が，清少納言となって十二単衣で現れるが，残念ながら，いつも他の場面と重ねてあったりで，細かなディテールが分からなかった。総じて，主人公の回想場面での和服系のコーディネートが時代と共に丁寧に考証され美しかった。ヴィヴィアン・ウーが主人公のモデル役なのだが，洋服のセンスは良いとは思えなかった。美術に関しては，グリナウェイの好みなのだろうが，キッチュではあるが，雑であった。[監脚]P・グリナウェイ［原］清少納言［撮］サッシャ・ヴィエルニ［衣］ワダ・エミ，立野浩二［美］アンドレ・プットマン，ウイルバート・ファン・ドーブ，ワダ・エミ［主］ユアン・マクレガー，緒形拳，ヴィヴィアン・ウー，ヨシ笈田，吉田日出子，ジュディ・オング，光石研

『8 1/2の女たち』1999（英仏独ベネルクス三国）
フェリーニ『8 1/2』へのオマージュ作品として作られた，なんともマニアックな映画。歌舞伎の観劇場面から登場する真野きりなの着物に，日本人のワダだからこその美意識が光っていた。[脚]P・グリナウェイ［撮］レイニア・ファン・ブルメーレン，サッシャ・ヴィエルニ［衣］ワダ・エミ［美］ワダ・エミ，ウィルバート・フォン・ドーブ［主］ジョン・スタンディング，マシュー・デラメア，伊能静，真野きりな，藤原マンナ

◇石岡瑛子とカンヌ映画祭
—

『MISHIMA: A Life in Four Chapters』1985（日米）
日本でも大きな話題になったが，三島家からの要請で日本公開は出来ず，いまだにＤＶＤも出ていない。オムニバス形式で，沢山日本のスターが登場し熱演している。カンヌで絶賛された石岡の美術は，映画初とは思えぬ素晴らしい仕事である。→Ⅰ38（三島）

◇レイコ・クルック参加の代表的映画作品
—

『ノスフェラトゥ』1978

三人の女性クリエイター

「ワダエミの衣装展」2008

『乱』1985（ワダエミ）

『8 1/2の女たち』1999（ワダエミ）

『鹿鳴館』1986（ワダエミ）

『MISHIMA』1985（石岡瑛子）

『ノスフェラテュ』1978
（クルック・レイコ）

『ゴールド・パピヨン』1984
（クルック・レイコ）

『愛を乞うひと』（クルック・レイコ）

あまたの吸血鬼映画の中でも際立って優れた作品。ハンマープロのクリストファー・リーとは別タイプの，ドイツ・サイレント時代のムルナウ風の吸血鬼の特殊メイクは彼女ならでは。［監］ヴェルナー・ヘルツォーク［主］クラウス・キンスキー，イザベル・アジャーニ

『愛と哀しみのボレロ』1981
二世代に渡る4つの家族の物語で，老けのメイク効果が大きかった。［監］クロード・ルルーシュ［主］ロベール・オッセン，ニコール・ガルシア

『Le Cimetière des voitures（霊柩車）』1983［監］フェルナンド・アラバル［主］アラン・バシュン，ジュリエット・ベルト

『ゴールド・パピヨン』1984
フランスで大ヒットした映画。アメリカ人ジョン・ウィリーのエロティック漫画「グ

ウェンドリン」が原作で，ベースはアマゾネス伝説である。［監脚］ジュスト・ジャカン［主］ダウニー・キティン，ブレンド・ハフ

『魂を救え』1992
物語のキーであるミイラ化した男の頭。これは，下手をしたら大爆笑になりかねない特別なケースだが，彼女の創り上げたミイラは，恐ろしく哀しく，まるで主役の様であった。［監］アルノー・デプレシャン［主］エマニュエル・サランジェ

『愛を乞うひと』1998
母でいるより女でいたい酷薄な母と主人公の二役を，原田美枝子が，演じ分けた。老けた母のメイクをレイコ・クルックが担当している。［監］平山秀幸［主］原田美枝子，野波麻帆

III

クチュリエたち
〜映画に使用されたブランド

フランスの服飾と日本との関係の始まりは、鹿鳴館でのドレスや燕尾服、兵隊のユニフォームなど、明治の文明開化時代に遡る。洋服は、関東大震災 (1923) 後、その簡易活動性が、改めて認識され、急速に一般に広がっていった。それまでは、一般女性は和服が多く、洋装は、モダンなきものであった。多くの一般女性は、映画雑誌などの外国女優たちや、それを真似た日本の女優たちのモダンに、ため息し、着こなしの見本としていった。これは当時の日本映画を見ると良く判る。原のぶ子は、そんな中1934年にパリに出向き立体裁断を習得し、戦前の日本で洋服を広めた正にパイオニアだが、それ以前、明治後期、大正、昭和初期と、日本のモダンを支えていたのは、外国映画のファッションと、三越や高島屋など大手の百貨店が、フランスなどのデザイナーを直接日本に呼び寄せて啓蒙した事が大きい。

現在のデザイナー (日本では、フランスでいうモデリストをそう呼んでいる) 名で、ブランドが本格的に展開したのは、クリスチャン・ディオールが1953年に戦後初めて日本で開いたファッションショーが大成功してからである。この時の大きな仕掛け人は、戦後すぐディオールで学んだ上田安子であったが

昨今のように様々な日本人のデザイナーが現れ、海を越えて仕事をするように

なるまでには、原、その後の上田の様な先人たち……田中千代や小篠綾子たちの洋服へ夢が、繋がれていったからである。

映画とファッションブランドの関係に目を転じると、おおよそ2つの流れがある。一つはそのブランド自体が協賛して衣装を提供する場合、本国との協賛か、日本の代理店との協賛か、例えば主演女優の服のみ、または中に出てくるファッションショーのみetc、様々だが、いずれにしてもこの場合は、映画のエンディング、場合によってはトップにブランド名が入る。日本が少し特殊なのは、戦前からの伝統で70年代頃までは、デパートが、高級ブランドを仕入れて売るいわゆるセレクトショップの役割をしており、○○百貨店提供として、その中に有名ブランドが入っていたりした。

もう一つは、協賛とは全く関係なく、主演する俳優 (大体は女優) の好みで使用したり、私物であったり、映画の必然性として、物語の性格や役のキャラとしてブランドを使用する場合は、映画の中にクレジットは入らない。

これには、実は多くの制作費の裏事情の問題がある。俳優の衣装は勿論、室内の絵画や食器、車……大体は予算上から、代替え又は撮影で工夫するということになる。使用するブランド品が高額の場合、レンタル又は、そう見える物で代

用する場合もあるが，フィルムの精度は高く，簡単に見破る専門家裸足の観客もいて，年々代用は難しくなっている。

　映画が文化であるフランスならではの，シャネルが自ら参加した『去年マリエンバードで』の夜会服や，サンローランの『薔薇のスタビスキー』の様な，豪華なケースは，残念ながら日本映画には少ないが，和服ならば，映画全盛時に沢山

の前例がある。シャネルの場合など，金額に換算したら映画が製作できなくなるだろうが，和服こそ，手の込んだ衣装製作の場合，その金額は，欧米のオートクチュールの金額に決して劣らない。

　ここでは，衣装を中心にブランドと映画とを見ているが，戦前戦後の○○百貨店提供のケースは，特別に必要と思われる作品以外は，取り上げていない。

日本映画に登場した海外ブランド
—
◇ピエール・カルダン
pierre cardin
—

ピエール・カルダンは，ディオールに次いで，1959年に日本に登場した。大変な親日家でもある彼は，早くから日本とのライセンスビジネスを推し進めた。ある時期には，ライターからボールペン，食器からタオルまでと，その幅広さに批判もあったが，一つ一つちゃんとデザインの管理が行き届いていて，ライセンス契約により名を貸すだけのブランドとは，一線を画していた。

外国人デザイナーとして初めて手がけたKIMONOは，カルダンならではのモダンさと日本の着物が非常にマッチしていた。ポール・ポワレが貞奴に刺激された話を皮切りに，多くのデザイナーが日本の着物の文化の素晴らしさに魅了されているが，実際に，

着物は，高価な上に簡単に着る為の方法にも限度があり，バブル経済以降急激な衰退を辿っている。だが，カルダンの残したKIMONOは，文化的にも和と洋の重なる貴重なものであり，ぜひ後世に残しておきたい。

『処女受胎』1966
人口受精がテーマの映画ではある。最後にそれが絵の題であり，色々な意味があるのが判るのだが，それにしてもこの題は酷すぎる。
主役の若尾文子は，実家が大金持ちの画家役だが，登場場面で，着物からドレスまでを，20回近く！は変えて，まるで着せ替え人形であるが，ホステスにしか見えないのは，マスコミ相乗りの流行画家役としての，監督の意図か？決して成功はしていない。カルダンジャポンの提供の特に興味深いKIMONOは，意図的に，比較的無難なものが選ばれ，それを目当ての観客には残念である。[監]島耕二[主]若尾文子，石井孝

雄
『赤い疑惑』1975–1976
国民的アイドル，山口百恵のＴＶ「赤いシリーズ」の一つ。この「赤い疑惑」は，シリーズの中でも一番ヒットした。娘を日本の兄夫妻にあずけ，叔母といつわりパリに暮らす女を岸惠子が演じる。岸惠子は，エスパスカルダンのプロデューサー役で，永い間日本を離れていたが，娘が余命幾ばくたる難病である事を知り，日本とパリを往復する事になる。岸は，挿話毎にカルダンを着て登場し，日本女性にため息をつかせる事に成功した。また娘は，カルダンを着るのが夢で，クチュールの服をプレゼントされ，自分の病も何も知らず大喜びする場面などは，多くの女性の涙を誘った。この時山口百恵が着た服は，カルダン自らのデザインであったが，正直似合ってはいなかった。[監]大林宣彦，恩地日出夫，他[主]山口百恵，岸惠子／ＴＶドラマ

◇クレージュ
courrèges
—

クレージュは1961に始まったブランドで、パンタロンをフォーマルにしたりミニ・スカートを提案したりと、画期的なブランドだったが、80年代から経営的な問題で、一時忘れられた存在であった。『華麗なる戦い』という映画は、クレージュの勢いがまだあった頃の作品で、プレタよりもクチュール志向だったことが良くわかる。三越が間を取り持ったという。

『華麗なる闘い』1969
有吉佐和子の小説「仮縫い」を、映画化したもの。パリでも仕事を展開する国際的デザイナーのアトリエに入った主人公が、先生(デザイナー)を追い越してやろうという野望を持ち、実行に移す。テーマを支える衣装が大切であるが、ここではクレージュのドレス類が、パリコレのあと直ぐに輸送され、日本映画では珍しい本格的ファッションショーが展開される。映画の出来より、服を見にいった人もいるだろう。200点以上の服が用意され、総額当時で3,000万円を下らない金額だったそうである。[監]浅野正雄[主]岸惠子、内藤洋子

◇フィリップ・ブネ
PHILIPPE VENET
—

リヨンで生まれたブネは、スキャパレリとジバンシィで腕を磨いたデザイナーである。1962年に独立してから約30年間日本とも深い関わりがあったが、1993年のオートクチュールのパリコレ後、スポンサーが降り、メゾンもたたまなくてはならなくなった。デザイナーが独立して生き残っていくのは至難の技ということが良くわかる。1969年に撮られた『栄光への5000キロ』は、精力的に事業を拡大していた時期で、東急が仲を取り持ちデザイナー役の浅丘ルリ子の衣装を提供している。浅丘の衣装の他に、アラン・キュニー演じる仏人デザイナーの、ファッションショーも、会場のそでから望む形で登場し、マヌカンがクチュール風の衣装を見せている。

『栄光への5000キロ』1969→Ⅱ63(蔵原)

◇イヴ・サンローラン
Yves Saint Laurent
—

イブ・サンローランのデビューは、外人デザイナー勢に圧倒されていたフランスのモード界に、純粋なフランス人登場という、少しばかりナショナリズムをくすぐる事件であった。サンローランは、その繊細さと、出現のタイミングとが、経済的に上げ潮の日本に誕生しつつあったブランド志向族に支持された。三島由紀夫の小説「肉体の学校」にサンローランのショーが出てくるが、映画では名前を変えてあり、服は中村乃武夫が担当している(中村は1960年に日本人として初めてパリでファッションショーを開いたデザイナーである)。サンローランは、高価なものだし、特にドレスに関しては着るチャンスがあまりない日本では、60年後半からあくまでプレタポルテを中心に70年代まで、主に、セレブ夫人、趣味の良い歌手やタレントや、フランスには見かけない超高級ホステスなどにファンが多かった。

◇ルイ・ヴィトン
Louis Vuitton
—

ルイ・ヴィトンは、1970年代になり急速に有名になったブランドである。
機能性も備えたヴィトンのバック類が、ポシェット、財布から伝説的な大型トランクまで、日本では、一家に一つルイ・ヴィトンと言われたほどのポピュラー商品でありながら、企業として様々なコラボをするなど高級感を落とさないマーケティングは、プロのものである。当時から呆れるほどのまがい物が多く、本物のヴィトン、特に旅行ケースは、憧れの的であった。

『探偵物語』1983
まさに80年代の日本のバブル経済の足音が後ろに聞こえる映画。後一週間後に留学する深窓の女子大生とボディーガードの淡い恋物語。ヴィト

ンのトランクはポスターだけの登場だが、何とも時代を象徴している。→IV補48（オルガン）

◇エルメス HERMES
—
日本で、エルメスは、最高のブランドとして圧倒的な人気を誇っている。誇張ではなく、エルメスのクロコダイルのバック一つの予算で撮れてしまう映画もある。エルメスと日本の縁は深く、創立150周年の記念には、エルメス創設期の物語が、竹宮惠子の漫画「エルメスへの道」という本になっている。このあたりの感覚がさすがである。また、主催者の性格と馬の検疫の問題で絶対に不可能といわれたフランス文化の粋「ジンガロ」の日本公演でもスポンサーになっている。この時は会場内のブースで、プレミアム商品を販売し莫大な売り上げがあったという。日本人のブランド信仰、恐るべしである。2009年にはTV連続ドラマ「リアル・クローズ」で、エルメスカレがタイアップしているが、これは槙村とおるのヒット漫画のドラマ化である。しかしこのドラマ、原作はともかくとして、『プラダを着た悪魔』のコピーとしか思えぬ安易なドラマで、エルメスファンの間では、嘆きが聴かれた。
『東京島』2010
原作は、アナタハン島事件を翻案した、桐野夏生のベストセラー。1945年から1950年にかけて本当に起こった実話が元である。当時の世界中を驚かせた事件で、台風でアナタハン島にうちあげられた多数の漁師と、たった一人の女、そこに生まれた猟奇的な物語は、発見後その女性本人の主演で映画が作られたり、スタンバーグが来日してハリウッド映画にした程である。この『東京島』は、東京の実業家夫妻が、クルーザーで海に出るが、流されてしまい、流された島には、漁師たちがいた、という物語になっている。エルメス協力と言えば、上に取り上げた2009年の無残なパクリTVドラマの記憶があったので、2010年の映画『東京島』に協力エルメスと、最初にその名がでてきた時には、少々驚いた。プログラムの表紙は、エルメスカレのスカーフである。一緒に島に流れ着いたエルメスの旅行鞄から、大判のスカーフが次々と取り出され、そのスカーフが、体に巻かれたりテーブルにかけられたり、その島の旗として翻ったりと大活躍するが、決して物語の足はひっぱっていなかった。[監]篠崎誠[原]桐野夏生[主]木村多江
『電車男』2005
インターネットの書き込み板から生まれたラブストーリー。主人公が電車の中で酔客に絡まれた女を救い、この女からお礼にエルメスのティーカップを贈られる。男は、ネットにこのことを書き込む。男のハンドルネームが電車男、相手の女は「エルメス」と呼ばれて、多くの顔を知らないユーザーたちが、この気弱な主人公の恋を応援し見守る事になる。[監]村上正典[原]中野独人[脚]金子ありさ[主]山田孝之、中谷美紀

◇ロジェ・ヴィヴィエ
Roger Vivier
—
ブランド好きという事では日本人は何処の国にも負けないかもしれない。靴のルブタンは2000年代になり大ブームになり、8万円以上する商品が某デパートでは、月に1000足!!売れてしまうという。『新しい靴をかわなくちゃ』には、ポストルブタンの様なロジェ・ヴィヴィエが、主人公のはいている靴で、その靴が、ロマンスのきっかけとなる。
『新しい靴をかわなくちゃ』
2012→II補82（ロケ）

フランス映画に登場した日本ブランド

◇ハナエモリ
HANAE MORI
—
森英恵は、最初にフランス・オートクチュール協会に加盟し、パリコレクションにも登場した、戦後の日本のモード界の立役者である。彼女は新

宿の小さな洋装店からたたき上げた職人だが、50年代60年代の日活映画をはじめとして、多くの傑作映画に衣装として参加している。彼女の関わった映画は正確には記録されていないが、分かっているだけで、200本以上あり、その中には、中平康『狂った果実』、大島渚『青春残酷物語』、篠田正浩『乾いた花』、小津安二郎『秋刀魚の味』、吉田喜重『樹氷のよろめき』、という具合に、日本の映画史を飾った名作、傑作が目白押しである。大体は、主役女優の衣装が中心だが、多くの映画と関わる事で、彼女は、その感性を磨いていったのである。一部に欧米のモード雑誌からのコピーだという人々もいるが、それは映画を知らない人が言う言葉である。映画に登場する人物の把握は、彼女自身の考える以前にその映画の原作者や監督の強い思い入れがあり、それにスター俳優ならば自分の意見も言うわけで、ファッション誌のページを指さしコピーすれば済む話では絶対にないのである。その後、森は、ニューヨークにもパリにも店を持つ世界的デザイナーとして有名になったが、フランス映画とは一本しか関わりはない。しかし、日本映画の為に彼女が制作した夥しい数の洋服は、良くも悪くもパリモードの影響が大で、また彼女の参加した日本映画のフランスでの認知度を

考えると、真っ先に挙げたいクリエイターである。森のエッセイの中で、興味深い話がある。当時は忙しすぎて、完成した映画を見直す時間もなかったが、パリコレに出品するようになったある日、シネマテークで、40年前に関わった『狂った果実』を初めて見て、感無量であったという。

『愛のあとに』1992
ハナエ・モリは、LIOとイングリット・エルドの衣装を担当している。特にイングリットのウエディングドレス、野生的な役のリオの赤中心のファッションは、他の出演者との、バランス感覚も良く、二人の性格描写の一助になっていた。[監]ディアンヌ・キュリス[主]イザベル・ユペール、LIO

◇ヒロミチナカノ
hiromichi nakano
—
中野裕通は、70年代初頭から、ニコル、ビギなどの新興ファッションブランドで腕を磨いた。81年にはVIVAYOU、84年には自分名のブランドを立ち上げ、1998年にはパリコレにも参加したスター・デザイナーである。20代の働く女性に人気があり、エレガント感のある服を得意としていた。
『サム・サフィ』1992
監督ヴィルジニ・テヴネの妹フリケット・テヴネが衣装を担当し、ヒロミチナカノは衣

『処女受胎』1960（カルダン）

『華麗なる闘い』1969（クレージュ）

『栄光への5000キロ』1969
（F・ブネ）

『探偵物語』1983（ヴィトン）

<u>クチュリエたち〜映画に使用されたブランド</u>

『愛のあとに』1992（ハナエモリ）

『東京島』2010（エルメス）

『Dolls』2002（ヨージ・ヤマモト）

『新しい靴を買わなくちゃ』
2012（R・ヴィヴィエ）

装協力している。→Ⅲ補81
（作品）

◇ケイタマルヤマ
KEITA MARUYAMA
—
ケイタマルヤマは，90年代に
ドリームズ・カム・トゥルー
という人気ミュージィシャン
の衣装で注目され，1997年
にはパリコレにも登場した若
者向けブランドである。日本
人の女の子が，"かわいい〜"
といいそうな色彩が明るく夢
っぽいプレタポルテである。
パリコレの評判も良く，一時
は第二のKENZOとも言われ
た事がある。

『肉体の学校』1998
三島の原作のフランス版で登
場人物が多少脚色されている
が，基本的には原作に忠実で
ある。主役の貴族的なデザイ
ナー役は，ユペール演じる名
門医師の娘で，ファッション
ブランドのオーナーとなって
いる。主人公が見染めた男娼
を連れて行くのはサンローラ
ンのショーならぬ，ケイタマル
ヤマのパーティである。→Ⅰ
38（三島）

◇ヨウジヤマモト

Yoji Yamamoto
—
山本耀司は，ヴェンダースの
『都市のモード』でもドキュ
メントされているが，日本映
画では北野の『Dolls』の衣装
が素晴らしかった。（重そう
という意見も多数），北野の
他のヤクザ映画などでも彼が
関わると流石に統一感があ
り，映画の格を上げている。
またジェーン・バーキンにも
衣装提供があり，コンサート
のドキュメンタリー作品にも
クレジットされているが，本
格的にフランス映画とコラボ
はしていない。ＴＶドラマだ
が，フランスでは，下記の作
品に娘と連名で衣装に名を連
ねている。

『Angelo, tyran de Padoue』
2009
ヴィクトル・ユーゴーの原作
「パドヴァの暴君アンジェロ」
では時代は14世紀だが，そ
れを現代に置き換えた舞台劇
をＴＶ化したもの。この原作
はポンキエッリの有名なオペ
ラ「ジョコンダ」の原作でも
ある。［監］リチャード・ヴァ
ルヴェルド［主］クロチルド・
エスム，エマニュエル・デュ
ボス／ＴＶドラマ

日本のCMに出演したフランス映画人

映画が出来，ＴＶが出現して，今や完全にネットの時代になってしまった。しかし物によるけれど，やはり不特定多数に商品をアピールするには，ＴＶのＣＦ（＊この本では，ＣＦは映像，ＣＭは全媒体として表記してある）の力が一番である。2000年を超えて全く元気が無くなったが，日本には大手の広告代理店が２つあって，そこを中心としてこの50年位の間に，おびただしい金額が宣伝の為に費やされてきた。当然，出るだけで，人の目を引く有名人は引っぱりダコで，中でも映画スターのCM出演料は，信じられない程高騰した。特にハリウッドスターは，撮影数日で，ほとんど制約のゆるい，日本のＣＦに出たがり，又，日本のクライアントも多数のハリウッドスターを今でも使い続けている。ギャラは露出する媒体やその他様々な情況によって全く違い，現在は一時の高額のギャラを日本側が出せなくなっているが，それでも契約料100万ドルは，ざらな話である。ＣＦを流す国ならば何処の国にもあるだろうが，タレントのランキングがあり，それは，単なる知名度ではなく様々なデータで決められ刻々と変わっている。ＣＦというイメージも随分変わってしまった。映画が，まだぎりぎりで力があった頃，1970年頃は，映画監督もＴＶを監督すると一段格落ちする様に思ったし，ましてやイメージが一番大切な映画スターは，もし出る場合はギャラの為だけに限られていた。しかし現在では勿論いつも売れていて，映画がコンスタントに作られるほんの少数の大スターを除いて（実はこの人たちが結果一番ギャラが高く，ＣＭのリクエストもあるのだが）映画の数も減り，有名だが忘れられかけているスターにとってＣＭは，ギャラよりも自己宣伝として重要なものになっている。フランスのスターにとっても，このＣＭの宣伝価値は計り知れない程大きく，余程のイメージダウンにならない限り，出ていた方が絶対に得なのである。フランス映画は歯がゆい程マイナーなポジションにあり，一般に新しいフランススターは，日本で認知されにくい。そんなフランス映画の現実があり，ごく限られたスターしかランキングにも昇らないし，しかも時代によって激しく変わっている世代の好みと流れがベースにある。そうやって日本のＣＦに登場したフランススターを見ると非常に興味深い。誰よりも本数で云ったらジャン・レノが群を抜いている。次が，ソフィー・マルソー，アラン・ドロン，ポール・モーリアたちである。大体の場合は，その当時は日本で売れていて訴求力があったという現実だけで，一本か二本位でその後は続かない。誰が何のコマーシャルに出たかは，上述の人以外にその人の章がある場

合は，極力ＣＭの事も付加したので一部重なるが，それ以外のスター達の主なＣＦを揚げておく事にしよう。多分フランス人にとって考えられない様な人選もあるだろうが，これ又資本主義中心，世界の映画往来から生まれた事実である。又，ＣＦに限っているので，紙媒体，ラジオのみ（多分無いと思うけれど）等，又忘れてしまう程小さなスポット等もあり100%のリストではない。

ドミニク・サンダ (PARCO1978)

ソフィー・マルソー (カゴメ 1983)

ジャン・レノ (日本たばこ産業1997)

男優

ジャン・マーク・バール
Jean-Marc BARR（日産）
リシャール・ボーランジェ
Richard BOHRINGER（サントリー）
ヴァンサン・カッセル
Vincent CASSEL（マツダ）
リチャード・クレーダーマン
Richard CLAYDERMAN（ロッテ）
アラン・ドロン
Alain DELON（レナウン，マツダ）
ジャン＝クロード・ドレフュス
Jean-Claude DREYFUS）（ホンダ）
セルジュ・ゲンズブール
Serge GAINSBOURG（レノマ）
パスカル・グレゴリー
Pascal GREGGORY（JT）
クリストファー・ランベール
Christophe LAMBERT（フォア・ローゼズ）
ポール・モーリア
Paul MAURIAT（グンゼ，メルシャン）
ジャン・レノ
Jean RENO（ホンダ，トヨタ，フンドーキン，大塚製薬，JT，サントリー，キリンetc）

女優

エマニュエル・ベアール
Emmanuelle BEART（サントリー）
ジュリエット・ビノシュ
Juliette BINOCHE（ランコム）
オーロール・クレマン
Aurore CLEMENT（PARCO）
ミレーユ・ダルク
Mireille DARC（レナウン）
カトリーヌ・ドヌーヴ
Catherine DENEUVE（フォンテーヌ，ブルボン）
ジュリー・デルピー
Julie DELPY（イオナ）
デルフィーヌ・ディジョン
Delphine DIJON（日産）
マリー・ジラン
Marie GILLAIN（ユニリーバ・ジャパン，ネスレ）
ジュディト・ゴドレーシュ
Judith GODRECHE（オンワード樫山）
シルヴィア・クリステル
Sylvia KRISTEL（AGF）
ソフィー・マルソー
Sophie MARCEAU（サントリー，カゴメ，ソシエ de ワールド，マクセルetc）
ドミニク・サンダ
Dominique SANDA（PARCO）
シルヴィー・ヴァルタン
Sylvie VARTAN（レナウン）

裏方往来

どんなに素晴らしい映画が出来上がっても，その存在を知らしめなければ一般に拡がることもない。普通一本の映画が出来上がるには，多くの技術者たちが結集するが，その意味の裏方ではなく，作品完成後一般上映されるために働く裏方に触れてみたい。(勿論作品本体に重なる人々も登場する)。製作，配給，宣伝，批評……公的機関から映画会社，雑誌，劇場，シネクラブまで多岐に渡る膨大な裏方たち……その中のほんの一部ではあるのだが，とりわけ重要な人々を取り上げられる事は大きな喜びであり，往来をテーマにするこの本の役割の一つでもあろう。

明治中期に，稲畑勝太郎が日本に持ち込んだシネマトグラフが音声を持つまでにはそれ程の時間はかかっていない。まるで新薬を開発するように，映画のソフト，ハードをめぐり繰り返えされた先進各国の開発競争は，同時にその国の映画輸入輸出の大きな産業となった。しかも映画が持つ，大衆をプロパガンダする巨大な力は，作られた国の文化を伝播するのに即効性があった。日本人は，外国映画への関心も非常に高く，フラ

ンス映画はその中でも一種のブランドとなり，日本人の情緒に合う詩的な映画が沢山公開されることになった。特に音声版の夜明けとなる『巴里の屋根の下』(1931/三映社配給)以降，欧州映画の輸入会社として大正から登場した三映社と東和商事の果たした役割は特筆すべきである。両社が配給した沢山のフランス映画は，多くの日本人に上等の娯楽を与えた。

東和商事は1928年川喜多長政(1903–1981)によって設立された。最初はドイツ映画を扱いながら，1930年『ロベルト』(A・ヴォルコフ/1927)からフランス映画に関わり次々に名画を公開していった。川喜多は海外滞在が長く，欧州映画界に顔の効く買い付の第一人者であった。そこを見込まれ，日本の軍部に中華電影立ち上げを手伝わされたが，第一に中国側に主導権を与えるよう動いている事からも，本物のコスモポリタンである事が分かる。また国策映画であったにせよ，日本初の海外合作となった『新しき土』(日独/1937)は記録すべき製作である。川喜多は，大戦後一時占領軍により戦犯扱いされたが，海外からの多

『巴里の屋根の下』1930

『新しき土』1937

『街の手品師』1925

『狂恋の女師匠』1926

『美女と野獣』1946

『勝手にしやがれ』1959

くの抗議が寄せられ放免されている。

フランスでは，1926年公開の『街の手品師』（村田実）が最初の日本映画上映作品である。日本では最先端のモボ・モガが登場するこの作品は，村田と森岩雄（脚本）の両名によりヨーロッパに持ち込まれたのだが，テクニック的な模倣が嫌われ不評に終わった。反して翌年に公開された『萩寺心中』（野村芳亭）は時代劇のエキゾチズムが好評だったようだ。次に続いた衣笠貞之助の『十字路』は1929年に槙田茂一郎によりスタジオ・ディマンで公開され大変な評価を得た。外人受けする時代劇ではあったが，技術面からも評価された初めての"日本映画"であった。当時パリでは，日系キク・ヤマタ（1897-1975）のロービー活動が目立ったが，続いた松尾邦之助（1899-1975）は，日佛文化協会を作り大いに日本文化の宣伝に努めた。松尾は，伊藤大輔『忠治旅日記・御用編』と，溝口健二『狂恋の女師匠』を日活と交渉の末，公開に漕ぎつけている。1931年満州事変から対日感情は急速に悪化し日本映画どころではなくなるほんの少し前の話である。

世界中を巻き込んだ第二次世界大戦が終わり，敗戦国日本と，ヒットラーを辛くも跳ね除けたフランスと，立場は違えど両国とも，大変な時代をくぐり抜けた人々は娯楽に飢え，特に映画への渇望は大きかった。しかし日本はGHQ（占領軍）により，自国の映画製作の内容から割り当てフィルムまで厳しく統制されていた。輸入映画も最初は，為替管理上，一国一代表会社とされ，フランス映画に関しては1947年にSEF（佛映画輸出入組合日本事務所）が設立された。戦後製作のフランス映画新作として，まず『美女と野獣』がSEFにより輸入され東宝が配給している。SEFは，フランソワ・シュヴァリエが駐日代表となり，（大岡昇平が文芸部長で参画），1950年には新外映株式会社となり，その後，ドラマ以上の変遷を繰り返し，名前や経営者を度々変えながらも，意欲的な映画を多く配給した。仏映画以外にも南米作品なども輸入したが，1968年にはついに倒産した。この間多くの名作ヒット作に関わった滞仏日本人社員，秦早穂子は，『勝手にしやがれ』を強力に推奨，会社に購入させた事で知られるが，新外映の後も，鋭い感性を持つ映画ジャーナリストとして大いに活躍した。2003年までカンヌ映画祭に通う等現場現役での貢献度は高い。

1949年，主にフランス映画の国外での普及振興のため仏国立映画センター（CNC）の管轄で設立されたユニフランスの初代駐日代表，マルセル・ジュグラリスは，このジ

ャンルで欠く事のできぬ人物である。日本映画全体の初の解説書も，彼を偲ぶ夫人が1956年にフランスで出版している。日本文化に造詣の深い彼は多くの日仏映画に関わる人々に影響を与えている。その中の一人1964年にフランスに渡った山田宏一は，映画史を変えたヌーヴェルヴァーグの興隆を見極めた貴重な日本側の証人でもあり，蓮實重彦たちと共に作家主義としての映画のあり方を日本に大きく知らしめた。他にも後にフランス映画社を立ち上げた川喜多夫妻の娘和子と柴田駿も，ジュグラリスの薫陶を受けている。フランス人では，帰国後フランス初の日仏タウン誌「いりふねでふね」（後のオヴニー）を堀内誠一と立ち上げたベルナール・ベローの名も挙げておきたい。

1950年になるとGHQによる映画輸入の統制が撤廃され，川喜多長政は再び映画の仕事に戻るが，今度はかしこ夫人（1903-1993）が前面となり戦後の日仏映画交流の柱とも言える大きな仕事をいくつもこなした。シネマテークのアンリ・ラングロワからの呼びかけに答えた日仏の約150本に登る互いの映画交換，東京国立フィルムセンター開設（1969）への尽力，高野悦子との「岩波ホール」開設（1968）それに伴うエキプド・シネマ（1974）を助け，日本にミニシアター映画文化の

先駆けとなる……などその活動は，枚挙にいとまがなく川喜多かしこの名は世界に知られる事となった。日仏映画交流における最大の裏方と言える川喜多夫妻は戦後，持ち前の鑑識眼とキャリアであっという間に日仏映画配給の中心的存在に立ち戻ったが，カンヌ映画祭他世界中の映画祭に率先して出かけ，慣れぬ日本映画人たちの灯りとなった。勿論商売としてもまず最初に良い映画を見る，選べる立場にいたわけだが，それだけでできる仕事であるはずもなく，1953年の第1回フランス映画祭をユニフランスと共催してから，少なくても数年おきに，1966年第4回映画祭まで主催または協力し交流を図っている。（→Ⅱ85参照）

1963年フランス・シネマテークでの日本映画大量公開イベント前から，川喜多かしこのフランスのアシスタントであった（後の）ヒロコ・ゴヴァースも，よく活躍した。彼女は，結婚後80年代にかけて，無声映画では弁士の役となる（シネマテークの日本部門担当）傍ら，寺山修司の映画を製作したり，他前衛的な日本映画のフランス紹介に尽力している。1984年Alberto del Fabro発案による日本映画特集（最初は100本の企画規模）では，600本！を集め2年にかけて上映した（シネマーテーク記録では500本）。そのエネルギーと情熱に脱帽する。

第一回フランス映画祭（1953）

『夜ごとの美女』1952

『大樹のうた』1974公開
（岩波ホール）

『草迷宮』1979

裏方往来

『女の一生』1958

『ベルリン・天使の詩』1987

『都市とモードのビデオノート』
1989

『ダゲレオタイプの女』2016

フランス映画社は，柴田駿が1968年に立ち上げた配給会社だが，川喜多和子も参画して，ゴダール，ヴェンダース，アンゲロプロスと他が手にしにくい作品群を公開し，ミニシアター系映画文化に貢献した。また大島渚作品などの，海外配給にも力を注いだが，アート系映画の日本での興行力の基本的衰退も重なり2014年に倒産した。

現在の裏方で目立つのが吉武美知子である。吉武は，ヒロコ・ゴヴァースのアシストから映画に関り，2000年代の初めまでジャーナリストとして活躍した。又ユーロスペースの買い付けを手伝いながら，現在，配給よりも製作に力を込め，独力で2009年FILM-IN-EVOLUTIONを設立。カトリーヌ・カドゥのドキュメンタリーを第一弾に，最近では黒沢清の初フランス作品『ダゲレオタイプの女』，諏訪敦彦作品等など，日本では成立が難しい映画を製作し大いに文化往来の旗を振る逸材である。

雑誌に関しては，日本で1919年創刊された「キネマ旬報」が圧倒的な歴史を誇り，「ラ・ルヴュ・デュ・シネマ」La Revue du Cinéma（1928–1949）から続く「カイエ・デュ・シネマ」より古いことになる。フランスでは，期間を問わなければ，戦前から戦後一時復刊した「シネモンド Cinémonde（1928–40，1946–71）等ユニークな雑誌が目白押しだが，中でも「レクラン・フランセ L’Ecran français」（1943–45までは地下発刊，1945年7月–1952年一般発刊）は重要で，ここからアレクサンドル・アストリュックのカメラ＝万年筆論（作家主義発想）が登場した事は映画史的事件であった。敢えてこれに比較するならば，日本では「映画評論」（1925–1975）「映画芸術」（1946–）になるのだろうが。現在は，「プルミエール」（1976創刊）が，一番幅広く読まれている。アストリュックは『女の一生』（1958）が日本でもヒットしている。

フランスと違い日本では，専門的映画雑誌と大衆的映画雑誌とのバランスが取れていたのは，映画全盛だった時期であり，現在では「キネマ旬報」を除き他の硬派な雑誌はほとんど姿を消している。戦前からの「芝居と映画」等のグラビア雑誌は，戦後「映画の友」「映画情報」等に受け継がれ，一時は華やかだったが，現在では「スクリーン」（1947–）がかろうじて残るのみで，総合娯楽情報誌がその役を担っている。1972年矢内廣が創刊した総合情報誌「ぴあ」は，大きなチケット販売会社に変容し2011年に幕を閉じたが，1977年自主映画展から始まった自主映画の祭典は，ぴあフィルムフェスティバルに成長，園子温，橋口

III

亮輔，熊切和嘉……と多数の
インディーズ系監督の登竜門
となっている。

　日仏を問わず，映画雑誌
は多くの批評家，評論家を
育てたが，日本の淀川長治
(1909–1998)は稀有な存在
だった。淀川はその独特なキ
ャラで，ＴＶにも進出し，一
般大衆に娯楽作の紹介をしな
がら，実に巧みにアート系の
作品をかみ砕き大衆に届く様
努力した人物である。その守
備範囲は映画全体に渡ってい
たが，フランス映画への造詣
も深く，無声映画時代からの
本物の映画愛好家であった。
戦前，叙情的なフランス映画
を，あれだけ好んだ日本人の
一般客が，70年以降すっかり
フランス映画から離れてしま
ったのは，映画全体を取り巻
く実態の変化が一番大きな原
因だが，学術的にではなく大
衆と映画を結ぶアイドル評論
家，第二の淀川長治を，育て
られなかった事，育たなかっ
た事も，少し影響している。
フランス映画といえば，アー
ト作品だけを偏重し分析する
だけの教授型評論家たち（フ
ランスでは成り立つ）に映画
を解説させ続けざるをえず，
それがアメリカ化した一般大
衆に難解感を与え，結果フラ
ンス映画から観客を遠ざけ，
マニアの映画にしてしまう一
因になっていった。日仏の重
要な評論家については幾つか
の項でその名前を挙げてある
（飯島正，植草甚一，田山力哉

らの批評は，特に目立ってい
る）。

　戦前のフランスでは日本
映画の公開は少なく，紹介も
限られていて，専門の評論家
は存在しなかったが，戦後は
マルセル・マルタンが，日本
映画の巨匠たちを大いに紹介
し，その後は，大島を筆頭と
するヌーヴェルヴァーグ世代
をマックス・テシエが大いに
後押した。日本でも賛否が分
かれる吉田喜重の紹介は彼の
力が大きい。

　日本映画全体の紹介本で
は，佐藤忠男の「日本映画大
系」の翻訳本が90年代から
流布された以降，新しい情報
が待たれていた。これに応
えたのがパスカル＝アレッ
クス・ヴァンサンである。彼
は，配給業者ALIVEによる
150本の日本映画の買い付
け(1991–1998)を担当した
後，監督，教鞭もこなし乍ら，
2016年に「日本映画の黄金時
代」を出版した。この本は，紹
介される事の少ない黄金期の
職人監督も含む日本の映画監
督100人の紹介と，小津，成
瀬，溝口，黒澤，小林，大島6
人のＤＶＤを添付した画期的
な本である。また現在シネマ
テークの日本映画担当でもあ
る彼はエッジの効いた企画を
次々に実現させ新しいフラン
スの若者たちに大いに日本映
画を広めている。残念ながら
日本で，この様なフランス映
画の大規模な展開は見られて
いない。

『愛の亡霊』1978

『淀川長治の世界』2012

『罪と罰』1935（秘田余四郎字幕）

『大いなる幻影』1937
/ 公開1949（山崎剛太郎字幕）

裏方往来

『幻の馬』1955

『乱』1985
（カトリーヌ・カドゥ字幕）

『黒澤 その道』2011

『日本映画の黄金時御代』2016

　VIDEOやＤＶＤに関しては，日本では，紀伊国屋書店の，紀伊国屋レーベル（2001–）が，あくまで作品中心に重要映画をリリースし続けているが，フランスでも2000年代に入り，Wild Side FilmsやHK Vidéosの２社が，日本映画を多くリリースする動きがあった。（Ⅰ–43参照）

　字幕翻訳は，語学力にセンスが要求される大変な仕事である。日本語字幕は，"一秒に四文字"という過酷な原則がある。田村幸彦の『モロッコ』（1931公開）が初めてだが，フランス映画では，秘田余四郎（『罪と罰』他）や山崎剛太郎（『大いなる幻影』他），戦後は山田宏一（『隣の女』他），寺尾次郎（『ゴダールの映画史』他）等の活躍が目立っている。フランス側を見ると，戦後，ユニークな訳で知られたカンピニオンは別として，一般には英訳からの再翻訳が多く，適切な日本語字幕が少なかった。1963年深夜に初めてＴＶ公開された日本映画は，字幕付きだったがわかりにくく不評であった（1970年『幻の馬』（島耕二／1955）で，多くのＴ

Ｖ視聴者が初めての日本映画を目にした。これが吹き替え版だった事実は大きい）。

　翻訳字幕に明かりがさしたのは，ようやく1980年代に入ってからで，セシル・サカイ，ヴァレリー・ディヴェール等の登場による。同時期のカトリーヌ・カドゥは中でも特別な存在で，黒澤明の『影武者』カンヌ映画祭上映時の通訳として初めて日本映画に関わって以降，黒澤に可愛がられ，『乱』からは字幕も担当する様になった。字幕という地味だが大切な仕事で彼女の日本語のセンスは生かされ，大島渚，北野武，最近では是枝裕和まで多くの日本人監督が彼女に頼んでいる。大島が「物事がわからなかったら映画にすると良い」と彼女に言ったそうだが，その言葉に押されドキュメンタリーの監督もするようになった。"まさに影響です"とインタビュー時に，にっこり笑った。彼女のドキュメンタリー『黒澤，その道Kurosawa, la voie』は，アメリカ版『夢』，フランス版『七人の侍』のＤＶＤでボーナスになっている。

日仏映画祭記録

　第二次世界大戦がもたらした世界的な荒廃は，文化の国フランスではとりわけ深刻な問題であり，1946年に始まった**カンヌ国際映画祭**は，その伝統文化の復興を願った国家的プロジェクトであった。その後多くの危機を乗り越えて，今やこの映画祭は世界一，二の権威ある国際映画祭となった。日本との関係は深く，カンヌの受賞で弾みがついた日本人監督は実に多い。衣笠，溝口，黒澤，市川，今村，勅使河原，大島，名前を挙げただけで日本映画の第一級監督であることがわかる。その灯は，大手の映画会社の恩恵を受けられない若手，インディーズの監督にも照てられてきた。北野，是枝，小栗，河瀬，黒沢，“カンヌの子供たち”といいたい彼らは，映画祭で栄養を貰い，現代の日本人実力監督として大成長を遂げた。日本では，国際映画祭は，なかなか定着せず，1985年に**東京国際映画祭**が，ようやく設けられたが，まだまだ成長中であり，今後の発展に期待したい。また1973年に産声を上げた**アボリアッツ国際ファンタスティック映画祭**は，ファンタジー，サイコ，スリラーにジャンルを限定した点で非常にユニークな映画祭となり，多くの映画人を勇気づけた。日本は80年代から参加してはいるが1993年映画祭終了まで，受賞作品は無かった。しかしその後アボリアッツから引き継いだジュラルメールの国際ファンタスティック映画祭は，日本映画の中田秀夫や三池崇等に賞を与えている。また，**アボリアッツ国際映画祭**は，**ゆうばり国際ファンタスティック映画祭**の誕生に大きく影響した。この映画祭は，時代と共にさびれ果てた北海道の炭鉱の町，夕張の復興目的で発展した。**アボリアッツ国際映画祭**に範を取り，一時は**東京国際映画祭**をしのぐ勢いで，世界からの映画人が来日した。郷土色豊かな暖かな手作りの映画祭で，世界の映画人たちにも好評であったが，市側の財政上の問題で一旦幕を降ろしたが，民間の熱意で映画の灯は残り，時をおかず再開され今日に至っている。日仏を問わず，国際映画祭運営の問題は大きく，この夕張映画祭の様な例は稀で，1–2回の開催のみで続かなかった映画祭は非常に多い。

　日本で開かれる**フランス映画祭**も，ユニフランスと東和商事が音頭を取った1953年が第一回だが，その後応援団体が変わり，場所が変わり，社会と経済の変化の中で二転三転し開催されなかった時期もある。それでもユニフランスが頑張り，1993年から2005年には**横浜フランス映画祭**として横浜で開催されていたが，2006年からは東京に移しフランス映画祭として主に東京と大阪で開催されている。これに準ずるフランスにおける日本映画祭は，2006年**KINOTAYO映画祭**が

日仏映画祭記録

設けられ，現代の日本映画紹介の貴重な窓口になっている。

　この本は，劇場用映画を中心としているが，映像作品として直接間接に関係する，ドキュメンタリー，短編映画，ＣＦもそれぞれ国際映画祭がある。ドキュメンタリーでは，**CINEMA DU REEL (Festival International de Films Documentai-** res)，**FID MARSEILLE (Festival International de Cinéma de Marseille)，山形国際ドキュメンタリー映画祭**等が代表格で，短編では，1999年から**日本のショートショートフィルムフェスティバル**が，地味に会を重ね，現在ではユニークなフェスティバルとして世界に知られるまでに成長した。

カンヌ国際映画祭
日本人受賞作品
—

◇グランプリ
(Palme d' or は1955年に設定されたので，この時点でのグランプリは最高賞に値する賞。)
1954『**時獄門** (La porte de l' enfer)』衣笠貞之助
◇グランプリ Palme d' or
1980『**影武者** (Kagemusha, l' ombre du guerrier)』黒澤明
1983『**楢山節考** (La ballade de Narayama)』今村昌平
1997『**うなぎ** (L' anguille)』今村昌平
◇グランプリ
1990『**死の棘** (L' aiguillon de la mort)』小栗康平 (国際映画批評家連名賞も受賞)
2007『**殯の森** (La forêt de Mogari)』河瀬直美
◇審査員特別賞
1963『**切腹** (Harakiri)』小林正樹
1964『**砂の女** (La femme du sable)』勅使河原宏
1965『**怪談** (Kwaïdan)』小林正樹

◇審査員賞
1960『**鍵** (L' égrange obsession)』市川崑
1987『**親鸞，白い道** (Shinran, La voie immaculée)』三國連太郎
2013『**そして父になる** (Tel père, tel fils)』是枝裕和
◇監督賞
1978『**愛の亡霊** (L' empire de la passion)』大島渚
◇高等技術委員会特別賞
1961『**おとうと** (Tendre et folle adolescence)』市川崑
◇高等技術委員会グランプリ
1989『**黒い雨** (Pluie noire)』今村昌平
◇選外特別賞
1959『**白鷺** (Le héron blanc)』衣笠貞之助
◇ロマンチックドキュメンタリー賞
1957『**白い山脈** (Le toit du Japon)』今村貞雄
◇撮影賞
1952 杉山公平『**源氏物語** (Le roman de Genji)』〔監〕吉村公三郎
◇男優賞

2004 柳楽優弥『**誰も知らない** (Nobody Knows)』〔監〕是枝裕和
◇芸術貢献賞
1985 石岡瑛子『**Mishima, a life in four chapters**』〔監〕Paul Shrader
◇ある視点部門 Un certain regard 審査員賞
2008『**トウキョウソナタ** (Tokyo Sonata)』黒沢清
◇新人監督賞 Caméra d' or
1997『**萌の朱雀** (Suzaku)』河瀬直美
◇短編部門グランプリ
1964『**挑戦** (Le prix de la victoire)』渋谷昶子
◇批評家週間部門
◇フランス作家協会賞 (脚本賞) 最優秀ヤング批評家賞最優秀ドイツ批評家賞鉄道員賞 (金のレール賞)
2005『**運命じゃない人** (A stranger of mine)』内田けんじ
◇最優秀ヤング批評家賞
2006年『**アイロン** (Iron)』中野裕之

III

東京国際映画祭
フランス人受賞作品

—

2006『OSS117 カイロ，スパイの巣窟』ミッシェル・アザナヴィシウス

2011『最強の二人』エリック・トレダノ，オリヴィエ・ナカシュ

2012『もうひとりの息子』ローレーヌ・レヴィ

2014『神様なんかくそくらえ』ジョシュア＆ベニー・サファディ

ゆうばり国際ファンタスティック映画祭
フランス人受賞作品

—

1994 ヤング・ファンタスティックグランプリ部門 南俊子賞

『カルネ CARNE』ギャスパー・ノエ

1998 グランプリ

『ベルニー BERNIE』アルベール・デュポンテル

CINEMA DU REEL

—

1979年，フランス国立科学研究センターの後援で，ポンピドゥーセンターによる国際ドキュメンタリー映画祭 Cinéma du réel が設立された。運営は，Cinéma du réel 友の会の協賛にり，ポンピドゥーセンター内のパリ市公共情報図書館が担っている。世界中の若い才能を掘り出す一方，ベテランの監督の作品に

もスポットを当てているユニークな映画祭である。

日本人監督受賞作品一覧

◇シネマリエル賞（グランプリ）

1988『ゆきゆきて，神軍』原一男（米国の監督ジェニファー・フォックス « The Last Home Movie »と同時受賞）

◇図書館賞

1995『大阪ストーリー』中田統一（日英）

◇短編賞

2010『グランドマザー』河村勇樹（日仏）

◇図書館賞

2013『Mirror of the bride』河村勇樹（日仏）

FID MARSEILLE

—

コンペティション形式で作品を紹介するフランスの国際映画祭の一つ。1990年開催のヨーロピアン・ドキュメンタリー・ビエンナーレから始まり，名前や内容が数回変わったが，1999年より現在の FID MARSEILLE となった。2007年より，フィクション部門も出来たが，現在でも，優れたドキュメンタリーを紹介する重要な映画祭である。

日本人監督受賞作品一覧

◇プラネット賞

2002『団地酒』Satoshi ONO

◇マルセイユ・エスペランス賞

2003『味』リ・イン

◇ジョルジュ・ドゥ・ボールガール賞 国際部門 特別賞

2011『アウグスト』東美恵子

（日独）

山形国際ドキュメンタリー映画祭

—

フランス人監督受賞作品一覧

◇山形市長賞（最優秀賞）

1989『ルート』ロバート・クレイマー

1997『アフリカ，痛みはいかがですか？』レイモン・ドゥパルドン

2001『ヴァンダの部屋』ペドロ・コスタ（葡独仏）

2005『ルート 181』ミシェル・クレフィ，エイアル・シルヴァン（白仏英独）

2007『アレンテージョ』ピエール＝マリー・グレ（葡，仏）

2011『光，ノスタルジア』パトリシオ・グズマン（仏独チリ）

2015『真珠のボタン』パトリシオ・グズマン（仏チリ西）

◇優秀賞

2007『旅―ポトシへ』ロン・ハヴィリオ（イスラエル仏）

2015『祖国―イラク零年』アッバース・ファーデル

2015『銀の水―シリア・セルフポートレイト』オーサーマ・モハンメド，ウィアーム・シマ，ヴ・ベデルカーン（仏シリア）

◇フラハティ賞（大賞）

2001『さすらう者たちの地』リティ・パニュ

2011『密告者とその家族』ルーシー・シャッツ，アディ・バラッシュ（米イスラエル仏）

アニメ映画祭（日仏関係資料）

アヌシー国際アニメ映画祭
日本人関連

―

1963 久里洋二［監］『**人間動物園**』短編部門審査員特別賞

1973 川本喜八郎［監］『**鬼**』短編部門エミール・レイノー賞

1975 古川タク［監］『**驚き盤**』短編部門審査員特別賞

1977 川本喜八郎［監］『**道成寺**』短編部門エミール・レイノー賞

1993 宮崎駿［監］『**紅の豚**』長編部門グランプリ

1995 高畑勲［監］『**平成狸合戦ぽんぽこ**』長編部門グランプリ

1998 黒坂圭太［監］『**パパが飛んだ朝**』アニメーテッド・シークエンス部門最優秀賞

2003 山村浩二［監］『**頭山**』短編部門アヌシー・クリスタル賞（最高賞グランプリ）

2007 細田守［監］『**時をかける少女**』長編部門特別賞

2008 加藤久仁生［監］『**つみきのいえ**』短編部門アヌシー・クリスタル賞（最高賞グランプリ）

2010 川村真司［監］『**日々の音色**』ミュージックビデオ部門最優秀賞

2011 原恵一［監］『**カラフル**』長編部門特別賞＆観客賞

2012 水江未来［監］『**MODERN No.2**』短編部門 SACEM 賞（音楽賞）

2014 高畑勲 名誉クリスタル賞

西久保瑞穂［監］『**ジョバンニの島**』長編部門審査員特別賞［1］

新井風愉［監］『**Tissue Animal**』コマーシャル部門グランプリ［1］

水江未来［監］『**WONDER**』短編部門 CANAL＋CREATIVE AID 賞（仏テレビ局賞）［2］

2015 原恵一［監］『**百日紅 ～Miss HOKUSAI～**』長編部門審査員賞［3］

アングレーム国際漫画祭
日本人関連

―

2001 谷口ジロー『**父の暦**』（全仏キリスト協会コミック審査員会賞）

2003 谷口ジロー『**遥かな町へ**』（最優秀脚本賞，優秀書店賞）

2004 浦沢直樹『**20世紀少年**』（最優秀長編賞）

2004 中沢啓治『**はだしのゲン**』（環境保護の最優秀コミック賞）

2005 谷口ジロー『**神々の山嶺**』（最優秀美術賞）

2005 辰巳ヨシヒロ（特別賞）

2007 水木しげる『**のんのんばあとオレ**』（最優秀作品賞）

2009 水木しげる『**総員玉砕せよ！**』（遺産賞）

2011 浦沢直樹『**PLUTO**』（インタージェネレーション賞）

2012 森薫『**乙嫁語り**』（世代間賞）

2012 辰巳ヨシヒロ『**劇画漂流**』（世界の視点賞）

2013 鳥山明（40周年記念特別賞）

2015 大友克洋（最優秀賞）［3］

広島国際アニメーションフェスティバル
フランス人関連

―

＊作品（）無しは全部フランス

1985/ 第1回（名誉会長ポール・グリモー）

1987/ 第2回（審査委員ニコル・サロモン）

1990/ 第3回（国際審査委員特別賞）『**雪深い山国**』［監］ベルナール・パラシオ

1992/ 第4回（国際審査委員ジャン・フランソワ・ラギオニー（審査委員長）

国際審査委員特別賞『**ストリート スウィーパー**』［監］セルジュ・エリサルデ

1994/ 第5回（選考委員長ミシェル・オスロー）

1996/ 第6回（審査委員ジョルジュ・ラクロア）

ヒロシマ賞『**お坊さんと魚**』［監］マイケル・デュドック・ドゥ・ヴィット（蘭仏）

優秀賞『**ピリオド**』［監］フィリップ・ビオン（仏日）

1998/ 第7回（審査委員長ルネ・ラルー）

グランプリ『**老婦人とハト**』［監］シルヴァン・ショメ（加）

木下蓮三賞『**ラレン**』［監］ニコラ・ジャケ

国際審査委員特別賞『**ル・ロマン・ドゥ・モナム**』［監］ソルウェイ・フォン・クライスト

優秀賞『**ヘヴィ・ストック**』［監］マイケル・サルケルド

（英）＆ＥＮＳＡＤ国立高等装飾美術学校（仏）

2000/第8回（選考委員ピエール・アズエロス）

国際審査委員特別賞，2000年特別賞（観客賞）『地球の果てで』［監］コンスタンティン・ブロンジット

優秀賞『キーピング・マム』［監］ジャン＝リュック・グレコ，カテリーヌ・ブファ

2002/第9回（名誉会長ニコル・サロモン／委員ジャン‐ピエール・パグリアー）

木下蓮三賞『ザ・フィッシュ・ハンターズ』［監］ロザナ・リエラ

国際審査委員特別賞『勇士フランソワ』［監］カルル・ポルタ

優秀賞『ビオトープ』［監］メルワン・シャバン

2004/第10回（委員モニーク・ルノー，ソルウェイグ・フォン・クライスト）

優秀賞『ピコール』［監］フランソワ・ベルタン

2006/第11回

ルネ・ラルー賞『ザ・レギュレーター』［監］フィリップ・グラマティコポロス

国際審査委員特別賞『ア・バックボーン・テール』［監］ジェレミ・クラパン

優秀賞『ザ・コーリダー』［監］

アラン・ガニョル，ジャン‐ルゥプ・フェリツノオリ

2008/第12回

デビュー賞『ザ・ハート・イズ・ア・メトロノーム』［監］ジャン・シャルル・ムボッティ・マロロ

ルネ・ラルー賞『ア・リトル・ファーザー』［監］フランソワーマルク・バイエ

国際審査委員特別賞『オクタポディ』［監］ジュリアン・ボガビエル，フランソワ・ザビエ・シャニュー，オリビエ・デラバー，ティエリー・マショー，クエンティン・マミエー，エムド・モクベリ

優秀賞『ミナスキュル　てんとう虫』［監］トマス・サボ

2010/第13回（選考委員ニコラ・ジャケ）

2012/第14回（選考委員長オリヴィエ・コッテ）

ヒロシマ賞『カリ，ザ リトルバンパイヤ』［監］レジーナ・ペソワ（葡仏加1瑞）

デビュー賞『スティッキー エンズ』［監］オスマン・セルフォン

国際審査委員特別賞『トラム』［監］ミカエラ・パヴラトヴァ（チェコ仏）

優秀賞『グレートラビット』［監］和田淳（日仏）

2014/第15回

国際審査委員特別賞『ロンリー・ボーンズ』［監］ロスト

国際審査委員特別賞『マン・オン・ザ・チェア』［監］ダヒ・チョン（仏韓）

優秀賞『5 メートル 80』［監］ニコラ・ドゥヴォー

優秀賞『ザ・ビースト』［監］ヴラディミール・マヴォーニア-コウカ

2016/第16回（国際名誉会長ジャン＝フランソワ・ラギオニー）

グランプリ『空き部屋』［監］ダヒ・チョン（韓仏）

デビュー賞『ユル＆ザ・スネーク』［監］ガブリエル・アレル（仏）

木下達三章『ペリフェリア』［監］ダヴィッド・コカール・ダソ（仏）

国際委員特別賞『トゥフレンズ』［監］ナターリア・チェルニェソヴァ（仏）

国際委員特別賞『ワン・ツー・スリー』［監］ユリア・アゴノバ（仏瑞）

国際委員特別賞『チョリーヌア クローズ テール』［監］フェリス・パトロン，セリーヌ・ロペス

優秀賞『ヌエヴュス』［監］サミュエル・ヤル

日仏映画祭記録

早川雪州のフランス映画
『FORFAITURE』1937

1

2

3

4

5

6

7

8

9

日本語を使用したフランス映画
1｜『YOSHIWARA』1933　2｜『BANZAÏ』1983　3｜『OTAKU』1994　4｜『KAMIKAZE』1986
5｜『SAMOURAÏS』1967　6｜『SUMO』2009　7｜『SUSHI SUSHI』1991　8｜『Mr. SUZUKI』1959
9｜『BELLEVILLE TOKYO』2011

1｜

2｜

3｜

4｜

5｜

6｜

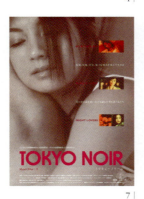

7｜

8｜

9｜

フランス語を使用した日本映画
1｜『ラムール』1954　2｜『ベル・エポック』1998　3｜『ブリュレ』2008　4｜『でらしね』2002
5｜『オー・ド・ヴィ』2002　6｜『エクレールお菓子放浪記』2011　7｜『TOKYO NOIR』2004
8｜『メゾン・ド・ヒミコ』2005　9｜『イリヤ』2001

日本で公演した最初の歌手
『ダミア』1953

1 | 2 | 3 |

4 | 5 | 6 |

7 | 8 | 9 |

俳優往来
1｜『パリの哀愁』クローディーヌ・オージェ、1976　2｜『北の岬』クロード・ジャド、1976
3｜『パリの中国人』長塚京三、1974　4｜『ヨーロッパ特急』ガブリエル・サニエ、1984
5｜『クリミナル・ラヴァーズ』ナターシャ・レニエ、ジェレミー・レニエ、1999
6｜『アイカムウィズザレイン』木村拓哉、2008　7｜『メモリーズ・コーナー』阿部寛、西島秀俊、2011
8｜『地球で最後のふたり』浅野忠信、2003　9｜『KOKORO－心－』國村隼、2016

『巴里祭』1932（野口久光 画）

主題歌がカバーされたフランス映画
1｜『靴屋の大将』1932　2｜『巴里の空の下セーヌは流れる』1951　3｜『水色の夜会服』1955
4｜『河は呼んでいる』1958　5｜『黒いオルフェ』1959　6｜『甘い暴力』1963　7｜『太陽は傷だらけ』1963
8｜『ある晴れた朝突然に』1964　9｜『スエーデンの城』1964

1|

2|

3|

4|

5|

6|

歌うスター俳優
1｜『ジュリエット・グレコ』1969　2｜『イヴ・モンタン』1962　3｜『シャルル・アズナヴール』2016
4｜『ジェーン・バーキン』2009　5｜『ヴァネッサ・パラディ』1993（公演中止）
6｜『シャルロット・ゲンズブール』2010

IV章

音楽往来

大ヒットした映画に大ヒットした主題歌があったというのはよくある話である。そしていつの間にか，本編には流れていない主題歌まで作り出して，映画と一緒に宣伝する事が，日本ではあたり前の様になっている。映画と関係がないのにタイアップと称して，エンディングに曲を流すのだ。これはさすがに行き過ぎだと思うのだが，製作者に言わせれば，馬鹿を言っては困りますと相手にもされないであろう。音楽業界も何とかヒットを作りたく，映画はやはりおいしいメディアだからである。

　日本では，第二次世界大戦後ラジオが王様だった時代に映画音楽をメインにしたヒットパレード番組があり，そこで紹介された映画のサントラが，ＥＰ盤として売られた。又，曲の良いもの，ヒットしそうな作品は，初めから日本のプロ歌手が日本語で唄ったものが，映画の公開に合わせて発売された。

　ＴＶ時代に入ってもしばらくはこの傾向が続き，ＴＶのヒットパレードでも盛んにヨーロッパの映画主題歌が日本語詞で，アメリカンポップス等と一緒に唄われていたのである。そうしてヒットした曲はポール・モーリアや，カラベリや，フランク・プールセル等，多くのフランスの楽団や日本のミュージシャンによってムード音楽として再生され続けて来たのである。

　因みに日本語でレコードを発売したフランス人アーティストは意外に多い。他の項目で触れている人もいるが，女性ではリーヌ・ルノー，シルヴィ・ヴァルタン，フランス・ギャル，ダニエル・ビダル，ダリダ，そしてイヴェット・ジロー，男性では，モンタン，ベコー，マシアス，アダモ，クロード・フランソワ，そしてマルセル・アモン等がすぐに頭に浮ぶ。一度レコード会社の枠を超えて，彼等フレンチスターの日本語だけの唄集，コンピレーションアルバムが出たら面白いと思うのは，筆者だけであろうか。

　日仏の映画の中で使用された（主に日本映画だが…），クラシック音楽に

IV

関しては，沢山の資料や情報を参考にさせていただいた。残念ながら情報には，間違い勘違いが多くその確認に何度も映画を見直し，結局使用されていなかったり，自分自身が確かに見た作品でも，その音楽が何処で使われたかは，ほとんど覚えておらず，もう一度その為に，それが例え数秒でも見直さなければならなかった。本編では確かにあった音楽がＶＩＤＥＯやＤＶＤになる時に著作権の問題でカットされる事もあるようだ。しかし，その事によって改めて映画と音楽を見返し，その関係の深さをつくづく知らされる事になった。

エクトル・ベルリオーズ

Hector BERLIOZ
1803–1869

　ロマン派音楽の代表者の一人として，ベルリオーズは，日本の小学校の音楽授業でも必ず取り上げられている。明治以降，ロマン派は文学や絵画まで日本に多大な影響をもたらしたが，音楽も同様であった。ベルリオーズも沢山の作品がアルバム化され上演されて来たが，抜群に人気があったのが「幻想交響曲」であった。戦後，1949年に公開されたクリスチャン＝ジャック監督の映画『幻想交響楽』(1942) は，ジャン＝ルイ・バローがそっくりさんの様なベルリオーズに扮し，日本ではかなりヒットした。最近はあまり使われないが，日本には楽聖物という洋画のジャンルがある。シューベルトやモーツァルト，ショパン，といったクラシック大作曲家の自伝映画の事を指すが，これは映画ファン以外に音楽ファンを当て込めるので，これといった楽聖物は皆公開されている。最近はクラシックというよりもポップス系のスター映画に中心が移ってしまったが，この映画『幻想交響楽』がベルリオーズの知名度拡大に果した役割は見逃せない。

「幻想交響曲」
―
『男はつらいよ　旅と女と寅次郎』1983
国民的人気者『寅さん』31作目。今回は，日本の演歌歌手，都はるみがマドンナ役である。冒頭で，寅さんが股旅に扮する旅役者の夢に被って，鐘の音が印象的な，幻想交響曲の第5楽章「サバトの夜の夢」が流れる。[監]山田洋次[脚]山田洋次，朝間義隆[音]山本直純[主]渥美清，倍賞千恵子
『湾岸道路』1984
タイトルに，ベルリオーズと

出てくる。一柳慧が，ジャン・フルネ指揮による東京都交響楽団の演奏音源から使っている (フルネは1983–1986年，常任指揮者であった)。一柳は前衛音楽家としてよりも，小野ヨーコの最初の夫としての方が有名になってしまったが，かなり重要な仕事をした音楽家である。片岡義男のトレンディな原作に，モデルっぽい主役を使い，ハーレー・ダビッドソンに夢中な男女の恋を描いている。「幻想」は要所要所に流れて，そこそこの効果を上げていた。[監]東陽一[脚]東陽一，金秀吉[音]

一柳慧[主]草刈正雄，樋口可南子
『妖精フローレンス』1985
サンリオが4年の歳月を掛けて使った，まるでディズニー『ファンタジア』の日本版である。全編にクラシックが使われているが，まず音楽ありきで，そこに絵をあててゆくという，少々手間のかかる仕事をした成果は出ていると云える。チェロを学ぶ植物好きの音楽学生と，花の精との恋のメルヘンで，山本直純が音楽監督である。山本は，小澤征爾や岩城宏之と同門のクラシック指揮者で，小澤には"お

IV

いま愛は IATTOCRa……

湾岸道路

1|

お子様は、絶対に真似しないで下さい！

岸和田少年愚連隊

|2

前は世界を目指せ，俺は音楽を一般的にする"と云ったそうだが，事実その通り，ＴＶ番組の司会までこなすタレントとなり，独特のキャラクターで茶の間に入り込んでいった。「幻想交響曲」は，悪の妖精の攻撃シーンの前後に巧みに取り入れられていて，流石クラシックを知り尽くした山本の仕事と思わせる。[監]波多正美[製原]辻信太郎[脚]高畠久祭[音]山本直純[主]市村正親，毬谷友子，高見知佳，小林亜星，中島みゆき

『岸和田少年愚連隊』1996

井筒和幸の秀作。中場利一の原作だが，映画のヒットを受

けてシリーズになった。出来の悪い悪がきを描いた出来の良い映画である。岸和田という，日本でもかなり特殊な地域の，その人情までもを滲ませている。「幻想交響曲」は，主人公の家の居間で，いつも見ている人気番組「野生の王国」が使用していたクラシックBGMのひとつとしてそのまま流れている。唯，流されているわけではなく，クモや亀やライオンや，その番組に登場する生き物に，すっかり共鳴して感情移入している主人公の家族の，単純な人の好さがよく出ていた。[監]井筒和幸[脚]鄭義信，我妻正義

[音]藤野浩一[主]矢部浩之，岡村隆史，秋野暢子

『オケ老人』2016

主人公は，ヴァイオリンを弾く女教師（原作は男性）。引っ越し先で，アマチュアオケの「幻想」の演奏に感動し，団員に応募するが，宛先を勘違いしてしまう。名前が似ているそのオケは高齢者ばかりの話にならない酷い団体だったが，達者な役者を配して，老人たちの演技比べが暴走しがちだが，娯楽映画として気楽に楽しめる。[監脚]細川徹[原]荒木源[音]緑川徹[主]杏，

*

1| 『湾岸道路』1984，東陽一の，ファッション映画だが，おしゃれではない。

2| 『岸和田少年愚連隊』1996，この地域独特の野蛮だが素朴な連帯感が，懐かしい。

Hector BERLIOZ

シャルル・グノー

Charles GOUNOD
1818–1893

　日本人が初めて体験したオペラがグノーの「ファウスト」であるという事は興味深い。何故ならドイツ的なものと，フランス的なものと，共に日本が西洋化を目指した時期のモデル国の文化が二つ解け込んでいるからである。大体一般に受ける要素として，タイトルだけでも既に知れ渡っている小説等から展開したオペラがある。「椿姫」「マノン」「カルメン」，なる程，そう考えると，ゲーテの「ファウスト」5幕目の7曲のバレエ曲はどれも質が高く，吹奏楽などにアレンジされよく演奏されている。しかし，なんといってもグノーといえば「アヴェ・マリア」である。音楽プロデューサーの草分け堀内敬三により分り易い歌詞もつけられている。100年近い時を超えてもこの歌は，ポピュラークラシックよりもっとポップス的に捉えられていて，クリスマスには，必ずどこかの放送局が流している，ただし，キリスト教なしには考えられない楽曲である事で，映画に使用される時は，どうもステレオ的に捉えられてしまう様だ。

C・グノーの日本作品
—

◇オラトリオ「死と生」より
『ビルと動物園』2007
会社内の不倫で男に振り回されたヒロインは，もう中年に近く疲れ切っている。そんな時に，彼女がふと出会った若い男が音大生で，彼への興味が，クラッシック音楽へと誘ってゆく。そのきっかけになるのが，グノーのオラトリオ。なかなか渋い選曲であった。[監脚]斉藤孝[音]おおはた雄一[主]酒井真紀，小林且弥
◇「夜の調べ」

『君を呼ぶ唄』1939
戦争中に作られた奇妙な音楽映画だが，外国曲も沢山登場する事でまだ軍部の締め付けがゆるかった事が解る。「夜の調べ」は1934（昭和10年）関屋敏子の唄で有名になった。映画では結婚式のアトラクションの出し物の中で松原操（ミス・コロンビア）がハープの演奏で唄っている。→IV 05（ビゼー）
◇「アヴェ・マリア」
『マリヤのお雪』1935
身分は卑しくも心のきれいな芸者お雪をマリア様に重ねている。好きな男を逃亡させる

が，その最後の船着場の場面に「アヴェ・マリア」が流れる。
→I 15（モーパッサン）
『カルメン故郷へ帰る』1951
母校の運動会で大失態をやらかした，ちょっと頭の弱いストリッパーとその友達が，すっかりしょげかえる。そこにこの曲がかかる。雄大な浅間山をバックに，曲は途中からジャズ風のアレンジに変わり，その田舎でストリップショーの興行をしようと，とんでもない決意をするシーンに重なってゆく。→I 08（メリメ）
『文学賞殺人事件』1989

1 |　　　　　　　　　　　　　　　　　　　　　　　| 2

全体にクラシック音楽が使用されているが、「アヴェ・マリア」はドラマの最後、主人公が死んだ後の地方の同人誌の偲ぶ会で最初から最後まで使用されている。→Ⅳ07（サン・サーンス）、Ⅳ（ラヴェル）

『地球交響曲No2』1995

龍村仁は、日本の人気バンドのドキュメンタリー『キャロル』（1974）で、映画ファンに知られるようになった。『地球交響曲シリーズ』は、「地球と私」をテーマに、世界中の地球規模で活躍する人物をドキュメンタリーで追ってゆく作品で、1992年の第一番から、現在（第八番）まで続いている人気シリーズである。最初、映画館で上映が出来ず、自主上演で始めたが、感動が感動を呼び、公演をサポートする人々が集まり始めた。1995年、第2番では、ジャック・マイヨールやダライ・ラマがドキュメントされ、楽曲はスーザン・オズボーンの歌唱で数曲、その中に「アヴェ・マリア」が、含まれている。［監］龍村仁

『世界の中心で，愛を叫ぶ』2004

片山恭一のベストセラーの映画化。初恋の恋人を白血病で亡くした男が、その思い出を探りながらもう一度自己を見つめ直す。男が懐かしい高校を訪ね、昔を想い出すが、その時講堂のピアノで初恋の少女が弾くのが「アヴェ・マリア」である。まさにクライマックスで、何を弾くのだろうと思っていて、そこにこの曲が流れる行定の演出は、ベテランの域であった。この映画は“セカチュー”と言えば分かる程大ヒットし、ＴＶ化、劇化と広がり社会現象化した。原作は、300万部以上を売り上げたという。［監］行定勲［脚］坂元裕二、伊藤ちひろ、行定勲［音］めいなCo.［主］大沢たかお、柴咲コウ、長澤まさみ

『おくりびと』2008

あるオーケストラでチェロを弾いていた男が、楽団が解散する事で故郷に戻り、ひょん

*

1 |　『文学賞殺人事件』1989，東映を支えた職人鈴木則文の快作。独特の喜劇センスが，原作筒井康隆に合っていた。

2 |　『地球交響曲第二番』1995，異色のゲストに“地球の中の私，私の中の地球”を語らせるドキュメンタリー。自主上映で運営されている稀な映画。

Charles GOUNOD

なことから納棺士になる。「ア
ヴェ・マリア」は、男の勤務
する葬儀社の小さなクリスマ
スで演奏される。［監］滝田洋
二郎［脚］小山薫堂［音］久石
譲［主］本木雅弘, 広末涼子,
山崎努

『余命1ヶ月の花嫁』2009
全国的に話題となった実話の
映画化。余命を宣告された主
人公と式だけでも挙げようと
いう恋人と周囲の人々の愛情
で, 二人は牧師の前に立つ。
その教会でながれるのがグノ
ーの「アヴェ・マリア」なのだ
が, あまりに意図的な気がし
ないでもなかった。［監］廣木

隆一［脚］斉藤ひろし［音］大
橋好規［主］榮倉奈々, 瑛太

『遠くの空』2012
在日韓国人の母を持つ主人公
が, 職場に韓国から赴任して
きた上司に, 好意を抱く, 散
歩デートをする間に, 上司も
主人公を好きになる。しかし
二人には, 偶然にも非常に強
い絆があった。その伏線にな
るのが, 光州事件(1980), そ
してもう一つが太宰治の「斜
陽」である。「アヴェ・マリア」
（石丸幹二の歌唱）が, その伏
線のパズルを, 主人公が上司
の部屋で発見するところで
流れてくる。一曲全部かかる

のは, 人間の計り知れない出
会いの神秘に対する監督の思
いなのだろう。音楽は, 最初
から, ピアノでBGMの様に
流れたりそこに弦が重なっ
たりと, やりすぎ多すぎだっ
たが, 「アヴェ・マリア」の選
択は良かったと思う。→IV 13
(19世紀)
◇「ファウスト」(5幕)より

『スイングガールズ』2004
ドラマティックな「ヌビア人
奴隷の踊り」が, 雪降る東北
の学生音楽祭の場面に被って
流れる。幾つかの出場校のダ
イジェスト場面でほんのさわ
りである。→IV 05（ビゼー）

3｜『世界の中心で, 愛をさけぶ』2004, のどをからして叫んでも愛は届かない。
4｜『おくりびと』2008, T・リチャードソン作品は有名だが, 日本では初めて取り上げられた難しく珍しい主題。

ジャック・オッフェンバックと
ジャコモ・マイアベーア

Jacques OFFENBACH 1819–1880,
Giacomo MEYERBEER 1791–1864

　おそらく現代の日本で一番有名なフランスの楽曲と言ったら，クラシック曲では，オッフェンバックのオペレッタ「地獄のオルフェ」の第3部「ギャロップ」である。これは日本では「天国と地獄」又は「カンカン」と一般に呼ばれ通用している。オペレッタとしての初演は1914年帝劇で，その時から題を「天国と地獄」とつけられて，ドイツ語で上演された。1858年の本国での初演からは随分時を経ているが，無声映画のおっかけでは定番のメロディーになり浅草オペラ等でも，散々取り上げられたが，大正時代には全国的に知られていた。このあたりが，日本で一番知られている曲の所以である。又大きな戦争をはさんで再びこの曲が脚光を浴びたのは，文明堂（カステラの大手）のＴＶコマーシャルである。このコマーシャルは日本のＴＶが始まってほんの数年後の1961年に始まり，現在まで半世紀以上続いている。これは日本で最長寿のＣＦで（勿論アレンジは変わっているが），「天国と地獄」に合わせて，小熊のぬいぐるみがカンカンを踊るものである。大体の日本人が，パリのムーラン・ルージュでカンカンを見てまず想い出すのがこのＣＦであろう。他に，オッフェンバックは，バレエ曲「パリのにぎわい」もよくニュースの後ろに流されるが，唯一のオペラといわれる「ホフマン物語」の中の「ホフマンの舟歌」が広く一般に知られている。

　オッフェンバックと同時代にパリで活躍したマイアベーアは，グランドオペラの立役者として音楽の教科書には載っているが，忘れ去られた作家である。

　唯，オペラ作品「預言者」から「戴冠行進曲」のみが，一人歩きしてその華やかな帝政時代の世界を現在に伝えている。

オッフェンバックと日本作品
—
◇「ギャロップ」
『王将』1948
実在した関西の将棋の天才，坂田三吉を，北条秀司が新国劇用に書いた戯曲の映画化。大ヒットし何度も映画化，舞台化された。この作品は第一回目の作品で，監督の伊藤は，都合三回も，この主題で映画化している。「ギャロップ」は，最初に坂田が将棋大会に駆けつけ，登録をする場面で，大阪の街の騒音に紛れて，流れている。[監脚]伊藤大輔[原]北条秀司[音]西悟朗[主]坂東妻三郎，水戸光子
『密林の女豹』1950
珍しい女ターザン映画。無声映画時代の懐かしい言葉が

1 |

多用され，クライマックスで「ギャロップ」が使われている。アナクロ以外の何ものでもないと，双葉十三郎の批評が残る。[監脚] 木村恵吾 [音] 松島三郎 [主] 荒川さつき

『鞍馬の火祭』1951
戦後，嵐寛寿郎で人気のあった『鞍馬天狗』もの。冒頭で無声映画の弁士っぽい口上が終わると，「ギャロップ」が流れる中，馬に乗った侍の追いかけっこが始まる。中で，子役の美空ひばりの唄がある。理屈抜きのチャンバラ娯楽映画。[監] 大曽根辰夫 [原] 大仏次郎 [脚] 豊田榮 [音] 長津義司 [主] 嵐寛寿郎，岸惠子

『自由学校』1951
吉村公三郎と渋谷実が競作したベストセラー「自由学校」の映画化。どちらも客を集めたらしいが，吉村版の方が評価されている。[監] 吉村公三郎 [原] 獅子文六 [脚] 新藤兼人 [音] 仁木他喜雄 [主] 小野文春，木暮実千代

『シミ金のオオ！市民諸君』1948
45才で病死した川島雄三のスラプスティックな怪作。由緒ある茶碗と間違い金持ちが購入した，地図にない無人島が舞台。結局その島には秩序があり住む人々がいるのだが，一代歓楽地にしようと目論む金持ちが送り込んだ調査隊と島民たちがドタバタを繰り返す。「ギャロップ」は島の宣伝映画の撮影中に流れるが，その前にラジオの大音響で歌い踊る調査隊に，島民がありあわせの楽器と歌で対抗する。川島の才気が煌くこの場面は，映像として魅力的である。[監] 川島雄三 [原] 横井福次郎 [脚] 斎藤良輔，津路嘉郎 [音] 木下忠司 [主] 清水金一，勅使河原幸子

『壁あつき部屋』1956
1953年に作られ，3年間会社側の自粛で公開できなかった問題作。安部公房が，巣鴨プリズンに入れられた「BC戦犯の手記」を脚色した。民族問題など未だに引きずる戦争の傷跡がリアルに描かれている。「ギャロップ」は慰問団の場面に使われている。[監] 小林正樹 [原]「BC級戦犯の手

*

1 | 『鞍馬の火祭』1951，無声映画から，「カンカン」のテーマは，慣れ親しみ，時代劇使用にも，違和感は感じなくなっていた。

松竹配給・新鋭プロ製作

記」[脚色]阿部公房[音]木下忠司[主]浜田寅彦，三島耕

『スタジオはてんやわんや～短篇～』1957

映画会社大映のプロモーション映画で，撮影現場やスタジオを見せ，所属のスターたちが続々登場し後半は紅白のかくし芸大会になる。前年の「スタジオは大騒ぎ」が好評で作られたこの作品は，京都のスタジオが中心になり，出演俳優も大物が揃っている。「ギャロップ」は，大スター市川雷蔵の殺陣のシーンでバックに流されている。[監]浜野信彦[構成]棟明郎[音]大久保徳二郎[主]長谷川一夫，京マチ子

『社長太平記』1959

東宝の喜劇，社長シリーズの一作。会社の客を接待中のキャバレーの余興で，社長以下役員が頭に帽子をかぶりカンカンを踊る。一番脚を上げた者が勝者で，ママのキスが商品という他愛のなさや，男たちが必至で脚を上げる様が，懐かしい高度成長期の日本のエネルギーを感じさせる。[監]松林宗恵[脚]笠原良三[音]宅孝二[主]森繁久彌，小林桂樹，加藤大介

『求人旅行』1962

箱根の大旅館の女将が，従業員集めを，スカウト会社に依頼する。東京オリンピック前の日本の社会事情が，期せずして描き出されている娯楽作。「ギャロップ」は，業を煮やした女将が，自ら出かけた大阪で，詐欺師にひっかかり危うくレイプされそうな場面で流れる。直接のシーンは無いが，一般向け映画でもあり，危うい緊迫感をドタバタ喜劇で見せようと思ったのだろう。[監]中村登[脚]笠原良三[音]牧野由多可可[主]高千穂ひづる，桑野みゆき

『江分利満氏の優雅な生活』1963

主人公が直木賞を受賞し，同僚たちから祝福を受ける……その時主人公に多くの質問が向けられるが，その中で自分の好きな事のいくつかが説明される。滔々と続くこのシーンでは，多くの楽曲が，少しずつアレンジされて登場す

---

2 | 『オオ！市民諸君』1948，スラプスティック珍作。しかし学生映画では，作れないプロの仕事。
3 | 『壁あつき部屋』1956，戦犯には，ABCがある。この映画はBC級戦犯の手記を映画化した問題作。地味な小林の仕事が今眩しい。

Jacques OFFENBACH, Giacomo MEYERBEER

4 |　㊙社長太平記

| 5

る。「ギャロップ」は, 運動会が好きだといった部分の説明に流れてくる。「ギャロップ」＝「運動会」である。[監]岡本喜八[脚]井出俊郎[音]佐藤勝[主]小林桂樹, 新玉三千代

『踊子物語』1964
浜本浩の『浅草の灯』3度目の映画化作品。演目が次々変わる様を劇場のポスターで見せるが, 「天国と地獄」のところでこの「ギャロップ」が流れている。[監]斎藤武市[原]浜本浩[音]小杉太一郎[主]吉永小百合, 浜田光男

『黒い賭博師』1965
小林旭のさすらいのギャンブラーが主人公。"賭ける"が, 執拗に出てくる。お座敷の水

槽でエイ同士を戦わせる場面は, 明らかに死んだエイを紐で動かしていて爆笑。しかし面白いのは, 中原康の洒落で, 最後に主人公が読む新聞記事の, 米軍が北爆に"賭ける"の見出しがUPになる。後ろには「天国と地獄」の特徴ある最後のフレーズが流れ, 終わり。この感覚は, 日本の監督には珍しい。[監]中平康[脚]小川英, 中西隆三[音]伊部晴美[主]小林旭, 富士真奈美

『九ちゃんのでっかい夢』1967
飛行機事故で亡くなった国民的歌手坂本九を, 寄席芸人にした喜劇。場所は, 外国船の出入りする横浜。スイスで亡くなった大富豪が, 昔の日

本人の恋人の忘れ形見に, 財産を譲ることになり, それを探す代理人と, それを阻止しようとする縁者とが, 相続人を探しにやってくる。奇想天外だが, 役者がプロで, 見ていて飽きる事はない。「ギャロップ」は, その小屋の出し物にカンカン踊りがあり, ドタバタとからませて使用されている。日本人がズラをかぶって外人役で (E・H・エリックはハーフ), 独語や仏語やめちゃくちゃ語をそれらしく話している。[監脚]山田洋次[音]山本直純[主]坂本九, 倍賞千恵子

『幕末てなもんや大騒動』1967
1962年に始まり, 一時は国民的TV番組と言われたほど

4 |　『社長太平記』1959, 高度成長時代に沢山作られたサラリーマン喜劇。下にいばり上にゴマする徹底的な戯画を定番にしている。

5 |　『求人旅行』1962, 監督の中村登は, 長く松竹を支えた職人。『古都』『千恵子抄』など, 文芸作品に佳品が多い。

6｜

7｜

人気のあった大阪系喜劇「て
なもんや三度笠」の劇場版2
作目。ミュージカル色が強い。
監督は奇人で知られた喜劇の
ベテラン古沢憲吾で、音楽も
紋切型の定番音楽をわざと重
ねている。主役は、馬面のお
笑いヤクザと子供の様な坊主
の二人組で、彼らが幕末の薩
長同盟締結に巻き込まれる。
その追っかけチャンバラで、
たっぷり「ギャロップ」が使
用される。[監]古澤憲吾[音]
山本直純[主]藤田まこと、白
木みのる

『私が棄てた女』1969
主人公の田舎女が昔の女の同
僚の部屋で話している場面で
ＴＶの中で「カステラ一番」
のＣＦが流れている。黛敏郎

が、最初から現代音楽や、流
行歌を巧みに取り上げた良い
仕事をしている。→Ⅰ 37（遠
藤）『薔薇の葬列』1969
主人公のパトロンがドラッグ
を売っていて、警察の手入れ
があるという情報で、大あわ
てで処理する場面にこの音楽
が流れる。→Ⅳ 05（ビゼー）
『橋のない川～第一部～』1969
明治末から大正期にかけての
奈良の被差別部落が舞台にな
っている。住井すゑの小説は
1959年の雑誌連載から火が
付き、800万部を超える大ベ
ストセラーになった。映画化
も今井正（二部作）と東陽一
で2回なされているが、差別
問題が主題である為、政争に
巻き込まれたりで長い間ソフ

ト化されなかった。『ギャロ
ップ』は、楽隊によって、各
村が競うゲームの時に演奏さ
れる。それは消防用のホース
の水で、竹に飾った提灯を落
とすゲームだが、主人公たち
の部落が勝ったために、他の
村人たちの差別がむき出しに
なり優勝旗も燃やされてしま
う。[監]今井正[原]住井す
ゑ[脚色]八木保太郎[音]間
宮芳生[主]北林谷栄、伊藤雄
之助

『新・二等兵物語～めでたく
凱旋の巻～』1961
10本作られた『二等兵物語』
シリーズの最後の作品。悪名
高い日本陸軍に二等兵として
入隊した、中年の田舎の伯父
さん二人に、当時の人気コメ

・

6｜　『黒い賭博師』1965，小林旭の人気ギャンブラーシリーズの一つ。スタントマンを使わない小林は、この映画で大
　　怪我をした。
7｜　『九ちゃんのでっかい夢』1967，世界のヒット曲の今昔。昔九ちゃんの「スキヤキ」。現在ピコ太郎の「PPAP」。

Jacques OFFENBACH, Giacomo MEYERBEER

8

9

ディアンが扮している。ドラマの舞台は中国で，迷ってしまった連隊が，敵と至近距離にあり，偵察に出された二人が，将軍と取引をし，目をつむって通らせてもらう。その報告を馬に乗り急いで知らせに帰る場面で「ギャロップ」が流れる。[監] 酒井欣也 [脚] 安田重夫 [音] 木下忠治 [主] 伴淳三郎，花菱アチャコ→IV 05（ビゼー）

『愛を乞うひと』1998

戦後，焼け跡からバブル期を終えた頃までの，約五十年の日本と台湾の歴史を軸に，親子の愛情を問いかける秀作。文明堂のコマーシャルが茶の間のＴＶで，60年代のバラックの様な一間と，90年代のア

パートの部屋と，新旧のパターンがさりげなく流されている。緊迫感のある重いドラマで，この解釈は効果的であった。[監] 平山秀幸 [脚] 鄭義信 [音] 千住明他 [主] 原田三枝子，野波麻帆

『T.R.Y』2003

辛亥革命の頃の上海を舞台にした，日中韓の三カ国合作。主人公は国際詐欺師で，巴里の万博で知り合い，上海で再開した芸者が，ムーラン・ルージュの座興で踊った，「カンカン」を想い出す。その時に彼女が「ギャロップ」のメロディーを口ずさむ。[監] 大森一樹 [脚] 成島出 [音] 住友紀人 [主] 織田裕二，黒木瞳

『花田少年史 幽霊と秘密の

トンネル』2006

大ヒット漫画を映画化した作品。事故で幽霊が見えるようになってしまった少年と幽霊の交流が，家族愛の物語を紡いでゆく。「ギャロップ」は，定番の運動会。[監] 水田伸生 [脚] 大森寿美男 [音] 岩代太郎 [主] 須賀健太，篠原涼子，西村雅彦

『走れ！』2003

アニメ作家青木純による傑作。30秒で見せる日本人の一生。「ギャロップ」が，この短編の為に書いたと言いたいくらいマッチしている。[監脚] 青木純 [音] Ｊ・オッフェンバック／アニメーション

『キネマの天地』1986

山田洋次の映画賛歌。撮影中

*

8 ｜ 『幕末てなもんや大騒動』1967，ＴＶで大変な人気の『てなもんや』シリーズの劇場版。幕末の英雄たちを全部喜劇人が演じている。

9 ｜ 『橋のない川』1969，部落問題を真正面から取り上げたヒット作。今井正の丁寧な演出が感動を呼ぶ。

IV

の映画のワン・シーン，くす
玉の中に入った男が，あたり
を転げまわるドタバタで，あ
えて定番のこの曲が使用され
ている。[監]山田洋次[脚]
山田洋次，井上ひさし，山田
太一，朝間義隆[音]山本直純
[主]渥美清，中井貴一，有森
也実
◇「パリのにぎわい」
『東京裁判』1987
挿入されたニュース映画に
一部重なって流されている。
[監]小林正樹[原案]稲垣俊
[脚]小笠原清，小林正樹[音]
武満徹[ナレーター]佐藤慶
◇「ホフマンの舟歌」
『エノケンの孫悟空』1940
オペレッタ仕立ての，カルト
映画。悟空たちが，妖怪にオ

ペラガスを吸わされ唄をやめ
ることが出来なくなる場面の
中で「舟歌」も登場する。岸井
は，30年代後半から50年代
の日本映画で活躍した唄える
巨漢。[監脚]山本嘉次郎[音]
鈴木静一[主]榎本健一，岸井
明→IV 05（ビジー）
『野良犬』1949
新米刑事が，掏られた自分の
拳銃を探して何週間も戦後の
闇市に潜入する。この場面に
早坂は，歌謡曲からJAZZ，ク
ラシックまで雑多な音を使い
見事に戦後の焼け跡と主人
公の焦燥感を表現していた。
「舟歌」は，射的屋の女に，主
人公が，銃が欲しいと詰め寄
るシーンで流れる。[監]黒澤
明[脚]黒澤明，菊島隆三[音]

早坂文夫[主]三船敏郎，志村
喬
『姉妹』1955
田舎から出てきて伯母の家か
ら学校へ通っている姉妹の
物語。「舟歌」は，姉妹を子供
の様に可愛がる伯母と三人
で，帰宅の途中に日本語で歌
われる。家城は社会派の監督
として知られているが，海外
の映画祭への出品もなかった
ため，その優れた作品群は埋
もれている。[監]家城巳代治
[原]畔柳二美[脚]新藤兼人，
家城巳代治[音]大木正夫[主]
野添ひとみ，中原ひとみ
『妖精フローレンス』1985
サンリオの和製「ファンタジ
ア」。「舟歌」は主人公が花の
精と一緒に夜の池を豆の鞘の

---

10 | 『T.R.Y』2003，明治末の上海。日・中・韓を相手に日本の詐欺師が大暴れする。
11 | 『花田少年史』2006，漫画映画化。交通事故で，霊が見える様になった少年冒険物語。

ゴンドラで渡ってゆく美しい
シーンで抜群の効果を上げて
いる。ラストには少年たちの
きれいなコーラスがアレンジ
され，山本の才能が煌めいて
いた。→Ⅳ01（ベルリオーズ）

G・マイアベーアと日本作品
―

◇「戴冠行進曲」（オペラ「預
言者」）

『醜聞』1950
黒澤の社会派としての一面が
出た小品で，わかり易くマス
コミの暴力が描かれている。
醜聞を捏造されて男女が訴訟
を起こし，雑誌社の妨害を乗
り越え，最後は勝訴する。「戴

冠行進曲」はニュース映画の
始まりにファンファーレの役
割で，一部が使用される。当
時芸能ニュースは一般ニュー
スと一緒に映画館で上映され
た。[監]黒澤明[脚]黒澤明，
菊島隆三[音]早坂文雄[主]
三船敏郎，山口淑子

.

12 | 『キネマの天地』1986，松竹の大船撮影所50周年記念として作られた，バックステージ映画。梅を狙い松に終
わった近視眼的大作。
13 | 『孫悟空』1940，悟空は中国の猿，エノケンの顔と合いすぎる企画であった。おバカ映画の代表作の一本。

Ⅳ

カミーユ・サン＝サーンス

Camille SAINT-SAENS

1835-1921

　日本の義務教育は6・3制といって9年間である。音楽の授業は戦後，変革され（決して改善とは云えない），特に戦前の童謡等は，信じられない理由をつけられ少しずつ教科書から消されてしまった。例えば「赤とんぼ」というあまりにも有名な童謡は，“ねいやは十五で嫁に行き”という歌詞が現代ではありえない事，親中心で婚姻を決めた封建的な時代を想い出させる等の理由でカットされるといった具合である。そんな中でも現在でも残っているのは，ヨーロッパのクラシック音楽の作曲家たちによる楽曲である。バッハ，ベートーベン，モーツァルト等の楽聖たちは，音楽教室の壁にズラリと大きな写真が貼られていて，生徒たちは授業ではそれらの大作曲家の作品を聴いて当然その顔写真を何度も見る事になる。そして感受性の強い子供時代に忘れ難いインパクトを残す。音楽室の大小によって貼られる枚数も変わってくる訳だが，サン＝サーンスはフランスロマン派の代表として認知されていて貼り出される優先順位は高い。又，彼の作曲による「白鳥」の優美なメロディーは下校の音楽に使われる事が多く，サン＝サーンスは現代の一般の子供たちには懐かしいイメージとして残る事になる。勿論音楽を専門に勉強しようとする者にとっては全く別な深い理解が求められるが，彼の場合は音大生以外にも，映画を学ぼうとする者にとっても特別な存在である。無声映画の時代にサン＝サーンスが作曲したフィルムダール社の映画『ギース公の暗殺』は他のフィルムダール社のポピュラーな『椿姫』等とは違い，なかなか日本では公開されなかった。サン＝サーンスの音楽付きで上演されたのは1995年の事であり，何と90年もの月日が経った事になる。これまでの歴史の中で，彼程の，社会的ステータスも能力も認められた大作曲家が自ら進んで新しい表現であった映画に音をつけたという事実は，他のフランスの作曲家たちを，ましてや日本の映画音楽を作り上げてきた人々をどれだけ勇気づけてきたか測り知れない。映像と音楽が切っても切れない時代になればなる程，彼の進取の気性は世界中で讃えられてゆくに違いないのである。

Camille SAINT-SAENS

C＝サーンスと日本作品
—

◇「動物の謝肉祭」
『浪子』1932
徳富蘆花の「不如帰」の何度目かの映画化作品。当時3種あったトーキーのアメリカウエスタン式で，初めて撮られた映画。主人公の浪子は，結核にかかり，夫が戦争に行っている間に，実家に帰されて寂しく亡くなる。時代を感じる話だが，舞台でも古典といわれる作品である。浪子が，死の床で，幸せだった短い新婚時代を走馬灯の様に思い還す場面で「白鳥」が流される。完全版は残されていない。［監］田中栄三［原］徳富蘆花［脚］森岩雄［音］松山芳野里，

松山千恵子［主］水谷八重子，大日向伝
『女咲かせます』1987
美貌の女泥棒が貧乏チェリストに恋をする。「白鳥」は，盗品処理窓口でもある下宿のおばさんと女が，二階に下宿する男の部屋で聞かされる。女は男の夢，ストラディヴァリウスを買う為に，最後の大仕事を企てる。［監］森崎東［原］結城昌治［脚］梶浦政男，森崎東［音］佐藤勝［主］松坂慶子，役所広司
『うつしみ』2000
3人の日本のアーティストのドキュメントと同時進行の自作の映画，それらが走り出す映画。音楽は，スラブ系フォークダンスのような曲や，ヘ

ビメタ風の時代感あるロックから有名ラテン曲そしてサン＝サーンス，それも，コラージュの様に切り貼りされながら，走り出す。「動物の謝肉祭」から「森の奥のカッコウ」が，コックと女子高生のドタバタセックスシーンで，「水族館」が，デザイナー荒川眞一郎に被って使用されている。もうひとりの主役麿赤児が最初に出るところでは，「サムソンとデリラ」の有名な「バッカナール」が，少し使用される。園の中では，それなりのストーリーがあるのだろうが，エチュードの域を出てはいない。［監脚］園子温［主］澤田由紀子，鈴木卓彌
『歩く，人』2001

1｜『浪子』1932，水谷八重子の幽体離脱シーンで，サン＝サーンス……現在は喜劇的に見えるが，当時は泣いた人もいたのだ。
2｜『歩く，人』2001，小林＆緒方……野心家二人の，老人問題映画。カンヌ出品作。

IV

3 | | 4

日本語タイトルに続いて"L' Homme qui marche sur la neige"とフランス題が出てくる。北海道の造り酒屋の痴呆がかった老人とその家族がテーマ。カンヌ映画祭にも出品された。「動物の謝肉祭」から、「亀」、「象」、「水族館」、「白鳥」、「フィナーレ」が使用されているがそれ等は"ヒト"という動物との対比であろうか。例えば母親の3回忌の席に弟の恋人が訪ねてくるシーンでは、「白鳥」が流れその恋人の爽やかさがより引き立てられている。[監脚]小林政広[音]梣原龍也・中澤寛[主]緒形拳、香川照之、大塚寧々

『奇妙なサーカス』2005
「白鳥」は主人公の少女がその母親から、大人になったら全部あげるとドレスやネックレスを見せられるシーンで流れる。のぞき窓のあるチェロが重要な小道具として登場するので、この曲にしたのだろうか。ドラマの重要な鍵でもある、アクセサリーが、安っぽかったり、特殊メイクの不自然さも目立つが、それでもこの作品のオリジナリティは、従来の日本映画には稀な詩情を漂わせている。[監脚音]園子温[主]宮崎萬純、いしだ壱成

『ビルと動物園』2007
窓拭きのアルバイトをしている無気力な音大生が、偶然仕事場の窓越しに出会ったOLと恋をする。主人公が、恋によって前向きに人生を見つめられる様になるプロセスに重なり「ライオンの行進」が使われている。[監脚]斉藤孝[音]おおはた雄一[主]坂井真紀、小林且弥→IV 03（グノー）

『東京少女』2008
1912年4月16日（タイタニック号沈没の翌日。事件は映画にも出てくる）日本の明治時代の作家志望の若者と現代の東京の少女の物語。タイムスリップするのは落としてしまった一台のケイタイだけなのだが、これが明治と現代の掛け橋となる。「白鳥」が過去と現代をつなぐ重要な役割で二人のテーマ曲の様に使われている。[監]小中和也[脚]林

*

3 |　『ビルと動物園』2007，日本の教育の一般化は，大量の芸術系専門学校を生み，学生は世に出ても，関係の職に就けない現実を生んだ。
4 |　『東京少女』2008，2011年の東北地震の後には，考えられなかったであろうメルヘン。

Camille SAINT-SAENS

誠人［音］遠藤浩二［主］夏帆，
佐野和真

『白夜』2009

リヨンでロケをした悲劇的な
ラブストーリー。最初から「白
鳥」がテーマ曲のように何度
も流れる。アレンジを変えた
りしているが，濃密なドラマ
のBGMとしては有名曲すぎ
る。監督の思い込みが強かっ
たのだろう。［監脚］小林政弘
［音］佐久間順平［主］眞木大
輔，吉瀬美智子

『花と蛇3』2010

覚醒剤で逮捕され，その後ス
トリッパーに転身した，小向
美奈子が，イタリア帰りの新
進チェリスト役で，冒頭から
「白鳥」を演奏するふりをし

ている。［監］成田裕介［脚］
我妻正義［音］石川光［主］小
向美奈子，火野正平

『カルテット！』2012

千葉県浦安市の市制30周年
記念に制作された音楽一家の
物語。2011年3月11日の震
災を被り制作断念かと危惧
されたが，市民のボランティ
アの助けで撮影完成された。
「白鳥」はまさに，この映画の
家族の象徴的な曲である。学
生結婚して音楽家になる事を
早々と諦めた男女。男が女の
為に編曲し結局演奏されなか
った曲「白鳥」を，娘と息子そ
して彼等4人の壊れかけた家
族の再生の為に，父親として
男が編曲し直す。→IV 06（フ

ォーレ）

◇「序奏とロンド・カプリチ
オーソ」

『おはようスパンク』1982

ＴＶで大ヒットして劇場化さ
れたアニメ映画。天才的ヴァ
イオリニストの少年が，散歩
をきっかけにアウトドア志向
の少女と出会い恋をする話。
少年がレッスンする曲の一つ
として「カプリチオーソ」が
選ばれている。［監］吉田しげ
つぐ［原］たかなししずえ，雪
室俊一［音］馬飼野康二

『絆』1988

白川道のベストセラーの映画
化。孤児院で育った子供たち，
その中の兄妹がこの映画の
主人公で，ヤクザになってし

<hr />

5｜『カルテット！』2011，音楽は家族を救う的な，辛気臭い映画かと思ったらそれほどでもないのは実話だからだ
　　ろう。

6｜『おはよう！スパンク』1982，Les Aventures de Claire et Tipouneという題でフランスでも放映された人気アニ
　　メの劇場版。©東宝東和／作 たかなししずえ，雪室俊一

まった兄がヴァイオリニストになった妹を守ろうとする。「カプリチオーソ」は妹のCDとして流れたり、実際にコンサートの演目として演奏される。[監]根岸吉太郎[脚]荒井晴彦 [音]朝川朋之[主]役所浩司，渡辺謙

『マエストロ』2015

漫画が原作の音楽映画。子供の頃亡くした父親の音を目標にヴァイオリニストになった青年と，才能があるが激しい性格ゆえ世に出なかった指揮者，この二人の音楽の葛藤と，一つの解散したオーケストラの再生を中心に話が進められてゆく。「カプリチオーソ」は，寄せ集めの楽団員の中でも特に自信のない，63才のヴァイオリニストが，強引に指揮者から若い時にオーディションを受けた曲をと，駅のホームで弾かされる。人生の疲れと蘇る若い日々の情熱，対比が効いた，印象的なシーンになっている。音楽は，アバンギャルドで知られた上野耕路。[監]小林聖太朗[原]さそうあきら[脚]奥寺佐渡子[音]上野耕路[主]松坂桃季，西田敏行

◇「ヴァイオリンと管弦楽のためのハバネラ」

『文学賞殺人事件』1989

主人公が，彼の地方とその会社の恥部を主題にした小説を書く事になるのだが，そのプロットを説明する部分でサン＝サーンスのこの曲が，途中部分からだが，かなり長く流される。[監]鈴木則文[原]筒井康隆[脚]鈴木則文，志村正浩，掛札昌裕[音]未クレジット[主]佐藤浩市，石橋蓮司，中島はるみ

---

7 |　『絆』1998，渡辺謙が世界に出る前の映画。主役は役所広司である。

8 |　『マエストロ！』2015，漫画原作。主役の西田敏行が，漫画演技を見せる。ダメになる楽団蘇生……多すぎるパターンである。

Camille SAINT-SAENS

ジョルジュ・ビゼー

IV-05

Georges BIZET
1838–1875

　「カルメン」は，ビゼーのオペラとして，メリメの小説より有名である。メリメの章でビゼーとその作品の影響まで言及するにはその存在はあまりに大きすぎる。日本で「カルメン」が初演されたのは1885年横浜で，エミリー・メルヴェル歌劇団によると記録されているが，パリでの初演が1875年であるから，その時代にしては，あまり遅れずに公演された事になる。その後に日本人による藤原歌劇団が，1939年（昭和4年）に全幕上演を果たしているが，実はその前に抄演ながら「カルメン」は散々上演されていた。特に一般的になったのは浅草オペラからである。浅草オペラは，1917年から関東大震災で全壊する1923年まで，当時東京庶民の心といわれた一大歓楽街浅草に花開いたオペラ，オペレッタの事で，約7年間のブームであったが，日本の芸能史を紐解く時に欠く事は出来ない。浅草オペラはオペラと称していても，いわゆるバラエティショーで「カルメン」もそのショーの中で切り取られて上演されたわけである。ビゼーの「カルメン」人気はメリメより犯罪性も少ないそのストーリーにもあるが，何といってもその曲の魅力が，大きかったと思う。浅草オペラには，"ペラゴロ"（オペラ＋ジゴロの略）と呼ばれる学生中心の若い男の　追っかけがいて，その中には多くの文化人又はその卵たち（川端康成，宮澤賢治，サトウ・ハチロー，東郷青児etc）がいて，それぞれの作品に反映させている。特に川端の「浅草紅団」という小説は，新聞連載され途中で途切れた未完成の作品ながら，この浅草オペラ時代とその周辺を活き活きと捉えていて，第二次大戦後，映画化されたり下敷にされたりしている。又，浜本浩の小説「浅草の灯」は，島津保次郎が1937年（昭和4年）に監督していて，資料的にも大切な映画である。まだ充分に浅草オペラを覚えている人々によって創られたこの映画は，その後何度か再映画化されたどの作品と較べても群を抜くリアリティを持っている。「カルメン」の中の曲では「ハバネラ」が一番有名で，例えば1966年には鈴木清順が『河内カルメン』の中で，1999年には中江祐司が『ナビイの恋』の中で効果的に使っている。

　「カルメン」の他の楽曲では「前奏曲」「闘牛士の歌」「ジプシーの踊り」「花の歌」がアリアとしてそれぞれ有名である。特に「ジプシーの踊り」は木下恵介の『カル

1 |　　　　　　　　　　　　　　　　　　　　　　　　　　　　　| 2

メン純情す』(1952) で非常に喜劇的に使われて忘れ難い。「前奏曲」はＴＶで出演者が激しく論じ合うビートたけしが看板の「ＴＶタックル」(1989–) のオープニング曲として有名で，ビゼーの曲とは知らない日本人も沢山いると思われる程，すっかり日本の中に溶け込んでしまっている。矢口史靖のヒット作『ウォーター・ボーイズ』(2001) でも使用されている。

　ビゼーの他のオペラでは，めったに上演されないのに「真珠採り」が良く知られている。正確にいうとその中の「耳に残るは君の歌声」がよく知られているのであるが，これは，1957年にドイツのラテンバンド，リカルド・サントス楽団がタンゴのアレンジでヒットさせ，間をおかずアルフレッド・ハウゼ楽団版もヒットして，「真珠採りのタンゴ」として一般にも知られていった。その頃日本では，シャンソンそしてタンゴもちょっとしたブームだったのだが，その後ポール・モーリアやレイモン・ルフェーブル等も自分のアレンジでこの曲を取りあげ，今では懐メロのジャンルに入るイージーリスニング曲である。3DCGアニメの『よなよなペンギン』(2009) で使用されていたのが記憶に新しい。

　よくオペラと間違えられるが劇付帯音楽「アルルの女」の中にも有名な曲がある。「ファランドール」と「メヌエット」である。日本の近代音楽の父とも云われた

---

1 |　『ここに泉あり』1955，日本の奇跡の高度経済成長の源が，ここにあり。真面目優等勤勉努力……臥薪嘗胆。ここに泉あり。
2 |　『UDON』2006，パリの"国虎屋"といううどん屋は，うどん宣伝の貢献度大。香川県は表彰すべきである。

Georges BIZET

山田耕筰は，日本初の管弦楽団を創設したり，日本語のオペラを創ったり，非常に精力的な音楽家であるが，戦争協力者として扱われた。彼はビゼーが好きで「アルルの女」というサークルを持っていたという。「メヌエット」は，『乱れ雲』(1967/成瀬巳喜男)で，武満徹が使っている。

G・ビゼーと日本映画
オペラ「カルメン」の影響
—
◇「前奏曲」
『ここに泉あり』1955
日本で初めてのクラシック音楽映画。戦後の荒廃を音楽でといったかなり思想的背景がくさい処があるが，それもその時代として見てみるとこの映画の良さが見えてくる。学校の講堂での音楽会で，人々のほとんどが，興味がなく帰ってしまい，酒を飲みすぎ寝ている男等もいる人のまばらな会場でラストの曲として「前奏曲」が奏でられる。にぎやかな曲の分よけい空虚さが滲む。[監] 今井正 [脚] 水木洋子 [音] 団伊久磨 [主] 岸惠子，岡田英次

『ウォーター・ボーイズ』2001
男子高校生のシンクロがテーマの喜劇。「前奏曲」は競技シーンで使われ笑いを誘っていた。[監脚] 矢口史靖 [音] 松田岳二他 [主] 妻夫木聡，玉木宏，金子貴俊

『UDON』2006
UDONをテーマにした映画。主人公は香川出身，ニューヨークで俳優修業中の日本人。ソウルフルを強調したロケ場面から，タイトルに変わると同時に「カルメン前奏曲」が始まる。うどん＝カルイメンからのカルメンなのか，発想の動機はわからないが，以後「カルメン」はテーマ的に映画の随所で使われ，最後も「カルメン」のコーラスと成功した主人公とニューヨーク風

---

3 |　『花の東京』1932，"カルメンお美"は，日仏のハーフ。画家佐藤敬と結婚。息子，亜土は中平康『変奏曲』で映画
　　出演している。
4 |　『上陸第一歩』1928，スタンバーグの翻案。主演の水谷八重子は，日本の新劇史上欠く事の出来ぬ存在。

5 | 　　　　　　　　　　　　　　　| 6

景が被って終わってゆく。ビゼーの「カルメン」はパートに即したアレンジがなされていて、それ程上等と思えない麺＝メンの遊びを自然に映画に溶け込ませた音楽の渡辺には、職人技を感じさせられた。[監] 本広克行 [脚] 戸田山雅司 [音] 渡辺俊幸 [主] ユースケ・サンタマリア、小西真奈美、トータス松本

◇「ハバネラ」

『花の東京』1932

菊池寛原作の映画化作品。佐藤美子が巴里帰りのオペラ歌手役で、劇中数曲歌う中の一曲が「ハバネラ」である。佐藤美子は日本人の父とフランス人の母を持つハーフで、声楽をパリで学んだ。カルメンが得意だったことから「カルメンお美」と呼ばれ、日本でのオペラ普及に貢献した。佐藤は1953年にダミアが来日した折には前座で唄い、通訳兼ガイドをしながら日本の各地を回っている。ダミアとの出会い以降積極的にシャンソンも歌い、シャンソンの会を創りそこから金子由香里等、日本のシャンソン歌手が輩出している。[監脚] 畑本秋一 [原] 菊池寛 [主] 夏川静江、小杉勇、佐藤美子

『上陸第一歩』1932

スタンバーグの名作『紐育の波止場』の翻案。波止場で身投げしようとした酒場女と助けた船の窯焚きの恋。舞台の一つになる港のBARで、ホステスがピアノで投げやりに「ハバネラ」や「闘牛士」を弾いている。退廃感が漂っていた。[監] 島津保次郎 [脚色] 北村小松 [音] 高階哲夫 [主] 水谷八重子、岡譲二

『浅草の灯』1937

浅草オペラの少女スターを、ペラゴロと劇団員たちが生命をはって守るという騎士道精神の映画である。当然浅草オペラの舞台と舞台裏も出てくるがその中で名女優、杉村春子がカルメンに扮して「ハバネラ」を唄い踊る。是非フランスの人たちにも見てもらいたい名シーンである。[監] 島津保次郎 [原] 浜本浩 [脚] 池田忠雄 [音] 早乙女光 [主] 上原謙、高峰三枝子

5 | 『浅草紅団』(本) 1953、川端康成が、新聞や雑誌、時代をまたいで書いた風俗小説。浅草オペラ通ならではの川端の時代ガイドとして出色。

6 | 『浅草の灯』1937、盛り場は移り行く。当時浅草は、一番モダンな町だった。時代感がよく出ている風俗教科書。

Georges BIZET

『四人目の淑女』1948
デュヴィヴィエの『舞踏会の手帳』を下敷きに，回想シーンを多用した映画。「ハバネラ」は酒場女に扮した望月優子によって下品に踊られる。[監]渋谷実[脚]新藤兼人[音]服部良一[主]森雅之，月丘夢路，小暮実千代

『東京のヒロイン』1950
原稿を依頼したい作家がバーのママなのだと思いこみ，様子を伺いに来たジャーナリストのヒロインを中心に，そのバーの前で，通行人たちがミュージカル風に動く，そのバックに，服部によりジャズ風にアレンジされた「カルメン」の「ハバネラ」や「前奏曲」が使われている。この時代のス

ノビズムとはフランス文化だった事が垣間見られ興味深いが，音楽と踊りが映画から浮いていて，決して成功はしていない。[監]島耕二[脚]長谷川公之[音]服部良一[主]轟夕起子，森雅之

『泥だらけの青春』1954
無声映画時代からのキャリアを誇る名脇役，菅井一郎の監督作品。アプレ俳優として，映画会社を渡り歩いた三國連太郎本人のスキャンダルを，逆手に取った様なバックステージもの。「カルメン」上演から話が始まる。[監]菅井一郎[脚]新藤兼人[音]伊福部昭[主]三國連太郎，乙羽信子→Ⅱ55（新藤），Ⅳ36（伊福部）

『あすなろ物語』1955

井上靖の原作を黒澤明が脚本化，助監督であった堀川弘通が，第一回目の作品として監督した映画。黒澤の脚本が素晴らしい。田舎の一人の秀才が，子供時代から青年までの成長を綴る物語。主人公を巡り，3人の女性が登場するが，その中の最初の，主人公の親戚で，不良といわれ少女が，「ハバネラ」を口笛する（当時は女は，まず口笛は吹かなかった）。デビューしたての岡田茉莉子が，印象的であった。[監]堀川弘通[脚]黒澤明[音]早坂文夫[主]久保明，久我美子

『俺は待ってるぜ』1957
蔵原惟繕のデビュー作品。主演は，人気急上昇中だった石

原裕次郎，脚本はその兄で，時代の人だった石原慎太郎。撮影の高村倉太郎の回想によれば，蔵原は眠れないほど入れ込み，場面，場面を考え抜いたという。モダンな映像が，今でも新鮮であるが，この映画は，ヌーヴェルヴァーグが本格的に日本に紹介される前の作品である。食堂を経営する主人公が，船着場で声をかけた謎の女が，実はクラッシックの歌手で，過去に吹き込んだ曲が「ハバネラ」である。店で偶然かかった「ハバネラ」をきっかけに，互いの過去を話す。船着場でしみじみと二人の秘密を語り合う場面でも，アレンジを変えてハバネ

ラが流れている。佐藤勝の音楽。[監]蔵原惟繕[脚]石原慎太郎[音]佐藤勝[主]石原裕次郎，北原三枝
『**河内カルメン**』1966
野川由美子扮する地方の貧しい娘が夜の酒場に勤める様になり，そのカウンターで「ハバネラ」を日本語訳詞で，唄っている。その頃流行のロカビリー・サウンドであるがこれもその娘の性格とカルメンのイメージとが重なっていて成功していた。まさに主題歌である。→ I 08（メリメ）
『**幸福号出帆**』1980
三島由紀夫没後十年で制作された映画。オペラ歌手に遺された大金を巡る人間模様

は，まるでバルザックの小説のようである。日本のオペラ事情やゴシップもさりげなく取り入れた三島の原作を，斉藤が手堅く演出している。いくつかオペラの曲が登場するが，「ハバネラ」は歌手志望の主人公の母（もとオペラ歌手）が練習で，叔母のピアノ伴奏で歌っている。[監]斉藤耕一[脚]清水邦夫[音]服部克久[主]藤真利子，倉越一郎，加藤治子
『**王手**』1991
大阪を舞台にした賭け将棋で暮らしている男が主人公。主人公が好きになる，日本海側の田舎町のストリッパーが，舞台で使っているのが「ハバ

---

8 | 『あすなろ物語』1955，あすなろはヒノキの幼名ではない。両方，日本の固有種であるが，一般的にはヒノキの方が格上である。

9 | 『俺は待ってるぜ』1957，モダン派蔵原のデビュー作。主役の裕次郎はゴドーならぬ消えた兄を待ち続ける。高村倉太郎のモノクロの美。

Georges BIZET

ネラ」。[監]坂本順治[原]豊田利晃[脚]坂本順治，豊田利晃[音]梅林茂[主]赤井秀和，加藤雅也，広田レオナ

『教科書にない！』1995

人気アニメ原作の，青山の実質的処女作品。Vシネマとして公開された。カメラのセンスは光っているが。「ハバネラ」は教師がTAXIの中で教え子に誘惑される時に流れる。シンセ音で青山自身が打ち込んだものか？ [監脚]青山真治[原]岡田和人[主]三浦綺音，大森嘉之→II 77（青山）

『ナビイの恋』1999

全体的に音楽的センスの光る佳作。沖縄の粟国島に住むオ

ペラ歌手，兼島麗子が，民族楽器の三線とヴァイオリンの伴奏で「ハバネラ」を朗々と唄う。主人公の老婆の60年前の純愛というテーマと海風に乗ったクラシックのアリアは特別な効果を上げていた。[監]中江祐司[脚]中江祐司，中江素子[音]磯田健一郎[主]西田尚美，平良とみ，登川誠仁

『兼子』2004

アルトの声楽家として80代までも演奏活動を続けた柳兼子のドキュメンタリー。柳宗悦の妻として，3人の息子を育てながら，日本の歌曲を大切に歌いこんで伝承した功績は大きい。何曲かピアノ伴奏

で歌ったステージの場面がある。「ハバネラ」は83歳の時に歌ったもので，着物姿も美しく，西洋と日本を一生かけて声楽でつなげたアーティストの姿に感動を覚える。[監脚]渋谷昶子[原案]佐藤隆司[ナレーション]加藤治子

『DEATH MAKE～梅図かずお恐怖劇場』2005

コンピューターの配線をイメージにした，楳図かずおの漫画の実写版。心霊スポットのドキュメンタリー番組に集められた霊能力のある少女たちが，次々と怪物に襲われてゆく……少女の一人が口笛で口ずさんだり，ゆっくりとしたBGMだったり，全てが爆発

*

10 | 『河内カルメン』1966，本家のカルメンは，悪女だが，河内のカルメンは男に尽くすタイプで，ずっと可愛くお人好しである。

11 | 『幸福号出帆』1980，三島由紀夫の映画化。西洋コンプレックスに取りつかれた昔のオペラ歌手たちが幽霊のように登場する。

IV

ナビィの恋

する最後に流されたり…「ハバネラ」が，度々アレンジされて登場する。[監]太一[原]梅図かずお[脚]小中千昭[音]中川孝[主]アリス，三輪ひとみ，中川安奈，田口トモロヲ

『屋根裏の散歩者』2007

ピエロに扮した殺人鬼が，女を切り刻もうとする部屋で，おもむろに，レコードで「ハバネラ」をかける。一種の気味の悪い効果があった。[監]三原光壽[脚]井上紀州[音]遠藤浩二[主]嘉門洋子，窪塚俊介

『カケラ』2009

なんとなく生きている主人公が，ある日偶然レズビアンの女と出会ったことから，自分

の"愛"を意識しはじめる。「ハバネラ」は，主人公が，2度程，ぼんやりと口ずさむ。特に，だらんとして男に身体を任せながら，無気力にこの歌を口ずさむシーンは，元曲の持つ情熱との対比が明確である。[監脚]安藤モモ子[原]桜沢エリカ[音]ジェームス・イハ[主]満島ひかり，中村映里子

『太陽の坐る場所』2014

高校時代同じ名前だが，一人は人気者，一人は目立たない生徒であった二人が，10年の時を経て変化し，目立たぬ生徒は脚光を浴びる女優になっていた。同窓会を軸に，展開する一種のミステリー。「ハバネラ」は喫茶店の場面で使

用されている。[監]矢崎仁司[原]辻村深月[脚]朝西真砂[音]佐々木次彦[主]水川あさみ，木村文乃

◇「アルカラの竜騎兵」

『クレイジー作戦　くたばれ無責任』0000

人気者植木等扮する無気力なサラリーマンが，団地から混み合うバスに乗りはぐれ，遅刻して出社する最初のシーンで流れている。トランペットにミュートをかけたチャルメラのような音が，落ちこぼれサラリーマンの哀調を漂わす。[監]坪島孝[脚]田波靖男[音]広瀬健太郎[主]ハナ肇とクレージーキャッツ

◇「闘牛士の歌」

・

『王手』1991，広田レオナは，ベジャールの薫陶を受けたが，ケガで女優に転身。事務所名が，Je déteste les concombresと胡瓜嫌いを強調。

『ナビィの恋』1999，沖縄出身の老女優平良とみはこの一作で有名になり，以後ＴＶ映画に活躍2015年87歳でなくなった。

Georges BIZET

『エノケンの孫悟空』1940
榎本健一と山本嘉次郎が組んだ和製ミュージカル。題材は有名な中国の伝奇小説「西遊記」。妖怪に術を掛けられ,歌を止める事が出来ない場面の一曲として,「闘牛士」が使用されている。→Ⅳ03(オッフェンバック)

『三百六十五夜』1948
雑誌連載から火がつき,映画化,歌謡化され大ヒットしたメロドラマ。主人公を巡り,日本的な東京娘とドライな大阪娘が登場し,そこに横恋慕が加わって,という相当に時代がかった話である。偶然に主要人物が鉢合わせをする劇場のロビー,当夜の出し物「カルメン」から「闘牛士」が

流れている。[監]市川崑[原]小島政二郎[脚色]館岡謙之助[音]服部正[主]上原謙,山根寿子,高峰秀子

『王将一代』1955
浪速の将棋名人として,有名なこの「王将」という話は,伊藤大輔が好きな題材で3度も映画化している。この作品は,最初のリメイクだが,舞台で当たりを取った辰巳柳太朗を主人公にしている。[監]伊藤大輔[原]北条秀司[脚色]伊藤大輔,菊島隆三[音]伊福部昭[主]辰巳柳太郎,田中絹代,小暮実千代→Ⅳ36(伊福部)

『続・二等兵物語～五里霧中の巻～』1956
計10作品製作された『二等

兵物語』シリーズ2作目。入隊する前の主人公が,町を彷徨っていた時に,ある食堂から出てきた男女に金を握らされ,警察が来たら口笛で知らせてくれと,強引に頼まれる。その合図の曲が「闘牛士の歌」である。結局,主人公は警察に強盗として誤認逮捕され,服役させられる。その後兵隊になった主人公は,ある日,新任の伍長が現れた時絶句する。その男は,自分に見張りをやらせたあの強盗だった。最初は,主人公と気づかずに,その新任伍長の激しいいじめが始まるが,主人公は思い出させるために口笛で「闘牛士」を吹く。しかし,その伍長は口封じの為に,主人

Ⅳ

公を演習中に殺してしまおうと企む。「闘牛士」は、ひねった使われ方だが、いかに「カルメン」が有名だったかを推し量る事ができる。[監]福田晴一[原]梁取三義[脚色]安田重夫[音]原六朗[主]伴淳三郎、花菱アチャコ、幾野道子

『ムーランルージュの青春』2011
昭和6年（1925）から昭和27年（1951）まで新宿にあったムーランルージュ新宿座のドキュメンタリー映画。当時の舞台再現で、現代の歌手がこの歌を歌い、踊り子が踊る。ムーランルージュ新宿座は、多くの優秀な俳優やスタッフを輩出した、日本の芸能を語る時に欠く事の出来ない演劇のメッカであった。文化人のファンも多く、黒澤明もその一人で、名作『野良犬』のレヴュー小屋のイメージもここをヒントにしたという。[監]田中重幸[脚]大隅充[音]仙石幸太郎[主]明日待子、中村公彦、小柳ナナ子

◇「ジプシーの踊り」

『女優須磨子の恋』1947
明治から大正にかけて、新劇女優を確立させた当時最大のスター松井須磨子を描いた溝口健二監督作品で、映画の主役は田中絹代。この年は、衣笠貞之助も山田五十鈴で『女優』を発表、日本を代表する二人の監督と女優の競作で話題をまいた。須磨子は最愛の島村抱月を失くし、やがて後追い自殺をするが、ちょうど「カルメン」の公演中の出来事で、溝口作品では、解り易く第二幕の「ジプシーの踊り」の場面を取り入れてあり、最終章の刺殺されてしまう場面に重ねて、須磨子が自殺する予感を十分に与える。[監]溝口健二[脚]依田義賢[音]大澤壽人[主]田中絹代、山村聡

『嫉妬』1949
朝食の卓に、ラジオから「ジプシーの踊り」が賑やかに流れていて、不機嫌な夫が、妻に"消せ"と命令口調で言う。朝の一コマだが、この夫婦の主従関係が良く描かれている。[監]吉村公三郎[脚]新藤兼人[音]吉沢博[主]佐分利信、高峰三枝子→Ⅱ55（新

*

16｜『太陽の坐る場所』2014，辻村美月原作の女子高生トラウマ物語。
17｜『カケラ』2009，安藤モモ子のデビュー作。初作と思えぬ安定感と才気がうるさい時があった。

Georges BIZET

藤）

『カルメン純情す』1952

「カルメン故郷に帰る」の大ヒット後に作られた木下の喜劇だがのっけから音楽，ビゼーと画面に出てくる。全編を通して，「カルメン」の楽曲がアレンジされて使用されている。中でも「ジプシーの踊り」は少し頭の足りないストリッパー，リリー・カルメンの十八番なのだが，惚れているフランス帰りの画家が見に来ている事を知って，脱ぐ筈の服を脱げないドタバタシーンで使用され笑いを取る。この時のドン・ホセ役は名優堺駿二で，その動きのおかしさの中に昔のムーランルージュ

新宿座の猥雑さを感じる→Ⅰ08（メリメ）

『踊子物語』1964

当時大変人気のあった吉永と浜田のコンビを中心にすえた「浅草の灯」の3度目の映画化である。「カルメン」からは，「ハバネラ」「前奏曲」「闘牛士」と劇中でBGM的に使用されているが，「ジプシーの踊り」の景は，名優山岡久乃が，カルメンに扮し，横に新入りの吉永たちが舞う華やかで印象的なシーンとなっていた。[監]斎藤武市[原]浜木浩[脚]棚田吾郎[音]小杉太一郎[主]吉永小百合，浜田光男

『スウィングガールズ』2004

東北の駄目女子高生たちが，

あるきっかけからブラスバンドの楽しみに目覚め学生音楽祭に出場するまでになる。雪の日の対抗演奏会。他校はほとんどがクラッシックでの出場で，楽曲は少しずつ紹介されるように映像処理されているが，その中の一つが「ジプシーの踊り」，納得のできる解りやすい選曲である。[監脚]矢口史靖[音]ミッキー吉野他[主]上野樹里，貫地谷しほり，本仮屋ユイカ

◇「間奏曲（第3幕への…）」

『オーディション』2000

日本のスリラー映画の中でも，ベスト3に入る作品。主人公が，オーディションで会った謎の女の素性を調べ始め

---

18 │ 『ムーラン・ルージュの青春』2011，黒澤のレヴュー場面の原型が，この舞台。"日本版ムーラン"は，軽演劇の歴史上外せない劇場である。

19 │ 『嫉妬』1949，『暖流』の吉村が，同じ女優で，開放された女の主題をほんの少し進ませた映画。曲は，朝の食卓のラジオから……。

る中で訪ねる，朽ち果てたバレエスタジオの片隅で，車椅子に座った謎の老人が，アップライトでこの曲を弾いている場面は，映画も3幕に入る処であり，映像とのマッチングが，良く計算されて恐ろしさを掻き立てる。そして，ラスト，瀕死の主人公に，またこの「間奏曲」が被って流れる。音楽の遠藤浩二は，三池作品以外にも多くの映画音楽を担当している，この分野の優秀な職人である。[監] 三池崇 [原] 村上龍 [脚] 天願大介 [音] 遠藤浩二 [主] 石橋凌，椎名英姫

◇「間奏曲（アラゴネーズ）」
『女優』1947
松井須磨子が島村抱月率いる

文芸協会に入る処から，師であり恋人であった島村がスペイン風邪で亡くなり，後を追うまでが描かれている。衣笠の演出は，須磨子が何故新劇に入ったか，その辺りが丁寧に描けていて，二つの須磨子もの映画は，溝口版よりこの衣笠作品の方が一般受けしたようである。音楽は早坂文雄で，須磨子が抱月亡き後，最後の舞台となるビゼー「カルメン」の第三幕から悲劇の第四幕に入る暗示的な「アラゴネーズ」が，使用されている。場面的には，自分の演技に悩んでいる須磨子がふっと思いつく，カルメンが扇を持って酒場の男を誘うように踊る酒場のシーンに重ねてあるのだ

が，やがて自殺する須磨子の悲劇にこの「アラゴネーズ」を選択した早坂のセンスが光る。[監] 衣笠貞之助 [脚] 衣笠貞之助，久板栄二郎 [音] 早坂文雄 [主] 山田五十鈴 → IV 36（早坂）

『薔薇の葬列』1969
ゲイバーの情痴事件とオイディプスを重ね合わせた松本俊夫の実験的映画。今見るといささかそのスノビズムが古くさいが，60年代の新宿フーテン文化とアート感覚はしっかりと写し出されている。ビゼーは前半，主人公の勤めるゲイバー「ジュネ」でのシーンで和服を着たゲイボーイがショールをマントのようにして踊る。闘牛と次の景に続いて

---

20 | 『踊子物語』1964，『浅草の灯』の日活リメイク版。初作は風俗史的価値で残るが，リメイク版は2本とも，灯が灯らない。
21 | 『オーディション』2000，世界的にも評価された，上出来ホラー。

Georges BIZET

少女の夢は、空を飛ぶこと――。

いるゲイボーイ同士のケンカの軽い暗喩が見られる。→Ⅰ19（詩人①），Ⅳ03（オッフェンバク）

◇「カルメン」からの抜粋
『幸運の椅子』1948（オムニバスの第一話）
男に待たされて「カルメン」の一幕に間に合わずおかんむりの女が，二幕目から仲直りしてという話。四話のオムニバスを結ぶ狂言回し役に，帝劇のロビーの椅子と売店の女が配されている。上演されているのは藤原歌劇団によるオペラ「カルメン」。カルメン北澤栄，ホセ藤原義江の配訳で，一幕から二幕まで，カップルのドラマに被さって，舞台中継の様に丁寧に，記録さ

れている。→Ⅳ13（19世紀）

オペラ「真珠採り」の影響
—
◇「耳に残るは君の歌声」
『よなよなペンギン』2009
りんたろう（マッド・ハウス）とフランスのデニス・フリードマンが組んだ3DCGアニメである。人気のあるロボットやスーパーヒーローものアニメと較べていかにも上品な作品に上がっているが，オリジナルの主題歌とは別にサブテーマの様に「耳に残るは君の歌声」が使われていて童心の世界へ誘ってくれる。［監］りんたろう［原］りんたろう，林すみこ［脚］金春智子［音］本多俊之

「アルルの女」の影響
—
◇「鐘／カリヨン」
『タッチ』2005
あだち充の大ベストセラー漫画「タッチ」の劇場版で，野球を巡る双子の兄弟と一緒に育った女の子の物語。職人技の犬童一心が，アイドルの為に質の良い娯楽映画に仕上げた。「カリヨン」は，映画のタイトルが出た後に，共同の勉強部屋で双子の弟（野球のエース）がCDで聴いている。「ドラマ」の始まりを告げるのに「カリヨン」は気の利いた選曲であった。［監］犬童一心［脚］山室有紀子［音］松谷卓［主］長澤まさみ，斉藤祥

・

22 |『よなよなペンギン』2009，少女のイマジネーションの基に空飛ぶペンギン。飛べない鳥の判りやすい暗喩である。教育映画。©松竹／作りんたろう

23 |『タッチ』2005，双子の兄弟と美少女の青春野球漫画。アニメ，実写版と作られた人気作品。

IV

太, 斉藤慶太
◇「メヌエット」
『乱れ雲』1967
音楽として全体的に武満徹の
気くばりがある佳作。主人公
は幸福を絵に描いたような結
婚をし，妊娠している。夫は
エリート公務員でいよいよ海
外への栄転が決まったと主
人公に告げる街の喫茶店の
BGMとして，この「メヌエッ
ト」がさりげなく流れている。
牧歌的なこのメロディーが主
人公をその後襲う悲劇とはっ
きり対称をなしている。[監]
成瀬巳喜男[脚]山田信夫[音]
武満徹[主]高峰秀子
『曖・昧・ME』1990
地方の女子高生が主人公。生
きている目的や，夢に関して

無力な，日本の若者のその時
代が透かし見える。「メヌエ
ット」は，主人公が幼馴染の
男子高生と出会い触れ合うき
っかけの様に，指先でメロデ
ィーをピアノで連弾するシー
ンに登場する。[監]佐勝闘介
[脚]伊藤尚子[音]山崎ハコ
他[主]裕木奈江
◇「ファランドール」
『君を呼ぶ歌』1939
東宝のマークが出る処から，
「アルルの女」の「ファランド
ール」が流れてくる。クレジ
ットの後，いきなり，この曲
を指揮している山田耕筰のア
ップから画像がはじまる。オ
ーケストラは日本放送交響楽
団でラジオの生放送であると
いう設定。ＴＶのない時代の

同録が興味深い。[監]伏水修
[脚]八住利雄[音]伊藤昇[主]
月田一郎，椿澄枝
『東京のヒロイン』1950
この映画には，服部良一がビ
ゼーの楽曲を中心にジャズ
っぽくアレンジした音楽をつ
けている。ママが覆面作家だ
と思い込んでいるヒロインが
待っているバーに，ママが酔
っぱらって帰ってくる。そこ
で流しのアコーデオン弾きが
「ファランドール」を弾きは
じめる。[監]島耕二[脚]長
谷川公之[音]服部良一[主]
轟夕起子，森雅之，香川京子
→Ⅰ19（詩人①）
『ドレミファ娘の血は騒ぐ』1985
黒沢清のカルト映画。ピンク
映画として撮影されたもの

---

24 |『乱れ雲』1967，成瀬巳喜男の遺作。前作の『ひき逃げ』もこの作品も自動車事故が，ドラマの発端になっている。
25 |『曖・昧・Me』1990，裕木奈江は，英語を頑張りハリウッド映画にも出演したが，何故か日本では嫌われっ子。

Georges BIZET

を編集し直して登場した作
品で、遅れて来た日本のゴダ
ールの様な映像の遊びが、低
予算のハンディを超えて小気
味良い。田舎から恋人を訪ね
て、とんでもない大学のキャ
ンパスに紛れ込んだ少女が主
人公。伊丹十三扮するエロ教
授の心理学セミナーの授業シ
ーンで「ファランドール」が
流れている。[監]黒沢清[脚]
黒沢清、万田邦敏[音]東京タ
ワーズ他[主]洞口依子、伊丹
十三→Ⅱ74（黒沢）

『妖精フローレンス』1985
夢の中で花の国に紛れこんだ
主人公（人間）が、妖精の命を
狙う怪物と戦うはめになる。
その闘いのシーンで有名な

「ファランドール」が流れて
いる。→Ⅳ01（ベルリオーズ）

『突入せよ！あさま山荘事件』
2002
昭和の左翼学生運動のピリオ
ド、連合赤軍が人質をとって
山荘に立てこもった事件の映
画化。少なくても3本は映画
化されている。この作品は、
群像劇で、多くの人物が登場
するが、学生側よりも、権力
側の悩む男たちを中心に構
成されている。機動隊の隊長
が、突入前にふっと口ずさむ
のが、「ファランドール」であ
る。[監脚]原田真人[原]佐々
淳行[音]村松崇継[主]役所
広司、宇崎竜童、天海祐希

『楽隊のうさぎ』2013

中学校の、吹奏学部の物語。
中沢けいの原作は、思春期の
子供たちの心理を巧みに描い
ていた。この映画も、座敷童
子のような、うさぎを登場さ
せる事と、素人の出演者たち
が醸し出すリアリティが、面
白く混ざっている。「ファラ
ンドール」は、吹奏学部に入
部したての主人公たちの前
で、練習曲として初見で演奏
される。[監]鈴木卓爾[原]
中沢けい[脚]大石三知子[音]
磯田健一郎[主]川崎航星、宮
崎将、山田真歩

『テルマエ・ロマエⅡ』2014
大ヒットした前作の続編。古
代ローマと現代の東北を行き
来する浴場技師が、ラーメン

---

26 | 『君を呼ぶ歌』1939、山田耕筰陣頭指揮の国策映画。時代の勉強にはなるが。
27 | 『妖精フローレンス』1985、音楽の山本は、ＴＶにも進んで登場し、茶の間からの、日本でのクラシック音楽の普
　　及に尽くした。©サンリオ／作 辻信太郎

を初めて食しその味に驚愕する場面で、「ファランドール」が急に鳴り響く。作品は、ナンセンスな面白い場面は多いが、二番煎じで初作を超える事はなかった。[監]武内英樹

[原]ヤマザキマリ[脚]橋本裕志[主]阿部寛，上戸彩

28 ｜『楽隊のうさぎ』2013，学校の音楽部の話は，もう結構と言いたいが，次々に学生は生まれるわけで……。
29 ｜『テルマエ・ロマエⅡ』2014，お風呂の沸かし直し。

Georges BIZET

ガブリエル・フォーレ

Gabriel FAURE

1845–1924

　フォーレの名前は，知らない人が多いかも知れない。しかし実は多くの日本人が彼の楽曲をＣＦや劇伴で耳にしている。　特に「レクイエム」は葬式のBGMとして……。日本の葬儀の90％は今も大体は仏式で行われる。僧侶の読経以外に音楽を流したりする様になったのはそれ程昔の事ではないが，今では故人の好きだった音楽を通夜に流したりする事は普通に行われている。フランスでは考えられないかも知れないが葬儀会場で流されるのは一般的には，しめやかなクラシックである。中でもフォーレとモーツァルトの「レクイエム」は定番曲となっている。フォーレの沢山ある楽曲の中で取り分け有名なのは「シチリアーノ」である。この曲は日本人に好かれていて様々な楽器で演奏されている。人気アニメ「水華」で最近の若い層にも受けているが，70年代のＴＶＣＦでも使用され，広い層にアピールしている。他にフォーレには美しい歌曲が沢山あるが，「夢のあとに」「月の光」それに「ラシーヌの雅歌」もコーラス曲として有名で，良く歌われる。

　彼の洗練された音楽はドビュッシー等の派手さはないが，強力な愛好家たちがいて，日本フォーレ協会まで作られている程だ 。

G・フォーレと日本作品
—

◇「シチリアーノ」（ペレアスとメリザンドから）

『恋する幼虫』2003

俳優でもある井口昇の異色作。性的トラウマを持つ漫画家が主人公で，B級映画を逆手に取って，井口は非凡な処を見せるが，あまりにチープな特殊メイクが見ていて忍びなく，カルト映画の域で終わってしまっている。「シチリアーノ」は，主人公の同窓会のシーンで流れている。［監脚］井口昇［音］北野雄二［主］荒川良々，新井亜樹

『カルテット！』2012

家族が，ばらばらな事に悩みながら，ある日夫は，家族でカルテットを作ろうと思い立つ。非行に走りそうな高校生の長女も，途中で投げ出していたフルートを再び手にして家族のカルテットに加わってゆく。その曲の一つが「シチリアーノ」である。［監］三村順一［脚］鬼塚忠，三村順一［音］渡辺俊幸［主］細川茂樹，鶴田真由

◇「ヴァイオリンソナタ 第1番，第4楽章」

『雪の断章〜情熱〜』1985

フォーレは，主人公が難関の大学の入学試験に成功し，それを祝っている屋台のシーンに流れている。普通フォーレが屋台に流れているわけはないが，逆に面白い使われ方であった。［監］相米慎二［脚］田中陽造［音］ライトハウス・プロジェクト［主］斉藤由貴，

1|　　　　　　　　　　　　　　　　　　　　　　　　　　　|2

三田村邦彦
◇「レクイエム」
『霧の子午線』1996
日本の二大女優を使った大作
で，学生運動の時に恋人をと
りあった女同士の友情と絆
がテーマである。難病を押し
てノルウェーまで昔の恋人と
の決着を付けに行った女を，
友人として放っておけず追い
かけるもう一人の女。ラス
トで女同士がダンスを（教会
で！！）踊っていて，その場
で一方が死んでしまう。（そ
のシーンで「レクイエム」が
流れているのだが劇場では
失笑がもれた）［監］出目昌伸
［脚］那須真知子［音］星勝［主］
吉永早百合，岩下志麻

『Ｗの悲劇』1984
澤井信一郎が作ったアイドル
映画。劇中劇，いわゆる入れ
子構造で出来た映画だが，映
画としてバランスが非常に美
しい。澤井はこのジャンルで
は，トリュフォー『アメリカ
の夜』に，匹敵する娯楽映画
の秀作にした。レクイエムは
劇中劇のフィナーレの音楽と
して流されている。［監］澤井
信一郎［脚］荒井晴彦，澤井信
一郎［音］久石譲［主］薬師丸
ひろ子，世良公則
『地球交響曲第四番』2001
ドキュメンタリスト，龍村仁
のヒューマニズムあふれる『地
球交響曲第四番』。環境学者
のジェームズ・ラブロック，

動物行動学者のジェーン・グ
ドールなどが登場する。フォー
レのレクイエムから「イン・
パラディズム」が，小澤征爾指
揮ボストン交響楽団の演奏で
使用されている。［監］龍村仁
『スペーストラベラーズ』2002
テレビから映画へと手を広げ
た末広克行の銀行強盗映画。
残念ながら演出以前にセット
の貧しさが話のリアリティを
まず失わせ，芝居のパロディ
としか見えなくなっている。
フォーレのレクイエムは首謀
者の一人が死んでゆく処か
らラストにかけて流れるのだ
が，その荘重感が益々ドラマ
と乖離しパロディ風になって
しまった。［監］末広克行［脚］

・

1｜　『恋する幼虫』2003，子供の落書きの様で，アルジェントの様で……いつまでも幼虫でいたい，井口昇のカルト
　　作品。
2｜　『雪の断章』1985，相米監督の，アイドル映画の体をした道産子ミステリー。粘着的なカメラが，雪国の退廃を捉
　　えている。

Gabriel FAURE

岡田惠和［音］松本晃彦［主］金城武，深津絵里

◇「ラシーヌの雅歌」

『テルマエ・ロマエ』2012

ヤマザキマリの大人気漫画の映画化。ローマ時代の浴場設計師が，現代の日本の風呂にタイムトリップする。チネチタでかなりの部分を撮影し，イタリア人の役者も登場しているが，何と云っても，米英合作の時代物の為に作られたセットを拝借した事が，映画に厚みを持たせていた。「ラシーヌの雅歌」は，皇帝ハドリアヌスが，寵童アンティノウスのナイル河での溺死で，すっかり意気消沈していて，せめて元気つけの為に新しい風呂を作りたいと語る部分で流れる。［監］竹内英樹［脚］武藤将吾［音］住友紀人［主］阿部寛，上戸彩

◇「夢のあとに」

『風の又三郎』1989

音楽はシンセサイザーの神とまで言われた冨田勲が，映像とマッチした良い仕事をしている。全体に風が吹き抜けてゆくようなイメージはシンセサイザーの特質なくしては考えられない。何回か映画化されているが，初作（島耕二）に付けた杉原泰蔵（日本のJAZZの草分け）の主題歌を，冨田は再び使いレトロでミステリアスな世界を現出させた。「夢のあとに」は，鉱物学者の少年の父親がチェロで弾いている。曲自体が，つかの間の夢の様に消えてしまうその謎の親子の様である。［監］伊藤俊也［脚］筒井ともみ，伊藤俊也［音］冨田勲［主］小林悠，草刈正雄

『半落ち』2004

フランス映画『アムール』と同主題，アルツハイマーにかかった伴侶を殺してしまうというテーマ。「夢のあとに」は，犯人の心情を良くわかっている検事が，自宅のオーディオで流している。［監］佐々部清［脚］田部俊之，佐々部清［音］寺嶋民哉［主］寺尾聰，原田美枝子

・

3｜『霧の子午線』1996，吉永小百合が，極道姉と踊りながら突然死する映画。岩下姉の絶叫がフィヨルドにこだまする観客発狂映画。

4｜『風の又三郎　ガラスのマント』1989，伊藤俊也も，もっと国際的に評価されるべきである。上等なスタッフたちによる質の良い映画。

IV

クロード・ドビュッシー

Claude DEBUSSY

1862–1918

　2012年生誕150年企画で，日本でも多くのドビュッシーに関する公演があった。特にオルセー美術館がドビュッシーと北斎に光をあてた企画は改めて"ジャポニズム"を日本人に再認識させる事になった。音楽教育はドイツを見本にという明治政府の方針で開国後，フランス音楽は公的な位置（軍楽隊は除く）からではなく，民間の中で広がった歴史がある。まず多くの日本の文化人の中にフランスに憧れる者も多く，飛行機のない時代に水盃を交わして出発する者もいた程だが，その土産として持ち帰ったものは非常に大きい。やはり同時代という事で日本人が実際に欧州にも行き，その時のその国の文化が，シンクロする様に日本にもたらされたわけだから。1867年と1900年の2度のパリ万博はその大きな契機となった。ドビュッシーに関しては，島崎藤村がオペラ「ペレアスとメリザンド」に感嘆し，永井荷風，上田敏も現地で衝撃を受けて，その後の文章に残している。ところで，ドビュッシーが日本に浸透したのは，全体的には安川加寿子の功績が大きい。彼女は一才で外交官の娘として1923年にパリに渡り，1939年に帰国するまでに欧州でみっちりピアノを勉強して，国際コンクールに入賞した事もある。帰国後すぐにリサイタルを開いた事も（時期的に）凄いが，戦後焦土の中で，再びクラシックピアノを演奏して人々に夢を与えたという話は伝説になっている。又彼女は多くの弟子を育て，フランス近代派の音楽の普及に尽くしている。ドビュッシーを最初に映像に使ったのは，手塚治虫『人魚』(1964) だと思われる。著作権の問題があり認知度の割には，使われる事はなかったが，2000年を超える頃からちょっとしたブームになった（2012年生誕150年というエポックも大きい）。日本人がいかに彼の音楽を愛しているかが分かる現象である。

　彼の楽曲は，ポピュラー化しているものが多いが，中でも，ベルガマスク組曲3番の「月の光」は，とりわけ日本人に好かれている。1975年のアメリカのクラシックチャートで2位迄上った富田勲のシンセサイザーによる「月の光」も忘れられない作品で一気にドビュッシーのファンを増やした。1996年大御所安川の死後，1999年にあだ花の様に登場したフジコ・ヘミングもよくドビュッシーを弾く。彼女はスウェーデン人の父と日本人のピアニストの母を持つ混血児で，1931年に生

Claude DEBUSSY

まれているが，戦争にふりまわされたアーティストである（実父が一人で国に帰って
しまった）。ピアニストとしての教育とデビューは日本であったが，30才前に欧州
に渡り貧困と戦いながらピアノを弾き続けた。貧困が原因で耳が聞こえなくなっ
てしまったが，現在は左の耳だけが半分程使えるという。母の死をきっかけに帰
国し，70才を超えた時にNHKの番組で一気にブレイクし何とそのデビューアル
バムは200万枚を売り上げた。彼女は映画『ざわざわ下北沢』の中で「月の光」を
弾いているが，安川たちが作り上げてきた音楽とは又違った独特の音楽観を持っ
ていて，それが，ごく一般庶民に圧倒的に受けたのである。この安川とフジコ・ヘ
ミングとの対称は，日本のクラシック界の境界線が見えてくる話であり，本やド
ラマにでも出来る程興味深い問題である。ふたりの演奏家を聴き比べて見ていた
だきたい。ポップスという感覚がフジコにはすでにあり，それに彼女のいわゆる
戦前の時代の良さ，匂いの様なものが加味されているのである。安川たちの耕し
た土壌がなければ，フジコ・ヘミングが聴かれるきっかけもなかったろうが，完
全な産業になってしまった現代の音楽と，彼女たちが学び，愛して身体にたたき
込んだ20世紀初頭の音楽とを思うと感慨を覚えざるを得ない。

＊

1 | 『四日間の奇蹟』2005，この時期，"難病もの"が，流行した。それこそ映画病の様に……。ハンカチ屋の喜ぶ顔が
見える映画。
2 | 『Little DJ 小さな恋の物語』2007，天才子役の難病映画。ドライアイの方にお勧め。

IV

3 |

| 4

C・ドビュッシーと日本作品
—

◇「牧神の午後への前奏曲」

『人魚』1964

日本のアニメの神とまで云われた手塚治虫のたった8分の実験的作品。青年だけに見える幻の人魚のロマンティックな話がモダンな絵で表現されている。「牧神の午後への前奏曲」が全篇に流れている。
[監]手塚治虫[音]富田勲

◇「亜麻色の髪の乙女」～前奏曲集Ⅰより

『四日間の奇跡』2005

浅草卓弥のベストセラーの映画化。事故に会い指が使えないピアニストが主人公。
[監]佐々部清[原]浅倉卓弥
[脚]佐々部清, 砂本量[音]

加羽沢美濃[主]吉岡秀隆, 石田ゆり子

『Little DJ 小さな恋の物語』2007

白血病の少年が, 病院内でDJを始める。「亜麻色の髪の乙女」は毎週木曜日に必ずかかる曲として登場する。通しで全曲使用されるが, 珍しい。
[監]永田琴[脚]三浦有為子, 永田琴[音]佐藤直紀[主]神木隆之介, 福田麻由子

『FLOWERS』2010

一人の女の系列を, 昭和初期から現在までを四つに分けて, 時代時代で生きる様を描いたヒット映画。「亜麻色」は, 最後の平成のパートで, ピアニスト志望の女が弾いている。[監]小泉徳広[脚]藤本周,

三浦有為子[音]浅川朋之[主]蒼井優, 鈴木京香, 竹内結子

『紙風船』の一話「あの星はいつ現はれるか」2011

東京芸大映画科の学生たちが制作した, オムニバス映画の一編。全編岸田國士の原作を元に翻案された学生映画だが, 一般公開された。第一話のこの作品は, 江ノ島を舞台にした高校生の恋物語。「亜麻色」は, 祭りの夜で, 学生バンドが演奏している。[監]廣原暁[原]岸田國士[音]水谷貴次, 重盛康平, SIMON[主]大後寿々花, 森岡龍

◇「月の光がふりそそぐテラス」～前奏曲集Ⅱより

『妖精フローレンス』1985

少年が温室で眠り込み, 花び

---

3 |　『FLOWERS』2010, 明治の昔から日本女は資生堂を御愛用。このフラワーズ……花は花でも, アンコ椿は恋の花。

4 |　『ブレイクアウト』1988, 村川透の, 技が冴える犯罪ドラマ。またかの設定なれど, 小技ではなく, 人間が良く描けていた。

らの渦の中で眠っているが，その夢から覚める時に「月の光」が，流れている。全体がクラシックの名曲で構成されたアニメ映画の，ドラマの終わりを感じさせる使われ方であった。→Ⅳ 01（ベルリオーズ）

◇「月の光」〜「ベルガマスク組曲」より

『ブレイク・アウト〜行き止まりの挽歌〜』1988
主人公のはみだし刑事が，インテリアデザイナーの元妻の事務所を訪れるところで「月の光」がかかる。八方ふさがりの，彼にとって，唯一の安らぎは，元妻なのである。[監]村川透[脚]柏原寛司[主]藤竜也，石野陽子

『ざわざわ下北沢』2000
ＣＭディレクターから映画監督となった市川の作品。田んぼの畦道に建物が並んで出来た様なゴチャゴチャした下北沢は，家賃の安さもあって昔から芸術家や演劇人が住んでいた。それが，だんだんトレンド化して，今では田舎の子供も憧れるような街に変貌を遂げた。ここでは，実際に下北沢に住む主人公の叔母役でフジコ・ヘミングが登場し「月の光」を弾いている。[監]市川準[脚]佐藤信介[音]清水一登，れいち[主]原田芳雄，北川智子

『死者の学園祭』2000
赤川次郎のミステリーの映画化。ある私立学校で，伝説と

なっている事件に見せかけた犯罪があって，その隠蔽の為の殺人が起こる。ドビュッシーの「月の光」はその悲恋事件の重要なKeyとなっている。[監]篠原哲雄[脚]安倍照男，山田珠美[音]溝口肇[主]深田恭子，加藤雅也

『奇妙なサーカス』2005
「月の光」は，母親が，娘を犯す夫の本性を見てしまう恐ろしいシーンで使用されている。→Ⅳ 04（サンサーンス）

『トウキョウソナタ』2008
「月の光」が象徴的な役割をしていて，ドラマの盛り上る少年のピアノ発表会まで見る者を引っぱっていく。裏の主人公は，「月の光」で，全曲演奏される。カンヌで"ある視

・

5 | 『ざわざわ下北沢』2000，下北沢は完全に演劇の町になった。田舎の演劇志望者が，わざわざ訪ねてくる。

6 | 『死者の学園祭』2000，篠原哲雄が深田恭子主演で撮った学園ミステリー。ドビュッシーが効果的に使われている。

点賞"を受賞。→Ⅱ74（黒沢）
『スノープリンス 禁じられた
恋のメロディ』2009
ウィーダの「フランダースの
犬」の翻案映画。日本では大
変有名なこの話に、テーマ曲
として「月の光」が選ばれて
いる。オープニングから少女
がこの曲を練習するシーン
で、そのあと何度も登場、ク
レジットロールでは、日本語
詞までつけられて歌われてい
る。何故ここまでの重みをこ
の曲に持たせたのか？少女が
"エリック・サティがドビュ
ッシーの死を悲しんだ"と言
う場面があるが、案外脚本家
の偏愛なのかもしれない。し
かし、1930年代の初めに、日
本の田舎の少女がサティを普

通に会話に入れてしまう事な
どある筈がない。[監]松岡錠
司[脚]小山薫堂[音]山梨鐐
平[主]森本慎太郎、マイコ、
桑島真里乃
『RISEUP ライズアップ』2009
事故で失明した少女と、その
時現場に居合わせた少年との
ふれあいを描いた作品。又安
易に「月の光」かと一瞬思う
が、少年が渡したカメラで盲
目の彼女が撮影を始める事に
より、その折れてしまった心
と罪悪感に悩む少年の心をも
少しずつ癒していく……月
光と太陽光とをカメラに重ね
た、暗喩となっている。この
監督は、演出力がある。[監]
中島良[脚]入江信吾[音]
TETSUHIKO[主]林遣都、山

下リオ、太賀
『CASSHERN』2004
アニメ「人造人間キャシャー
ン」の実写版で、紀里谷の感
覚の冴えが光っていて美術史
家が喜びそうな素材が沢山あ
る。だからこそ例えば主人公
の両親の温室の安っぽいベン
チとか、人体の浮かぶプール
とか、細かいものの映像から
はみ出てくる違和感が足をひ
っぱる。しかし『ブレードラ
ンナー』を充分意識した街の
表現等、又俳優たちの力演も
あり娯楽映画エンターテイメ
ントとしては水準点以上であ
る。「月の光」は月（ルナ）と
いう主人公の恋人の部屋で流
れている。他に「月光（ベー
トーベン）」も使われている。

---

7 | 『スノープリンス』2009,「フランダースの犬」は，フランドル犬。この映画は，秋田犬。
8 | 『RISE UP』2009,パラグライダーをきっかけに，少年と盲目の少女が触れ合う。

<u>Claude DEBUSSY</u>

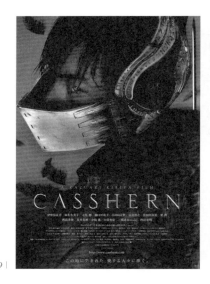

[監] 紀里谷和明［脚］紀里谷
和明, 菅正太郎, 佐藤大［音］
鷲巣四郎［主］伊勢谷友介, 麻
生久美子, 唐沢寿明
『ツレがうつになりまして』
2011
うつ病に悩む主人公が, 会社
への辞表を書くつらいシー
ン, 主人公は一つ一つ桝目を
書かなくては字が書けない。
その場面を見守るように「月
の光」が流れている。→Ⅳ 10
（オペラ）
『さよならドビュッシー』2013
（「アラベスク」第一番も使用）
ジャプリゾの「シンデレラの
罠」とドビュッシーの「月の
光」が無かったら, 原作は生
まれず当然この映画も誕生し

なかった。ピアニストの映画
だが, コンクールの課題曲と
自由曲にドビュッシーの「ア
ラベスク」と「月の光」が選ば
れている。［監］利重剛［脚］
牧野圭祐, 利重剛［音］小野川
浩幸［主］橋本愛→Ⅰ 30（ジ
ャプリゾ）
『楽隊のうさぎ』2013
主人公が, ブラスバンド部に入
部した最初の日に, 部員がフ
ルートで練習しているのが「月
の光」である。→Ⅳ 05（ビゼー）
『黒崎君の言いなりになんて
ならない』2016
悪童が弾くドビュッシー。意
外性を狙うのは分かるが, 漫
画原作は映画化が難しい。
［監］月川翔［原］マキノ［脚］

松田裕子［主］中島健人, 小松
菜奈, 千葉雄大
◇「水に映る影」
『のだめカンタービレ 最終楽
章〜前篇〜』2009
→Ⅳ 14（20世紀）
◇「アラベスク」第1番
『虞美人草』1935
夏目漱石の古典「虞美人草」
の映画化。ドラマの導入部,
主人公を養子として育ててく
れた田舎の義父が, 家の塀に
書かれた沢山の落書きを消す
ところで「アラベスク」が流
れている。→Ⅳ 11（バレエ）
『ジャンプ』2003
恋人が突然失踪してしまい,
その行方を追う男が主人公。
喫茶店のBGMで「アラベスク」

．

9 | 『CASSHERN』2004, タツノコプロのアニメから実写になった大作。監督デビューの紀里谷の頑張りが良くわか
る。
10 | 『さよならドビュッシー』2013, 入れ替わりの記憶喪失がなければ成り立たない, 推理音楽映画。ドビュッシー
にしたところがトレンド？

Ⅳ

ジャンプ

父ちゃんの顔 忘れそうやもん…

春よこい

11 |

| 12

が使用されている。[監]竹下昌男[脚]井上由美子[撮]大友良英[主]原田泰造, 牧瀬里穂

『春よこい』2008

小学校の教師が自宅で弾いている。[監]三枝健起[脚]中村努, いなががきよたか[音]三枝成彰[主]工藤夕貴, 西島秀俊, 吹石一恵

◇「夢」

『新・監禁逃亡恥辱飼育』2003

Vシネマながら良く出来た作品。「夢」他クラシックの使用が嫌味になっていない。[監]山村敦史[脚]石川寛[主]時任歩, 高橋奈央子

『ゆめのかよいじ』2012

漫画原作のSF的少女愛の物語。配役をネットで一般募集したそうだが, 俳優にも監督

にも各所に感じられる稚拙さが最後まで残る作品。「夢」を「レクイエム」的に使用していて, それがテーマと合わない訳でも, ピアノ演奏が拙い訳でもない。せめてもう少し映画のレベルが高かったら, と思わずにはいられない。[監脚]五藤利弘[原]大野安之[音]原信朋[主]石橋杏奈, 竹富聖花

◇その他

『肉体の悪魔』1977

冒頭から最後まで, ここというところにドビュッシーのピアノ曲がかかる。音楽の高田信は, 日活ロマンポルノで沢山の仕事をしている。しかしこの作品で使用された楽曲の名や演奏者の名は残されてい

ない。→Ⅰ23 (ラディゲ)

『リリイ・シュシュのすべて』1999

東京から少し離れた田舎の中学生である主人公たちにとって, 絶対的なものは, 唯一, リリイ・シュシュというミュージシャンである。彼女はアートの本質を初めて音楽にしたのがドビュッシーとサティだという。ネットで, 一般がストーリー作りに参加したこの映画は, 現代の日本の中学生の痛みと叫びが聴こえる。ドビュッシーの音楽は, 主人公たちにとってリリイ・シュシュと並んで神格化された存在であり, 映画の各所に登場している。監督の岩井俊二は, フランスとの縁は, それ程強

*

11 |『ジャンプ』2003, お笑い芸人から本格的役者に変身した, 原田泰造主演。
12 |『春よこい』2008, 監督の三枝健起は, NHKの良心的ドラマで腕を磨いた実力者。

Claude DEBUSSY

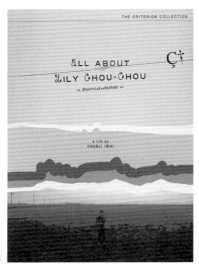

くないのだが，紛れもなく当代の日本を代表する映画監督の一人であり，又プロデューサーとしても大変な才能をみせている。2011年3月11日津波による未曾有の大災害をもたらした大震災の公的レクイエムとも言える「花は咲く」の歌詞は彼の作品である。[監脚] 岩井俊二 [音] 小林武史 [主] 市原隼人，忍成修吾，蒼井優，伊藤歩

『Zoo〜オムニバス映画の内 So-far〜』2005

若手監督が作ったオムニバス映画の中の一編。「亜麻色の髪の乙女」他ドビュッシーのオンパレードだが，何故ドビュッシーにこだわったのか？[監] 小宮雅哲，山田耕大 [音] 栗山和樹 [主] 神木隆之介，鈴木杏樹，杉本哲太
◇忘れられた小唄〜第2曲〜「巷に雨の降る如く」
ヴェルレーヌの詩「Il pleure dans mon coeur」にドビュッシーが旋律をつけた有名曲。フォーレーも作曲している。

『神坂四郎の犯罪』1958

殺人か？心中か？口八丁の雑誌記者が主人公の現代版『羅生門』。彼のパトロンでもある女性歌手が，回想場面のスタジオで，吹き込もうとして吹き込めないこの曲「巷に……」。人生の謎かけのような映画に伊福部昭のセンスが光る。[監] 久松静児 [脚] 高岩肇 [音] 伊福部昭 [主] 森繁久彌，左幸子

---

13 ｜『リリイ・シュシュのすべて』2001，日本の中学生の荒廃を描き切った傑作。新しい切り口で，痛みも感ぜぬほど鋭利である。
14 ｜『神阪四郎の犯罪』1956，森繁の不思議な個性で成り立った久松静児の裁判劇。

エリック・サティ

Erik SATIE
1866–1925

　例えば絵画で云えば，ゴッホやモディリアーニの様に，例えば文学で云えば，ハーマン・メルヴィルやエミリー・ブロンテの様に，死後圧倒的に認められる天才たちがいる。音楽で云えば，日本におけるエリック・サティが，その典型例である。サティは，第二次大戦以前は，ルネ・クレールの『幕間』で知られる位で，一般にはほとんど知られる事はなかった。専門家の間でも完全なアヴァンギャルド扱いであった。札幌にいた早坂文雄が，盟友，伊福部昭達と，国際現代音楽祭という催しを1934年に開催した際に，サティを取り上げた。これ等は異例中の異例である。早坂も伊福部も共に二人が，札幌という一地方都市を舞台に巡り合い，サティを愛好していた事は，当時の社会情勢を考えると奇跡のような出来事である。その催しの中で，日本でおそらく初めて，サティの「グノシエンヌ」を早坂がピアノで弾いたと記録に残っているが，伊福部も大のサティ・ファンで，部屋には写真を飾り，演奏会では得意のヴァイオリンでサティを演奏していたという。戦後70年代に入った頃から，忘れられていた大作家としてサティの名が少しずつ取り上げられる様になったのは，時代が反体制派を好んで，前衛芸術と手を結んだ事が大きい。1975年以降パリでジャン＝ジョエル・バルビエ（当時のサティの権威）に学んだ，島田璃里，秋山邦晴プロデュースの下，サティを取り上げ続けた高瀬アキ，この二人のピアニストは，サティの普及に大いに貢献している。そんなサティ浮上の流れの中でオクラ入りしていたルイ・マルの『鬼火』(1963) が，1977年になって，ようやく一般公開された。この映画はサティが全編に使われる事で有名であるが，残念ながら決定的に内容が暗く，一部マニアの間で騒がれたが，ヒット作には到らなかった。しかし，その後サティブームの方は，どんどん盛り上り，80年代後半に入ると著作権問題もクリアされ，それこそ飽きれる程，多くのＣＦや映画で使われ現在に到っている。「グノシエンヌ」（第一版）「ジムノペディ」（第一版）「ジュ・トゥ・ヴー」が，主に使われている楽曲である。

Erik SATIE

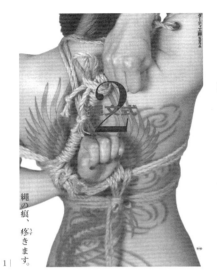

E・サティと日本作品

―

◇「グノシエンヌ」

「グノシエンヌ」は、「第一番」の使用が多い。この忘れがたい旋律は、映像にはまると驚くべきモダンな効果を発揮するが、使用され過ぎた感がある。

『森の向こう側』1988

村上春樹の短編の映画化。主人公が海辺のホテルで出会う謎の女が、図書室を散策するシーン等で、サティ風の作品が流れている。アレンジされた作品というべきか。[監]野村恵一[脚]中村努[音]金久保利子[主]北山修,一色彩子

『その男凶暴につき』1989

北野武の第一回監督作品。音楽はモダンなシンセサイザーによるアレンジで、久米大作があたった。映画のスタイルとサティが良い感じで融合し、成功作となった。この頃はまだ、サティは、著作権の期限が微妙でもあり、日本映画に使用される事は少なかった。まさに早い者勝ちの感がする。[監]北野武[脚]野沢尚[音]久米大作[主]ビートたけし、白竜

『縄文式2』2001

工藤は正にカルト映画監督である。映画評論家から監督になったが、既にキャリアもあり、彼のファンは意外に多い。この路線では、工藤の尊敬する石井輝男という大先輩がいるが、確かに二つとない映画で、そのうちとんでもない大傑作をつくるかも知れない。音楽＝サティとしてしまうところが凄い。[監]ダーティ工藤[音]E・サティ[主]ダーティ工藤、早乙女宏美

『蛇女』2001

ホラー漫画家として圧倒的人気を誇る楳図かずおの代表作の映画化で、実相寺昭雄の助監督を努めていた、清水厚が監督。主演の佐伯日菜子がテーマ曲を歌っているが、この手の少女漫画の映画化作品では、上等な部類に入る作品である。「グノシエンヌ」が、テーマ曲で、「冷たい月を抱く女〜蒼い記憶のグノス〜」と

*

1 ｜ 『縄文式2』2001,縛り法に拘る人々とサティの出会い。弥生式縛りはないのだろうか？

2 ｜ 『蛇女』2000,蛇女といえば、60年代大映の毛利郁子だが、愛人を刺殺し映画界から消えた。今回は蛇年の佐伯日菜子が主役。

IV

いう題で日本語詞（大槻ケンジ）がつけられている。[監]清水厚［脚］小中千昭［音］中川孝［主］佐伯日菜子, 石橋保

『うつつ』2002

伊丹十三の助監だった当摩寿史のサイコサスペンス劇。トリッキーな映画だが, 冒頭, 主人公の夫婦の成り立ちの説明部分, ウエディングドレスの試着シーンの店内に,「グノシエンヌ」5番の一部がかすかに流れている。[監脚]当摩寿史［原］連城三紀彦［音］中田ヤスタカ［主］佐藤浩市, 宮沢りえ

『雪に願うこと』2006

鳴海章原作「輓馬」の映画化。輓馬競馬を背景にした兄弟のドラマ。都会に出た身勝手な弟と, 病気の母を抱えて馬を育てている無骨な兄の関係が, 上手く描けている。「グノシエンヌ」5番が, 弟と, 彼に好意を抱く女ジョッキーとが食事するレストランのBGMとして使用されている。[監]根岸吉太郎［脚］加藤正人［音］伊藤ゴロー［主］伊勢谷友介, 佐藤浩市

『握った手〜BUNGOより〜』2012

日本の昭和の文豪たちの作品を, 6話の短編映画にした『BUNGO』の中の一編。坂口安吾へのフランス文化の影響は, 有名だが, 音楽では, コクトーの「サティ」を葛巻義敏と1931年に共訳した程サティを愛好していた。この短編では, ギター（田窪一盛）とフルート（長崎宏美）が,「グノシエンヌ」を見事に演奏していて, 安吾の相当にフェティッシュな世界と映画とを結ぶ役割を果たしていた。[監]山下敦弘［原］坂口安吾［脚］向井康介［音］E・サティ［主］山田孝之, 成海璃子

◇「ジムノペディ」

「ジムノペディ」からは, 圧倒的に「第一番」が使用されている。以下掲載の映画は, 主に「第一番」を使用した作品である。

『Wの悲劇』1984

音楽は久石譲が担当。劇中劇

*

3 | 『BUNGO ささやかな欲望 告白する紳士たち編』2012, 6話オムニバス。気鋭監督のコンペティションとあるが, バラツキ多し。この山下作品は, 水準以上。

4 | 『Wの悲劇』1984, アイドル映画をアイドル映画で終わらせない澤井信一郎の職人技が, 堪能できる。

Erik SATIE

の一番のクライマックスで「ジムノペディ」が鳴り響く。→IV 06（フォーレ）

『ブレイク・アウト〜行き止まりの挽歌〜』1988→IV 07（ドビュッシー）

『舞姫』1989（日独）
1885年のベルリンで出会った日本青年とドイツ娘の悲恋物語。文豪森鴎外の原作映画化で，『ラスト・エンペラー』で実力を見せた中国人コン・スーが音楽を担当している。サティはドイツ娘がベルリンの街を悩みながら歩いている処で流れる。[監]篠田正浩[音]コン・スー[主]郷ひろみ，リザ・ウォルフ

『神様のパズル』2008
ヒット漫画が原作のSF的な映画であるが，サティは，ほんの少し携帯の待ち受け音楽として使われる。しかし全体の中での音楽対比として，よく考えられていて，監督三池と音楽島山のセンスが光っている。この主人公がサティが好きだと観客に一瞬で判らせて，しかもそこに意味があるからである。[監]三池崇史[脚]NAKA雅MURA [音]島山雄司[主]市原隼人，谷村美月

『君へのメロディー』2010
高校の親友と記憶喪失の少女。最初はミステリアスに始まる切ない初恋物語。物語の展開の鍵が「ジムノペディ」で，何度も登場する。[監]横井健司[脚]佐藤有記[音]遠藤浩二[主]佐藤栄典，岡本玲

『甘い鞭』2013
不妊治療医でありながら夜はSM嬢である主人公，彼女は17才で隣家の男に拉致され一ヶ月陵辱され，最後は男を殺して逃げ出した壮絶な過去を持っている。サティの「ジムノペディ」はSMクラブでのシーンで教会音楽の様に流れるが，観客を，主人公を，癒すような働きにしたかったのか，逆にそれによってより陰惨さを際立たせたかったのか，どちらにも受け取れる。[監脚]石井隆[音]安川午朗[主]壇蜜

『黒崎君の言いなりになんてならない』2016
この曲を弾く主人公の手に悪童が手を重ねる。→IV7（ドビ

5 | 『神様のパズル』2008，天才少女の携帯待ち受け音がサティ。
6 | 『舞姫』1989，ドイツにまでロケした篠田正浩の大作。鴎外を日本まで追いかけたドイツ娘の激情が泣ける。

IV

676 音楽往来

ュッシー)

『ジムノペディに乱れる』2016
日活ロマンポルノ・リブート・プロジェクトの一作。映画を撮れない映画監督と若い女のアヴァンチュール。いなくなった妻が，良く弾いていたサティが，自嘲する主人公の行動の折々に重なる。[監]行定勲[脚]行定勲，堀泉杏[音]めいな Co [主]板尾創路，芦那すみれ
◇「パラード」

『サティの「パラード」』2016
パラードとは，本来は寄席の前に作られた舞台での客寄せパフォーマンスを指す。サティの「パラード」は，バレエ・リュス（ディアギレフ主催の

ロシアバレエ団）の為に，コクトー中心に，ピカソも加わった当時の前衛バレエの為に作曲された。アートアニメで知られる山室はこの曲を，サティ生誕100年（2016）と日本のアニメ誕生150年（2017）にかけて短編アニメとして制作した。[監画]山室浩二
◇「ジュ・トゥ・ヴー」の使用された映画

この曲は，サティの歌曲の中では，一番ポピュラー。数えるのが面倒な程 CF に使われ続けている。下記の作品以外にも，日本の誇るドキュメンタリスト羽田澄子の作品『AKIKO』(1985)，『嗚呼　満蒙開拓団』(2009) 等にも「ジ

ュ・トゥ・ヴー」が登場する。

『女教師2』1995
日活がロマンポルノシリーズを止め，よりポルノ色を強めたエクセスポルノになってからの作品。一般には，単なるエロ映画として扱われているが，思ったより上りは良い。「ジュ・トゥ・ヴー」が，この映画のテーマ曲であり，重要な鍵を握らされている。舞台となる高校の三人の先生と生徒が綾なすセックス中心映画だが，「ジュ・トゥ・ヴー」は，その欲望のテーマとして音楽教師の主人公が繰り返しピアノ演奏する。最後には，高校の校内放送を使って流れる事になる。[監]工藤雅典[脚]

*

7 | 『ジムノペディに乱れる』2016，開演前の劇場内に流れ，映画の冒頭から本編，そしてエンディングにまでの，ジムノペディに疲れる。（使いすぎ）
8 | 『ぱれーど』2016，日本のアニメのアート面を支える貴重な作家の一人，山村浩二がサティに挑戦。理屈抜きに楽しい作品。

Erik SATIE

村上修［選曲］石井ますみ［主］
徳田千聖, 室井誠明
『**火星のカノン**』2002
早熟の才を, 認められた風間
志織の問題作。人の愛の儚さ
が, よく描けていた。主人公
が勤めているチケット・サー
ビス店の場面で「ジュ・トゥ・
ヴー」が2回程, ブラスの音
で聴こえてくる。主人公の心
境にピッタリの選択である。
［監］風間志織［脚］小川智子,
及川幸太郎［音］阿部正也［主］
久野真紀子, 小日向文世
『**転々**』2007
冴えない万年学生と金貸し

との間に起こる風変わりなドラ
マ。金貸しが妻を殺してしま
い, 自首する為に警察まで一
緒について来てくれ, と学生
に頼む。良く出来た脚本で,
現代の家族というものを考え
させられる。「ジュ・トゥ・ヴ
ー」は, その二人の道すがら
路上で弾かれる手回しオルガ
ンの曲である。［監脚］三木聡
［音］坂口修［主］オダギリジ
ョー, 三浦友和
『**嗚呼 満蒙開拓団**』(2009)等
にも「ジュ・トゥ・ヴー」は使
用されている。
◇「ダフェネオ」と「エンパイ

ア劇場のプリマドンナ」
『**メロデ**』1989
高校生で登場し天才と話題
になった風間が22才の時に8
ミリで撮り上げた長編映画。
凡百の商業映画が, 帽子を脱
ぐ柔らかでしかも良く研究さ
れた映画の完成度は驚きであ
る。「ダフェネオ」から始まり,
「エンパイア」は, 主人公の一
人がバイトで勤めているクラ
ッシック専門のレコード屋の
場面で流れている。趣味が良
い。［監脚］風間志織［主］伊
藤亜希子, 山峰仁己, 松永久
仁彦

9 | 『女教師2』1995, ピンク映画の心意気。サティを自由に使いこなした監督工藤雅典と選曲石井ますみのセンスが○。
10 | 『火星のカノン』2001, この星の恋愛は, いつも痛々しく, とても幸福……と風間は言うが, 日本限定な気もする。

IV

モーリス・ラヴェル

Maurice RAVEL
1875-1937

　パリの西の近郊にモンフォール・ラモリーという静かな村がある。ラヴェルが晩年を過ごした家として，丸ごと美術館になっている。この家は，生前と同じに管理されているが，玄関を開けると，まず視界に飛び込んでくるのが日本の浮世絵群である。非常に小柄な人だったらしく，小さく区切られた部屋や，書斎の裏の隠し部屋と，まるでミニチュアの家に入り込んだ様な，ラヴェルの心の中を覗く様な不思議な空間になっている。自ら集めた手の込んだ小物が，ところ狭しとピアノの上にまで並べられていて，世界中の小物に混ざって，小さな日本の竹籠，蒔絵の小箱，人形，中国の花瓶などがその中にもあり，改めて当時の東洋趣味が長い間の流行だった事が偲ばれる。そして，ラヴェルの楽曲には，例えば，「パゴダの女王レドロネット」の様に，一聴して東洋趣味が感じられる楽曲が幾つもあるが，これ等無数の小さなオブジェが明らかに繋がっている事が見て取れる。

　日本では，ラヴェルの影響を受けた音楽家は多い。琴の革命家，宮城道雄が良い例だが，映画との繋がりでは，伊福部昭と早坂文雄の名前を上げなくてはならない。伊福部昭は，モーリス・ラヴェルと映画の事を話す上で，絶対に落とす事の出来ない名前である。彼と早坂文雄は日本の映画音楽を語る上で最重要人物だが，彼等がサティやフランス印象派の愛好家だった点は，日本映画に非常に大きく影響している。例えば伊福部の代表作『ゴジラ』には，明らかに「ボレロ」の影響が見られるし，又，やはり彼がなくては考えられない『座頭市シリーズ』でもテーマ曲として最初から基本に「ボレロ」のリズムを持って来ている。

　一方早坂も黒澤明の注文で『羅生門』では，ボレロ風の音楽を作曲した。ラヴェルは戦前から，安川加寿子等によってドビュッシーと一緒に紹介され音楽教育の中では，フランス印象派として括られている。「亡き王女のためのパヴァーヌ」はクラシック音楽入門曲の一曲となっていて，「水の戯れ」や「夜のガスパール」など演奏の難易度で知られる美しい精緻なピアノ曲も有名である。しかし何といっても圧倒的な認知度は「ボレロ」にあり，これはリズムパターンとして文化に流れ込んでいる。1981年クロード・ルルーシュの『愛と哀しみのボレロ』でも「ボレロ」は何度目かの脚光を浴びたが，ベジャール達のダンスの影響も忘れてはならない。

Maurice RAVEL

1| |2

2000年代になり，著作権の問題もなくなってからは驚く程多くの日本映画に登場し始めた。「ボレロ」は，日本では，年末のカウントダウンの音楽としても有名でその繰り返しのもたらす緊迫感，高揚感は，ますます愛され影響を与え続けている。

M・ラヴェルと日本作品

―

◇「ボレロ」

『エノケンの近藤勇』1935
おそらく日本で初めて映画に使われた「ボレロ」。有名な池田屋騒動の前に，宴会の準備をしている人々の動きに合わせて，面白く使用されている。[監]山本嘉次郎[脚]ピエル・ブリヤント，P.C.L文芸部[音]伊藤昇[主]榎本健一，二村定一

『ひばりの森の石松』1960
おっちょこちょいのヤクザ石松の物語で，ひばりが男役を演じている。「ボレロ」は途中有名な船上での，客とのやり取りの場面を了えて，石松が眠り込んでしまうと，夢の中の竜宮城で，石松を主人公に華やかなレヴューショウが始まる。ここで流れるのが明らかにラヴェルを意識した「ボレロ」のリズム曲である。音楽の米山は，ひばりの超名

曲を，幾作も作曲したもっと評価されて良い作家である。[監]沢島忠[脚]鷹沢和義[音]米山正夫[主]美空ひばり

『痴漢電車～聖子のお尻～』1985
ピンク映画というよりもパロディ映画である。滝田洋二郎は，ピンク映画の形を借りながら，ここでも黒澤の『天国と地獄』の列車での身代金運搬の場面を，痴漢にすり替え，やりたい放題。最後の密

・

1| 『ひばりの森の石松』1960，日本の時代劇ミュージカルとして，出色。ひばりの達者さに舌を巻く。
2| 『銀河英雄伝説』1988，田中芳樹のＳＦ原作のアニメ。アニメならではの宇宙空間にボレロが鳴り響く効果大。
　　©キティフィルム/作 田中芳樹

IV

3 |

4 |

室トリックが明かされるところでは，鍵の細工にたっぷり時間をかけバックに「ボレロ」を流している。[監] 滝田洋二郎 [脚] 高木功，片岡修二 [音] 芥川たかし [主] 蛍雪次郎

『時計 Adieu l'hiver』1986
フィギュアスケートを巡る親子の物語。「ボレロ」はそのフィギュアスケートのBGMとして使われている。→IV 27（ムスタキ）

『銀河英雄伝説〜わが征くは星の大海〜』1988
ラストの重要な宇宙空間での戦闘シーンの始まりから終わりまで「ボレロ」がほとんど全曲流れている。[監] 石黒昇 [音] 風戸慎介／アニメーション

『Bolero』1999→III 補 42（振付家）

『終着駅の次の駅』オムニバス映画『監督感染』の2話目 2003
5人の監督によるオムニバス映画の中の一編。井の頭線，渋谷〜吉祥寺の間を走る電車の乗客たちのそれぞれを描いた短編で，ラヴェルの「ボレロ」やビゼーの「カルメン」などが効果として使用されている。[監] 榊英雄 [脚] 榊英雄，亀石太夏匡 [音] MILK&WATER with 取田恵香 [主] 西島秀俊，目黒真希

『交渉人真下正義』2005
人気TVシリーズからスピン

オフした犯罪ネゴシエイターの警視が主人公。この映画は地下鉄を使った都会型のテロリストと対置する。よくある手だが，テロリストがコンサート会場に爆弾を仕掛け，「ボレロ」はその演目で，最後のシンバルがなるところで爆発すると知っている映画の鑑賞側は否が応でもハラハラさせられる。[監] 本広克行 [脚] 十川誠志，寺島進 [音] 松本晃彦 [主] ユースケ・サンタマリア

『出口のない海』2006
第二次大戦時，海軍は人間が魚雷の中に入る "回転" である。この映画はその回転に乗る若い兵士の物語である。主

*

3 | 『ブラブラバンバン』2007，英映画『ブラス』の影響か？高校生のブラスバンドを描く漫画原作。少女達は上手になり実公演もした。

4 | 『交渉人 真下正義』2005，日本では『踊る大走査線』あたりから，この映画のようなスピンオフ作品が増えた。

Maurice RAVEL

5 | | 6

人公が演習で初めて乗り込む時に「ボレロ」を口ずさんでいる。明らかにラヴェルの「ボレロ」は敵性音楽だが。[監]佐々部清[脚]山田洋次，冨川元文[音]加羽沢美濃[主]市川海老蔵，上野樹里

『ブラブラバンバン』2008
2000年代に流行したバンド映画の一つ。駄目な子供たちが最悪の条件の中で奮起する。謎めいた美少女の転校生が，のっけから誰もいない音楽室で「ボレロ」をホルンで吹いている。[監]草野陽花[脚]草野陽花，森田剛行[音]磯田健一郎[主]安良城紅，岡田将生

『のだめカンタービレ～前編～』2009
主人公の一人（指揮者）が，パリの歴史はあるが崩壊寸前のオーケストラを引き受けるはめになる。その最初の公演の演目が「ボレロ」。既にアンサンブルもとれないオーケストラは「ボレロ」をぶち壊す事になる。あり得ないミスも映画ならなのだが，この名曲をここまで台詞にもあるような「ボロボレロ」として使用した例はない。[監]武内英樹[脚]衛藤凛[音]のだめオーケストラ他[主]上野樹里，玉木宏
→IV 14（20世紀）

『沈まぬ太陽』2009
山崎豊子の大冊ベストセラーを映画化した超大作。実際に

あった飛行機事故と航空会社と政治家との関わりが告発されている。「ボレロ」は，航空会社の役員たちが会食するレストランのBGMとして流れている。音楽の住友紀人は，それほど映画作品はないが，感動的なスコアを書いていた。[監]若松節朗[脚]西岡琢也[音]住友紀人[主]渡辺謙，鈴木京香

『昴』2009
漫画原作のバレエ映画。主人公の天才バレエダンサーが，アルバイトをしている場末の劇場で酔客相手に「ボレロ」を踊る。ベジャールを参照したと，ラストのクレジットに記されていた。[監脚]リ

*

5 | 『出口のない海』2006，何本も作られた人間魚雷回天の，歌舞伎役者版。ポスターが美しい。
6 | 『昴―スバル―』2006，黒木メイサは努力賞。桃井かおりも貫禄賞だが……リー・チーガイ監督のアジアンダンス映画。

IV

7|

|8

一・チーガイ［音］富田恵一, 他［主］黒木メイサ, 桃井かおり, リズ・パーク
『愛のむきだし』2009
園子温の怪作。長くて無駄な部分もあるが, とにかくオリジナルがあり, 個性的な映画。「ボレロ」は真ん中の長い章で, どんどんドラマが進展して盛り上がる処で使用されている。［監脚］園子温［音］原田智英［主］西島隆弘, 満島ひかり, 安藤サクラ
『婚前特急』2010
男にもてると勘違いしている奇妙な女と, エゴの塊のような男との恋愛映画。「ボレロ」は男から男へと都合次第で変わる女の背景で使われて

いる。［監］前田弘二［脚］前田弘二, 高田亮［音］きだしゅんすけ［主］吉高由里子, 加瀬亮, 杏, 榎木孝明
『Boleroボレロ』2012
今時珍しいサイレントモノクロ映画。明らかにチャップリンへのオマージュが感じられロックスターを夢みる男と, 耳の聞こえぬ娘の純愛がドラマの芯になっている。映画の題として「ボレロ」が使われ, 映画の始まりと終わり, また中でもライブのシーンなどで使われている。［監］田島基博［脚］神谷貴之［音］徳備祐子［主］辻岡正人, 小嶺麗奈
『TOKYOてやんでぃ』2013
舞台が好評で映画化された,

落語のバック・ステージ映画。最初は『ブレードランナー』風TOKYOの映像に, 同じくバンゲリス風の音楽がはじまり, 中では, いくつかのテーマが使用されている。芸人が高座に登場する時の出囃子が常にあるので賑やかだが, 音楽は難しかっただろう。「ボレロ」は, 独特のリズムですぐわかるが, 旋律からは, ラヴェルのアレンジと聴こえてくるだけで, この辺に音楽にあまり主張されても困る苦心の跡が見える。音楽の神尾は, ゲーム音楽やアニメが中心で来た音楽家だが, 個性が面白く感じた。［監］神田裕司［脚］村木藤志郎［音］神尾憲一［主］

・

7｜ 『愛のむきだし』2008, 園子温がベルリン映画祭で認められた秀作。約4時間飽きさせない, 悪趣味（キッチュ）のむきだしの力技。
8｜ 『ボレロ』2009, サイレントに拘る田島基博作品。その拘りを解いたら凄い作家になるかもしれない。

Maurice RAVEL

ノゾエ征爾, 南沢奈央
◇「ラ・ヴァルス」

『しずく』1965

たった4分のアニメ。遭難した男が雨水を求めて四苦八苦する様を描いている。最初, 稲妻のショットから始まるが, そこからアニメが終わるまで, ラヴェルが重厚に流れている。背景に墨絵を使い何ともモダンである。[監] 手塚治虫／アニメーション

◇「亡き王女のためのパヴァーヌ」

『文学賞殺人事件』1999

「亡き王女の……」は, 主人公と恋に落ち, 小説を書く決心をさせる, 人妻のテーマであり, 彼女の登場シーンで何度も流れる。そしてその雅な欧風のメロディーが映画に重なるとすべて, パロディになる様に作られている。→IV 04 (サンサーンス)

『大河の一滴』2001

五木寛之のベストセラー小説の映画化。ロシアで知り合ったガイドが, 実はトランペット奏者で, 或る日, 日本の楽団のオーディションにやって来る。この男に恋してしまう主人公の父親は, 死の淵にあり, 第二次大戦後のロシアの日本人捕虜収集所から生き残って来た過去があった。「亡き王女……」は, 物語の出だしの方の場面で, ロシアの青年が居候している友人のアパートで, トランペットでこの曲を吹く。青年役は, セルゲイ・ナカリャコフが演じているが, 最初の一節を吹いた途端にその非凡な音に驚かされる。[監] 神山征二郎 [原] 五木寛之 [脚] 新藤兼人 [音] 加古隆 [主] 安田成美, 渡部篤朗, セルゲイ・ナカリャコフ →IV 13 (19世紀)

『転々』2007

万年学生で一人暮らしの男が, 自分と散歩をしてくれれば, 借金を帳消しにするという貸金屋の申し出を受けて, なんとも不思議な散歩がはじまるが, その中で貸金屋の事情もすこしずつ明かされてゆく。全体に力の抜けた軽さが, この物語の深刻さを救っている。「亡き王女……」は, 散歩を開始してすぐ, 女子大の門

*

9 | 『TOKYOてやんでぃ』2012, 寄席のバックステージ物。安達祐実が, 寄席なのにサーカス的奇怪さ。

10 | 『転々』2007, ほろ苦い, 警視庁までのお散歩はいかが?

IV

惹かれあう孤独な魂たち
この世の果ての恋物語

岩井俊二 最新作

ヴァンパイア

11 |

人気漫画家・西原理恵子の原点を完全映画化
夢を追うすべての人におくる、人生応援ムービー！

上京ものがたり

| 12

の前で，流れてくるが，貸金屋の男は，横断歩道の旗を指揮棒代わりに振り始める。→ IV 08（サティ）

『屋根裏の散歩者』2006
乱歩原作4度目の映画。主人公は，謎に満ちた画家と絵に惹かれて訪ねてきたジャーナリスト。その館には，数名の人間が住んでいるが，「亡き王女……」は，その中の霊媒体質の少女の登場にからんで流れ，エンディングロールでも使用されている。演奏のピアノは上手とは言えない。→ IV 05（ビゼー）

『スノープリンス〜禁じられた恋のメロディー〜』2009
祖父が倒れ，犬と二人きり懸命に荷運びで生活する主人公に被って流れる。モダンなアレンジが，場面の時代と環境から浮いてしまい，かなりイージーに選曲された感じがした。メインで使われている曲がドビュッシーだから，ラヴェルを出したのだろうか。→ IV 07（ドビュッシー）

『私の優しくない先輩』2010
ドラマの中盤，心臓病を患う少女が，父親と街を散策したり，買い物をしたりするシーンで，本人が，自分の死を知っているというモノローグに被って流れている。漫画の映画化で，漫画チックに処理されているのだが，やがて死ぬ少女に「亡き王女……」は，安

易すぎる選択で，興ざめである。監督が，好きなのか他に同じラヴェルの組曲「マ・メール・ロワ」から数曲，使用されていた。[監] 山本寛 [脚] 大野敏哉 [音] 神前暁 [主] 川島海荷，金田哲，入江甚儀

『ヴァンパイア』2011
アメリカ・カナダ・日本の合作による岩井俊二作品。凡百のヴァンパイアものとは完全に一線を画す作品。岩井の映画的な成長が明らかで，昔から大体がワンパターンなこのジャンルに初めて登場したナイーブな吸血鬼像が，新しかった。「亡き王女……」は，主人公が，ある自殺志願の女と心を通わす美しい場面に，ピ

*

11 | 『ヴァンパイア』2011，カナダで撮られた岩井風吸血鬼。山程ある吸血鬼映画の中でも，映像の美しさが際立つ。
12 | 『上京ものがたり』2012，漫画化を目指し上京した田舎娘の物語。漫画原作だが映画になると，主題がB定食の様に見える。

Maurice RAVEL

685

アノの演奏で何気なく流れている。ふらりと迷い込むような自然な使われ方と映像とがマッチしていて，有名曲であっても新鮮であった。[監脚]岩井俊二[音]岩井俊二[主]ケヴィン・ゼヴァーズ，ケイシャ・キャッスル＝ヒューズ

『探偵はBARにいる2 ススキノ大交差点』2012

札幌の歓楽街すすきのを舞台に探偵コンビが，事件を解決してゆく。シリーズの2作目で，主人公の探偵の依頼主の，あるヴァイオリニストが，ラストのコンサートシーンでこの「亡き王女……」を演奏する。殺された彼女の実兄がゲイクイーンだという伏

線があるから，レクイエムとしてこの曲を選んだのだろうがステレオ的である。[監]橋本一[脚]古沢良太，須藤泰司[音]池頼広[主]大泉洋，松田龍平，尾野真千子

『上京ものがたり』2013

大人の漫画の人気作家西原理恵子の自伝的3部作の一作目で，田舎者を自負する主人公が上京し，キャバクラでバイトをしながら，なんとか漫画作家としてデビューするまでを描いている。監督自身の俳優経験が，よく作用しているのか，出演者のナチュラルな演技が作品の好感度を上げている。「亡き王女……」は，後半で，挫折した主人公が悶

え苦しむ場面で，ラジオから流れてくる。[監脚]森岡利行[原]西原理恵子[音]野島健太郎[主]北乃キイ，池松壮亮，瀬戸浅香

『あいときぼうのまち』2014

福島は，2011年の津波と原発事故で世界中に知られるようになったが，実は1945年から軍部により石川町でウランの採掘がなされていた事を知る人は少ない。この映画は親子4代に渡る物語だが，映画としては言いたい事が，多過ぎまとまりを欠いてしる。しかし，作らずには居られなかった映画であり，津波で死んだ祖母を自分の処為であると思い込んだ主人公が，ホル

*

13 | 『探偵はBARにいる2　ススキノ大交差点』2013，日本映画には珍しく地方の洒落感を出せた。監督は職人橋本一。ラヴェル使用はステレオ的。

14 | 『ポセイドンの涙』2013，東日本大震災時の海上自衛隊のドキュメンタリー。事実を前に，人間とは何かを考えられずにいられない。

IV

15 ｜ 家電に翻弄された四世代の家族を通して、七十年に渡る日本の歩みを描いた愛と希望の物語。 ｜ 16

ンで吹く「泣き王女……」は、劇の最後を導引する重要な役を担い、楽曲としての感動が、時代を超える事を実証している。[監]菅乃廣[脚]井上淳一[音]榊原大[主]夏樹陽子、勝野洋

『寄生獣・完結編』2015

1100万部売り上げたコミックの実写映画化。寄生獣（パラサイト）が知らぬ間に人間に成り代わり増殖を続ける中、自身も右手のパラサイトと共生している高校生が、寄生獣と闘う。「亡き王女……」は、その寄生獣の集合体が寄生しているパラサイトが、人間はいない市役所のピアノでメロディーを辿る。荒涼としたレクイエムが良く似合う場面である。[監]山崎貴[脚]古沢良太、山崎貴[音]佐藤直紀[主]染谷将太、深津絵里、浅野忠信

◇ 組曲「鏡」

『歓待』2011

"軒を貸して母屋を取られる"非常に皮肉に満ちた映画である。オープニングには有名なピアノ曲「水の戯れ」エンディングにはピアノ組曲「鏡」から「悲しい鳥」が使用されている。[監脚]深田晃司[音]やぶくみ子、片岡祐介[主]山内健司、杉野希妃、古舘寛治

◇「ピアノ協奏曲ト長調」

『のだめカンタビーレ 最終楽章後編』2009

主人公のピアニストが、恋する先輩と共演したいと夢見る曲である。主人公が出会う、成長の為の挫折、その重要なきっかけとして、この選曲はセンスが良い。[監]川村泰祐[脚]衛藤凛[音]のだめオーケストラ[主]上野樹里、玉木宏

・

15 ｜ 『あいときぼうのまち』2013，大島の処女作のひらがな版題は偶然か？極めて作り難い原子力問題に挑んだ意識は買いたいのだが……。

16 ｜ 『のだめカンタービレ最終楽章後編』2010，漫画原作に居直った映画は，下手な監督では撮れない。同様に，漫画演技は下手な俳優がやれば悲惨である。

Maurice RAVEL

オペラへの誘い

フランソワ・オーベール，アンブロワーズ・トマ，
ジュール・マスネ，バンジャマン・ゴダール，ガブリエル・ピエルネ

François AUBER 1782-1871, Ambroise THOMAS 1811-1896,
Jules MASSENET 1842-1912, Benjamin GODARD 1849-1895,
Gabriel PIERNE 1863-1937

　オペラが日本で初めて上演されたのは明治27年(1894)である。赤十字のバザー
でオーストリアン・ハンガリー大使館の職員によるグノーの「ファウスト」が上演
されたと記録に残っている。場所は東京音楽大学(現芸大)である。その後外国人
の演奏家たちや日本からの海外音楽留学生の帰国者などが続々と現れ，浅草オペ
ラ(1917–1923)の隆盛につながっていった。その中で興味深いのは日本語の翻訳詞
で唄われるオペラが登場した事よりも，日本語によるオリジナルのオペラを創ろ
うという動きが起こってきた事である。シェイクスピアの普及の貢献者，坪内逍
遥の指導の下，雅楽師でもある東儀鉄笛による「常闇」(1906)や，山田耕筰の「堕
ちたる天女」「黒船」など意欲的な作品が作られた。

　日本のオペラ発達史上，絶対忘れてはいけないのが帝劇に招かれたイタリア人
の舞踏家で演出家のジョヴァンニ・ヴィットーリオ・ローシーである。彼の役割
はまさに舞台全体の総合プロデューサーと教師の両方であった。それに加えて日
本人で海外の舞台を経験した者，海外音楽留学生などが続々と輩出して浅草オペ
ラの隆盛に続いていった。

　スコットランドと日本のハーフ藤原義江と，フランスと日本のハーフ，佐藤美
子の二人の混血歌手も記しておかなくてはならない。藤原は1921年に初めてオ
ペラ専門の藤原歌劇団を設立し少し遅れて誕生した二期会と共にオペラの紹介
に尽力した。藤原は特にフランス人作家のオペラに力を入れていて，アンブロワ
ーズ・トマの「ミニヨン」(1951)等の重要作も地道に上演し続けてきた。トマは日
本では「ミニヨン」以外にあまり上演されていないのに関わらず，その中のアリア
「君知るや南の国」が堀内敬三により日本語訳されて，浅草オペラの代表作として
良く一般に唄われた。黒澤がこの唄が好きで映画『醜聞』の中で使用している。ト
マより先輩であるフランソワ・オーベールの「岩に凭れた」も，同様に浅草からポ
ピュラーになった楽曲である。

　ピエール・ロティの「秋の日本」の中で，彼が皇室の園遊会で聴いたとしてジュ

1

2

ール・マスネの名前が出てくるが，「マノン」「ウエルテル」「タイス」「ドンキショ
ット」と代表的な彼のオペラはほとんど日本で上演されている。中でも「タイス」
(1921年ロシア歌劇団により初演)の「瞑想曲」，この曲は非常にポピュラーであり多く
の演奏家により上演され録音されてきたが，現在なお，映像でも使用度の高い曲
である。

　マスネと同時代のバンジャマン・ゴダールと彼の弟子にあたるガブリエル・ピ
エルネにも触れたいが，二人とも，その名は現在では世界的には忘れ去られてし
まった感があるが，ゴダールの「ジョスランの子守唄」はメロディーとしては知ら
れていて，一曲の唄の力を見る思いがする。大林宣彦がこの唄が好きで二回登場
させている事も記しておきたい。ピエルネは，マスネとオルガンのセザール・フラ
ンクの影響も受けていて，印象主義とロマン派を結ぶ存在として戦前は良く演奏
されたようである。しかし第二次大戦後，彼が指揮者として印象派の紹介に功績
をあげた事は目にするが，彼の美しい楽曲自体は，それ程演奏されない様である。
成瀬巳喜男が，『雪崩』で使用した「セレナーデ」は，その時代のクラシック曲の
流行を見る思いがする。

＊

1 ｜ 『スキャンダル (醜聞)』1950，黒澤の社会派的一面が強く出た作品。法廷のシーンが多くそれぞれのキャラの扱
　　いが，流石に上手い。
2 ｜ 『スパイ・ゾルゲ』2003，篠田正浩悲願の引退大作。大宣伝されたが，テーマ的に訴求が弱かった。妻によるメー
　　キングも作られた。

<u>オペラへの誘い</u>

F・オーベールの日本作品

—

『スイート・ホーム』1989

フランソワ・オーベールのオペラ「フラ・ディアボロ」は、オペラそのものよりもアリア「岩に凭れた」が、「ディアボロの歌」として戦前大いに人気を博した。この映画は、伊丹プロが製作したが、黒沢清側からのVIDEO化を巡る訴訟が起きた。映画の中では、エクソシストの様な老人（伊丹十三）が、酒を飲みながら、歌っている。[監脚]黒沢清[音]松浦雅也[主]宮本信子、山城新伍

A・トマと日本作品

—

◇「君知るや南の国」（オペラ「ミニヨン」より）

『七つの顔の男』1946

怪盗ルパンの日本版の様な多羅尾伴内の一作。宝石盗難事件に巻き込まれた歌手が、この唄を自宅でピアノを弾きながら歌う。→I 17（ルブラン）

『醜聞スキャンダル』1950

黒澤明の作品群の中では埋もれてしまっている作品だが、彼の社会派としての素質がかなりストレートに出ている作品。「君知るや南の国」は、主人公の男女が出合う時に女（声楽家）が口ずさんでいる曲で、その後その女のテーマ曲の様に数回、少しずつ画面の中に登場する。→I 03（オッフェンバック）

『スパイゾルゲ』2003

日本で死刑になったゾルゲというドイツ人にしてロシア連邦の実在のスパイの物語。「君知るや南の国」は、ゾルゲが外人BARでアメリカ人ジャーナリストと初めて会う場面で流れている。篠田は、ずっと音楽を武満徹と組んでいたが、彼の亡き後、池辺に代わった。[監]篠田正浩[脚]篠田正浩、ロバート・マンディ[音]池辺晋一郎[主]イアン・グレン、本木雅弘、椎名桔平、葉月里緒奈

---

*

---

3 | 『あの, 夏の日』1999, 名優小林桂樹が二役を演じる大林作品。度々開かれる尾道物産展。何度も, 生地に拘泥する姿は, 地方市会議員の陳情の様だ。

4 | 『転校生―さよならあなた―』2007, 尾道は, 楽しめない乗り物もある大林のディズニー・ランドだ。

J・マスネの作品が使用された日本映画

―

◇「瞑想曲」(オペラ「タイス」より)

『放浪記』1935

放浪の作家といわれた人気大衆小説家林芙美子の、大ベストセラーの映画化。単行本化されたのが1930年で、映画化はその後3回されているが、この一回目の作品は、同時代の空気感を持っていて、他の2作に無い説得力を持つ。明治時代の唱歌として有名になったジョン・P・オードウェイの「旅愁」が、メインに使用されているが、男に騙されながら、同僚の女給と話しながら旅商人の貧しい両親に手紙を書くシーンでは「瞑想曲」が被って主人公の心情を描いている。[監]木村荘十二[原]林芙美子[脚]小林勝[音]池譲[主]夏川静江、藤原鎌足

『ドーベルマン刑事』1977

豚を連れた刑事が、石垣島から東京へふらりと現れ難事件を解決してまた島へ戻って行く。ヤク中の新人歌手に、なんとか歌謡賞をとらせようとするヤクザの純愛も絡み、深作欣二の職人技、千葉真一のアクションも冴えているが、いささか話が、込み入りすぎた嫌いがある。「瞑想曲」は、歌謡賞の審査委員長に、脅しをかける怪しげなクラブのシーンに流れている。[監]深作欣二[原]武論尊, 平松伸二[脚]高田宏治[主]千葉真一, ジャネット八田

『転校生』1982

「ハウス」で本編デビューした大林宣彦の5年後の記念的映画。「瞑想曲」は、(男になってしまった)主人公がその女ともだちの家に招かれ、秘密を打ち明けてしまう庭のシーンで流れている。エンドクレジットにも使用されていた。[監]大林宣彦[脚]剣持亘[音]山下康介[主]尾美としのり, 小林聡美

『もどり川』1983

日活ロマンポルノで多くの佳作を遺した, 神代の意欲作。カンヌにも出品された。大正の歌人がテーマで出演者も豪

5 | 『ドーベルマン刑事』1977, 人気漫画原作の映画版。豚をペットにした野獣刑事が, 都会で大活躍。

6 | 『もどり川』1983, 神代の文芸大作。主役の口跡が悪く聞き取れない箇所が, ドラマを時々中断させる残念作。

*

オペラへの誘い

7 |

| 8

華である。残念ながら主役にインテリジェンスが感じられず、又活舌の悪さで台詞を聞き取り難い等マイナス点が多いが、大正のデカダンなムードを出す事には成功していた。「瞑想曲」は流しのシュトロー・ヴァイオリン演歌師が女郎屋の外で妙にウキウキと弾いていて、時代の演出に一役買っていた。［監］神代辰巳［原］連城三紀彦［脚］荒井晴彦［音］DONJUAN、篠原信彦［主］萩原健一、原田美枝子、藤真利子

『愛情物語』1984

「あしながおじさん」を下案にしたアイドル映画。主人公は、クラッシックバレエを子供の頃から学んでいたが、あるミュージカルに感動し、そのオーディションを受ける決意をする。だんだんと、自分のやりたい事を自覚し始めた少女は、自分の出生の秘密を自ら探し次第に大人になってゆく。「タイス」は、主人公がクラッシック・バレエを踊るシーンで使用される。［監］角川春樹［原］赤川次郎［脚］剣持亘　［音］甲斐正人［主］原田知世、倍賞美津子

『屋根裏の散歩者』1994

江戸川乱歩のフェティッシュな有名小説の映画化。何回も映画化されているが、この作品が一番成功している。「タイス」は、主人公の下宿の隣に越してきた奇妙なヴァイオリニストの登場とともに、レコードや彼女自身の演奏で度々流れる。ここで注目すべきなのは、この自称映画館のオーケストラ団員（時代は1920年代）という女の正体が、実は、気が触れたお嬢様で、ドラマの進行と共に、だんだんおかしくなってゆくのだが、演奏する「タイス」の音程がずれ、時には現代音楽風のノイズがかぶったりしてくる事である。主人公も含めて、登場人物が全員病んでいて、音程の狂ったヴァイオリンのキーキーした「タイス」はまるでこの映画の象徴のように思える。音楽担当は現代音楽で知られる松下功で、音にうるさいと言われる実相寺に応えている。［監］実

・

7 |　『愛情物語』1984，本場ミュージカルコンプレックスを出生の秘密コンプレックスで跳ね返すアイドル根性物語。

8 |　『屋根裏の散歩者』2016，この曲で進みゆく狂気を表現した実相寺のセンスの良さ。宮崎ますみが好演。

IV

相寺昭雄［脚］薩川昭夫［音］松下功［主］三上博史，嶋田久作

『刑務所の中』2002

淡々と日本の刑務所の中が描かれている。芸達者が揃い，評価された映画である。「タイス」は，囚人たちが正月の刑務所で出されるおせち料理の色々に想いをはせる面白いシーンで流れる。［監］崔洋一［脚］崔洋一，鄭 義信，中村義洋［音］佐々木次彦［主］山崎努，香川照之，田口トモロヲ

『地球交響曲 No.6』2007

今回は，音と光がテーマで，インドのラヴィ・シャンカールや，アメリカの稀有なピアニスト，ケリー・ヨストが登場する。感動的な「瞑想曲」が

ケリーの演奏で流れてくる。［監］龍村仁

『三本木農業高校，馬術部』2008

視力の亡くなった名馬と，それを引き取った青森の農業高校馬術部をテーマにした実話の映画化である。撮影に一年かけたという丁寧なつくりで，昔なら教育映画として文部省推薦になるタイプの映画だが，それ程辛気臭い映画ではない。その馬術部の指導教員が，厩を見にゆく場面に，「瞑想曲」が流される。馬を正面のテーマにした日本映画は珍しく，現在，都会ではまず見られない若者像が清々しい。［監］佐々部清［脚］岡田茂，佐々部清［音］押尾コータ

ロー［主］長渕文音，柳葉敏朗，黒谷友香

『丘を越えて』2008

文豪，菊池寛の若い女秘書の物語。東京都知事を務めた猪瀬直樹の小説が原作。好色な文豪が主人公に，いつ迫るのかという緊迫感の中で，旅館に泊まるシーンで使われている。［監］高橋伴明［脚］今野勉［音］つじあやの（主題歌）［主］西田敏行，池脇千鶴，西島秀俊

『ツレがうつになりまして』2011

細川貂々のベストセラー漫画の映画版。うつ病という，極めて悩ましい現代病，しかも実話の重々しさは，漫画であるから救われる要素が大きい

オペラへの誘い

と思われるが，佐々部は，映画としても成りたたせていた。音楽は非常にポピュラーなクラシックがシークエンス毎に付けられて居る。「瞑想曲」は，春になり桜が咲いた庭先でウツ病の夫と漫画家の妻が，会話をする部分で使われている。あまりにも有名な曲は下手をすると陳腐なのだが，全体をポピュラークラシックでまとめる事が，内容の重さを和らげていて違和感はなかった。[監]佐々部清[脚]青島武[音]加羽沢美濃[主]堺雅人，宮崎あおい

『カルテット』2012

「瞑想曲」は映画の始まりのヴァイオリンの授業で，少年

が女教師から未熟さを指摘されるシーンで使われる。→IV 06（フォーレ）

◇「鏡の歌」（オペラ「タイス」より）

『鏡地獄～乱歩地獄より～』2005

江戸川乱歩原作のオムニバス映画。鏡地獄は二話目でベテラン実相寺昭雄が演出している。鏡職人と鏡のミステリーで映像が凝っていた。マスネの名はエンディング・リストに載せられている。「鏡のアリア」が全編に流れて効果を上げていた。[監]実相寺昭雄[脚]薩川昭夫[音]J・マスネ[主]成宮寛貴，寺田農

B・ゴダールの日本作品

—

◇「子守唄」（オペラ「ジョスラン」から）

『あの夏の日～とんでろじいちゃん～』1999

中山恒の原作を大林宣彦が監督した小品。彼の尾道シリーズの中でも屈指の出来である。「ジョスランの子守唄」は，明治時代に活躍した近藤朔風の美しい歌詞を中村淑子が唄ったSP盤で使われている。物語の重大なテーマが歌詞と重なっていて何度も口ずさまれている。小林桂樹の名演技が光る。[監]大林宣彦[脚]石森史郎，大林宣彦[音]學草太郎[主]小林桂樹，厚木拓郎

・

11 |『三本木農業高校，馬術部』2008，馬を主人公にした実話。地味にきっちりと作られた優秀映画会推薦的真面目な映画。

12 |『丘を越えて』2008，菊池寛と映画の関係は深い。大映の社長だった事もあるし，原作は100本以上映画化されている。

13 |

14 |

『転校生さよならあなた』
2007
大ヒットした『転校生』を、大林が自身でリメイク。彼の作品独特の遊びが全編にあり、「ジョスランの子守唄」は、『あの夏の日〜とんでろじいちゃん〜』のパロディの様に、男女の性が入れ替わってしまった主人公の友達が、心配して電話をかけるシーンで流れている。遺影の形で、『〜とんでろ〜』のおじいさん役小林の写真までが出てくる。[監]大林宣彦[脚]剣持亘、内藤忠司、石森史郎、南柱根、大林宣彦[音]學草太郎[主]蓮佛美沙子、森田直幸

G・ピエルネの日本作品
―
◇「セレナーデ」
『雪崩』1937
大仏次郎の原作の映画化作品。愛し合っていながら結婚しなかった幼馴染の男女とその嫁、弟など3家族が繰り広げる人間模様。「セレナーデ」は、別荘に住む病弱の弟を見舞う、悩み多き主人公の女に被るように、ヴァイオリンとピアノで流れる。その時代のブルジョワの暮らしにぴったりの選曲である。助監督に黒澤明と本田猪四郎の名が見える。[監脚]成瀬巳喜男[音]飯田信夫[主]佐伯秀男、英百合子、霧立のぼる

·

13 |『ツレがうつになりまして』2011、堺雅人の含み笑いが、悲しく恐ろしい。
14 |『乱歩地獄』2005、マニアックなオムニバス映画。「鏡のアリア」を使用した実相寺篇の、鏡を使ったカメラが特出していた。

オペラへの誘い

バレエ音楽への誘い

アドルフ・アダンとレオ・ドリーブ

Adolphe ADAM 1803–1856, Léo DELIBES 1836–1891

　日本には国立のバレエ学校というものがない。しかしそれに変わって幾つもの
バレエ教室があり，それこそダンス教室の類まで入れたら700とも800とも云われている。そんなバレエ教室の生徒や保護者たちはバレエ文化を支えるベースとなっている。日本のバレエについては，ローラン・プティとモーリス・ベジャールの項で触れているが，バレエの演目は，その有名度，興行成績が上演の大きな決め手になる。アダンの「ジゼル」ドリーブの「コッペリア」（あえて全幕とは云わない）は，その中でも重要な位置にある。歌舞伎には「歌舞伎十八番」といわれる超有名な演目があるが，「ジゼル」「コッペリア」は日本に於ける“バレエ十八番”という処だろう。「コッペリア」は1922年来日の名プリマ，アンナ・パヴロワから一般的になったが，全幕日本人によって上演されたのは1947年東京バレエ団によってである。一方詩人ハイネの「精霊物語」から想を得た「ジゼル」は1952年に松尾明美バレエ団によって初演されている。両者ともその上演に，第二次大戦後の日本のバレエブームの影響が見て取れるが，このバレエブームというのは，ある時はその時公開されたバレエ映画であったり（例えば大ヒットしたイギリス映画『赤い靴』にジゼルが使われている），パヴロワのステージであったり，ヒットしている少女マンガであったり，あるきっかけからブームが広がってゆく。日本映画の中に使われるバレエ音楽は当然バレエを題材としたものが多いが，「ジゼル」が好まれていて，随分の数の映画に使用されている。「コッペリア」のメロディーも日本人なら誰もが耳にしていて，良くＣＦやＴＶドラマに流されている。

A・アダンと日本作品
—
◇「ジゼル」
『踊りたい夜』 1963
ナイトクラブで踊る芸人一家の父と姉妹の物語。末娘がショウの芸人から本格的なバレエを習いたいと猛レッスンを

する場面で「ジゼル」が使われる。バックステージ物として井上梅次が手堅くまとめており日本のミュージカルとして記憶に残る映画である。後に井上自身が香港映画でリメイクしている。[監脚]井上梅次[音]広瀬健太郎[主]水谷

良重，倍賞千恵子，鰐淵晴子
『モスクワわが愛』 1974
ボリショイバレエ団の日本のオーディションに合格した主人公が，モスクワで「ジゼル」のプリマの為の特訓を受けるが，白血病が発症してしまう。日本とロシアのバレエ関

係のパイプの太さが垣間見られる合作映画である。何度も劇中でリハーサルされる「ジゼル」等のバレエシーンが素晴らしく、映画としての多くの問題点をカバーしている。[監]吉田憲二，アレクサンドル・ミッタ[脚]柏原敏之，千葉茂樹，エドワード・ラジンスキー[音]ボリス・チャイコフスキー[主]栗原小巻，オレグ・ヴィドフ

『花を摘む少女と虫を殺す少女』2000

上映時間4時間以上という，見るのに情熱が必要な映画。日本では幻の作品で，ＤＶＤにもなっていないが，海外のネットで視聴出来る。ほとん

どがイギリスで撮影された作品で，一人の男の二つの局面に別々に恋してしまった二人の少女（それは誰の意識の中にもある恋心の純粋さと理解できる），まさに「ジゼル」がモチーフとなっていて，そこに役者のインタビューがはさまる。監督の矢崎は，作品数は少ないが，海外での評価が高く，円熟期を迎えての今後に期待がかかる。[監]矢崎仁司[脚][音]サイモン・フィッシャー＝ターナー[主]ニコル・マルレーネ，川越美和，太田義孝

『昴スバル』2008

日本・中国・シンガポール・韓国と文字通りアジアの合作映

画である。「ジゼル」の「アルブレヒトの踊り」を主人公が場末のレビュー小屋で，オーディション代わりに踊らされる。→Ⅳ 09（ラヴェル）

『草刈民代最後のジゼル』2012

夫である周防正行が，いかに草刈を愛しているかが映画を通して伝わるドキュメンタリー。レニングラード国立バレエ団員と女優業と二足のわらじはいていた草刈が踊る「最後のジゼル」。映画としてきちんと出来ているのだが，やはり「ジゼル」を演じてそれをスクリーンに映すには被写体とヒロインとの年齢差があり，それがドキュメンタリーで，だから最後なのだと云わ

*

1｜　『踊りたい夜』1963，戦後60年代ぐらいまで，ショーを入れる大キャバレーがあった。それを知らない世代には夢の世界の物語。

2｜　『モスクワわが愛』1974，当時日本には“コマキスト”と言われた男性ファンが沢山いた。彼女は，ロシアで大受けの国際スターだった。

バレエ音楽への誘い

3│ 　　　　　　　　　　　　　　　│4

れても，抵抗がある。監督の個人的思惑が客観性を上回っている。[監脚]周防正行[音][指揮]カレン・ドゥルガリヤン[演奏]レニングラード国立管弦楽団[主]草刈民代，レニングラード国立バレエ団

L・ドリーブと日本作品
—

◇「スワニルダのワルツ」～「コッペリア」より
『虞美人草』1935
清貧の徒であった主人公が，ブルジョワの娘とその広い庭園でお茶を飲んでいるところに，「コッペリア」が流れている。自由奔放に見えて封建的な家柄に縛られている娘と，育てられた恩に縛られた主人公と……そこに流れる「コッペリア」は，まさに彼らの暗喩になっている。[監]溝口健二[脚色]高柳春[選曲]酒井龍峯，高木孝一[主]夏川大二郎，月田一郎，武田一義，大倉千代子
『野良犬』1973
黒澤明の名作のリメイク版。超有名作の影に隠れてしまった感があるが，ベテラン森崎東が，見応えのある作品に仕上げている。本土の人間に恨みを持つ沖縄の少年グループが犯人なのだが，黒澤版で印象的な敗戦後の焼け跡が，すっかり様子を変えた日本の新宿歌舞伎町のシーンで，「スワニルダのワルツ」が流れている。コッペリアの様に，何かに操られるように生きている大戦後の日本の若者の苦悩が滲んでいる。[監]森崎東[脚]一色爆[音]佐藤勝[主]渡哲也，芦田伸介，松坂慶子

＊

3│　『花を摘む少女と虫を殺す少女』2000，ロンドを舞台にした矢崎仁司の四時間超えのカルト映画。「ジゼル」を念頭に脚本を書いたという。
4│　『野良犬』1973，黒澤映画を森崎がリメイク。犯人である沖縄の若者たちが描き足りないが，迫力ある佳作。音楽は佐藤勝。

IV

フランス12–18世紀の音楽家たち

Musiciens français du XIIᵉ au XVIIIᵉ siècle

　現代から遠い時代の音楽を聴くと，その時代が離れていればいる程，のどかに聴こえるのは，単なるテンポの問題だけではない。我々の中に解け込んでいる音のDNAの様なものが，デジャヴュをもたらすのだろう。近代に移入された西洋音楽に関してもそれは云えて，あくまで歴史上の時代よりも，実はもっとずっと昔から何処かで耳にしていたのではないかと思ってしまう。信長が少年使節団をヨーロッパに送ったのは1582年（天正10年）である。彼が好奇心の強い男でなかったら，多分日本の文化も，我々現代人の西欧音楽への既知感も随分変わっていたのではないだろうか。四名の少年使節団はキリスト教徒であった九州の大名たちの推挙で送られたが，スペイン国王，ローマ法王，メディチ家のフランチェスコ一世と一通り当時のVIPを表敬訪問している。彼らが1590年に帰国した時には，信長は亡く，代わりに秀吉が国を治めていた。この少年たちは，訪欧中，健気にもよく異国の文化を学び，楽器の技術まで習得して帰国した。その翌年1591年には，秀吉の為に，聚楽第でジョスカン・デ・プレの「千々の悲しみ」を演奏している。武満徹はこの辺を上手に『利休』(1989) に取り入れている。フランスのバロック，ルネッサンス，古謡は，日本映画にはさすがにそれ程多くの使用例はないがしかし，注目すべきはカテリーナ古典合奏団という，松本雅隆が1973年に結成した古楽ばかりを演奏するグループである。演奏は全部当時の復元楽器で行われ，舞台，映画，劇番と非常に幅広く活躍している。

フランス古典音楽と日本作品
—
◇ランボー・ド・ヴァケイラス（1165頃–1207）
『絵の中のぼくの村』1996
田島征彦，征三の双子の絵本作家の自伝的作品で，高知の田舎が舞台である。因みに高知のある四国は日本でも一番

多くの自然が残っている場所である。音楽はカテリーナ古典合奏団のアルバム「ドゥクチア」が全面的に使用されて素晴らしい効果を上げている。この映画はフランスでも公開されたが，あまり話題にはならなかった様だ。第46回ベルリン映画祭では銀熊賞

を授賞している。「プランナルス」ルネッサンス期のクロード・ジェルヴェーズ（1540以前–1558以降）の名もクレジットされている。[監]東陽一[脚]東陽一，中島丈博[音]カテリーナ古楽合奏団[主]田島征彦，田島征三
◇ギョーム・ド・マショー（1300

頃–1377)

『ガマの油』2009

役所広司が初監督で主演した、家族の物語。時系列が判りにくく、それが映画を失敗させている。しかし流石に、登場俳優の選択が良く、後味は悪くはなかった。音楽は、民族音楽専門のグループ、タブラトゥーラが担当し、全編に癒し感が漂った。ド・マショーの「恋人と会った帰りに」が主題曲扱いの一つになっていて、何度も流れている。
[監]役所広司[脚]うらら[音]タブラトゥーラ[主]役所広司、小林聡美、瑛太
◇ジョスカン・デ・プレ(1450頃–1521)とウスタシュ・デ

ュ・コーロワ(1549–1609)

『利休』1989

室町から安土桃山時代にかけて、わび茶を完成させた千利休は、現代日本でも、まず知らぬ人はいない。彼の波乱に満ちた生涯は、時の権力との戦いでもあり、いままでに何度も、芝居や映画になってきた。1989年は、彼の死後330年に当たる年だったが、利休に関する映画が、2本作られた。一本は、重厚な作品で定評のある熊井啓が、『本覚坊遺文』として、主人公を利休の弟子にして描いた秀作で、ヴェネツィア映画祭で銀獅子を取っている。もう一本は、勅使河原宏の『利休』で、こち

らもベルリンやモントリオール等の映画祭でいくつかの賞に輝いている。この2本の利休の音楽を比べてみると面白い。『本覚坊…』は、松村禎三、『利休』は、武満徹。共に同世代の天才肌の音楽家が、同じ室町時代を扱う映画に、どの様にアプローチしているか、是非見比べ、聴き比べしていただきたい。松村が、和楽器を中心に無調音楽の粋を聞かせれば、武満は、信長や秀吉が聞いた可能性が高い中世の音楽やグレゴリアン聖歌がイメージに在ったようで、J・デ・プレ「千々の哀しみ」や相当にマニアックなE・デュ・コーロワ「ファンタジー」に、自

---

1 | 『絵の中のぼくの村』1996, 何の名物もない、日本の田舎の田園風景の素晴らしさを気づかせてくれたのは、確かに外国人である。

2 | 『ガマの油』2008, 監督する事で、また演技の深みが増すのだろうが。餅屋は餅屋、油屋は油屋という事で……。

3 |　　　　　　　　　　　　　　　　　　　　　　　　　　　| 4

身の欧風楽曲を混ぜている。[監]勅使河原宏[原]野上弥生子[脚]勅使河原宏，赤瀬川源平[音]武満徹[主]三國連太郎，山崎努，三田佳子

フランスバロック音楽と日本作品

◇ ロベール・ド・ヴィゼー（1650–1725）とマラン・マレ（1656–1728）

『恋の罪』2011

1997年に起きた東電OL殺人事件は，殺された売春婦が，実は現役エリートOLであったというショッキングな事件であった。犯人とされたネパール人の不法労働者の冤罪は晴れたが，犯人は未だ逮捕されていない。この事件は，日本社会のひずみが，はっきり現れた事件として，様々な本が書かれ，映像にもされたが，下案にした園子温の映画は，事件から10年以上の隔たりを一気に蹴り飛ばす，衝撃作であった。なんとも凄惨な血に溢れた映画に，園と音楽の森永は，フランスバロックから2曲のTombeau（追悼曲），リュートによる「令嬢たちへのトンボ」（ヴィゼー）とヴィオラ・ダ・ガンバによる「リュリ氏へのトンボ」（マレ）を選び，映画全体を墓地の様なしめやかな空間とする事に成功している。[監脚]園子温[音]森永泰弘[主]水野美紀，冨樫真，神楽坂恵

『ひそひそ星』2016

死の匂いに満ちた宇宙間宅急便の映画。3.11以後の福島県浪江町の荒涼たる映像が，幾つかの惑星に適用されている。どこにでもある日本家屋が，星を渡る宇宙船の姿で，象徴的である。「リュリ氏へのトンボ」が重要な主題曲で，映画では数回，瞬間カラーになる場面や最後の影画の長い回廊の場面でしめやかに流れる。[監脚製]園子温[主]神楽坂恵

◇ フランソワ・クープラン（1668–1733）

『肉体の学校』1965

3 |　『恋の罪』2011，ようこそ，愛の地獄へ。「東銀OL事件」を下敷きにした地獄絵図。
4 |　『ひそひそ星』2015，手作り感満点の紙飛行機映画。撮影中のドキュメンタリー『園子温という生き物』が，良いガイドブック。

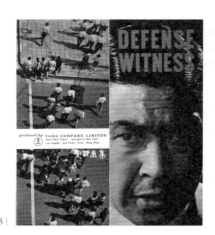

5 |　　　　　　　　| 6

三島由紀夫の原作によるコール・ボーイとパトロンヌの物語。音楽は伊福部昭の弟子筋，池野が担当し，物語風の演出に「クラヴサン組曲」を使用し，ドラマに格調を与えていた。当時としては，かなり大胆にタブーに挑戦した話題作だった。→Ⅰ38（三島）

『黒い画集　あるサラリーマンの証言』1966

松本清張の原作。浮気を知られたくない為に偽証してしまうサラリーマンの話。堀川弘道の作品。全編にクラヴサン組曲が，ドラマの緊迫感を和らげる効果を生んでいる。アリバイに，フランス映画が挿入されている。著作権がまだ

ゆるやかだった時代ならではの話である。→Ⅱ26（ボワロン）

『フィラメント』2001

マルチな活躍をする辻仁成の映画。この映画でも脚本，監督，音楽を担当し多才なところを見せている。家族の絆がテーマだが，父親役には世界的アート写真家森村泰昌を配している。彼が女装する過程で，クープランの演奏会用小品から「ラ・トロンバ」と「悪魔のアリア」が2曲使われている。登場人物の誰もが激しいキャラクターを持ち，彼らが，がなればがなる程，バロック音楽の安らぎが貴重に感じた。[監脚音]辻仁成[主]大沢たかお，井川遥，森村泰

昌

◇ジャン＝フィリップ・ラモー（1683–1764）

『化石』1975

老境に入った，大会社の社長が主人公。最初の方で，主人公たちが泊まるパリのチュイルリー公園の前のホテルの情景や部屋の描写で，ラモーの「クラブサン組曲」の一部が使用されている。その他，主人公が回るブルゴーニュの寺院などでは，主に「グレゴリオ聖歌」が使用されていた。[監]小林正樹[脚]稲垣俊，よしだたけし[音]武満徹[主]佐分利信，岸惠子

---

5 ｜　『黒い画集』1960，松本清張原作を堀川弘道が監督。清張ものの中でも特別良く出来た映画。橋本忍の脚本が冴えている。

6 ｜　『フィラメント』2001，造形作家森村泰冒が，父役で独特の存在感を見せる家族映画。

その他フランス18–19世紀の音楽家たち

Musiciens français des XVIIIe et XIXe siècles

　19世紀の音楽の移り変わりを見る事は，どれだけ多くの作品が日本の西欧化に影響を与えたかを，つくづく確認する作業になる。特別に大きなものとして考えられる作曲家は項目を作らなければならなかったが，項目に無いからといって，影響しなかった，力がないという訳では決してない。例えば，シャルル＝ルイ・アノン（ハノン）。彼は，ピアノの練習で多くの生徒が世話になっている。ピアノが普及している日本でドイツ式発音のハノンの名前は有名と言って構わないだろう。一方マルティーニの様な場合もある。彼の「愛の歓び」は日本で相当有名な曲である。特に，1971年公開されたE・プレスリーの大ヒット映画『エルビス・オン・ステージ』（ドキュメントものでは驚異的支持を受けリバイバルもされた）の主題曲的な「好きにならずにいられない」の原曲として，また，R・アンリコの『ラムの大通り』の主題歌として，映画ファンの認知度は高い。日本映画にも随分使用されている。他に18世紀バロック音楽の匂いが残る音楽として，ゴセックのヴァイオリン曲「ガボット」のメロディーもポピュラーである。ヴァイオリン曲といえば，アンリ・ヴュータンの協奏曲とスペイン系の色濃いエドゥアール・ラロがサラサーテに捧げた，「スペイン交響曲」もよく知られていて，特にヴュータンの曲はヴァイオリンを習った者がまず目標におく楽曲の一つである。

　ディズニーの『ファンタジア』で有名な交響詩「魔法使いの弟子」のポール・デュカ，ホルン奏者で知られたジャン＝バティスト・アルバンも演奏会で取り上げられる作家である。デュカは，現代音楽に続くキーパーソンだが，決してポピュラーな作家とは言えない。

　ワルトトイフェルは，軽音楽というよりも，フレンチポップスのポール・モーリアやレイモン・ルフェーブルの様にポピュラーで，特に「スケーターズワルツ」はほとんどの日本人が知っている曲であるが，最近，園子温や安藤桃子といった気鋭の監督が良く使用する事で再び耳にする機会が多い。

Musiciens français des XVIIIe et XIXe siècle

ポスター上部の出演者名（縦書き右から左）：
坂東亀三郎 山田五十鈴 大木実 伊藤雄之助 須賀不二夫 三井栄一 北村栄二 永井智雄 多々良純 桂小金治 小山源喜 渡辺篤 野村勝 桜井京子 亀井武彦 四柳忠男

母と子の、師弟の、友情の、
強烈な愛の渦巻く文芸大作！

路傍の石

原作・山本有三[新潮社刊] 監督・原 研吉 脚色・池田忠雄
撮影・森田俊保 製作・細谷辰雄

松竹映画

フランソワ＝ジョゼフ・ゴセック (1734-1829) と日本作品

—

◇「ガボット」

『異国の丘』1949

第二次大戦後，多くの日本兵が，外地から帰国したが，シベリアに抑留された人々は，長く還されることはなかった。この映画は，シベリア抑留地で替え歌として流行した「異国の丘」を，材にした映画で，戦争後も生きている確証のない夫を待っている妻とその家族を描いている。「ガボット」は，中国から無事帰国した義弟を囲む，家族の応接間で演奏される。[監]渡邦男[原]芹沢光治良[脚]北沢誠[主]上原謙，花井蘭子

『路傍の石』1955

1937年から新聞に連載され大人気となった原作の，2度目の映画化作品。舞台は明治中期で，田舎の少年が，散々の苦労をしながら常に向学心を持ち頑張って生きてゆく姿を描く。唯一の頼りである母に死なれて，少年は一人東京に出て来る。まず，ある下宿屋の女中替わりにこき使われることになるが，そこの下宿人の一人から大いに励まされる。その場面で，誰かが拙いヴァイオリンで練習している「ガボット」が繰り返し聴こえてくる。[監]原研吉[原]山本有三[脚]池田忠雄[音]加藤光男[主]坂東亀三郎，伊藤雄之助

『遠くの空』2010

「ガボット」は，主人公のOLが，就職試験を受けるところで広げられた，履歴書に被って流れる。その後何度か，恋をした主人公たちが歩いている街中の場面で流れ，最後は韓国に出向き就職の面接をしているところで再び流れ物語は終わる。何か特別の拘りがあるのだろうか。音楽の使い過ぎ感が残る。[監]井上春夫[脚]草野陽花[音]田井モトヨシ[主]内山理名

ジャン・ポール・マルティーニ (1741-1816) と日本作品

—

◇「愛の歓び」

『その手にのるな』1958

---

1 | 『路傍の石』1955，山本有三の小説は，戦前戦後を通じ良く読まれ4回も映画化された。現代でも，苦学する学生は国の宝である。

IV

2|

|3

主人公が覗いているアパートのダンサーが，爪を手入れしながら，「愛の歓び」をハミングしている。→Ⅰ25（シムノン）

『喜劇女は度胸』1969

森崎東の監督第一作。工場地帯で働く男女の休日から始まる青春恋愛ドタバタ劇。男が女にプレゼントするゲーテ詩集が，この男女を巡るポイントになっている。この詩集が登場する件で，「愛の歓び」が2度程流れる。[監]森崎東[脚]大西信行，森崎東[音]山本直純[主]花澤徳衛，清川虹子，渥美清

『HOME 愛しの座敷わらし』2012

都会から田舎に左遷させられた食品開発会社のサラリーマンの一家が，自然の中で，忘れかけていた家族の愛を見直すというテーマ。「愛の歓び」はテーマ曲として，暖かなこの映画にぴったりであった。[監]和泉聖治[原]萩原浩[脚]金子成人[音]池頼広[主]水谷豊，安田成美

『大妃の館』2015

この映画のエンディングロールで，ブラジル出身の日系歌手小野リサが，フランス語で唄っている。『愛しの座敷わらし』のテーマ曲も，この曲で，主演が同じく水谷豊である。→Ⅳ23（ピアフ）

アンリ・ヴュータン（1820–1881）と日本作品

◇「ヴァイオリン協奏曲5番」

『この胸いっぱいの愛を』2005

主人公が子供の頃にタイムトリップして，ヴァイオリンを教えてくれた薄幸の女性を救おうとするが。大詰めで彼女がオーケストラと演奏するシーンでこの曲が感動的に使われる。音楽監督には千住明が当たり，演奏は東日本フィル（音のみ），指揮者としては韓国人で国際的な金聖響が出演している。[監]塩田明孝[脚]鈴木謙一[音]千住明[主]伊藤英明，ミムラ

エドゥアール・ラロ（1823–1892）

*

2| 『遠くの空』2010，韓国は，日本から近くて遠い。光州事件（1980）は，大事件だったが，多くの人が忘れてしまっている。

3| 『女は度胸』1969，"ナンパ"映画。沖山秀子と倍賞美津子の猛烈女に，植物系青年が声をかける可笑しさ。

と日本作品

—

◇「チェロ協奏曲ニ短調」

『虞美人草』1935

ブルジョワ令嬢が主人公から結婚をきっぱり断られる。今まで叶わぬことの無かった娘は，ブルジョワの象徴でもある金時計を海岸の岩場に投げ捨てる。このクライマックスで，情熱的なラロのチェロ曲が使用され，盛り上がる感情の波に海の波が重なる。→IV 11（バレエ）

◇「スペイン交響曲」

『幸運の椅子』1948（オムニバスの第2話）

帝劇のロビーに置かれた，座れば幸運を呼ぶという椅子を巡るオムニバス。第2話は路上で偶然拾った切符で，諏訪根自子のヴァイオリンを聴きに行く売春婦の話。ラロは，諏訪根自子と東宝交響楽団の競演で，たっぷりと演奏されている。諏訪は戦前天才少女として人気のあった美貌のヴァイオリニストで，パリにも留学したことがある。ナチのゲッペルスから贈られたストラディヴァリウスの話は有名で，その真贋は，彼女亡きあとも未だに謎を残している。[監脚]高木俊明[音]近衛秀麿[主]若木悦子，志木田鶴子

ジャン＝バティスト・アルバン（1825–1889）と日本作品

—

◇「チロルの歌の変奏曲」

『大河の一滴』2001

主人公の父親がロシアに抑留されていたというのが重大な伏線にあるのだが，祖国に帰った男を追いかけてゆく主人公の場面は，まるでデ・シーカの『ひまわり』である。新藤兼人の脚本は流石安定してて，結果は風格のある映画になっていた。音楽は，フランスとも縁の深いピアニスト，加古隆が担当している。哀愁漂う「チロルの歌」は，セルゲイ・ナガリャコフ扮するトランペット奏者が練習でほんの少し吹いている。又セルゲイは，この映画の主題曲にも参加している。→IV 09（ラヴェ

---

4 | 『HOME 愛しの座敷童』2012，岩手の妖怪座敷童が，崩壊しそうなばらばら家族を，まとめあげる大人のメルヘン。

5 | 『この胸いっぱいの愛を』2005，タイムトリップ物は多すぎて，腹いっぱい。アイデアが他にないのだろうか……？

ル）

エミール・ワルトトイフェル
(1837-1915) と日本作品

—

◇「スケーターズ・ワルツ」
『翔んだカップル』1980
学生運動家として知られた相米のデビュー作。「スケーターズ・ワルツ」は, ヒロインが, 間借りしている家の居間でハミングしながら一人でワルツを踊るシーンで使われている。[監] 相米慎二 [脚] 丸山昇一 [音] 小林泉美 [主] 薬師丸ひろ子, 鶴見辰吾
『スマイル聖夜の奇跡』2007
小学校のアイスホッケーのチームを, 全く経験のない教師が競技会で優勝させるまでの物語。メインはクリスマス曲の「リトル・ドラマー・ボーイ」だが,「スケーターズ・ワルツ」は, 紅一点の男勝りの少女が少年を殴るシーンと, ラーメン屋で子供たちが勝利を夢見るシーンで流れている。[監] 陣内孝則 [脚] 陣内孝則, 金子茂樹 [音] 菅野祐悟 [主] 森山未来, 加藤ローサ
『秒速5センチメートル』2007
学園もの傑作アニメ。主人公が転校した南国は種ヶ島の, 高校の下校時に流れている。[監] 新海誠 [音] 天門
『冷たい熱帯魚』2011
血だらけのドラマ。数あるサイコパスの映画の中でも, これほどリアルに肉塊を切り刻む映画はない。幾度かマーラーが画面に流れて, これはマッチしすぎと思っていたら, エンディングでは「スケーターズ・ワルツ」が流れて, ちょっとだけ息が抜ける気がした。[監] 園子温 [脚] 園子温, 高橋ヨシキ [音] 原田智英 [主] 吹越満, 黒沢あすか
『ヒミズ』2012
古田実の漫画原作を, 波に乗っている園が監督。15才のボート小屋を手伝う中学生の, 目を覆うような壮絶な思春期が描かれる。「スケーターズ・ワルツ」は, 少年を好きな少女が, ボート小屋の横に棲みついたホームレスたちと一緒

·

6| 『翔んだカップル』1980, この映画の頃は, まだまだ漫画原作の映画は少なかった。現在はオリジナル原作と入れ替わってしまった。

7| 『スマイル—聖夜の奇跡—』2007, 長いキャリアの俳優陣内孝則の自作の映画化で, 徹底的に娯楽映画にしている点に好感が持てる。

にペンキ塗り作業の，慰労会をしている場面で流れる。"ワルツ"に合わせて踊るホームレスたちも，その後みんな去ってゆく。[監]園子温[音]原田智英[主]染谷将太，二階堂ふみ

『地獄でなぜ悪い』2013
登場人物ほとんど全員が，狂っていて，斬り合い撃ち合って死んでしまう。ほとんど変態的な長い殺し合いのシーンで，音楽が突如挿入され，しかも耳に馴染んだものが多く，キッチュなスパイスとなる。「スケーターズ・ワルツ」は，殺し合いのシーンで，頭に刀が突き刺さったままの，異形な"普通の映画好き青年"

が，この映画の主役のヤクザの娘に愛を語るシーンで使用されている。[監脚]園子温[音]園子温，井内啓二[主]國村隼，堤真一，二階堂ふみ

『0.5ミリ』2014
サラブレッド安藤桃子の秀作。妹の安藤サクラが，天使の様な"老人たらし"になりきって，見る人に，日本人の意識に，しなやかに問いかける。一人では0.5ミリかも知れない人間の魂が，山ほどの人を亡くした戦争を経験しながら，どれだけ進歩したのか，何センチ位社会が改革したのか。観客たらしの様に，安藤は，冒頭に「スケーターズ・ワルツ」，それを主人公が

とんでもない事件に巻き込まれるプロローグに，重ねて，その後3時間観客を映画に釘付けにして，エンドクレジットは，再び同曲で締めくくる。この曲は，園子温によって執拗に使用されているのだが，映画自体に，マンネリを全く感じさせない力がある。[原監脚]安藤桃子[音]TaQ[主]安藤サクラ，坂田利夫，津川雅彦

ポール・デュカ（1865-1935）と日本作品
—
◇「魔法使いの弟子」
『のだめカンタービレ～最終楽章～前編』2009

*

8｜『秒速5センチメートル』2007，後に『君の名は』で全国民的に有名になる新海誠の名作。この種のセンチメンタルは，若者の特権だ。©コミックス・ウェーブ／作 新海誠
10｜『ヒミズ』2011，児童保護法を確認したくなる。園子温のサディズムが子供相手に炸裂する。

IV

10 |

| 11

主人公が恋している先輩が，どうしようもないオーケストラの指揮をする事になる。その時の演目の一つがこの曲。練習場から主人公が子供と公園で戯れる場面まで，使われているが，モノローグでこの曲の解説がなされている。→IV 20（20世紀）

シャルル＝ルイ・アノン（1819–1900）と日本作品
—
『カルテット』 2012

ピアニストになる夢をあきらめ，家庭を持った男が，長く使用されず埃を被ったピアノを開け最初に弾くのが，ハノン練習曲1番である。この男の受けたピアノ教育と時代が，数秒でそこに表現されていた。→IV 04（サンサーンス）

ガブリエル ＝ マリ（1852–1928）と日本作品
—
『東京のえくぼ』 1952
仕事を，義務的にこなしてい

る大会社の社長が，スリに間違われた事から出会った女と恋に落ちる。身分を明かさずに，自分の会社の労働者になりすました男は，様々な社会勉強をさせられる。社長が追われる冠婚葬祭の一つに金婚式があり，有名なマリの同名曲が，使用されている。[監]松林宗恵[脚]小国英雄[音]服部良一[主]上原謙，丹阿弥八津子

10 | 『0.5ミリ』2013，寸法の狂わないオーダーメイドの手触りが，この監督の持ち味である。
11 | 『東京のえくぼ』1952，一種のシンデレラ物語。戦後の立ち直りつつある東京が懐かしい。

Musiciens français des XVIIIᵉ et XIXᵉ siècle

その他フランス20世紀の音楽家たち

Musiciens français du XXe siècle

　人類にとって20世紀の科学の発達は，様々の価値観の変動をもたらした。映画も音楽も，その激しい波の中で，様々な影響を受け，沢山の試みがなされてきた。日本もフランスも，クラシックと呼ばれる音楽は，第二次大戦を境として，近代音楽と現代音楽に分けられて，そのどちらにも属さないようなものは，民族音楽や，前衛音楽としてカテゴライズされてきた。又，音楽産業の急激な成長により，商業音楽と純音楽に分けられる事もあったが，次第にどのカテゴリーにも収まらぬミックスが多くなり，混沌として現在に至っている。この項では，アンドレ・ジョリヴェ（前衛音楽），レイモン・ガロワ＝モンブラン（現代クラシック），ローラン・ディアンス（即興音楽），セシル・コルベル（民族音楽）を選んだ。4人共，個別には捉え切れなかった日本映画と関係のある20世紀以降現代のフランス音楽家である。

　ジョリヴェは，エドガー・ヴァレーズに師事した。フランス現代音楽を語る時に，メシアンと共に欠かす事の出来ない音楽家である。日本に前衛音楽を吹き込んだ松平頼則を声援し，パリ音楽院では，平義久ら日本人の教鞭を取った。もっと日本で知られるべき大きな存在である。大ブームとなった「のだめカンタービレ」という，日本のヨーロッパ音楽影響史のような，コミックでも取り上げられ，映画版でバソン（仏版ファゴット）の奏者が，オーディションで，彼の楽曲を弾いている。

　レイモン・ガロワ＝モンブランは，ヴァイオリニストとして，又作曲家としても有名である。彼は1952年，1953年と2年間日本に滞在，ヴァイオリンの教室やレッスンを通じて日本での仏音楽の普及に足跡を残した。1952年の来日では，毎日新聞の招聘で，夫人でピアニストのジュヌヴィエーヴ・ジョワと二人で，2か月間に渡り日本の主要都市で演奏会を開いた。日本の現代音楽に欠かせない三善晃はこの来日で彼と知りあい，作曲を師事し，ガロワ＝モンブランは，三善のフランス留学にも大いに力をかしたという。二度目の来日では，ガロワ＝モンブランは，滞在中に，ヴァイオリンの指導や，安川加寿子等とのコンサートなど，精力的に活動し，1953年公開の映画『花の中の娘たち』に関わり，結果，日本映画の音楽を担当した初めての外国人という事になった。

映画館がコンサートホールに変わる

Nodame Cantabile

のだめ カンタービレ 最終楽章

12.19 sat. Road Show

1|

大東宝が一ヶ年のテスト

思春期の乙女を鮮やかに彩る総天然色映画

花の中の娘たち

東宝映画 ★ プレス・シート附録
TOHO EIGA ★ PRESS SHEET ★ SUPPLEMENT

|2

　　ローラン・ディアンスは，何度か来日しているが，彼はクラシック，ジャズ，フリーミュージックのファンを惹きつけるクロスオーバーなギタリストとして，特別にカリスマ的な人気を持っていた（即興音楽は，フリージャズと関係が深く，日本の場合は，70年代に盛んになり，"インプロビゼーション"という言葉と共に認知されていった）。

　　セシル・コルベルは，ブルターニュ出身のミュージシャンで，ジブリ作品の大ファンだった彼女が自分のアルバム等をジブリ宛に送った事から，『借りぐらしのアリエッティ』の主題歌を担当する事になった。日本人には，フランス人の歌＝シャンソン・ヴァリエテの固定概念があるが，むしろ民族音楽の範疇に入れたい彼女の出現は新鮮であった。ケルト民族音楽を多くの日本人は知らないが，「アリエッティ」を聴いて初めて知った人も沢山いた。彼女は，一気に日本の大ホールでコンサートを開く知名度を得た。ジブリ作品の音楽に，初めての外国人アーティストという話題も大きく，彼女はＴＶにもプロモーションを兼ねて度々登場し，ハープを弾きながら歌った。

アンドレ・ジョリヴェ (1905–1974) と日本作品

『のだめカンタービレ最終楽章前編』2009

再生オーケストラの為に，急遽足りない楽器のメンバーを募集する事になる。ファゴットに応募した男が，難易度の高いバソンで「協奏曲」を演奏し，審査員を唸らせる。映画はここで，楽器の違いまで

---

1 |　『のだめカンタビーレ最終楽章章前編』2009，音大生が主人公の為，夥しい楽曲が登場するが，選曲にプロの気配りがあり，いやらしさがないのが良い。

2 |　『花の中の娘たち』1953，色彩調整が，十分でなく，カラー発色を考えた装置。結果色盲になりそう。

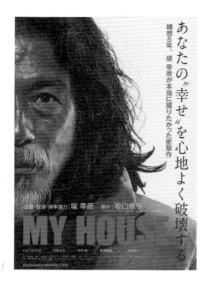

丁寧に解説している。[監]武内英樹[脚]衛藤凛[音]のだめオーケストラ他[主]上野樹里, 玉木宏→Ⅳ 09（ラヴェル）

レイモン・ガロワ＝モンブラン (1918–1994) と日本作品

『花の中の娘たち』1953

東宝初の天然色映画である。東宝としては, 一年掛けての自信作であった。当時の批評「ぼんやりした色彩がかえって田舎を表現……云々」は, その頃の色彩映画の水準を物語っている。修復された作品は, モンブランの聞かせどこであったであろうタイトル（クレジット）とエンディングの部分が欠落してしまっている。全部映画様実演で, オーケストラの音も美しく, 劇中ではフルート曲も使用されている。[監]山本嘉次郎[脚]山本嘉次郎, 西島大[音]R・ガロワ＝モンブラン[主]岡田茉莉子, 杉葉子, 小林圭樹

ローラン・ディアンス (1955–2016) と日本作品

『MY HOUSE』2012

ホームレスと普通の家庭を対比しながら, 混沌とした現代を描いた, 切ない映画。堤幸彦が前から温めていたという。R・ディアンスの「トリアエラ」の第一楽章がエンディングロールに流されている。この第一楽章は「ブラジルのタケミツ」と名された武満へのオマージュで, いわゆる劇映画音楽が, 一切使用されていないだけに, 曲の味わいとモダニズムが, 映画の終幕をぐっと引き締めて感動的であった。→Ⅳ補48（オルガン）

セシル・コルベル (1980–) と日本作品

『借りぐらしのアリエッティ』2010

メアリー・ノートンの「床下の小人たち」を原作に, ジブリが仕上げたメルヘン。美術の種田陽平も, 素晴らしい仕事をしていた。日本は勿論, 世界的なヒットとなり, フランスでも100万人近い観客を集めた。[監]米林宏昌[脚]宮崎駿, 丹羽圭子[音]C・コルベル／アニメーション

---

3 | 『MY HOUSE』2011, 物の豊富な日本に, ホームレスが増加している意味が, じわりと伝わる佳作。大和ハウス非推薦。
4 | 『借りぐらしのアリエッティ』2010, この種の音楽が知られた事だけで意味がある。

Ⅳ

モーリス・ジャール

Maurice JARRE

1924-2009

　戦争映画としてそれまでで最高だった『戦場にかける橋』(1957) を超えた製作費で作られた超大作『史上最大の作戦』は，1962年に鳴り物入りで日本でも公開された。音楽はモーリス・ジャールである。映画はいささかアメリカンヒューマニズムが過多であったが，彼の音楽は，そのオーケストラ・アレンジの確かな才能が極立っており，作品の内容を厚くしていた。彼が繊細な音楽をつけた『シベールの日曜日』も同じ年に公開された。こちらの方は映画予算の規模としたら『史上最大の作戦』の1000分の1かもしれないが，逆に内容が素晴らしく，難しいテーマであったが，興行的にもヒットし，多くの映画雑誌のその年のベスト10上位に入っている。まさに対照的な映画2本の音楽を以ってジャールは日本の映画ファンを魅了したのである。1962年以前にも何本か彼の音楽によるフランス映画は公開されたが，『史上最大の作戦』と『シベールの日曜日』は，2本とも映画音楽としては最高の水準であり，彼の音楽家としての幅と実力を見せつける結果になった。

　その後ジャールはデヴィッド・リーンとの数々の名作で揺るぎもしない世界の大作曲家になっていったが，わざわざ（ドーナツ盤に）カットされて，いわゆるヒット曲の一つとして日本で流行していったものが沢山ある。『史上最大の作戦』，このテーマ曲は有名で今でも野球の入場行進等に使われているが，『ドクトル・ジバゴ』(1965)，『パリは燃えているか』(1967)，『ライアンの娘』(1970) 等も，今でも度々アレンジし直され，流されている。特に『ドクトル・ジバゴ』の「ラーラのテーマ」は有名で映画も大ヒットしたが，サントラ・ドーナツ盤も映画の主題歌としては相当な売上であった。モーリス・ジャールが日本映画と関わった作品は4本である。

M・ジャールと日本（合作）作品
―

『レッド・サン』1971
[監] テレンス・ヤング→Ⅲ 28
（三船）

『17才』1985（日本劇場未公開）

モーリス・ジャールはこの小品には日本風の笛とギターで演奏される美しいメロディを作曲している。→Ⅱ 30（ブルギニョン）

『首都消失』1987
日本映画としては超大作。ハ

リウッド映画の様な組み立てであるが，特撮が今一つであった。「日本沈没」の小松左京による近未来SFが原作だが，こういうSFものは隅から隅まで完全に作られていないと，リアリティが薄れて白

けてしまう。ジャールは名前
だけのような本来の彼らしく
ない作品で、編曲はほとんど
日本人、松居慶子がやってい
る。[監]舛田利雄[脚]山浦
弘靖、舛田利雄[音]M・ジャ
ール[主]渡瀬恒彦、名取裕子
『クライシス 2050 Solar Cri-
sis』1991
日本映画として初めてハリウ
ッドで製作された。アメリカ
側の脚本の遅れ、日米スタッ
フの不調和を日本側が仕切
れなかった等々問題が多く、
結果大失敗、大駄作に終わっ
た。監督のサラフィアンが実
名を出す事を拒み変名でク
レジットされている。M・ジ
ャールの仕事としても、『オ

ーメン』の焼き直しの様なテ
ーマ曲と、酒場で歌われてい
たブルースぐらいしか、印象
に残っていない。[監]リチャ
ード・サラフィアン（アラン・
スミシー）[脚]テディ・サラ
フィアン、ジョー・ギャノン
[音]M・ジャール[主]チャ
ールトン・ヘストン、別所哲
也
『落陽』1992
第二次大戦中の満州で元軍
人が資金調達に暗躍する話。
Lサイズの靴を子供が履いて
歩くような不安定なムードが
全篇にあり、主役の台詞のト
ーンさえ監督されていなかっ
た。M・ジャール独特の、大
作を盛り立てる音楽も浮いて

いた。おそらく彼が関わった
映画の中でワースト1かも知
れない。原作者、伴野朗の初
監督作品でもあるが、彼自身
の責任よりも、この人にやら
せた当時の日活製作側の良識
を疑う。実際には藤浦敦がほ
とんど監督したと暴露本を書
いている。30億とも50億と
も云われるこの大作の裏には
何か特別な事情がありそう
だ。そして、日活という伝統
のある映画会社が、この大失
敗作がきっかけで倒産してし
まう事になった。[監]伴野朗
[脚]藤浦敦、根本哲史[音]
M・ジャール[主]加藤雅也、
ダイアン・レイン、ユン・ピョ
ウ

*

1 ｜ 『首都消失』1987, 小松左京のSFパニック小説の映画化。これだけの登場人物を取りあえず映画にまとめた舛田
利雄の職人技。
2 ｜ 『落陽』1992, 日活を倒産させた映画の題が象徴的な, 50億の不思議映画。メニューだけが豪華なレストランの
味。

IV

ポール・モーリア

Paul MAURIAT

1925–2006

　日本でのイージーリスニング音楽の最大のスターが，ポール・モーリアである。彼は日本が第二の故郷と云う程の日本びいきだが，1968年「恋はみずいろ」の大ヒットで一躍有名になった。その後，続々と大ヒットを放ち，来日公演は何と1200回と記録されている。

　この記録は，おそらくフランス人のアーティストとしては，最大の記録で，今後も簡単には，破られないだろう。

　「蒼いノクターン」「エーゲ海の真珠」「オリーブの首飾り」彼のアレンジによる楽曲は，ラブサウンドと名付けられ，非常に日本人に愛された。ラジオやTV番組の主題歌によく使われた事も一因ではあるが，一家に一枚はあるのではと思える程，アルバムが拡がっていった最大の原因は，メンソールの様な，さわやかな癒しが，あったからであろう。又，ヒゲをたくわえたポール本人の容姿が上品で，日本人にとって感じが良かった事もポイントが高い。日本国中どれだけB.G.Mとして彼の曲が流れたかは，測り知れない。特に「オリーブの首飾り」は，イントロが流れれば，日本人なら誰でも聴いた事があると思う程だ。それは手品師が登場する時のきっかけの定番音楽となっている。彼は来日の度にマスコミに取り上げられ，日本ワインや，その他のCFに本人も登場して，ますます茶の間に溶け込んでいった。又，彼は多くの日本人歌手とのコラボレーションのステージや，アルバムをこなしている。そのジャンルの幅の広さは，クラシックから映画音楽，シャンソン，ジャズ，オリジナルまでと驚異的である。しかも何をやっても，ポール・モーリア・サウンドで，沢山の日本人に愛された。当然，ライセンス契約の商品も驚くほど沢山ある。ポール・モーリア商品は，一時，日本に溢れていた。

　1995年の神戸大地震の時は，「カルテット・フォー神戸」(P・モーリア，F・レイ，F・プウルセル，R・ルフェーブル)というチャリティ・アルバムを発表し，第二の故郷日本を励まし応援してくれた。

Paul MAURIAT

1|　　　　　　　　　　　　　　　　　　　　　　　　　　　|2

P・モーリアと日本（合作）作品
—
『窓からローマが見える』
1982（日伊）
監督の池田満寿男は、版画で有名な多才なアーティストであった。彼自らの小説映画化『エーゲ海に捧ぐ』は、イタリアのチチョリーナが出演した事で、大ヒットを記録した。2作目の、この作品は、日本人の声楽留学生とカメラマンとの情事を、ローマを舞台にして撮った、露出度の高い映画だったが、やはり素人の域を出ず、大キャンペーンをしたにもかかわらず、興行は失敗した。ポール・モーリアは映画全体の音楽を担当している。[監脚] 池田満寿男 [音] P・モーリア [主] 中山貴美子、グラヴディオ・カッシネリ

★

参考｜P・モーリアと日本のCF
ポール・モーリアの人気と日本のCFは切り離せない。最初は演奏のみであったが、やがて本人や奥方も登場して、健全で爽やかなイメージに人気があった。安定感のある人気で、長く契約の続いた企業が多い。以下のCFの年号は本人出演分である。
メルシャンワイン（酒類）(1976？/メルシャン株式会社)
UCCコーヒー (1982？/UCCホールディング)

★

参考｜P・モーリアとライセンス商品
ライセンス契約商品はアラン・ドロンと良い勝負。サイフ、スーツ、寝具、食器果ては、女性用、男性用下着迄！時計（シチズン）等は例外で、他は小メーカーが多く、産地もバラバラで、特定し難い。期間限定で細かく稼いだ様である。

*

1｜ 『QUARTET FOR KOBE PAUL MAURIAT』1995, モーリアが音頭を取った神戸震災チャリティー盤。オリジナル2曲の計5曲入り。ジャケットデザインは池田満寿夫。
2｜ 『窓からローマが見える』1982, 多才な池田満寿夫の自己陶酔映画。今回はチチョリーナの代わりに日本娘。窓からパンツが見える。

IV

3 |

4 |

5 |

6 |

*

3 | 『サファイアの瞳』1987，日本の洋楽宣伝マンの悲哀を感じるEP盤。せっかく和服になったのに，曲は凡打に終わった。

4 | 『愛のメッセージ』1988，日本のポップスを，モーリア風に味付け。塩分の無いポトフ味。ジャケットデザインは，大御所森英恵。

5 | ポール・モーリア ジャケット モーリアは，金儲けの指揮にも真面目だった。結果夥しい種類の商品が残された。音楽関係者では断トツ。

6 | さよならポール・モーリア 1998，ポール・モーリアは，フランスのポップス系ミュージシャンの中では，日本人に一番愛された男だ。

Paul MAURIAT

ミッシェル・ルグラン

IV-17

Michel LEGRAND

1932–

　ミッシェル・ルグランはヌーヴェルヴァーグと一緒に日本に登場し，『5時から7時までのクレオ』の中で自身出演したことでも名が知られていた。しかし決定的に彼が評価されたのは『シェルブールの雨傘』（公開1964）である。この映画は，今までの日本人のハリウッド・ミュージカルのイメージを刷新してしまった。日本にも1939年に作られた『鴛鴦歌合戦』（マキノ正博）や，木村恵吾の『狸御殿シリーズ』，それに美空ひばりを代表とする歌謡ミュージカル等，オペレッタ的なものは沢山あった。しかし『シェルブール……』の様に台詞全部がメロディーとして自然に流れ，唄になってゆく新しさは驚愕であった。なめらかなフランス語と日本語の特性の違いという人もいるが，やはりルグランの作曲力に匹敵する作曲家はまずいない。これは日本だけではなく，世界中捜しても，歌だけで全編を通し，全部の楽曲が作品的にも優れている映画は，ルグランとドゥミのコンビ以外にあまり無い。（シコ・ブアルキによる『三文オペラ』は，素晴らしい例外である。）

　この映画を追う様に日本でも『君も出世が出来る』（1964/須川栄三）や『アスファルト・ガール』等，本格的ミュージカル映画が作られた。特に『アスファルト……』は非常に『シェルブール……』を意識していた。

　ルグラン個人に話を戻すと，『シェルブール……』，『ロシュフォール……』以外にも彼の日本でヒットした映画音楽は非常に多い。特に『華麗なる賭け』（1968），『おもいでの夏』（1971）の両映画のテーマ曲は，2作ともアメリカ映画ではあるが，素晴らしい作品として評価され，イージー・リスニングからボーカルものまでどれ程レコーディングされた事だろう。

　90年代以降ルグランは何度も来日してコンサートを催していて，その度に集客出来るのは幅広い映画音楽ファンが日本にいる証明である。ルグランは日本の映像作品とは6作品で関わりを持った。

1 | | 2

M・ルグランと日本作品
—
『火の鳥』1978
手塚治虫の大ベストセラー漫画の実写版で，市川崑が監督した。ルグランは，主題歌の作曲だけだが，谷川俊太郎が日本語詞をつけ，松崎しげるとサーカスによりレコード化された。映画はアニメを多用して意欲的な大作であったが，大ヒットには到らなかった。その主題曲はメロディの演奏だけで成り立ち，際立つ楽曲であり，歌詞をつけて唄うポップスにするのには，いささか無理があった。[監] 市川崑 [脚] 谷川俊太郎 [音] 深町純 [主] 高峰美枝子，若山富三郎，江守徹

『ベルサイユのばら』1979→Ⅱ33（ドゥミ）
『PARKING』1985/ 日本劇場未公開→Ⅱ33（ドゥミ）

ルグランと合作ＴＶアニメ
—
『イルカと少年』1975（日仏）
オープニングの処等は日本人作曲家による子供向けの主題歌が入り違和感があるが，中につけられた音楽は一聴してルグランと解るピアノのメロディやスキャット等が入り，楽しんで仕事をしている感が伝わって来る。ほぼ同じスタッフで下記2作品が作られた。

『銀河パトロールPJ』1984（日仏）
『生命の科学 ミクロパトロール』1991（日仏）
→上記3作共にⅠ補42（アニメ交錯）

1 | 『ロバと王女』1970，日本では，期待の数字は出せなかったが，大変に楽しい童話ミュージカル。ドヌーヴが光り輝いている。
2 | 『火の鳥』1978，日本人歌手の音域調整をしたのか？火の鳥が首を絞められる様な主題歌の醜態は，結果ルグランの責任。

Michel LEGRAND

フランシス・レイ

Francis LAI

1932−

　"ダバダバダ……"と，そのメロディーをすぐ口ずさめる『男と女』(公開1966) の
テーマで，フランシス・レイは日本であっという間に有名になった。C・ルルーシ
ュの映画自体も大ヒットしたのだが，主題曲の広がりは限りなく，現在でもTV
の中のコント等で，フランスのイメージを出したい場合にこの曲が流れる事が多
い。この曲は，ステレオ的にフランスのムードを出す条件反射のような曲となっ
ていて，もっとエロティックな場合には，『エマニュエル夫人』のテーマが流れる
事となる。

　彼はその後，ルルーシュとのグルノーブル冬季オリンピック記録映画『白い恋
人たち』で又々大ヒットを放つ。この曲も日本語の詩がついていて，今やスタンダ
ードソングとして有名で，その日本題は北海道の名物菓子にまでなってしまった。
ルノー・ヴェルレーを一躍有名にした『個人教授』(公開1969)，続く『さらば夏の日』
(公開1970) も大ヒットで，『男と女』登場以来，ラジオで彼の曲がかからなかった
日は一日もないだろう。この時期フランシスは，甲乙つけがたい映画音楽を連打
している。ルネ・クレマンのサスペンス『雨の訪問者』(1969) の美しいワルツもヒ
ットしたが，ルルーシュとの『パリのめぐり逢い』(1967) は，『男と女』のすぐ次だ
ったので，少し損をしているが，前作を，またひとまわり成長させた映画と音楽
の結びつきとしての，一つの頂点を聴かせてくれた。

　そうしてフランシスは，そのブームにとどめを刺すように「ある愛の詩」を出し
超大ヒットなる。アーサー・ヒラーの米国映画『ある愛の詩』は1971年に公開さ
れ，その年のNo.1の興行成績を残した恋愛映画である。フランシスの主題歌は競
作されて，シングル・レコード盤が発表された。ミレイユ・マチューの仏盤，サウ
ンドトラック盤も健闘したが，何といってもアンディ・ウィリアムス盤が大ヒッ
トして彼は英語と日本語とで2パターン唄っている。この「ある愛の詩」がトータ
ルでどれだけ売れたのかは知らない。しかし日本では一種のフランシス・レイの
ブームが起こり，多くの日本人歌手が自分のアルバムの中に彼の曲を日本語詞で
入れた。特にザ・ピーナッツ，由起さおりのアルバムは有名で，由起さおりはその
中でフランシスが書き下ろした曲も2曲唄っている。

1| 2|

　フランシスは，アコーデオンを小脇に一度だけ来日しているが，温厚な人柄に
スタッフはすっかり魅了されたという。コマーシャルでも，彼の楽曲はさんざん
使われた。車のコマーシャルもあったが，一番有名なのはカトリーヌ・ドヌーヴ
が登場したフォンテーヌという簡単ウイッグのコマーシャルで，「泉の詩」という
タイトルがつき，何度も茶の間に流れていった。

　フランシス・レイの楽曲が日本人に好まれる最大の理由はそのメロディーで，
ともすると理屈っぽく聴こえるフランス人作曲家の中で特出して判り易く親しみ
易い点である。一部その甘さが嫌いという人たちもいるが，ではそれを作曲して
みろと云われて出来るものではない。

　彼は，日本の映画にも一本関っている。（彼の人気の程からして，一本だけというのは
意外である。）

F・レイと日本作品
——

『聖女伝説』1985 アイドル歌
手，郷ひろみが大人に転身し
たい時期に主演した，ヤクザ
の世界のロマンスもの。[監]
村川透 [脚] 塩田千種 [音] F・
レイ [主] 郷ひろみ，岩下志
麻，小野みゆき→IV補44（シ
ャンソン）

*

1| 『恋人たちのメロディー』1971，フランシスが意外な名演を見せるルルーシュ作品。
2| 『聖女伝説』1985，『極妻』前の岩下志麻の莫連が見られる。フランシスの音楽に三船敏郎まで出演の郷ひろみ脱
　　アイドル映画。

Francis LAI

リチャード・クレイダーマン

Richard CLAYDERMAN

1953-

　"白馬に乗った王子様"……多くの女性が抱いているメルヘン的願望。リチャード・クレイダーマンは、まさにそのイメージがあった。彼は、日本VICTORと契約し、計画的な売り出し作戦の下、「渚のアデリーヌ」で日本デビューした。1978年の事である。柔らかな金髪、繊細な指で弾くピアノ、圧倒的に女性中心の強力なファンクラブが出来て、1980年の初のコンサートでは、もう完全にアイドル扱いであった。1981年にシーボン化粧品のＣＦに使われた「愛のコンチェルト」が大ヒットして、彼の名前は全国的に知られるようになった。その後現在まで、ほぼ毎年来日しているが、少々くたびれた王子様になっても追っかけファンがいて、コンサートは充分成立している。酒も煙草も嗜まず、物静かな様相に、実は大変なパワーを秘めていて、ギネスに載る程のコンサート回数を誇り、精力的にレコーディングをこなして来た。これは大変な事で、単なる才能だけでは出来るわけがない。

　日本ではクレイダーマン以後、ルックスの良いピアニストが何人か同じように売り出されれ、マスコミに登場したが、彼を越える人気は得られなかった。やはりセミ・クラシックという判り易さも、クレイダーマン人気の一因であろう。

　彼は、日本のＴＶにも度々ゲストとして登場し、1998年には、ＮＨＫ教育テレビのピアノ教室という番組に約3ヶ月に渡って毎週登場した。その他、日本のＣＭではグリコのチョコレートに自身出演したし、沢山の楽曲が使われている。他に、音楽コラボレーションでも、幅広い活躍を続けているが、意外に映画との関りは少ない。

R・クレイダーマンと日本作品

『綿の国星』1984

1978年から2006年まで、不定期ながら30年近く、幾つかの雑誌で連載をつないでいった漫画が原作である。映画は、虫プロが製作した。主人公の捨てられた子猫が、拾い主の大学浪人生の心を開き、周りの猫と折り合いながら成長して行く姿が描かれている。子供でもすぐに内容がわかる様に構成されていて、いつか人間になれると思い込んでいる猫が、それは夢である事がわかる場面も、無理がない。猫を擬人化した漫画も幾つかあるが、この漫画は、その代表的な作品の一つである。音楽は、日本の歌謡曲史

| 1 | | 2 |

に残る名アレンジャーで作曲家でもある，萩田光雄で，クレイダーマンは，主題歌を担当している。この漫画は，ブロードウェイの大ヒットミュージカル「キャッツ」と比較される事があるが，日本の社会情勢，家族のあり方までも描いていて，内容的にずっ

と深いものがある。掲載が長かった事もあり，幅広い年齢層に支持されていて，今だにファンが多い。［原］大島弓子［監］辻伸一［脚］辻真先，大島弓子［音］萩田光雄［主題曲］R・クレイダーマン／アニメーション

『想い出を売る店』1985

日本人の俳優は一切出ない異色の日本映画。甘ったるさを，逆に売りにした世界を展開する。クレイダーマンは，グランド・ピアノの前で，演奏しながらこのメルヘンの語り部として登場する。→Ⅱ補82（ロケ）

★

参考｜R・クレイダーマンと日本のＣＦ
アーモンド・チョコレート（チョコレート）

（1983/江崎グリコ）

★

参考｜R・クレイダーマンとライセンス商品
クレイダーマンは，多量のアレンジ楽譜集を売り出している。しかし，それに比べて，商品（グ

ッツ）はほとんど見当らない。音楽家のイメージを大事にしたのだろう。一件のアロハシャツは特別例外の様だ。

・

1｜『綿の国星』1984，擬人化した猫の物語。お嬢さん猫が持ち前の勝気さで大冒険する。
2｜『想い出を売る店』1985，全員仏人俳優で作られた日本版ディズニー映画。この大人の童話映画は，フランスでは知られていない。

Richard CLAYDERMAN

レヴューの歌手たち

IV-20

ミスタンゲット，モーリス・シュヴァリエ，ティノ・ロッシ

Mistinguett 1875–1956, Maurice CHEVALIER 1888–1972,
Tino ROSSI 1907–1983

　宝塚少女歌劇団が，グランドレビューという名の下に創設されたのは1913年（大正2年）の事である。その一世紀の歴史の中でOSKやSKDといった大きなレヴュー劇団が生まれたが，現在は宝塚が残るのみである。現代の日本人はあまりレヴューを知らないし言葉では知っていてもキャバレーやボードビル，ミュージカル・ショー等が混ざり込んでイメージ的には判然としない。第二次大戦後，アメリカ駐留軍もいて一時期，ナイトクラブでレビュューショーが行われていたが，それらの大きなクラブも一つ減り二つ減り，現在は大きなステージを持つ箱は，ほとんど無くなってしまった。理由の最大原因は，経済的な採算が合わないという事だが，大人の夜の社交場として50–60年代の映画を見る度に残念に思うのは筆者だけではあるまい。

　フランスのレヴューシーンは，レヴュー映画，又は映画の背景等として入って来たわけだが，モーリス・シュヴァリエはアメリカ映画として入ってきた作品も多く，戦前の日本でも，大変人気があった。（今ではガンダムの軍人モーガン・シュヴァリエの方が通りが良い）シュヴァリエの発掘者ミスタンゲットは，当時，数本の映画が公開されただけだが，唄としては，例えば彼女の創唱した「私の男」や「ヴァレンシア」「サ・セ・パリ」が良く知られ，特に「ヴァレンシア」と「サ・セ・パリ」は小津安二郎が愛した歌でもあった。小津は「サセレシア」という似たイメージの曲を斎藤高順に発注し何度も自作で使用している。

　ティノ・ロッシは世界中で1億数千万枚のレコードを売り上げた大スターだが，日本では人気が出なかった。活躍の時期が戦争と重なった事もあるが，当時の日本であの甘さは，あまりに軟弱であったのだ。それでも楽曲としての「おおコルシカよ，愛の島」「マリネラ」「小雨降る径」は現在でも良く知られている。

ミスタンゲットの唄と日本作品
—
◇「サ・セ・パリ」
『野良犬』1949

拳銃を盗まれた新米刑事が，銃の売人と接触を図る。相手指定の，オープンな騒がしいBARの背景で，この曲が大音響で流されている。黒澤と早坂のコンビの息づかいが聴こえてくるようだ。→IV 03（オッフェンバック）

1|　　　　　　　　　　　　　　　|2

M・シュヴァリエの唄と日本作品

—

◇「私のルイーズ」
『エノケンの法界坊』1938

和製チャップリンとも言われた日本の喜劇王エノケン主演の、沢山ある喜劇の一編。これは歌舞伎で有名な「法界坊」に材を取っている。この歌舞伎世話物の法界坊は、原作自体、極悪人ながら憎めないキャラだが、エノケンがやるとピエロ的持ち味が加味されますます憎めない。「ルイーズ」はなんと"ナミアミダブツ"という御経の文句が歌詞としてつけられている。生臭坊主エノケンが街を唄いながら門づけする様は狙いだろうが、ハイカラである。[監]斉藤寅次郎[脚]和田五雄、小国英雄[音]栗原重一[主]榎本健一、宏川光子

T・ロッシの唄と日本作品

—

◇「マリネラ」「小雨降る径」
『忍術千一夜』1939

残っているのが奇跡のようなナンセンス忍術映画。1939年は、日本でも、危険なナショナリズムが雲の様に湧き上がっていた時期である。そんな中で、この映画は、超早回しでタイトルから「マリネラ」、エンディングには「マイ・ブルー・ヘブン」が、使われていた。いくらナンセンス時代劇といってもこの時節に良く検閲がOKしたと思える程西洋的である。[監]大伴龍三[原脚]三品文雄[音]杉田良造[主]近衛十士郎、水川八重子、クモイ・サブロー

『グランドショウ』1946

アメリカのレヴュー映画を真似た、戦後すぐの進駐軍へのサービス映画（英語がよく出てくる）。「マリネラ」はウエイトレス姿で高峰三枝子が、「小雨降る径」も同じく高峰が唄っている。[監]マキノ雅広[脚]青山圭男[音]万城目正[主]高峰三枝子、水の江瀧子→Ⅳ 21（ダミア）

・

1|　『野良犬』1949，小津も好きだった「サ・セ・パリ」を黒澤，早坂コンビは，如何わしいカフェの場面で使用。

2|　『エノケンの法界坊』1938，歌舞伎で有名な出し物。エノケンが最後は幽霊になりおちゃらかす。1938年制作当時，歌舞伎は身近だった。

レヴューの歌手たち

ダミア

「暗い日曜日」と「人の気も知らないで」

Damia "Sombre dimanche" "Tu ne sais pas aimer"
1889–1978

「暗い日曜日」は1936年，ダミア版と同じ年に日本で発表された。歌手は日本のシャンソンのパイオニアの一人，淡谷のり子である。この年は日本では2.26事件という青年将校を中心とした反乱があり，その革命は成功しなかったが，日本の歴史上忘れられない大事件であった。1929年以降のアメリカ大恐慌のあおりを受け，非常な不景気で，1933年にはヒットラーが登場し日本の軍部もさらに増長して，戦争の足音が聴こえてくる時代であった。世の中は厭世的退廃的ムードが漂い，権力者は取締りの強化を強めていった。「暗い日曜日」が流行したのも，発売禁止にまでなったのも，この時代だからである。ダミア盤は，発売禁止は免れたが当時の輸入盤がそれ程多い訳ではなく，あまり意味がなかったのだろう。ダミアの歌では，やはり淡谷のり子が日本語でカバーした「人の気も知らないで」の方がよく知られている。彼女は1953年来日してコンサートを行ったが，戦前戦後を通してのシャンソンのスターの初来日コンサートでもあり，大変な話題を呼んだ。ダミアは，自らの希望でヒロシマを見学した時，原爆被害者に会って涙をポロポロ流し，自分の身につけていた装身具を全部はずして寄付したという。

彼女は，その後も益々日本が気に入って，パリに滞在していた石井好子に何度も再招聘を頼んだという。2002年には，同名の合作映画（独ハンガリー）が公開されて，同時に日本人アーティストによるトリビュート・アルバムも企画発売されている。

「暗い日曜日」と日本作品
—

『水郷慕情・湖上の霊魂』1937
ホラー映画の様なタイトルだが，内容は東京のバンドマンが身体を悪くし，レヴューの踊り子である内縁の妻と故郷に戻るが，幼なじみの許嫁的な娘がいて，といった恋愛悲劇である。最後に入水自殺

する主人公がいつもサックスで演奏するのが「暗い日曜日」である。明らかに，自殺の暗示として，この曲が使われている。主題歌は民謡風小唄の様なものが別にあるのだが，あまりの違和感が同時にその時代の都会と田舎のギャップ，そして日本の暗い時代を計らずも映し出している。

［監］宗本英男［脚］圖齊與一
［音］万条目正［主］桑野通子，徳大寺伸，河村黎吉
『伝染歌』2007
アイドルグループAKB48の面々が，女子高生に扮し，歌うと自殺してしまうという伝染歌に振り回されるホラー映画。原田真人は技巧派でもあるが，オーソン・ウェルズ張

1 | | 2

りに鏡を使ったりして面白い映画に仕上げている。原作の秋元康はAKBのプロデューサーでもあるが，この本を書くにあたり「暗い日曜日」の都市伝説をイメージしていたという。[監]原田真人[脚]原田真人，羽田大介[音]菆島邦明[主]松田竜平，伊勢谷友介，AKB48

「人の気も知らないで」と日本作品

———

『グランドショウ46』1946

第二次大戦後すぐに作られたアメリカ進駐軍へのおもねりが感じられる珍妙なレヴュー映画。この曲は主人公がオーディションで，手の表現を教えられるシーンで，鏡の前で二人羽織で歌う。場面的には非常に珍しい。[監]マキノ雅弘[音]大久保徳二郎[主]高峰三枝子

『上海バンスキング』1984

自由劇場のヒット劇の映画化。上海ロケもある大作で，深作は手堅くまとめている。劇場版と舞台版の映画化の2パターンがあるが，どちらも評判が良かった。夫のバンドマンにパリに行くと騙され，単なる乗り継ぎのつもりだった上海で歌手兼踊り子にならざるを得なくなる主人公。彼女に惚れている日本軍の大尉が最前線に出向く挨拶に訪れ，別れに一曲といわれ，ピアノに向かい歌いだすのがこの「人の気も知らないで」。非常に思いが籠った場面で，彼女は歌い続ける事が出来ず泣き伏してしまうが，もうその時には，大尉は死地に向かう為に，席を立ってしまっていた。[監]深作欣二[原]斉藤憐[脚]田中陽三[音]越部信義[主]松坂慶子，宇崎竜童

＊

1 | 『上海バンスキング』1984，現在の上海，和平飯店の地下で演奏する老ジャズバンドに，この時代の息吹がほんの少しだけ残っている。

2 | 『伝染歌』2007，「暗い日曜日」は，時代の曲である。日本では，自殺のBGMとしてイメージが定着していた。

Damia

ジョセフィン・ベーカーと石井好子

「二つの愛」

Joséphine BAKER 1906–1975, Yoshiko ISHII 1922–2010

　「二つの愛」という戦前に大流行した唄がある。歌ったのはジョセフィン・ベーカー，アメリカ・セントルイス生まれの黒人で，パリで成功し，琥珀の女王と謳われたレヴューの大スターである。この「二つの愛」は日本人シャンソン歌手の代表的存在だった石井好子がよくステージの最後に歌う唄でもあった。石井は最初ジャズ歌手になろうと思いサンフランシスコの音楽学校に在籍していた時に，帰国公演をしていたジョセフィンと会い，パリに行く決心をしたという。

　1950年当時，日本からフランスへ渡るのは大変な事であったが，アメリカからなら，割合スンナリと渡仏出来たと石井はエッセイの中で語っている。石井はおそらく，パリのレヴューのスターとして歌った最初の日本人で，当時ピガールにあった“ナチュラリスト”という店に1年間何と1日も休まずに出演し，約3年間の滞在でその人脈を広げた。帰国後は，シャンソン歌手としてデビュー，1963年から“パリ祭”と銘打ったシャンソンの祭典とコンクールを主催し，後輩の育成にも貢献した。ジャン・サブロン，マルセル・アモン，シャルル・デュモン等を招聘する傍ら，文筆にも才能を見せ，フランス料理や，エッセイで沢山の著作を残している。

　ジョセフィン・ベーカーは，無声映画『南海の女王』『モン・パリ』が日本でも公開され，トーキーになってからはジャン・ギャバンとの『はだかの女王』（公開1935）がヒットした。アメリカで有名になった2世の川畑文子が，1932年17歳で来日し売り出した時に東洋のジョセフィン・ベーカーというキャッチをつけられた事からも日本における知名度が高かった事が伺えるが，一般にセックスシンボルのイメージが強かった。『処女花園』（1936/矢倉茂雄）では，ジョセフィンの公演チケットがドラマの小道具として登場している。その頃日本公演の動きがあったのかもしれないがそれは定かではない。彼女が初来日を果たしたのは第二次大戦後1954年の事で，エリザベス・サンダース・ホームへのチャリティーの為である。エリザベス・サンダース・ホームとは，大戦後に捨てられることが多かった日米の戦争混血児を主に引き取る孤児院で，澤田美紀が創設した。澤田は財閥の娘で，夫は外交官だった事もあり第二次大戦前に既に多くの外国を見知っていた。

1｜　　　　　　　　　　　　　　　　　　　　　　　　　　　　　　　　　　　　2

澤田とジョセフィンとは縁が深く，澤田の夫がパリに赴任中の1933年に出会っていたが，ジョセフィンがジーグフェルド・フォリーズの為に渡米した1955年2月には，今度は夫がニューヨークに赴任中で，再会する。その時ジョセフィンは，パリの大スターだったが，ニューヨークでは逆に黒人差別をもろに受け，ホテルにも泊めてもらえず，澤田が力を貸したという。戦後1948年に澤田が立ち上げた孤児院の窮状を救う為にジョセフィンが駆け着けたのは，アメリカでの恩返しでもあった。この来日の折，ジョセフィンは広島，長崎を初め，日本の地方都市を巡回し，3週間の滞在で何と22回の公演を果たした。その間，付き人たちの食事などは自腹で，自身の宿泊も費用のかからぬ処を希望し，少しでも売上をチャリティーにまわすよう務めたという。その後彼女は，フランスのドルドーニュに城を購入し自らも12人の孤児を引き取り"夢の城"を築こうとしたが，経済的な問題がたちまち発生して，引退声明を撤回し，ステージ活動を再開せざるを得なかった。石井好子は，そんなジョセフィンを1974年，1975年と続けて2回も"パリ祭"に招聘した他，ジョセフィンの2人の日本人混血児を日本の学校に留学させたりと，良くジョセフィンを助けている。

　石井は，澤田美紀とも旧知の間柄で，この話は3人の女性の友情物語としても

・

1｜　『タムタム姫』1935，外人天国日本でも，戦前は，黒人は差別されていた。現在に至るも黒人のスターは生まれ難い。

2｜　『日本の歌』1956，石井好子は，努力の冒険王だ。米修行から巴里のキャバレー出演まで，現在でも簡単には，やりおおせない。

Joséphine BAKER, Yoshiko ISHII

感動的である。その後ジョセフィンの城は，彼女のエゴで開設されただけだと
散々非難に会い売却されてしまった。残酷な理想と現実である。石井はジョセ
フィン亡き後その子供たちを訪ねるTV番組にも出ているが，いくつかのエッセ
イの中でジョセフィンについて文章を残している。それを読むと日本人がシャン
ソンを手に入れるには何が必要なのかが良く解る。ジョセフィンの代表曲にして
石井も良く歌った唄「二つの愛」この唄の主題が，まさにその答えである。

「二つの愛」と日本作品
—
『エノケンの近藤勇』1935
日本の喜劇王エノケンが，
1931年に二村定一と立ち上
げた軽演劇集団ピエル・ブリ
ヤントと，PCL（東宝映画の
前身）文芸部が，原作脚本，
日本の幕末志士の代表とも
いえる近藤勇と坂本龍馬の
二役を，エノケンが演じてい

る。二つの政治主張と二人の
志士，「二つの心」はそれを意
識したか分からないが，映画
の中では演奏で，2回流れる。
→Ⅳ09（ラヴェル）
『生きる』1952
実直だが無気力な典型的公務
員が主人公である。ある日，
自分がガンである事を知り，
何の遊びも知らない人生へ
の悔恨で，自殺しようかと悩

んでいる時に，三文小説家と
出会う。メフィストのような
装いの小説家の案内で，主人
公は，夜の巷に何かを探そう
と，盛り場をさまよい歩く。
「二つの愛」は小説家が通う
BARの場面に，ベーカーの唄
で流されている。[監]黒澤明
[脚]黒澤明，橋本忍，小国英
雄[音]早坂文雄[主]志村喬，
小田切みき

---

3 | 『JOSEPHINE BAKER』1954（日本初公演），差別される事を，ばねにして巴里で成功した最初の黒人スター。
4 | 『エノケンの近藤勇』1935，エノケンと山本嘉次郎のコンビ作の中でも，上出来の和風ドタバタミュージカル。新
選組池田屋の場面は必見。

エディット・ピアフ

IV-23

「愛の讃歌」と「バラ色の人生」

Edith PIAF "Hymne à l'amour" "La Vie en rose"
1915-1963

　エディット・ピアフは，日本でも特別な歌手である。彼女の活躍が，丁度第二次大戦と戦後にまたがる20年の間だった為に，日本に知られるのは遅く，特に1950年頃までは，シャンソン・ファンがレコードで聴き騒いでいたという情況だった。代表曲「愛の讃歌」は，1952年に，越路吹雪によって最初に唄われた。歌詞は，岩谷時子である。越路は，この曲を大切に扱い，アルバムは，合計で200万枚を越える売り上げだったと云う。彼女は1972年には，ドラマティックリサイタルと銘したシリーズの一作として"愛の讃歌〜エディット・ピアフの生涯"で，ピアフを演じ，唄った。

　1955年J・ルノワール『フレンチ・カンカン』の中で唄うピアフに圧倒されたという人も多い。越路がリサイタルを開いた頃は，もうピアフは亡くなっていたにも関わらず，充分一般にもピアフが知られレコードも再発売が続いていた。彼女の映画『光なき星』(1946)も『パリは踊る』(1953)も劇場では公開されず，彼女の死後，大分経った1960年代後半にTVでオンエアされただけである。1960年頃から「愛の讃歌」以外にも，「バラ色の人生」，「ミロール」，「パダン・パダン」，「群集」と，そのレパートリーは，様々な歌手によって日本語でカバーされて唄われていった。それにピアフ主題の映画として，『愛の讃歌』(1974/ギイ・カザリル)，『恋に生きた女』(1983/クロード・ルルーシュ)，『エディット・ピアフ』(2007/オリヴィエ・ダアン)と忘れた頃に公開され，そのたびに若い層にも知られ，その名前は語りつがれていっている。越路吹雪は，ピアフには特別な思い入れがあり，1980年に亡くなるまで，コンサートではいつもメインに「愛の讃歌」を持って来ていた。

　越路の亡き後，やはり日本人，シャンソン歌手の大御所，美輪明広により「エディット・ピアフ物語」(1981)，フランスとは縁の深い沢田研二は「エディット・ピアフ」(1994)と，舞台でもピアフは取り上げられていて，特に沢田の舞台は，エディットを取り巻く男たちの立場からピアフを唄うというユニークな舞台であった。同じ1994年にイタリアのミルバが来日し，"ピアフを唄う"で話題をまいている。又もう一人どうしても取りあげたいのが，日本のピアフ，美空ひばり(1937-1989)である。彼女は，日本の第二次大戦後最大の歌手だが，生涯に158本の映画に出

Edith PIAF

演した大女優でもある。まずその名前からして"ひばり"であり"雀"のピアフと近い偶然がある。彼女は、1955年に映画『ジャンケン娘』の中で「バラ色の人生」を歌い、1962年に「愛の讃歌」を自分のアルバムに入れている。

　最後に、ミレイユ・マチューについて触れておきたい。彼女は、ピアフの再来とレコード会社により宣伝され、1960年代後半から1970年代にかけて非常に日本で人気のあった歌手である。来日公演はいつも満員であったし、映画音楽「夜よさようなら」（米映画『将軍たちの夜』の主題歌）「ある愛の詩」（米映画主題歌の仏語版）等は、シングル盤も出されかなりヒットした。その後、右翼系の政治の広告塔というイメージが少しずつ広がりコンサートも催されなくなってしまった。政治的な行動は、大体の場合、日本では右でも左でも鬼門である。特にスター歌手にとっては……。

「バラ色の人生」と日本作品 ―

『青春ジャズ娘』1953
学生バンドの歌手に新倉美子が扮し、冒頭、大学対抗バンド合戦の舞台で英語詞の「バラ色の人生」を唄う。新倉は新国劇の大スター辰巳柳太郎の娘。[監]松林宗恵[脚]北田一郎、蓮池義雄[音]大森盛太郎[主]片山明彦、新倉美子

・

1｜『ジャンケン娘』1955，戦後すぐのアイドル三人娘の人気シリーズの一本。現代アイドルと比べて，まず格段に歌が優れている。
2｜『寝盗られ宗介』1992，原田芳雄は，よくブルースを歌った。独特の色気のある，渋い人気俳優だった。

 の下に続くポスター説明。

3 |

4 |

『ジャンケン娘』1955

当時人気絶頂だった3人の少女アイドル映画。特に人気の高かった美空ひばり, 父親がパリ帰りという設定だが, 劇中で「バラ色の人生」を英語で唄う。数回ＣＦソングにも起用されている。[監]杉江敏男[脚]八田尚之[音]松井八郎[主]美空ひばり, 江利チエミ, 雪村いづみ

「愛の賛歌」と日本作品
―

『寝取られ宗助』1992

つかこうへいの戯曲で旅回りの一座の物語。座長の原田芳雄が越路吹雪の女装で「愛の讃歌」を唄い, ドラマのクライマックスを盛り上げていた。[監]若松孝二[原脚]つかこうへい[音]宇崎竜童[主]原田芳雄, 藤谷美和子・『スープ・オペラ』2010

阿川佐和子の原作で, 独身の女図書館員が主人公である。同居している叔母が, 新しい恋人ができてつい口から出てくるのが「愛の讃歌」である。適当な詞がついてそこだけオペレッタ風で, その叔母の青春時代がチラリと垣間見れる。瀧本は, 独特な味を持つ監督で, この映画でも日本映画にはあまりないふんわりとした仕上がりで, 余韻を残している。[監]瀧本智行[脚]青木研次[音]稲本響[主]酒井真紀, 加賀まり子

「水に流して」と日本作品
―

『大妃の館』2015

東京のショーパブ, ラ・ヴィ・アン・ローズのスターで, 普段から女装しているツアー客のひとりが, あるシャンソニエで飛び入りで歌う。この歌は, ピアフの死後も, 日本の歌手たちが好んでレパートリーとして, 曲の流布に広く貢献している。作曲者であるシャルル・デュモンも, 何回か来日している。[監]橋本一[原]浅田次郎[脚]谷口純一郎, 国井桂[音]佐藤準[主]水谷豊, 田中麗奈

3 | 『スープ・オペラ』2010, ソープ・オペラに掛けた洒落た原作題に追いつけなかったミソ・スープ。
4 | 『王妃の館』2015, 漫画原作では目立たぬ, ホテルの部屋を昼夜別の客が使うありえない設定が, 映画には難しすぎる。

Edith PIAF

シャルル・アズナヴールとジルベール・ベコー

Charles AZNAVOUR 1924-, Gilbert BECAUD 1927-2001

アズナヴール……（日本ではアズナブールと表記される事が多いが），彼は，まず映画で良く知られる様になった。

1959年J・P・モッキー作品『今晩おひま？』が初登場だが，カイヤットの『ラインの仮橋』(1961)で，巧い俳優として映画ファンに認められた。この映画は，ヒットこそしなかったが，ベスト10上位に選ばれている。その後1963年公開トリュフォーの『ピアニストを撃て』で，個性的な実力派俳優として確実に一般にも認知された。音楽家としては，一部のマニアにはもう当然知られてはいたけれど，ボワロンのヒット作『アイドルを探せ』(1964)で，ようやく光が当り始めた感じであった。しかしその後次々と素晴らしいシャンソンを世に送り出し，1968年日本での初コンサートでは，既に歌手としての認知の方が高く，70年から72年にかけて3度も来日コンサートを催し，大スターの位置を築いた。彼の曲の多くは日本のシャンソン歌手たちが競って日本語訳にして，小さな酒場の果てまでも唄われていったのである。1991年の日本公演の時には，超がつくスターになっていて，その高額な入場料が話題になった。その後は，最後の公演，最後の最後の公演と，これを見逃せば，もう見られない的なプロモーションがなされ，又チケット代も増々高額になり，若い人たちの行けるコンサートではなくなった。その「ピーターと狼」のピーターの度々の嘘を思わせるコンサートの宣伝と，彼のマネージメント・サイドのスタッフの金の亡者の様なやり取りは，一般でも感知でき，昔からのファンは眉をひそめた。しかしそれでも彼の名曲の数々は，日本人が大好きなメロディーを持ち，大衆の中にしっかりと根をおろしている。アズナヴールの曲は，沢山の日本人歌手がレコーディングしているが，1973年由紀さおりが唄った「恋文」という演歌調歌謡曲には，彼の名前が直接出てくる。"アズナヴール流しながら，この手紙を書いています"，この曲は，それなりにヒットして，彼の映画や音楽と全く縁のなかった日本の一般の人たちにも，その名前を拡げる一役を担ったと思う。TVシリーズとして1979年から登場した人気アニメ「機動戦士ガンダム」は，ロボットアニメとして現在では世界的に知られている。この中の敵方軍人の名前が，シャア・アズナブルと名付けられているが，これはアズナヴールに

1 | 　　　　　　　　　　　　　　　　　　　　　　　　| 2

由来するものである。キャラクターとして魅力があり，幾つものゲームにもなり，沢山のフィギュアが作られている。日本の若い世代には，シャア・アズナブルの方が，圧倒的に通りが良いだろう。

　一方，日本ではアズナヴールに対するようにジルベール・ベコーの公演も度々催された。プロモーターが，アズナヴールと同じだった事もあり，二人は決してかち合う事もなく変わりばんこに来日公演をしていた時期があった。

　ベコーは，まず，彼のオリジナルアルバムで日本にデビューした。SP盤の時代である。「十字架」「ぼくの手」……素晴らしい作品に日本のシャンソン歌手たちは喜び日本語の詞をつけてすぐに唄った。ピアフや他の歌手のアルバムの後押しもあり，彼は最初の主演映画『遥かなる国から来た男』(1957年公開)の時に，シャンソン・ファンの間では既にかなり有名であった。この映画は，名匠M・カルネの最初のカラー作品であり，当時日本で非常に人気のあったフランソワーズ・アルヌールが相手役という事もあり，大いに話題になった。カルネの作品にしては大甘の映画だったが，ほんのりとメルヘン的な人気歌手の映画になっていて，観客を集めている。続いた『カジノ・ド・パリ』(1959)も豪華な配役で正月映画として公開されたが，何より歌手ベコーのファンにとっては，楽しい映画であった。そ

*

1 | 『ピアニストを撃て』1959，アズナヴールがアルメニア人だと知った映画。この映画には言葉で言えぬ人種差別がある。
2 | 『遥かなる国から来た男』1956，カルネ版そっくりショー。クリスマスの焼き菓子の様なメルヘン。

Charles AZNAVOUR, Gilbert BECAUD

3 ｜ ニッポン・シネマ・コーポレーション提供 ｜ 4

の後ベコーの映画は数本公開されているが，どれも歌手ベコーがベースの作品で，モンタンの様な映画そのものゝ面白みに欠けていて，ベコーのファン以外の映画ファンを集める事は出来なかった。しかし歌手としては大活躍で，1963年の初来日公演では多くの人を集め，その後1970年以降の度重なる公演の基を作った。彼の作品の中では，「詩人の死んだ時」と「そして今は」が，アメリカのスタンダードにもなっている事もあり日本で良く唄われたが，何といっても，1970年2度目の来日公演で歌われた「バラはあこがれ」が有名である。この歌は「星の王子様」へのオマージュとしても知られていて，現在や完全にスタンダード・ソングになっている。ルネ・クレマンの映画『パリは霧にぬれて』の同タイトルのテーマ曲も，印象に強かった。1980年代までの，ベコー，アズナヴールが入れ代わるように日本でコンサートしていた時期が，今では幻の様である。これだけのエンターテイナーが，その後フランスに現われない事も，現在のシャンソンが日本でマイナーな位置にある事の要因の一つと云えるのかも知れない。アズナヴールが詞を書き，ベコーが曲を書いた「メケメケ」は，戦後銀座に出来たシャンソン喫茶「銀巴里」の代表歌手の一人丸山明宏の歌唱で良く知られている。

*

3 ｜ 『ラインの仮橋』1960，第二次大戦とその後の二つの悲恋が描かれている。独と仏の戦況に，振り回される人間の心が切ない。
4 ｜ 『カジノ・ド・パリ』1957，主役のカテリーヌ・バレンテは，全ヨーロッパ対応の歌手だった。現在ならEU大使である。

IV

5|　　　　　　　　　　　　　　　　　　　　　　　　　|6

「メケメケ」（[詩]アズナヴール[曲]ベコー）に関連する映画

—

『暖流』1957

岸田國士原作「暖流」の再映画化で，病院の内紛がテーマである。病院長の馬鹿息子が始終口ずさんでいるのが「メケメケ」の日本語詞を変えたものである。この曲を女装して歌ったシャンソン歌手丸山明宏も出演しているが，「メケメケ」は歌わない。"メケる"という言葉が一度流行したが，女装するという意味で使用されたそうである。[監]増村保三[脚]白坂依志夫[音]塚原哲夫[主]根上淳，野添ひとみ

★

参考｜シャア・アズナブルが活躍するアニメ映画

『機動戦士ガンダム』1981

[監]富野喜幸

『機動線士ガンダムⅡ』1981

『機動戦士ガンダムⅢ』1982

『逆襲のシャア』1988

ＴＶアニメの編集としてではなく，完全な劇場版として作られた。[監]富野由悠季

『機動戦士Ｚガンダム 星を継ぐ者』（A New Translation) 2005

[監]富野由悠季

『機動戦士Ｚガンダム 恋人たち』(A New Translation) 2005

[監]富野由悠季

『機動戦士Ｚガンダム 星の鼓動は愛』(A New Translation) 2005

[監]富野由悠季

*

5｜　『メケメケ』1954，「メケメケ」でデビューした丸山明宏は，女装歌手のパイオニア。本物の妖怪。

6｜　「CHAR AZNABLE」（フィギュア）シャア・アズナブルは血統の良い二枚目の人気敵役。© 創通エージェンシー・サンライズ／作 安彦良和

Charles AZNAVOUR, Gilbert BECAUD

ジュリエット・グレコ

IV-25

「枯葉」

Juliette GRECO " Les Feuilles mortes "
1927–

　1951年，デュヴィヴィエ『神々の王国』で，ジュリエットは日本のスクリーンに登場した。同年公開のコクトー『オルフェ』にも出ていたが，どちらも小さな役でほとんど一般には意識されなかった。その後10年間，俳優としても良い映画に登場したが，何といっても歌手としての活動が活発になり，本国での人気が段々と日本のシャンソン・ファンに伝わっていった。

　J・ルノワール『恋多き女』（公開1957）で唄った「ミアルカ」，やはり自身出演した，サガン原作の国際映画『悲しみよこんにちは』（公開1957）のテーマ曲等，話題になった映画のシャンソンは多い。1961年初来日時には，女優より歌手としてすっかり有名になっていた。丁度時代で，学生たちは，サルトルやボーヴォワール，カミュ等を読み実存主義者，サンジェルマン・デ・プレの女神として，グレコは一種の流行人の様な見え方であった。勿論インテリ間の話であって，グレコの曲が，一般ポップスのベスト10に入る事は決してなかった。いわゆる一般のポピュラーな歌に慣れている人々には，雰囲気だけの下手な歌とよくいわれたものである。日本人にとって言葉がわからないシャンソンは，音色，そしてわかり易いメロディーで聞く事が多く，例え下手といわれても，ジュリエットが，ポピュラーなレパートリーもたくさん歌った事は，結果知名度に繋がったと思う。

　その後，時がたち音楽の嗜好が全く代わり，シャンソンは，すっかりマイナーになっている。確かに，グレコは高尚で難解かもしれなかったが，静かにしかし情熱的にピアノ一本で唄うグレコは，今だに，いや，今だからこそ，伝統的シャンソンの女神であった。グレコの主だったアルバムは，日本で発売もされて，10数回日本を訪れファンを喜ばせてくれた。。2016年，最後と銘打たれたコンサートは中止になってしまった。

　彼女は数多い来日で，いくつものエピソードを残している。1969年には，渋谷に誕生したばかりのジャンジャンで，一日だけ唄っている。この劇場は200人で満杯の小さな小屋だが，日本の小劇場運動に果たした役割は，非常に大きい。グレコのコンサートは，日本へのシャンソン紹介の一人者蘆原英了等によって企画されたが，結果，初期ジャンジャンが発展する大きな後押しになった。興味深い

のが, 和菓子"ジュリエット・グレコ"である。これは, グレコのファンでもある三宅一生が彼女の為にと東京西麻布の小さな和菓子屋に頼んだオリジナルな菓子で今でも売られている。すっかりグレコは気に入って自分の名前をつける事を許可したという。勿論, 名前の使用料などといった事は, 一切云われなかったと, 菓子屋の主人が語ってくれている。

　ところで, ジュリエットのレパートリーで日本で一番ポピュラーな作品は「枯葉」である。この歌は, フランス語で作られた唄の中で, 日本でほとんど一番知られたである。イヴ・モンタンが最初に歌ったが, シャンソンとしては, モンタンの唄よりも, ジュリエット・グレコやイヴェット・ジローの唄の方が有名であった。イヴェット・ジローという歌手は, 日本を第二の故郷と云う程の日本びいきで一時は毎年の様に日本に来てコンサートを開き映画音楽も, そのアルバムの中で沢山唄っている。彼女は, グレコと反対の何でも歌う典型的なポピュラー歌手だったが, 非常に大きな文化交流も果した事を書いておきたい。

・

1｜　『この手紙を読むときは』1953, J・ベッケルの佳作。この映画が公開されていたら日本のグレコ感は, 変わっていたと思う。

2｜　『ジュリエット・グレコ　ラストツアー　メルシー』2016, グレコは, 日本の大会場で公演出来る, 最後の伝統的シャンソン歌手だった。このコンサートは幻に終わった。

Juliette GRECO

セルジュ・ゲンズブール

Serge GAINSBOURG

1928–1991

　セルジュ・ゲンズブールは今でこそ日本でも特別に有名だが，1965年フランス・ギャルの「夢みるシャンソン人形」の頃までは，一部のシャンソン・マニアに知られているだけであった。この歌が，どれだけ毒をふくんでいるかは，当時は言及されることはほとんどなかったし，同じくギャルに書いた「アニーとボンボン」は，もっと露骨なセックス連想の歌だったが，一般の日本人には，わかり様もなかった。現在，当時のＰＶを見ると，意味も知らずに一生懸命歌っているフランス・ギャルが可哀想に思えてならない。

　日本でも，意味深な，セックスを暗示させる歌は多々あるが，ここまで子供の様な歌手の幼さを利用して，大人のお遊びにしてしまった例はない。ゲンズブールの繊細な特質の一部には，確かにこの様な，日本では考えにくいエゴイズムがある。ユダヤ人である事が，フランスの社会でどのような意味を持つかを，日本人は知らないし，また知る必要もなかったのだが，そこを無くしてはゲンズブールは語れない。ゲンズブールが，ヴェネツィアのゲットー後を見た後，青ざめて言葉もなかったという話を，親友レジーヌの本で読んだ時に，やっと少し紫煙の向こうに隠れている彼の本質が見えた気がした。どちらにしても，彼の作品は，際立って知的で，格好良く，それは日本ではまず絶対にメジャーが乗らない社会への挑戦が含まれている。日本でのゲンズブールは，日本のシャンソン歌手たちの思い入れ，J・グレコに唄われた事，等々，主に音楽面の要素からその人気は蓄積されていった。決定的だったのは「ジュテーム・モア・ノンプリュ」で，スノッブ，反体制のフランスのアーティストとしてイメージが完全に確立された。それは，ボリス・ヴィアンのスノッブにスキャンダルをプラスした，パリの地下鉄の汚れの様な，独特の才能とコンプレックスの怨念であった。ゲンズブールは，その後，日本のＴＶに出た時も発言が面白く，マスコミを煙にまく度に大受けしたものである。

　最愛のジェーン・バーキンは，彼と一緒に映画や楽曲で知られる様になり，その後，彼の亡き後も度々日本に来てコンサートをしている。太陽のように素直な彼女だからこそ，ゲンズブールに必要だった事は想像に難しくない。

　日本には沢山，親の七光りのタレント俳優が多いが，親子が共演すると親バカ

IV

1 |　　　　　　　　　　　　　　　　　　　　　　　　　　　　| 2

と云われる事が多い。ゲンズブールが娘シャルロットとレノマの広告に出た時は，「あの反体制的なパフォーマーが“親子の愛の図”でＴＶコマーシャルに出るなんて……」と思う者たちもいたけれど，まさにその身勝手さが，彼なのであった。存命中，個性的な俳優，スキャンダラスな映画の監督としての一面は，日本の一般には，あまり伝播しなかったが，音楽家としては，彼のアルバムはどれも大変に評価が高かった。ただファンの変遷は，激しく，ロックに方向を向けた時に多くの古いファンを失っている。しかしこれも，彼の没後若いファンも加わり又違った評価がされ，現在ではほとんどカリスマである。彼は，今後も絶対に日本の社会では登場しえないキャラクターである。

「夢見るシャンソン人形」と日本作品
—
『ウィークエンド・シャッフル』1982
筒井康隆原作のブラックコメディ。都市郊外の住宅地に暮らす一家。息子は誘拐され，妻はレイプされても，何が起きても，皆がそれぞれに勘違いしている。これらが一時に起きると笑わずにはいられない現場となる。「夢みるシャンソン人形」は「夢みるシェルター人形」となり，核戦争の唄に詞が翻案されて唄われた。当時人気のテクノアイドル，ジューシィ・フルーツが唄った。全体の音楽は，モダンジャズの山下洋輔が担当している。[監]中村幻児[脚]中村幻児，吉本昌弘[音]山下洋輔[主]秋吉久美子，伊武雅刀，泉谷しげる

・

1 |　『ゲンズブールと女たち』2010，日本では，有名スターを演じる人材が，選べる程いない。妙なところでフランスの懐の深さを感じる映画。
2 |　『ウィークエンド・シャッフル』1982，アイドルバンド，ジューシィ・フルーツが，「夢みるシェルター人形」を歌う。よく許可されたものだ。

Serge GAINSBOURG

ジョルジュ・ムスタキ

「時は過ぎてゆく」

Georges MOUSTAKI "Il est trop tard"

1934-2013

　1960年代中頃から1970年代にかけて，日本は，フォークソングが流行していた。ロックより前に流行り，共存し，やがて主流はロックになっていった。一般の人々は，ベトナム戦争や，アメリカ・ロシアの冷戦の揺さぶりに振り回され続ける政治に嫌気がさしていた。学生たちは，教育の根幹に，政治がある事に気づいていた。この時に盛り上がった若者たちの正義感と，良識ある大人たちが，結びついていたならば，きっと革命が起きていたかもしれない。しかし，世の常とはいっても，そこを利用とする，いくつかの権力の政治的な画策を，見抜いた人たちは，どんどん白けていった。1968年にフランスで，起こった5月革命での，民間と学生の連帯は，日本ではあり得ない事であり，一歩進んだ民主主義を，見せられた気がした。ムスタキの歌は，まさにこの頃，日本でも知られるようになった。アメリカの反戦フォークとは，一味も二味も違う，哲学的な，プロテスト・シンガーの見え方で，ムスタキは60年代の終わりから学生運動家たちに支持された。「異国の人」この曲は，その時のムスタキの象徴である。彼は，じわじわと支持を集め，70年のボビノ座でのライブ版は，ロック好きの連中も無視できぬアルバムとなった。

　ムスタキは，TBSの音楽祭のゲストで1973年に来日してから，急速に日本との関わりが増えてコンサートも何度か催している。TBSが1974年にドラマ「バラ色人生」で，彼の「私の孤独」を主題曲にしてからは一般への浸透度もぐんと広がり，彼の曲を取り上げる日本の歌手たちも増えた。70年代的なシラケ世代の女優桃井かおりとのアルバムは，特筆ものである。又，1984年には日本映画『ヨーロッパ特急』にカメオ出演して，日本への好意を見せている。

　彼は本当のコスモポリタンで，フランスを見る目も日本を見る目も非常にクールで厳しく平等であり，そこにコアなファンがいるが，実は一般的な日本のファンは彼のメロディアスな部分に魅かれているのであって，内容にまでほんとうに踏み込んではいない。そこを埋めたのは，日本人のシャンソン歌手たちである。彼の曲は沢山翻訳され唄われているが，その日本語の詞が正確ではないにせよ，それ等の翻訳詞が彼の世界を日本で広めた事は否めない。

　日本のシャンソン歌手の大物 金子由香利が唄った「時は過ぎてゆく」には，や

1｜　　｜2

はりシャンソン歌手の古賀力が日本語をつけて成功している。この曲は，倉本聡の第一回監督作品『時計』のテーマ曲に選ばれて，テーマと実に良くシンクロしていて効果的であった。

「時は過ぎてゆく」と日本作品
—

『時計』1986
タイトルに，さらば冬（Adieu l'hiver）と仏題をつけている。倉本は優れた脚本家として有名だが，シャンソンが大好きだと云う。少女がスケーターとして育成される年月と，男と女の年月と様々な時が重層にあって，処女監督作品としては上等の出来上がりであっ

た。ムスタキの「時は過ぎてゆく」は，主題歌だが，ドラマの重要なシーンでフランシス・レイの「白い恋人たち」も使用されている。[監脚] 倉本聡 [音]（主題歌）金子由香里 [主] いしだあゆみ，中嶋朋子，永島敏行 → IV 09（ラヴェル）

G・ムスタキの出演した日本映画
—

『ヨーロッパ特急』1984
旅行中に逃げ出した王女様を心配する王様の侍従長役で，ムスタキが友情出演している。出番は 2 場面で，少ないが，カチッとしたスーツにネクタイ姿だが，髪の感じや全体像が，公人には見えず，相当に違和感があるが，これは，ご愛嬌であろう。→ V 補82（ロケ）

*

1｜　『時計』1986，ムスタキは，大和撫子，寿司，携帯カイロが大好き。風俗はもっと好きだった。
2｜　『ヨーロッパ特急』1984，ムスタキに，スーツ姿は似合わない。遊びで出た，侍従の役は違和感があり過ぎた。

Georges MOUSTAKI

クロード・フランソワ

「マイ・ウェイ」

Claude FRANÇOIS " Comme d'habitude "
1939–1978

　例えばビートルズの曲の何曲かは，世界中の半分の人は知っているかもしれない。それを一般にスタンダードソングというが，20世紀のポピュラーソングという大枠に，さらにフランスの流行歌と限定すると，「マイ・ウェイ」程有名な曲は，ピアフの「愛の讃歌」「バラ色の人生」，トレネの「ラ・メール」位しか思いつかない。逆にそれ程，世界中で愛されているのが，「マイ・ウェイ」であるとも云える。そして，ポール・アンカ，フランク・シナトラというアメリカの大スターが，この曲を世に出し，それをプレスリーからシド・ヴィシャスまでが唄った経緯は，この曲本来の良さを物語っている。一方オリジナルのクロード・フランソワと「マイ・ウェイ」に関しては，彼がフランスで，アメリカンポップスのカバー曲で人気が出だした時に，日本のレコード会社も市場の感触を試みた様な跡は残っている。けれど圧倒的に子供のアイドルが巾を効かす日本の市場で，三十路の異国人をアイドルとしては受け入れがたく，といってペダンティックな大人のヴァリエテファンの嗜好とは全く合わなかった為に，彼の歌が日本に広がる事はなかった。クロード・フランソワは，フランスでは，記念館が作られる程の大スターであり，"クロクロ"の愛称で今だに好かれているが，日本人の嗜好とは，随分違うアイドルであった。

　アメリカ製「マイ・ウェイ」の詞は本歌とは内容の異なる死を意識した作品だが，逆にそこが大人の歌手に受けた。日本でも，1969年シナトラのレコードが出てからたちまちのうちに，ポップス歌手から演歌歌手まで，ジャンルに関係なく唄われ始め，あっという間にスタンダードソングとなってしまった。その後半世紀以上すぎ，音楽の教科書に載り，卒業式でも良く唄われたり，葬儀のBGMになっていたりする。本歌のクロード・フランソワを知る人は，日本では少ないが，それでも少しずつ認知度も上がり，2012年には，クロード・フランソワの自伝的映画『最後のマイ・ウェイ』も公開されている。

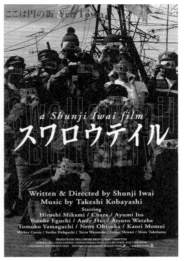

1 |　　　　　　　　　　　　　　　　　　　　　　　　　　　　　　　| 2

「マイ・ウェイ」と日本作品
—

『スワロウテイル』1996

国際都市TOKYOの近未来が舞台だが, 昔, 昔……と寓話の様に, 観客をその舞台YEN TOWNに運び込む。篠田昇のカメラ, 種田陽平の美術, 小林武史の音楽が, 日本映画ではあまり見ない無国籍アンサンブルを創りだしていて, この傑作を支えている。「マイ・ウェイ」は, この映画の実質的な主題歌といえ, シナトラの「マイ・ウェイ」のカセットに隠された秘密, それを探す戦いが, ドラマの軸になっている。そこに上海から密入獄してから離れ離れになり, 現在や顔役になっている兄と, 買春婦から人気歌手になる妹の物語などが, 絡んでくる。「マイ・ウェイ」はシナトラの歌でも流れるが, 妹がその恋人とライブ・ハウスを始める為の, バンドオーディションで, 劇中の架空バンドYEN TOWN BANDと一緒に, 歌うシーンが, 印象に残る。まだ齢の若い妹が, シナトラの人生晩年の歌「マイ・ウェイ」を, 違和感なく歌える, そこには, ドラマの持つ非情感と監督, 岩井の優しさが漂っている。[監脚]岩井俊二[音]小林武史[主]CHARA, 三上博史,

『NANA2』2006

矢沢あいによって書かれた漫画原作の, 田舎出の二人のナナの友情物語。『NANA2』は, 一作目の大ヒットを受けて制作された続編。「マイ・ウェイ」は, ロックバンドのボーカルのナナが, ナナの名前で出したアルバム「THE END」の中の最後で, ロック風に歌われているが, 映画の中で直接使用される事はなかった。[監脚]大谷健太郎[音]上田禎[主]中島美嘉, 市川由衣

・

1 |　『最後のマイ・ウェイ』2012, クロード・フランソワは, 電球を取り換えようとして風呂場で感電死した。

2 |　『スワロウテイル』1996, 日本人の外国人差別への婉曲な批判が込められた無国籍映画。岩井俊仁の才能に種田陽平の装置。

Claude FRANÇOIS

ピエール・バルーと
ブリジット・フォンテーヌ

Pierre BAROUH 1934–2016, Brigitte FONTAINE 1939–

　ピエール・バルーは，ルルーシュの『男と女』で，アヌーク・エーメの亡夫役でデビューした。得な役でもあったが，独特のキャラクターで強い印象を残した。『男と女』は大ヒットし，彼とニコール・クロワジールも良く知られるようになった。その当時，ボサノバというとアントニオ・カルロス・ジョビンやアストラッド・ジルベルトが有名であったが，フランス語で唄われるボサノバは大体の日本人が初めて耳にするものであった。

　1965年に，バルーが立ち上げたレコード会社サラヴァは，フランスで初めてのインディペンデントのレーベルとして，音楽史に残る仕事である。バルーのオリジンがトルコ人だからか，選ばれたアーティストは，最初から民族音楽と前衛性に富んだ，従来のレコード会社では，まず取り上げない人々で，その後ここからは，多くのアーティストが育っていった。その後大スターになったが，まだ未曾有の才能だったジャック・イジュランからジャン＝ロジェ・コシモンの様に地味なアーティストまでをリリースした功績は大きい。日本のアーティスト達が，彼にオマージュを捧げた「花粉」というアルバムを，残している程だ。夫人が日本人で，日本に滞在する事も多かった彼は，自らカメラをまわし，いくつもドキュメンタリーを撮っている。

　サラヴァレーベルで，日本との関係が，一番深かったのがブリジット・フォンテーヌである。「夏，夏」を，聴いた衝撃は，忘れられない。アートアンサンブル・オブ・シカゴと共演したアルバム「ラジオのように」は，長い間に渡って売れ続けた。多分仏国内より日本の方が売れたのではないだろうか。

　ブリジットを音楽的にサポートしているアレスキー・ベルカセムは，忘れられない存在である。本物は表に出ないという言葉は，彼のためにある様な言葉で，ベルベル人の音楽の影響を受けたアラビックなサウンドは，日本の音楽界にも，実は大きな影響を与えた。日本人の云う処のシャンソンのジャンルには入らない，彼女とアレスキーのハイブリットな世界は，少しずつコアなファンを増やし彼女の2度の来日公演につながった。

　フォンテーヌの日本公演では，面白いエピソードが沢山ある。渋谷の公演では，

1｜　　　　　　　　　　　　　　　　　　　　　　　　｜2

ノッているフォンテーヌがステージで上半身裸で唄いたいと云いだし，主催者側を大慌てさせたという。日本では，風営法に引っかかる可能性があり，結果はキャミソールだけで，唄ったと云う。

P・バルーと日本作品
—

『四月の魚』1986
原作がジェームス三木，YMOの高橋幸宏を主演とする大林の喜劇。洒落たと書きたいところだが……おフランスというか，ステレオ的というか，奇妙な翻訳の舞台劇を見ているような作品。バルーはその主題歌を歌っている。［監］大林宣彦［脚］内藤忠司，大林宣彦［音］高橋幸宏［主］高橋幸宏，今日かの子，赤座美代子
『海へ　see you』1988

パリ・ダカールレースにからむロマンス映画で，バルーは重要な主題歌「風のバラ」の詞を書き唄っている。作曲は宇崎竜童。→Ⅱ63（蔵原）

B・フォンテーヌと日本作品
—

『阿修羅のごとく』2003
飛行機事故で亡くなった流行作家，向田邦子の原作。最初NHKでTV化された大ヒット。音楽にトルコの軍楽団のマーチを使い，強い印象があったので，映画版にはどう音楽をつけるのか，興味を持っ

た人が沢山いたと思う。そして「ラジオのように」の選択は，おもわず納得する，大正解であった。全体の音楽は大島ミチルが担当している。監督の森田芳光は，最初は，日活ロマンポルノを監督して知られたが，『家族ゲーム』（1983）『それから』（1985）あたりからは，実力派として，認められた監督であった。しかし，この映画自体は，圧倒的にTV版の方が面白かった。［監］森田芳光［脚］筒井ともみ［音］大島ミチル［主］大竹しのぶ，黒木瞳

*

1｜　『四月の魚』1984，サラヴァを作ったバルーに拍手。夭折した間章の，幾つかのライナーノーツはファン必読である。
2｜　『阿修羅のごとく』2003，フォンテーヌの前衛性は，日本のシャンソンファンには未知だった。友人木立玲子の後押しも記すべき事実。

<u>Pierre BAROUH, Brigitte FONTAINE</u>

747

IV-30 サルヴァトーレ・アダモと
エンリコ・マシアス

Salvatore ADAMO 1943–, Enrico MACIAS 1938–

　アダモと日本の縁は，非常に深い。彼を語るときに第一に出てくるのが，越路吹雪である。越路吹雪は，宝塚出身の歌手，女優だが，戦後の日本でのシャンソンをずっと支えた超大物である。彼女のマネージャーでもあった詩人の岩谷時子の訳詞で越路が歌い，陽の目を見たシャンソンは，とても多い。アダモに関しても，彼の曲を彼女が取り上げなかったら，日本での長いアダモ人気は考えられなかっただろう。アダモもその事を良く知っていて，彼女への感謝を，折に触れては語っている。アダモのヒット曲は，日本で随分知られているが，「サントワマミー」と「雪が降る」が特に有名である。初来日は1967年で，越路吹雪とのジョイントリサイタルであったが，これが大成功を収めた。それから彼は度々来日する事になり，日本語版でアルバムを出したり，ＴＶで唄ったりしてお茶の間にも浸透していった。日本のプロ歌手たちも彼の曲を沢山唄っている。中でも，「ブルージーンと皮ジャンパー」を和田アキ子が，「雪が降る」を森進一がカバーしたものは有名である。森進一には，オリジナル曲も提供している。1975年には監督もした『ひなげしの島』が公開されて，美しい主題歌が話題だったが，映画の出来はあまり良くなく，不入りであった。

　ピエノワール（独立前のアルジェリア生まれのヨーロッパ系の人々）の星，マシアスは，日本で既に有名であったアダモに少し遅れて登場した。1964年の「恋心」は，当時の日本のシャンソン歌手たちに競って歌われ，特に岸洋子のカバーが，ロングヒットとなり今ではスタンダードになっている。マシアスは，1967年に石井好子の招聘で，初めて日本の舞台を踏み大成功を収め，その後十回以上の来日を果たしている。彼の人気は，一時はアダモと並ぶほどで，60年代のフレンチポップスの立役者として欠く事は出来ない。

　スペインやユダヤ音楽に影響を受けた彼の持ち味は，一味違うエキゾチックなシャンソンとして日本に浸透したが，それは後にジャンル化されるワールドミュージックの先駆けでもあった。マシアスはその他に，日本語で唄った「わかっているよ」や「想い出のソレンツァラ」などが有名で，現在でも多くの日本人歌手によって歌われている。

1｜　　　　　　　　　　　　　　　　　　　　　　　　　｜2

S・アダモと日本作品

——

『恋人たちの鎮魂歌』1973

日本テレビ開局20周年の日仏合作ドラマ。アダモは主題歌「愛と命」を作曲した。[監]アンドレ・ミッシェル[主]クロディーヌ・オージェ, 小川知子

◇「夜のメロディー」(アダモ)と「恋心」(マシアス)

『霧の旗』1965

『霧の旗』では, アダモとマシアスの両方のヒット曲が登場する。「夜のメロディー」は, 大弁護士とその愛人のバーのマダムがタクシーに同乗している場面でのBGM。マシアスの「恋心」は, 主人公が働き始めた銀座のバーで流れる。フラメンコ風なイントロが場面転換にぴったりであった。[監]山田洋次[脚]橋本忍[音]佐藤勝[主]倍賞千恵子, 滝沢修, 新珠三千代

◇「サントワマミー」

『ダイヤモンドは傷つかない』1982

中年の塾講師と, 若い女子学生の同棲物語。あがた森魚が, ヴァージン・VSというテクノユニットをつくり, 唄っている。面白い。TVアニメ「みゆき」(1983–1984)でも, 同じユニットが使われている。[監]藤田敏八[脚]田中晶子[音]井上堯之[主]山崎努, 田中美佐子, 加賀まり子

◇「ろくでなし」

『蝉まつりの島』1994

ストリッパーの主人公が島に戻って来ての騒動記。「ろくでなし」がブルースっぽく歌われ, この映画にぴったりであった。[監]横山浩幸[脚]高橋美幸[音]安川午朗/主題歌「ろくでなし」[歌]小島麻由美[主]土屋久美子, 吉村実子, 北村一輝

参考｜S・アダモの日本ＣＦ
「JUNとROPé」1972

★

ファッション企業JUNのＣＦ。タッド若松の映像と, 楽曲が映画的だった。

・

1｜　『霧の旗』1965, 車の中のラジオや, バーのBGMにアダモ「夜のメロディ」マシアス「恋心」がかかる。時代感が半端ない。

2｜　『アダモのひなげしの島』1974, アダモが監督主演した青春映画。主題曲だけは, 特筆に値する佳曲。

Salvatore ADAMO, Enrico MACIAS

クロード・チアリ

Claude CIARI

1944-

　1965年公開のギリシャ映画に『夜霧のしのび逢い』という佳作があった。公娼制度が廃止される前後の娼婦たちの哀感をつづった映画で，溝口の『赤線地帯』のギリシャ版の様でもある。

　この映画に後で加えられた主題歌があった。「La Playa」で，ベルギーのジョー・ヴァン・ウェッター作曲である。映画ではクロード・チアリが演奏したギター演奏が使われ，これが大ヒットした。ギリシャ映画という馴染みのない国の，このモノクロの映画も曲の牽引により大ヒットした。日本語版は，日本のシャンソンの世界で最大のスター，越路吹雪によりカバーされ，ヒットした。

　チアリはこの曲ですっかり有名になり，その後何度もコンサート等で来日し，日本女性（ロシア人とのハーフ）と結婚し，その後日本に住んで，ついに帰化してしまった。縁とは不思議なものである。彼は日本語も話し，ごく自然に日本の社会に融け込みＴＶ，ＣＭ，コメンターとしてもどんどん一般に知られていき，1989年には選挙に出馬した程である。残念ながら落選したが，フランス人としては初めて日本の政治に興味を示したケースであり，忘れ難い出来事であった。1983年ＴＶの人気番組「必殺仕事人」の「アヘン戦争へ行く」という特別篇があったが，これは仕事人たち（プロの殺し屋集団）が，親を殺された中国娘に頼まれて，熱気球で，江戸から香港に渡りアヘン商人と戦うという荒唐無稽な話である。敵に追われた仕事人を助けたのが，ナポレオン・ボナパルトの船で，最後はナポレオンも，アヘン商人に殺されてしまうというとんでもない展開になるが，その時チアリは，ナポレオン役であった。

　彼は，日本の芸能界とも縁が深く，コンサート活動もレコーディングも精力的に行った珍しいタレントである。女性ではフランソワーズ・モレシャン，男性では彼が日本の茶の間に初めて良く知られたフランス人である。

　彼は，機械的な事が得意で，他にもインターネットの技術者として，パイオニア的役割を果した。ボランティア活動にも精力的で，阪神・淡路大震災（1995）の時は，実際に自らも家族で被災しながらもチャリティーショーなどで復旧に寄与している。

| 1 | | 2 |

C・チアリと日本作品

—

『冬の華』1978
倉本聰のヤクザ版の「あしながおじさん」。[監]降旗康男[脚]倉本聰[音]C・チアリ[主]高倉健, 池上季美子

『双子座の女』1984
日活ロマンポルノのデラックス版。ジャプリゾの「シンデレラの罠」のおちを使用している。チアリは, カソリックの幼稚園の神父役でも数シーン登場する。→ I 30 (ジャプリゾ)

『夜汽車』1984
宮尾登美子の原作。姉妹で, 一人の男を争う昭和初期の高

知の話。チアリは, テーマ曲を演奏。[監]山下耕作[脚]松田寛夫[音]津島利幸[主]十朱幸代, 萩原健一, 秋吉久美子

『密約　外務省機密漏洩事件』1988
1978年TV用に作られ, その後劇場公開された, 社会派千野の意欲作。日米の政治的なスキャンダルがテーマで, 2012年にテレビでリメイクされた。音楽は菅野光亮だが, エンディングロールにチアリの, 演奏が流れる。[監]千野浩司[脚]長谷川公之[音]C・チアリ[主]北村和夫, 吉行和子

C・チアリの出演作品

—

『夜霧の訪問者』1975
結城昌治の原作を, 井上梅次が監督した, ミステリー映画。主題歌をチアリが作曲, 演奏している。[監脚]井上梅次[音]青山八郎[主]島田陽子, 森田健作, C・チアリ

『肉体の門』1988
チアリは, 主人公と敵対する娼婦グループの女ボスのパトロンで, アメリカ軍人の役である。[監]五社英雄[脚]笠原和夫[音]泉ямアジアヴ望文[主]かたせ梨乃, 名取裕子, 渡瀬恒彦

★

参考｜C・チアリと日本のCF

かっぱえびせん (食品) (1968/カルビー (株))

ちょっとシリーズ (食品) (1982/ヒガシマル醤油)
ニコニコのり (食品) (1985/ニコニコのり (株))

*

1 ｜ 『夜霧のしのび逢い』1963, 日本だけの主題歌が, 大ヒット。チアリは, 最終的に日本に帰化した。
2 ｜ 『密約』1988, TV作品が, その後劇場版になった珍しい例。隠れた名作である。

Claude CIARI

3 |　　　　　　　　　　　　　　　　　　　　　| 4

5 |　　　　　　　　　　　　　　　　　　　　　| 6

*

3｜　『冬の華』1978，ヤクザが，殺した兄弟分の娘を陰ながら援助する人情話。足長おじさんは指なしおじさん。

4｜　『夜汽車』1987，宮尾登美子原作。山下耕作と東映が，文芸大作で女性客をも，取り込もうとした何匹目かの泥
　　鰌映画。

5｜　『肉体の門』1988，何度も映画化された戦後闇市パンパンの話。凄めば演技賞？の女優大集合。チアリはチラリ
　　米軍人役。

6｜　『チアリのこたつ掛け』，P・モーリア程ではないが，チアリにもライセンス品がある。これは極めて日本的な"こ
　　たつ掛け"。

IV

60年代の4人の歌姫

シルヴィー・ヴァルタン，フランソワーズ・アルディ，

フランス・ギャル，ダニエル・ビダル

Sylvie VARTAN 1944–，Françoise HARDY 1944–，

France GALL 1947–，Danièle VIDAL 1952–

　シルヴィー・ヴァルタンが『アイドルを探せ』でスクリーンに登場した途端，多くの日本人の若者が恋に落ちた。彼女のドーナツ盤は爆発的ヒット，日本語でもカバーを何人かの歌手が吹き込んで，ちょっとしたバルタンブームであった。1964年の事である。

　彼女は，正統的フランスアイドル歌手としてずっとキャリアを重ね続け，フランスもの自体がマイナーになった70年代後半でも，アルバムはリリースされていた。因みにアイドルという言葉は『アイドルを探せ』が公開されてから定着した言葉である。彼女は，何曲か日本語でも歌を吹き込んだが，「ワンサカ娘」というレナウンのコマーシャルソングの唄を日本語で唄った事が決定的な印象となっている。そして，大ヒットアニメ「ウルトラマン」(1966–)の敵役として登場したエイリアンが，バルタン星人という名前を持っていた。この由来がシルヴィー・ヴァルタンからだと，あたり前の様に皆思った。バルタンという名は，他には全くない珍しいものだからだ。これには諸説あるようで，全く誤解だったと制作者は言うが，バルタンという名前は，シルヴィー登場以前に日本では聞いた事はない。御本人はいやだったろうが，ウルトラマンは超人気で，このバルタン星人が又人気がありバルタンという音が子供の層迄広がったわけである。2013年の来日コンサートでは，ステージにバルタン星人が登場し，本人もファンも大喜びだったという話題が，マスコミを賑わした。ヴァルタンは大人の対応をしたわけである。2度の車での大事故から立ち直った事，一躍スターになった後に苦労があった事等が書かれた，彼女のフランスでのベストセラー伝記は，残念ながら日本では発売されていない。また女優としての活躍も，出演した映画類はデビューの頃のものだけでほとんど公開されていない。

　ヴァルタンの楽曲は，旧作「あなたのとりこ」が1987年カメラのＣＦ曲として，2002年にはサントリーのＣＦで又同じ曲が使われ，2001年には映画，『ウォーターボーイズ』の挿入歌にまでなり，すっかり有名になった。時を置かず，トリプル

1 | 　　　　　　　　　　　　　　　　　　　　　　　　　　2 |

で使われた事になる。このコマーシャル効果もあり，2000年以降彼女は，再び日本でコンサートをするようになった。彼女が果したフレンチポップスの日本での普及を無視することはできない。

　シルヴィーの後を追う様に，1965年に「夢みるシャンソン人形」でデビューしたのが，フランス・ギャルである。この曲の愛くるしさと名前のシンプルさとが彼女にピッタリで，この曲もまた大ヒットした。「シャンソン人形」は，日本語詞がついて中尾ミエや弘田三枝子など，当時の日本のアイドル・ポップス歌手によってＴＶでも大いに唄われた。フランス・ギャルは1966年に初来日し，日本語でこの曲を唄ったりしてＴＶを賑わせたが，次に続かず段々成長してアーティストになってゆくのと反比例するように，忘れさられてしまった。

　フランソワーズ・アルディは，ヴァルタンやギャルより，少し遅れて日本に登場した。1972年公開の『グラン・プリ』等で，彼女は最初歌手だけれども，モデルも女優もこなす，そういう見え方だった。

　1970年の大阪万博のフランス館では，「さよならを教えて」がテーマ曲の様にかけられていたが，この唄が日本で発売されたのはその後，1973年になってからである。その後この曲は何人もがカバーし，ＣＦにも多用された。この頃，アルディ

*

1 | 『アイドルを探せ』1963，ボワロンが揃いたフレンチポップススター映画。バルタンも歌も大ヒット。一気にフレンチアイドルが誕生した。

2 | 『バルタン星人』（フィギュア），バルタンにバルタン星人が花を贈る写真は，微笑ましい。日本サブカルチャー万歳！の図である。© 円谷プロ

3 |　　　　　　　　　　　　　　　　　　　　　　　| 4

は女の子なのに男物のＹシャツにジーンズといった，ユニセックスのファッショ
ンリーダー的な見え方もしていて，とにかく格好良かったのである。当然同性の
人気が高く，多くの女性ミュージシャンが影響を受けた。特に日本のシンガーソ
ングライターの最高峰　荒井由実が二枚目のアルバムに「私のフランソワーズ」を
入れた事で，彼女の名前は多くの日本のポップスファンに知られる事になった。
荒井由実は，都会的なイメージが最初から持ち味だったが，その格好いい彼女が
憧れる，フランソワーズ，それはアルディへの荒井からのオマージュであったが，
同時に大きな宣伝となった。

　又1979年には，ギイ・ボンタンペリの「もう森へなんか行かない」のアルディ版
がTBSドラマ「沿線地図」の主題歌になった。このドラマは名手，山田太一の脚本
で大ヒットとなり，彼女の主題歌も静かなるブームとなった。彼女はフランスで
もコンサートをしない事で有名だが，もし日本でコンサートをしていたら大スタ
ーになっていたと思う。80年代に入ってAORが主流で，フランスの歌謡曲はほ
んとうにマイナーでシャンソンというのが格好悪い響きを持っていた時に，彼女
のアルバムだけは独りフランス文化の香りを振りまいて日本で売れていたのであ
る。1986年に蔵原惟繕の『道』の為にミッシェル・ベルナルクが，アルディの為の

＊

3 |　『夢みるシャンソン人形』，ロリコン文化は，日本だけではない。性風俗に良く似合うゲンズブールの悪意の塊。道
　　具にされたギャル哀れ。
4 |　『オーシャンゼリゼ』，ダニエル・ビダルは本当に愛らしかった。一時日本人と結婚しツアーガイドまでしていた。
　　自伝が読みたい。

60年代の4人の歌姫

5| |6

自作「魔法をとめないで」の歌詞を映画様に直し「道」という主題歌にしてアルディが歌い直した。それが，今の処唯一のアルディと日本映画との関連である。

　この時代のフレンチ・ポップスとしてもう一人絶対に欠かせないのが，ダニエル・ビダルである。彼女は，アズナヴールに見いだされフランスでデビューしたが，日本でブレイクした歌手である。1969年17才で「天使のらくがき」という唄で日本デビューし，とにかく小型で，フランス人形の様に愛らしく，あっという間に有名になりTVにラジオに引っ張りだこ，70年代前半の日本では，知らぬ人はいなかった。「オー・シャンゼリゼ」も，ジョー・ダッサンのオリジナルより余程彼女のバージョンの方が有名であった。ヒット曲も多いが，やはり1970年代の中頃からは，少女とは云えなくなって，知らない間に日本のステージから消えてしまったのである。それでも今でも当時のファンがいて"あの人はいま"のような番組に何度か出た事がある。彼女はフランス映画の主題歌を幾つかカバーしているが，日本の映画とのコラボは無かった。

*

5|　『魔法をとめないで』，これぞフレンチ・ポップス。
6|　『わたしのフランソワーズ』，フランソワーズの名を広めたこの名曲の作者は荒井由実。曲と絶妙な詞が甘哀しい。

IV

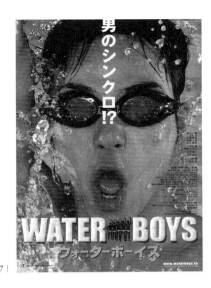

7 | ①

| 8

S・ヴァルタンと日本作品
—
◇「あなたのとりこ」
『**ウォーターボーイズ**』2001
シンクロナイズドスイミング
に男子高校生が挑む青春映画
で，「あなたのとりこ」は，シ
ンクロ演技のバックに使われ
た。実話からの映画化だが，作
品の評判も良くＴＶシリーズ
となり大ヒットとなった。こ
のとき高校生役で出演した者
の中から，後に何人かのスタ
ーが出ている。[監脚]矢口史
靖[音]松田岳二他[主]妻夫

木聡，玉木宏→Ⅳ05（ビビー）
F・ギャルと日本作品
—
◇「夢みるシャンソン人形」
『**ウィークエンド・シャッフ
ル**』1982→Ⅳ26（ゲンズブー
ル）

F・アルディと日本作品
—
◇「A suivre」
『**道**』1987→Ⅱ22（ヴェルヌ
イユ）
◇「さよならを教えて」
『**去年ルノアールで**』2007

深夜ＴＶで人気のあったショ
ート・ドラマを集めたＤＶＤ。
関東地方で有名な，喫茶店ル
ノアールに集まる人間を，お
笑い芸人を中心に綴りあげ
たお手軽作品だが，時代が良
く出ている。各エピソードの
始まりとエンディングに流れ
るのは「さよならを教えて」
で，声にエフェクトがかけら
れている。[監]大根仁[原]
せきしろ他[音]SHINKO，
K.U.D.O[主]星野源

★

参考｜S・ヴァルタンの出演した日本ＣＦ
ワンサカ娘（婦人服）（1965/レナウン）自ら出演

し日本語で歌っている。

*

7 | 『ウォーターボーイズ』2001，男のシンクロが，注目されるきっかけとなった喜劇。映画は水まし。
8 | 『レナウン～ワンサカ娘』歌の作者，小林亞星は，コマソン界の巨匠。日本の音楽業界の遠山の金さんを期待され
結局ならなかった。

60年代の4人の歌姫

ミッシェル・ポルナレフ

IV-33

Michel POLNAREFF

1944-

　ミッシェル・ポレナレフの登場は，今までの日本のシャンソンファンにとっても，ロック（英米中心）ファンにとっても驚きであった。そうして，どちらからのバッシングもあったけれど，彼の美しいメロディーは受け入れる人たちも多く，1970年の初め頃には，日本でも有名になっていた。彼が音楽を担当した『哀しみの終わるとき』は，1972年に公開された。マストロヤンニとドヌーヴという豪華なコンビだったが，内容は地味であった。しかしポルナレフの人気の為に，その主題歌は度々ラジオで流され，日本語でのカバー曲も発売された。映画音楽として見てみると，当時としては実験的に思えたであろう処理がいくつか見られる。大体は自然音で，節々にピアノやシンセサイザーで，メロディーのあるもの，またはミニマル的な音楽（テリー・ライリーのアルバムからだという）が突然止まる手法が，主人公たちのドラマと重なるように使われている。妙に勢い込んだミニマル音使用は，現在では，古臭いが，最後の場面の音楽あしらいがそれを拭ってあまりある秀逸な出来である。閉じこもっていた夫婦が旅行に出て，村の結婚式に遭遇し，そこの素人バンドが，「さくらんぼの実る頃」を演奏し歌う場面である。それぞれのテーブルで，ずれて歌は歌われ，主人公の夫婦も歌い，花嫁や花婿，村の人たちと踊ったりする。ずれた「さくらんぼ……」は，様々な事を象徴しており，ずばりこの物語の本質に届いていた。

　ポルナレフは1972年に初来日し，その後，何度か来日している。いくつかの逸話を残しているが，来る度にスター度がアップし，まわりは振り回されっぱなしだったという。楽曲としては，1971年「シェリーにくちづけ」，1972年「愛の休日」が最もヒットした。その後何度かＣＦやＴＶドラマ等で使われている。アメリカでの活動は，フランスでの彼への強いブーイング気分を反映して，あまりポジティブに報道されず，しだいに一般から遠くなってしまった。フランスを棄てた感が，彼の言動にも強かった。

　2007年のフランスでのコンサート再開は，ショービズの裏が見え隠れする。ポルナレフが，細かく誰それを絶対に呼ぶなと云ったなど，緊迫した裏事情があったようである。その後の自分の子供のDNAが違った話など，フランスでの報道の

1｜   ｜2

ベースは，決して暖かい物ではない。しかし日本のポピュラー音楽にとって，彼の果した役割は大きい。彼がフレンチ・ロックの存在を知らしめ，フレンチ・ポップスという言葉を定着させる大きな原動力となったのだから。

　「ジョジョの奇妙な冒険」は，ベストセラーとなった荒木飛呂彦のマンガだが，その中に出てくる超能力者の一人が，ポルナレフという名前で，これはミッシェル・ポルナレフから採られた。

M・ポルナレフの影響
—
「ジョジョの奇妙な冒険 スターダストクルセイダーズ」2014–2015
「ジョジョの奇妙な冒険」は1986年に少年雑誌「ジャンプ」からはじまり連載場所を変えながら続いている大コミックである。主人公は，ジ

ョジョという愛称のみが同じで，パートごとに時代も状況も様々だが，いずれも友情熱き仲間たちと一緒に，霊力をかけて邪悪と闘う話で，TV，劇場版からゲームまで浸透し，世代を超えて支持されている。現在パート8迄あるが，ポルナレフ（正式名ジャン＝ピエール・ポルナレフ）

は，パート3と5に登場する。直情型で女好きの単細胞で，笑わせ役である。「スターダストクルセイダーズ」は，パート3のＴＶアニメ化作品で，ポルナレフは，妹の敵を追い大活躍する。[原] 荒木飛呂彦 [監] 津田尚克

*

1｜　『哀しみの終るとき』1971，ドヌーヴとマストロヤンニの仲良しこよし映画の主題歌。歌謡歌手による日本バージョンまで作られた。

2｜　『ジョジョの奇妙な冒険のポルナレフ』超人気漫画の重要登場人物。薄気味悪い筋肉マッチョキャラに，ポルナレフの名前がぴたり。© (株)メディコス・エンタテインメント／作 荒木飛呂彦

Michel POLNAREFF

ダフト・パンク

トーマ・バンガルテル, ギ＝マニュエル・ド・オメン＝クリスト

Daft Punk

Thomas BANGALTER 1975–, Guy-Manuel de HOMEM-CHRISTO 1974–

　デビュー20年にして，2014年グラミー賞の5部門を制覇したダフト・パンクは，ダンス・ハウス系のミュージシャンとして，若者たちの間ではカリスマである。トーマ・バンガルテルとギ＝マニュエル・ド・オメン＝クリストと名乗る覆面のフランス人が，1995年に音楽シーンに登場してからの快進撃はもう伝説的ですらある。ボアゴベの鉄仮面が現代に甦った様な，味方よっては現代の音楽界の幽閉者のような彼等の，その存在がまずキャッチーであった。

　日本は，YMOを持ち出すまでもなく，このジャンルでは先頭を走った歴史があり，バブル経済がはじけた90年代に一時，流行ではなくなったが，常に一部の若者たちによって支持されていた。だから，六本木あたりのクラブでは，一般的に宣伝はされないがフランスの有名DJが来ている等の話は，良くある話である。ダフト・パンクは，勿論多くのDJに使われるが，夜のクラブの音楽はずっと昔に卒業していて，クラブにはまず行かない，一般にも受けが良い。2001年のアルバム「ディスカバリー」は，日本だけで30万枚近く売り上げたというが，これは凄い記録で，クラブ系のファンだけで成り立つ数字では無い。ポップスとしてのクラブ系のダンス音楽は，シンセサイザーやコンピューターの発達により目覚ましく変化し，しかも今日生まれた音が地球の裏側の国のクラブで流れ，やがてポピュラーになってゆく，その頂点にいるアーティストの一人が彼等である。彼等は，日本公演は2回だけだが，アニメの製作等，日本のミュージシャンとのコラボ等にも積極的で，何度も来日していて日本文化には明るいという。特に「宇宙戦艦ヤマト」や「宇宙海賊キャプテン・ハーロック」等で知られる，漫画アニメ界の重鎮，松本零士の大ファンである事を公言，自身のPVと映画で，コラボを実現させている。『インターステラ 5555』がその代表的作品だが，この作品のメッセージは，痛烈な音楽産業批判にあり，彼等が制作した映画『ダフト・パンク エレクトロマ』(2006) にも通じている。この映画は日本では2007年に公開され，若者の間で話題になったが，コアなファン以外には受けなかった。内容は，二人と言いたい二体のロボットの話で，彼らの象徴の様なそのロボットは，最後には自滅してゆく。まさしく世界的な音楽産業の中で脚光を浴びている彼らのエレジーであった。

彼らが音楽を担当したディズニー映画『トロン：レガシー』(2010) は，前作から28年を経ての続編であった。コンピューターゲームが主題の映画音楽にダフト・パンクの起用は最適だと思ったが，肝心の作品が良い出来とはいえず彼らの音楽も映画に合わせて無難にまとめたという印象に終わっている。

　素顔を見ると，おじさん然とした中年おとこたちだが，彼等には，いくつになってもフランスの学生ノリのエスプリがある。十分に知的である事は，ダフト・パンク（間抜けなパンク）とけなされた音楽雑誌評を逆手に取って，自らユニット名にしたという事からも測れるが，テクノポップというあだ花を，根のあるものにした彼らの拘りの音楽は，ますます先鋭化されそうで楽しみである。

ダフト・パンクと日仏合作作品 — 『インターステラ 5555』2003

アニメーションオペラとは誰がいったのか……よく言い得ている。ダフト・パンクのアルバム「ディスカバリー」の曲と松本零士のアニメで構成された，まるで全体がクリップの様な作品。ストーリーは，近未来あるバンドが世界的に売れて，音楽産業に振り回されてバラバラになって行く，という，かなり自虐的な話ではあるが，全体で見終わるとある種の無常観が漂う知的な作品になっている。なお，この作品は2003年のカンヌ映画祭で上映された。[監] 竹之内和久，西尾大介 [脚音] ダフト・パンク／アニメーション

・

1 ｜ 『インターステラ 5555』2003，洗脳アイドルの悲劇が判りやすくアニメ化されている。©東映アニメーション／作 松本零士
2 ｜ 『ダフト・パンク　エレクトロマ』2006，ダフト・パンクの哲学部分が炸裂する秀作。見終わった後の哀しみが残る。

Daft Punk

宮城道雄
〜和琴の魅力

Michio MIYAGI

1894-1956

　琴は13本の絃を持つ奈良時代からの伝統楽器である。その演奏者は盲人専門の職業と江戸時代には決められていたが，明治時代には撤回されている。

　フランス人は，特別に他国の文化に興味深い民族で，音楽においても，それは著しい。琴に関しては，1900年のパリ万博で，貞奴のひく琴に魅せられた記述が多く，中でもドビュッシーが「海」の作曲に多大な感化を受けた。この琴という特殊な和楽器の世界に新風を吹き込んだのが宮城道雄である。宮城は8歳で盲目となり，生田流の門下になるがまさしく天稟で，11歳にして免許皆伝を貰っている。彼の生まれ育った神戸は日本有数の貿易港で西洋音楽を耳にする機会が多々あり，それは彼に大きな影響を与えた。彼は，14歳にして箏曲「水の変態」を作曲し，独学で邦楽に西洋音楽の和声を取り入れながらオリジナル曲を沢山作曲した。宮城の聴いたクラシック西洋音楽はバッハ，モーツァルトは勿論近現代音楽までをも網羅し，特に近代フランス音楽，中でも印象派のドビュッシーやラヴェルを好んだ。明治以降日本は西欧からの文化を懸命に受け入れようとしたがその反面，従来の伝統文化に拘るナショナリズムの力も強く，音楽でも何回か，その風潮の波が高まる時があった。宮城の青年時代には，「新日本音楽」の名の下に，東洋と西洋のミックスが散々試された。彼は13本の絃を17絃にし，さらに1929年には80絃の琴を創り上げた。この大型のグランドピアノの様な巨大な琴は戦火で焼失したが，復元品が彼の記念館に飾られている。

　彼の作品では，「春の海」や「さくら変奏曲」「越天楽変奏曲」等があるが，ラヴェルのピアノ曲「水の戯れ」に影響されたという十七絃琴の為の「瀬音」は，まさに東洋と西洋が出会う傑作である。「春の海」は1929年に作曲された代表作で，ドビュッシーの影響が見てとれるが，この曲が世界的に知られたのは，フランス人女性ヴァイオリニスト，ルネ・シュメーとの競演がレコード化され(1932)，フランス，アメリカで発売された事が要因である。宮城を世界デビューさせたシュメーは，当時は流行の演奏家として世界中で演奏をしていた様だが，1940年代以降の情報が全く見つからない，謎のヴァイオリニストでもある。彼女とは，宮城が1953年にフランスを訪れた際に，パリで旧交を温めたと，宮城側の情報としてある。

1 |

2 |

　宮城の音楽は多方面に影響を与え続け，時がたつ程に評価は高まったが，代表作「春の海」は，日本庭園が映像に出るとそこに流れるといった，BGM的な使われ方がほとんどである。しかし，この曲には，貞奴，ドビュッシー，宮城，シュメーと続いた，音楽の流れと交流がある事を，時には想い出してみよう。

宮城道雄と関連作品

―

『すみだ川』1942
川口松太郎 "母もの" の代表的な一本。明治中期の封建的な琴の世界や寄席風景等，情緒纏綿と描かれタイムトリップ感がある。宮城は，歌詞付きのヒット曲となった主曲「すみだ川」の作曲もしている。[監]井上金太郎[原]川口松太郎[脚]秋篠珊次郎，民野敏夫[音]宮城道雄[主]藤野秀夫，吉川満子
『火の鳥』1950

宮城本人は登場しないが，音楽的なアドバイス及び主人公の演奏と使用曲は，宮城が担当。「春の海」も「希望の海」という変名で登場。事故にあった美人弟子の記憶が回復する曲「秋風の賦」が秀逸。[監]田中重雄[原]川口松太郎[脚色]野田高梧[音]近衛秀麿他[主]長谷川一夫，京マチ子
『母波』1953
超ヒットシリーズ，"母もの"（邦版『ステラ・ダラス』）の中の一本。宮城は，主人公の娘が，習っている琴の先生。琴

は，良家の子女のたしなみの一つであった。[監]小石栄一[原]川口松太郎[脚]田辺朝二[音]安倍盛[主]三益愛子
『自分の穴の中で』1955
内田吐夢からの，小津『晩春』への返歌だと言われる，良家の娘の恋愛映画。宮城が列車から転落して亡くなる一年前の作品。宮城は特別出演で「水の変態」を演奏。[監]内田吐夢[原]石川達三[脚色]八木保太郎[音]芥川也寸志[主]三國連太郎，宇野重吉

・

1 | 『ドビュッシー　海』（楽譜），ドビュッシー海と宮城の海は，北斎の波が繋いでいる。
2 | 『ルネ・シュメー』宮城にとって大恩人のヴァイオリニスト。フランスでは見事に忘れられている。

<u>Michio MIYAGI</u>

早坂文雄と伊福部 昭

Fumio HAYASAKA 1914–1955, Akira IFUKUBE 1914–2006

　北海道の札幌で，昭和7年 (1932) 一つの出会いがあった。これは日本の映画史，いや音楽史にとっても特別に大きな出会いであった。

　早坂文雄，伊福部昭……運命としか云えないこの同年生まれの二人は，二人とも中央の音楽界から遠く離れた地方で，独学で作曲を勉強し歴史に残る仕事をし，しかも優秀な後輩をたくさん育てたのである。彼等に共通する音楽への情熱は，結果的にあらゆる種類の音楽を吸収し，現代音楽でのオリジナルをどう創造するかという高邁な目標でもあった。

　彼らは，ストラヴィンスキー，ドビュッシー，ラヴェル，サティを特に愛好しドイツ音楽第一主義の中央の音楽人とは，明らかに違っていた。

　彼等を語る時に彼らを紹介した三浦淳史 (後に新音楽協会を，彼らと立ち上げるイギリス音楽の権威) を外す事は出来ないが，もう一人ロシア人でフランスへ亡命したアレクサンドル・チュレプニン (1899–1977) の存在がある。彼は，1935年に来日し，西洋音楽と民族音楽の在り方という決定的な命題を彼らに認識させた上に，アレクサンドル・チュレプニン賞を設けて，アジアの音楽家たちに希望を与えた。伊福部はそこで見事一位になり，日本の旧態前としたクラッシック界をビックリさせている。早坂も実は，同コンクールに応募しているが落選し非常に落胆したそうであるが，直にワインガルトナー賞を勝ち取りそこでも好敵手同士の意地を見せている。

　映画音楽家のキャリアは，早坂が早く，1937年に映画会社東宝に入社した時から始まったが，彼は早くから才能を見せ，結果的には日本の映画音楽界に最大の功績者と言われるほどの多くの傑作を残した。特に戦後1948年『酔いどれ天使』で，黒澤明と出会った事は，日本映画界にとって極めて重要な事である。黒澤との仕事は，『野良犬』(1949)『羅生門』(1950)『生きる』(1952)『七人の侍』(1954)……最後のコンビ作品『生きものの記録』(1955) まで計8本で，傑作群が並んでいる。

　早坂は溝口健二とも，8本の仕事をしているが，これが，黒澤とのコンビに負けぬ程の傑作ぞろいである。『雪夫人絵図』(1950)『雨月物語』(1953)『山椒太夫』(1954)『近松物語』(1954)『新・平家物語』(1955)……!!

その他にも成瀬巳喜男『旅役者』(1940)，今井正『民衆の敵』(1941)衣笠貞之助『女優』(1947)，これだけでもう十分わかるように，早坂は映画音楽として日本の映画黄金時代の最高位にいたわけである。

　早坂が，映画音楽の世界に入ったきっかけは，あきらかに生活のためであるが，根っからの芸術家である彼は，映画と現代音楽の仕事に分け隔てを持たなかった。映画音楽の未来を信じ，芸術として成りうるといつも夢みていた。このあたりが，多くの天才監督にとってもコンビを是非組みたい理由であったのだ。

　早坂は，まず，重篤な肺疾患と，赤貧との大変な戦いがあったわけだが，どうも彼について書かれたものを読むと，それらを軽く超える音楽の歓びに生きていたようである。四十一才という若すぎる死は確かに残念だが，彼の壮絶な状況を見ると本当に頑張った良くやったと思わざるを得ない。早坂の直接の弟子は，佐藤勝のみであるが，武満徹，芥川也寸士など，他伊福部の弟子筋と被る人材も含めて，多くの作曲家に影響を与え，またよく仕事も紹介した。

　伊福部は，早坂の紹介で，映画音楽に手を染めるようになった。黒澤の仲間でもある谷口千吉の『銀嶺の果て』(1947)が，映画音楽作家としてのデビューだが，当時監督と大もめしても自分の意見を通したという逸話も納得の出来で，未だに

1｜　『羅生門』1950，真砂の独白場面で流れる早坂文雄のボレロ。『ファム・ファタール』の坂本ボレロと比べたし。
2｜　『生きものの記録』1955，早坂の遺作。黒澤は一週間泣きくれたという。

Fumio HAYASAKA , Akira IFUKUBE

新しい感覚である。彼も早坂と同じ様にその後長い間，現代音楽と映画音楽の両分野で活躍した。民族音楽への拘泥は，最初から彼の特徴であり，生地北海道のアイヌ音楽に光を当て続けた功績は大きい。伊福部は長命であり，多くの映画を手掛けているが，特に重要かつ有名なのは『ゴジラ』『座頭市』の両シリーズである。2016年大ヒットした『シン・ゴジラ』(庵野秀明)のエンディング・ロールには，オリジナル『ゴジラ』が延々と流れ，感動的であった。

伊福部昭とフランス（合作）作品

◇『ゴジラ』
『メルド』2008/オムニバス映画「TOKYO!」2話目
カラックスの作品は，東京の地下に急に現れた怪人を描き，判りやすくいろいろなパロディが散りばめられていた。怪優ドニ・ラヴァン扮する怪人登場に流される『ゴジラ』のテーマ曲は，映画通なら，思わず手を打つ楽しい場面であった。→Ⅱ44 (カラックス)

『ホーリー・モーターズ』2012 (仏独)
見るものに強烈なインパクトを与えた『メルド』の怪人(絞首刑になったが，消えてしまった)が，突如，パリに現れ，またまた大暴れする。『ゴジラ』のテーマ曲が流されるが，これはもう既に，『ジョーズ』の鮫の登場や，ヒッチコック『サイコ』のシャワーシーンに匹敵する，ある種懐かしい効果音になっている。是非又何かで登場して欲しい。[監脚] レオス・カラックス [主]ドニ・ラヴァン，エディット・スコブ

*

3 | 『ゴジラ』1954, インパクト抜群の映画音楽。世界を魅了した。アイヌの一刀彫の様な大地の音楽。
4 | 『ホーリー・モーターズ』2012, 『TOKYO!』で御馴染み"メルド氏"が，『ゴジラ』をバックに再登場。映画の醍醐味，ここにあり。

Ⅳ

5

6

7

8

5 ｜ 『慟哭』1952，早坂は佐分利信とも多くの仕事をしている。この作品は，日本版『イヴの総て』と言われた力作。
6 ｜ 『新・平家物語』1955，溝口の豪華平安絵巻。話が長すぎたか？この映画の次に『赤線地帯』を残し溝口は去った。
7 ｜ 『アナタハン』1953，伊福部とスタンバーグの出会い。アナタハン島で起きた猟奇事件は世界中を驚愕させた。
8 ｜ 『座頭市物語』1962，伊福部の代表作の一つ。ボレロのリズムと和楽器民族楽器が溶け合うモダンさが，映画を
深めている。

Fumio HAYASAKA , Akira IFUKUBE

武満 徹

Toru TAKEMITSU
1930-1996

　日本の映画音楽の歴史はあまりにフランス人には知られていない。いや，日本国内でも一般にまず俳優・監督の話はしても，音楽映画でない限りその作品の音楽までには言及しない。しかし，その一般的には地味な職人の仕事の中で，きちんと自分の作品として映画音楽を捉えて来た音楽家たちがいる。大体が極めて限られた予算の中で，勝手な監督の注文や，ドアの音から子供の泣き声までの自然音や，ＳＥも仕事として考えなくてはならない。その仕事は，第一に映画をよほど愛していなくては出来ない作業である。

　武満が最初に関わった映画は中平康の『狂った果実』である。あえて云うならば日本のヌーヴェルヴァーグと，映画音楽が出会ったのである。彼はその後，素晴らしい映画の仕事と，もう一つの現代音楽とを両立させて，大きな武満ワールドを創り出していった。彼は映画のシナリオから参加する音楽家で，しょっちゅう現場に顔を出し，ラッシュを見てはメモしていたという。そういった彼の仕事はクリエイティブな監督に気に入られ，当然ながら多くの名作に関わるという事になった。成瀬との『乱れ雲』，大島との『儀式』，篠田との『心中天綱島』，羽仁との『不良少年』，勅使河原との『砂の女』，そして小林正樹との『怪談』。ここで全部を書く事は出来ないが，いかに多くの名匠と仕事をしてきたか一目瞭然である。彼の亡き後，製作された篠田の『スパイ・ゾルゲ』(2003) では，エンディング・ロールに，武満徹へという献呈が流れている。映画，特に，これ程の大作で一人の音楽家に捧げられた作品を見た事がない。そこに篠田との友情以上に，武満が日本映画に果した仕事の大きさを改めて見る思いがする。

武満徹とフランス（合作）作品
―
『乱』1985（日仏）→Ⅱ53（黒澤）
『A.K 黒澤明』1985（仏）
黒澤と武満は『どですかでん』が初めてのコンビであった。『乱』では何度も衝突し，この後は一緒に仕事をしなかった。黒澤が頭から音を決め込んでいて，武満の音楽家としての自由を押し切ろうとする事に，ついに武満がさじを投げたという。黒澤の撮影時の天気待ちは有名な話だが，しゃれで武満が作った唄がある。「明日ハ晴レカナ曇リカナ」。→Ⅱ25（マルケル）

・

1｜『ノヴェンバー・ステップス』琵琶と尺八をフュチャーした武満の金字塔。1967年に作曲された。小澤征爾がいなかったらこの曲はここまで世界的にはならなかっただろう。

2｜『写楽』1995，篠田の大作。武満は，メリハリの効いた職人技をみせている。

3｜『利休』1989，武満後期の代表作。同時代の西洋音楽にも精通する彼ならではの音楽博覧会。

4｜『ライジング・サン』1993，ハリウッドのミステリー映画。武満ほどの人が，何故この駄作を，引き受けたのか？それが一番のミステリー。

Toru TAKEMITSU

久石 譲

Joe HISAISHI

1950–

　久石譲は，デビュー当事から大変な職人であった。というか，早坂文雄に繋がる佐藤勝の大家のアシスタントとして，映画の現場は早くから知っていた。

　若い頃から様々なポップスのアレンジ等も手掛け，クライアントの希望を上手く取り入れる才能があった。アニメ音楽を手掛けて，すぐに宮崎駿が注目したのもその柔軟性であろう。細野晴臣の手になる筈だった『風の谷のナウシカ』は，宮崎の考えで久石に変わり成功したと云えよう。『ナウシカ』(1989) は，宮崎の集大成であり，新しい旅立ちとなった傑作で，アニメというより映画と云いたいそのクオリティーに人々は驚き，又興行も大成功した。

　久石は，その後ずっと宮崎と組んで数々の作品を世に出した。又，大林宣彦，澤井信一郎等のベテランとの仕事でどんどん映画音楽家として腕を上げ，宮崎作品の他にも，良い仕事が沢山ある。北野武とのコンビも最初の作品『あの夏，いちばん静かな海』(1991) からピッタリと息が合っていた。彼は自分のオリジナルの発表の他にも映画監督までやってしまうが，それらも又全部飲み込んで次の仕事のクオリティーを上げていく不思議な音楽家である。フランス映画では二本『プセの冒険』と『Sunny et L' Eléphant』に参加しているが日本では中々公開されず，結局ＤＶＤ発売のみに終わっている。

　久石自身の監督作品は『カルテット』(2001) という音楽家たちの映画で，彼の体験が明らかに反映され，なかなかの演出力を見せている。

久石譲とフランス作品
—
『プセの冒険　真紅の魔法靴』
2001
ペローの童話「親指プセ」の映画化。主題歌を久石が書き，ヴァネッサ・パラディが歌っている。同じ久石の大林映画『ふたり』のテーマ曲「草の想い」に，よく似ているが久石にとって愛着のあるメロディーなのだろう。[監]オリヴィエ・ダアン[脚]Ｏ＆アニエス・ダアン[音]久石譲[主]ニルス・ウーゴン，ロマーヌ・ボーランジェ／日本劇場未公開
『Sunny et L' Eléphant』
2008
タイ北部未踏の森の物語。象使いを夢見る少年と象使いの人々，森林破壊と都市化への思惑，一度は都会と共存しようともするが，最後は森に戻るという話。久石はゲスト待遇。[監]フレデリック・ルパージュ[脚]Ｆ・ルパージュ，オリヴィエ・アロンソン[音]久石譲[主]キース・チン，サイモン・ウッズ

1|

2|

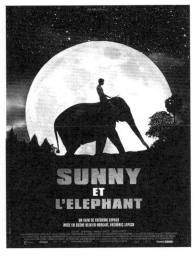

3|

4|

*

1 | 『風の谷のナウシカ』1984，久石と宮崎の出会いは成功した。アニメは映画ではない，その意見を変えた人々が，少なくなかった。主題歌は細野晴臣担当。© スタジオジブリ

2 | 『Quartet』2001，珍しい音楽学生映画。あまり知られていない映画だが久石の多才さが伺える。

3 | 『Le Petit Poucet』2001，「草の想い」と同種のメロディーの意図するものは童心？かといってわざわざ？ヴォーカルの雑さが目立つ。

4 | 『SUNNY ET L'ELEPHANT』2008，タイの象物語。お決まりの森林破壊抗議と思ったが，意外や象と人との関係が良く描かれている。

Joe HISAISHI

坂本龍一

Ryuichi SAKAMOTO

1952-

YMOというグループは，日本の音楽シーンに多大な影響を与え，それは世界的な広がりを見せた稀有な音楽グループである。川添象朗プロデューサーの下で，細野晴臣の知性，坂本龍一の技術，高橋幸宏の時代感，それぞれの持ち味とその音楽性が，バブル前の日本の状況とマッチングして実を結んだ，電気音楽の花であった。

YMOでポピュラーになった坂本は，1983年大島渚の『戦場のメリー・クリスマス』にデヴィッド・ボウイと共演した事で一気に世界的になった。この映画は，日英豪新の四カ国合作だが，自身出演してその映画音楽を手掛けるのは珍しい事である。『戦場のメリークリスマス』は映画音楽としてバランスが非常に良く，クラッシック，ポップス，即興そしてテクノと，色々なジャンルをすでに経験してきた，坂本ならではの，新しくしかも完成された作品であった。その後坂本は，日本の監督より海外の監督との幅広い仕事が目立ち，『ラストエンペラー』(1988)でアカデミー音楽賞を得てからは，極めてユニークな位置で映画音楽に参加している。特に1990年に公開されたベルトルッチとの『シェルタリング・スカイ』は，映画音楽として『戦メリ』に，勝るとも劣らない仕事であった。ニューヨークに居を移してからは，彼の発言が影響力を増して，幾つかの政治的な運動にも関わったが，担ぎ出された感もなくはない。当然ながら厳しいバッシングもされている。フランスでも大変に有名だが，意外にフランス映画とは関わりは少ない。近年は，YMOを発展させたHASYMOの活動が楽しかった。

坂本龍一とフランス（合作）作品

—

『ハイヒール』1991（西仏）
アルモドバル独特の，おどろおどろした因縁映画。挿入歌は既製の曲であり，坂本のオリジナル部分は多いとは言え

ない。[監脚]ペドロ・アルモドバル[音]坂本龍一[主]ヴィクトリア・アヴリル

『リトル・ブッダ』1993（仏英）
輪廻転生を捉える監督の図抜けた知性に応えて坂本が，大スコアーを書いている。[監・原案]ベルナルド・ベルトル

ッチ[脚]マーク・ペプロー，ルディ・ワーリッツァー[主]アレックス・ウィーゼンダンガー，キアヌ・リーヴス

『愛の悪魔』1998（英日仏）
フランシス・ベーコンを描いた合作映画だが，イギリス映画のイメージが強い。坂本は，

1｜　　　　　　　　　2｜

ギャラなしでもと引き受け
たそうだが，力がこもってい
る。[監脚]ジョン・メイブリ
ー[音]坂本龍一[主]デレク・
ジャコビ，ダニエル・クレイ
グ

『ファム・ファタール』2002
（米仏）
「ボレロ」もどきの曲が，前半
のサスペンスを盛り上げる。
あえてフェイクにしたとこ
ろが，映画の冒頭ショパール
のダイヤを，すり替える犯罪
とマッチしている。この場面
は，デ・パルマの映画技術に
圧倒されるが，残念ながらい
つもの様に，ドラマが進展す
ると，どんどん面白さが失速
してゆく。映画音楽としては

大健闘。[監脚]ブライアン・
デ・パルマ[音]坂本龍一[主]
レベッカ・ロッシーニ＝ステ
ィモス，アントニオ・バンデ
ラス

『シルク』2007（加仏伊英日）
→Ⅱ補81（作品）
『TOKYO!』2008 エンディ
ングには，この映画の主題
歌として作られた「TOKYO
Town Pages」が，流されてい
る。HASYMO という YMO
中心にしたユニットが，
TOKYO を象徴するような，
エレクトリックな楽曲を創り
上げていた。→Ⅱ44（カラッ
クス），Ⅱ45（ゴンドリー），
Ⅱ補81（作品）

坂本の出演した仏作品
—
『トーキョー・メロディー
Tokyo Melody』1985
フランスのＴＶ用に撮られ
たドキュメンタリー。バブル
真最中の東京の繁栄と，テク
ノ・ポップスの代表の一人
としてサカモトが，矢野顕子
（当時の坂本夫人）が，ドキュ
メントされている。公開当時
あまり受けなかったクリス・
マルケルの『不思議なクミコ』
と２本を組み合わせて公開さ
れた。２本並べて見ると非常
に面白い。[監]エリザベート・
レナール／ドキュメンタリー

1｜　『戦場のメリークリスマス』1983，最後を，ビートたけしがさらう大島映画。主題歌が世界的にヒット。坂本はこ
　　　の作品で，世界的になった。
2｜　『愛の悪魔』1998，ドラッグ絵画の頂点ベーコンの伝記風映画。自分の醜い部分を，絵に変えるエゴと狂気の暴
　　　力ショー。

Ryuichi SAKAMOTO

川井憲次

Kenji KAWAI

1957−

　優秀な映像作家は必ず優秀な作曲家と組んでいる。そしてお互いに育ち合って発展する。この典型的な一例が押井守と川井憲次である。押井の実写版の『赤い眼鏡』(1986)への参加は，川井が映像音楽の仕事を始めたばかりの頃であった。その後このコンビは現在まで良作を作り続けている。例えば『機動警察パトレイバー』(1993)，『攻殻機動隊』(1995)と云えば，アニメファンでなくても知っている名作である。そして『イノセンス』(2004)『スカイ・クロラ』(2008)と大作が続き，公開する度に，国際的話題になる程，注目もされている。特にカンヌ映画祭にも出品された『イノセンス』では，和の音の取り入れ方が圧倒的効果を生みだしていて，映画音楽としても，記憶に残る作品となっている。

　川井は押井以外にも，アニメ，実写映画と数多くの作品をエネルギッシュにこなしているが，ホラーというジャンルで，アメリカにもファンがいる中田秀夫と組む事も多い。最初のコンビ作『リング』(1998)がヒットして，すぐに『リング2』(1998)を撮り，やがてそれはJホラーと呼ばれる流れになっていった。この延長線上で作られた『仄暗い水の底から』(2002)イギリスで撮られた『チャットルーム』(2010)と，広がりを見せ止まる事を知らない。川井は，映画やアニメの他に，ＴＶ，ゲーム，ＣＦとひっぱりだこの活躍だが，どの仕事にも定評がある。川井の音楽は，ポップミュージシャン独特の解り易さと，映像をリスペクトする己の立場を弁えたプロの安定感に支えられている。外国作品も，予算にあまり関係なく引き受ける度量もあり，フランス映画も，『Samouraïs』(2002)，『ブラッディ・マロリー』(2002)の2本を担当している。

川井憲次とフランス作品
—

『Samouraïs』2002
倉田保昭は芸術作品には出演しないが，アクションスターとして世界で活躍している俳優である。この作品では娘を守る主人公役。残念ながら作品の出来はあまり良くないが川井は和楽器の音等で外国人の思う日本のイメージを良く表現している。→Ⅲ補39（俳優・倉田）

『ブラッディ・マロリー』2002
ジュリアン・マニアのマニアぶりが目立つ吸血鬼映画。映画に遊園地的ドライブ感がある。数ある〈吸血鬼もの〉の中では埋もれてしまうかもしれないが，川井は良い仕事をしている。[監] J・マニア [音]川井憲次 [主]オリヴィア・ボナミー，アドリア・コヤード

1 |

| 2

3 |

| 4

*

1 | 『精霊のささやき』1987，映画音楽に手を染め始めた川井の音楽が新鮮。不思議な精神病院の名はミモザ館。出
　　来は雑草館。

2 | 『機動警察パトレイバー』2016，押井守の代表的メディアミックス作品。最初からコンビである川井の仕事は，会
　　を重ねる度に，磨きがかかっている。

3 | 『ブラディ・マロリー』2002，主人公は新婚の日に夫が吸血鬼と知り，斧で叩き殺す。日本アニメとゲーム感覚の，
　　血まみれ吸血鬼狩り。© ギャガ

4 | 『リング』1998，貞子と同名の少女が，どれだけ苛めにあった事だろう。中田はそれをドキュメントするべきだ。

Kenji KAWAI

在仏ミュージシャン

土取利行と三宅純

Toshi TSUCHITORI 1950-, Jun MIYAKE 1958-

　フリージャズのパーカッショニストとしてスタートした土取は，その活動の割合早い時期にフランスへ渡ったので，その貴重な仕事は，オンタイムでは日本の一般には伝わってこなかった。1976年，ピーター・ブルックの座付き音楽家になってから増々国際アーティストとしての経験を積み現在ではカリスマ的な地位にある。彼は地味だけれども，忘れてはいけない東西文化の掛け橋の一人と云えよう。彼の音楽は，ピーターの大作「マハーバーラタ」で知ることが出来る。「マハーバーラタ」は1988年に日本でも公演されて話題になったが，このインドの長大な古典詩を，それで初めて知った人も多かった。2014年に公開された『世界一受けたいお稽古』は，ピーターのワークショップのドキュメンタリーで，単館ミニ・シアターの公開ながら，演劇関係者を含め連日観客が集めて話題となった。

　土取が，いかに繊細に音を作り出すかが，図らずも撮られていて，その意味でも貴重なドキュメンタリーになっている。

　三宅純は，日本でのジャズ活動を経てアメリカ，バークリー音楽大学へ行き，帰国後は，ステージ活動の他に，ＣＦ，映画，スタジオミュージシャン等々で，活躍した。

　2005年からパリに居を移してからは，益々磨きがかかり，日，米，欧と，精力的に活動した成果が，多くのクリエイターに認められた。例えば2011年にヴィム・ヴェンダースが監督した『ピナ・バウシュ踊り続けるいのち』の中での重要楽曲は，彼の作曲した作品である。亡くなったピナ・バウシュから，パトリス・ルコント，日本の大友克洋まで，ジャンルを超えて，世界的クリエイターに愛される彼の音楽は，ジャズをベースにしての，まさにジャンル規定の意味がないハイブリッドな音楽である。映画音楽に関しては，楽曲提供が多く，クレジットされていない作品も多々あるが，エネルギッシュに活動する彼の音楽は，益々世界中に流れて行くだろう。2016年リオオリンピックの閉会式では，彼のアレンジによる斬新な，日本国家「君が代」が，大会場になり響いていた。

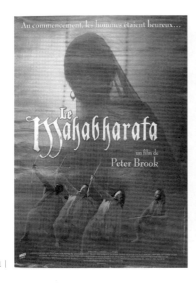

1｜　　　　　　　　　　　　　　　　　　　｜2

土取利行とフランス作品

—

『マハーバーラタ』1989（劇
場未公開）
インドの世界的に有名な、古
典叙事詩をピーター・ブルッ
クが演出した舞台を、映像的
に処理した映画で、実験的で
はあるが、いささか映像とし
て見るには長尺である。［監］
P・ブルック［脚］P・ブルック、
ジャン・クロード＝カリエー
ル、マリー＝エレーヌ・エス
ティエンヌ［音］土取利行
『世界一受けたいお稽古』2012
P・ブルックのワークショップ

を、その息子サイモンが撮っ
たドキュメンタリー。"綱渡り"
をテーマに、俳優たちが、床
の上に張られた架空の見えな
いロープを次々にわたってゆ
く……床に並べた様々な楽器
を、土取が状況に合わせて取
り上げ、役者の"綱渡り"を盛
り上げ、また俳優は俳優で、
それに感応しながらロープ
を探る。長年、P・ブルックと
仕事をしてきた土取ならでは
の、即興が興味深い。［監］サ
イモン・ブルック［音］土取利
行、フランク・クラフチク

三宅純と関連作品

—

『L' Ombre et la Main』2006
［監］Laurence GARRET/ ド
キュメンタリー
『Katai』2010
［監］Claire DOYON
『3femmes amoureuses』
2010
『ピナバウシュ踊り続けるい
のち』2011
［監］ヴィム・ヴェンダース
『Tiens-toi droite』2014
［監］Katia LEWKOWICZ

·

1｜　『マハーバーラタ』1989, 土取の活動は, 極めてユニーク。ピーター・ブルック劇団で果たした役割は大きい。
2｜　『Pina』2011, コンテンポラリーダンスは, コアなファンが日本にもいる。ピナはその人気の拡大に大貢献した。

Toshi TSUCHITORI, Jun MIYAKE

日本映画の中で歌われたシャンソン

映画がトーキーに変わったばかりの頃から，フランス映画のヒット主題歌とシャンソンヴァリエテは日本の映画で使用されてきた。大体登場人物が鼻歌で唄ったりして，そのキャラクター（シャンソン好き）やその環境を見せるのである。幾つかの有名曲に関しては，詳しく歌手の名で項目別に説明しているが，ここではそれ以外の映画と名曲の関係について触れてみよう。60年代の始め頃まで，シャンソンは，戦前のインテリ達が好んだ，文学的アート的なイメージが残っていて，洒落た音楽であったのだ。

◇「モン・パリ」
—
宝塚少女歌劇団で歌われ有名になったこの歌は，アンリ・アルベールのレコードによりヒットし1925年には，パリのレビューでも唄われる様になったロングセラーで，1927年宝塚の日本最初のと銘されたレビューのタイトル曲でもある。[詩]ジャン・ボワイエ[曲]ヴァンサン・スコット）
『FOUJITA』2015→Ⅱ71（小栗）
エコールド・パリを舞台にした映画『FOUJITA』の中で彼のモデルでもあった有名なKIKIがこの唄を歌う。
◇「すみれの花咲く頃」
この曲は，たまたま渡仏中だった白井鉄造が耳にし，宝塚歌劇団のグランド・レビュー「パリゼット」に使われた事で有名になった。1930年8月の事である。原曲は，オーストリアのフランツ・デーレの

曲をパリのレヴューが取り上げ，ジャン・ソルビエ等によってレコード化された曲で「リラの花が又咲く時」という。歌詞は，レヴュー界の大物3人により原曲のニワトコがリラに代わり官能的な恋の唄となっていたが，白井により，リラはすみれに変えられ，初恋の唄となり「すみれの花咲く頃」としてその後宝塚歌劇団のシンボル歌として現在まで唄い継がれている。日本に女性歌劇が初めて登場したのは1914年，宝塚歌劇が最初で次のOSKは1922年登場である。いずれも関西が中心に始まった。東京では後発で1928年にSKD（松竹歌劇団）が作られたが，1996年に惜しまれつつ解散した。この3つの劇団ともに，未婚の女性が入団の条件の一つで，男役も女性がやる伝統的日本の歌舞技の逆版である。この3つの劇団は，それぞれ芸

能学校の役割を果たし，ここで基礎を学び女優になった人たちが非常に多い。日本には芸能学校としてここまできちんとプログラムされた教育機構が未だに無い為，現在でも特に宝塚出身者が，日本の女優の重要な供給源の一つとなっている。又この唄は，あの小津安次郎の愛唱歌で，小津は酔うと，シルクハットをかぶり，カウンターに腰掛けて足を跳ねあげながら唄ったという。[詩]アンリ・ヴァルナ，レオ・ルリエーヴル，フェルナン・ルーヴレ［曲]フランツ・デーレ）
『すみれ娘』1935
各所で「すみれの花咲く頃」が出て来て，ジャズコーラスグループがステージで唄ったり，主人公が鼻歌で唄ったり，最後には主人公2人の「すみれの花咲く頃」の合唱で終っている。日本のパリかぶれの一端を見る様で，キッ

チュであるが，節操の無さは恥ずかしい程である。[監]山本嘉次郎[脚]永見隆二[音]紙恭輔[主]堤真佐子，リキー宮川

『江分利満氏の優雅な生活』1963
戦前から戦争中に青春を送った主人公が，自分は不器用で音痴でと説明するシーンで，歌われる。オフィスが背景で，その時社員たちは動きをストップして，映画的な効果を上げている。非常に音痴に唄われる。「すみれの花」は，主人公の世代の唄として主人公印象に残る。→Ⅳ3（オッフェンバック）Ⅳ補46（ルルー）

『OH！タカラヅカ』1982
エロティック漫画原作の実写版。"清く，正しく，美しく"がモットーの女性歌劇団とそのテーマ曲「すみれの花咲く頃」をパロッたポルノ風コメディ。全体がセックス産業の島の女子高に赴任して来た男性教師を巡って，子種獲得のドタバタが繰り広げられる。「すみれの花〜」が，女学生の登校する最初のシーンから流れ，大体の大人の日本人なら笑ってしまう諧謔がある。[監]小原宏裕[脚]高田純[選曲]小野寺修[主]美保純，冨家規政

『さくら隊散る』1988
広島で被爆した移動劇団「桜隊」のドキュメンタリードラマ。再現ドラマも交えて，生き残った役者が，苦しみ悶えて死んでいく描写もある。32

才で亡くなった，園井恵子という宝塚出身の主役女優が（再現ドラマで）唄う「すみれの花咲く頃」は，あまりにも，哀しい。又，一緒に被爆し10日後に亡くなった座長の丸山定夫は，喜劇界の名優で，モリエール「守銭奴」のアルパゴンが，舞台の代表作であった。映画にも沢山出演していて，伊丹万作の『巨人伝』（1938「あゝ無常」翻案）では，ジャベール役を演じている。『さくら隊散る』は皮肉ではなく，アメリカ人に是非見てもらいたい。[監脚]新藤兼人[音]林光[主]吉田将士，未来貴子

『バースデイプレゼント』1995
主人公の相手役でダメな旅行添乗員のお見合いをする娘役で，鈴木保奈美が，カメオ出演しているが，このシークエンスは，このコメディの中で唯一笑える場面である。その気になった彼女が，男の実家に押しかけ，掃除まで始めるが，その時の鼻歌は「すみれの花咲く頃」で，娘の時代ズレがよく出ていた。→Ⅱ補82（ロケ）

『陸に上がった軍艦』2007
1994年に新藤兼人が自らの海軍体験を脚本にして映画化しようとしたが，資金面で製作出来なかった。約10年後に山本保博が，ドキュメンタリーとドラマの組み合わせで作り上げた作品。全編，新藤がインタビュー形式で説明を

『すみれ娘』1935

『OH！タカラヅカ』1982

『巴里の屋根の下〜日劇シャンソン・レビュー〜』1956

『白昼の死角』1978

日本映画の中で歌われたシャンソン

するが, そこに挟まるドラマにリアリティがあり力のある作品になっている。宝塚劇場は少女歌劇の殿堂であるが, 日本海軍が接収し, 舞台は体操場に, 客席は階段教室に変わり新藤たち新兵はそこで地獄の特訓を受けた。「すみれの花咲く頃」は, 宝塚の説明のナレーションに重ねてピアノ演奏で流れている。その時の新藤の仲間は100人いて, 生き残ったのは6人だけだったという。[監]山本保博[原脚本]新藤兼人[音]沢渡一樹[主]蟹江一平, 滝藤賢一, 新藤兼人

◇「巴里の屋根の下」
—
1931年『巴里の屋根の下』, 1932年『自由を我等に』, 1932年『ル・ミリオン』そして1933年『巴里祭』約3年の間に連続して封切られた4本のルネ・クレール作品が日本にもたらしたものは, 特筆すべきである。とりわけ, トーキーならではの『巴里の屋根の下』の主題歌は, その後に続く日本のシャンソンブームへの決定的要因になった。この主題歌は, 公開前に田谷力三他, 2人の歌手による競作カバー盤が発売され流行しており, まさにそんな中で本編が公開されたので, 映画も爆発的にヒットした。(主演のアルベール・プレジャンも人気が出て, 次の『搔払いの一夜』の主題歌「マドロスの

唄」も大ヒットした)『自由を我等に』と『ル・ミリオン』も, やはり主題歌が受けてカバー曲も吹込まれている。

『はだしのゲン』1976
広島で被爆した中沢啓治の漫画の映画化。原作は当時の様子が良く描かれていて, 1000万部を超える大ベストセラーである。三國連太郎が演じる職人の父親が, 主人公と歩きながら「巴里の屋根の下」をハミングする。当時, 敵性音楽にあたるフランスのシャンソンを持ち出す事で, 父親の青春時代と彼のささやかな戦争への抵抗を感じさせてくれる。映画自体は, 残念ながら監督の稚拙さが目立ち良い出来とは言い難い。[監]山田典吾[原脚]中沢啓治[音]羽田健太郎[主]三國連太郎, 左幸子

『白昼の死角』1978
「巴里の空の下」が, 東映のマークが出る処から, 主人公によって歌われ, アコーデオンで演奏される中ドラマに入ってゆく。するといきなり終戦後の闇市近くに建ったビルの一室で, 蓄音機から流れるジャックリーヌ・フランソワ歌唱の「巴里の屋根〜」を一緒に唄いながら男が, 灯油をかぶり自殺する。その後主人公の独白が入り, 自殺した男が主人公の大学の同窓で金融の天才であり, 観客は, 主人公がこの親友の死により悪も正義も信じない金融犯罪のもの凄いプロになる決意をした事

を知る。ベストセラー高木彬光の話が, 悪漢小説として面白く映画もヒットした。原作の「リンゴの歌」を村川は「巴里の屋根〜」に変え, 主人公たちが自殺した友を悼みながら座敷遊びをするシーンでは, SPで同曲をかけながら, 芸者に三味線をひかせ全員でこの歌を歌う。ラストでは, 別人を自分に仕立てて, 親友と同じ様に「巴里の屋根〜」のSPを聴きなながら灯油をかぶらせて, 偽装自殺させ, 海外に高飛びする。村川にとって, このシャンソンは, 第二次大戦時に学徒動員で予科練に行き, 戻る事の出来た従兄に, レコードで聴かされ強く魅了された自由への憧れの歌だったらしい。[監]村川透[原]高木彬光[脚]神波史男[音]宇崎竜童[主]夏木勲, 竜崎勝, 島田陽子

『聖女伝説』1985
強引な主人公が, 日中のハーフ資産家令嬢の処に押しかけてゆく。彼女は豪華な浴槽で泡ぶろに浸りながらフランス語で歌っている。その時の歌が「巴里の屋根の下」で, 監督の村川が好きな歌だが, 令嬢との世代と大きなギャップが不自然に思えた。→IV 18(レイ)

『キネマの天地』1986
松竹大船撮影所50周年記念で作られた, 映画館の売子からスターになる少女の物語。時代は丁度1934年ごろの蒲田撮影所(大船の前身)が舞台で, カフェで手回しレコー

ドで「巴里の屋根〜」がかけられ, それに合わせてフランス語で唄う客がいたり, 撮影所の中でアコーデオニストが弾いていたりで, その時代いかにこの曲が流行していたかが, 解ってくる。
[監]山田洋次[脚]山田洋次, 井上ひさし, 山田太一, 朝間義隆[音]山本直純[主]有森也実, 中井貴一, 渥美清

◇「巴里祭」
—
同じくクレールの大ヒット映画の主題歌である。「巴里祭」と名付けたのは, 輸入会社東和の川喜多長政たちだが,「巴里祭」は, 映画のタイトルを離れ, フランス共和国建国記念日である7月14日を日本人は「パリ祭」と呼ぶようになってしまった。日本版SPは,「若き巴里の恋」として西百合江によって吹込まれている。

『暗室』1983
日本のエロティック文学に一分野を開いた吉行淳之介の「暗室」を石堂淑朗がシナリオ化し, 日活映画70周年記念として浦山桐郎が演出した。とにかく脚本が冴えていて, 会話が面白い。主人公の小説家が, 次々に漁色を重ねる筋で, SEXシーンがとにかく必要なロマンポルノの制約を, 閨房場面満載の原作の段階からして軽くクリアしていた。日活ロマンポルノは1000本以上作られたが, その中で

も光を放つ作品である。「巴里祭」は, 中年の主人公がハミングし, 中盤でレズビアンの女と戯れながら, 主人公も, 女も口ずさむ。薩摩忠の訳詞で, ほんの少しのシーンだが, 主人公よりずっと若い女が, 戦前のこの唄このこの歌詞を知っているのは, 少々奇異に思えた。[監]浦山桐郎[脚]石堂淑朗[音]松村禎三[主]清水紘治, 寺田農, 木村理恵
『上海バンスキング』1988
自由劇場というアンダーグラウンド系劇団の当たり狂言「上海バンスキング」の映画版。劇と映画の間の様な手触りが話題になったが, やはり映像ではもたない部分があった。1936年日中戦争勃発前の上海が舞台で, 日本では敵性音楽としてJAZZがやれなくなり, 上海に流れて来たジャズメンたちの群像劇である。巴里に連れていくといいながら実は途中の上海で(この頃巴里に行くには上海経由の船便のみであった)JAZZがやりたい男に騙されて結婚した女が, 生活のためにキャバレーの歌手になる。その彼女が巴里を夢見て「巴里祭」を唄う。自由劇場の看板吉田日出子は, 決して歌手の歌ではないが主人公になりきっていて, 哀切極まりなく稚拙なフランス語も逆に効果的であった。[監脚]串田和美[原]斉藤憐[音]越部信義[唄]吉田日出子[主]吉田日出子, 笹野高史

『上海バンスキング』1988 (串田版)

『上海バンスキング』1984 (深作版)

『破れ太鼓』1949

『アキレスと亀』2008

日本映画の中で歌われたシャンソン

◇「聴かせてよ愛の言葉を」
—

戦前リュシエンヌ・ボワイエの唄で大流行し，戦後の日本のシャンソン歌手たちの定番レパートリーでもあった。この曲の持つベルエポックの時代感と美しさは，いまや名曲を通りこして神曲と云いたい程である。日本では，1933年帰仏コンサート（パリ流行歌の夕べ）で，ソプラノ歌手，佐藤美子が初めて日本に紹介した。[詞曲] ジャン・ルノワール

『忘られぬ瞳』1939

昭和初期から流行した音楽映画。とはいっても，歌が入るオペレッタもどきも，みんな音楽映画でくくってしまっている。主役の岸井明は「笑いの王国」を主催していたタレントで，150キロを超す巨漢であり，オペラ風の歌が得意であった。この映画は，しがない職工の主人公が，思いがけず社長の愛人に惚れられて結婚するまでを，ドタバタ調でまとめた喜劇である。社長の愛人役の歌手（神田千鶴子）が登場する歌謡ショウで，「聴かせてよ……」を日本語で歌う。面白いのは，バックのミュージシャンに当時の東宝の女性スターたちが扮しているのだが全くカメオ出演で，見ている方は恥ずかしくなる"あてぶり"である。[監] 渡辺邦男 [脚] 川端次郎 [音] 谷口又士 [主] 岸井明，神田千鶴子

『破れ太鼓』1949

"破れ太鼓"と子供に評されたワンマンな父親とそれに初めて反抗する母と六人の子供たちの物語。戦後もまもない日本の成金一家の家族騒動を，現在見ると，あまりのも古めかしく舞台臭さが気になるが，時代は良く描けている。「聴かせてよ……」は，長女が恋した画家の親，パリでの滞在が最大の思い出の音楽家の父と画家の母との思い出の曲である。散歩をしながらフランス語で歌う老夫婦は，"破れ太鼓"と対極に置かれている自由人である。[監] 木下惠介 [脚] 木下惠介，小林正樹 [音] 木下忠治 [主] 阪東妻三郎，村瀬幸子

『その手にのるな』1958

主人公が，いつも望遠鏡で覗いている向かいのアパートのレヴューのダンサーが，爪を手入れしながらこの唄を口ずさんでいる。[監] 岩間鶴男 [音] 加藤光男→I 25（シムノン）

『上海バンスキング』1984

JAZZが日本ではやれず上海に渡った日本人ジャズマンたちの物語。トランペットのバンマスが中国人の娘と結婚するが，そのパーティで「聴かせてよ愛の言葉を」が歌われる。主人公のまどか（女歌手）が最初に，そして最後は全員でこの曲を歌う。[監] 深作欣二 [音] 越部信義→IV 21（ダミア）

『アキレスと亀』2008

画家が主人公の，哲学的な映画。主人公の父親が事業に失敗して自殺してしまい，子供の時にいきなり孤児になってしまう。絵を描く事しか能力のない子供は，見事に絵しか描けない大人になってゆく。才能があるのかないのか，何が才能なのか，天才という言葉をマスコミに使われ続けた北野の想いが見事に出ていて秀逸である。「聴かせてよ愛の言葉を」は，「聞かせてよあまい言葉」という訳になって，タイトル登場前に，父親とデブの芸者たちが酔っぱらって帰宅する道すがら歌われている。ここで音楽の梶浦は，非常に興味深い，似ていて違う楽曲をかぶせる芸当をやっている。あの，天才画家ルノワールの次男であるジャン・ルノワール，親と並んで，これまた偉大な映画監督が作曲した歌を，画家がテーマの映画に使用する，この素敵なアイデアに，もうひとひねり，原曲のアレンジ？と思える曲を，シンプルなピアノ音で各所に散りばめたのは，北野のアイデアか，梶浦のアイデアか解らないけれども，模倣に始まる芸術がテーマとも云える（劇中でも散々登場し苦笑させられるが）この難しい映画に，それは的確であった。[監脚] 北野武 [音] 梶浦由紀 [主] ビートたけし，樋口可南子→II 72（北野）

◇「枯葉」
—

「枯葉」は，1945年ローラン・プティバレエ団の為に，ジョセフ・コズマが作曲したメロディーにジャック・プレヴェールが歌詞をつけて，カルネの『夜の門』の主題歌の一つとして使用された。この映画では，ナチス占領下パリのパルチザン闘争が，伏線にある愛憎劇だが，ピアフの推薦で準主演したイヴ・モンタンが，映画の中で歌った。[詩]ジャック・プレヴェール[曲]ジョセフ・コズマ[訳詞]中原淳一，岩谷時子他→Ⅳ43（カバー）
『現代処女』1953
『花形歌手・七つの歌』1953
→共に本項「セ・シ・ボン」

◇「ドミノ」
—

50年代にアンドレ・クラヴォーが唄い，その後ビング・クロスビーによって英語で唄われ世界的にヒットした。日本でもペギー葉山等にカバーされて大ヒットしたがアメリカの曲だと思っている人も多い。クラヴォーは戦前から活躍した歌手で，映画『パリの空の下セーヌは流れる』に出演もしている。来日した事は無いが，日本でも美声で知られていた。ロックの台頭で唄う事を止めたという。[詩]ジャック・プラント[曲]ルイ・フェラリ[訳]音羽たかし
『青春ジャズ娘』1953
大学対抗バンド合戦の映画。バンド内のドタバタ騒動も治まり，メジャーデビューを果

たす最後のステージのシーンで，当時のお嬢さんジャズ歌手新倉恵子によって唄われる。[監]松林宗惠[脚]北田一郎，蓮池義雄[音]大森盛太郎[主]片山明彦，新倉恵子

◇「セ・シ・ボン」
—

この唄は，まずアーサー・キットが1953年英語なまりのフランス語で唄った盤がヒットしたが発売禁止になってしまった。後半の語りがセクシーすぎるという事だったらしいが，現在改めて聴くと唄い方や語りよりも歌詞の内容の方がいかがわしい。この唄は翌年，ラテン歌手宝とも子がカバーした。これが又セクシーすぎるという事で発売自粛になってしまった。丁度その時デビューして人気上昇中の江利チエミもこの唄を唄っていて，結局漁夫の利を占める事になった。東京キューバンボーイズが伴奏のラテン乗りの曲なのだが，仏語と英語，最後に日本語で唄うという相当にキッチュな作品になっていた。他に日本人では多少前後はあるが，高英男や越路吹雪等々日本のシャンソン歌手が続々レコードにしている。それにしても，かなり変わった形を取ってチャートに上がった曲だが，昔は一曲のヒットのスパンが長かったものだ。[詩]アンドレ・オルネズ[曲]アンリ・ベティ[訳]岩谷時子）

「セ・シ・ボン」1953（アーサー・キット）

「雪の降る町を」1953（高秀男）

『ハワイの夜』1953

『過去のない男』2002

日本映画の中で歌われたシャンソン

『現代処女』1953
ラジオの女性プロデューサーの恋物語。ラジオの記念番組に出場する歌手としてデビューしたばかりの高秀男が「枯葉」、宝塚の大スターから歌手に転身した越路吹雪が、「セ・シ・ボン」を、日本語で歌う。[監]佐伯幸三[原]京都伸夫[脚]須崎勝弥、赤坂長義[音]飯田三郎[主]杉葉子

『花形歌手・七つの歌』1953
当時の2本立て興業メインに抱き合わせで量産された、大映版音楽グラフィ。ヒットソングのテープが盗まれ穴埋めに狂奔するドタバタ喜劇の中で『現代処女』から高の「枯葉」と、越路の「セ・シ・ボン」の場面は最後の締めに使用されている。[監脚]枝川弘[引用]越路吹雪、美空ひばり他

『ジャンケン娘』1955
美空ひばり、江利チエミ、雪村いづみという3アイドルが競演する、大ヒットした学園ドラマ。アイドル映画という言葉のない時代だったが、出演者が3人共、今の歌手にはない独特のオーラがあった。チエミは少しだけ「セ・シ・ボン」をくちずさむ。
[監]杉江敏男[脚]八田尚之[音]松井八郎[主]美空ひばり、江利チエミ

『裏町のお転婆娘』1956
ジャズフィーリングのあるアイドル江利チエミのミュージカル映画。この映画の時代はまだモノクロである。戦後よく使われた貧しい仲間同士が

バンドを作って成功し、人助けをする話。その中のショー場面で江利チエミがフランス語で唄う。[監]井上梅次[脚]吉田広介[音]多忠修[主]江利チエミ、長門裕之、フランキー堺

◇「ロマンス」
—
1952年ジュリエット・グレコが、ディスク大賞を受賞した名曲。当時パリに滞在した高英男は、1953年に「枯葉」とこの曲のカップリングでデビュー。じわじわと日本全国に広まり有名曲となった。高によって日本映画の中でも歌われている。[詩]アンリ・バッシ[曲]ジョセフ・コズマ[訳]中原淳一

『紅椿』1953
コンビ歌手を、主役に展開するメロドラマ。キングレコード専属歌手が、ショーの場面で大挙出演する。「ロマンス」が、高によって謳われている。[監]吉村廉[脚]中江良夫[音]飯田三郎[主]船越英二、沢村美智子

『桜まつり歌合戦』1954
男女がTVの紅白歌合戦を見る設定で、大映映画の音楽場面が抜粋された歌謡ショーが繰り広げられる。『紅椿』から「ロマンス」が、使用されている。[監]西村元男[主]高英男

◇「河は呼んでいる」
—
1958年に公開されたフランソワ・ヴィリエ監督の同名映画の主題歌。映画もヒットしたが、その主題歌が、日本では中原美沙緒によって唄われ大ヒットした。デュランス河の……という唄いだしで、その当時多くの人に唄われた。ギイ・ベアールは日本では、あまり知られていないが、エマニュエル・ベアールの父親である。最近では、キャロリーヌ・シャンプティエが、『画家モリゾ、マネの描いた美女』(公開2015)で、少しだけ登場人物にハミングさせている。[詩曲]G・ベアール[訳]音羽たかし

『神田川淫乱戦争』1983
神田川に住む淫乱女二人が、覗きをしていて川を挟んだ向かいのアパートで暮らしている近親相姦親子を発見する。息子は完全に母親のいいなりだが、女たちは、その息子にセックスを教え、マザコン地獄から救い出そうと、戦闘モードに入る。「河は呼んでいる」は完全に従来の日本語詞を変えて、自殺しようとする息子をあやしながら母親によって唄われる。神田川は東京を流れる川の一つだが、映画で使用された頃は、大雨がくると溢れる川として有名で、だから界隈のアパートは家賃が安かった。→Ⅱ74（黒沢）

フランス映画，又は合作映画の中で歌われた日本歌謡曲

◇「雪の降るまちを」

—

NHKのラジオ番組の挿入歌として1951年に創唱された国民的な歌謡曲。高英男によって歌われ、彼の代表曲になった。高英男は、いわゆる日本のシャンソン歌手の代表的な一人で、パリで歌手活動をした事もある。[詩]内村直也[曲]中田喜直

『ラ・ヴィ・ド・ボエーム』1992（芬瑞仏伊）

カウリスマキの『ラ・ヴィ・ド・ボエーム』を見た日本人は驚愕した。ラストのラスト、ヒロインのミミが死んだところからエンディングにかけて、「雪の降るまちを」が日本語で流れるからである。シノハラトシタケの歌唱である。[監脚]アキ・カウリスマキ[音]ダミア、セルジュ・レジアニ[主]マッティ・ペロンパー、ウイリアム・マルセル、イヴリヌ・ディディ

◇「螺旋」

—

過激な生き方が話題になるJ・POPのシンガーソングライタ

ー鬼塚ちひろの有名曲。学生時代からその才能が注目され2000年にデビューしている。[詞曲歌]鬼塚ちひろ

◇「これが私の生きる道」

—

[詞曲]奥田民生[歌]パフィ　パフィは奥田民生がプロデュースした、日本の女性コーラスデュオ。アニメ世代の日本娘たちは、アメリカでもおおむね好評だった。この曲は彼女たちの最大のヒット曲として160万枚以上売り上げている。

『WASABI』2001

空港での別れで、「螺旋」が、続いてエンディングロールでパフィの曲に入れ替わる。
→Ⅱ43（ベッソン），Ⅲ（レノ）

◇「ハワイの夜」

—

二枚目スター鶴田浩二が主演した『ハワイの夜』（1953）の映画主題歌。鶴田、自らが歌った曲も、当時は珍しかったハワイロケが話題の本編も、共にヒットした。日系2世役の岸惠子は『君の名は』で大

ブレークする前で、何とも初々しい。[詩]佐伯孝夫[曲]司潤吉[歌]鶴田浩二

『過去のない男』2002（芬独仏）

主人公は、強盗に襲われ記憶を失ってしまった男である。自分の名前も分からぬまま男は暮らしを再開するが、やがて身元が分かった時、妻であった女性はもう別の男と住んでいた。それを確認した男は、再び、記憶を失くした町、今の自分を愛してくれる女のいる町に戻って行く。戻る列車の食堂車で、男は和食を（何故か）注文する。そこにBGMとして、というよりもっと主張的に、「ハワイの夜」が流れてくる。ここでは、クレイジーケンバンドが、歌詞を変えて歌っている。この映画は、2002年のカンヌ国際映画祭で、作品がパルムドール賞を、主演女優賞をカリウスマキ映画常連のカティ・オウティネンがそれぞれ受賞している。[監脚]アキ・カリウスマキ[音]レーヴィ・マデトーヤ[主]マルック・ベルトラ、カティ・オウティネン

日本映画の中で歌われたシャンソン

日仏映画主題歌のカバー

　もうずっと昔，EPレコードが王様だった時代，60-70年代に，ほんとうに沢山の映画音楽が，日本の，主にラジオを中心に流されていった。様々に名称を変えながら，映画音楽はサントラを離れて，他のアーティスト達によって録音され広がっていった。又歌詞のある曲はもとより，無い曲にも日本語詞がつけられ，映画の宣伝も兼ねながら（こちらはＴＶでもよく唄われた），随分沢山の映画主題歌が日本人歌手によってカバーされた。

　マイナーな位置でありながらも，未だにフランス映画ファンがいるのは，それ等のEPが支えた時代があったからと云っても誇張ではない。改めてこうして見てみると日本人の好む楽曲が解ってくる。ここでは映画公開後，LP等に日本語で入れられた楽曲に関しては，取り上げていない。

　フランスでの，日本映画主題歌が，カバーされた例は，あまり例を見ないが，『裸の島』は，例外である。

◇日本語でカバーされたフランス映画と楽曲
—
『巴里の屋根の下』公開1931
同名映画主題歌[詞]西条八十[曲]ルネ・ナゼル[唄]田谷力三
『ル・ミリオン』公開1931
「泥棒の合唱」[原詞]ルネ・クレール[曲]ジョルジュ・ヴァン・パリス[唄]榎本健一
『巴里っ子』公開1931
「モンパパ」[詞]白井鉄造[曲]シャルル・オーベルフェルト[唄]榎本健一
『掻払いの一夜』1930関連
「マドロスの唄」[詞]加藤まさを[曲]フィリップ・バレ＆G・V・パリス[唄]奥田良三，矢追婦美子
「マドロスの唄」[詞]塚本篤

夫[曲]同上[唄]黒田進
「恋の巴里っ子」[詞]同上[曲]ラルフ・エルウィン[唄]黒田進
「それが世の中」[詞]加藤まさを[曲]P・バレ＆G・V・パリス[唄]矢追婦美子
『巴里祭』公開1933 関連
「巴里恋しや」[詞]大木敦夫[曲]モーリス・ジョベール[唄]西百合江
『モン・パリ』公開1929
「モンパルナスの唄」[詞]田賀甫司[曲]ヴァンサン・スコット[唄]江戸川蘭子
「パリーの歌」
[詩]田賀甫司[曲]V・スコット[唄]井草鈴子
『靴屋の大将』公開1932関連
「嘆きの靴みがき」[詞]如月敏譯[曲]フレッド・ペリー，

ピエール・シャニョン[唄]榎本健一
「もぐりの唄」[訳詞]飯田心美[曲]同上[唄]二村定一
「あたしやお里がなつかしい」[詞]松村又一[曲]F・ペリー，P・シャニョン[唄]黒田進*上と同曲
「靴屋の大将」[詞]岸田辰也[曲]F・ペリー，P・シャニョン[唄]照井詠三
「ほっとけブブール」[詞]服部竜太郎[曲]R・エルウィン[唄]照井詠三
『舞踏会の手帳』公開1938
同名映画主題歌[詞]西城八十[曲]服部良一[唄]ミス・コロンビア。映画をイメージした日本版主題歌。
『格子なき牢獄』公開1939
同名映画主題歌[詞]藤浦洸

[曲]フィル・グロス　[唄]二葉あき子

『夜の門』1946（未公開）
「枯葉」[原詞]ジャック・プレヴェール[詩]中原淳一[曲]ジョセフ・コズマ[唄]高英男
『夜の門』は、とても暗い映画であり、本国でもヒットせず日本では、公開されず後年TVでオンエアされた。しかし本編とは別に「枯葉」は、グレコやコラ・ヴォケールが取り上げ、1950年前には、既にフランスで大ポピュラーになっていた。日本では留学した高英男によりレコード発売されたが、その他深緑夏代、淡谷のり子他の実力派に取り上げられ、歌謡曲化されたシャンソンとして超有名曲となり現在に至っている。レコード作品としては、高の他に越路吹雪（岩谷時子訳）ペギー葉山（音羽たかし訳）が有名である。→本章42（シャンソン）関連。

『情婦マノン』公開1950関連
「情婦マノンの唄」「マノン小唄」[詞]藤浦洸[曲]古関裕亮[唄]二葉あき子（映画のイメージでこれらの主題歌が作られた。）

『港のマリイ』公開1951
「波止場の雨」[詞]佐伯孝夫[曲]清水保雄[唄]藤原亮子（映画公開時に作られたイメージソング）

『巴里の空の下セーヌは流れる』（1952公開）関連
「巴里の空の下」[詞]瀬良撫楽[曲]ユベール・ジロー[唄]

藤山一郎
「巴里の空の下」[詞]佐伯孝夫[曲]同上[唄]芦野宏（競作で数ヴァバージョンあり。）

『アンリエットの巴里祭』公開1954
「花散るパリの舗道で」[詞]中原淳一[原詞]ジャック・ラルー[曲]ジョルジュ・オーリック[唄]高英男

『現金に手を出すな』（公開1955）関連
「グリスビーのブルース」[詞]井田誠一[曲]J・ウェナー[唄]築地容子
「グリスビーのブルース」[詞]藤浦洸[曲]J・ウェナー[唄]柳沢真一

『フレンチ・カンカン』（公開1955）関連
「モンマルトルの丘」[詞]中原淳一[曲]G・V・パリス[唄]高英男
[詞]岩谷時子[曲]G・V・パリス[唄]越路吹雪

『首輪のない犬』公開1956
同名映画主題歌[詞]音羽たかし[曲]ポール・ミスラキ[唄]中原美紗緒

『水色の夜会服』公開1955関連
「巴里娘」[詞]藤浦洸[曲]ポール・デュラン[唄]石井好子
「マドモワゼル・ド・パリ」という原題でも知られるこの歌は『巴里の醜聞』（1955公開）の主題歌としても、知られている。
「パリのお嬢さん」[詞]あらかわひろし[曲]P・デュラン[唄]中原美沙緒

「ポルトガルの洗濯女」挿入歌[詞]岩谷時子[原詞]ロジェ・ルケシ，アンドレ・ポップ[唄]越路吹雪

『ヘッドライト』（公開1956）関連
「夜の微笑」[詞]水野汀子[曲]J・コズマ[唄]石井好子
「帰らぬ夢」（別ヴァージョン）[詞]岩谷時子[曲]J・コズマ[唄]中原美紗緒

『恋多き女』公開1956関連
「ミアルカ」[詞]音羽たかし[原詞]ジャン・ルノワール[曲]J・コズマ[唄]中原美沙緒
「かわいいインディアン」[詞]音羽たかし[曲]M・ポン[唄]不明
「パリにご用心」[詞]薩摩忠（[原詞]J・ルノワール[曲]J・コズマ）[唄]不明

『幸福への招待』公開1956
「さよならワルツ」[詞]中原淳一[曲]P・デュラン[唄]高英男

『フルフル』公開1955
同名映画主題歌[詞]あらかはひろし[曲]アンリ・シャトー[唄]中原美沙緒
別ヴァージョン「フルフル」[詞]岩谷時子[曲]H・シャトー[唄]越路吹雪
「ライライニコラ」[詞]音羽たかし[曲]P・ルイーギ[唄]中原美沙緒

『リラの門』公開1957
「わが心の森」[詞]高秀男[曲]ジョルジュ・ブラッサンス[唄]高英男

『白夜』公開1957（伊仏）関連

日仏映画主題歌のカバー

「スクーザミ〜許してね〜」[詞] 音羽たかし [原曲] グゥアテロ・マルゴーニ，A・ペロン [唄] 中原美紗緒
[詞] 岩谷時子 [原曲]（同上）[唄] 東郷たまみ

『芽ばえ』（伊仏）同名映画主題歌／公開 1957
[詞] 音羽たかし [曲] P・モルガン [唄] 中原美紗緒

『悲しみよ今日は』公開 1958（米英）関連
同名映画主題歌「悲しみよこんにちは」（又は「悲しみよ今日は」）
[詞] 岩谷時子 [曲] G・オーリック [唄] 旗照夫
[詞] 薩摩忠 [曲] G・オーリック [唄] 深緑夏代
[詞] 井田誠一 [曲] G・オーリック [唄] 浜村美智子
[詞] 音羽たかし [曲] G・オーリック [唄] 中原美沙緒

『すずらん祭』公開 1958
同名主題歌 [詞] 菅美沙緒 [曲] ミッシェル・エメール [唄] 中原美沙緒

『河は呼んでいる』公開 1957
同名主題歌 [詞] 音羽たかし [曲] ギイ・ベアール [唄] 中原美沙緒
中原の唄で大ヒットしたが，彼女は，水野汀子訳詞「河はよんでいる」としてもう一度歌いなおした版がある。
[詞] 世志凡太 [曲] G・ベアール [唄] 大橋綾子
[詞] 岩谷時子 [曲] G・ベアール [唄] 越路吹雪

『奥様ご用心』公開 1958
同名主題歌 [詞] 音羽たかし

[曲] J・ウィエネール [唄] 中原美紗緒

『僕の伯父さん』公開 1958
「場末の街」[詞] 中原淳一 [曲] アラン・ロマン [唄] 高英男

『黒いオルフェ』公開 1960
「オルフェの唄」[詞] 薩摩忠 [曲] ルイズ・ボンファ [唄] 真理アンヌ

『太陽は傷だらけ』公開 1963
同名主題歌 [詞] あらかはひろし [曲] ミッシェル・マーニュ [唄] 紀本ヨシオ
「太陽は傷だらけ」[詞] 大矢弘子 [曲]（同上）[唄] ささきいさお

『わんぱく戦争』公開 1963
「わんぱくマーチ」[詞] フランシス・ルマルク [曲] ジョゼ・ベルグマン [詞] 阪田寛夫 [唄] 東京放送児童合唱団

『シベールの日曜日』公開 1963
同名主題歌 [詞] 荒川ひろし [曲] モーリス・ジャール [唄] 中原美沙緒

『甘い暴力』公開 1963
同名主題歌 [詞] 水島哲 [曲] ジョルジュ・ガルヴァランズ [唄] 平尾昌章

『突然炎の如く』公開 1964
「つむじ風」[詞] あらかはひろし [曲] ボリス・バシアク [唄] 岸洋子

『アイドルを探せ』公開 1964
同名主題歌 [詞] 安井かずみ [曲] G・ガルヴァランズ [唄] 中尾ミエ

『わんぱく旋風』公開 1964
「わんぱく旋風のマーチ」[詞] 安井かずみ [曲] フィリップ・ジェラール [唄] 伊東ゆかり

『シェルブールの雨傘』公開 1964
同名主題歌 [詞] あらかはひろし [曲] ミッシェル・ルグラン [唄] ペギー葉山

『スウェーデンの城』公開 1964
同名主題歌 [詞] あらかはひろし [曲] レイモン・ル・セネシャル [唄] 岸洋子

『ある晴れた朝突然に』公開 1965
同名主題歌 [詞] 漣健二 [曲] M・マーニュ [唄] 夏木ひろし

『黄金の男』公開 1965
同名映画主題歌 [詞] 香取治 [曲] マルシャル・ソラール [唄] 夏木ひろし

『男と女』公開 1966
同名主題歌 [詞] 高英男 [曲] フランシス・レイ [唄] 高英男

『白い恋人たち』公開 1968
同名映画主題歌 [詞] 永田文男 [曲] F・レイ [唄] ザ・ピーナッツ

『哀しみの終る時』公開 1971
同名主題歌 [詞] 岩谷時子 [曲] ミッシェル・ポルナレフ [唄] 西郷照彦

『エマニュエル夫人』公開 1974
同名映画主題歌 [詞] 安井かずみ [曲] ピエール・バシュレ [唄] 杉本エマ

◇フランス語でカバーされた日本映画の楽曲
—

『裸の島』公開 1961
同名主題歌 [詞] エディ・マルネ [曲] 林光 [唄] ジャックリ

ーヌ・ダノ→Ⅱ章（新藤兼人）
参照

◇林光（1931–2012）
—
林光は日本の現代音楽史の
中でも確固たる地位を築い
た作曲家である。彼のその長
いキャリアの中で，映画音楽
でも多くの作品を残してい
る。その中でも新藤兼人との
コンビが多く，『第五福竜丸
1959』から遺作『一枚のハガ
キ2011』までほとんどを手掛
けている。『裸の島1960』は，
何度も繰り返されるテーマ
曲のモチーフが印象的である
が，この作品は世界中で評価
され，モスクワ映画祭では，
新藤がグランプリ，林は作曲
賞を受賞している。フランス
でもこの映画は評価され，そ
の主題歌は，当時のスター作
詞家，エディ・マルネ が見事
なフランス語詞をつけてジャ
ックリーヌ・ダノが唄ってヒ
ットした。他にフリーダ・ボ
ッカラの歌唱でも有名だが，
残念ながら日本では余程マニ
アックなシャンソンファン以
外には知られていない。しか
し多分，詞のない日本映画音
楽のメロディーに仏詞をつけ

た唯一のヒット例として，無
視出来ぬ作品である。
「知ったこっちゃない」日本
ＴＶドラマ「SOSパリ」主題
歌
日本のＴＶ史上初の海外ドラ
マで，1959年暮れから翌年
にかけて週ごとに10回放送
された。創作に煮詰まった流
行作家がパリに逃避してしま
い，残された妻やスタッフが
代筆するが……といったドタ
バタ劇だが，現在見る事は難
しい。［詞］谷川俊太郎［曲］
黛敏郎［唄］リーヌ・ヌロー→
Ⅳ章（補42）参照

◇黛敏郎（1929–1997）
—
戦後の日本を代表する現代
音楽の作曲家の一人。多く
の作品を残したが映画音楽
の分野でも溝口の『赤線地
帯』(1956) 市川との『炎上』
(1958)『東京オリンピック』
(1965) 今村の『豚と軍艦』
(1961) 他日本映画の重要監
督とのコンビによる名作が多
い。又日本人作家として初め
てジョン・ヒューストンによ
るハリウッド映画『天地創造』
(1966) でも，良い仕事を残し
ている。

『フルフル』1955/ 公開1956

『わんぱく戦争』1962
/ 公開1963

『裸の島』1961 仏公開

「知ったこっちゃない」1959
（リーヌ・ヌロー）ＴＶ主題歌

日仏映画主題歌のカバー

スクリーンミュージックとシネジャズ

　ここでは，演奏によってフランス映画音楽を広めたフランスの楽団やミュージシャンと，ヨーロピアンジャズの一部として根強い人気があったシネジャズとの2つの区切りで，書いておきたい。ポール・モーリア，ミッシェル・ルグラン等，特別に日本と関係の深い人々はそれぞれの項に書いたのでそちらを御参照いただきたいがムードミュージックとも言われた彼らのヒット曲が果たした役割は，特別に大きかった。今は忘れられた，ラジオが王者だった時代の素晴らしい想い出である。

ヒット・インストゥルメンタル篇

フランク・プゥルセル (1913–2000)
ＴＶドラマ「光る海」のテーマ曲「アドロ」がヒット。ストリングで知られ，やはり多くのＴＶ・ラジオのテーマ曲になっている。

ジョルジュ・ジューバン (1923–)
1962年から放映されたTBSの深夜劇場は，映画ファンにとって大きな贈り物であった。ジョルジュ・ジューバンの演奏によるユベール・ジローの曲「夜は恋人」が，主題歌となり，中原美紗緒により歌詞がつき唄われヒットした。

アンドレ・ポップ (1924–2014)
1966年「恋はみずいろ」が大ヒット。

レイモン・ルフェーブル (1929–2008)
「シバの女王」等で知られる，オーケストラを率いたレイモン・ルフェーブル楽団は，沢山のＴＶ・ラジオ番組のテーマ曲にも使われている。『巴里の屋根の下』から『エマニュエル夫人』まで，又，映画以外のヒットシャンソンもカバーして大いにレコードを売った。他にも日本の女優に曲を提供したり，フォーク歌手のアルバム演奏をしたり何度も来日公演する根強い人気があった。

カラベリときらめくストリングス (1930–)
「ジェットストリーム」という人気長寿FM番組のエンディングに『ロワールの星』が使われ人気が出た。『男と女』『パリのめぐり逢い』等フランシス・レイのカバー曲が多い。

ミッシェル・ベルナルク (1941–2002)
日本の流行歌の中で，フランス的なコード進行を持つ（現在はマイナーになってしまった）シャンソン的なオリジナルを書くシンガーソングライターが，まだ1980年代はアルバムを出せている時代だった。その代表的な一人に五輪真弓という歌手がいる。彼女はアダモの前座でオランピアに出たり，フランス録音盤を出したり，フランス嗜好を表面に打ち出したスターだった。その五輪とのアルバムで，ベルナルクは日本に知られた。1984年には五輪が主題歌を唄うTBSのＴＶドラマ「ザ・サスペンス」で彼は音楽を担当している。

◇ミッシェル・ベルナルクの関連した日本映画
『道』1986
日本ではリバイバルまでされたH・ヴェルヌイユの人気作『ヘッドライト』のリメイク作品。ヴェルヌイユ版はコズマの音楽が映画と対等に評価されたが，監督の蔵原惟繕もきっとコズマを思ったに違いな

い。ベルナルクは，日本人に好まれる，いかにもフランス音楽で応えている。アルディやミッシェル・デルペッシュの唄がそれなりに巧く挿入されていた。→Ⅱ22（ヴェルヌイユ）

「道」[監]F・アルディ→Ⅳ32（歌姫）

「夜の旅人」[監]ミッシェル・デルペッシュ

—

ピエール・ポルト（1944–）

TBSの人気TVシリーズ「Gメン75」は，刑事ドラマとして大変人気があった。1975–1982年まで主役の丹波哲郎以外は俳優を変えながら制作された。ピエール・ポルトは，1982年最後のクールの主題歌「アゲイン」を作曲した。

◇ピエール・ポルトの関連した日本映画

『シングルガール』1983

落合恵子のベスセラーを映画化した作品で，ピエールが音楽を担当している。最初から監督と女優との不仲が噂され原作者ともモメた，いわくつきの映画である。[監]村川透[主]桃井かおり，MIE[音]ピエール・ポルト

—

サン・プルー（1950–）

「ふたりの天使」の世界的ヒットで知られる音楽家である。1969年，19才で出場したポーランドSOPOT歌謡フェスティバルでオーケストラを指揮し自曲を披露して注目を集め，その年末に「ふ

りの天使」が発売され，世界で3,000万枚以上の大ヒットとなった。6歳でオルガンのための曲をつくったといわれる神童だが，その活躍はヨーロッパ中心である。日本でも，ポップス系の楽曲は，沢山カバーされているが，ユニセフに作曲した感動的な「Les Cris de la Liberté」を含めて，あまり彼の活躍は知られていない。2007年ジョニー・アリディ主演のミュージカル「Jeanne la Romantique」は映画化が囁かれた。

◇「ふたりの天使」が使用された日本映画

『地獄でなぜ悪い』2013

日本の映画界に特別の風を送り続ける，園子温の映画つくりの映画。血だらけの，彼独特の哲学的文学的な悪趣味が炸裂している。「ふたりの天使」は，ダニエル・リカーリ版で，修羅場の中でザッピングのように使われている。音楽的というより絵画的な音楽の利用法である。[監音]園子温[主]二階堂ふみ

—

ジャン=クロード・ボレリー（1953–）

ポスト・ジョルジュ・ジューバンではないが，トランペット奏者として沢山の映画音楽のアルバムを出している。「渚のトランペット」「ドランの微笑」等でも知られたが，何といってもTVドラマ主題曲「街角のシレーヌ」が有名である。

レイモン・ルフェーブルベストアルバム

Gメン75（P・ポルト）

『シングルガール』1983

『草の乱』2004

スクリーンミュージックとシネジャズ

—

ディープ・フォレスト

エリック・ムーケ(1960–)，ミッシェル・サンチェーズ(1957–)
ディープ・フォレストが初めて登場した時は新鮮なショックだった。丁度日本のバブル経済が，はじけた後でエコ指向が強まり始めた頃である。その風潮もあって，彼らのアルバムはヒットし，幾つかの日本のCMでも使われた。それから20年，彼等は環境音楽の様にも扱われていたが，中々どうしてそのジャンルだけには収まらない大人のワールドユニットである。メンバーの一人，エリック・ムーケの妻が日本人である事と，非常に日本好きのアーティストである事も一般に知られている。
◇ディープ・フォレストが関連した日本映画
『草の乱』2004
2004年に，自主制作，自主上映された作品。明治17年に埼玉県の養蚕農民が蜂起した，秩父事件を映画化している。製作費4億5000万円を各方面の援助金と1万円からの一般の募金でクリアしたという。労働組合色の強い映画であり，事件のいきさつを知らない一般には理屈っぽい作品でもある。ディープ・フォレストは手堅い仕事をしていて作品に格調とメジャー感を与え，映画のヒットに貢献した。又主題歌も彼等が作曲したものをLyrico（露崎春女）がソウルフルに唄っていてド

ラマを盛り上げていた。[監]神山征二郎[脚]加藤伸代[音]Deep Forest 主題歌[詞歌]Lyrico[曲]エリック・ムーケ[主]緒形直人，藤谷美紀，杉本哲太

シネジャズ

—

日本では一般に，ジャズはアメリカだけの音楽と固定観念を持たれていた。戦時中は，敵の音楽であったわけだが，実は戦前からかなり多くのファンを持っていた為，戦後アメリカ軍が進駐するようになると，あっという間にジャズバンドが演奏するクラブや，ジャズのレコードだけをかけるジャズ喫茶が大流行し，1960年代の終り頃には東京に50軒近くあった。
1958年ルイ・マルの『死刑台のエレベーター』のテーマは，ラジオを中心に大ヒットし，マイルス・デイヴィスの名も一般的になった。アメリカ映画とは，全く違ったジャズの使い方に映画ファンもジャズファンも良い意味で新鮮なショックを受けた。ジャズの大半は，フィルムノワールものに使われる事が多かったが，幾つかの曲は，今までのフランス映画の主題曲のイメージを変え，前掲のムードミュージック系の音楽家たちにも沢山取りあげられた。そして50年代後半から60年代にかけて，日本でも若い映画監督たちの作品で沢山ジャズが使わ

れるようになった。ここではフランス映画で使われたジャズの日本でのヒット曲を挙げておこう。
「**ジャングルのエコー**」1957
[音]デューク・エリントン
才人ジャン・パンルヴェのこうもりのドキュメンタリー映画『吸血鬼』のテーマ曲。まさにシネ・ジャズの走りである。1939年のエリントンのアルバムを使用している。
「**グリズビーのテーマ**」1954
[音]ジャン・ヴィエネール
『現金に手を出すな』の主題歌として息の長いヒット曲となった。この曲の大ヒットは日本の映画音楽にも多大な影響を与えている。→Ⅲ01（ギャバン），Ⅳ補43（カバー）
『**死刑台のエレベーター**』の
テーマ
今でも，この映像と，ジャズの結びつきは，新鮮である。
[音]マイルス・デイヴィス
→Ⅱ35（マル）
「**ゴールデン・ストライカー**」
1959[音]モダン・ジャズカルテット（ジョン・ルイス）
『大運河』で使われヒット。→Ⅱ29（ヴァディム）
『**殺られる**』のテーマ 1959
[音]アート・ブレイキー＆ザ・ジャズ・メッセンジャーズ，ベニー・ゴルソン，
ロベール・オッセン主演のギャング映画で，曲の良さが映画をリードしていた。
「**褐色のブルース**」1960[音]
アラン・ゴラゲール
『墓にツバをかけろ』のテー

マ曲で, 暗い映画なのに, この曲のヒットで映画もまあまあヒットした。→Ⅰ28 (ヴィアン)

『赤と青のブルース』のテーマ 1961 [音] アンリ・クロラ [歌] マリー・ラフォレ

マリー・ラフォレは, 『太陽がいっぱい』で, 多くの日本人ファンを掴んだ。しかし主役を務めた『金色の眼の女』(1961) は, ヒットせず, 他の映画も主役というより二番手としての登場が多かった。それでもコアな人気があったのは, 歌手としての活動が大きい。『赤と青のブルース』は珍しく彼女が看板の映画だが, 震える様な声に独特の魅力があり, レコードがヒットして, その後の彼女の歌手としての成功を後押しした。

『危険な関係』のテーマ 1961 [音] アート・ブレイキー&ザ・ジャズ・メッセンジャーズ

フレンチ・シネジャズの中での最大のヒット作。→Ⅱ29 (ヴァディム)

『唇によだれ』のテーマ 1960 [音] アラン・ゴラゲール

ゲンズブールの唄で知られたが, 西洋版太陽族映画として半分ピンク映画の扱いであった。→Ⅳ26 (ゲンズブール)

『戦士の休息』のテーマ 1962 [音] ミッシェル・マーニュ

この頃のヴァディムは, 完全にフランス映画好きの憧れの男だった。→Ⅱ22 (ヴェルヌイユ)

『地下室のメロディー』のテーマ 1963 [音] ミッシェル・マーニュ→Ⅱ22 (ヴェルヌイユ)

『太陽は傷だらけ』のテーマ 1963 [音] ミッシェル・マーニュ

クリスチャン・マルカンがヴァディム影響下で監督したギャング映画。B級と云われながらも主題歌がヒットした。

『恋するガリア』のテーマ 1966 [音] ザ・スウィングル・シンガーズ, ミッシェル・マーニュ

スウィングル・シンガーズのコーラスが格好良く, この一作でミレーユ・ダルクは"ガリアンヌ"と云われる, やせてボーイッシュなイメージの一つのタイプを作った。→Ⅲ16 (ダルク)

『雨上がりの天使』のテーマ 1967 [音] ジャック・ルーシエ

ジャック・ルーシエにより, 洗練されたジャズが, 流れていた。このあたりで, シネジャズのイメージが変り出し, ロックが時代の音楽となっていた。そしてジャズはポップスにも, 即興音楽にも自由に考えられる広がりを見せ始めていた。

『大運河』1956/1959公開

『墓にツバをかけろ』1959/1960公開

『殺られる』1959

『雨上がりの天使』1967/1968公開

スクリーンミュージックとシネジャズ

讃美歌と童謡その他

フランスの一般の伝承歌の伝播に関しては，最初に讃美歌を上げなくてはならい。江戸幕府による鎖国以来，教会音楽が育ち様のなかった日本に，少年合唱団が誕生し始めたのは，1950年代になってからである。それも最初は小学校の音楽教育の一環として少しずつ登場したのだが，1955年，ウィーン少年合唱団の初来日により，一気にブームの様相を呈する様になった。彼らの来日公演は想像を超える人気で，すぐに次回の公演の話になったと云う。その後一年して，1956年に今度はフランスから木の十字架少年合唱団（日本では，パリ木の十字架少年合唱団とパリの字が頭に載せられた）が，来日した。この少年合唱団は，デュヴィヴィエの映画『舞踏会の手帳』で既に知られていた。この映画は戦前1938年に公開され，作品的にもキネマ旬報の一位になる程の評価を得て，興行的にもヒットした作品であるが，やはり映画の設定の中の役柄で，その時は，日本の一般には広がらなかった。

ウィーン少年合唱団があまりにも話題になった後の，木の十字架少年団の来日公演は，二番煎じの感は否めなかった。しかし音楽的にはウィーン少年合唱団より荒けずりという評価ながら，ステージは子供らしく，可愛らしい衣裳で，これ又大きな注目を集め多くのファンを獲得する事に成功した。

彼らは，その後，ウィーン少年合唱団とは重ならぬ様に度々来日し，東京少年合唱団と共演したりもして，来日すれば各地でコンサートを催して成功する人気者であった。

次にその他の古謡や童謡を見てみると，まず一番日本人に知られているのが，「きらきら星」である。この曲は，ほとんどの教育機関，幼稚園の教材に入っている。日本は小学校の音楽の教材にも沢山の外国曲が取り上げられているが，その中のフランス曲，例えば「アマリリス」「アヴィニヨンの橋」「一日の終わり」等は低学年の間に習うことが多い。フランスが週一回しか音楽の授業がないのは意外だが，日本では週2時間は音楽授業が持たれている。又，日本の家庭の25％にはピアノがあるという統計（2008）があるが，とにかく子供時代の音楽教育に熱心な親が多い。それに対して，フランスで日本の民謡や童謡を子供たちに学校で教えたという話はあまり聴いた事がない（日本人学校は除く）。「きらきら星」はモーツァルトの変奏曲としても有名だが，他の曲同様に，唄以外にピアノの稽古用の楽譜が沢山出版されていて，それ等は子供たちのピアノの発表会の常連曲でもある。ここでは，「きらきら星」「アヴィニヨンの橋」「アマリリス」「クラリネットをこわしちゃった」そして「むすんでひ

らいて」を取り上げた。「アマリリス」は，長らくルイ13世の作曲とされ，多くの日本語詞があるが，最近ではギーズの作曲とされている。「クラリネットをこわしちゃった」は，日本でのシャンソン普及にと貢献した歌手石井好子の訳詞である。

　もう一曲，本来はオペラ由来の曲だが，有名な「むすんでひらいて （"Le Devin du village" のうちの一曲）」も，童謡として，この章に加えることにした。

　日本の民謡や，古謡，童謡は，フランスではほとんど知られていない。幾つかの映画で，ＳＥ的に民謡が流されているが，特別取り上げたくなる程ではなく，大体は居酒屋などの雰囲気を出すためのＢＧＭや，雑踏に被せて異国感をだそうという使い方である（勿論，それはそれで大切なのだが）。その中で，比較的ポピュラーな曲は「さくら さくら」である。実は，この曲自体は，明治以降に作られた歌で，江戸時代の古謡をベースにしたというが，決定的な解明はまだなされていない。

◇パリ木の十字架少年合唱団が出演した日本映画
—
『パリからの手紙』1957
日本の切手好き少年がペンパルをフランスに捜して，"日本の歌を教えて下さい"という希望に返事を返したのが「木の十字架少年合唱団」の団員であった。そして来日して公演するという話に繋がってゆく。出演といっても，公演の様子を撮ったフィルムを巧く使用しているだけだが，「山寺の和尚さん」「さくら」等，日本の歌が歌われている。内容的に御都合的に作られているが，小学校の映画会等で，上演されている。［監］今泉善珠［脚］片岡薫［音］市場幸介［主］木の十字架少年合唱団，東京少年合唱団

◇「荒れ野の果てに」
—
『悲しき小鳩』1952
サーカスのピエロという親の職業を知らずに，ミッション・スクールに預けられた子供が，主人公。戦後の日本の芸能史に輝く美空ひばりの子供時代の作品。映画の冒頭，教会で主人公たち聖歌隊が「荒野の果てに」をコーラスする。［監］瑞穂春海［脚］伏見晁［音］万城目正，他［主］美空ひばり

『まごごろ』1953
O・ヘンリーの短編を見るような木下，小林の師弟コンビの映画。貧しい娘と向いの屋敷に住む金持ちの少年との恋。あまりに清い恋は，今は額縁に入りそうな貴重さだが，胸を打つ。東京の設定で，雪が多い事もあり一瞬，札幌と思うが，当時の学生生活など，資料性もある。映画の後半，少女の病状が重くなるあたりから，讃美歌が多用されているが，「荒れ野の果てに」はそこで演奏で流されている。［監］小林正樹［脚］木下恵介［音］木下忠司［主］石浜朗，野添ひとみ

『愛する』1997
主人公がいる，ハンセン氏病のサナトリウムを慰問する，子どもたちがコーラスする。→Ⅰ37（遠藤）

『時計』1986→Ⅳ27（ムスタキ）

『容疑者Ｘの献身』2008
東野圭吾のベストセラーの映画化。大詰め近く，謎がわかりかけた主人公は，街で少女たちがろうそくを立て「荒れ野の果てに」を歌いながらの，行列に出会う。アカペラで歌われるこの歌は少し前の場面から，犯人の独白にも薄く被っていて，真実を前に厳粛な気持ちにさせられる。［監］西谷弘［脚］福田靖［音］菅野祐悟［主］福山雅治，堤真一，松雪泰子

『紙の月』2014
ふとしたきっかけで横領を働いてしまう，中年の女銀行事務員の物語。「荒れ野の果てに」は，無邪気な回想シーン

讃美歌と童謡その他

などで使用される。賛美歌独特の清涼感が，主人公の現在の心の闇との対比を見せる。[監]吉田大八[原]角田光代[脚]早船歌江子[音]緑川徹[主]宮沢りえ

フランスの童謡が使用された日本映画
—
◇「きらきら星」
（モーツァルト変奏曲も含む）
—

『不死鳥』1947
回想形式で語られる，戦争中のラブ・ストーリー。主役の二人田中絹代と佐田啓二の実年齢差が17才あったというが，同世代の恋愛を描くには，あまりの皮膚感の違いが，ドラマ本来の興を削ぐ瞬間があった。「きらきら星」は，女が雨の中，男の家に初めて挨拶にゆく場面で歌われる。その家の子供たちがピアノ演奏でコーラスの練習をしているのは，マントルピースのある，戦前の典型的ブルジョワ家庭の居間である。[監脚]木下恵介[原]川頭義郎[音]木下忠司[主]田中絹代，佐田啓二→IV補48（オルガン）

『ひと夏の秘密』1979
日活ロマンポルノの一編。監督の武田一成は，なかなかの勉強家で，フランスでトリュフォーの現場にいたこともあるという。この作品は，どう見ても不要なセックスシーンに目をつぶれば，ちょっとした文学作品の趣がある。「き

らきら星」は，主人公の恋人の秘密が語られる熱帯魚のいる喫茶店で（水族館を見立てた？）かなり巧みなピアノ演奏で流れているが，良い選択である。[監]武田一成[脚]田中陽造[音]淡海悟郎[主]原悦子，渡辺とく子

『メロデ』1989
コアなファンの多い風間志織の8ミリ長編。主役三人の一人が，ピアノ教師をしていて，そこの子供の練習曲の一つが「きらきら星」である。→IV 08（サティ）

『パンツの穴きらきら星見つけた！』1990
原作は，月刊雑誌の読者投稿欄から発展し映画となり，息の長い人気シリーズとなった。5作目に当たる本作は，女子高生の研修旅行と宝探しをからませた，健康なH映画という従来のイメージを踏襲した作品。「きらきら星」は，タイトルの後に続くシーン，研修地の向かう女子高生のバスの中で，英語歌詞で，なごやかに合唱されている。[監]鎮西尚一[脚]ふかやじんいち，鎮西尚一[音]岸野雄一[主]西野妙子，毛利賢一

『ドラゴン・ヘッド』2003
修学旅行の帰り新幹線がトンネルの中で突然爆発して3人の高校生が生き残る。その中の一人は発狂し，二人はなんとか地上に脱出するが，そこは灰が降り積もる廃墟だった。「きらきら星」は，主人公たちがあたりを探索するうち

に紛れ込んだ家で，恐怖心をなくするためにロボトミーにされた双子の子供がピアノで連弾する。[監]飯田譲治[原]望月峯太郎[音]池頼広[主]妻夫木聡，SAYAKA

『アンフェア The Movie』2007
ＴＶドラマで人気のシリーズを映画化した本編は，警察をも支配する闇の権力と戦う女警部補が主人公。ビルの屋上で射殺された人型のマークから映画は始まり，「きらきら星」が流れている。映画の終わりには黒幕の一人が射殺されそれが最初の人型であることがわかる。そのあとに映像を無断で使用するな云々が出てそこにも「きらきら星」が重なる。結構凝った作りの娯楽作。[監]小林義則[脚]佐藤嗣麻子[音]住友紀人[主]篠原涼子，江口洋介

『そのときは彼によろしく』2007
漫画原作の，映画化で，最初の映画会社のマークが出るところから子供が歌う「きらきら星」からはじまる。男の子と女の子，二人の孤児と水草好きの少年が出会う。3人は親友になるが，それぞれ別れてしまい互の消息をしらない。とにかく伏線が多く，その一つに「きらきら星」と子供の頃，少年2人が少女に送ったプリズムとがある。結果何度も何度も「きらきら星」の出だしとペンダントにしたプリズムが，手を換え品を換えて登場し，最後の方では，英語でまるまる2コーラス歌

われ間奏部分に日本語版まで入るという,「きらきら星」の大安売りになっている。全部,お涙頂戴になっていて,せっかくのカメラも冗漫さは救えず,キラキラした映画にはならなかった。[監] 平川雄一郎 [脚] いずみ吉紘,石井薫 [音] 松谷卓 [主] 長澤まさみ,山田孝之

『FLOWERS (フラワーズ)』2010
四代に渡る女の系譜の物語。平成のパートでは,姉妹が登場する。「きらきら星」はしっかり者の次女が,口ずさむ。[監] 小泉徳宏 [脚] 藤本周,三浦有為子 [音] 浅川朋之 [主] 蒼井優,鈴木京香,広末涼子

『おばあちゃんの女の子』2011
自分をおばあちゃんと呼ぶ妊娠中の主人公と近所の少女が,いなくなった猫を探す一日。登場人物も少ない30分程度の短編だが,かなり強烈な印象を残す。「きらきら星」は,モーツァルトからのインパクトで使用したそうだが,最初タイトルが出るところ,猫を探すところと,そして最後に使用されている。監督の横浜聡子自らがピアノを弾いている。[監脚音] 横浜聡子 [主] 野嵜好美,宇野祥平

『八日目の蝉』2011
ベストセラー小説の映画化作品。誘拐犯に育てられた少女のトラウマが良く描かれている。「きらきら星」は,少女が実母にリクエストした時に歌われるが,少女が言っていたのは誘拐犯が教えた別の星の

歌であったというドラマの山場で使用される。[監] 成島出 [脚] 奥寺佐渡子 [音] 安川午朗 [主] 井上真央,永作博美

『あの星はいつ現はれるか』(オムニバス『紙風船』の一話)2011
オムニバス映画の一編。冒頭と終わりで「きらきら星」が,木琴でわざと,たどたどしく使われている。[監] 廣原暁 [原] 岸田國士 [主] 大後寿々花,森岡龍

『月の下まで』2013
高知のカツオ一本釣りの漁師とその家族が主人公。自分を守り育てた祖母の死もわからぬ精薄の息子を,幼馴染みの近所の娘が,船着き場であやす様に,「きらきら星」を歌う。監督は新聞記者から転身した奥村盛人で,これが処女作である。『泥の河』に通じるヒューマニティーは,近頃の日本映画の中では珍しいと言えよう。[監脚] 奥村盛人 [音] 蓮家本舗 [主] 那波隆史,松澤匠

『くらげとあの娘』2014
山形県鶴岡市の加茂水族館はくらげの展示数の多さで世界一だそうだ。その水族館の飼育係とパン屋の娘のシャイな恋物語。「きらきら星」は,アザラシのアトラクション演奏の為の曲である。[監脚] 宮田宗吉 [案] チチ松村 [音] ゴンチチ [主] 宮平安春,派谷恵美,杉山彦々

『ゆずり葉の頃』2014
少女の頃の想い出が,一枚の絵に込められていて,その絵

「木の十字架合唱団」初来日公演 1957

『容疑者Xの献身』2008

『八日目の蝉』2011

『ゆずり葉の頃』2014

讃美歌と童謡その他

とその絵を書いた画家とに再会する為に老女が小さな旅をする。主人公の八千草薫と、画家役の仲代達矢。日本映画と共に歩いてきた名優二人が、さすがの演技を見せる。「きらきら星」は、フランス帰りの画家が大切にしている古い大きなオルゴールの曲で、二人はこの曲でダンスをする。音楽の山下洋輔が、エンディングでは、洒落たしかし現在では、懐かしいモダンなアレンジで「きらきら星」を奏している。[監脚]中みね子[音]山下洋輔[主]八千草薫、仲代達矢、岸部一徳

『きみはいい子』2015
児童虐待をテーマにした短編集から3編選んで一本の映画にした秀作。「きらきら星」は、生徒の誰かがリコーダーで吹いていて、問題児の解決に校内を奔走する若い教師の後ろに、BGM的に流れてくる。[監]呉美保[原]中脇初枝[脚]高田亮[主]高良健吾、尾野真千子→IV補48（オルガン）

◇「ABCの歌」
—

『裸の大将』1958
日本のゴッホといわれた山下清の日記をもとに映画化された作品。山下は軽度の知的障害だったが、大戦の徴兵検査と食糧難が、話の主軸になっており、戦中、日本各地を放浪していた山下が戦後、芸術家として脚光を浴びる処で映画は終わっている。監督の堀川は、戦中、戦後と2回登場する知的障害児の学園の場面で、戦中は唱歌「茶摘」を、戦後は「ABCの歌」をそれぞれ園児たちの合唱で聴こえてこさせて、時代の変化を物語る洒落た演出を見せている。[監]堀川弘通[脚]水木洋子[音]黛敏郎[主]小林桂樹、三益愛子

『ホテル・ハイビスカス』
主人公の女ガキ大将が、二人の子分を連れて、米軍基地のフェンスを越えて忍びこもうと海沿いをゆく場面で歌われる。歌詞は、最初だけABCであとは春歌になっている。→本項（クラリネットをこわしちゃった）

『風に濡れた女』2016
日活ロマンポルノ・リプリート作品として製作されロカルノに出品された。過去の日活ポルノや名作のパロディを見ているような安心感と爽快感があるセックスバトル映画。いきなり自転車で海に飛び込んだ女が、岸壁にいた男に絡みはじめ、そのリヤカーに無理やり乗り込む。歌うは「ABCの歌」を捩った猥歌。[監脚]塩田明彦[音]きだしゅんすけ[主]間宮夕貴、永岡佑

◇「アヴィニョンの橋」が使用された日本映画
—

『蛇娘と白髪鬼』1968
楳図かずおの漫画原作をもとに制作された少女向けホラー映画。あまりにもちゃちな特殊メイクなどで、逆に今ではカルトになった珍作。「アヴィニョンの橋」は主役の少女が預けられていた孤児院のバックで遊戯曲として使われ、それは自宅に戻される少女に送られたオルゴール人形の曲目に重ねられている。[監]湯浅憲明[脚]長谷川公之[音]菊池俊輔[主]松井八知栄、浜田ゆう子、三宅邦子

『のだめカンタービレ〜最終楽章前編〜』2009
ピアニストの主人公が、国際的指揮者と共演し大成功を収めるが、自分を出し尽くし自身も失くし雲隠れしてしまう。彼女は、ある幼稚園の子供たちと弾き歌いなどをしながら徐々に又音楽の情熱を取戻し始める。その時に子供たちと一緒に、日本語でこの歌が歌われる。[監]武内英樹[脚]衛藤凛[音]のだめオーケストラ他[主]上野樹里、玉木宏

◇「アマリリス」
—

『武蔵野夫人』1955
主人公の隣に住むおしゃまな少女の誕生会のBGMに使用されている。主人公が愛している青年に、奔放な人妻が強引に迫るシーンに、編曲を変えながらこの曲が続いていて早坂の技が感じられる。[監]溝口健二[脚]依田義賢[音]早坂文雄主演[主]田中絹代、轟夕起子、森雅之→I 23（ラディゲ）

『刑務所の中』2002

実際に銃刀法違反などで服役した、漫画家花田和一のマンガエッセイを原作に、崔洋一がメリハリの効いた映画に仕上げ、高く評価された。刑務所の日常を、淡々と描いているが、おおっぴらに昼寝が出来る免業日の場面で、「アマリリス」が流れていた。[監] 崔洋一［原］花輪和一［脚］崔洋一、鄭義信、中村義洋［音］佐々木次彦［主］山崎努、香川照之、田口トモロヲ

◇「クラリネットをこわしちゃった」

―

『ホテル・ハイビスカス』2002

基地間を抱える沖縄辺野古が舞台の漫画が原作。男の子顔負けの女の子が大活躍する映画で、「クラリネットをこわしちゃった」は、テーマ曲扱いになっている。タイトルが出る前のドラマの導入部や、洗濯機がこわれてしまい足で踏みながら、女性群が歌詞をつけて唄ったり、父親がビリヤード台を掃除しながら唄ったりする。ドラマの最後ではマーチ風にアレンジされて、家族が全員で唄っている。複雑な沖縄の基地問題も映画の味を壊さずに、描かれている。音楽の磯田と中江監督とのコンビは、感覚が冴えている。[監] 中江裕司［脚］中江素子、中江裕司［音］磯田健一郎［主］蔵下穂波、余貴美子、平良とみ

『ブタがいた教室』2008

ある小学校の6年生のクラスが、自分たちで豚を育て最後は食べようというテーマで、学校で豚を育てる事になるが、生徒、先生、PTAを巻き込んで様々なドラマが起こる。「教育映画」と呼んでもよいのかもしれないが、非常に子供たちの演技も良く、自然で感じのよい出来上がりになっている。「クラリネットをこわしちゃった」は、子供たちの音楽の時間に、豚が啼いて、全員が爆笑してしまうシーンと、合唱シーンに使われている。[監] 前田哲［脚］小林弘利［音］吉岡聖治［主］妻夫木聡、原田美枝子

◇「むすんでひらいて」

―

日本の保育園、幼稚園での重要な時間に、お遊戯がある。ごく易しい唄に合わせて身体を動かす、遊びの中で音楽と体育が一緒になった教育である。その時使用する楽曲の、昔からある代表的な楽曲が、ルソーの「むすんでひらいて」で、明治の初め頃に賛美歌として歌われたのが始まりである。その後この歌は、唱歌、軍歌、童謡と場合によって、そのメロディーに幾つかの歌詞をつけられ、日本人なら誰でも知っている、お遊戯の歌になった。もっとも、この楽曲の作曲者が誰かはあまり知られていない。ジャン＝ジャック・ルソーといえば、「自然

『蛇娘と白髪鬼』1968

『月の砂漠』2001

『Seven nights in Japan』1976

『ニューヨーク・恋人たちの2日間』2010

讃美歌と童謡その他

「に帰れ」という思想的提唱(実は彼は言ってはいないというが)がすぐ浮かび、明治時代の文明開化の日本が、西洋的社会の認識をその本から学んだ哲学者として、大変に有名であるが、音楽としての一面はあまり知られておらず、この楽曲の作曲者と学者の彼が同じだと知っている人は、決して多いとは言えない。しかし「むすんでひらいて」は、国民的な歌であり、そのメロディーを聴いただけで、幼稚園又は小学一年生をイメージ出来て、日本映画での使用例も多く、今後も使われてゆくだろう。

『嫉妬』1949
この映画タイトルは、「結婚行進曲」に「葬送行進曲」が被るという皮肉な暗示で始まる。親族に援助をしてもらっているという弱みを夫に持つ妻は、奴隷の様に夫にかしずいていて、好きだったピアノを弾く事もいまはない。久しぶりに訪ねてきた妹が、膝の子供をあやしながら、居間にあるピアノを単音で鳴らし「むすんでひらいて」くちずさむ。[監]吉村公三郎[脚]新藤兼人[音]吉沢博[主]佐分利信、高峰三枝子

『風車のある街』1966
大掛かりな外国ロケ作品で、KLM航空とタイアップして製作された。婚約者のいる主人公が、紆余曲折がありながらも、汽車の中で偶然出会った男との恋を実らせる話。男は、土木技師で大工事の為、オランダに何年も滞在しているが、主人公は、婚約者を捨ててオランダまで男を追いかけてゆく。映画のはじめの方で、保母をしている主人公が、ピアノを弾きながら、「むすんでひらいて」で保育園児にお遊戯をさせている場面で使用されている。全員で歌いながら実際の遊戯をする姿は、映画のなかでは珍しい。[監]森永健次郎[脚]棚田吾郎、鍛治昇[音]崎出伍一[主]吉永小百合、浜田光夫

『ゆきゆきて，神軍』1987(ドキュメンタリー)
日本のドキュメンタリー映画の歴史の中でも、代表的な傑作。ニューギニア戦線で、自分の所属部隊で実際に起こった処刑の真実を、元兵士奥崎謙三が、執拗に追いかけてゆく。原一男は、アナーキーで酷く暴力的な奥崎に、渾身の情熱で飛び込んでいる。言論の自由がある我が国でも、極めて判りにくく言いにくい天皇の戦争責任を、叫び続ける奥崎の姿は、時には阿修羅の様であり、この作品が投げかけた意味と、残された意義は大きい。奥崎が、戦死した一人の部隊兵の供養に出向いた墓場で、計らずも隣の幼稚園の子供たちの歌がながれてくる。その歌が「むすんでひらいて」である。[監撮]原一男[企]今村昌平[選曲]山川繁

『あゝ春』1988
30年前に死んだとされていた父親が生きていて、突然主人公のサラリーマン一家を訪ねて来る。義母の入浴まで覗き込む等、その男のあまりの振る舞いに、主人公は「出てゆけ！」と言い放つが、男はその足で、近くの公園のホームレスの仲間になってしまう。「むすんでひらいて」は、そこでホームレス仲間の一人がピアニカで弾いている。音楽は、映画全体に、クラリネットや木琴などが中心の童謡的なシンプルなメロディーが流れていて、この「むすんでひらいて」も、全く違和感はない。[監]相米慎二[脚]中島丈博[音]大友良英[主]佐藤浩市、斉藤由貴、山崎務

『ぼくんち』2003
学校もない島を舞台にした西原理恵子の漫画が原作である。その島に残っているのは都会では生きられない問題を抱えた大人と、その子供たちだけである。彼らの、生きるためのサバイバルゲームの様な強烈な家族愛がテーマである。チンピラに弟子入りした主人公の少年が、ガソリンをホースで抜き取る盗みを練習するところと、シンナーを瓶に小分けにする場面で、「むすんでひらいて」が歌われる。本来ならもうとっくに小学校に上がっている筈の子供が、幼稚園で習う歌を歌う場面は、描写としてはからっとしているが、教育の不均衡が出ていてかなり重い。[監]坂本順治[脚]宇野イサム[音]は

IV

じめにきよし[主]観月ありさ, 矢本悠馬, 真木蔵人

◇「月夜」
—
『月の砂漠』2001
夫と距離が離れすぎた妻と女の子が, 田舎の実家に戻って暮らそうとしている。
そこにあった, 昔妻が子供時代に使ったおもちゃのピアノで, 子供が鳴らすのが「月夜」。この映画のタイトルにぴったりであり, 「月の砂漠」という日本の童謡がすぐ頭に浮かぶ。第54回カンヌ映画祭出品。[監脚]青山真治[主]三上博史, とよた真帆

日本の童謡が使用されたフランス映画

◇「赤とんぼ」
—
『TAXI2』2000
ヒットしたフランスのお馬鹿映画。主人公が運転するTAXIが, 車ごと, マルセイユから軍用機で, パリ上空まで運ばれ落下傘を付けて落とされる。途中日本人の女SPが, 主人公の肩を後ろからもみながらこの唄を歌う。空中に吊り下げられた車の中……どちらにしても奇想天外である。[監]ジェラール・クラヴジック[音]アルケシア

合作映画に使用された日本の童謡と民謡

—
◇「さくら さくら」
—
『パリからの手紙』1957(日仏)[監]今泉善珠→本項(パリ木の十字架合唱団)
『8 1/2の女たち』1999(英仏独ベネルクス三国)合作
淫乱な主人公父子が, 狂った日本娘を, 自分たちの性の館に連れてくる。狂女は, 振袖で大きな豚を連れながら一差し舞う……その曲は, 「さくら さくら」で, おどろおどろしく不気味である。舞うといっても, 扇をかざすポージングだけで, 下手に踊らせなかったのは, 監督P・グリナウェイの見識であろう。→Ⅲ補39(日本俳優)

◇「竹田の子守歌」
—
京都の地方の被差別部落に伝承されていたこの曲は, 1970年代に多くの歌手によって歌われ急激に有名になった。非常に美しいメロディーと持っていて『SEVEN NIGHTS IN JAPAN』では, ヒロインのバスガイドが, 車中でこの唄を歌い, 二人の運命のテーマ曲として非常に大切に使用されている。
『SEVEN NIGHTS IN JAPAN』1976(英仏)→Ⅱ補81(制作)Ⅱ補82(ロケ)

◇「黒田節」
—
『『ニューヨーク・恋人たちの2日間』2010』2012(仏独白)
この映画は, 場所柄どうしてもウディ・アレンの顔がちらついてしまうが, それでも, フランス人から見たこの大都市の一面が, 良くも悪くも良く描けている。「黒田節」は, 主人公がよく行くタイ式マッサージの店で, 流れているが, エンドロールに書かれていて初めて気が付く程, 音量は小さい。しかしながら, ニューヨークで, 魂まで売り渡してしまう事になるフランス人写真家が, 実はベトナム人のタイ式マッサージを受け, しかもBGMに日本の武士が主題の「黒田節」を流している場面は, したたかな監督の教養とコスモポリットな感覚が, 感じられる。[監原音主]ジュリー・デルピー[脚]J・デルピー, アレクシア・ランドー→Ⅲ24(4色)

◇「夕焼け小焼け」
—
この曲は1923年に新童謡として作られた。戦争も超えて歌いつがれ, 現在は日本の童謡の中でもベスト3に入る程有名である。子供たちの下校時や, 街中で帰宅時間の目安として流されており, 多くの日本人に親しまれている。
『岸辺の旅』2015(日仏)→Ⅱ74(黒沢)

讃美歌と童謡その他

ルルーの行進曲

鹿鳴館を紐解くと必ず出るのが，日本陸軍軍楽隊と指導していたシャルル・ルルーの名前である。P・ロティの「秋の日本」にも鹿鳴館で二つの軍楽隊が演奏していて，一つはフランス軍，一つはドイツ軍であったとある。ルルーは1884年に来日し1889年に帰国しているが，その間未熟であった日本陸軍軍楽隊の水準を飛躍的に上げ，又日本の音楽も学び，帰国後はフランスにそれを知らしめている。彼の功績はもう一つ「陸軍分列行進曲」を残したことにある。これは軍隊を持たない現在でも，日本では自衛隊等で使用していて，日本人にとってあまりにも歴史的なマーチである。「陸軍分列行進曲」とは「抜刀隊」と「扶桑歌」という，やはりルルーの手になる二つの曲がミックスされた一種の合作なのだが，問題は，その中の一つ「抜刀隊」である。この曲はビゼーの剽窃である等の専門家の指摘があるが，ルルーは真面目で非常に高潔な人柄であったという。この曲は約130年を経て驚くような変貌を遂げてきた奇跡の曲である。まず「陸軍分列行進曲」は，耳に馴染むという点で大きな後押しをしたが，その中の一部になっている「抜刀隊」のメロディーが一人歩きしてオリジナルの詞は全く変えられ，メロディーも唄い易く変わり，その結果分析しなくてはならない程多岐な変化を遂げたのである。沢山の研究者がそれぞれの立場で，ある者は労働歌としての，ある者は民謡としての，ある者は春歌としての……研究を残している。この変化した曲を一曲ずつ書き続ける気は全くないが，まず「ラッパ節」と呼ばれた俗謡がある。これは添田唖禅坊という演歌師が作った替え歌である。演歌師とは演説歌師の略称で，真正面から政治は批判できない庶民が唄に託して政治体制批判をした人たちを指す。この「ラッパ節」は明治時代のいくつかの俗謡の様に，あきらかに社会批判を含んだいわゆる替え歌であるが，全国的に大ヒットした。そしてそれはそれぞれの地方に住む庶民によってどんどん詞が変わりメロディーが変わって，50以上はあると言われる唄となり伝承されていったのである。

日本映画の中には，ルルーのこれ等の多様な変容曲はもとより，オリジナルな型でも使用されている。まず，「陸軍分列行進曲」は今の自衛隊にも使用されているので，様々なニュアンスで登場する。この曲は，第二次大戦前にはニュース映画の常連であったし，現在でも戦争を描写するのに後に流すだけで効果があるのである（因みに日本の右翼は街宣車からよくこの曲を大ボリュームで流している）。

「抜刀隊」は特に戦地でまず唄われる陸軍関係（日常，行進曲を聴いていてすっ

かり馴じんでいた）の俗謡，例えば「ああ我が戦友」や「可愛いスーチャン」等の替え歌に繋がった。そしてそれは，戦後非行少年院で流行した「ネリカンブルース」にも続いている。

「ラッパ節」の様に体制批判の唄に変化したものは，「ノルマントン号沈没の唄」の様にメッセージ性の強い替え歌から，北九州の「炭坑節」の様な労働歌になっていった。

地方に広がり，ほとんど現地の民謡になったものもある。この唄の代表は「与論小唄」と沖縄民謡「十九の春」である。ルルーが生きていたならば目を回すかも

しれないが，とにかくこれを見て思うのは，軍隊という全体から，兵隊という個人になり，労働歌，犯罪更正所の流行歌，娼婦たちの心情歌へと，どんどんマイノリティの唄に変わっていく様である。そこには，自らは変えられない体制と自身の運命への，庶民の嘆きと哀愁が漂っている。

以上で見たようにルルーの曲は，大きく広がり変化していて，SEに使われた替え歌や俗謡までをくまなく探す事は，あまり意味もない場合もあり，重要と思われる作品または水準以上と思われる作品を中心に取り上げてある。

シャルル・ルルーの作品又は替え歌が使用されている日本映画

◇「陸軍分列行進曲」
―

『学徒出陣』1943
戦意高揚の為に，陸海軍が文部省に作らせたドキュメンタリー映画。雨の中を行進する学生たちを見ていると胸が苦しくなってくる。このドキュメンタリーには実際に会場で演奏された「陸軍分列行進曲」が使用されている。その後このドキュメンタリーのシーンと音楽は何本もの学生と戦争がテーマの映画のシーンのひな形になってきた。

『きけ，わだつみの声』1950
「日本戦没者の手記」を元に作られたこの映画は，戦後それほど間をおかずに制作され

た事もあり，当時の日本社会の戦争批判が良く映し出されている。本自体が，政治的思惑が強い編集をされていて，今では批判の声が大きいが，映画で描かれた執拗な軍隊内のいじめは実際にあり特にインテリへの差別は根深いものであったという。映画の中心になるのは，ある大学の助教授とその教え子の戦場での再会だが，その助教授の専門がモンテーニュで，最後の抗議のシーンでは「随想録」からの引用 "Comme l'ame descharge ses passions sur des objects faux, quand les vrais luy defaillent.魂が真の目標を持たない時，いかに偽の目標にその激情を注ぐことか"が，大きく画面に映される。「陸軍分列行進曲」は，戦場での強行軍に，学徒出陣の

ニュース映画が被って少しだけ流れる。この曲は，それだけで意味を持つ充分な歴史的重みのある曲なのである。
[監]関川秀雄[脚]舟橋和郎[音]伊福部昭[主]伊豆肇，原保美

『二等兵物語』1955
大ヒットし続編も沢山作られた映画。人気のお笑い芸人を主役に，喜劇の味付けにし，暗くなりがちな軍隊ものにペーソスを与えている。「陸軍分列行進曲」は，主人公の二人が，赤紙を貰い，徴兵検査に向かう場面で流れている。
[監]福田晴一[原]梁取三郎[脚]船橋和郎[音]原六郎[主]伴淳三郎，アチャコ→Ⅳ05（ビゼー）

『独立愚連隊』1959
鬼才と呼ばれた岡本喜八の監督デビュー作にして大ヒット

ルルーの行進曲

803

作。この映画は、戦争をアクション西部劇として捉えた処が、これまでの戦争映画と全く違う。脇を固める俳優もスター級が揃い、岡本の人柄も浮かび上がる。第二次大戦下の中国北部が舞台で、そこに新聞記者と偽った脱走兵が、訪ねてくる。彼の実の兄は心中したとなっているが、男は、兄が殺されたのではと思っている。その部隊の隊長は実は、頭がおかしくなっていて、前線から去って行くのだが、その時に「分列行進曲」が流れる。佐藤勝と岡本の記念すべき初コンビ作だが、佐藤の音楽も凝っていて、「陸軍分列行進曲」(抜刀隊の部分)の数小節をモダンにアレンジして、大ポピュラーを新鮮なものに変えて見事である。[監脚]岡本喜八[音]佐藤勝[主]佐藤充、雪村いづみ→Ⅱ 59(岡本)

『江分利満氏の優雅な生活』1963

山口瞳という作家の直木賞受賞作品の映画化。才人岡本喜八の面目躍如で、再評価の声も高い秀作。主人公はサントリーの宣伝部のコピーライターで、同僚の柳原良平(日本のモダンアニメの草分け)のアニメも効果的に取り入れられている。音楽は佐藤勝が担当し、クラッシック、軍歌、童謡、歌謡曲等々を使用し、岡本との絶妙なコンビネーションで、主人公の父親にまで遡る長い日本の激動期をス

マートに見せてくれる。主人公は、学徒動員されて訓練を受け、実際には戦場に行かずに戦争の終結を迎えるが、現代(映画公開時は1963年)の若者に、最も美しく生きるという事はもっとも美しく死ぬことだと、思いこんでいた当時の学生たちの思いを問いかける。酒の酔いでくだをまくこのシーンは非常に長いが、様々な映画的処理がなされていて現在の視線に十分耐える。「陸軍分列行進曲(抜刀隊の唄)」は、主人公の学徒動員と軍隊訓練のみじめな体験に被って使われているが、ここでも佐藤は映像に合わせて、ドラムに口笛でメロディーを吹かせたり、そのテンポを段々落としたりと岡本との息の合った仕事を見せつけている。ドラマの最後の主人公の独演会では、再び戦争の話が出て、当時の神宮球場の有名な学生たちの"雨の行進"が挿入されているがここは軍靴の音のみで、強烈な痛みをなにげなく描出することに成功していた。[監]岡本喜八[原]山口瞳[脚]井手俊郎[音]佐藤勝[主]小林桂樹、新玉美千代、東野英治郎→→Ⅱ 59(岡本)

『血と砂』1965

この映画も岡本と佐藤のコンビ作品である。少年軍楽隊が、実戦に駆り出されて玉砕する悲惨な映画だが、岡本はただ暗くは撮っていない。ミュージカル風な味付けと、活劇的

面白さで、見ているのが辛くなるような場面を、映画として娯楽にもってゆける岡本の才能が光る。「陸軍分列行進曲」、少年たちはこの曲を口笛で吹きながら最前線への死の行進をする。反戦映画としても記憶しておきたい。[監]岡本喜八[脚]佐治乾、岡本喜八[音]佐藤勝[主]三船敏郎→Ⅱ 59(岡本)

『きけ、わだつみの声』1995

この映画は、現代の大学ラグビーの選手が、競技場で、学徒動員のあった戦争時代にタイムスリップするという夢想が前提になっている。幾つかの大学生が登場するが、映画が始まるといきなりCGを使用した映像と「陸軍分列行進曲」が流れ、文部省の作った「学徒出陣」が再現される。映画としては、『きけ、わだつみの声』(1950)のリメイクとはいっても、ほとんど前作とは別の作品で、早坂暁の脚本にかなりの無理があり、失敗作に終わっている。[監]出目昌伸[脚]早坂暁[音]ギル・ゴールドスタイン[主]織田裕二、風間トオル、的場浩司、仲村トオル

『うらぎりひめ』2013

劇中劇で、廃屋の座敷牢に閉じ込められた若い頃の主人公がのぞく便器の蓋の向こうには、戦争の記憶があり、強力な音量の「分列行進曲」が流れ、日の丸鉢巻の若い(多分恋人?)軍人が現れたりする。[監脚]岩名雅記[撮]たむら

まさき［主］たうみあきこ
『筑波海軍航空隊』2013
カミカゼと，その名を世界に
知られた，特攻隊のドキュメ
ンタリー。数々の意欲作で知
られる，若月治が，声を荒げ
ずに，生存者の証言を記録
している。それは，証言とい
うより歴史的な遺言である。
［監］若月治［撮］西井夕紀子／
ドキュメンタリー

◇「抜刀隊」
―

『不良姐御伝猪の鹿お蝶』1973
明治時代の女やくざ仇討譚東
映B級映画の代表作の一本
で，タランティーノに影響を
与えた。「抜刀隊」は，タイト
ル後時代背景の説明がある中
流れて，充分に聞く事が出来
る。琴とピアノを使った変っ
たアレンジは荒木一郎が担当
している。B級に徹したお色
気満載のこの映画に，ストー
リーなどというのは野暮とい
うものだが，アヘン戦争でも
活躍した英女諜報員役で，ス
エーデンのポルノ女優クリス
チーナ・リンドバーグが，主
役池玲子の対抗馬として登場
しピストルを撃ちまくりレズ
シーンまで演じている。［監］
鈴木則文［原］凡天太郎［脚］
掛札昌裕，鈴木則文［音］荒木
一郎［主］池玲子，C・リンド
バーグ

◇「ノルマントン号沈没の唄」
（抜刀隊の替え歌）
―

『仮面の舞踏～秘話ノルマン
トン号事件』1943
第二次大戦中に作られた国
策映画。1856年イギリスの貨
物船ノルマントン号が紀州沖
で座礁するがイギリス人の船
長が，日本人の船客及び，イ
ンド人を救出せず，ヨーロッ
パ系の船客のみ救命ボートに
乗り難を逃れた。当時は領事
裁判で治外法があり，船長は
無罪となった。これは日本国
民を怒らせ結局もう一度裁
判はやり直されたが，船長ド
レイクのみ3ヶ月の禁固，し
かも死者には全く賠償がな
いという国際的にもスキャン
ダラスな結末となった。戦後
は，敗戦国として教育指導が
変わり，学校でもほとんどこ
の大事件には触れないが，明
治政府が不平等条約改正に向
けて動いた，大きな事件とし
て，歴史的に重大な意味を持
っている。メインのイギリス
人に全部つけ鼻を付けさせ，
髪を染めた日本人が外人らし
い日本語をしゃべり現実離れ
していて，キッチュですらあ
る。珍作扱いされるのも納得
なのだが，国策映画的な見方
をしても，やはり，この人権
差別の根元は残っているわ
けで，まず再映画化が困難な
分貴重である。「抜刀隊」の唄
は「ノルマントン号沈没の唄」
として当時大流行したが，こ
こでは，事件後，壮士たちが
鹿鳴館の前で集団アジテイト
する場面で唄われる。この唄
はコーラスは短いが最初から

『きけわだつみの声』1950

『江分利満氏の優雅な生活』1963

『不良姐御伝』1973

『仮面の舞踏』1943

ルルーの行進曲

36番迄あり, 後には59番まで延々とくり返し唄われる大曲になってしまった。この映画は4番の途中で憲兵が入り中止されるが, 割合たっぷり聴く事が出来, 当時の雰囲気は良く出ていると思われる。[監] 佐々木啓佑 [脚] 野田高梧 [音] 早乙女光 [主] 佐分利信, 桑野道子

◇「可愛いスーちゃん」(抜刀隊の替え歌)
―
『春婦伝』1965
中国の山西省の果て県城の日本兵慰安所に流れてきた朝鮮人娼婦たちの物語。政治的配慮から映画では, 日本人娼婦に代わっている。主人公は, 特別情の濃いエキセントリックな女で, 最後には惚れた兵隊と死んでゆく。仲間の一人が, 嫁の来ない農家へ嫁いでゆく挿話の部分で, 宴会でもしているのだろうか, 他の娼婦たちの投げやりな歌声で「可愛いスーちゃん」が, 聴こえてくる。清順独特の怪作だが, 何故か原作にはない, 「ディドロの哲学断章」を愛読するインテリ兵が脱走し八路軍に参加する件が加えられている。[監] 鈴木清順 [原] 田村泰次郎 [脚] 高岩肇 [音] 山本直純 [主] 野川由美子, 川地民夫
『戦争と人間〜第三部〜』1973
五味川純平の同名小説を映画化した三部作の完結編。ある財閥一家と第二次世界大戦

が, 実際に満州で闘い生き残った数名の一人である五味川によって書かれている。原作者, 監督ともに, 左翼よりの立場から作品化されていて, 後年, 事実確認が進み, 現在では不適切と思われる場面があるが, それでも同作家の映画化『人間の條件』と共に日本の反戦映画の大作として長く残る作品である。「可愛いスーちゃん」は, 関東軍の兵士たちが, 銃の整備をしながら兵舎の中で歌われている。[監] 山本薩夫 [原] 五味川純平 [脚] 武田敦, 山田信夫 [音] 佐藤勝 [主] 滝沢修, 吉永小百合, 北大路欣也→IV補48 (オルガン)

◇「練鑑ブルース」(抜刀隊の替え歌)
―
『檻の中の野郎たち』1959
練馬にある少年鑑別所を, ネリカンというが, そこで流行したことから有名になったのが「練鑑ブルース」である。この映画は, ずばり少年院の映画で, この曲はテーマに使われていたが, レコードは, 主婦たちからのクレームで直に発売禁止になってしまった。[監] 川崎徹広 [脚] 関沢新一 [音] 中村八大 [主] ミッキー・カーチス
『不良番長練鑑ブルース』1969
『不良番長』は1968年にプログラムピクチャーとして誕生した。好評で結局16作も作

られたというが, 添え物映画を逆手に取った, いい加減さとやりたい放題が受けたらしい。この映画も相当にいい加減なつくりで, 主人公が入っていた練馬少年鑑別所の同窓生が集合して大暴れする。練鑑ブルースは校歌のような扱いで, モダンにアレンジされたりして何か所かに同期生を強調したい場面で流される。パロディに満ちた筋縦なので, 全く違和感は無かった。[監] 野田幸男 [脚] 山本英明, 松本功 [音] 八木正生 [主] 梅宮辰夫, 谷隼人

◇『実録おんな鑑別所』シリーズ (抜刀隊の替え歌)
―
1972年から東映のヒットシリーズとなった『女囚さそり』の2番煎じだが, 日活ロマンポルノの人気作品で, 梢ひとみ主演で合計3作作られた。3作とも多少話は違うが, 徹底的に利用され棄てられた憎い男を殺害し, 鑑別所の送られた女という共通点がある。「練鑑ブルース」はメロディーはそのままで詞を変え「煉獄のブルース」として, 音楽担当の宇崎竜童 (ダウン・タウン・ブギウギ・バンド) と主演の梢とのデュエットになっている。3作共, 最初, 護送車で主人公が鑑別所に送られるタイトルの出る場面とエンドロールで流される。主人公及び女囚たちが入所するのが「○○少女鑑別所」で, タイト

IV

ルに合わせて木の看板が登場するが，どうみても不良少女達が，少女には見えず最初から鑑賞の姿勢を限定されてしまう。

『実録おんな鑑別所性地獄』1975
『続・実録おんな鑑別所』1975
『新・実録おんな鑑別所恋獄』1976
［監］小原宏裕［脚］桃井章，小原宏裕（3作目のみ神波忠男，松下幹夫）［音］ダウン・タウン・ブギウギ・バンド［主］梢ひとみ

◇「十九の春」（抜刀隊の替え歌）
―
『ナビイの恋』1999
ビゼーの処でも触れた沖縄音楽が満載の映画。真実の恋がテーマだが主人公の祖母の初恋を忘れられない心情とこの唄がぴったりと重なっている。沖縄の人はよく家でも宴会の席でも唄うというが，ここでは三線を手にした老人と女とのコンビで唄われ哀切きわまりないシーンになっている。→Ⅳ05（ビゼー）
『オース！バタヤン』2013
94才でなくなった歌手“バタヤン”こと，田端義夫のドキュメンタリー。田端は，第二次世界大戦以前から歌手として活躍し，戦後昭和21年（1946）に発表した「かえり

船」は，日本へ復員する兵隊たちの心情を代弁したような唄であった。「十九の春」も，彼が取り上げることによって，広く一般に知られるようになった。この歌の元歌が「抜刀隊」である事を田端自身が知っていたかはわからないが，歌うにふさわしい歌手だったことには間違いない。
［監］田村孟太雲／ドキュメンタリー

『旅立ちの島唄～十五の春～』2013
沖縄の小さな島，南大東島の少女が主人公。少女は，両親の離婚問題と将来のことで悩んでいる。この島には高校が無く，中学を卒業した若者のほとんどは島を出てゆく。「十九の春」は島の祭りの宴会場で，幼女とお父さんが掛け合いで唄う場面と，少女が好きな少年と決定的な違いを知り，失恋の痛手に泣きながら帰るシーンの2か所で使われる。特に後者のシーンは，小船で帰ってきた少女を心配して待っていた父親の車で帰宅する比較的長いシーンで，砂川理恵のボーカルでたっぷりと流れる。美しい離島の海や夕焼けの原野を，この民謡がエキゾチックで感傷的な風景にしていた。［監脚］吉田康弘［音］きだしゅんすけ［主］三吉彩花，大竹しのぶ，小林薫

『春婦伝』1965

『おんな鑑別所性地獄』1975

『オース！バタヤン』2013

『旅立ちの島唄』2013

ルルーの行進曲

国歌，革命歌，軍歌

　革命……この言葉は重い。フランスの代表的革命の歌「さくらんぼの実る頃」は，1866年に創られた歌だが，その美しさ故に本当に人生を歌った重い歌になっている。唄の中に，若さへの甘酢い記憶と年老いた身の感慨が何とも詩的に織り込まれた，フランスシャンソン屈指の名曲だが，この感覚は日本人が昔から持っている四季の移ろいへの哀感や，人生への無常観に非常に近いものがある。だからこそ多くの日本人歌手が好むのだが，あまりにも古い曲で又シャンソンがマイナーな存在になって以来，日本では，ほとんど懐メロになってしまっていた。ところが，1988年にD・ドゥコワンのベストセラーを澤井信一郎が監督した『ラブストーリーを君に』で使用され，その5年後1992年には，宮崎駿の『紅の豚』の主題歌にもなり，もう一度陽の目を見る事になった。唄ったのはシャンソン歌手としてもソングライターとしてもキャリアの長いベテラン，加藤登起子である。こうやって突然，軽く100年以上前の曲が又よみがえる…何とも素敵な事である。一方，本来のフランス国歌「ラ・マルセイエーズ」は，やはり革命の時に歌われた歌だが，何か公的な儀式の報道場面などで，時々は耳にするが，戦闘を直截にした歌詞でもあり，「さくらんぼ」のような，一般への浸透はなかった。フランス人に

とっては，時代的にもより新しく同じように有名なアンナ・マルリーの「自由の歌」も「パルチザンの歌」として戦後一時，左翼系の人々に歌われたが，日本人の中で一般化することは無かった。

　日本も，江戸から明治へと，近代に一種の革命があり，急速に欧風化を目指した。日本は陸軍と海軍にそれぞれ軍楽隊を設け，軍が招聘したフランス人C・ルルーは，1886年に陸軍の為に「陸軍分列行進曲」を作曲し，それが陸軍の代表曲となった。そして遅れる事14年，1900年には，海軍の為に，鳥山啓の詞に瀬戸口藤吉が曲をつけた「軍艦行進曲」ができあがる。

　瀬戸口は1868年に薩摩藩士の子として生まれた。彼は，1882年海軍の2回目の公募で軍楽隊に入隊したが，ルルーも日本に滞在していた時期だし，陸海両軍楽隊の交流もあったので，当然多くの事を学ばせてもらっただろうと推測出来る。

　瀬戸口は1904年には海軍軍楽隊長に昇格し，1941年に没するまで沢山の行進曲を作曲している。「軍艦行進曲」は，日本の軍歌の中では一番有名な曲で，戦後，全国に開店したパチンコ店では大音響で流され，この曲といえばパチンコを連想する人も少なくない。また，日本には，街宣車という右翼も左翼もプロパガンダに使う街頭宣伝車がある。停車する

と法に触れるので，ゆっくり車を運転しながら大音量で演説を流すのだが，そこで頻繁に使用されるのが，この曲である。主に右翼が使用する事が多い為，極端なナショナリズムのテーマ曲のようなイメージを持っている人も少なくない。「軍艦マーチ」が登場する日本映画は山ほどあるけれども，例えば小津の最後の監督作品『秋刀魚の味』(1962) が，印象的である。主人公の父親の青春時代が海軍であり，終戦して20年近くも経つと，ある種の懐かしい思い出なのである。

この「軍艦行進曲」に対する様に「インターナショナル」がある。この唄は，日本では，まさに左翼のデモや，労働組合のテーマ曲の様なイメージがあり，ステレオ的に赤旗をイメージ出来る別の意味での怖さがある。

ウジェーヌ・ポティエとピエール・ドジェテールによってパリコミューンで生まれた文字通りの民衆の唄「インターナショナル」を語るには，小牧近江の話をしなければならない。彼は，国会議員の父が第一回国際議員会議に出席する時随行して1910年に渡仏，その後父親の経済的破綻で援助を止められたが独りパリに残り，喰うや喰わずで苦学した経験を持つ。その後日本大使の援助を得て，パリ大学の法学部に入学した。1918年に帰国するまでに，ロマン・ロランやアンリ・バルビュスに傾倒し，反戦主義，フラン

ス共産主義を情熱的に学び，コミュニズムの闘士として1918年に帰国した。長い間鎖国していた日本の為政者は，思想問題に非常に敏感で，特に異国で社会主義の洗礼を受けたと思われる者は徹底的にマークしていた。第二次世界大戦が終わるまで，治安維持法により，思想犯と呼ばれた (主にコミュニストでアカとも言われた) 人々および疑わしき人々は徹底的に弾圧され，あの手この手で思想の変更を求められた。そんな中，小牧によって持ち込まれた「インターナショナル」は，新劇界の俳優佐々木孝丸により日本語詞がつけられ，あっという間に闘士たちの唄となった。戦後，思想の自由と共に，この唄は，パリコミューンで生まれた唄という認識よりも，一時のソビエトの国歌として，又社会主義運動のシンボル曲として急速に一般に認知され，様々な労働争議やデモの際に一緒に歌われる事になった。日本における映画界のレッド・パージとして，日本映画の歴史では必ず登場する"東宝労働争議"でも，連帯の歌として，この曲が大いに歌われたという。この曲が使用された日本映画を調べてみると，圧倒的に戦後が多く，政治的映画以外にも，様々なかたちでよく登場人物の思想的背景を語る音楽として用いられている。なお作曲のドジェテールはベルギー人だが，曲の歴史的背景からもフランスの楽曲と考えて取り上げてある。

国歌，革命歌，軍歌

フランスの国家，革命歌，軍歌が使用されている日本映画

◇「ラ・マルセイエーズ」

『真実一路』1954
真実を貫くと出奔した母親，その為に，結婚を逃す娘，母の存在を知らぬ息子，そして全てを飲み込もうとする父親。彼らの家族の春秋が，正攻法で語られる。「ラ・マルセイエーズ」は，少年の，少々ませた学友が，悪戯を少年にけしかける場面で口笛する。[監] 川島雄三 [原] 山本有三 [脚色] 椎名利夫 [音] 黛敏朗 [主] 山村聡，淡島千景

『闇を横切れ』1959
地方の選挙汚職と新聞記者との葛藤。主人公は若い新聞記者で，彼の尊敬する局長が「ラ・マルセイエーズ」を口笛で吹く。この曲を社会改革の暗喩として使用する意味が，作り手側の思い込みで，今一つ観客に伝わらない。増村の社会派劇で，あまり有名な作品ではないが，脚本は黒沢作品で有名な菊島隆三が書いている。[監] 増村保造 [脚] 増村保造，菊島隆三 [主] 山村聡，川口浩

『化石』1975
フランス旅行中に，偶然に自ら癌である事を知ってしまった主人公が，知人夫婦に誘われて，ブルゴーニュ地方にドライブ旅行をする。ガイド役の知人が博識で，この地方の歴史の説明をする中で，アン

県にある大きなモニュメントに話が振られる。ナチスに抵抗した農民たちと先導する女性の名が彫られたその記念碑には，抵抗の詩人ルイ・アラゴンの詩句"我死すところに祖国よみがえる -OU JE MEURS RENAIT LA PATRIE" が刻まれている。主人公は戦争体験者であり，自分の戦争時代を思い出す。「ラ・マルセイエーズ」は，そのモニュメントの画像が現れるところから被ってくる。この場面は，武満のセンスというよりも，フランスの歴史を説明したい小林の演出だろうが，ガイドの話とうまく重なり違和感は無かった。[監] 小林正樹 [原] 井上靖 [脚] 稲垣俊，よしだたけし [撮] 岡崎宏三 [音] 武満徹 [主] 佐分利信，岸惠子→Ⅱ57（小林正樹）

『栄光への5000キロ』1969
映画の最初の方で，ラリーの表彰式があり，そこで「ラ・マルセイエーズ」がかかる。音楽は，黛敏郎が担当。→Ⅱ63（蔵原）

◇「自由の歌」

『浮草日記～市川馬五郎一座顛末記』1955
離散寸前の旅回りの一座が，最後の公演地に選んだ炭鉱町で，労働組合のストライキに巻き込まれる話。この時代の左翼系映画の独特の辛気臭さだあるのだが，歴史的なものを考えざるを得ず，俳優座

の協力で多くの有名俳優がちらりと出演したりと意外に娯楽のラインが強い作品である。旅回りの一座の映画は，意外に多くいるのだが，似たテーマを持つ小津の『浮草物語』と，見比べると非常に面白い。[監] 山本薩夫 [原] 真山美保 [脚] 八住利雄 [主] 津島恵子，菅原謙二

◇「さくらんぼの実る頃」

『チーちゃんごめんね』1984
深夜の人気DJだった成田敦子が，癌と闘い33歳という若さで亡くなったノンフィクションの映画化。シャンソンの好きな主人公が，夫と二人で金子由香利の「さくらんぼの実る頃」を聴く。ぴったりすぎる選択ではあるが，現在や伝説化した日本のシャンソンの殿堂"銀巴里"で撮影されている。金子由香利は，80年代にメジャーになった日本シャンソン界のスターであった。[監] 西河克己 [脚] 井出俊郎，鈴木雅子 [音] 甲斐正人 [主] 秋吉久美子

『ラブストーリーを君に』1988
白血病の主人公の短い命と「さくらんぼの実る頃」の対比は，優れた選択であった。監督の澤井は，最初は，金子由香利の歌で，「ミラボー橋」を希望していたという。
映画の中で「さくらんぼの実る頃」を歌った岸洋子は，日本のシャンソン・カンツォーネ歌手としてまたポップスシ

ンガーとして功績が大きいが，56才で惜しまれつつ亡くなった。第18回サンレモ音楽祭（1968）に出場している。[監]澤井信一郎[脚]丸山昇一[音]朝川朋之[主]後藤くみ子，仲村トオル

『紅の豚』1992
スタジオ・ジブリによる宮崎駿のアニメ作品。宮崎の父親は航空会社に勤めていたそうだが，実際宮崎の作品には飛ぶシーンが良く出てくる。この作品は，飛行機乗りが主人公で，第一次大戦後の，政局定まらぬ1930年前後のイタリアが舞台になっている。この作品のマドンナ役でジーナというホテルを経営し歌手でもある女の声を，歌手の加藤登紀子が担当し，主題歌の「さくらんぼの実る頃」も，ジーナ（加藤）が劇中，フランス語で歌っている。[監脚]宮崎駿[音]久石譲

『実録・連合赤軍　あさま山荘への道程』2008
1960年安保闘争から1972年の連合赤軍による「あさま山荘事件」までを描くドラマ。多少のフィクションはあるが，反権力の人若松のしっかりした政治観と，テロリストたちへの，ある種の共感と，どうしてもこの映画を作りたいという意志とが，ドラマの過激さとは別に淡々と語られて行く。この映画は，日本内外で評価され，58回のベルリン国際映画祭では，アジア映画賞と映画批評家賞の2

冠に輝いている。「さくらんぼの実る頃」は，ハーグ事件（1974）に関係したとされる重信房子が，1971年パレスチナ（レバノン）に出国する前に，友人であり同士でもある，その後悲惨なリンチで殺される遠山美枝子と別れを惜しむバーで流れている。それからバーを出て別れを告げる路上まで，かなり大きな音量で全曲が流れる。歌一曲分のシーンに，若松の人間愛が，はっきりと感じられる美しいシーンであった。和田山奈緒がピアノ伴奏で歌っているが，ここでは全部，若松の演出に溶け込んでいる。[監]若松孝二[脚]若松孝二，掛川正幸，大友麻子[音]ジム・オルーク[主]坂井真紀，ＡＲＡＴＡ，並木愛枝

◇「インターナショナル」
―

『からっ風野郎』1960
三島由紀夫が主演のヤクザ映画。素人のボロを見せない様に，涙ぐましいほど増村が気配りをしている。三島もそれに応えようと頑張っている。三島程の文学者が主演したケースは世界的にも珍しく，精神分析医が喜びそうな映画ではある。ヤクザの恋人役に若尾文子が扮するが，その兄の勤める工場のストライキのシーンで「インターナショナル」が流れている。[監]増村保造[脚]菊島隆三，安藤日出男[音]塚原哲夫[主]三島由紀

『闇を横切れ』1959

『チーちゃん ごめんね』 1984

『紅の豚』1992© スタジオジブリ

『実録連合赤軍』2008

国歌，革命歌，軍歌

夫，若尾文子

『求人旅行』1962

事業拡張のため従業員探しに，東奔西走する旅館の女将が，京都のホテルのロビーに押しかけた，スト中の某工場の組合の女子工員一同とやり合う一場面，結局両者の勘違いなのだが，女子工員たちは，「インターナショナル」を歌いながらホテルを退出する。完全に当時の労働争議をパロっている場面だが，喜劇映画のナンセンス場面として成り立っていた意図が，現在では大きくずれてしまっている。[監]中村登[脚]笠原良三[音]牧野由多可[主]高千穂ひづる，桑野みゆき

『馬鹿まるだし』1964

戦後シベリアから引き上げてきた風来坊が主人公。ヤクザ風に見えて純朴な主人公が，思いがけず田舎の寺で下働きをするようになり巻き起こす騒動。後に，国民的映画となる"寅さん"の原型の様な映画で『無法松の一生』と『素晴らしき放浪者』を混ぜ合わせたようなペーソスがある。この映画には，ハナ肇というスターコメディアンを中心に，次の寅役の渥美清や，その他山田洋次好みの達者な俳優たちが沢山登場する。「インターナショナル」は，主人公が，その田舎の経済的主軸である工場のストライキに巻き込まれ，経営者側に頼まれて，煙突のてっぺんに登ってしまった工員を説得しに煙突に自ら

登ってゆく場面で，演奏と少しだが唄つきで使用されている。経営者側と労働者側と根っからの風来坊と……山田独特の構造がストレートで臭いという映画好きもいるが，取り敢えずハナ肇を筆頭とする日本の当時の喜劇人たちを見るのは喜びである。[監]山田洋次[脚]山田洋次，加藤泰[音]山本直純[主]ハナ肇，桑野みゆき，犬塚弘

『にっぽんぱらだいす』1964

渋谷実などの助監を務めた前田陽一のデビュー作。初作品らしく脚本がしっかりしていて戦前から戦後に移る職業売春が，よく考察されている。売春禁止法が後半の話の中心になるが，公には売春が出来ず，トルコ嬢に変身するためにマッサージの講習を受ける売春婦たちが，廓の大門の前でビキニで「インターナショナル」を歌う。なおこの時のリーダー役は，後に何度目かのヘンリー・ミラー夫人になったホキ徳田である。[監脚]前田陽一[音]山本直純[主]香山美子，ホキ徳田

『日本春歌考』1967

東京に受験の為に出てきた田舎の高校生たちを主軸に，当時の平均的な若者像を大島渚が描いた秀作。若者を取り巻く政治的な大人たちも上手く描いていて，軍歌，春歌となんでも歌われる，うたごえ酒場まで登場する。「インターナショナル」は，高校生たちが試験会場で見つけた美少女を追

いかけるうちに紛れ込んだフォーク集会や，学生集会だと誘われた会場で歌われている。今見ると，そこに隠された政治的意図の露骨さにぞっとさせられる。[監]大島渚[脚]田村孟，佐々木守，田島敏男，大島渚[音]林光[主]荒木一郎，吉田日出子，伊丹十三

『ドレイ工場』1968

ある製鉄所の労働者が組合を作り活動してゆく過程を熱く語った映画。全国の労働組合の協力のもとに制作された。「インターナショナル」は，会社側が暴力団や警察まで介入させてストライキを阻止しようとして，労働者たちと乱闘になる，ドラマの山場の一つのシーンで，労働者たちによって唄われている。[監]山本薩夫，武田敦[脚色]武田敦，小島義史，監督新人協会砧支部[音]関忠亮，多泉和人，音楽センター[主]前田吟，日色ともゑ，杉村春子

『にっぽん零年』1969

安保反対と学園闘争が盛り上がっていた1968年の日本の若者を追ったドキュメンタリー。映画会社日活の企画だったが，突如中止命令が出て，隠れて製作された。完成後も封印されていたが，34年を経て日の目を見た作品である。「インターナショナル」は，労働者と連帯する学生運動の応援歌でもあったわけだが，映画の中では，闘争する学生，勉強を続けたい学生，当時の様々な形の学生の姿が捉えら

れている。[構成演出] 河辺和夫, 藤田繁矢 (藤田敏八)

『裸の十九才』1970

1968年〜1969年にかけ, 日本中を騒がせた永山則夫・連続射殺魔事件を基に新藤兼人が映画化した傑作。北海道の極貧の家に生れた主人公は, 中学卒業後, 集団就職で上京, 転々と職を変えていく。主人公が電気屋で働きながら配達をしている場面で, デモをする大学生たちと出くわし, 「インターナショナル」がそこで歌われている。主人公が望んでもどうしてもなれなかった大学生の多くは, 当時デモに明け暮れていた。少年との対比は, ナイフの様に鋭い風刺となっていて忘れがたい。因みにこの映画はモスクワ映画祭でグランプリを受賞している。[監] 新藤兼人 [脚] 新藤兼人, 松田昭三, 関攻 [音] 林光 [主] 乙羽信子, 原田大二郎,

『性賊〜セックスジャック〜』1970

カンヌで招待上映された若松孝二作品。革命闘争の夢を見る連帯の下にフリーセックスを繰り返す若者と, 本物のテロリストの出会いと別れ。日本の新左翼運動の当時の一部が, 描かれる。『インターナショナル』は, 本部の連絡がなく, セックスしかやることのないセクトの男二人が, ひまを持て余しながら歌っているが, 明らかにカリカチュアされていて, しかも途中で切断

される。音楽は "音楽集団映像グループ" という, 怪しげな名前がついているが, 山下洋輔が一部に参加していて, リリカルなピアノの音が聴こえる。[監] 若松孝二 [脚] 出口出 [音] 音楽集団映像グループ [主] 秋山未知汚

『赤軍−PFLP・世界戦争宣言』1971

のっけから, よど号ハイジャック事件のニュース映画に被り「インターナショナル」が, 流れる。カンヌ映画祭出席の帰りに撮影されたベイルートでPFLP (パレスチナ解放人民戦線) メンバーへのインタビューが, 資料としても一級の価値を持つ。映画というよりプロパガンダ・ドキュメンタリーとでも言いたい政治的作品だが, こういう作品が作られバス上映されたという歴史的事実から目をそらす事は出来ない。若松が作らずにはいられなかった『実録・連合赤軍 あさま山荘への道程』(本項「さくらんぼの実る頃」)の前編, 説明篇としても重要である。[監脚] 若松孝二, 足立正生

『儀式』1971

ATGで大島が監督した『日本の夜と霧』(1960) の延長線上にある映画。日本の田舎独特の親戚や家族が集まる儀式を通して, 戦中からの世代や, 戦後世代や, 右翼や左翼や様々な人々が登場し, 言いたいことを言い, 歌いたい歌を歌う。「インターナショナ

『からっ風野郎』1960

『馬鹿まるだし』1964

『日本春歌考』1967

『にっぽん零年』1969

国歌, 革命歌, 軍歌

ル」は、野球で挫折した主人公の父親の腹違いの弟（筋金入りの左翼）の結婚式で、派手な和服の花嫁が歌い出すが、途中で「日本の歌を歌え」と止めさせられてしまう。ごった煮のように儀式に集まった田舎の家族は、それぞれが生臭く狂言回しの役を演じていて、まさしく日本の縮図である。総じて日本の戦後を見つめる大島の目は、左翼への厳しい批判と、ごった煮日本の民主主義への懐疑と糾弾にむけられているが、日本の歴史を知らない外国人には、少し学習してからでないと理解できない映画かも知れない。[監]大島渚[脚]田村孟、佐々木守、大島渚[音]武満徹[主]河原崎建三、賀来敦子、中村敦夫

『ビリィ・ザ・キッドの新しい夜明け』1986

まさに日本のバブル時代、ファッションビルＰＡＲＣＯは、様々な分野に手を出し、スノッブな雰囲気＝アート＝ファッションの図式を一般に定着させた。そのＰＡＲＣＯが製作した映画第一弾。製作者は当時のＰＡＲＣＯ社長増田通二で、多くの有名俳優が、ゲスト、カメオ出演する、和服の生地で作ったパッチワークのスーツの様な、（あり得るけどあり得ない）珍しい映画になった。監督には、自主映画を経て本作が商業映画初監督の山川直人があたり、新しい映画にしようという意

気込は感じられたが、新しいかどうか議論がわかれるところである。撮影監督の高間賢治がいなかったらこの映画の成立は難しかったと思う。「インターナショナル」は、この映画のメイン舞台であるパブレストランの、レジ係と皿洗いが見ているモニター映像の画面に流れるソビエトのニュース映画に被っている。因みにそれはレーニンで、それを見ている皿洗いの名前は、マルクス・エンゲルスである。[監]山川直人[案]高橋源一郎[脚]高橋源一郎、山川直人[主]三上博史、室井滋

『ウンタマギルー』1989

高嶺剛は、自主映画出身で、ジョナス・メカスの影響を自ら認めているが、劇映画にも、わきの人物に素人を使うドキュメンタリー風演出で、独特の土着の作風を持っている。ほとんど全作品の舞台を沖縄に絞っていることもその要因の大きな一つである。ミュージカルと言いたいくらい、沖縄の歌や踊りが出て来るが、ＢＧＭ的にかなり多用されているのは、沖縄音楽や、ガムランの混ざったオリエンタルサウンドで、それがモダンな効果を出している。最後に、エンドロールで流れこむように広がる演奏は素晴らしい。アヴァンギャルドなポップスでカルト的人気があった、"ゲルニカ"というユニット出身の上野耕路の仕事である。沖縄は、戦後1945年か

ら1972年の間、アメリカ軍により統治され、その後も何かというと軍事問題の犠牲になってきたが、この映画は、沖縄が日本に返還される前の話である。ウンタマギルーという、沖縄独立派を助ける一種の義賊の物語で、民話を題材にしているが、豚の化身である女や、森の精霊などが登場し、現実と交錯する極めて不思議な時間が流れている。そのために、ダイレクトには見えないが、強い沖縄独立運動への賛同がベースにあり、言葉だけでは説明できない沖縄人にしか描けぬ沖縄人の心情が良く描けている映画である。「インターナショナル」は、ギルーが山奥に逃げた後半で、独立運動派のひとびとが三線の伴奏で歌っている。[監脚]高嶺剛[音]上野耕路[主]小林薫、戸川純、青山知可子

『身も心も』1997

荒井晴彦は、1970年代後半から主に日活ロマンポルノで、脚本家として、神代辰巳、根岸吉太郎たちと多くの傑作を残している。この作品は鈴木貞美の小説を、彼が脚本を書き監督もした、思い入れの濃い作品である。全共闘世代の活動家の学生たちの25年後の物語で、俳優スタッフ共に実感が強くにじみでていて、それが、いかにもサービスの様なセックス描写が多い本作品に、ある種の必然性を与えている。音楽は、中々センスが良く、最後のエンディ

ングロールに流れる「インターナショナル」が秀逸である。武満徹の編曲で，福田健一というミュージシャンが生ギターで演奏する「インターナショナル」は，まさに挫折の傷を背負いながら生きる全共闘世代への，優しいまなざしが感じられる。[監脚]荒井晴彦[音]伊藤ヨタロウ[主]柄本明，永島暎子，奥田瑛二，かたせ梨乃

『バウンス ko GALS』1997
援助交際他セックス産業で大金を稼ぎまくる女子高生（コギャル）たちの一日の大冒険。「インターナショナル」は，風俗で稼ぐやくざの幹部の愛唱歌であり，その男が全共闘世代であった事が解るようになっている。コギャルの元締めの少女とカラオケを唄うシーンは，圧巻であり上手い使い方である。やらせのドキュメンタリー風が気になるが，それでもカメラのセンスの良さと，題材を正面から撮っている事で映画にテンポがあり，鑑賞後の後味は悪くない。バブル期後の日本の異常な風俗を描いた佳作である。[監脚]原田真人[音]川崎真弘[主]佐藤仁美，岡元夕起子，佐藤康恵

『光の雨』2001
高橋伴明は，ピンク映画にこの人ありと言われたベテランだが，一般映画でも何本もの佳作を監督している。この映画は，立松和平の小説の映画化だが，連合赤軍事件を映画化するというプロットが，現実の陰惨さを救っている。[監]高橋伴明[脚]青島武[音]梅林茂[主]大杉漣，萩原聖人，裕木奈江

◇「軍艦行進曲」の使用された日仏合作映画
—
『スパイ・ゾルゲ 真珠湾前夜』1961
岸惠子が，自宅に招いたドイツ人たちに，子供に教えるようにこの歌をうたう場面がある。この当時は，ほとんど童謡の様に歌われる軍歌が，あったのである。この映画では，他に幾つかの日本の軍歌が背景に使用されていた。→Ⅱ24（シャンビ）

◇「愛馬進軍歌」の使用された映画
—
「愛馬進軍歌」は，1939年に一般国民の軍馬への意識を高めて戦意発揚する目的で作られた。戦争に大切な軍馬を育てる事へのプロパガンダであるが，この流れで1941年に作られた『馬』（山本嘉次郎）は黒澤が助監督として際立った才気を見せた事で有名である。主題歌「めんこい仔馬」は，国民的にヒットした「愛馬行進曲」の童謡版の様で，こちらも大ヒットした。この曲は，ピーター・ブルックとヨシ笠田との舞台でも使用されている。
『ピーター・グリナウェイの枕草子』1966→Ⅰ補40（古典）

『ビリイ・ザ・キッドの新しい夜明け』
1986

『ウンタマギルー』1989

『身も心も』1997

『バウンス ko GALS』1997

国歌，革命歌，軍歌

オルガンの魅力

～ビッグ・ベンの鐘の音

　世界で一番大きな楽器と言えば，パイプオルガンである。パイプオルガンが初めて日本にもたらされたのは，1920年，徳川頼貞が私財でイギリスから苦労して輸入したものである。それから100年，なんと，大小はあっても日本のパイプオルガンは今や800台を越えているそうである。1980年代バブルの時期，各自治体が，音楽公会堂を建てるときに，大体がパイプオルガンも付け加えていった事からこの数になってしまったわけである。実際にはメンテナンスの難しさもあって，決して有効に利用されているとは云い難く，又，購入資金が高めに設定されている点が見つかって，ちょっとした社会問題になった事もある。

　近代オルガンの分野で第一人者であるセザール・フランクはロマン派として捉えられている。彼が果たした役割は知られてはいるが，やはりオペラがもてはやされたロマン派の時代の中では異色である。「ヴァイオリン・ソナタ」はよく演奏されるし，「オルガンコラール」も有名ではあるが，どちらかと言えば忘れ去られた作家である。フランクはベルギーのリエージュに生まれ12才でピアノコンサートを催す程の才能があり，両親は大ピアニストにさせようと1835年には一家でパリに移り住んだ。やがて彼はパリ音楽院でピアノとオルガンを学び，親の思惑

とは違う女性と結ばれ，演奏家より作曲家としての地味な生活を選んだ。1858年パリ七区の有名なクロチルド教会のオルガン弾きになり，その翌年，教会が導入した，革命的なオルガン製作者アリステッド・カヴァイエ＝コルのオルガンに出会うことにより，彼のオルガニストとしての才能が開花した。この教会で彼は後半の人生を送り，生涯の代表曲をいくつも作曲している。有名な「天使の糧」は「3声のミサ曲」(1859) の中から生まれている。

　パイプオルガンに魅せられた日本人は沢山いるが，まず木岡英三郎(1895–1982)の名を挙げなくてはならない。彼は日本のオルガン奏者にして製作の第一人者で楽器の発展にも大いに尽くし，大正時代に広く海外に学んだ。ルイ・ヴィエルヌにも師事して日本のオルガンのパイオニアとしての努力を惜しまなかった。それにしても，フランクやヴィエルヌ，そして木岡と，クリスチャンのミュージシャン特にパイプオルガンを愛好する者は努力家が多い。もう一人の日本人，森有正(1911–1976)もその代表例である。

　彼はパリに留学し，その後パリ大学の東洋語学校で教鞭を取り，パイプオルガンの奏者をしていた。彼の，「遥かなるノートルダム」は70年代の初めに，この種のエッセイにしては異例の売れ方をし，女子学生の必読書のような時もあった。

彼は、バッハをパイプオルガンで奏でる事が無常の歓びであり、クリスチャンとしての信仰心を自己分析しながら、ヨーロッパを、日本を思索し続けた。著作の中にはデカルト、パスカルら哲学者の名の他にヴィエルヌ、フランクの名も出てくるが、独特の確認していくような文章からは、彼の存在そのものの孤独がひしひしと伝わってくる。

セザール門下のヴィエルヌは、盲目に生まれ（後年少しは見える様になったらしいが）二人の子供を戦争で亡くすといった悲運の芸術家である。その彼の作曲した教会音楽の一つのメロディーを、戦前から戦後も多くの日本人が聞いて育ってきた事を御存知だろうか。それは「ウェストミンスターの鐘」、英国ロンドンのウェストミンスター寺院の鐘の音の話であ

る。戦後、学校の授業の開始や終わりの合図をどう扱うというのは教育の現場でも考えている人々は多かった。何故なら、戦争中には警報として使われた合図がそのまま使われていたからである。1955年にBBC放送で「ビッグベンの鐘」を耳にした真島宏なる人が、機械メーカーと組んでオルゴールを作り全国の学校へセールスして、あっという間に広がったというのが、本当のところの様である。

この「ウェストミンスターの鐘」が使われている映画は、おそらく200本はくだらない。戦前から高級時計の時報の音として使用されていたメロディーだが、一般に普及したのは戦後で、SEとしての学校の生活の描写から、事件のアリバイ要素にまで、山ほど使用されている。

セザール・フランクの楽曲が使用された日本映画

◇「ヴァイオリンソナタ イ長調」
—

『台風クラブ』1985
激しく揺れ動く地方の中学3年生たちを襲った台風の一日、バブル期の日本のひずみの中でもがいている思春期の子供たちが、フィルムの中に見事に留められている。この作品を含め、相米慎二は外国でもっとも評価されるべきだと思う。主人公の一人、女子にもてる優等生が、自宅でガールフレンドといる中、兄が帰宅する、そんな日常の背景に。ここで相米と音楽の三枝

は、循環を意識したセザールのヴァイオリンソナタを選んでいる。台詞にも出るが、何でもなくてしかしかなり哲学的場面である。[監]相米慎二[脚]加藤祐司[音]三枝成章[主]三上祐一、工藤夕貴
◇「三つのオルガンコラール」第一番
—

『氷点』1966
クリスチャンの作家、三浦綾子の出世作。朝日新聞の懸賞小説で、TV、映画で大ヒットした。特にTVは国民の半分は見ていたかも知れない。アジアでもいくつかリメイクされている。映画版は、手堅い作風の山本薩夫が監督し

た。北海道、旭川の医者一家の愛憎劇で、テーマは"汝の敵を愛せよ"である。医者の夫が、娘を殺した犯人の子供を、わざと妻に知らせず養女にするが、ある時夫の思惑に気いた妻の心は凍りつき養女を苛め抜く。音楽は伊福部昭の弟子、池野成が担当した。池野はメインに、フランクの「オルガンコラール」を持ってくることによって、小説の持ち味を出そうとしていた。曲は、オーケストラで演奏され、オリジナル曲の様な印象を与えながら、真実が暴かれる最後のクライマックス以外にも各所で使用されていた。[監]山本薩夫[脚]水木洋子

オルガンの魅力

[音]池野成[主]若尾文子，安田道代

『乾き』2014
元刑事の主人公と別れた妻と娘，ある日娘が失踪し，男は彼女を探すうちに最愛の娘が親の考えの及びもつかぬ悪魔であった事が，分かってくる。「天使の糧」は，最初の一人暮らしの男のアパートの場面から使用され，その後クリスマスの場面にも流れている。→Ⅰ23（コクトー）

ルイ・ヴィエルヌの楽曲が使用された日本映画

◇「ウェストミンスターの鐘」─

『雪崩』1935
幼馴染みを愛していながら，別の娘と結婚するブルジョワの恋愛心理劇。成瀬らしい手堅い演出が見られる。「鐘」はブルジョワ家庭のマントルピースの上に置かれた置時計の音として使われる。[監脚]成瀬巳喜男[原]大仏次郎[音]飯田信夫[主]佐伯秀男，汐見洋，英百合子

『浪速悲歌』1936
溝口健二の中でも有名な傑作。「鐘」は主人公を囲おうとする製薬会社社長の妻の寝室に置かれている豪華な置時計の音で，夜遊びをした婦人が犬と一緒に朝寝坊をしている場面で突然鳴り出す。[監原]溝口健二[脚色]依田義賢[音]第一映画社音楽部[主]山田五十鈴

『東京ラプソディ』1936
古賀正男作曲，藤山一郎のヒット曲を映画化した人情歌謡曲映画。「鐘」は2回登場するが，一つは歌詞に出てくるニコライ堂（明治時代に建築されたギリシャ正教の教会）のところで，その風景にかぶって流される。教会という事で流したのだろうが，[監]伏水修[原]佐伯孝夫[脚]氷見柳二[音]古賀正男[主]藤山一郎，椿澄枝，星玲子

『戸田家の兄妹』1941
1937年に公開されたレオ・マッケリーのアメリカ映画『明日は来らず』に影響を受けた小津安二郎のトーキー3作目。この作品が，真珠湾攻撃の年に封切られたという事，そして約十年後，第二次世界大戦を間にはさみ『東京物語』が制作された事を考えると，同じ家族の崩壊というテーマである本作は，エチュードと捉える事もできる。「鐘」は，長男の家，別室では嫁がミニ同窓会をやっていて，義母のことなど気にも止めてはいない。その家のがらんとした居間に，時計が夜9時を知らせて鳴り響く。そこでの鐘の音は，形式的に親孝行しているように見せている，その家の主たちの，冷たい雰囲気を表している。[監]小津安二郎[脚]池田忠雄，小津安二郎[音]伊藤宣二[主]佐分利信，高峰三枝子

『不死鳥』1947
主人公が戦場から一時帰宅する夫を待っている家で鳴る時報が「鐘」の音である。戦争中の話だが，一般的なブルジョワの家は，戦前からこんな風な時計が流行していたらしい。→Ⅳ45（童謡）

『風の中の牝鶏』1948
小津の戦後2作目で，妻が一度だけ子供の病気の為に売春してしまった，その過ちを復員した夫が知り，という重いテーマを扱っている。妻が夫に蹴られて階段から落ちるシーンは，小津にしては珍しく激しい。「鐘」はオープニング，松竹のマークに被って流れる。[監]小津安二郎[音]伊藤宣二[主]田中絹代，佐野周二

『花ひらく』1948
野上彌生子の小説「真知子」を映画化した市川崑の実質的デビュー作。舞台は昭和9年（1934）で，京都大学で起きた典型的思想弾圧の「滝川事件」（1933）が，大きな背景になっている。映画は，左翼の男と実業家の男，どちらにも頼らず一人で生きて行こう決意する当時の女が，自立する様が描かれる。音楽早坂文雄は，気配りのある仕事だが，「鐘の音」を，実業家の研究所のチャイム代わりに用い，左翼の男の下宿屋の隣の精神病院から始終聴こえる奇怪な叫び声に対比させている。実験的だが，成功とは言い難い。[監]市川崑[脚]八住利雄[音]早坂文雄[主]高峰秀子，上原謙

『午前零時』1953
タイトルバックからウェスト

ミンスターの鐘の音がジャズ風にアレンジされていて斬新である。1953年の作品であるから多分服部もBBC放送からヒントを得たのではなかろうか。この映画は時間のすれ違いがドラマを動かしていてその意味では良い選択である。劇中のヒロインが新劇の女優で,サルトルの「出口なし」(舞台場面はなし)が出てくる。[監]渡辺邦男[原]井上友一郎[脚]菊島隆三[音]服部良一[主]久慈あさみ,小林桂樹

『母千草』1954

30本作られた三益愛子の「母もの」の一本。『ステラ・ダラス』の明らかな翻案だが,それも含めて戦争戦後の成金,日本の歴史が濃縮された話が展開する。貧しい母子のボロ屋では,時計が時の数だけ鳴って夜中まで働いた母子の困窮を表し,金持ちになった家に,満州を流れ歩いた母が帰るお屋敷では,「鐘」がなり明らかな対比をさせている。伊丹秀子こと天中軒雲月の七色の声(素晴らしく音楽的である)が,狂言回しとなり,最後は,ウエディングマーチに浪曲が被るという物凄い世界が展開する。三益の存在の庶民感そのものがドラマティックである。[監]鈴木重吉[脚]松田昌一[音]米山正夫(浪花節/伊丹秀子)[主]三益愛子,信欣三

『太陽のない街』1954

1926年実際に会った印刷会社の労働争議を下敷きにした徳永直の小説(1929年発表)の映画化作品。1930年には舞台化もされ,プロレタリア文学の代表的な作品の一つとされたが,戦争により絶版になっていた。戦後山本薩夫により,独立プロ作品として映画化された。工員たちの長屋が,独立プロとしては初めてのオープンセットで作られたり,大作の趣を持っているが,最後にはエキストラも集まらぬ程の資金難の下での撮影だったという。「鐘」は,経営者側の会議の前後で2回流れるが,完全に一方的なブルジョワ側の時を告げる音として扱われていて,効果を出している。作品はチェコ国際映画祭名誉賞などを獲得し,国内外で評価された。現在鑑賞すると,他国の話のように思える。[監]山本薩夫[脚色]立野三郎[音]飯田信夫[主]日高澄子,二本柳寛

『孤独の人』1957

1957年この映画の原作が発表された時は大騒ぎであった。原作者の藤島は,現天皇当時の皇太子の学友で,人間としての皇室を,ほとんど初めて書いた小説家である。中々に難しい映画化であったが,西河克己は主題のはっきりした映画にしている。「鐘」は,学友の一人の立派な家の中で聴こえてくるが,やはり豪華な置時計が,当時のシンボルの一つであった事を物語っている。[監]西河克己[原]藤島泰輔[脚]中沢信[音]斉藤高順[主]津川雅彦,小林旭

『挽歌』1957

北海道ロケの,当時の文芸大作。芥川也寸志担当のオーケストラ音楽が全編に流れている。今聴くと,場面と音楽との盛り上がりが大時代的で,相当に隔たりを感じさせられる。「鐘」は舞台になった釧路の町中で当時流れていたのだろうか。場面の展開,BGMとして,街中でさりげなく,とはいっても4回も使用されている。→I31(サガン)

『娘・妻・女』1960

成瀬作品の中でも特別辛口なホームドラマになっている。"母もの"映画ではないが,母もの女優三益の最高の"母もの"と言える。「鐘」は,次男の友達が,鍵を預かったアパートの場面で使用される。出戻りの未亡人(次男の姉)が,弟の年下の友達と,主の帰宅を待つアパートで,思わずキスをする。「鐘の音」は,外からなのか部屋の中の時計の音なのか,どうとでも取れる,未亡人への警鐘,区切りの様な使い方である。音楽は,ヴァイオリニストから作曲家となった斉藤一郎。この映画では,無難なクラシック音楽が使用されているが,この「鐘」の場面と,前景の養老院での民謡踊りの音だけで暗示する,母が自分の今後を思う場面は斉藤の自己主張を感じる。[監]成瀬己喜男[脚]井出俊郎,松山善三[音]斉藤一

オルガンの魅力

『氷点』1966

『戸田家の兄妹』1941

『台風クラブ』1985

『風の中の牝鶏』1948

『渇き』2014

『太陽のない街』1954

郎［主］三益愛子，原節子，森雅之

『雲がちぎれる時』1961

四国中村の断崖を走るバスの運転手が主人公。彼は，幼くして父を亡くし，居候先で出会い一緒に育った少女とも，戦争のために，離れ離れになりやっと探し当てた時には既に戦後で，彼女は彼女の運命に振り回されていた。主人公の焦がれる現在や臘長けた彼女は，彼と離れた後に，日本血統のアメリカ兵と出会ったが，その彼は，乳飲み子を残したまま，朝鮮戦争で戦死，彼女は身体を売るしかなかった。「鐘」は，生活に困った彼女の身体を，援助代わりに求める元上官（除隊し怪しげな商売をしている）のアパートで夜を告げる時計の音として流される。音楽は池野成がスパニッシュ風のギター曲や，舞台になる四国の有名曲「南国土佐を後にして」のアレンジを変えて度々登場させている。［監］五所平之助［原］田宮虎彦［脚色］新藤兼人［音］池野成［主］佐田啓二，有馬稲子

『肉体の門』1964

田村泰次郎の原作で，何度も映画化されている。焼け跡の娼婦たちの物語。鈴木清順は演劇的なセットを使い，独特の構成で清順ワールドを創りだしている。「鐘」は，娼婦たちが匿っている男をMPが探し回っているシーンで流れる。［監］鈴木清順［脚］柳田吾郎［音］山本直純［主］河西

都子, 野川由美子, 松尾嘉代

『霧の旗』1965

「鐘」は, 主人公が上京して働いているバーの先輩に頼まれ, その情人の見張りをしている町の中で流れる。音楽は林光。→Ⅱ19 (カイヤット), Ⅳ30 (アダモ)

『白い巨塔』1966

大学医学部教授の席を巡る派閥争いの中, 翌年には引退する教授の自宅で鳴る時計の音が「鐘」で, 2度ほど使用され, 教授の生活のレベルを表し, やがて退任する時間の流れに, さりげなく重ねている。→Ⅰ09 (スタンダール)

『荒野のダッチワイフ』1967

ピンク映画の前衛といわれた大和屋のカルト的な作品。フリージャズが使用されていて, 山下洋輔のセンスも良く, 映画と良く呼応している。殺し屋の恋人が殺された現場に「鐘」が鳴り, 続いて時刻を打つ時計の音と一緒のリズムで, はずされた受話器が, だらんと揺れている。[監脚]大和屋竺[音]山下洋輔[主]港雄一, 山本昌平

『ハーイ!ロンドン』1969

歌謡グループサウンズのトップグループ, ザ・タイガースが主演するプロモーション映画。所属するプロダクションの俳優で脇を固めたお手軽感と, 主演の彼らの素人くささもファンには, ご愛敬だったのだろう。ロンドンロケも当時としては, 珍しい。映画の始まりから, 御本家ウェストミンスターの時計塔が登場して「鐘」がなり, それはグループのスター, ジュリーこと沢田研二の眠るベッドの横に大量に集められた目覚ましの一つの「鐘の音」になってゆく。音楽の村井邦彦は, ヨーロッパ的センスを持った名作曲家, プロデューサーとして一時代を作った人物で, 何とルグランの教えを乞うた事もあるという。[監]岩内克己[脚]田沢靖男[音]村井邦彦[主]ザ・タイガース

『曼荼羅』1971

『哥 うた』1972

実相寺昭雄のATG3部作といわれる映画の2作目が『曼荼羅』で, 「鐘」は, 浜辺で見失った恋人を探しに男がキャンパスあたりを探しまわるシーンで使用され, その前後のユートピアを求めて人里離れて共同生活をしているコミューンと, 現実のはざかいの音としている。3作目の『哥 うた』では, 弁護士である男が, 弁護に加わってくれと突然に依頼され, その件で旧弁護士と話し合っている場面で流れている。音楽の冬木と実相寺は, ATG3部作や人気TVシリーズ「ウルトラマン」でもコンビを組んでいる。[監]実相寺昭雄[脚]石堂淑朗[音]冬木透[主]清水紘治, 森秋子, 田村亮(『曼荼羅』)篠田三郎, 八並映子(『哥』)→Ⅰ18 (ノーベル賞)

『戦争と人間～第三部～』1973

長女が嫁ぐ日, 大財閥の豪邸の居間に, 親族が集まっている定石的使い方だが, そこでの時刻の音として「鐘」が使用されている。[監]山本薩夫[原作]五味川純平[脚]武田敦, 山田信夫[音]佐藤勝[主]滝沢修, 吉永小百合, 北大路欣也→Ⅳ補46 (ルルー)

『配達されない三通の手紙』1979

E・クイーン「災厄の町」の翻案映画化で, 松竹の大作として制作された。舞台は, 山口県萩, 銀行家でもある旧家で事件が起こる。アメリカから来た青年が, その家に入る処で, 時刻を告げる「鐘」が広い玄関口に鳴り響き, ブルジョワの描写に一役かっている。[監]野村芳太郎[原]エラリー・クイーン[脚]新藤兼人[音]芥川也寸志[主]佐分利信, 栗原小巻

『探偵物語』1983

主人公のお嬢様が, 居間におりてゆくところで「鐘」が響く, 時計は見えないが, とても大きな置き時計である事が推察できる。ここで, 観客は, 彼女の朝帰りと, 暮らしぶりが分かる仕組みになっている。[監]根岸吉太郎[脚]鎌田敏夫[音]加藤和彦[主]松田優作, 薬師丸ひろ子→Ⅲ補45 (ブランド)

『ダブルベッド』1983

中山千夏原作の日活ロマンポルノ大作。主人公の一人, 若い女がサラ金に勤めだすが, 妊娠したのではと悩んでいる。会社の終了時間のチャイム

「鐘」が鳴ると同時に，彼女にトイレで生理がくる。[監]藤田敏八[脚]荒井晴彦[音]宇崎竜童[主]大谷直子，柄本明

『あげまん』1990

伊丹十三の大ヒット映画。男の運気を上げる芸者が主人公で"あげまん"という花柳界の用語がこの映画により一般化した。「鐘」は，主人公が惚れた銀行員のプレイ・ボーイが浮気をして帰らない夜の場面で，置時計のチャイムとして使われる。伊丹は，このシーンで主人公に小唄「待ちわびて」を三味線で弾き唄いさせているが，和物に鐘の音がかぶり，独特のアンバランス感が生じ，主人公の心境を強調する事に成功している。なんでもないようなシーンだが，並みの監督には出来ない。[監脚]伊丹十三[音]本多俊之[主]宮本信子，津川雅彦

『集団左遷』1994

バブル経済がはじけて，巨額の負債を背負う大手不動産会社が舞台。「鐘」は2度登場して，夕方5時に会社内の建前の勤務時間の終わりを告げながら，3ヶ月という短い期間に大変なノルマを与えられた問題社員たちの時間的逼迫感をわかりやすく増幅している。[監]梶間俊一[原]江波戸哲夫[脚]野沢尚[音]小玉和文[主]柴田恭兵，中村敦夫

『メトレス』2000

いきなり「鐘」の時報から始まり，スタート感を伴った出だしをする。中年の女ソムリエの話だが，何度も劇中の節々で「鐘」が使用されるのは，時間を意識させたいからなのか意味深な使用であるが，良く解らない。[監]鹿島勤[脚]ジェームス三木，鹿島勤[音]三枝成章[主]川島なお美，三田村邦彦→Ⅱ補83（タイトル）

『DISTANCE』2001

飲料水用の貯水池に毒をいれたカルト教団のテロ実行団（教祖は彼らを殺し自殺）の遺族たちが，毎年命日に山奥のその池に集まり死者を供養する。その遺族の一人（女性）の職業が教師である事を，チャイムの「鐘」と学校のシーンに被せて自然に説明している。[監脚]是枝裕和[音]森英司[主]ARATA，夏川結依

『木曜組曲』2002

天才女流作家に関係の深かった女たちが，その作家を偲ぶ会を毎年続けている。自殺とされたその死の裏に，参加者全員それぞれの思惑が。「鐘」は，その作家の死んだ自宅で，参加者が食事を了え，自殺の動機を推理し始めている場面で鳴り響く。地方の豪華な洋館の古めかしさとマッチしていた。[監]篠原哲雄[原]恩田陸[脚]大森寿美男[音]村山達哉[主]浅丘ルリ子，加藤登紀子

『うつつ』2002

映画のつくりが時間的に前後左右するが，ここでは「鐘」が，場面変えに何度か上手く使用されている。→Ⅳ08（サティ）

『欲望』2005

主人公の幼馴じみが結婚して住むことになる豪邸で，時計は見えぬが，「鐘」が時刻を告げる。形は見せぬが，多分日本の戦前の大きな掛け時計だと思われその上流の環境を何気なく描写している。また，主人公が働いている学校の図書館の向かいの建物から，浮気相手の教師が電話を掛けてくる場面，凝った映像の中で「鐘」が流れて，学校という環境を強調している。映画は，文学的で，その面白さもあるのだが，「鐘」の音の効果を考える配慮があるのに，何故か全体に流れている音楽は通俗的で，映画のトーンを乱していた。[監]篠原哲雄[原]小池真理子[音]池頼広[主]板谷由夏，村上順

『天然コケッコー』2007

生徒があまりいない島根県の田舎の小学校に，東京から男の子が転校して来る。漫画の原作だが山下がよく噛み砕いて質の良い学校ドラマになっていた。「鐘」は4–5回，ごく日常的に学校の区切りのタイミングで使用されている。[監]山下敦弘[脚]渡辺あや[音]レイ・ハラカミ[主]夏帆，岡田将生

『ワンダフルライフ』1998

一週間ごとに亡くなった魂が集まり成仏（仏教的に言えば）する為の，死後の世界の入り口がある。そこは学校の様になっていて，始まりの日「鐘」

『雲がちぎれる時』1961

『孤独の人』1957

『あげまん』1990

『欲望』2005

『ハーイ！ロンドン』1969

『天然コケッコー』2007

『ウルトラミラクルラブストーリー』
2009

『木曜組曲』2002

『悪の教典』2012

オルガンの魅力

を合図に，魂（人々）が，受付にやって来る。→Ⅱ76（是枝）

『三本木農業高校〜馬術部〜』2008

タイトルから「鐘」で始まり，いかにも学校がテーマの映画という感じを与えるが，その後数回鳴るのは，場面展開の効果音で特別の意味はない。［監］佐々部清［脚］岡田茂，佐々部清［主］長渕文香，柳葉敏郎

『空気人形』2009

ダッチワイフが心を持って動き出してしまう。コッペリアの様な不思議な世界を描いた是枝の傑作。「鐘」は映画の初めの方，人形がメイド姿のまま街へ飛び出し，ビルの屋上で佇んでいる時に流れてくる。無心の人形と鐘のメロディーが諸行無常を感じさせ，リー・ピンビンのカメラが冴える美しいシーンであった。この映画はカンヌでも上映されている。［監脚］是枝裕和［音］World' sandgirlfriend［主］ペ・ドゥナ，ARATA→Ⅰ20（19世紀②）

『ウルトラミラクルラブストーリー』2009

ユニークな作品で知られる横浜監督の，商業長編映画第一作。主役も脇役も豪華な顔が揃っていて，彼女への注目度が良く解る。映画は，純粋なままの頭脳の，農村の若者と，東京から村へやってきた女との物語。知的障害を演じる役者のやりすぎの計算的演技を抑えられなかった処々が

鼻につき，その分作品の感動を弱めてしまっている。「鐘」は，男が一目惚れをした女にアピールしている田舎の畑の夕暮れ時に流れている。［監脚］横浜聡子［音］大友良英［主］松山ケンイチ，麻生久美子

『大鹿村騒動記』2011

長野県伊那にある大鹿村には，江戸中期から続いた，民衆歌舞伎がある。この映画は，そこで鹿料理屋を営む男の妻と駆け落ちした相手が，村に舞い戻った事から起こる騒ぎを，歌舞伎公演とに絡ませて描かれている。物語の始まり，アルバイト募集を見た若者が，料理店に入り話しているときに，村のアナウンスの始まりとして「鐘」の音が，聴こえてくる。映画の話の導入として，さりげないが良いセンスである。自ら映画化が夢だった主役の原田はガンとの闘病を押して見事な演技を見せている。俳優とスタッフの熱い思いが伝わるこの良作の公開3日前に，原田は亡くなったが，多くの観客が，鑑賞後，彼への拍手を惜しまなかった。［監］坂本順治［脚］荒井晴彦，坂本順治［音］安川午郎［主］原田芳雄，大楠道代

『MY HOUSE』2012

娯楽映画で有名な堤幸彦が，本当に伝えたいメッセージを映画化した秀作。公園に住むホームレスが簡単に造るマイホームと，潔癖症の主婦が毎日磨き立てているマイホームと，モノクロ，BGMなしの映

像も美しく，都会の孤独と愛を浮き彫りにする事に成功している。「鐘」は，タイトル前に浮浪者カップルが家を組み立てているシーン，最後に女が殺されて男がその小屋を一度壊そうとするがもう一度元に戻するシーンと2度，その彼らの天国でもある，ボロ小屋に，かぶって流される。それは，街の一般の生活との，区切りの鐘でもあり，そこで暮らす人にしか分からぬ，しあわせと一般の幸福との結界を示す鐘でもある。わざとらしくない，効果的な配慮が映画を奥深くしている。［監］堤幸彦［原］坂口恭平［脚］佃典彦［主］いとうたかお，石田えり→Ⅳ14（20世紀）

『悪の教典』2012

貴志祐介の原作を三池崇史が監督したサイコパス教師の話。学校内の場面が多く，「鐘」は，話し込む職員室に授業を知らせる場面や，学園生活の音として使われている。［監脚］三池崇史［音］遠藤浩二［主］伊藤英明，二階堂ふみ，染谷将太

『君はいい子』2015

「鐘」は，小学校の生徒たちに混ざった青年教師が，朝出勤する処と，校内の場面でも使用されている。特に前者は，主人公を真正面から捉える場面で，あまりに多用されたSEといえども，説明くささのない使い方に配慮を感じた。→Ⅳ補45（童謡）

索引（作品名／外国）[A] ＝アニメ，[K] ＝記録映画

参考資料

この本を書くにあたって，参考にさせていただいた単体の本に関しては，下記にリスト化した。映画雑誌を全部は挙げられないが，「劇と映画」(国際情報社)，「映画芸術」(出版社名変遷)，「映画之友」(出版社名変遷)，「スクリーン」(近代映画社)，「映画情報」(国際情報社) 等は，子供の頃から集めてあり，確認に役立った。とりわけ「キネマ旬報」(キネマ旬報社) は情報の支えになってくれた。本かネットかの情報調査の基準は，基本的にオリジナルを第一に考えた。それぞれの映画のパンフレットを資料にしたのは言うまでもない。フランスの雑誌類も細かく上げる事はしないが，下記6冊には，特別にお世話になった。

「Coffret l' Âge d' Or du Cinéma Japonais (1935-1975)」Pascal-Alex VINCENT (Ed. 2016/Carlotta Films)
「Histoire du cinéma français」(Ed. 1997/Pygmalion)
「La Pénétration du Cinéma Japonais en France (1951-2001)」Caroline MAUFROID (論文/ 2002/ Université de Lille-3)
「Le cinéma japonais (1896-1955)」Shinobu et Marcel GIUGLARIS (Ed.1956/Cerf)
「Le cinéma japonais」Tadao SATO (Ed.1998/Centre Pompidou)
「Les musiques du cinéma français」Alain LACOMBE, François PORCILE (Ed.1995/Bordas)

「愛の渇き」三島由紀夫，新潮社，1952
「愛の砂漠」フランソワ・モーリャック，遠藤周作 訳，講談社，1978
「あかいふうせん」A・ラモリス，岸田衿子訳，いわさきちひろ画，偕成社，1968
「あかるみ十五年」徳川夢声，清流出版，2010
「秋の日本」ピエール・ロチ，村上菊一郎，吉永清 訳，角川書店，1953
「悪魔に委ねよ」大和屋笠，ワイズ出版，1994
「浅草オペラの生活」内山惣十郎，雄山閣，1967
「浅草フランス座の時間」井上ひさし，文藝春秋，2001
「明日への贈物」ジャン＝ルイ・バロー，石沢秀二 訳，新潮社，1975
「ある映画監督～溝口健二と日本映画～」新藤兼人，岩波書店，1976
「生きざま死にざま」三國連太郎，NHKエンタープライズ，2006
「功・大好き」木村梢，講談社，1982
「異都憧憬」今橋映子，柏書房，1993
「石井好子～追悼総特集～」渡辺真実子 編，河出書房新社，2011
「伊福部昭」木部与巴仁，新潮社，1997
「植草甚一WORKS5」植草甚一，近代映画社，2010
「唄えば天国・天の巻／地の巻」メディアファクトリー，1999
「うそをつく女」ソフィー・マルソー，金子ゆき子 訳，草思社，2000
「永遠のジャポン」富田仁，早大出版部，1981
「映画監督村川透」山本俊輔，佐藤洋笑，DU BOOKS，2016
「映画狂人日記」蓮實重彦，河出書房新社，2000
「映画が好きな君は素敵だ～日本ペンクラブ編～」長部日出男選，集英社，1984
「映画五十年史」筈見恒夫，鱒書房，1942
「映画だけしか頭になかった」植草甚一，昭文社，1973

「映画は陽炎の如く」犬塚稔, 草思社, 2002

「映画はどんどん新しくなってゆく」植草甚一, 晶文社, 2005

「映画字幕五十年」清水俊二, 早川書房, 1985

「映畫読本清水宏」フィルムアート社, 2000

「映画渡世・天の巻／地の巻」マキノ雅弘, 平凡社, 1977

「映画と文学の間」渡辺淳, 清水書院, 1997

「映画と原作について考えてみよう」植草甚一, 近代映画社, 2009

「映画について私が知っている二, 三の事柄」山田宏一, 三一書房, 1971

「映画の呼吸」澤井新一郎, 鈴木一誌, ワイズ出版, 2006

「映画の発達と原作の危険な関係」シネマハウス編, 新宿書房, 1993

「映画の母性」水口紀勢子, 彩流社, 2005

「映画は狂気の旅である」今村昌平, 日本経済新聞社, 2004

「映画発達史ⅠⅡⅢ」田中純一郎, 中央公論, 1957

「映画プロデューサー風雲録」升本喜年, 草思社, 2012

「映画長話」蓮實重彦, 黒沢清, 青山真治, リトルモア, 2011

「映像の演出」吉村公三郎, 岩波書店, 1979

「映像のスリット」中島貞夫, 芸艸堂, 1987

「映画名作全史Ⅰ～Ⅵ」猪俣勝人, 社会思想社, 1974

「映画, 輪舞（ロンド）のように」秦早穂子, 山田宏一, 朝日新聞社, 1996

「欧米映画にみる日本（アメリカヨーロッパ編）」門間貴志, 1995

「小津安二郎の美学」ドナルド・リチー, 山本喜久男 訳, フィルムアート社, 1976

「女のきっぷ」森まゆみ, 岩波書店, 2014

「怪盗ジゴマと活動写真の時代」永嶺重敏, 新潮新書, 2006

「影の部分」秦早穂子, リトルモア, 2012

「活辯時代」御園京平, 岩波書店, 1990

「悲しみよこんにちは」F・サガン, 朝吹登水子 訳, 新潮文庫, 1955

「カルメンお美」矢野晶子, 有隣堂, 1988

「川上貞奴」竜門冬二, 成美堂出版, 1984

「カンヌ映画祭」中川洋吉, 講談社, 1994

「官能のプログラム・ピクチュア」山根貞男 編, フィルムアート社, 1983

「絹と光」クリスチャン・ポラック, アシェット婦人画報社, 2002

「キャメラマン一代」宮川一夫, PHP, 1985

「今日のフランス映画」飯島正, 白水社, 1952

「クーデンホーフ光子伝」木村毅, 鹿島出発会, 1971

「薬指の標本」小川洋子, 新潮社, 1994

「クノック」ジュール・ロマン, 岩田豊雄 訳, 新潮社, 1953

「鞍馬天狗のおじさんは」竹中労, ちくま文庫, 1992

「黒岩涙香」伊藤秀雄, 三一書房, 1988

「黒澤明と早坂文雄」西村雄一郎, 筑摩書房, 2005

「劇画一代」梶原一騎, 小学館, 1998

「ゲンズブール」ジル・ヴェルラン, 永瀧達治, 鳥取絹子 訳, マガジンハウス, 1993

「氷島の漁夫」ピエール・ロティ, 吉江喬松 訳, 岩波書店, 1928

「交錯する映画 アニメ・映画・文学」杉野健太郎 編, ミネルヴァ書房, 2013

「ゴダールの神話」現代思想社臨時増刊, 青土社, 1995

「ゴダール, わがアンナ・カリーナ時代」山田宏一, ワイズ出版, 2010

「コリンヌはなぜ死んだか」鈴木明, 文藝春秋, 1980

「撮影監督　高村倉太郎」高村倉太郎, ワイズ出版, 2005

「撮影監督ってなんだ？」高間賢治, 晶文社, 1992

「サティ」秋山晃男編, 青土社, 1981

「サムライ評伝　三船敏郎」松田美智子, 文藝春秋, 2014

「サヨナラだけが人生だ」今村昌平編, ノーベル書房, 1969

「サン＝テグジュペリの生涯」山崎庸一郎, 新潮選書, 1971

「懺悔録」梶原一騎, 幻冬舎, 2008

「時代劇映画の詩と真実」伊藤大輔, 加藤泰編, キネマ旬報社, 1976

「実相寺昭雄研究読本」小沢涼子 編, 洋泉社, 2014

「実録川上貞奴」江崎惇, 新人物往来社, 1985

「シネマトグラフ覚書」R・ブレッソン, 松浦寿輝 訳, 筑摩書房, 1987

「シネマの快楽」蓮實重彦, 武満徹, 河出文庫, 2001

「写真映画百年史」筈見恒夫編, 鱒書房 , 1954

「ジャック・コポー」J・ラドリン, 清水芳子 訳, 未来社, 1994

「シャンソンのアーティストたち」薮内久, 松本工房, 1993

「ジャン・ギャバンと呼ばれた男」鈴木明, 小学館ライブラリー, 1991

「ジャン＝ルイ・バロー自伝」石沢秀二訳, 新潮社, 1975

「ジャン・レノ」パスカル・パリョー, ボブ・クローブ, 本岡澄 訳, ソニーマガジンズ, 1997

「十九の春を探して」川井龍介, 講談社, 2007

「唱歌という奇跡　十二の物語」安田寛, 文藝春秋, 2003

「昭和怪優伝」鹿島茂, 中央文庫, 2013

「女生徒 他八篇」レオン・フラピエ, 桜田佐 訳, 岩波書店, 1938

「白坂依志夫の世界」白坂依志夫, シナリオ作家協会, 2008

「仁義なき映画論」ビートたけし, 文藝春秋, 1996

「親鸞に至る道」三國連太郎, 光文社, 2010

「世界映画作家29, 映画史」キネマ旬報社, 1975

「世界の映画作家29, フランス映画史」キネマ旬報社, 1975

「世界の映画」飯島正, 白水社, 1951

「続・世界の映画」飯島正, 白水社, 1953

「添田唖蝉坊」添田唖蝉坊, 日本図書センター, 1999

「太平洋の防波堤」マルグリット・デュラス, 田中倫郎 訳, 河出文庫, 1992

「宝塚映画製作所」宝塚映画祭実行委員会, のじぎく文庫, 2001

「小さい花子 (petite Hanako)」澤田助太郎, 中日出版社, 1983

「追放者たち〜映画のレッドパージ〜」新藤兼人, 岩波書店, 1996

「築地にひびく銅鑼〜小説丸山定夫〜」藤本恵子, TBSブルタニカ, 2001

「鶴子と雪洲」鳥海美朗, 海竜社, 2013

「テアトル・ド・フランス 公演パンフ」鈴木力衛, 朝日新聞社, 1960

「寺山修司　海外フィルムドラマ」清水義和, 文化書房博文社, 2007

「テレーズ・デスケルウ」フランソワ・モーリャック, 遠藤周作 訳, 講談社, 1997

「だんびら一代」藤浦敦, 洋泉社, 2016

「帝都封切館」松田集 編, フィルムアート社, 1994

「「帝国」の映画監督坂根田鶴子」池川玲子, 吉川弘文館, 2011

「東映ピンキー・バイオレンス浪漫アルバム」杉作J太郎, 植地毅 編, 徳間書店, 1999

「東和商事史」東和商事合資会社, 1941

「東和の半世紀」東宝東和株式会社, 1978

「トパーズ」マルセル・パニョル, 永戸俊雄 訳, 白水社, 1953

「友よ映画よ」山田宏一, 筑摩書房, 1992

「ドキュメンタリー映画史」エリック・バーナウ, 安原和見 訳, 筑摩書房, 2015

「ドビュッシーに魅せられた日本人」佐伯仁美, 昭和堂, 2010

「仲代達矢が語る日本映画黄金時代」春日太一, PHP新書, 2013

「永井荷風とフランス文化」赤瀬雅子, 荒竹出版, 1998

「中平康レトロスペクティヴ」ミルクマン斉藤 監修, プチグラパブリッシング, 2003

「七色いんこ 1〜6」手塚治虫, 秋田文庫, 1997

「ニオンのオルゴール」岩名雅記, 燦葉出版社, 2007

「肉体の学校」三島由紀夫, ちくま文庫, 1992

「日本映画史 I〜IV増補版」佐藤忠男, 岩波書店, 2007

「日本映画史100年」四方田犬彦, 集英社, 2000

「日本映画戦後黄金時代」全30巻, 戦後日本映画研究会, 日本ブックライブラリー, 1978

「日本映画における外国映画の影響」山本喜久男, 早稲田大学出版部, 1983

「日本映画の80年」山田和夫, 一声社, 1976

「日本映画の若き日々」稲垣浩, 中央文庫, 1983

「日本映画発達史 I II III IV V」田中純一郎, 中央文庫, 1976

「日本映画批判 1932－1956」双葉十三郎, トパーズプレス, 1992

「日本映画ぼくの300本」双葉十三郎, 文藝春秋, 2004

「日本映画の音楽史1」秋山邦晴, 田畑書店, 1974

「日本特撮・幻想映画全集」ANNEX, Inc 企画構成, 朝日ソノラマ, 2005

「日本バレエ史」ダンスマガジン編, 新書館, 2001

「遺し書き　仲代達矢自伝」仲代達矢, 中公文庫, 2010

「俳優の独白」東野英治郎, 杉村春子 他, 文教堂出版, 1950

「ば化粧師」レイコ・クルック, リトルモア, 2010

「バタフライ」森英恵, 文藝春秋, 2010

「発禁本（城市郎コレクション〜別冊太陽〜）」平凡社, 1999

「初すがた」小杉天外, 岩波書店, 1955

「原のぶ子の生涯」原秋櫻子, 原書房, 2010

「パリ, 東京井戸端会議」岸惠子, 秦早穂子, 新潮社, 1984

「聖林の王　早川雪洲」野上英之, 社会思想社, 1986

「巴里ひとりある記」高峰秀子, 映画世界社, 1953

「パリ万博音楽案内」井上さつき, 音楽之友社, 1998

「薔薇色のゴリラ」塚本邦雄, 北沢図書出版, 1995

「春の海宮城道雄随筆集」千葉潤之助 編, 岩波文庫, 2002

「バレエ・パーフェクト・ガイド」ダンスマガジン 編, 新書館, 2008

「挽歌」原田康子, 新潮文庫, 1961

「ピエール・ロティ人と作品」落合孝幸, 駿河台出版, 1992

「ピエロの誕生」田之倉稔, 朝日新聞社, 1986

「ひげとちょんまげ」稲垣浩, 中央公論社, 1981

「ヒバクシャ・シネマ」ミック・ブロデクック 編著, 柴崎昭則, 和波雅子 訳, 現代書館, 1999

「評伝　黒澤明」堀川弘通, 毎日新聞社, 2000

「漂泊者のアリア」吉川薫, 文藝春秋, 1990

「ファントマ幻想」千葉文夫, 青土社, 1998

「Vシネマ魂」谷岡雅樹, 四谷ラウンド, 1999

「舞踏に死す」吉武輝子, 文藝春秋, 1985

「フランス映画史」飯島正, 白水社, 1950

「フランソワ・トリュフォー」アントワーヌ・ド・ベック，セルジュ・トゥビアナ，稲松三千野 訳，原書房，2006

「フランソワーズ・アルヌール自伝」石木まゆみ 訳，カタログハウス，2000

「ブリジット・バルドー怒りと絶望」香川由利子，桑原透 訳，阪急コミュニケーションズ，2004

「偏屈老人の銀幕茫々」石堂淑郎，筑摩書房，2008

「武者修行世界を行く」早川雪洲，日本図書センター，1999

「二人の恋人」ミュッセ，小松清 訳，岩波書店，1956

「無頼記者，戦後日本を撃つ」松尾邦之助，社会評論社，2006

「フランス映画への正体」岡田眞吉，名曲堂，1950

「フランス十七世紀の劇作家たち」中央大学人文学科研究所 編，中央大学出版部，2011

「武士道」新渡戸稲造，ちくま新書，2010

「ベルエポックの肖像　サラ・ベルナールとその時代」高橋洋一，小学館，2006

「ポール・クローデル」渡辺守章，中央公論社，1975

「濹東綺譚」永井荷風，角川文庫，2008

「菩提樹の蔭」中勘助，岩波書店，1984

「マダム・クロード愛の法則」クロード・グリュデ，伊藤緋紗子 訳，知恵の森文庫，2001

「マダム貞奴」杉本苑子，読売新聞社，1975

「マダム貞奴」レスリー・ダウナー，木村英明 訳，集英社，2007

「蜜のあわれ」室生犀星，講談社文芸文庫，2016

「幻のB級！大都映画がゆく」本庄慧一郎，集英社新書，2009

「三島由紀夫と映画」三島由紀夫研究会，鼎書房，2006

「三島由紀夫のフランス文学講座」鹿島茂編，筑摩書房，1997

「未来のイヴ」ヴィリエ・ド・リラダン，斎藤磯雄 訳，創元ライブラリ，1996

「武蔵野夫人」大岡昇平，新潮社，1953

「虫プロ興亡記」山本暎一，新潮社，1989

「むすんでひらいてとジャン・ジャック・ルソー」西川久子，かもがわ出版，2004

「もう一度天気待ち」野上照代，草思社，2014

「山田宏一の日本映画誌」山田宏一，ワイズ出版，1999

「山田宏一のフランス映画誌」山田宏一，ワイズ出版，1999

「山田風太朗」角川編集部，角川書房，2010

「夢の女」永井荷風，岩波書店，1993

「妖人白山伯」鹿島茂，講談社，2009

「リュミエール元年」蓮實重彦，筑摩書房，1995

「リメイク映画への招待」児玉数夫，時事通信社，1988

「ルイ・ジュヴェとその時代」中田耕治，作品社，2000

「わが映画黄金時代」吉村公三郎，ノーベル書房，1993

「わが映画の青春」衣笠貞之助，中公新書，1977

「私がカルメン」曽田秀彦，晶文社，1989

「私だけの映画史」古谷剛正，暮しの手帖社，1978

「私の渡世日記」高峰秀子，朝日新聞社，1976

「私は銀幕のアリス」ニコル＝リーズ・ベルンハイム 編，松岡葉子 訳，パンドラ，2001

「私は私」石井好子，岩波書店，1997

「ワダエミ～とんぼの本～」ワダエミ，千葉望，新潮社，2013

あとがき

I

　時には考えもつかぬ事が，当たり前でありえる二つの異なった国フランスと日本。この二国の映画と文化往来を探る本は，日本とフランスを遠泳で往復するような仕事であった。映画には，様々な情報が盛り込まれている。今まで経験のない，大量の情報とその確認，画像収集は，後半になると増々荒れ狂う海の様に，いつまでも静まる気配を見せなかった。何度かくじけそうになる弱い自分を励ましてくれた仲間たちに感謝したい。彼らの存在が無かったら，この本は，海の藻屑になってしまっただろう。

　この本は，勿論辞書ではない。なるべく分かりやすく楽しめるよう，とにかく多くの画像を集めた。だが本の性質は，何より辞書的なものかも知れない。

　ところで，読者の方々に二つお許し願いたいことがある。まずは，もし何か糸くずの様な間違いを見つけても，珍しい画像に免じて，許していただきたい。もう一つは，この本を，妻アキ子に捧げる事である。

II

　製作協力者たちについて書いておきたい。この本には，中心になった下記4人の方々（敬称略）の粘り強い情熱が必要だった。

　　松本久木（松本工房）

　　納谷衣美（松本氏アシスト）

　　手塚さゆり（フランスサイド）

　　鏑木まつよ（フライングボックス）

　凡夫が何とかこの本を完成できたのは，彼らの力があったからである。

XLV

簡単に見られない映画を，実際に確認できたのは古くからの友人，時田ヨシオ氏が惜しげもなく資料を私に貸して下さった事が大きい。彼は日本で，映画がＴＶ放送された作品をほとんど録画しており，別に倉庫まで持つ映画マニアである。その20,000本を越えるという録画の中には，DVDどころかVIDEOにもなっていない貴重な作品が沢山含まれていて，どれだけ私の為になったかは測り知れない。又，亡くなった日本のシャンソン研究家の藪内久氏と奥様の事も忘れられない。生前からいろいろ教えていただく事が多かったが，御夫妻の大量のフランス映画のパンフレットは，それを託された旧友，故芳賀昭八郎氏を通じて私の処に届けられ，その幾つかが，本の適所に収まっている。

　資料といえば川喜多財団の和地由紀子さんの御紹介で野口久和氏が，父君の野口久光氏のポスター掲載を許可して下さった時は嬉しかった。

　この本を通じて私は，大好きな映画を，様々な角度から見る事になった。嬉しい出会いや発見も多々あった。映画評論家マルセル・マルタン氏は，マックス・テシエ氏に御紹介いただいた。彼は，拙著のための質問の中で，自分が一番好きな日本映画は，成瀬巳喜男の『おかあさん』だと答えた。半世紀以上日本映画を見てきたフランス人の映画評論家が，たった一本選んだ映画が，成瀬の小品である事に，私は深い感慨を覚える。

　フランスサイドでは，とりわけ多くの方々のお世話になった。フランス語の師でもある，武貞智子さんは，企画概要や解説文の翻訳を快く引き受けて下さり，それらはフランス人とコンタクトを取る時に力を発揮した。木村ひろみさんも，いつも私を応援して下さり，情報収集でもお世話になった。彼女の御紹介で，執筆も終わる頃お会いできたパスカル＝アレックス・ヴァンサン氏も私の積年の疑問の幾つかに解答をくださり，同時に貴重なポスターを下さった。

　この場を借りて，すべての方々に謝意を表したい。

「日仏映画往来」に協力して下さった方々

＊フランスサイド（アイウエオABC順敬称略）

木村ひろみ　坂井セシル　島岡現　武貞智子　永田鉄男　畑明広　吉武美知子
Ahmed AGNE　Fabrice ARDUINI　Catherine CADOU　Caroline CHAMPETIER
Jérôme LE MAIRE　Armel de LORME　Marcel MARTIN　Dominique PALMÉ
Nicolas SAADA　Max TESSIER　Pascal-Alex VINCENT

CNC (Centre national du cinéma et de l'image animée)
Cinémathèque Française
Maison de la culture du Japon à Paris
Bibliothèque nationale de France
Bibliothèques Municipales de la Ville de Paris
Médiathèque de la Cité de la musique

＊日本サイド（アイウエオ順敬称略）

TAKA　手束紀子（ユニフランス）　時田ヨシオ　和地由紀子（川喜多財団）

川喜多記念映画文化財団
国立国会図書館
東京国立近代美術館フィルムセンター
フライングボックス
ナウ・ファッション・エージェンシー

＊その他お世話になった方々（アイウエオABC順敬称略）

青木眞弥　石坂紀子　大久保篤　木立玲子（故）　霜島敬子
小林麻美　塩野真知子　鈴木馨　鹿野薫　野口久和
能登比佐子　芳賀昭八郎（故）　薮内久夫妻（故）　吉田上枝
Manu et Mika CHERTIEN
Philippe PUYDAUBY et Marie-Bénédicte GAUTHIER

遠藤突無也（えんどう・とむや）

アーティスト名　TOMUYA　東京生まれ。1992年より活動拠点をパリに移し，海外のアーティストやプロデューサーらと活動を共にしている。2007年にパリ・オランピア劇場でのコンサートを大成功させ，メディアの注目を集めた。2008年には渋谷・PARCO劇場に26年ぶりに登場。2012年，アルバム"PARIS KAYO"では，戦後から現代までの日本の歌謡曲をオリジナル編曲でフランスに紹介した。エンディング曲「明日の時代」は，仏の至宝フランシス・レイとボリス・バーグマンが書き下ろした傑作。2017年，日本映画の主題歌集であるアルバム"映画"を発表。

にちふつえいがおうらい
日仏映画往来

2017年5月1日　初版発行

著者・発行者：遠藤突無也
　　　　　　　えんどう　と　む　や
〒102-0082 東京都千代田区一番町2　パークサイドハウス4F
株式会社フライングボックス
電話：03-6261-5380／ファックス：03-3261-1633

発売元：松本工房
〒534-0026 大阪市都島区網島町12-11　雅叙園ハイツ1010号室
電話：06-6356-7701／ファックス：06-6356-7702

印刷：株式会社サンエムカラー
製本：新日本製本株式会社

本書へのお問い合せは発行者までお願い致します。
乱丁・落丁本は送料発売元負担にてお取り替え致します。
定価は函に表示してあります。